中华
正史
经典

〔南朝宋〕范晔 撰

〔唐〕李贤 等 注

后汉书

一

中华书局

校点说明

一

后汉书本纪十卷，列传八十卷，范晔撰。

范晔字蔚宗，南朝宋顺阳人，生于晋安帝隆安二年（公元三九八）。他是晋豫章太守范宁的孙子，宋侍中范泰的庶子，因为出继给堂伯范弘之，袭封武兴县侯。任彭城王刘义康的参军，几次升迁，官至尚书吏部郎。宋文帝元嘉元年（公元四二四），因事触怒刘义康，左迁为宣城太守。后汉书是这时候开始写的。后来又几次升迁，官至左卫将军、太子詹事。元嘉二十二年（公元四四五），有人告发他跟孔熙先等密谋拥立刘义康，于是以谋反的罪名被处死刑。

二

在范晔以前，已经有不少人用纪传体编撰后汉一朝的历史。除属于官史性质的东观汉记外，私人编撰而著录于隋书经籍志的，有三国吴谢承的后汉书，晋薛莹的后汉记，晋司马彪的续汉书，晋华峤的后汉书，晋谢沈的后汉书，晋张莹的后汉南记，晋袁山松的后汉书。范晔以东观汉记为主要依据，参考各家的著作，自定体例，订讹考异，删繁补略，写成后汉书。他能够撷取众家之长，所以各家关于后汉的史书后来逐渐淘汰，而他的后汉书却作为"正史"，跟史记、汉书、三国志合称"四史"。

范晔编撰后汉书，原定十纪、十志、八十列传，合为百卷，跟汉书相应，但是十志还没有写成，他就被杀害了。现在后汉书里的律历、礼仪、祭祀、天文、五行、郡国、百官、舆服等八志，是后人从司马彪续汉书①里取出来补进去的。

范晔来不及像史记有太史公自序和汉书有叙传那样，给后汉书写一篇自序。他在狱中写过一封信给甥侄们，详细叙述自己的治学态度，并对未完成的后汉书表示自己的看法。这封信含有自序的性质，殿本后汉书就用自序作标题，附刊在全书之末，现在我们改用狱中与诸甥侄书的标题，把它附在后面。

三

最先注范书的是刘昭。②因为范书没有志，他就把司马彪续汉书的八篇志（简称续志）分为三十卷，并了进去，并且也作了注。他的注绝大部分已经散失，现在只剩下八篇志的注了（天文志的下卷和五行志的第四卷都全卷没有注，也一定是散失了）。梁书刘昭传说他"集后汉同异，以注范书"，可见他注范书略同于裴松之注三国志，偏重于事实的补充而略于文字的训诂。八篇志的注，就是这样的。

继续给范书作注的是唐朝的章怀太子李贤。③他注范书着重训诂，跟刘昭不同。王先谦说他注后汉书不比颜师古注汉书差，可惜非一手所成，不免有踳驳漏略之处。实际上他立为皇太子以后，才跟<u>张大安</u>等共注<u>后汉书</u>，到他被废为庶人，注书工作结束，前后只有六年，没有充裕的时间详细校订，蹖驳漏略自所难免。何况他们的注书工作似没有全部完成，如<u>南匈奴传</u>的注，复沓纰谬，至于不可究诘，体例和文字也跟前后各卷不同，可能不是出于他们之手，而是后人补撰。

四

<u>宋太宗淳化</u>五年（公元九九四）初刻本和<u>真宗景德</u>二年（公元一〇〇五）校定本都没有把续志并进去。到了<u>真宗乾兴</u>元年（公元一〇二二），<u>孙奭</u>建议把<u>刘昭</u>注补的续志三十卷（按<u>孙奭</u>误以为续志三十卷是<u>刘昭</u>补作的）合刻补阙，他的建议被采纳，以后的刻本就都把续志附于范书纪传之后，<u>毛氏汲古阁</u>本还是这个样子。而<u>明</u>监本索性把续志合刻在范书纪之后传之前，并且抹去<u>司马彪</u>的名，又改<u>刘昭</u>的"注补"为"补并注"，<u>清武英殿</u>本又照<u>明</u>监本翻刻。这样一来，就容易叫人误认为八篇志是<u>刘昭</u>所补并且加注的了。

<u>北宋</u>本流传到现在的只有些残本，<u>清</u>朝人<u>何焯</u>、<u>惠栋</u>、<u>钱泰吉</u>等都曾经用来跟别本校过。<u>商务印书馆</u>影印的<u>绍兴</u>本是现存比较完整的<u>南宋</u>本（原阙五卷，影印时借用别本残册补配）。我们曾经拿<u>绍兴</u>本跟传世的几个本子比较过，发现各本都误而<u>绍兴</u>本独不误的地方很多，就采用它作为底本。

我们校点的时候，只拿<u>汲古阁</u>本和<u>武英殿</u>本跟<u>绍兴</u>本对校。既然拿<u>绍兴</u>本作底本，凡是<u>绍兴</u>本不误而汲本、殿本有误的，都不出校记。异文在两可之间，不能断定孰是孰非的，才出校记，

说明某本作某。除了比较各本异文，我们也参考前人的研究成果。宋朝人刘攽著有东汉书刊误四卷，对于范书的讹误多所刊正。凡是刘说可从的，我们都采入校勘记（刘攽的东汉书刊误，殿本散附在注文之后，但是采录不全，并且有错误。我们依据的是中华书局史籍丛刊据宸翰楼丛书本重印的本子）。王先谦的集解和黄山的校补已经汇集了前人的校释，我们也采取其中属于校订方面的意见，标明"集解引某某说"，"校补引某某说"。为了审慎起见，凡是前人说"通鉴作某"或"御览作某"之处，我们尽可能查对原书。疑有错误而前人没有说到的，我们也尽可能查对，找到旁证，写入校勘记。前人的研究成果，集解遗漏未采或不及采入的，也择要写入校勘记，标明是某人的意见。近人张森楷一生校勘十七史甚勤，有校勘记若干卷，颇多发明，原稿藏在南京图书馆，我们采取其中后汉书部分的若干条写入校勘记，标明"张森楷校勘记"。

　　绍兴本虽然不失为一个善本，但是错字也不少，原本阙失而采取别本补入的部分，问题尤其多。此外还有一些显著的版刻错字，我们都依据别本改正，不出校记。我们对于改正错字，增删字句，采取审慎的态度。凡是应删的字用小一号字排印，并加上圆括弧，改正的字或增补的字加上方括弧，同时在校勘记里说明改正或增删的依据。可改可不改的，尽量不改，仅在校勘记里说明问题何在。

　　后汉书的目录各本不一致，且多错误。为便于检查，我们参考各本，重编新目，凡加上星号（＊）的，都是各本所无，此次新加的。

我们标点的时候，曾经参考过一部何焯断句的过录本。限于水平，校点工作不免有错误的地方。尤其是礼仪志、祭祀志、舆服志中关于典制名物的部分，标点起来特别感到困难，错误的地方一定更多。希望读者随时指出，以便再版时改正。

本书在校点过程中，先后承金兆梓、马宗霍、孙毓棠诸同志审阅，孙毓棠同志还从头到尾校读了两遍，改正了不少错误。律历志和天文志的标点，曾经请曾次亮同志审阅，礼仪志、祭祀志、舆服志的标点，曾经请孙人和同志审阅，都有所指正。特此一并致谢。

宋云彬

一九六四年九月一日

① 司马彪字绍统，晋宗室，高阳王司马睦的长子，卒于晋惠帝末年（公元三〇六）。他著的续汉书八十三卷，隋书经籍志和旧唐书经籍志、新唐书艺文志都著录，宋史艺文志只载刘昭补注后汉志三十卷，不载司马彪续汉书，可见续汉书到了宋朝只剩八篇志，其馀都散失了。

② 刘昭字宣卿，梁高唐人。曾任临川王萧宏的记室和通直郎，最后任剡令。

③ 李贤字明允，唐高宗的儿子，武后所生。上元二年（公元六七五）立为皇太子。他跟张大安、刘纳言等共同注释范晔的后汉书。永隆元年（公元六八〇），被废为庶人，跟他共注后汉书的张大安等或被降职，或被流放。光宅元年（公元六八四），武后执政，逼他自杀。唐睿宗即位（公元七一〇），追谥他为章怀太子。

目　录

后
汉
书

前书直言匈奴传不言南北今称南者明其为北生义也以南单于向化尤
深故举其顺者以冠之东观记称匈奴南单于列传范晔因去其单于二字

光武起后汉乙酉岁改建武元年传及十二帝至献帝建安二十五年庚子

凡一百九十五年

目录

后
汉
书

后汉书卷一上

光武帝纪第一上

　　世祖光武皇帝讳秀，字文叔，①南阳蔡阳人，②高祖九世之孙也，出自景帝生长沙定王发。③[1]发生春陵节侯买，④买生郁林太守外，⑤外生钜鹿都尉回，⑥回生南顿令钦，⑦钦生光武。光武年九岁而孤，养于叔父良。身长七尺三寸，美须眉，大口，隆准，日角。⑧性勤于稼穑，⑨而兄伯升好侠养士，常非笑光武事田业，比之高祖兄仲。⑩王莽天凤中，⑪乃之长安，受尚书，略通大义。⑫

　　①礼"祖有功而宗有德"，光武中兴，故庙称世祖。谥法："能绍前业曰光，克定祸乱曰武。"伏侯古今注曰："秀之字曰茂。伯、仲、叔、季，兄弟之次。长兄伯升，次仲，故字文叔焉。"

　　②南阳，郡，今邓州县也。蔡阳，县，故城在今随州枣阳县西南。

　　③长沙，郡，今潭州县也。

　　④春陵，乡名，本属零陵（泠）〔泠〕道县，[2]在今永州唐兴县北，元帝时徙南阳，仍号春陵，故城（今）在〔今〕随州枣阳县东。[3]事具宗室四王传。

1

⑤郁林,郡,今(郴)〔贵〕州县。〔4〕前书曰:"郡守,秦官。秩二千石。景帝更名太守。"

⑥钜鹿,郡,今邢州县也。前书曰:"都尉,本郡尉,秦官也。掌佐守,典武职,秩比二千石。景帝更名都尉。"

⑦南顿,县,属汝南郡,故城在今陈州项城县西。前书曰:"令、长,皆秦官也。万户以上为令,秩千石至六百石;不满万户为长,秩五百石至三百石。"

⑧隆,高也。许负云:"鼻头为准。"郑玄尚书中候注云:"日角谓庭中骨起,〔5〕状如日。"

⑨种曰稼,敛曰穑。

⑩仲,邰阳侯喜也,能为产业。见前书。

⑪王莽〔始〕建国六年改为天凤。〔6〕

⑫东观记曰:"受尚书于中大夫庐江许子威。资用乏,与同舍生韩子合钱买驴,令从者僦,以给诸公费。"

莽末,天下连岁灾蝗,寇盗锋起。①地皇三年,②南阳荒饥,③诸家宾客多为小盗。光武避吏新野,④因卖谷于宛。⑤宛人李通等以图谶说光武云:"刘氏复起,李氏为辅。"⑥光武初不敢当,然独念兄伯升素结轻客,必举大事,且王莽败亡已兆,天下方乱,遂与定谋,于是乃市兵弩。十月,与李通从弟轶等起于宛,时年二十八。

①言贼锋锐竞起。字或作"蜂",谕多也。

②天凤六年改为地皇。〔7〕

③韩诗外传曰:"一谷不升曰歉,二谷不升曰饥,三谷不升曰馑,四谷不升曰荒,五谷不升曰大侵。"

④新野属南阳郡,今邓州县。续汉书曰:"伯升宾客劫人,上避吏于新野邓晨家。"

⑤东观记曰:"时南阳旱饥,而上田独收。"宛,县,属南阳郡,故城今邓州

南准阳县也。

⑥图,河图也。谶,符命之书。谶,验也。言为王者受命之征验也。易坤灵图曰:"汉之臣李阳也。"

十一月,有星孛于张。①光武遂将宾客还舂陵。时伯升已会众起兵。初,诸家子弟恐惧,皆亡逃自匿,曰"伯升杀我"。及见光武绛衣大冠,②皆惊曰"谨厚者亦复为之",乃稍自安。伯升于是招新市、平林兵,③与其帅王凤、陈牧西击长聚。④光武初骑牛,杀新野尉乃得马。⑤进屠唐子乡,⑥又杀湖阳尉。⑦军中分财物不均,众恚恨,欲反攻诸刘。光武敛宗人所得物,悉以与之,众乃悦。进拔棘阳,⑧与王莽前队大夫甄阜、⑨属正梁丘赐⑩战于小长安,⑪汉军大败,还保棘阳。

①前书音义曰:"孛星光芒短,蓬然。[8]张,南方宿也。"续汉志曰:"张为周地。星孛于张,东行即翼、轸之分。翼、轸,楚地,是楚地将有兵乱。后一年正月,光武起兵舂陵,攻南阳,斩阜、赐等,杀其士众数万人。光武都雒阳,居周地,除秽布新之象。"

②董巴舆服志曰:"大冠者,谓〔武冠〕,武官冠之。[9]东观记曰:"上时绛衣大冠,将军服也。"

③新市,县,属江夏郡,故城在今郢州富水县东北。平林,地名,在今随州随县东北。

④广雅曰:"聚,居也,音慈谕反。"前书音义曰:"小于乡曰聚。"

⑤前书曰:尉,秦官,秩四百石至二百石也。

⑥例曰:"多所诛杀曰屠。"唐子乡有唐子山,在今唐州湖阳县西南。

⑦湖阳属南阳郡,今唐州县也。东观记曰:"刘终诈称江夏吏,诱杀之。"

⑧县名,属南阳郡,在棘水之阳,古谢国也,故城在今唐州湖阳县西北。棘音己力反。

⑨王莽置六队,郡置大夫一人,职如太守。南阳为前队,河内为后队,颍

3

川为左队,弘农为右队,河东为兆队,荥阳为祈队。队音遂。

⑩王莽每队置属正一人,职如都尉。

⑪续汉书曰淯阳县有小长安聚,故城在今邓州南阳县南。

　　更始元年正月甲子朔,〔10〕汉军复与甄阜、梁丘赐战于沘水西,大破之,斩阜、赐。①伯升又破王莽纳言将军严尤、秩宗将军陈茂于淯阳,②进围宛城。

①沘水在今唐州沘阳县南。庐江灊县亦有沘水,与此别也。沘音比。

②前书曰,〔11〕纳言,虞官也,掌出纳王命,所谓喉舌之官也,历秦、汉不置,王莽改大司农为之。桓谭新论云庄尤字伯石,此言“严”,避明帝讳也,秩宗,虞官也,掌郊庙之事,周谓之宗伯,秦、汉不置,王莽改太常为秩宗,后又典兵,故纳言、秩宗皆有将军号也。淯阳,县,属南〔阳〕郡,〔12〕故城在今邓州南阳县南(在)淯水之阳。〔13〕淯音育。

　　二月辛巳,立刘圣公为天子,以伯升为大司徒,光武为太常偏将军。①

①前书曰:“奉常,秦官。景帝更名太常。”应劭汉官仪曰:“欲令国家盛大,社稷常存,故称太常。”老子曰:“偏将军处左,上将军处右。”东观记曰:“时无印,得定武侯家丞印,〔14〕佩之入朝。”

　　三月,光武别与诸将徇昆阳、定陵、郾,皆下之。①多得牛马财物,穀数十万斛,转以馈宛下。莽闻阜、赐死,汉帝立,大惧,遣大司徒王寻、大司空王邑②将兵百万,其甲士四十二万人,五月,至颍川,复与严尤、陈茂合。③初,光武为舂陵侯家讼逋租于尤,尤见而奇之。④及是时,城中出降尤者言光武不取财物,但会兵计策。尤笑曰:“是美须眉者邪? 何为乃如是!”

①徇,略也。昆阳、定陵、郾,皆县名,并属颍川郡。昆阳故城在今许州

叶县北。郾,今豫州郾城县也。定陵故城在今郾城西北。〔郾〕音于
建反。[15]

②王莽时哀章所献金匮图有王寻姓名。王邑,王商子,于莽为从父兄
弟也。

③颍川,郡,今洛州阳翟县也。

④遒,连也。春陵侯敞即光武季父也。东观记曰:"为季父故春陵侯诣
大司马府,讼地皇元年十二月壬寅前租二万六千斛,刍稾钱若干万。
时宛人朱福亦为舅讼租于尤,尤止车独与上语,不视福。上归,戏福
曰:'严公宁视卿邪?'"

初,王莽征天下能为兵法者六十三家数百人,并以为军吏;选
练武卫,招募猛士,①旌旗辎重,千里不绝。②时有长人巨无霸,③长
一丈,大十围,以为垒尉;④又驱诸猛兽⑤虎豹犀象之属,以助威
武。自秦、汉出师之盛,未尝有也。光武将数千兵,徼之于阳关。⑥
诸将见寻、邑兵盛,反走,驰入昆阳,皆惶怖,忧念妻孥,⑦欲散归诸
城。光武议曰:"今兵穀既少,而外寇强大,并力御之,功庶可立;如
欲分散,埶无俱全。且宛城未拔,⑧不能相救,昆阳即破,一日之
间,诸部亦灭矣。今不同心胆共举功名,反欲守妻子财物邪?"诸将
怒曰:"刘将军何敢如是!"光武笑而起。会候骑还,言大兵且至城
北,军陈数百里,不见其后。诸将遽相谓曰:"更请刘将军计之。"
光武复为图画成败。诸将忧迫,皆曰"诺"。时城中唯有八九千
人,光武乃使成国上公王凤、廷尉大将军王常留守,夜自与骠骑大
将军宗佻、⑨五威将军李轶等十三骑,⑩出城南门,于外收兵。时
莽军到城下者且十万,光武几不得出。⑪既至郾、定陵,悉发诸营
兵,而诸将贪惜财货,欲分留守之[16]。光武曰:"今若破敌,珍珤万
倍,⑫大功可成;如为所败,首领无馀,何财物之有!"众乃从。

①说文曰:"募,广求之也。"

②周礼曰:"析羽为旌,熊虎为旗。"辎,车名。释名曰:"辎,厕也。谓军粮什物杂厕载之。以其累重,故称辎重。"重音直用反。

③王莽连率韩博上言:"有奇士,长一丈,大十围,自谓巨无霸,出于蓬莱东南,五城西北,(诏)〔昭〕如海滨,〔17〕轺车不能载,三马不能胜,卧则枕鼓,以铁箸食。"见前书。

④郑玄注周礼云:"军壁曰垒。"崔瑗中垒校尉箴曰:"堂堂黄帝,设为垒壁。"尉者主垒壁之事。

⑤"猛"或作"犷",犷,猛儿也,音古猛反。

⑥聚名也。郦元水经注曰:"颍水东南经阳关聚,聚夹颍水相对。"在今洛州阳翟县西北。

⑦孳,子也。

⑧谓伯升围之未拔也。

⑨骠骑大将军,武帝置,自霍去病始。〔18〕佻音太尧反。

⑩王莽置五威将军,其衣服依五方之色,以威天下。李轶初起,犹假以为号。

⑪几音祈。

⑫珤,古"宝"字。

严尤说王邑曰:"昆阳城小而坚,今假号者在宛,亟进大兵,①彼必奔走;宛败,昆阳自服。"邑曰:"吾昔以虎牙将军围翟义,坐不生得,以见责让。②今将百万之众,遇城而不能下,何谓邪?"③遂围之数十重,列营百数,云车十馀丈,④瞰临城中,⑤旗帜蔽野,⑥埃尘连天,钲鼓之声闻数百里。⑦〔19〕或为地道,冲辒橦城。⑧积弩乱发,矢下如雨,城中负户而汲。〔20〕王凤等乞降,不许。寻、邑自以为功在漏刻,意气甚逸。夜有流星坠营中,昼有云如坏山,当营而陨,不及地尺而散,吏士皆厌伏。⑨

①亟,急也,音纪力反。

②翟义字文仲,方进少子,为东郡太守。王莽居摄,义心恶之,乃立东平王云子信为天子,义自号柱天大将军,以诛莽。莽乃使孙建、王邑等将兵击义,破之。义亡,自杀,故坐不生得。坐音才卧反。见前书。

③"遇"或为"过"。

④云车即楼车,称云,言其高也,升之以望敌,犹墨子云"公输般为云梯之械"。

⑤俯视曰瞰,音苦暂反。

⑥广雅曰:"帜,幡也,音炽。"

⑦说文曰:"钲,铙也,似铃。"

⑧冲,橦车也。诗曰:"临冲闲闲。"许慎曰:"輣,楼车也。"輣音步耕反。

⑨续汉志曰:"云如坏山,谓营头之星也。〔21〕占曰:'营头之所坠,其下覆军杀将,血流千里。'"厌音一叶反。

六月己卯,光武遂与营部俱进,〔22〕自将步骑千馀,前去大军四五里而陈。寻、邑亦遣兵数千合战。光武奔之,斩首数十级。①诸部喜曰:"刘将军平生见小敌怯,今见大敌勇,甚可怪也,且复居前。请助将军!"光武复进,寻、邑兵却,诸部共乘之,斩首数百千级。连胜,遂前。时伯升拔宛已三日,而光武尚未知,乃伪使持书报城中,云"宛下兵到",而阳堕其书。寻、邑得之,不憙。②诸将既经累捷,胆气益壮,无不一当百。光武乃与敢死者三千人,从城西水上衝其中坚,③寻、邑陈乱,乘锐崩之,遂杀王寻。城中亦鼓噪而出,中外合埶,震呼动天地,莽兵大溃,走者相腾践,奔殪百馀里间。④会大雷风,屋瓦皆飞,雨下如注,滍川盛溢,⑤虎豹皆股战,士卒争赴,溺死者以万数,水为不流。⑥王邑、严尤、陈茂轻骑乘死人度水逃去。尽获其军实辎重,车甲珍宝,不可胜算,举之连月不尽,或燔烧其馀。

①秦法,斩首一,赐爵一级,故因谓斩首为级。

②惠音许记反。

③敢死谓果敢而死者。凡军事,中军将最尊,居中以坚锐自辅,故曰中坚也。

④殪,仆也,音于计反。或作"噎"。

⑤水经曰,滍水出南阳鲁阳县西尧山,东南经昆阳城北,东入汝。滍音直理反。

⑥数过于万,故以万为数。

光武因复徇下颍阳。①会伯升为更始所害,光武自父城驰诣宛谢。②司徒官属迎吊光武,光武难交私语,深引过而已。未尝自伐昆阳之功,又不敢为伯升服丧,饮食言笑如平常。更始以是惭,拜光武为破虏大将军,封武信侯。

①县名,属颍川郡,故城在今许州。

②父城,县,古应国也,属颍川郡,故城在今许州叶县东北。以伯升见害,心不自安,故谢。

九月庚戌,三辅豪桀共诛王莽,传首诣宛。①

①三辅谓京兆、左冯翊、右扶风,共在长安中,分领诸县。淮南子曰:"智过百人谓之豪。"白虎通云:"贤万人曰杰。"[23] 时城中少年子弟张鱼等攻莽于渐台,[24] 商人杜吴杀莽,校尉公宾就斩莽首,将军申屠建等传莽首诣宛。

更始将北都洛阳,以光武行司隶校尉,使前整修宫府。①于是置僚属,作文移,②从事司察,一如旧章。③时三辅吏士东迎更始,见诸将过,皆冠帻,④而服妇人衣,诸于绣镼,⑤莫不笑之,或有畏而走者。⑥及见司隶僚属,皆欢喜不自胜。老吏或垂涕曰:"不图今日复见汉官威仪!"由是识者皆属心焉。

①前书曰,司隶校尉本周官,武帝初置,持节,从中都官徒千二百人,督大奸猾。后罢其兵,察三辅、三河、弘农。秩(比)二千石。[25]音义云:"以掌徒隶而巡察,故曰司隶。"

②东观记曰"文书移与属县"也。

③续汉书曰:"司隶置从事史十二人,秩皆百石,主督促文书,察举非法。"

④汉官仪曰:"帻者,古之卑贱不冠者之所服也。"方言曰:"覆髻谓之帻,或谓之承露。"

⑤前书音义曰:"诸于,大掖衣也,如妇人之褂衣。"字书无"䙱"字,续汉书作"褠",(并)音其物反。[26]杨雄方言曰:"襜褕,其短者,自关之西谓之裗褠。"[27]郭璞注云:"俗名褠掖。"据此,即是诸于上加绣褠,如今之半臂也。或"绣"下有"拥"字。

⑥续汉志曰:"时知者见之,以为服之不中,身之灾也,乃奔入边郡避之。是服妖也。其后更始遂为赤眉所杀。"

及更始至洛阳,乃遣光武以破虏将军行大司马事。十月,持节北度河,①镇慰州郡。所到部县,辄见二千石、长吏、三老、官属,下至佐史,②考察黜陟,如州牧行部事。③辄平遣囚徒,除王莽苛政,④复汉官名。吏人喜悦,争持牛酒迎劳。

①汉官仪曰:"太尉,秦官也,武帝更名大司马。"节,所以为信也,以竹为之,柄长八尺,以旄牛尾为其眊三重。冯衍与田邑书曰:"今以一节之任,建三军之威,岂特宠其八尺之竹,犛牛之尾哉!"续汉志曰:"更始时,南方有童谣云:'谐不谐,在赤眉;得不得,在河北。'后更始为赤眉所杀,是不谐也;光武由河北而兴,是得之也。"

②二千石谓郡守也。长吏谓县令长及丞尉也。三老者,乡官也,高祖置。前书曰:"举人年五十已上,有修行能帅众者,置以为三老,每乡

一人;择乡三老为县三老,与令长丞尉以事相教,复其徭成。"续汉志
日"每刺史皆有从事史、假佐,每县各置诸(事)曹〔掾〕史"也。〔28〕

③汉初遣丞相御史分刺州,武帝改置刺史,察州,秩六百石。成帝更名牧,
秩二千石。汉官典仪日"刺史行郡国,省察政教,黜陟能不,断理冤
狱"也。

④说文日:"苛,小草也。"言政令繁细。礼记日:"苛政猛于虎。"

进至邯郸,①故赵缪王子林②说光武日:"赤眉今在河东,但决
水灌之,百万之众可使为鱼。"③光武不答,去之真定。④林于是乃
诈以卜者王郎为成帝子子舆,⑤十二月,立郎为天子,都邯郸,遂遣
使者降下郡国。

①县名,属赵国,今洺州县也。前书音义:"邯,山名;郸,尽也。邯山至
此而尽。城郭字皆从邑,因以名焉。"

②缪王,景帝七代孙,名元。前书日,元坐杀人,为大鸿胪所奏。谥日
缪,音谬。东观记(日)"林"作"临"字。〔29〕

③赤眉贼帅樊崇等恐其众与王莽兵乱,皆朱其眉以相别,故日赤眉。续
汉书日:"是时上平河北,过邯郸,林进见,言赤眉可破。上问其故,对
日:'河水从列人北流;如决河水灌之,皆可令为鱼'。上不然之。"列
人,县,故城在今洺州肥乡县东北。

④县名,属真定国,今恒州县也。

⑤前书日,立国将军孙建奏云"不知何一男子遮臣车前,自称汉氏刘子
舆,成帝下妻子也,刘氏当复"。故郎因而称之。

二年正月,光武以王郎新盛,乃北徇蓟。①王郎移檄购光武十
万户,②而故广阳王子刘接③起兵蓟中以应郎,城内扰乱,转相惊
恐,言邯郸使者方到,二千石以下皆出迎。于是光武趣驾南辕,④

晨夜不敢入城邑，舍食道傍。至饶阳，⑤官属皆乏食。光武乃自称邯郸使者，入传舍。⑥传吏方进食，从者饥，争夺之。传吏疑其伪，乃椎鼓数十通，⑦绐言邯郸将军至，⑧官属皆失色。光武升车欲驰；既而惧不免，徐还坐，曰："请邯郸将军入。"久乃驾去。传中人遥语门者闭之。门长曰："天下讵可知，而闭长者乎?"遂得南出。晨夜兼行，蒙犯霜雪，⑨天时寒，面皆破裂。至呼沱河，⑩无船，适遇冰合，得过，⑪未毕数车而陷。进至下博城西，⑫遑惑不知所之。有白衣老父在道旁，⑬指曰："努力! 信都郡为长安守，去此八十里。"⑭光武即驰赴之，信都太守任光开门出迎。世祖因发旁县，得四千人，先击堂阳、贳县，皆降之。⑮王莽和〔戎〕〔成〕卒正邳彤亦举郡降。⑯[30] 又昌城人刘植，宋子人耿纯，⑰各率宗亲子弟，据其县邑，以奉光武。于是北降下曲阳，⑱众稍合，乐附者至有数万人。

①县名，属涿郡，[31]今幽州县也。本字从"契"从"邑"，见说文。

②说文曰："檄，以木简为书，长尺二寸。谓之檄，以征召也。"又曰："以财有所求曰购。"魏武奏事曰："若有急，即插以鸡羽，谓之羽檄。"

③广阳王名嘉，武帝五代孙。

④趣，急也，读曰促。

⑤县名，属安平国，在饶河之阳，故城在今瀛州饶阳县东北。

⑥客馆也。传音知恋反，下同。

⑦椎音直追反。

⑧绐，言欺诳也，音殆。

⑨蒙，冒也。

⑩山海经云："太戏之山，滹沱之水出焉。"在今代州繁畤县东，流经定州深泽县东南，即光武所度处，今俗犹谓之危度口。臣贤案:呼沱河旧在饶阳南，至魏太祖曹操因饶河故渎决，令北注新沟水，所以今在饶阳县北。

⑪续汉书曰:"时冰滑马僵,乃各以囊盛沙,布冰上度焉。"

⑫下博:县,属信都国。在博水之下,故曰下博。故城在今冀州下博县南。

⑬老父盖神人也,今下博县西犹有祠堂。

⑭信都郡,今冀州也。

⑮堂阳及贳并属钜鹿郡。堂阳在堂水之阳,今冀州县,故城在今冀州鹿城县西南,贳音时夜反。

⑯东观记曰:"王莽分钜鹿为和(戎)〔成〕郡。"卒正,职如太守。

⑰昌城,县,属信都国,故城在今冀州西北。宋子,县,属钜鹿郡,故城在今赵州平棘县北。

⑱县名,属钜鹿郡。常山郡有上曲阳,故此言下。

复北击中山,①拔卢奴。②所过发奔命兵,③移檄边部,共击邯郸,郡县还复响应。南击新市、真定、元氏、防子,皆下之,④因入赵界。

①中山,国,一名中人亭,故城在今定州唐县东北。张曜中山记曰:"城中有山,故曰中山。"

②县名,属中山国,故城在今定州安喜县。水经注曰:"县有黑水故池,水黑曰卢奴,不流曰奴,因以为名。"

③前书音义曰:"旧时郡国皆有材官、骑士,若有急难,权取骁勇者闻命奔赴,故谓之'奔命'。"

④新市,县,属钜鹿郡,故城在今恒州东北。元氏、房子,属常山郡,并今赵州县也。防与房古字通用。

时王郎大将李育屯柏人,①汉兵不知而进,前部偏将朱浮、邓禹为育所破,亡失辎重。光武在后闻之,收浮、禹散卒,与育战于郭门,大破之,尽得其所获。育还保城,攻之不下,于是引兵拔广阿。②会上谷太守耿况、渔阳太守彭宠③各遣其将吴汉、寇恂等将突骑来助击王郎，④更始亦遣尚书仆射谢躬讨郎，⑤光武因大飨士卒，遂东围钜鹿。王郎守将王饶坚守，月馀不下。郎遣将倪宏、刘奉⑥率数万人救钜鹿，光武逆战于南䜌，⑦斩首数千级。四月，进围邯郸，连战破之。五月甲辰，拔其城，诛王郎。收文书，得吏人与郎交关谤毁者数千章。光武不省，会诸将军烧之，曰："令反侧子自安。"⑧

①县名，属赵国，今邢州县，故城在县之西北。

②县名，属钜鹿郡，故城在今赵州象城县西北。

③上谷，郡，故城在今妫州怀戎县。渔阳，郡，在渔水之阳，今幽州县。

④突骑，言能冲突军阵。

⑤汉官仪曰："尚书四员，武帝置，成帝加一为五。有〔常〕侍曹尚书，[32]主丞相御史事；二千石尚书，主刺史、二千石事；户曹尚书，主人庶上书事；主客尚书，主外国四夷事；成帝加三公尚书，主断狱事。仆射，秦官也。仆，主也。古者重武事，每官必有主射以督课之。"谢躬为尚书仆射。

⑥倪音五兮反。

⑦县名，属钜鹿郡，故城在今邢州柏人县东北。左传齐国夏伐晋取栾，即其地也。其后南徙，故加"南"。今俗谓之伦城，声之转也。䜌音力全反。

⑧反侧，不安也。诗国风曰："展转反侧。"

更始遣侍御史持节立光武为萧王，①悉令罢兵诣行在所。②光武辞以河北未平，不就征。自是始贰于更始。③

①萧，县，属沛郡，今徐州县也。续汉书曰："更始使侍御史黄党封上为萧王。"

②蔡邕独断曰："天子以四海为家,故谓所居为行在所。"

③贰,离异也。

是时长安政乱,四方背叛。梁王刘永擅命睢阳,①公孙述称王巴蜀,②李宪自立为淮南王,③秦丰自号楚黎王,④张步起琅邪,⑤董宪起东海,⑥延岑起汉中,⑦田戎起夷陵,⑧并置将帅,侵略郡县。又别号诸贼铜马、大肜、高湖、重连、铁胫、大抢、尤来、上江、青犊、五校、檀乡、五幡、五楼、富平、获索等,⑨各领部曲,⑩众合数百万人,所在寇掠。

①县名,属梁郡,今宋州也。擅,专也。

②蜀有巴郡,故总言之。

③淮南,郡,今寿州也。

④习凿齿襄阳记曰："秦丰,黎丘乡人。黎丘楚地,故称楚黎王。"黎丘故城在今襄州率道县北。

⑤郡〔名〕。有琅邪山,故城〔在〕今海州朐山县东北。〔33〕

⑥郡名,今海州县。

⑦郡名,故城在今梁州南郑县东北。

⑧县名,属南郡。有夷山,故曰夷陵,今硖州县也,故城在今县西北。

⑨诸贼或以山川土地为名,或以军容强盛为号。铜马贼帅东山荒秃、上淮况等,大肜渠帅樊重,〔34〕尤来渠帅樊崇,五校贼帅高扈,檀乡贼帅董次仲,五楼贼帅张文,富平贼帅徐少,获索贼帅古师郎等,并见东观记。

⑩续汉志曰："大将军营有五部,部三校尉。部下有曲,曲有军候一人。"

光武将击之,先遣吴汉北发十郡兵。幽州牧苗曾不从,汉遂斩曾而发其众。秋,光武击铜马于鄡,①吴汉将突骑来会清阳。②贼数挑战,③光武坚营自守;有出卤掠者,辄击取之,④绝其粮道。积月馀日,贼食尽,夜遁去,追至馆陶,大破之。⑤受降未尽,而高湖、重连从东南来,与铜马馀众合,光武复与大战于蒲阳,悉破降之,封其渠帅为列侯。⑥降者犹不自安,光武知其意,敕令各归营勒兵,乃自乘轻骑按行部陈。降者更相语曰:"萧王推赤心置人腹中,安得不投死乎!"⑦由是皆服。悉将降人分配诸将,众遂数十万,故关西号光武为"铜马帝"。赤眉别帅与大肜、青犊十馀万众在射犬,⑧光武进击,大破之,众皆散走。使吴汉、岑彭袭杀谢躬于邺。

①县名,属钜鹿郡,故城在今冀州鹿城县东。鄡音苦尧反。竹书纪年曰:"卫鞅封于鄡。"臣贤案:下文云"吴汉将突骑来会清阳",又"追至馆陶",并与鄡相近。俗本多误作"邬",而萧该音一古反,云属太原郡,臧(矜)〔竞〕音作鄸,[35]一建反,云属襄阳郡,并误也。

②县名,属清河郡,今贝州县,故城在州西北。

③挺身独战也,古谓之致师,见左传。挑音徒了反。

④卤与虏同。郭璞注尔雅曰:"掠,夺取也。"

⑤馆陶,县,属魏郡,今魏州县。

⑥前书音义曰"蒲阳山,蒲水所出",在今定州北平县西北。本或作"满阳"。渠,大也。尚书:"歼厥渠魁。"列侯即彻侯也。称列者,言见序列也。

⑦投死犹言致死。

⑧续汉志曰野王县有射犬聚,故城在今怀州武德县北也。

青犊、赤眉贼入函谷关,攻更始。①光武乃遣邓禹率六裨将引兵而西,以乘更始、赤眉之乱。时更始使大司马朱鲔、舞阴王李轶等屯洛阳,②光武亦令冯异守孟津以拒之。③

①函谷,谷名,因谷以名关。旧在弘农湖城县西,前书杨仆为楼船将军,有功,耻居关外,武帝乃为徙于新安。故关在今洛州新安县之东。

②舞阴，县，属南阳郡，故城在今唐州沘阳县西北。

③孔安国注尚书云："孟，地名，在洛北，都道所凑，古今以为津。"论衡曰："武王伐纣，八百诸侯同于此盟，故曰盟津。"俗名治戍津，今河阳县津也。

建武元年春正月，平陵人方望①立前孺子刘婴为天子，②更始遣丞相李松击斩之。

①平陵，昭帝陵也，因以为县，故城在今咸阳县西北。

②平帝崩，王莽立楚孝王孙广戚侯显子婴为孺子。莽篡位，废为定安公。

光武北击尤来、大抢、五幡于元氏，追至右北平，连破之。①又战于顺水北，②乘胜轻进，反为所败。贼追急，短兵接，③光武自投高岸，遇突骑王丰，下马授光武，光武抚其肩而上，顾笑谓耿弇曰："几为虏嗤。"弇频射却贼，得免。士卒死者数千人，散兵归保范阳。④军中不见光武，或云已殁，⑤诸将不知所为。吴汉曰："卿曹努力！⑥王兄子在南阳，何忧无主？"⑦众恐惧，数日乃定。贼虽战胜，而素慑大威，⑧客主不相知，夜遂引去。大军复进至安次，⑨与战，破之，斩首三千馀级。贼入渔阳，乃遣吴汉率耿弇、陈俊、马武等十二将军追战于潞东，⑩[36]及平谷，大破灭之。⑪

①北平，县，属中山国，今易州永乐县也。臣贤案：东观记、续汉书并无"右"字，此加"右"，误也。营州西南别有右北平郡故城，非此地。

②郦元水经注云："徐水经北平县故城北，光武追铜马、五幡，破之于顺水，即徐水之别名也。"在今易州。本或作"慎"者，误也。

③短兵谓刀剑也。楚辞曰："车错毂兮短兵接。"

④县名，在范水之阳，属涿郡，故城在今易州易县东南。

⑤东观记曰:"上已乘王丰小马先到矣,营门不觉。"

⑥曹,辈也。

⑦兄子谓伯升子章及兴也。

⑧愢,惧也,音之涉反。

⑨县名,属勃海郡,今幽州县也,故城在县东。

⑩潞,县名,属渔阳郡,今幽州县也。有潞水,因以为名。萧该音义云:
　　"潞属上党。"臣贤案:潞与渔阳相接,言上党潞者非也。

⑪平谷,县,属渔阳郡,故城在今潞县北。

朱鲔遣讨难将军苏茂攻温,①冯异、寇恂与战,大破之,斩其将贾彊。

①今洛州县。

于是诸将议上尊号。马武先进曰:"天下无主。如有圣人承敝
而起,虽仲尼为相,孙子为将,犹恐无能有益。反水不收,后悔无
及。①大王虽执谦退,奈宗庙社稷何! 宜且还蓟即尊位,乃议征伐。
今此谁贼而驰鹜击之乎?"②光武惊曰:"何将军出是言? 可斩
也!"武曰:"诸将尽然。"光武使出晓之,③乃引军还至蓟。

①言早当即尊位以定众心,今执谦退,失于事机也。孙子名武,吴王阖
　　闾将,善用兵,有兵法十三篇。反音翻。

②谁谓未有主也。前书音义曰:"直骋曰驰,乱驰曰鹜。"

③使晓谕诸将。

夏四月,公孙述自称天子。

光武从蓟还,过范阳,命收葬吏士。至中山,诸将复上奏曰:
"汉遭王莽,宗庙废绝,豪杰愤怒,兆人涂炭。①王与伯升首举义兵,
更始因其资以据帝位,而不能奉承大统,败乱纲纪,盗贼日多,群生
危蹙。②大王初征昆阳,王莽自溃;后拔邯郸,北州弭定;参分天下

17

而有其二,跨州据土,带甲百万。言武力则莫之敢抗,论文德则无所与辞。臣闻帝王不可以久旷,[37] 天命不可以谦拒,惟大王以社稷为计,万姓为心。"光武又不听。

①尚书曰:"人坠涂炭。"孔安国注云:"若陷泥坠火,无救之者。"

②嫛,迫也,音子六反。

行到南平棘,①诸将复固请之。光武曰:"寇贼未平,四面受敌,何遽欲正号位乎? 诸将且出。"耿纯进曰:"天下士大夫捐亲戚,弃土壤,从大王于矢石之间者,其计固望其攀龙鳞,附凤翼,以成其所志耳。②今功业即定,天人亦应,而大王留时逆众,不正号位,纯恐士大夫望绝计穷,则有去归之思,无为久自苦也。大众一散,难可复合。时不可留,众不可逆。"纯言甚诚切,光武深感,曰:"吾将思之。"

①县名,属常山郡,今赵州县,故城在县南。

②杨雄法言曰:"攀龙鳞,附凤翼,巽以扬之。"

行至鄗,①光武先在长安时同舍生彊华②自关中奉赤伏符,曰"刘秀发兵捕不道,四夷云集龙斗野,四七之际火为主"。③群臣因复奏曰:"受命之符,人应为大,④万里合信,不议同情,周之白鱼,曷足比焉?⑤今上无天子,海内淆乱,符瑞之应,昭然著闻,宜答天神,以塞群望。"光武于是命有司设坛场于鄗南千秋亭五成陌。⑥

18

①县名,今赵州高邑县也。鄗音火各反。

②续汉书曰:"彊华,颍川人也。"彊音其两反。

③四七,二十八也。自高祖至光武初起,合二百二十八年,即四七之际也。汉火德,故火为主也。

④谓彊华奉赤伏符也。

⑤尚书中候曰"武王伐纣,度孟津,中流白鱼跃入王舟,长三尺,赤文有

字,告以伐纣之意"也。

⑥坛谓筑土,场谓除地。秦法,十里一亭。南北为阡,东西为陌。其地在今赵州柏乡县。水经注曰,亭有石坛,坛有圭头碑,其阴云常山相陇西狄道冯龙所造。坛(庙)之东,〔38〕枕道有两石翁仲,南北相对焉。

六月己未,即皇帝位。燔燎告天,①禋于六宗,②望于群神。③其祝文曰:"皇天上帝,后土神祇,眷顾降命,属秀黎元,④为人父母,秀不敢当。群下百辟,不谋同辞,⑤咸曰:'王莽篡位,秀发愤兴兵,破王寻、王邑于昆阳,诛王郎、铜马于河北,平定天下,海内蒙恩。上当天地之心,下为元元所归。'⑥谶记曰:'刘秀发兵捕不道,卯金修德为天子'。⑦秀犹固辞,至于再,至于三。群下佥曰:'皇天大命,不可稽留。'敢不敬承。"于是建元为建武,大赦天下,改鄗为高邑。

①天高不可达,故燔柴以祭之,庶高烟上通也。尔雅云:"祭天曰燔柴。"燔音烦。燎音力吊反。

②精意以享谓之禋。续汉志:"平帝元始中,谓六宗为易卦六子之气,水、火、雷、风、山、泽也。光武中兴,遵而不改。至安帝即位,初改六宗为天地四方之宗,祠于洛阳之北,戌亥之地。"

③山林川谷能兴致云雨者皆曰神。不可偏至,故望而祭之。尚书曰:"望于山川,偏于群神。"

④属音烛。

⑤诗大雅曰:"百辟卿士。"郑玄注云:"百辟,畿内诸侯也。"

⑥元元谓黎庶也。元元犹言喁喁,可矜怜之辞也。

⑦卯金,刘字也。春秋演孔图曰:"卯金刀,名为〔刘〕,〔39〕赤帝后,次代周。"

是月,赤眉立刘盆子为天子。

甲子，前将军邓禹击更始定国公王匡于安邑，[40]大破之，①斩其将刘均。

①安邑，县，属河东郡，今蒲州县也。

秋七月辛未，拜前将军邓禹为大司徒。丁丑，以野王令王梁为大司空。①壬午，以大将军吴汉为大司马，偏将军景丹为骠骑大将军，大将军耿弇为建威大将军，偏将军盖延为虎牙大将军，偏将军朱祐为建义大将军，[41]中坚将军杜茂为大将军。

①野王，县，属河内郡，故城在今怀州。时据赤伏符文，故从县宰而超拜之，事具梁传。

时宗室刘茂自号"厌新将军"，①率众降，封为中山王。

①王莽号新室，言欲厌胜之。

己亥，幸怀。①遣耿弇率强弩将军陈俊军五社津，②备荥阳以东。使吴汉率朱祐及廷尉岑彭、③执金吾贾复、④扬化将军坚镡等十一将军⑤围朱鲔于洛阳。

①县名，属河内郡，故城在今怀州武陟县西。天子所行必有恩幸，故称幸。

②水经注曰："巩县北有五社津，一名土社津。有山临河，其下有穴，潜通淮浦。有渚，谓之鲔渚。"吕览云"武王伐纣至鲔水"，即此地。

③前书"廷尉，秦官"也。听狱必质于朝廷，与众共之。尉，平也，[42]故称廷尉。

④前书曰："中尉，秦官，武帝改为执金吾。"吾，御也，掌执兵革以御非常。

⑤镡音徒南反。

八月壬子，祭社稷。癸丑，祠高祖、太宗、世宗于怀宫。进幸河阳。更始廪丘王田立降。①

①廪丘,县,属东郡,〔故〕城在今濮州雷泽县北也。[43]

九月,<u>赤眉</u>入<u>长安</u>,<u>更始</u>奔<u>高陵</u>。辛未,诏曰:①"<u>更始</u>破败,弃城逃走,妻子裸袒,流冗道路。②朕甚愍之。今封<u>更始</u>为<u>淮阳王</u>。③吏人敢有贼害者,罪同大逆。"

①汉制度曰:"帝之下书有四:一曰策书,二曰制书,三曰诏书,四曰诫敕。策书者,编简也,其制长二尺,短者半之,篆书,起年月日,称皇帝,以命诸侯王。三公以罪免亦赐策,而以隶书,用尺一木,两行,唯此为异也。制书者,帝者制度之命,其文曰制诏三公,皆玺封,尚书令印重封,露布州郡也。诏书者,诏,告也,其文曰告某官云〔云〕,[44]如故事。诫敕者,谓敕刺史、太守,其文曰有诏敕某官。它皆仿此。"

②冗音人勇反。冗,散也。

③淮阳,郡,故城在今陈州宛丘县西南。

甲申,以前(高)密令<u>卓茂</u>为太傅。①[45]

①高密,县,属高密国,今密州县,故城在今县之西南。<u>卓</u>以<u>平帝</u>时为密令,[46]故曰"前"。

辛卯,<u>朱鲔</u>举城降。

冬十月癸丑,车驾入<u>洛阳</u>,幸<u>南宫却非殿</u>,遂定都焉。①

①蔡质汉典职仪曰:"南宫至北宫,中央作大屋,复道,三道行,天子从中道,从宫夹左右,十步一卫。两宫相去七里。"又洛阳宫阁名有却非殿。臣贤案:俗本或作"御北殿"者,误。

遣<u>岑彭</u>击<u>荆州</u>群贼。

十一月甲午,幸<u>怀</u>。

<u>刘永</u>自称天子。

十二月丙戌，至自怀。

赤眉杀更始，而隗嚣据陇右，卢芳起安定。①破虏大将军叔寿击五校贼于曲梁，战殁。②

①郡名，今泾州县。

②曲梁属广平国，今洺州县也。

二年春正月甲子朔，日有食之。①大司马吴汉率九将军击檀乡贼于邺东，大破降之。庚辰，封功臣皆为列侯，大国四县，馀各有差。下诏曰："人情得足，苦于放纵，快须臾之欲，忘慎罚之义。②惟诸将业远功大，诚欲传于无穷，宜如临深渊，如履薄冰，战战栗栗，日慎一日。③其显效未詶，名籍未立者，大鸿胪趣上，④朕将差而录之。"博士丁恭议曰："古帝王封诸侯不过百里，⑤故利以建侯，取法于雷，⑥强干弱枝，所以为治也。今封诸侯四县，不合法制。"帝曰："古之亡国，皆以无道，未尝闻功臣地多而灭亡者。"乃遣谒者即授印绶，⑦策曰："在上不骄，高而不危；制节谨度，满而不溢。敬之戒之。传尔子孙，长为汉藩。"⑧

①续汉志曰："在危八度。虚、危，齐地。贼张步拥兵据齐，至五年乃破。"

②尚书曰："周不明德慎罚，亦克用劝。"孔安国注云"慎刑罚，亦能用劝善"也。

③太公金匮曰："黄帝居人上，惴惴若临深渊；舜居人上，矜矜如履薄冰；禹居人上，栗栗如不满日。敬胜怠则吉，义胜欲则昌，日慎一日，寿终无殃。"

④续汉志曰："大鸿胪，卿一人，中二千石，掌诸王入朝及拜诸侯封者。"趣音促。

⑤史记太史公曰："武王、成、康所封数百，而同姓五十，地不过百里。"

⑥易屯卦震下坎上，震为雷，初九曰"利建侯"，又曰"震惊百里"，故封诸
侯地方百里，以法雷也。

⑦前书曰："谒者，秦官，掌宾赞受事，员七十人，秩比六百石。"中兴但三
十人。蔡质〔汉〕典职仪曰：[47]"皆选仪容端正，任奉使者。"前书曰：
"诸侯王，金玺盭绶。列侯，金印紫绶。"盭音戾，草名也。[48]似艾，可
梁绿，因以名绶也。

⑧藩，屏也。言建诸侯所以为国之藩蔽也。诗大雅曰："四国于藩。"

壬午，更始复汉将军邓晔、辅汉将军于匡降，皆复爵位。

壬子，起高庙，建社稷于洛阳，立郊兆于城南，始正火德，色
尚赤。①

①汉礼制度曰："人君之居，前有朝，后有寝。终则制庙以象朝，后制寝
以象寝。光武都洛阳，乃合高祖以下至平帝为一庙，藏十一帝主于其
中。元帝次当第八，光武第九，故立元帝为祖庙，[49]后遵而不改。"续
汉志曰："立社稷于洛阳，在宗庙之右，皆方坛，四面及中各依方色，无
屋，有墙门而已。"白虎通曰："天子之坛方五丈，诸侯之坛半天子之
坛。社者，土也，人非土不立，非穀不食，故封土立社，示有土也。稷
者，五穀之长，得阴阳中和之气，故祭之也。"续汉书曰："制郊兆于洛
阳城南七里，为坛，八陛，中又为重坛，天地位皆在坛上。其外坛上为
五帝位，青帝位在甲寅，赤帝位在丙巳，黄帝位在丁未，白帝位在庚
申，黑帝位在壬亥。其外为壝，重营皆紫，以象紫宫。营有通道以为
门，日月在营内南道，日在东，月在西。北斗在北道之西。外营、中营
凡千五百一十四神，高皇帝配食焉。北郊在洛阳城北四里，方坛，四
陛。地祇位南面，西上；高皇后配，西面，皆在坛上；地理群后从食，[50]
皆在坛下；中岳在末；四岳各依其方，淮、海俱在东，河在西，济在北，
江在南，馀山川各如其方。"汉初土德，色尚黄，至此始明火德，微帜尚

23

赤,服色于是乃正。

是月,赤眉焚西京宫室,发掘园陵,①寇掠关中。大司徒邓禹入长安,遣府掾奉十一帝神主,纳于高庙。②

①园谓茔域,陵谓山坟。

②汉官仪曰:"司徒府掾属三十一人,秩千石。"十一帝谓高祖至平帝。神主,以木为之,方尺二寸,穿中央,达四方。天子主长尺二寸,诸侯主长一尺。虞主用桑。练主用栗。卫宏旧汉仪曰:"已葬,收主,为木函,藏庙太室中西壁坎中,去地六尺一寸,祭则立主于坎下。"

真定王杨、临邑侯让谋反,①[51]遣前将军耿纯诛之。

①杨,景帝七代孙。让即杨弟。

二月己酉,幸修武。①

①县名,属河内郡,本殷之宁邑。韩诗外传曰:"武王伐纣,勒兵于宁,改曰修武。"今怀州县也。

大司空王梁免。壬子,以太中大夫宋弘为大司空。

遣骠骑大将军景丹率征虏将军祭遵等二将军击弘农贼,破之,因遣祭遵围蛮中贼张满。①

①蛮中,聚名,故戎蛮子国,在今汝州西南,俗谓之麻城。

渔阳太守彭宠反,攻幽州牧朱浮于蓟。

延岑自称武安王于汉中。

辛卯,至自修武。

三月乙未,大赦天下,[52]诏曰:"顷狱多冤人,用刑深刻,朕甚愍之。孔子云:'刑罚不中,则民无所措手足。'①其与中二千石、诸大夫、博士、议郎议省刑法。"

①论语之文。

遣执金吾贾复率二将军击更始郾王尹遵，破降之。①

①"遵"或作"尊"。

骁骑将军刘植击密贼，战殁。①

①密，县，属河南郡，今洛州县。

遣虎牙大将军盖延率四将军伐刘永。夏四月，围永于睢阳。更始将苏茂杀淮阳太守潘蹇而附刘永。

甲午，封叔父良为广阳王，兄子章为太原王，章弟兴为鲁王，舂陵侯嫡子祉为城阳王。①

①城阳，国，故城在今沂州临沂县南。

五月庚辰，封更始元氏王歙为泗水王，①故真定王杨子得为真定王，[53]周后姬常为周承休公。②

①泗水，国，今兖州县也。

②武帝封周后姬嘉为周子南君，成帝封姬延为周承休公，常即延之后。[54]承休所封，故城在今汝州东北。

癸未，诏曰："民有嫁妻卖子欲归父母者，恣听之。敢拘执，论如律。"

六月戊戌，立贵人郭氏为皇后，子彊为皇太子，大赦天下。增郎、谒者、从官秩各一等。①丙午，封宗子刘终为淄川王。②

①前书曰："郎官掌守门户，出充车骑。有议郎、中郎、侍郎、郎中，秩六百石巳下。"

②淄川，国，今淄州县。

秋八月，帝自将征五校。丙辰，幸内黄，①大破五校于羛阳，降之。②

①县名，属魏郡，今相州县。

②羑阳,聚名,属魏郡,故城在今相州尧城县东。诸本有作"菜"者,误也。左传云:"晋荀盈如齐逆女,还,卒于戏阳。"杜预注云:"内黄县北有戏阳城。"戏与羑同,音许宜反。

遣游击将军邓隆救朱浮,与彭宠战于潞,隆军败绩。

盖延拔睢阳,刘永奔谯。①

①今亳州县。

破虏将军邓奉据淯阳反。

九月壬戌,至自内黄。

骠骑大将军景丹薨。

延岑大破赤眉于杜陵。①

①县名,属京兆,周之杜伯国,在今万年县东南。

关中饥,民相食。

冬十一月,以廷尉岑彭为征南大将军,率八将军讨邓奉于堵乡。①

①水经注曰:"堵水南经小堵乡。"在今唐州方城县。堵音者。

铜马、青犊、尤来馀贼共立孙登为天子于上郡。①登将乐玄杀登,以其众五万馀人降。

①春秋保乾图曰:"贼臣起,名孙登,巧用法,多技方。"盖立以应之。上郡故城在今泾州上县东南。

遣偏将军冯异代邓禹伐赤眉。

使太中大夫伏隆持节安辑青徐二州,招张步降之。①

①尔雅曰:"辑,和也。"音集。

十二月戊午,诏曰:"惟宗室列侯为王莽所废,先灵无所依归,

朕甚愍之。其并复故国。若侯身已殁,属所上其子孙见名尚书,
封拜。"①

①属所谓侯子孙所属之郡县也。录其见名上于尚书,封拜之。

是岁,盖延等大破刘永于沛西。①初,王莽末,天下旱蝗,黄金
一斤易粟一斛;至是野谷旅生,②麻尗尤盛,野蚕成茧,被于山阜,
人收其利焉。

①沛,今徐州县也。
②旅,寄也。不因播种而生,故曰旅。今字书作"穭",音吕,古字通。

三年春正月甲子,以偏将军冯异为征西大将军,杜茂为骠骑大
将军。大司徒邓禹及冯异与赤眉战于回溪,①禹、异败绩。

①溪名也,俗名回坑,在今洛州永宁县东。

征虏将军祭遵破蛮中,斩张满。

辛巳,立皇考南顿君已上四庙。

壬午,大赦天下。

闰月乙巳,大司徒邓禹免。

冯异与赤眉战于崤底,大破之①,馀众南向宜阳,②帝自将征
之。己亥,幸宜阳。甲辰,亲勒六军,大陈戎马,大司马吴汉精卒当
前,中军次之,骁骑、武卫分陈左右。赤眉望见震怖,遣使乞降。丙
午,赤眉君臣面缚,③奉高皇帝玺绶,④诏以属城门校尉。⑤戊申,至
自宜阳。己酉,诏曰:"群盗纵横,贼害元元,盆子窃尊号,乱惑天
下。朕奋兵讨击,应时崩解,十馀万众束手降服,先帝玺绶归之王
府。斯皆祖宗之灵,士人之力,朕曷足以享斯哉!⑥其择吉日祠高
庙,赐天下长子当为父后者爵,人一级。"

①崤,山名;底,阪也。一名嶔岑山,在今洛州永宁县西北。

②县名,属弘农郡,韩国都也,故城在今洛州福昌县东韩城是也。

③面,偝也。谓反偝而缚之。

④蔡邕独断曰:"皇帝六玺,皆玉螭虎纽,文曰'皇帝行玺'、'皇帝之
玺'、'皇帝信玺'、'天子行玺'、'天子之玺'、'天子信玺',皆以武都
紫泥封之。"玉玺谱曰:"传国玺是秦始皇初定天下所刻,其玉出蓝田
山,丞相李斯所书,其文曰'受命于天,既寿永昌'。高祖至霸上,秦王
子婴献之。至王莽篡位,就元后求玺,不与,以威逼之,乃出玺投地,
玺上螭一角缺。乃莽败,李松持玺诣宛上更始;更始败,玺入赤眉;刘
盆子既败,以奉光武。"

⑤前书曰"城门校尉,掌京师城门屯兵,秩比二千石"也。

⑥享,当也。

二月己未,祠高庙,受传国玺。

刘永立董宪为海西王,①张步为齐王。步杀光禄大夫伏隆
而反。

①海西,县,属琅邪郡。

幸怀。遣吴汉率二将军击青犊于轵西,大破降之。①

①轵,县,属河内郡,故城在今洛州济源县东南。

三月壬寅,以大司徒司直伏湛为大司徒。①

①续汉志曰:"光武即位,依武帝故事置司徒司直,建武十一年省。"

彭宠陷蓟城,宠自立为燕王。

帝自将征邓奉,幸堵阳。夏四月,大破邓奉于小长安,斩之。

冯异与延岑战于上林,破之。①

①关中上林苑也。

吴汉率七将军与刘永将苏茂战于广乐，大破之。①虎牙大将军盖延围刘永于睢阳。

①广乐地阙，今宋州虞城县有长乐故城，盖避隋炀帝讳。

五月己酉，车驾还宫。

乙卯晦，日有食之。①

①续汉志曰："日在柳十四度。柳，河南也。时樊崇谋作乱，其七月伏诛。"

六月壬戌，大赦天下。

耿弇与延岑战于穰，大破之。①

①穰，县，属南阳郡，今邓州县。

秋七月，征南大将军岑彭率三将军伐秦丰，战于黎丘，大破之，获其将蔡宏。

庚辰，诏曰："吏不满六百石，下至墨绶长、相，有罪先请。①男子八十以上，十岁以下，及妇人从坐者，自非不道、诏所名捕，皆不得系。②当验问者即就验。女徒雇山归家。"③

①续汉志曰："县大者置令一人，千石；其次置长，四百石；小者三百石。侯国之相亦如之。皆掌理人，并秦制。"

②诏书有名而特捕者。

③前书音义曰："令甲：女子犯徒遣归家，每月出钱雇人于山伐木，名曰雇山。"

盖延拔睢阳，获刘永，而苏茂、周建立永子纡为梁王。

冬十月壬申，幸舂陵，祠园庙，因置酒旧宅，大会故人父老。①

十一月乙未，至自舂陵。

①光武旧宅在今随州枣阳县东南。宅南二里有白水焉，即张衡所谓"龙

飞白水"也。

涿郡太守张丰反。①

①涿郡故城在今幽州范阳县。

是岁,李宪自称天子。西州大将军隗嚣奉奏。①建义大将军朱
祐率祭遵与延岑战于东阳,斩其将张成。②

①时邓禹承制命嚣为西州大将军,专制凉州、朔方事。

②东阳,聚名也,故城在今邓州南。临淮郡复有东阳县,非此地也。

四年春正月甲申,大赦天下。

二月壬子,幸怀。壬申,至自怀。

遣右将军邓禹率二将军与延岑战于武当,破之。①

①武当,县,属南阳郡,有武当山,今均州县也。

夏四月丁巳,幸邺。已巳,进幸临平。①

①县名,属钜鹿郡,故城在今定州鼓城县东南。

遣大司马吴汉击五校贼于箕山,大破之。①

①吴汉传曰东郡箕山。

五月,进幸元氏。辛巳,进幸卢奴。

遣征虏将军祭遵率四将军讨张丰于涿郡,斩丰。

六月辛亥,车驾还宫。

七月丁亥,幸谯。遣捕虏将军马武、偏将军王霸围刘纡于
垂惠。①

①垂惠,聚名,在今亳州山桑县西北,一名礼城。

董宪将贲休以兰陵城降,宪围之。①虎牙大将军盖延率平狄将

军庞萌救贲休,不克,兰陵为宪所陷。

①前书曰贲赫。贲音肥,今姓作(贲)〔奔〕音(奔)。〔55〕兰陵,县,属东海

郡,故城在今沂州丞县东。

秋八月戊午,进幸寿春。①

①今寿州县。

太中大夫徐恽擅杀临淮太守刘度,恽坐诛。

遣扬武将军马成率三将军伐李宪。九月,围宪于舒。①

①县名,故城在今庐州庐江县西。

冬十月甲寅,车驾还宫。

太傅卓茂薨。

十一月丙申,幸宛。遣建议大将军朱祐率二将军围秦丰于黎

丘。十二月丙寅,进幸黎丘。

是岁,征西大将军冯异与公孙述将程焉战于陈仓,破之。

五年春正月癸巳,车驾还宫。

二月丙午,大赦天下。

捕虏将军马武、偏将军王霸拔垂惠。

乙丑,幸魏郡。①

①今相州也。

壬申,封殷后孔安为殷绍嘉公。①

①成帝封孔吉为殷绍嘉公,安即吉之裔也。

彭宠为其苍头所杀,渔阳平。①

①秦呼人为黔首。谓奴为苍头者,以别于良人也。

大司马吴汉率建威大将军耿弇击富平、获索贼于平原,大破降
之。①复遣耿弇率二将军讨张步。

①平原,郡,今德州县也。

三月癸未,徙广阳王良为赵王,始就国。

平狄将军庞萌反,杀楚郡太守孙萌而东附董宪。

遣征南大将军岑彭率二将军伐田戎于津乡,大破之。①

①南郡有津乡,故城在今荆州江陵县东。

夏四月,旱,蝗。

河西大将军窦融始遣使贡献。

五月丙子,诏曰:"久旱伤麦,秋种未下,朕其忧之。将残吏未
胜,狱多冤结,元元愁恨,感动天气乎?其令中都官、三辅、郡、国出
系囚,①罪非犯殊死一切勿案,②见徒免为庶人。务进柔良,退贪
酷,各正厥事焉。"③

①前书音义曰:"中都官谓京师诸官府也。国谓诸侯王国也。"

②殊死谓斩刑。殊,绝也。左传曰:"斩其木而弗殊。"一切谓权时,非久
　制也。并见前书音义。

③臣贤案:范晔序例云"帝纪略依春秋,唯字彗、日食、地震书,馀悉备于
　志"。流俗本于此下多有"甲申,白虹见,南北竟天"者,误。它皆
　放此。

六月,建义大将军朱祐拔黎丘,获秦丰;而庞萌、苏茂围桃
城。①帝时幸蒙,②因自将征之。先理兵任城,乃进救桃城,大破
萌等。

①任城国有桃聚,故城在今兖州任城县北。

②县名,属梁国,故城在今宋州北。

秋七月丁丑,幸沛,祠高原庙。^①诏修复西京园陵。进幸湖陵,征董宪。^②又幸蕃,^③遂攻董宪于昌虑,大破之。^④

①前书音义曰:"原,再也。"谓已立庙,更立者为原。

②湖陵,县,属山阳郡,故城在今兖州方与县东,一名湖陆。

③县名,属鲁国,故城在今徐州滕县。蕃音皮。[56]

④昌虑,县,属东海郡,故城在今徐州滕县东南。古邿国之滥邑也。左传曰"邾庶其以滥来奔",即此地。

八月己酉,进幸郯,^①留吴汉攻刘纡、董宪等,车驾转徇彭城、下邳。吴汉拔郯,获刘纡;汉进围董宪、庞萌于朐。^②

①县名,属东海郡,故城在今泗州下邳县东北。郯音谈。

②县名,属东海郡,故城在今海州朐山县西。音其于反。

冬十月,还,幸鲁,使大司空祠孔子。

耿弇等与张步战于临淄,大破之。^①帝幸临淄,进幸剧。^②张步斩苏茂以降,齐地平。

①临淄,今青州县。

②县名,故城在今青州寿光县南,故纪国城也。

初起太学。^①车驾还宫,幸太学,赐博士弟子各有差。

①陆机洛阳记曰:"太学在洛阳城故开阳门外,去宫八里,讲堂长十丈,广三丈。"

十一月壬寅,大司徒伏湛免,尚书令侯霸为大司徒。

十二月,卢芳自称天子于九原。^①

①县名,属五原郡,故城在今胜州银城县。[57]

西州大将军隗嚣遣子恂入侍。

交阯牧邓让率七郡太守遣使奉贡。^①

①交阯,郡,今交州县也。南滨大海。舆地志云:"其夷足大指开析,两足并立,指则相交。"阯与趾同,古字通。应劭汉官仪曰:"始开北方,遂交于南,为子孙基阯也。"七郡谓南海、苍梧、郁林、合浦、交阯、九真、日南,并属交州,见续汉书。

诏复济阳二年徭役。①

①济阳,县,故城在今曹州冤句县西南。皇考南顿君初为济阳令,以哀帝建平元年帝生于济阳宫,故复之。前书音义曰:"复谓除其赋役也。复音福。"

是岁,野穀渐少,田亩益广焉。

【校勘记】

〔1〕出自景帝生长沙定王发 刘攽东汉书刊误谓"生"当作"子"。按:集解引惠栋说,谓东观记世祖纪云"世祖光武皇帝,高祖九世孙,承文、景之统,出自长沙定王发,定王生舂陵节侯",本书自明,范氏易其文而义反晦耳。

〔2〕本属零陵(冷)〔泠〕道县 据汲本改。

〔3〕故城(今)在〔今〕随州枣阳县东 据张楷读史举正改。

〔4〕今(郴)〔贵〕州县 王先谦谓郁林今浔州府贵县,贵县唐为贵州县,作"郴"误。今据改。

〔5〕庭中骨起 按:殿本、集解本"庭中"作"中庭"。

〔6〕王莽〔始〕建国六年 据刊误补。

〔7〕天凤六年改为地皇 按:张楷谓据前书"六"当作"七"。

〔8〕字星光芒短蓬然 按:姚范援鹑堂笔记谓前书文纪文颖注"字星光芒短,其光四出蓬蓬字字也",则此注"蓬然"当重一"蓬"字。

〔9〕谓〔武冠〕武官冠之 据刊误补。

〔10〕更始元年正月甲子朔 张楷读史举正及黄山后汉书校补并谓据下

文“二月辛巳”，则正月甲子非朔。今按：是年正月壬子朔，此或衍“朔”字，或“甲子”为“壬子”之讹。

〔11〕前书曰　按：张熷谓引前书非本文，“书”下当有“音义”二字。

〔12〕属南〔阳〕郡　按：张熷谓“南”下当有“阳”字。今据补。

〔13〕故城在今邓州南阳县南(在)淯水之阳　据殿本删。

〔14〕得定武侯家丞印　按：沈家本后汉书琐言谓前书无“定武”，未知是班夺，抑东观记误也。

〔15〕〔鄢〕音于建反　据汲本、殿本补。

〔16〕欲分留守之　按：通鉴“留”作“兵”。

〔17〕(诏)〔昭〕如海滨　据殿本改，与前书莽传合。

〔18〕骠骑大将军武帝置自霍去病始　按：钱大昕廿二史考异谓去病为骠骑将军，无“大”字。

〔19〕钲鼓之声闻数百里　按：袁宏后汉纪“数百里”作“数十里”。御览二八三引同。

〔20〕城中负户而汲　按：御览二八三引“户”作“楯”。

〔21〕谓营头之星也　按：御览三二八引“谓”上有“所”字。

〔22〕光武遂与营部俱进　按：张文虎舒艺室随笔谓“营部”不辞，通典一五八引“营部”上有“诸”字，通鉴同。“诸”字不可少。

〔23〕贤万人曰杰　殿本、集解本“贤”下有“过”字。按：白虎通圣人篇作“万人曰杰”。

〔24〕少年子弟　按：前书莽传“子”作“朱”。殿本同，考证谓监本作“于”，宋本作“宋”。

〔25〕秩(比)二千石　据前书百官公卿表删。按：前书云“自司隶至虎贲、校尉秩皆二千石”；此“比”字疑即“皆”字之脱其下半。

〔26〕(并)音其物反　据刊误删。

〔27〕裗裾　按：“裗”原讹“裗”，径据汲本、殿本改正。

〔28〕诸(事)曹〔掾〕史　刊误谓案文多一“事”字。按：百官志作“诸曹掾

史",今据改。

〔29〕东观记(日)林作临字　按:于文明衍"日"字,今删。

〔30〕王莽和(戎)〔成〕卒正邳彤亦举郡降　按:邳彤传"和戎"作"和成",张燧谓当从彤传。又沈家本谓按邳彤传"戎"作"成",注引东观记亦作"成",只此传误。水经浊漳水注引作"和城",城成书多通用也。今据改。又按:汲本"彤"作"肜"。

〔31〕县名属涿郡　按:张燧谓案前志,蓟属广阳国,续志属广阳郡,皆无"属涿郡"之文。

〔32〕有〔常〕侍曹尚书　据刊误补。

〔33〕郡〔名〕有琅邪山故城〔在〕今海州朐山县东北　刊误谓"郡"下少一"名"字,"城"下少一"在"字。今据补。

〔34〕大肜渠帅樊重　按:耿弇传"故大肜渠帅重异",李注"重姓,异名",此作"樊重",似讹。

〔35〕臧(矜)〔竞〕音作鄳　按:集解引惠栋说,谓"矜"当作"竞",隋书经籍志范汉音训三卷,陈宗道先生臧竞撰。今据改。

〔36〕乃遣吴汉率耿弇陈俊马武等十二将军　按:"十二"当作"十四"。集解引惠栋说,谓耿弇传光武遣弇与吴汉、景丹、盖延、朱祐、邳彤、耿纯、刘植、岑彭、祭遵、坚镡、王霸、陈俊、马武十三将军,并弇为十四也。

〔37〕臣闻帝王不可以久旷　按:李慈铭后汉书札记谓"王"当作"位"。

〔38〕坛(庙)之东　据刊误删。

〔39〕名为〔刘〕　据刊误补。

〔40〕击更始定国公王匡于安邑　按:"公"下原衍"主"字,径据汲本、殿本删。

〔41〕偏将军朱祐为建义大将军　按:王先谦谓"祐"当作"祜",详下朱祐传校勘记。

〔42〕尉平也　按:前书颜师古注作"廷,平也"。

〔43〕〔故〕城在今濮州雷泽县北也　按:张森楷校勘记谓"城"上当有
　　"故"字,今据补。

〔44〕其文曰告某官云〔云〕　据刊误补。

〔45〕以前(高)密令卓茂为太傅　据殿本考证引何焯说及集解引钱大昕
　　说删。按:钱氏谓茂作令在河南之密,非高密,纪衍"高"字。

〔46〕卓以平帝时为密令　按:集解引何焯说,谓"卓"应改"茂"。

〔47〕蔡质〔汉〕典职仪曰　据刊误补。

〔48〕草名也　按:"草"原作"华",径据汲本、殿本改。

〔49〕故立元帝为祖庙　按:刊误谓以世数言之,元帝乃是光武考,非祖
　　也,作"祖"字误。

〔50〕地理群后从食　按:"后"当作"神",续志可证。

〔51〕真定王杨临邑侯让　按:钱大昕谓刘植、耿纯传"杨"皆作"扬",耿
　　纯传"临"作"林"。

〔52〕二月己酉幸修武　辛卯至自修武　三月乙未大赦天下　校补引洪
　　亮吉说,谓己酉、辛卯不同月,下"三月"二字当在"辛卯"上,范史
　　误倒。黄山谓本年正月甲子朔,则二月己酉已届望后矣,不惟二月
　　无辛卯,即三月亦不当有乙未。袁纪书"三月乙酉,大赦天下",不
　　作"乙未"也。范书日月踳驳之处不可枚举,书阙有闲,无从悉正。

〔53〕故真定王杨子得为真定王　汲本、殿本"得"作"德"。按:得德古
　　通作。

〔54〕成帝封姬延为周承休公常即延之后　按:沈家本谓按前书恩泽侯
　　表"延"作"延年",疑此注夺"年"字。常者,延年四世孙也。惟表
　　云更为周承休侯,与此异。

〔55〕今姓作(贲)〔奔〕音(奔)　据刊误改。

〔56〕蕃音皮　殿本"皮"作"反"。按:张森楷校勘记谓前书地理志注引
　　应劭音皮,又引白袠说,陈蕃子为鲁相,改读为皮云云以实之。而

胡三省据通典,谓"皮"乃"反"之误,非是真有皮音。近人酷信应
说,乃谓蕃通作番,番皮双声云云,非也。

〔57〕故城在今胜州银成县　汲本、殿本"成"作"城"。按:成城古多
通作。

后 汉 书 卷 一 下

光武帝纪第一下

六年春正月丙辰,改舂陵乡为章陵县。世世复徭役,比丰、沛,无有所豫。①

①高祖(丰)沛〔丰〕邑人,〔1〕故代代复,今比之也。复音福。

辛酉,诏曰:"往岁水旱蝗虫为灾,谷价腾跃,①人用困乏。朕惟百姓无以自赡,恻然愍之。其命郡国有谷者,给禀②高年、〔2〕鳏、寡、孤、独及笃癃、无家属贫不能自存者,如律。③二千石勉加循抚,无令失职。"④

①言踊贵也。

②说文:"禀,赐谷也。"音笔锦反。

③大戴礼曰:"六十无妻曰鳏,五十无夫曰寡。"礼记曰:"幼而无父曰孤,
　老而无子曰独。"尔雅曰:"笃,困也。"苍颉篇曰:"癃,病也。"汉律
　今亡。

39

④职犹常也。

扬武将军马成等拔舒,获李宪。

二月,大司马吴汉拔朐,获董宪、庞萌,山东悉平。诸将还京师,置酒赏赐。

三月,公孙述遣将任满寇南郡。①

①今荆州也。

夏四月丙子,幸长安,始谒高庙,遂有事十一陵。①

①有事谓祭也。左传曰:"有事于太庙。"高祖长陵,惠帝安陵,文帝霸陵,景帝阳陵,武帝茂陵,昭帝平陵,宣帝杜陵,元帝渭陵,成帝延陵,哀帝义陵,平帝康陵。

遣虎牙大将军盖延等七将军从陇道伐公孙述。

五月己未,至自长安。

隗嚣反,盖延等因与嚣战于陇坻,诸将败绩。

辛丑,诏曰:"惟天水、陇西、安定、北地①吏人为隗嚣所诖误者,②又三辅遭难赤眉,有犯法不道者,③自殊死以下,皆赦除之。"

①并郡名。天水今秦州,安定今泾州,北地今宁州,陇西今渭州。

②说文曰:"诖亦误也。"音古卖反。

③前书音义曰:"律:杀不辜一家三人为不道。"

六月辛卯,诏曰:"夫张官置吏,所以为人也。①今百姓遭难,户口耗少,而县官吏职所置尚繁,其令司隶、州牧②各实所部,省减吏员。县国不足置长吏可并合者,③上大司徒、大司空二府。"于是条奏并省四百馀县,吏职减损,十置其一。

①管子曰:"张官置吏,所以奉主之法。"

②汉官仪曰:"司隶校尉部河南、河内、右扶风、左冯翊、京兆、河东、弘农

后汉书卷一下

　　七郡于河南洛阳,故谓东京为'司隶'。"

　　③并音必政反。

代郡太守刘兴击卢芳将贾览于高柳,战殁。①

　　①高柳,县,属代郡,故城在今云州定襄县。

初,乐浪人王调据郡不服。①秋,遣乐浪太守王遵击之,郡吏杀调降。

　　①乐浪,郡,故朝鲜国也,在辽东。

遣前将军李通率二将军,与公孙述将战于西城,破之。①

　　①西城,县,属汉中,今金州县也。

夏,蝗。

秋九月庚子,赦乐浪谋反大逆殊死已下。

丙寅晦,日有食之。

冬十月丁丑,诏曰:"吾德薄不明,寇贼为害,强弱相陵,元元失所。诗云:'日月告凶,不用其行。'①永念厥咎,内疚于心。②其敕公卿举贤良方正各一人;③百僚并上封事,无有隐讳;④有司修职,务遵法度。"

　　①诗小雅郑玄注云:"告凶,告天下凶亡之征也。行,道度也。不用之
　　　者,谓相干犯。"

　　②疚,病也。诗曰:"忧心孔疚。"

　　③武帝建元元年,始诏举贤良方正、直言极谏之士也。

　　④宣帝始令群臣得奏封事,以知下情。

十一月丁卯,诏王莽时吏人没入为奴婢不应旧法者,皆免为庶人。

十二月壬辰,大司空宋弘免。

癸巳，诏曰："顷者师旅未解，用度不足，故行什一之税。①〔3〕今军士屯田，粮储差积。②其令郡国收见田租三十税一，如旧制。"③

①谓十分而税其一也。孟子曰："夏五十而贡，殷七十而助，周百亩而彻，其实皆什一也。"

②武帝初通西域，始置校尉屯田。

③景帝二年，令人田租三十而税一，今依景帝，故云"旧制"。

隗嚣遣将行巡寇扶风，①征西大将军冯异拒破之。

①行，姓；巡，名。汉有行祐，为赵相，见风俗通。

是岁，初罢郡国都尉官。〔4〕始遣列侯就国。匈奴遣使来献，使中郎将报命。①

①汉官仪曰："使匈奴中郎将，拥节，〔5〕秩比二千石。"匈奴传云："令中郎将韩统报命，赂遗金币。"

七年春正月丙甲，诏中都官、三辅、郡、国出系囚，非犯殊死，皆一切勿案其罪。见徒免为庶（民）〔人〕。〔6〕耐罪亡命，吏以文除之。①

①耐，轻刑之名。前书音义曰："一岁刑为罚作，二岁刑已上为耐。"耐音乃代反。亡命谓犯耐罪而背名逃者。令吏为文簿，记其姓名而除其罪，恐遂逃不归，因失名籍。

又诏曰："世以厚葬为德，薄终为鄙，至于富者奢僭，贫者单财，①法令不能禁，礼义不能止，仓卒乃知其咎。②其布告天下，令知忠臣、孝子、慈兄、悌弟薄葬送终之义。"

①单，尽也。

②仓卒谓丧乱也。诸厚葬者皆被发掘，故乃知其咎。咎，恶也。

二月辛巳，罢护漕都尉官。

三月丁酉，诏曰："今国有众军，并多精勇，宜且罢轻车、骑士、材官、楼船士及军假吏，^①令还复民伍。"

> ①汉官仪曰："高祖命天下郡国选能引关蹶张，材力武猛者，以为轻车、骑士、材官、楼船，常以立秋后讲肄课试，各有员数。平地用车骑，山阻用材官，水泉用楼船。"军假吏谓军中权置吏也。今悉罢之。

公孙述立隗嚣为朔宁王。

癸亥晦，日有食之，避正殿，寝兵，不听事五日。诏曰："吾德薄致灾，谪见日月，^①战栗恐惧，夫何言哉！今方念咎，庶消厥咎。其令有司各修职任，奉遵法度，惠兹元元。百僚各上封事，无有所讳。其上书者，不得言圣。"

> ①谪，责也。音直革反。左传曰："人君为政不用善，自取谪于日月之灾也。"

夏四月壬午，诏曰："比阴阳错谬，日月薄食。百姓有过，在予一人，大赦天下。公、卿、司隶、州牧举贤良方正各一人，遣诣公车，朕将览试焉。"^①

> ①公车，门名。公车所在，因以名焉。汉官仪曰："公车〔司马〕掌殿司马门，^[7]天下上事及征召皆总领之。"

五月戊戌，前将军李通为大司空。

甲寅，诏吏人遭饥乱及为青、徐贼所略为奴婢下妻，欲去留者，恣听之。^①敢拘制不还，以卖人法从事。^②

> ①杜预〔注〕左传云：^[8]"不以道取为略。"
>
> ②言从卖人之事以结其罪。

是夏，连雨水。

汉忠将军王常为横野大将军。

八月丁亥，封前河间王邵为河间王。

隗嚣寇安定，征西大将军冯异、征房将军祭遵击却之。

冬，卢芳所置朔方太守田飒、①云中太守乔扈各举郡降。

①音立。

是岁，省长水、射声二校尉官。①

①前书音义曰："长水，地名，胡骑所屯。射声谓工射者也，夜中闻声则
射之，因以为名。"二校尉皆武帝置，今省之。

八年春正月，中郎将来歙袭略阳，①杀隗嚣守将而据其城。

①县名，属天水郡，故城在今秦州陇城县西北。

夏四月，司隶校尉傅抗下狱死。

隗嚣攻来歙，不能下。闰月，帝自征嚣，河西（太守）〔大将军〕窦
融率五郡太守与车驾会高平。①〔9〕陇右溃，隗嚣奔西城，遣大司马
吴汉、征南大将军岑彭围之；进幸上邽，不降，②命虎牙大将军盖
延、建威大将军耿弇攻之。

①五郡谓陇西、金城、天水、酒泉、张掖。高平，县名，属安定，后改为（高）
平〔高〕，〔10〕今原州县。

②上邽，县名，属陇西郡，故邽戎邑，今秦州县。

颍川盗贼寇没属县，河东守守兵亦叛，〔11〕京师骚动。

秋，大水。

八月，帝自上邽晨夜东驰。九月乙卯，车驾还宫。

庚申，帝自征颍川盗贼，皆降。

安丘侯张步叛归琅邪，①琅邪太守陈俊讨获之。

①安丘,县,属北海郡,今密州县,有渠丘亭。

戊寅,至自颍川。

冬十月丙午,幸怀。十一月乙丑,至自怀。

公孙述遣兵救隗嚣,吴汉、盖延等还军长安。天水、陇西复反归嚣。

十二月,高句丽王遣使奉贡。

是岁大水。①

①左传曰:"平原出水为大水。"

九年春正月,隗嚣病死,其将王元、周宗复立嚣子纯为王。

徙雁门吏人于太原。

三月辛亥,初置青巾左校尉官。

公孙述遣将田戎、任满据荆门。①

①水经注曰:"江水东历荆门、虎牙之间。荆门山在南,上合下开,其状似门,虎牙山在北,石壁色红,间有白文类牙,故以名也。此二山,楚之西塞也。"在今硖州夷陵县东南。

夏六月丙戌,幸缑氏,登轘辕。①

①缑氏县有缑氏山,轘辕山有轘辕坂,并在洛阳之东南。

遣大司马吴汉率四将军击卢芳将贾览于高柳,战不利。

秋八月,遣中郎将来歙监征西大将军冯异等五将军讨隗纯于天水。

骠骑大将军杜茂与贾览战于繁畤,①茂军败绩。

①县名,属雁门郡,今代州县。

是岁,省关都尉,①复置护羌校尉官。②

①前书曰秦官也，武帝置。

②汉官仪曰："武帝置，秩比二千石，持节，以护西羌。王莽乱，遂罢。"时班彪议，宜复其官，以理冤结。帝从之，以牛邯为护羌校尉，都于陇西令居县。

十年春正月，大司马吴汉率捕虏将军王霸等五将军击贾览于高柳，匈奴遣骑救览，诸将与战，却之。

修理长安高庙。

夏，征西大将军冯异破公孙述将赵匡于天水，斩之。征西大将军冯异薨。

秋八月己亥，幸长安，祠高庙，遂有事十一陵。

戊戌，进幸汧。①隗嚣将高峻降。

①县名，属右扶风，故城在今陇州汧源县。

冬十月，中郎将来歙等大破隗纯于落门，①其将王元奔蜀，纯与周宗降，陇右平。

①前书曰天水冀县有落门聚，在今渭州陇西县东南；有落门山，落门水出焉。

先零羌寇金城、陇西，①来歙率诸将击羌于五谿，大破之。②

①金城，郡，故城在今兰州广武县之西南。[12]

②续汉志曰陇西襄武县有五谿聚。

庚寅，车驾还宫。

是岁，省定襄郡，①徙其民于西河。②泗水王歙薨。淄川王终薨。

①定襄故城在今胜州界。

②郡名,今石州离石县。

十一年春二月己卯,诏曰:"天地之性人为贵。其杀奴婢,不得减罪。"

〔三月〕己酉,[13]幸南阳;还,幸章陵,祠园陵。

城阳王祉薨。

庚午,车驾还宫。

闰月,征南大将军岑彭率三将军与公孙述将田戎、任满战于荆门,大破之,获任满。威虏将军冯骏围田戎于江州,①岑彭遂率舟师伐公孙述,平巴郡。

①县名,属巴郡,今渝州巴县。

夏四月丁卯,省大司徒司直官。①

①汉官仪曰:"武帝置丞相司直,元寿二年改丞相为大司徒,司直仍旧。"今省。

先零羌寇临洮。①

①县名,属陇西郡,故城在今岷州。

六月,中郎将来歙率扬武将军马成破公孙述将王元、环安于下辩。①安遣间人刺杀中郎将来歙。②帝自将征公孙述。秋七月,次长安。③八月,岑彭破公孙述将侯丹于黄石。④辅威将军臧宫与公孙述将延岑战于沈水,大破之。⑤王元降。至自长安。

①县名,属武都郡,今成州同谷县,旧名武卫城。

②间,谍也,谓伺候间隙也。

③左传例曰:"凡师出一宿为舍,再宿为信,过信为次。"

④即黄石滩也。水经注曰:"江水自涪陵东出百里而届于黄石。"在今涪

州涪陵县。

⑤水经注曰:"沈水出广汉县,下入涪水。"本或作"沉水"及"沅水"者,
并非。[14]

癸亥,诏曰:"敢灸灼奴婢,论如律,免所灸灼者为庶
(民)〔人〕。"

冬十月壬午,诏除奴婢射伤人弃市律。

公孙述遣间人刺杀征南大将军岑彭。

马成平武都,因陇西太守马援击破先零羌,徙致天水、陇西、
扶风。

十二月,大司马吴汉率舟师伐公孙述。

是岁,省朔方牧,并并州。①[15]初断州牧自还奏事。②

①朔方,郡,在今夏州朔方县北。上并音必政反。

②前书音义曰"刺史每岁尽则入奏事京师",今断之。哀帝改刺史曰
州牧。

十二年春正月,大司马吴汉与公孙述将史兴战于武阳,
斩之。①

①武阳,县,属犍为郡,故城在今眉州隆山县东也。

三月癸酉,诏陇、蜀民被略为奴婢自讼者,及狱官未报,一切免
为庶(民)〔人〕。

夏,甘露降南行唐。①六月,黄龙见东阿。②[16]

①县名,属常山郡,今恒州县。

②今济州县。

秋七月,威虏将军冯骏拔江州,获田戎。九月,吴汉大破公孙

述将谢丰于广都,斩之。①辅威将军臧宫拔涪城,斩公孙恢。②

①广都,今益州。

②涪城,今绵州县也。恢,述之弟。

大司空李通罢。

冬十一月戊寅,吴汉、臧宫与公孙述战于成都,大破之。述被创,夜死。辛巳,吴汉屠成都,[17]夷述宗族及延岑等。①

①广雅曰:"夷犹灭也。"

十二月辛卯,扬武将军马成行大司空事。

是岁,九真徼外蛮夷张游率种人内属,①封为归汉里君。省金城郡属陇西。参狼羌寇武都,②陇西太守马援讨降之。诏边吏力不足战则守,追虏料敌不拘以逗留法。③横野大将军王常薨。遣骠骑大将军杜茂将众郡施刑屯北边,④筑亭候,⑤修烽燧。⑥

①九真,今爱州县。

②武都,今武州也。参音所今反。

③说文曰:"逗,留止也。"前书音义曰:"逗是曲行避敌也。"汉法,军行逗留畏懦者斩。追虏或近或远,量敌进退,不拘以军法,直取胜敌为务也。逗,古住字。

④施,读曰弛。弛,解也。前书音义曰:"谓有赦令去其钳钛赭衣,[18]谓之弛刑。"

⑤亭候,伺候望敌之所。前书曰,秦法十里一亭,亭有长,汉因之不改。

⑥前书音义曰:"边方备警急,作高土台,台上作桔皋,桔皋头有兜零,以薪草置其中,常低之,有寇即燃火举之,以相告,曰烽。又多积薪,寇至即燔之,望其烟,曰燧。昼则燔燧,夜乃举烽。"广雅曰:"兜零,笼也。"

十三年春正月庚申,大司徒侯霸薨。

戊子,诏曰:"往年已敕郡国,异味不得有所献御,今犹未止,非徒有豫养导择之劳,①至乃烦扰道上,疲费过所。其令太官勿复受。②明敕下以远方口实所以荐宗庙,自如旧制。"③

①预养谓未至献时豫前养之。导亦择也。

②续汉志曰:"太官令一人,秩六百石,掌御膳饮食。"

③汉官仪曰:"口实,膳羞之事也。"

二月,遣捕虏将军马武屯滹沱河以备匈奴。卢芳自五原亡入匈奴。

丙辰,诏曰:"长沙王兴、真定王得、河间王邵、中山王茂,皆袭爵为王,不应经义。①其以兴为临湘侯,②得为真定侯,邵为乐成侯,③茂为单父侯。"④其宗室及绝国封侯者凡一百三十七人。丁巳,降赵王良为赵公,太原王章为齐公,鲁王兴为鲁公。庚午,以殷绍嘉公孔安为宋公,[19]周承休公姬(常)〔武〕为卫公。[20]省并西京十三国:[21]广平属钜鹿,真定属常山,河间属信都,城阳属琅邪,泗水属广陵,淄川属高密,[22]胶东属北海,六安属庐江,广阳属上谷。⑤

①以其服属既疏,不当袭爵为王。

②临湘,县,今潭州长沙县。

③乐成,县,故城在今瀛州乐(府)〔寿〕县西北。[23]

④今宋州县,音善甫。

⑤据此惟有九国,云"十三",误也。

三月辛未,沛郡太守韩歆为大司徒。丙子,行大司空马成罢。

夏四月,大司马吴汉自蜀还京师,于是大飨将士,班劳策勋。①功臣增邑更封,凡三百六十五人。其外戚恩泽封者四十五人。罢左右将军官。②建威大将军耿弇罢。

①班，布也。谓徧布劳来之。其有功者，以策书纪其勋也。劳音力到反。

②前书曰左右将军，周官也，秦、汉因之。至此罢。

益州传送公孙述瞽师、郊庙乐器、葆车、舆辇，于是法物始
备。①时兵革既息，天下少事，文书调役，务从简寡，②至乃十存
一焉。

①瞽，无目之人也。为乐师，取其无所见，于音声审也。郊庙之器，罇彝
之属也。[24]乐器，钟磬之属。葆车谓上建羽葆也。合聚五采羽名为
葆。舆者，车之总名也。辇者，驾人以行。法物谓大驾卤簿仪式也。
时草创未暇，今得之始备。

②调谓发也。

甲寅，冀州牧窦融为大司空。

五月，匈奴寇河东。

秋七月，广汉徼外白马羌豪率种人内属。①

①广汉，今益州雒县也。徼犹塞也，音吉吊反。羌有百五十四种，在广
汉西北者为白马羌。

九月，日南徼外蛮夷献白雉、白兔。①

①日南，郡，属交州。

冬十二月甲寅，诏益州民自八年以来被略为奴婢者，①皆一切
免为庶（民）〔人〕；或依托为人下妻，欲去者，恣听之；敢拘留者，比
青、徐二州以略人法从事。

①谓公孙述时也。

复置金城郡。①

①前年省并陇西。

十四年春正月,起南宫前殿。

匈奴遣使奉献,使中郎将报命。①

①中郎将刘襄也。

夏四月辛巳,封孔子后志为褒成侯。①

①平帝封孔均为褒成侯。志,均子也。古今志曰志时为密令。

越巂人任贵自称太守,遣使奉计。①

①越巂,郡,武帝置,本邛都也。巂,水名。因越巂水而置郡,故以名焉。

计谓人庶名籍,若今计帐。

秋九月,平城人贾丹杀卢芳将尹由来降。①

①平城属雁门郡,今云州定襄县也。

是岁,会稽大疫。①莎车国、鄯善国遣使奉献。②

①会稽,今越州县。

②莎车、鄯善,并西域国名。鄯音市战反。

十二年癸卯,诏益、凉二州奴婢,自八年以来自讼在所官,一切免为庶(民)〔人〕,卖者无还直。

十五年春正月辛丑,大司徒韩歆免,自杀。①

①事见侯霸传。

丁未,有星孛于昴。

汝南太守欧阳歙为大司徒。建义大将军朱祐罢。

丁未,有星孛于营室。[25]

二月,徙雁门、代郡、上谷三郡民,置常〔山〕关、[26] 居庸关以东。①

①前书曰代郡有常山关，上谷郡居庸县有关。时胡寇数犯边，故徙之。

初，巴蜀既平，大司马吴汉上书请封皇子，不许，重奏连岁。三月，乃诏群臣议。大司空融、固始侯通、胶东侯复、高密侯禹、太常登等奏议曰："古者封建诸侯，以藩屏京师。①周封八百，②同姓诸姬并为建国，③夹辅王室，尊事天子，享国永长，为后世法。故诗云：'大启尔宇，为周室辅。'④高祖圣德，光有天下，亦务亲亲，封立兄弟诸子，不违旧章。陛下德横天地，兴复宗统，褒德赏勋，亲睦九族，⑤功臣宗室，咸蒙封爵，多受广地，或连属县。今皇子赖天，能胜衣趋拜，陛下恭谦克让，抑而未议，群臣百姓，莫不失望。宜因盛夏吉时，定号位，及广藩辅，⑥明亲亲，尊宗庙，重社稷，应古合旧，厌塞众心。臣请大司空上舆地图，⑦太常择吉日，具礼仪。"制曰："可。"

①藩，篱也。屏，蔽也。诗大雅曰："价人维藩，大邦维屏。"毛苌注曰："当用公卿诸侯为藩屏也。"公羊传曰："京者何？大也。师者何？众也。天子之居，必(有)〔以〕众大之辞言之。"〔27〕

②史记曰："唐、虞协和万国，逮于夏、商，或数千，盖周封八百"也。

③左传曰："虞、虢、焦、滑、霍、杨、韩、魏，皆姬姓也。

④诗鲁颂也。宇，居也。周成王封周公子伯禽于鲁。言大开尔居，以为我周家之辅。

⑤孔安国注尚书云："九族谓上至高祖，〔28〕下至玄孙。"

⑥礼记月令曰："天子孟夏迎夏于南郊，还，乃封诸侯，行爵出禄。"

⑦广雅曰："舆，载也。"言载在地者，皆图画之。司空掌土地，故革上之。

夏四月戊申，以太牢告祠宗庙。丁巳，使大司空融告庙，封皇子辅为右翊公，英为楚公，阳为东海公，康为济南公，苍为东平公，延为淮阳公,荆为山阳公,衡为临淮公,焉为左翊公,京为琅邪公。癸丑,追谥兄伯升为齐武公,兄仲为鲁哀公。

六月庚午,复置屯骑、长水、射声三校尉官;①改青巾左校尉为越骑校尉。

①七年罢。

诏下州郡检核垦田顷亩①及户口年纪,又考实二千石长吏阿枉不平者。

①垦,辟也。

冬十一月甲戌,大司徒欧阳歙下狱死。十二月庚午,关内侯戴涉为大司徒。

卢芳自匈奴入居高柳。

是岁,骠骑大将军杜茂免。虎牙大将军盖延薨。

十六年春二月,交阯女子徵侧反,略有城邑。

三月辛丑晦,日有蚀之。

秋九月,河南尹张伋及诸郡守十馀人,坐度田不实,皆下狱死。①

①东观记曰:"刺史太守多为诈巧,不务实核,苟以度田为名,聚人田中,并度庐屋里落,聚人遮道啼呼。"

郡国大姓及兵长、群盗处处并起,攻劫在所,害杀长吏。郡县追讨,到则解散,去复屯结。青、徐、幽、冀四州尤甚。冬十月,遣使者下郡国,听群盗自相纠擿,①五人共斩一人者,除其罪。吏虽逗留回避故纵者,皆勿问,听以禽讨为效。其牧守令长坐界内盗贼而不收捕者,又以畏愞捐城委守者,皆不以为负,②但取获贼多少为殿最，③唯蔽匿者乃罪之。于是更相追捕，贼并解散。徙其魁帅于它郡，赋田受稟，使安生业。自是牛马放牧，邑门不闭。

①撅犹发也。音它狄反。

②委守谓弃其所守也。

③殿，后也。谓课居后也。最，凡要之首也。言课居先也。

<u>卢芳</u>遣使乞降。十二月甲辰，封<u>芳</u>为<u>代王</u>。

初，<u>王莽</u>乱后，货币杂用布、帛、金、粟。是岁，始行五铢钱。①

①<u>武帝</u>始为五铢钱，<u>王莽</u>时废，今始行之。

<u>十七年</u>春正月，<u>赵公良</u>薨。

二月乙(亥)〔未〕晦，〔29〕日有食之。①

①<u>东观记</u>曰："上以日食避正殿，读图谶多，御坐庑下浅露，中风发疾，苦眩甚。左右有白大司马史，病苦如此，不能动摇。自强从公，出乘，以车行数里，病差。四月二日，车驾宿<u>偃师</u>。病差数日，入<u>南阳</u>界，到<u>叶</u>。以车骑省，留数日行，<u>黎阳</u>兵马千馀匹，遂到<u>章陵</u>，起居平愈。"

夏四月乙卯，〔30〕南巡狩，皇太子及<u>右翊公辅</u>、<u>楚公英</u>、<u>东海公阳</u>、<u>济南公康</u>、<u>东平公苍</u>从，幸<u>颍川</u>，进幸<u>叶</u>、<u>章陵</u>。①五月乙卯，车驾还宫。

①<u>叶</u>，县，故楚叶公邑，属<u>南〔阳〕郡</u>，〔31〕今<u>许州</u>县也。叶音式涉反。

六月癸巳，<u>临淮公衡</u>薨。

秋七月，妖巫<u>李广</u>等群起据<u>皖城</u>，①遣虎贲中郎将<u>马援</u>、骠骑将军段志讨之。九月，破<u>皖城</u>，斩<u>李广</u>等。

①县名，属<u>庐江郡</u>，故城在今<u>舒州</u>，有<u>皖水</u>。音下板反。

冬十月辛巳，废皇后<u>郭氏</u>为<u>中山太后</u>，立贵人<u>阴氏</u>为皇后。进右翊公辅为中山王,食常山郡。①其馀九国公,皆即旧封进爵为王。

①本恒山郡,避文帝讳改为常山,故城在今赵州元氏县西。

甲申,幸章陵。修园庙,祠旧宅,观田庐,置酒作乐,赏赐。时宗室诸母因酤悦,相与语曰:"文叔少时谨信,与人不款曲,唯直柔耳。今乃能如此!"帝闻之,大笑曰:"吾理天下,亦欲以柔道行之。"乃悉为舂陵宗室起祠堂。有五凤皇见于颍川之郏县。①十二月,至自章陵。

①郏,今汝州郏城县也。东观记曰:"凤高八尺,五彩,群鸟并从,行列盖地数顷,停一十七日。"

是岁,莎车国遣使贡献。

十八年春二月,蜀郡守将史歆叛,遣大司马吴汉率二将军讨之,围成都。

甲寅,西巡狩,幸长安。三月壬午,祠高庙,遂有事十一陵。历冯翊界,进幸蒲坂,祠后土。①夏四月(甲戌)〔癸酉〕,车驾还宫。[32]

①汉官仪曰:"祭地于河东汾阴后土宫。宫曲入河,古之祭地,泽中方丘也。以夏至日祭,其礼仪如祭天。"蒲坂,县,属河东郡。后土祠在今蒲州汾阴县西北。

(癸酉)〔甲戌〕,诏曰[33]:"今边郡盗毂五十斛,罪至于死,开残吏妄杀之路,其蠲除此法,同之内郡。"

遣伏波将军马援率楼船将军段志等击交阯贼徵侧等。

(戊)〔甲〕申,幸河内。[34]戊子,至自河内。

五月,旱。

卢芳复亡入匈奴。

秋七月，吴汉拔成都，斩史歆等。壬戌，赦益州所部殊死已下。

冬十月庚辰，幸宜城。①还，祠章陵。十二月乙丑，车驾还宫。

①县，属南郡，楚之鄢邑也，故城在今襄州率道县南。

是岁，罢州牧，置刺史。①

①武帝元封五年初置部刺史，掌奉诏条察州，秩六百石，员十三人。成
帝绥和元年更名牧，秩二千石。哀帝建平二年复为刺史，元寿二年复
为牧。经王莽变革，王建武元年复置牧，今改置刺史。

十九年春正月庚子，追尊孝宣皇帝曰中宗。始祠昭帝、元帝于
太庙，①〔35〕成帝、哀帝、平帝于长安，舂陵节侯以下四世于章陵。

①汉官仪曰："光武第虽十二，〔36〕于父子之次，于成帝为兄弟，于哀帝为
诸父，于平帝为祖父，〔37〕皆不可为之后。上至元帝，于光武为父，故上
继元帝而为九代。故河图云'赤九会昌'，谓光武也。"然则宣帝为
（曾）祖，〔38〕故追尊及祠之。

妖巫单臣、傅镇等反，据原武，遣太中大夫臧宫围之。夏四月，
拔原武，斩臣、镇等。

伏波将军马援破交阯，斩徵侧等。因击破九真贼都阳等，
降之。

闰月戊申，进赵、齐、鲁三国公爵为王。

六月戊申，诏曰："春秋之义，立子以贵。①东海王阳，皇后之
子，宜承大统。皇太子强，崇执谦退，愿备藩国。父子之情，重久违
之。其以强为东海王，立阳为皇太子，改名庄。"

①公羊传曰："立嫡以长不以贤，立子以贵不以长。桓公何以贵？母贵
也，母贵则子〔何以〕贵？〔39〕子以母贵，母以子贵。"

57

秋九月,南巡狩。壬申,幸<u>南阳</u>,进幸<u>汝南南顿</u>县舍,置酒会,赐吏人,复<u>南顿</u>田租岁。父老前叩头言:"皇考居此日久,陛下识知寺舍,①每来辄加厚恩,愿赐复十年。"帝曰:"天下重器,常恐不任,日复一日,安敢远期十岁乎?"吏人又言:"陛下实惜之,何言谦也?"帝大笑,复增一岁。进幸<u>淮阳</u>、<u>梁</u>、<u>沛</u>。

①<u>蔡邕独断</u>曰:"陛,阶陛也。与天子言不敢指斥,故云陛下。"<u>风俗通</u>曰:"寺,司也。诸官府所止皆曰寺。"<u>光武</u>尝从皇考至<u>南顿</u>,故识知官府舍宇。

<u>西南夷</u>寇<u>益州郡</u>,①遣<u>武威</u>将军<u>刘尚</u>讨之。<u>越巂</u>太守<u>任贵</u>谋叛,十二月,<u>刘尚</u>袭<u>贵</u>,诛之。

①<u>常璩华阳国志</u>云:"<u>武帝元封</u>二年<u>叟夷</u>反,将军<u>郭昌</u>讨平之,因开为<u>益州郡</u>。"故城在今<u>昆州晋宁县</u>是也。

是岁,复置<u>函谷关</u>都尉。①修<u>西京</u>宫室。

①九年省,今复置。

二十年春二月戊子,车驾还宫。

夏四月庚辰,大司徒<u>戴涉</u>下狱死。①大司空<u>窦融</u>免。

①<u>古今注</u>曰:"坐入故太仓令<u>奚涉</u>罪。"

五月辛亥,大司马<u>吴汉</u>薨。

<u>匈奴</u>寇<u>上党</u>、<u>天水</u>,遂至<u>扶风</u>。

六月庚寅,<u>广汉</u>太守<u>蔡茂</u>为大司徒,太仆<u>朱浮</u>为大司空。壬辰,左中郎将<u>刘隆</u>为骠骑将军,行大司马事。①

①<u>武帝</u>省太尉,置大司马将军,<u>成帝</u>赐金印紫绶,置官属,禄比丞相;<u>哀帝</u>去将军,位在司徒上。见<u>前书</u>。

乙未，徙中山王辅为沛王。

秋，东夷韩国人率众诣乐浪内附。①

①东夷有辰韩、卞韩、马韩，谓之三韩国也。

冬十月，东巡狩。甲午，幸鲁，进幸东海、楚、沛国。

十二月，匈奴寇天水。

壬寅，车驾还宫。

是岁，省五原郡，徙其吏人置河东。复济阳县徭役六岁。

二十一年春正月，武威将军刘尚破益州夷，平之。

夏四月，安定属国胡叛，屯聚青山，①遣将兵长史陈䜣讨平之。②

①青山在今庆州马岭县西北。

②䜣音欣。

秋，鲜卑寇辽东，辽东太守祭肜大破之。

冬十月，遣伏波将军马援出塞击乌桓，不克。

匈奴寇上谷、中山。

其冬，鄯善王、车师王等十六国皆遣子入侍奉献，[40]愿请都护。①帝以中国初定，未遑外事，乃还其侍子，厚加赏赐。

①都护，宣帝置，始以郑吉为之，秩比二千石。都，总也。言总护南北道。居乌垒城，察西域诸国动静以闻。事见前书。

二十二年春闰月丙戌，幸长安，祠高庙，遂有事十一陵。二月己巳，至自长安。

夏五月乙未晦，日有食之。

秋七月,司隶校尉苏邺下狱死。

九月戊辰,地震裂。制诏曰:^[41]"日者地震,南阳尤甚。夫地者,任物至重,静而不动者也。而今震裂,咎在君上。鬼神不顺无德,灾殃将及吏人,朕甚惧焉。其令南阳勿输今年田租刍稿。遣谒者案行,其死罪系囚在戊辰以前,减死罪一等;徒皆弛解钳,^[42]衣丝絮。①赐郡中居人压死者棺钱,人三千,其口赋逋税而庐宅尤破坏者,勿收责。②吏人死亡,或在坏垣毁屋之下,而家羸弱不能收拾者,其以见钱穀取庸,为寻求之。"

①弛,解脱也。仓颉篇曰:"钳,钛也。"音奇炎反。前书音义曰:"钛,足钳也。"音徒计反,又大盖反。旧法,在徒役者不得衣丝絮,今赦许之。

②汉仪注曰:"人年十五至五十六出赋钱,人百二十,为一算。又七岁至十四出口钱,人二十,以供天子;至武帝时又口加三钱,以补车骑马。"逋税谓欠田租也。

冬十月壬子,大司空朱浮免。癸丑,光禄勋杜林为大司空。

是岁,齐王章薨。青州蝗。匈奴薁鞬日逐王比①遣使诣渔阳请和亲,使中郎将李茂报命。乌桓击破匈奴,匈奴北徙,幕南地空。②诏罢诸边郡亭候吏卒。

①薁音于六反。鞬音纪言反。比,其名也。

②前书音义曰:"沙土曰幕,即今碛也。"

二十三年春正月,南郡蛮叛,遣武威将军刘尚讨破之,徙其种人于江夏。①

①郡名,故城在今安州云梦县东南。

夏五月丁卯,大司徒蔡茂薨。

秋八月丙戌,大司空杜林薨。

九月辛未,陈留太守玉况为大司徒。①

①况字文伯,京兆人。玉音肃。

冬十月丙申,太仆张纯为大司空。

高句丽率种人诣乐浪内属。

十二月,武陵蛮叛,寇掠郡县,遣刘尚讨之,战于沅水,①尚军败殁。

①武陵,郡,今朗州也。沅,水名,出牂柯,东北过临沅县,至长沙入洞庭湖。

是岁,匈奴薁鞬日逐王比率部曲遣使诣西河内附。

二十四年春正月乙亥,大赦天下。

匈奴薁鞬日逐王比遣使款五原塞,求扞御北虏。

秋七月,武陵蛮寇临沅,①遣谒者李嵩、中山太守马成讨蛮,不克,于是伏波将军马援率四将军讨之。

①县名,属武陵郡,故城在今朗州武陵县。

诏有司申明旧制阿附蕃王法。①

①武帝时有淮南、衡山之谋,作左官之律,设附益之法。前书音义曰:"人道尚右,言舍天子,仕诸侯为左官。左,僻也。"阿曲附益王侯者,将有重法。是为旧制,今更申明之。

冬十月,匈奴薁鞬日逐王比自立为南单于,于是分为南、北匈奴。

二十五年春正月,辽东徼外貊人①寇右北平、渔阳、上谷、太原,〔43〕辽东太守祭肜招降之。乌桓大人来朝。②

①貊人，秽貊国人也，貊音陌。

②大人谓渠帅也。〔44〕

南单于遣使诣阙贡献，奉蕃称臣；又遣其左贤王击破北匈奴，却地千馀里。三月，南单于遣子入侍。

戊申晦，日有食之。

伏波将军马援等破武陵蛮于临沅。冬十月，叛蛮悉降。

夫馀王遣使奉献。①

①夫馀国在海东，去玄菟千里馀。

是岁，乌桓大人率众内属，诣阙朝贡。

二十六年〔春〕正月，〔45〕诏有司增百官奉。①其千石已上，减于西京旧制；六百石已下，增于旧秩。

①续汉志曰："大将军、三公奉月三百五十斛，秩中二千石奉月百八十斛，二千石月百二十斛，比二千石月百斛，千石月九十斛，比千石月八十斛，六百石月七十斛，比六百石月五十五斛，四百石月五十斛，比四百石月四十五斛，三百石月四十斛，比三百石月三十七斛，二百石月三十斛，比二百石月二十七斛，百石月十六斛，斗食月十一斛，佐史月八斛。凡诸受奉，钱穀各半。"奉音扶用反。

初作寿陵。①将作大匠窦融上言园陵广袤，无虑所用。②帝曰："古者帝王之葬，皆陶人瓦器，木车茅马，③使后世之人不知其处。太宗识终始之义，景帝能述遵孝道，遭天下反覆，而霸陵独完受其福，岂不美哉！④今所制地不过二三顷，无为山陵，陂池裁令流水而已。"⑤

①初作陵未有名，故号寿陵，盖取久长之义也。汉自文帝以后皆预作

陵，今循旧制也。

②前书曰："将作少府，秦官，掌宫室，景帝改为大匠，秩二千石。"说文曰："南北曰袤，东西曰广。"广雅曰："无虑，都凡也。"谓请园陵都凡制度也。袤音茂。

③礼曰："涂车刍灵，自古有之。"郑玄注云："刍灵，束茅为人马也。"

④谓赤眉入长安，惟霸陵不掘。

⑤言不起山陵，裁令封土，陂池不停水而已。陂音普何反。池音徒何反。

遣中郎将段郴授南单于玺绶，令入居云中，①始置使匈奴中郎将，将兵卫护之。②南单于遣子入侍，奉奏诣阙。于是云中、五原、朔方、北地、定襄、雁门、上谷、代八郡民归于本土。遣谒者分将施刑补理城郭。③发遣边民在中国者，布还诸县，皆赐以装钱，转输给食。④

①郡名，在今胜州北。郴音丑林反。

②中郎将即段郴也。汉官仪曰："使匈奴中郎将屯西河美稷县"也。

③施与弛同，解见上。

④东观记曰："时城郭丘墟，扫地更为，上悔前徙之。"

二十七年夏四月戊午，大司徒玉况薨。

五月丁丑，诏曰："昔契作司徒，禹作司空，皆无'大'名，其令二府去'大'。"①又改大司马为太尉，骠骑大将军行大司马刘隆即日罢，[46]以太仆赵熹为太尉，大司农冯勤为司徒。

①朱祜奏宜令三公并去"大"名，以法经典，帝从其议。

益州郡徼外蛮夷率种人内属。

北匈奴遣使诣武威乞和亲。①

①武陵,郡,故城在今凉州姑臧县西北,故凉城是也。

冬,鲁王兴、齐王石始就国。

二十八年春正月己巳,徙鲁王兴为北海王,以鲁国益东海。赐东海王彊虎贲、旄头、锺虡之乐。①

①汉官仪曰:"虎贲千五百人,戴鹖尾,属虎贲中郎将。"又云:"旧选羽林为旄头,被发先驱。"魏文帝列异传曰:"秦文公时梓树化为牛,以骑击之,骑不胜,或堕地髻解被发,牛畏之,入水,故秦因是置旄头骑,使先驱。"尔雅曰:"木谓之虡。"所以悬锺磬也。说文曰:"虡饰为猛兽。"

夏六月丁卯,沛太后郭氏薨,因诏郡县捕王侯宾客,坐死者数千人。①

①时更始子鲤因沛献王辅杀刘盆子兄恭,故王侯宾客多坐死。

秋八月戊寅,东海王彊、沛王辅、楚王英、济南王康、淮阳王延始就国。

冬十月癸酉,诏死罪系囚皆一切募下蚕室,①其女子宫。②

①蚕室,宫刑狱名。宫刑者畏风,须暖,作窨室蓄火如蚕室,因以名焉。窨音一禁反。见前书音义。

②谓幽闭也。

北匈奴遣使贡献,乞和亲。

二十九年春二月丁巳朔,日有食之。遣使者举冤狱,出系囚。

庚申,赐天下男子爵,人二级;鳏、寡、孤、独、笃癃、贫不能自存者粟,人五斛。

夏四月乙丑,诏令天下系囚自殊死已下及徒各减本罪一等,其馀赎罪输作各有差。

三十年春正月,鲜卑大人内属,朝贺。

二月,东巡狩。甲子,幸鲁,进幸济南。闰月癸丑,车驾还宫。

有星孛于紫宫。

夏四月戊子,徙左翊王焉为中山王。

五月,大水。

赐天下男子爵,人二级;鳏、寡、孤、独、笃癃、贫不能自存者粟,人五斛。

秋七月丁酉,幸鲁国。[47]复济阳县是年徭役。冬十一月丁酉,至自鲁。[48]

三十一年夏五月,大水。

戊辰,赐天下男子爵,人二级;鳏、寡、孤、独、笃癃、贫不能自存者粟,人六斛。

癸酉晦,日有食之。

是夏,蝗。

秋九月甲辰,诏令死罪系囚皆一切募下蚕室,其女子宫。

是岁,陈留雨谷,形如稗实。①北匈奴遣使奉献。

①杜预注左传云:"稗,草之似谷者。"音蒲懈反。

中元元年春正月,[49]东海王彊、沛王辅、楚王英、济南王康、淮阳王延、赵王盱皆来朝。①

①盱音况于反。

丁卯，东巡狩。二月己卯，幸鲁，进幸太山。北海王兴、齐王石朝于东岳。辛卯，柴望岱宗，登封太山；甲午，禅于梁父。①

①岱宗，太山也。梁父，太山下小山也。封谓聚土为坛，墠谓除地而祭。改“墠”为“禅”，神之也。续汉志曰：“时上御辇升山，即位于坛南，北面，尚书令奉玉牒检，皇帝以寸三分玺亲封之。藏玉牒已，复石覆讫，尚书令以五寸印封石检毕，皇帝再拜。禅祭地于梁阴，以高后配，山川群神从祀焉。其玉牒文秘，刻石文辞多，不载。”

三月戊辰，司空张纯薨。

夏四月癸酉，车驾还宫。己卯，大赦天下。复嬴、博、梁父、奉高，①勿出今年田租刍稿。改年为中元。

①四县属太山郡，故城在今兖州博城县界。

行幸长安。戊子，祀长陵。五月乙丑，至自长安。

六月辛卯，太仆冯鲂为司空。

乙未，司徒冯勤薨。

是夏，京师醴泉涌出，①饮之者固疾皆愈，惟眇、蹇者不瘳。又有赤草生于水崖。②郡国频上甘露。群臣奏言：“地祇灵应而朱草萌生。③孝宣帝每有嘉瑞，辄以改元，神爵、五凤、甘露、黄龙，列为年纪，盖以感致神祇，表彰德信。是以化致升平，称为中兴。今天下清宁，灵物仍降。陛下情存损挹，推而不居，岂可使祥符显庆，没而无闻？宜令太史撰集，④以传来世。”帝不纳。常自谦无德，每郡国所上，辄抑而不当，故史官罕得记焉。

①尚书中候曰“俊乂在官，则醴泉出”也。

②赤草，朱草也。大戴礼曰：“朱草日生一叶，至十五日已后日落一叶，周而复始。”

③孝经援神契曰：“德至草木，即朱草生。”

④太史,史官之长也。前书音义曰:"太史公,武帝置,位在丞相之上。"

秋,郡国三蝗。

冬十月辛未,司隶校尉东莱李䜣为司徒。

甲申,使司空告祠高庙曰:"高皇帝与群臣约,非刘氏不王。吕太后贼害三赵,①专王吕氏,赖社稷之灵,禄、产伏诛,②天命几坠,危朝更安。吕太后不宜配食高庙,同祧至尊。薄太后母德慈仁,③孝文皇帝贤明临国,子孙赖福,延祚至今。其上薄太后尊号曰高皇后,配食地祇。迁吕太后庙主于园,四时上祭。"④

①谓高帝子赵幽王友、赵恭王恢、赵隐王如意。

②吕产、吕禄,并吕后兄弟子。吕后崩,各拥南北军,欲为乱,周勃、陈平等诛之。

③薄太后,高帝姬,孝文帝之母。

④园谓茔域也,于中置寝。

十一月甲子晦,日有食之。

是岁,初起明堂、灵台、辟雍,及北郊兆域。①宣布图谶于天下。复济阳、南顿是年傜役。参狼羌寇武都,败郡兵,陇西太守刘旴遣军救之,及武都郡兵讨叛羌,皆破之。

①大戴礼云:"明堂者凡九室,一室有四户八牖,三十六户,七十二牖。以茅盖上,上员下方。赤缀户也,白缀牖也。"礼图又曰:"建武三十一年,作明堂,上员下方。十二堂法日辰。九室法九州。室八窗,八九七十二,法一时之王。室有十二户,法阴阳之数。"胡伯始云:"古清庙盖以茅,今盖以瓦,下藉茅,存古制也。"汉官仪曰:"明堂四面起土作堑,上作桥,堑中无水。明堂去平城门二里所,天子出,从平城门,先历明堂,乃至郊祀。"又曰:"辟雍去明堂三百步。东驾临辟雍,从北门入。三月、九月,皆于中行乡射礼。辟雍以水周其外,以节观者。诸

侯曰泮宫。东西南有水,北无,下天子也。"汉宫阁疏曰:"灵台高三丈,十二门。天子曰灵台,诸侯曰观台。"汉官仪:"北郊坛在城西北角,去城一里所。(谓)〔为〕方坛四陛,[50]但有坛祠舍而已。其鼓吹乐及舞人御帐,皆徙南郊之具。[51]地祇位南面西上,高皇后配,西面,皆在坛上。地理群神从食坛下,南郊焚犊,北郊埋犊。"

二年春正月辛未,初立北郊,祀后土。

东夷倭奴国王遣使奉献。①[52]

①倭在带方东南大海中,依山岛为国。

二月戊戌,帝崩于南宫前殿,年六十二。①[53]遗诏曰:"朕无益百姓,皆如孝文皇帝制度,务从约省。②刺史、二千石长吏皆无离城郭,无遣吏及因邮奏。③[54]

①伏侯古今注曰:"是岁在丁巳。"

②文帝葬皆以瓦器,不以金银铜锡为饰,因其山,不起坟。

③说文曰:"邮,境上行书舍也。"

初,帝在兵间久,厌武事,且知天下疲秏,思乐息肩。①自陇、蜀平后,非儌急,未尝复言军旅。皇太子尝问攻战之事,帝曰:"昔卫灵公问陈,孔子不对,此非尔所及。"②每旦视朝,日仄乃罢。数引公卿、郎、将讲论经理,夜分乃寐。③皇太子见帝勤劳不怠,承间谏曰:"陛下有禹汤之明,而失黄老养性之福,④愿颐爱精神,优游自宁。"帝曰:"我自乐此,不为疲也。"虽身济大业,兢兢如不及,故能明慎政体,总揽权纲,量时度力,举无过事。退功臣而进文吏,戢弓矢而散马牛,虽道未方古,斯亦止戈之武焉。⑤

①左传曰:"息肩于晋。"

②论语:"卫灵公问陈于孔子。曰:'俎豆之事,则尝闻之矣;军旅之事,

未之学也。’”

　　③分犹半也。

　　④黄帝、老子。

　　⑤左传曰:“于文,止戈为武也。”

　　论曰:“皇考<u>南顿君</u>初为<u>济阳</u>令,以<u>建平</u>元年十二月甲子夜生<u>光武</u>于县舍,①有赤光照室中。②钦异焉,使卜者<u>王长</u>占之。长辟左右③曰:“此兆吉不可言。”是岁县界有嘉禾生,一茎九穗,因名光武曰秀。明年,方士有<u>夏贺良</u>者,上言<u>哀帝</u>,云汉家历运中衰,当再受命。于是改号为<u>太初</u>元年,[55]称“陈圣刘太平皇帝”,以厌胜之。及<u>王莽</u>篡位,忌恶<u>刘氏</u>,以钱文有金刀,故改为货泉。或以货泉字文为“白水真人”。后望气者<u>苏伯阿</u>为<u>王莽</u>使至<u>南阳</u>,遥望见<u>春陵</u>郭,喟曰:④“气佳哉! 郁郁葱葱然。”及始起兵还<u>春陵</u>,远望舍南,火光赫然属天,有顷不见。初,道士<u>西门君惠</u>、<u>李守</u>等亦云<u>刘秀</u>当为天子。其王者受命,信有符乎? 不然,何以能乘时龙而御天哉!⑤

　　①<u>蔡邕</u><u>光武碑</u>文云:“光武将生,皇考以令舍不显,开宫后殿居之而生。”

　　②<u>东观记</u>曰:“光照堂中,尽明如昼。”

　　③辟音频亦反。

　　④喟,叹也,音子夜反。

　　⑤<u>易</u>曰:“时乘六龙以御天。”

69

　　赞曰:炎正中微,[56]大盗移国。①九县飙回,三精雾塞。②人厌淫诈,神思反德。<u>光武</u>诞命,[57]灵贶自甄。③沈几先物,深略纬文。④<u>寻</u>、<u>邑</u>百万,貔虎为群。⑤长毂雷野,高锋彗云。⑥[58]英威既振,<u>新都</u>自焚。⑦虏<u>刘</u>、<u>庸</u>、<u>代</u>,纷纭<u>梁</u>、<u>赵</u>。⑧三河未澄,四关重扰。⑨神旌乃顾,递行天讨。⑩金汤失险,车书共道。⑪灵庆既启,人谋咸赞。⑫明明庙谟,[59]起起雄断。⑬於赫有命,系隆我<u>汉</u>。⑭[60]

①<u>汉</u>以火德王,故曰炎正。大盗谓<u>王莽</u>篡位也。<u>庄子</u>曰:"<u>田成子</u>一日杀<u>齐</u>君而盗其国,向所谓智者,不反为大盗积者乎?"

②九县,九州也。飙回谓乱也。三精,日月星也。雾塞言昏昧也。精,或为"象"。

③诞,大也。<u>书</u>曰:"诞膺天命。"甄,明也。灵觎谓佳气神光之类也。

④几者,动之微也。物,事也。沈深之几,先见于事也。谥法:"经纬天地曰文。"

⑤貔,执夷,虎属也。<u>书</u>曰:"如虎如貔。"言甚猛勇也。[61]

⑥长毂,兵车。雷野,言其声盛。<u>淮南子</u>曰:"雷以为车舆。"彗,埽也,音详锐反。

⑦<u>王莽</u>初封为<u>新都侯</u>。<u>史记</u>曰,<u>周武王</u>伐<u>纣</u>,<u>纣</u>衣其宝玉自焚而死。<u>莽</u>虽被杀,灭亡与<u>纣</u>同,故假以言之。

⑧虏、刘,皆杀也。<u>左传</u>曰:"虏刘我边垂。"谓<u>公孙述</u>称帝于<u>庸</u>、<u>蜀</u>,<u>卢芳</u>据<u>代郡</u>也。纷纭,谕乱也。<u>梁</u>谓<u>刘永</u>,<u>赵</u>谓<u>王郎</u>也。

⑨三河,<u>河南</u>、<u>河北</u>、<u>河东</u>也。未澄谓<u>朱鲔</u>等据<u>洛</u>(州)〔阳〕,[62]未归<u>光武</u>也。四关谓<u>长安</u>四塞之国。重扰谓<u>更始</u>已定<u>关中</u>,<u>刘盆子</u>入关杀<u>更始</u>,发掘诸陵也。

⑩<u>周礼</u>曰:"析羽为旌。"称神者,犹言神兵神算也。<u>诗</u>云"乃眷西顾",<u>书</u>云"天讨有罪"也。

⑪<u>前书</u>曰:"金城汤池,不可攻矣。"金以谕坚,汤取其热。<u>光武</u>所系,皆失其险固也。<u>礼记</u>曰:"天下车同轨,书同文。"

⑫灵庆谓符谶也。<u>左传</u>曰:"天启之也。"人谋谓群下劝即尊号也。<u>易</u>曰:"人谋鬼谋,百姓与能。"赞,助也。

⑬诗曰"明明天子"。淮南子曰:"运筹于庙堂之上,决胜千里之外。"赳
赳,武兒也。

⑭於赫,叹美之词,音乌。诗云:"有命既集。"系犹繋也。

【校勘记】

〔1〕高祖(丰)沛〔丰〕邑人　据殿本考证改。

〔2〕其命郡国有穀者给禀　按:"给禀"二字连下读,注于"给禀"绝
句,非。

〔3〕故行什一之税　按:"什"原作"十",径据汲本、殿本改。

〔4〕初罢郡国都尉官　按:刊误谓郡有都尉,国有中尉,此但罢郡都尉,
不当有"国"字。

〔5〕拥节　按:"拥"原作"雍",径据汲本、殿本改。

〔6〕见徒免为庶(民)〔人〕　集解引钱大昕说,谓章怀注范史,避太宗讳,
"民"字皆改为"人"。今本仍有作"民"者,则宋以后校书者回改。
然亦有不当改而妄改者。此"庶民"本当作"庶人",校书者不知庶
民与庶人有别,而一例改之。凡律言"庶人"者,对奴婢及有罪者而
言,与它处泛称"庶民"者不同。今据钱说回改。下十一年、十二
年、十三年、十四年同。

〔7〕公车〔司马〕掌殿司马门　据前书百官公卿表颜注引汉官仪补。

〔8〕杜预〔注〕左传云　按文当有"注"字,今补。

〔9〕河西(太守)〔大将军〕窦融　集解引钱大昕说,谓河西非郡名,不当
有太守,当依前五年作"河西大将军"。今据改。

〔10〕后改为(高)平〔高〕　据殿本考证改。

〔11〕河东守守兵亦叛　按:刊误谓案文多一"守"字。若云太守之兵,不
合去"太"字。

〔12〕故城在今兰州　按:"兰"原讹"阑",径改正。

〔13〕〔三月〕己酉幸南阳　据袁纪及通鉴补。按:通鉴考异谓上有"二月己卯",袁纪"三月己酉,幸南阳",以长历考之,二月壬申朔,己酉在三月,盖上脱"三月"二字。

〔14〕本或作沉水及沆水者并非　按:"沉"殿本、集解本作"沆"。

〔15〕并并州　按:王先谦谓"并州"下疑脱"凉州"二字,说详集解。

〔16〕黄龙见东阿　按:袁纪"东阿"作"河东"。

〔17〕冬十一月戊寅至辛巳吴汉屠成都　续天文志云十一月丁丑,汉护军将军高午刺述洞其胸,其夜死。明日,汉入屠蜀城。而此云戊寅,述被创,夜死,辛巳,吴汉屠成都。　按:戊寅至辛巳四日,丁丑次日即戊寅,志明云明日汉入屠蜀城,公孙述传亦云其夜死,明旦岑降,吴汉传亦云旦日城降,则"戊寅"当从续志作"丁丑","辛巳"又为"戊寅"之讹。

〔18〕钳钛　按:"钛"原讹"鈇",径据汲本、殿本改正。

〔19〕庚午以殷绍嘉公孔安为宋公　按:建武十三年二月庚寅朔,无庚午,疑"庚午"为"庚子"或"庚戌"之讹。又查是年三月庚申朔,有庚午,或下文"三月"二字当移于此。

〔20〕周承休公姬(常)〔武〕为卫公　集解引惠栋说,谓前书恩泽侯表姬常于建武二年为周承休侯,五年,侯武嗣,十三年,更为卫公,然则"姬常"当作"姬武"也。今据改。

〔21〕省并西京十三国　按:钱大昕谓"三"字衍,说详下。

〔22〕淄川属高密　按:集解引钱大昕说,谓续志北海国下云建武十三年省淄川、高密、胶东三国,以其县属。盖其时以高密四县封邓禹,胶东六县封贾复,故不立王国而并属之北海,高密与淄川同在省并之内,非以淄川属高密也。志又称世祖省并郡国十,今并高密计之,正合十国之数,乃知纪云十三国者,误衍"三"字,而"淄川"下又衍"属"字耳。

〔23〕故城在今瀛州乐(府)〔寿〕县西北　据刊误及殿本考证改。

〔24〕鳟鳟之属也　按："鳟"原讹"鳟"，径改正。

〔25〕丁未有星孛于昴　丁未有星孛于营室　按：集解引钱大昕说，谓
　　"丁未"重出，当有一误，以天文志证之，似下"丁未"误也。

〔26〕置常〔山〕关　据刊误补。

〔27〕必(有)〔以〕众大之辞言之　据刊误改，与今公羊传合。

〔28〕上至高祖　按：伪孔传"至"作"自"。

〔29〕二月乙(亥)〔未〕晦　据集解引钱大昕、惠栋说改。按：是年三月丙
　　申朔，作"乙未"是。

〔30〕夏四月乙卯　按：是年四月丙寅朔，无乙卯，此误。下云"五月乙
　　卯，车驾还宫"。是年五月乙未朔，有乙卯，不误。

〔31〕属南〔阳〕郡　据殿本考证补。

〔32〕夏四月(甲戌)〔癸酉〕车驾还宫　据殿本考证改。

〔33〕(癸酉)〔甲戌〕诏曰　据殿本考证改。按：万松龄谓"癸酉"移前，"甲
　　戌"移后，写者误倒耳。

〔34〕(戊)〔甲〕申幸河内　据殿本考证改。按：是年夏四月庚申朔，下文
　　云"戊子至自河内"，明此"戊申"乃"甲申"之误。

〔35〕始祠昭帝元帝于太庙　按：集解引钱大昕说，谓祭祀志是年雒阳高
　　庙四时加祭孝宣、孝元，凡五帝，此云"昭帝"，误。

〔36〕光武第虽十二　"第"原作"弟"，弟第古字通用，今改归一律，后如
　　此不悉出校记。

〔37〕于哀帝为诸父于平帝为祖父　按：李慈铭谓哀帝、平帝皆元帝庶孙，
　　兄弟行也，光武于成帝为兄弟，则于平帝亦为诸父，非祖父。注引汉
　　宜仪皆谬。

〔38〕然则宣帝为(曾)祖　按：刊误谓案世数宣帝于光武犹是祖，此多一
　　"曾"字。今据删。

〔39〕母贵则子〔何以〕贵　据刊误补，与公羊传合。

〔40〕鄯善王车师王等十六国　按：西域传"十六国"作"十八国"，袁纪作

73

"鄯善王安、莎车王贤等十六国"。

〔41〕制诏曰　按:刊误谓多一"制"字。

〔42〕徒皆弛解钳　按:李慈铭谓以注文详之,此当衍一"解"字,脱一
"钛"字。

〔43〕寇右北平渔阳上谷太原　按:集解引陈景云说,谓"太原"二字非衍
即误。貊人入寇东边诸郡,不能西至太原内地也。

〔44〕大人谓渠帅也　殿本"大人"作"乌桓"。按:校补谓当作"大人,乌
桓谓渠帅也",互脱二字。

〔45〕二十六年〔春〕正月　据汲本、殿本补。

〔46〕骠骑大将军行大司马刘隆即日罢　刊误谓两汉称"行"者皆云行某
官事,明此少一"事"字。今按:范书称行某官事往往省一"事"字,
非必脱文,后如此不悉出。

〔47〕幸鲁国　按:刊误谓它处皆不言国,明此多一"国"字。

〔48〕冬十一月丁酉至自鲁　汲本、集解本"丁酉"作"乙酉"。按:是年十
一月丁未朔,无丁酉、乙酉,疑"己酉"之误。

〔49〕中元元年　按:中元非年号,刊误及补注并谓应冠"建武"二字。

〔50〕(谓)〔为〕方坛四陛　据刊误改。按:为谓古通作。

〔51〕皆徙南郊之具　按:汲本、殿本"徙"作"従"。

〔52〕东夷倭奴国王遣使奉献　按:"王"原作"主",径据汲本、殿本改。

〔53〕年六十二　按:惠栋补注引蒋皋说,谓光武以二十八岁起兵,中更始
二年,建武三十一年,中元二年,则崩时乃六十三岁。祭祀志封禅刻
石文已云"在位三十二年,年六十二",则崩年六十三无疑矣。此
"二"字疑传写误也。

〔54〕无遣吏及因邮奏　按:刊误谓多一"无"字,盖凡吊丧及赴葬,皆遣
吏及因邮也。

〔55〕于是改号为太初元年　按:沈家本谓"太初"下当有"元将"二字,事
详前书。

〔56〕炎正中微　按:校补谓文选"正"作"政"。

〔57〕光武诞命　按:校补谓文选"光武"作"世祖"。

〔58〕高锋彗云　文选"锋"作"旗"。按:校补谓观李注引东都主人曰"戈
　　冗彗云",则"旗"仍"锋"之讹。

〔59〕明明庙谟　按:校补谓文选"谟"作"谋"。

〔60〕系隆我汉　按:校补谓文选作"系我皇汉"。又按:集解引钱大昕
　　说,谓尉宗宋人,不应有"我汉"之称,此必沿东观旧文。

〔61〕言甚猛勇也　按:汲本"甚"作"其"。

〔62〕谓朱鲔等据洛(州)〔阳〕　按:张森楷校勘记谓时无洛州,"州"当是
　　"阳"之误。今据改。

后 汉 书 卷 二

显宗孝明帝纪第二

显宗孝明皇帝讳庄,①光武第四子也。母阴皇后。帝生而丰下,②十岁能通春秋,光武奇之。建武十五年封东海公,十七年进爵为王,十九年立为皇太子。师事博士桓荣,学通尚书。

①谥法曰:"照临四方曰明。"伏侯古今注曰:"庄之字曰严。"

②杜预注左传云:"丰下,盖面方也。"东观记云:"帝丰下兑上,项赤色,有似于尧。"

中元二年二月戊戌,即皇帝位,年三十。尊皇后曰皇太后。

三月丁卯,葬光武皇帝于原陵。①有司奏上尊庙曰世祖。

①帝王纪曰:"原陵方三百二十步,高六丈,在临平亭东南,去洛阳十五里。"

夏四月丙辰,诏曰:"予末小子,奉承圣业,夙夜震畏,不敢荒宁。先帝受命中兴,德侔帝王,协和万邦,假于上下,①怀柔百神,

77

惠于鳏寡。②朕承大运,继体守文,③不知稼穑之艰难,惧有废失。圣恩遗戒,顾重天下,以元元为首。公卿百僚,将何以辅朕不逮?其赐天下男子爵,人二级;④三老、孝悌、力田人三级;⑤爵过公乘,得移与子若同产、同产子;⑥及流人无名数欲自占者人一级;⑦[1]鳏、寡、孤、独、笃癃粟,人十斛。其弛刑及郡国徒,在<u>中元</u>元年四月己卯赦前所犯而后捕系者,悉免其刑。又边人遭乱为内郡人妻,在己卯赦前,一切遣还边,恣其所乐。中二千石下至黄绶,⑧贬秩赎论者,悉皆复秩还赎。方今上无天子,下无方伯,⑨若涉渊水而无舟楫。夫万乘至重而壮者虑轻,⑩实赖有德左右小子。⑪<u>高密侯禹</u>元功之首,<u>东平王苍</u>宽博有谋,并可以受六尺之托,临大节而不挠。⑫其以<u>禹</u>为太傅,<u>苍</u>为骠骑将军。太尉<u>熹</u>告谥南郊,⑬司徒<u>䜣</u>奉安梓宫,⑭司空<u>鲂</u>将校复土。⑮其封<u>熹</u>为节乡侯,<u>䜣</u>为安乡侯,<u>鲂</u>为杨邑侯。"

①假,至也。音格。

②怀,安也。柔,和也。<u>礼</u>曰"凡山林能兴云致雨者皆曰神,有天下者祭百神",怀柔百神也。<u>书</u>曰:"惠于鳏寡。"

③创基之主,则尚武功以定祸乱;其次继体而立者,则守文德。<u>穀梁传</u>曰:"承明继体,则守文之君也。"

④<u>前书音义</u>曰:"男子者,谓户内之长也。"<u>商鞅</u>为<u>秦</u>制爵二十级:一,公士;二,上造;三,簪褭;四,不更;五,大夫;六,官大夫;七,公大夫;八,公乘;九,五大夫;十,左庶长;十一,右庶长;十二,左更;十三,中更;十四,右更;十五,少上造;十六,大上造;十七,驷车庶长;十八,大庶长;十九,关内侯;二十,彻侯。人赐爵者,有罪得赎,贫者得卖与人。

⑤三老、孝悌、力田,三者皆乡官之名。三老,<u>高帝</u>置,孝悌、力田,<u>高后</u>置,所以劝导乡里,助成风化也。<u>文帝</u>诏曰:"孝悌,天下之大顺也。

力田,为生之本也。三老,众人之师也。其以户口率置员。"事见前书。

⑥汉制,赐爵自公士已上不得过公乘,故过者得移授也。同产,同母兄弟也。

⑦无名数谓无文簿也。占谓自归首也。

⑧汉制,二百石以上铜印黄绶也。

⑨公羊传曰:"上无天子,下无方伯。"此制引以为谦也。

⑩帝谦言年尚少壮,思虑轻浅,故须贤人辅弼。

⑪赖,恃也。左右,助也。

⑫六尺谓年十五已下。大节谓大事。挠,屈也。音女孝反。

⑬赵憙也。应劭风俗通曰:"礼,臣子无爵谥君父之义也,故群臣累其功美,葬日,遣太尉于南郊告天而谥之。"

⑭李䜣也。梓宫,以梓木为棺。风俗通曰:"宫者,存时所居,缘生事死,因以为名。"

⑮冯鲂也。将校谓将领五校兵以穿圹也。前书音义曰:"复土,主穿圹填塞事也。[2]言下棺讫,复以土为坟,故言复土。"

秋九月,烧当羌寇陇西,败郡兵于允街。①赦陇西囚徒,减罪一等,勿收今年租调。又所发天水三千人,亦复是岁更赋。②遣谒者张鸿讨叛羌于允吾,③鸿军大败,战殁。冬十一月,遣中郎将窦固监捕虏将军马武等二将军讨烧当羌。

①允街,县名也,允音铅,街音佳,属金城郡,故城在今凉州昌松县东南。城临丽水,一名丽水城。

②更谓戍卒更相代也。赋谓雇更之钱也。前书音义曰:"更有三品:有卒更,有践更,有过更。古正卒无常,人皆当迭为之。(有)一月一更,[3]是为卒更。贫者欲得雇更钱,次直者出钱雇之,月二千,是为践更。古者天下人皆当戍边三日,亦名为更。不可人人自行三日戍,当

行者不可往即还,因住一岁,次直者出钱三百雇之,谓之过更。"

③允吾,县名,属金城郡,故城在今兰州广武县西南。[4]允音沿。吾音牙。

十二月甲寅,诏曰:"方春戒节,人以耕桑。其敕有司务顺时气,使无烦扰。①天下亡命殊死以下,听得赎论:死罪人缣二十匹,右趾至髡钳城旦舂十匹,②完城旦舂至司寇作三匹。③其未发觉,诏书到先自告者,半入赎。今选举不实,邪佞未去,权门请托,残吏放手,④百姓愁怨,情无告诉。有司明奏罪名,并正举者。⑤又郡县每因征发,轻为奸利,诡责羸弱,先急下贫。其务在均平,无令枉刻。"

①礼记:"孟春之月,布德和令,行庆施惠。仲春,无作大事,以妨农事。"

②前书音义曰:"右趾谓刖其右足,次刖左足,次劓,次黥,次髡钳为城旦舂。城旦者,昼日伺寇虏,夜暮筑长城。舂者,妇人犯罪,不任军役之事,但令舂以食徒者。"

③完者,谓不加髡钳而筑城也。次鬼薪、白粲,次隶臣妾,次(作)司寇〔作〕。[5]

④放手谓贪纵为非也。

⑤举非其人,并正举主之罪。

80 永平元年春正月,帝率公卿已下朝于原陵,如元会仪。①

①汉官仪曰:"古不墓祭。秦始皇起寝于墓侧,汉因而不改。诸陵寝皆以晦、望、二十四气、三伏、社、腊及四时上饭。其亲陵所宫人,随鼓漏理被枕,具盥水,陈庄具。天子以正月上原陵,公卿百官及诸侯王、郡国计吏皆当轩下,占其郡国穀价,四方改易,欲先帝魂魄闻之也。"元会仪见下。

夏五月,太傅邓禹薨。

戊寅,东海王彊薨,遣司空冯鲂持节视丧事,赐升龙旄头、銮辂、龙旗。①

①旄头,见光武纪。銮,铃也,在镳。交龙为旗,唯天子用之,今特赐
　以葬。

六月乙卯,葬东海恭王。

秋七月,捕虏将军马武等与烧当羌战,大破之。募士卒戍陇右,赐钱人三万。

八月戊子,徙山阳王荆为广陵王,遣就国。

是岁,辽东太守祭肜使鲜卑击赤山乌桓,大破之,斩其渠帅。①越巂姑复夷叛,②州郡讨平之。

①赤山在辽东西北数千里。

②姑复,县名。

二年春正月辛未,宗祀光武皇帝于明堂,帝及公卿列侯始服冠冕、衣裳、玉佩、绚屦以行事。①礼毕,登灵台。使尚书令持节诏骠骑将军、三公曰:“今令月吉日,宗祀光武皇帝于明堂,以配五帝。②礼备法物,乐和八音,咏祉福,舞功德,③(其)班时令,[6]敕群后。④事毕,升灵台,望元气,[7]吹时律,观物变。⑤群僚藩辅,宗室子孙,众郡奉计,百蛮贡职,⑥乌桓、濊貊咸来助祭,单于侍子、骨都侯亦皆陪位。斯固圣祖功德之所致也。朕以暗陋,奉承大业,亲执珪璧,恭祀天地。⑦仰惟先帝受命中兴,拨乱反正,以宁天下,⑧封泰山,建明堂,立辟雍,[8]起灵台,恢弘大道,被之八极;⑨而胤子无成康之质,群臣无吕旦之谋,⑩盥洗进爵,蹴踖惟惭。⑪素性顽鄙,临

事益惧,故'君子坦荡荡,小人长戚戚'。⑫其令天下自殊死已下,谋反大逆,皆赦除之。百僚师尹,其勉修厥职,顺行时令,敬若昊天,以绥兆人。"⑬

①汉官仪曰:"天子冠通天,诸侯王冠远游,三公、诸侯冠进贤三梁,卿、大夫、尚书、二千石、博士冠两梁,(二)千石已下至小吏冠一梁。[9]天子、公、卿、特进、诸侯祀天地明堂,皆冠平冕,天子十二旒,三公、九卿、诸侯七,其缨各如其绶色,玄衣纁裳。"周礼曰:"王祀昊天上帝则服大裘而冕,祀五帝亦如之。"三礼图曰:"冕以三十升布漆而为之,[10]广八寸,长尺六寸,前圜后方,前下后高,有俛伏之形,故谓之冕。欲人之位弥高而志弥下,故以名焉。"董巴舆服志曰:"显宗初服冕衣裳以祀天地。衣裳以玄上纁下,乘舆备文日月星辰十二章,三公、诸侯用山龙九章,卿已下用华虫七章,皆五色采。乘舆刺绣,公卿已下皆织成。陈留襄邑献之。"徐广车服注曰:"汉明帝案古礼备其服章,天子郊庙衣皂上绛下,前三幅,[11]后四幅,衣画而裳绣。"礼记曰:"古之君子必佩玉,君子于玉比德焉。天子佩白玉,公侯佩山玄玉,大夫佩水苍玉,世子佩瑜玉。"周礼屦人"掌王赤舄青绚"。郑玄注云:"赤舄,为上冕服之舄也。绚屦,鼻头以青彩饰之。"[12]绚音劬。三礼图曰:"屦复下曰舄,其色各随裳色。"

②五经通义曰:"苍帝灵威仰,赤帝赤熛怒,黄帝含枢纽,白帝白招矩,黑帝(汁)〔叶〕光纪。[13]牲币及玉,各依方色。"

③祉亦福也。詠谓诗云"降福穰穰"之类。景帝诏曰:"歌者所以发德,舞者所以明功。"

④班,布也。时令谓月令也。四时各有令,若有乖舛,必致妖灾,故告之。

⑤元气,天气也。王者承天心,理礼乐,通上下四时之气也,故望之焉。时律者,即月令"孟春律中太蔟,仲春律中夹锺"之类。大戴礼曰:"圣

人戳十二管,察八音之清浊,谓之律吕。律吕不正则诸气不和。"周礼保章氏:"以五云之色,辨吉凶、水旱、丰荒之祲象。"郑司农注云:"以二至二分观云色,青为虫,白为丧,赤为兵荒,黑为水,黄为丰。故春秋传曰'凡分至启闭必书云物,为备故也'。"杜预注云:"物谓气色灾变也。"

⑥奉计谓计吏也。诗曰:"因时百蛮。"百言众多也。独言蛮,通四夷。

⑦周礼曰:"四圭尺有二寸,以祀天。"又曰:"以苍璧礼天,以黄琮礼地,以青圭礼东方,以赤璋礼南方,以白琥礼西方,以玄璜礼北方。"

⑧拨,理也。公羊传曰:"拨乱世反之正,莫近于春秋。"

⑨淮南子曰:"九州之外有八寅,八寅之外有八纮,八纮之外有八极。"

⑩明帝自谓无〔成康之质〕。[14]成康之时,刑措不用四十馀年。

⑪郑玄注论语云:"踧踖,敬恭貌。"盟音管。

⑫坦荡,明达之貌。戚戚,常忧惧也。

⑬若,顺也。

三月,临辟雍,初行大射礼。①

①仪礼(日)大射之礼,[15]王将祭射宫,择士以助祭也。张虎侯、熊侯、豹侯,其制若今之射的矣。谓之为侯者,天子射中之,可以服诸侯也。天子侯中一丈八尺,画以云气焉。王以六耦射三侯,乐以驺虞九节;诸侯以四耦射二侯,乐以狸首七节;孤卿、大夫以三耦射一侯,乐以采蘋五节;士以二耦射豻侯,乐以采蘩三节。

秋九月,<u>沛王辅</u>、<u>楚王英</u>、<u>济南王康</u>、<u>淮阳王延</u>、<u>东海王政</u>来朝。

冬十月壬子,幸辟雍,初行养老礼。诏曰:"光武皇帝建三朝之礼,而未及临飨。①眇眇小子,属当圣业。②间暮春吉辰,初行大射;令月元日,③复践辟雍。尊事三老,兄事五更,安车软轮,供绥执授。侯王设酱,公卿馔珍,朕亲袒割,执爵而酳。④祝哽在前,祝噎在后。⑤升歌鹿鸣，下管新宫，⑥八佾具脩，万舞于庭。⑦朕固薄德，何以克当？易陈负乘，诗刺彼己，⑧永念惭疚，无忘厥心。三老李躬，年耆学明。五更桓荣，授朕尚书。诗曰：'无德不报，无言不酬。'⑨其赐荣爵关内侯，食邑五千户。三老、五更皆以二千石禄养终厥身。其赐天下三老酒人一石，肉四十斤。有司其存耆耋，⑩恤幼孤，惠鳏寡，称朕意焉。"

①三朝之礼谓中元元年初起明堂、辟雍、灵台也。

②尚书康王曰："眇眇予末小子。"孔安国注云："眇眇犹微微也。"

③东观记曰："十月元日。"

④孝经援神契曰："尊事三老，父象也。"宋均注曰："老人知天地之事者。"[16]安车，坐乘之车；輮轮，以蒲裹轮。輮音而充反。三老就车，天子亲执绥授之。说文："绥，车中把也。"五更，老人知五行更代事者。汉官仪曰："三老、五更，皆取有首妻男女全具者。"续汉志曰："养三老、五更，先吉日，司徒上太傅若讲师故三公人名，用其德行年耆高者，三公一人为三老，次卿一人为五更，皆服缔绤大袍单衣，皂缘领袖中衣，冠进贤，扶(玉)〔王〕杖。[17]五更亦如之，不杖。皆齐于太学讲堂。其日乘舆先到辟雍礼殿，坐于东厢，遣使者安车迎三老、五更，天子迎于门屏，交拜，导自阼阶。三老自宾阶升，东面。三公设几杖。九卿正履。天子亲袒割牲，执酱而馈，执爵而酳。五更南面，三公进供，礼亦如之。明日皆诣阙谢，以其于己礼太隆也。"酱，醢也。珍谓肴羞之属，即周礼"八珍"之类。郑玄注仪礼云："酳，漱也，所以洁口。"音胤。

⑤老人食多哽噎，故置人于前后祝之，令其不哽噎也。

⑥鹿鸣，诗小雅篇名也。新宫，小雅逸篇也。升，登也。登堂而歌，所以重人声也。燕礼曰："升歌鹿鸣，下管新宫。"

⑦佾，列也。谓舞者行列也。左氏传曰："天子八佾，诸侯六，大夫四，士

二。夫舞,所以节八音而行八风,故自八以下。"万亦舞也。诗云:"公
庭万舞。"

⑧易曰:"负且乘,致寇至。"负也者,小人之事也。乘也者,君子之器也。
小人而乘君子之器,盗思夺之矣。诗曰"彼己之子,不称其服"也。

⑨诗大雅也。

⑩礼记曰,六十曰耆,七十曰耋。释名曰:"耆,指也,不从力役,指事使
人也。耋,铁也,皮肤变黑色如铁也。"

中山王焉始就国。

甲子,西巡狩,幸长安,祠高庙,遂有事于十一陵。历览馆邑,
会郡县吏,劳赐作乐。十一月甲申,遣使者以中牢祠萧何、霍光。
帝谒陵园,过式其墓。①进幸河东,所过赐二千石、令长已下至于掾
史,各有差。②癸卯,车驾还宫。

①东观汉记曰:"萧何墓在长陵东司马门道北百步。"又云:"霍光墓在茂
陵东司马门道南四里。"式,敬也。礼记曰:"行过墓必式。"

②续汉志曰:"郡国及县,诸曹皆置掾史。"

十二月,护羌校尉窦林下狱死。

是岁,始迎气于五郊。①少府阴就子丰杀其妻郦邑公主,就坐
自杀。②

①续汉书曰:"迎气五郊之兆。四方之兆各依其位。中央之兆在未,坛
皆(二)〔三〕尺。[18]立春之日,迎春于东郊,祭青帝句芒,车服皆青,歌
青阳,八佾舞云翘之舞。立夏之日,迎夏于南郊,祭赤帝祝融,车服皆
赤,歌朱明,八佾舞云翘之舞。先立秋十八日,迎黄灵于中兆,祭黄帝
后土,车服皆黄,歌朱明,八佾舞云翘、育命之舞。立秋之日,迎秋于
西郊,祭白帝蓐收,车服皆白,歌白藏,八佾舞育命之舞。立冬之日,
迎冬于北郊,祭黑帝玄冥,车服皆黑,歌玄冥,八佾舞育命之舞。"

②郦,县,属南阳郡。郦音栎。

三年春正月癸巳,诏曰:"朕奉郊祀,登灵台,见史官,正仪度。①夫春者,岁之始也。始得其正,则三时有成。②比者水旱不节,边人食寡,政失于上,人受其咎。有司其勉顺时气,劝督农桑,去其螟蜮,以及蝥贼;③详刑慎罚,明察单辞,④夙夜匪懈,以称朕意。"

①仪谓浑仪,以铜为之,置于灵台,王者正天文之器也。度谓日月星辰之行度也。史官即太史,掌天文之官也。

②正谓日月五星不失其次也。三时谓春、夏、秋。左传曰:"务其三时。"

③尔雅曰:"食苗心曰螟,食节曰贼,食根曰蟊。"蜮一名短弧,今之水弩,含沙射人为灾。言此者,欲令臣下顺时行政,勿侵扰也。

④单辞犹偏辞也。

二月甲寅,太尉赵憙、司徒李䜣免。丙辰,左冯翊郭丹为司徒。己未,南阳太守虞延为太尉。

甲子,立贵人马氏为皇后,皇子烜①为皇太子。赐天下男子爵,人二级;三老、孝悌、力田人三级;流人无名数欲占者人一级;鳏、寡、孤、独、笃癃、贫不能自存者粟,人五斛。

①音丁达反。

夏四月辛酉,封皇子建为千乘王,①羡为广平王。

①千乘,国名,今青州县,故城在今淄州高苑北。

六月丁卯,有星孛于天船北。①

①天船,星名。续汉志曰:"天船为水,孛出之为大水。是岁,伊、洛水溢到津城门。"伏侯古今注曰:"孛长三尺所,见三十五日乃去。"

秋八月戊辰，改大乐为大予乐。①

①尚书璇机钤曰[19]"有帝汉出，德洽作乐名予"，故据璇机钤改之。汉
官仪曰："大予乐令一人，秩六百石。"

壬申晦，日有蚀之。诏曰："朕奉承祖业，无有善政。日月薄
蚀，彗孛见天，水旱不节，稼穑不成，人无宿储，下生愁垫。①虽夙夜
勤思，而智能不逮。昔楚庄无灾，以致戒惧；②鲁哀祸大，天不降
谴。③今之动变，傥尚可救。有司勉思厥职，以匡无德。古者卿士
献诗，百工箴谏。④其言事者，靡有所讳。"

①储，积也。垫，溺也，音丁念反。

②说苑曰："楚庄王见天不见妖而地不出孽，则祷于山川曰：'天其忘余
欤？'此能求过于天，必不逆谏矣。"

③春秋感精符曰：[20]"鲁哀公时，政弥乱绝，不日食。政乱之类，当致日
食之变，而不应者，谴之何益，告之不悟，故哀公之篇绝无日食之异。"

④国语曰："天子听政，公卿至于庶士献诗，师箴，百工谏，庶人传语，近
臣尽规，而后王斟酌事焉。"

冬十月，蒸祭光武庙，①初奏文始、五行、武德之舞。②

①礼记曰："冬祭曰蒸。"蒸，众也。冬物毕成，可祭者众。

②前书曰，文始舞者，本舜韶舞也，高祖六年更名曰文始，其舞人执羽
龠。五行者，本周舞也，秦始皇二十六年更名曰五行，其舞人冠冕衣
服法五行色。武德者，高祖四年作，言行武以除乱也，其舞人执干戚。
光武草创，礼乐未备，今始奏之，故云初也。

甲子，车驾从皇太后幸章陵，观旧庐。十二月戊辰，至自章陵。
是岁，起北宫及诸官府。京师及郡国七大水。

四年春二月辛亥，诏曰："朕亲耕藉田，以祈农事。①京师冬无

宿雪,春不燠沐,②烦劳群司,积精祷求。③而比再得时雨,宿麦润泽。其赐公卿半奉。有司勉遵时政,务平刑罚。"

①礼记曰:"天子亲耕于东郊,为藉田千亩,冕而朱纮,躬秉耒耜。"五经要义曰:"天子藉田,以供上帝之粢盛,所以先百姓而致孝敬也。藉,蹈也。言亲自蹈履于田而耕之。"续汉志云:"正月始耕,既事,告祠先农。"汉旧仪曰:"先农即神农炎帝也。祠以太牢,百官皆从。皇帝亲执耒耜而耕。天子三推,三公五,孤卿七,大夫十二,士庶人终亩。乃致藉田仓,置令丞,以给祭天地宗庙,以为粢盛。"

②燠,暖也,音于六反。沐,润泽也。言无暄润之气也。

③积精犹储积也。说文云:"告事求福曰祷。"

秋九月戊寅,千乘王建薨。

冬十月乙卯,司徒郭丹、司空冯鲂免。丙辰,河南尹范迁为司徒,太仆伏恭为司空。

十二月,陵乡侯梁松下狱死。①

①坐县飞书诽谤。

五年春二月庚戌,骠骑将军东平王苍罢归藩;琅邪王京就国。

冬十月,行幸邺。与赵王栩会邺。常山三老言于帝曰:"上生于元氏,愿蒙优复。"诏曰:"丰、沛、济阳,受命所由,加恩报德,适其宜也。今永平之政,百姓怨结,而吏人求复,令人愧笑。重逆此县之拳拳,①其复元氏县田租更赋六岁,劳赐县掾史,及门阑走卒。"②至自邺。

①重,难也。拳拳犹勤勤也。礼记曰:"得一善则拳拳服膺而不息。"

②续汉志曰:"五伯、铃下、侍阁、门阑部署、街里走卒,皆有程品,多少随所典领。"

十一月，北匈奴寇五原；十二月，寇云中，南单于击却之。

是岁，发遣边人在内郡者，赐装钱人二万。

六年春正月，沛王辅、楚王英、东平王苍、淮阳王延、琅邪王京、东海王政、赵王盱、北海王兴、齐王石来朝。

二月，王雒山出宝鼎，①庐江太守献之。夏四月甲子，诏曰："昔禹收九牧之金，铸鼎以象物，使人知神奸，不逢恶气。②遭德则兴，迁于商、周；周德既衰，鼎乃沦亡。③祥瑞之降，以应有德。方今政化多僻，何以致兹？易曰鼎象三公，④岂公卿奉职得其理邪？太常其以祫祭之日，⑤陈鼎于庙，以备器用。赐三公帛五十匹，九卿、二千石半之。先帝诏书，禁人上事言圣，而间者章奏颇多浮词，自今若有过称虚誉，尚书皆宜抑而不省，示不为谄子蚩也。"

①"雒"或作"雄"。

②夏禹之时，令远方图画山川奇异之物，使九州之牧贡金铸鼎以象之，令人知鬼神百物之形状而备之，故人入山林川泽，魑魅罔两莫能逢之。恶气谓罔两之类。事见左传。

③史记曰，周鼎亡入泗水中，秦始皇过彭城，斋戒，欲出周鼎于泗水，使千人没水求之，不得。

④易曰："鼎折足，覆公餗。"

⑤礼记曰"夏祭曰礿"，音药。礿，薄也。夏物未成，祭尚薄。

冬十月，行幸鲁，祠东海恭王陵；会沛王辅、楚王英、济南王康、东平王苍、淮阳王延、琅邪王京、东海王政。十二月，还，幸阳城，遣使者祠中岳。壬午，车驾还宫。东平王苍、琅邪王京从驾来朝皇太后。

七年春正月癸卯,皇太后阴氏崩。二月庚申,葬光烈皇后。

秋八月戊辰,北海王兴薨。

是岁,北匈奴遣使乞和亲。

八年春正月己卯,司徒范迁薨。① 三月辛卯,太尉虞延为司徒,卫尉赵憙行太尉事。

①汉官仪曰,迁字子闾,沛人也。

遣越骑司马郑众报使北匈奴。初置度辽将军,屯五原曼柏。①

①(武)〔昭〕帝拜范明友为度辽将军,[21]至此复置焉。以中郎将吴常行度辽将军。曼柏,县,在今胜州银城县。

秋,郡国十四雨水。

冬十月,北宫成。

丙子,临辟雍,养三老、五更。礼毕,诏三公募郡国中都官死罪系囚,减罪一等,勿笞,诣度辽将军营,屯朔方、五原之边县;妻子自随,便占著边县;①父母同产欲相代者,恣听之。其大逆无道殊死者,一切募下蚕室。亡命者令赎罪各有差。凡徙者,赐弓弩衣粮。

①占著谓附名籍。

壬寅晦,日有食之,既。①诏曰:"朕以无德,奉承大业,而下贻人怨,上动三光。日食之变,其灾尤大,春秋图谶所为至谴。②[22]永思厥咎,在予一人。群司勉修职事,极言无讳。"于是在位者皆上封事,各言得失。③帝览章,深自引咎,乃以所上班示百官。诏曰:"群僚所言,皆朕之过。人冤不能理,吏黠不能禁;而轻用人力,缮修宫宇,出入无节,喜怒过差。昔应门失守,关雎刺世;④飞蓬随风,微子所叹。⑤[23]永览前戒,竦然兢惧。徒恐薄德,久而致怠耳。"

①既,尽也。

②春秋感精符曰:"人主含天光,据机衡,齐七政,操八极。"故君明圣,天道得正,^[24]则日月光明,五星有度。日明则道正,^[25]不明则政乱,故常戒以自救厉。日食皆象君之进退为盈缩。当春秋拨乱,日食三十六,故日至谴也。

③宣帝始令群臣得奏封事,以知下情。封有正有副,领尚书者先发副封,所言不善,屏而不奏;后魏相奏去副封,以防拥蔽。

④春秋说题辞曰:"人主不正,应门失守,故歌关雎以感之。"宋均注曰:"应门,听政之处也。言不以政事为务,则有宣淫之心。关雎乐而不淫,思得贤人与之共化,修应门之政者也。"薛君韩诗章句曰:"诗人言雎鸠贞洁慎匹,以声相求,隐蔽于无人之处。故人君退朝,入于私宫,后妃御见有度,应门击柝,鼓人上堂,退反宴处,体安志明。今时大人内倾于色,贤人见其萌,故咏关雎,说淑女,正容仪,以刺时。"

⑤管子曰:"无仪法程式,飞摇而无所定,谓之飞蓬。飞蓬之间,明王不听。"^[26]此言"微子",未详。

北匈奴寇西河诸郡。

九年春三月辛丑,诏郡国死罪囚减罪,与妻子诣五原、朔方占著,所在死者皆赐妻父若男同产一人复终身;其妻无父兄独有母者,赐其母钱六万,又复其口算。①

①口算,已见光武纪。

夏四月甲辰,诏郡国以公田赐贫人各有差。令司隶校尉、部刺史岁上墨绶长吏视事三岁已上理状尤异者各一人,与计偕上。①及尤不政理者,亦以闻。

①偕,俱也。所征之人,令与计吏俱上。

是岁,大有年。①为四姓小侯开立学校,置五经师。②

①穀梁传曰:"五穀皆熟,书大有年。"

②袁宏汉纪曰,永平中崇尚儒学,自皇太子、诸王侯及功臣子弟,莫不受
经。又为外戚樊氏、郭氏、阴氏、马氏诸子弟立学,号四姓小侯,置五
经师。以非列侯,故曰小侯。礼记曰"庶方小侯",亦其义也。

十年春二月,广陵王荆有罪,自杀,国除。

夏四月戊子,诏曰:"昔岁五穀登衍,①今兹蚕麦善收,其大赦
天下。方盛夏长养之时,荡涤宿恶,以报农功。百姓勉务桑稼,以
备灾害。吏敬厥职,无令怠惰。"

①郑玄注周礼云:"五穀,黍、稷、麦、麻、末也。"〔27〕登,成也。衍,饶也,
音以战反。

闰月甲午,南巡狩,幸南阳,祠章陵。日北至,又祠旧宅。①礼
毕,召校官弟子作雅乐,奏鹿鸣,②帝自御埙篪和之,以娱嘉宾。③
还,幸南顿,劳飨三老、官属。

①北至,夏至也。

②校,学也。鹿鸣,诗小雅篇名,宴群臣嘉宾之诗。

③郑玄注周礼云:"埙,烧土为之,大如雁子。"郑众曰:"有六孔。"世本
曰:"暴辛公作篪,以竹为之,长尺四寸,有八孔。"

冬十一月,征淮阳王延会平舆,①征沛王辅会睢阳。

①县名,属汝南郡,故城在今豫州汝阳县东北。舆音预。

十二月甲午,车驾还宫。

十一年春正月,沛王辅、楚王英、济南王康、东平王苍、淮阳王延、中山王焉、琅邪王京、东海王政来朝。

秋七月,司隶校尉郭霸下狱死。

是岁,濑湖出黄金,庐江太守以献。①时麒麟、白雉、醴泉、嘉禾所在出焉。

①濑湖,湖名,音子小反,在今庐州合肥县东南。

十二年春正月,益州徼外夷哀牢王相率内属,于是置永昌郡,罢益州西部都尉。①

①西南夷传曰:"罢益州西部所领六县,合为永昌郡,置哀牢、博南二县。"去洛阳七千里,在今匿州匿川县西。

夏四月,遣将作谒者王吴修汴渠,自荥阳至于千乘海口。①

①汴渠即莨荡渠也。汴自荥阳首受河,所谓石门,在荥阳山北一里。过汴以东,积石为堤,亦号金堤,成帝阳嘉中所作也。[28]

五月丙辰,赐天下男子爵,人二级,三老、孝悌、力田人三级,流民无名数欲占者人一级;鳏、寡、孤、独、笃癃、贫无家属不能自存者粟,人三斛。诏曰:"昔曾、闵奉亲,竭欢致养;①仲尼葬子,有棺无椁。②丧贵致哀,礼存宁俭。今百姓送终之制,竞为奢靡。生者无担石之储,而财力尽于坟土。③伏腊无糟糠,而牲牢兼于一奠。④糜破积世之业,以供终朝之费,子孙饥寒,绝命于此,岂祖考之意哉!又车服制度,恣极耳目。田荒不耕,游食者众。⑤有司其申明科禁,宜于今者,宣下郡国。"

①曾参字子舆,闵损字子骞,并孔子弟子,皆有孝行也。

②论语曰:"鲤也死,有棺而无椁。"

③前书音义曰:"担音丁滥反。言一石之储。"方言作"甔",云"甖也,齐
　东北海岱之间谓之甔"。郭璞注曰:"所谓'家无甔石之储'者也。"埤
　苍曰:"大罂也。"字或作"儋",音丁甘反。

④史记曰,秦德公始为伏祠。历忌曰:"伏者何也? 金气伏藏之日也。
　四气代谢,皆以相生。至于立秋,以金代火;金畏于火,故庚日必伏。"
　月令:"孟冬之月,腊先祖。"说文云:"腊,冬至后祭百神。"始皇更腊曰
　嘉平。莫,丧祭也。

⑤游食谓浮食者。

秋七月乙亥,司空伏恭罢。乙未,大司农牟融为司空。

冬十月,司隶校尉王康下狱死。

是岁,天下安平,人无徭役,岁比登稔,百姓殷富,粟斛三十,牛
羊被野。

十三年春二月,帝耕于藉田。礼毕,赐观者食。

三月,河南尹薛昭下狱死。

夏四月,汴渠成。辛巳,行幸荥阳,巡行河渠。乙酉,诏曰:"自
汴渠决败,六十馀岁,①加顷年以来,雨水不时,汴流东侵,日月益
甚,水门故处,皆在河中,浟瀁广溢,莫测圻岸,②荡荡极望,不知纲
纪。今兖、豫之人,多被水患,乃云县官不先人急,好兴它役。又或
以为河流入汴,幽、冀蒙利,故曰左堤强则右堤伤,左右俱强则下方
伤,宜任水势所之,使人随高而处,公家息壅塞之费,百姓无陷溺之
患。议者不同,南北异论,朕不知所从,久而不决。今既筑堤理渠,
绝水立门,河、汴分流,复其旧迹,陶丘之北,渐就壤坟,③故荐嘉玉
洁牲,以礼河神。④东过洛汭,叹禹之绩。⑤今五土之宜,反其正
色,⑥滨渠下田,赋与贫人,无令豪右得固其利,⑦庶继世宗瓠子之

作。"⑧因遂度河,登太行,进幸上党。壬寅,车驾还宫。

①王景传曰,平帝时汴河决坏。

②圻,崖也。

③尔雅曰:"丘再成曰陶丘。"孙炎曰:"形如累两盂也。"郭璞曰:"今济
　阴定陶城中有陶丘也。"尚书曰:"厥土惟黑壤,[29]下土坟垆。"孔安国
　曰:"无块曰壤。坟,起也。"

④礼记曰:"凡祭玉曰嘉玉。"仪礼曰:"洁牲刚鬣。"

⑤水北曰汭。洛汭,洛水入河处也。绩,功也。河、洛皆禹所加功,故
　叹之。

⑥周礼曰"山林、川泽、丘陵、坟衍、原隰,谓之五土"也。色谓其黄、白、
　青、黑之类。孔安国曰"水所去,土复其性"也。

⑦滨,近也。豪右,大家也。

⑧瓠子,堤名也。武帝元封二年,发卒数万人塞瓠子决河,沈白马、玉
　璧,令群臣皆负薪填河。在今濮州濮阳县西也。

冬十月壬辰晦,日有食之。[30]三公免冠自劾。制曰:"冠履勿
劾。灾异屡见,咎在朕躬,忧惧遑遑,未知其方。将有司陈事,多所
隐讳,使君上壅蔽,下有不畅乎? 昔卫有忠臣,灵公得守其位。①今
何以和穆阴阳,消伏灾谴? 刺史、太守详刑理冤,存恤鳏孤,勉思
职焉。"

①论语:"孔子曰:'卫灵公无道。'季康子曰:'夫如是,奚其不丧?'孔子
　曰:'仲叔圉主宾客,祝鮀主宗庙,王孙贾主军旅。夫如是,奚其丧?'"

十一月,楚王英谋反,废,国除,迁于泾县,①所连及死徙者数
千人。

①泾县属丹阳郡,今宣州县,故城在县东。有泾水,出芜湖,因水立名。

是岁,齐王石薨。

十四年春三月甲戌,司徒虞延免,自杀。夏四月丁巳,钜鹿太守南阳邢穆为司徒。①

①穆字绥公,宛人。

前楚王英自杀。

夏五月,封故广陵王荆子元寿为广陵侯。

初作寿陵。

十五年春二月庚子,东巡狩。辛丑,幸偃师。诏亡命自殊死以下赎:死罪缣四十匹,右趾至髡钳城旦舂十匹,完城旦至司寇五匹;[31]犯罪未发觉,诏书到日自告者,半入赎。征沛王辅会睢阳。进幸彭城。癸亥,帝耕于下邳。

三月,征琅邪王京会良成,①征东平王苍会阳都,②又征广陵侯及其三弟会鲁。祠东海恭王陵。还,幸孔子宅,祠仲尼及七十二弟子。亲御讲堂,③命皇太子、诸王说经。又幸东平。④辛卯,进幸大梁,⑤至定陶,祠定陶恭王陵。⑥夏四月庚子,车驾还宫。

①良成,县名,属东海郡,故城在今泗州下邳县北。

②阳都,县名,属琅邪郡,故城在今沂州沂水县南。

③孔子宅在今兖州曲阜县故鲁城中归德门内阙里之中,背洙面泗,矍相圃之东北也。七十二弟子,颜、闵之徒。汉春秋曰:"帝时升庙立,群臣中庭北面,皆再拜,帝进爵而后坐。"

④东平,国名,故城在今郓州东。

⑤大梁城,魏惠王所筑,故城在今汴州。

⑥恭王,元帝子康。

改信都为乐成国,临淮为下邳国。封皇子恭为钜鹿王,党为乐成王,衍为下邳王,畅为汝南王,昞为常山王,长为济阴王。①赐天下男子爵,人三级;郎、从官〔视事〕二十岁已上帛百匹,[32]十岁已上二十匹,十岁已下十匹,官府吏五匹,书佐、小史三匹。令天下大酺五日。②乙巳,大赦天下,其谋反大逆及诸不应宥者,皆赦除之。

①济阴,郡,今曹州。

②前书音义曰:"汉律:三人已上无故群饮,罚金四两。"今恩诏横赐,得令聚会饮食五日。酺,布也。言天子布恩于天下。史记:"赵惠文王三年,大赦,置酒大酺五日。"

冬,车骑校猎上林苑。①

①周礼校人掌王田猎之马,故曰校猎。谓以木相贯穿为栏校,以遮禽兽。

十二月,遣奉车都尉窦固、驸马都尉耿秉屯凉州。①

①前书曰:奉车都尉,掌乘舆;驸马都尉,掌天子之副马。驸,副也。并武帝置,秩二千石。

十六年春二月,遣太仆祭肜出高阙,①奉车都尉窦固出酒泉,驸马都尉耿秉出居延,②骑都尉来苗出平城,伐北匈奴。窦固破呼衍王于天山,③留兵屯伊吾卢城。④耿秉、来苗、祭肜并无功而还。

①高阙,山名,因以名塞,在朔方北。

②本匈奴地名也,武帝因以名县,属张掖郡,在今甘州张掖县东北。

③呼衍,匈奴王号。天山即祁连山,一名雪山,今名折罗汉山,在伊州北。祁音时。

④本匈奴中地名,既破呼衍,取其地置宜禾都尉,[33]以为屯田,今伊州(细)〔纳〕职县伊吾故城是也。[34]

夏五月,淮阳王延谋反,发觉。癸丑,司徒邢穆、驸马都尉韩光

97

坐事下狱死,所连及诛死者甚众。①

①坐与延同谋。

戊午晦,日有食之。

六月丙寅,大司农西河王敏为司徒。①

①汉官仪曰,敏字叔公,并州鄡城人也。

秋七月,淮阳王延徙封阜陵王。①

①阜陵,县名,属九江郡,故城在今滁州全椒县南。

九月丁卯,诏令郡国中都官死罪系囚减死罪一等,勿笞,诣军营,屯朔方、敦煌;妻子自随,父母同产欲求从者,恣听之;女子嫁为人妻,勿与俱。谋反大逆无道不用此书。

是岁,北匈奴寇云中,云中太守廉范击破之。

十七年春正月,甘露降于甘陵。[35]北海王睦薨。

二月乙巳,司徒王敏薨。三月癸丑,汝南太守鲍昱为司徒。

是岁,甘露仍降,树枝内附,①芝草生殿前;神雀五色翔集京师。西南夷哀牢、儋耳、僬侥、槃木、白狼、动黏诸种,前后慕义贡献;②西域诸国遣子入侍。夏五月戊子,公卿百官以帝威德怀远,祥物显应,乃并集朝堂,奉觞上寿。③制曰:“天生神物,以应王者;远人慕化,实由有德。朕以虚薄,何以享斯?唯高祖、光武圣德所被,不敢有辞。其敬举觞,太常择吉日策告宗庙。其赐天下男子爵,人二级,三老、孝悌、力田人三级,流人无名数欲占者人一级;鳏、寡、孤、独、笃癃、贫不能自存者粟,人三斛;郎、从官视事十岁以上者,帛十匹。中二千石、二千石下至黄绶,[36]贬秩奉赎,在去年以来皆还赎。”

①仍,频也。内附谓木连理也。前书终军曰:"众枝内附,是无外也。"

②山海经曰:"周侥国在三首国东,为人短小,冠带,一名僬侥。"国语曰:
"僬侥氏三尺,短之至也。"杨浮异物志曰:[37]"儋耳,南方夷,生则镂
其颊,皮连耳匡,分为数支,状如鸡肠,累累下垂至肩。"

③寿者人之所欲,故卑下奉觞进酒,皆言上寿。

秋八月丙寅,令武威、张掖、酒泉、敦煌①及张掖属国,系囚右
趾已下任兵者,②皆一切勿治其罪,诣军营。

①张掖,郡,故匈奴昆邪王地也。汉官仪曰:"张国臂掖,故曰张掖。"故
城在今甘州张掖县西北。

②任,堪也。

冬十一月,遣奉车都尉窦固、驸马都尉耿秉、骑都尉刘张出敦
煌昆仑塞,①击破白山虏于蒲类海上,遂入车师。②初置西域都护、
戊己校尉。③

①昆仑,山名,因以为塞,在今肃州酒泉县西南。山有昆仑之体,故名
之。周穆王见西王母于此山,有石室、王母台。

②西河旧事曰:"白山冬夏有雪,故曰白山,匈奴谓之天山,过之皆下马
拜焉。去蒲类海百里之内。"

③宣帝初置,郑吉为都护,护三十六国,秩比二千石。元帝置戊己校尉,
有丞、司马各一人,秩比六百石。戊己,中央也,镇覆四方,见汉官仪。
亦处西域,镇抚诸国。

是岁,改天水为汉阳郡。

十八年春三月丁亥,诏曰:"其令天下亡命,自殊死已下赎:死
罪缣三十匹,右趾至髡钳城旦春十四,完城旦至司寇五匹;吏人犯
罪未发觉,诏书到自告者,半入赎。"

夏四月己未，诏曰："自春已来，时雨不降，宿麦伤旱，秋种未下，政失厥中，忧惧而已。其赐天下男子爵，人二级，及流民无名数欲占者人一级；[38]鳏、寡、孤、独、笃癃、贫不能自存者粟，人三斛。理冤狱，录轻系。二千石分祷五岳四渎。郡界有名山大川能兴云〔致〕雨者，①[39]长吏各洁斋祷请，冀蒙嘉澍。"②

①周礼："职方氏掌天下之地。杨州，其山曰会稽，其川曰三江。荆州，其山曰衡山，其川曰江、汉。豫州，其山曰华，其川曰荧、洛。青州，其山曰沂山，其川曰淮、泗。兖州，其山曰岱，其川曰河、泲。雍州，其山曰岳，其川曰泾、汭。幽州，其山曰医无闾，其川曰河、泲。冀州，其山曰霍，其川曰漳。并州，其山曰恒，其川曰滹沱。"此谓九州名山大川也。

②说文曰："时雨所以澍生万物。"淮南子曰："春雨之灌，万物无地不澍，无物不生。"澍音之戍反。

六月己未，有星孛于太微。

焉耆、龟兹攻西域都护陈睦，悉没其众。北匈奴及车师后王围戊己校尉耿恭。

秋八月壬子，帝崩于东宫前殿。年四十八。遗诏无起寝庙，藏主于光烈皇后更衣别室。①帝初作寿陵，制令流水而已，石椁广一丈二尺，长二丈五尺，无得起坟。②万年之后，埽地而祭，杅水脯糒而已。③过百日，唯四时设奠，置吏卒数人供给洒埽，勿开修道。敢有所兴作者，以擅议宗庙法从事。④

①礼"藏主于庙"，既不起寝庙，故藏于后之易衣别室。更，易也。

②东观记曰："陵东北作庑，长三丈，五步出外为小厨，[40]财足祠祀。"

③说文曰："杅，饮器。"音于。方言曰："盌谓之盂。"说文曰："糒，乾饭也。"

④前书曰："擅议宗庙者弃市。"

帝遵奉建武制度，无敢违者。后宫之家，不得封侯与政。①馆陶公主②为子求郎，不许，而赐钱千万。谓群臣曰："郎官上应列宿，出宰百里，③有非其人，[41]则民受其殃，是以难之。"故吏称其官，民安其业，远近肃服，户口滋殖焉。

①东观记曰："光武闵伤前代权臣太盛，外戚与政，上浊明主，下危臣子，后族阴、郭之家不过九卿，亲属荣位不能及许、史、王氏之半耳。"

②光武女。

③史记曰，太微宫后二十五星，郎位也。

论曰：明帝善刑理，法令分明。日晏坐朝，幽枉必达。内外无幸曲之私，在上无矜大之色。[42]断狱得情，号居前代十二。①故后之言事者，莫不先建武、永平之政。而锺离意、宋均之徒，常以察慧为言，②夫岂弘人之度未优乎？

①十断其二，言少刑也。

②并见本传。

赞曰：显宗丕承，业业兢兢。危心恭德，政察奸胜。①备章朝物，省薄坟陵。②永怀废典，下身遵道。③登台观云，临雍拜老。懋惟帝绩，增光文考。④

①危心言常危惧。奸胜犹胜奸佞。

②朝物谓朝仪文物也。

③废典谓明堂、辟雍之礼，历汉不行。下身谓进爵授绥之类。

④懋，勉也。书曰："惟我文考，光于四海。"

【校勘记】

〔1〕及流人无名数　按:刊误谓案他处诏书皆上有"脱无名数",则云"及流人"云云,此无,故不当有"及"字,三年诏亦无,可互证。

〔2〕主穿圹填塞事也　汲本、殿本"塞"作"墓"。按:疑当依前书如淳注作"瘗"。

〔3〕(有)一月一更　据刊误删。

〔4〕兰州　按:"兰"原误"阑",径依集解本改正。

〔5〕次(作)司寇〔作〕　据殿本、集解本改。

〔6〕(其)班时令　据刊误删。

〔7〕望元气　按:洪颐轩读书丛录谓"元气"当是"云气"之讹,祭祀志云"升灵台以望云物",云物即云气也。李慈铭谓洪说是。"雲"古文作"云",与"元"字易乱。下赞云"登台观云",可知范书此纪正作"云"字。

〔8〕立辟雍　按:"辟"原讹"璧",径改正。

〔9〕(二)千石已下至小吏冠一梁　据刊误删。

〔10〕冕以三十升布漆而为之　按:殿本、集解本"漆"作"染"。

〔11〕前三幅　按:殿本、集解本"三"作"二"。

〔12〕以青彩饰之　按:殿本、集解本"綵"作"丝"。

〔13〕黑帝(汁)〔叶〕光纪　据汲本、殿本改。

〔14〕明帝自谓无〔成康之质〕　据刊误补。

〔15〕仪礼(曰)大射之礼　据刊误删。

〔16〕老人知天地之事者　按:刊误谓知天地人三才,故谓之三老,此"之"字应作"人"。

〔17〕扶(玉)〔王〕杖　据集解引惠栋说改。

〔18〕坛皆(二)〔三〕尺　据殿本改,与续志合。

〔19〕尚书璇机钤　按:汲本、殿本"机"作"玑",下同。

〔20〕春秋感精符曰　按:下所引乃宋均注语,合有一"注"字。

〔21〕(武)〔昭〕帝拜范明友为度辽将军　据殿本考证引何焯说改。按:通鉴注引亦作"昭帝"。

〔22〕春秋图谶所为至谴　刊误谓案文"为"当作"谓"。今按:谓为古字通作,汲本作"谓"。

〔23〕微子所叹　按:集解引沈涛说,谓"微子"当作"微管",六朝人每以管仲为微管。

〔24〕天道得正　按:殿本"天"作"人"。

〔25〕日明则道正　按:殿本"道正"作"政理"。

〔26〕明王不听　按:殿本"王"作"主",与今本管子合。

〔27〕五穀黍稷麦麻朩也　按:校补谓殿本"朩"作"豆",与周礼原注合。

〔28〕成帝阳嘉中所作也　按:成帝年号有"阳朔",有"鸿嘉",无"阳嘉",注必有误。

〔29〕厥土惟黑壤　按:殿本作"厥土惟壤",无"黑"字,与书禹贡合。

〔30〕冬十月壬辰晦日有食之　按:是年十月甲辰朔,不得有"壬辰"。续五行志作"甲辰晦",亦非。今查是年九、十、十一等月皆无日食,参阅续五行志六校记。

〔31〕完城旦至司寇五匹　按:张森楷校勘记谓监本"寇"下有"作"字,下十八年同。

〔32〕郎从官〔视事〕二十岁已上　据刊误补。

〔33〕取其地置宜禾都尉　按:汲本、殿本"取"作"即"。

〔34〕今伊州(细)〔纳〕职县　姚範谓"细"为"纳"字之讹。按:姚说是,各本皆未正,今据改。

〔35〕甘露降于甘陵　按:惠栋补注引通鉴考异,谓"甘陵"当作"原陵"。

〔36〕中二千石二千石下至黄绶　按:刊误谓案文既云中二千石下至黄绶,不须更比二千石,明多"二千石"三字。

〔37〕杨浮异物志　按:集解引惠栋说,谓“浮”当作“孚”。汉议郎杨孚,
　　字孝先,撰异物志一卷,见广志及经籍志。

〔38〕及流民无名数　按:刊误谓多一“及”字。

〔39〕能兴云〔致〕雨者　据殿本补。按:章帝纪建初五年诏书亦作“能
　　兴云致雨者”。

〔40〕长三丈五步出外为小厨　刊误谓“三丈五步”不成文理,当作“五
　　尺”。按:东观记亦作“五步”,“五步”二字应属下为句,刘说非。
　　又按:各本无“出”字。

〔41〕有非其人　殿本、集解本“有”作“苟”。张森楷校勘记谓群书治要
　　亦作“有”,是唐本不作“苟”也。今按:有犹如也。有非其人犹言
　　如非其人耳。

〔42〕在上无矜大之色　汲本、殿本“矜”作“矝”。今按:段注说文“矜”
　　作“矝”,云从矛令声。

后汉书卷三

肃宗孝章帝纪第三

肃宗孝章皇帝讳炟,显宗第五子也。①母贾贵人。永平三年,立为皇太子。少宽容,好儒术,显宗器重之。

①谥法曰:"温克令仪曰章。"伏侯古今注曰:"炟之字曰著,音丁达反。"

十八年八月壬子,即皇帝位,年十九。尊皇后曰皇太后。

壬戌,葬孝明皇帝于显节陵。①

①帝王纪曰:"显节陵方三百步,高八丈。其地故富寿亭也,西北去洛阳
三十七里。"

冬十月丁未,大赦天下。赐民爵,人二级,为父后及孝悌、力田人三级,脱无名数及流人欲占者人一级,爵过公乘得移与子若同产子;鳏、寡、孤、独、笃癃、贫不能自存者粟,人三斛。诏曰:"朕以眇身,托于王侯之上,统理万机,惧失厥中,兢兢业业,未知所济。深惟守文之主,必建师傅之官。诗不云乎:'不愆不忘,率由旧章。'①

行太尉事节乡侯憙三世在位,为国元老;② 司空融③典职六年,勤劳不息。其以憙为太傅,融为太尉,并录尚书事。④ '三事大夫,莫肯夙夜',小雅之所伤也。⑤ '予违汝弼,汝无面从',⑥ 股肱之正义也。群后百僚勉思厥职,各贡忠诚,以辅不逮。申敕四方,称朕意焉。"

① 诗大雅也。郑玄云:"愆,过也。率,循也。由,用也。言成王之令德,不过误,不违失,皆循用旧典文章,谓周公之礼法。"

② 赵憙,光武时为太尉,明帝时行太尉事,故曰三代在位。元,长也。诗曰:"方叔元老。"

③ 融,牟融。

④ 武帝初以张子孺领尚书事。录尚书事由此始。

⑤ 诗雨无正之文也。三事,三公也。郑玄注云:"幽王在外,三公及诸侯随而行者,皆无复君臣之礼,不肯晨夜省王。"

⑥ 尚书益稷之文也。孔安国注云:"我违道,汝当以义辅正我,无面从我。"

十一月戊戌,蜀郡太守第五伦为司空。[1]
诏征西将军耿秉屯酒泉。①遣酒泉太守段彭救戊己校尉耿恭。

① 酒泉,今肃州县也。前书音义曰:"城下有泉,其味若酒,因名酒泉焉。"

甲辰晦,日有食之。于是避正殿,寝兵,不听事五日。诏有司各上封事。

十二月癸巳,有司奏言:"孝明皇帝圣德淳茂,劬劳日昃,[2] 身御浣衣,①食无兼珍。泽臻四表,②远人慕化,僬侥、儋耳,款塞自至。③克伐鬼方,开道西域,④威灵广被,无思不服。以烝庶为忧,不以天下为乐。备三雍之教,躬养老之礼。作登歌,正予乐,博贯六艺,⑤不舍昼夜。聪明渊塞,著在图谶。⑥至德所感,通于神明。功烈光于四海,仁风行于千载。而深执谦谦,自称不德,无起寝庙,埽地而祭,除日祀之法,⑦省送终之礼,遂藏主于光烈皇后更衣别室。天下闻之,莫不凄怆。陛下至孝烝烝,奉顺圣德。臣愚以为更衣在中门之外,处所殊别,宜尊庙曰显宗,其四时禘祫,于光武之堂,闲祀悉还更衣,⑧共进武德之舞,如孝文皇帝祫祭高庙故事。"⑨制曰:"可。"

①日昃,日映。尚书曰:"文王自朝至于日中昃,不遑暇食。"

②尚书曰:"光被四表。"

③款,扣。僬侥、儋耳解见明纪。

④鬼方,远方。易曰:"高宗伐鬼方,三年克之。"

⑤周礼保氏教之六艺:一曰礼,二曰乐,三曰射,四曰驭,五曰书,六曰数。前书艺文志(曰)[3]以礼、乐、春秋、易、诗、书为六艺。博贯谓究极深幽耳。

⑥河图曰:"图出代,九天开明,受用嗣兴,十代以光。"又括地象曰:"十代礼乐,文雅并出。"谓明帝也。

⑦春秋外传曰:"日祭,月祀,时享。祖祢则日祭,高曾则月祀,三祧则时享。"[4]今此除日祀之法,从时月之祭。

⑧续汉书曰:"五年再殷祭,三年一祫,五年一禘。父为昭,南向;子为穆,北向。禘以夏四月,祫以冬十月。禘之为言谛,谛审昭穆尊卑之义。祫者,合也。冬十月五穀成,故骨肉合饮食于祖庙,谓之殷祭。四时正祭外,有五月尝麦,三伏立秋尝粢盛酎,[5]十月尝稻等,谓之闲祀,即各于更衣之殿。更衣者,非正处也。园中有寝,有便殿。寝者,陵上正殿。便殿,寝侧之别殿,即更衣也。"

⑨前书高庙奏武德、文始、五行之舞。

是岁,牛疫。京师及三州大旱,诏勿收兖、豫、徐州田租、刍稿,其以见穀赈给贫人。[6]

建初元年春正月,诏三州郡国:"方春东作,恐人稍受稟,往来烦剧,或妨耕农。① 其各实核尤贫者,计所贷并与之。② 流人欲归本者,郡县其实稟,令足还到,听过止官亭,无雇舍宿。长吏亲躬,无使贫弱遗脱,小吏豪右得容奸妄。③ 诏书既下,勿得稽留,刺史明加督察尤无状者。"④

① 稟,给也。稍(为)〔谓〕少少给之,[7]不顿与。

② 并音必政反。

③ 前书曰,百石已下有斗食佐史之秩,言小吏也。

④ 无状谓其罪恶尤大,其状无可寄言,故云无状。它皆类此。

丙寅,诏曰:"比年牛多疾疫,垦田减少,穀价颇贵,人以流亡。方春东作,宜及时务。二千石勉劝农桑,弘致劳来。群公庶尹,各推精诚,专急人事。罪非殊死,须立秋案验。有司明慎选举,进柔良,退贪猾,顺时令,理冤狱。'五教在宽',帝典所美;① '恺悌君子',大雅所叹。② 布告天下,使明知朕意。"

① 五教谓父义、母慈、兄友、弟恭、子孝也。尚书舜典曰:"汝作司徒,敬敷五教在宽。"

② 恺,乐;悌,易也。诗大雅泂酌篇曰:"恺悌君子,人之父母。"

酒泉太守段彭讨击车师,大破之。罢戊己校尉官。

二月,武陵澧中蛮叛。①

① 武陵,郡,今澧州。水经曰"澧水出武陵充县西历山之北"也。

三月甲寅,山阳、东平地震。已巳,诏曰:"朕以无德,奉承大业,夙夜栗栗,不敢荒宁。① 而灾异仍见,与政相应。朕既不明,涉道日寡;又选举乖实,俗吏伤人,官职耗乱,刑罚不中,可不忧与!昔<u>仲弓</u><u>季氏</u>之家臣,<u>子游</u><u>武城</u>之小宰,<u>孔子</u>犹诲以贤才,问以得人。②明政无大小,以得人为本。夫乡举里选,必累功劳。今刺史、守相不明真伪,茂才、孝廉岁以百数,既非能显,而当授之政事,甚无谓也。每寻前世举人贡士,或起圳亩,不系阀阅。③敷奏以言,则文章可采;明试以功,则政有异跡。④文质彬彬,朕甚嘉之。⑤其令太傅、三公、中二千石、二千石、郡国守相举贤良方正能直言极谏之士各一人。"

① <u>孔安国</u>注尚书曰:"不敢荒怠自安宁。"

② <u>论语</u>,<u>仲弓</u>为<u>季氏</u>宰,问政,子曰:"赦小过,举贤才。"<u>子游</u>为<u>武城</u>宰,<u>孔子</u>谓之曰:"汝得人焉耳乎?"

③ 说文曰:"圳,田中之沟。"音工犬反。<u>史记</u>曰:"明其等曰阀,积其功曰阅。"言前代举人务取贤才,不拘门地。

④ 敷,陈;奏,进也。令各陈进其言,则知其能否也。尚书曰"敷奏以言,明试以功",则政之类。

⑤ 彬彬,杂半之貌。

夏五月辛酉,初举孝廉、郎中宽博有谋,任典城者,以补长、相。①

① 任,堪使也。典,主也。长谓县长,相谓侯相。

秋七月辛亥,诏以<u>上林池</u>籞田赋与贫人。①

① 籞,禁苑也,音语。前书音义曰:"折竹以绳悬连之,使人不得往来,谓之籞。"

八月庚寅,有星孛于<u>天市</u>。①

① <u>史记</u>曰:"<u>房</u>为<u>天驷</u>,东北曲十二星曰<u>旗</u>,旗中四星曰<u>天市</u>。"

九月，<u>永昌</u>哀牢夷叛。

冬十月，<u>武陵</u>郡兵讨叛蛮，破降之。

十一月，<u>阜陵王延</u>谋反，贬为<u>阜陵</u>侯。

二年春三月辛丑，诏曰："比年阴阳不调，饥馑屡臻。[8]深惟先帝忧人之本，①诏书曰'不伤财，不害人'，诚欲元元去末归本。而今贵戚近亲，奢纵无度，嫁娶送终，尤为僭侈。有司废典，莫肯举察。<u>春秋</u>之义，以贵理贱。今自三公，并宜明纠非法，宣振威风。朕在弱冠，未知稼穑之艰难，区区管窥，岂能照一隅哉!②其科条制度所宜施行，在事者备为之禁，先京师而后诸<u>夏</u>。"③

①本谓稼穑。

②史记扁鹊曰："以管窥天，以隙视文。"

③公羊传曰："春秋内中国而外诸<u>夏</u>，内诸(侯)〔<u>夏</u>〕而外<u>夷狄</u>。[9]王者欲
　一乎天下，曷以内外之辞言？自近者始也。"[10]

甲辰，罢<u>伊吾卢</u>屯兵。①

①<u>永平</u>十六年置。

<u>永昌</u>、<u>越巂</u>、<u>益州</u>三郡民、夷讨哀牢，破平之。

夏四月戊子，诏还坐<u>楚</u>、<u>淮阳</u>事徙者四百馀家，令归本郡。

癸巳，诏<u>齐</u>相省冰纨、方空縠、吹纶絮。①

①纨，素也。冰言色鲜洁如冰。释名曰："縠，纱也。"方空者，纱薄如空
　也。或曰空，孔也，即今之方目纱也。纶，似絮而细。吹者，言吹嘘可
　成，亦纱也。<u>前书齐</u>有三服官，故诏<u>齐</u>相罢之。

六月，<u>烧当</u>羌叛，<u>金城</u>太守<u>郝</u>崇讨之，败绩，羌遂寇<u>汉阳</u>。秋八月，遣行车骑将军<u>马防</u>讨平之。

十二月戊寅，有星孛于紫宫。

三年春正月己酉，宗祀明堂。礼毕，登灵台，望云物。大赦
天下。

三月癸巳，立贵人窦氏为皇后。赐爵，人二级，三老、孝悌、力
田人三级，民无名数及流民欲占者人一级；鳏、寡、孤、独、笃癃、贫
不能自存者粟，人五斛。

夏四月己巳，罢常山呼沱石臼河漕。①

①石臼，河名也，在今定州唐县东北。时邓训上言此漕难成，遂罢之。
　漕，水运也，音才到反。

行车骑将军马防破烧当羌于临洮。①

①临洮，县名，属陇西郡，即今岷(山之)州。[11]

闰月，西域假司马班超击姑墨，[12]大破之。①

①姑墨，西域国名，去长安八千一百五十里。

冬十二月丁酉，以马防为车骑将军。

武陵溇中蛮叛。①

①溇，水名，音娄，源出今澧州崇义县西北山。

是岁，零陵献芝草。

四年春二月庚寅，太尉牟融薨。

夏四月戊子，立皇子庆为皇太子。赐爵，人二级，三老、孝悌、
力田人三级，民无名数及流人欲自占者人一级；鳏、寡、孤、独、笃
癃、贫不能自存者粟，人五斛。

己丑，徙钜鹿王恭为江陵王，汝南王畅为梁王，常山王昞为淮

阳王。辛卯,封皇子伉①为千乘王,全为平春王。②

①音抗。[13]

②平春,县,属江夏郡。

五月丙辰,车骑将军马防罢。

甲戌,司徒鲍昱为太尉,南阳太守桓虞为司徒。①

①虞字仲春,冯翊人。

六月癸丑,皇太后马氏崩。秋七月壬戌,葬明德皇(太)后。[14]

冬,牛大疫。

十一月壬戌,诏曰:"盖三代导人,教学为本。①汉承暴秦,褒显儒术,建立五经,为置博士。其后学者精进,虽曰承师,亦别名家。②孝宣皇帝以为去圣久远,学不厌博,故遂立大、小夏侯尚书,后又立京氏易。③至建武中,复置颜氏、严氏春秋,大、小戴礼博士。④此皆所以扶进微学,尊广道艺也。中元元年诏书,五经章句烦多,议欲减省。至永平元年,长水校尉儵⑤奏言,先帝大业,当以时施行。欲使诸儒共正经义,颇令学者得以自助。孔子曰:'学之不讲,是吾忧也。'又曰:'博学而笃志,切问而近思,仁在其中矣。'⑥於戏,其勉之哉!"于是下太常,将、大夫、博士、议郎、郎官⑦及诸生、诸儒会白虎观,讲议五经同异,使五官中郎将魏应承制问,⑧侍中淳于恭奏,帝亲称制临决,如孝宣甘露石渠故事,⑨作白虎议奏。⑩

①前书曰,三代之道,乡里有教,夏曰校,殷曰庠,周曰序。

②言虽承一师之业,其后触类而长,更为章句,则别为一家之学。

③大、小夏侯谓夏侯胜、胜从兄子建也。京氏,京房也。

④严氏谓严彭祖。颜氏谓颜安乐。大、小戴,戴德、戴圣也。

⑤樊儵。

⑥论语文也。讲犹习也。笃,厚也。志,记也。言人能博涉学而后识
之,切问于己所未悟之事,近思己所能及之事。好学亦仁之一分,故
仁在其中矣。

⑦博士属太常,故云下。

⑧续汉志曰:"五官中郎将,比二千石。"

⑨前书:"甘露二年,诏诸儒讲五经异同,萧望之等平奏其议,上亲制临
决焉。"又曰:"施雠,甘露中论五经于石渠阁。"三辅故事曰:"石渠阁
在未央殿北,藏秘书之所。"

⑩今白虎通。

是岁,甘露降泉陵、洮阳二县。①

①二县属零陵郡。泉陵城在今永州零陵县北。洮阳故城在今湘源县
西北。

五年春二月庚辰朔,日有食之。诏曰:"朕新离供养,①愆咎众
著,上天降异,大变随之。诗不云乎:'亦孔之丑。'②又久旱伤麦,
忧心惨切。公卿已下,其举直言极谏,能指朕过失者各一人,遣诣
公车,将亲览问焉。其以岩穴为先,勿取浮华。"③

①去年马太后崩。

②诗小雅曰:"朔月辛卯,日有食之,亦孔之丑。"孔,甚也。丑,恶也。

③前书邹阳曰:"显岩穴之士。"

甲申,诏曰:"春秋书'无麦苗',重之也。①去秋雨泽不适,今
时复旱,如炎如焚。②凶年无时,而为备未至。朕之不德,上累三
光,震栗切切,痛心疾首。③前代圣君,博思咨诹,④虽降灾咎,辄有
开匮反风之应。⑤令予小子,徒惨惨而已。其令二千石理冤狱,录
轻系;祷五岳四渎,及名山能兴云致雨者,冀蒙不崇朝徧雨天下之

报。⑥务加肃敬焉。"

①春秋庄公七年："秋，大水，无麦苗。"公羊传曰："一灾不书，待无麦然
　　后书无苗。"何休注曰："不书穀〔名〕，[15]至麦苗独书，人食最重也。"

②炎、焚言热气甚。韩诗："旱魃为虐，如炎如焚。"

③切音刀。诗曰："忧心切切。"又曰："疾如疾首。"

④咨诹，谋也，音子余反。

⑤武王有疾，周公作请命之书，藏于金匮。后管、蔡流言，成王疑周公，
　　天乃大风，禾木尽偃。成王启金匮，得书，乃郊天谢过，天乃反风起
　　禾。事见尚书。

⑥尚书大传曰："五岳皆触石出云，肤寸而合，不崇朝而雨天下。"

三月甲寅，诏曰："孔子曰：'刑罚不中，则人无所措手足。'今
吏多不良，擅行喜怒，或案不以罪，迫胁无辜，致令自杀者，一岁且
多于断狱，甚非为人父母之意也。①有司其议纠举之。"

①书曰："元后作人父母。"

荆、豫诸郡兵讨破武陵溇中叛蛮。

夏五月辛亥，诏曰："朕思迟直士，侧席异闻。①其先至者，各以
发愤吐懑，略闻子大夫之志矣，皆欲置于左右，顾问省纳。建武诏
书又曰，尧试臣以职，不直以言语笔札。②今外官多旷，并可以
补任。"

①迟犹希望也，音持二反。侧席谓不正坐，所以待贤良也。

②书舜典曰："朕其试哉。"又曰："历试诸难。"札，简也。

戊辰，太傅赵憙薨。

冬，始行月令迎气乐。①

①东观记曰："马防上言，'圣人作乐，所以宣气致和，顺阴阳也。臣愚以
　　为可因岁首发太蔟之律，奏雅颂之音，以迎和气'。时以作乐器费多，

114

遂独行十月迎气乐也。"

是岁，零陵献芝草。有八黄龙见于泉陵。①西域假司马班超击疏勒，破之。

①伏侯古今注曰："见零陵泉陵湘水中，相与戏。其二大如马，有角；六枚大如驹，无角。"

六年春二月辛卯，琅邪王京薨。

夏五月辛酉，赵王盱薨。

六月丙辰，太尉鲍昱薨。

辛未晦，日有食之。

秋七月癸巳，以大司农邓彪为太尉。

七年春正月，沛王辅、齐南王康、东平王苍、中山王焉、东海王政、琅邪王宇来朝。

夏六月甲寅，废皇太子庆为清河王，立皇子肇为皇太子。

己未，徙广平王羡为西平王。

秋八月，饮酎高庙，禘祭光武皇帝、孝明皇帝。①甲辰，诏〔曰〕：[16]"书云‘祖考来假’，明哲之祀。②予末小子，质又菲薄，仰惟先帝烝烝之情，前修禘祭，以尽孝敬。朕得识昭穆之序，寄远祖之思。今年大礼复举，加以先帝之坐，③悲伤感怀。乐以迎来，哀以送往，虽祭亡如在，而空虚不知所裁，庶或飨之。岂亡克慎肃雍之臣，辟公之相，④皆助朕之依依。⑤今赐公钱四十万，卿半之，及百官执事各有差。"

①前书高庙饮酎，奏武德、五行之舞。音义云："正月旦作酒，八月成，名曰酎者，言醇也。"武帝时因八月尝酎，令诸侯出金助祭，所谓酎金也。

丁孚汉仪式曰："九真、交阯、日南者用犀角二，[17]长九寸，若玳瑁甲一；郁林用象牙一，长三尺已上，若翠羽各二十，准以当金。"

②假音格。格，至也。尚书虁曰："於！予击石拊石，搏拊琴瑟以咏，祖考来格。"言明哲祭祀，则能致祖考之神来至。

③言显宗神坐，今新加之。

④肃，敬；雍，和；相，助也。诗大雅曰："有来雍雍，至止肃肃，相维辟公，天子穆穆。"言百辟诸侯来助祭，皆有肃雍之德，无懈慢也。

⑤依依，思慕之意。

九月甲戌，幸偃师，东涉卷津，①至河内。下诏曰："车驾行秋稼，观收获，因涉郡界。皆精骑轻行，无它辎重。不得辄修道桥，远离城郭，遣吏逢迎，刺探起居，②出入前后，以为烦扰。动务省约，但患不能脱粟瓢饮耳。③所过欲令贫弱有利，无违诏书。"遂览淇园。④己酉，进幸邺，劳飨魏郡守令已下，至于三老、门阑、走卒，赐钱各有差。劳赐常山、赵国吏人，复元氏租赋三岁。辛卯，车驾还宫。[18]诏天下系囚减死一等，勿笞，诣边戍；妻子自随，占著所在；父母同产欲相从者，恣听之；有不到者，皆以乏军兴论。⑤及犯殊死，一切募下蚕室；其女子宫。系囚鬼薪、白粲已上，⑥皆减本罪各一等，输司寇作。亡命赎；死罪入缣二十匹，右趾至髡钳城旦舂十匹，完城旦至司寇三匹，吏人有罪未发觉，诏书到自告者，半入赎。

①卷，县名，属河南郡也。卷音丘权反。

②刺探谓候伺也。探音汤勘反。

③晏子相齐，食脱粟之饭。孔子曰，颜回一瓢饮。

④前书音义曰："淇园，卫之苑也。"

⑤军兴而致阙乏，当死刑也。

⑥前书曰：[19]"鬼薪、白粲已上，皆三岁刑也。男子为鬼薪，取薪以给宗

庙。女子为白粲,使择米白粲粲然。"

冬十月癸丑,西巡狩,幸长安。丙辰,祠高庙,遂有事十一陵。遣使者祠太上皇于万年,①以中牢祠萧何、霍光。进幸槐里。岐山得铜器,形似酒樽,献之。又获白鹿。帝曰:"上无明天子,下无贤方伯。②'人之无良,相怨一方。'③斯器亦曷为来哉?"④又幸长平,御池阳宫,⑤东至高陵,造舟于泾而还。⑥每所到幸,辄会郡县吏人,劳赐作乐。十一月,诏劳赐河东守、令、掾以下。十二月丁亥,车驾还宫。

①太上皇,高祖父也,名煓,音它官反,一名执嘉。三辅黄图曰:高祖初都栎阳,[20]太上皇崩,葬栎阳北原陵,号万年,仍分置万年县,在今栎阳东北,故就祭祀焉。

②已见明帝纪。

③诗小雅也。良,善也。言王者所为无有善者,各相与于一方而怨之。义见韩诗。

④公羊传曰:"孔子抱麟而泣曰:'孰为来哉?孰为来哉?'"

⑤前书音义曰:"长平坂在池阳南,有长平观,去长安五十馀里。"

⑥造,至也。谓次比舟,令相至为桥而度也。尔雅曰:"天子造舟,诸侯维舟,大夫方舟,士特舟。"

是岁,京师及郡国螟。

八年春正月壬辰,东平王苍薨。三月辛卯,[21]葬东平宪王,赐銮辂、龙旗。

夏六月,北匈奴大人率众款塞降。

冬十二月甲午,东巡狩,幸陈留、梁国、淮阳、颍阳。戊申,车驾还宫。

诏曰:"五经剖判,去圣弥远,章句遗辞,乖疑难正,恐先师微言将遂废绝,非所以重稽古,求道真也。其令群儒选高才生,受学左氏、穀梁春秋,古文尚书,毛诗,以扶微学,广异义焉。"

是岁,京师及郡国螟。

元和元年春正月,中山王焉来朝。日南徼外蛮夷献生犀、白雉。[1]

> [1] 刘欣明交州记曰:"犀,其毛如豕,蹄有三甲,头如马,有三角,鼻上角短,额上、头上角长。"异物志曰:"角中特有光耀,白理如线,自本达末则为通天犀。"

闰月辛丑,济阴王长薨。

二月甲戌,诏曰:"王者八政,以食为本,[1]故古者急耕稼之业,致耒耜之勤,[2]节用储蓄,以备凶灾,是以岁虽不登而人无饥色。自牛疫已来,穀食连少,良由吏教未至,刺史、二千石不以为负。[3]其令郡国募人无田欲徙它界就肥饶者,恣听之。到在所,赐给公田,为雇耕佣,赁种饷,[4]贳与田器,勿收租五岁,除算三年。其后欲还本乡者,勿禁。"

> [1] 尚书洪范八政,一曰食,是为政本。
>
> [2] 耒耜,农器也。耒,其柄;耜,其刃。
>
> [3] 负犹忧也。
>
> [4] 饷,粮也,古饷字,音式上反。

夏四月己卯,分东平国,封宪王苍子尚为任城王。

六月辛酉,沛王辅薨。

秋七月丁未,诏曰:"律云'掠者唯得榜、笞、立'。[1]又令丙,箠长短有数。②自往者大狱已来，掠考多酷，钻钻之属，③惨苦无极。念其痛毒，怵然动心。书曰'鞭作官刑'，岂云若此？④宜及秋冬理狱，明为其禁。"

①苍颉篇曰："掠，问也。"广雅曰："榜，击也，音彭。"说文曰："笞，击也。"立谓立而考讯之。

②令丙为篇之次也。前书音义曰："令有先后，有令甲，令乙，令丙。"又景帝(京师)定箠令，[22]箠长五尺，其竹也末薄半寸，其平去节，故曰长短有数也。

③大狱谓楚王英等事也。钻音其廉反。说文曰："钻，鈲也。"国语曰："中刑用钻凿。"皆谓惨酷其肌肤也。

④孔安国注尚书曰："以鞭为理官事之刑。"

八月甲子，太尉邓彪罢，大司农郑弘为太尉。

癸酉，诏曰："朕道化不德，吏政失和，元元未谕，抵罪于下。寇贼争心不息，边野邑屋不修。①永惟庶事，思稽厥衷，与凡百君子，共弘斯道。中心悠悠，将何以寄？其改建初九年为元和元年。郡国中都官系囚减死一等，勿笞，诣边县；妻子自随，占著在所。其犯殊死，一切募下蚕室；其女子宫。系囚鬼薪、白粲以上，皆减本罪一等，输司寇作。亡命者赎，各有差。"

①"修"或作"充"。

丁酉，南巡狩，诏所经道上，郡县无得设储跱。①命司空自将徒支柱桥梁。②有遣使奉迎，探知起居，二千石当坐。其赐鳏、寡、孤、独、不能自存者粟，人五斛。

①储，积也。跱，具也。言不预有蓄备。

②柱音竹主反。

九月乙未，东平王忠薨。

辛丑,幸章陵,祠旧宅园庙,见宗室故人,赏赐各有差。冬十月己未,进幸江陵,诏庐江太守祠南岳,又诏长沙、零陵太守祠长沙定王、舂陵节侯、郁林府君。还,幸宛。十一月己丑,车驾还宫,赐从者各有差。

十二月壬子,诏曰:"书云:'父不慈,子不祗,兄不友,弟不恭,不相及也。'①往者妖言大狱,所及广远,一人犯罪,禁至三属,②莫得垂缨仕宦王朝。如有贤才而没齿无用,朕甚怜之,非所谓与之更始也。诸以前妖恶禁锢者,一皆蠲除之,③以明弃咎之路,但不得在宿卫而已。"

①祗,敬也。左传胥臣云:"康诰曰:'父不慈,子不祗,兄不友,弟不恭,不相及也。'"今康诰之言,事同而文异。

②即三族也。谓父族、母族及妻族。

③左传曰:"以重币锢之。"杜预注曰:"禁锢勿令仕也。"

二年春正月乙酉,诏曰:"令云'人有产子者复,勿算三岁'。今诸怀妊者,①赐胎养谷人三斛,复其夫,勿算一岁,著以为令。"又诏三公曰:"方春生养,万物莩甲,②宜助萌阳,以育时物。其令有司,罪非殊死且勿案验,及吏人条书相告不得听受,③冀以息事宁人,敬奉天气。立秋如故。夫俗吏矫饰外貌,似是而非,揆之人事则悦耳,论之阴阳则伤化,朕甚厌之,甚苦之。安静之吏,悃愊无华,④日计不足,月计有馀。⑤如襄城令刘方,⑥吏人同声谓之不烦,虽未有它异,斯亦殆近之矣。间敕二千石各尚宽明,而今富奸行赂于下,贪吏枉法于上,使有罪不论而无过被刑,甚大逆也。夫以苛为察,以刻为明,以轻为德,以重为威,四者或兴,则下有怨心。吾诏书数下,冠盖接道,而吏不加理,人或失职,其咎安在? 勉思旧令,称朕意焉。"

①说文曰:"妊,孕也。"

②前书音义曰:"荸,叶里白皮也。"易曰"百果甲坼"也。

③条,事条也。

④说文云:"悃悃,至诚也。"悃音苦本反。愊音孚逼反。

⑤庄子曰:"有庚桑子者,偏得老聃之道,以居畏垒之山。畏垒之人相与云:'庚桑子之始来,吾洒然异之;今吾日计之不足,岁计之有馀,庶几其圣人乎?'"

⑥方字伯况,平原人。

二月甲寅,始用四分历。①

①续汉书曰:"时待诏张盛、京房、鲍业等以四分历请与待诏杨岑等共课岁馀,[23]盛等所中多,四分之历始颇施行。"

诏曰:"今山川鬼神应典礼者,尚未咸秩。①其议增修群祀,以祈丰年。"

①咸,皆也。秩,序也。言山川之神尚未次序而祭之。书曰:"咸秩无文。"

丙辰,东巡狩。己未,凤皇集肥城。①乙丑,帝耕于定陶。诏曰:"三老,尊年也。孝悌,淑行也。力田,勤劳也。国家甚休之。其赐帛人一匹,勉率农功。"使使者祠唐尧于成阳灵台。②辛未,幸太山,柴告岱宗。有黄鹄三十从西南来,经祠坛上,东北过于宫屋,翱翔升降。进幸奉高。壬申,宗祀五帝于汶上明堂。③癸酉,告祠二祖、四宗,④大会外内群臣。丙子,诏曰:"朕巡狩岱宗,柴望山川,告祀明堂,以章先勋。其二王之后,⑤先圣之胤,⑥东后蕃卫,⑦伯父伯兄,仲叔季弟,幼子童孙,⑧百僚从臣,宗室众子,要荒四裔,⑨沙漠之北,葱领之西,⑩冒耏之类,⑪跋涉悬度,⑫陵践阻绝,骏奔郊畤,^⑬咸来助祭。祖宗功德,延及朕躬。予一人空虚多疚,纂承尊明,^⑭盥洗享荐,惭愧祗栗。诗不云乎:'君子如祉,乱庶遄已。'^⑮历数既从,灵耀著明,^⑯亦欲与士大夫同心自新。其大赦天下。诸犯罪不当得赦者,皆除之。复博、奉高、嬴,无出今年田租、刍稿。"戊寅,进幸济南。^⑰三月己丑,进幸鲁,祠东海恭王陵。庚寅,祠孔子于阙里,及七十二弟子,赐褒成侯及诸孔男女帛。壬辰,进幸东平,祠宪王陵。^⑱甲午,遣使者祠定陶太后、恭王陵。^⑲乙未,幸东阿,北登太行山,至天井关。^⑳夏四月乙巳,客星入紫宫。乙卯,车驾还宫。庚申,假于祖祢,^㉑告祠高庙。

① 肥城,县名,属太山郡,故城在今济州平阴县东南。

② 成阳,县,属济阴郡。郭缘生述征记曰:"成阳县东南有尧母庆都墓,^[24]上有祠庙。尧母陵俗亦名灵台大母。"

③ 前书曰:"济南人公玉带上黄帝时明堂图,中有一殿,四面无壁,以茅盖,通水,水圜宫垣为复道;上有楼,从西南入,名曰昆仑,以拜祀上帝。于是上作明堂于汶上,如带图焉。"汶水出太山朱虚县莱芜山。

④ 二祖谓高祖、世祖。四宗谓文帝为太宗,武帝为世宗,宣帝为中宗,明帝为显宗。

⑤ 礼记曰:"存二王之后,尊贤不过二代。"公羊传〔注〕曰:^[25]"存二王之后,所以通三正也。"^[26]汉之二王,殷、周之后也。

⑥ 东观记曰:"孔子后褒成侯等咸来助祭。"

⑦ 东后谓东方国君也。诸侯为天子藩屏,故曰藩卫。

⑧ 尚书吕刑文。皆天子同姓诸侯,有父叔兄弟子孙列者,故总而言之。

⑨ 要、荒,二服名。要服去王城二千里,荒服去王城二千五百里。要者,言可要束以文教。荒者,言其荒忽无常也。裔,远也。谓荒服之外也。

⑩ 西河旧事曰:"葱领,山名,在敦煌西。其山高大多葱,故以为名焉。"

⑪字书曰:"䫇,多须貌,音而。"言须鬓多,蒙冒其面。或曰,西域人多著冒而〔须〕长,[27]故举以为言也。

⑫草行曰跋,水行曰涉。左传子太叔曰:"跋涉山川。"西域传曰:"悬度者,石山也。溪谷不通,以绳索相引而度,去阳关五千八百五十里。"[28]

⑬骏,疾也,音俊。尚书"骏奔走(在庙)"。[29]郊畤,祭天处也。前书音义曰:"畤,神灵之居止者。"

⑭疾,病也。纂,继也。

⑮诗小雅。遄,速也。已,止也。祉,福也。郑玄注云:"福者,福贤者,谓爵禄之也。如此,则乱亦庶几可疾止也。"

⑯历数既从,谓行四分历也。灵耀著明,谓日月贞明。

⑰济南,县名,故城在今淄州长山县西北。

⑱陵在今郓州须昌县东。

⑲太后即元帝傅昭仪也。定陶恭王康,其陵在今曹州济阴县北。

⑳在今泽州晋城县南,[30]今太行山上,关南有天井泉三所也。

㉑假,至也,音格。祢,父庙。易曰:"王假有庙。"

五月戊申,诏曰:"乃者凤皇、黄龙、鸾鸟比集七郡,①或一郡再见,及白乌、神雀、甘露屡臻。祖宗旧事,或班恩施。②其赐天下吏爵,人三级;高年、鳏、寡、孤、独帛,人一匹。经曰:'无侮鳏寡,惠此茕独。'加赐河南女子百户牛酒,③令天下大酺五日。赐公卿已下钱帛各有差;及洛阳人当酺者布,户一匹,城外三户共一匹。赐博士员弟子见在太学者布,人三匹。令郡国上明经者,口十万以上五人,不满十万三人。"

①孙柔之瑞〔应〕图曰:[31]"鸾鸟者,赤神之精,凤皇之佐。鸡身赤(毛)〔尾〕,[32]色亦被五彩,鸣中五音。人君进退有度,亲疏有序,则至也。"比,频也。

②武帝时芝草生于甘泉宫，宣帝时嘉穀玄稷降于郡国，神雀仍集，皆大赦天下。

③前书音义："苏林曰，男赐爵，女子赐牛酒。姚察云，女子谓赐爵者之妻。"史记封禅书："百户牛一头，酒十石。"臣贤案：此女子百户，若是户头之妻，不得更称为户；此谓女户头，即今之女户也。天下称庆，恩当普洽，所以男户赐爵，女子赐牛酒。

改庐江为六安国，江陵复为南郡。①徙江陵王恭为六安王。

①建初四年改为江陵国，今又复之。

秋七月庚子，诏曰："春秋于春每月书'王'者，重三正，慎三微也。①律十二月立春，不以报囚。②月令冬至之后，有顺阳助生之文，③而无鞫狱断刑之政。朕咨访儒雅，稽之典籍，以为王者生杀，宜顺时气。其定律，无以十一月、十二月报囚。"

①三正谓天、地、人之正。所以有三者，由有三微之月，王者所当奉而成之。礼（记）〔纬〕曰：[33]"正朔三而改，文质再而复。三微者，三正之始，万物皆微，物色不同，故王者取法焉。十一月，时阳气始施于黄泉之下，色皆赤。赤者阳气，故周为天正，色尚赤。十二月，万物始牙而色白。白者阴气，故殷为地正，色尚白。十三月，万物莩甲而出，其色皆黑，人得加功展业，故夏为人正，色尚黑。"尚书大传曰："夏十三月为正，平旦为朔。殷以十二月为正，鸡鸣为朔。周以十一月为正，夜半为朔。"必以三微之月为正者，当尔之时，物皆尚微，王者受命，[34]当扶微理弱，奉成之义也。

②报犹论也。立春阳气至，可以施生，故不论囚。

③月令仲冬："是月也，日短至，阴阳争，诸生荡，君子身欲宁，事欲静，以待阴阳之所定也。"

九月壬辰，诏："凤皇、黄龙所见亭部无出二年租赋。①加赐男子爵,人二级;先见者帛二十匹,近者三匹,太守三十匹,令、长十五匹,丞、尉半之。诗云:'虽无德与汝,式歌且舞。'②它如赐爵故事。"

①东观记曰:"凤凰见肥城句窳亭槐树上。"[35]古今注云:"黄龙见洛阳元延亭部。"窳音庚。

猪②诗小雅也。取虽无大德,要有喜悦之心,欲歌舞也。式,用也。

丙申,征济南王康、中山王焉会烝祭。

冬十一月壬辰,日南至,初闭关梁。①

①易曰:"先王以至日闭关,商旅不行。"王弼注曰:"冬至阴之复,夏至阳之复,故为复即至于寂然大静,先王则天地而行者也。"

三年春正月乙酉,诏曰:"盖君人者,视民如父母,有憯怛之忧,有忠和之教,匍匐之救。①其婴儿无父母亲属,及有子不能养食者,禀给如律。"

①周礼:"(乡)〔大〕司徒以乡三物教万民,[36]一曰六德,谓智、仁、圣、义、忠、和。"诗鄁风曰:"凡民有丧,匍匐救之。"

丙申,北巡狩,济南王康、中山王焉、西平王羡、六安王恭、乐成王党、淮阳王昞、任城王尚、沛王定皆从。辛丑,帝耕于怀。

二月壬寅,告常山、魏郡、清河、钜鹿、平原、东平郡太守、相曰:"朕惟巡狩之制,以宣声教,考同遐迩,解释怨结也。今'四国无政,不用其良',①驾言出游,欲亲知其剧易。前祠园陵,遂望祀华、霍,②东紫岱宗,为人祈福。今将礼常山,遂徂北土,历魏郡,经平原,升践堤防,询访耆老,咸曰'往者汴门未作,深者成渊,浅则泥涂'。追惟先帝勤人之德,③厎绩远图,复禹弘业,④圣跡滂流,至于海表。不克堂(桓)〔构〕，^{〔37〕}朕甚慙焉。⑤月令，孟春善相丘陵土地所宜。⑥今肥田尚多，未有垦辟。其悉以赋贫民，给与粮种，务尽地力，勿令游手。所过县邑，听半入今年田租，以劝农夫之劳。"

①诗小雅曰："日月告凶，不用其行。四国无政，不用其良。"言四方之国无政者，由天子不用善人也。

②华、霍，山名也。〔霍〕在(今)庐江灊县西南，^{〔38〕}亦名天柱山。尔雅曰华山为西岳，霍山为南岳。

③谓永平十二年修汴渠。

④尚书曰："覃怀厎绩。"孔安国注云："厎，置；绩，功也。"远图犹长算也。言能复禹为理水之大功。

⑤尚书曰："若考作室，既厎法，厥子乃不肯堂，矧肯(桓)〔构〕。"

⑥月令："孟春之月，善相丘陵、阪险、原隰土地所宜，五穀所殖，以教导人，必躬亲之，田事既饬。"

乙丑，敕侍御史、司空曰："方春，所过无得有所伐杀。车可以引避，引避之；騑马可辍解，辍解之。①诗云：'敦彼行苇，牛羊勿践履。'②礼，人君伐一草木不时，谓之不孝。③俗知顺人，莫知顺天。其明称朕意。"

①夹辕者为服马，服马外为騑马。

②诗大雅云。郑玄注云："敦敦然道旁之苇，牧牛羊者无使践履折伤之，况于人乎！"

③礼记孔子曰："伐一树，杀一兽，不以其时，非孝也。"

戊辰，进幸中山，遣使者祠北岳。出长城。①癸酉，还幸元氏，祠光武、显宗于县舍正堂；明日又祠显宗于始生堂，皆奏乐。②三月丙子，诏高邑令祠光武于即位坛。复元氏七年徭役。己卯，进幸赵。庚辰，祠房山于灵寿。③辛卯，车驾还宫。赐从行者各有差。

①史记,蒙恬为秦筑长城,西自临洮,东至海。

②明帝生于常山元氏传舍也。

③灵寿,县名,属常山郡,今恒州县也。房山在今恒州房山县(县)西
北,[39]俗名王母山,上有王母祠。

夏四月丙寅,太尉郑弘免,大司农宋由为太尉。①[40]

①由字叔路,长安人。

五月丙子,司空第五伦罢,太仆袁安为司空。

秋八月乙丑,幸安邑,观盐池。①九月,至自安邑。

①许慎云:"河东盐池,袤五十一里,广七里,周百一十六里。"今蒲州虞
乡县西。

冬十月,北海王基薨。

烧当羌叛,寇陇西。

是岁,西域长史班超击斩疏勒王。

章和元年春三月,护羌校尉傅育追击叛羌,战殁。

夏四月丙子,令郡国中都官系囚减死一等,诣金城戍。

六月戊辰,司徒桓虞免。癸卯,司空袁安为司徒,光禄勋任隗
为司空。①

①桓虞字仲春,冯翊万年人。隗字仲和,南阳宛人。

秋七月癸卯,齐王晃有罪,贬为芜湖侯。①壬子,淮阳王昞薨。

①芜湖,县名,属丹阳,故城在今宣州当涂县东南。

鲜卑击破北单于,斩之。

烧当羌寇金城,护羌校尉刘盱讨之,[41]斩其渠帅。

壬戌,诏曰:"朕闻明君之德,启迪鸿化,缉熙康乂,光照六

幽，①讫惟人面，靡不率俾，仁风翔于海表，威霆行乎鬼区。②然后敬恭明祀，膺五福之庆，获来仪之贶。③朕以不德，受祖宗弘烈。乃者凤皇仍集，麒麟并臻，甘露宵降，嘉穀滋生，芝草之类，岁月不绝。朕夙夜祗畏上天，无以彰于先功。今改元和四年为章和元年。"

①缉熙，光明也。六幽谓六合幽隐之处也。

②鬼区即鬼方。

③尚书五福：一曰寿，二曰富，三曰康宁，四曰攸好德，五曰考终命。来仪谓凤也。书曰："凤皇来仪。"

秋，令是月养衰老，授几杖，行糜粥饮食。①其赐高年二人共布帛各一匹，以为醴酪。死罪囚犯法在丙子赦前而后捕系者，皆减死，勿笞，诣金城戍。

①月令仲秋之令。

八月癸酉，南巡狩。壬午，遣使者祠昭灵后于小黄园。①甲申，征任城王尚会睢阳。戊子，幸梁。己丑，遣使祠沛高原庙，丰枌榆社。②乙未，幸沛，祠献王陵，征会东海王政。乙未晦，日有食之。九月庚子，幸彭城，东海王政、沛王定、任城王尚皆从。辛亥，幸寿春。壬子，诏郡国中都官系囚减死罪一等，诣金城戍；犯殊死者，一切募下蚕室；其女子宫；系囚鬼薪、白粲已上，减罪一等，输司寇作。亡命者赎：死罪缣二十匹，右趾至髡钳城旦春七匹，完城旦至司寇三匹；吏民犯罪未发觉，诏书到自告者，半入赎。复封阜陵侯延为阜陵王。己未，幸汝阴。③冬十月丙子，车驾还宫。

①小黄，县，属陈留郡，故城在今汴州陈留县东北。汉旧仪曰："昭灵后，高祖母，起兵时死小黄北，后为作园庙于小黄栅。"陈留风俗传曰："沛公起兵野战，丧皇妣于黄乡。天下平定，(仍)〔乃〕使使者以梓宫招魂幽野，[42]于是丹蛇在水，自洒濯之，入于梓宫，其浴处有遗发，故谥曰

昭灵夫人。"

②前书音义曰:"枌,白榆。高祖里社在丰县东北十五里。"原庙,解见光武纪。

③县名,属汝南郡,今颍(川)〔州〕县。[43]

北匈奴屋兰储等率众降。

是岁,西域长史班超击莎车,大破之。月氏国遣使献扶拔、师子。①

①扶拔,似麟无角。拔音步末反。

二年春正月,济南王康、阜陵王延、中山王焉来朝。

〔二月〕壬辰,[44]帝崩于章德前殿,年三十三。[45]遗诏无起寝庙,一如先帝法制。

论曰:魏文帝称"明帝察察,章帝长者"。①章帝素知人厌明帝苛切,[46]事从宽厚。感陈宠之义,[47]除惨狱之科。②深元元之爱,著胎养之令。③奉承明德太后,尽心孝道。割裂名都,以崇建周亲。④平徭简赋,而人赖其庆。又体之以忠恕,文之以礼乐。故乃蕃辅克谐,群后德让。谓之长者,不亦宜乎! 在位十三年,郡国所上符瑞,合于图书者数百千所。乌呼懋哉!⑤

①以上华峤之辞。

②宠时为尚书,以吏政严切,乃上书除惨酷之科五十馀条,具本传也。

③元和二年令,诸怀妊者赐榖,人三斛。

④周,至也。

⑤懋,美也。

赞曰:肃宗济济,天性恺悌。於穆后德,谅惟渊体。^①左右艺文,斟酌律礼。^②思服帝道,弘此长懋。儒馆献歌,戎亭虚候。^③气调时豫,宪平人富。

①於穆,叹美也。尚书曰"齐圣广渊"也。

②艺文谓诸儒讲五经同异,帝亲称制论决也。律谓诏云"立春不以报囚"也。礼谓修禘祫,登灵台之属。

③献歌谓崔骃游太学时上四巡等颂。

【校勘记】

〔1〕第五伦　"第"原作"弟",第弟古通作,今改归一律。

〔2〕劬劳日昊　汲本、集解本"昊"作"旻",局本作"昃"。按:校补谓"昃"本作"厢",亦作"昊",昊乃俗字,旻又昊之讹变。

〔3〕前书艺文志(曰)　据刊误删。

〔4〕三桃则时享　按:刊误谓自古但有二桃,无三桃,明"三"字误。

〔5〕立秋尝粢盛酎　按:刊误谓汉制立秋尝粢,八月饮酎,此文误出一"盛"字,少"八月饮"三字。

〔6〕其以见穀赈给贫人　按:刊误谓诏无他语,不当有"其"字。

〔7〕稍(为)〔谓〕少　据刊误改。按:为谓古通作,后如此不悉改。

〔8〕饥馑屡臻　按:饥馑之"馑"与饥饿之"饥"原有别,此当作"馑",然各本馑饥多通作,故不改。

〔9〕内中国而外诸夏内诸(侯)〔夏〕而外夷狄　据今公羊传改。

〔10〕曷以内外之辞言自近者始也　刊误谓案公羊本文"曷为以内外之辞言之,言自近者始也",少"之言"二字。今按:前人引书,每多删节,无"之言"二字,义亦自明,故不依刘说补。

〔11〕即今岷(山之)州　据集解王先谦说删。

〔12〕西域假司马班超击姑墨　按:校补引侯康说,谓据本传当作"军司

马"，此与下五年均误。

〔13〕按：此注原在"千乘王"下，今据汲本、殿本移正。

〔14〕葬明德皇(太)后　集解引钱大昕说，谓按光烈、章德、和熹、安思、顺烈、桓思、灵思诸后之葬皆书皇后，此独书太后，"太"字疑衍。今据删。

〔15〕不书榖〔名〕　据校补补。

〔16〕甲辰诏〔曰〕　据刊误补。

〔17〕日南者用犀角二　按：殿本考证谓"者"似当作"皆"。

〔18〕己酉进幸邺　辛卯车驾还宫　按：己酉不当在辛卯前，疑有误。

〔19〕前书曰　按："前书"下当有"音义"二字，此脱。

〔20〕高祖初都栎阳　按：汉书注引三辅黄图作"高祖初居栎阳"。又按：汲本、殿本、集解本"栎阳"误作"洛阳"。

〔21〕三月辛卯　按：校补引钱大昭说，谓"辛卯"传作"己卯"。

〔22〕又景帝(京师)定箠令　据刊误删。

〔23〕时待诏张盛京房鲍业等　按：集解引钱大昕说，谓"京房"当作"景防"。

〔24〕有尧母庆都墓　按：殿本"墓"作"臺"。

〔25〕公羊传〔注〕曰　据校补补。

〔26〕所以通三正也　按：公羊隐二年注"正"作"统"。殿本"正"作"王"，误。

〔27〕西域人多著冒而〔须〕长　据刊误补。

〔28〕去阳关五千八百五十里　按：前书作"五千八百八十八里"。

〔29〕骏奔走(在庙)　按：集解引惠栋说，谓案梅氏武成，衍"在庙"二字，周颂有之，涉此而讹。今据删。

〔30〕在今泽州晋城县南　按："晋"原讹"普"，径改正。

〔31〕孙柔之瑞〔应〕图曰　按：御览九百十六及广韵二十六桓鸾字注引并作"瑞应图"，今据补。

〔32〕鸡身赤(毛)〔尾〕 据殿本、集解本改。

〔33〕礼(记)〔纬〕曰 据集解引惠栋说改。

〔34〕王者受命 按:"受"原讹"授",径改正。

〔35〕凤皇见肥城句窳亭槐树上 按:校补谓殿本"凤皇"作"黄龙",与聚珍本东观记合。惟"句窳亭"东观记作"窳亭"。

〔36〕周礼(乡)〔大〕司徒 据殿本改。

〔37〕不克堂(桓)〔构〕 据殿本、集解本改。注同。按:姚范谓正文及注"构"俱误"桓",盖宋世避高宗之讳,刊本者不知,误以为钦宗之讳也,故"桓"字犹缺下画。

〔38〕〔霍〕在(今)庐江潜县西南 据张森楷校勘记改,与郡国志合。

〔39〕房山在今恒州房山县(县)西北 据殿本考证删。按:"在今"原误"今在",径乙正。

〔40〕大司农宋由为太尉 按:集解引惠栋说,谓袁纪"宋由"作"宗由"。

〔41〕护羌校尉刘盱讨之 按:集解引钱大昕说,谓以西羌传校之,其时校尉乃张纡,非刘盱也。

〔42〕(仍)〔乃〕使使者 据刊误改。

〔43〕今颍(川)〔州〕县 张森楷校勘记谓监本"川"作"州",是。今据改。

〔44〕〔二月〕壬辰 集解引惠栋说,谓袁纪作"二月壬辰"。今据补。按:是年正月甲午朔,无壬辰。二月癸亥朔,壬辰,二月三十日也。又按:凡新君即位,皆在先帝崩日,和帝纪"章和二年二月壬辰即皇帝位",益足证此"壬辰"之上实脱"二月"二字也。

〔45〕年三十三 按:惠栋补注引蒋皋说,谓章帝即位年十九,在位十三年,年三十二。

〔46〕章帝素知人厌明帝苛切 按:群书治要"人"作"民"。

〔47〕感陈宠之义 按:张森楷校勘记谓群书治要"义"作"议",是。

后汉书卷四

孝和孝殇帝纪第四

孝和皇帝讳肇,①肃宗第四子也。母梁贵人,为窦皇后所谮,忧卒,窦后养帝以为己子。建初七年,立为皇太子。

①谥法曰:"不刚不柔曰和。"伏侯古今注曰:"肇之字曰始。肇音兆。"臣
　贤案:许慎说文"肇音大可反,[1]上讳也"。但伏侯、许慎并汉时人,而
　帝讳不同,盖应别有所据。

章和二年二月壬辰,即皇帝位,年十岁。尊皇后曰皇太后,太后临朝。

三月丁酉,改淮阳为陈国,①楚郡为彭城国,②西平并汝南郡,③六安复为庐江郡。④遗诏徙西平王羡为陈王,六安王恭为彭城王。

①今陈州。

②今徐州。

133

③西平，县，故柏子国也。在今豫州吴房县西北。

④即今庐州庐江县西故舒城是。

癸卯，葬孝章皇帝于敬陵。①

①在洛阳城东南三十九里。古今注曰："陵周三百步，高六丈二尺。"

庚戌，皇太后诏曰："先帝以明圣，奉承祖宗至德要道，天下清静，庶事咸宁。今皇帝以幼年，茕茕在疚，①朕且佐助听政。外有大国贤王并为蕃屏，内有公卿大夫统理本朝，恭己受成，夫何忧哉！②然守文之际，必有内辅以参听断。侍中宪，朕之元兄，行能兼备，忠孝尤笃，先帝所器，亲受遗诏，当以旧典辅斯职焉。宪固执谦让，节不可夺。今供养两宫，③宿卫左右，厥事已重，亦不可复劳以政事。故太尉邓彪，元功之族，三让弥高，④海内归仁，为群贤首，先帝褒表，欲以崇化。今彪聪明康强，可谓老成黄耇矣。⑤其以彪为太傅，赐爵关内侯，录尚书事，百官总己以听，⑥朕庶几得专心内位。於戏！群公其勉率百僚，各修厥职，爱养元元，绥以中和，称朕意焉。"

①疚，病也。茕茕然在忧病之中也。"茕"或作"嬛"。诗周颂云："嬛嬛在疚。"

②孔子曰："舜何为哉？恭己正南面而已。"尚书曰："予小子垂拱仰成。"

③两宫谓帝宫、太后宫。

④元功谓高密侯禹也。彪父邯，中兴初有功，封鄳侯。父卒，彪让国异母弟凤。论语孔子曰："太伯三以天下让，民无得而称焉。"郑玄注云："太伯，周太王之长子，欲让其弟季历。太王有疾，太伯因适吴、越采药，太王薨而不返，季历为丧主，一让也。季历赴之，不来奔丧，二让也。终丧之后，遂断发文身，三让也。"彪让封弟，故以比之。鄳音莫杏反。

⑤老成言老而有成德也。诗大雅曰："虽无老成人。"黄谓发落更生黄
者。耇亦老也。诗序曰："外尊事黄耇。"

⑥古者君在谅闇，百官总己之职事以听于冢宰。录尚书事则冢宰之
任也。

辛酉，有司上奏："孝章皇帝崇弘鸿业，德化普洽，垂意黎民，留
念稼穑。文加殊俗，武畅方表，界惟人面，[2]无思不服。巍巍荡荡，
莫与比隆。①周颂曰：'於穆清庙，肃雍显相。'②请上尊庙曰肃宗，
共进武德之舞。"制曰："可。"

①"巍巍乎其有成功，荡荡乎人无能名焉。"孔子美帝尧之词，见论语。

②清庙，文王庙也。於穆，叹美之词，言助祭者礼仪敬且和也。

癸亥，陈王羡、彭城王恭、乐成王党、下邳王衍、梁王畅始
就国。①

①建初三年，章帝不忍与诸王乖离，皆留京师，今遣之国。

夏四月丙子，谒高庙。丁丑，谒世祖庙。

戊寅，诏曰："昔孝武皇帝致诛胡、越，故权收盐铁之利，①以奉
师旅之费。自中兴以来，匈奴未宾，永平末年，复修征伐。先帝即
位，务休力役，然犹深思远虑，安不忘危，探观旧典，复收盐铁，欲以
防备不虞，宁安边境。而吏多不良，动失其便，以违上意。先帝恨
之，故遗戒郡国罢盐铁之禁，纵民煮铸，入税县官如故事。②其申敕
刺史、二千石，奉顺圣旨，勉弘德化，布告天下，使明知朕意。"

①武帝使孔僅、东郭咸阳乘传举行天下盐铁，作官府收利，私家更不得
铸铁煮盐。

②前书音义曰："县官谓天子。"

五月，京师旱。诏长乐少府桓郁侍讲禁中。①

①长乐宫之少府也。郁,桓荣子也。

冬十月乙亥,以侍中窦宪为车骑将军,伐北匈奴。
安息国遣使献师子、扶拔。①

①扶拔,解见章纪。

永元元年春三月甲辰,初令郎官诏除者得占丞、尉,以比秩为真。①

①汉官仪曰:"羽林郎出补三百石丞、尉自占。丞、尉小县(丞尉)三百石,[3]其次四百石,比秩为真,皆所以优之。"

夏六月,车骑将军窦宪出鸡鹿塞,①度辽将军邓鸿出(棡)〔稒〕阳塞,②[4]南单于出满夷谷,③与北匈奴战于稽落山,大破之,追至(和)〔私〕渠(北)〔比〕鞮海。[5]窦宪遂登燕然山,刻石勒功而还。北单于遣弟右温禺鞮王④奉奏贡献。

①今在朔方窳浑县北。阚骃十三州志云:"窳浑县有大道,西北出鸡鹿塞。"窳音羊主反。

②(棡)〔稒〕阳,县,属(九)〔五〕原郡,[6]故城在今胜州银城县界。(棡)〔稒〕音固。

③满夷谷,阙。

④鞮音丁兮反。

秋七月乙未,会稽山崩。

闰月丙子,诏曰:"匈奴背叛,为害久远。赖祖宗之灵,师克有捷,丑虏破碎,遂扫厥庭,①役不再籍,②万里清荡,非朕小子眇身所能克堪。有司其案旧典,告类荐功,以章休烈。"③

①诗曰:"仍执丑虏。"庭谓单于所常居也。

②犹言不籍再举。

③类,祭天也。书曰:"类于上帝。"荐,进也,以功进告于天。

九月庚申,以车骑将军窦宪为大将军,以中郎将刘尚为车骑将军。

冬十月,令郡国弛刑输作军营。其徙出塞者,[7]刑虽未竟,皆免归田里。

庚子,阜陵王延薨。

是岁,郡国九大水。

二年春正月丁丑,大赦天下。

二月壬午,日有食之。①

①东观记曰:"史官不觉,涿郡言之。"

己亥,复置西河、上郡属国都尉官。①

①前书西河郡美稷县、上郡龟兹县并有属国都尉,其秩比二千石。十三州志曰:"典属国,武帝置,掌纳匈奴降者也,哀帝省并大鸿胪。"故今复置之。

夏五月庚戌,分太山为济北国,分乐成、涿郡、勃海为河间国。丙辰,封皇弟寿为济北王,开为河间王,淑为城阳王,绍封故淮阳王昞子侧为常山王。赐公卿以下至佐史钱布各有差。

己未,遣副校尉阎磐讨北匈奴,取伊吾卢地。

丁卯,绍封故齐王晃子无忌为齐王,北海王睦子威为北海王。

车师前后王并遣子入侍。①

①车师有后王、前王,前王即后王之子,其庭相去五百里。

月氏国遣兵攻西域长史班超,超击降之。

六月辛卯,<u>中山王焉</u>薨。

秋七月乙卯,大将军<u>窦宪</u>出屯<u>凉州</u>。九月,<u>北匈奴</u>遣使称臣。

冬十月,遣行中郎将<u>班固</u>报命南单于。遣<u>左谷蠡王师子</u>①出<u>鸡鹿塞</u>,击<u>北匈奴</u>于<u>河云北</u>,大破之。

①<u>左谷蠡</u>,<u>匈奴</u>王号,<u>师子</u>其名也。谷音鹿。蠡音离。

三年春正月甲子,皇帝加元服,①赐诸侯王、公、将军、特进、②中二千石、列侯、宗室子孙在京师奉朝请者黄金,③将、大夫、郎吏、从官帛。④赐民爵及粟帛各有差,大酺五日。郡国中都官系囚死罪赎缣,至司寇及亡命,各有差。庚辰,赐京师民酺,布两户共一匹。

①元,首也。谓加冠于首。仪礼:"冠者先筮日,后筮宾。"东观记曰:"时太后诏<u>袁安</u>为宾,赐束帛、乘马。"

②<u>汉官仪</u>曰:"诸侯功德优盛,朝廷所敬异者,赐位特进,在三公下。"

③奉朝请,无员,三公、外戚、宗室、诸侯多奉朝请。<u>汉律</u>:"春日朝,秋日请。"

④将谓五官及左右郎将也。大夫谓光禄、太中、中散、谏议大夫也。<u>十三州志</u>曰:"大夫皆掌顾问、应对、言议。夫之言扶也,言能扶持君父也。"

二月,大将军<u>窦宪</u>遣左校尉<u>耿夔</u>出<u>居延塞</u>,①围北单于于<u>金微山</u>,大破之。获其母阏氏。②

①<u>居延</u>,县,属<u>张掖郡</u>,居延泽在东北。<u>武帝</u>使伏波将军<u>路博德</u>筑遮虏障于<u>居延</u>城。

②阏氏,<u>匈奴</u>后之号也,音焉支。

夏六月辛卯,尊皇太后母<u>比阳公主</u>①为长公主。

①<u>东海恭王强</u>女。

辛丑,阜陵王种薨。①[8]

①阜陵王延之子。

冬十月癸未,行幸长安。诏曰:"北狄破灭,名王仍降,①西域诸国,纳质内附,岂非祖宗迪哲重光之鸿烈欤?②寤寐叹息,想望旧京。其赐行所过二千石长吏已下及三老、官属钱帛,各有差;鳏、寡、孤、独、笃癃、贫不能自存者粟,人三斛。"

①仍,频也。

②迪,蹈也。言由祖宗蹈履明智,有重光累圣之德,成此大业也。书曰
"兹四人迪哲",又曰"宣重光"也。

十一月癸卯,祠高庙,遂有事十一陵。诏曰:"高祖功臣,萧、曹为首,有传世不绝之义。曹相国后容城侯无嗣。朕望长陵东门,见二臣之垅,①循其远节,每有感焉。忠义获宠,古今所同。可遣使者以中牢祠,大鸿胪求近亲宜为嗣者,须景风绍封。以章厥功。"②

①东观记曰:"萧何墓在长陵东司马门道北百步。"庙记云:"曹参冢在长
陵旁道北,近萧何冢。"

②续汉志曰:"大鸿胪掌封拜诸侯及其嗣。"春秋考异邮曰:"夏至四十五
日,景风至,则封有功也。"

十二月,复置西域都护、骑都尉、戊己校尉官。
庚辰,至自长安,减弛刑徒从驾者刑五月。

四年春正月,北匈奴右谷蠡王於除鞬自立为单于,款塞乞降。①遣大将军左校尉耿夔授玺绶。②

①於除鞬,其名也。鞬音九言反。

②东观记曰:"赐玉具剑,羽盖车一驷,中郎将持节卫护焉。"

三月癸丑，司徒袁安薨。闰月丁丑，太常丁鸿为司徒。

夏四月丙辰，大将军窦宪还至京师。

六月戊戌朔，日有食之。丙辰，郡国十三地震。

窦宪潜图弑逆。庚申，幸北宫。诏收捕宪党射声校尉郭璜，①璜子侍中举，[9]卫尉邓叠，叠弟步兵校尉磊，皆下狱死。使谒者仆射②收宪大将军印绶，遣宪及弟笃、景就国，到皆自杀。

①郭况子也。东观记(日)"璜"作"瑝"，[10]音同。

②续汉书曰"谒者仆射一人，秩千石，为谒者台率，主谒者。天子出，奉引"也。

是夏，旱，蝗。

秋七月己丑，太尉宋由坐党宪自杀。

八月辛亥，司空任隗薨。①

①任光子也。

癸丑，大司农尹睦为太尉，录尚书事。①

①录谓总领之也。录尚书自牟融始也。

丁巳，赐公卿以下至佐史钱穀各有差。

冬十月己亥，宗正刘方为司空。

十二月壬辰，诏："今年郡国秋稼为旱蝗所伤，其什四以上勿收田租、刍稿；有不满者，以实除之。"①

①所损十不满四者，以见损除也。

武陵零陵澧中蛮叛。[11]烧当羌寇金城。

五年春正月乙亥，宗祀五帝于明堂，遂登灵台，望云物。大赦天下。

戊子，千乘王伉薨。

辛卯，封皇弟万岁为广宗王。①

①广宗，县名，今贝州宗城县。隋炀帝讳广，故改为宗城。

二月戊戌，诏有司省减内外厩及凉州诸苑马。①自京师离宫果
园上林广成圉悉以假贫民，恣得采捕，不收其税。

①说文曰："厩，马舍也。"汉官仪曰："未央大厩，长乐、承华等厩令，皆秩
六百石。"又云："牧师诸苑三十六所，分置西北边，分养马三十万头。"

丁未，诏曰："去年秋麦入少，恐民食不足。其上尤贫不能自给
者户口人数。往者郡国上贫民，以衣履釜鬵为赀，而豪右得其饶
利。①诏书实覈，②欲有以益之，而长吏不能躬亲，反更征召会聚，
令失农作，愁扰百姓。若复有犯者，二千石先坐。"

①鬵音寻。方言曰："甑，自关而东谓之鬵。"贫人既计釜甑以为资财，惧
于役重，多即卖之，以避科税。豪富之家乘贱买，故得其饶利。

②说文云："覈，考实事也。"

甲寅，太傅邓彪薨。

戊午，陇西地震。

三月戊子，诏曰："选举良才，为政之本。科别行能，必由乡
曲。①而郡国举吏，不加简择，故先帝明敕在所，令试之以职，乃得
充选。②又德行尤异，不须经职者，别署状上。而宣布以来，出入九
年，二千石曾不承奉，恣心从好，司隶、刺史讫无纠察。③今新蒙赦
令，且复申敕，后有犯者，显明其罚。在位不以选举为忧，督察不以
发觉为负，④非独州郡也。是以庶官多非其人。下民被奸邪之伤，
由法不行故也。"

①周礼："乡大夫掌其乡之政教，考其德行，察其道艺，三年而举贤能者

于王。"

②汉官仪曰:"建初八年十二月己未,诏书辟士四科:一曰德行高妙,志
节清白;二曰经明行修,能任博士;三曰明晓法律,足以决疑,能案章
覆问,文任御史;四曰刚毅多略,遭事不惑,明足照奸,勇足决断,才任
三辅。皆存孝悌清公之行。自今已后,审四科辟召,及刺史、二千
石察举茂才尤异孝廉吏,务实校试以职。有非其人,不习曹事,正举
者故不以实法。"[12]

③讫,竟也。

④负亦忧也。

庚寅,遣使者分行贫民,举实流冗,①开仓赈廪三十馀郡。

①冗,散也。流散者举案其实而给之。

夏四月壬子,封阜陵王种兄鲂为阜陵王。①

①种无嗣,故以鲂袭也。

六月丁酉,郡国三雨雹。①

①东观记曰:"大如雁子。"

秋九月辛酉,广宗王万岁薨,无子,国除。

匈奴单于於除鞬叛,遣中郎将任尚讨灭之。

壬午,令郡县劝民蓄蔬食以助五谷。①其官有陂池,令得采取,
勿收假税二岁。②

①蓄,积也。

②假犹租赁。

冬十月辛未,太尉尹睦薨。①十一月乙丑,太仆张酺为太尉。

①汉官仪曰:"睦字伯师,巩人。"

是岁,武陵郡兵破叛蛮,降之。护羌校尉贯友讨烧当羌,羌乃

遁去。南单于安国叛,骨都侯喜斩之。

六年春正月,永昌徼外夷遣使译献犀牛、大象。

己卯,司徒丁鸿薨。

二月乙未,遣谒者分行禀贷三河、兖、冀、青州贫民。

许〔阳〕侯马光自杀。①[13]

①东观记曰:"光前坐党附窦宪,归国,为宪客奴所诬告,乃自杀。"

丁未,司空刘方为司徒,太常张奋为司空。

三月庚寅,诏流民所过郡国皆实禀之,其有贩卖者勿出租税,①又欲就贱还归者,复一岁田租、更赋。②

①汉循周法,商贾有税,流人贩卖,故矜免之。

②复音福。

丙寅,诏曰:"朕以眇末,承奉鸿烈。阴阳不和,水旱违度,济河之域,凶馑流亡,①而未获忠言至谋,所以匡救之策。寤寐永叹,用思孔疚。②惟官人不得于上,黎民不安于下,有司不念宽和,而竞为苛刻,覆案不急,以妨民事,③甚非所以上当天心,下济元元也。思得忠良之士,以辅朕之不逮。其令三公、中二千石、二千石、内郡守相举贤良方正能直言极谏之士各一人。昭岩穴,披幽隐,遣诣公车,④朕将悉听焉。"帝乃亲临策问,选补郎吏。

①尚书曰"济河惟兖州",言东南据济,西北距河。

②孔,甚也。疚,病也。诗云:"忧心孔疚。"

③不急谓非要。

④前书音义曰:"公车,署名也,公车所在,故以名焉。"汉官仪曰:"公车令一人,秩六百石,掌殿门。诸上书诣阙下者,皆集奏之;凡所征召,亦总领之。"

夏四月,蜀郡徼外羌率种人遣使内附。

五月,城阳王淑薨,无子,国除。①

①章帝子也。

六月己酉,初令伏闭尽日。①

①汉官旧仪曰:"伏日万鬼行,故尽日闭,不干它事。"

秋七月,京师旱。诏中都官徒各除半刑,谪其未竟,五月已下皆免遣。丁巳,幸洛阳寺,①录囚徒,举冤狱。收洛阳令下狱抵罪,司隶校尉、河南尹皆左降。未及还宫而澍雨。

①寺,官舍也。风俗通云:"寺,嗣也。理事之吏,嗣续于其中。"

西域都护班超大破焉耆、尉犁,斩其王。自是西域降服,纳质者五十馀国。

南单于安国从弟子逢侯率叛胡亡出塞。九月癸丑,以光禄勋邓鸿行车骑将军事,与越骑校尉冯柱、行度辽将军朱徽、使匈奴中郎将杜崇讨之。冬十一月,护乌桓校尉任尚率乌桓、鲜卑,大破逢侯,①冯柱遣兵追击,复〔破〕之。[14]

①阚骃十三州志曰:"护乌丸,拥节,秩比二千石,武帝置,以护内附乌丸,既而并于匈奴中郎将。中兴初,班彪上言宜复此官,以招附东胡,乃复更置焉。"

诏以勃海郡属冀州。

武陵溇中蛮叛,郡兵讨平之。

七年春正月,行车骑将军邓鸿、度辽将军朱徽、中郎将杜崇皆下狱死。①

①时南单于安国与崇不相平,乃上书告崇。崇令断其章,缘此惊叛,安

国辛见杀。帝后知之,皆征下狱。

夏四月辛亥朔,日有食之。帝引见公卿问得失,令将、大夫、御史、谒者、博士、议郎、郎官会廷中,各言封事。①诏曰:"元首不明,化流无良,政失于民,谪见于天。②深惟庶事,五教在宽,是以旧典因孝廉之举,以求其人。③有司详选郎官宽博有谋才任典城者三十人。"④既而悉以所选郎出补长、相。⑤

①十三州志曰:"侍御史,周官,即柱下史。秩六百石,掌注记言行,纠诸不法,员十五人。出有所案,则称使者焉。谒者,秦官也。员七十人,皆选孝廉年未五十,晓解傧赞者。岁尽拜县令、长(史)及都官府丞、长史。[15]博士,秦官。博通古今,秩皆六百石。孝武初置五经博士,后稍增至十四员。取聪明威重者一人为祭酒,主领焉。议郎、郎官,皆秦官也。冗无所掌,秩六百石或四百石。"

②谪,谴责也。礼曰:"阳事不得,谪见于天,日为之食。"

③武帝元光元年,董仲舒初开其议,诏郡国举孝廉各一人。

④任,堪也,音仁林反。

⑤长,县长;相,侯相也。十三州志云:"县为侯邑,则令、长为相,秩随令、长本秩。"

五月辛卯,改千乘国为乐安国。①

①千乘故城在今淄州高苑县北。乐安故城在今青州博昌县南。

六月丙寅,沛王定薨。

秋七月乙巳,易阳地裂。①九月癸卯,京师地震。

①易阳,县,在易水之阳,今易州也。

八年春二月己丑,立贵人阴氏为皇后。赐天下男子爵,人二级,三老、孝悌、力田三级,民无名数及流民欲占者一级;鳏、寡、孤、独、笃癃、贫不能自存者粟，人五斛。

夏四月癸亥，乐成王党薨。

甲子，诏赈贷<u>并州</u>四郡贫民。

五月，<u>河内</u>、<u>陈留</u>蝗。

<u>南匈奴</u>右温禺犊王叛，为寇。秋七月，行度<u>辽</u>将军<u>庞奋</u>、越骑校尉<u>冯柱</u>追讨之，斩右温禺犊王。

<u>车师王</u>叛，击其前王。

八月辛酉，饮酎。诏郡国中都官系囚减死一等，诣<u>敦煌</u>戍。其犯大逆，募下蚕室；其女子宫。自死罪已下，至司寇及亡命者入赎，各有差。

九月，京师蝗。吏民言事者，多归责有司。诏曰："蝗虫之异，殆不<u>虚生</u>，①万方有罪，在予一人，而言事者专咎自下，非助我者也。朕寤寐恫矜，思弭忧衅。②昔<u>楚</u>严无灾而惧，③<u>成王</u>出郊而反风。④将何以匡朕不逮，以塞灾变？百僚师尹勉修厥职，刺史、二千石详刑辟，理冤虐，恤鳏寡，矜孤弱，思惟致灾兴蝗之咎。"

①礼记月令曰："孟夏行春令，则蝗虫为灾。"洪范五行传曰："贪利伤人，则蝗虫损稼。"

②尚书曰："恫矜乃身。"孔安国注曰："恫，痛也。矜，病也。言如痛病在身，欲除之也。"矜音古顽反。

③解见明纪。

④<u>成王</u>疑<u>周公</u>，天乃大风，禾则尽偃；王乃出郊祭，天乃反风起禾。事见尚书。

庚子，复置<u>广阳郡</u>。①

①<u>高帝</u>时燕国也，<u>昭帝</u>元凤元年为广阳郡，<u>宣帝</u>本始元年更为国也。

冬十月乙丑，<u>北海王威</u>有罪自杀。①

①北海,郡,今青州县。

十二月辛亥,陈王羡薨。

丁巳,南宫宣室殿火。

九年春正月,永昌徼外蛮夷及掸国重译奉贡。①

①掸音擅。东观记作"擅",俗本以"禅"字相类或作"禅"者,误也。说
　　文曰:"译,传四夷之语也。"

三月庚辰,陇西地震。

癸巳,济南王康薨。

西域长史王林击车师后王,斩之。

夏四月丁卯,封乐成王党子巡为乐成王。

六月,蝗、旱。戊辰,诏:"今年秋稼为蝗虫所伤,皆勿收租、更、
刍稿;若有所损失,以实除之,馀当收租者亦半入。其山林饶利,陂
池渔采,以赡元元,勿收假税。"秋七月,蝗虫飞过京师。

八月,鲜卑寇肥如,①辽东太守祭参下狱死。②

①肥如,县,属辽西郡。前书音义曰:"肥子奔燕,封于此。"今平州也。

②东观记曰:"鲜卑千馀骑攻肥如城,杀略吏人,祭参坐沮败,下狱诛。"

闰月辛巳,皇太后窦氏崩。丙申,葬章德皇后。

烧当羌寇陇西,杀长吏,遣行征西将军刘尚、越骑校尉赵世等
讨破之。[16]

九月庚申,司徒刘方策免,自杀。

甲子,追尊皇姊梁贵人为皇太后。冬十月乙酉,改葬恭怀梁皇
后于西陵。①

①谥法曰:"正德美容曰恭,执义扬善曰怀。"东观记曰:"改殡承光宫,仪

比敬园。初，后葬有阙，窦后崩后，乃议改葬。"

十一月癸卯，光禄勋河南昌盖为司徒。① 十二月丙寅，司空张奋罢。壬申，太仆韩棱为司空。

① 盖字君上，宛陵人也。[17]

己丑，复置若卢狱官。①

① 前书曰，若卢狱属少府。汉旧仪曰"主鞫将相大臣"也。

十年春三月壬戌，诏曰："堤防沟渠，所以顺助地理，通利壅塞。① 今废慢懈弛，不以为负。刺史、二千石其随宜疏导。勿因缘妄发，以为烦扰，将显行其罚。"

① 礼记月令曰："季春之月，修利堤防，导达沟渎，开通道路，无有障塞。"

夏五月，京师大水。①

① 东观记曰："京师大雨，南山水流出至东郊，坏人庐舍。"

秋七月己巳，司空韩棱薨。八月丙子，太常太山巢堪为司空。①

① 堪字次朗，太山南城人。

九月庚戌，复置廪牺官。①

① 汉官仪曰"廪牺令一人，秩六百石"也。

冬十月，五州雨水。

十二月，烧当羌豪迷唐等率种人诣阙贡献。

戊寅，梁王畅薨。

十一年春二月，遣使循行郡国，禀贷被灾害不能自存者，令得渔采山林池泽,不收假税。

丙午,诏郡国中都官徒及笃癃老小女徒各除半刑,其未竟三月者,皆免归田里。

夏四月丙寅,大赦天下。

己巳,复置右校尉官。①

①东观记曰:"置在西河鹄泽县。"

秋七月辛卯,诏曰:"吏民踰僭,厚死伤生,是以旧令节之制度。顷者贵戚近亲,百僚师尹,莫肯率从,有司不举,怠放日甚。又商贾小民,或忘法禁,奇巧靡货,流积公行。其在位犯者,当先举正。市道小民,但且申明宪纲,〔18〕勿因科令,加虐羸弱。"

十二年春二月,旄牛徼外白狼、貗薄夷率种人内属。①

①阚骃十三州志曰:"旄牛县属蜀郡。"前书曰,旄牛所出,岁贡其尾,以为节旄。

诏贷被灾诸郡民种粮。赐下贫、鳏、寡、孤、独、不能自存者,及郡国流民,听入陂池渔采,以助蔬食。

三月丙申,诏曰:"比年不登,百姓虚匮。①京师去冬无宿雪,②今春无澍雨,黎民流离,困于道路。朕痛心疾首,靡知所济。'瞻仰昊天,何辜今人?'③三公朕之腹心,而未获承天安民之策。数诏有司,务择良吏。今犹不改,竟为苛暴,侵愁小民,以求虚名,委任下吏,假埶行邪。是以令下而奸生,禁至而诈起。④巧法析律,饰文增辞,⑤货行于言,罪成乎手,朕甚病焉。公卿不思助明好恶,将何以救其咎罚?咎罚既至,复令灾及小民。若上下同心,庶或有瘳。其赐天下男子爵,人二级,三老、孝悌、力田三级,民无名数及流民欲占者人一级；鳏、寡、孤、独、笃癃、贫不能自存者粟，人三斛。”

①匮，乏也。

②以其经冬，故言宿也。

③诗大雅周宣王遇旱之诗。言今人何罪，而天令饥馑乎？

④董仲舒曰："法出而奸生，令下而诈起。"

⑤礼记王制曰"析言破律"也。

壬子，赐博士员弟子在太学者布，人三匹。①

①武帝时置博士弟子，太常择人年十八以上，仪状端正者补焉。昭帝增
　员满百人，宣帝倍之，元帝更设员千人，成帝更增员三千人。

夏四月，日南象林蛮夷反，①郡兵讨破之。

①象林，县，属日南郡，今郁林州。

闰月，赈贷敦煌、张掖、五原民下贫者穀。

戊辰，秭归山崩。①

①秭归，县，属南郡，古之夔国，今归州也。袁山松曰："屈原此县人，既
　被流放，忽然蹔归，其姊亦来，因名其地为秭归。"秭亦姊也。东观记
　曰："秭归山高四百馀丈，崩填溪水，厌杀百馀人。"

六月，舞阳大水，赐被水灾尤贫者穀，人三斛。

秋七月辛亥朔，日有食之。

九月戊午，太尉张酺免。丙寅，大司农张禹为太尉。

冬十一月，西域蒙奇、兜勒二国遣使内附，赐其王金印紫绶。

是岁，烧当羌复叛。

十三年春正月丁丑，帝幸东观，览书林，阅篇籍，博选术艺之士
以充其官。

二月,任城王尚薨。

丙午,赈贷张掖、居延、朔方、日南贫民及孤、寡、羸弱不能自存者。

秋八月,诏象林民失农桑业者,赈贷种粮,禀赐下贫穀食。

己亥,北宫盛馔门阁火。

护羌校尉周鲔击烧当羌,破之。

荆州雨水。九月壬子,诏曰:"荆州比岁不节,今兹淫水为害,①馀虽颇登,而多不均浃,②〔19〕深惟四民农食之本,惨然怀矜。其令天下半入今年田租、刍稿;有宜以实除者,如故事。贫民假种食,皆勿收责。"

①淮南子曰:"女娲积芦灰以止淫水。"高诱注云:"平地出水为淫水。"
②浃,洽。

冬十一月,安息国遣使献师子及条枝大爵。①

①西域传曰:"安息国居和犊城,去洛阳二万五千里。条支国临西海,出师子、大雀。"郭义恭广志曰:"大爵,颈及身膺蹄都似橐驼,〔20〕举头高八九尺,张翅丈馀,食大麦,其卵如瓮,即今之驼鸟也。"

丙辰,诏曰:"幽、并、凉州户口率少,边役众剧,束脩良吏,进仕路狭。抚接夷狄,以人为本。其令缘边郡口十万以上岁举孝廉一人,不满十万二岁举一人,五万以下三岁举一人。"

鲜卑寇右北平,遂入渔阳,渔阳太守击破之。

戊辰,司徒吕盖罢。十二月丁丑,光禄勋鲁恭为司徒。

辛卯,巫蛮叛,寇南郡。①

①巫,县,属南郡,故城在今夔州巫山县也。

十四年春二月乙卯,东海王政薨。

缮修故西海郡,①徙金城西部都尉以戍之。

①平帝时金城塞外羌献地,以为西海郡也。光武建武中省金城入陇西郡,至是复缮修之。金城即今兰州县也。

三月戊辰,临辟雍,飨射,大赦天下。

夏四月,遣使者督荆州兵讨巫蛮,破降之。

庚辰,赈贷张掖、居延、敦煌、五原、汉阳、会稽流民下贫穀,各有差。

五月丁未,初置象林将兵长史官。①

①阚骃十三州志曰:"将兵长史居在日南郡,又有将兵司马,去雒阳九千六百三十里。"

六月辛卯,废皇后阴氏,后父特进纲自杀。

秋七月甲寅,诏复象林县更赋、田租、刍稿二岁。

壬子,常山王侧薨。

是秋,三州雨水。冬十月甲申,诏:"兖、豫、荆州今年水雨淫过,多伤农功。其令被害什四以上皆半入田租、刍稿;其不满者,以实除之。"

辛卯,立贵人邓氏为皇后。

丁酉,司空巢堪罢。十一月癸卯,大司农徐防为司空。

是岁,初复郡国上计补郎官。①

①上计,今计吏也。前书音义曰:"旧制,使郡丞奉岁计,武帝元朔中令郡国举孝廉各一人与计偕,拜为郎中。"中废,今复之。

十五年春闰月乙未,诏流民欲还归本而无粮食者,过所实廪之,疾病加致医药;其不欲还归者,勿强。

二月,诏禀贷颍川、汝南、陈留、江夏、梁国、敦煌贫民。①

①前书音义曰:"陈留本郑邑也,后为陈所并,故曰陈留。"今汴州县也。江夏郡,高帝置。沔水自江别至南郡华容为夏水,过郡入江,故曰江夏。

夏四月甲子晦,日有食之。五月戊寅,南阳大风。

六月,诏令百姓鳏寡渔采陂池,勿收假税二岁。

秋七月丙寅,济南王错薨。①

①错音七故反。

复置涿郡故安铁官①〔21〕

①续汉书曰:"其郡县有盐官、铁官者,随事广狭,置令、长及丞,秩次皆如县也。"

九月壬午,南巡狩,清河王庆、济北王寿、河间王开并从。赐所过二千石长吏以下、三老、官属及民百年者钱布,各有差。是秋,四州雨水。冬十月戊申,幸章陵,祠旧宅。癸丑,祠园庙,会宗室于旧庐,劳赐作乐。戊午,进幸云梦,临汉水而还。①十一月甲申,车驾还宫,赐从臣及留者公卿以下钱布,各有差。

①云梦,今安州县也,即在云梦泽中。

十二月庚子,琅邪王宇薨。

有司奏,以为夏至则微阴起,靡草死,可以决小事。①

①礼记月令曰:"孟夏之月,靡草死,麦秋至,断薄刑,决小罪。"郑玄注云:"靡草,荠、亭历之属。"臣贤案:五月一阴爻生,可以言微阴,今月令云"孟夏",乃是纯阳之月;此言"夏至"者,与月令不同。

是岁,初令郡国以日北至案薄刑。

十六年春正月己卯，诏贫民有田业而以匮乏不能自农者，贷种粮。

二月己未，诏兖、豫、徐、冀四州比年雨多伤稼，禁沽酒。夏四月，遣三府掾分行四州，贫民无以耕者，为雇犁牛直。

五月壬午，赵王商薨。

秋七月，旱。戊午，诏曰："今秋稼方穗而旱，云雨不沾，疑吏行惨刻，不宣恩泽，妄拘无罪，幽闭良善所致。其一切囚徒于法疑者勿决，以奉秋令。①方察烦苛之吏，显明其罚。"

①礼记月令曰："孟秋之月，命有司修法制，缮图圄，具桎梏，断薄刑，决小罪。"

辛酉，司徒鲁恭免。庚午，光禄勋张酺为司徒。

辛巳，诏令天下皆半入今年田租、刍稿；其被灾害者，以实除之。贫民受贷种粮及田租、刍稿，皆勿收责。

八月己酉，司徒张酺薨。冬十月辛卯，司空徐防为司徒，大鸿胪陈宠为司空。

十一月己丑，行幸缑氏，登百岯山，①赐百官从臣布，各有差。

①即柏岯山也，在洛州缑氏县南。尔雅云"山一成曰岯"，东观记作"坏"，并音平眉反，流俗本或作"杯"者，误也。

北匈奴遣使称臣贡献。

十二月，复置辽东西部都尉官。①

①西部都尉，安帝时以为属国都尉，在辽东郡昌黎城也。

元兴元年春正月戊午，引三署郎召见禁中，①选除七十五人，补谒者、长、相。

①汉官仪：“三署谓五官署也，左、右署也，各置中郎将以司之。郡国举
孝廉以补三署郎，年五十以上属五官，其次分在左、右署，凡有中郎、
议郎、侍郎、郎中四等，无员。”禁中者，门户有禁，非侍御者不得入，故
谓禁中。

高句骊寇郡界。[22]

夏四月庚午，大赦天下，改元元兴。宗室以罪绝者，悉复属籍。

五月癸酉，雍地裂。①

①东观记曰“右扶风雍地裂”，流俗本“雍”下有“州”者，误也。

秋九月，辽东太守耿夔击貊人，破之。

冬十二月辛未，帝崩于章德前殿，年二十七。立皇子隆为皇太
子。赐天下男子爵，人二级，三老、孝悌、力田人三级，民无名数及
流民欲占者人一级；鳏、寡、孤、独、笃癃、贫不能自存者粟，人三斛。

自窦宪诛后，帝躬亲万机。每有灾异，辄延问公卿，极言得失。
前后符瑞八十一所，自称德薄，皆抑而不宣。旧南海献龙眼、荔支，
十里一置，五里一候，①奔腾阻险，死者继路。时临武长汝南唐羌，
县接南海，②乃上书陈状。帝下诏曰：“远国珍羞，本以荐奉宗庙。
苟有伤害，岂爱民之本。其敕太官勿复受献。”由是遂省焉。③

①南海，郡，秦置，今广州县也。广雅曰：“益智，龙眼也。”交州记曰：“龙
眼树高五六丈，似荔支而小。”广州记曰：“子似荔支而员，七月熟。荔
支树高五六丈，大如桂树，实如鸡子，甘而多汁，似安石榴。有甜醋
者，至日禺中，翕然俱赤，即可食。”置谓驿也。

②临武，县，属桂阳郡，今郴州县也。

③谢承书曰：“唐羌字伯游，辟公府，补临武长。县接交州，旧献龙眼、荔
支及生鲜，献之，驿马昼夜传送之，至有遭虎狼毒害，顿仆死亡不绝。

道经临武，羌乃上书谏曰：‘臣闻上不以滋味为德，下不以贡膳为功，故天子食太牢为尊，不以果实为珍。伏见交阯七郡献生龙眼等，鸟惊风发。南州土地，恶虫猛兽不绝于路，至于触犯死亡之害。死者不可复生，来者犹可救也。此二物升殿，未必延年益寿。’帝从之。章报，羌即弃官还家，不应征召，著唐子三十馀篇。”

论曰：自中兴以后，逮于永元，虽颇有弛张，而俱存不扰，是以齐民岁增，辟土世广。① 偏师出塞，则漠北地空；都护西指，则通译四万。②岂其道远三代，术长前世？将服叛去来，自有数也？

①齐，平也。

②西域传曰：“班超定西域五十馀国，皆降服，西至海濒，四万里，皆重译贡献。”

孝殇皇帝讳隆，①和帝少子也。元兴元年十二月辛未夜，即皇帝位，时诞育百馀日。②尊皇后曰皇太后，太后临朝。③

①谥法曰：“短折不成曰殇。”古今注曰：“隆之字曰盛。”

②诞，大也。诗大雅：“诞弥厥月，先生如达。”郑玄注云：“大矣后稷之在其母怀也，终人道十月而生。”诗又云：“载生载育。”育，长也，达音它末反。

③仪见皇后纪。

北匈奴遣使称臣，诣敦煌奉献。

延平元年春正月辛卯，太尉张禹为太傅，司徒徐防为太尉，参录尚书事，百官总己以听。封皇兄胜为平原王。癸卯，光禄勋梁鲔为司徒。①

①汉官仪曰:"鲔字伯元,河东平阳人也。"

三月甲申,葬孝和皇帝于慎陵,①尊庙曰穆宗。

①在洛阳东南三十里。俗本作"顺"者,误。

丙戌,清河王庆、济北王寿、河间王开、常山王章始就国。

夏四月庚申,诏罢祀官不在祀典者。①

①东观记曰:"邓太后雅性不好淫祀。"

鲜卑寇渔阳,渔阳太守张显追击,战没。

丙寅,以虎贲中郎将邓骘为车骑将军。

司空陈宠薨。

五月辛卯,皇太后诏曰:"皇帝幼冲,承统鸿业,朕且权佐助听政,[23]兢兢寅畏,①不知所济。深惟至治之本,道化在前,刑罚在后。将稽中和,广施庆惠,与吏民更始。其大赦天下。自建武以来诸犯禁锢,诏书虽解,有司持重,多不奉行,其皆复为平民。"

①寅,敬也。

壬辰,河东垣山崩。①

①垣,县,今绛州县也。古今注曰:"山崩长七丈,广四丈。"

六月丁未,太常尹勤为司空。

郡国三十七雨水。己未,诏曰:"自夏以来,阴雨过节,煖气不效,①将有厥咎。痌瘝忧惶,未知所由。昔夏后恶衣服,菲饮食,孔子曰'吾无间然'。②今新遭大忧,且岁节未和,彻膳损服,庶有补焉。其减太官、导官、尚方、内署诸服御珍膳靡丽难成之物。"③

①效犹验也。

②菲,薄也。间,非也。

③太官令,周官也,秩千石,典天子厨膳。导官,掌择御米。导,择也。

尚方,掌作御刀剑诸器物;内署,掌内府衣物。秩皆六百石。并见续汉书。

丁卯,诏司徒、大司农、长乐少府曰:"朕以无德,佐助统政,夙夜经营,惧失厥衷。思惟治道,由近及远,先内后外。自建武之初以至于今,八十馀年,宫人岁增,房御弥广。又宗室坐事没入者,犹托名公族,甚可愍焉。今悉免遣,及掖庭宫人,皆为庶民,以抒幽隔郁滞之情。①诸官府、郡国、王侯家奴婢姓刘及疲癃羸老,皆上其名,务令实悉。"

①抒,舒也,食汝反。

秋七月庚寅,敕司隶校尉、部刺史曰:①"夫天降灾戾,应政而至。间者郡国或有水灾,妨害秋稼。朝廷惟咎,忧惶悼惧。而郡国欲获丰穰虚饰之誉,遂覆蔽灾害,多张垦田,不揣流亡,②竞增户口,掩匿盗贼,令奸恶无惩,署用非次,选举乖宜,贪苛惨毒,延及平民。③刺史垂头塞耳,阿私下比,'不畏于天,不愧于人'。④假贷之恩,不可数恃,自今以后,将纠其罚。二千石长吏其各实覈所伤害,为除田租、刍稿。"

①秦有监御史,监诸郡,汉兴省之,但遣丞相史分刺诸州,无有常官。孝武帝初置刺史十三人,秩六百石;成帝更为牧,秩二千石。建武十八年复为刺史,十二人,各主一州,其一州属司隶校尉。诸州常以八月巡行所部郡国,录囚徒,考殿最。初岁尽诣京都奏事,中兴但因计吏。见续汉书。

②揣音初委反。

③平民谓善人也。书曰:"延〔及〕于平人。"〔24〕

④诗小雅也。

八月辛亥,帝崩。癸丑,殡于崇德前殿。年二岁。

赞曰:孝和沈烈,率由前则。王赫自中,赐命强愍。①抑没祥符,登显时德。②殇世何早,平原弗克。③

①愍,恶也。谓诛窦宪等。

②谓用邓彪等委政也。

③平原王胜以固疾不得立也。左传曰:"弗克负荷。"

【校勘记】

〔1〕肇音大可反　按:集解引钱大昕说,谓说文无反切,乃后人所增益。今本说文用孙愐唐韵切音,读肇为直小切,与兆音同,疑"大可"即"直小"两字之讹。

〔2〕界惟人面　按:殿本"界"作"戒"。校补谓案章纪作"讫惟人面",讫、界、戒皆有止义,犹云穷极也。界戒本又通作,唐书天文志一行以为天下山河之象存乎两戒是也。

〔3〕小县(丞尉)三百石　据刊误删。

〔4〕度辽将军邓鸿出(椆)〔稠〕阳塞　据前书地理志改。注同。

〔5〕追至(和)〔私〕渠(北)〔比〕鞮海　按:殿本考证引何焯说,谓窦宪传及通鉴皆作"私渠比鞮海"。补注谓当从宪传。今据改。

〔6〕属(九)〔五〕原郡　按:前书地理志"五原郡,秦九原郡,武帝元朔二年更名"。今据改。

159

〔7〕其徙出塞者　刊误谓迁徙者不可投之塞外,明此"徙"字是"从"字。按:陈景云两汉订误谓"徙"当作"従",出塞谓是夏北征之役。更以三年减从驾弛刑徒证之,此"徙"字之误益明。

〔8〕阜陵王种薨　按:集解引钱大昕说,谓光武十王传"种"字作"冲",说文无种字,种即冲也。

〔9〕射声校尉郭璜璜子侍中举　按:集解引钱大昕说,谓天文志郭举为侍中射声校尉,举父璜长乐少府,皇后纪、窦宪传亦同,纪似误。

〔10〕东观记(日)　按:"日"字当衍,今删。

〔11〕武陵零陵澧中蛮叛　按:校补谓"零陵"当作"零阳",即武陵郡属县。后汉武陵郡治当今常德府武陵县,西与澧州接壤,零阳县治即今澧州慈利县东境,澧中蛮即澧水之蛮,并属武陵,故纪并举之。若零陵郡之蛮,相距甚远,不当与澧中蛮错举。

〔12〕有非其人不习曹事正举者故不以实法　按:御览六百二十八引作"有非其人,不习官事,正举者故举不实,为法罪之"。又按:续汉百官志一注引汉官仪,世祖诏云云,与此注所引略同,则光武有此诏,而章帝复申明之也。

〔13〕许〔阳〕侯马光自杀　校补引洪亮吉说,谓传作"许阳侯",此脱"阳"字。今据补。

〔14〕复〔破〕之　据刊误补。

〔15〕岁尽拜县令长(史)及都官府丞长史　据刊误删。

〔16〕越骑校尉赵世等讨破之　按:集解引钱大昕说,谓越嶲传、西羌传"赵世"并作"赵代",盖章怀避唐讳改之,此作"世",又唐以后人回改。

〔17〕宛陵人也　按:"宛"原讹"苑",径改正。

〔18〕但且申明宪纲　按:"纲"原讹"网",径改正。

〔19〕而多不均浃　按:"而"原讹"二",径改正。

〔20〕颈及身膺蹄都似橐驼　按:御览九二二引,"橐驼"下有"色苍"二字。

〔21〕复置涿郡故安铁官　按:各本"安"作"盐",集解引何焯、钱大昭、惠栋诸家说,并谓"盐"当作"安"。

〔22〕高句骊寇郡界　按：校补谓案通鉴作"高句骊王宫入辽东塞,寇略六县",此"郡"上应补"辽东"二字。

〔23〕朕且权佐助听政　按：殿本从监本,"权"下有"礼"字,考证谓"礼"字疑有误,宋本无"礼"字,亦不成句。校补引孟子"男女授受不亲,礼也,嫂溺援之以手者,权也",谓此"权礼"二字所本。朕且权礼,即指佐助听政为权礼耳,似非字误。

〔24〕延〔及〕于平人　按：书吕刑作"延及于平民",此作"延于平民",脱一"及"字,殿本、集解本作"延及平民",则又脱一"于"字。

后汉书卷五

孝安帝纪第五

恭宗孝安皇帝讳祜,①[1]肃宗孙也。父清河孝王庆,母左姬。
帝自在邸第,②数有神光照室,又有赤蛇盘于床笫之间。③[2]年十
岁,好学史书,④和帝称之,数见禁中。

①谥法曰:"宽容和平曰安。"伏侯古今注曰:"祜之字曰福。"

②仓颉篇曰:"邸,舍也。"说文云:"属国之舍也。"前书音义曰:"第谓有
甲乙之次第。"

③第,床笫也。

④史书者,周宣王太史籀所作之书也。凡五十五篇,[3]可以教童幼。

163

延平元年,庆始就国,邓太后特诏留帝清河邸。

八月,殇帝崩,[4]太后与兄车骑将军邓骘定策禁中。其夜,使
骘持节,以王青盖车迎帝,斋于殿中。①皇太后御崇德殿,百官皆吉

服,②群臣陪位,引拜帝为长安侯。③皇太后诏曰:"先帝圣德淑茂,早弃天下。朕奉皇帝,夙夜瞻仰日月,冀望成就。岂意卒然颠沛,天年不遂,悲痛断心。朕惟平原王素被痼疾,念宗庙之重,思继嗣之统,唯长安侯祜质性忠孝,小心翼翼,④能通诗、论,笃学乐古,仁惠爱下。年已十三,有成人之志。亲德系后,莫宜于祜。⑤礼'昆弟之子犹己子';⑥春秋之义,为人后者为之子,不以父命辞王父命。⑦其以祜为孝和皇帝嗣,奉承祖宗,案礼仪奏。"又作策命曰:"惟延平元年秋八月癸丑,皇太后曰:咨长安侯祜:孝和皇帝懿德巍巍,光于四海;大行皇帝不永天年。⑧朕惟侯孝章帝世嫡皇孙,谦恭慈顺,在孺而勤,⑨宜奉郊庙,承统大业。今以侯嗣孝和皇帝后。其审君汉国,允执其中。'一人有庆,万民赖之。'皇帝其勉之哉!"读策毕,太尉奉上玺绶,即皇帝位,年十三。太后犹临朝。⑩

①续汉志曰:"皇太子、皇子皆安车,朱班轮,青盖金华蚤。皇子为王,锡以乘之,故曰王青盖车。皇孙则绿车。"

②洛阳南宫有崇德殿。不可以凶事临朝,故吉服也。

③不即立为天子而封侯者,不欲从微即登皇位。

④翼翼,敬慎也。诗曰:"惟此文王,小心翼翼。"

⑤系即继也。

⑥礼记檀弓之文。

⑦为人后者谓出继于人也。王父谓祖也。穀梁传曰,卫灵公废太子蒯聩,立孙,辄不受父之命,而受王父命。

⑧前书音义曰:"礼有大行人、小行人,主谥号官也。"韦昭云:"大行者,不反之辞也。天子崩,未有谥,[5]故称大行也。"穀梁传曰:[6]"大行受大名。"风俗通曰:"天子新崩,未有谥,故且称大行皇帝。"义两通。

⑨孺,幼也。或作"在孺弗勤"。

⑩公羊传曰:"犹者,可止之辞也。"

九月庚子,谒高庙。辛丑,谒光武庙。

六州大水。己未,遣谒者分行虚实,举灾害,赈乏绝。

丙寅,葬孝殇皇帝于康陵。[1]

[1]陵在慎陵茔中庚地,高五丈五尺,周二百八步。

乙亥,陨石于陈留。

西域诸国叛,攻都护任尚,遣副校尉梁慬救尚,击破之[1]。

[1]慬音勤。

冬十月,四州大水,雨雹。诏以宿麦不下,[1]赈赐贫人。

[1]宿,旧也。麦必经年而熟,故称宿。

十二月甲子,清河王薨,使司空持节吊祭,车骑将军邓骘护丧事。

乙酉,罢鱼龙曼延百戏。[1]

[1]汉官典职曰:[7]"作九宾乐。舍利之兽从西方来,戏于庭,入前殿,激水化成比目鱼,嗽水作雾,化成黄龙,长八丈,出水遨戏于庭,炫耀日光。"曼延者,兽名也。张衡西京赋所云"巨兽百寻,是为曼延"。音以战反。

永初元年春正月癸酉朔,大赦天下。

蜀郡徼外羌内属。[1]

[1]东观记曰:"徼外羌龙桥等六种慕义降附。"

戊寅,分犍为南部为属国都尉。

禀司隶、兖、豫、徐、冀、并州贫民。[1]

[1]司隶,领河南、河内、河东、弘农,都于洛阳。魏末因为司州。

二月丙午,以广成游猎地[1]及被灾郡国公田假与贫民。

①<u>广城</u>,苑名,在<u>汝州</u>西。

丁卯,分<u>清河国</u>封帝弟<u>常保</u>为<u>广川王</u>。①[8]

①<u>广川</u>,县,属<u>信都国</u>,故城在今<u>冀州枣强县</u>东北。

庚午,司徒<u>梁鲔</u>薨。

三月癸酉,日有食之。诏公卿内外众官、郡国守相,举贤良方正、有道术之士,明政术、达古今、能直言极谏者,各一人。

己卯,<u>永昌</u>徼外<u>僬侥</u>种夷贡献内属。

甲申,葬<u>清河孝王</u>,赠龙旗、虎贲。

夏五月甲戌,<u>长乐</u>卫尉<u>鲁恭</u>为司徒。①

①前书曰"卫尉,秦官,掌宫门卫屯兵"也。<u>长乐</u>、<u>建章</u>、<u>甘泉宫</u>,皆随所掌以为官名,秩中二千石也。

丁丑,诏封<u>北海王睦</u>孙<u>寿光侯普</u>为<u>北海王</u>。

<u>九真</u>徼外<u>夜郎</u>蛮夷举土内属。①

①<u>九真</u>,郡名,今<u>爱州</u>县。

六月戊申,爵皇太后母<u>阴氏</u>为<u>新野君</u>。

丁巳,<u>河东</u>地陷。

壬戌,罢<u>西域</u>都护。

<u>先零</u>种<u>羌</u>叛,断<u>陇</u>道,大为寇掠,遣车骑将军<u>邓骘</u>、征西校尉<u>任尚</u>讨之。丁卯,赦除诸<u>羌</u>相连结谋叛逆者罪。

秋九月庚午,诏三公明申旧令,禁奢侈,无作浮巧之物,殚财厚葬。

是日,太尉<u>徐防</u>免。①辛未,司空<u>尹勤</u>免。②

①以灾异屡见也。

②以水雨漂流也。

癸酉，调扬州五郡租米，①赡给东郡、济阴、陈留、梁国、下邳、山阳。[9]

①五郡谓九江、丹阳、庐江、吴郡、豫章也。扬州领六郡，会稽最远，盖不调也。

丁丑，诏曰："自今长吏被考竟未报，①自非父母丧无故辄去职者，剧县十岁、平县五岁以上，乃得次用。"

①考谓考问其状也。报谓断决也。

壬午，诏太仆、少府减黄门鼓吹，以补羽林士；①厩马非乘舆常所御者，皆减半食；②诸所造作，非供宗庙园陵之用，皆且止。

①汉官仪曰："黄门鼓吹百四十五人。羽林左监主羽林八百人，右监主九百人。"

②乘舆，天子所乘车舆也。不敢斥言尊者，故称乘舆。见蔡邕独断。

丙戌，诏死罪以下及亡命赎，各有差。

庚寅，太傅张禹为太尉，太常周章为司空。①

①汉官仪曰："章字次叔，荆州随县人也。"

冬十月，倭国遣使奉献。①

①倭国去乐浪万二千里，男子黥面文身；以其文左右大小别尊卑之差。见本传。

辛酉，新城山泉水大出。①

①东观记曰："突坏人田，水深三丈。"

十一月丁亥，司空周章密谋废立，策免，自杀。

戊子，敕司隶校尉、冀并二州刺史："民讹言相惊，弃捐旧居，老弱相携，穷困道路。其各敕所部长吏，躬亲晓喻。若欲归本郡，在所为封长檄；不欲，勿强。"①

①封谓印封之也。长檄犹今长牒也。欲归者,皆给以长牒为验。强音
其两反。

十二月乙卯,颍川太守张敏为司空。

是岁,郡国十八地震;四十一雨水,或山水暴至;二十八大风,
雨雹。

二年春正月,禀河南、下邳、东莱、河内贫民。①

①古今注曰:"时州郡大饥,米石二千,人相食,老弱相弃道路。"

车骑(大)将军邓骘[10]为种羌所败于冀西。①

①续汉书曰:"种羌九千馀户,在陇西临洮谷。"冀,县,属天水郡也。

二月乙丑,遣光禄大夫樊准、吕仓分行冀兖二州,禀贷流民。

夏四月甲寅,汉阳城中火,[11]烧杀三千五百七十人。

五月,旱。丙寅,皇太后幸洛阳寺及若卢狱,录囚徒,赐河南
尹、廷尉、卿及官属以下各有差,即日降雨。

六月,京师及郡国四十大水,大风,雨雹。①

①东观记曰:"雹大如芋魁、鸡子,风拔树发屋。"

秋七月戊辰,诏曰:"昔在帝王,承天理民,莫不据琁机玉衡,以
齐七政。①朕以不德,遵奉大业,而阴阳差越,变异并见,万民饥流,
羌貊叛戾。夙夜克己,忧心京京。②间令公卿郡国举贤良方正,远
求博选,开不讳之路,冀得至谋,以鉴不逮,而所对皆循尚浮言,无
卓尔异闻。③其百僚及郡国吏人,有道术明习灾异阴阳之度琁机之
数者,各使指变以闻。二千石长吏明以诏书,博衍幽隐,④朕将亲
览,待以不次,冀获嘉谋,以承天诫。"

①孔安国尚书注曰,琁,美玉也。以琁为机,以玉为衡,(王)〔王〕者正天

文之器也。[12]七政，日月五星，各异其政制。即今之浑仪。

②诗小雅曰："忧心京京。"尔雅曰：[13]"京京，忧也。"

③卓尔，高远之貌也。论语曰："如有所立卓尔。"

④衍犹引也。

闰月辛丑，广川王常保薨，无子，国除。

癸未，蜀郡徼外羌举土内属。①

①东观记曰："徼外羌薄申等八种举众降。"

九月庚子，诏王（主）〔国〕官属墨绶下至郎[14]、谒者，①其经明任博士，居乡里有廉清孝顺之称，才任理人者，国相岁移名，与计偕上尚书，公府通调，令得外补。②

①续汉书曰："王国有中大夫，秩比六百石。谒者，比四百石。郎中，二百石。"

②移，书也。调，选也。

冬十月庚寅，禀济阴、山阳、玄菟贫民。

征西校尉任尚与先零羌战于平襄，尚军败绩。①

①平襄，县，属天水郡，故襄戎邑也。

十一月辛酉，拜邓骘为大将军，征还京师，留任尚屯陇右。先零羌滇零称天子于北地，①遂寇三辅，东犯赵、魏，南入益州，杀汉中太守董炳。

①滇零，羌名，音丁田反。

十二月辛卯，禀东郡、钜鹿、广阳、安定、定襄、沛国贫民。

广汉塞外参狼羌降，分广汉北部为属国都尉。

是岁，郡国十二地震。

三年春正月庚子,皇帝加元服。①大赦天下。赐王、主、贵人、公、卿以下金帛各有差;男子为父后,及三老、孝悌、力田爵,人二级,流民欲占者人一级。

①元服谓加冠也。士冠礼曰:"令月吉辰,加尔元服。"郑玄云:"元,首也。"

遣骑都尉任仁讨先零羌,不利,羌遂破没临洮。①

①县名,属陇西郡。

高句骊遣使贡献。

三月,京师大饥,民相食。壬辰,公卿诣阙谢。诏曰:"朕以幼冲,奉承鸿业,不能宣流风化,而感逆阴阳,至令百姓饥荒,更相啖食。永怀悼叹,若坠渊水。咎在朕躬,非群司之责,而过自贬引,重朝廷之不德。①其务思变复,以助不逮。"癸巳,诏以鸿池假与贫民。②

①贬引谓贬损引过也。重音直用反。

②续汉书曰:"鸿池在洛阳东二十里。"假,借也。令得渔采其中。

壬寅,司徒鲁恭免。夏四月丙寅,大鸿胪九江夏勤为司徒。①

①勤字伯宗,寿春人也。

三公以国用不足,奏令吏人入钱穀,得为关内侯、虎贲羽林郎、五大夫、官府吏、缇骑、营士各有差。①

①续汉志曰:"执金吾,缇骑二百人。"缇,赤黄色。营士谓五校营士也。汉官仪曰"屯骑、越骑、步兵、射声各领士七百人。长水领士千三百六十七人"也。

己巳,诏上林、广成苑可垦辟者,赋与贫民。

甲申,清河王虎威薨。五月丙申,封乐安王宠子延平为清河王。

丁酉,沛王正薨。

癸丑,京师大风。

六月,乌桓寇代郡、上谷、涿郡。

秋七月,海贼张伯路等寇略缘海九郡,遣侍御史庞雄督州郡兵讨破之。

庚子,诏长吏案行在所,皆令种宿麦蔬食,务尽地力,其贫者给种饷。

九月,雁门乌桓及鲜卑叛,败五原郡兵于高渠谷。①

①东观记曰:"战九原高梁谷。"渠梁相类,必有误也。

冬十月,南单于叛,围中郎将耿种于美稷。十一月,遣行车骑将军何熙讨之。

十二月辛酉,郡国九地震。乙亥,有星孛于天苑。①

①天苑,星名。

是岁,京师及郡国四十一雨水雹。①并凉二州大饥,人相食。

①续汉书曰"雹大如雁子"也。

四年春正月元日,会,彻乐,不陈充庭车。①

①每大朝会,必陈乘舆法物车辇于庭,故曰充庭车也。以年饥,故不陈。

辛卯,诏以三辅比遭寇乱,人庶流冗,除三年逋租、过更、口算、刍稿;①禀上郡贫民各有差。

①前书音义曰:"天下人皆戍边三日。不可人人自行,行者自戍三日,不可往便还,因便往一岁。诸不行者,出钱三百入官,官以给戍者。言过其本更之日,故曰过更。"又曰:"人年十五至五十六,出赋钱,人百二十为一算。"

海贼张伯路复与勃海、平原剧贼刘文河、周文光等攻厌次,杀县令,遣御史中丞王宗督青州刺史法雄讨破之。

度辽将军梁慬、辽东太守耿夔讨破南单于于属国故城。

丙午,诏减百官及州郡县奉各有差。

二月丁巳,禀九江贫民。

南匈奴寇常山。

乙丑,初置长安、雍二营都尉官。①

①汉官仪曰:"京兆虎牙、扶风都尉以凉州近羌,[15]数犯三辅,将兵卫护园陵。扶风都尉居雍县,故俗人称雍营焉。"西羌传云:"虎牙都尉居长安。"

乙亥,诏自建初以来,诸祆言它过坐徙边者,各归本郡;其没入官为奴婢者,免为庶人。

诏谒者刘珍及五经博士,校定东观五经、诸子、传记、百家艺术,整齐脱误,是正文字。①

①洛阳宫殿名曰:"南宫有东观。"前书曰"凡诸子百八十九家",言百家,举全数也。

三月,南单于降。

先零羌寇褒中,①汉中太守郑勤战殁。徙金城郡都襄武。②

①县名,属汉中郡,今梁州褒城县。

②襄武,县名,属陇西郡,今渭州县。

戊子,杜陵园火。癸巳,郡国九地震。夏四月,六州蝗。①丁丑,大赦天下。秋七月乙酉,三郡大水。

①东观记曰:"司隶、豫、兖、徐、青、冀六州。"

己卯,骑都尉任仁下狱死。

九月甲申，益州郡地震。

冬十月甲戌，新野君阴氏薨，①使司空持节护丧事。

①东观记曰："新野君薨，赠以玄玉赤绂，赙钱三千万，布三万匹。"

大将军邓骘罢。

五年春正月庚辰朔，日有食之。丙戌，郡国十地震。

己丑，太尉张禹免。甲申，光禄勋李脩为太尉。①

①汉官仪曰："脩字伯游，豫州襄城人也。"

二月丁卯，诏省减郡国贡献太官口食。

先零羌寇河东，遂至河内。

三月，诏陇西徙襄武，安定徙美阳，①北地徙池阳，②上郡徙衙。③

①安定，郡，今泾州也。美阳，县，故城在今武功县北。

②北地，郡，今宁州也。池阳，县，故城在今泾阳县北也。

③上郡，今绥州也。衙，县，故城在同州白水县东北。左传曰"秦晋战于彭衙"，即此也。

夫馀夷犯塞，杀伤吏人。

闰月丁酉，赦凉州河西四郡。

戊戌，诏曰："朕以不德，奉郊庙，承大业，不能兴和降善，为人祈福。灾异蜂起，寇贼纵横，夷狄猾夏，①戎事不息，百姓匮乏，疲于征发。重以蝗虫滋生，害及成麦，秋稼方收，甚可悼也。朕以不明，统理失中，亦未获忠良以毗阙政。传曰：'颠而不扶，危而不持，则将焉用彼相矣。'公卿大夫将何以匡救，济斯艰厄，承天诫哉？盖为政之本，莫若得人，褒贤显善，圣制所先。'济济多士，文王以宁.'②思得忠良正直之臣,以辅不逮。其令三公、特进、侯、中二千石、二千石、郡守、诸侯相举贤良方正,有道术、达于政化、能直言极谏之士,各一人,及至孝与众卓异者,并遣诣公车,朕将亲览焉。"

①猾,乱也。夏,华夏也。

②诗大雅之词也。

六月甲辰,乐成王巡薨。

秋七月己巳,诏三公、特进、九卿、校尉,①举列将子孙明晓战陈任将帅者。

①九卿,奉常、光禄、卫尉、太仆、鸿胪、廷尉、少府、宗正、司农。校尉谓城门、屯骑、越骑、步兵、长水、(胡骑)〔射声〕等。[16]

九月,汉阳人杜琦、王信叛,①与先零诸种羌攻陷上邽城。十二月,汉阳太守赵博遣客刺杀杜琦。②

①东观记曰:"琦自称安汉将军。"

②东观记曰:"汉阳故吏杜习手刺杀之。"

是岁,九州蝗,郡国八雨水。

六年春正月庚申,诏越巂置长利、高望、始昌三苑,又令益州郡置万岁苑,犍为置汉平苑。①

①犍为,郡名。前书音义曰:"故夜郎国也。"故城在今眉州隆山县西北也。

三月,十州蝗。

夏四月乙丑,司空张敏罢。

己卯,太常刘(凯)〔恺〕为司空。[17]

五月,旱。

丙寅，诏令中二千石下至黄绶，一切复秩还赎，赐爵各有差。

戊辰，皇太后幸雒阳寺，录囚徒，理冤狱。

六月壬辰，豫章、员谿、原山崩。[1]

①员谿阙。

辛巳，大赦天下。

遣侍御史唐喜讨汉阳贼王信，破斩之。[1]

①续汉志曰："传信首诣洛阳，枭毂城门外。"

冬十一月辛丑，护乌桓校尉吴祉下狱死。

是岁，先零羌滇零死，子零昌复袭伪号。

七年春正月庚戌，皇太后率大臣命妇谒宗庙。[1]

①丧服传曰："命夫者，其男子之为大夫也。命妇者，其大夫之妻也。"臣
　贤案：东观、续汉、[18]袁山松、谢沈书、古今注皆云"六年正月甲寅，谒
　宗庙"，此云"七年庚戌"，疑纪误也。

二月丙午，郡国十八地震。

夏四月乙未，平原王胜薨。

丙申晦，日有食之。五月庚子，京师大雩。[1]

①左传曰："龙见而雩。"杜预注云："谓建巳之月，龙星角、亢见东方。
　雩，远也，远为百谷求膏雨。"周礼司巫职曰："若国大旱，则帅巫而舞
　雩。"郑玄注云："雩，吁也，嗟而求雨。"

秋，护羌校尉侯霸、骑都尉马贤破先零羌。

八月丙寅，京师大风，蝗虫飞过洛阳。诏赐民爵。郡国被蝗伤
稼十五以上，勿收今年田租；不满者，以实除之。

九月，调零陵、桂阳、丹阳、豫章、会稽租米，[1]赈给南阳、广陵、

下邳、彭城、山阳、庐江、九江饥民；又调滨水县穀输敖仓。②

①零陵，郡名，今永州县也。丹阳，郡名，今润州江宁县也。馀并见上。

②诗曰"薄狩于敖"，即此地。秦于此筑太仓，亦曰敖庚，在今郑州荣阳县西北。东观记曰："滨水县彭城、广阳、庐江、九江穀九十万斛，送敖仓。"

元初元年春正月甲子，改元元初。赐民爵，人二级，孝悌、力田人三级，爵过公乘，得移与子若同产、同产子，民脱无名数及流民欲占者人一级；鳏、寡、孤、独、笃癃、〔贫〕不能自存者穀，[19] 人三斛；贞妇帛，人一匹。

二月己卯，日南地坼。① 三月癸酉，日有食之。[20]

①东观记曰："坼长百八十二里，广五十六里。"

夏四月丁酉，大赦天下。

京师及郡国五旱、蝗。

诏三公、特进、列侯、中二千石、二千石、郡守举敦厚质直者，各一人。

五月，先零羌寇雍城。

六月丁巳，河东地陷。

秋七月，蜀郡夷寇蚕陵，杀县令。①

①蚕陵，县，属蜀郡，故城在今翼州翼水县西。有蚕陵山，因以为名焉。

九月乙丑，太尉李脩罢。

先零羌寇武都、汉中，绝陇道。

辛未，大司农山阳司马苞为太尉。①

①谢承书曰："苞字仲成，东缗人也。"

冬十月戊子朔,日有食之。

先零羌败凉州刺史皮阳于狄道。[21]

乙卯,诏除三辅三岁田租、更赋、口算。①

①解见光武纪也。

十一月。是岁,郡国十五地震。[22]

二年春正月,诏禀三辅及并、凉六郡流宂贫人。

蜀郡青衣道夷奉献内属。①

①青衣道,县名,在大江、青衣二水之会,今嘉州龙游县也。东观记曰:
　"青衣蛮夷堂律等归义。"

修理西门豹所分漳水为支渠,以溉民田。①

①史记曰:"西门豹为邺令,发人凿十二渠,引水灌田。"所凿之渠,在今
　相州邺县西也。

二月戊戌,遣中谒者收葬京师客死无家属及棺椁朽败者,皆为
设祭;其有家属,尤贫无以葬者,赐钱人五千。

辛酉,诏三辅、河内、河东、上党、赵国、太原各修理旧渠,通利
水道,以溉公私田畴。①

①前书音义曰:"美田曰畴。"

三月癸亥,京师大风。

先零羌寇益州,遣中郎将尹就讨之。

夏四月丙午,立贵人阎氏为皇后。

五月,京师旱,河南及郡国十九蝗。甲戌,诏曰:"朝廷不明,庶
事失中,灾异不息,忧心悼惧。被蝗以来,七年于兹,而州郡隐匿,
裁言顷亩。①今群飞蔽天,为害广远,所言所见,宁相副邪? 三司之

职,内外是监,既不奏闻,又无举正。天灾至重,欺罔罪大。今方盛夏,且复假贷,以观厥后。②其务消救灾眚,安辑黎元。"

①"裁"与"才"同,古字通。

②假贷犹宽容也。盛夏不可即加刑罚,故且宽容。

六月丙戌,太尉司马苞薨。①

①谢承书曰:"苞为太尉,常食粗饭,著布衣,妻子不历官舍。会司徒杨震为樊丰等所谮,连及苞,苞乞骸骨,未见听,以疾薨也。"

洛阳新城地裂。

秋七月辛巳,太仆太山马英为太尉。①

①英字文思,兖州盖县人也。

八月,辽东鲜卑围无虑县。①九月,又攻夫犁营,〔23〕杀县令。②

①属辽东郡。虑音闾。有医无闾山,因以为名焉。

②夫犁,县名,属辽东属国。

壬午晦,日有食之。

冬十月,遣中郎将任尚屯三辅。

诏郡国中都官系囚减死一等,勿笞,诣冯翊、扶风屯,妻子自随,占著所在;女子勿输。①亡命死罪以下赎,各有差。其吏人聚为盗贼,有悔过者,除其罪。

①不输作也。

乙未,右扶风仲光、安定太守杜恢、京兆虎牙都尉耿溥与先零羌战于丁奚城,①光等大败,并没。左冯翊司马钧下狱,自杀。②

①东观记曰"至北地灵州丁奚城"也。

②东观记曰"安定太守杜恢与钧等并咸击羌,恢乘胜深入,为虏所害,钧拥兵不救,收钧下狱"也。

十一月庚申,郡国十地震。

十二月,武陵澧中蛮叛,州郡击破之。①

① 东观记曰:"蛮田山、高少等攻城,杀长吏。州郡募五里蛮夷、六亭兵
追击,山等皆降。赐五里、六亭渠率金帛各有差。"

己酉,司徒夏勤罢。庚戌,司空刘恺为司徒,光禄勋袁敞为
司空。

三年春正月甲戌,修理太原旧沟渠,溉灌官私田。①

① 郦元水经注曰:"昔智伯遏晋水以灌晋阳,后人踵其遗迹,蓄以为沼,
分为二派,北渎即智氏故渠也。其渎乘高,东北注入晋阳城,以溉灌,
东南出城注于汾水。"今所修沟渠即谓此。

东平陆上言木连理。①

① 东平陆,县名,古厥国也,属东平国,今兖州平陆县也。序例曰:"凡瑞
应,自和帝以上,政事多美,近于有实,故书见于某处。自安帝以下,
王道衰缺,容或虚饰,故书某处上言也。"

苍梧、郁林、合浦蛮夷反叛,①二月,遣侍御史任逴督州郡兵
讨之。②

① 苍梧,郡,今梧州县也。合浦,郡,今廉州县也。

② 逴音丁角反。

郡国十地震。三月辛亥,日有食之。

丙辰,赦苍梧、郁林、合浦、南海吏人为贼所迫者。

夏四月,京师旱。

五月,武陵蛮复叛,州郡讨破之。

癸酉,度辽将军邓遵率南匈奴击先零羌于灵州,破之。①

①灵州，县名，属北地郡，故城在今庆州马领县西北。

越巂徼外夷举种内属。

六月，中郎将任尚遣兵击破先零羌于丁奚城。

秋七月，武陵蛮复叛，州郡讨平之。

缑氏地坼。

九月辛巳，赵王宏薨。

冬十一月，苍梧、郁林、合浦蛮夷降。

丙戌，初听大臣、二千石、刺史行三年丧。①

①文帝遗诏以日易月，于后大臣遂以为常，至此复遵古制也。

癸卯，郡国九地震。

十二月丁巳，任尚遣兵击破先零羌于北地。

四年春二月乙巳朔，日有食之。乙卯，大赦天下。壬戌，武库灾。

夏四月戊申，司空袁敞薨。

己巳，鲜卑寇辽西，辽西郡兵与乌桓击破之。①

①辽西，郡，故城在今平州东阳乐城是。

五月丁丑，太常李郃为司空。

六月戊辰，三郡雨雹。〔24〕

秋七月辛丑，陈王钧薨。

京师及郡国十雨水。诏曰："今年秋稼茂好，垂可收获，而连雨未霁，①惧必淹伤。夕惕惟忧，思念厥咎。夫霖雨者，人怨之所致。②其武吏以威暴下，文吏妄行苛刻，乡吏因公生奸，为百姓所患苦者，有司显明其罚。又月令'仲秋养衰老，授几杖，行糜粥'。③方今案比之时,④郡县多不奉行。虽有糜粥,[25]糠秕相半,长吏怠事,莫有躬亲,甚违诏书养老之意。其务崇仁恕,赈护寡独,称朕意焉。"

①霁,雨止也。

②左传曰:"凡雨三日以上为霖。"京房别对灾异曰:"人劳怨苦,雨水绝道。"

③郑玄注云:"助老气也。行犹赐也。"

④东观记曰:"方今八月案比之时。"谓案验户口,次比之也。

九月,护羌校尉任尚使客刺杀叛羌零昌。

冬十一月己卯,彭城王恭薨。

十二月,越巂夷寇遂久,杀县令。①

①遂久,县,属越巂郡。

甲子,任尚及骑都尉马贤与先零羌战于富平上河,大破之。①虏人羌率众降,②陇右平。

①富平,县,属北地郡,故城在今灵州回乐县西南。郦元水经注曰:"河水于此有上河之名也。"

②虏人,羌号也。东观记曰:"虏人种羌大豪恬狼等诣度辽将军降。"

是岁,郡国十三地震。

五年春正月,越巂夷叛。

二月壬戌,中山王宪薨。

三月,京师及郡国五旱,诏禀遭旱贫人。

夏六月,高句骊与秽貊寇玄菟。①

①郡名,在辽东〔东〕。[26]

秋七月，越巂蛮夷及旄牛豪叛，杀长吏。①

①旄牛，县，属蜀郡。华阳国志曰在邛崃山表也。

丙子，诏曰："旧令制度，各有科品，①欲令百姓务崇节约。遭永初之际，人离荒厄，朝廷躬自菲薄，去绝奢饰，食不兼味，衣无二彩。比年虽获丰穰，尚乏储积，而小人无虑，不图久长，嫁娶送终，纷华靡丽，至有走卒奴婢被绮縠，著珠玑。②京师尚若斯，何以示四远？设张法禁，恳恻分明，而有司惰任，讫不奉行。秋节既立，鸷鸟将用，③且复重申，以观后效。"

①汉令今亡。

②绮，文缯；縠，纱也。玑，珠不圆者也。

③鸷鸟谓鹰鹯之类也。广雅曰："鸷，执也。以其能服执众鸟。"月令："孟秋，鹰乃祭鸟，始用行戮。"言有司怠惰，不遵法令，将欲纠其罪，顺秋行诛，同鹰鹯之鸷击也。

八月丙申朔，日有食之。

鲜卑寇代郡，杀长吏。冬十月，鲜卑寇上谷。

十二月丁巳，中郎将任尚有罪，弃市。

是岁，郡国十四地震。

六年春二月乙巳，京师及郡国四十二地震，或坼裂，水泉涌出。

壬子，诏三府选掾属高第，能惠利牧养者各五人，光禄勋与中郎将选孝廉郎宽博有谋，清白行高者五十人，出补令、长、丞、尉。

乙卯，诏曰："夫政，先京师，后诸夏。月令仲春'养幼小，存诸孤'，季春'赐贫穷，赈乏绝，省妇使，表贞女'，所以顺阳气，崇生长也。①其赐人尤贫困、孤弱、单独穀，人三斛；贞妇有节义十斛，甄表门闾,旌显厥行。"②

①郑玄云:"妇使谓组纠之事。"

②节谓志操。义谓推让。甄,明也。旌,章也。里门谓之闾。旌表者,
若今树阙而显之。

三月庚辰,始立六宗,祀于洛城西北。①

①续汉志曰:"元初六年,以尚书欧阳家说,谓六宗者,在天地四方之中,
为上下四方之宗。以元始中故事,谓六宗易六子之气,日、月、雷公、
风伯、山、泽者,非也,乃更六宗,祠于戌亥之地,礼比大社也。"

夏四月,会稽大疫,遣光禄大夫将太医循行疾病,赐棺木,①除
田租、口赋。

①汉官仪:"太医令一人,秩六百石。"

沛国、勃海大风,雨雹。五月,京师旱。

六月丁丑,乐成王宾薨。丙戌,平原王得薨。

秋七月,鲜卑寇马城,①度辽将军邓遵率南单于击破之。

①搜神记曰:"昔秦人筑城于武周塞以备胡,将成而崩者数矣。有马驰
走,周旋反覆,父老异之,因依以筑城,城乃不崩,遂以名焉。"其故城,
今朔州也。

九月癸巳,陈王竦薨。

十二月戊午朔,日有食之,既。郡国八地震。

是岁,永昌、益州蜀郡夷叛,与越巂夷杀长吏,燔城邑,益州刺
史张乔讨破降之。

永宁元年春正月甲辰,任城王安薨。三月丁酉,济北王寿薨。

车师后王叛,杀部司马。

沈氏羌寇张掖。①

①沈氏,羌号也。续汉志曰"羌在上郡西河者,号沈氏"也。

夏四月丙寅,立皇子保为皇太子,改元永宁,大赦天下。赐王、主、三公、列侯下至郎吏、从官金帛;又赐民爵及布粟各有差。

己巳,绍封陈王羡子崇为陈王,济北王子苌为乐成王,河间王子翼为平原王。

壬午,琅邪王寿薨。

六月,沈氏种羌叛,寇张掖,^[27]护羌校尉马贤讨沈氏羌,破之。

秋七月乙酉朔,日有食之。^[28]

冬十月己巳,司空李郃免。癸酉,卫尉庐江陈褒为司空。①

①褒字伯仁,舒县人也。

自三月至是月,京师及郡国三十三大风,雨水。

十二月,永昌徼外掸国遣使贡献。①

①掸音擅。

戊辰,司徒刘恺罢。

辽西鲜卑降。

癸酉,太常杨震为司徒。

是岁,郡国二十三地震。夫馀王遣子诣阙贡献。烧当羌叛。

184

建光元年春正月,幽州刺史冯焕率二郡太守讨高句骊、秽貊,不克。

二月癸亥,大赦天下。赐诸园贵人、①王、主、公、卿以下钱布各有差。以公、卿、校尉、尚书子弟一人为郎、舍人。

①谓宫人无子守园陵者也。

三月癸巳，皇太后邓氏崩。丙午，葬和熹皇后。

丁未，乐安王宠薨。

戊申，追尊皇考清河孝王曰孝德皇，皇妣左氏曰孝德皇后，祖妣宋贵人曰敬隐皇后。

夏四月，秽貊复与鲜卑寇辽东，辽东太守蔡讽追击，[29]战殁。

丙辰，以广川并清河国。

丁巳，尊孝德皇元妃耿氏为甘陵大贵人。①

①甘陵，孝德皇后之陵也，因以为县，今贝州清河县东也。

甲子，乐成王苌有罪，废为临湖侯。①[30]

①续汉书曰"坐轻慢不孝"，故贬。临湖，县名，属庐江郡也。

己巳，令公、卿、特进、侯、中二千石、二千石、郡国守相，举有道之士各一人。赐鳏、寡、孤、独、贫不能自存者穀，人三斛。

甲戌，辽东属国都尉庞奋，承伪玺书杀玄菟太守姚光。[31]

五月庚辰，特进邓骘及度辽将军邓遵，并以谮自杀。①

①乳母王圣与中黄门李闰等诬告尚书邓访等谋废立，宗族皆免官，骘与遵皆自杀。

丙申，贬平原王翼为都乡侯。

秋七月己卯，改元建光，大赦天下。

壬寅，太尉马英薨。

八月，护羌校尉马贤讨烧当羌于金城，不利。

甲子，前司徒刘恺为太尉。

鲜卑寇居庸关，九月，云中太守成严击之，战殁。鲜卑围乌桓校尉于马城，度辽将军耿夔救之。

戊子，幸卫尉冯石府。①

①续汉书曰:"赐赏宝剑、玉玦、杂缯布等。"

是秋,京师及郡国二十九雨水。

冬十一月己丑,郡国三十五地震,或坼裂。[32]诏三公以下,各上封事陈得失。遣光禄大夫案行,赐死者钱,人二千。除今年田租。其被灾甚者,勿收口赋。

鲜卑寇玄菟。

庚子,复断大臣二千石以上服三年丧。

癸卯,诏三公、特进、侯、卿、校尉,举武猛堪将帅者各五人。

丙午,诏京师及郡国被水雨伤稼者,随顷亩减田租。

甲子,初置渔阳营兵。①[33]

①伏侯古今注曰"置营兵千人"也。

冬十二月,高句骊、马韩、秽貊围玄菟城,夫馀王遣子与州郡并力讨破之。

延光元年春二月,夫馀王遣子将兵救玄菟,①击高句骊、马韩、秽貊,破之,遂遣使贡献。

①夫馀王子,尉仇台也。

三月丙午,改元延光。大赦天下。还徙者,复户邑属籍。赐民爵及三老、孝悌、力田,人二级;加赐鳏、寡、孤、独、笃癃、贫不能自存者粟,人三斛;贞妇帛,人二匹。

夏四月癸未,京师郡国二十一雨雹。

癸巳,司空陈褒免。

五月庚戌,宗正彭城刘授为司空。①

①汉官仪曰:"宗正卿,秩中二千石。"授字孟春,徐州武原人也。

己巳，改乐成国为安平，封河间王开子得为安平王。

六月，郡国蝗。秋七月癸卯，京师及郡国十三地震。

高句骊降。

虔人羌叛，攻穀罗城，①度辽将军耿夔讨破之。

①穀罗属西河郡。

八月戊子，阳陵园寝火。①辛卯，九真言黄龙见无功。②

①景帝陵也。

②无功，县，属九真郡。

己亥，诏三公、中二千石，举刺史、二千石、令、长、相，视事一岁以上至十岁，清白爱利，能敕身率下，防奸理烦，有益于人者，无拘官簿。①刺史举所部，郡国太守相举墨绶，隐亲悉心，勿取浮华。②

①清白谓贞正也。爱利谓爱人而利之也。无拘官簿谓受超迁之，[34]不拘常牒也。

②墨绶谓令、长之属也。隐亲犹亲自隐也。悉，尽也。言令三公以下各举所知，皆隐审尽心，勿取浮华不实者。

九月甲戌，郡国二十七地震。[35]

冬十月，鲜卑寇雁门、定襄。十一月，鲜卑寇太原。

烧当羌豪降。

十二月，九真徼外蛮夷贡献内属。

是岁，京师及郡国二十七雨水，大风，杀人。诏赐压溺死者年七岁以上钱，人二千；其坏败庐舍、失亡穀食，粟，人三斛；又田被淹伤者，一切勿收田租；若一家皆被灾害而弱小存者，郡县为收敛之。

虔人羌(反)攻穀罗城，[36]度辽将军耿夔讨破之。

二年春正月,旄牛夷叛,寇灵关,杀县令。①益州刺史蜀郡西部都尉讨之。

①灵关,道,属越嶲郡。

诏选三署郎①及吏人能通古文尚书、毛诗、穀梁春秋各一人。

①三署,解见和帝纪。

丙辰,河东、颍川大风。夏六月壬午,郡国十一大风。九真言嘉禾生。①

①东观记曰:"禾百五十六本,七百六十八穗。"

丙申,北海王普薨。

秋七月,丹阳山崩。

八月庚午,初令三署郎通达经术任牧民者,视事三岁以上,皆得察举。

九月,郡国五雨水。

冬十月辛未,太尉刘恺罢。甲戌,司徒杨震为太尉,光禄勋东莱刘熹为司徒。①

①熹字季明,青州长广人也。

十一月甲辰,校猎上林苑。

鲜卑败南匈奴于曼柏。

是岁,分蜀郡西部为属国都尉。京师及郡国三地震。[37]

三年春二月丙子,东巡狩。丁丑,告陈留太守,祠南顿君、光武皇帝于济阳,复济阳今年田租、刍稿。庚寅,遣使者祠唐尧于成阳。①

①古成伯国也,故城在今濮州雷泽县北。述征记云:"成阳东南有

尧冢。"

戊子，济南上言，凤皇集台县丞霍收舍树上。^①赐台长帛五十匹，丞二十匹，尉半之，吏卒人三匹。凤皇所过亭部，无出今年田租。赐男子爵，人二级。辛卯，幸太山，柴告岱宗。^②齐王无忌、北海王(普)〔翼〕、^{〔38〕}乐安王延来朝。壬辰，宗祀五帝于汶上明堂。癸巳，告祀二祖、六宗，^③劳赐郡县，作乐。

①台县属济南郡，故城在今齐州平陵县北。

②太山，王者告代之处，为五岳之宗，故曰岱宗。燔柴以告天。

③二祖，高祖、光武也。六宗谓孝文曰太宗，孝武曰代宗，孝宣曰中宗，孝元曰高宗，孝明曰显宗，孝章曰肃宗。

三月甲午，陈王崇薨。戊戌，祀孔子及七十二弟子于阙里，自鲁相、令、丞、尉及孔氏亲属、妇女、诸生悉会，赐褒成侯以下帛各有差。还，幸东平，至东郡，历魏郡、河内。壬戌，车驾还京师，幸太学。是日，太尉杨震免。

夏四月乙丑，车驾入宫，假于祖祢。^①壬戌，沛国言甘露降圭县。戊辰，光禄勋冯石为太尉。

①假音格。格，至也。

五月，南匈奴左日逐王叛，^{〔39〕}使匈奴中郎将马翼讨破之。

日南徼外蛮夷内属。

六月，鲜卑寇玄菟。

庚午，阆中山崩。^①辛未，扶风言白鹿见雍。

①阆中，县，属巴郡，临阆中水，因以为名，今隆州县也。

辛巳，遣侍御史分行青冀二州灾害，督录盗贼。

秋七月丁酉，初复右校(令)、左校〔令〕丞官。^{①〔40〕}

①续汉志曰:"将作大匠属官有左右校,皆有令、丞。"中兴未置,今始复。

日南徼外蛮豪帅诣阙贡献。

冯翊言甘露降频阳、衙。①颍川上言木连理。白鹿、麒麟见阳翟。

①频阳,县,故城在今雍州美原县西南。衙见上。

鲜卑寇高柳。

梁王坚薨。①

①明帝孙,节王畅之子也。

八月辛巳,大鸿胪耿宝为大将军。[41]

戊子,颍川上言麒麟一、白虎二见阳翟。

九月丁酉,废皇太子保为济阴王。①

①常侍江京等谮之也。

乙巳,诏郡国中都官死罪系囚减罪一等,(诏)(诣)敦煌、陇西及度辽营;①[42]其右趾以下及亡命者赎,各有差。

①汉官仪曰"度辽将军屯五原曼柏县"也。

辛亥,济南上言黄龙见历城。①庚申晦,日有食之。

①历城,县,属济南国,今齐州县也。

冬十月,行幸长安。壬午,新丰上言凤皇集西界亭。①丁亥,会三辅守、令、掾史于长安,作乐。闰月乙未,祠高庙,遂有事十一陵,历观上林、昆明池。遣使者祠太上皇于万年,以中牢祠萧何、曹参、霍光。十一月乙丑,至自长安。

①今新丰县西南有凤皇原,俗传云即此时凤皇所集之处也。

十二月乙未,琅邪言黄龙见诸县。①

①诸，县名，故城在今密州诸城县西南。

是岁，京师及（诸）郡国二十三地震；[43] 三十六雨水，疾风，雨雹。

四年春正月壬午，东郡言黄龙二、麒麟一见濮阳。①
①县名，属东郡，即古昆吾国，帝颛顼之墟，今濮州县。

二月乙亥，下邳王衍薨。

甲辰，南巡狩。

三月戊午朔，日有食之。

庚申，幸宛，帝不豫。辛酉，令大将军耿宝行太尉事。祠章陵园庙，告长沙、零陵太守，祠定王、节侯、郁林府君。乙丑，自宛还。丁卯，幸叶，帝崩于乘舆，年三十二。秘不敢宣，所在上食问起居如故。庚午，还宫。辛未夕，乃发丧。尊皇后为皇太后。太后临朝，以后兄大鸿胪阎显为车骑将军，定策禁中，立章帝孙济北惠王寿子北乡侯懿。①
①东观记及续汉书并曰"北乡侯犊"今作"懿"，盖二名。

甲戌，济南王香薨。①
①光武曾孙简王错之子也。

乙酉，北乡侯即皇帝位。

禀夏四月丁酉，太尉冯石为太傅，①司徒刘熹为太尉，参录尚书事；前司空李郃为司徒。
①石字次初，荆州湖阳人也，冯鲂之孙。

辛卯，大将军耿宝、中常侍樊丰、侍中谢恽、周广、乳母野王君王圣,坐相阿党,丰、恽、广下狱死,宝自杀,圣徙雁门。

己酉,葬孝安皇帝于恭陵。① 庙曰恭宗。

①在今洛阳东北二十七里。伏侯古今注曰"陵山周二百六十丈,高十五丈"也。

六月乙巳,大赦天下。诏先帝巡狩所幸,皆半入今年田租。

秋七月,西域长史班勇①击车师后王,斩之。

①西域都护之长史也。

丙午,东海王肃薨。

冬十月丙午,越巂山崩。

辛亥,少帝薨。

是冬,京师大疫。

论曰:孝安虽称尊享御,而权归邓氏,至乃损彻膳服,克念政道。然令自房帏,威不逮远,始失根统,归成陵敝。遂复计金授官,①移民逃寇,②推咎台衡,以答天眚。③既云哲妇,亦"惟家之索"矣。④

①永初元年,令吏人入钱谷得至关内侯也。

②羌既转盛,诏陇西徙襄武,安定徙美阳,北地徙池阳。

③台谓三台,三公象也。衡,平也,言天下所取平。伊尹为阿衡,即其义也。

④哲,智也。索,尽也。谓邓后专制国柄也。诗曰:"哲夫成城,哲妇倾城。"书曰:"牝鸡之晨,惟家之索。"

赞曰:安德不升,秕我王度。①降夺储嫡,开萌邪蠹。②冯石承欢,杨公逢怒。③彼日而微,遂褫天路。④

①秕,穀不成也。谕政教之秽。左传祈招之诗曰:"思我王度。"

②储嫡谓太子也。邪蠹谓江京等也。

③续汉(志)〔书〕曰[44]"上赐卫尉冯石宝剑、玉玦、杂缯布等",故曰承欢也。杨公,杨震。逢怒谓樊丰等谮震,[45]云有恚恨心,帝免之。

④日,君道也。微,不明也。祲,阴阳相侵之气也。诗曰:"彼月而微,此日而微。"言君道暗乱,政化陵迟,汉祚衰微,自此而始,故言遂祲天路也。

【校勘记】

〔1〕恭宗孝安皇帝讳祜　按:集解引钱大昕说,谓献帝初平元年有司奏,和、安、顺、桓四帝无功德,不宜称宗,故和帝、顺帝、桓帝纪俱不称某宗,独此纪书"恭宗",盖删之不尽也。

〔2〕又有赤蛇盘于床第之间　按:集解引惠栋说,谓东观记及宋书符瑞志"于"皆作"纡",易林曰"盘纡九曲",似当作"纡"。

〔3〕凡五十五篇　按:王鸣盛十七史商榷谓艺文志史籍十五篇,此上"五"字衍。

〔4〕八月殇帝崩　按:据殇帝纪,"八月"下应有"辛亥"二字,否则下文"其夜"二字无着,疑传写者误脱也。

〔5〕天子崩未有谥　按:"谥"原讹"论",径改正。

〔6〕穀梁传曰　按:校补引侯康说,谓见穀梁桓十八年传注。

〔7〕汉官典职曰　汲本"职"作"仪"。按:校补引孙星衍说,谓隋志汉官典职仪式二卷,汉卫尉蔡质撰,唐志蔡质汉官典仪一卷,诸书所引,又有作"汉官典职"、"汉官典职仪"者,皆后人省文也。

〔8〕分清河国封帝弟常保为广川王　按:集解引钱大昕说,谓安帝弟名常保,子亦名保,必有一误。

〔9〕赡给东郡济阴陈留梁国下邳山阳　按:殿本"梁国"下有"陈国"

二字。

〔10〕车骑(大)将军邓骘　据刊误删。

〔11〕汉阳城中火　按:袁纪作"濮阳阿城中失火"。

〔12〕(玉)〔王〕者正天文之器也　按:汲本、殿本"玉"作"二",误。此作"玉",与今本书舜典伪孔传合,阮元校勘记谓"玉"当作"王",今据改。

〔13〕尔雅曰　按:此"尔"字及下"卓尔"之"尔",原皆作"尓",径依汲本、殿本改。

〔14〕诏王(主)〔国〕官属　据刊误改。

〔15〕京兆虎牙扶风都尉　按:姚範谓案续志,"京兆虎牙"下当有"都尉"二字。

〔16〕校尉谓城门屯骑越骑步兵长水(胡骑)〔射声〕等　据刊误改。

〔17〕太常刘(凯)〔恺〕为司空　据校补引钱大昭说改。

〔18〕东观续汉　殿本考证万承苍谓"东观"下脱一"记"字,"续汉"下脱一"书"字。今按:章怀注引书常用简称,非必脱讹也。

〔19〕〔贫〕不能自存者　据汲本、殿本补。

〔20〕二月己卯日南地坼三月癸酉日有食之　"二月己卯"汲本作"三月己卯"。通鉴考异谓本志及袁纪皆云"三月己卯,日南地坼"。案长历,是年二月壬辰朔,无己卯,三月壬戌朔,癸酉十二日,不应日食。二月当是乙卯,三月当是癸亥。按:校补引洪亮吉说,谓日南地坼五行志作"三月己卯",逆推至此年正月甲子,则己卯定在三月,当以五行志为是。惟己卯后同月不得有癸酉日,且一岁不容有两日食。细校五行志,乃知此系永初元年三月事,范史复载耳。

〔21〕先零羌败凉州刺史皮阳于狄道　按:集解引惠栋说,谓"皮阳"西羌传作"皮杨"。

〔22〕十一月是岁郡国十五地震　按：校补引洪亮吉说，谓"十一月"下有阙文。

〔23〕又攻夫犁营　按：集解引惠栋说，谓鲜卑传"夫犁"作"扶黎"，章怀注"县名，属辽东郡"，通鉴胡注以为两汉无此县。栋案辽东属国有昌黎县，都尉所治，昌黎即前汉之交黎也，夫交相似而误耳。

〔24〕三郡雨雹　按：御览八七八引作"郡国三雨雹"。续五行志同。

〔25〕虽有糜粥　按："糜"原讹"糜"，径改正。

〔26〕在辽东〔东〕　据校补说补。

〔27〕沈氏种羌叛寇张掖　按：校补引钱大昭说，谓三月已书"沈氐羌寇张掖"矣，此重出。

〔28〕秋七月乙酉朔日有食之　按：推是年七月合朔乙酉，无日食，参阅续五行志六校记。

〔29〕辽东太守蔡讽　按：集解引惠栋说，谓"讽"一作"风"。

〔30〕废为临湖侯　按：集解引惠栋说，谓通鉴作"芜湖侯"。

〔31〕甲戌辽东属国都尉庞奋承伪玺书杀玄菟太守姚光　按：通览考异谓姚光实以延光元年被杀，纪误以"延"为"建"。考异又云，延光元年四月无甲戌。

〔32〕冬十一月己丑郡国三十五地震或坼裂　按：沈家本谓续志书"九月己丑"，此纪后文有"冬十二月"，不得重言"冬"。上文书"九月"，又书"戊子"，戊子与己丑相接。然则"冬十一月"四字乃衍文也。

〔33〕甲子初置渔阳营兵　按：沈家本谓甲子距上文己丑三十六日，疑上夺某月二字。

〔34〕谓受超迁之　刊误谓"受"当作"将"。按：汲本无"受"字。

〔35〕九月甲戌郡国二十七地震　沈家本谓"甲戌"志作"戊申"。今按：是年九月壬寅朔，无甲戌，当依续志作"戊申"。

195

〔36〕虔人羌(反)攻榖罗城 校补谓虔人羌叛,攻榖罗城,已见上文七月,耿夔至是始讨破之耳。承上攻榖罗城为文,不当更书"反"。今据删。

〔37〕京师及郡国三地震 按:沈家本谓续志作"三十二地震",疑此夺"十二"两字。

〔38〕北海王(普)〔翼〕 据殿本考证引何煌说改。

〔39〕南匈奴左日逐王叛 按:沈家本谓按匈奴传,叛者乃新降一部大人阿族等,非左日逐王。

〔40〕初复右校(令)左校〔令〕丞官 按:校补引侯康说,谓"右校令左校丞官"当作"右校左校令丞官",以续志言左右校皆有令丞,刘注并言安帝复也。今据改。

〔41〕大鸿胪耿宝为大将军 按:袁纪"宝"作"珍"。

〔42〕(诏)〔诣〕敦煌陇西及度辽营 据刊误改。按:汲本作"诣"。

〔43〕京师及(诸)郡国二十三地震 据刊误删。

〔44〕续汉(志)〔书〕曰 据刊误改。

〔45〕逢怒谓樊丰等谮震 按:"谓"原讹"请",径改正。

后汉书卷六

孝顺孝冲孝质帝纪第六

孝顺皇帝讳保，[①]安帝之子也。母李氏，为阎皇后所害。永宁元年，立为皇太子。延光三年，安帝乳母王圣、大长秋江京、[②]中常侍樊丰潛太子乳母王男、厨监邴吉，杀之，太子数为叹息。王圣等惧有后祸，遂与丰、京共搆陷太子，太子坐废为济阴王。明年三月，安帝崩，北乡侯立，济阴王以废黜，不得上殿亲临梓宫，悲号不食，内外群僚莫不哀之。及北乡侯薨，车骑将军阎显及江京，与中常侍刘安、陈达等白太后，秘不发丧，而更征立诸国王子，乃闭宫门，屯兵自守。

①谥法曰："慈和徧服曰顺。"伏侯古今注曰："保之字曰守。"

②前书曰："长秋，皇后官，本秦官将行也，景帝更名大长秋。或用中人，或用士人。秩二千石。"中兴常用宦者。

十一月丁巳，京师及郡国十六地震。是夜，中黄门孙程等十九人①共斩江京、刘安、陈达等，迎济阴王于德阳殿西钟下，②即皇帝位，年十一。近臣尚书以下，从辇到南宫，登云台，召百官。尚书令刘光等奏言：“孝安皇帝圣德明茂，早弃天下。陛下正统，当奉宗庙，而奸臣交构，遂令陛下龙潜蕃国，③群僚远近莫不失望。天命有常，北乡不永，汉德盛明，福祚孔章。④近臣建策，左右扶翼，内外同心，稽合神明。陛下践祚，奉遵鸿绪，为郊庙主，承续祖宗无穷之烈，上当天心，下厌民望。而即位仓卒，典章多缺，请条案礼仪，分别具奏。”制曰：“可。”乃召公卿百僚，使虎贲、羽林士屯南、北宫诸门。⑤阎显兄弟闻帝立，率兵入北宫，尚书(郎)〔郭〕镇与交锋刃，[1]遂斩显弟卫尉景。戊午，遣使者入省，夺得玺绶，乃幸嘉德殿，遣侍御史持节收阎显及其弟城门校尉耀、执金吾晏，并下狱诛。己未，开门，罢屯兵。壬戌，诏司隶校尉：“惟阎显、江京近亲当伏辜诛，其馀务崇宽贷。”壬申，谒高庙。癸酉，谒光武庙。

①十九人，见孙程传。

②汉官仪曰“崇贤门内德阳殿”也。

③从太子废为王，故曰龙潜蕃国。

④孔，甚也。章，明也。

⑤汉官仪曰：“书称‘虎贲三百人’，言其猛怒如虎之奔赴也。孝武建元三年初置期门，平帝元始元年更名虎贲郎。”又：“武帝太初元年初置建章营骑，后更名羽林。以天有羽林之星，故取名焉。又取从军死事之子孙养羽林官，教以五兵，号曰羽林孤儿。光武中兴，以征伐之士劳苦者为之，故曰羽林士。”

乙亥，诏益州刺史罢子午道，通褒斜路。①

①子午道，平帝时王莽通之。三秦记曰，子午，长安正南。山名秦领谷，一名樊川。褒斜，汉中谷名。南谷名褒，北谷名斜，首尾七百里。

己卯，葬少帝以诸王礼。司空刘授免。①赐公卿以下钱縠各有差。十二月甲申，以少府河南陶敦为司空。②

①东观记曰："以阿附恶逆，辟召非其人，策罢。"

②敦字文理，京县人也。

(其)令郡国守相视事未满岁者，〔2〕一切得举孝廉吏。①

①汉法，视事满岁乃得举。今帝新即位，施恩惠，虽未满岁，得令举人。

癸卯，尚书奏请下有司，收还延光三年九月丁酉以皇太子为济阴王诏书。奏可。

京师大疫。

辛亥，诏公卿、郡守、国相，举贤良方正能直言极谏之士各一人。尚书令以下从辇幸南宫者，皆增秩赐布各有差。

永建元年春正月甲寅，诏曰："先帝圣德，享祚未永，早弃鸿烈。奸慝缘间，人庶怨讟，上干和气，疫疠为灾。朕奉承大业，未能宁济。盖至理之本，〔3〕稽弘德惠，荡涤宿恶，与人更始。其大赦天下。赐男子爵，人二级，为父后、三老、孝悌、力田〔人〕三级，〔4〕流民欲自占者一级；鳏、寡、孤、独、笃癃、贫不能自存者粟，人五斛；贞妇帛，人三匹。坐法当徙，勿徙；亡徒当传，勿传。①宗室以罪绝，皆复属籍。其与阎显、江京等交通者，悉勿考。勉修厥职，以康我民。"

①徒囚逃亡当传捕者，〔5〕放之勿捕。

辛未，皇太后阎氏崩。

辛巳，太傅冯石、太尉刘熹、司徒李郃免。①

①冯石字次初。东观记曰："冯、刘以阿党权贵，李郃以人多疾疫免。"

二月甲申，葬安思皇后。

后汉书卷六

丙戌，太常桓焉为太傅；大鸿胪朱宠为太尉，参录尚书事，长乐少府九江朱伥为司徒。①赐百官随辇宿卫及拜除者布各有差。[6]

①朱宠字仲威，京兆杜陵人。朱伥字孙卿，寿春人也。伥音丑良反。

陇西锺羌叛，护羌校尉马贤讨破之。

夏五月丁丑，诏幽、并、凉州刺史，使各实二千石以下至黄绶，①年老劣弱不任军事者，上名。严敕障塞，缮设屯备，立秋之后，简习戎马。

①实谓验实之也。二千石，太守也。黄绶，丞、尉也。前书曰"比二百石以上，铜印黄绶"也。

六月己亥，封济南王错子显为济南王。

秋七月庚午，卫尉来历为车骑将军。

八月，鲜卑寇代郡，代郡太守李超战殁。

九月辛亥，初令三公、尚书入奏事。

冬十月辛巳，诏减死罪以下徙边；其亡命赎，各有差。

丁亥，司空陶敦免。

鲜卑犯边。庚寅，遣黎阳营兵出屯中山北界。告幽州刺史，其令缘边郡增置步兵，列屯塞下。调五营弩师，郡举五人，[7]令教习战射。①

①调，选也。五营，五校也，谓长水、步兵、射声、(胡)〔屯〕骑、(车)〔越〕骑[8]等五校尉也。

壬寅，廷尉张皓为司空。

甲辰，诏以疫疠水潦，令人半输今年田租；伤害什四以上，勿收责；不满者，以实除之。

十二月辛巳，赐王、主、贵人、公卿以下布各有差。

二年春正月戊申,乐安王鸿来朝。

丁卯,常山王章薨。

二月,鲜卑寇辽东、玄菟。

甲辰,诏禀贷荆、豫、兖、冀四州流冗贫人,所在安业之;疾病致医药。

护乌桓校尉耿晔率南单于击鲜卑,破之。

三月,旱,遣使者录囚徒。

疏勒国遣使奉献。

夏六月乙酉,追尊谥皇妣李氏为恭愍皇后,葬于恭北陵。

西域长史班勇、敦煌太守张朗讨焉耆、尉犁、危须三国,破之;并遣子贡献。

秋七月甲戌朔,日有食之。

壬午,太尉朱宠、司徒朱伥罢。庚子,太常刘光为太尉,录尚书事;光禄勋许敬为司徒。①

①刘光字仲辽,即太尉刘矩之弟。[9]许敬字鸿卿,平舆人。

辛丑,下邳王成薨。

三年春正月丙子,京师地震,汉阳地陷裂。甲午,诏实覈伤害者,赐年七岁以上钱,人二千;一家被害,郡县为收敛。乙未,诏勿收汉阳今年田租、口赋。

夏四月癸卯,遣光禄大夫案行汉阳及河内、魏郡、陈留、东郡,禀贷贫人。

六月,旱。遣使者录囚徒,理轻系。

甲寅,济南王显薨。

秋七月丁酉,茂陵园寝灾,帝缟素避正殿。①辛亥,使太常王龚
持节告祠茂陵。

①尔雅曰"缟,皓也",缯之精白者曰缟。

九月,鲜卑寇渔阳。

冬十二月己亥,太傅桓焉免。①

①东观记曰:"无清介辟召,策罢。"

是岁,车骑将军来历罢。

四年春正月丙寅,诏曰:"朕托王公之上,涉道日寡,政失厥中,
阴阳气隔,寇盗肆暴,庶狱弥繁,忧悴永叹,疢如疾首。诗云:'君子
如祉,乱庶遄已。'①三朝之会,朔旦立春,嘉与海内洗心自新。其
赦天下。从甲寅赦令已来复秩属籍,三年正月已来还赎。其阎显、
江京等知识婚姻禁锢,一原除之。②务崇宽和。敬顺时令,遵典去
苛,以称朕意。"

①解见章纪。

②妻父曰婚,婿父曰姻。一犹皆也。

丙子,帝加元服。①赐王、主、贵人、公卿以下金帛各有差。赐
男子爵及流民欲占者人一级,为父后、三老、孝悌、力田人二级,鳏、
寡、孤、独、笃癃、〔贫〕不能自存帛,〔人〕一匹。[10]

①冠也。

二月戊戌,诏以民入山凿石,发泄藏气,敕有司检察所当禁绝,
如建武、永平故事。

夏五月壬辰,诏曰:"海内颇有灾异,朝廷修政,太官减膳,珍玩

不御。而桂阳太守文砻,①〔11〕不惟竭忠,宣畅本朝,而远献大珠,以求幸媚,今封以还之。”

①音力公反。

五州雨水。秋八月庚子,遣使实覈死亡,收敛禀赐。

丁巳,太尉刘光、司空张皓免。①

①东观记曰:“以阴阳不和,久托病,策罢。”

九月,复安定、北地、上郡归旧土。①

①安帝永初五年徙,今复之。

癸酉,大鸿胪庞参为太尉,录尚书事。太常王龚为司空。

冬十一月庚辰,司徒许敬免。①

①东观记曰:“为陵辄使(官)〔者〕策罢,〔12〕以千石禄终身。”

鲜卑寇朔方。

十二月乙卯,宗正刘崎为司徒。①

①崎字叔峻,华阴人也。

是岁,分会稽为吴郡。拘弥国遣使贡献。

五年春正月,疏勒王遣侍子,及大宛、莎车王皆奉使贡献。

夏四月,京师旱。辛巳,诏郡国贫人被灾者,勿收责今年过更。京师及郡国十二蝗。

203

冬十月丙辰,诏郡国中都官死罪系囚皆减罪一等,诣北地、上郡、安定戍。

乙亥,定远侯班始坐杀其妻阴城公主,腰斩,①同产皆弃市。

①始,班超孙也,尚顺帝姑阴城公主。东观记曰:“阴城公主名贤得。”〔13〕

六年春二月庚午,河间王开薨。

三月辛亥,复伊吾屯田,①复置伊吾司马一人。

①章帝建初二年罢也。

秋九月辛巳,缮起太学。

护乌桓校尉耿晔遣兵击鲜卑,破之。

丁酉,于阗王遣侍子贡献。

冬十一月辛亥,诏曰:"连年灾潦,冀部尤甚。比蠲除实伤,赡恤穷匮,而百姓犹有弃业,流亡不绝。疑郡县用心怠惰,恩泽不宣。易美'损上益下',书称'安民则惠'。①其令冀部勿收今年田租、刍稿。"

①易益卦曰:"损上益下,人悦无疆。"惠,爱也。尚书曰:"安人则惠,黎人怀之。"

十二月,日南徼外叶调国、掸国遣使贡献。①

①东观记曰:"叶调国王遣使师会诣阙贡献,以师会为汉归义叶调邑君,赐其君紫绶,及掸国王雍(田)〔由〕[14]亦赐金印紫绶。"掸音擅。

壬申,客星出牵牛。

于阗王遣侍子诣阙贡献。

阳嘉元年春正月乙巳,立皇后梁氏。赐爵,人二级,三老、孝悌、力田三级,爵过公乘,得移与子若同产、同产子,民无名数及流民欲占著者人一级;鳏、寡、孤、独、笃癃、贫不能自存者粟,人五斛。

二月,海贼曾旌等寇会稽,杀句章、鄞、鄮三县长,①攻会稽东部都尉。诏缘海县各屯兵戍。

①三县皆属会稽郡。鄮县今越州县也。句章故城在今鄮县西。鄞故城
在鄮县东南。鄞音银。鄮音茂。

丁巳,皇后谒高庙、光武庙,诏禀甘陵贫人,大小口各有差。

京师旱。庚申,敕郡国二千石各祷名山岳渎,遣大夫、谒者诣
嵩高、首阳山,并祠河、洛,请雨。①戊辰,雩。

①首阳山在洛阳东北也。

以冀部比年水潦,民食不赡,诏案行禀贷,劝农功,赈乏绝。

甲戌,诏曰:“政失厥和,阴阳隔并,冬鲜宿雪,春无澍雨。分祷
祈请,靡神不禜。①深恐在所慢违‘如在’之义,②今遣侍中王辅等,
持节分诣岱山、东海、荥阳、河、洛,尽心祈焉。”③

①说文曰:“禜,设绵蕝为营,以祈水旱。”禜音咏。诗曰:“靡神不举。”

②论语曰:“祭神如神在。”

③济水,四渎之一,至河南溢为荥泽,故于荥阳祠焉。

三月,杨州六郡妖贼章河[15]等寇四十九县,杀伤长吏。

庚寅,帝临辟雍飨射,大赦天下,改元阳嘉。诏宗室绝属籍者,
一切复籍;禀冀州尤贫民,勿收今年更、租、口赋。

夏五月戊寅,阜陵王恢薨。

秋七月,史官始作候风地动铜仪。①

①时张衡为太史令,作之。

丙辰,以太学新成,试明经下第者补弟子,增甲、乙科员各十
人。①除郡国耆儒九十人补郎、舍人。

①前书音义曰:“甲科谓作简策难问,列置案上,(在)〔任〕试者意投射取
而答之,[16]谓之射策。上者为甲,次〔者〕为乙。[17]若录政化得失,显
而问之,谓之对策也。”

孝
顺
孝
冲
孝
质
帝
纪
第
六

九月,诏郡国中都官系囚皆减死一等,亡命者赎,各有差。

鲜卑寇辽东。

冬十一月甲申,望都、蒲阴狼杀女子九十七人,①[18]诏赐狼所杀者钱,人三千。

①望都,县名,属中山国,今定州县也。章帝改曲逆为蒲阴,亦属中山,与望都相近,故城在今定州北。东观记亦作"蒲",本多作"满"(满)字者,误也。[19]东观又云:"为不祠北岳所致。诏曰'政失厥中,狼灾为应,至乃残食孤幼。博访其故,山岳尊灵,国所望秩,而比不奉祠,淫刑放滥,害加孕妇'也。"

辛卯,初令郡国举孝廉,限年四十以上,诸生通章句,文吏能笺奏,乃得应选;其有茂才异行,若颜渊、子奇,不拘年齿。①

①史记曰:"颜回,鲁人,好学,年二十九发尽白,早死。"新序曰:"子奇年十八,齐君使之化阿。至阿,铸其库兵以为耕器,出仓廪以赈贫穷,阿县大化。"

十二月丁未,东平王敞薨。

庚戌,复置玄菟郡屯田六(郡)〔部〕。[20]

闰月丁亥,令诸以诏除为郎,年四十以上课试如孝廉科者,得参廉选,岁举一人。

戊子,客星出天苑。

辛卯,诏曰:"间者以来,吏政不勤,故灾咎屡臻,盗贼多有。退省所由,皆以选举不实,官非其人,是以天心未得,人情多怨。书歌股肱,诗刺三事。①今刺史、二千石之选,归任三司。②其简序先后,精核高下,岁月之次,文武之宜,务存厥衷。"

①尚书益稷篇帝作歌曰:"元首明哉!股肱良哉!"诗小雅曰"三事大夫,莫肯夙夜,邦君诸侯,莫肯朝夕"也。

②三司,三公也,即太尉、司空、司徒也。归犹委任也。

庚子,<u>恭陵</u>百丈庑灾。①

①<u>恭陵</u>,<u>安帝</u>陵也。庑,廊屋也。<u>说文</u>曰"堂下周屋曰庑"也。

是岁,起<u>西苑</u>,修饰宫殿。

二年春二月甲申,诏以<u>吴郡</u>、<u>会稽</u>饥荒,贷人种粮。

三月,使匈奴中郎将<u>王稠</u>率左骨都侯等击<u>鲜卑</u>,破之。

辛酉,除京师耆儒年六十以上四十八人补郎、舍人及诸王国郎。

夏四月,复置<u>陇西</u>南部都尉官。①

①<u>武帝元朔</u>四年,初置南部都尉于<u>陇西临洮县</u>,中兴以来废,至此复置之也。

己亥,京师地震。五月庚子,诏曰:"朕以不德,统奉鸿业,无以奉顺乾坤,协序阴阳,灾眚屡见,咎征仍臻。地动之异,发自京师,矜矜祗畏,不知所裁。群公卿士将何以匡辅不逮,奉荅戒异?异不空设,必有所应,其各悉心直言厥咎,靡有所讳。"

戊午,司空<u>王龚</u>免。六月辛未,太常<u>鲁国孔扶</u>为司空。①

①<u>扶</u>字<u>仲渊</u>。

<u>疏勒国</u>献师子、封牛。①

①<u>东观记</u>曰:"<u>疏勒</u>王<u>盘</u>遣使<u>文</u>时诣阙。"师子似虎,正黄,有髯耏,尾端茸毛大如斗。封牛,其领上肉隆起若封然,因以名之,即今之峰牛。

丁丑,<u>洛阳</u>地陷。是月,旱。

秋七月己未,太尉<u>庞参</u>免。八月己巳,大鸿胪<u>沛国 施延</u>为太尉。①

①延字君子,蕲县人也。

鲜卑寇代郡。

冬十月庚午,行礼辟雍,奏应锺,始复黄锺,作乐器随月律。①

①子为黄锺,律长九寸,声有轻重长短,度量皆出黄锺。随月律谓月令
　　"正月律中太蔟;二月律中夹锺,三月律中姑洗,四月律中仲吕,五月
　　律中蕤宾,六月律中林锺,七月律中夷则,八月律中南吕,九月律中无
　　射,十月律中应锺,十一月律中黄锺,十二月律中大吕。"东观记曰:
　　"元和以来,音戾不调,修复如旧典。"蔟音凑。

三年春二月己丑,诏以久旱,京师诸狱无轻重皆且勿考竟,须
得澍雨。

三月庚戌,益州盗贼劫质令长,杀列侯。

夏四月丙寅,车师后部司马率后部王加特奴等掩击匈奴,大破
之,获其季母。

五月戊戌,制诏曰:"昔我太宗,丕显之德,假于上下,俭以恤
民,政致康乂。朕秉事不明,政失厥道,天地谴怒,大变仍见。春夏
连旱,寇贼弥繁,元元被害,朕甚愍之。嘉与海内洗心更始。其大
赦天下,自殊死以下谋反大逆诸犯不当得赦者,皆赦除之。赐民年
八十以上米。〔人〕一斛,[21]肉二十斤,酒五斗;九十以上加赐帛,
人二匹,絮三斤。"

秋七月庚戌,锺羌寇陇西、汉阳。冬十月,护羌校尉马续击
破之。

十一月壬寅,司徒刘崎、[22]司空孔扶免。乙巳,大司农南郡黄
尚为司徒,光禄勋河东王卓为司空。①

①黄尚字伯,河南郡邔人也。王卓字仲迁,河东解人也。邔音求纪反。

丙午，武都塞上屯羌及外羌攻破屯官，驱略人畜。

四年春二月丙子，初听中官得以养子为后，世袭封爵。

自去冬旱，至于是月。

谒者马贤击锺羌，大破之。

夏四月甲子，太尉施延免。①戊寅，执金吾梁商为大将军，前太
尉庞参为太尉。

①东观记曰"以选举贪污策罢"也。

六月己未，梁王匡薨。秋七月己亥，济北王登薨。

闰月丁亥朔，日有食之。

冬十月，乌桓寇云中。十一月，围度辽将军耿晔于兰池，①发
诸郡兵救之，乌桓退走。

①续汉志曰："云中郡沙南县有兰池城。"

十二月甲寅，京师地震。

永和元年春正月，夫馀王来朝，

乙卯，诏曰："朕秉政不明，灾眚屡臻。典籍所忌，震食为重。
今日变方远，[23]地摇京师，①咎征不虚，必有所应。群公百僚其各
上封事，指陈得失，靡有所讳。"

①东观记曰："阳嘉四年诏曰'朕以不德，谪见于天，零陵言日食，京师不
觉'。"故此言日变方远。

己巳，宗祀明堂，登灵台，改元永和，大赦天下。

秋七月，偃师蝗。

冬十月丁亥，承福殿火，[24]帝避御云台。

十一月丙子，太尉庞参罢。

十二月，象林蛮夷叛。

乙巳，以前司空王龚为太尉。

二年春正月，武陵蛮叛，围充县，又寇夷道。①

①充县属武陵郡，故城在澧州崇义县东北。充音冲。夷道属南郡也。

二月，广汉属国都尉击破白马羌。

武陵太守李进击叛蛮，破之。

三月辛亥，北海王翼薨。

乙卯，司空王卓薨，丁丑，光禄勋冯翊郭虔为司空。①

①虔字君贤，池阳人。

夏四月丙申，京师地震。

五月，日南叛蛮攻郡府。

秋七月，九真、交阯二郡兵反。

八月庚子，荧惑犯南斗。①

①荧惑、火星也。南斗，北方之宿也。前书音义曰："犯谓七寸内光芒
相及。"

江夏盗贼杀邾长。①

①邾，县，属江夏郡，故城在今复州竟陵县东。邾音朱。

冬十月甲申，行幸长安，所过鳏、寡、孤、独、贫不能自存者赐
粟，人五斛。庚子，幸未央宫，会三辅郡守、都尉及官属，劳赐作乐。
十一月丙午，祠高庙。丁未，遂有事十一陵。丁卯，京师地震。十
二月乙亥，至自长安。

三年春二月乙亥,京师及<u>金城</u>、<u>陇西</u>地震,二郡山岸崩,地陷。戊子,<u>太白犯荧惑</u>。

夏四月,<u>九江</u>贼蔡伯流寇郡界,及<u>广陵</u>,杀江都长。

戊戌,遣光禄大夫案行<u>金城</u>、<u>陇西</u>,赐压死者年七岁以上钱,人二千;一家皆被害,为收敛之。除今年田租,尤甚者勿收口赋。

闰月,<u>蔡伯流</u>等率众诣徐州刺史<u>应志</u>降。①

① 续汉书曰:"志字仲节,汝南南顿人也。曾祖父顺。"

己酉,京师地震。

五月,吴郡丞羊珍反,攻郡府,太守<u>王衡</u>破斩之。

六月辛丑,琅邪王<u>遵</u>薨。

<u>九真</u>太守<u>祝良</u>、<u>交阯</u>刺史<u>张乔</u>慰诱<u>日南</u>叛蛮,降之,岭外平。①

① 续汉书曰:"祝良字邵卿,长沙临湘人。"

秋七月丙戌,济北王<u>多</u>薨。

八月己未,司徒<u>黄尚</u>免。九月己酉,光禄勋<u>长沙刘寿</u>为司徒。①

① 寿字伯长,临湘人也。

丙戌,令大将军、三公各举故刺史、二千石及见令、长、郎、谒者、四府掾属刚毅武猛有谋谟任将帅者各二人,特进、卿、校尉各一人。

冬十月,烧当羌寇<u>金城</u>,护羌校尉<u>马贤</u>击破之,羌遂相招而叛。

十二月戊戌朔,日有食之。

四年春正月庚辰,中常侍<u>张逵</u>、<u>蘧政</u>、<u>杨定</u>等有罪诛,①连及<u>弘农</u>太守<u>张凤</u>、安平相<u>杨皓</u>,下狱死。

①事见梁商传也。

三月乙亥,京师地震。

夏四月癸卯,护羌校尉马贤讨烧当羌,大破之。

戊午,大赦天下。赐民爵及粟帛各有差。

五月戊辰,封故济北惠王寿子安为济北王。[25]

秋八月,太原郡旱,民庶流冗。癸丑,遣光禄大夫案行禀贷,除更赋。

冬十月戊午,校猎上林苑,历函谷关而还。十一月丙寅,幸广成苑。

五年春二月戊申,京师地震。

夏四月庚子,中山王弘薨。

南匈奴左部句龙大人吾斯、[26]车纽等叛,围美稷。①

①美稷,县,属西河郡也。

五月,度辽将军马续讨吾斯、车纽,破之,使匈奴中郎将陈龟迫杀南单于。

己丑晦,日有食之。

且冻羌寇三辅,杀令长。①

①且音子余反。

丁丑,令死罪以下及亡命赎,各有差。

九月,令扶风、汉阳筑陇道坞三百所,置屯兵。

辛未,太尉王龚罢。

且冻羌寇武都,烧陇关。①

①陇山之关也,今名大震关,在今陇州汧源县西也。

壬午,太常桓焉为太尉。

丁亥,徙西河郡居离石,①上郡居夏阳,朔方居五原。

①离石,县名,在郡南五百九里。西河本都平定县,至此徙于离石。

句龙吾斯等东引乌桓,西收羌胡,寇上郡,立车纽为单于。冬十一月辛巳,遣使匈奴中郎将张耽击破之,车纽降。

六年春正月丙子,征西将军马贤与且冻羌战于射姑山,贤军败没,安定太守郭璜下狱死。

诏贷王、侯国租一岁。

闰月,巩唐羌寇陇西,遂及三辅。

二月丁巳,有星孛于营室。

三月,武(都)〔威〕太守赵冲[27]讨巩唐羌,破之。

庚子,司空郭虔免。

(丁)〔乙〕巳,河闲王政薨。[28]

丙午,太仆赵戒为司空。①

①戒字志伯,蜀郡成都人也。

夏五月庚子,齐王无忌薨。

使匈奴中郎将张耽大破乌桓、羌胡于天山。①

①东观记曰:"耽将吏兵,绳索相悬,上通天山。"

巩唐羌寇北地。[29]

秋七月甲午,诏假民有赀者户钱一千。

八月丙辰,大将军梁商薨;壬戌,河南尹梁冀为大将军。

九月,诸种羌寇武威。

辛亥晦,日有食之。

冬十月癸丑,徙安定居扶风,北地居冯翊。

十一月庚子,以执金吾张乔行车骑将军事,将兵屯三辅。

汉安元年春正月癸巳,宗祀明堂,大赦天下,改元汉安。

二月丙辰,诏大将军、公、卿举贤良方正能探赜索隐者各一人。①

①赜,幽深也。索,求也。

秋七月,始置承华厩。①

①东观记曰:"时以远近献马众多,园厩充满,始置承华厩令,秩六百石。"

八月,南匈奴左部大人句龙吾斯与薁鞬台耆等反叛。①

①薁音于六反。鞬音居言反。

丁卯,遣侍中杜乔、光禄大夫周举、守光禄大夫郭遵、冯羡、栾巴、张纲、周栩、刘班等八人分行州郡,班宣风化,举实臧否。

九月庚寅,广陵盗贼张婴等寇郡县。

冬十月辛未,太尉桓焉、司徒刘寿免。甲戌,行车骑将军张乔罢。十一月壬午,司隶校尉赵峻为太尉,大司农胡广为司徒。①

①峻字伯师,下邳徐人也。

癸卯,诏大将军、三公选武猛试用有效验任为将校者各一人。

是岁,广陵贼张婴等诣太守张纲降。

二年春二月丙辰,鄯善国遣使贡献。

夏四月庚戌,护羌校尉赵冲与汉阳太守张贡击烧(当)〔何〕羌[30]于参峦,破之。①

①参縊,县,属安定郡。縊音力全反。

六月乙丑,荧惑犯镇星。

丙寅,立南匈奴守义王兜楼储为南单于。

冬十月辛丑,令郡国中都官系囚殊死以下出缣赎,各有差;其不能入赎者,遣诣临羌县居作二岁。

甲辰,减百官奉。丙午,禁沽酒,又贷王、侯国租一岁。

闰月,,赵冲击烧当羌于(河)〔阿〕阳,[31]破之。①

①阿阳,县,属(天水)〔汉阳〕郡,[32]故城在今秦州陇城县西北。

十一月,使匈奴中郎将马寔遣人刺杀句龙吾斯。

十二月,杨、徐盗贼攻烧城寺,杀略吏民。

是岁,凉州地百八十震。

建康元年春正月辛丑,诏曰:"陇西、汉阳、张掖、北地、武威、武都,自去年九月已来,地百八十震,山谷坼裂,坏败城寺,杀害民庶。夷狄叛逆,赋役重数,内外怨旷,惟咎叹息。其遣光禄大夫案行,宣畅恩泽,惠此下民,勿为烦扰。"

三月庚子,沛王广薨。

领护羌校尉卫琚追讨叛羌,破之。①

①琚音居。

南郡、江夏盗贼寇掠城邑,州郡讨平之。

夏四月,使匈奴中郎将马寔击南匈奴左部,破之,于是胡羌、乌桓悉诣寔降。

辛巳,立皇子炳为皇太子,改年建康,大赦天下。赐人爵各有差。

秋七月丙午，[33]清河王延平薨。

八月，杨、徐盗贼范容、周生等寇掠城邑，遣御史中丞冯赦督州郡兵讨之。[34]

庚午，帝崩于玉堂前殿，时年三十。遗诏无起寝庙，敛以故服，珠玉玩好皆不得下。

论曰：古之人君，离幽放而反国祚者有矣，莫不矫鉴前违，审识情伪，无忘在外之忧；①故能中兴其业。观夫顺朝之政，殆不然乎？何其效僻之多与？②

①离，遭也。矫，正也。左传曰："晋侯在外十九年矣，险阻艰难备尝之矣，人之情伪尽知之矣。"

②殆，近也。言顺帝效前之僻，不能改正也。

孝冲皇帝讳炳，①顺帝之子也。母曰虞贵人。

①谥法曰："幼少在位曰冲。"司马彪曰："冲幼早夭，故谥曰冲。"伏侯古今注曰："炳之字曰明。"

建康元年立为皇太子，其年八月庚午，即皇帝位，年二岁。尊皇后曰皇太后。太后临朝。

丁丑，以太尉赵峻为太傅；大司农李固为太尉，参录尚书事。

九月丙午，葬孝顺皇帝于宪陵，①庙曰敬宗。

①在洛阳西十五里，陵高八丈四尺，周三百步。

是日，京师及太原、鴈门地震，三郡水涌土裂。

庚戌，诏三公、特进、侯、卿、校尉，举贤良方正幽逸修道之士各一人，百僚皆上封事。

己未，九江太守丘腾有罪，下狱死。①

①东观记曰"腾知罪法深大,怀挟奸巧,稽留道路,下狱死"也。

杨州刺史尹耀、九江太守邓显讨贼范容等于历阳,军败,耀、显为贼所殁。

冬十月,日南蛮夷攻烧城邑,交址刺史夏方招诱降之。

壬申,常山王仪薨。

己卯,零陵太守刘康坐杀无辜,下狱死。

十一月,九江盗贼徐凤、马勉等称"无上将军",攻烧城邑。

己酉,令郡国中都官系囚减死一等,徙边;谋反大逆,不用此令。

十二月,九江贼黄虎等攻合肥。

是岁,群盗发宪陵。护羌校尉赵冲追击叛羌于鹯阴河,战殁。①

①凉州姑臧县东南有鹯阴县故城,因水以为名。

永(嘉)〔憙〕元年[35]春正月戊戌,帝崩于玉堂前殿,年三岁,清河王蒜征至京师。

孝质皇帝讳缵,①肃宗玄孙。曾祖父千乘贞王伉,祖父乐安夷王宠,父勃海孝王鸿,母陈夫人。冲帝不豫,大将军梁冀征帝到洛阳都亭。及冲帝崩,皇太后与冀定策禁中,丙辰,使冀持节,以王青盖车迎帝入南宫。丁巳,封为建平侯,其日即皇帝位,年八岁。

217

①谥法:"忠正无邪曰质。"古今注曰:"缵之字曰继。"

己未,葬孝冲皇帝于怀陵。①

①在洛阳西北十五里。伏侯古今注曰："高四丈六尺,周百八十三步。"

广陵贼张婴等复反,攻杀堂邑、江都长。①九江贼徐凤等攻杀曲阳、东城长。②

①堂邑,县,属广陵郡,今扬州六合县也。

②曲阳,县,属九江郡,在淮曲之阳,故城在今豪州定远县西北。东城,县,故城在定远县东南也。

甲申,谒高庙。乙酉,谒光武庙。

二月,豫章太守虞续坐赃,下狱死。

乙酉,大赦天下。赐人爵及粟帛各有差。还王侯所削户邑。

彭城王道薨。

叛羌诣左冯翊梁并降。

三月,九江贼马勉称"黄帝"。〔36〕九江都尉滕抚讨马勉、范容、周生,大破斩之。①

①东观记曰："传勉头及所带玉印、鹿皮冠、黄衣诣洛阳,诏悬夏城门外,章示百姓。"

夏四月壬申,雹。

庚辰,济北王安薨。

丹阳贼陆宫等围城,烧亭寺,丹阳太守江汉击破之。

五月甲午,诏曰："朕以不德,托母天下,布政不明,每失厥中。自春涉夏,大旱炎赫,忧心京京,①故得祷祈明祀,〔37〕冀蒙润泽。前虽得雨,而宿麦颇伤;比日阴云,还复开霁。癙痗永叹,重怀惨结。②将二千石、令长不崇宽和,暴刻之为乎? 其令中都官系囚罪非殊死考未竟者,一切任出,以须立秋。③郡国有名山大泽能兴云雨者,二千石长吏各絜齐请祷,谒诚尽礼。又兵役连年,死亡流离,或支骸不敛,或停棺莫收,朕甚愍焉。昔文王葬枯骨,人赖其德。④
今遣使者案行,若无家属及贫无资者,随宜赐恤,以慰孤魂。"

①尔雅曰:"京京,忧也。"

②窹,觉也。寐,卧也。诗曰:"窹寐永叹,唯忧用老。"

③任,保也。

④吕氏春秋曰:"周文王使人掘地,得死人骸。文王曰:'更葬之。'吏曰:
'此无主。'文王曰:'有天下者,天下之主,今我非其主邪?'遂令吏以
衣棺葬之。天下闻之,曰:'文王贤矣。泽及枯骨,又况人乎!'"

是月,下邳人谢安应募击徐凤等,斩之。

丙辰,诏曰:"孝殇皇帝虽不永休祚,而即位逾年,君臣礼成。
孝安皇帝承袭统业,而前世遂令恭陵在康陵之上,先后相逾,失其
次序,非所以奉宗庙之重,垂无穷之制。昔定公追正顺祀,春秋善
之。①其令恭陵次康陵,宪陵次恭陵,以序亲秩,为万世法。"

①鲁闵公立二年而薨;次僖公立。僖虽是闵庶兄,然尝为闵臣,位次当
在闵下。后文公即位,乃进僖公神位居闵之上。左传曰:"跻僖公,逆
祀也。"定公八年经书"从祀先公"。从,顺也。顺祀谓退僖神位于闵
下。穀梁曰:"从祀先公,贵正也。"

六月,鲜卑寇代郡。

秋七月庚寅,阜陵王代薨。

庐江盗贼攻寻阳,又攻盱台,①滕抚遣司马王章击破之。

①音吁夷,今楚州县也。

九月庚戌,太傅赵峻薨。

冬十一月己丑,南阳太守韩昭坐赃下狱死。①

①东观记曰:"强赋一亿五千万,槛车征下狱。"

丙午,中郎将滕抚击广陵贼张婴,破之。

丁未,中郎将赵序坐事弃市。①

①东观记曰:"取钱缣三百七十五万。"

历阳贼华孟自称"黑帝",攻杀九江太守杨岑,滕抚率诸将击孟等,大破斩之。

本初元年春正月丙申,诏曰:"昔尧命四子,以钦天道,①鸿范九畴,休咎有象。②夫瑞以和降,异因逆惑,禁微应大,前圣所重。③顷者,州郡轻慢宪防,竞逞残暴,造设科条,陷入无罪。或以喜怒驱逐长吏,恩阿所私,罚枉仇隙,至令守阙诉讼,前后不绝。送故迎新,人离其害,怨气伤和,以致灾眚。书云:'明德慎罚。'④方春东作,育微敬始。其敕有司,罪非殊死,且勿案验,以崇在宽。"⑤

①四子谓羲仲、羲叔、和仲、和叔也。尚书曰:"乃命羲、和,钦若昊天。"

②尚书曰:"天乃锡禹洪范九畴。"孔安国注云:"洪,大也。范,法也。畴,类也。言天与禹,洛出书,神龟负文而出,列于背,有数至于九,禹遂因而第之,以成九类。"其八曰庶征,有休征、咎征之应。休,美也。咎,恶也。征,验也。人君行善政,则百谷用成,家用平康,是休征也。政有乖失,则百谷用不成,家用不宁,是咎征也。休之与咎,皆象人君之政,故言"休咎有象"也。"象"或作"家"。

③言君政纯和则瑞气降,若逆时令则灾异感。所禁虽微,其应乃大。前圣所重,即谓唐尧钦若昊天,箕子休咎之应。

④眚,过也。"明德慎罚",尚书康诰之言。

⑤言东作之时,须育养细微,敬事之始。礼记月令:"孟春之月,无杀〔孩〕虫[38]胎夭飞鸟,无麛无卵。庆赐遂行,无有不当。"书曰:"敬敷五教,五教在宽。"

壬子，广陵太守王喜坐讨贼逗留，下狱死。

二月庚辰，诏曰："九江、广陵二郡数离寇害，残夷最甚。①生者失其资业，死者委尸原野。昔之为政，一物不得其所，若己为之，②况我元元，婴此困毒。方春戒节，赈济乏厄，掩骼埋胔之时。③其调比郡见穀，出禀穷弱，收葬枯骸，务加埋恤，〔39〕以称朕意。"

①谓比年张婴寇广陵，华孟寇九江也。

②尚书曰："一夫弗获，则曰时予之辜。"

③月令："孟春之月，行庆施惠，下及兆人。"又曰："掩骼埋胔。"郑玄注曰："为死气逆生气也。"骨枯曰骼，肉腐曰胔。

夏四月庚辰，令郡国举明经，年五十以上、七十以下诣太学。自大将军至六百石，皆遣子受业，岁满课试，以高第五人补郎中，次五人太子舍人。又千石、六百石、四府掾属、三署郎、四姓小侯先能通经者，各令随家法，①其高第者上名牒，当以次赏进。

①四府掾属谓大将军府掾属二十九人，太尉府掾属二十四人，司徒府三十一人，司空府二十九人。汉官："左、右中郎将，皆秦官也，比二千石，三署郎皆属焉。"三署谓五官署，左、右署也。儒生为诗者谓之诗家，礼者谓之礼家，故言各随家法也。四姓小侯，解见明纪也。

五月庚寅，徙乐安王为勃海王。

海水溢。戊申，使谒者案行，收葬乐安、北海人为水所漂没死者，又禀给贫羸。

庚戌，太白犯荧惑。

六月丁巳，大赦天下，赐民爵及粟帛各有差。

闰月甲申，大将军梁冀潜行鸩弑，帝崩于玉堂前殿，年九岁。

丁亥，太尉李固免。戊子，司徒胡广为太尉，司空赵戒为司徒，与梁冀参录尚书事。太仆袁汤为司空。

赞曰:孝顺初立,时髦允集。①匪砥匪革,终沦嬖习。②保阿传土,后家世及。③冲夭未识,质弑以聪。陵折在运,天绪三终。④

① 尔雅曰:"髦,俊也。"郭璞注曰:"士中之俊,犹毛中之髦。"时张皓、王龚、庞参、张衡、李郃、李固、黄琼之俦也。

② 砥,砺也。革,改也。沦,没也。言顺帝初升天位,又群贤总集,不能因兹自砺,改革前非,而终溺于私嬖近习也。谓封孙程等十九人为侯,又诏中官养子,听袭封爵之类。

③ 保,安也。阿,倚也。言可依倚以取安,傅姆之类也。传士谓阿母山阳君宋娥更相贷略,求增邑土也。后家谓拜后父梁商为大将军,商薨,仍拜子冀为大将军,弟不疑为河南尹。

④ 言陵迟夭折,在于时运,所以天之胤绪,频致三终也。

【校勘记】

〔１〕尚书(郎)〔郭〕镇与交锋刃　据汲本、殿本改。

〔２〕(其)令郡国守相视事未满岁者　据刊误删。

〔３〕盖至理之本　按:李慈铭谓"至理"本当作"至治"。

〔４〕三老孝悌力田〔人〕三级　据殿本补。按:校补引钱大昭说,谓闽本"田"下有"人"字。

〔５〕徒囚逃亡当传捕者　按:"徒"原讹"徙",迳改正。

〔６〕赐百官随辇宿卫及拜除者布各有差　按:刊误谓衍一"及"字。

〔７〕郡举五人　按:刊误谓"举"当作"与"。

〔８〕(胡)〔屯〕骑(车)〔越〕骑　据刊误改。

〔９〕刘光字仲辽即太尉刘矩之弟　集解引钱大昕说,谓刘矩传称叔父刘光,此注误。按:张森楷校勘记谓疑"弟"下脱"子"字。

〔10〕〔贫〕不能自存帛〔人〕一匹　据汲本、殿本补。

〔11〕桂阳太守文砻　按:集解引惠栋说,谓袁宏纪作"汉阳都尉"。

〔12〕为陵轹使(官)〔者〕策罢　据刊误改。

〔13〕阴城公主名贤得　按:集解引惠栋说,谓续志作"坚得"。

〔14〕掸国王雍(田)〔由〕　据殿本改。按:校补引钱大昭说,谓西南夷传作"雍由调"。

〔15〕妖贼章河　按:集解引钱大昕说,谓续志作"章何"。

〔16〕(在)〔任〕试者意投射取而答之　据殿本改。

〔17〕次〔者〕为乙　据汲本、殿本补。

〔18〕狼杀女子九十七人　按:集解引惠栋说,谓"女子"续志作"儿童"。

〔19〕本多作满(满)字者误也　据刊误删。

〔20〕复置玄菟郡屯田六(郡)〔部〕　据集解引陈景云、钱大昭说改。按:东夷传作"六部"。

〔21〕赐民年八十以上米〔人〕一斛　据汲本、殿本补。

〔22〕司徒刘崎　按:袁纪"崎"作"恺"。

〔23〕今日变方远　按:刊误谓"方远"当作"远方"。注同。

〔24〕冬十月丁亥承福殿火　按:校补引洪亮吉说,谓续志作"丁未",以下"十一月丙子"推之,志为是。

〔25〕封故济北惠王寿子安为济北王　按:集解引惠栋说,谓传作"安国"。

〔26〕左部句龙大人吾斯　姚範谓"大人"当在"左部"之下。按:南匈奴传作"句龙王吾斯"。

〔27〕武(都)〔威〕太守赵冲　集解引惠栋说,谓应奉及西羌传皆作"武威"。胡三省云,传云诏冲督河西四郡兵,为节度,则"武威太守"为是。武都西北接汉阳,东北接扶风,南接汉中,无缘远督河西四郡兵也。今据改。

〔28〕(丁)〔乙〕巳河间王政薨　据张森楷校勘记改。按:是年三月乙酉朔,以下文云"丙午"推之,当作"乙巳"。

〔29〕巩唐羌寇北地　按:集解引惠栋说,谓考异云西羌传作"罕种羌"。

〔30〕击烧(当)〔何〕羌　按:集解引通鉴胡注,谓"当"当作"何",烧当、烧何,羌两种也。今据改。

〔31〕赵冲击烧当羌于(河)〔阿〕阳　据汲本改。按:钱大昭谓前志天水郡、续志汉阳郡均止有阿阳,作"河阳"者误。

〔32〕阿阳县属(天水)〔汉阳〕郡　据集解本改。按:校补引钱大昭说,谓明帝永平十七年已改天水为汉阳,不应注仍称"天水"。又按:西羌传作"阿阳",注亦作"汉阳郡"。

〔33〕秋七月丙午　按:"七"原讹"十",迳改正。

〔34〕遣御史中丞冯赦督州郡兵讨之　按:集解引惠栋说,谓据滕抚传,"冯赦"当作"冯绲"。袁宏纪作"冯放",亦误。

〔35〕永(嘉)〔憙〕元年　据集解引钱大昕说及惠栋说改。按:史绳祖学斋占毕记邛州蒲江县发地得石刻,有"永憙元年"字样,故知"永嘉"为"永憙"之误。又左雄传有"迄于永憙,察选清平"之文,钱大昭后汉书辨疑谓"熹"即"憙"之讹。

〔36〕九江贼马勉称黄帝　按:袁纪"九江"作"扬州"。汲本、殿本"黄帝"作"皇帝",袁纪同。

〔37〕故得祷祈明祀　按:刊误谓"得"当作"复"。

〔38〕无杀〔孩〕虫　据今本礼记月令补。

〔39〕务加埋恤　按:"埋"原讹"理",迳据汲本、殿本改正。

后汉书卷七

孝桓帝纪第七

孝桓皇帝讳志，①肃宗曾孙也。祖父河间孝王开，父蠡吾侯翼，②母匽氏。③翼卒，帝袭爵为侯。

①谥法曰："克敌服远曰桓。"志之字曰意。

②顺帝时，开上书，愿分蠡吾县以封翼，帝许之。蠡吾故城在今瀛州博
　野县西。蠡音礼。

③讳明，本蠡吾侯之媵妾。史记曰，匽姓，咎繇之后也。匽音偃。

本初元年，梁太后征帝到夏门亭，①将妻以女弟。②会质帝崩，
太后遂与兄大将军冀定策禁中，闰月庚寅，使冀持节，以王青盖
车③迎帝入南宫，其日即皇帝位，时年十五。太后犹临朝政。④

①洛阳城北面西头门也，门外有万寿亭。

②妻音七计反。

③续汉志曰："皇太子、皇子皆安车，朱班轮，青盖，金华蚤。"故曰王青盖

225

车也。

④东观记曰："太后御却非殿。"

秋七月乙卯,葬<u>孝质皇帝</u>于<u>静陵</u>。①

①在<u>洛阳</u>东南三十里,陵高五丈五尺,周百三十八步。

<u>齐王喜</u>薨。

辛巳,谒<u>高庙</u>、<u>光武庙</u>。[1]

丙戌,诏曰:"孝廉、廉吏皆当典城牧民,禁奸举善,兴化之本,恒必由之。诏书连下,分明恳恻,而在所玩习,遂至怠慢,选举乖错,害及元元。顷虽颇绳正,犹未惩改。方今<u>淮</u>夷未殄,军师屡出,①百姓疲悴,困于征发。庶望群吏,惠我劳民,蠲涤贪秽,以祈休祥。其令秩满百石,十岁以上,有殊才异行,乃得参选。臧吏子孙,不得察举。杜绝邪伪请托之原,令廉白守道者得信其操。②各明守所司,将观厥后。"

①<u>本初</u>元年,<u>庐江</u>贼攻<u>盱台</u>,<u>广陵</u>贼<u>张婴</u>等杀<u>江都</u>长。<u>盱台</u>、<u>江都</u>并近<u>淮</u>,故言<u>淮</u>夷。时中郎将<u>滕抚</u>屡击破之,其馀众犹未殄也。

②信音申,古字通。

九月戊戌,追尊皇祖<u>河间孝王</u>曰<u>孝穆皇</u>,夫人<u>赵氏</u>曰<u>孝穆皇后</u>,皇考<u>蠡吾侯</u>曰<u>孝崇皇</u>。冬十月甲午,尊皇母<u>匽氏</u>为<u>孝崇博园贵人</u>。①

①<u>博</u>本<u>汉蠡吾县</u>之地也。帝既追尊父为<u>孝崇皇</u>,其陵曰<u>博陵</u>,置园庙焉,故曰<u>博园</u>,在今<u>瀛州博野县</u>西。贵人位次皇后,金印紫绶。

<u>建和</u>元年春正月辛亥朔,日有食之。诏三公、九卿、校尉各言得失。

戊午，大赦天下。赐吏更劳一岁；男子爵，人二级，为父后及三老、孝悌、力田人三级；鳏、寡、孤、独、笃癃、贫不能自存者粟，人五斛；贞妇帛，人三匹。灾害所伤什四以上，勿收田租；其不满者，以实除之。

二月，荆扬二州人多饿死，遣四府掾分行赈给。

沛国言黄龙见谯。

夏四月庚寅，京师地震。诏大将军、公、卿、校尉举贤良方正能直言极谏者各一人。又命列侯、将、大夫、御史、谒者、千石、六百石、[1]博士、议郎、郎官各上封事，指陈得失。[2]又诏大将军、公、卿、郡、国举至孝笃行之士各一人。

> [1]将谓五官、左、右、虎贲、羽林中郎将也。大夫谓光禄大夫、太中大夫、中散大夫、谏议大夫。
>
> [2]博士掌通古今，比六百石。议郎比六百石。郎官谓三中郎将下之属官也。有中郎、侍郎、郎中。

壬辰，诏州郡不得迫协驱逐长吏。长吏臧满三十万而不纠举者，刺史、二千石以纵避为罪。若有擅相假印绶者，与杀人同弃市论。

丙午，诏郡国系囚减死罪一等，勿笞。唯谋反大逆，不用此书。又诏曰："比起陵茔，[1]弥历时岁，力役既广，徒隶尤勤。顷雨泽不沾，密云复散，悒或在兹。[2]其令徒作陵者减刑各六月。"

> [1]作静陵也。
>
> [2]易曰："密云不雨，自我西郊。"

是月，立阜陵王代兄勃遒亭侯便为阜陵王。[1]

> [1]便，光武玄孙也，阜陵王恢之子，以顺帝阳嘉中封为敦遒亭侯，[2]今改封也。遒音子由反。本传作"便亲"，纪传不同，盖有误。

郡国六地裂,水涌井溢。①芝草生中黄藏府。②

①续汉志曰:"水溢坏城寺室屋,杀人。时梁太后摄政,兄冀枉杀李固、杜乔。"

②汉官仪曰"中黄藏府掌中币帛金银诸货物"也。

六月,太尉胡广罢,大司农杜乔为太尉。〔3〕

秋七月,勃海王鸿薨,①立帝弟蠡吾侯悝为勃海王。

①章帝曾孙也,乐安夷王宠之子,质帝之父也。梁太后改封勃海。

〔八月〕乙未,立皇后梁氏。〔4〕

九月丁卯,京师地震。

太尉杜乔免,冬十月,司徒赵戒为太尉,①司空袁汤为司徒,前太尉胡广为司空。

①戒字志伯,蜀郡人也。

十一月,济阴言有五色大鸟见于己氏。①

①续汉志曰:"时以为凤皇。政既衰缺,梁冀专权,皆羽孽也。"己氏,县名,属汉阴郡,故城在今宋州楚丘县也,古戎州己氏之邑也。

戊午,减天下死罪一等,戍边。

清河刘文反,杀国相射暠,〔5〕欲立清河王蒜为天子,事觉伏诛。蒜坐贬为尉氏侯,徙桂阳,自杀。①

①尉氏,县,属陈留郡,今汴州县也。

前太尉李固、杜乔皆下狱死。①

①续汉志曰:"顺帝之末,京都童谣曰:'直如弦,死道边;曲如钩,反封侯。'曲如钩谓梁冀、胡广等。直如弦谓李固等。"

陈留盗贼李坚自称皇帝,伏诛。①

①东观记曰江舍及李坚等。

二年春正月甲子，皇帝加元服。庚午，大赦天下。赐河閒、勃海二王黄金各百斤，①彭城诸国王各五十斤；②公主、大将军、三公、特进、侯、中二千石、二千石、将、大夫、郎吏、从官、四姓及梁邓小侯、诸夫人以下帛，各有差。年八十以上赐米、酒、肉，九十以上加帛二匹，绵三斤。

①河閒王建，勃海王悝。

②彭城王定。

三月戊辰，帝从皇太后幸大将军梁冀府。

白马羌寇广汉属国，杀长吏，益州刺史率板楯蛮讨破之。①

①板楯，西南蛮之号。

夏四月丙子，封帝弟(顾)〔硕〕为平原王，[6]奉孝崇皇祀。尊孝崇皇夫人马氏为孝崇园贵人。

嘉禾生大司农帑藏。①五月癸丑，北宫掖廷中德阳殿及左掖门火，车驾移幸南宫。

①说文曰："帑者，金布所藏之府也。"帑，佗朗反。

六月，改清河为甘陵，立安平王得子经侯理为甘陵王。①

①安平，今定州县也。经，今贝州经城县。

秋七月，京师大水。河东言木连理。

冬十月，长平陈景自号"黄帝子"，署置官属，又南顿管伯亦称"真人"，并图举兵，悉伏诛。

三年春三月甲申，彭城王定薨。

夏四月丁卯晦，日有食之。①五月乙亥，诏曰："盖闻天生蒸民，不能相理,为之立君,使司牧之。君道得于下,则休祥著乎上;庶事失其序,则咎征见乎象。②间者,日食毁缺,阳光晦暗,朕祇惧潜思,匪遑启处。③传不云乎:‘日食修德,月食修刑。’④昔孝章帝愍前世禁徙,故建初之元,并蒙恩泽,流徙者使还故郡,没入者免为庶民。[7]先皇德政,可不务乎! 其自永建元年迄乎今岁,凡诸妖恶,支亲从坐,及吏民减死徙边者,悉归本郡,唯没入者不从此令。”

①续汉志曰:“在东井二十三度。东井主法,梁太后枉杀公卿,犯天法也。”

②已上略成帝诏词。

③遑,暇也。启,跪也。诗小雅曰:“王事靡盬,不遑启处。”

④公羊传之文也。[8]

六月庚子,诏大将军、三公、特进、侯、其与卿、校尉举贤良方正能直言极谏之士各一人。

乙卯,震宪陵寝屋。秋七月庚申,廉县雨肉。①八月乙丑,有星孛于天市。②京师大水。九月己卯,地震。庚寅,地又震。诏死罪以下及亡命者赎,各有差。郡国五山崩。

①续汉志曰:“肉似羊肺,或大如手。”五行传云:“弃法律,逐功臣,时则有羊祸,时则有赤眚赤祥。”是时梁太后摄政,兄冀专权,枉诛李固、杜乔,天下冤之。廉县属北地郡也。

②前书曰:“旗星中四星,名曰天市。”

冬十月,太尉赵戒免。司徒袁汤为太尉,大司农河内张歆为司徒。①

①歆字敬让。

十一月甲申,诏曰:“朕摄政失中,灾眚连仍,三光不明,阴阳错序。监寐窹叹，疢如疾首。①今京师厮舍，死者相枕，②郡县阡陌，处处有之，甚违周文掩骼之义。其有家属而贫无以葬者，给直，人三千，丧主布三匹；若无亲属，可於官壖地葬之，③表识姓名，为设祠祭。又徒在作部，疾病致医药，死亡厚埋藏。民有不能自振及流移者，禀穀如科。州郡检察，务崇恩施，以康我民。"

①监寐言虽寝而不寐也。窹，觉也。

②厮舍，贱役人之舍。

③壖，官之馀地也。前书音义曰："壖，城郭旁地。"音奴唤、而恋二反。

和平元年春正月甲子，[9]大赦天下，改元和平。

(己)〔乙〕丑，诏曰：[10]"曩者遭家不造，先帝早世。①永惟大宗之重，深思嗣续之福，询谋台辅，稽之兆占。既建明哲，克定统业，天人协和，万国咸宁。元服已加，将即委付，而四方盗窃，颇有未静，故假延临政，以须安谧。幸赖股肱御侮之助，残丑消荡，②民和年稔，普天率土，遐迩洽同。远览'复子明辟'之义，③近慕先姑归授之法，④及今令辰，皇帝称制。群公卿士，虔恭尔位，戮力一意，勉同断金。⑤'展也大成'，则所望矣。"⑥

①谓顺帝崩也。诗周颂曰："闵予小子，遭家不造。"郑玄注云："造，成也。言成王遭武王崩，家道未成。"

②谓建和二年长安陈景反，南顿管伯等谋反，并伏诛。

③尚书曰："周公曰'朕复子明辟'。"复，还也。子谓成王也。辟，君也。谓周公摄政已久，故复还明君之政于成王；今太后亦还政于帝也。

④先姑谓安帝阎皇后也。尔雅曰"妇人谓夫之父曰舅，夫之母曰姑。在则曰君舅、君姑，殁则曰先舅、先姑"也。

⑤金者，刚之物也。言人能同心，则其利可以断之也。易曰："二人同

心,其利断金。”

⑥诗小雅曰:“允矣君子,展也大成。”郑玄注云:“允,信也。展,诚也。大成谓致太平也。”言诚能致太平,是所望也。

二月,扶风妖贼裴优自称皇帝,伏诛。①

①裴,姓;优,名也。风俗通曰:“裴,伯益之后。”

甲寅,皇太后梁氏崩。

三月,车驾徙幸北宫。

甲午,葬顺烈皇后。〔11〕

夏五月庚辰,尊傅园匽贵人曰孝崇皇后。

秋七月,梓潼山崩。①

①梓潼,县,属广汉郡,今始州县也,有梓潼水。

冬十一月辛巳,〔12〕减天下死罪一等,徙边戍。

元嘉元年春正月,京师疾疫,使光禄大夫将医药案行。

癸酉,大赦天下,改元元嘉。

二月,九江、庐江大疫。

甲午,河间王建薨。夏四月己丑,安平王得薨。①

①河间孝王开之子,初为乐成王,后改曰安平。

京师旱。任城、梁国饥,民相食。

司徒张歆罢,光禄勋吴雄为司徒。

秋七月,武陵蛮叛。

冬十月,司空胡广罢。

十一月辛巳,京师地震。

闰月庚午,任城王崇薨。太常黄琼为司空。

二年春正月,<u>西域长史王敬</u>为于<u>寘国</u>所杀。①

①敬杀于<u>寘王建</u>,故国人杀之。

丙辰,京师地震。

夏四月甲寅,<u>孝崇皇后</u>匽氏崩。庚午,<u>常山王豹</u>薨。五月辛卯,葬<u>孝崇皇后</u>于<u>博陵</u>。

秋七月庚辰,日有食之。[13]八月,<u>济阴</u>言黄龙见<u>句阳</u>,①<u>金城</u>言黄龙见<u>允街</u>。②冬十月乙亥,京师地震。

①县名,属<u>济阴郡</u>,<u>左传</u>曰"盟于<u>句渎</u>之丘"是也,故城在今<u>曹州乘氏县</u>北,一名<u>谷丘</u>。

②<u>允街</u>,县名,属<u>金城郡</u>,音缘皆。

十一月,司空<u>黄琼</u>免。十二月,特进<u>赵戒</u>为司空。

<u>右北平</u>太守<u>和旻</u>坐臧,下狱死。

<u>永兴</u>元年春二月,<u>张掖</u>言白鹿见。

三月丁亥,幸<u>鸿池</u>。

夏五月丙申,大赦天下,改元<u>永兴</u>。

丁酉,<u>济南王广</u>薨,无子,国除。

秋七月,郡国三十二蝗。<u>河水</u>溢。百姓饥穷,流冗道路,至有数十万户,<u>冀州</u>尤甚。诏在所赈给乏绝,安慰居业。

冬十月,太尉<u>袁汤</u>免,太常<u>胡广</u>为太尉。司徒<u>吴雄</u>罢,司空<u>赵戒</u>免;以太仆<u>黄琼</u>为司徒,光禄勋<u>房植</u>为司空。

十一月丁丑,诏减天下死罪一等,徙边戍。

是岁,<u>武陵</u>太守<u>应奉</u>招诱叛蛮,降之。

二年春正月甲午,大赦天下。

二月辛丑,初听刺史、二千石行三年丧服。

癸卯,京师地震,诏公、卿、校尉举贤良方正能直言极谏者各一人。诏曰:"比者星辰谬越,坤灵震动,灾异之降,必不空发。救己修政,庶望有补。其舆服制度有踰侈长饰者,皆宜损省。①郡县务存俭约,申明旧令,如永平故事。"

①长音直亮反。

六月,彭城泗水增长逆流。①诏司隶校尉、部刺史曰:"蝗灾为害,水变仍至,五穀不登,人无宿储。其令所伤郡国种芜菁以助人食。"

①张衡对策曰:"水者,五行之首。逆流者,人君之恩不能下及,而教逆也。"

京师蝗。东海朐山崩。①

①朐,山名也,在今海州朐山县南。

九月丁卯朔,日有食之。诏曰:"朝政失中,云汉作旱,①川灵涌水,蝗螽孳蔓,残我百穀,太阳亏光,饥馑荐臻。其不被害郡县,当为饥馁者储。天下一家,趣不糜烂,则为国宝。其禁郡国不得卖酒,祠祀裁足。"

①云汉,诗大雅篇名也。周宣王时大旱,故作诗曰:"倬彼云汉,昭回于天。"郑玄注云:"云汉,天河也。倬然转运于天。时旱渴雨,故宣王夜视天河,望其候焉。"

太尉胡广免,司徒黄琼为太尉。闰月,光禄勋尹颂为司徒。①

①颂字公孙,巩人。

减天下死罪一等,徙边戍。

蜀郡李伯诈称宗室,当立为"太初皇帝",伏诛。

冬十一月甲辰,校猎上林苑,遂至函谷关,赐所过道傍年九十以上钱,各有差。

太山、琅邪贼公孙举等反叛,杀长吏。

永寿元年春正月戊申,大赦天下,改元永寿。

二月,司隶、冀州饥,人相食。① 敕州郡赈给贫弱。若王侯吏民有积穀者,一切贳十分之三,②以助廪贷;其百姓吏民者,以见钱雇直。③王侯须新租乃偿。④

①司隶,州,即洛阳。

②贳音吐得反,又音徒得反。

③雇犹酬也。

④须,待也。

夏四月,白乌见齐国。

六月,洛水溢,坏鸿德苑。①南阳大水。

①续汉志曰:"水溢至津城门,漂流人物。时梁冀专政,疾害忠良,威权震主,后遂诛灭也。"

司空房植免,太常韩缜为司空。①

①缜音翼善反。

诏太山、琅邪遇贼者,勿收租、赋,复更、算三年。又诏被水死流失尸骸者,令郡县钩求收葬,及所唐突压溺物故,七岁以上赐钱,人二千。坏败庐舍,亡失穀食,尤贫者廪,人二斛。

巴郡、益州郡山崩。①

①益州,郡名也,武帝置。诸本无"郡"字者,误也。

秋七月,初置太山、琅邪都尉官。①

①汉官仪曰:"秦郡有尉一人,典兵禁,捕盗贼,景帝更名都尉,建武(七)
〔六〕年[14]省,唯边郡往往置都尉及属国都尉。"今二郡寇贼不息,
故置。

南匈奴左〔薁鞬〕台〔耆〕、且渠伯德等叛,[15]寇美稷,①安定属
国都尉张奂讨除之。

①美稷,西河县也。

二年春正月,初听中官得行三年服。①

①中官,常侍以下。

二月甲申,东海王臻薨。

三月,蜀郡属国夷叛。

秋七月,鲜卑寇云中。太山贼公孙举等寇青、兖、徐三州,遣中
郎将段颎讨,破斩之。

冬十一月,置太官右监丞官,①

①汉官仪太官右监丞,秩比六百石也。

十二月,京师地震。

三年春正月己未,[16]大赦天下。

夏四月,九真蛮夷叛,太守儿式讨之,战殁;遣九真都尉魏朗击
破之。复屯据日南。

闰月庚辰晦,日有食之。

六月,初以小黄门为守宫令,置冗从右仆射官。①

①汉官仪曰"守宫令一人,黄门冗从仆射一人,并秩六百石"也。

京师蝗。秋七月,河东地裂。

冬十一月,司徒尹颂薨。

长沙蛮叛,寇益阳。①

①县名,属长沙国,在益水之阳,今潭州县也,故城在县东。

司空韩缜为司徒,太常北海孙朗为司空。①

①朗字代平。

延熹元年春三月己酉,初置鸿德苑令。①

①汉官仪曰:"苑令一人,秩六百石。"

夏五月己酉,大会公卿以下,赏赐各有差。

甲戌晦,日有食之。京师蝗。

六月戊寅,大赦天下,改元延熹。

丙戌,分中山置博陵郡,以奉孝崇皇园陵。①大雩。

①博陵郡,故城在今瀛州博野县也。后徙安平。

秋七月己巳,[17]云阳地裂。

甲子,太尉黄琼免,太常胡广为太尉。

冬十月,校猎广成,遂幸上林苑。

十二月,鲜卑寇边,使匈奴中郎将张奂率南单于击破之。

二年春二月,鲜卑寇鴈门。

己亥,阜陵王便薨。

蜀郡夷寇蚕陵,杀县令。

三月,复断刺史、二千石行三年丧。

夏,京师雨水。

六月,鲜卑寇辽东。

秋七月,初造显阳苑,置丞。

丙午,皇后梁氏崩。乙丑,葬懿献皇后于懿陵。

大将军梁冀谋为乱。八月丁丑,帝御前殿,诏司隶校尉张彪将兵围冀第,收大将军印绶,冀与妻皆自杀。卫尉梁淑、河南尹梁胤、屯骑校尉梁让、越骑校尉梁忠、长水校尉梁戟等,及中外宗亲数十人,皆伏诛。太尉胡广坐免。司徒韩缜、司空孙朗下狱。①

①东观记曰:"并坐不卫宫,止长寿亭,减死一等,以爵赎之。"

壬午,立皇后邓氏,追废懿陵为贵人冢。诏曰:"梁冀奸暴,浊乱王室。孝质皇帝聪敏早茂,冀心怀忌畏,私行杀毒。永乐太后亲尊莫二,①冀又遏绝,禁还京师,②使朕离母子之爱,隔顾复之恩。祸害深大,罪衅日滋。赖宗庙之灵,及中常侍单超、徐璜、具瑗、左悺、③唐衡、尚书令尹勋等激愤建策,内外协同,漏刻之间,桀逆枭夷。④斯诚社稷之祐,臣下之力,宜班庆赏,以酬忠勋。其封超等五人为县侯,勋等七人为亭侯。"⑤于是旧故恩私,多受封爵。

①和平元年有司奏,太后所居皆以永乐为称,置官属太仆、少府焉。

②谓太后常居博园,不得在洛阳。

③说文曰:"悺,忧也。"音工奂反。今作心旁官,即"悺"字也,今相传音绾。

④枭,县首于木也。

⑤五县侯谓单超新丰侯、徐璜武原侯、具瑗东武阳侯、左悺上蔡侯、唐衡汝阳侯。七亭侯谓尹勋宜阳都乡、霍谞邺都亭、张敬山阳西乡、欧阳参修武仁亭、李玮宜阳金门、虞放冤句吕都亭、周永下邳高迁乡。

大司农黄琼为太尉,光禄大夫中山祝恬为司徒,①大鸿胪梁国盛允为司空。②初置秘书监官。③

①恬字伯休,卢奴人。

②允字伯代。^[18]

③汉官仪:"秘书监一人,秩六百石。"

冬十月壬申,行幸长安。乙酉,幸未央宫。甲午,祠高庙。十一月庚子,遂有事十一陵。

壬寅,中常侍单超为车骑将军。

十二月己巳,至自长安。赐长安民粟人十斛,园陵人五斛,行所过县三斛。

烧当等八种羌叛,寇陇右,护羌校尉段颎追击于罗亭,破之。①

①东观记曰追到积石山,即与罗亭相近,在今鄯州也。

天竺国来献。

三年春正月丙申,大赦天下。

丙午,车骑将军单超薨。

闰月,烧何羌叛,寇张掖,护羌校尉段颎追击于积石,大破之。①

①积石山在今鄯州龙支县南,即禹贡云"导河积石"是也。

白马令李云坐直谏,下狱死。

夏四月,上郡言甘露降。五月甲戌,汉中山崩。

六月辛丑,司徒祝恬薨。秋七月,司空盛允为司徒,太常虞放为司空。①

①放字子仲,陈留人也。

长沙蛮寇郡界。

九月,太山、琅邪贼劳丙等复叛,寇掠百姓,遣御史中丞赵某①持节督州郡讨之。

①史阙名也。

丁亥,诏无事之官权绝奉,丰年如故。

冬十一月,日南蛮贼率众诣郡降。

勒姐羌围允街,①段颎击破之。

①勒姐,羌号也。姐音子野反。

太山贼叔孙无忌攻杀都尉侯章。十二月,遣中郎将宗资讨破之。

武陵蛮寇江陵,车骑将军冯绲讨,皆降散。荆州刺史度尚讨长沙蛮,平之。〔19〕

四年春正月辛酉,南宫嘉德殿火。戊子,丙署火。①大疫。二月壬辰,武库火。

①丙署,署名也。续汉志曰:"丙署长七人,秩四百石,黄绶,宦者为之,主中宫别处。"

司徒盛允免,大司农种暠为司徒。三月,省冗从右仆射官。①太尉黄琼免。夏四月,太常刘矩为太尉。

①永寿三年置。

甲寅,封河间王开子博为任城王。

五月辛酉,有星孛于心。丁卯,原陵长寿门火。己卯,京师雨雹。①六月,京兆、扶风及凉州地震。庚子,岱山及博尤来山并颓裂。②

①东观记曰大如鸡子。续汉志曰"诛杀过差,宠小人"也。

②博,今博城县也。太山有徂来山,一名尤来。

己酉,大赦天下。

司空虞放免,前太尉黄琼为司空。

犍为属国夷寇钞百姓,益州刺史山昱击破之。

零吾羌与先零诸种并叛,寇三辅。

秋七月,京师雩。

减公卿以下奉,贷王侯半租。占卖关内侯、虎贲、羽林、缇骑营士、五大夫钱各有差。

九月,司空黄琼免,大鸿胪刘宠为司空。

冬十月,天竺国来献。

南阳黄武与襄城惠得、昆阳乐季訞言相署,皆伏诛。

先零沈氐羌与诸种羌寇并、凉二州,十一月,中郎将皇甫规击破之。

十二月,夫馀王遣使来献。

五年春正月,省太官右监丞。①

①永寿三年置。

壬午,南宫丙署火。

三月,沈氐羌寇张掖、酒泉。

壬午,济北王次薨。

夏四月,长沙贼起,寇桂阳、苍梧。①

①东观记曰:"时攻没苍梧,取铜虎符,太守甘定、刺史侯辅各奔出城。"

桂阳,郡,在桂水之阳,今连州县。

惊马逸象突入宫殿。乙丑,恭陵东阙火。①[20]戊辰,虎贲掖门火。己巳,太学西门自坏。五月,康陵园寝火。②

①安帝陵也。

②殇帝陵也。

长沙、零陵贼起,攻桂阳、苍梧、南海、交阯,遣御史中丞盛修督州郡讨之,不克。

乙亥,京师地震。诏公、卿各上封事。甲申,中藏府承禄署火。秋七月己未,南宫承善闼火。①

①尔雅曰:"宫中门谓之闱。"广雅曰:"闱谓之阁。"

鸟吾羌寇汉阳、陇西、金城,诸郡兵讨破之。

八月庚子,诏减虎贲、羽林住寺不任事者半奉,勿与冬衣;①其公卿以下给冬衣之半。

①东观记曰:"以京师水旱疫病,[21]帑藏空虚,虎贲、羽林不任事者住寺,减半奉。"据此,谓简选疲弱不胜军事者,留住寺也。

艾县贼焚烧长沙郡县,寇益阳,杀令。①又零陵蛮亦叛,寇长沙。

①东观记曰:"时贼乘刺史车,屯据临湘,居太守舍。贼万人以上屯益阳,杀长吏。"艾,县名,属豫章郡,故城在今洪州建昌县。

己卯,罢琅邪都尉官。①

①永寿元年置。

冬十月,武陵蛮叛,寇江陵,南郡太守李肃坐奔北弃市;辛丑,以太常冯绲为车骑将军,讨之。假公卿以下奉。又换王侯租以助军粮,出濯龙中藏钱还之。十一月,冯绲大破叛蛮于武陵。

京兆虎牙都尉宗谦[22]坐臧,下狱死。①

①京兆虎牙都尉屯长安,见西羌传。

滇那羌寇武威、张掖、酒泉。

太尉刘矩免,太常杨秉为太尉。

六年春二月戊午,司徒种暠薨。

三月戊戌,大赦天下。

卫尉颍川许栩为司徒。①

①栩字季阙,郾人。

夏四月辛亥,康陵东署火。

五月,鲜卑寇辽东属国。

秋七月甲申,平陵园寝火。①

①平陵,昭帝陵也。

桂阳盗贼李研等寇郡界。

武陵蛮复叛,太守陈奉与战,大破降之。

陇西太守孙羌讨滇那羌,破之。

八月,车骑将军冯绲免。

冬十月丙辰,校猎广成,遂幸函谷关、上林苑。

十一月,司空刘宠免。

南海贼寇郡界。

十二月,卫尉周景为司空。

七年春正月庚寅,沛王荣薨。

三月癸亥,陨石于鄗。

夏四月丙寅,梁王成薨。

五月己丑,京师雨雹。

秋七月辛卯,赵王乾薨。

野王山上有死龙。[23]

荆州刺史度尚击零陵、桂阳盗贼及蛮夷,大破平之。

冬十月壬寅,南巡狩。庚申,幸章陵,祠旧宅,遂有事于园庙,赐守令以下各有差。戊辰,幸云梦,临汉水;还,幸新野,祠湖阳、新野公主、鲁哀王、寿张敬侯庙。①

①光武姊湖阳长公主、新野长公主;兄鲁哀王,舅寿张敬侯樊重,并光武时立庙。

护羌校尉段颎击当煎羌,破之。

十二月辛丑,车驾还宫。

八年春正月,遣中常侍左悺之苦县,祠老子。①

①史记曰:"老子者,楚苦县厉乡曲仁里人也。名耳,字聃,姓李氏。为周守藏(吏)〔史〕。[24]有神庙,故就祠之。苦县属陈国,故城在今亳州谷阳县也。苦音户,又如字。

勃海王悝谋反,降为(瘿)〔廮〕陶王。①[25]

①(瘿)〔廮〕陶,县,属钜鹿郡,故城在今赵州(瘿)〔廮〕陶县西南。

丙申晦,日有食之。诏公、卿、校尉举贤良方正。

〔二月〕己酉,南宫嘉德署黄龙见。千秋万岁殿火。[26]

太仆左称有罪自杀。

244 癸亥,皇后邓氏废。河南尹邓万世、①虎贲中郎将邓会下狱死。②

①邓后之叔父。

②邓后之兄子。

护羌校尉段颎击罕姐羌,[27]破之。

三月辛巳,大赦天下。

夏四月甲寅,安陵园寝火。①

①惠帝陵也。

丁巳,坏郡国诸房祀。①

①房谓祠堂也。王涣传曰:"时唯密县存故太傅卓茂庙,洛阳留令王
　涣祠。"

济阴、东郡、济北河水清。

五月壬申,罢太山都尉官。①丙戌,太尉杨秉薨。

①永寿元年置。

〔六月〕丙辰,缑氏地裂。〔28〕

桂阳胡兰、朱盖等复反,〔29〕攻没郡县,转寇零陵,零陵太守陈
球拒之;遣中郎将度尚、长沙太守抗徐等击兰、盖,大破斩之。①苍
梧太守张叙为贼所执,又桂阳太守任胤背敌畏懦,皆弃市。

①谢承书曰:"抗徐字伯徐,丹阳人。少为郡佐史,有胆智策略,三府表
　徐有将率之任,特迁长沙太守。"风俗通曰:"卫大夫三抗之后,汉有抗
　喜,为汉中太守。"

闰月甲午,南宫长秋和欢殿后钩楯、掖庭、朔平署火。①

①长秋,宫名,汉官曰:"朔平署司马一人。"

六月,段颎击当煎羌于湟中,大破之。①

①湟,水名,在今鄯州湟水县。

秋七月,太中大夫陈蕃为太尉。

八月戊辰,初令郡国有田者亩敛税钱。①

①亩十钱也。〔30〕

九月丁未,京师地震。

冬十月,司空周景免,太常刘茂为司空。①

①茂字叔盛,彭城人也。

辛巳,立贵人窦氏为皇后。

勃海妖贼盖登等①称"太上皇帝",有玉印、珪、璧、钱铁,相署置,皆伏诛。②

①盖音古盍反。

②续汉书曰:"时登等有玉印五,皆如白石,文曰'皇帝信玺','皇帝行玺',其三无文字。璧二十二,珪五,铁券十一。开王庙,带王绶,^[31]衣绛衣,相署置也。"

十一月壬子,德阳殿西阁、黄门北寺火,延及广义、神虎门,烧杀人。①

①广义、神虎,洛阳宫西门也,在金商门外。袁山松书曰:"是时连月火灾,诸宫寺或一日再三发。又夜有訛言,击鼓相惊。陈蕃等上疏谏曰'唯善政可以已之',书奏不省。"

使中常侍管霸之苦县,祠老子。

九年春正月辛(亥)〔卯〕朔,^[32]日有食之。诏公、卿、校尉、郡国举至孝。

沛国戴异得黄金印,无文字,遂与广陵人龙尚等共祭井,作符书,称"太上皇",伏诛。①

①东观记曰:"戴异钼田得金印,到广陵以与龙尚。"

己酉,诏曰:"比岁不登,民多饥穷,又有水旱疾疫之困。盗贼征发,南州尤甚。①灾异日食,谴告累至。政乱在予,仍获咎征。其令大司农绝今岁调度征求,及前年所调未毕者,勿复收责。其灾旱盗贼之郡,勿收租,馀郡悉半入。"

①谓长沙、桂阳、零陵等郡也,并属荆州。

三月癸巳,京师有火光转行,人相惊谭。

司隶、豫州饥死者什四五,至有灭户者,遣三府掾赈禀之。

陈留太守韦毅坐臧自杀。

夏四月,济阴、东郡、济北、平原河水清。

司徒许栩免。五月,太常胡广为司徒。

六月,南匈奴及乌桓、鲜卑寇缘边九郡。

秋七月,沈氐羌寇武威、张掖。诏举武猛,三公各二人,卿、校尉各一人。

太尉陈蕃免。

庚午,祠黄、老于濯龙宫。

遣使匈奴中郎将张奂击南匈奴、乌桓、鲜卑。

九月,光禄勋周景为太尉。

南阳太守成瑨、[33]太原太守刘质,[34]并以谮弃市。①

①时小黄门赵津犯法,质考杀之,宦官怨恚,有司承旨奏质等。

司空刘茂免。

大秦国王遣使奉献。①

①时国王安敦献象牙、犀角、玳瑁等。

冬十二月,洛城傍竹柏枯伤。

光禄勋汝南宣酆为司空。①

①酆字伯应,封东阳亭侯。

南匈奴、乌桓率众诣张奂降。

司隶校尉李膺等二百馀人受诬为党人,并坐下狱,书名
王府。①

①河内牢脩告之,事具刘淑传。

永康元年春正月,先零羌寇三辅,中郎将张奂破平之。当煎羌
寇武威,护羌校尉段颎追击于鸾鸟,大破之。①西羌悉平。

①鸾鸟,县名,属武威郡。鸾音萑。

夫馀王寇玄菟,太守公孙域与战,破之。

夏四月,先零羌寇三辅。

五月丙申,京师及上党地裂。

庐江贼起,寇郡界。

壬子晦,日有食之。诏公、卿、校尉举贤良方正。

六月庚申,大赦天下,悉除党锢,改元永康。①

①时李膺等颇引宦者子弟,宦官多惧,请帝以天时当赦,帝许之,故除党
  锢也。

丙寅,阜陵王统薨。

秋八月,魏郡言嘉禾生,甘露降。巴郡言黄龙见。①

①续汉志曰:"时人欲就沱浴,见沱水浊,因戏相恐:'此中有黄龙。'语遂
  行人〔閒〕,闻郡,[35]欲以为美,故上言之,时史以书帝纪。桓帝政化
  衰缺,而多言瑞应,皆此类也。先儒言瑞兴非时,则为妖孽,而人言生
  龙,皆龙孽也。"

六州大水,勃海海溢。诏州郡赐溺死者七岁以上钱,人二千;
一家皆被害者,悉为收敛;其亡失穀食,禀人三斛。

冬十月,先零羌寇三辅,使匈奴中郎将张奂击破之。

十一月,西河言白菟见。

十二月壬申,复(癭)〔廮〕陶王悝为勃海王。

丁丑,帝崩于德阳前殿,年三十六。戊寅,尊皇后曰皇太后,太后临朝。

是岁,复博陵、河间二郡,比丰、沛。

论曰:前史称桓帝好音乐,善琴笙。①饰芳林而考濯龙之宫,②设华盖以祠浮图、老子,③斯将所谓"听于神"乎!④及诛梁冀,奋威怒,天下犹企其休息。而五邪嗣虐,流衍四方。⑤自非忠贤力争,屡折奸锋,⑥虽愿依斟流彘,亦不可得已。⑦

①前史谓东观记。

②薛综注东京赋云:"濯龙,殿名。芳林谓两旁树木兰也。"考,成也。既成而祭之。左传曰"考仲子之宫"也。

③浮图,今佛也。续汉志曰:"祠老子于濯龙宫,文罽为坛,饰淳金(铅)〔釦〕器,[36]设华盖之坐,用郊天乐。"

④左传曰:"史嚚曰:'国将兴,听于人;将亡,听于神。'"

⑤五邪谓单超、徐璜、左悺、唐衡、具瑗也。

⑥忠贤谓李膺、陈蕃、窦武、黄琼、朱穆、刘淑、刘陶等,各上书极谏,以折宦官等奸谋之锋也。

⑦帝王纪曰:"夏帝相为羿所逐,相乃都商丘,依同姓诸侯斟灌、斟寻氏。"史记曰:"周厉王好利暴虐,周人相与畔,而袭厉王,王出奔于彘。"言帝宠幸宦竖,令执威权,赖忠臣李膺等竭力谏争,以免篡弑之祸。不然,则虽愿如夏相依斟,周王流彘,不可得也。斟灌、斟寻,国,故城在今青州。彘,晋地也。

赞曰:桓自宗支,越跻天禄。①政移五幸,刑淫三狱。②倾宫虽积,皇身靡续。③

①越谓非次也。跻,升也,天禄,天位也。左传子家羁曰:"天禄不再。"

②幸,佞也。淫,滥也。五幸即上"五邪"也。三狱谓李固、杜乔、李云、杜众、成瑨、刘质也。

③帝王纪曰:"纣多发美女以充倾宫之室,妇人衣绫纨者三百馀人。"据桓帝纳三皇后,又博采宫女五六千人,并无子也。

【校勘记】

〔1〕谒高庙光武庙　按:殿本考证引何焯说,谓"光武庙"上疑脱"壬午谒"三字。

〔2〕以顺帝阳嘉中封为教逎亭侯　按:汲本、殿本"为教"二字误倒。又按:教即勃之俗字,汲本、殿本俱作"勃"。

〔3〕大司农杜乔为太尉　按:"大司农"当作"光禄勋"。杜乔传"迁光禄勋,建和元年代胡广为太尉"。袁纪亦云光禄勋杜乔代胡广为太尉。

〔4〕"八月"乙未立皇后梁氏　集解引惠栋说,谓考异云皇后纪、袁纪皆云八月,而无日。以长历考之,七月戊申朔,无乙未,乙未八月十八日,此上脱"八月"二字。今据补。

〔5〕杀国相射暠　按:清河王传云文等劾相谢暠,章怀注云帝纪"谢"作"射",盖纪传不同。集解引惠栋说,谓三辅决录云汉末大鸿胪射咸,本姓谢名服,天子以将军出征,姓谢名服不祥,改之为射氏名咸。案此谢氏至汉末时始改射,故吴时有射慈。暠在桓帝初,不应先姓射氏,当从传为正。又按:据清河王传章怀注,则纪本作"射",汲本、殿本作"谢",殆后人据传改也。

〔6〕封帝弟(顾)〔硕〕为平原王　按:河间王开传作"帝兄都乡侯硕",孝崇匽王后纪又作"帝弟平原王石"。校补引侯康说,谓作"硕"者

是,顾则形近之误,石则声近之误也。作"帝弟"者是,<u>桓帝</u>为<u>蠡吾</u>
<u>侯</u>长子,不得有兄也。今据改。

〔7〕没入者免为庶民　按:"民"当作"人",此后人回改之讹。

〔8〕公羊传之文也　按:<u>集解</u>引<u>苏舆</u>说,谓<u>公羊传</u>无此文,语见<u>管子</u>。

〔9〕和平元年春正月甲子　按:<u>李慈铭</u>谓据<u>通鉴目录</u>甲子是朔,"甲子"
下当脱一"朔"字。

〔10〕(己)〔乙〕丑诏曰　按:<u>汲本</u>、<u>殿本</u>作"己亥",<u>袁纪</u>作"己丑",<u>通鉴</u>
作"乙丑",<u>校补</u>谓当以<u>通鉴</u>为正。今据改。

〔11〕甲午葬顺烈皇后　按:<u>李慈铭</u>谓按<u>通鉴目录</u>,三月癸亥朔,不得有
甲午,若是甲子,则距崩十一日,太促,疑"甲"当作"庚"。

〔12〕冬十一月辛巳　按:<u>汲本</u>、<u>殿本</u>、<u>集解</u>本无"辛巳"二字。

〔13〕秋七月庚辰日有食之　按:推是年七月合朔己卯,无日食,参阅<u>续</u>
<u>五行志</u>六校记。

〔14〕建武(七)〔六〕年　<u>汲本</u>作"十年",<u>校补</u>谓据<u>光武纪</u>及<u>续志</u>,皆"六
年"之误。今据改。

〔15〕南匈奴左〔薁鞬〕台〔耆〕且渠伯德等叛　<u>沈家本</u>谓按<u>张奂传</u>及<u>南</u>
<u>匈奴传</u>"左"下夺"薁鞬"二字,"台"下夺"耆"字。今据补。按:<u>通</u>
<u>鉴</u>亦作"左薁鞬台耆",考异云从<u>张奂传</u>。

〔16〕春正月己未　按:"己未"当依<u>袁宏纪</u>作"癸未",是年正月癸未朔,
无己未。

〔17〕秋七月己巳　按:当依<u>续志</u>作"乙巳",详<u>五行志</u>四校记。

〔18〕允字伯代　按:据<u>司徒盛允碑</u>,<u>允</u>字伯世,此作"代",<u>章怀</u>避<u>唐</u>讳
改也。

〔19〕武陵蛮寇江陵车骑将军冯绲讨皆降散荆州刺史度尚讨长沙蛮平之
<u>集解</u>引<u>惠栋</u>说,谓考异云事在五年,重出。按:<u>校补</u>谓案后五年
十月,<u>绲</u>始由太常为车骑将军,十一月,大破<u>蛮</u>于<u>武陵</u>,此为重出。
<u>度尚传度</u>自右校令擢为<u>荆州</u>刺史,亦在<u>延熹</u>五年,其讨<u>蛮</u>同属五年

事,今载入三年纪,而五年纪无之,是为误出。

〔20〕乙丑恭陵东阙火　按:钱大昕谓五行志作"恭北陵",恭北陵者,顺帝母李氏陵也。

〔21〕以京师水旱疫病　按:"京"原讹"军",迳据汲本、殿本改正。

〔22〕京兆虎牙都尉宗谦　按:集解引惠栋说,谓续志作"宋谦"。

〔23〕秋七月辛卯赵王乾薨野王山上有死龙　按:校补引钱大昭说,谓襄楷传七年六月十三日河内野王山上有龙死,长可数十丈,续志作六月壬子,此云"七月",似误。

〔24〕为周守藏(吏)〔史〕　据汲本、殿本改。

〔25〕降为(廮)〔廮〕陶王　据殿本改。注同。按廮字从广婴声,钜鹿有廮陶县,见说文。作"廮"者误。

〔26〕〔二月〕己酉南宫嘉德署黄龙见千秋万岁殿火　集解引钱大昕说,谓按此上承正月丙申晦日食,则"己酉"上当脱"二月"二字,五行志亦云二月。今据补。按:钱氏又谓依此文似龙见一事,火灾又一事。志于"黄龙"下无"见"字,"万岁殿"下多"皆"字,则"黄龙"亦是殿名,与嘉德署同日火也。

〔27〕护羌校尉段颎击罕姐羌　按:殿本"罕"作"勒",与段颎传合。张森楷校勘记谓案西羌传有罕羌,无罕姐羌,则"罕"字讹也。又按:通鉴亦作"罕姐",章钰校记据张敦仁通鉴刊本识误云"罕"作"勒"。

〔28〕〔六月〕丙辰缑氏地裂　校补谓案续志乃六月丙辰也,纪文脱"六月"二字。且五月既书壬申于前,不应有丙辰也。今据补。

〔29〕桂阳胡兰朱盖等复反　按:"阳"原讹"杨",迳改正。

〔30〕亩十钱也　按:集解引通鉴胡注,谓宦者传张让等说帝敛天下田,亩税十钱,非此时事也。盖汉法田租三十税一,而计亩敛钱,则自此始。又校补引沈铭彝说,谓此所云亩敛税钱,乃出于常赋三十取一之外,今所谓税钱始此。

〔31〕带王绶　按:汲本、殿本"王"作"玉"。

〔32〕春正月辛(亥)〔卯〕朔　据集解引钱大昕说改。

〔33〕南阳太守成瑨　按:集解引惠栋说,谓"瑨"车骑将军冯绲碑作"晋"。

〔34〕太原太守刘质　按:集解引惠栋说,谓"质"冯绲碑及天文志作"瓆"。又引钱大昕说,谓按陈蕃、王允、刘殷、襄楷传俱作"刘瓆",考说文无瓆字,当以质为正也。

〔35〕语遂行人〔閒〕闻郡　按:汲本有〔閒〕字,无"闻"字。　今据续志补一"间"字。

〔36〕饰淳金(铅)〔钮〕器　据续志改。按:铅与钮形近而误。汲本、殿本作"银",误。

后汉书卷八

孝灵帝纪第八

　　<u>孝灵皇帝</u>讳<u>宏</u>。① <u>肃宗</u>玄孙也。曾祖<u>河间孝王开</u>,祖<u>淑</u>,父<u>苌</u>,[1]世封<u>解渎亭侯</u>,②帝袭侯爵。母<u>董夫人</u>。<u>桓帝</u>崩,无子,皇太后与父城门校尉<u>窦武</u>定策禁中,使守光禄大夫<u>刘儵</u>持节,将左右羽林至<u>河间</u>奉迎。③

　　①谥法曰:"乱而不损曰灵。"(伏侯古今注曰)宏之字曰大。[2]

　　②淑以<u>河间</u>王子封为<u>解渎亭侯</u>,苌袭父封,故言世封也。<u>解渎亭</u>在今<u>定州义丰县</u>东北也。

　　③续汉志曰:"<u>桓帝</u>之初,京都童谣曰:'城上乌,尾毕逋,父为吏,子为徒,一徒死,百乘车。车班班,入<u>河间</u>。<u>河间</u>姹女工数钱,以钱为室金为堂,石上慊慊舂黄粱。(梁)〔粱〕下有悬鼓,[3]我欲击之丞卿怒。''城上乌'者,处高独食,不与下共,谓人主多聚敛也。'父为吏,子为徒'者,言蛮夷叛逆,父既为军吏,子弟又为卒徒往击之也。'一徒死,百乘车'者,言前一人讨胡既死矣,后又遣百乘车往也。'车班班'者,

255

言乘舆班班入河间迎灵帝也。‘蛇女数钱’，言帝既立，其母永乐太后好聚金以为堂室也。‘石上慊慊’者，言太后虽积金钱，犹慊慊常若不足，使人舂黄梁而食之也。‘我欲击之’者，言太后教帝使卖官受钱，天下忠笃之士怨望，欲击鼓求见〔丞〕卿，(悬)〔主〕鼓者复怒而止我也。”[4]

建宁元年春正月壬午，城门校尉窦武为大将军。己亥，帝到夏门亭，①使窦武持节，以王青盖车迎入殿中。庚子，即皇帝位，年十二。改元建宁。以前太尉陈蕃为太傅，与窦武及司徒胡广参录尚书事。

①东观记曰："到夏门外万寿亭，群臣谒见。"

使护羌校尉段颎讨先零羌。

二月辛酉，葬孝桓皇帝于宣陵，①庙曰威宗。

①在洛阳东南三十里，高十二丈，周三百步。

庚午，谒高庙。辛未，谒世祖庙。大赦天下。赐民爵及帛各有差。

段颎大破先零羌于逢义山。①

①山在今原州(高)平〔高〕县。[5]"逢"一作"途"。

闰月甲午，追尊皇祖为孝元皇，夫人夏氏为孝元皇后，考为孝仁皇，夫人董氏为慎园贵人。①

①慎园在今瀛州乐寿县东南，俗呼为二皇陵。

夏四月戊辰，[6]太尉周景薨。司空宣酆免，长乐卫尉王畅为司空。

五月丁未朔，日有食之。诏公卿以下各上封事，及郡国守相举

256

有道之士各一人，又故刺史、二千石清高有遗惠，为众所归者，皆诣公车。

太中大夫刘矩为太尉。

六月，京师雨水。

秋七月，破羌将军段颎复破先零羌于泾阳。①

①泾阳，县名，属安定，故城在今原州平凉县南也。

八月，司空王畅免，宗正刘宠为司空。

九月(丁)〔辛〕亥，[7]中常侍曹节矫诏诛太傅陈蕃、大将军窦武及尚书令尹勋、侍中刘瑜、屯骑校尉冯述，皆夷其族。皇太后迁于南宫。①司徒胡广为太傅，录尚书事。司空刘宠为司徒，大鸿胪许栩为司空。

①太后与窦武密谋欲诛曹节，今武等既诛，故太后被迁。

冬十月甲辰晦，日有食之。令天下系囚罪未决入缣赎，各有差。

十一月，太尉刘矩免，太仆沛国闻人袭为太尉。①

①姓闻人，名袭，字定卿。风俗通曰："少正卯，鲁之闻人，其后氏焉。"

十二月，鲜卑及濊貊寇幽并二州。

二年春正月丁丑，大赦天下。

三月乙巳，尊慎园董贵人为孝仁皇后。①

①续汉志曰："置永乐宫，仪如桓帝尊匽贵人之礼。"

夏四月癸巳，大风，雨雹。诏公卿以下各上封事。

五月，太尉闻人袭罢，司空许栩免。六月，司徒刘宠为太尉，太常<u>许训</u>为司徒,①太仆<u>长沙刘嚣</u>为司空。②

①<u>训</u>字季师,平舆人。

②<u>嚣</u>字重宁。

秋七月,破羌将军<u>段颎</u>大破<u>先零羌</u>于<u>射虎塞</u>外谷,<u>东羌</u>悉平。

九月,<u>江夏蛮</u>叛,州郡讨平之。

<u>丹阳山越</u>贼围太守<u>陈禽</u>,<u>禽</u>击破之。

冬十月丁亥,中常侍<u>侯览</u>讽有司奏前司空<u>虞放</u>、太仆<u>杜密</u>、长乐少府<u>李膺</u>、司隶校尉<u>朱</u>(瑀)〔寓〕、〔8〕<u>颍川</u>太守<u>巴肃</u>、沛相<u>荀</u>(翌)〔昱〕、〔9〕<u>河内</u>太守<u>魏朗</u>、<u>山阳</u>太守<u>翟超</u>皆为鈎党,下狱,①死者百馀人,妻子徙边,诸附从者锢及五属。②制诏州郡大举鈎党,于是天下豪桀及儒学行义者,一切结为党人。③

①鈎谓相牵引也。事具<u>刘淑</u>、<u>李膺</u>传。

②五属谓五服内亲也。

③续<u>汉</u>志曰:"<u>建宁</u>中,京都长者皆以苇方笥为装具,时有识者窃言,苇笥郡国谳箧也。后党人禁锢,会赦,有疑者皆谳廷尉,人名悉入方笥中。"

(庚子)〔戊戌〕晦,日有食之。〔10〕

十一月,太尉<u>刘宠</u>免,太朴<u>郭禧</u>为太尉。①

①字公房,扶沟人也。禧音僖。

<u>鲜卑</u>寇<u>并州</u>。

是岁,长乐太仆<u>曹节</u>为车骑将军,百馀日罢。

三年春正月,<u>河内</u>人妇食夫,<u>河南</u>人夫食妇。

三月丙寅晦,日有食之。〔11〕

夏四月，太尉郭禧罢，太中大夫闻人袭为太尉。秋七月，司空刘嚣罢。八月，大鸿胪桥玄为司空。

九月，执金吾董宠下狱死。

冬，济南贼起，攻东平陵。①

①东平陵，县名，属济南国，故城在今(济)〔齐〕州东。〔12〕

郁林乌浒民相率内属。①

①乌浒，南方夷号也。广州记曰："其俗食人，以鼻饮水，口中进啖如故。"

四年春正月甲子，帝加元服，大赦天下。赐公卿以下各有差，唯党人不赦。

二月癸卯，地震，海水溢，河水清。

三月辛酉朔，日有食之。

太尉闻人袭免，〔13〕太仆李咸为太尉。①

①字元卓，汝南西平人。

诏公卿至六百石各上封事。

大疫，使中谒者巡行致医药。

司徒许训免，司空桥玄为司徒。夏四月，太常来艳为司空。①

259

①艳字季德，南阳新野人。

五月，河东地裂，雨雹，山水暴出。

秋七月，司空来艳免。

癸丑，立贵人宋氏为皇后。①〔14〕

①执金吾宋酆女，前年入掖庭为贵人。

司徒<u>桥玄</u>免。太常<u>宗俱</u>为司空,^①前司空<u>许栩</u>为司徒。

①<u>俱</u>字<u>伯俪,南阳安众</u>人。

冬,<u>鲜卑</u>寇<u>并州</u>。

<u>熹平</u>元年春三月壬戌,太傅<u>胡广</u>薨。

夏五月己巳,大赦天下,改元<u>熹平</u>。

<u>长乐太仆侯览</u>有罪,自杀。

六月,京师雨水。

癸巳,皇太后<u>窦</u>氏崩。秋七月甲寅,葬<u>桓思</u>皇后。

宦官讽司隶校尉<u>段颎</u>捕系太学诸生千馀人。^①冬十月,<u>渤海王悝</u>被诬谋反,丁亥,<u>悝</u>及妻子皆自杀。

①时有人书<u>朱雀阙</u>云"天下大乱,公卿皆尸禄",故捕之。事见<u>宦者传</u>。

十一月,<u>会稽</u>人<u>许生</u>自称"<u>越王</u>",^{〔15〕}寇郡县,^①遣<u>杨州</u>刺史<u>臧旻</u>、<u>丹阳</u>太守<u>陈寅</u>讨破之。^{〔16〕}

①<u>东观记</u>曰:"<u>会稽许昭</u>聚众自称大将军,^{〔17〕}立父<u>生</u>为<u>越王</u>,攻破郡县。"

十二月,司徒<u>许栩</u>罢,大鸿胪<u>袁隗</u>为司徒。

<u>鲜卑</u>寇<u>并州</u>。

是岁,<u>甘陵王恢</u>薨。^{〔18〕}

二年春正月,大疫,使使者巡行致医药。

丁丑,司空<u>宗俱</u>薨。

二月壬午,大赦天下。

以光禄勋<u>杨赐</u>为司空。

三月，太尉李咸免。夏五月，以司隶校尉段颎为太尉。

沛相师迁坐诬罔国王，下狱死。①

①国王，陈愍王宠也。臣贤案：陈敬王传云"国相师迁"。又东观记曰
"陈行相师迁奏，沛相魏愔，前为陈相，与陈王宠交通"。明魏愔为沛
相，此言师迁为沛相，盖误也。

六月，北海地震。东莱、北海海水溢。①

①续汉志曰："时出大鱼二枚，各长八九丈，高二丈馀。"

秋七月，司空杨赐免，太常颍川唐珍为司空。

冬十二月，日南徼外国重译贡献。

太尉段颎罢。

鲜卑寇幽并二州。

癸酉晦，日有食之。[19]

三年春正月，夫馀国遣使贡献。

二月己巳，大赦天下。

太常陈耽为太尉。①

①耽字汉公，东海人也。

三月，中山王畅薨，无子，国除。[20]

夏六月，封河间王利子康为济南王，奉孝仁皇祀。

秋，洛水溢。

冬十月癸丑，令天下系囚罪未决，入缣赎。

十一月，扬州刺史臧旻率丹阳太守陈寅，大破许生于会稽，
斩之。

任城王博薨。

十二月,鲜卑寇北地,北地太守夏育追击破之。鲜卑又寇并州。

司空唐珍罢,永乐少府许训为司空。

四年春三月,诏诸儒正五经文字,刻石立于太学门外。

封河间王建(孙)〔子〕佗为任城王。①[21]

①建,桓帝弟也。

夏四月,郡国七大水。[22]

五月丁卯,大赦天下。

延陵园灾①,遣使者持节告祠延陵。

①成帝陵也,在今咸阳县西。

鲜卑寇幽州。

六月,弘农、三辅螟。

遣守宫令之盐监,穿渠为民兴利。①

①前书地理志及续汉郡国志并无〔盐〕监,今蒲州安邑县西南有盐池〔监也〕。[23]

令郡国遇灾者,减田租之半;其伤害十四以上,勿收责。

冬十月丁巳,令天下系囚罪未决,入缣赎。

拜冲帝母虞美人为宪园贵人,①质帝母陈夫人为渤海孝王妃。②

①顺帝虞美人也。宪园在洛阳东北。

②渤海孝王鸿之夫人也。

改平准为中准,①使宦者为令,列于内署;自是诸署悉以阉人为丞、令。

①汉官仪曰："平准令一人，秩六百石也。"

五年夏四月癸亥，大赦天下。

益州郡夷叛，太守李颙讨平之。

复崇高山名为嵩高山。①

①前书武帝祠中岳，改嵩高为崇高。东观记曰："使中郎将堂谿典请雨，因上言改之，名为嵩高山。"

大雩。使侍御史行诏狱亭部，理冤枉，原轻系，休囚徒。

五月，太尉陈耽罢，司空许训为太尉。

闰月，永昌太守曹鸾坐讼党人，弃市。①诏党人门生故吏父兄子弟在位者，皆免官禁锢。

①讼谓申理之也。其言切直，帝怒，槛车送槐里狱掠杀之也。

六月壬戌，太常南阳刘逸①为司空。

①逸字大过，[24]安众人。

秋七月，太尉许训罢，光禄勋刘宽为太尉。

冬十月壬午，御殿后槐树自拔倒竖。

司徒袁隗罢。十一月丙戌，光禄大夫杨赐为司徒。

十二月，甘陵王定薨。

试太学生年六十以上百馀人，除郎中、太子舍人至王家郎、郡国文学吏。①

①汉官仪曰："太子舍人、王家郎中并秩二百石，无员。"

是岁，鲜卑寇幽州。沛国言黄龙见谯。

六年春正月辛丑,大赦天下。

二月,南宫平城门及武库东垣屋自坏。①[25]

①平城门,洛阳城南门也。蔡邕曰:"平城门,正阳之门,与宫连,郊祀法
　驾所从出,门之最尊者。"武库,禁兵所藏。东垣,库之外障。易传曰:
　"小人在位,厥妖城门自坏。"

夏四月,大旱,七州蝗。

鲜卑寇三边。①

①谓东、西与北边。

市贾民为宣陵孝子者数十人,皆除太子舍人。

秋七月,司空刘逸免,卫尉陈球为司空。

八月,遣破鲜卑中郎将田晏出云中,使匈奴中郎将臧旻与南单
于出鴈门,护乌桓校尉夏育出高柳,并伐鲜卑,晏等大败。

冬十月癸丑朔,日有食之。

太尉刘宽免。

帝临辟雍。

辛丑,京师地震。[26]

辛亥,令天下系囚罪未决,入缣赎。[27]

十一月,司空陈球免。十二月甲寅,太常河南孟戫为太尉。①
庚辰,司徒杨赐免。太常陈耽为司空。

264

①戫字叔达,音乙六反。

鲜卑寇辽西。

永安太仆王旻下狱死。①

①永安宫之太仆也。

光和元年春正月,合浦、交阯乌浒蛮叛,招引九真、日南民攻没郡县。

太尉孟郁罢。

二月辛亥朔,日有食之。[28]

癸丑,光禄勋陈国袁滂为司徒。①

①滂字公喜。

己未,地震。

始置鸿都门学生。①

①鸿都,门名也,于内置学。时其中诸生,皆敕州、郡、三公举召能为尺牍辞赋及工书鸟篆者相课试,至千人焉。

三月辛丑,大赦天下,改元光和。

太常常山张颢为太尉。①

①颢字智明。搜神记曰:"颢为梁相,新雨后,有鹊飞翔近地,令人撅之,堕地化为圆石,颢命椎破,得一金印,文曰'忠孝侯印'。"

夏四月丙辰,地震。

侍中寺雌鸡化为雄。

司空陈耽免,太常来艳为司空。

五月壬午,有白衣人入德阳殿门,亡去不获。①六月丁丑,有黑气堕所御温德殿庭中。②秋七月壬子,青虹见御坐玉堂后殿庭中。③八月,有星孛于天市。

①东观记曰:"白衣人言'梁伯夏教我上殿',与中黄门桓贤语,因忽不见。"

②东观记曰:"堕所御温明殿庭中,如车盖隆起,奋迅,五色,有头,体长十馀丈,形兒似龙。"

③洛阳宫殿名，南宫有玉堂前、后殿。据杨赐传，云堕嘉德殿前。

九月，太尉张颢罢，太常陈球为太尉。司空来艳薨。冬十月，屯骑校尉袁逢为司空。

皇后宋氏废，后父执金吾酆下狱死。

丙子晦，日有食之。

十一月，太尉陈球免。十二月丁巳，光禄大夫桥玄为太尉。

是岁，鲜卑寇酒泉。京师马生人。①初开西邸卖官，自关内侯、虎贲、羽林，入钱各有差。②私令左右卖公卿，公千万，卿五百万。

①京房易传曰："诸侯相伐，厥妖马生人。"

②山阳公载记曰："时卖官，二千石二千万，四百石四百万，其以德次应选者半之，或三分之一，于西园立库以贮之。"

二年春，大疫，使常侍、中谒者巡行致医药。

三月，司徒袁滂免，大鸿胪刘郃为司徒。①乙丑，太尉桥玄罢，太中大夫段颎为太尉。

①郃字季承。

京兆地震。

司空袁逢罢，太常张济为司空。①

①济字元江，细阳人。

夏四月甲戌朔，日有食之。

辛巳，中常侍王甫及太尉段颎并下狱死。[29]

丁酉，大赦天下，诸党人禁锢小功以下皆除之。①

①时上禄长和海上言："党人锢及五族，有乖典训。"帝从之。

东平王端薨。

五月,卫尉刘宽为太尉。

秋七月,使匈奴中郎将张脩有罪,下狱死。[①]

①时张脩擅斩单于呼微,更立羌渠为单于,故坐死。

冬十月甲申,司徒刘郃、永乐少府陈球、卫尉阳球、步兵校尉刘纳谋诛宦者,事泄,皆下狱死。

巴郡板楯蛮叛,遣御史中丞萧瑗督益州刺史讨之,不克。

十二月,光禄勋杨赐为司徒。

鲜卑寇幽并二州。

是岁,河间王利薨。洛阳女子生儿,两头四臂。[①]

①京房易传曰:"二首,下不一也,厥妖人生两头。"

三年春正月癸酉,大赦天下。

二月,公府驻驾庑自坏。[①]

①公府,三公府也。驻驾,停车处也。庑,廊屋也,音无禹反。续汉志云:"南北四十馀间坏。"

三月,梁王元薨。

夏四月,江夏蛮叛。

六月,诏公卿举能通〔古文〕尚书、[30]毛诗、左氏、穀梁春秋各一人,悉除议郎。

秋,表是地震,涌水出。[①]

①表是,县,属酒泉郡,故城在今甘州张掖县西北也。

八月,令系囚罪未决,入缣赎,各有差。

冬闰月,[31]有星孛于狼、弧。[①]

①二星名也。

267

鲜卑寇幽、并二州。

十二月己巳,立贵人何氏为皇后。①

①南阳宛人也,车骑将军何(贡)〔真〕女也。[32]

是岁,作罼圭、灵昆苑。①

①罼圭苑有二,东罼圭苑周一千五百步,中有鱼梁台,西罼圭苑周三千三百步,并在洛阳宣平门外也。

四年春正月,初置骡骥厩丞,领受郡国调马。①豪右辜榷,马一匹至二百万。②

①骡骥,善马也。调谓征发也。

②前书音义曰:"辜,障也。榷,专也。谓障馀人卖买而自取其利。"

二月,郡国上芝英草。夏四月庚子,大赦天下。

交阯刺史朱儁讨交阯、合浦乌浒蛮,破之。

六月庚辰,雨雹。①秋七月,河南言凤皇见新城,群鸟随之;赐新城令及三老、力田帛,各有差。九月庚寅朔,日有食之。

①续汉书曰:"雹大如鸡子。"

太尉刘宽免,卫尉许馘为太尉。[33]

闰月辛酉,北宫东掖庭永巷署灾。①

①永巷,宫中署名也。汉官仪曰:"令一人,宦者为之,秩六百石,掌宫婢侍使。"[34]

司徒杨赐罢。冬十月,太常陈耽为司徒。

鲜卑寇幽并二州。

是岁帝作列肆于后宫,使诸采女贩卖,更相盗窃争斗。帝著商估服,饮宴为乐。又于西园弄狗,著进贤冠,带绶。①又驾四驴,帝躬自操辔,驱驰周旋,京师转相放效。②

①三礼图曰:"进贤冠,文官服之,前高七寸,后高三寸,长八寸。"续汉志曰:"灵帝宠用便嬖子弟,转相汲引,卖关内侯直五百万。令长强者贪如豺狼,弱者略不类物,实狗而冠也。"昌邑王见狗冠方山冠,龚遂曰:"王之左右皆狗而冠。"

②续汉志曰:"驴者乃服重致远,上下山谷,野人之所用耳,何有帝王君子而骖驾之乎! 天意若曰,国且大乱,贤愚倒植,凡执政者皆如驴也。"

五年春正月辛未,大赦天下。

二月,大疫。

三月,司徒陈耽免。

夏四月,旱。

太常袁隗为司徒。

五月庚申,永乐宫署灾。①秋七月,有星孛于太微。

①续汉志曰:"德阳前殿西北入门内永乐太后宫署灾。"

巴郡板楯蛮诣太守曹谦降。

癸酉,令系囚罪未决,入缣赎。

八月,起四百尺观于阿亭道。

冬十月,太尉许馘罢,太常杨赐为太尉。

校猎上林苑,历函谷关,遂巡狩于广成苑。十二月,还,幸太学。

六年春正月,日南徼外国重译贡献。

二月,复长陵县,比丰、沛。三月辛未,大赦天下。

夏,大旱。

秋,金城河水溢。五原山岸崩。

始置圃囿署,以宦者为令。

冬,东海、东莱、琅邪井中冰厚尺馀。〔35〕

大有年。

中平元年春二月,钜鹿人张角自称"黄天",其部(师)〔帅〕有三
十六(万)〔方〕,〔36〕皆著黄巾,同日反叛。①安平、甘陵人各执其王以
应之。②

①续汉书曰:"三十六万馀人。"

②安平王续、甘陵王忠。

三月戊申,以河南尹何进为大将军,将兵屯都亭。置八关都尉
官。①壬子,大赦天下党人,还诸徙者,②唯张角不赦。诏公卿出
马、弩,举列将子孙及吏民有明战阵之略者,诣公车。遣北中郎将
卢植讨张角,左中郎将皇甫嵩、右中郎将朱儁讨颍川黄巾。庚子,
南阳黄巾张曼成攻杀郡守褚贡。

①都亭在洛阳。八关谓函谷、广城、伊阙、大谷、轘辕、旋门、小平津、孟
津也。

②时中常侍吕彊言于帝曰:"党锢久积,若与黄巾合谋,悔之无救。"帝
惧,皆赦之。

夏四月,太尉杨赐免,太仆弘农邓盛为太尉。①司空张济罢,大
司农张温为司空。

①盛字伯能。

朱儁为黄巾波才所败。

侍中向栩、张钧[37]坐言宦者，下狱死。①

①时钧上书曰："今斩常侍，悬其首于南郊以谢天下，即兵自消也。"帝以
　章示常侍，故下狱也。

汝南黄巾败太守赵谦于邵陵。①广阳黄巾杀幽州刺史郭勋及
太守刘卫。

①邵陵，县名，属汝南郡，故城在今豫州郾城县东。

五月，皇甫嵩、朱儁复与波才等战于长社，大破之。①

①长社，今许州县也，故城在长葛县西。

六月，南阳太守秦颉击张曼成，斩之。

交阯屯兵执刺史及合浦太守来达，自称"柱天将军"，遣交阯
刺史贾琮讨平之。

皇甫嵩、朱儁大破汝南黄巾于西华。①诏嵩讨东郡，朱儁讨南
阳。卢植破黄巾，围张角于广宗。宦官诬奏植，抵罪。②遣中郎将
董卓攻张角，不克。

①西华，县，属汝南郡，故城在今陈州项城县西。

②植连破张角，垂当拔之，小黄门左丰言于帝曰："卢中郎固垒息军，以
　待天诛。"帝怒，遂槛车征植，减死一等。

洛阳女子生儿，两头共身。①

①续汉志曰：[38]"上西门外女子生儿，两头，异肩共胸，以为不祥，堕地
　弃之。其后政在私门，上下无别，二头之象。"

秋七月，巴郡妖巫张脩反，寇郡县。①

①刘艾纪曰："时巴郡巫人张脩疗病，愈者雇以米五斗，号为'五斗
　米师'。"

河南尹徐灌下狱死。

八月，皇甫嵩与黄巾战于仓亭，获其帅。①

①其帅，卜已也。仓亭在东郡。

乙巳，诏皇甫嵩北讨张角。

九月，安平王续有罪诛，国除。

冬十月，皇甫嵩与黄巾贼战于广宗，获张角弟梁。角先死，乃戮其尸。①以皇甫嵩为左车骑将军。十一月，皇甫嵩又破黄巾于下曲阳，斩张角弟宝。

①发棺断头，传送马市。

湟中义从胡北宫伯玉与先零羌叛，以金城人边章、韩遂为军帅，攻杀护羌校尉伶徵、金城太守陈懿。①

①伶，姓也，周有大夫伶州鸠。

癸巳，朱儁拔宛城，斩黄巾别帅孙夏。

诏减太官珍羞，御食一肉；厩马非郊祭之用，悉出给军。

十二月己巳，大赦天下，改元中平。

是岁，下邳王意薨，无子，国除。[39]郡国生异草，备龙蛇鸟兽之形。①

①风俗通曰："亦作人状，操持兵弩，一一备具。"续汉志曰："龙蛇鸟兽，其状毛羽头目足翅皆具。是岁黄巾贼起。汉遂微弱。"

二年春正月，大疫。

琅邪王据薨。

二月己酉，南宫大灾，火半月乃灭。①（己）〔癸〕亥，广阳门外屋自坏。②[40]

①续汉志曰："时烧灵台殿、乐成殿,延及北阙度道,西烧嘉德、和欢殿。"
②洛阳城西面南头门也。

税天下田,亩十钱。①

①以修宫室。

黑山贼张牛角等十馀辈并起,所在寇钞。

司徒袁隗免。三月,廷尉崔烈为司徒。

北宫伯玉等寇三辅,遣左车骑将军皇甫嵩讨之,不克。

夏四月庚戌,大风,雨雹。

五月,太尉邓盛罢,太仆河(南)〔内〕张延为太尉。①[41]

①延字公威,歆之子。

秋七月,三辅螟。

左车骑将军皇甫嵩免。八月,以司空张温为车骑将军,讨北宫伯玉。九月,特进杨赐为司空。冬十月庚寅,司空杨赐薨,[42]光禄大夫许相为司空。①

①相字公弼,平舆人,许训之子。

前司徒陈耽、谏议大夫刘陶坐直言,下狱死。

十一月,张温破北宫伯玉于美阳,因遣荡寇将军周慎追击之,围榆中;①又遣中郎将董卓讨先零羌。慎、卓并不克。

①县名,故城在今兰州金城县东也。

273

鲜卑寇幽、并二州。

是岁,造万金堂于西园。洛阳民生儿,两头四臂。

三年春二月,江夏兵赵慈反,杀南阳太守秦颉。

庚戌，大赦天下。

太尉张延罢。车骑将军张温为太尉，中常侍赵忠为车骑将军。

复修玉堂殿，铸铜人四，黄锺四。① 及天禄、虾蟆，又铸四出文钱。②

①其音中黄锺也。子为黄锺。

②天禄，兽也。时使掖廷令毕岚铸铜人，列于仓龙、玄武阙外，锺悬于玉堂及云台殿前，天禄、虾蟆吐水于平门外。事具宦者传。案：今邓州南阳县北有宗资碑，旁有两石兽，镌其膊一曰天禄，一曰辟邪。据此，即天禄、辟邪并兽名也。汉有天禄阁，亦因兽以立名。

五月壬辰晦，日有食之。

六月，荆州刺史王敏讨赵慈，斩之。

车骑将军赵忠罢。

秋八月，怀陵上有雀万数，悲鸣，因斗相杀。①

①怀陵，冲帝陵也。续汉志曰："天戒若曰：'诸怀爵禄而尊厚者，还自相害也。'"

冬十月，武陵蛮叛，寇郡界，郡兵讨破之。

前太尉张延为宦人所谮，下狱死。

十二月，鲜卑寇幽并二州。

274

四年春正月己卯，大赦天下。

二月，荥阳贼杀中牟令。①

①中牟，今郑州县。刘艾纪曰："令落皓及主簿潘业，临阵不顾，皆被害。"

己亥，南宫内殿罘罳自坏。①

①前书音义曰："累嬲，连阙曲阁也，音浮思。"

三月，河南尹何苗讨荥阳贼，破之，拜苗为车骑将军。

夏四月，凉州刺史耿鄙讨金城贼韩遂，鄙兵大败，遂寇汉阳，汉阳太守傅燮战没。扶风人马腾、汉阳人王国并叛，寇三辅。

太尉张温免，司徒崔烈为太尉。五月，司空许相为司徒，光禄勋沛国丁宫为司空。①

①宫字元雄。

六月，洛阳民生男，两头共身。①

①刘艾纪曰"上西门外刘仓妻生"也。

渔阳人张纯与同郡张举举兵叛，攻杀右北平太守刘政、辽东太守杨终、[43]护乌桓校尉公綦稠等。举(兵)自称天子，[44]寇幽、冀二州。

秋九月丁酉，令天下系囚罪未决，入缣赎。

冬十月，零陵人观鹄①自称"平天将军"，寇桂阳，长沙太守孙坚击斩之。

①观，姓；鹄，名。

十一月，太尉崔烈罢，大司农曹嵩为太尉。

十二月，休屠各胡叛。

是岁，卖关内侯，假金印紫绶，传世，入钱五百万。

五年春正月，休屠各胡寇西河，杀郡守邢纪。

丁酉，大赦天下。

二月，有星孛于紫宫。

黄巾馀贼郭太[45]等起于西河白波谷，寇太原、河东。

三月,休屠各胡攻杀并州刺史张懿,遂与南匈奴左部胡合,杀其单于。

夏四月,汝南葛陂黄巾攻没郡县。①

①葛陂在今豫州新蔡县西北。

太尉曹嵩罢。五月,永乐少府樊陵为太尉。①

①陵字德云,胡阳人也。[46]

六月丙寅,大风。

太尉樊陵罢。

益州黄巾马相攻杀刺史郤俭,自称天子,又寇巴郡,杀郡守赵部,益州从事贾龙击相,斩之。

郡国七大水。

秋七月,射声校尉马日磾为太尉。

八月,初置西园八校尉。①

①乐资山阳公载记曰:"小黄门蹇硕为上军校尉,虎贲中郎将袁绍为中军校尉,屯骑校尉鲍鸿为下军校尉,议郎曹操为典军校尉,赵融为助军左校尉,冯芳为助军右校尉,谏议大夫夏牟为左校尉,淳于琼为右校尉:凡八校〔尉〕,[47]皆统于蹇硕。"

司徒许相罢,司空丁宫为司徒。光禄勋南阳刘弘为司空。①卫尉董重为票骑将军。

①字子高,安众人。

九月,南单于叛。与白波贼寇河东。[48]遣中郎将孟益率骑都尉公孙瓒讨渔阳贼张纯等。

冬十月,(壬午御殿后槐树自拔倒竖)青、徐黄巾复起,[49]寇郡县。

甲子,帝自称"无上将军",耀兵于平乐观。①

①平乐观在洛阳城西。

十一月,凉州贼王国围陈仓,右将军皇甫嵩救之。

遣下军校尉鲍鸿讨葛陂黄巾。

巴郡板楯蛮叛,遣上军别部司马赵瑾讨平之。

公孙瓒与张纯战于石门,大破之。①

①时乌桓反叛,与贼张纯等攻蓟中,故瓒追击之。石门,山名也,在今营
　州西南。

是岁,改刺史,新置牧。

六年春二月,左将军皇甫嵩大破王国于陈仓。

三月,幽州牧刘虞购斩渔阳贼张纯。

下军校尉鲍鸿下狱死。

夏四月丙午朔,日有食之。

太尉马日磾免,幽州牧刘虞为太尉。

丙辰,帝崩于南宫嘉德殿,年三十四。[50]戊午,皇子辩即皇帝
位,年十七。尊皇后曰皇太后,太后临朝。大赦天下,改元为光
(喜)〔熹〕。[51]封皇弟协为渤海王。后将军袁隗为太傅,与大将军
何进参录尚书事。上军校尉蹇硕下狱死。①五月辛巳,票骑将军董
重下狱死。②六月辛亥,孝仁皇后董氏崩。

①时蹇硕谋欲立渤海王协,发觉。

②董重,〔孝仁〕皇后之(弟)〔兄〕子也。[52]

辛酉,葬孝灵皇帝于文陵。①

①在洛阳西北二十里,陵高十二丈,周回三百步。

277

雨水。

秋七月,甘陵王忠薨。

庚寅,孝仁皇后归葬河间慎陵。

徙渤海王协为陈留王。司徒丁宫罢。

八月戊辰,中常侍张让、段珪等杀大将军何进,于是虎贲中郎将袁术烧东西宫,攻诸宦者。庚午,张让、段珪等劫少帝及陈留王幸北宫德阳殿。何进部曲将吴匡与车骑将军何苗战于朱雀阙下,苗败斩之。辛未,司隶校尉袁绍勒兵收伪司隶校尉樊陵、河南尹许相及诸阉人,无少长皆斩之。让、珪等复劫少帝、陈留王走小平津。①尚书卢植追让、珪等,斩数人,其馀投河而死。②帝与陈留王协夜步逐荧光行数里,得民家露车,共乘之。

①小平津在今巩县西北。续汉志曰:"时京师童谣曰'侯非侯,王非王,千乘万骑上北邙。'案献帝未有爵号,为段珪等所执,公卿百官皆随其后,到河上乃得还。"

②献帝春秋曰:"河南中部掾闵贡见天子出,率骑追之,(北)〔比晓〕到河上。〔53〕天子饥渴,贡宰羊进之,厉声责让等曰:'君以阉宦之隶,刀锯之残,越从泠泥,扶侍日月,卖弄国恩,阶贱为贵,劫迫帝主,荡覆王室,假息漏刻,游魂河津。自亡新以来,奸臣贼子未有如君者。今不速死,吾射杀汝。'让等惶怖,叉手再拜叩头,向天子辞曰:'臣等死,陛下自爱。'遂投河而死。"

辛未,还宫。〔54〕大赦天下,改光(喜)〔熹〕为昭宁。

并州牧董卓杀执金吾丁原。司空刘弘免,董卓自为司空。

九月甲戌,董卓废帝为弘农王。

自六月雨,至于是月。

论曰:秦本纪说赵高谲二世,指鹿为马,①而赵忠、张让亦给灵帝不得登高临观,②故知亡敝者同其致矣。然则灵帝之为灵也优哉!

①史记曰,赵高欲为乱,恐群臣不听,乃先设验。持鹿献胡亥曰:"马也。"胡亥曰:"丞相误也。"以问群臣,左右或言马,或言鹿者高皆阴法中之,自此左右不敢言之也。

②时宦官并起第宅,拟则宫室。帝尝登永安候台,宦官恐望见之,乃使赵忠等谏曰:"人君不当登高,登高则百姓散离。"自是不敢复登台榭。见宦者传。

孝灵帝纪第八

赞曰:灵帝负乘,委体宦孽。①征亡备兆,小雅尽缺。②麋鹿霜露,遂栖宫卫。③

①易曰:"负且乘,致寇至。"言帝以小人而乘君子之器。

②诗小雅曰:"小雅废,则四夷交侵,中国微矣。"缺亦废也。

③史记曰,伍子胥谏吴王,吴王不听,子胥曰:"臣今见麋鹿游于姑苏之台,宫中生荆棘,露沾衣也。"言帝为政贪乱,任寄不得其人,寻以献帝迁播,洛阳丘墟,故麋鹿栖宫卫也。卫,协韵音于别反。

【校勘记】

〔1〕父苌　按:集解引钱大昕说,谓河间王开传作"长",古书长苌多通用。

〔2〕(伏侯古今注曰)宏之字曰大　据集解引沈字说删。按:沈氏谓据伏湛传注,章怀亲见伏侯古今注,其书终于质帝,不及桓帝,今桓献二纪俱无此六字,此传写者妄增。

〔3〕(梁)〔梁〕下有悬鼓　据殿本改。按:续志亦作"梁"。

〔4〕欲击鼓求见〔丞〕卿(悬)〔主〕鼓者复怒而止我也　据续志补改。

〔5〕今原州(高)平〔高〕县　据集解引惠栋说改。

〔6〕夏四月戊辰　按:校补引钱大昭说,谓是月戊寅朔,不得有戊辰。校补又谓袁纪亦书"夏四月戊辰以王畅为司空",则误不自范书始。

〔7〕九月(丁)〔辛〕亥　集解引惠栋说,谓是年九月乙巳朔,无丁亥,当从袁纪作"辛亥"。今据改。

〔8〕司隶校尉朱(瑀)〔寓〕　集解引钱大昕说,谓党锢及窦武传皆作"朱寓",此作"瑀",误。今据改。

〔9〕沛相荀(翌)〔昱〕　洪颐轩读书丛录谓"翌"当作"昱",荀淑传、党锢传序及窦武传并作"昱"。今据改。

〔10〕(庚子)〔戊戌〕晦日有食之　据集解引钱大昕说改,与五行志合。

〔11〕三月丙寅晦日有食之　按:推是年四月合朔丁卯晨夜,日食不能见。参阅续五行志六校记。

〔12〕故城在今(济)〔齐〕州东　钱大昕廿二史考异谓"济州"当作"齐州"。今据改。按:唐无"济州"。

〔13〕太尉闻人袭免　集解引惠栋说,谓案蔡质汉官典职仪载建宁四年七月立宋皇后仪,称太尉袭使持节奉玺绶。袭于三月罢,不应七月尚与立后之事。何焯云蔡氏所载是诏书,不应有误,当是本纪所书拜罢未审也。按:校补谓袁纪建宁四年三月,太尉刘宠、司空乔玄以灾异免,免太尉者不作闻人袭,其他拜罢亦多与范书异,则何说信也。

〔14〕癸丑立贵人宋氏为皇后　集解引何焯说,谓礼仪志载蔡质所记立后仪,下诏之日非癸丑,乃乙未。奉玺绶者乃闻人袭,非李咸,疑范氏误。今按:此云七月癸丑,蔡质所记则云七月乙未。建宁四年七月己未朔,无癸丑,亦无乙未。疑此"癸丑"上脱"八月"二字,而蔡质所记之七月乙未,亦八月乙未之误也。

〔15〕会稽人许生自称越王　按:集解引何焯说,谓"许生"吴志作"许昌"。又引惠栋说,谓天文志、臧洪传皆作"许生"。

〔16〕丹阳太守陈夤讨破之　集解引惠栋说,谓"夤"天文志作"寅"。按:前建宁二年作"陈夤",下熹平三年又作"陈寅",纪前后亦不一律也。

〔17〕会稽许昭聚众自称大将军　按:集解引何焯说,谓"许昭"吴志作"许韶"。又引惠栋说,谓晋讳昭,故作"韶"。

〔18〕甘陵王恢薨　按:集解引钱大昕说,谓清河王庆传梁太后立安平孝王子经侯理为甘陵王,是为威王,理立二十五年薨,子贞王定嗣,定立四年薨,子献王忠嗣,别无名恢者。考理以桓帝建和二年封,至熹平元年恰二十五年,则恢与理实一人也。

〔19〕癸酉晦日有食之　按:熹平二年十二月乙巳朔,三年正月乙亥朔,则晦为甲戌而非癸酉。今推熹平三年正月合朔甲戌,日食可见,纪书月日有误。参阅续五行志六校记。

〔20〕三月中山王畅薨无子国除　按:集解引钱大昕说,谓按中山王焉传,穆王畅立三十四年薨,子节王稚嗣,无子,国除。是畅本有子,而国亦未即除也。

〔21〕封河间王建(孙)〔子〕佗为任城王　集解引钱大昕说,谓光武十王传佗为建子,非建孙。今据改。

〔22〕夏四月郡国七大水　按:校补谓续志但云"郡国三水"。

〔23〕并无〔盐〕监今蒲州安邑县西南有盐池〔监也〕　据刊误并参照校补改。

〔24〕逸字大过　按:殿本、集解本"过"作"迥"。

〔25〕二月南宫平城门及武库东垣屋自坏　按:集解引惠栋说,谓谢承书及续汉志皆云光和元年事,疑纪误也。

〔26〕辛丑京师地震　按:是年十月癸丑朔,不得有辛丑。校补谓袁纪于癸丑朔日食下接书地震,不另出日,似两事同日,"辛丑"或即"癸

丑"之误。

〔27〕辛亥令天下系囚罪未决入缣赎　按:是年十月癸丑朔,不得有辛亥,辛亥当在下月,疑有误。

〔28〕二月辛亥朔日有食之　按:今推是年二月合朔辛亥,无日食。参阅续五行志六校记。

〔29〕中常侍王甫及太尉段颎并下狱死　按:李慈铭谓"并"下当增"有罪"二字。

〔30〕诏公卿举能通〔古文〕尚书　殿本考证引顾炎武说,谓"尚书"上脱"古文"二字。今据补。按:李慈铭谓以古文尚书及毛诗、左氏、穀梁春秋皆不立学官,故诏能通之者得拜议郎也,与安纪延光二年所书正同。

〔31〕冬闰月　按:光和三年无闰月,"闰月"二字衍。

〔32〕车骑将军何(贡)〔真〕女也　据校补引洪亮吉说改。

〔33〕卫尉许馘为太尉　按:集解引惠栋说,谓"许馘"袁宏纪作"许郁"。

〔34〕掌宫婢侍使　按:刊误谓"使"当作"史",即尚书郎侍史之类。

〔35〕冬东海东莱琅邪井中冰厚尺馀　按:校补引钱大昭说,谓续五行志"东海"作"北海"。

〔36〕其部(师)〔帅〕有三十六(万)〔方〕　据殿本考证及集解引惠栋说改。

〔37〕张钧　按:集解引惠栋说,谓袁宏纪作"均"。

〔38〕续汉志曰　按:"志"原作"书",迳据汲本、殿本改。

282　〔39〕下邳王意薨无子国除　按:集解引钱大昕说,谓下邳王衍传中平元年意薨,子哀王宜嗣,数月薨,无子,建安十一年国除。是意亦有子。

〔40〕(己)〔癸〕亥广阳门外屋自坏　集解引钱大昕说,谓五行志作"癸亥",以四分术推之,是年二月庚子朔,不得有己亥日,纪误。今据改。

〔41〕太仆河(南)〔内〕张延为太尉　据集解引惠栋说改。

〔42〕冬十月庚寅司空杨赐薨　集解引钱大昕说,谓以四分术推,是月丙申朔,无庚寅,庚寅乃九月二十四也,月日必有一误。今按:杨赐传云二年九月复代张温为司空,其月薨,则纪作"十月",误也。

〔43〕辽东太守杨终　按:集解引惠栋说,谓水经注作"杨纮"。

〔44〕举(兵)自称天子　据刊误删。

〔45〕黄巾馀贼郭太　按:"太"原作"大",迳据汲本、殿本改。集解引惠栋说,谓"太"本作"泰",范氏以家讳改也。

〔46〕陵字德云胡阳人也　按:陵,樊英之孙,英传称南阳鲁阳人,此作"胡阳",非。

〔47〕凡八校〔尉〕　据汲本、殿本补。

〔48〕九月南单于叛与白波贼寇河东　按:集解引惠栋说,谓考异云匈奴传六年帝崩之后,於扶罗乃与白波贼为寇,纪误。

〔49〕冬十月(壬午御殿后槐树自拔倒竖)青徐黄巾复起　按:熹平五年已书"冬十月壬午御殿后槐树自拔倒竖",此重出,且是年十月己酉朔,无壬午,今删。

〔50〕年三十四　按:当作"三十三"。张熷读史举正谓帝即位年十二,是年改元建宁,至此凡二十二年,时帝年三十三。

〔51〕改元为光(喜)〔熹〕　据汲本、殿本改。下同。

〔52〕董重〔孝仁〕皇后之(弟)〔兄〕子也　据集解引陈景云说改。

〔53〕(北)〔比〕晓到河上　集解谓御览引献帝春秋作"比晓到河上",注脱"晓"字,复误"比"为"北"也。今据改。

〔54〕辛未还宫　集解引陈景云说,谓上文已书"辛未",不应复书。

后汉书卷九

孝献帝纪第九

孝献皇帝讳协,灵帝中子也。①[1] 母王美人,为何皇后所害。中平六年四月,少帝即位,封帝为勃海王,徙封陈留王。

①谥法曰:"聪明睿智曰献。"协之字曰合。张璠记曰:"灵帝以帝似己,故名曰协。"帝王纪曰:"协字伯和。"

九月甲戌,即皇帝位,年九岁。迁皇太后于永安宫。①大赦天下。改昭宁为永汉。丙子,董卓杀皇太后何氏。

①董卓迁也。洛阳宫殿名曰:"永安宫周回六百九十八丈,故基在洛阳故城中。"

285

初令侍中、给事黄门侍郎员各六人。①赐公卿以下至黄门侍郎家一人为郎,以补宦官所领诸署,侍于殿上。②

①续汉志曰:"侍中,比二千石,无员。"汉官仪曰:"侍中,左蝉右貂,本秦丞相史,往来殿内,故谓之侍中。分掌乘舆服物,下至裹器虎子之属。

武帝时,孔安国为侍中,以其儒者,特听掌御唾壶,朝廷荣之。至东京时,属少府,亦无员。驾出,则一人负传国玺,操斩蛇剑,〔参〕乘。(舆)〔与〕中官俱止禁中。"[2]又曰:"给事黄门侍郎,六百石,无员。掌侍从左右,给事中使,关通中外。"应劭曰:"黄门侍郎,每日暮向青琐门拜,谓之夕郎。"舆服志曰:"禁门曰黄闼,以中人主之,故号曰黄门令。"然则黄门郎给事黄闼之内,故曰黄门郎。本既无员,于此各置六人也。献帝起居注曰:"自诛黄门后,侍中、侍郎出入禁中,机事颇露,由是王允乃奏侍中、黄门不得出入。不通宾客,自此始也。"

②灵帝(建元)〔熹平〕四年,改平准为中准,[3]使宦者为令。自是诸内署令、丞悉以阉人为之,故今并令士人代领之。

乙酉,以太尉刘虞为大司马。董卓自为太尉,加鈇钺、虎贲。①丙戌,太中大夫杨彪为司空。甲午,豫州牧黄琬为司徒。

①礼记曰:"诸侯赐鈇钺然后专杀。"说文曰:"鈇,莝刃也。"苍颉篇曰:"铁,斧也。"加鈇钺者,得专杀也。

遣使吊祠故太傅陈蕃、大将军窦武等。冬十月乙巳,葬灵思皇后。

白波贼寇河东,①董卓遣其将牛辅击之。

①薛莹书曰:"黄巾郭泰等起于西河白波谷,时谓之白波贼。"

十一月癸酉,董卓〔自〕为相国。[4]十二月戊戌,司徒黄琬为太尉,司空杨彪为司徒,光禄勋荀爽为司空。

省扶风都尉,置汉安都护。①

①扶风都尉,比二千石,武帝元鼎四年置,中兴不改,至此以羌扰三辅,故省之。置都护,令总统西方。

诏除光熹、昭宁、永汉三号,还复中平六年。

初平元年春正月,山东州郡起兵以讨董卓。

辛亥,大赦天下。

癸酉,董卓杀弘农王。

白波贼寇东郡。

二月乙亥,太尉黄琬、司徒杨彪免。

庚辰,董卓杀城门校尉伍琼、督军校尉周珌。① 以光禄勋赵谦为太尉,② 太仆王允为司徒。

> ①珌音必。东观记曰:"周珌,豫州刺史慎之子也。"续汉书、魏志并作
> "瑟",音秘。
>
> ②谢承书曰:"谦字彦信,太尉赵戒之孙,蜀郡成都人也。"

丁亥,迁都长安。董卓驱徙京师百姓悉西入关,自留屯毕圭苑。

壬辰,白虹贯日。

三月乙巳,车驾入长安,幸未央宫。①

> ①未央宫,萧何所造也。张璠记曰:"将入宫日,大雨,昼晦,翟雉飞入长
> 安宫。"

己酉,董卓焚洛阳宫庙及人家。

戊午,董卓杀太傅袁隗、太仆袁基,夷其族。①

> ①隗,绍之叔父。基,袁术之母兄。卓以山东兵起,依绍、术为主,故诛
> 其亲属。献帝春秋曰:"尺口以上男女五十馀人,皆下狱死。"

夏五月,司空荀爽薨。六月辛丑,光禄大夫种拂为司空。

大鸿胪韩融、少府阴脩、执金吾胡母班、① 将作大匠吴脩、越骑校尉王瓌安集关东,后将军袁术、河内太守王匡各执而杀之,② 唯韩融获免。

①风俗通云:"胡母,姓,本陈胡公之后也。公子完奔齐,遂有齐国,齐宣
　王母弟别封母乡,远本胡公,近取母邑,故曰胡母氏也。"
②英雄记曰:"匡字公节,太山人也。轻财好施,以任侠闻,为袁绍河内
　太守。"

董卓坏五铢钱,更铸小钱。①

①光武中兴,除王莽货泉,更用五铢钱。

冬十一月庚戌,镇星、荧惑、太白合于尾。

是岁,有司奏,和、安、顺、桓四帝无功德,不宜称宗,又恭怀、敬
隐、恭愍三皇后并非正嫡,不合称后,皆请除尊号。制曰:"可。"①
孙坚杀荆州刺史王叡,②又杀南阳太守张咨。

①和帝号穆宗,安帝号恭宗,顺帝号敬宗,桓帝号威宗。和帝尊母梁贵
　人曰恭怀皇后,安帝尊祖母宋贵人曰敬隐皇后,顺帝尊母李氏曰恭愍
　皇后。
②王氏谱曰:"叡字通曜,晋太保祥伯父也。"吴录曰:"叡素遇坚无礼,坚
　此时欲杀睿。叡曰:'我何罪?'坚曰:'坐无所知。'叡穷迫,刮金饮之
　而死。"

二年春正月辛丑,大赦天下。

二月丁丑,董卓自为太师。

袁术遣将孙坚与董卓将胡轸战于阳人,①轸军大败。董卓遂
发掘洛阳诸帝陵。夏四月,董卓入长安。

①阳人,聚名,属河南郡,故城在今汝州梁县西。史记秦灭东周,徙其君
　于阳人聚,即此地也。

六月丙戌,地震。

秋七月,司空种拂免,光禄大夫济南淳于嘉为司空。太尉赵谦罢,太常马日碑为太尉。

九月,蚩尤旗见于角、亢。①

①天官书曰:"蚩尤之旗,类彗而后曲,象旗。"荧惑之精也。吕氏春秋
云:"其色黄上白下,见则王者征伐四方。"角、亢,苍龙之星。

冬十月壬戌,董卓杀卫尉张温。

十一月,青州黄巾寇太山,太山太守应劭击破之。黄巾转寇勃海,公孙瓒与战于东光,复大破之。①

①东光,今沧州县。

是岁,长沙有人死经月复活。

三年春正月丁丑,大赦天下。

袁术遣将孙坚攻刘表于襄阳,坚战殁。[5]

袁绍及公孙瓒战于界桥,①瓒军大败。

①今贝州宗城县东有古界城,近枯漳水,则界桥在此也。

夏四月辛巳,诛董卓,夷三族。司徒王允录尚书事,总朝政,遣使者张种抚慰山东。

青州黄巾击杀兖州刺史刘岱于东平。东郡太守曹操大破黄巾于寿张,降之。

五月丁酉,大赦天下。

丁未,征西将军皇甫嵩为车骑将军。

董卓部曲将李傕、郭汜、[6]樊稠、张济等反,攻京师。六月戊午,陷长安城,太常种拂、太仆鲁旭、大鸿胪周奂、①城门校尉崔烈、越骑校尉王颀并战殁,②吏民死者万馀人。李傕等并自为将军。

①三辅决录注曰："奂字文明,茂陵人。"

②顼音祈。

己未,大赦天下。

李傕杀司隶校尉黄琬,甲子,杀司徒王允,皆灭其族。丙子,前将军赵谦为司徒。

秋七月庚子,太尉马日䃅为太傅,录尚书事。八月,遣日䃅及太仆赵岐,[7]持节慰抚天下。车骑将军皇甫嵩为太尉。司徒赵谦罢。

九月,李傕自为车骑将军,郭汜后将军,樊稠右将军,张济镇东将军。济出屯弘农。

甲申,司空淳于嘉为司徒,光禄大夫杨彪为司空,并录尚书事。

冬十二月,太尉皇甫嵩免。光禄大夫周忠为太尉,参录尚书事。

四年春正月甲寅朔,日有食之。①

①袁宏纪曰："时未晡八刻。太史令王立奏曰:'晷过度,无变也。'朝臣皆贺。帝令候焉,未晡一刻而食。贾诩奏曰:'立司候不明,疑误上下,请付理官。'帝曰:'天道远,事验难明,欲归咎史官,益重朕之不德也。'"

丁卯,大赦天下。

三月,袁术杀杨州刺史陈温,据淮南。

长安宣平城门外屋自坏。①

①三辅黄图曰:"长安城东面北头门也。"

夏五月癸酉,[8]无云而雷。六月,扶风大风,雨雹。华山崩裂。

太尉周忠免,太仆朱儁为太尉,录尚书事。

下邳贼阙宣自称天子。①

①风俗通曰:"阙,姓也,承阙党童子之后也。纵横家有阙子著书。"

雨水。遣侍御史裴茂讯诏狱,原轻系。六月辛丑,天狗西北行。①

①前书音义曰:"有声为天狗,无声为枉矢。"

九月甲午,试儒生四十馀人,^[9]上第赐位郎中,次太子舍人,下第者罢之。诏曰:"孔子叹'学之不讲',①不讲则所识日忘。今耆儒年踰六十,去离本土,营求粮资,不得专业。结童入学,白首空归,长委农野,永绝荣望,朕甚愍焉。其依科罢者,听为太子舍人。"②

①讲,习也。论语之文。

②刘艾献帝纪曰:"时长安中为之谣曰:'头白皓然,食不充粮。裹衣裹裳,当还故乡。圣主愍念,悉用补郎。舍是布衣,被服玄黄。'"

冬十月,太学行礼,车驾幸永福城门,临观其仪,赐博士以下各有差。

辛丑,京师地震。有星孛于天市。①

①袁宏纪曰:"孛于天市,将从天子移都,其后上东迁之应也。"

司空杨彪免,太常赵温为司空。

公孙瓒杀大司马刘虞。

十二月辛丑,地震。

司空赵温免,乙巳,卫尉张喜为司空。①

①献帝春秋(日)"喜"作"嘉"。^[10]

是岁，琅邪王容薨。

兴平元年春正月辛酉，大赦天下，改元兴平。甲子，帝加元服。二月壬午，追尊谥皇姚王氏为灵怀皇后，甲申，改葬于文昭陵。丁亥，帝耕于藉田。

三月，韩遂、马腾与郭汜、樊稠战于长平观，遂、腾败绩，左中郎将刘范、前益州刺史种劭战殁。①

> ①前书音义曰："长平，阪名也，上有观，在池阳宫南，去长安五十里，今泾水南原畔城是也。"袁宏纪曰："是时马腾以李傕等专乱，以益州刺史刘焉宗室大臣，遣使招引共诛傕。焉遣子范将兵就腾。故凉州刺史种劭，太常拂之子也。拂为傕所害，劭欲报仇，遂为此战。"

夏六月丙子，分凉州河西四郡为雍州。①

> ①谓金城、酒泉、燉煌、张掖。

丁丑，地震；戊寅，又震。乙巳晦，日有食之，帝避正殿，寝兵，不听事五日。大蝗。

秋七月壬子，太尉朱儁免。戊午，太常杨彪为太尉，录尚书事。

三辅大旱，自四月至于是月。帝避正殿请雨，遣使者洗囚徒，原轻系。①是时穀一斛五十万，豆麦一斛二十万，人相食啖，白骨委积。帝使侍御史侯汶出太仓米豆，为饥人作糜粥，经日而死者无降。帝疑赋恤有虚，[11]乃亲于御坐前量试作糜，乃知非实，②使侍中刘艾出让有司。于是尚书令以下皆诣省阁谢，奏收侯汶考实。诏曰："未忍致汶于理，可杖五十。"自是之后，多得全济。

> ①洗谓荡涤也。
> ②袁宏纪曰："时敕侍中刘艾取米豆五升于御前作糜，得满三盂，于是诏

尚书曰：'米豆五升，得糜三盂，而人委顿，何也？'"

八月，冯翊羌叛，寇属县，郭汜、樊稠击破之。

九月，桑复生椹，人得以食。

司徒淳于嘉罢。

冬十月，长安市门自坏。

以卫尉赵温为司徒，录尚书事。

十二月，分安定、扶风为新平郡。

是岁，扬州刺史刘繇与袁术将孙策战于曲阿，①繇军败绩，孙策遂据江东。②太傅马日䃅薨于寿春。③

①策字伯符，孙坚子。曲阿，今润州县。

②吴志曰："孙策既破繇，遂度兵据会稽，策自领会稽太守。"

③寿春，县名，属九江郡，今寿春县也。

二年春正月癸丑，大赦天下。

二月乙亥，李傕杀樊稠而与郭汜相攻。三月丙寅，李傕胁帝幸其营，焚宫室。

夏四月甲午，立贵人伏氏为皇后。

丁酉，郭汜攻李傕，矢及御前。①是日，李傕移帝幸北坞。②

①山阳公载记曰："时弓弩并发，矢下如雨，及御所止高楼殿前帷帘也。"[12]

②服虔通俗文曰"营居曰坞，一曰廜城"也。山阳公载记曰："时帝在南坞，傕在北坞。时流矢中傕左耳，乃迎帝幸北坞。帝不肯从，强之乃行。"

大旱。

五月壬午，<u>李傕</u>自为大司马。六月庚午，<u>张济</u>自<u>陕</u>来和<u>傕</u>、<u>汜</u>。

秋七月甲子，车驾东归。<u>郭汜</u>自为车骑将军，<u>杨定</u>为后将军，<u>杨奉</u>为兴义将军，<u>董承</u>为安集将军，并侍送乘舆。<u>张济</u>为票骑将军，还屯<u>陕</u>。八月甲辰，幸<u>新丰</u>。冬十月戊戌，<u>郭汜</u>使其将<u>伍习</u>夜烧所幸学舍，逼胁乘舆。<u>杨定</u>、<u>杨奉</u>与<u>郭汜</u>战，破之。壬寅，幸<u>华阴</u>，露次道南。是夜，有赤气贯紫宫。①<u>张济</u>复反，与<u>李傕</u>、<u>郭汜</u>合。十一月庚午，<u>李傕</u>、<u>郭汜</u>等追乘舆，战于<u>东涧</u>，王师败绩，杀光禄勋<u>邓泉</u>、〔13〕卫尉<u>士孙瑞</u>、廷尉<u>宣播</u>、大长秋<u>苗祀</u>、②步兵校尉<u>魏桀</u>、侍中<u>朱展</u>、射声校尉<u>沮俊</u>。③壬申，幸<u>曹阳</u>，露次田中。④<u>杨奉</u>、<u>董承</u>引<u>白波</u>帅<u>胡才</u>、<u>李乐</u>、<u>韩暹</u>及<u>匈奴</u>左贤王<u>去卑</u>，率师奉迎，与<u>李傕</u>等战，破之。十二月庚辰，车驾乃进。<u>李傕</u>等复来追战，王师大败，杀略宫人，少府<u>田芬</u>、〔14〕大司农<u>张义</u>等皆战殁。进幸<u>陕</u>，夜度河。乙亥，幸<u>安邑</u>。

①献帝春秋曰："赤气广六七尺，东至寅，西至戌地。"
②献帝春秋"播"作"璠"也。
③风俗通曰："沮，姓也。黄帝时史官沮诵之后。"音侧余反。
④曹阳，涧名，在今陕州西南七里，俗谓之七里涧。崔浩云："自南山北通于河。"

是岁，<u>袁绍</u>遣将<u>麹义</u>与<u>公孙瓒</u>战于<u>鲍丘</u>，①<u>瓒</u>军大败。

①鲍丘，水名，出北塞中，南流经九庄岭东，俗谓之大榆河。又东南经渔阳县故城东，是瓒之战处。见水经注。

<u>建安</u>元年春正月癸酉，郊祀上帝于<u>安邑</u>，大赦天下，改元<u>建安</u>。二月，<u>韩暹</u>攻卫将军<u>董承</u>。

夏六月乙未，幸<u>闻喜</u>。秋七月甲子，车驾至<u>洛阳</u>，幸故中常侍

赵忠宅。丁丑,郊祀上帝,大赦天下。已卯,谒太庙。八月辛丑,幸南宫杨安殿。

癸卯,安国将军张杨为大司马,韩暹为大将军,杨奉为车骑将军。

是时,宫室烧尽,百官披荆棘,依墙壁间。州郡各拥强兵,而委输不至,群僚饥乏,尚书郎以下自出采稆,①或饥死墙壁间,或为兵士所杀。

①稆音吕。埤苍曰:"穭自生也。"稆与穭同。

辛亥,镇东将军曹操自领司隶校尉,录尚书事。曹操杀侍中台崇、尚书冯硕等。①封卫将军董承为辅国将军伏完等十三人为列侯,[15]赠沮儁为弘农太守。

①风俗通曰:"金天氏裔孙曰台骀,其后氏焉。"山阳公载记(曰)[16]"台"字作"壶"。

庚申,迁都许。已巳,幸曹操营。

九月,太尉杨彪、司空张喜罢。冬十一月丙戌,曹操自为司空,行车骑将军事,百官总己以听。

二年春,袁术自称天子。三月,袁绍自为大将军。

夏五月,蝗。秋九月,汉水溢。

是岁饥,江淮间民相食。袁术杀陈王宠。孙策遣使奉贡。

三年夏四月,遣谒者裴茂率中郎将段煨讨李傕,夷三族,①

①献帝起居注曰"传傕首到许,有诏高悬之"也。

吕布叛。

冬十一月,盗杀大司马张杨。

十二月癸酉,曹操击吕布于徐州,斩之。

四年春三月,袁绍攻公孙瓒于易京,获之。①

①公孙瓒频失利,乃临易河筑京以自固,故号易京。其城三重,周回六
　里。今内城中有土京,在幽州归义县南。尔雅曰:"绝高谓之京,非人
　力为之丘。"

卫将军董承为车骑将军。

夏六月,袁术死。

是岁,初置尚书左右仆射。武陵女子死十四日复活。①

①续汉志曰:"女子李娥,年六十馀死,瘗于城外。有行人闻冢中有声,
　告家人出之。"

五年春正月,车骑将军董承、偏将军王服、越骑校尉种辑受密
诏诛曹操,事泄。壬午,曹操杀董承等,夷三族。

秋七月,立皇子冯为南阳王。壬午,南阳王冯薨。

九月庚午朔,日有食之。诏三公举至孝二人,九卿、校尉、郡国
守相各一人。皆上封事,靡有所讳。

曹操与袁绍战于官度,①绍败走。

①裴松之北征记曰:"中牟台下临汴水,是为官度,袁绍、曹操垒尚存
　焉。"在今郑州中牟县北。

冬十月辛亥,有星孛于大梁。①

①大梁,酉之分。

东海王祗薨。

是岁,孙策死,①弟权袭其馀业。②

①为许贡客所射伤。

②权字仲谋。

六年春(三)〔二〕月丁卯朔,日有食之。[17]

七年夏五月庚戌,袁绍薨。
于窴国献驯象。①

①驯象谓随人意也。

是岁,越巂男子化为女子。

八年冬十月己巳,公卿初迎冬于北郊,①总章始复备八
佾舞。②

①斯礼久废,故曰初。

②袁宏纪云:"迎气北郊,始用八佾。"佾,列也。谓舞者之行列。往因乱
　废,今始备之。总章,乐官名。古之安代乐。

初置司直官,督中都官。①

①司直,秩比二千石,武帝元狩五年置,掌佐丞相,举不法也。建武十一
　年省,今复置之。

九年秋八月戊寅,曹操大破袁尚,平冀州,自领冀州牧。
冬十月,有星孛于东井。
十二月,赐三公已下金帛各有差。自是三年一赐,以为常制。

十年春正月,曹操破袁谭于青州,斩之。①

①魏书曰:"操攻谭不克,乃自执枹鼓,应时破之。"

夏四月,黑山贼张燕率众降。①

①魏志曰:"燕,本姓褚,常山真定人也。黄巾起,燕合聚少年为群盗,万
　　馀人,博陵人张牛角为主。牛角死,燕代为主,故改姓张。燕剽勇,军
　　中号曰张飞燕。众至百万,号曰黑山贼。"

秋九月,赐百官尤贫者金帛各有差。

十一年春正月,有星孛于北斗。
三月,曹操破高幹于并州,获之。①

①典论曰:"上洛都尉王琰败之,追斩其首。"

秋七月,武威太守张猛杀雍州刺史邯郸商。①

①袁宏汉纪(日)〔18〕"雍州"作"凉州"也。

是岁,立故琅邪王容子熙为琅邪王。齐、北海、阜陵、下邳、常
山、甘陵、济(阴)〔北〕、〔19〕平原八国皆除。

十二年秋八月,曹操大破乌桓于柳城,斩其蹋顿。①〔20〕

①蹋顿,匈奴王号。柳城,县名,属辽西郡,今营州县。

冬十月辛卯,有星孛于鹑尾。①

①鹑尾,巳之分也。

乙巳,黄巾贼杀济南王赟。①

①河间孝王五代孙。

十一月,辽东太守公孙康杀袁尚、袁熙。

十三年春正月,司徒赵温免。

夏六月,罢三公官,置丞相、御史大夫。癸巳,曹操自为丞相。

秋七月,曹操南征刘表。

八月丁未,光禄勋郗虑为御史大夫。①

①续汉书曰:"虑字鸿豫,山阳高平人也。少受学于郑玄。"

壬子,曹操杀太中大夫孔融,夷其族。

是月,刘表卒,少子琮立,琮以荆州降操。

冬十月癸未朔,日有食之。

曹操以舟师伐孙权,权将周瑜败之于乌林、赤壁。

十四年冬十月,荆州地震。

十五年春二月乙巳朔,日有食之。

十六年秋九月庚戌,曹操与韩遂、马超战于渭南,遂等大败,关西平。①

①曹瞒传曰:"时娄子伯说操曰:'今天寒,可起沙为城,以水灌之,可一夜而成。'公从之,比明城立。超、遂数挑战不利,操纵虎骑夹击,大破之,超、遂走凉州。"

是岁,越王赦薨。

十七年夏五月癸未,诛卫尉马腾,夷三族。

六月庚寅晦,日有食之。

秋七月,洧水、颍水溢。螟。

八月,马超破凉州,杀刺史韦康。

九月庚戌,立皇子熙为济阴王,懿为山阳王,邈为济北王,敦为东海王。①

> ①山阳公载记曰:"时许靖在巴郡,闻立诸王,曰:'将欲歙之,必姑张之;将欲夺之,必姑与之。其孟德之谓乎!'"

冬十二月,星孛于五诸侯。①

> ①五诸侯,星名也。

十八年春正月庚寅,复禹贡九州。①

> ①献帝春秋曰:"时省幽、并州,以其郡国并于冀州;省司隶校尉及凉州,以其郡国并为雍州;省交州,并荆州、益州。于是有兖、豫、青、徐、荆、杨、冀、益、雍也。"九数虽同,而禹贡无益州有梁州,然梁、益亦一地也。

夏五月丙申,曹操自立为魏公,加九锡。①

> ①案礼含文嘉曰:"九锡谓一曰车马,二曰衣服,三曰乐器,四曰朱户,五曰纳陛,六曰虎贲士百人,七曰斧钺,八曰弓矢,九曰秬鬯。"

大雨水。

徙赵王珪为博陵王。

是岁,岁星、镇星、荧惑俱入太微。①彭城王和薨。

> ①是年秋,三星逆行入太微,守帝坐五十日。

十九年,夏四月,旱。五月,雨水。

刘备破刘璋,据益州。

冬十月，曹操遣将夏侯渊讨宋建于枹罕，[21] 获之。①

①枹罕，县，属金城郡，今河州县也。魏志曰：“渊字妙才，沛国谯人。”

十一月丁卯，曹操杀皇后伏氏，灭其族及二皇子。①

①山阳公载记曰：“刘备在蜀闻之，遂发丧。”

二十年春正月甲子，立贵人曹氏为皇后。赐天下男子爵，人一级，孝悌、力田二级。赐诸王侯公卿以下谷各有差。

秋七月，曹操破汉中，张鲁降。

二十一年夏四月甲午，曹操自进号魏王。

五月己亥朔，日有食之。

秋七月，匈奴南单于来朝。

是岁，曹操杀琅邪王熙，国除。①

①坐谋欲渡江，被诛。

二十二年夏六月，丞相军师华歆为御史大夫。

冬，有星孛于东北。

是岁大疫。

二十三年春正月甲子，少府耿纪、丞相司直韦晃起兵诛曹操，不克，夷三族。①

①三辅决录［注］曰：[22] “时有京兆金祎，[23] 字德伟，自以代为汉臣，乃发愤，与耿纪、韦晃欲挟天子以攻魏，南援刘备。事败，夷三族。”

三月，有星孛于东方。①[24]

①杜预注左传云"平旦,众星皆没,而孛星乃见",故不言所在之次。

二十四年春二月壬子晦,日有食之。

夏五月,刘备取汉中。

秋七月庚子,刘备自称汉中王。

八月,汉水溢。

冬十一月,孙权取荆州。

二十五年春正月庚子,魏王曹操薨。①子丕袭位。②

①魏志曰:操字孟德,薨时年六十六。

②魏志曰:丕字子桓,操之太子。

二月丁未朔,日有食之。

三月,改元延康。

冬十月乙卯,皇帝逊位,魏王丕称天子。①[25]奉帝为山阳公,②
邑一万户,位在诸侯王上,奏事不称臣,受诏不拜,以天子车服郊祀
天地,宗庙、祖、腊皆如汉制,都山阳之浊鹿城。③四皇子封王者,皆
降为列侯。

①逊,让也。献帝春秋曰:"帝时召群臣卿士告祠高庙,诏太常张音持
　节,奉策玺绶,禅位于魏王。乃为坛于繁阳故城,魏王登坛,受皇帝
　玺绶。"

②山阳,县名,属河内郡,故城在今怀州脩武县西北。

③浊鹿一名浊城,亦名清阳城,在今怀州脩武县东北。

明年,刘备称帝于蜀,孙权亦自王于吴,于是天下遂三分矣。

魏青龙二年三月庚寅,山阳公薨。自逊位至薨,十有四年,年

五十四,谥孝献皇帝。八月壬申,以汉天子礼仪葬于禅陵。①置园邑令丞。

①续汉书曰:"天子葬,太仆驾四轮辒为宾车,大练为屋幕。中黄门、虎贲各二十人执绋。司空择士造穿,太史卜日,将作作黄肠、题凑、便房,如礼。大驾,大仆御。方相氏黄金四目,蒙熊皮,玄衣朱裳,执戈扬楯,立乘四马先驱。旗长三刃,十有二旒曳地,画日、月、升龙。书旐曰'天子之枢'。谒者二人,立乘六马为次。太常跪〔曰〕哭,(曰)十五举音,止哭。〔26〕昼漏上〔水〕,请发。〔27〕司徒、河南尹先引车转,太常曰请拜送。车著白丝三纠,绋长三十丈,围七寸;六行,行五十人。公卿已下子弟凡三百人,皆素帻,委貌冠,衣素裳,挽。校尉三(百)人,〔28〕皆赤帻,不冠,持幢幡,皆衔枚。羽林孤儿、巴俞鼗歌者六十人,为六列。司马八人,执铎。至陵南羡门,司徒跪请就下房,都导东园武士奉入房,执事下明器,太祝进醴献。司空将校复土。"鼗音徒了反。帝王纪曰:"禅陵在浊鹿城西北十里,在今怀州脩武县北二十五里。陵高二丈,周回二百步。"刘澄之地记云:"以汉禅魏,故以名焉。"

太子早卒,孙康立五十一年,晋太康六年薨。子瑾立四年,太康十年薨。子秋立二十年,永嘉中为胡贼所杀,国除。

论曰:传称鼎之为器,虽小而重,故神之所宝,不可夺移。①至今负而趋者,此亦穷运之归乎!②天厌汉德久矣,山阳其何诛焉!③

①左氏传王孙满曰:"桀有昏德,鼎迁于商;商纣暴虐,鼎迁于周。德之休明,虽小,重也;其奸回昏乱,虽大,轻也。"故言神之所宝,不可夺移。

②言神器至重,被人负而趋走者,斯亦穷尽之运归于此时乎,言不可复振也。庄子曰:"藏舟于壑,藏山于泽,谓之固矣。然而有力者负之而

趋,而昧者不知。"

③厌,倦;诛,责也。汉自和帝以后,政教陵迟,故言天厌汉德久矣。祸
之来也,非独山阳公之过,其何所诛责乎?左传宋子鱼曰:"天既厌商
德。"孔子曰:"于予(予)〔与〕何诛。"[29]

赞曰:献生不辰,身播国屯。①终我四百,永作虞宾。②

①辰,时也。播,迁也。言献帝生不逢时,身既播迁,国又屯难。诗曰:
"我生不辰。"左传曰:"震荡播越。"

②春秋演孔图曰[30]:"刘四百岁之际,褒汉王辅,皇王以期,有名不就。"
宋均注曰:"虽褒族人为汉王以自辅,以当有应期,名见摄录者,故名
不就也。"虞宾谓舜以尧子丹朱为宾,(商)〔虞〕书曰[31]"虞宾在位"是
也。以喻山阳公为魏之宾也。

【校勘记】

〔1〕灵帝中子也　按:集解引惠栋说,谓续志作"灵帝少子"。

〔2〕〔参〕乘(舆)〔与〕中官俱止禁中　依刊误删补。按御览卷二一九引
　　汉官仪,正作"参乘,与中官俱止禁中"。

〔3〕灵帝(建元)〔熹平〕四年改平准为中准　据殿本、集解本改,与灵纪
　　合。按:两"準"字原俱作"准",径据汲本、殿本改。

〔4〕董卓〔自〕为相国　据殿本考证引何焯说补。

〔5〕袁术遣将孙坚攻刘表于襄阳坚战殁　按:校补谓案通鉴坚被黄祖
　　部曲兵射杀,叙在二年冬十月后。

〔6〕董卓部曲将李傕郭汜　汲本"汜"作"氾",殿本则前作"汜",后又
　　作"氾",不一律。按:通鉴作"汜",胡注汜音祀,又孚梵反。然则
　　作"汜"或"氾",初无一定,亦犹汜水之又作氾水矣。

〔7〕太仆赵岐　按:"岐"原讹"歧",径据汲本、殿本改正。后如此,不

悉出校记。

〔8〕夏五月癸酉　按:"五"原讹"三",径改正。

〔9〕试儒生四十馀人　按袁纪作"三十馀人"。

〔10〕献帝春秋(曰)喜作嘉　按:"曰"字当衍,今删。

〔11〕帝疑赋恤有虚　按:御览八三八引"赋"作"赈"。

〔12〕帷帟　按:"帟"原误"廉",径据汲本、殿本改正。

〔13〕杀光禄勋邓泉　按:集解引钱大昕说,谓五行志作"邓渊",此章怀避讳改。

〔14〕少府田芬　按:集解引惠栋说,谓五行志作"田邠"。

〔15〕封卫将军董承为辅国将军伏完等十三人为列侯　按:惠栋、王鸣盛、钱大昕皆谓"董承"下衍"为"字。李慈铭谓当云"以执金吾伏完为辅国将军,封卫将军董承等十三人为列侯",纪文传写脱误。

〔16〕山阳公载记(曰)　据刊误删。

〔17〕六年春(三)〔二〕月丁卯朔日有食之　集解引钱大昕说,谓五行志作"十月癸未"。按:推是年二月丁卯朔,日食可见,"三月"乃"二月"之误,今改,与通鉴目录引本志合。

〔18〕袁宏汉纪(曰)　按:"曰"字当衍,今删。

〔19〕济(阴)〔北〕　据集解引钱大昕说及校补引钱大昭说改。

〔20〕斩其蹋顿　殿本考证引何焯说,谓"其"字应衍。校补谓案乌桓传,蹋顿为辽西乌桓王丘力居从子,代丘力居立为王,是蹋顿乃乌桓王名,故何氏谓"其"字应衍,不解注何以释为匈奴王号。今按:如依乌桓传,则"其"字当删,"蹋顿"应加标号。

〔21〕曹操遣将夏侯渊讨宋建于枹罕　按:汲本、集解本"宋建"作"朱建"。集解引钱大昕说,谓天文志作"宋建",董卓传作"宗建",三国志亦作"宋建"。

〔22〕三辅决录〔注〕曰　按:三辅决录赵岐著。集解引陈景云说,谓"决录"下当有"注"字,赵岐卒于建安六年,不及见此事。今据补。

〔23〕时有京兆全祎　按:汲本、殿本"全祎"作"金祎"。

〔24〕有星孛于东方　按:袁纪"东方"作"东井"。

〔25〕冬十月乙卯皇帝逊位魏王丕称天子　按:集解引惠栋说,谓魏受禅
　　　碑作"十月辛未"。据裴松之注魏志,汉实以十月乙卯策诏魏王,使
　　　张愔奉玺绶,而魏王辞让,往返三四而后受也。又据侍中刘廙奏,
　　　问太史令许芝,今月十七日乙未,可治坛埠。又据尚书桓阶等奏,
　　　云辄下太史令择元辰,今月二十九日可登坛受命。盖自十七日乙
　　　未至二十九日正得辛未。以此据之,汉魏二纪皆谬,而独此碑为
　　　是也。

〔26〕太常跪〔曰〕哭(曰)十五举音止哭　据刊误改。

〔27〕昼漏上〔水〕请发　据续志补。

〔28〕校尉三(百)人　据续志删。

〔29〕于予(予)〔与〕何诛　据刊误改。

〔30〕春秋演孔图　按:原作"春秋孔演图",误,径乙正。

〔31〕(商)〔虞〕书曰　据殿本、集解本改。

后 汉 书 卷 十 上

皇后纪第十上

夏、殷以上,后妃之制,其文略矣。周礼王者立后,①三夫人,九嫔,二十七世妇,八十一女御,以备内职焉。后正位宫闱,同体天王。夫人坐论妇礼,②九嫔掌教四德,③世妇主丧、祭、宾客,④女御序于王之燕寝。⑤颁官分务,各有典司。女史彤管,记功书过。⑥居有保阿之训,动有环佩之响。⑦进贤才以辅佐君子,哀窈窕而不淫其色。⑧所以能述宣阴化,修成内则,⑨闺房肃雍,险谒不行也。⑩故康王晚朝,关雎作讽;⑪宣后晏起,姜氏请愆。⑫及周室东迁,礼序凋缺。⑬诸侯僭纵,轨制无章。齐桓有如夫人者六人,⑭晋献升戎女为元妃,⑮终于五子作乱,⑯家嗣遭屯。⑰爰逮战国,风宪踰薄,适情任欲,颠倒衣裳,⑱以至破国亡身,不可胜数。斯固轻礼弛防,先色后德者也。

①郑玄注礼记曰:"后之言后,言在夫之后也。"

307

②郑玄注周礼云"夫人之于后,犹三公之于王,坐而论妇礼"也。

③九嫔比九卿。周礼曰"九嫔,掌妇学之法,以教九御"也。四德谓妇德、妇言、妇容、妇功也。

④妇,服也,明其能服事于人也,比二十七大夫。周礼:"世妇,掌祭祀、宾客、丧纪之事。祭之日,莅陈女宫之具,凡内羞之物,掌吊临于卿大夫之丧。"

⑤御谓进御于王也,比八十一元士。周礼曰"女御,〔掌〕叙于王之燕寝,[1]以岁时献功事"也。

⑥周礼云"女史,掌王后之礼,书内令,凡后之事以礼从"也。郑玄注云"亦如大史之于王"也。彤管,赤管笔也。诗云:"诒我彤管。"注云"古者,后夫人必有女史彤管之法"也。

⑦列女传曰:"齐孝公孟姬,华氏之女。从孝公游,车奔,姬堕,车碎,孝公使驷马立车载姬。姬泣曰:'妾闻妃下堂,必从傅母保阿,进退则鸣玉佩环;今立车无辀,非敢受命。'"

⑧诗序云:"关雎,乐得淑女以配君子,忧在进贤,不淫其色,哀窈窕,思贤才,而无伤善之心。"毛苌注云:"窈窕,幽间也。"

⑨周礼内宰职曰:"以阴礼教六宫,以妇职之法教九御。"

⑩肃,敬也。雍,和也。谒,请也。言能辅佐君子,和顺恭敬,不行私谒。诗序曰:"虽则王姬,犹执妇道,以成肃雍之德。"又曰:"而无险诐私谒之心。"

⑪前书音义曰:"后夫人鸡鸣佩玉去君所。周康王后不然,故诗人叹而伤之。"见鲁诗。

⑫列女传曰:"周宣姜后,齐侯之女也。宣王尝夜卧晏起,后夫人不出房。姜后既出,乃脱簪珥,待罪于永巷,使傅母通言于王曰:'妾不才,淫心见矣,至使君王失礼而晏起,以见君王乐色忘德。敢请罪,惟君王之命。'王曰:'寡人之过,夫人何辜。'遂勤政事,成中兴之名焉。"

⑬幽王时,西夷、犬戎共攻杀幽王于骊山之下。太子宜臼立,是为平王,

东迁洛邑,以避犬戎,政遂微弱。

⑭左传曰,桓公多内宠,有如夫人者六人:长卫姬,少卫姬,郑姬、葛嬴、密姬、宋华子也。

⑮元妃,嫡夫人也。史记曰,晋献公伐骊戎,得骊姬,爱幸,立以为妃。

⑯桓公六夫人,生六子。桓公卒,立公子昭,于是公子无亏、公子元、公子潘、公子商人、公子雍等五公子皆求立,公子昭奔宋,是作乱也。

⑰冢,大也。遭,遇也。屯,难也。晋献公受骊姬之谮,杀太子申生,故曰遇屯。

⑱上曰衣,下曰裳。诗曰:"绿兮衣兮,绿衣黄裳。"郑玄曰:"褖衣黑,今反以黄为里,非其礼制,谕妾上僭也。"

秦并天下,多自骄大,宫备七国,①[2]爵列八品,②汉兴,因循其号,而妇制莫厘。③高祖帷薄不修,④孝文衽席无辩。⑤然而选纳尚简,饰玩少华。自武、元之后,世增淫费,至乃掖庭三千,增级十四。⑥妖幸毁政之符,外姻乱邦之迹,前史载之详矣。

①史记曰:"始皇破六国,写放其宫室,作之咸阳北坂上,南临渭水,殿屋复道,周阁相属,所得诸侯美人,以充入之。"并秦为七也。

②前书曰:"汉兴因秦之称号,正嫡称皇后,妾皆称夫人,又有美人、良人、八子、七子、长使、少使之号。"

③厘,理。

④大戴礼曰:"大臣坐污秽男女无别者,不曰污秽,曰帷薄不修。"谓周昌入奏事,高帝拥戚姬,是不修也。

⑤郑玄注礼记曰:"衽,卧席也。"孝文幸慎夫人,每与皇后同坐,是无辩也。

⑥婕妤一,姪娥二,容华三,充衣四,已上武帝置;昭仪五,元帝置;美人六,良人七,七子八,八子九,长使十,少使十一,五官十二,顺常十三,无涓、共和、娱灵、保林、良使、夜者十四,此六官品秩同为一等也。

及光武中兴，斫雕为朴，①六宫称号，唯皇后、贵人。②贵人金印紫绶，奉不过粟数十斛。又置美人、宫人、采女三等，并无爵秩，岁时赏赐充给而已。汉法常因八月算人，③遣中大夫与掖庭丞及相工，于洛阳乡中阅视良家童女，年十三以上，二十已下，姿色端丽，合法相者，载还后宫，择视可否，乃用登御。所以明慎聘纳，详求淑哲。明帝聿遵先旨，宫教颇修，登建嫔后，必先令德，内无出阃之言，④权无私溺之授，可谓矫其敝矣。向使因设外戚之禁，编著甲令，⑤改正后妃之制，贻厥方来，岂不休哉！虽御己有度，而防（闲）〔闲〕未笃，[3]故孝章以下，渐用色授，恩隆好合，遂忘淄蠹。⑥

①雕谓刻镂也。史记曰："汉兴，破觚而为圆，斫雕而为璞。"

②郑玄注周礼曰"皇后正寝一，燕寝五，是为六宫"也。夫人已下分居焉。

③汉仪注曰："八月初为算赋，故曰算人。"

④阃，门限也。礼记曰"外言不入于阃，内言不出于阃"也。

⑤前书音义曰："甲令者，前帝第一令也，有甲令、乙令、丙令。"

⑥淄，黑也。蠹，食木虫。以谕倾败也。

自古虽主幼时艰，王家多衅，必委成冢宰，简求忠贤，未有专任妇人，断割重器。唯秦芈太后始摄政事，①[4]故穰侯权重于昭王，家富于嬴国。②汉仍其谬，知患莫改。东京皇统屡绝，权归女主，外立者四帝，③临朝者六后，④莫不定策帷帟，委事父兄，贪孩童以久其政，抑明贤以专其威。⑤任重道悠，利深祸速。身犯雾露于云台之上，⑥家婴缧绁于图狴之下。⑦湮灭连踵，倾辀继路。⑧而赴蹈不息，燋烂为期，终于陵夷大运，沦亡神宝。⑨诗书所叹，略同一揆。故考列行跡，以为皇后本纪。虽成败事异，而同居正号者，并列于篇。其以私恩追尊，非当时所奉者，则随它事附出。⑩亲属别事，各依列传。其馀无所见,则系之此纪,⑪以缵西京外戚云尔。⑫

①芈音亡尔反。

②太后,昭王母也,号宣太后。史记曰,昭王立,年少,宣太后自知事,以同母弟魏冄为将军,任政,封为穰侯。太后摄政,始于此也。

③谓安、质、桓、灵。

④章帝窦太后、和熹邓太后、安思阎太后、顺烈梁太后、桓思窦太后、灵思何太后也。

⑤周礼:"幕人,掌帷帟幄幕之事。"郑玄注曰:"帟,幄中坐上承尘也。"殇帝崩,邓太后与兄骘等立安帝,年十三。冲帝崩,梁太后与兄冀迎立质帝,年八岁。质帝崩,太后与兄冀迎立桓帝,年十五。桓帝崩,窦太后与父武迎立灵帝,年十二。

⑥雾露谓疾病也。不可指言死,故假雾露以言之。灵帝时,中常侍曹节矫诏迁太后于云台。谢弼上封事曰:"伏惟皇太后援立明圣,幽居空宫,如有雾露之疾,陛下当何面目以见天下!"

⑦缧,索也。线,系也。囹圄,周狱名也。乡亭之狱曰犴,音五旦反。谓外戚等被诛也。

⑧踵,跡也。轊,车辕也。贾谊曰:"前车覆,后车诫。"

⑨陵夷犹颓替。神宝,帝位也。

⑩谓安帝母左姬及祖母宋贵人之类,并见清河孝王传。

⑪谓贾贵人、虞美人之类是。

⑫缵,继也。

光武郭皇后讳圣通,真定槁人也。①[5]为郡著姓。父昌,让田宅财产数百万与异母弟,国人义之。仕郡功曹。娶真定恭王女,号郭主,②生后及子况。昌早卒。郭主虽王家女,而好礼节俭,有母仪之德。更始二年春,光武击王郎,至真定,因纳后,有宠。及即位,以为贵人。

①槁,县名,故城在今恒州槁城县西。

②恭王名普,景帝七代孙。

建武元年,生皇子疆。帝善况小心谨慎,[6]年始十六,拜黄门侍郎。二年,贵人立为皇后,疆为皇太子,封况绵蛮侯。以后弟贵重,宾客辐凑。况恭谦下士,颇得声誉。十四年,迁城门校尉。其后,后以宠稍衰,数怀怨懟。十七年,遂废为中山王太后,进后中子右翊公辅为中山王,以常山郡益中山国。徙封况大国,为阳安侯。①后从兄竟,以骑都尉从征伐有功,封为新郪侯,官至东海相。②竟弟匡为发干侯,③官至太中大夫。后叔父梁,早终,无子。其婿南阳陈茂,以恩泽封南蛮侯。④

①阳安,县,属汝南郡,故城在今豫州朗山县,故道国城是也。

②新郪,县,属汝南郡,故城在今颍州汝阴县西北郪丘城是也。音七私反。

③发干,县,属东郡,故城在今博州堂邑县西南。

④蛮音力全反。

二十年,中山王辅复徙封沛王,后为沛太后。况迁大鸿胪。帝数幸其第,会公卿诸侯亲家饮燕,赏赐金钱缣帛,丰盛莫比,京师号况家为金穴。二十六年,后母郭主薨,帝亲临丧送葬,百官大会,遣使者迎昌丧柩,与主合葬,追赠昌阳安侯印绶,谥曰思侯。二十八年,后薨,葬于北芒。[7]

帝怜郭氏,诏况子璜尚淯阳公主,除璜为郎。显宗即位,况与帝舅阴识、阴就并为特进,数授赏赐,[8]恩宠俱渥。礼待阴、郭,每事必均。永平二年,况卒,赠赐甚厚,帝亲自临丧,谥曰节侯,子璜嗣。

元和三年,肃宗北巡狩,过真定,会诸郭,朝见上寿,引入倡饮甚欢。①以太牢具上郭主冢,赐粟万斛,钱五十万。永元初,璜为长乐少府,②子举为侍中,兼射声校尉。及大将军窦宪被诛,举以宪女婿谋逆,故父子俱下狱死,家属徙合浦,③宗族为郎吏者,悉免官。新郪侯竟初为骑将,④从征伐有功,拜东海相。永平中卒,子嵩嗣;嵩卒,追坐染楚王英事,国废。建初二年,章帝绍封嵩子勤为伊亭侯,勤无子,国除。发干侯匡,官至太中大夫,建武三十年卒,子勋嗣;勋卒,子骏嗣,永平十三年,亦坐楚王英事,失国。建初三年,复封骏为观都侯,卒,无子,国除。郭氏侯者凡三人,皆绝国。

①说文曰:"倡,乐也。"声类曰"俳"。

②长乐少府,掌皇太后宫,秩二千石。居长信宫曰长信少府,长乐宫曰长乐少府。

③郡名,今廉州县。

④前书曰:"车、户、骑将,属光禄,秩比千石。"

论曰:物之兴衰,情之起伏,理有固然矣。而崇替去来之甚者,必唯宠惑乎? 当其接床第,承恩色,虽险情赘行,莫不德焉。①及至移意爱,析嬿私,虽惠心妍状,愈献丑焉。爱升,则天下不足容其高;欢队,故九服无所逃其命。斯诚志士之所沉溺,君人之所抑扬,未或违之者也。郭后以衰离见贬,恚怨成尤,而犹恩加别馆,增宠党戚。至乎东海逡巡,去就以礼,使后世不见隆薄进退之隙,不亦光于古乎!

①说文曰:"赘,疣也。"老子曰:"馀食赘行。"河上公注曰:"行之无当为

赘。"庄子曰:"附赘悬疣。"言丑恶也。

光烈阴皇后讳丽华,^①南阳新野人。初,光武适新野,闻后美,心悦之。后至长安,见执金吾车骑甚盛,因叹曰:"仕宦当作执金吾,娶妻当得阴丽华。"更始元年六月,遂纳后于宛当成里,时年十九。及光武为司隶校尉,方西之洛阳,令后归新野。及邓奉起兵,后兄识为之将,后随家属徙淯阳,止于奉舍。

①谥法曰:"执德遵业曰烈。"东观记:"有阴子公者,生子方,方生幼公,公生君孟,名睦,即后之父也。"今世本"睦"作"陆"。

光武即位,令侍中傅俊迎后,与湖阳、宁平主诸宫人俱到洛阳,以后为贵人。^①帝以后雅性宽仁,欲崇以尊位,后固辞,以郭氏有子,终不肯当,故遂立郭皇后。建武四年,从征彭宠,生显宗于元氏。九年,有盗劫杀后母邓氏及弟䜣,^②帝甚伤之,乃诏大司空曰:"吾微贱之时,娶于阴氏,因将兵征伐,遂各别离。幸得安全,俱脱虎口。^③以贵人有母仪之美,宜立为后,而固辞弗敢当,列于媵妾。^④朕嘉其义让,许封诸弟。未及爵土,而遭患逢祸,母子同命,愍伤于怀。小雅曰:'将恐将惧,惟予与汝。将安将乐,汝转弃予。'^⑤风人之戒,可不慎乎? 其追爵谥贵人父陆为宣恩哀侯,弟䜣为宣义恭侯,以弟就嗣哀侯后。及尸柩在堂,使太中大夫拜授印绶,如在国列侯礼。魂而有灵,嘉其宠荣!"

①宁平,县,属淮阳,故城在今亳州谷阳县西南。

②音欣。

③庄子曰,孔子见盗跖,谓柳下惠曰:"几不免于虎口。"

④尔雅曰:"媵,送也。"孙炎曰:"送女曰媵。"

⑤谷风之诗。

十七年，废皇后郭氏而立贵人。制诏三公曰："皇后怀执怨怼，数违教令，不能抚循它子，训长异室。宫闱之内，若见鹰鹯。①既无关雎之德，而有旦、霍之风，岂可托以幼孤，恭承明祀。今遣大司徒涉、②宗正吉持节，其上皇后玺绶。阴贵人乡里良家，归自微贱。③'自我不见，于今三年。'④宜奉宗庙，为天下母。主者详案旧典，时上尊号。异常之事，非国休福，不得上寿称庆。"后在位恭俭，少嗜玩，不喜笑谑。性仁孝，多矜慈。七岁失父，[9]虽已数十年，言及未曾不流涕。[10]帝见，常叹息。

①尔雅曰："宫中小门谓之闱。"

②戴涉也。

③公羊传曰："妇人谓嫁曰归。"

④诗豳风东山之词也。

显宗即位，尊后为皇太后。永平三年冬，帝从太后幸章陵，置酒旧宅，会阴、邓故人诸家子孙，并受赏赐。七年，崩，在位二十四年，年六十，合葬原陵。

明帝性孝爱，追慕无已。十七年正月，当谒原陵，夜梦先帝、太后如平生欢。既寤，悲不能寐，即案历，明旦日吉，遂率百官及故客上陵。其日，取甘露于陵树，帝令百官采取以荐。会毕，帝从席前伏御床，视太后镜奁中物，①感动悲涕，令易脂泽装具。左右皆泣，莫能仰视焉。

①奁，镜匣也，音廉。

明德马皇后讳某，^①伏波将军援之小女也。少丧父母。兄客卿敏惠早夭，母蔺夫人悲伤发疾慌惚。后时年十岁，干理家事，敕制僮御，^②内外诸禀，事同成人。初，诸家莫知者，后闻之，咸叹异焉。后尝久疾，太夫人令筮之，筮者曰："此女虽有患状而当大贵，兆不可言也。"后又呼相者使占诸女，见后，大惊曰："我必为此女称臣。然贵而少子，若养它子者得力，乃当踰于所生。"

①谥法曰："忠和纯淑曰德。"讳某者，史失某名。下皆类此。

②干，正也。广雅曰"僮、御，皆使者"也。

初，援征五溪蛮，卒于师，虎贲中郎将梁松、黄门侍郎窦固等因谮之，由是家益失势，又数为权贵所侵侮。后从兄严不胜忧愤，白太夫人绝窦氏婚，求进女掖庭。乃上书曰："臣叔父援孤恩不报，^①而妻子特获恩全，戴仰陛下，为天为父。人情既得不死，便欲求福。窃闻太子、诸王妃匹未备，援有三女，大者十五，次者十四，小者十三，仪状发肤，上中以上。^②皆孝顺小心，婉静有礼。^③愿下相工，简其可否。如有万一，援不朽于黄泉矣。又援姑姊妹并为成帝婕妤，葬于延陵。臣严幸得蒙恩更生，冀因缘先姑，当充后宫。"由是选后入太子宫。时年十三。奉承阴后，傍接同列，礼则修备，上下安之。遂见宠异，常居后堂。

①孤，负也。

②东观记曰："明帝马皇后美发，为四起大髻，但以发成，尚有馀，绕髻三匝。眉不施黛，独左眉角小缺，补之如粟。常称疾而终身得意。"

③婉，顺。

显宗即位，以后为贵人。时后前母姊女贾氏亦以选入，生肃宗。帝以后无子，命令养之。谓曰："人未必当自生子，但患爱养不至耳。"后于是尽心抚育,劳悴过于所生。肃宗亦孝性淳笃,恩性天至,母子慈爱,始终无纤介之间。①后常以皇嗣未广,每怀忧叹,荐达左右,若恐不及。后宫有进见者,每加慰纳。若数所宠引,辄增隆遇。永平三年春,有司奏立长秋宫,②帝未有所言。皇太后曰:"马贵人德冠后宫,即其人也。"遂立为皇后。

①纤介犹细微也。间,隙也。

②皇后所居宫也。长者久也,秋者万物成孰之初也,故以名焉。请立皇后,不敢指言,故以宫称之。

先是数日,梦有小飞虫无数赴著身,又入皮肤中而复飞出。既正位宫闱,愈自谦肃。身长七尺二寸,方口,美发。能诵易,好读春秋、楚辞,尤善周官、董仲舒书。①常衣大练,裙不加缘。②朔望诸姬主朝请,③望见后袍衣疏粗,反以为绮縠,就视,乃笑。后辞曰:"此缯特宜染色,故用之耳。"六宫莫不叹息。帝尝幸宛囿离宫,后辄以风邪露雾为戒,辞意款备,多见详择。帝幸濯龙中,④并召诸才人,下邳王已下皆在侧,请呼皇后。帝笑曰:"是家志不好乐,虽来无欢。"是以游娱之事希尝从焉。

①周官,周礼也。仲舒书,玉杯、蕃露、清明、竹林之属也。蕃音繁。

②大练,大帛也。杜预注左传曰:"大帛,厚缯也。"太后兄廖上书曰"今陛下躬服厚缯"是也。

③汉律春日朝,秋日请。

④续汉志曰,濯龙,园名也,近北宫。

十五年,帝案地图,将封皇子,悉半诸国。后见而言曰:"诸子裁食数县,于制不已俭乎?"帝曰:"我子岂宜与先帝子等乎?岁给二千万足矣。"时楚狱连年不断,因相证引,坐系者甚众。后虑其多滥,乘间言及,恻然。帝感悟之,夜起仿偟,为思所纳,①卒多有所降宥。时诸将奏事及公卿较议难平者，②帝数以试后。后辄分解趣理，各得其情。每于侍执之际，辄言及政事，多所毗补，而未尝以家私干。(欲)〔故〕宠敬日隆，[11]始终无衰。

①思后所纳之言。

②广雅曰："较，明也。"

及帝崩，肃宗即位，尊后曰皇太后。诸贵人当徙居南宫，太后感析别之怀，各赐王赤绶，加安车驷马，白越三千端，①[12]杂帛二千匹，黄金十斤。自撰显宗起居注，削去兄防参医药事。帝请曰："黄门舅旦夕供养且一年，既无褒异，又不录勤劳，无乃过乎！"太后曰："吾不欲令后世闻先帝数亲后宫之家，故不著也。"

①白越，越布。

建初元年，〔帝〕欲封爵诸舅，[13]太后不听。明年夏，大旱，言事者以为不封外戚之故，有司因此上奏，宜依旧典。①太后诏曰："凡言事者皆欲媚朕以要福耳。昔王氏五侯同日俱封，②其时黄雾四塞，不闻澍雨之应。又田蚡、窦婴，宠贵横恣，倾覆之祸，为世所传。③故先帝防慎舅氏，不令在枢机之位。④诸子之封，裁令半楚、淮阳诸国，常谓'我子不当与先帝子等'。今有司奈何欲以马氏比阴氏乎！吾为天下母，而身服大练，食不求甘，左右但著帛布，无香薰之饰者，欲身率下也。以为外亲见之，当伤心自敕，但笑言太后素好俭。前过濯龙门上，见外家问起居者，车如流水，马如游龙，仓头衣绿褠，领袖正白，⑤顾视御者，不及远矣。故不加谴怒，但绝岁用而已，冀以默愧其心，而犹懈怠，无忧国忘家之虑。知臣莫若君，况亲属乎？吾岂可上负先帝之旨，下亏先人之德，重袭西京败亡之祸哉！"固不许。⑥

①汉制,外戚以恩泽封侯,故曰旧典也。

②成帝封太后弟王谭、王商、王立、王根、王逢时等,同时为关内侯。

③田蚡,景帝王皇后同母弟武安侯也。为丞相,贪骄,与淮南王霸上私语。后薨,武帝曰:"使武安侯在者,族矣!"窦婴,文帝窦皇后从兄子魏其侯也,为丞相,坐与灌夫朋党弃市也。

④枢机,近要之官也。[14]春秋运斗枢曰:"北斗,第一天枢,第二璇,第三机也。"

⑤褠,臂衣,今之臂韝,以缚左右手,于事便也。

⑥西京外戚吕禄、吕产、窦婴、上官桀安父子、霍禹等皆被诛。

帝省诏悲叹,复重请曰:"汉兴,舅氏之封侯,犹皇子之为王也。太后诚存谦虚,奈何令臣独不加恩三舅乎?且卫尉年尊,两校尉有大病,①如令不讳,使臣长抱刻骨之恨。宜及吉时,不可稽留。"

①卫尉,太后兄廖。两校尉,兄防、兄光也。

太后报曰:"吾反覆念之,思令两善。岂徒欲获谦让之名,而使帝受不外施之嫌哉!①昔窦太后欲封王皇后之兄,②丞相条侯言受高祖约,无军功,非刘氏不侯。③今马氏无功于国,岂得与阴、郭中兴之后等邪?常观富贵之家,禄位重叠,犹再实之木,其根必伤。④且人所以愿封侯者,欲上奉祭祀,下求温饱耳。今祭祀则受四方之珍,衣食则蒙御府馀资,斯岂不足,而必当得一县乎?吾计之孰矣,勿有疑也。夫至孝之行,安亲为上。今数遭变异,穀价数倍,忧惶昼夜,不安坐卧,而欲先营外封,违慈母之拳拳乎!⑤吾素刚急,有匈中气,不可不顺也。若阴阳调和,边境清静,然后行子之志。吾但当含饴弄孙,⑥不能复关政矣。"

①以恩泽封爵外家为外施也。

②窦太后,文帝后也。王皇后,景帝后也。兄即王信,后封为盖侯。

③条侯,周亚夫也。前书曰:"高帝与功臣约,非刘氏不王,非有功不侯。不如约,天下共击之。"

④文子曰[15]"再实之木根必伤,掘藏之家后必殃"也。

⑤拳拳犹勤勤也,音权。

⑥方言曰:"饴,饧也。陈、楚、宋、卫之间通语。"

时新平主家御者失火,延及北阁后殿。太后以为己过,起居不欢。时当谒原陵,自引守备不慎,惭见陵园,遂不行。初,太夫人葬,起坟微高,太后以为言,兄廖等即时减削。其外亲有谦素义行者,辄假借温言,赏以财位。[16]如有纤介,则先见严恪之色,然后加谴。其美车服不轨法度者,便绝属籍,遣归田里。广平、钜鹿、乐成王车骑朴素,无金银之饰,帝以白太后,太后即赐钱各五百万。于是内外从化,被服如一,诸家惶恐,倍于永平时。乃置织室,蚕于濯龙中,①数往观视,以为娱乐。常与帝旦夕言道政事,及教授诸小王,论议经书,述叙平生,雍和终日。

①前书有东织、西织,属少府,平帝改名织室。

四年,天下丰稔,方垂无事,帝遂封三舅廖、防、光为列侯。并辞让,愿就关内侯。太后闻之,曰:"圣人设教,各有其方,知人情性莫能齐也。①吾少壮时,但慕竹帛,志不顾命。②今虽已老,而复'戒之在得',③故日夜惕厉,思自降损。④居不求安,食不念饱。冀乘此道,不负先帝。所以化导兄弟,共同斯志,欲令瞑目之日,无所复恨。何意老志复不从哉?万年之日长恨矣!"廖等不得已,受封爵而退位归第焉。

①礼记王制曰:"凡居人材,必因天地寒煖燥湿,广谷大川异制,人居其间异俗。修其教不易其俗,齐其政不易其宜。中国戎夷五方之人,皆有性也,不可推移。"

②言少慕古人，书名竹帛，不顾命之长短。

③论语孔子曰："少之时，戒之在色；及其老也，戒之在得。"得，贪靁也。
　　言弥复吝惜封爵，不欲滥封亲戚也。

④惕，惧也。厉，危也。

太后其年寝疾，不信巫祝小医，数敕绝祷祀。至六月，崩。在位二十三年，年四十馀。合葬<u>显节陵</u>。

<u>贾贵人</u>，<u>南阳</u>人。<u>建武</u>末选入太子宫，中元二年生<u>肃宗</u>，而<u>显宗</u>以为贵人。帝既为太后所养，专以<u>马氏</u>为外家，故贵人不登极位，<u>贾氏</u>亲族无受宠荣者。及太后崩，乃策书加贵人王赤绶，①安车一驷，永巷宫人二百，②御府杂帛二万匹，大司农黄金千斤，钱二千万。诸史并阙后事，故不知所终。

①续汉书曰诸侯王赤绶也。

②永巷，宫中署名也，后改为掖庭。永巷宫人，即官婢也。

<u>章德窦皇后</u>讳某，<u>扶风</u><u>平陵</u>人，大司(徒)〔空〕<u>融</u>之曾孙也。〔17〕祖<u>穆</u>，父<u>勋</u>，坐事死，事在<u>窦融</u>传。<u>勋</u>尚东海恭王<u>彊</u>女<u>沘阳公主</u>，后其长女也。家既废坏，数呼相工问息耗，①见后者皆言当大尊贵，非臣妾容貌。年六岁能书，亲家皆奇之。<u>建初</u>二年，后与女弟俱以选例入见<u>长乐宫</u>，进止有序，风容甚盛。<u>肃宗</u>先闻后有才色，数以讯诸姬傅。②及见，雅以为美，<u>马太后</u>亦异焉，因入掖庭，见于<u>北宫</u><u>章德殿</u>。后性敏给，倾心承接，称誉日闻。明年，遂立为皇后，妹为贵人。七年，追爵谥后父<u>勋</u>为<u>安成思侯</u>。③后宠幸殊特，专固后宫。

①薛氏韩诗章句曰："耗，恶也。"息耗犹言善恶也。

②讯,问也。傅谓傅母。

③安成,县,属汝南郡,故城在今豫州吴房县东南。

初,宋贵人生皇太子庆,梁贵人生和帝。后既无子,并疾忌之,数间于帝,渐致疏嫌。因诬宋贵人挟邪媚道,遂自杀,废庆为清河王,语在庆传。

梁贵人者,褒亲愍侯梁竦之女也。少失母,为伯母舞阴长公主所养。①年十六,亦以建初二年与中姊俱选入掖庭为贵人。四年,生和帝。后养为己子。欲专名外家而忌梁氏。八年,乃作飞书以陷竦。②竦坐诛,贵人姊妹以忧卒。自是宫房慄息,③后爱日隆。

①长公主,光武女,梁松尚焉。

②飞书,若今匿名书也。

③慄,惧也,音㯢。周书曰"临捕以威,而气慄惧"也。

及帝崩,和帝即位,尊后为皇太后。皇太后临朝,尊母沘阳公主为长公主,益汤沐邑三千户。兄宪,弟笃、景,并显贵,擅威权,后遂密谋不轨,永元四年,发觉被诛。

九年,太后崩,未及葬,而梁贵人姊(嬺)〔嬺〕①[18]上书陈贵人枉殁之状。太尉张酺、司徒刘方、司空张奋上奏,依光武黜吕太后故事,②贬太后尊号,不宜合葬先帝。百官亦多上言者。帝手诏曰:"窦氏虽不遵法度,而太后常自减损。朕奉事十年,深惟大义,礼,臣子无贬尊上之文。恩不忍离,义不忍亏。案前世上官太后亦无降黜,③其勿复议。"于是合葬敬陵。在位十八年。

①音一计反。

②中元元年,黜吕后不宜配食高庙。

③上官太后,昭帝后也。父安与燕王谋反诛。太后以年少,又霍光外孙,故不废也。

帝以贵人酷殁，敛葬礼阙，乃改殡于承光宫，上尊谥曰恭怀皇后，①追服丧制，百官缟素，与姊大贵人俱葬西陵，仪比敬园。②

①谥法曰："敬事尊上曰恭，慈仁哲行曰怀。"

②敬园，安帝祖母宋贵人之园也。

和帝阴皇后讳某，光烈皇后兄执金吾识之曾孙也。后少聪慧，善书艺。永元四年，选入掖庭，以先后近属，故得为贵人。有殊宠。八年，遂立为皇后。

自和熹邓后入宫，①爱宠稍衰，数有恚恨。后外祖母邓朱出入宫掖。十四年夏，有言后与朱共挟巫蛊道，②事发觉，帝遂使中常侍张慎与尚书陈褒于掖庭狱杂考案之。朱及二子奉、毅与后弟轶、辅、敞辞语相连及，以为祠祭祝诅，大逆无道。奉、毅、辅考死狱中。帝使司徒鲁恭持节赐后策，上玺绶，迁于桐宫，以忧死。立七年，葬临平亭部。③父特进纲自杀，轶、敞及朱家属徙日南比景县，宗亲外内昆弟皆免官还田里。永初四年，邓太后诏赦阴氏诸徙者悉归故郡，还其资财五百馀万。

①熹音许其反。

②巫师为蛊，故曰巫蛊。左传注曰："蛊，惑也。"

③葬于亭部内之地也。

和熹邓皇后讳绥，①太傅禹之孙也。父训，护羌校尉；母阴氏，光烈皇后从弟女也。后年五岁，太傅夫人爱之，自为剪发。夫人年高目冥，[19] 误伤后额，忍痛不言。左右见者怪而问之，后曰："非不痛也，太夫人哀怜为断发，难伤老人意，故忍之耳。"六岁能史书，②

十二通诗、论语。诸兄每读经传,辄下意难问。③志在典籍,不问居家之事。母常非之,曰:"汝不习女工以供衣服,乃更务学,宁当举博士邪?"后重违母言,昼修妇业,暮诵经典,家人号曰"诸生"。父训异之,事无大小,辄与详议。

①蔡邕曰:"谥法,有功安人曰熹。"

②史书,周宣王太史籀所作大篆十五篇也。前书曰"教学童之书"也。

③下意犹出意也。[20]

永元四年,当以选入,会训卒,后昼夜号泣,终三年不食盐菜,憔悴毁容,亲人不识之。后尝梦扪天,①荡荡正青,若有锺乳状,[21]乃仰嗽饮之。以讯诸占梦,言尧梦攀天而上,汤梦及天而咶之,②斯皆圣王之前占,吉不可言。又相者见后惊曰:"此成汤之法也。"③[22]家人窃喜而不敢宣。后叔父陔[23]言:"常闻活千人者,子孙有封。兄训为谒者,使修石臼河,岁活数千人。天道可信,家必蒙福。"初,太傅禹叹曰:"吾将百万之众,未尝妄杀一人,其后世必有兴者。"[24]

①扪,摸也。

②咶音是。

③续汉书曰:"相者待诏相工苏大曰:'此成汤之骨法。'"

七年,后复与诸家子俱选入宫。后长七尺二寸,姿颜姝丽,①绝异于众,左右皆惊。八年冬,入掖庭为贵人,时年十六。恭肃小心,动有法度。承事阴后,夙夜战兢。接抚同列,常克己以下之,虽宫人隶役,皆加恩借。帝深嘉爱焉。及后有疾,特令后母兄弟入视医药,不限以日数。后言于帝曰:"宫禁至重,而使外舍久在内省,②上令陛下有幸私之讥,下使贱妾获不知足之谤。上下交损,诚不愿也。"帝曰:"人皆以数入为荣,贵人反以为忧,深自抑损,诚难及也。"每有宴会,诸姬贵人竞自修整,簪珥光采,袿裳鲜明,③而后独著素,装服无饰。其衣有与阴后同色者,即时解易。若并时进见,则不敢正坐离立,行则偻身自卑。④帝每有所问,常逡巡后对,不敢先阴后言。帝知后劳心曲体,叹曰:"修德之劳,乃如是乎!"后阴后渐疏,每当御见,辄辞以疾。时帝数失皇子,后忧继嗣不广,恒垂涕叹息,数选进才人,以博帝意。

①姝,美色也。诗曰:"彼姝者子。"

②外舍,外家。

③说文曰:"簪,笄也。珥,瑱也,以玉充耳。"释名曰:"妇人上服曰袿。"

④离,并也。礼记曰:"离坐离立,无往参焉。"

　　阴后见后德称日盛,不知所为,遂造祝诅,欲以为害。帝尝寝病危甚,阴后密言:"我得意,不令邓氏复有遗类!"后闻,乃对左右流涕言曰:"我竭诚尽心以事皇后,竟不为所祐,而当获罪于天。妇人虽无从死之义,然周公身请武王之命,①越姬心誓必死之分,②上以报帝之恩,中以解宗族之祸,下不令阴氏有人豕之讥。"③即欲饮药,宫人赵玉者固禁之,因诈言属有使来,上疾已愈。后信以为然,乃止。明日,帝果瘳。

①武王有疾,周公为之请命于大王、王季、文王,曰"若尔三王有丕子之责于天,以旦代某之身"也。

②越姬,楚昭王之姬,越王句践女也。昭王宴游,越姬从,谓姬曰:"乐乎?"对曰:"乐则乐矣,而不可久也。"王曰:"愿与子生死若此。"姬曰:"君王乐游,要妾以死,不敢闻命。"后王病,有赤云夹日如飞鸟。王问周太史。史曰:"是害王身,请移于将相。"王曰:"将相于孤,犹股

肱也。"不听。姬曰:"大哉君王之德。妾请从王死矣。昔日游乐,是以不敢听命,今君王复礼,国人为君王死,何况妾乎?妾愿先驱狐狸于地下。昔日口虽不言,心许之矣。妾闻信者不负其心。"遂自杀。故曰"心誓"。事见列女传也。

③高帝爱幸戚夫人。帝崩,吕太后断夫人手足,去眼薰耳,使居鞠室中,名曰"人彘"也。

十四年夏,阴后以巫蛊事废,后请救不能得,帝便属意焉。后愈称疾笃,深自闭绝。会有司奏建长秋宫,帝曰:"皇后之尊,与朕同体,承宗庙,母天下,岂易哉!唯邓贵人德冠后庭,乃可当之。"至冬,立为皇后。辞让者三,然后即位。手书表谢,深陈德薄,不足以充小君之选。是时,方国贡献,竞求珍丽之物,自后即位,悉令禁绝,岁时但供纸墨而已。帝每欲官爵邓氏,后辄哀请谦让,故兄骘终帝世不过虎贲中郎将。

元兴元年,帝崩,长子平原王有疾,而诸皇子夭没,前后十数,后生者辄隐秘养于人间。殇帝生始百日,后乃迎立之。尊后为皇太后,太后临朝。和帝葬后,宫人并归园,太后赐周、冯贵人策曰:"朕与贵人托配后庭,共欢等列,十有餘年。不获福佑,先帝早弃天下,孤心茕茕,①靡所瞻仰,夙夜永怀,感怆发中。今当以旧典分归外园,惨结增叹,燕燕之诗,曷能喻焉?②共赐贵人王青盖车,采饰辂,骖马各一驷,黄金三十斤,杂帛三千匹,白越四千端。"又赐冯贵人王赤绶,以未有头上步摇、环珮,加赐各一具。③

①茕茕,孤特之貌也。诗曰:"茕茕在疚。"

②诗邶(鄘)序曰:[25]"卫庄姜送归妾也。"其诗曰:"燕燕于飞,差池其羽。之子于归,远送于野。瞻望不及,泣涕如雨。"

③周礼"王后首服为副",所以副首为饰,若今步摇也。释名曰:"皇后首

副,其上有垂珠,步则摇也。"

　　是时新遭大忧,法禁未设。宫中亡大珠一箧,太后念,欲考问,必有不辜。乃亲阅宫人,观察颜色,即时首服。又和帝幸人吉成,御者共枉吉成以巫蛊事,遂下掖庭考讯,辞证明白。太后以先帝左右,待之有恩,平日尚无恶言,今反若此,不合人情,更自呼见实覈,果御者所为。莫不叹服,以为圣明。常以鬼神难征,淫祀无福,乃诏有司罢诸祠官不合典礼者。又诏赦除建武以来诸犯妖恶,及马、窦家属所被禁锢者,皆复之为平人。减大官、导官、尚方、内者服御珍膳靡丽难成之物,① 自非供陵庙,稻粱米不得导择,[26] 朝夕一肉饭而已。旧太官汤官经用岁且二万万,② 太后敕止,(日)〔日〕杀省珍费,[27] 自是裁数千万。及郡国所贡,皆减其过半。悉斥卖上林鹰犬。其蜀、汉扣器九带佩刀,并不复调。③ 止画工三十九种。又御府、尚方、织室锦绣、冰纨、绮縠、金银、珠玉、犀象、玳瑁、雕镂玩弄之物,皆绝不作。离宫别馆储峙米糒薪炭,悉令省之。④ 又诏诸园贵人,其宫人有宗室同族若羸老不任使者,令园监实覈上名,自御北宫增喜观阅问之,恣其去留,即日免遣者五六百人。

　①汉官仪曰:"大官,主膳羞也。"前书音义曰:"导官,主导择米以供祭祀。尚方,掌工作刀剑诸物及刻玉为器。"汉官仪曰:"内者,主帷帐。"并署名也。

　②经,常也。

　③蜀,蜀郡也。汉,广汉郡也。二郡主作供进之器,元帝时贡禹上书"蜀、广汉主金银器,各用五百万"是也。扣音口,以金银缘器也。

　④储峙犹蓄积也。糒,干饭。

　　及殇帝崩,太后定策立安帝,犹临朝政。以连遭大忧,百姓苦役,①殇帝康陵方中秘藏,②及诸工作,事事减约,十分居一。

① 大忧谓和帝、殇帝崩。

② 方中，陵中也。冢藏之中，故言秘也。

诏告司隶校尉、河南尹、南阳太守曰："每览前代外戚宾客，假借威权，轻薄愍词，①至有浊乱奉公，为人患苦。咎在执法急懈，不辄行其罚故也。今车骑将军骘等虽怀敬顺之志，而宗门广大，姻戚不少，宾客奸猾，多干禁宪。②其明加检敕，勿相容护。"自是亲属犯罪，无所假贷。太后愍阴氏之罪废，赦其徙者归乡，敕还资财五百馀万。永初元年，爵号太夫人为新野君，万户供汤沐邑。③

① 言勿遽也。愍音七洞反。词音洞。

② 干，犯也。

③ 汤沐者，取其赋税以供汤沐之具也。

二年夏，京师旱，亲幸洛阳寺录冤狱。有囚实不杀人而被考自诬，羸困舆见，畏吏不敢言，将去，举头若欲自诉。太后察视觉之，即呼还问状，具得枉实，即时收洛阳令下狱抵罪。行未还宫，澍雨大降。

三年秋，太后体不安，左右忧惶，祷请祝辞，愿得代命。太后闻之，即谴怒，切敕掖庭令以下，但使谢过祈福，不得妄生不祥之言。旧事，岁终当飨遣卫士，①大傩逐疫。②太后以阴阳不和，军旅数兴，诏飨会勿设戏作乐，减逐疫侲子之半，③悉罢象橐驼之属。丰年复故。太后自入宫掖，从曹大家受经书，兼天文、算数。昼省王政，夜则诵读，而患其谬误，惧乖典章，乃博选诸儒刘珍等及博士、议郎、四府掾史五十馀人，诣东观雠校传记。④事毕奏御，赐葛布各有差。又诏中官近臣于东观受读经传，以教授宫人，左右习诵，朝夕济济。及新野君薨，太后自侍疾病，至乎终尽，忧哀毁损，事加于常。赠以长公主赤绶、东园秘器、玉衣绣衾，⑤又赐布三万匹，钱三千万。骘等遂固让钱布不受。使司空持节护丧事，仪比东海恭王，谥曰敬君。太后谅闇既终，⑥久旱，太后比三日幸洛阳，录囚徒，理出死罪三十六人，耐罪八十人，其馀减罪死右趾已下至司寇。

① 旧事，卫士得代归者，上亲飨焉。前书盖宽饶传曰"岁尽交代，上临飨罢卫卒"是也。

② 礼记月令："〔命〕有〔司〕大傩，旁磔，〔出〕土牛，[28]以送寒气。"郑玄注云："傩，阴气也。此月之中，日历虚、危，有坟墓四星之气为厉鬼，随强阴出以害人。"故傩却之也。

③ 侲子，逐疫之人也，音振。薛综注西京赋云："侲之言善也，善童幼子也。"续汉书曰："大傩，选中黄门子弟，年十岁以上，十二以下，百二十人为侲子。皆赤帻皂制，执大鞉。"

④ 雒，对也。

⑤ 东园，署名，属少府。主作凶器，故言秘也。

⑥ 谅闇，居丧之庐也。或为"谅阴"。谅，信也；阴，默也。言居忧信默不言。

七年正月，初入太庙，斋七日，赐公卿百僚各有差。庚戌，谒宗庙，率命妇群妾相礼仪，①与皇帝交献亲荐，成礼而还。②因下诏曰："凡供荐新味，多非其节，或郁养强孰，或穿掘萌牙，味无所至而夭折生长，岂所以顺时育物乎！传曰：'非其时不食。'③自今当奉祠陵庙及给御者，皆须时乃上。"凡所省二十三种。

① 相，助也。仪礼曰："命夫者，男子之为大夫也。命妇者，大夫之妻也。"

② 周礼，宗庙祭之日，旦，王服衮冕而入，立于阼；后服副袆，从王而入。王以圭瓒酌郁鬯以献尸，次后以璋瓒酌郁鬯以献尸，此谓交献也。卒

事凡九献焉。

③论语曰："不时不食。"言非其时物则不食之。前书邵信臣曰："不时之物，有伤于人，不宜以奉供养。"

自太后临朝，水旱十载，四夷外侵，盗贼内起。每闻人饥，或达旦不寐，而躬自减彻，以救灾厄，故天下复平，岁还丰穰。

元初五年，平望侯刘毅①〔29〕以太后多德政，欲令早有注记，上书安帝曰："臣闻易载羲农而皇德著，②书述唐虞而帝道崇，故虽圣明，必书功于竹帛，流音于管弦。③伏惟皇太后膺大圣之姿，体乾坤之德，④齐踪虞妃，比跡任姒。⑤孝悌慈仁，允恭节约，杜绝奢盈之源，防抑逸欲之兆。正位内朝，流化四海。⑥及元兴、延平之际，国无储副，仰观乾象，参之人誉，援立陛下为天下主，永安汉室，绥静四海。又遭水潦，东州饥荒。⑦垂恩元元，冠盖交路，菲薄衣食，躬率群下，损膳解骖，以赡黎苗。⑧恻隐之恩，犹视赤子。⑨克己引愆，显扬仄陋。崇晏晏之政，⑩敷在宽之教。⑪兴灭国，继绝世，录功臣，复宗室。追还徙人，蠲除禁锢。政非惠和，不图于心；制非旧典，不访于朝。弘德洋溢，充塞宇宙；⑫洪泽丰沛，漫衍八方。华夏乐化，戎狄混并。丕功著于大汉，硕惠加于生人。巍巍之业，可闻而不可及；荡荡之勋，可诵而不可名。古之帝王，左右置史；⑬汉之旧典，世有注记。夫道有夷崇，治有进退。若善政不述，细异辄书，是为尧汤负洪水大旱之责，而无咸熙假天之美；⑭高宗成王有雊雉迅风之变，而无中兴康宁之功也。⑮上考诗书，有虞二妃，周室三母，⑯修行佐德，⑰思不踰阃。⑱未有内遭家难，外遇灾害，览总大麓，经营天物，⑲功德巍巍若兹者也。宜令史官著长乐宫注、圣德颂，以敷宣景耀，勒勋金石，县之日月，⑳摅之罔极，以崇陛下烝烝

之孝。"帝从之。㉑

①平望，县，属北海郡，今青州北海县西北平望台是也，一名望海台也。

②易系辞曰："古者庖羲氏之王天下，仰观(法)〔象〕于天，[30]俯观法于地，于是始画八卦，以通神明之德，以类万物之情。庖羲氏没，神农氏作，斫木为耜，揉木为耒，耒耜之利，以教天下。"伏羲、神农为三皇，故言皇德也。

③竹谓简册，帛谓缣素。黄帝以下六代乐，皆所以章显功德，是流音于管弦。

④易曰："圣人与天地合其德。"

⑤虞妃，即舜妻娥皇、女英也。任，文王母；姒，武王母也。

⑥易家人卦曰："女正位乎内，正家而天下定矣。"礼记曰，东夷、西戎、南蛮、北狄，谓之四海。

⑦延平元年，安帝初即位，六州大水，永初元年，禀司隶、兖、豫、徐、冀、并六州贫人也。

⑧广雅云："苗，众也。"

⑨隐，痛也。尚书曰"若保赤子，惟人其康乂"也。

⑩尚书考灵耀曰："文(基)〔塞〕晏晏。"[31]

⑪敷，布也。尚书曰："五教在宽。"

⑫洋溢，言多。

⑬礼记玉藻曰："动则左史书之，言则右史书之。"

⑭咸，皆也。熙，广也。尚书曰："庶绩咸熙。"言尧之朝政，众功皆广。假音格，至也。尚书曰："佑我烈祖，格于皇天。"言伊尹佐汤，功至于天也。尧洪水九载，汤大旱七年。

⑮高宗，殷王也，小乙之子，名武丁。当祭成汤，有飞雉升鼎耳而雊，高宗修德，殷道中兴。成王疑周公，乃有雷电大风之变，成王改过，几致刑措也。

⑯尚书曰:"厘降二女于妫汭,嫔于虞。"三母谓后稷母姜嫄,文王母大任,武王母大姒也。诗大雅曰:"厥初生人,时维姜嫄。"又曰:"大任有身,生此文王。"又曰"太姒嗣徽音,则百斯男"也。

⑰诗云:"既有烈考,亦有文母。"[32]是佐德。

⑱阃,门限也。左传曰:"妇人送迎不出门,见兄弟不踰阃。"

⑲麓,录也。言大录万机之政。书曰"纳于大麓",又曰"暴殄天物"也。

⑳易曰:"县象著明,莫大于日月。"

㉑广雅曰:"摅,舒也。"孔安国注尚书曰:"烝烝犹进进也。"

六年,太后诏征和帝弟济北、河间王子男女年五岁以上四十馀人,又邓氏近亲子孙三十馀人,并为开邸第,①教学经书,躬自监试。尚幼者,使置师保,朝夕入宫,抚循诏导,恩爱甚渥。②乃诏从兄河南尹豹、越骑校尉康等曰:"吾所以引纳群子,置之学官者,实以方今承百王之敝,时俗浅薄,巧伪滋生,五经衰缺,不有化导,将遂陵迟,故欲褒崇圣道,以匡失俗。传不云乎:'饱食终日,无所用心,难矣哉!'③今末世贵戚食禄之家,温衣美饭,乘坚驱良,④而面墙术学,不识臧否,⑤斯故祸败所从来也。永平中,四姓小侯皆令入学,⑥所以矫俗厉薄,反之忠孝。先公既以武功书之竹帛,兼以文德教化子孙,⑦故能束脩,不触罗网。⑧诚令儿曹上述祖考休烈,下念诏书本意,则足矣。其勉之哉!"

①苍颉篇曰:"邸,舍也。"

②诏,告也。

③论语孔子言也。言人终日饱食,不措心于道义。难矣哉,言终无远大也。

④坚谓好车,良谓善马也。墨子曰:"圣王为衣服之法,坚车良马,不知贵也。"

⑤尚书曰"弗学墙面"也。

⑥小侯,解见明纪。

⑦先公谓邓禹。禹有子十三人,各使守一艺,故曰文德也。

⑧言能自约束脩整也。

康以太后久临朝政,心怀畏惧,托病不朝。太后使内人问之。时宫婢出入,多能有所毁誉,其耆宿者皆称中大人,所使者乃康家先婢,亦自通中大人。康闻,诟之曰:"汝我家出,尔敢尔邪!"[33]婢怒,还说康诈疾而言不逊。太后遂免康官,遣归国,绝属籍。

永宁二年二月,寝病渐笃,乃乘辇于前殿,见侍中、尚书,因北至太子新所缮宫。还,大赦天下,赐诸园贵人、王、主、群僚钱布各有差。诏曰:"朕以无德,托母天下,而薄祐不天,[34]早离大忧。延平之际,海内无主,元元厄运,危于累卵。①勤勤苦心,不敢以万乘为乐,上欲不欺天愧先帝,下不违人负宿心,诚在济度百姓,以安刘氏。自谓感彻天地,当蒙福祚,而丧祸内外,伤痛不绝。②顷以废病沈滞,久不得侍祠,自力上原陵,加欬逆唾血,遂至不解。存亡大分,无可奈何。公卿百官,其勉尽忠恪,以辅朝廷。"三月崩。在位二十年,年四十一。合葬顺陵。

①说苑曰:"晋灵公骄奢,造九层之台,国困人贫,耻功不成。令曰:'左右谏者斩也。'荀息乃求见。公曰:'谏邪?'息曰:'不敢。臣能累十二博棋,加九鸡子其上。'公曰:'危哉。'息曰:'复有危于此者。公为九层之台,男女不得耕织,社稷一灭,君何所望!'君曰:'寡人之过。'乃坏台焉。"

②内外谓新野君薨及和、殇二帝崩也。

论曰:邓后称制终身,号令自出,术谢前政之良,身阙明辟之义,①至使嗣主侧目,敛衽于虚器,②直生怀懑,悬书于象魏。③借之

仪者,殆其惑哉!④然而建光之后,王柄有归,⑤遂乃名贤戮辱,便
嬖党进,⑥衰敝之来,兹焉有征。⑦故知持权引谤,所幸者非己;焦
心恤患,自强者唯国。⑧是以班母一说,阖门辞事;⑨爰侄微愆,髡
剔谢罪。⑩将杜根逢诛,未值其诚乎!⑪但蹊田之牛,夺之已甚。⑫

①前政谓周公也。辟,君也。尚书曰"朕复子明辟",言周公摄位,复还
　成王。今太后不还,故曰阙也。

②器谓神器,谕帝位也。

③象魏,阙也。直生,杜根等上书,请太后还政。

④假犹假也。殆,近也。言太后不还政于安帝,近可惑也。

⑤太后建光之中崩,归政安帝。

⑥帝宠用乳母王圣及其女伯荣,出入宫掖,通传奸赂,太尉杨震及邓骘
　等皆被中官谮诛也。

⑦敝,败也。安帝临政,衰败踰甚,故曰有征也。

⑧言执持朝权以招众谤者,所幸不为己身,唯忧国也。

⑨太后兄大将军骘,以母忧上书乞身,太后不许,以问班昭,乃许之。语
　见昭传也。

⑩太后兄骘子凤受遗事泄,骘遂髡妻及凤以谢天下。语见骘传。

⑪诚,信也。言未为太后所信。

⑫左传申叔时曰:"牵牛以蹊人之田而夺之牛,牵牛以蹊者信有罪矣,而
　夺之牛,罚已重矣。"此喻杜根。上书虽曰有罪,太后杀之为过甚也。

334

【校勘记】

〔1〕女御〔掌〕叙于王之燕寝　据今本周礼补。按:前后皆有"掌"字,
　　明此脱。

〔2〕宫备七国　按:文选"宫"作"官",李善注谓当秦之时,凡有七国,
　　秦并其六国,故内职皆备置之,而爵列八品焉。据此,似李所见本

作"官",而章怀所据本则作"宫"也。

〔3〕而防(闾)〔闲〕未笃　据汲本、殿本改。

〔4〕唯秦芈太后始摄政事　按:"芈"原讹"芊",各本同,今改正。

〔5〕真定槀人也　按:"槀"当作"稿",其字从禾,各本皆未正。

〔6〕帝善况小心谨慎　按:校补引钱大昭说,谓"善"闽本作"美"。

〔7〕葬于北芒　按:集解引汪文台说,谓御览百三十七引续汉书作"葬北陵"。

〔8〕数授赏赐　刊误谓案文"授"当作"受"。

〔9〕七岁失父　按:袁纪作"十岁丧父"。

〔10〕言及未曾不流涕　按:汲本、殿本"曾"作"尝"。

〔11〕(欲)〔故〕宠敬日隆　据殿本、集解本改。按:集解引惠栋说,谓"故"旧本作"欲",李氏改作"故"。

〔12〕白越三千端　按:御览八一八引"白越"作"越帛"。

〔13〕〔帝〕欲封爵诸舅　按:张森楷校勘记谓群书治要"欲"上有"帝"字,当依添。今据补。

〔14〕枢机近要之官也　按:"官"原讹"宫",径改正。

〔15〕文子曰　按:"文"原讹"太",径据汲本、殿本改正。

〔16〕赏以财位　按:集解引何焯说,谓"位"字疑。校补谓"位"当作"物",转写之讹。

〔17〕大司(徒)〔空〕融之曾孙也　张森楷校勘记谓案光武纪及窦融传,融止为大司空,未尝为大司徒,"徒"当作"空"。按:张说是,今据改。

〔18〕梁贵人姊(嬺)〔嬺〕　据梁竦传改。按:集解引惠栋说谓袁纪作"凭"。

〔19〕夫人年高目冥　按:御览四一五引,"冥"作"眃"。

〔20〕下意犹出意也　汲本、殿本"出意"作"出气"。按:校补谓下意犹出意者,谓别出己意,与诸兄论难。战国策秦策"下兵三川",高注

"下兵,出兵也",此下得训出之证。

〔21〕后尝梦扪天荡荡正青若有锺乳状　按:御览卷一引作"后尝梦扪天,天体荡荡正青,滑如磄碟,有若锺乳状",较此为胜。

〔22〕又相者见后惊曰此成汤之法也　按:御览七二九引"相者"下有"苏大"二字。"法"上有"骨"字。

〔23〕后叔父陔　按:袁纪"陔"作"郂"。

〔24〕其后世必有兴者　按:王先谦谓"其"字当衍。

〔25〕诗郮(郦)序曰　据张森楷校勘记删。按:张氏谓邶风诗不当有"郦"字,盖误衍。

〔26〕稻粱米不得导择　王先谦谓"导"当作"䉤",前书百官表少府属有䉤官。今按:前书"䉤"亦讹"导"。说文段注云择米曰䉤,汉人语如此,凡作"导"者,讹字也。

〔27〕太后敕止(曰)〔日〕杀省珍费　据集解引惠栋说改。

〔28〕〔命〕有〔司〕大傩旁磔〔出〕土牛　按:此注脱讹不可句读,今据礼月令补。

〔29〕平望侯刘毅　按:校补引钱大昭说,谓毅,北海敬王子,建初二年封,永元中坐事失侯,此当云"故平望侯"。

〔30〕仰观(法)〔象〕于天　据汲本、殿本改。

〔31〕文(基)〔塞〕晏晏　据汲本改。

〔32〕既有烈考亦有文母　刊误谓两"有"字皆当作"右"。

〔33〕尔敢尔邪　按:上"尔"字应依邓禹传作"亦"。

〔34〕薄祐不天　按:周寿昌谓"佑"当作"祜",史避安帝讳改。

后汉书卷十下

皇后纪第十下

安思阎皇后讳姬,①河南荥阳人也。祖父章,永平中为尚书,以二妹为贵人。章精力晓旧典,久次,当迁以重职,显宗为后宫亲属,竟不用,出为步兵校尉。②章生畅,畅生后。

①谥法曰:"谋虑不愆曰思。"

②汉官仪曰"比二千石,掌宿卫兵,属北军中候"也。

后有才色。元初元年,以选入掖庭,甚见宠爱,为贵人。二年,立为皇后。后专房妒忌,帝幸宫人李氏,生皇子保,遂鸩杀李氏。①三年,以后父侍中畅为长水校尉,封北宜春侯,②食邑五千户。四年,畅卒,谥曰文侯,子显嗣。

①鸩,毒鸟也。食蝮。以其羽画酒中,饮之立死。

②北宜春,县,属汝南郡。以豫章有宜春,故此加北。故城在今豫州汝阳县西南也。

337

建光元年,邓太后崩,帝始亲政事。显及弟景、耀、晏并为卿校,典禁兵。延光元年,更封显长社(县)侯,①〔1〕食邑万三千五百户,追尊后母宗为荥阳君。②显、景诸子年皆童龀,③并为黄门侍郎。后宠既盛,而兄弟颇与朝权,后遂与大长秋江京、中常侍樊丰等共潛皇太子保,废为济阴王。

①长社,县,属颍川郡。前书音义曰:"其社中树暴长,故名长社。"今许
　州县。

②续汉志曰:"妇人封君,仪比公主,油𫘝轩车,〔2〕带绶以采组为绲带,各
　如其绶色,黄金辟邪加其首为带。"

③大戴礼曰:"男八岁而龀,女七岁而龀。"龀,毁齿也,音初刃反。

四年春,后从帝幸章陵,帝道疾,崩于叶县。后、显兄弟及江京、樊丰等谋曰:"今晏驾道次,①济阴王在内,邂逅公卿立之,还为大害。"乃伪云帝疾甚,徙御卧车。行四日,驱驰还宫。明日,诈遣司徒刘(喜)〔熹〕〔3〕诣郊庙社稷,告天请命。其夕,乃发丧。尊后曰皇太后。皇太后临朝,②以显为车骑将军仪同三司。

①晏,晚也。臣下不敢斥言帝崩,犹言晚驾而出。

②蔡邕独断曰:"少帝即位,太后即代摄政,临前殿,朝群臣。太后东面,
　少帝西面。群臣奏事上书,皆为两通,一诣后,一诣少帝。"

太后欲久专国政,贪立幼年,与显等定策禁中,迎济北惠王子北乡侯懿,①立为皇帝。显忌大将军耿宝②位尊权重,威行前朝,乃风有司奏宝及其党与中常侍樊丰、虎贲中郎将谢恽、恽弟侍中笃、笃弟大将军长史宓、③侍中周广、阿母野王君王圣、圣女永、永婿黄门侍郎樊严等,更相阿党,互作威福,探刺禁省,更为唱和,皆大不道。丰、恽、广皆下狱死,家属徙比景;④宓、严减死,髡钳;贬宝为则亭侯,遣就国,自杀;王圣母子徙鴈门。于是景为卫尉,耀城

338

门校尉,晏执金吾,兄弟权要,威福自由。

①惠王名寿,章帝子也。

②耿弇之弟舒之孙。

③善文曰:"悝字伯周,宓字仲周,笃字季周。"

④比景,县名,属日南郡。前书音义曰:"日中于头上,景在己下,故名之。"

少帝立二百馀日而疾笃,显兄弟及江京等皆在左右。京引显屏语曰:"北乡侯病不解,国嗣宜时有定。前不用济阴王,今若立之,后必当怨,又何不早征诸王子,〔4〕简所置乎?"显以为然。及少帝薨,京白太后,征济北、河间王子。未至,而中黄门孙程合谋杀江京等,立济阴王,是为顺帝。显、景、晏及党与皆伏诛,迁太后于离宫,家属徙比景。明年,太后崩。在位十二年,合葬恭陵。

帝母李氏瘗在洛阳城北,帝初不知,莫敢以闻。及太后崩,左右白之,帝感悟发哀,亲到瘗所,更以礼殡,上尊谥曰恭愍皇后,葬恭北陵,为策书金匮,藏于世祖庙。①

①在恭陵之北,因以为名。汉官仪曰:"置陵园令、食监各一人,秩皆六百石。"金匮,缄之以金。

顺烈梁皇后讳妠,①大将军商之女,恭怀皇后弟之孙也。后生,有光景之祥。少善女工,好史书,九岁能诵论语,治韩诗,②大义略举。常以列女图画置于左右,以自监戒。③父商深异之,窃谓诸弟曰:"我先人全济河西,所活者不可胜数。④虽大位不究,而积德必报。若庆流子孙者,傥兴此女乎?"

①谥法曰:"执德尊业曰烈。"声类曰:"妠,(妠)娶也,〔5〕音纳。"

②韩婴所传诗也。

③刘向撰列女传八篇，图画其象。

④商曾祖统，更始二年补中郎将、酒泉太守，使安集凉州。时〔西〕河〔西〕扰乱，[6]众议以统素有威信，乃推统与窦融共完全五郡。

永建三年，与姑俱选入掖庭，时年十三。相工茅通见后，惊，再拜贺曰："此所谓日角偃月，相之极贵，臣所未尝见也。"太史卜兆得寿房，又筮得坤之比，①遂以为贵人。常特被引御，从容辞于帝曰："夫阳以博施为德，阴以不专为义，螽斯则百，福之所由兴也。②愿陛下思云雨之均泽，识贯鱼之次序，③使小妾得免罪谤之累。"由是帝加敬焉。

①易坤卦六五爻，变而之比，比九五，象曰："显比之吉，位正中也。"九五居得其位，下应于上，故吉。

②诗国风序曰："言后妃若螽斯不妒忌，则子孙众多也。"诗大雅曰"大姒嗣徽音，则百斯男"也。

③易曰："云行雨施，品物流形。"剥卦曰："贯鱼，以宫人宠，无不利。"剥，坤下艮上，五阴而一阳，众阴在下，骈头相次，似贯鱼也。

阳嘉元年春，有司奏立长秋宫，以乘氏侯商先帝外戚，①春秋之义，娶先大国，②梁小贵人宜配天祚，正位坤极。③帝从之，乃于寿安殿立贵人为皇后。④后既少聪惠，深览前世得失，虽以德进，不敢有骄专之心，每日月见谪，⑤辄降服求愆。

①商祖姑，章帝贵人，生和帝也。

②公羊传曰，天子娶于纪。纪本子爵也，先襄为侯，言王者不娶于小国也。

③正其内位，居阴德之极也。易曰"女正位乎内"也。

④寿安是德阳宫内殿名。

⑤谪,责也。礼记云:"阳事不得,谪见于天,日为之食。阴事不得,谪见于天,月为之食。"

建康元年,帝崩。后无子,美人虞氏子炳立,是为冲帝。尊后为皇太后,太后临朝。冲帝寻崩,复立质帝,犹秉朝政。

时杨、徐剧贼寇扰州郡,西羌、鲜卑及日南蛮夷攻城暴掠,赋敛烦数,官民困竭。太后夙夜勤劳,推心杖贤,委任太尉李固等,拔用忠良,务崇节俭。其贪叨罪慝,多见诛废。①分兵讨伐,群寇消夷。故海内肃然,宗庙以宁。而兄大将军冀鸩杀质帝,专权暴滥,忌害忠良,数以邪说疑误太后,遂立桓帝而诛李固。太后又溺于宦官,多所封宠,以此天下失望。

①贪财曰叨。慝,恶也。

和平元年春,归政于帝,太后寝疾遂笃,乃御辇幸宣德殿,见宫省官属及诸梁兄弟。诏曰:"朕素有心下结气,从间以来,加以浮肿,逆害饮食,浸以沈困,①比使内外劳心请祷。私自忖度,日夜虚劣,不能复与群公卿士共相终竟。援立圣嗣,恨不久育养,见其终始。今以皇帝、将军兄弟委付股肱,其各自勉焉。"后二日而崩。在位十九年,年四十五。合葬宪陵。

①浸,渐也。

虞美人者,以良家子年十三选入掖庭,①又生女舞阳长公主。自汉兴,母氏莫不尊宠。顺帝既未加美人爵号,而冲帝早夭,大将军梁冀秉政,忌恶佗族,故虞氏抑而不登,但称"大家"而已。

①续汉志曰:"美人父诗为郎中,诗父衡屯骑校尉。"

陈夫人者,家本魏郡,少以声伎入孝王宫,得幸,生质帝。亦以梁氏故,荣宠不及焉。

熹平四年,小黄门赵佑、①议郎卑整上言:②"春秋之义,母以子贵。③隆汉盛典,尊崇母氏,凡在外戚,莫不加宠。今冲帝母虞大家、质帝母陈夫人,皆诞生圣皇,而未有称号。夫臣子虽贱,尚有追赠之典,况二母见在,不蒙崇显之次,无以述遵先世,垂示后世也。"帝感其言,乃拜虞大家为宪陵贵人,陈夫人为渤海孝王妃,④使中常侍持节授印绶,遣太常以三牲告宪陵、怀陵、静陵焉。⑤

①续汉志曰:"小黄门,六百石,宦者,无员,掌侍左右,受尚书事。上在内宫,关通中外,及中宫以下众事,诸公主及王大妃等疾苦,则使问之。"

②风俗通曰:"卑氏,郑大夫卑谌之后,汉有卑躬,为北平太守。"

③公羊传曰:"桓公幼而贵,隐公长而卑。桓何以贵?母贵也。母贵则子何以贵?子以母贵,母以子贵。"

④孝王名鸿,章帝子千乘贞王伉之孙。鸿生质帝,帝立,徙勃海焉。

⑤怀陵,冲帝陵。静陵,质帝陵。

孝崇匽皇后讳明,①为蠡吾侯翼媵妾,②生桓帝。桓帝即位,明年,追尊翼为孝崇皇,陵曰博陵,以后为博园贵人。和平元年,梁太后崩,乃就博陵尊后为孝崇皇后。遣司徒持节奉策授玺绶,赍乘舆器服,备法物。宫曰永乐。置太仆、少府以下,皆如长乐宫故事。③又置虎贲、羽林卫士,起宫室,分钜鹿九县为后汤沐邑。在位三年,元嘉二年崩。以帝弟平原王石为丧主,④敛以东园画梓寿器、玉匣、饭含之具,礼仪制度比恭怀皇后。⑤使司徒持节,大长秋

奉吊祠,赙钱四千万,⑥布四万匹,中谒者仆射典护丧事,侍御史护
大驾卤簿。⑦诏安平王豹、[7] 河间王建、勃海王悝,⑧长社、益阳二
长公主,⑨与诸国侯三百里内者,及中二千石、二千石、令、长、相,
皆会葬。将作大匠复土,缮庙,合葬博陵。

① 匽音偃。

② 蠡吾侯翼,河间王开子,和帝孙。

③ 汉官仪曰:"帝祖母称长信宫,帝母称长乐宫,故有长信少府、长乐少
　　府及职吏,皆宦者为之。"

④ 石,蠡吾侯翼子,桓帝兄。[8]

⑤ 东园,署名,属少府,掌为棺器。梓木为棺,以漆画之。称寿器者,欲
　　其久长也,犹如寿堂、寿宫、寿陵之类也。汉旧仪曰:"梓棺长二丈,崇
　　广四尺。"玉匣者,腰已下为匣,[9] 至足亦缝,以黄金为缕。饭含者,以
　　珠玉实口。

⑥ 公羊传曰:"货财曰赙。"

⑦ 汉官仪曰:"天子车驾次第谓之卤簿。有大驾、法驾、小驾。大驾公卿
　　奉引,大将军参乘,太仆御,属车八十一乘,备千乘万骑,侍御史在左
　　驾马,询问不法者。"今仪比车驾,故以侍御史监护焉。

⑧ 悝音恢。

⑨ 长社公主,桓帝姊,耿弇弟霸玄孙援尚焉。益阳公主,桓帝妹,侍中寇
　　荣从兄子尚焉。

桓帝懿献梁皇后讳女莹,①顺烈皇后之女弟也。帝初为蠡吾
侯,梁太后征,欲与后为婚,未及嘉礼,②会质帝崩,因以立帝。明
年,有司奏太后曰:"春秋迎王后于纪,在涂则称后。③今大将军冀
女弟,膺绍圣善。④结婚之际,有命既集,⑤宜备礼章,时进征币。⑥

请下三公、太常案礼仪。"奏可。于是悉依孝惠皇帝纳后故事,聘黄金二万斤,纳采雁璧乘马束帛,一如旧典。⑦建和元年六月始入掖庭,八月立为皇后。

①谥法曰:"温和圣善曰懿,聪明睿知曰献。"

②嘉礼,婚礼。

③公羊传曰:"祭公来逆王后于纪。"传曰:"祭公者何? 天子之三公。其称王后何? 王者无外,其辞成矣。"

④膺,当也。绍,嗣也。圣善谓母也,言娶妻当嗣亲也。诗云:"母氏圣善。"

⑤谓太后先有令许结亲也。诗云"天监在下,有命既集"也。

⑥征,成也。纳币以成婚。

⑦汉(书)旧仪:[10]"娉皇后,黄金万斤。"吕后为惠帝娶鲁元公主女,故特优其礼也。仪礼曰:"纳采用鴈。"郑玄注曰:"纳其采择之礼。用雁,取顺阴阳往来也。"周礼:"王者毂圭以聘女。"郑玄注云:"士大夫已上,乃以玄纁束帛,天子加以毂圭,诸侯加以大璋。"然礼称以圭,此云用璧,形制虽异,为玉同也。乘马,四匹马也。杂记曰:"纳币一束,束五两,两五寻。"然则每端二丈也。

时太后秉政而梁冀专朝,故后独得宠幸,自下莫得进见。后藉姊兄荫执,恣极奢靡,宫幄雕丽,服御珍华,巧饰制度,兼倍前世。及皇太后崩,恩爱稍衰。后既无子,潜怀怨忌,每宫人孕育,鲜得全者。帝虽迫畏梁冀,不敢谴怒,然见御转稀。至延熹(三)〔二〕年,[11]后以忧恚崩,在位十三年,葬懿陵。其岁,诛梁冀,废懿陵为贵人冢焉。

桓帝邓皇后讳猛女,[12]和熹皇后从兄子邓香之女也。母宣,初适香,生后。改嫁梁纪,纪者,大将军梁冀妻孙寿之舅也。后少孤,随母为居,因冒姓梁氏。冀妻见后貌美,永兴中进入掖庭,为采女,绝幸。①明年,封兄邓演为南顿侯,位特进。演卒,子康嗣。及懿献后崩,梁冀诛,立后为皇后。帝恶梁氏,改姓为薄,[13]封后母宣为长安君。四年,有司奏后本郎中邓香之女,不宜改易它姓,于是复为邓氏。追封赠香车骑将军安阳侯印绶,更封宣、康大县,宣为昆阳君,康为沘阳侯,赏赐巨万计。②宣卒,赗赠葬礼,皆依后母旧仪。以康弟统袭封昆阳侯,位侍中;统从兄会袭安阳侯,为虎贲中郎将;又封统弟秉为淯阳侯。[14]宗族皆列校、郎将。

①采,择也,以因采择而立名。

②巨,大也。大万谓万万也。

帝多内幸,博采宫女至五六千人,及驺役从使,复兼倍于此。而后恃尊骄忌,与帝所幸郭贵人更相谮诉。八年,诏废后,送暴室,以忧死。①立七年。葬于北邙。从父河南尹万世及会皆下狱死。统等亦系暴室,免官爵,归本郡,财物没入县官。

①汉官仪曰:"暴室在掖庭内,丞一人,主宫中妇人疾病者。其皇后、贵人有罪,亦就此室也。"

桓思窦皇后讳妙,章德皇后从祖弟之孙女也。父(讳)武。[15]延熹八年,邓皇后废,后以选入掖庭为贵人,其冬,立为皇后,而御见甚稀,帝所宠唯采女田圣等。永康元年冬,帝寝疾,遂以圣等九女皆为贵人。及崩,无嗣,后为皇太后。太后临朝定策,立解犊亭侯宏，[16]是为灵帝。

太后素忌忍，积怒田圣等，桓帝梓宫尚在前殿，遂杀田圣。又欲尽诛诸贵人，中常侍管霸、苏康苦谏，乃止。时太后父大将军武谋诛宦官，而中常侍曹节等矫诏杀武，迁太后于南宫云台，家属徙比景。

窦氏虽诛，帝犹以太后有援立之功，建宁四年十月朔，率群臣朝于南宫，亲馈上寿。黄门令董萌[1]因此数为太后诉怨，帝深纳之，供养资奉有加于前。中常侍曹节、王甫疾萌附助太后，诬以谤讪永乐宫，[2]萌坐下狱死。熹平元年，太后母卒于比景，〔太〕后感疾而崩。[17]立七年。合葬宣陵。

①汉官仪曰："黄门令秩六百石。"
②灵帝母所居也。讪，谤毁也。

孝仁董皇后讳某，河间人。为解犊亭侯苌夫人，[1]生灵帝。建宁元年，帝即位，追尊苌为孝仁皇，陵曰慎陵，以后为慎园贵人。及窦氏诛，明年，帝使中常侍迎贵人，并征贵人兄宠到京师，上尊号曰孝仁皇后，居南宫嘉德殿，[2]宫称永乐。拜宠执金吾。后坐矫称永乐后属请，下狱死。

①苌，河间孝王开孙淑之子也。
②嘉德殿在九龙门内。

及窦太后崩，始与朝政，使帝卖官求货，自纳金钱，盈满堂室。中平五年，以后兄子卫尉脩侯重[1]为票骑将军，领兵千馀人。初，后自养皇子协，数劝帝立为太子，而何皇后恨之，议未及定而帝崩。何太后临朝，重与太后兄大将军进权埶相害，后每欲参干政事，太后辄相禁塞。后忿恚詈言曰："汝今辀张，怙汝兄耶？^②当敕票骑断何进头来。"何太后闻，以告进。进与三公及弟车骑将军苗等奏："孝仁皇后使故中常侍夏恽、永乐太仆封谞等交通州郡，^③辜较在所珍宝货赂，悉入西省。^④蕃后故事不得留京师，^⑤舆服有章，膳羞有品。请永乐后迁宫本国。"奏可。何进遂举兵围骠骑府，收重，〔重〕免官自杀。^{〔18〕}后忧怖，疾病暴崩，在位二十二年。民间归咎何氏。丧还河间，合葬慎陵。

①脩，今德州县也，故城在县南。"脩"今作"蓨"，音条。

②辀张犹强梁也。

③汉官仪曰："永乐太仆，用中人为之。"

④辜较，解见灵纪。西省，即谓永乐宫之司。

⑤蕃后谓平帝母卫姬。时王莽摄政，恐其专权，后不得留在京师，故云故事也。

灵帝宋皇后讳某，扶风平陵人也，肃宗宋贵人之从曾孙也。^{〔19〕}建宁三年，选入掖庭为贵人。明年，立为皇后。父酆，执金吾，封不其乡侯。^①

①不其，县，属琅邪郡，故城在今莱州即墨县西南，盖其县之乡也。其音基。决录注："酆字伯遇。"

后无宠而居正位，后宫幸姬众，共潜毁。初，中常侍王甫枉诛勃海王悝及妃宋氏，^①妃即后之姑也。甫恐后怨之，乃与太中大夫程阿共构言皇后挟左道祝诅，^②帝信之。光和元年，遂策收玺绶。后自致暴室，以忧死。在位八年。父及兄弟并被诛。诸常侍、小黄门在省闼者，皆怜宋氏无辜，共合钱物，收葬废后及酆父子，归宋氏旧茔皋门亭。^③

①熹平元年，王甫谮悝与中常侍郑飒交通，欲迎立悝，悝自杀，妃死狱

中也。

②礼记曰："执左道以乱众,杀无赦。"郑玄注云："左道,若巫蛊也。"

③诗云："乃立皋门。"注云："王之郭门曰皋门。"汉官仪曰："十二门皆有亭。"

帝后梦见桓帝怒曰："宋皇后有何罪过,而听用邪孽,使绝其命?勃海王悝既已自贬,又受诛毙。今宋氏及悝自诉于天,上帝震怒,①罪在难救。"梦殊明察。帝既觉而恐,以事问于羽林左监许永②曰："此何祥?其可攘③乎?"永对曰："宋皇后亲与陛下共承宗庙,母临万国,历年已久,海内蒙化,过恶无闻。而虚听谗妒之说,以致无辜之罪,身婴极诛,祸及家族,天下臣妾,咸为怨痛。勃海王悝,桓帝母弟也。处国奉藩,未尝有过。陛下曾不证审,遂伏其辜。昔晋侯失刑,亦梦大厉被发属地。④天道明察,鬼神难诬。宜并改葬,以安冤魂。反宋后之徙家,复勃海之先封,以消厥咎。"帝弗能用,寻亦崩焉。

①上帝,天也。震,动也。书曰"帝乃震怒"也。

②续汉志曰:"羽林左监一人,秩六百石,主羽林左骑。右亦如之。""永"或作"詠"。

③攘谓除也。

④左传曰:"晋侯梦大厉,被发及地,搏膺而踊曰:'杀余孙,不义,余得请于帝矣。'"杜预注曰:"厉鬼,赵氏之先祖也。晋侯先杀赵同、赵括,故怒也。"

灵思何皇后讳某,南阳宛人。家本屠者,以选入掖庭。①长七尺一寸。生皇子辩,养于史道人家,号曰史侯。②拜后为贵人,其有宠幸。性强忌,后宫莫不震慑。

①风俗通曰,汉以八月算人。后家以金帛赂遗主者以求入也。

②道人谓道术之人也。献帝春秋曰:"灵帝数失子,不敢正名,养道人史子眇家,号曰史侯。"

光和三年,立为皇后。明年,追号后父真为车骑将军、舞阳宣德侯,因封后母兴为舞阳君。时王美人任娠,①畏后,乃服药欲除之,而胎安不动,又数梦负日而行。四年,生皇子协,后遂鸩杀美人。帝大怒,欲废后,诸宦官固请得止。董太后自养协,号曰董侯。

①左传曰:"邑姜方娠。"杜预注曰:"怀胎为娠。"音之刃反,一音身。

王美人,赵国人也。祖父苞,五官中郎将。美人丰姿色,聪敏有才明,能书会计,①[20]以良家子应法相选入掖庭。[21]帝愍协早失母,又思美人,作追德赋、令仪颂。

①会计谓总会其数而算。

中平六年,帝崩,皇子辩即位,尊后为皇太后。太后临朝。后兄大将军进欲诛宦官,反为所害;舞阳君亦为乱兵所杀。并州牧董卓被征,将兵入洛阳,陵虐朝庭,遂废少帝为弘农王而立协,是为献帝。扶弘农王下殿,北面称臣。太后鲠涕,群臣含悲,莫敢言。董卓又议太后蹙迫永乐宫,至令忧死,逆妇姑之礼,乃迁于永安宫,因进鸩,弑而崩。在位十年。董卓令帝出奉常亭举哀,①公卿皆白衣会,不成丧也。②合葬文昭陵。

①华延儁洛阳记曰:"城内有奉常亭。"

②有凶事素服而朝,谓之白衣会。左传曰:"不书葬,不成丧。"

初,太后新立,当谒二祖庙,欲斋,辄有变故,如此者数,竟不克。时有识之士心独怪之,后遂因何氏倾没汉祚焉。

明年，山东义兵大起，讨董卓之乱。卓乃置弘农王于阁上，使郎中令李儒进鸩，曰：“服此药，可以辟恶。”王曰：“我无疾，是欲杀我耳！”不肯饮。强饮之，不得已，乃与妻唐姬及宫人饮宴别。酒行，王悲歌曰：“天道易兮我何艰！弃万乘兮退守蕃。逆臣见迫兮命不延，逝将去汝兮适幽玄！”因令唐姬起舞，姬抗袖而歌①曰：“皇天崩兮后土颓，②身为帝兮命夭摧。死生路异兮从此乖，奈我茕独兮心中哀！”因泣下呜咽，坐者皆欷歔。王谓姬曰：“卿王者妃，执不复为吏民妻。自爱，从此长辞！”遂饮药而死。时年十八。

①抗，举也。

②史记，周烈王崩，周人谓齐威王曰“天崩地坼”也。

唐姬，颍川人也。王薨，归乡里。父会稽太守瑁欲嫁之，姬誓不许。及李傕破长安，遣兵钞关东，略得姬。傕因欲妻之，固不听，而终不自名。①尚书贾诩知之，②以状白献帝。帝闻感怆，乃下诏迎姬，置园中，使侍中持节拜为弘农王妃。

①不自名少帝之姬也。袁宏纪曰：“为傕所略，不敢自言。”

②魏志曰：“诩字文和，武威姑臧人。少时汉阳阎忠见而异之，曰：‘诩有良、平之才。’”

初平元年二月，葬弘农王于故中常侍赵忠成圹中，①谥曰怀王。

①赵忠先有成圹，因而葬焉。

帝求母王美人兄斌，斌将妻子诣长安，赐第宅田业，拜奉车都尉。

兴平元年，帝加元服。有司奏立长秋宫。诏曰：“朕禀受不弘，遭值祸乱，未能绍先，以光故典。皇母前薨，未卜宅兆，礼章有阙，

中心如结。①三岁之戚,盖不言吉,且须其后。"于是有司乃奏追尊
王美人为灵怀皇后,改葬文昭陵,仪比敬、恭二陵,②使光禄大夫持
节行司空事奉玺绶,斌与河南尹骆业复土。

①诗云:"心如结兮。"

②敬,章帝陵。恭,安帝陵。

斌还,迁执金吾,封都亭侯,①食邑五百户。病卒,赠前将军印
绶,谒者监护丧事。长子端袭爵。

①凡言都亭侯者,并城内亭也。汉法,大县侯位视三公,小县侯位视上卿,
乡侯、亭侯视中二千石也。

献帝伏皇后讳寿,琅邪东武人,①大司徒湛之八世孙也。父
完,沈深有大度,袭爵不其侯,尚桓帝女阳安公主,②为侍中。

①东武,今密州诸城县。

②阳安,县,属汝南郡,故城在今豫州朗山县东北。

初平元年,从大驾西迁长安,后时入掖庭为贵人。兴平二年,
立为皇后,完迁执金吾。帝寻而东归,李傕、郭汜等追败乘舆于曹
阳,帝乃潜夜度河走,①六宫皆步行出营。②后手持缣数匹,董承使
符节令孙徽[22]以刃胁夺之,杀傍侍者,血溅后衣。③既至安邑,御
服穿敝,唯以枣栗为粮。建安元年,拜完辅国将军,仪比三司。完
以政在曹操,自嫌尊戚,乃上印绶,拜中散大夫,寻迁屯骑校尉。十
四年卒,子典嗣。

①度所在今陕州陕县北。水经曰铜翁仲所没处,是献帝东迁潜度所。

②周礼曰:"王后率六宫之人。"郑玄注曰:"六宫之人,夫人以下,分居后

之六宫者。”

③减音子见反。

自帝都许，守位而已，宿卫兵侍，莫非曹氏党旧姻戚。议郎赵彦尝为帝陈言时策，曹操恶而杀之。其馀内外，多见诛戮。操后以事入见殿中，帝不任其愤，因曰：“君若能相辅，则厚；不尔，幸垂恩相舍。”操失色，俯仰求出。旧仪，三公领兵朝见，令虎贲执刃挟之。操出，顾左右，汗流浃背，①自后不敢复朝请。董承女为贵人，操诛承而求贵人杀之。帝以贵人有妊，②累为请，不能得。后自是怀惧，乃与父完书，言曹操残逼之状，令密图之。完不敢发。至十九年，事乃露泄。操追大怒，〔23〕遂逼帝废后，假为策曰：“皇后寿，得由卑贱，登显尊极，自处椒房，③二纪于兹。既无任、姒徽音之美，④又乏谨身养己之福，⑤而阴怀妒害，苞藏祸心，弗可以承天命，奉祖宗。今使御史大夫郗虑持节策诏，其上皇后玺绶，⑥退避中宫，迁于它馆。呜呼伤哉！自寿取之，未致于理，为幸多焉。”又以尚书令华歆为郗虑副，⑦勒兵入宫收后。闭户藏壁中，〔24〕歆就牵后出。时帝在外殿，引虑于坐。后被发徒跣行泣过诀曰：“不能复相活邪？”帝曰：“我亦不知命在何时！”顾谓虑曰：“郗公，天下宁有是邪？”遂将后下暴室，以幽崩。所生二皇子，皆酖杀之。后在位二十年，兄弟及宗族死者百馀人，母盈等十九人徙涿郡。

①浃，彻也，音子协反。

②说文曰：“妊，孕也。”音仁荫反。

③汉官仪曰：“皇后称椒房，取其蕃实之义也。”诗云：“椒聊之实，蕃衍盈升。”

④大任，文王母。大姒，武王母。徽，美也。诗云：“大姒嗣徽音。”

⑤左传曰：“人受天地之中而生，谓之命。能者养之以福，不能者败以

取祸。"

⑥蔡邕独断曰："皇后赤绶玉玺。"续汉志曰："乘舆黄赤绶,四彩黄赤缥绀,淳黄圭,绶长二丈九尺九寸,五百首。太皇太后、皇太后,其绶皆与乘舆同。"

⑦魏志曰："华歆字子鱼,平原高唐人。代荀彧为尚书令。虑字鸿预,山阳高平人。"

献穆曹皇后讳节,①魏公曹操之中女也。建安十八年,操进三女宪、节、华为夫人,聘以束帛玄纁五万匹,小者待年于国。②十九年,并拜为贵人。及伏皇后被弑,明年,立节为皇后。魏受禅,遣使求玺绶,后怒不与。如此数辈,后乃呼使者入,亲数让之,以玺抵轩下,③因涕泣横流曰："天不祚尔!"左右皆莫能仰视。后在位七年。魏氏既立,以后为山阳公夫人。自后四十一年,魏景(初)〔元〕元年薨,[25]合葬禅陵,车服礼仪皆依汉制。

②留住于国,以待年长。

③抵,掷也。轩,阑板也。

论曰:汉世皇后无谥,皆因帝谥以为称。虽吕氏专政,上官临制,亦无殊号。①中兴,明帝始建光烈之称,其后并以德为配,至于贤愚优劣,混同一贯,故马、窦二后俱称德焉。其馀唯帝之庶母及蕃王承统,以追尊之重,特为其号,如恭怀、孝崇之比是也。初平中,蔡邕始追正和熹之谥,②其安思、顺烈以下,皆依而加焉。

①上官,昭帝后也。

②蔡邕集谥议曰："汉世母氏无谥,至于明帝始建光烈之称,是后转因帝

353

号加之以德,上下优劣,混而为一,违礼‘大行受大名,小行受小名’之制。谥法‘有功安人曰熹’。帝后一体,礼亦宜同。大行皇太后谥宜为和熹。”

赞曰:坤惟厚载,阴正乎内。①诗美好逑,②易称归妹。③祁祁皇娥,言观贞淑。④媚兹良哲,承我天禄。班政兰闱,宣礼椒屋。⑤既云德升,亦曰幸进。⑥身当隆极,族渐河润。⑦视景争晖,方山并峻。乘刚多阻,行地必顺。⑧咎集骄满,福协贞信。庆延自己,祸成谁衅。

①易曰:“坤厚载物。”又曰:“女正位乎内,男正位乎外。”

②逑,匹也。诗云:“窈窕淑女,君子好逑。”言后妃有关雎之德,为君子好匹。

③兑下震上,归妹卦也。妇人谓嫁曰妇,妹为少女之称。兑为少阴,震为长阳,少阴而承长阳,悦以动之,归妹之象也。[26]以六五与九二相应,五为王侯,故易言“帝乙归妹”。

④祁祁,众多也。娥亦俪也。观,示也。言诸后皆示其贞淑,配皇为俪。案字书无“娥”字,相传音丽,萧该音离。

⑤班固西都赋曰:“后宫则掖庭椒房,后妃之室。兰林蕙草,披香发越。”兰林,殿名,故言兰闱。椒屋即椒房也。

⑥德升谓马、邓等也。幸进谓阎、何之类也。

⑦公羊传曰“河海润千里”也。

⑧易屯卦象曰:“六二之难,乘刚也。”又坤卦曰:“牝马地类,行地无疆。”王弼注云:“地之所以得无疆者,以卑顺行之故也。”

汉制,皇女皆封县公主,仪服同列侯。①其尊崇者,加号长公主,仪服同蕃王。②诸王女皆封乡、亭公主,仪服同乡、亭侯。③肃宗唯特封东平宪王苍、琅邪孝王京女为县公主。④其后安帝、桓帝妹亦封长公主，同之皇女。⑤其皇女封公主者，所生之子袭母封为列侯，⑥皆传国于后。乡、亭之封，则不传袭。其职僚品秩，事在<u>百官志</u>。⑦不足别载，故附于后纪末。

①汉法，大县侯视三公。

②<u>蔡邕</u>曰："帝女曰公主，姊妹曰长公主。"<u>建武</u>十五年，封（武）〔舞〕阳公主为长公主，[27]即是帝女尊崇亦为长，非惟姊妹也。<u>舆服志</u>曰"长公主赤罽軿车，与诸侯同绶"也。

③乡、亭侯视中二千石。

④<u>东平王传</u>曰："封<u>苍</u>女五人为县公主。"<u>孝王</u>女，传不见其数。

⑤案：<u>邓禹</u>玄孙少府<u>襄</u>尚<u>舞阴</u>长公主，<u>耿弇</u>曾孙侍中<u>良</u>尚（汉）〔濮〕阳长公主，[28]<u>岑彭</u>玄孙<u>魏郡</u>守<u>熙</u>尚<u>涅阳</u>长公主，<u>来歙</u>玄孙虎贲中郎将<u>定</u>尚<u>平氏</u>长公主，并<u>安帝</u>妹也。<u>长社</u>、<u>益阳</u>公主，<u>桓帝</u>妹也。[29]解见上。

⑥<u>冯定</u>，<u>获嘉</u>公主子，袭封<u>获嘉侯</u>；[30]<u>冯奋</u>，<u>平阳</u>公主子，袭封<u>平阳侯</u>。此其类也。

⑦<u>沈约</u><u>谢俨传</u>曰："<u>范晔</u>所撰十志，一皆托<u>俨</u>。搜撰垂毕，遇<u>晔</u>败，悉蜡以覆车。<u>宋文帝</u>令<u>丹阳</u>尹<u>徐湛之</u>就<u>俨</u>寻求，已不复得，一代以为恨。其志今阙。"<u>续汉志</u>曰："诸公主家令一人，六百石；丞一人，三百石；其馀属吏，增减无常。"<u>汉官仪</u>曰"长公主傅一人，私府长一人，食官一人，永巷长一人，家令一人，秩皆六百石，各有员吏。而乡公主傅一人，秩六百石，仆一人，六百石，家丞一人，三百石"也。

皇女<u>义王</u>，<u>建武</u>十五年封<u>舞阳</u>长公主，适（延）<u>陵</u>乡侯太仆<u>梁松</u>。①[31]<u>松</u>坐诽谤诛。

①<u>舞阳</u>，县，属<u>颍川郡</u>。<u>松</u>，<u>梁统</u>之子。其传云："尚<u>光武</u>女<u>舞阴公</u>

主。"〔32〕又邓训传:"舞阴公主子梁扈,有罪,训与交通。"此云舞阳,误也。

皇女中礼,十五年封涅阳公主,适显亲侯大鸿胪窦固,①肃宗尊为长公主。

①涅阳,属南阳郡。显亲,县,属汉阳郡。固,窦融子。〔33〕

皇女红夫,十五年封馆陶公主,适驸马都尉韩光。光坐与淮阳王延谋反诛。

皇女礼刘,十七年封淯阳公主,适阳安侯长乐少府郭璜。①璜坐与窦宪谋反诛。

①璜,郭况子也。

皇女绶,①二十一年封郦邑公主,适新阳侯世子阴丰。丰害主,诛死。②

①"绶"一作"缓"。

②郦,县,属南阳郡,音掷亦反。新阳,县,属汝南郡。丰,阴就子。

世祖五女。

皇女姬,永平二年封获嘉长公主,适杨邑侯将作大匠冯柱。①

①获嘉,县,属河内郡。杨邑,县,属太原郡。柱,(马)〔冯〕鲂子。

皇女奴,三年封平阳公主,〔34〕适大鸿胪冯顺。②

①平阳,县,属河东郡。

②冯勤子也。

皇女迎,①三年封隆虑公主,②适牟平侯耿袭。③

①"迎"或作"延"。

②隆虑,县,属河内郡。

③牟平,县,属东莱郡。袭,耿弇弟舒之子。

皇女次,三年封平氏公主。①〔35〕

①平氏,县,属南阳郡。〔36〕既不言所适,不显始终,盖史阙之也。它皆
仿此。

皇女致,三年封沁水公主,①〔37〕适高密侯邓乾。②

①沁水,县,属河内郡。

②乾,邓震之子,禹之孙。

皇女小姬,十二年封平皋公主,①适昌安侯侍中邓蕃。②

①平皋,县,属河内郡。

②昌安,县,属高密国。蕃,邓袭子,禹之孙也。

皇女仲,十七年封浚仪公主,适轶侯①黄门侍郎王度。②

①"轶",志作"轪",音伏。师古曰:又音徒系反。〔38〕

②轶,县,属江夏郡。度,王符子,霸之孙。

皇女惠,十七年封武安公主,适征羌侯世子黄门侍郎来棱,①
安帝尊为长公主。

①征羌,县,属汝南郡。棱,襄之子,歙之孙。

皇女臣,建初元年封鲁阳公主。①

①鲁阳,县,属南阳郡。

皇女小迎,元年封乐平公主。①

①乐平,太清县,属东郡,章帝更名。

皇女小民,元年封成安公主。①

①成安,县,属颍川郡。

显宗十一女。

皇女男,建初四年封武德长公主。

皇女王,四年封平邑公主,^①适黄门侍郎冯由。^[39]

①平邑,县,属代郡,今魏郡昌乐东北又有平邑城。

皇女吉,永元五年封阴安公主。^①

①阴安,县,属魏郡。

肃宗三女。

皇女保,延平元年封脩武长公主。^①

①脩武,县,属河内郡。

皇女成,元年封共邑公主。^①

①共,县,属河内郡。

皇女利,元年封临颍公主。^①适即墨侯侍中贾建。^{②〔40〕}

①县,属颍川郡。

②即墨,县,属胶东国。建,贾参子,复之曾孙。

皇女兴,元年封闻喜公主。^①

①闻喜,县,属河东郡。

和帝四女。

皇女生,永和三年封舞阳长公主。

皇女成男,三年封冠军长公主。^①

①冠军,县,属南阳郡。

皇女广,永和六年封汝阳长公主。^①

①汝阳,县,属汝南郡。

顺帝三女。

皇女华,延熹元年封阳安长公主,适不其侯辅国将军伏完。^①

①完,伏湛(五)〔七〕世孙。^[41]

皇女坚,七年封颍阴长公主。^①

①颍阴,县,属颍川郡。

皇女脩,九年封阳翟长公主。

桓帝三女。

皇女某,光和三年封万年公主。

灵帝一女。

【校勘记】

〔1〕更封显长社(县)侯　按:王先谦谓"县"字衍,今据删。

〔2〕油犍辇车　按:校补谓今续志作"油画辇车"。

〔3〕司徒刘(喜)〔熹〕　据钱大昭说改。按:校补谓本书安纪、顺纪皆作
　　"熹",通鉴亦作"熹",惟袁宏后汉纪两见皆作"喜"。

〔4〕又何不早征诸王子　按:"又"原讹"人",径改正。

〔5〕妠(妠)娶也　陈景云谓下"妠"字衍,今据删。

〔6〕时(西)河〔西〕扰乱　陈景云谓"西河"当作"河西",今据改。

〔7〕诏安平王豹　按:校补引钱大昭说,谓"豹"疑当作"续"。

〔8〕石蠡吾侯翼子桓帝兄　按:正文云"帝弟平原王石",此云"桓帝
　　兄",必有一误。

〔9〕腰已下为匣　按:"下"原讹"而",径改正。

〔10〕汉(书)旧仪　按:当依卫宏传作"汉旧仪","书"字衍,今删。

〔11〕至延熹(三)〔二〕年　据汲本、殿本改。

〔12〕桓帝邓皇后讳猛女　按:东观记云"字猛",无"女"字。续天文
　　志同。

〔13〕改姓为薄　按:袁纪"薄"作"亳"。

〔14〕又封统弟秉为淯阳侯　按:袁纪"秉"作"庚","淯"作"育"。

〔15〕父(讳)武　殿本无此三字,考证谓监本此三字是注文,依宋本删。

今按:各旧本此三字皆作正文,与北监本不同。考证所云之"宋本",不知宋刊何本也。又按:校补引顾炎武说,谓"讳"字衍,今据删。

〔16〕立解犊亭侯宏　按:王先谦谓"犊"当作"渎"。

〔17〕太后母卒于比景〔太〕后感疾而崩　据王鸣盛说及通鉴补。

〔18〕〔重〕免官自杀　据汲本、殿本补。按:王先谦谓疑当作"免重官,重自杀",而传写倒脱也。

〔19〕肃宗宋贵人之从曾孙也　按:刊误谓宋贵人安得有从曾孙姓宋者,当是漏一"父"字。

〔20〕聪敏有才明能书会计　按:"明能"二字疑讹倒,御览一四五引,正作"聪敏有才能,明书会计"。

〔21〕选入掖庭　按:御览一四五引,下有"为何后所焗"五字。

〔22〕符节令孙徽　按:御览八一八引华峤后汉书,"徽"作"微",袁纪作"俨"。

〔23〕操追大怒　按:校补引钱大昭说,谓闽本无"追"字。

〔24〕闭户藏壁中　按:刊误谓案文"闭户"上少一"后"字。

〔25〕自后四十一年魏景〔初〕〔元〕元年薨　校补引周寿昌说,谓自后四十一年,案魏志魏主奂景元元年。志载其年六月己未,故汉献帝夫人节薨。此作"景初",误。景初乃魏明帝纪元也。今据改。

〔26〕归妹之象也　按:"归"原讹"嫁",径据汲本、殿本改正。

〔27〕封(武)〔舞〕阳公主为长公主　据校补改。按:校补谓下文皇女义王注文及注释均作"舞阳",则此注作"武阳"误。

〔28〕尚(汉)〔濮〕阳长公主　集解引钱大昭说,谓"汉阳"当从耿弇传作"濮阳"。今据改。

〔29〕长社益阳公主桓帝妹也　按:集解引惠栋说,谓长社公主桓帝姊,注误为桓帝妹。

〔30〕冯定获嘉公主子袭封获嘉侯　按:张森楷校勘记谓案冯鲂传,袭封

获嘉侯者乃定弟石,非定也。

〔31〕适(延)陵乡侯太仆梁松　洪亮吉谓案明帝纪及梁统传,皆云封陵乡侯。水经注,清水又东北迳陵乡西,太仆梁松国也。此"延"字衍文。今据删。

〔32〕其传云尚光武女舞阴公主　按:校补谓今梁统传作"尚舞阴长公主",此省"长"字。

〔33〕固窦融子　按:校补谓固乃融弟友之子,自有传,注误。

〔34〕皇女奴三年封平阳公主　按:校补引洪亮吉说,谓冯勤传称"平阳长公主",盖肃宗时所加。下平皋公主小姬、浚仪公主仲,邓禹、王霸传皆称"长公主",与此同。

〔35〕皇女次三年封平氏公主　按:"三"原讹"二",径改正。

〔36〕平氏县属南阳郡　按:"郡"原讹"县",径据汲本、殿本改正。

〔37〕皇女致三年封沁水公主　按:集解引钱大昭说,谓五行志作"长公主"。

〔38〕轶志作轪音伏师古曰又音徒系反　"轪"字原本模糊,各本多作"轪",集解本依殿本,从大作"轪"。伏字别本皆作"伏"。今按:"伏"乃"伏"之讹,伏音大,今人习见"伏"字,故讹"伏"为"伏"耳。

〔39〕皇女王四年封平邑公主适黄门侍郎冯由　按:校补谓由即冯顺之子,勤之孙也。"平邑"勤传作"平安",传注引东观记,又作"安平"。

〔40〕皇女利元年封临颍公主适即墨侯侍中贾建　按:校补谓据贾复传,建尚主在安帝元初元年,主于安帝为姊妹,故传称"长公主"。

〔41〕伏湛(五)〔七〕世孙　据殿本考证引何焯说改。

后 汉 书 卷 十 一

刘玄刘盆子列传第一

刘玄字圣公,光武族兄也。①弟为人所杀,圣公结客欲报之。客犯法,②圣公避吏于平林。吏系圣公父子张。圣公诈死,使人持丧归舂陵,吏乃出子张,圣公因自逃匿。

①尔雅曰:"族父之子相谓为族昆弟。"帝王纪曰:"舂陵戴侯熊渠生苍梧太守利,利生子张,纳平林何氏女,生更始。"

②续汉书曰:"时圣公聚客,家有酒,请游徼饮,宾客醉歌,言'朝亨两都尉,游徼后来,用调羹味'。游徼大怒,缚捶数百。"

王莽末,南方饥馑,人庶群入野泽,掘凫茈而食之,更相侵夺。①新市人王匡、王凤为平理诤讼,遂推为渠帅,众数百人。于是诸亡命马武、王常、成丹等往从之;共攻离乡聚,[1] 臧于绿林中,②数月间至七八千人。地皇二年,③荆州牧某④发奔命二万人攻之,匡等相率迎击于云杜,⑤大破牧军,杀数千人,尽获辎重,⑥遂攻拔

363

竟陵。⑦转击云杜、安陆，⑧多略妇女，还入绿林中，至有五万馀口，州郡不能制。

① 尔雅曰："芍，凫茈。"郭璞曰："生下田中，苗似龙须而细，根如指头，黑色，可食。"芍音胡了反。凫茈，续汉书作"苻訾"。

② 离乡聚谓诸乡聚离散，去城郭远者。大曰乡，小曰聚。前书曰"收合离乡置大城中"，即其义也。绿林，山，在今荆州当阳县东北也。

③ 王莽年也。

④ 史阙名也。

⑤ 云杜，县名，属江夏郡，故城在今复州沔阳县西北。

⑥ 续汉书曰："牧欲北归随，武等复遮击之，钩牧车屏泥，刺杀其骖乘，然不敢杀牧也。"

⑦ 县名，属江夏郡，故城在今郢州长寿县南。

⑧ 安陆，县，属江夏郡，今安州县也。

三年，大疾疫，死者且半，乃各分散引去。王常、成丹西入南郡，号下江兵；王匡、王凤、马武及其支党朱鲔、张卬等①北入南阳，号新市兵：[2]皆自称将军。七月，匡等进攻随，未能下。②平林人陈牧、廖湛③复聚众千馀人，号平林兵，以应之。圣公因往从牧等，为其军安集掾。④

① 续汉书"卬"作"印"。

② 随，县，属南阳郡，今随州县。

③ 廖音力吊反。

④ 欲其安集军众，故权以为官名。

是时光武及兄伯升亦起舂陵，与诸部合兵而进。四年正月，破王莽前队大夫甄阜、属正梁丘赐，斩之，号圣公为更始将军。众虽多而无所统一，诸将遂共议立更始为天子。二月辛巳，设坛场于淯

水上沙中,陈兵大会。更始即帝位,南面立,朝群臣。素懦弱,羞愧
流汗,举手不能言。于是大赦天下,建元曰更始元年。悉拜置诸
将,以族父良为国三老,王匡为定国上公,王凤成国上公,朱鲔大司
马,伯升大司徒,陈牧大司空,馀皆九卿、将军。五月,伯升拔宛。
六月,更始入都宛城,尽封宗室及诸将,为列侯者百馀人。

更始忌伯升威名,遂诛之,以光禄勋刘赐为大司徒。前锺武侯
刘望起兵,[3]略有汝南。时王莽纳言将军严尤、秩宗将军陈茂既败
于昆阳,往归之。八月,望遂自立为天子,以尤为大司马,茂为丞
相。王莽使太师王匡、国将哀章守洛阳。① 更始遣定国上公王匡攻
洛阳,西屏大将军申屠建、丞相司直李松攻武关,三辅震动。是时
海内豪桀翕然响应,皆杀其牧守,自称将军,用汉年号,以待诏命,
旬月之间,徧于天下。

①风俗通曰:"哀姓,鲁哀公之后,因谥以为姓。"

长安中起兵攻未央宫。九月,东海人公宾就斩王莽于渐台,①
收玺绶,传首诣宛。更始时在便坐黄堂,取视之,喜曰:"莽不如是,
当与霍光等。"宠姬韩夫人笑曰:"若不如是,帝焉得之乎?"更始
悦,乃悬莽首于宛城市。是月,拔洛阳,生缚王匡、哀章,至,皆斩
之。十月,使奋威大将军刘信击杀刘望于汝南,并诛严尤、陈茂。
更始遂北都洛阳,以刘赐为丞相。申屠建、李松自长安传送乘舆服
御,又遣中黄门从官奉迎迁都。二年二月,更始自洛阳而西。初
发,李松奉引,马惊奔,触北宫铁柱〔门〕,[4]三马皆死。②

①风俗通曰:"公宾,姓也。鲁大夫公宾庚之后。"渐台,太液池中台也。
为水所渐润,故以为名。

②续汉书曰:"马祸也。时更始失道,将亡之征。"

初，王莽败，唯未央宫被焚而已，其馀宫馆一无所毁。宫女数千，备列后庭，自锺鼓、帷帐、舆辇、器服、太仓、武库、官府、市里，不改于旧。更始既至，居长乐宫，升前殿，郎吏以次列庭中。更始羞怍，俯首刮席不敢视。①[5]诸将后至者，更始问虏掠得几何，左右侍官皆宫省久吏，各惊相视。

①怍，颜色变也。俛，俯也。

李松与棘阳人赵萌说更始，宜悉王诸功臣。朱鲔争之，以为高祖约，非刘氏不王。更始乃先封宗室太常将军刘祉为定陶王，刘赐为宛王，刘庆为燕王，刘歙为元氏王，大将军刘嘉为汉中王，刘信为汝阴王；后遂立王匡为比阳王，王凤为宜城王，朱鲔为胶东王，卫尉大将军张卬为淮阳王，廷尉大将军王常为邓王，执金吾大将军廖湛为穰王，申屠建为平氏王，尚书胡殷为随王，柱天大将军李通为西平王，①五威中郎将李轶为舞阴王，水衡大将军成丹为襄邑王，大司空陈牧为阴平王，②骠骑大将军宋佻为颍阴王，[6]尹尊为郾王。唯朱鲔辞曰："臣非刘宗，不敢干典。"遂让不受。乃徙鲔为左大司马，刘赐为前大司马，使与李轶、李通、王常等镇抚关东。以李松为丞相，赵萌为右大司马，共秉内任。

①西平，县，属汝南郡，故城在今豫州郾城县南也。

②阴平，县，属广汉国。[7]

更始纳赵萌女为夫人，有宠，遂委政于萌，日夜与妇人饮讌后庭。群臣欲言事，辄醉不能见，时不得已，乃令侍中坐帷内与语。诸将识非更始声，出皆怨曰："成败未可知，遽自纵放若此！"韩夫人尤嗜酒，每侍饮，见常侍奏事，辄怒曰："帝方对我饮，正用此时持事来乎！"起，抵破书案。①赵萌专权，威福自己，郎吏有说萌放纵者,<u>更始</u>怒,拔剑击之。自是无复敢言。<u>萌</u>私忿侍中,引下斩之,<u>更始</u>救请,不从。时<u>李轶</u>、<u>朱鲔</u>擅命<u>山东</u>,<u>王匡</u>、<u>张卬</u>横暴<u>三辅</u>。其所授官爵者,皆群小贾竖,或有膳夫庖人,多著绣面衣、锦裤、襜褕、诸于,骂詈道中。②<u>长安</u>为之语曰:"灶下养,中郎将。烂羊胃,骑都尉。烂羊头,关内侯。"③

①抵,击也。

②襜褕、诸于见<u>光武</u>纪。<u>续汉</u>志曰"时智者见之,以为服之不中,身之灾也,乃奔入边郡避之。是服妖也。其后为<u>赤眉</u>所杀"也。

③<u>公羊</u>传曰:"炊亨为养。"

军帅将军[8]<u>豫章李淑</u>上书谏曰:"方今贼寇始诛,王化未行,百官有司宜慎其任。夫三公上应台宿,九卿下括河海,①故天工人其代之。陛下定业,虽因<u>下江</u>、<u>平林</u>之执,斯盖临时济用,不可施之既安。宜厘改制度,更延英俊,因才授爵,以匡王国。今公卿大位莫非戎陈,尚书显官皆出庸伍,资亭长、贼捕之用,②而当辅佐纲维之任。唯名与器,圣人所重。今以所重加非其人,望其毗益万分,兴化致理,譬犹缘木求鱼,升山采珠。③海内望此,有以阘度汉祚。臣非有憎疾以求进也,但为陛下惜此举厝。败材伤锦,所宜至虑。④惟割既往谬妄之失,思隆周文济济之美。"⑤<u>更始</u>怒,系<u>淑</u>诏狱。自是<u>关中</u>离心,四方怨叛。诸将出征,各自专置牧守,州郡交错,不知所从。

①<u>春秋汉含孳</u>曰:"三公在天为三台,九卿为北斗,故三公象五岳,九卿法河海,二十七大夫法山陵,八十一元士法谷阜,合为帝佐,以匡纲纪。"

②汉法,十里一亭,亭置一长。捕贼掾,[9]专捕盗贼也。

③求之非所,不可得也。<u>孟子</u>对(梁惠)〔齐宣〕王曰:[10]"以若所为,求若

刘玄刘盆子列传第一

所欲,犹缘木求鱼。"

④孟子谓齐宣王曰:"为巨室,则必使工师求大木。工师得大木,则王喜,以为能胜其任也。匠人斫而小之,则王怒,以为不胜其任矣。"左传子产谓子皮曰"子有美锦,不使人学制焉。大官大邑,身之所庇,而使学者制焉。其为美锦,不亦重乎?未尝操刀而使之割,其伤实多"也。

⑤割,绝也。诗大雅曰:"济济多士,文王以宁。"

十二月,赤眉西入关。

三年正月,平陵人方望立前孺子刘婴为天子。初,望见更始政乱,度其必败,谓安陵人弓林等曰:"前定安公婴,平帝之嗣,虽王莽篡夺,而尝为汉主。今皆云刘氏真人,当更受命,欲共定大功,何如?"林等然之,乃于长安求得婴,将至临泾立之。①聚党数千人,望为丞相,林为大司马。更始遣李松与讨难将军苏茂等击破,皆斩之。又使苏茂拒赤眉于弘农,茂军败,死者千馀人。

①今泾州县也。

三月,遣李松会朱鲔与赤眉战于蓩乡,①[11]松等大败,弃军走,死者三万馀人。

①蓩音莫老反。字林云:"毒草也。"因以为地名。续汉志弘农有蓩乡。东观记曰:"徐宣、樊崇等入至弘农枯枞山下,与更始将军苏茂战。崇北至蓩乡,转至湖。"湖即湖城县也。以此而言,其(蓩)〔地〕盖在今虢州湖城县之间。[12]

时王匡、张卬守河东,为邓禹所破,还奔长安。卬与诸将议曰:"赤眉近在郑、华阴间,旦暮且至。今独有长安,见灭不久,不如勒兵掠城中以自富,转攻所在,东归南阳,收宛王等兵。事若不集,复入湖池中为盗耳。"申屠建、廖湛等皆以为然,共入说更始。更始怒不应,莫敢复言。及赤眉立刘盆子,更始使王匡、陈牧、成丹、赵萌屯新丰,李松军掫,以拒之。①

①掫音子侯反。续汉志曰:"新丰有鸿门亭。"掫城即此也。

张卬、廖湛、胡殷、申屠建等与御史大夫隗嚣合谋,欲以立秋日貙膢时共劫更始,①俱成前计。侍中刘能卿知其谋,以告之。更始托病不出,召张卬等。卬等皆入,将悉诛之,唯隗嚣不至。更始狐疑,使卬等四人且待于外庐。卬与湛、殷疑有变,遂突出,独申屠建在,更始斩之。卬与湛、殷遂勒兵掠东西市。昏时,烧门入,战于宫中,更始大败。明旦,将妻子车骑百馀,东奔赵萌于新丰。

①前书音义曰:"貙,兽。以立秋日祭兽。王者亦此日出猎,用祭宗庙。"
冀州北郡以八月朝作饮食为膢,其俗语曰"膢腊社伏"。貙音丑于反。
膢音娄。

更始复疑王匡、陈牧、成丹与张卬等同谋,乃并召入。牧、丹先至,即斩之。王匡惧,将兵入长安,与张卬等合。李松还从更始,与赵萌共攻匡、卬于城内。连战月馀,匡等败走,更始徙居长信宫。①赤眉至高陵,匡等迎降之,遂共连兵而进。更始守城,使李松出战,败,死者二千馀人,赤眉生得松。时松弟汜为城门校尉,赤眉使使谓之曰:"开城门,活汝兄。"汜即开门。九月,赤眉入城。更始单骑走,从厨城门出。②诸妇女从后连呼曰:"陛下,当下谢城!"更始即下拜,复上马去。

①三辅黄图曰,从洛门至周庙门,有长信宫在其中。

②三辅黄图曰,洛城门,王莽改曰建子门,其内有长安厨官,俗名之为厨城门,今长安故城北面之中门是也。

初,侍中刘恭以赤眉立其弟盆子,自系诏狱;闻更始败,乃出,步从至高陵,止传舍。右辅都尉严本①恐失更始为赤眉所诛,将兵在外,号为屯卫而实囚之。赤眉下书曰:"圣公降者,封长沙王。过二十日,勿受。"更始遣刘恭请降,赤眉使其将谢禄往受之。十月,更始遂随禄肉袒诣长乐宫,上玺绶于盆子。赤眉坐更始,置庭中,将杀之。刘恭、谢禄为请,不能得,遂引更始出。刘恭追呼曰:"臣诚力极,请得先死。"拔剑欲自刎,赤眉帅樊崇等遽共救止之,乃赦更始,封为畏威侯。刘恭复为固请,竟得封长沙王。更始常依谢禄居,刘恭亦拥护之。

①"本",或作"平",或作"丕"。

三辅苦赤眉暴虐,皆怜更始,而张卬等以为虑,谓禄曰:"今诸营长多欲篡圣公者。一旦失之,合兵攻公,自灭之道也。"于是禄使从兵与更始共牧马于郊下,因令缢杀之。刘恭夜往收藏其尸。光武闻而伤焉,诏大司徒邓禹葬之于霸陵。

有三子:求、歆、鲤。明年夏,求兄弟与母东诣洛阳,帝封求为襄邑侯,奉更始祀;歆为谷孰侯,鲤为寿光侯。求后徙封成阳侯。求卒,子巡嗣,复徙封(灌)〔濩〕泽侯。①〔13〕巡卒,子姚嗣。

①襄邑即春秋襄牛地也,今为县,在宋州西。谷孰,县,属梁国,在宋州东南。寿光,县,属北海郡,今青州县也。(灌)〔濩〕泽,县,今泽州县,故曰徙封。

论曰:周武王观兵孟津,退而还师,以为纣未可伐,斯时有未至者也。①汉起,驱轻黠乌合之众,②不当天下万分之一,而旌旗之所拽及,③书文之所通被,莫不折戈顿颡,争受职命。非唯汉人徯思,固亦几运之会也。夫为权首,鲜或不及。④陈、项且犹未兴,况庸庸者乎!

①史记曰,武王即位,太公望为师,周公旦为辅,召公、毕公之徒左右王
　师,东观兵孟津。时诸侯不期而会者八百,皆曰:"纣可伐矣。"武王
　曰:"未可。"乃还师。

②轻黠谓轻锐杰黠也。乌合如乌鸟之群合也。

③拗与魇同。

④左传曰:"无始祸。"前书曰:"无为权首,将受其咎。"

刘盆子者,太山式人,①城阳景王章之后也。②祖父宪,元帝时
封为式侯,父萌嗣。王莽篡位,国除,因为式人焉。

①式,县名,中兴县废。

②章,高帝孙朱虚侯也。

天凤元年,琅邪海曲有吕母者,子为县吏,犯小罪,宰论杀
之。①吕母怨宰,密聚客,规以报仇。母家素丰,赀产数百万,乃益
酿醇酒,买刀剑衣服。少年来酤者,皆赊与之,视其乏者,辄假衣
裳,不问多少。数年,财用稍尽,少年欲相与偿之。吕母垂泣曰:
"所以厚诸君者,非欲求利,徒以县宰不道,枉杀吾子,欲为报怨耳。
诸君宁肯哀之乎!"少年壮其意,又素受恩,皆许诺。其中勇士自号
猛虎,遂相聚得数十百人,②因与吕母入海中,招合亡命,众至数
千。吕母自称将军,引兵还攻破海曲,执县宰。诸吏叩头为宰请。
母曰:"吾子犯小罪,不当死,而为宰所杀。杀人当死,又何请乎?"
遂斩之,以其首祭子冢,复还海中。

①海曲,县名,故城在密州莒县东。续汉书曰"吕母子名育,为游徼,犯
　罪"也。

②东观记曰:"宾客徐次子等自号'扼虎'。"扼音于责反,力可扼虎,言其

勇也。今为"猛"字,"抚"与"猛"相类也。

后数岁,琅邪人樊崇起兵于莒,①众百馀人,转入太山,自号三老。时青、徐大饥,寇贼蜂起,众盗以崇勇猛,皆附之,一岁间至万馀人。崇同郡人逄安,东海人徐宣、谢禄、杨音,②各起兵,合数万人,复引从崇。共还攻莒,不能下,转掠至姑幕,③因击王莽探汤侯田况,大破之,④杀万馀人,遂北入青州,所过虏掠。还至太山,留屯南城。⑤初,崇等以困穷为寇,无攻城徇地之计。众既浸盛,乃相与为约:杀人者死,伤人者偿创。以言辞为约束,无文书、旌旗、部曲、号令。其中最尊者号三老,次从事,次卒(吏)〔史〕,〔14〕泛相称曰(臣)〔巨〕人。〔15〕王莽遣平均公廉丹、太师王匡击之。崇等欲战,恐其众与莽兵乱,乃皆朱其眉以相识别,由是号曰赤眉。赤眉遂大破丹、匡军,杀万馀人,追至无盐,⑥廉丹战死,王匡走。崇又引其兵十馀万,复还围莒,数月。或说崇曰:"莒,父母之国,奈何攻之?"乃解去。时吕母病死,其众分入赤眉、青犊、铜马中。赤眉遂寇东海,与王莽沂平大尹⑦战,败,死者数千人,乃引去,掠楚、沛、汝南、颍川,还入陈留,攻拔鲁城,转至濮阳。

①东观记曰:"樊崇字细君。"

②东观记曰"逄",音庞。安字少子,东莞人也。徐宣字骄稚,谢禄字子奇,皆东海临沂人也。

③姑幕,县名,故城在今密州莒县东北,古薄姑氏之国。

④王莽改北海益县曰探汤。

⑤南城,县,属东海郡,有南城山,因以为名也。

⑥无盐,县名,故城在今郓州须昌县东。

⑦王莽改东海郡曰沂平,以郡守为大尹。

会更始都洛阳,遣使降崇。崇等闻汉室复兴,即留其兵,自将渠帅二十馀人，随使者至洛阳降更始，皆封为列侯。崇等既未有国邑，而留众稍有离叛，乃遂亡归其营，将兵入颍川，分其众为二部，崇与逢安为一部，徐宣、谢禄、杨音为一部。崇、安攻拔长社，南击宛，斩县令；而宣、禄等亦拔阳翟，引之梁，①击杀河南太守。赤眉众虽数战胜，而疲敝厌兵，②皆日夜愁泣，思欲东归。崇等计议，虑众东向必散，不如西攻长安。更始二年冬，崇、安自武关，宣等从陆浑关，③两道俱入。三年正月，俱至弘农，与更始诸将连战克胜，众遂大集。乃分万人为一营，凡三十营，营置三老、从事各一人。进至华阴。

①今汝州梁县也。

②厌，倦。

③武关在今商州上洛县东。河图括地象曰："武关山为地门，上为天齐星。"前书曰陆浑县有关，在今洛州伊阙县西南。

军中常有齐巫鼓舞祠城阳景王，以求福助。①巫狂言景王大怒，曰："当为县官，何故为贼？"②有笑巫者辄病，军中惊动。时方望弟阳怨更始杀其兄，乃逆说崇等曰："更始荒乱，政令不行，故使将军得至于此。今将军拥百万之众，西向帝城，而无称号，名为群贼，不可以久。不如立宗室，挟义诛伐。以此号令，谁敢不服？"崇等以为然，而巫言益甚。前及郑，③乃相与议曰："今迫近长安，而鬼神如此，当求刘氏共尊立之。"六月，遂立盆子为帝，自号建世元年。

①以其定诸吕，安社稷，故郡国多为立祠焉。盆子承其后，故军中祠之。

②县官谓天子也。

③今华州县。

初,赤眉过式,掠盆子及二兄恭、茂,皆在军中。恭少习尚书,略通大义。及随崇等降更始,即封为式侯。以明经数言事,拜侍中,从更始在长安。盆子与茂留军中,属右校卒(吏)〔史〕刘侠卿,[16]主刍牧牛,号曰牛吏。及崇等欲立帝,求军中景王后者,得七十馀人,唯盆子与茂及前西安侯刘孝最为近属。[17]崇等议曰:"闻古天子将兵称上将军。"乃书札为符曰"上将军",又以两空札置笥中,①遂于郑北设坛场,祠城阳景王。诸三老、从事皆大会陛下,列盆子等三人居中立,以年次探札。盆子最幼,后探得符,诸将乃皆称臣拜。盆子时年十五,被发徒跣,敝衣赭汗,见众拜,恐畏欲啼。茂谓曰:"善藏符。"盆子即啮折弃之,复还依侠卿。侠卿为制绛单衣、半头赤帻、②直綦履,③乘轩车大马,赤屏泥,④绛襜络,⑤而犹从牧儿遨。

①札,简也。笥,箧也。

②帻巾,所谓覆髻也。续汉书曰:"童子帻无屋,示未成人也。"半头帻即空顶帻也,其上无屋,故以为名。董仲舒繁露曰:"以赤统者,帻尚赤。"盆子承汉统,故用赤也。东宫故事曰:"太子有空顶帻一枚。"即半头帻之制也。

③綦,履文也。盖直刺其文以为饰也。

④赤屏泥谓以缇油屏泥于轼前。

⑤襜,帷也。车上施帷以屏蔽者,交络之以为饰。续汉志曰"王公列侯安车,加交络帷裳"也。

崇虽起勇力而为众所宗,然不知书数。徐宣故县狱吏,能通易经。遂共推宣为丞相,崇御史大夫,逢安左大司马,谢禄右大司马,自杨音以下皆为列卿。

军及高陵,与更始叛将张卬等连和,遂攻东都门,①入长安城,更始来降。

①三辅黄图曰："宣平门，长安城东面北头第一门也，其外郭门名东
都门。"

盆子居长乐宫，诸将日会论功，争言讙呼，①拔剑击柱，不能相
一。三辅郡县营长遣使贡献，兵士辄剽夺之。②又数虏暴吏民，百
姓保壁，由是皆复固守。至腊日，崇等乃设乐大会，盆子坐正殿，中
黄门持兵在后，公卿皆列坐殿上。酒未行，其中一人出刀笔书谒欲
贺，③其馀不知书者起请之，④各各屯聚，更相背向。大司农杨音
按剑骂曰："诸卿皆老佣也！今日设君臣之礼，反更殽乱，⑤儿戏尚
不如此，皆可格杀！"⑥更相辩斗，而兵众遂各踰宫斩关，入掠酒肉，
互相杀伤。卫尉诸葛稚闻之，[18]勒兵入，格杀百馀人，乃定。盆子
惶恐，日夜啼泣，独与中黄门共卧起，唯得上观阁而不闻外事。

①讙，哗也，讙音火完反。

②剽，劫也。

③古者记事书于简册，谬误者以刀削而除之，故曰刀笔。

④请其书己名也。

⑤殽亦乱也。[19]

⑥相拒而杀之曰格。

时掖庭中宫女犹有数百千人，自更始败后，幽闭殿内，掘庭中
芦菔根，①[20]捕池鱼而食之，死者因相埋于宫中。有故祠甘泉乐
人，尚共击鼓歌舞，衣服鲜明，②见盆子叩头言饥。盆子使中黄门
禀之米，人数斗。后盆子去，皆饿死不出。

①尔雅曰："葵，芦菔。"音步北反。"菔"字或作"卜"。

②甘泉宫有祭祠之所。乐人谓掌祭天之乐者也。

刘恭见赤眉众乱，知其必败，自恐兄弟俱祸，密教盆子归玺绶，习为辞让之言。建武二年正月朔，崇等大会，刘恭先曰："诸君共立恭弟为帝，德诚深厚。立且一年，肴乱日甚，诚不足以相成。恐死而无所益，愿得退为庶人，更求贤知，唯诸君省察。"崇等谢曰："此皆崇等罪也。"恭复固请。或曰："此宁式侯事邪！"①恭惶恐起去。盆子乃下床解玺绶，叩头曰："今设置县官而为贼如故。吏人贡献，辄见剽劫，流闻四方，莫不怨恨，不复信向。此皆立非其人所致，愿乞骸骨，避贤圣。必欲杀盆子以塞责者，无所离死。②诚冀诸君肯哀怜之耳！"因涕泣嘘唏。③崇等及会者数百人，莫不哀怜之，乃皆避席顿首曰："臣无状，负陛下。请自今已后，不敢复放纵。"因共抱持盆子，带以玺绶。盆子号呼不得已。既罢出，各闭营自守，三辅翕然，称天子聪明。百姓争还长安，市里且满。

①刘恭为式侯。言众立天子，非恭所预。

②离，避也。

③唏与欷同。

（得）〔后〕二十馀日，[21]赤眉贪财物，复出大掠。城中粮食尽，遂收载珍宝，因大纵火烧宫室，引兵而西。过祠南郊，车甲兵马最为猛盛，众号百万。盆子乘王车，驾三马，①从数百骑。乃自南山转掠城邑，与更始将军严春战于郿，破春，杀之，遂入安定、北地。至阳城、番须中，逢大雪，坑谷皆满，士多冻死，乃复还，发掘诸陵，取其宝货，遂污辱吕后尸。凡贼所发，有玉匣殓者率皆如生。②故赤眉得多行淫秽。大司徒邓禹时在长安，遣兵击之于郁夷，③反为所败，禹乃出之云阳。九月，赤眉复入长安，止桂宫。④

①续汉志曰："王车，朱班轮，青盖，左右騑，驾三马。"

②汉仪注曰"自腰以下，以玉为札，长尺，广一寸半，[22]为匣，下至足，缀

以黄金缕,谓之为玉匣"也。

③郁夷,县,属右扶风也。

④长安记曰:"桂宫在未央宫北,亦曰北宫。"

时汉中贼延岑出散关,屯杜陵,逄安将十馀万人击之。邓禹以逄安精兵在外,唯盆子与羸弱居城中,乃自往攻之。会谢禄救至,夜战槀街中,①禹兵败走。延岑及更始将军李宝合兵数万人,与逄安战于杜陵。岑等大败,死者万馀人,宝遂降安,而延岑收散卒走。宝乃密使人谓岑曰:"子努力还战,吾当于内反之,表里合势,可大破也。"岑即还挑战,安等空营击之,宝从后悉拔赤眉旌帜,更立幡旗。安等战疲还营,见旗帜皆白,大惊乱走,自投川谷,死者十馀万,逄安与数千人脱归长安。时三辅大饥,人相食,城郭皆空,白骨蔽野,遗人往往聚为营保,各坚守不下。赤眉房掠无所得,十二月,乃引而东归,众尚二十馀万,随道复散。

①三辅旧事曰:"长安城中有槀街。"

光武乃遣破奸将军侯进等屯新安,建威大将军耿弇等屯宜阳,分为二道,以要其还路。敕诸将曰:"贼若东走,可引宜阳兵会新安;贼若南走,可引新安兵会宜阳。"明年正月,邓禹自河北度,击赤眉于湖,①禹复败走,赤眉遂出关南向。征西大将军冯异破之于崤底。②帝闻,乃自将幸宜阳,盛兵以邀其走路。

①湖,县,故城在今虢州湖城县西南。

②即崤坂也,在今洛州永宁县西北。

赤眉忽遇大军,惊震不知所为,乃遣刘恭乞降,曰:"盆子将百万众降,陛下何以待之?"帝曰:"待汝以不死耳。"樊崇乃将盆子及丞相徐宣以下三十馀人肉袒降。上所得传国玺绶,更始七尺宝剑及玉璧各一。积兵甲宜阳城西,与熊耳山齐。①帝令县厨赐食,众积困馁,十馀万人皆得饱饫。明旦,大陈兵马临洛水,令盆子君臣列而观之。谓盆子曰:"自知当死不?"对曰:"罪当应死,犹幸上怜赦之耳。"帝笑曰:"儿大黠,宗室无蚩者。"②又谓崇等曰:"得无悔降乎?朕今遣卿归营勒兵,鸣鼓相攻,决其胜负,不欲强相服也。"徐宣等叩头曰:"臣等出长安东都门,君臣计议,归命圣德。百姓可与乐成,难与图始,故不告众耳。今日得降,犹去虎口归慈母,诚欢诚喜,无所恨也。"帝曰:"卿所谓铁中铮铮,佣中佼佼者也。"③又曰:"诸卿大为无道,所过皆夷灭老弱,溺社稷,污井灶。④然犹有三善:攻破城邑,[23]周徧天下,本故妻妇无所改易,是一善也;立君能用宗室,是二善也;馀贼立君,迫急皆持其首降,自以为功,诸卿独完全以付朕,是三善也。"乃令各与妻子居洛阳,赐宅人一区,田二顷。

①宜阳,县,故城韩国城也,在今洛州福昌县东。郦元水经注曰:"洛水之北有熊耳山,双峦竞举,状同熊耳。"在宜阳西也。

②释名曰:"蚩,痴也。"

③说文曰:"铮铮,金也。"[24]铁之铮铮,言微有刚利也。铮音初耕反。佼音古巧反。佼,好貌也。诗曰:"佼人僚兮。"今相传云音胡巧反。言佼佼者,凡佣之人稍为胜也。

④溺音奴吊反。

378

其夏,樊崇、逢安谋反,诛死。杨音在长安时,遇赵王良有恩,赐爵关内侯,与徐宣俱归乡里,卒于家。刘恭为更始报杀谢禄,自系狱,赦不诛。

帝怜盆子,赏赐甚厚,以为赵王郎中。后病失明,赐荥阳均输官地,以为列肆,①使食其税终身。

①均输,官名,属司农。肆,市列也。桓宽盐铁论云:"郡国诸侯各以其
　　方物贡输往来,物多苦恶,不偿其费,故郡国置输官以相绍运,故曰
　　均输。"

赞曰:圣公靡闻,假我风云。①始顺归历,终然崩分。赤眉阻
乱,②盆子探符。虽盗皇器,③乃食均输。

①易曰:"云从龙,风从虎,圣人作而万物覩。"假,借也。言圣公初起无
　　所闻知,借我中兴风云之便。

②阻,恃也。

③皇器犹神器,谓天位也。

【校勘记】

〔1〕共攻离乡聚　按:殿本考证万承苍谓离乡聚地名,章怀注非。今据
　　加标号。

〔2〕及其支党朱鲔张卬等北入南阳号新市兵　按:校补引张熷说,谓王
　　常传卬与王常、成丹皆为下江兵,与纪异。

〔3〕前锺武侯刘望起兵　按:集解引通鉴考异,谓前书王莽传"刘望"
　　作"刘圣"。

〔4〕触北宫铁柱〔门〕　据汲本、殿本补。按:续志有"门"字。

〔5〕俯首刮席不敢视　按:惠栋补注本"视"上有"仰"字。

〔6〕骠骑大将军宋佻为颍阴王　按:集解引惠栋说,谓光武纪及通鉴
　　"宋"皆作"宗"。

〔7〕阴平县属广汉国　按:校补谓前汉阴平国属东海郡,后汉改县,属
　　同。又前汉阴平道属广汉郡,后汉分属广汉属国,注据阴平道言,
　　虽亦可言"县",但属前汉言,不当言"国",属后汉言,当云"属国",
　　亦不当仅言"国"。

〔8〕军帅将军　按:刊误谓"帅"当作"师",是时多置军师,邓禹传亦作

"军师将军"。

〔9〕捕贼掾　按:刊误谓案前书合作"贼捕掾"。

〔10〕孟子对(梁惠)〔齐宣〕王曰　据殿本改。

〔11〕战于荔乡　按:续志"荔"作"务"。

〔12〕其(荔)〔地〕盖在今赣州湖城县之间　集解引王补说,谓"其荔"通
　　鉴注作"其地",是。今据改。

〔13〕复徙封(潗)〔薆〕泽侯　据集解引钱大昕说改,注同。

〔14〕次卒(吏)〔史〕　刊误谓"吏"当作"史"。今据改。

〔15〕泛相称曰(臣)〔巨〕人　刊误谓前书言盗贼擅称巨人,今此为臣人,
　　亦误也,当作"巨"。今据改。

〔16〕属右校卒(吏)〔史〕刘侠卿　据刊误改。

〔17〕唯盆子与茂及前西安侯刘孝最为近属　按:沈家本谓按前书王子
　　侯表,西安侯汉东平思王孙,而城阳近属无封西安者,亦无名孝者。

〔18〕卫尉诸葛穉闻之　按:"穉"原讹"释",径据汲本、殿本改正。

〔19〕肴亦乱也　按:殿本"肴"作"殽"。校补谓殿本注作"殽",取与正
　　文相应。然观下文"肴乱日甚",正文本作"肴",知此处正文作
　　"殽",乃翻刻之误,注盖本不误也。

〔20〕幽闭殿内掘庭中芦菔根　按:汲本"内"作"门"。御览九八〇引
　　"掘"作"拔"。又按:"闭"原讹"闲",径改正。

〔21〕(得)〔后〕二十馀日　集解引王补说,谓袁纪、通鉴并作"后二十馀
　　日",是。今据改。

〔22〕广一寸半　按:殿本"一寸"作"二寸"。

〔23〕攻破城邑　按:刊误谓案文当云"攻城破邑"。

〔24〕说文曰铮铮金也　按:说文"铮,金声也",此疑误。

后汉书卷十二

王刘张李彭卢列传第二

　　王昌一名郎，赵国邯郸人也。素为卜相工，明星历，常以为河北有天子气。时赵缪王子林①好奇数，②任侠于赵、魏间，多通豪猾，而郎与之亲善。初，王莽篡位，长安中或自称成帝子子舆者，莽杀之。③郎缘是诈称真子舆，云"母故成帝讴者，尝下殿卒僵，须臾有黄气从上下，半日乃解，遂妊身就馆。赵后欲害之，④伪易他人子，以故得全。⑤〔子〕舆年十二，[1]识命者郎中李曼卿，⑥与俱至蜀；十七，到丹阳；⑦二十，还长安；展转中山，来往燕、赵，以须天时。"⑧林等愈动疑惑，乃与赵国大豪李育、张参等通谋，规共立郎。会人间传赤眉将度河，林等因此宣言赤眉当〔至〕，立刘子舆以观众心，[2]百姓多信之。

　　①景帝七代孙也。[3]

　　②术数。

③王莽传曰,时男子武仲自称刘子舆。

④赵飞燕也。

⑤东观记曰"宫婢生子,正与同时,即易之"也。

⑥识命谓知天命也。

⑦丹阳,楚所封地,在今归州秭归县东也。

⑧须,待也。

　　更始元年十二月,林等遂率车骑数百,[4]晨入邯郸城,止于王宫,①立郎为天子。林为丞相,李育为大司马,张参为大将军。分遣将帅,徇下幽、冀。移檄州郡曰:"制诏部刺史、郡太守(曰):[5]朕,孝成皇帝子子舆者也。昔遭赵氏之祸,因以王莽篡杀,赖知命者将护朕躬,②解形河滨,削迹赵、魏。③王莽窃位,获罪于天,天命佑汉,故使东郡太守翟义、严乡侯刘信,拥兵征讨,出入胡、汉。普天率土,知朕隐在人间。南岳诸刘,为其先驱。④[6]朕仰观天文,乃兴于斯,以今月壬辰即位赵宫。休气熏蒸,应时获雨。盖闻为国,子之袭父,古今不易。刘圣公未知朕,故且持帝号。诸兴义兵,咸以助朕,皆当裂土享祚子孙。已诏圣公及翟太守,亟与功臣诣行在所。⑤疑刺史、二千石皆圣公所置,未觌朕之沈滞,或不识去就,强者负力,⑥弱者惶惑。今元元创痍,已过半矣,⑦朕甚悼焉,故遣使者班下诏书。"郎以百姓思汉,即多言翟义不死,故诈称之,以从人望。于是赵国以北,辽东以西,皆从风而靡。

①故赵王之宫也。

②东观记曰,知命者谓侍郎韩公等。

③解形犹脱身也。

④圣公、光武本自舂陵北徙。故舂陵近衡山,故曰"南岳诸刘"也。

⑤天子所在曰行在所。

⑥负,恃也。

⑦痍,伤也。

明年,光武自蓟得邯郸檄,南走信都,①发兵徇旁县,遂攻柏人,不下。议者以为守柏人不如定钜鹿,光武乃引兵东北围钜鹿。〔7〕邯太守王饶据城,数十日连攻不克。耿纯说曰:"久守王饶,士众疲敝,不如及大兵精锐,进攻邯郸。若王郎已诛,王饶不战自服矣。"光武善其计,乃留将军邓满②守钜鹿,而进军邯郸,屯其郭北门。

①走,趣也,音子豆反。

②续汉书"满"作"蒲"。

郎数出战不利,乃使其谏议大夫杜威持节请降。威雅称郎实成帝遗体。光武曰:"设使成帝复生,天下不可得,况诈子舆者乎!"威请求万户侯。光武曰:"顾得全身可矣。"①〔8〕威曰:"邯郸虽鄙,并力固守,尚旷日月,终不君臣相率但全身而已。"遂辞而去。〔因〕急攻之,〔9〕二十馀日,郎少傅李立为反间,开门内汉兵,遂拔邯郸。郎夜亡走,道死,追斩之。

①顾犹念也。

刘永者,梁郡睢阳人,梁孝王八世孙也。传国至父立。元始中,立与平帝外家卫氏交通,①〔10〕为王莽所诛。

①卫氏,平帝母家也,中山卫子豪之女。

更始即位,永先诣洛阳,绍封为梁王,都睢阳。永闻更始政乱,遂据国起兵,以弟防为辅国大将军,防弟少公御史大夫,封鲁王。

遂招诸豪杰沛人周建等，并署为将帅，攻下济阴、山阳、沛、楚、淮阳、汝南，凡得二十八城。又遣使拜西防贼帅山阳佼彊为横行将军。①是时东海人董宪起兵据其郡，而张步亦定齐地。永遣使拜宪翼汉大将军，步辅汉大将军，与共连兵，遂专据东方。及更始败，永自称天子。

①西防，县名，故城在今宋州单父县北。佼音绞。

建武二年夏，光武遣虎牙大将军盖延等伐永。初，陈留人苏茂为更始讨难将军，与朱鲔等守洛阳。鲔既降汉，茂亦归命，光武因使茂与盖延俱攻永。军中不相能，茂遂反，杀淮阳太守，掠得数县，据广乐而臣于永。永以茂为大司马、淮阳王。盖延遂围睢阳，数月，拔之，永将家属走虞。①虞人反，杀其母及妻子，永与麾下数十人奔谯。苏茂、佼彊、周建合军救永，为盖延所败，茂奔还广乐，彊、建从永走保湖陵。三年春，永遣使立张步为齐王，董宪为海西王。于是遣大司马吴汉等围苏茂于广乐，周建率众救茂，茂、建战败，弃城复还湖陵，而睢阳人反城迎永。②吴汉与盖延等合军围之，城中食尽，永与茂、建走酂。③诸将追急，永将庆吾斩永首降，封吾为列侯。苏茂、周建奔垂惠，共立永子纡为梁王。佼彊还保西防。

①虞，县名，属梁国，故城在今宋州虞城县。

②反音幡。

③今亳州县也。酂音在何反。

四年秋，遣捕虏将军马武、骑都尉王霸[11]围纡、建于垂惠，苏茂将五校兵救之，纡、建亦出兵与武等战，不克，而建兄子诵反，闭城门拒之。建、茂、纡等皆走，建于道死，茂奔下邳与董宪合，纡奔佼彊。五年，遣骠骑大将军杜茂攻佼彊于西防，彊与刘纡奔董宪。

时平狄将军庞萌反叛，[12]遂袭破盖延，引兵与董宪连和，自号东平王，屯桃乡之北。①

①桃乡故城在今兖州龚丘县西北也。

庞萌，山阳人。初亡命在下江兵中。更始立，以为冀州牧，将兵属尚书令谢躬，共破王郎。及躬败，萌乃归降。光武即位，以为侍中。萌为人逊顺，甚见信爱。帝常称曰：[13]“可以托六尺之孤，寄百里之命者，①庞萌是也。”拜为平狄将军，与盖延共击董宪。

①解见明纪。

时诏书独下延而不及萌，萌以为延谮己，自疑，遂反。帝闻之，大怒，乃自将讨萌。与诸将书曰：“吾常以庞萌社稷之臣，将军得无笑其言乎？老贼当族。其各厉兵马，会睢阳！”宪闻帝自讨庞萌，乃与刘纡、苏茂、佼彊去下邳，还兰陵，使茂、彊助萌，合兵三万，急围桃城。

帝时幸蒙，闻之，乃留辎重，自将轻骑三千，步卒数万，晨夜驰赴，〔师〕次任城，[14]去桃乡六十里。旦日，诸将请进，贼亦勒兵挑战，帝不听，乃休士养锐，以挫其锋。城中闻车驾至，众心益固。时吴汉等在东郡，驰使召之。萌等乃悉兵攻城，二十馀日，众疲困而不能下，及吴汉与诸将到，乃率众军进桃城，而帝亲自搏战，大破之。萌、茂、彊夜弃辎重逃奔，董宪乃与刘纡悉其兵数万人屯昌虑，自将锐卒拒新阳。①帝先遣吴汉击破之，宪走还昌虑。汉进守之，宪恐，乃招诱五校馀贼步骑数千人屯建阳，去昌虑三十里。②

①新阳，县，属东海郡。

②建阳，县，属东海郡，故城在今沂州丞县北。丞音时证反。

帝至蕃,①去宪所百馀里。诸将请进,帝不听,知五校乏食当退,敕各坚壁以待其敝。顷之,五校粮尽,果引去。帝乃亲临,四面攻宪,三日,复大破之;众皆奔散。遣吴汉追击之,佼彊将其众降,苏茂奔张步,宪及庞萌走入缯山。②数日,吏士闻宪尚在,复往往相聚,得数百骑,迎宪入郯城。吴汉等复攻拔郯,宪与庞萌走保朐。③刘纡不知所归,军士高扈斩其首降,梁地悉平。

①蕃音皮,又音婆。

②缯,县名,故城在今沂州承县东北。[15]缯山,即其县之山也。

③县名,属东海郡,今海州朐山县西有故朐城,秦始皇立石以为东阙门,即此地也。

吴汉进围朐。明年,城中穀尽,宪、萌潜出,袭取赣榆,①琅邪太守陈俊攻之,宪、萌走泽中。会吴汉下朐城,进尽获其妻子。[16]宪乃流涕谢其将士曰:“妻子皆已得矣。②嗟乎! 久苦诸卿。”乃将数十骑夜去,欲从间道归降,而吴汉校尉韩湛追斩宪于方与,③方与人黔陵亦斩萌,皆传首洛阳。封韩湛为列侯,黔陵关内侯。

①赣榆,县名,今海州东海县也。赣音贡。

②为吴汉所得也。

③方与音防预。

张步字文公,琅邪不其人也。汉兵之起,步亦聚众数千,转攻傍县,下数城,自为五威将军,遂据本郡。

更始遣魏郡王闳为琅邪太守,步拒之,不得进。闳为檄,晓喻吏人降,得赣榆等六县,收兵数千人,与步战,不胜。时梁王刘永自以更始所立,贪步兵强,承制拜步辅汉大将军、忠节侯,督青徐二州,使征不从命者。<u>步</u>贪其爵号,遂受之。乃理兵于<u>剧</u>,^①以弟<u>弘</u>为卫将军,<u>弘</u>弟<u>蓝</u>玄武大将军,<u>蓝</u>弟<u>寿</u><u>高密</u>太守。遣将徇<u>太山</u>、<u>东莱</u>、<u>城阳</u>、<u>胶东</u>、<u>北海</u>、<u>济南</u>、<u>齐</u>诸郡,皆下之。

①<u>剧</u>,县名,在今<u>青州</u><u>寿光</u>县南也。

<u>步</u>拓地浸广,^①兵甲日盛。<u>王闳</u>惧其众散,乃诣<u>步</u>相见,欲诱以义方。<u>步</u>大陈兵引<u>闳</u>,^[17]怒曰:"<u>步</u>有何过,君前见攻之甚乎!"<u>闳</u>按剑曰:"太守奉朝命,而<u>文公</u>拥兵相距,<u>闳</u>攻贼耳,何谓甚邪!"<u>步</u>嘿然,良久,离席跪谢,乃陈乐献酒,待以上宾之礼,令<u>闳</u>关掌郡事。^②

①浸,渐也。

②关,通也。

建武三年,<u>光武</u>遣光禄大夫<u>伏隆</u>持节使<u>齐</u>,拜<u>步</u>为东莱太守。<u>刘永</u>闻<u>隆</u>至<u>剧</u>,乃驰遣立<u>步</u>为<u>齐王</u>,<u>步</u>即杀<u>隆</u>而受<u>永</u>命。

是时帝方北忧<u>渔阳</u>,南事<u>梁</u>、<u>楚</u>,故<u>步</u>得专集<u>齐</u>地,据郡十二。及<u>刘永</u>死,<u>步</u>等欲立<u>永</u>子<u>纡</u>为天子,自为定汉公,置百官。<u>王闳</u>谏曰:"<u>梁王</u>以奉本朝之故,是以<u>山东</u>颇能归之。今尊立其子,将疑众心。且<u>齐</u>人多诈,^①宜且详之。"<u>步</u>乃止。五年,<u>步</u>闻帝将攻之,以其将<u>费邑</u>为<u>济南王</u>,屯<u>历下</u>。冬,建威大将军<u>耿弇</u>破斩<u>费邑</u>,进拔<u>临淄</u>。<u>步</u>以<u>弇</u>兵少远客,可一举而取,乃悉将其众攻<u>弇</u>于<u>临淄</u>。<u>步</u>兵大败,还奔<u>剧</u>。帝自幸<u>剧</u>。<u>步</u>退保<u>平寿</u>,^②<u>苏茂</u>将万馀人来救之。<u>茂</u>让<u>步</u>曰:"以<u>南阳</u>兵精,<u>延岑</u>善战,而<u>耿弇</u>走之。大王奈何就攻其营?既呼<u>茂</u>,不能待邪?"<u>步</u>曰:"负负,无可言者。"^③帝乃遣使告<u>步</u>、<u>茂</u>,能相斩降者,封为列侯。<u>步</u>遂斩<u>茂</u>,使使奉其首降。<u>步</u>三弟各自系所在狱,皆赦之。封<u>步</u>为安丘侯,后与家属居<u>洛阳</u>。<u>王</u>

囷亦诣剧降。

①汲黯目公孙弘之词。

②今青州北海县也。

③负,愧也。再言之者,愧之甚。

八年夏,步将妻子逃奔临淮,与弟弘、蓝欲招其故众,乘船入海,琅邪太守陈俊追击斩之。

王闳者,王莽叔父平阿侯谭之子也,哀帝时为中常侍。时幸臣董贤为大司马,宠爱贵盛,闳屡谏,忤旨。哀帝临崩,以玺绶付贤曰:"无妄以与人。"时国无嗣主,内外惶惧,闳白元后,请夺之;即带剑至宣德后闳,①举手叱贤曰:"宫车晏驾,国嗣未立,公受恩深重,当俯伏号泣,何事久持玺绶以待祸至邪!"贤知闳必死,不敢拒之,乃跪授玺绶。闳持上太后,〔18〕朝廷壮之。及王莽篡位,僭忌闳,乃出为东郡太守。闳惧诛,常系药手内。莽败,汉兵起,闳独完全东郡三十馀万户,归降更始。

①三辅黄图曰,未央宫有宣德殿。闳,宫中门也。

李宪者,颍川许昌人也。〔19〕王莽时为庐江属令。①莽末,江贼王州公等起众十馀万,攻掠郡县,莽以宪为偏将军、庐江连率,击破州公。莽败,宪据郡自守。更始元年,自称淮南王。建武三年,遂自立为天子,置公卿百官,拥九城,众十馀万。

①王莽每郡置属令,职如都尉。

四年秋,光武幸寿春,遣扬武将军马成等击宪,围舒。^①至六年正月,拔之。宪亡走,其军士帛意^②追斩宪而降,宪妻子皆伏诛。封帛意渔浦侯。

①庐江舒县。

②帛,姓也,宋帛产之后,〔见〕韩非子也。^[20]

后宪馀党淳于临等犹聚众数千人,屯灊山,攻杀安风令。^{①[21]}杨州牧欧阳歙遣兵不能克,帝议欲讨之。庐江人陈众为从事,白歙请得喻降临;^②于是乘单车,驾白马,往说而降之。灊山人共生为立祠,号"白马陈从事"云。

①灊山、安丰,皆县名,属庐江郡。灊县故城,今寿州也。

②晓喻其意而降之也。

彭宠字伯通,南阳宛人也。父宏,^[22]哀帝时为渔阳太守,伟容貌,能饮饭,^①有威于边。王莽居摄,诛不附己者,宏与何武、鲍宣并遇害。

①饭音扶远反。

宠少为郡吏,地皇中,为大司空士,^①从王邑东拒汉军。到洛阳,闻同产弟在汉兵中,惧诛,即与乡人吴汉亡至渔阳,抵父时吏。^②更始立,使谒者韩鸿持节徇北州,^③承制得专拜二千石已下。鸿至蓟,以宠、汉并乡闾故人,相见欢甚,即拜宠偏将军,行渔阳太守事,汉安乐令。^④

①王莽时九卿分属三公,每一卿置元士三人。^[23]

②抵,归也。

③谓幽、并也。

④安乐，县名，属渔阳郡，故城在今幽州潞县西北也。

及光武镇慰河北，至蓟，以书招宠。宠具牛酒，将上谒。会王郎诈立，传檄燕、赵，遣将徇渔阳、上谷，急发其兵，北州众多疑惑，欲从之。吴汉说宠从光武，语在汉传。会上谷太守耿况亦使功曹寇恂诣宠，结谋共归光武。宠乃发步骑三千人，以吴汉行长史，及都尉严宣、护军盖延、狐奴令王梁，①与上谷军合而南，及光武于广阿。光武承制封宠建忠侯，赐号大将军。遂围邯郸，宠转粮食，前后不绝。

①狐奴，县名，属渔阳郡。

及王郎死，光武追铜马，北至蓟。宠上谒，自负其功，意望甚高，①光武接之不能满，以此怀不平。②光武知之，以问幽州牧朱浮。浮对曰："前吴汉北发兵时，大王遗宠以所服剑，又倚以为北道主人。宠谓至当迎阁握手，交欢并坐。今既不然，所以失望。"浮因曰："王莽为宰衡时，甄丰旦夕入谋议，时人语曰：'夜半客，甄长伯。'③及莽篡位后，丰意不平，卒以诛死。"光武大笑，以为不至于此。及即位，吴汉、王梁，宠之所遣，并为三公，而宠独无所加，愈快快不得志。叹曰："我功当为王；但尔者，陛下忘我邪？"

①负，恃也。

②不能满其意，故心不平也。

390

③长伯，丰字也。丰，平帝时为少府，王莽篡位时为更始将军。

是时北州破散，而渔阳差完，有旧盐铁官，[24]宠转以贸穀，①积珍宝，益富强。朱浮与宠不相能，浮数谮构之。建武二年春，诏征宠，宠意浮卖己，上疏愿与浮俱征。又与吴汉、盖延等书，盛言浮枉状，②固求同征。帝不许，益以自疑。而其妻素刚，不堪抑屈，固劝无受召。宠又与常所亲信吏计议，皆怀怨于浮，莫有劝行者。帝遣宠从弟子后兰卿喻之，宠因留子后兰卿，遂发兵反，拜署将帅，自将二万馀人攻朱浮于蓟，分兵徇广阳、上谷、右北平。又自以与耿况俱有重功，而恩赏并薄，数遣使要诱况。况不受，辄斩其使。

①贸，易也。

②枉，谮己之状也。

秋，帝使游击将军邓隆救蓟。隆军潞南，浮军雍奴，遣吏奏状。帝读檄，怒谓使吏曰："营相去百里，其势岂可得相及？比若还，①北军必败矣。"宠果盛兵临河以拒隆，又别发轻骑三千袭其后，大破隆军。浮远，遂不能救，引而去。明年春，宠遂拔右北平、上谷数县。遣使以美女缯绦赂遗匈奴，要结和亲。单于使左南将军七八千骑，往来为游兵以助宠。又南结张步及富平获索诸豪杰，皆与交质连衡。②遂攻拔蓟城，自立为燕王。

①若，汝也。

②交质谓交相为质也。左传曰："交质往来，道路无壅。"前书音义曰："以利合曰从，以威力相胁曰衡。"

其妻数恶梦，又多见怪变，①卜筮及望气者皆言兵当从中起。宠疑子后兰卿质汉归；故不信之，使将兵居外，无亲于中。五年春，宠斋，独在便室。②苍头子密等三人因宠卧寐，共缚著床，告外吏云："大王斋禁，皆使吏休。"伪称宠命教，收缚奴婢，[25]各置一处。又以宠命呼其妻。妻入，大惊。③宠急呼曰："趣为诸将军办装。"④于是两奴将妻入取宝物，留一奴守宠。宠谓守奴曰："若小儿，我素爱也，今为子密所迫劫耳。解我缚，当以女珠妻汝，家中财物皆与若。"小奴意欲解之，视户外，见子密听其语，遂不敢解。于是收金玉衣物,至宠所装之,被马六匹,使妻缝两缣囊。昏夜后,解宠手,令作记告城门将军云:"今遣子密等至子后兰卿所,速开门出,勿稽留之。"⑤书成,即斩宠及妻头,置囊中,便持记驰出城,因以诣阙。封为不义侯。明旦,阁门不开,官属踰墙而入,见宠尸,惊怖。其尚书韩立等共立宠子午为王,以子后兰卿为将军。国师韩利斩午首,诣征虏将军祭遵降。夷其宗族。

> ①东观记曰:"梦嬴袒冠帻,踰城,髡徒推之。"又"宠堂上闻虾蟆声在火罏下,凿地求之,不得"也。
>
> ②便坐之室,非正室也。
>
> ③东观记曰:"妻入,惊曰:'奴反!'奴乃挥其妻头,击其颊。"
>
> ④呼奴为将军,欲其赦己也。
>
> ⑤稽,停也。

卢芳字君期,安定三水人也,居左谷中。①王莽时,天下咸思汉德,芳由是诈自称武帝曾孙刘文伯。曾祖母匈奴谷蠡浑邪王之姊为武帝皇后,生三子。遭江充之乱,太子诛,皇后坐死,中子次卿亡之长陵,小子回卿逃于左谷。霍将军立次卿,迎回卿。回卿不出,因居左谷,生子孙卿,孙卿生文伯。常以是言诳惑安定间。王莽末,乃与三水属国羌胡起兵。更始至长安,征芳为骑都尉,使镇抚安定以西。

> ①续汉志曰三水县有左(右)谷,[26]故城在今泾州安定县南。

更始败,三水豪杰共计议,以芳刘氏子孙,宜承宗庙,乃共立芳为上将军、西平王,①使使与西羌、匈奴结和亲。单于曰:"匈奴本与汉约为兄弟。②后匈奴中衰,呼韩邪单于归汉,汉为发兵拥护,世世称臣。③今汉亦中绝,刘氏来归我,亦当立之,令尊事我。"乃使句林王将数千骑迎芳,④芳与兄禽、弟程俱入匈奴。单于遂立芳为汉帝。以程为中郎将,将胡骑还入安定。初,五原人李兴、随昱,朔方人田飒,代郡人石鲔、闵堪,各起兵自称将军。建武四年,单于遣无楼且渠王入五原塞,⑤与李兴等和亲,告兴欲令芳还汉地为帝。五年,李兴、闵堪引兵至单于庭迎芳,与俱入塞,都九原县。⑥掠有五原、朔方、云中、定襄、鴈门五郡,并置守令,与胡通兵,侵苦北边。

①欲平定西方,故以为号。

②高祖时,与冒顿单于约为兄弟。

③呼韩邪单于降汉,入朝,宣帝拥护,国内遂定。

④句音古侯反。

⑤塞属五原郡,因以为名。

⑥九原,县名,故城在胜州银山县也。

六年,芳将军贾览将胡骑击杀代郡太守刘兴。芳后以事诛其五原太守李兴兄弟,而其朔方太守田飒、云中太守桥扈[27]恐惧,叛芳,举郡降,光武令领职如故。后大司马吴汉、骠骑大将军杜茂数击芳,并不克。十二年,芳与贾览共攻云中,久不下,其将随昱留守九原,欲胁芳降。芳知羽翼外附,心膂内离,遂弃辎重,与十馀骑亡入匈奴,其众尽归随昱。昱乃随使者程恂诣阙。拜昱为五原太守,封镌胡侯,①昱弟宪武进侯。

①镌谓琢凿之,故以为名。下有镌羌侯,即其类。

十六年,芳复入居高柳,①与闵堪兄林使使请降。乃立芳为代王,堪为代相,林为代太傅,赐缯二万匹,因使和集匈奴。芳上疏谢曰:"臣芳过托先帝遗体,弃在边陲。社稷遭王莽废绝,以是子孙之忧,所宜共诛,故遂西连羌戎,北怀匈奴。单于不忘旧德,权立救助。是时兵革并起,往往而在。臣非敢有所贪觊,^②期于奉承宗庙,兴立社稷,是以久僭号位,十有馀年,罪宜万死。陛下圣德高明,躬率众贤,海内宾服,惠及殊俗。以肺附之故,^③赦臣芳罪,加以仁恩,封为代王,使备北藩。无以报塞重责,冀必欲和辑匈奴,^④不敢遗余力,负恩贷。^⑤谨奉天子玉玺,思望阙庭。"诏报芳朝明年正月。其冬,芳入朝,南及昌平,^⑥有诏止,令更朝明岁。芳自道还,忧恐,乃复背叛,遂反,与闵堪、闵林相攻连月。匈奴遣数百骑迎芳及妻子出塞。^[28]芳留匈奴中十馀年,病死。

①高柳,县名,故城在今云州定襄县。

②觊,望也。

③肺附,若肝肺相附著,犹言亲戚也。

④辑音才入反。郭景纯云古"集"字。

⑤负犹背也。

⑥昌平,县名,故城在今幽州昌平县东南。

初,安定属国胡与芳为寇,及芳败,胡人还乡里,积苦县官徭役。其中有驳马少伯者,素刚壮;二十一年,遂率种人反叛,与匈奴连和,屯聚青山。^①乃遣将兵长史陈䜣,^②率三千骑击之,少伯乃降。徙于冀县。^③

①青山,在今庆州,有青山水。

②吕忱云:"䜣,古'欣'字。"

③冀县属天水郡,今秦州伏羌县。

论曰:传称"盛德必百世祀",^①孔子曰"宽则得众"。夫能得众心,则百世不忘矣。观更始之际,刘氏之遗恩馀烈,英雄岂能抗之哉!然则知高祖、孝文之宽仁,结于人心深矣。周人之思邵公,爱其甘棠,②又况其子孙哉!刘氏之再受命,盖以此乎!若数子者,岂有国之远图哉!因时扰攘,苟恣纵而已耳,然犹以附假宗室,能掘强岁月之间。③观其智略,固无足以惮汉祖,发其英灵者也。④

①左传晋侯问于史赵曰:"陈其遂亡乎?"对曰:"未也。臣闻盛德必百代祀,虞之代数未也。"

②诗序曰:"甘棠,美邵伯也。邵伯听讼于甘棠之下,周人思之,不伐其树。"

③掘强谓强梁也。前书伍被谓淮南王安曰:"掘强江淮之间,苟延岁月之命。"

④言此数子非汉祖之敌,不足奋发英灵而惮畏之也。

赞曰:天地闭革,①野战群龙。②昌、芳僭诈,梁、齐连锋。③宠负强地,④宪萦深江。⑤实惟非律,代委神邦。⑥

①革,改也。易曰:"天地闭,贤人隐。"又曰:"天地革而四时成,汤、武革命,顺乎天而应乎人。"

②喻英雄并起也。易曰:"龙战于野,其血玄黄。"又曰"群龙无首,吉"也。

③梁王刘永,齐王张步。

④据渔阳也。

⑤起庐江也。

⑥易曰:"师出以律。"律,法也。言反叛非用师之法,故更代破灭,委弃其神皋之国,伏于光武也。

395

【校勘记】

〔1〕〔子〕舆年十二　据刊误补。

〔2〕林等因此宣言赤眉当〔至〕立刘子舆以观众心　校补谓袁纪"当"

下有"至"字。今据补。按:脱"至"字则文意不属。

〔3〕景帝七代孙也　按:校补谓平干缪王元乃景帝曾孙,"七"字误。

〔4〕林等遂率车骑数百　"率"原讹"卒",据汲本、殿本改正。按:影印绍兴本此卷原阙,系取它本补配者,故讹字特多,以下遇有极明显之讹字,皆据汲本、殿本改正,不作校记。

〔5〕制诏部刺史郡太守(日)　据刊误删。

〔6〕南岳诸刘为其先驱　按:钱大昭谓王莽分四方为四岳,故有南岳之称,犹云南方耳,注言春陵近衡山,故曰南岳诸刘,误。又按:袁纪"其"作"朕"。

〔7〕光武乃引兵东北围钜鹿　按:张熷谓"东北"当作"东南"。

〔8〕顾得全身可矣　按:"顾"原作"愿","矣"原作"乎",径据汲本、殿本改。

〔9〕〔因〕急攻之　据汲本、殿本补。

〔10〕立与平帝外家卫氏交通　按:李慈铭谓"立"字疑"坐"字之误。

〔11〕骑都尉王霸　按:集解引洪颐煊说,谓"骑都尉"当依光武纪、王梁传及王霸传作"偏将军"。

〔12〕时平狄将军庞萌反叛　按:校补引钱大昭说,谓"平狄"盖延传作"平敌"。

〔13〕帝常称曰　汲本、殿本"常"作"尝"。按:常尝古通作,后如此不悉出。

〔14〕〔师〕次任城　据汲本、殿本补。

〔15〕故城在今沂州承县东北　殿本"承"作"丞"。按:前文注亦作"丞"。此县以丞水所经而得名,丞古作"承",故两汉志并作"承",旧唐志作"丞",新唐志作"承"。

〔16〕进尽获其妻子　按:刊误谓案文多一"进"字。

〔17〕步大陈兵引阄　按:李慈铭谓"引阄"下当有"入"字。

〔18〕阄持上太后　按:汲本、殿本"持"作"驰"。

〔19〕颍川许昌人也　按:集解引洪亮吉说,谓许县献帝徙都后始改许昌,前汉安得有此名,此史误。

〔20〕〔见〕韩非子也　据汲本、殿本补。

〔21〕攻杀安风令　按:注"安风"作"安丰"。刊误谓注当从传作"安风",殿本考证则谓安风为侯国,而安风则县也,传言杀令,则似当从注作"安丰"。沈家本谓据窦融传,以安丰、阳泉、蓼安、安风四县封融为安丰侯,则融未封之前,安风、安丰并为县,注作"安丰",而正文作"安风",难定其孰是。

〔22〕父宏　按:东观记"宏"作"容"。

〔23〕每一卿置元士三人　按:刊误谓当作"每一卿置大夫三人,一大夫置元士三人"。

〔24〕而渔阳差完有旧盐铁官　按:前书地理志渔阳有铁官,无盐官,此"盐"字当衍。通鉴无。

〔25〕伪称宠命教收缚奴婢　按:刊误谓多一"命"字,教即间下之书,下文自有"命"字。

〔26〕三水县有左(右)谷　据续志删。按:校补引张爝说,谓今续志"三水"下但有刘注云"有左谷,卢芳所居",无"右"字。

〔27〕云中太守桥扈　按:光武纪"桥"作"乔"。

〔28〕匈奴遣数百骑迎芳及妻子出塞　按"百"下原衍"万"字,径据汲本、殿本删。

后汉书卷十三

隗嚣公孙述列传第三

　　隗嚣①字季孟，[1]天水成纪人也。②少仕州郡。王莽国师刘歆引嚣为士。③歆死，嚣归乡里。季父崔，素豪侠，能得众。闻更始立而莽兵连败，于是乃与兄义及上邽人杨广、冀人周宗谋起兵应汉。嚣止之曰："夫兵，凶事也。④宗族何辜！"崔不听，遂聚众数千人，攻平襄，杀莽镇戎大尹。⑤崔、广等以为举事宜立主以一众心，咸谓嚣素有名，好经书，遂共推为上将军。嚣辞让不得已，曰："诸父众贤不量小子。必能用嚣言者，乃敢从命。"众皆曰"诺"。

①嚣音五高反。[2]

②成纪，县名，故城在今秦州陇城县西北。

③王莽置国师，位上公，士其属官也。莽置九卿，分属三公，[3]每一卿置大夫三人，一大夫置元士三人。

④史记范蠡曰："兵者凶器，战者逆德。"

⑤平襄，县名，属天水郡，故城在今秦州伏羌县西北。王莽改天水郡曰

399

镇戎郡,守曰大尹。

嚣既立,遣使聘请平陵人方望,以为军师。①望至,说嚣曰:"足下欲承天顺民,辅汉而起,今立者乃在南阳,王莽尚据长安,虽欲以汉为名,其实无所受命,将何以见信于众乎?宜急立高庙,称臣奉祠,所谓'神道设教',求助人神者也。②且礼有损益,质文无常。削地开兆,③茅茨土阶,以致其肃敬。虽未备物,神明其舍诸。"嚣从其言,遂立庙邑东,祀高祖、太宗、世宗。嚣等皆称臣执事,史奉璧而告。④祝毕,有司穿坎于庭,⑤牵马操刀,奉盘错镆,遂割牲而盟。⑥曰:"凡我同盟三十一将,十有六姓,允承天道,兴辅刘宗。如怀奸虑,明神殛之。⑦高祖、文皇、武皇,俾坠厥命,厥宗受兵,族类灭亡。"有司奉血镆进,护军举手揖诸将军曰:"镆不濡血,歃不入口,是欺明神也,厥罚如盟。"既而雍血加书,一如古礼。

①平陵,县名,属右扶风也。

②易观卦曰:"圣人神道设教而天下服矣。"

③除地以开兆域。

④史,祝史也。璧者,所以祀神也。

⑤周礼司盟掌盟载之法也。郑玄注曰:"载,盟辞也。书其辞于策,杀牲取血,坎其牲,加书于上而薶之。"

⑥臣贤按:萧该音引字诂"镆即题,音徒启反"。方言曰"宋楚之间,谓盘为题"。据下文云"镆不濡血",明非盆盘之类。前书匈奴传云"汉遣韩昌等与单于及大臣俱登诺水东山,刑白马,单于以径路刀、金留犂挠酒"。应劭云"留犂,饭匕也。挠,扰也。以匕搅血而歃之"。今亦奉盘措匙而歃也。以此而言,(镆)〔题〕即匙字。[4]错,置也,音七故反。

⑦殛,诛也。

事毕,移檄告郡国曰:

"汉复元年七月己酉朔。己巳,上将军<u>隗嚣</u>、白虎将军<u>隗崔</u>、左将军<u>隗义</u>、右将军<u>杨广</u>、明威将军<u>王遵</u>、云旗将军<u>周宗</u>等,告州牧、部监、郡卒正、连率、大尹、尹、尉队大夫、属正、属令:①故新都侯<u>王莽</u>,慢侮天地,悖道逆理。鸩杀孝平皇帝,篡夺其位。矫托天命,伪作符书,②欺惑众庶,震怒上帝。反戾饰文,以为祥瑞。③戏弄神祇,歌颂祸殃。④<u>楚</u>、<u>越</u>之竹,不足以书其恶。⑤天下昭然,所共闻见。今略举大端,以喻吏民。

①<u>莽</u>以《周官》《王制》之文,置卒正、连率、大尹。大尹职如太守。属令、属长职如都尉。置州牧、部监二十五人,见礼如三公。监位上大夫,各主五郡。公氏作牧,侯氏卒正,伯氏连率,子氏属令,男氏属长,皆代其官。其无爵者为尹。又置〔六尉〕、六队(部)〔郡〕,置大夫,[5]职如太守。

②<u>莽</u>遣五威将军<u>王奇</u>等班符命四十二篇于天下,言当代汉之意。

③大风毁<u>莽</u><u>王路堂</u>,又拔其<u>昭宁堂</u>池东榆树,大十围。<u>莽</u>乃曰:"念紫阁仙图,天意立太子,正其名。"乃立其子<u>临</u>为太子,以为祥应也。

④戏弄神祇谓仙人掌旁有白头公青衣,<u>莽</u>曰"皇祖叔父子侨欲来迎我"也。歌颂祸殃谓<u>莽</u>作告天策,自陈功劳千馀言,能诵策文者,除以为郎,至五十馀人。[6]

⑤《前书》<u>朱光世</u>曰:[7]"南山之竹,不足以尽我词。"<u>嚣</u>以<u>楚</u>、<u>越</u>多竹,故引以为言也。

盖天为父,地为母,①祸福之应,各以事降。<u>莽</u>明知之,而冥昧触冒,不顾大忌,诡乱天术,援引史传。②昔<u>秦始皇</u>毁坏谥法,以一二数欲至万世,③而<u>莽</u>下三万六千岁之历,言身当尽此度。④循亡<u>秦</u>之轨,推无穷之数。是其逆天之大罪也。

① 尚书曰:"惟天地,万物父母。"

② 王莽每有灾祸,皆引史传以文饰之。前书说符侯崔发言于莽曰:"周礼及春秋左氏,国有大灾,则哭以厌之,故周易称先号咷而后笑。宜(乎)〔呼〕嗟(呼)告天以求救。"[8]莽乃率群臣至南郊,陈其符命,因搏心大哭。

③ 史记曰,秦始皇初并天下,制曰:"太古有号无谥;中古有号,死而以行为谥。如此,则子议父,臣议君。自今以来,除谥法。朕为始皇帝,后世以计数,至于万世,传之无穷。"

④ 莽令太史推三万六千岁历纪,六岁一改元,布告天下。

分裂郡国,断截地络。①田为王田,卖买不得。②规锢山泽,夺民本业。③造起九庙,穷极土作。④发冢河东,攻劫丘垄。此其逆地之大罪也。

① 络犹经络也。谓莽分坼郡县,断割疆界也。

② 莽更名天下田曰王田,不得卖买。

③ 莽制,名山大泽不得采取。

④ 莽九庙:一曰黄帝太初祖庙,二曰虞帝始祖昭庙,三曰陈胡王统祖穆庙,四曰齐敬王代祖昭庙,五曰济北愍王王祖穆庙,六曰济南伯王尊祢昭庙,七曰元城孺(子)王尊祢穆庙,[9]八曰阳平顷王昭庙,九曰新都显王穆庙。殿皆重屋。太祖庙东西南北各四十丈,高十七丈,馀半之。为铜薄栌,饰以金铜雕文,穷极百工之巧;功费数百钜万,卒徒死者万数也。

尊任残贼,信用奸佞,诛戮忠正,覆按口语,赤车奔驰,①法冠晨夜,冤系无辜,②妄族众庶。行炮格之刑,除顺时之法,③灌以醇醯,裂以五毒。④政令日变,官名月易,⑤货币岁改,⑥吏民昏乱,不知所从,商旅穷窘,号泣市道。设为六管，⑦增重赋敛，刻剥百姓，厚自奉养，苞苴流行，财入公辅，⑧上下贪贿，莫相检考。民坐挟铜炭，没入锺官，⑨徒隶殷积，数十万人，工匠饥死，长安皆臭。既乱诸夏，狂心益悖，北攻强胡，南扰劲越，⑩西侵羌戎，东摘濊貊。⑪使四境之外，并入为害，缘边之郡，江海之濒，涤地无类。⑫故攻战之所败，苛法之所陷，饥馑之所夭，疾疫之所及，以万万计。其死者则露尸不掩，生者则奔亡流散，幼孤妇女，流离系虏。此其逆人之大罪也。

①续汉志曰："小使车，赤毂白盖赤帷，从驺骑四十人。"

②续汉志曰："法冠一曰柱后，高五寸，侍御史服之。"

③莽作焚如之刑，烧杀陈良、终带等二十七人。莽又作不顺时之令，春夏斩人，此为不顺时之法。

④莽以董忠反，收忠宗族，以醇醯、毒药、白刃、丛棘，并一坎而薶之。

⑤莽州郡官名改无常制，乃至岁复变更，一郡至五易名而还复其故，吏人不能纪也。

⑥时百姓便安汉五铢钱，以莽钱大小两行难知，皆私以五铢钱市买。莽患之，下书诸挟五铢钱者，比非井田制，投四裔。

⑦管，主也。莽设六管之令，谓酤酒、卖盐、铁器、铸钱、名山、大泽，此（谓）〔为〕六也。〔10〕皆令县官主税收其利。

⑧礼记曰："苞苴箪笥问人者。"莽令七公六卿兼号将军，分镇大郡，皆使为奸于外，贳贿为市，侵渔百姓。

⑨莽时关东大饥蝗，人犯铸钱，伍人相坐，没入为官奴婢。其男子槛车，儿女子步，以铁锁其颈，传诣锺官，（八）〔以〕十万数。〔11〕到者易其夫妇，愁苦死者什六七。锺官，主铸钱之官也。

⑩莽令十二部将同时十道并出，大击匈奴。莽改句町王为侯，其王邯怨怒不附，莽讽牂柯大尹周歆诈杀邯，邯弟承起兵攻杀歆。

⑪擿，扰也。西羌庞恬、傅幡等怨莽夺其地为西海郡，遂反，攻西海太守陈永。莽又发高句丽兵伐胡，不欲行，郡强迫之，皆亡出塞为寇。

⑫濒，涯也。涤，荡也，荡地无遗类也。

是故上帝哀矜，降罚于莽，妻子颠殒，还自诛刈。①大臣反据，亡形已成。大司马董忠，国师刘歆，卫将军王涉②，皆结谋内溃；司命孔仁，纳言严尤，秩宗陈茂，举众外降。③今山东之兵二百馀万，已平齐、楚，下蜀、汉，定宛、洛，据敖仓，守函谷，威命四布，宣风中岳。④兴灭继绝，封定万国，遵高祖之旧制，修孝文之遗德。有不从命，武军平之。驰使四夷，复其爵号。⑤然后还师振旅，櫜弓卧鼓。⑥申命百姓，各安其所，庶无负子之责。"⑦

①颠，踣也。殒，绝也。莽杀其子宇、临等。妻王氏以莽数杀其子，涕泣失明，病卒。

②涉，曲阳侯根之子也。

③莽置五威司命。孔仁败，降更始。馀并见光武纪。

④中岳，嵩高也。谓更始至洛阳。

⑤莽贬句町王为侯，西域尽改其王为侯，单于曰服于，高句丽曰下句丽，今皆复其爵号。

⑥周礼曰："出曰理兵，入曰振旅。"诗周颂曰："载戢干戈，载櫜弓矢。"櫜，韬也。卧犹息也。

⑦百姓襁负流亡，责在君上。既安其业，则无责也。

嚣乃勒兵十万，击杀雍州牧陈庆。将攻安定。安定大尹王向，[12]莽从弟平阿侯谭之子也，威风独能行其邦内，属县皆无叛者。嚣乃移书于向，喻以天命，反覆诲示，终不从。于是进兵虏之，以徇百姓，然后行戮，安定悉降。而长安中亦起兵诛王莽。嚣遂分遣诸将徇陇西、武都、金城、武威、张掖、酒泉、敦煌,皆下之。

　　更始二年,遣使征嚣及崔、义等。嚣将行,方望以为更始未可知,固止之,嚣不听。望以书辞谢而去,曰:"足下将建伊、吕之业,弘不世之功,①而大事草创,②英雄未集。以望异域之人,疵瑕未露,③欲先崇郭隗,想望乐毅,④故钦承大旨,顺风不让。将军以至德尊贤,广其谋虑,动有功,发中权,基业已定,大勋方缉。今俊义并会,羽翮并肩,⑤〔13〕望无耆耇之德,而猥托宾客之上,⑥诚自愧也。虽怀介然之节,欲絜去就之分,诚终不背其本,贰其志也。何则? 范蠡收责句践,〔乘〕偏舟于五湖;⑦〔14〕舅犯谢罪文公,亦逡巡于河上。⑧夫以二子之贤,勒铭两国,犹削迹归愆,请命乞身,望之无劳,盖其宜也。望闻乌氏有龙池之山,⑨微径南通,与汉相属,其傍时有奇人,聊及闲暇,广求其真。愿将军勉之。"嚣等遂至长安,更始以为右将军,崔、义皆即旧号。其冬,崔、义谋欲叛归,嚣惧并祸,即以事告之,崔、义诛死。更始感嚣忠,以为御史大夫。

　　①不世者,言非代之所常有也。

　　②草创谓初始也。

　　③望,平陵人,以与嚣别郡,故言异域。

　　④新序云:"郭隗谓燕昭王曰:'王诚欲致士,请从隗始。隗且见事,况贤于隗者乎?'于是昭王为隗筑宫而师之。乐毅自魏往,驺衍自齐往,剧辛自赵往,士争赴燕。"

　　⑤管子曰:"桓公谓管仲曰:'寡人之有仲父,犹飞鸿之有羽翼耳。'"

　　⑥猥犹滥也。

　　⑦偏舟,特舟也。收责谓收其罪责也。史记曰,范蠡与句践灭吴,为书辞句践曰:"臣闻主忧臣劳,主辱臣死。昔者,君王辱于会稽,所以不死,为此事也。今既雪耻,臣请从会稽之诛。"乃装其轻宝珠玉,自与

其私徒属乘舟浮海以行。计然云，范蠡乘偏舟于江湖。

⑧逡巡，不进也。左传曰：晋公子重耳反国，及河，子犯以璧授公子，曰："臣负羁绁从君巡于天下，臣之罪多矣。臣犹知之，而况君乎？请由此亡。"公子曰："所不与舅氏同心者，有如白水。"

⑨乌氏，县名，属安定郡，故城在今泾州安定县东也。

明年夏，赤眉入关，三辅扰乱。流闻光武即位河北，嚣即说更始归政于光武叔父国三老良，更始不听。诸将欲劫更始东归，嚣亦与通谋。事发觉，更始使使者召嚣，嚣称疾不入，因会客王遵、周宗等勒兵自守。更始使执金吾邓晔①将兵围嚣，嚣闭门拒守；至昏时，遂溃围，与数十骑夜斩平城门关，②亡归天水。复招聚其众，据故地，自称西州上将军。

①谢承书曰："晔，南阳南乡人。〔以〕劲悍廉直为名。"〔15〕

②三辅黄图曰，长安城南面西头门。

及更始败，三辅耆老士大夫皆奔归嚣。

嚣素谦恭爱士，倾身引接为布衣交。以前王莽平河大尹长安谷恭①为掌野大夫，平陵范逡为师友，赵秉、苏衡、郑兴为祭酒，②申屠刚、杜林为持书，③〔16〕杨广、王遵、周宗及平襄人行巡、阿阳人王捷、长陵人王元为大将军，④杜陵、金丹之属为宾客。由此名震西州，闻于山东。

①莽改清河为平河。

②前书音义曰："礼，饮酒必祭，示有先也，故称祭酒。祭祀时，唯长者以酒沃酹。"

③持书即持书侍御史，秩六百石。

④东观记曰："元，杜陵人。"阿阳，县名，属天水郡。本为"河阳"者，误也。

建武二年，大司徒邓禹西系赤眉，屯云阳。禹裨将冯愔引兵叛禹，西向天水，嚣逆击，破之于高平，①尽获辎重。于是禹承制遣使持节命嚣为西州大将军，得专制凉州、朔方事。及赤眉去长安，欲西上陇，嚣遣将军杨广迎击，破之，又追败之于乌氏、泾阳间。②

①县名，今原州(高)平〔高〕县。[17]

②泾阳，县名，属安定郡，今原州平(阳)〔高〕县南[18]泾阳故城是也。

嚣既有功于汉，又受邓禹爵，署其腹心，议者多劝通使京师。三年，嚣乃上书诣阙。光武素闻其风声，报以殊礼，言称字，用敌国之仪，所以慰藉之良厚。①时陈仓人吕鲔拥众数万，与公孙述通，寇三辅。嚣复遣兵佐征西大将军冯异击之，走鲔，遣使上状。帝报以手书曰："慕乐德义，思相结纳。昔文王三分，犹服事殷。②但驽马铅刀，不可强扶。③数蒙伯乐一顾之价，④而苍蝇之飞，不过数步，即托骥尾，得以绝群。⑤隔于盗贼，声问不数。将军操执款款，扶倾救危，南距公孙之兵，北御羌胡之乱，是以冯异西征，得以数千百人蹀躞三辅。⑥微将军之助，则咸阳已为他人禽矣。今关东寇贼，往往屯聚，志务广远，多所不暇，未能观兵成都，与子阳角力。⑦如令子阳到汉中、三辅，愿因将军兵马，鼓旗相当。倘肯如言，蒙天之福，即智士计功割地之秋也。⑧管仲曰：'生我者父母，成我者鲍子。'⑨自今以后，手书相闻，勿用傍人解构之言。"⑩自是恩礼愈笃。

陇嚣公孙述列传第三

407

①慰，安也。藉，荐也。言安慰而荐藉之良甚也。

②孔子曰："周之德其可谓至德，三分天下有其二，以服事殷。"

③周礼："校人掌六马。"驽马，最下者也。说文："铅，青金也。"似锡而色青。贾谊云："铅刀为铅。"言驽马铅刀，不可强扶持而用也。

④战国策曰：苏代为燕说齐，未见齐王，先说淳于髡曰："人有卖骏马者，

比三旦立市,市人莫之知,往见伯乐曰:‘臣有骏马,欲卖之,比三旦立于市,市人莫与言。愿子还而视之,去而顾之,臣请献一朝之价。’伯乐如其言,一旦而价十倍也。”

⑤张敞书曰:“苍蝇之飞,不过十步;自托骐骥之尾,乃腾千里之路。然无损于骐骥,得使苍蝇绝群也。”见敞传。

⑥踯躅犹踟蹰也。

⑦角力犹争力也。

⑧秋,一岁中成功之时,故举以为言。

⑨事见史记。

⑩解构犹间构也。

其后公孙述数出兵汉中,遣使以大司空扶安王印绶授嚣。嚣自以与述敌国,耻为所臣,乃斩其使,出兵击之,连破述军,以故蜀兵不复北出。

时关中将帅数上书,言蜀可击之状,帝以示嚣,因使讨蜀,以效其信。嚣乃遣长史上书,盛言三辅单弱,刘文伯在边,①未宜谋蜀。帝知嚣欲持两端,不愿天下统一,于是稍黜其礼,正君臣之仪。

①文伯,卢芳字也。[19]

初,嚣与来歙、马援相善,故帝数使歙、援奉使往来,劝令入朝,许以重爵。嚣不欲东,连遣使深持谦辞,言无功德,须四方平定,退伏间里。五年,复遣来歙说嚣遣子入侍,嚣闻刘永、彭宠皆已破灭,乃遣长子恂随歙诣阙。以为胡骑校尉,封镌羌侯。①而嚣将王元、王捷常以为天下成败未可知,不愿专心内事。元遂说嚣曰:“昔更始西都,四方响应,天下喁喁,谓之太平。②一旦败坏,大王几无所厝。今南有子阳,北有文伯,江湖海岱,王公十数,③而欲牵儒生之说,弃千乘之基,④羁旅危国,以求万全,此循覆车之轨,计之不可者也。今天水完富，士马最强，北收西河、上郡，[20]东收三辅之地，案秦旧迹，表里河山。⑤元请以一丸泥为大王东封函谷关，此万世一时也。若计不及此，且畜养士马，据隘自守，旷日持久，以待四方之变，图王不成，其弊犹足以霸。⑥要之，鱼不可脱于渊，⑦神龙失埶，即还与蚯蚓同。"⑧嚣心然元计，虽遣子入质，犹负其险阸，欲专方面，于是游士长者，稍稍去之。⑨

①胡骑校尉，武帝置，秩二千石也。镵谓镵凿也。

②喁喁，众口向上也。

③谓张步据齐，董宪起东海，李宪守舒，刘纡居垂惠，佼彊、周建、秦丰等各据州郡。

④儒生谓马援说嚣归光武。

⑤秦外山而内河。左传曰："表里山河。"

⑥前书徐乐曰"图王不成，其弊足以霸"也。

⑦老子曰："鱼不可脱于泉。"脱，失也；失泉则涸矣。

⑧慎子曰："腾蛇游雾，飞龙乘云。云罢雾除，与蚯蚓同，失其所乘故也。"

⑨东观记曰："杜林先去，馀稍稍相随，东诣京师。"

六年，关东悉平。帝积苦兵间，以嚣子内侍，公孙述远据边陲，乃谓诸将曰："且当置此两子于度外耳。"因数腾书陇、蜀，①告示祸福。嚣宾客、掾史多文学生，每所上事，当世士大夫皆讽诵之，故帝有所辞答，尤加意焉。嚣复遣使周游诣阙，先到冯异营，游为仇家所杀。帝遣卫尉铫期持珍宝缯帛赐嚣，期至郑被盗，②亡失财物。帝常称嚣长者，务欲招之，闻而叹曰："吾与隗嚣事欲不谐，使来见杀，得赐道亡。"

①说文曰："腾，传也。"

②郑,今华州县是也。

会公孙述遣兵寇南郡,①乃诏嚣当从天水伐蜀。因此欲以溃
其心腹。嚣复上言:"白水险阻,栈阁绝败。"②又多设支阁。③〔21〕
帝知其终不为用,叵欲讨之。④遂西幸长安,遣建威大将军耿弇等
七将军从陇道伐蜀,先使来歙奉玺书喻旨。嚣疑惧,即勒兵,使王
元据陇坻,⑤伐木塞道,谋欲杀歙。歙得亡归。

①南郡,今荆州也。

②白水,县,有关,属广汉郡。栈阁者,山路悬险,栈木为阁道。

③支柱障阁。

④叵犹遂也。

⑤坻,坂也。郭仲产秦州记曰:"陇山东西百八十里,在陇州汧源县西。"

诸将与嚣战,大败,各引退。嚣因使王元、〔行〕巡侵三辅,〔22〕
征西大将军冯异、征虏将军祭遵等击破之。嚣乃上疏谢曰:"吏人
闻大兵卒至,惊恐自救,臣嚣不能禁止。兵有大利,不敢废臣子之
节,亲自追还。昔虞舜事父,大杖则走,小杖则受。①臣虽不敏,敢
忘斯义。今臣之事,在于本朝,赐死则死,加刑则刑。如遂蒙恩,更
得洗心,死骨不朽。"有司以嚣言慢,请诛其子恂,帝不忍,复使来歙
至汧,②赐嚣书曰:"昔柴将军与韩信书③云:'陛下宽仁,诸侯虽有
亡叛而后归,辄复位号,不诛也。'以嚣文吏,晓义理,故复赐书。深
言则似不逊,略言则事不决。今若束手,复遣恂弟归阙庭者,则爵
禄获全,有浩大之福矣。④吾年垂四十,在兵中十岁,厌浮语虚辞。
即不欲,勿报。"嚣知帝审其诈,遂遣使称臣于公孙述。

①家语孔子谓曾子之词也。

②汧,水名,因以为县,属右扶风,故城在今陇州汧源县南。

③柴将军,柴武也。韩信,韩王信也。信反,入匈奴,与汉战,故武与之

书也。

④浩亦大也。

明年,述以嚣为朔宁王,①遣兵往来,为之援执。秋,嚣将步骑
三万侵安定,至阴槃,②冯异率诸将拒之。嚣又令别将下陇,攻祭
遵于汧,兵并无利,乃引还。

①欲其宁静北边也。

②阴槃,县名,属安定郡,今泾州县。

帝因令来歙以书招王遵,遵乃与家属东诣京师,拜为太中大
夫,封向义侯。①遵字子春,霸陵人也。父为上郡太守。遵少豪侠,
有才辩,虽与嚣举兵,而常有归汉意。曾于天水私于来歙曰:"吾所
以戮力不避矢石者,岂要爵位哉!徒以人思旧主,先君蒙汉厚恩,
思效万分耳。"又数劝嚣遣子入侍,前后辞谏切甚,嚣不从,故去焉。

①续汉书云:"遵降,封上雒侯。"

八年春,来歙从山道袭得略阳城。嚣出不意,惧更有大兵,乃
使王元拒陇坻,行巡守番须口,①王孟塞鸡头道,②牛邯军瓦亭,③
嚣自悉其大众围来歙。公孙述亦遣其将李育、田弇助嚣攻略阳,连
月不下。帝乃率诸将西征之,数道上陇,使王遵持节监大司马吴汉
留屯于长安。

①番须口与回中相近,并在汧。

②鸡头,山道也,"鸡"或作"笄",一名崆峒山,在今原州西。

③安定乌支县有瓦亭故关,有瓦亭川水,在今原州南。

遵知嚣必败灭,而与牛邯旧故,知其有归义意,以书喻之曰:
"遵与隗王歃盟为汉,自经历虎口,践履死地,已十数矣。于时周洛
以西①无所统壹,故为王策,欲东收关中,北取上郡,进以奉天人之

用,退以惩外夷之乱。数年之间,冀圣汉复存,当挈河陇奉旧都以归本朝。生民以来,臣人之契,未有便于此时者也。而王之将吏,群居穴处之徒,②人人抵掌,③欲为不善之计。遵与孺卿日夜所争,害几及身者,岂一事哉!前计抑绝,后策不从,所以吟啸扼腕,垂涕登车。④幸蒙封拜,得延论议,⑤每及西州之事,未尝敢忘孺卿之言。今车驾大众,已在道路,吴、耿骁将,云集四境,而孺卿以奔离之卒,拒要阸,当军冲,视其形埶何如哉?夫智者睹危思变,贤者泥而不滓,⑥是以功名终申,策画复得。故夷吾束缚而相齐,⑦黥布杖剑以归汉,⑧去愚就义,功名并著。今孺卿当成败之际,遇严兵之锋,可为怖栗。宜断之心胸,参之有识。"邯得书,沈吟十馀日,乃谢士众,归命洛阳,拜为太中大夫。于是嚣大将十三人,属县十六,众十馀万,皆降。

①周洛谓东都也。

②穴处言所识不远也。

③说文:"抵,侧击也。"战国策曰"苏秦与李兑抵掌而谈"也。

④扼,持也。史记云:"天下之士,莫不扼腕以言之。"

⑤遵为太中大夫,在论议之职。

⑥在泥滞之中而不滓污也。

⑦新序曰,桓公与管仲、鲍叔、宁戚饮,桓公谓鲍叔曰:"姑为寡人祝乎?"鲍叔奉酒而起,祝曰:"吾君无忘出莒也,使管子无忘束缚从鲁也,使宁戚无忘其饭牛于车下也。"

⑧黥布为楚淮南王,高祖使随何说布,乃杖剑归汉王也。

王元入蜀求救,嚣将妻子奔西城,从杨广,①而田弇、李育保上邽。诏告嚣曰:"若束手自诣,父子相见,保无佗也。高皇帝云:'横来,大者王,小者侯。'②若遂欲为黥布者,亦自任也。"③嚣终不降。于是诛其子恂,使吴汉与征南大将军岑彭围西城,耿弇与虎牙大将军盖延围上邽。车驾东归。④月馀,杨广死,嚣穷困。其大将王捷别在戎丘,登城呼汉军曰:"〔为〕隗王城守者,[23]皆必死无二心! 愿诸军亟罢,⑤请自杀以明之。"遂自刎颈死。⑥数月,王元、行巡、周宗将蜀救兵五千馀人,乘高卒至,鼓噪大呼曰:"百万之众方至!"汉军大惊,未及成陈,元等决围,殊死战,遂得入城,迎嚣归冀。会吴汉等食尽退去,于是安定、北地、天水、陇西复反为嚣。

①西,(城)县名,[24]属汉阳郡,一名始昌,城在今秦州上邽县西南。

②田横为齐王,天下既定,横与宾客五百人居海岛,高祖使召之曰:"横来,大者王,小者侯。"事见前书。

③必不归降,遂如黥布,云欲为帝,亦任之也。

④颍川贼起,故东归。

⑤亟音纪力反。

⑥何休〔注〕公羊传云:[25]"刎,割也。"

九年春,嚣病且饿,出城餐糗糒,①恚愤而死。②王元、周宗立嚣少子纯为王。明年,来歙、耿弇、盖延等攻破落门,③[26]周宗、行巡、苟宇、赵恢等将纯降。宗、恢及诸隗分徙京师以东,纯与巡、宇徙弘农。唯王元留为蜀将。及辅威将军臧宫破延岑,元举众诣宫降。

①郑康成注周礼曰:"糗,熬大豆与米也。"说文曰:"糒,乾饭也。"

②续汉志曰:"王莽末,天水童谣曰:'出吴门,望缇群,见一豪人,言欲上天。令天可上,地上安得人?'时嚣初起兵于天水,后意稍广,欲为天子,遂破灭。嚣少病寒。吴门,冀都门名也。有缇群山。"[27]

③落门,聚名也,有落门谷水,在今秦州伏羌县西。

元字惠孟,初拜上蔡令,迁东平相,坐垦田不实,下狱死。①

①决录曰"平陵之王,惠孟锵锵,激昂罢,述,困于东平"也。

牛邯字孺卿,狄道人。有勇力才气,雄于边垂。及降,大司(空)〔徒〕司直杜林、[28]太中大夫马援并荐之,以为护羌校尉,与来歙平陇右。

十八年,纯与宾客数十骑亡入胡,至武威,捕得,诛之。

论曰:隗嚣援旗纠族,①假制明神,②跡夫创图首事,有以识其风矣。终于孤立一隅,介于大国,③陇坻虽隘,非有百二之埶,④区区两郡,⑤以御堂堂之锋,⑥至使穷庙策,竭征徭,身殁众解,然后定。则知其道有足怀者,所以栖有四方之桀,⑦士至投死绝亢而不悔者矣。⑧夫功全则誉显,业谢则衅生,回成丧而为其议者,或未闻焉。⑨若嚣命会符运,敌非天力,虽坐论西伯,岂多嗤乎?⑩

①援,引也。纠,收也。

②谓立高祖、孝文等庙而祭之也。

③东逼于汉,南拒于蜀。左传曰:"介于二大国之间。"

④百二者,以秦地险固,二万人当诸侯百万人。前书曰,田肯贺高祖:"秦得百二焉。"

⑤陇西、天水也。

⑥言光武亲征之也。魏武兵书云:"无击堂堂之阵。"

⑦四方雄桀者,皆栖集而有之。

⑧亢,喉咙也。谓王捷自刎也。

⑨成丧犹成败也。言事之成败在于天命,不由人力。能回为此议者寡,故未之闻也。

⑩天力谓光武天所授也。言不遇光武为敌,则不谢西伯也。嗤,笑也。

公孙述字子阳,扶风茂陵人也。[1]哀帝时,以父任为郎。[2]后父仁为河南都尉,[3]而述补清水长。[4]仁以述年少,遣门下掾随之官。[5]月馀,掾辞归,白仁曰:“述非待教者也。”后太守以其能,使兼摄五县,政事修理,奸盗不发,郡中谓有鬼神。[6][29]王莽天凤中,为导江卒正,居临邛,[7]复有能名。

①东观记曰:“其先武帝时,以吏二千石自无盐徙焉。”
②任,保任也。东观记曰:“成帝末,述父仁为侍御史,任为太子舍人,稍增秩为郎焉。”
③秦置郡尉,典兵禁,捕盗贼,景帝更名都尉,秩比二千石也。
④清水,县名,属天水郡,今秦州县。
⑤州郡有掾,皆自辟除之,常居门下,故以为号。
⑥言明察也。
⑦王莽改蜀郡曰导江,太守曰卒正。临邛,今邛州县也。

及更始立,豪桀各起其县以应汉,南阳人宗成自称“虎牙将军”,[30]入略汉中;又商人王岑亦起兵于雒县,[1]自称“定汉将军”,杀王莽庸部牧以应,[2]众合数万人。述闻之,遣使迎成等。成等至成都,虏掠暴横。述意恶之,召县中豪桀谓曰:“天下同苦新室,思刘氏久矣,故闻汉将军到,驰迎道路。今百姓无辜而妇子系获,室屋烧燔,此寇贼,非义兵也。吾欲保郡自守,以待真主。诸卿欲并力者即留,不欲者便去。”豪桀皆叩头曰:“愿效死。”述于是使人诈称汉使者自东方来,假述辅汉将军、蜀郡太守兼益州牧印绶。乃选精兵千馀人,西击成等。[31]比至成都,众数千人,遂攻成,大破之。成将垣副杀成,以其众降。[3]二年秋,更始遣柱功侯李宝、益州刺史张忠,将兵万馀人徇蜀、汉。述恃其地险众附,有自立志,乃使其弟恢[4]于绵竹击宝、忠,大破走之。[5]由是威震益部。

①商,今商州商雒县也。雒县属广汉郡,今益州县也。

②王莽改益州为庸部,其牧宋遵也。[32]

③风俗通曰:"垣,秦邑也,因以为姓。秦始皇有将垣齮。"[33]东观记曰:
"初,副以汉中亭长聚众降成,自称辅汉将军。"

④"恢"本或作"悋"。

⑤绵竹,县名,属广汉郡,今益州县也,故城在今县东。

功曹李熊说述曰:"方今四海波荡,匹夫横议。将军割据千里,
地什汤武,①若奋威德以投天隙,②霸王之业成矣。宜改名号,以镇
百姓。"述曰:"吾亦虑之,公言起我意。"于是自立为蜀王,都成都。

①枚乘谏吴王曰:"汤武之土,不过百里。"

②天时之间隙也。

蜀地肥饶,兵力精强,远方士庶多往归之,邛、筰君长①皆来贡
献。李熊复说述曰:"今山东饥馑,人庶相食;兵所屠灭,城邑丘墟。
蜀地沃野千里,土壤膏腴,②果实所生,无谷而饱。③女工之业,覆
衣天下。④[34]名材竹干,器械之饶,不可胜用。⑤又有鱼盐铜银之
利,⑥浮水转漕之便。北据汉中,杜褒、斜之险;东守巴郡,拒扞关
之口;⑦地方数千里,战士不下百万。见利则出兵而略地,无利则
坚守而力农。东下汉水以窥秦地,南顺江流以震荆、杨。所谓用天
因地,成功之资。今君王之声,闻于天下,而名号未定,志士狐疑,
宜即大位,使远人有所依归。"述曰:"帝王有命,吾何足以当之?"
熊曰:"天命无常,百姓与能。⑧能者当之,王何疑焉!"述梦有人语
之曰:"八厶子系,十二为期。"⑨觉,谓其妻曰:"虽贵而祚短,若
何?"妻对曰:"朝闻道,夕死尚可,况十二乎!"会有龙出其府殿中,
夜有光耀,述以为符瑞,因刻其掌,文曰"公孙帝"。建武元年四
月,遂自立为天子,号成家。⑩[35]色尚白。建元曰龙兴元年。以李

熊为大司徒,以其弟光为大司马,[36]恢为大司空。改益州为司隶校尉,蜀郡为成都尹。⑪

①邛、筰皆西南夷国名。筰音昨。见西南夷传。

②无块曰壤。

③左思蜀都赋曰:"户有橘柚之园。"又曰:"瓜畴芋区。"前书卓王孙曰:"吾闻岷山之下沃野,下有蹲鸱,至死不饥。"

④左思蜀都赋曰:"百室离房,机杼相和。"衣音于既反。

⑤竹干,竹箭也。内盛曰器,外盛曰械。

⑥丙穴出嘉鱼,在汉中。蜀有盐井,又有铜陵山,其朱提界出银。朱音上朱反。提音上移反。

⑦史记曰楚肃王为扞关以拒蜀,故基在今硖州巴山县。

⑧诗云"天命靡常",易曰"百姓与能"也。

⑨说文云厶音私。系音係,胡计反。

⑩以起成都,故号成家。

⑪汉以京师为司隶校尉部,置京兆尹;中兴以洛阳为司隶校尉部,置河南尹。故述效焉。

越巂任贵亦杀王莽大尹而据郡降。述遂使将军侯丹开白水关,①北守南郑;②将军任满从阆中下江州,③东据扞关。于是尽有益州之地。

①在汉阳西县。梁州记曰"关城西南有白水关"也。

②今梁州县也,故城在今县东北也。

③阆中、江州皆县名,并属巴郡。阆中,今隆州县也。江州故城在渝州巴县西。

自更始败后,光武方事山东,未遑西伐。关中豪桀吕鲔等往往拥众以万数,莫知所属,多往归述,①皆拜为将军。遂大作营垒,陈车骑,肄习战射,会聚兵甲数十万人,积粮汉中,筑宫南郑。又造十层赤楼帛兰船。②多刻天下牧守印章,备置公卿百官。使将军李育、程乌[37]将数万众出陈仓,与吕鲔徇三辅。三年,征西将军冯异击鲔、育于陈仓,[38]大败之,鲔、育奔汉中。五年,延岑、田戎为汉兵所败,皆亡入蜀。

①时延岑据蓝田,王歆据下邽,各称将军,拥兵。事见冯异传。

②盖以帛饰其兰槛也。

岑字叔牙,南阳人。①始起据汉中,又拥兵关西,(关西)所在破散,[39]走至南阳,略有数县。戎,汝南人。初起兵夷陵,转寇郡县,众数万人。岑、戎并与秦丰合,丰俱以女妻之。及丰败,故二人皆降于述。述以岑为大司马,封汝宁王,戎翼江王。六年,述遣戎与将军任满出江关,下临沮、夷陵间,②招其故众,因欲取荆州诸郡,竟不能克。

①东观记曰筑阳县人。

②华阳国志曰:"巴楚相攻,故置江关。"〔旧〕在赤甲城,[40]后移在江州南岸,对白帝城,故基在今夔州〔人〕复县南。[41]临沮,县名,侯国,属南郡,故城在今荆州当阳县西北。夷陵,县名,属南郡,今硖州县也,故城在今县西北。

是时,述废铜钱,置铁官钱,①百姓货币不行。蜀中童谣言曰:"黄牛白腹,五铢当复。"好事者窃言王莽称"黄",述自号"白",五铢钱,汉货也,言天下当并还刘氏。述亦好为符命鬼神瑞应之事,妄引谶记。以为孔子作春秋,为赤制而断十二公,②明汉至平帝十二代,历数尽也,③一姓不得再受命。又引录运法曰:"废昌帝,立公孙。"括地象曰:"帝轩辕受命,公孙氏握。"④援神契曰:"西太守,乙卯金。"谓西方太守而乙绝卯金也。⑤五德之运,黄承赤而白继黄，金据西方为白德，而代王氏，得其正序。又自言手文有奇，及得龙兴之瑞。数移书中国，冀以感动众心。帝患之，乃与述书曰："图谶言'公孙'，即宣帝也。代汉者当涂高，君岂高之身邪？⑥乃复以掌文为瑞，王莽何足效乎！⑦君非吾贼臣乱子，仓卒时人皆欲为君事耳，何足数也。⑧君日月已逝，妻子弱小，当早为定计，可以无忧。天下神器，不可力争，⑨宜留三思。"署曰"公孙皇帝"。述不答。

①置铁官以铸钱。

②尚书考灵耀曰："孔子为赤制，故作春秋。"赤者，汉行也。言孔子作春秋断十二公，象汉十二帝。

③据汉十一帝，言十二代者，并数吕后。

④录运法、括地象并河图名也。

⑤乙，轧也。述言西方太守能轧绝卯金也。

⑥东观记曰："光武与述书曰：'承赤者，黄也；姓当涂，其名高也。'"

⑦王莽诈以铁契、石龟、文圭、玄印等为符瑞，言不足仿效也。

⑧数，责也。

⑨老子云："天下神器，不可为也。"

明年，隗嚣称臣于述。述骑都尉平陵人荆邯见东方将平，兵且西向，说述曰："兵者，帝王之大器，古今所不能废也。①昔秦失其守，豪桀并起，汉祖无前人之跡，立锥之地，②起于行阵之中，躬自奋击，兵破身困者数矣。然军败复合，创愈复战。③何则？前死而成功，踰于却就于灭亡也。〔42〕隗嚣遭遇运会，割有雍州，兵强士附，威加山东。④遇更始政乱，复失天下，众庶引领，四方瓦解。⑤嚣不及此时推危乘胜，以争天命，而退欲为西伯之事，尊师章句，宾友处士，⑥偃武息戈，卑辞事汉，喟然自以文王复出也。〔43〕令汉帝释关陇之忧，⑦专精东伐，四分天下而有其三；使西州豪杰咸居心于山

419

东，〔44〕发间使，招携贰，⑧则五分而有其四；若举兵天水，必至沮溃，天水既定，则九分而有其八。陛下以梁州之地，内奉万乘，外给三军，百姓愁困，不堪上命，将有王氏自溃之变。⑨臣之愚计，以为宜及天下之望未绝，豪杰尚可招诱，急以此时发国内精兵；令田戎据江陵，临江南之会，倚巫山之固，⑩筑垒坚守，传檄吴、楚、长沙以南必随风而靡。令延岑出汉中，定三辅，天水、陇西拱手自服。如此，海内震摇，冀有大利。"述以问群臣。博士吴柱曰："昔武王伐殷，先观兵孟津，八百诸侯不期同辞，然犹还师以待天命。未闻无左右之助，而欲出师千里之外，以广封疆者也。"邯曰："今东帝无尺土之柄，驱乌合之众，⑪跨马陷敌，所向辄平。不嘔乘时与之分功，⑫而坐谈武王之说，是效隗嚣欲为西伯也。"述然邯言，欲悉发北军屯士及山东客兵，使延岑、田戎分出两道，与汉中诸将合兵并埶。蜀人及其弟光以为不宜空国千里之外，决成败于一举，固争之，述乃止。延岑、田戎亦数请兵立功，终疑不听。

①左传宋子罕曰："天生五材，废一不可，谁能去兵？圣人以兴，乱人以废，废兴存亡之术，皆兵之由也。"

②言汉祖起自布衣，无公刘、太王之业也。枚乘谏吴王书曰："舜无立锥之地以有天下。"

③军败谓战于睢水上，为楚所破，后得韩信军，复大振也。创愈谓在于成皋间，项羽射伤汉王胸，后复战。

④陇西、天水皆雍州之地，故言割有也。嚣传云"名震西州，流闻山东"，是威加也。

⑤淮南子曰："武王伐纣，左操黄钺，右秉白旄而麾之，则瓦解而走。"

⑥章句谓郑兴等也。处士谓方望等也。

⑦以嚣居西，无东之意，故置之度外而不为忧。

⑧间使谓来歙、马援等也。携贰谓王遵、郑兴、杜林、牛邯等相次而归
光武。

⑨王氏即王莽也。

⑩巫山在今夔州巫山县东也。

⑪邹阳云："周用乌集而王。"

⑫亟,急也。

述性苛细,察于小事。敢诛杀而不见大体,好改易郡县官名。
然少为郎,习汉家制度,出入法驾,①鸾旗旄骑,②陈置陛戟,然后
辇出房闼。又立其两子为王,食犍为、广汉各数县。群臣多谏,以
为成败未可知,戎士暴露,而遽王皇子,示无大志,伤战士心。述不
听。唯公孙氏得任事,由此大臣皆怨。

①法驾,属车三十六乘,公卿不在卤簿中,侍中骖乘,奉车都尉御。前驱
九斿云罕,凤皇阁戟,皮轩。

②旄头之骑也。

八年,帝使诸将攻隗嚣,述遣李育将万馀人救嚣。嚣败,并没
其军,蜀地闻之恐动。述惧,欲安众心。成都郭外有秦时旧仓,述
改名白帝仓,①自王莽以来常空。述即诈使人言白帝仓出穀如山
陵,百姓空市里往观之。述乃大会群臣,问曰:"白帝仓竟出穀
乎?"皆对言"无"。述曰:"讹言不可信,道隗王破者复如此矣。"俄
而嚣将王元降,述以为将军。明年,使元与领军环安拒河池,②又
遣田戎及大司徒任满、南郡太守程泛将兵下江关,破〔威〕虏将军
冯骏等,[45]拔巫及夷陵、夷道,③因据荆门。④

①述以色尚白,故改之。

②河池,今凤州县也。

③夷道,县名,属南郡,故城在今硖州宜都县西。

④荆门,山名也,在今硖州宜都县西北,今犹有故城基址在山上。

十一年,征南大将军岑彭攻之,满等大败,述将王政斩满首降
于彭。田戎走保江州。①城邑皆开门降,彭遂长驱至武阳。②帝乃
与述书,陈言祸福,以明丹青之信。③述省书叹息,以示所亲太常常
少、光禄勋张隆。[46]隆、少皆劝降。述曰:“废兴命也。岂有降天子
哉!”左右莫敢复言。

①江州,县名,属巴郡,故城今渝州巴县。

②武阳,县名,故城在今眉州。

③杨雄法言曰:“王者之言,炳若丹青。”

中郎将来歙急攻王元、环安,安使刺客杀歙;述复令刺杀岑彭。
十二年,述弟恢及子婿史兴并为大司马吴汉、辅威将军臧宫所破,
战死。自是将帅恐惧,日夜离叛,述虽诛灭其家,犹不能禁。帝必
欲降之,乃下诏喻述曰:“往年诏书比下,①开示恩信,勿以来歙、岑
彭受害自疑。今以时自诣,则家族完全;若迷惑不喻,委肉虎口,痛
哉奈何! 将帅疲倦,吏士思归,不乐久相屯守,诏书手记,不可数
得,朕不食言。”述终无降意。

①比,频也。

九月,吴汉又破斩其大司徒谢丰、执金吾袁吉,汉兵遂守成都。
述谓延岑曰:“事当奈何?”岑曰:“男儿当死中求生,可坐穷乎! 财
物易聚耳,不宜有爱。”述乃悉散金帛,募敢死士五千馀人,以配岑
于市桥,①伪建旗帜,②鸣鼓挑战,而潜遣奇兵出吴汉军后,袭击破
汉。汉堕水,缘马尾得出。

①市桥即七星之一桥也。李膺益州记曰:“冲星桥,旧市桥也,在今成都
县西南四里。”

②帜,幡也。帜音昌忌反,又式志反。

十一月,臧宫军至咸门。①述视占书,云"虏死城下",大喜,谓汉等当之。乃自将数万人攻汉,使延岑拒宫。大战,岑三合三胜。自旦及日中,军士不得食,并疲,汉因令壮士突之,述兵大乱,被刺洞胸,堕马。②左右舆入城。述以兵属延岑,其夜死。明旦,岑降吴汉。乃夷述妻子,尽灭公孙氏,并族延岑。遂放兵大掠,焚述宫室。帝闻之怒,以谴汉。又让汉副将刘尚^[47]曰:"城降三日,吏人从服,孩儿老母,口以万数,一旦放兵纵火,闻之可为酸鼻! 尚宗室子孙,尝更吏职,何忍行此? 仰视天,俯视地,观放麑啜羹,二者孰仁?③良失斩将吊人之义也!"④

①成都北面有二门,其西者名咸门。

②吴汉传云:"护军高午奔阵刺述,杀之。"

③韩子曰:"孟孙猎得麑,使秦西巴持之。其母随而呼,秦西巴不忍而与其母。"战国策曰:"乐羊为魏将而攻中山。其子在中山,中山君烹其子而遗之羹,乐羊啜之,尽一杯,而攻拔中山。"

④良犹甚也。

初,常少、张隆劝述降,不从,并以忧死。帝下诏追赠少为太常,隆为光禄勋,以礼改葬之。其忠节志义之士,并蒙旌显。①程乌、李育以有才干,皆擢用之。于是西土咸悦,莫不归心焉。

①谓李业、谯玄等,见独行传。

论曰:昔赵佗自王番禺,①公孙亦窃帝蜀汉,推其无他功能,而至于后亡者,将以地边处远,非王化之所先乎? 述虽为汉吏,无所冯资,徒以文俗自憙,遂能集其志计。道未足而意有馀,不能因隙立功,以会时变,方乃坐饰边幅,②以高深自安,昔吴起所以惎魏侯也。③及其谢臣属,审废兴之命,与夫泥首衔玉者异日谈也。④

　　①赵佗,真定人,因汉初天下未定,自立为南越王。番禺,县,属南海郡,
　　　故城在今广州西南。越志曰:"有番山、禺山,因以为名。"

　　②边幅犹有边缘,以自矜持。

　　③史记曰:"魏武侯浮西河而下,中流而顾曰:'美哉乎,河山之固,此魏
　　　之宝也。'吴起对曰:'在德不在险。'"

　　④干宝晋记曰:"吴王孙皓将其子瑾等,泥首面缚降王濬。"左传曰:"许
　　　男面缚衔璧以见楚子。"璧,玉也。

　　赞曰:公孙习吏,隗王得士。汉命已还,二隅方跱。天数有违,
江山难恃。①

　　①恃犹去也。

【校勘记】

　〔1〕隗嚣字季孟　"孟"原讹"夏",据汲本、殿本改。按:此卷影印绍兴
　　　本仍有阙佚,据它本补配,故多讹字。以下凡遇极明显之讹字,皆
　　　径予改正,不作校记。

　〔2〕嚣音五高反　按:此注原在正文前小标题下,今移此。

　〔3〕莽置九卿分属三公　按:"置"原作"制",径据汲本、殿本改。

　〔4〕(锓)〔题〕即匙字　据汲本改。按:校补谓作"题"是。

　〔5〕又置〔六尉〕六队(部)〔郡〕置大夫　据刊误改,与前书莽传合。

　〔6〕至五十餘人　按:刊误谓案本传作"五千人"。

　〔7〕前书朱光世曰　按:张森楷校勘记谓前书"光"作"安",疑
　　　此误。

　〔8〕宜(乎)〔呼〕嗟(呼)告天以求救　据汲本改,与前书莽传合。

　〔9〕元城孺(子)王尊祢穆庙　据刊误删。按:刊误谓本王翁孺,故称

"孺王",不当有"子"字。

〔10〕此(谓)〔为〕六也　据汲本改。

〔11〕传诣锺官(八)〔以〕十万数　校补引张熷说,谓据莽传,"八"乃"以"之误。今据改。

〔12〕安定大尹王向　按:集解引惠栋说,谓前书云"安定卒正王旬"。

〔13〕羽翮并肩　按:汲本、殿本"并"作"比"。

〔14〕〔乘〕偏舟于五湖　据汲本、殿本补。

〔15〕〔以〕劲悍廉直为名　据汲本补。

〔16〕申屠刚杜林为持书　按:集解引惠栋说,谓"持书"袁纪作"治书"。王先谦谓本"治书",避唐高宗讳改"持"。

〔17〕今原州(高)平〔高〕县　据集解引陈景云说改。

〔18〕今原州平(阳)〔高〕县南　按:泾阳故城在平高县南。"高"原讹"阳",各本讹"原",今正。

〔19〕文伯卢芳字也　按:殿本考证谓卢芳诈称武帝曾孙刘文伯,故当时之人但知为刘文伯,不知为卢芳,文伯非卢芳字也。芳字君期,见本传。

〔20〕北收西河上郡　按:御览二九九引"收"作"取",东观记作"北取西河"。

〔21〕又多设支阁　按:集解引王补说,谓来歙传作"多设疑故"。

〔22〕嚣因使王元〔行〕巡侵三辅　据汲本、殿本补。

〔23〕〔为〕隗王城守者　据汲本、殿本补。

〔24〕西(城)县名　集解引惠栋说,谓西城者,陇西西县城也,注以为西城县,非也。又引陈景云说,谓注中"城"字衍。今据删。

〔25〕何休〔注〕公羊传云　明脱"注"字,今补。

〔26〕攻破落门　按:集解引惠栋说,谓续志"落门"作"雒门"。

〔27〕有缇群山　按:续志作"缇群,山名也"。

〔28〕大司(空)〔徒〕司直杜林　据刊误改。

〔29〕郡中谓有鬼神　按:集解引汪文台说,谓类聚五十、御览二百六十七引续汉书作"郡中谓之神明"。

〔30〕南阳人宗成自称虎牙将军　按:惠栋谓"宗成"华阳国志作"宗成垣"。

〔31〕西击成等　按:通鉴胡注,谓临邛在成都西南,述兵自临邛迎击宗成等,非西向也,传误。

〔32〕其牧宋遵也　按:集解引惠栋说,谓宋遵华阳国志作"朱遵"。

〔33〕秦始皇有将垣齮　按:沈家本谓今史记"垣"作"桓"。

〔34〕覆衣天下　按:李慈铭谓"覆衣"当作"覆被"。

〔35〕号成家　按:华阳国志作"号大成"。

〔36〕以其弟光为大司马　按:续天文志"光"作"晃"。

〔37〕程乌　按:集解引惠栋说,谓光武纪及冯异传俱作"程焉",案华阳志当从"乌"。

〔38〕征西将军冯异击鲔育于陈仓　按:通鉴考异谓"三年"当依本纪及冯异传作"四年"。

〔39〕又拥兵关西(关西)所在破散　刊误谓案文多两"关西"字。今据删。

〔40〕〔旧〕在赤甲城　据汲本、殿本补。

〔41〕故基在今夔州〔人〕复县南　刊误谓"复"上少一"鱼"字。沈家本谓鱼复县西魏改人复,隋唐因之,此夺"人"字,非夺"鱼"字,张堪传可证。今依沈说补"人"字。按:岑彭传注作"鱼复",张堪传注作"人复"。唐贞观二十三年改人复为奉节,作"人复"是。

〔42〕踰于却就于灭亡也　按:刊误谓下"于"字当作"而"。

〔43〕喟然自以文王复出也　按:汲本作"喟然自以为武王复出也"。王先谦谓上文言西伯,作"文王"是。又袁纪及通鉴均作"文王"。

〔44〕使西州豪杰咸居心于山东　殿本"居"作"归",王先谦谓作"归"是。

〔45〕破〔威〕虏将军冯骏等　据集解引惠栋说补。

〔46〕光禄勋张隆　按:华阳国志作"李隆"。

〔47〕汉副将刘尚　按:集解引惠栋说,谓东观记"刘尚"作"刘禹"。

后汉书卷十四

宗室四王三侯列传第四

齐武王縯字伯升,①光武之长兄也。性刚毅,慷慨有大节。自王莽篡汉,常愤愤,怀复社稷之虑,不事家人居业,倾身破产,交结天下雄俊。

①縯,引也,音衍。

莽末,盗贼群起,南方尤甚。伯升召诸豪杰计议曰:"王莽暴虐,百姓分崩。今枯旱连年,兵革并起。①此亦天亡之时,复高祖之业,定万世之秋也。"众皆然之。于是分遣亲客,使邓晨起新野,光武与李通、李轶起于宛。伯升自发舂陵子弟,合七八千人,部署宾客,自称柱天都部。②使宗室刘嘉往诱新市、平林兵王匡、陈牧等,合军而进,屠长聚及唐子乡,杀湖阳尉,进拔棘阳,因欲攻宛。至小长安,与王莽前队大夫甄阜、属正梁丘赐战。时天密雾,汉军大败,姊元弟仲皆遇害,宗从死者数十人。伯升复收会兵众,还保棘阳。

①东观记曰:"王莽末年,天下大旱,蝗虫蔽天,盗贼群起,四方溃畔。"

②柱天者,若天之柱也。都部者,都统其众也。

　　阜、赐乘胜,留辎重于蓝乡,①引精兵十万南渡黄淳水,②临(泚)〔泚〕水,[1]阻两川间为营,绝后桥,示无还心。新市、平林见汉兵数败,阜、赐军大至,各欲解去,伯升甚患之。会下江兵五千馀人至宜秋,③乃往为说合从之执,下江从之。语在王常传。伯升于是大飨军士,设盟约。休卒三日,分为六部,潜师夜起,袭取蓝乡,尽获其辎重。明旦,汉军自西南攻甄阜,下江兵自东南攻梁丘赐。至食时,赐陈溃,阜军望见散走,汉兵急追之,却迫黄淳水,斩首溺死者二万馀人,遂斩阜、赐。

①比阳县有蓝乡。

②郦元注水经曰:"(诸)〔赭〕水二湖流注,[2]合为黄水,又南经棘阳县之黄淳聚,又谓之黄淳水。"在今唐州湖阳县。萧该音[3]"淳"作"谆"者误。

③宜秋,聚名,在泚阳县。[4]

　　王莽纳言将军严尤、秩宗将军陈茂闻阜、赐军败,引欲据宛。[5]伯升乃陈兵誓众,焚积聚,破釜甑,鼓行而前,①与尤、茂遇育阳下,战,大破之,斩首三千馀级。尤、茂弃军走,伯升遂进围宛,自号柱天大将军。[6]王莽素闻其名,大震惧,购伯升邑五万户,黄金十万斤,位上公。使长安中官署及天下乡亭皆画伯升像于墼,旦起射之。②

①破釜甑,示必死也。鼓行而前,言无所畏也。史记曰:"项羽北救赵,渡河,沈船破釜甑。"

②萧该音义亦作"墼",引字林"墼,门侧堂也"。东观记、续汉书并作"埻"。说文云"射臬也"。广雅"埻,的也"。埻音之允反。

自皇、赐死后,百姓日有降者,众至十馀万。诸将会议立刘氏以从人望,豪杰咸归于伯升。而新市、平林将帅乐放纵,惮伯升威明而贪圣公懦弱,先共定策立之,然后使骑召伯升,示其议。伯升曰:"诸将军幸欲尊立宗室,其德甚厚,然愚鄙之见,窃有未同。今赤眉起青、徐,众数十万,闻南阳立宗室,恐赤眉复有所立,如此,必将内争。今王莽未灭,而宗室相攻,是疑天下而自损权,非所以破莽也。且首兵唱号,鲜有能遂,陈胜、项籍,即其事也。春陵去宛三百里耳,未足为功。遽自尊立,为天下准的,使后人得承吾敝,[1]非计之善者也。今且称王以号令。若赤眉所立者贤,相率而往从之;若无所立,破莽降赤眉,然后举尊号,亦未晚也。愿各详思之。"诸将多曰"善"。将军张印[7]拔剑击地曰:"疑事无功。[2]今日之议,不得有二。"众皆从之。

① 前书宋义曰:"战胜则兵疲,我承其敝。"

② 史记曰,赵武灵王欲被胡服,肥义曰:"疑事无功,疑行无名。"

圣公既即位,拜伯升为大司徒,封汉信侯。由是豪杰失望,多不服。平林后部攻新野,不能下。新野宰登城言曰:[1]"得司徒刘公一信,愿先下。"及伯升军至,即开城门降。五月,伯升拔宛。六月,光武破王寻、王邑。自是兄弟威名益甚。

① 王莽改令长为宰。东观记曰,其宰潘临也。

更始君臣不自安,遂共谋诛伯升,乃大会诸将,以成其计。更始取伯升宝剑视之,绣衣御史申屠建随献玉玦,[1]更始竟不能发。及罢会,伯升舅樊宏谓伯升曰:"昔鸿门之会,范增举玦以示项羽。[2]今建此意,得无不善乎?"伯升笑而不应。初,李轶谄事更始贵将,[3]光武深疑之,常以戒伯升曰:"此人不可复信。"又不受。

①绣衣御史，武帝置，衣绣者，尊宠之也。玦，决也。令早决断。

②史记曰："项王留沛公饮，项伯东向坐，范增南向坐，沛公北向坐。范增数目项王，举所佩玉玦者三，项王默然不应。"鸿门，地名，在新丰东七十里。

③贵将，朱鲔等也。

伯升部将宗人刘稷，数陷陈溃围，勇冠三军。时将兵击鲁阳，①闻更始立，怒曰："本起兵图大事者，伯升兄弟也，今更始何为者邪？"更始君臣闻而心忌之，以稷为抗威将军，稷不肯拜。更始乃与诸将陈兵数千人，先收稷，将诛之，伯升固争。李轶、朱鲔因劝更始并执伯升，即日害之。

①鲁阳，县，属南(郡)〔阳〕，[8]今汝州鲁山县也。

有二子。建武二年，立长子章为太原王，兴为鲁王。十一年，徙章为齐王。十五年，追谥伯升为齐武王。

章少孤，光武感伯升功业不就，抚育恩爱甚笃，以其少贵，欲令亲吏事，故使试守平阴令，①迁梁郡太守。②立二十一年薨，谥曰哀王。子炀王石嗣。建武二十七年，石始就国。三十年，封石弟张为下博侯。永平十四年，封石二子为乡侯。石立二十四年薨，子晃嗣。

①试守者，称职满岁为真。平阴，县，属河南郡。应劭云在平津南，故曰平阴。魏文帝改为河阴。故城在今洛阳县东北。济州平阴县东北五里亦有平阴故城。

②今宋州也。

下博侯张以善论议，十六年，与奉车都尉窦固等①并出击匈奴，后进者多害其能，数被谮诉。建初中卒，肃宗下诏褒扬之，复封张子它人奉其祀。

①续汉志:"奉车都尉,比二千石,无员,掌御乘舆车。"

晃及弟利侯刚与母太姬宗更相诬告。章和元年,有司奏请免晃、刚爵为庶人,徙丹阳。①帝不忍,下诏曰:"朕闻人君正屏,有所不听。②宗尊为小君,③宫卫周备,出有辒辌之饰,④入有闺户之固,殆不至如譖者之言。⑤晃、刚愆乎至行,浊乎大伦,⑥甫刑三千,莫大不孝。朕不忍置之于理,其贬晃爵为芜湖侯,⑦削刚户三千。於戏!小子不勖大道,控于法理,以堕宗绪。⑧其遣谒者收晃及太姬玺绶。"晃立十七年而降爵。晃卒,子无忌嗣。

①丹阳,(故)郡,〔故〕城在今润州江宁县东南。[9]

②白虎通曰:"所以设屏何?以自障也,示不极臣下之敬也。天子德大,故外屏;诸侯德小,故内屏。"

③诸侯之妻称曰小君。

④辒辌,有拥蔽之车也。列女传曰:"齐孝公华孟姬谓公曰:'妾闻妃后踰阈必乘安车辒辌,下堂必从傅母保阿,进退则鸣玉珮,内饰则结绸缪,所以正心一意,自敛制也。'"

⑤何休注公羊传曰:"如其事曰诉,加诬焉曰譖。"

⑥浊犹污也。伦,理也。孔子曰:"欲洁其身而乱大伦。"

⑦芜湖,解见章纪。

⑧控,引也。堕,毁也。

帝以伯升首创大业,而后嗣罪废,心常愍之。时北海亦绝无后。及崩,遗诏令复二国。永元二年,乃复封无忌为齐王,是为惠王。立五十二年薨,子顷王喜嗣。立五年薨,子承嗣。建安十一年,国除。

论曰:大丈夫之鼓动拔起,其志致盖远矣。若夫齐武王之破家厚士,岂游侠下客之为哉!①其虑将存乎配天之绝业,而痛明堂之不祀也。②及其发举大谋,在仓卒扰攘之中,使信先成于敌人,③赦岑彭以显义,④若此足以见其度矣。志高虑远,祸发所忽。⑤呜呼!古人以蜂虿为戒,⑥盖畏此也。[10]诗云:"敬之敬之,命不易哉!"⑦

①下客谓毛遂、冯煖之徒也。

②王者以远祖配天,以父配上帝于明堂,将以存其绝业,复其祭祀。

③新野宰潘临云,请刘公一信而降。

④初,彭守宛,食尽降汉,诸将欲诛之。伯升曰:"今举大事,当表义士,不如封之以劝其后。"更始封彭为归德侯。

⑤谓不用樊宏、光武之言。忽,轻也。司马相如曰"祸故多藏于隐微,而发于人之所忽"也。

⑥虿,蝎也。左传臧文仲谓鲁君曰:"君其无谓邾小。蜂虿有毒,而况国乎!"

⑦诗周颂也。

<u>北海靖王兴</u>,建武二年封为鲁王,嗣光武兄仲。

初,<u>南顿君</u>娶同郡<u>樊重</u>女,字嫺都。①[11]嫺都性婉顺,自为童女,不正容服不出于房,宗族敬焉。生三男三女:长男伯升,次仲,次光武;长女黄,次元,次伯姬。皇姊以初起兵时病卒,宗人樊巨公收敛焉。建武二年,封黄为湖阳长公主,伯姬为宁平长公主。元与仲俱殁于小长安,追爵元为新野长公主,十五年,追谥仲为鲁哀王。

①嫺,胡间反。说文:"嫺,雅也。"

兴其岁试守缑氏令。为人有明略,善听讼,甚得名称。迁弘农太守,亦有善政。①视事四年,上疏乞骸骨,征还京师,奉朝请。二十七年,始就国。明年,以鲁国益东海,②故徙兴为北海王。三十年,封<u>兴</u>子复为临邑侯。③中元二年,又封<u>兴</u>二子为县侯。<u>显宗</u>器重<u>兴</u>,每有异政,辄乘驿问焉。立三十九年薨,子<u>敬王睦</u>嗣。

①续汉书曰:"<u>弘农</u>县吏<u>张申</u>有伏罪,<u>兴</u>收<u>申</u>案论,郡中震慄。时年旱,分遣文学循行属县,理冤狱,宥小过,应时甘雨降澍。"

②续汉书曰:"二郡二十九县,租入倍诸王也。"

③<u>临邑</u>,县,属<u>东</u>(海)〔郡〕,故城在今(济)〔齐〕州东,^[12]亦名马坊城也。

<u>睦</u>少好学,博通书传,<u>光武</u>爱之,数被延纳。<u>显宗</u>之在东宫,尤见幸待,入侍讽诵,出则执辔。①中兴初,禁网尚阔,而<u>睦</u>性谦恭好士,千里交结,自名儒宿德,莫不造门,由是声价益广。<u>永平</u>中,法宪颇峻,<u>睦</u>乃谢绝宾客,放心音乐。然性好读书,常为爱玩。岁终,遣中大夫奉璧朝贺,②召而谓之曰:"朝廷设问寡人,③大夫将何辞以对?"使者曰:"大王忠孝慈仁,敬贤乐士。臣虽蝼蚁,敢不以实?"<u>睦</u>曰:"吁,子危我哉!④此乃孤幼时进趣之行也。⑤大夫其对以孤袭爵以来,志意衰惰,声色是娱,犬马是好。"使者受命而行。其能屈申若此。

①乘舆,尊者居中,执辔在左。

②中大夫,王国官也。续汉志曰:"中大夫,比六百石,无员,掌奉王使京都奉璧贺正月,及使诸国。本皆持节,后去节。"尔雅曰:"肉倍好谓之璧。"好,孔也。

③朝廷谓天子也。

④吁音虚。孔安国注尚书曰:"吁者,疑怪之声也。"

⑤东观记、续汉书并云"是吾幼时狂蠢之行也"。

初,<u>靖王薨</u>,悉推财产与诸弟,虽王车服珍宝非列侯制,皆以为分,然后随以金帛赎之。<u>睦</u>能属文,作春秋旨义终始论及赋颂数十篇。又善史书,当世以为楷则。及寝病,帝驿马令作草书尺牍十首。①立十年薨,子哀王基嗣。

①说文云:"牍,书版也。"盖长一尺,因取名焉。

永平十八年,封基二弟为县侯,二弟为乡侯。建初二年,又封基弟毅为平望侯。基立十四年薨,无子,肃宗怜之,不除其国。

永元二年,和帝封睦庶子斟乡侯威为北海王,奉睦后。立七年,威以非睦子,又坐诽谤,槛车征诣廷尉,道自杀。

永初元年,邓太后复封睦孙寿光侯普为北海王,是为顷王。延光二年,复封睦少子为亭侯。〔13〕普立〔十〕七年薨,〔14〕子恭王翼嗣;立十四年薨,子康王嗣,无后,建安十一年,国除。

初,临邑侯复好学,能文章。永平中,每有讲学事,辄令复典掌焉。与班固、贾逵共述汉史,傅毅等皆宗事之。复子骈胁及从兄平望侯毅,并有才学。永宁中,邓太后召毅及骈胁入东观,与谒者仆射刘珍①著中兴以下名臣列士传。骈胁又自造赋、颂、书、论凡四篇。

①与平望侯毅并在文苑传。

赵孝王良字次伯,光武之叔父也。平帝时举孝廉,为萧令。光武兄弟少孤,良抚循甚笃。及光武起兵,以事告,良大怒,①曰:"汝与伯升志操不同,今家欲危亡,而反共谋如是!"既而不得已,从军至小长安,汉兵大败,良妻及二子皆被害。②更始立,以良为国三老,从入关。更始败,良闻光武即位,乃亡奔洛阳。建武二年,封良为广阳王。五年,徙为赵王,始就国。十三年,降为赵公。频岁来朝。十七年,薨于京师。凡立十六年。子节王栩嗣。③〔15〕建武三十年,封栩二子为乡侯。建初二年,复封栩十子为亭侯。

①东观记曰:"光武初起兵,良搏手大呼曰:'我欲诣纳言严将军。'叱上
起去。出阁,令人视之。还白方坐啖脯,良复謹呼。上言'不可谨
露'。明旦欲去,前白良曰:'欲竟何时诣严将军所?'良意下,曰:'我
为诈汝耳,当复何苦乎?'"

②续汉书曰:"阜、赐移书于良曰:'老子不率宗族,单绮骑牛,哭且行,何
足赖哉!'"

③栩音况羽反。

栩立四十年薨,子顷王商嗣。永元三年,封商三弟为亭侯。元
年,封商四子为亭侯。[16]

商立二十三年薨,子靖王宏〔嗣〕。[17]立十二年薨,子惠王
乾嗣。

元初五年,封乾二弟为亭侯。是岁,赵相奏乾居父丧私娉小
妻,①又白衣出司马门,坐削中丘县。②时郎中南阳程坚素有志行,
拜为乾傅。坚辅以礼义,乾改悔前过,坚列上,复所削县。本初元
年,封乾一子为亭侯。乾立四十八年薨,子怀王豫嗣。豫薨,子献
王赦嗣。赦薨,子珪嗣,建安十八年徙封博陵王。立九年,魏初以
为崇德侯。

①小妻,妾也。

②王宫门有兵卫,亦为司马门。东观记曰:"乾私出国,到魏郡邺、易阳,
止宿亭,令奴金盗取亭席,金与亭佐孟常争言,以刃伤常,部吏追逐,
乾藏逃,金绞杀之,悬其尸道边树。国相举奏,诏书削〔中丘〕。"[18]中
丘,县,属赵国,故城在今邢州内丘县西。隋室讳"忠",故改为
"内"焉。

城阳恭王祉字巨伯，[1]光武族兄春陵康侯敞[19]之子也。

① 东观记：“初名终，后改为祉。”

敞曾祖父节侯买，以长沙定王子封于零道之春陵乡，[20]为春陵侯。买卒，子戴侯熊渠嗣。[21]熊渠卒，子考侯仁嗣。仁以春陵地埶下湿，山林毒气，上书求减邑内徙。①元帝初元四年，徙封南阳之白水乡，犹以春陵为国名，遂与从弟钜鹿都尉回及宗族往家焉。仁卒，子敞嗣。敞谦俭好义，尽推父时金宝财产与昆弟，荆州刺史上其义行，拜庐江都尉。②岁馀，会族兄安众侯刘崇起兵，③[22]王莽畏恶刘氏，征敞至长安，免归国。④

① 东观记曰：“考侯仁于时见户四百七十六，上书愿减户徙南阳，留子男昌守坟墓，元帝许之。”

② 南阳郡是荆州所管，故刺史上其行义也。续汉书曰“侯等助祭明堂，以例益户二百，敞以有行义，拜为庐江都尉”也。

③ 安众康侯丹，长沙定王子，崇即丹之玄孙之子。

④ 东观记曰：“敞临庐江岁馀，遭旱，行县，人持枯稻，自言稻皆枯。吏强责租。敞应曰：‘太守事也。’载枯稻至太守所。酒数行，以语太守，太守曰：‘无有。’敞以枯稻示之，太守曰：‘都尉事邪？’[23]敞怒叱太守曰：‘鼠〔子〕何敢尔！’[24]刺史举奏，莽征到长安，免就国。”

先是平帝时，敞与崇俱朝京师，助祭明堂。①崇见莽将危汉室，私谓敞曰：“安汉公擅国权，群臣莫不回从，②社稷倾覆至矣。太后春秋高，天子幼弱，③高皇帝所以分封子弟，盖为此也。”敞心然之。及崇事败，敞惧，欲结援树党，乃为祉娶高陵侯翟宣女为妻。④会宣弟义起兵欲攻莽，南阳捕杀宣女，祉坐系狱。敞因上书谢罪，愿率子弟宗族为士卒先。莽新居摄，欲慰安宗室，故不被刑诛。及莽篡立，刘氏为侯者皆降称子，食孤卿禄，⑤后皆夺爵。及敞卒，祉遂特见废，又不得官为吏。

①平帝时王莽辅政，袷祭明堂，诸侯王二十八人，列侯百二十人，宗室子九百馀人，征助祭也。

②回，曲。

③谓元后、平帝也。

④宣，丞相方进之子也，袭父侯爵。东观记曰"敞为嫡子终娶宣子女习为妻，宣使嫡子姬送女入门，二十馀日，义起兵"也。

⑤孤者，特也。卑于公，尊于卿，特置之，故曰孤。礼记"上农夫食九人，诸侯下士视上农夫，中士倍下士，上士倍中士，下大夫倍上士，卿四大夫禄"也。

祉以故侯嫡子，行淳厚，宗室皆敬之。及光武起兵，祉兄弟相率从军，前队大夫甄阜尽收其家属系宛狱。及汉兵败小长安，祉挺身还保棘阳，甄阜尽杀其母弟妻子。更始立，以祉为太常将军，绍封舂陵侯。从西入关，封为定陶王。别将击破刘婴于临泾。

及更始降于赤眉，祉乃间行亡奔洛阳。是时宗室唯祉先至，光武见之欢甚。①建武二年，封为城阳王，赐乘舆、御物、车马、衣服。追谥敞为康侯。十一年，祉疾病，上城阳王玺绶，愿以列侯奉先人祭祀。帝自临其疾。祉薨，年四十三，谥曰恭王，竟不之国，葬于洛阳北芒。

①东观记曰："祉以建武二年三月见于怀宫。"

十三年，封祉嫡子平为蔡阳侯，以奉祉祀；平弟坚为高乡侯。

初，建武二年，以皇祖、皇考墓为昌陵，置陵令守视；后改为章陵，因以舂陵 为章陵县。十八年，立考侯、康侯庙，比园陵，置啬夫。①诏零陵郡奉祠节侯、戴侯庙，以四时及腊岁五祠焉。②置啬夫、佐吏各一人。〔25〕

①啬夫本乡官,主知赋役多少,平其差品。园陵置之,知祭祀、征求诸事。

②腊,岁终祭神之名也。

平后坐与诸王交通,国除。永平五年,显宗更封平为竟陵侯。平卒,子真嗣。真卒,子禹嗣。禹卒,子嘉嗣。

泗水王歙字经孙,①[26]光武族父也。歙子终,与光武少相亲爱。汉兵起,始及唐子[27],终诱杀湖阳尉。更始立,歙从入关,封为元氏王,终为侍中。更始败,歙、终东奔洛阳。建武二年,立歙为泗水王,终为淄川王。②十年,歙薨,封小子爆为堂溪侯,③奉歙后。终居丧思慕,哭泣二十馀日,亦薨。封长子柱为邔侯,④以奉终祀,又封终子凤曲阳侯。⑤

①歙音许及反。

②今淄州县也。

③爆,字林云"灼也,音充善反"。续汉志:"汝南吴房县有堂溪亭。""爆"或作"煇"。[28]

④邔,县,属南郡,故城在今襄州。邔音其纪反。

⑤曲阳,县,属东海郡,故城在今海州朐山县西南。

歙从父弟茂,年十八,汉兵之起,茂自号刘失职,①亦聚众京、密间,②称厌新将军。攻下颍川、汝南,众十馀万人。光武即至河内,茂率众降,封为中山王。十三年,宗室为王者皆降为侯,更封茂为穰侯。[29]

①续汉志曰:"茂自号为刘先职。"

②京,县,属河南郡,郑之京邑,故城在今郑州荥阳县东南。密,县,属河南郡,故城在今密县东南。

茂弟匡，亦与汉兵俱起。建武二年，封宜春侯。为人谦逊，永平中为宗正。子浮嗣，封朝阳侯。①

①朝阳，县，属南〔郡〕〔阳〕，[30]故城在今邓州穰县南，今谓之朝城。

浮弟尚，永元中为征西将军。浮传国至孙护，无子，封绝。延光中，护从兄瓒与安帝乳母王圣女伯荣私通，遂取伯荣为妻，得绍护封为朝阳侯，位侍中。及王圣败，贬爵为亭侯。

安成孝侯赐[31]字子琴，光武族兄也。祖父利，苍梧太守。①赐少孤。兄显报怨杀人，吏捕显杀之。赐与显子信卖田宅，同抛②财产，结客报吏，③皆亡命逃伏，遭赦归。会伯升起兵，乃随从攻击诸县。

①苍梧，郡，今梧州县也。

②普交反。

③续汉书曰："王莽时诸刘抑废，为郡县所侵。蔡阳国釜亭（侯）〔候〕长醉（诮）〔诟〕更始父子张，[32]子张怒，刺杀亭长。后十馀岁，亭长子报杀更始弟骞。赐兄〔显〕欲为报怨，[33]宾客转劫人，发觉，州郡杀显狱中。赐与显子信结客陈政等九人，燔烧杀亭长妻子四人。"

更始既立，以赐为光禄勋，封广汉侯。及伯升被害，代为大司徒，将兵讨汝南。未及平，更始又以信为奋威大将军，代赐击汝南，赐与更始俱到洛阳。更始欲令亲近大将徇河北，未知所使。赐言诸家子独有文叔可用，大司马朱鲔等以为不可，更始狐疑，赐深劝之，乃拜光武行大司马，持节过河。是日以赐为丞相，令先入关，修宗庙宫室。还迎更始都长安，封赐为宛王，拜前大司马，使持节镇抚关东。二年春，赐就国于宛，典将六部兵。①后赤眉破更始，赐所领六部亦稍散畔,乃去宛保育阳。

①伯升初起,置六部之兵。

闻光武即位,乃西之武关,迎更始妻子将诣洛阳。帝嘉赐忠,建武二年,封为慎侯。①十三年,更增户邑,定封为安成侯,[34]奉朝请。以赐有恩信,故亲厚之,数蒙谯私,时幸其第,恩赐特异。赐辄赈与故旧,无有遗积。帝为营冢堂,起祠庙,置吏卒,如春陵孝侯。二十八年卒,子闵嗣。

①慎,县,属汝南郡,故城在今颍州颍上县西北。

三十年,帝复封闵弟嵩为白牛侯。①坐楚事,②辞语相连,国除。闵卒,子商嗣,徙封为白牛侯。商卒,子昌嗣。

①白牛,盖乡亭之号也,今在邓州东也。

②谓楚王英谋反。

初,信为更始讨平汝南,因封为汝阴王。①信遂将兵平定江南,据豫章。光武即位,桂阳太守张隆击破之,信乃诣洛阳降,以为汝阴侯。永平十三年,亦坐楚事国除。

①汝阴属汝(州)南郡,故城即今颍(川)〔州〕(郡)汝阴县也。[35]

成武孝侯顺字平仲,光武族兄也。父庆,①春陵侯敞同产弟。顺与光武同里闬,②少相厚。

①续汉(志)〔书〕:"庆字翁敖。"[36]

②闬,里门也。

更始即位,以庆为燕王,顺为虎牙将军。会更始降赤眉,庆为乱兵所(叔)〔杀〕,顺乃间行诣光武,拜为南阳太守。建武二年,封成武侯,①邑户最大,租入倍宗室诸家。八年,使击破六安贼,②因拜为六安太守。数年,帝欲征之,吏人上书请留。十一年卒,帝使使者迎丧,亲自临吊。子遵嗣,坐与诸王交通,降为端氏侯。③遵卒,子弇嗣。弇卒,无嗣,国除。永平十年,显宗幸章陵,追念旧恩,封顺弟子三人为乡侯。

①成武,县,属山阳郡,今曹州县也。

②六安即庐州也。〔37〕

③端氏,县,属河东郡,故城在今泽州端氏县西北。

初,顺叔父弘①娶于樊氏,皇姊之从妹也。生二子:敏,国。与母随更始在长安。建武二年,诣洛阳,光武封敏为甘里侯,②国为弋阳侯。③敏通经有行,永平初,官至越骑校尉。

①东观记曰:"弘字孺孙,先起义兵,卒。"

②颍州颍上县西北有甘城。

③弋阳,县,属汝南郡,侯国也,故城在今光州定城县西也。

弘弟梁,以侠气闻,①更始元年,起兵豫章,欲徇江东,自号"就汉大将军",暴病卒。②

①东观记曰:"梁字季少。"

②东观记曰:"病筋挛卒。"

顺阳怀侯嘉字孝孙,光武族兄也。父宪,①春陵侯敞同产弟。嘉少孤,性仁厚,南顿君养视如子,后与伯升俱学长安,习尚书、春秋。

①续汉(志)〔书〕曰:"宪字翁君。"〔38〕

及义兵起,嘉随更始征伐。汉军之败小长安也,嘉妻子遇害。更始即位,以为偏将军。及攻破宛,封兴德侯,迁大将军。击延岑于冠军,降之。更始既都长安,以嘉为汉中王、扶威大将军,持节就国,都于南郑,众数十万。建武二年,延岑复反,攻汉中,围南郑,嘉兵败走。岑遂定汉中,进兵武都,为更始柱功侯李宝所破。岑走天水,公孙述遣将侯丹取南郑。嘉收散卒,得数万人,以宝为相,从武都南击侯丹,不利,还军河池、下辨。①复与延岑连战,岑引北入散关,②至陈仓,嘉追击破之。更始邓王廖湛将赤眉十八万攻嘉,嘉与战于谷口,③大破之。嘉手杀湛,遂到云阳就穀。

①河池,县,属武都郡,一名仇池,今凤州县也。下辨,县名,今成州同谷县也。

②散关,故城在今陈仓县南十里,有散谷水,因取名焉。

③谷口,县,故城今醴泉县东北四十里。郦元水经注曰:"泾水东经九崚山东中山西,谓之谷口。"

李宝等闻邓禹西征,拥兵自守,劝嘉且观成败。光武闻之,告禹曰:"孝孙素谨善,少且亲爱,当是长安轻薄儿误之耳。"禹即宣帝旨,嘉乃因来歙诣禹于云阳。三年,到洛阳,从征伐,拜为千乘太守。六年,病,上书乞骸骨,征诣京师。十三年,封为顺阳侯。秋,复封嘉子廧为黄李侯。十五年,嘉卒,子参嗣,有罪,削为南乡侯。永平中,参为城门校尉。参卒,子循嗣。循卒,子章嗣。

赞曰:齐武沈雄,义戈乘风。①仓卒匪图,亡我天工。城阳早协,赵孝晚同。泗水三侯,或恩或功。

①以义举兵,乘风云之会也。

【校勘记】

〔1〕临(沘)〔沘〕水　集解引惠栋说,谓续志作"比水",水经注作"沘水"。按:光武纪亦作"沘水",今据改。

〔2〕(诸)〔赭〕水二湖流注　据汲本改。按:赭水亦作"堵水","诸"乃"堵"之形误。

〔3〕萧该音　"萧"原讹"肃",迳改正。按:影印绍兴本此卷仍有阙佚,取它本补配,故多讹脱,以下凡遇极明显字之讹字及脱文,皆迳予改补,不作校记。

〔4〕宜秋聚名在沘阳县　按:"沘"原讹"沘",各本皆未正。又按:续志宜秋聚在平氏县。

〔5〕引欲据宛　按:张熷谓案下文"引"下少"兵"字。

〔6〕自号柱天大将军　按:校补谓袁纪云自号柱天将军,无"大"字。

〔7〕将军张卬　"卬"原讹"邛",据殿本改正。按:通鉴亦作"卬",考异谓司马彪续汉书"卬"作"印",袁宏后汉纪作"斤",皆误,今从范晔后汉书。

〔8〕鲁阳县属南(郡)〔阳〕　据集解王先谦说改。

〔9〕丹阳(故)郡〔故〕城在今润州江宁县东南　按:"郡故"二字各本皆讹倒,今正。

〔10〕盖畏此也　按:汲本"畏"作"谓"。

〔11〕南顿君娶同郡樊重女字娴都　按:集解引沈钦韩说,谓袁纪"娴都"作"归都"。

〔12〕临邑县属东(海)〔郡〕故城在今(济)〔齐〕州东　集解引沈钦韩说,谓临邑汉志属东郡,此误。旧唐志临邑县属齐州,注云济州,亦误。今据改。

〔13〕复封睦少子为亭侯　按:李慈铭谓"睦"当作"普"。

〔14〕普立〔十〕七年薨　据殿本考证补。按:考证谓普以安帝永初元年封,至延光元年为十七年。

〔15〕子节王栩嗣　按:殿本考证谓"栩"字章帝纪作"盱"。

〔16〕元年封商四子为亭侯　按:汲本"元年"上有"元兴"二字。殿本考证谓应补"元兴"二字,而疑封在商既薨之后,不应载于商未薨之前。校补则谓商薨宏嗣:果封在元兴元年,则当称宏弟,不当仍称商子;既云商子,则其封自在商未薨之前。"元年"或是"六年"形近之误。"元兴"二字不当补。

〔17〕子靖王宏〔嗣〕　据集解王先谦说补。

〔18〕诏书削〔中丘〕　据刊误补。

〔19〕光武族兄春陵康侯敞　按:姚范谓节侯买乃光武之高祖,敞之曾祖,则敞乃光武之族父,非兄也。光武纪章怀注亦云春陵侯敞,光武季父,则此传"兄"字误也。

〔20〕封于零道之春陵乡　按:集解引钱大昕说,谓前志、续志俱作"泠道"。

〔21〕子考侯仁嗣　集解引惠栋说,东观记宗室传作"孝侯"。又引洪颐煊说,谓前书王子侯表作"孝侯仁"。按:后安城孝侯赐传亦称"春陵孝侯"。

〔22〕会族兄安众侯刘崇起兵　按:集解引沈钦韩说,谓崇于敞为族子,非族兄。校补谓今案前书年表,春陵侯买三传至敞,安众侯丹五传始至崇,则崇且为敞族孙,非仅族子也。

〔23〕都尉事邪　按:殿本"邪"作"也",与今东观合,校补谓作"邪"义较长。

〔24〕敞怒叱太守曰鼠〔子〕何敢尔　集解引周寿昌说,谓"鼠"下应有"子"字。王先谦谓周说是,东观记正作"鼠子何敢尔"。今据补。

〔25〕置啬夫佐吏各一人　按:刊误谓"吏"当作"史"。

〔26〕泗水王歙字经孙　按集解引惠栋说,谓袁宏纪"经孙"作"经世"。

〔27〕始及唐子　按:集解王先谦谓"子"下脱"乡"字。

〔28〕煇或作辉　按:殿本"辉"作"惮"。

〔29〕更封茂为穰侯　集解引钱大昕说,谓光武纪茂封单父侯。按:沈钦
　　韩谓熊方补后汉书年表云以单父侯更封穰侯,当是。

〔30〕属南(郡)〔阳〕　据集解引惠栋说改。

〔31〕安成孝侯赐　按:汲本、殿本"成"作"城"。

〔32〕蔡阳国釜亭(侯)〔候〕长醉(询)〔询〕更始父子张　"候"字据汲本
　　改。"询"字据集解引陈景云说改。

〔33〕赐兄〔显〕欲为报怨　据汲本补。

〔34〕定封为安成侯　按:殿本"成"作"城"。

〔35〕汝阴属汝(州)南郡故城即今颖(川)〔州〕(郡)汝阴县也　据汲本改。

〔36〕续汉(志)〔书〕庆字翁敖　陈景云谓"志"当作"书",续志中亦无此
　　语。今据改。

〔37〕六安即庐州也　按:集解引沈钦韩说,谓桓谭传注云"六安在寿州
　　安丰县南",是,此误。

〔38〕续汉(志)〔书〕曰宪字翁君　据陈景云说改。

后 汉 书 卷 十 五

李王邓来列传第五

李通字次元,[1]南阳宛人也。世以货殖著姓。父守,身长九
尺,容貌绝异,为人严毅,居家如官廷。①初事刘歆,好星历谶记,为
王莽宗卿师。②通亦为五威将军从事,出补巫丞,有能名。③莽末,
百姓愁怨,通素闻守说谶云"刘氏复兴,李氏为辅",私常怀之。且
居家富逸,为闾里雄,以此不乐为吏,乃自免归。

①续汉书曰:"守居家,与子孙尤谨,闺门之内如官廷也。"

②平帝五年,王莽摄政,郡国置宗师以主宗室,盖特尊之,故曰宗卿
　师也。

③王莽置五威将军。从事谓驱使小官也。前书,秦御史监郡,萧何从事
　辨之。巫,县,属南郡,故城在今夔州巫山县北也。

及下江、新市兵起,南阳骚动,①通从弟轶,亦素好事,乃共计
议曰:"今四方扰乱,新室且亡,汉当更兴。南阳宗室,独刘伯升兄

449

弟汎爱容众,可与谋大事。"通笑曰:"吾意也。"会光武避(事)〔吏〕在宛,[2]通闻之,即遣轶往迎光武。②光武初以通士君子相慕也,故往答之。及相见,共语移日,握手极欢。通因具言谶文事,光武初殊不意,未敢当之。时守在长安,光武乃微观通曰:"即如此,当如宗卿师何?"通曰:"已自有度矣。"③因复备言其计。光武既深知通意,乃遂相约结,定谋议,期以材官都试骑士日,④欲劫前队大夫及属正,⑤因以号令大众。乃使光武与轶归舂陵,举兵以相应。遣从兄子季之长安,以事报守。

①骚亦动也。

②续汉书曰:"先是李通同母弟申徒臣能为医,[3]难使,伯升杀之。上恐其怨,不欲与轶相见。轶数请,上乃强见之。轶深达通意,上乃许往,意不安,买半雨佩刀怀之。至通舍,通甚悦,握上手,得半雨刀,谓上曰:'一何武也!'上曰:'苍卒时以备不虞耳。'"[4]

③度,计度也,音大各反。

④汉法以立秋日都试骑士,谓课殿最也。翟义诛王莽,以九月都试日勒车骑材官士是也。

⑤前队大夫谓南阳太守甄阜也。属正谓梁丘赐也。

季于道病死,守密知之,欲亡归。素与邑人黄显相善,时显为中郎将,闻之,谓守曰:"今关门禁严,君状貌非凡,将以此安之? 不如诣阙自归。事既未然,脱可免祸。"守从其计,即上书归死,章未及报,留阙下。会事发觉,通得亡走,莽闻之,乃系守于狱。而黄显为请曰:"守闻子无状,①不敢逃亡,守义自信,归命宫阙。臣显愿质守俱东,晓说其子。如遂悖逆,令守北向刎首,以谢大恩。"②莽然其言。会前队复上通起兵之状,莽怒,欲杀守,显争之,遂并被诛,及守家在长安者尽杀之。南阳亦诛通兄弟、门宗六十四人,皆焚尸宛市。

①无状谓祸大不可名言其状也。

②刜,割也。

时汉兵亦已大合。通与光武、李轶相遇棘阳,遂共破前队,杀甄阜、梁丘赐。

更始立,以通为柱国大将军、辅汉侯。从至长安,更拜为大将军,封西平王;轶为舞阴王;通从弟松为丞相。更始使通持节还镇荆州,通因娶光武女弟伯姬,是为宁平公主。①光武即位,征通为卫尉。[5]建武二年,封固始侯,拜大司农。帝每征讨四方,常令通居守京师,镇抚百姓,修宫室,起学官。五年春,代王梁为前将军。六年夏,领破奸将军侯进、捕虏将军王霸等十营击汉中贼。②公孙述遣兵赴救,通等与战于西城,破之,③还屯田顺阳。④

①宁平,县,属淮阳国也。

②贼谓延岑也。

③西城,县,属汉中郡也。

④顺阳,县名,属南(郡)〔阳〕,[6]哀帝改为博山,故城在今邓州穰县西。

时天下略定,通思欲避荣宠,以病上书乞身。[7]诏下公卿群臣议。大司徒侯霸等曰:"王莽篡汉,倾乱天下。通怀伊、吕、萧、曹之谋,建造大策,扶助神灵,辅成圣德。破家为国,忘身奉主,有扶危存亡之义。功德最高,海内所闻。通以天下平定,谦让辞位。夫安不忘危,宜令通居职疗疾。欲就诸侯,不可听。"于是诏通勉致医药,以时视事。其夏,引拜为大司空。

通布衣唱义,助成大业,重以宁平公主故,特见亲重。然性谦恭,常欲避权埶。素有消疾,①自为宰相,谢病不视事,连年乞骸骨,帝每优宠之。令以公位归第养疾,通复固辞。积二岁,乃听上大司空印绶,以特进奉朝请。有司奏请封诸皇子,帝感通首创大谋,即日封通少子雄为召陵侯。每幸南阳,常遣使者以太牢祠通父冢。十八年卒,谥曰恭侯。帝及皇后亲临吊,送葬。

> ①消,消中之疾也。周礼天官职曰:"春有痟首疾。"郑玄注云:"痟,
> 酸削也。"

子音嗣。音卒,子定嗣。定卒,子黄嗣。黄卒,子寿嗣。①

> ①东观记"黄"字作"箕"也。

李轶后为朱鲔所杀。更始之败,李松战死,唯通能以功名终。永平中,显宗幸宛,诏诸李随安众宗室会见,①并受赏赐,恩宠笃焉。

> ①安众,县,属南阳郡,故城在邓州东。谢承书曰:"安众侯刘(崇)
> 〔宠〕,[8]长沙定王五代孙,南阳宗室也。与宗人讨莽有功,随光武河
> 北破王郎。朝廷高其忠壮,策文嗟叹,以历宗室。安众诸刘皆其后。"

论曰:子曰"富与贵是人之所欲,不以其道得之,不处也"。①李通岂知夫所欲而未识以道者乎! 夫天道性命,圣人难言之,况乃亿测微隐,猖狂无妄之福,②[9]污灭亲宗,以觊一切之功哉!③昔蒙毅负书,不徇楚难;④即墨用齐,义雪燕耻。⑤彼之趣舍所立,其殆与通异乎?

> ①论语之文。
>
> ②微隐谓谶文也。庄子曰:"猖狂妄行。"易无妄卦曰:"无妄之往,何之
> 矣。"郑玄注云:"妄之言望,人所望宜正。行必有所望,行而无所望,
> 是失其正,何可往也。"即史记朱英曰"代有无望之福,又有无(妄)
> 〔望〕之祸"是也。[10]

③停水曰污,言族灭而污池之也。觖,望也,音丘瑞反。一切,谓权时也。

④战国策曰,吴、楚战于栢举,吴师入郢。蒙穀奔入宫,负离次之典,浮江逃于云梦之中。后昭王反郢,五官失法,百姓昏乱;蒙穀献典;五官得法,百姓大化。校蒙穀之功,与存国相若,封之执圭。蒙穀怒曰:"穀非人臣也,社稷之臣也。苟社稷血食,余岂患无君乎!"遂弃于历山也。

⑤史记曰,燕昭王伐齐,湣王败,出亡。燕人入临菑,尽取齐宝,烧其宫室宗庙,下齐七十餘城,其不下者,唯独莒、即墨。后齐田单以即墨击破燕军,悉复所亡城。故曰雪也。

　　王常字颜卿,颍川舞阳人也。①王莽末,为弟报仇,亡命江夏。②久之,与王凤、王匡等起兵云杜绿林中,聚众数万人,以常为偏裨,攻傍县。后与成丹、张卬别入南郡蓝口,号下江兵。③王莽遣严尤、陈茂击破之。常与丹、卬收散卒入蒌溪,④劫略锺、龙间,⑤众复振。引军与荆州牧战于上唐,大破之,⑥遂北至宜秋。⑦

①东观记曰:"其先鄂人,常父博,成、哀间转客颍川舞阳,因家焉。"

②命者,名也。言背其名籍而逃亡也。

③续汉志曰南郡编县有蓝口聚。

④蒌音力于反。

⑤盛弘之荆州记曰永阳县北有石龙山,在今安州应山县东北。又随州随县东北有三锺山也。

⑥上唐,乡名,故城在今随州枣阳县东北也。

⑦续汉志曰南(郡)〔阳〕有宜秋聚也。[11]

453

是时,汉兵与新市、平林众俱败于小长安,各欲解去。伯升闻下江军在宜秋,即与光武及李通俱造常壁,曰:"愿见下江一贤将,议大事。"成丹、张卬共推遣常。伯升见常,说以合从之利。①常大悟,曰:"王莽篡弑,残虐天下,百姓思汉,故豪杰并起。今刘氏复兴,即真主也。诚思出身为用,辅成大功。"伯升曰:"如事成,岂敢独飨之哉!"遂与常深相结而去。常还,具为丹、卬言之。丹、卬负其众,皆曰:"大丈夫既起,当各自为主,何故受人制乎?"常心独归汉,乃稍晓说其将帅曰:"往者成、哀衰微无嗣,故王莽得承间篡位。既有天下,而政令苛酷,积失百姓之心。民之讴吟思汉,非一日也,故使吾属因此得起。夫民所怨者,天所去也;民所思者,天所与也。举大事必当下顺民心,上合天意,功乃可成。若负强恃勇,触情恣欲,虽得天下,必复失之。以秦、项之埶,尚至夷覆,况今布衣相聚草泽?以此行之,灭亡之道也。今南阳诸刘举宗起兵,观其来议事者,皆有深计大虑,王公之才,与之并合,必成大功,此〔天〕所以祐吾属也。"[12]下江诸将虽屈强少识,然素敬常,乃皆谢曰:"无王将军,吾属几陷于不义。愿敬受教。"即引兵与汉军及新市、平林合。于是诸部齐心同力,锐气益壮,遂俱进,破杀甄阜、梁丘赐。

①以利合曰从也。

及诸将议立宗室,唯常与南阳士大夫同意欲立伯升,而朱鲔、张卬等不听。及更始立,以常为廷尉、大将军,封知命侯。别徇汝南、沛郡,还入昆阳,与光武共击破王寻、王邑。更始西都长安,以常行南阳太守事,令专命诛赏,①封为邓王,食八县,赐姓刘氏。常性恭俭,遵法度,南方称之。

①东观记曰:"诛不从命,封拜有功。"

更始败,建武二年夏,常将妻子诣洛阳,肉袒自归。光武见常甚欢,劳之曰:"王廷尉良苦。①每念往时,共更艰厄,何日忘之。②莫往莫来,岂违平生之言乎?"③常顿首谢曰:"臣蒙大命,得以鞭策托身陛下。④始遇宜秋,后会昆阳,幸赖灵武,辄成断金。⑤更始不量愚臣,任以南州。⑥赤眉之难,丧心失望,⑦以为天下复失纲纪。闻陛下即位河北,心开目明,今得见阙庭,死无遗恨。"帝笑曰:"吾与廷尉戏耳。吾见廷尉,不忧南方矣。"⑧乃召公卿将军以下大会,具为群臣言:"常以匹夫兴义兵,明于知天命,故更始封为知命侯。与吾相遇兵中,尤相厚善。"特加赏赐,拜为左曹,⑨封山桑侯。⑩

① 良,甚也,言苦军事也。

② 更,经也。艰厄谓帝败小长安,造常壁,与常共破甄阜及王寻等也。

③ 平生言谓常云"刘氏真主也,诚思出身为用,辅成大功"。常乃久事更始,不早归朝,帝微以责之,故下文云"吾与廷尉戏耳"。诗卫风曰:"莫往莫来,悠悠我思。"

④ 策,马棰也。言执策以从之。

⑤ 伯升与常深相结,故曰断金。易系辞曰:"二人同心,其利断金。"

⑥ 谓以廷尉行南阳太守。

⑦ 谓赤眉入长安,破更始。

⑧ 谓南阳也。

⑨ 前书曰,左、右曹,平尚书事。

⑩ 山桑,县,属沛郡,今亳州县。

后帝于大会中指常谓群臣曰:"此家率下江诸将辅翼汉室,[13]心如金石,真忠臣也。"是日迁常为汉忠将军,遣南击邓奉、董䜣,令诸将皆属焉。又诏常北击河间、渔阳,平诸屯聚。五年秋,攻拔湖陵,又与帝会任城,因从破苏茂、庞萌。进攻下邳,常部当城门战,一日数合,贼反走入城,常追迫之,城上射矢雨下,帝从百馀骑自城南高处望,常战力甚,驰遣中黄门诏使引还,贼遂降。又别率骑都尉王霸共平沛郡贼。①六年春,征还洛阳,令夫人迎常于舞阳,归家上冢。西屯长安,拒隗嚣。七年,使使者持玺书即拜常为横野大将军,位次与诸将绝席。②常别击破隗嚣将高峻于朝那。③嚣遣将过乌氏,〔14〕常要击破之。转降保塞羌诸营壁,皆平之。九年,击内黄贼,破降之。后北屯故安,拒卢芳。④十二年,薨于屯所,谥曰节侯。

①东观记曰,沛郡贼,苗虚也。
②绝席谓尊显之也。汉官仪曰:"御史大夫、尚书令、司隶校尉,皆专席,号三独坐。"
③朝那,县,属安定郡也。〔15〕
④故安,县,属涿郡,故城在今易州易县南也。

子广嗣。三十年,徙封石城侯。①永平十四年,坐与楚事相连,国除。

①石城故城在今复州沔阳县东南也。

邓晨字伟卿,南阳新野人也。世吏二千石。①父宏,豫章都尉。晨初娶光武姊元。王莽末,光武尝与兄伯升及晨俱之宛,与穰人蔡少公等讌语。少公颇学图谶,言刘秀当为天子。或曰:"是国师公刘秀乎?"光武戏曰:"何用知非仆邪?"坐者皆大笑,晨心独喜。②及光武与家属避吏新野,舍晨庐,甚相亲爱。晨因谓光武曰:"王莽悖暴,盛夏斩人,此天亡之时也。③往时会宛,独当应邪?"〔16〕光武笑不答。

①东观记曰："晨曾祖父隆，扬州刺史；祖父勋，交阯刺史。"

②东观记曰："晨与上共载出，逢使者不下车，使者怒，颇加耻辱。上称江夏卒史，晨更名侯家丞。使者以其诈，将至亭，欲罪之，新野宰潘叔为请，得免。"

③王莽地皇元年，下书曰："方出军行师，有趋讙犯〔法〕者，斩无须时。"〔17〕于是春夏斩人都市，百姓震惧也。

及汉兵起，晨将宾客会棘阳。汉兵败小长安，诸将多亡家属，光武单马遁走，遇女弟伯姬，与共骑而奔。前行复见元，趣令上马。元以手挥曰："行矣，不能相救，无为两没也。"会追兵至，元及三女皆遇害。汉兵退保棘阳，而新野宰乃污晨宅，焚其冢墓。宗族皆恚怒，曰："家自富足，何故随妇家人入汤镬中？"晨终无恨色。

更始立，以晨为偏将军。与光武略地颍川，俱夜出昆阳城，击破王寻、王邑。又别徇阳翟以东，至京、密，皆下之。①更始北都洛阳，以晨为常山太守。会王郎反，光武自蓟走信都，晨亦间行会于钜鹿下，自请从击邯郸。光武曰："伟卿以一身从我，不如以一郡为我北道主人。"乃遣晨归郡。光武追铜马、高胡群贼于冀州，晨发积射士千人，②又遣委输给军不绝。光武即位，封晨房子侯。③帝又感悼姊没于乱兵，追封谥元为新野节义长公主，立庙于县西。封晨长子泛为吴房侯，④以奉公主之祀。

①京、密，二县名，属河南郡。京故城在今郑州荥阳东，郑之京邑也。密故城在荥阳东南也。

②积与迹同，古字通用，谓寻迹而射之。

③房子，今赵州县也。

④吴房，今豫州县也。

建武三年，征晨还京师，数谯见，说故旧平生为欢。晨从容谓

457

帝曰:"仆竟(辨)〔辦〕之。"①〔18〕帝大笑。从幸章陵,拜光禄大夫,使持节监执金吾贾复等击平邵陵、新息贼。②四年,从幸寿春,留镇九江。

①光武前语晨云:"何用知非仆乎"? 故晨有此言也。

②新息,今豫州县也。

晨好乐郡职,由是复拜为中山太守,吏民称之,常为冀州高第。①十三年,更封南繺侯。②入奉朝请,复为汝南太守。十八年,行幸章陵,征晨行廷尉事。从至新野,置酒酺讌,赏赐数百(十)〔千〕万,〔19〕复遣归郡。晨兴鸿郤陂数千顷田,③汝土以殷,鱼稻之饶,流衍它郡。④明年,定封西华侯,复征奉朝请。二十五年卒,诏遣中谒者备公主官属礼仪,⑤招迎新野主魂,与晨合葬于北芒。乘舆与中宫亲临丧送葬。谥曰惠侯。

①中山属冀州,于冀州所部郡课常为弟一也。

②繺音力全反。

③鸿郤,陂名,在今豫州汝阳县东。成帝时,关东水陂溢为害,翟方进为丞相,奏罢之。

④衍,饶也。

⑤汉官仪曰"长公主官属,傅一人,员吏五人,驸仆射五人,私府长、食官长、永巷令、家令各一人"也。

小子棠嗣,后徙封武当。棠卒,子固嗣。固卒,子国嗣。国卒,子福嗣,永建元年卒,无子,国除。

来歙字君叔,①南阳新野人也。六世祖汉,有才力,武帝世,以光禄大夫副楼船将军杨仆,击破南越、朝鲜。父仲,②哀帝时为谏大夫,娶光武祖姑,生歙。[20]光武甚亲敬之,数共往来长安。

①歙音许及反。

②东观记"仲"作"冲"。

汉兵起,王莽以歙刘氏外属,乃收系之,宾客共篡夺,得免。更始即位,以歙为吏,从入关。数言事不用,以病去。歙女弟为汉中王刘嘉妻,嘉遣人迎歙,因南之汉中。更始败,歙劝嘉归光武,遂与嘉俱东诣洛阳。

帝见歙,大欢,即解衣以衣之,①拜为太中大夫。是时方以陇、蜀为忧,独谓歙曰:"今西州未附,②子阳称帝,道里阻远,诸将方务关东,思西州方略,未知所任,其谋若何?"歙因自请曰:"臣尝与隗嚣相遇长安。其人起始,以汉为名。今陛下圣德隆兴,臣愿得奉威命,开以丹青之信,③嚣必束手自归,则述自亡之埶,不足图也。"帝然之。建武三年,歙始使隗嚣。五年,复持节送马援,因奉玺书于嚣。既还,复往说嚣,嚣遂遣子恂随歙入质,拜歙为中郎将。时山东略定,帝谋西收嚣兵,与俱伐蜀,复使歙喻旨。嚣将王元说嚣,多设疑故,久尤豫不决。④歙素刚毅,遂发愤质责嚣曰:⑤"国家以君知臧否,晓废兴,故以手书畅意。足下推忠诚,遣伯春委质,⑥是臣主之交信也。今反欲用佞惑之言,为族灭之计,叛主负子,违背忠信乎?吉凶之决,在于今日。"欲前刺嚣,嚣起入,部勒兵,将杀歙,歙徐杖节就车而去。嚣愈怒,王元劝嚣杀歙,使牛邯将兵围守之。嚣将王遵谏曰:"愚闻为国者慎器与名,为家者畏怨重祸。⑦俱慎名器,则下服其命;轻用怨祸,则家受其殃。今将军遣子质汉,内怀它志,名器逆矣;外人有议欲谋汉使,轻怨祸矣。古者列国兵交,使在其间;⑧所以重兵贵和而不任战也,何况承王命籍重质而犯之哉?

君叔虽单车远使，而陛下之外兄也。⑨〔21〕害之无损于汉，而随以族灭。〔22〕昔宋执楚使，遂有析骸易子之祸。⑩小国犹不可辱，况於万乘之主，重以伯春之命哉！"歙为人有信义，言行不违，及往来游说，皆可案覆，西州士大夫皆信重之，多为其言，故得免而东归。

①东观记曰"解所被襜襦以衣歙"也。

②西州谓隗嚣也。

③杨子法言曰"圣人之言，明若丹青"也。

④尤豫，不定之意也。说文曰"尢尢，行兒"也。音淫。东观记曰"狐疑不决"也。

⑤质，正也。

⑥嚣子恂，字伯春。

⑦器，车服也。名，爵号也。言名与器不可妄授也。

⑧左传曰："晋栾书伐郑，郑人使伯蠲行成，晋人杀之，非礼也。兵交使在其间，可也。"

⑨光武之姑子，故曰外兄也。

⑩左传曰，楚使申舟聘齐，不假道于宋。华元曰："楚不假道，鄙我也。"乃杀之。楚子闻之，遂围宋。宋人惧，使华元夜入楚师，告子反曰"寡君使元以病告，弊邑易子而食，析骸以爨"也。

八年春，歙与征虏将军祭遵袭略阳，遵道病还，分遣精兵随歙，合二千餘人，伐山开道，从番须、回中①径至略阳，②斩嚣守将金梁，因保其城。嚣大惊曰："何其神也！"③乃悉兵数万人围略阳，斩山筑堤，激水灌城。歙与将士固死坚守，矢尽，乃发屋断木以为兵。嚣尽锐攻之，自春至秋，其士卒疲弊。帝乃大发关东兵，自将上陇，嚣众溃走，围解。于是置酒高会，劳赐歙，班坐绝席，在诸将之右，赐歙妻缣千匹。诏使留屯长安，悉监护诸将。

①番须、回中,并地名也,番音盘。武帝元封四年幸雍,通回中道。前书

　音义曰回中在汧。[23] 汧今陇州汧源县也。

②径,直也。

③东观记曰:"上闻得略阳,甚悦。左右怪上数破大敌,今得小城,何足

　以喜?然上以略阳嚣所依阻,心腹已坏,则制其支体〔易〕也。"[24]

　　歙因上书曰:"公孙述以陇西、天水为藩蔽,故得延命假息。今
二郡平荡,则述智计穷矣。宜益选兵马,储积资粮。昔赵之将帅多
贾人,高帝悬之以重赏。①今西州新破,兵人疲馑,若招以财穀,则
其众可集。臣知国家所给非一,用度不足,然有不得已也。"帝然
之。于是大转粮运,②诏歙率征西大将军冯异、建威大将军耿弇、
虎牙大将军盖延、扬武将军马成、武威将军刘尚入天水,击破公孙
述将田弇、赵匡。明年,攻拔落门,③隗嚣支党周宗、赵恢及天水属
县皆降。

①高帝十年,陈豨反于赵、代,其将多贾人,帝多以金购,豨将皆降。

②东观记曰:"诏于汧积穀六万斛,驴四百头负驮。"

③聚名也。解见光武纪。

　　初王莽世,羌虏多背叛,而隗嚣招怀其酋豪,遂得为用。及嚣
亡后,五谿、先零诸种数为寇掠,皆营堑自守,州郡不能讨。歙乃大
修攻具,率盖延、刘尚及太中大夫马援等进击羌于金城,大破之,斩
首虏数千人,获牛羊万馀头,穀数十万斛。又击破襄武贼傅栗卿
等。①陇西虽平,而人饥,流者相望。②歙乃倾仓廪,转运诸县,以赈
赡之,于是陇右遂安,而凉州流通焉。

①襄武,县,属陇西郡也。

②流谓流离以就食也。

461

十一年,歙与盖延、马成进攻公孙述将王元、环安于河池、下(辩)〔辨〕,[25]陷之,乘胜遂进。蜀人大惧,使刺客刺歙,未殊,驰召盖延。延见歙,因伏悲哀,不能仰视。歙叱延曰:"虎牙何敢然! 今使者中刺客,无以报国,故呼巨卿,欲相属以军事,而反效儿女子涕泣乎! 刃虽在身,不能勒兵斩公邪!"延收泪强起,受所诫。歙自书表曰:"臣夜人定后,为何人所贼伤,中臣要害。①臣不敢自惜,诚恨奉职不称,以为朝廷羞。夫理国以得贤为本,太中大夫段襄,骨鲠可任,②愿陛下裁察。又臣兄弟不肖,③终恐被罪,陛下哀怜,数赐教督。"投笔抽刃而绝。

①何人谓不知何人也。

②骨鲠,喻正直也。说文曰:"鲠,鱼骨也。"食骨留咽中为鲠。

③肖,似也。不似犹不贤也。[26]

帝闻大惊,省书(览)〔擥〕涕,[27]乃赐策曰:"中郎将来歙,攻战连年,平定羌、陇,忧国忘家,忠孝彰著。遭命遇害,呜呼哀哉!"使太中大夫赠歙中郎将、征羌侯印绶,谥曰节侯,谒者护丧事。丧还洛阳,乘舆缟素临吊送葬。以歙有平羌、陇之功,故改汝南之当乡县为征羌国焉。①[28]

①征羌故城在今豫州郾城县东南也。

子褒嗣。十三年,帝嘉歙忠节,复封歙弟由为宜西侯。①褒子棱,尚显宗女武安公主。棱早殁,褒卒,以棱子历为嗣。

①东观记曰"宜西乡侯"。

论曰:世称来君叔天下信士。夫专使乎二国之间,岂厌诈谋哉?而能独以信称者,良其诚心在乎使两义俱安,而己不私其功也。

历字伯珍，少袭爵，以公主子，永元中，为侍中，监羽林右骑。①
永初三年，迁射声校尉。永宁元年，代冯石为执金吾。延光元年，
尊历母为长公主。二年，迁历太仆。

①羽林骑，武帝置。宣帝令中郎将骑都尉监羽林，见前书。

明年，中常侍樊丰与大将军耿宝、侍中周广、谢恽等共谗陷太
尉杨震，震遂自杀。历谓侍御史虞诩曰："耿宝託元舅之亲，①荣宠
过厚，不念报国恩，而倾侧奸臣，诬奏杨公，伤害忠良，其天祸亦将
至矣。"遂绝周广、谢恽，不与交通。时皇太子惊病不安，避幸安帝
乳母野王君王圣舍。太子乳母王男、厨监邴吉等以为圣舍新缮修，
犯土禁，不可久御。圣及其女永与大长秋江京及中常侍樊丰、王
男、邴吉等互相是非，圣、永遂诬谮男、吉，皆幽囚死，家属徙比景。
太子思男等，数为叹息。京、丰惧有后害，妄造虚无，构谮太子及东
宫官属。帝怒，召公卿以下会议废立。耿宝等承旨，皆以为太子当
废。历与太常桓焉、廷尉张皓议曰："经说，年未满十五，过恶不在
其身。且男、吉之谋，皇太子容有不知，宜选忠良保傅，辅以礼义。
废置事重，此诚圣恩所宜宿留。"帝不从，②是日遂废太子为济阴
王。时监太子家小黄门籍建、中傅高梵等③皆以无罪徙朔方。历
乃要结光禄勋祋讽，④宗正刘玮，将作大匠薛皓，侍中闾丘弘，[29]
陈光、赵代、施延，太中大夫朱伥，⑤第五颉，⑥中散大夫曹成，谏议
大夫李尤，符节令张敬，⑦持书侍御史龚调，⑧羽林右监孔显，⑨城
门司马徐崇，卫尉守丞乐闿，⑩长乐、未央厩令郑安世等十馀人，⑪
俱诣鸿都门证太子无过。龚调据法律明之，以为男、吉犯罪，皇太

子不当坐。帝与左右患之，乃使中常侍奉诏胁群臣曰："父子一体，天性自然。以义割恩，为天下也。历、讽等不识大典，而与群小共为讙哗，外见忠直而内希后福，饰邪违义，岂事君之礼？朝廷广开言事之路，故且一切假贷；若怀迷不反，当显明刑书。"谏者莫不失色。薛皓先顿首曰："固宜如明诏。"历怫然，⑫廷诘皓曰："属通谏何言，而今复背之？⑬大臣乘朝车，处国事，固得辗转若此乎！"⑭〔30〕乃各稍自引起，历独守阙，连日不肯去。帝大怒，乃免历兄弟官，削国租，黜公主不得会见。历遂杜门不与亲戚通，时人为之震慄。

①宝女弟为清河王庆姬，即安帝嫡母也，故宝于帝为元舅焉。

②宿留犹停留也。宿留音秀溜。

③梵音扶泛反。

④裞音丁外反。

⑤伥音丑羊反。

⑥颉音下结反。

⑦续汉(书)〔志〕曰："符节令，秩〔六〕百石。"〔31〕

⑧续汉志曰"持书侍御史，秩六百石"也。

⑨汉官仪"羽林左、右监，属光禄"也。

⑩守丞，兼守之丞也。

⑪续汉志曰"未央厩令一人，长乐厩令一人，主乘舆马"也。

⑫字林曰："怫，郁也。"怫音扶勿反。

⑬属，近也。通犹共也。近言共谏，何乃相背也。

⑭周礼曰："卿乘夏缦，大夫乘墨车。"辗转，不定也。诗曰："展转反侧。"

及帝崩，阎太后起历为将作大匠。顺帝即位，朝廷咸称社稷臣，于是迁为卫尉。裞讽、刘玮、闾丘弘等先卒，皆拜其子为郎；朱伥、①施延、陈光、赵代等并为公卿,任职;征王男、邴吉家属还京师,厚加赏赐;籍建、高梵等悉蒙显擢。永建元年,拜历车骑将军,弟祉为步兵校尉,超为黄门侍郎。三年,母长公主薨,历称病归第;服阕,复为大鸿胪。阳嘉二年,卒官。

①伥音丑良反。

子定嗣。定尚安帝妹平氏长公主,顺帝时,为虎贲中郎将。定卒,子虎嗣,桓帝时,为屯骑校尉。弟艳,字季德,少好学下士,开馆养徒,少历显位,灵帝时,再迁司空。

赞曰:"李、邓豪赡,舍家从谶。①少公虽孚,宗卿未验。②王常知命,功惟帝念。③款款君叔,斯言无玷。④方献三捷,永坠一剑。⑤

①邓晨代以吏二千石为豪,李通家富为赡也。

②孚,信也。言蔡少公论谶,其事虽信,而李守被诛,是未验也。

③王常,更始中为知命侯,后归朝,上录其功,封为列侯,故曰帝念。

④玷,缺也。

⑤小雅采薇诗曰:"岂敢定居,一月三捷。"

【校勘记】

〔1〕李通字次元　集解引汪文台说,谓初学记十一、北堂书钞五十二引华峤书"次元"作"文元"。今按:安国桂坡馆刊本初学记及孔广陶校注本北堂书钞并作"次元"。

〔2〕会光武避(事)〔吏〕在宛　集解引陈景云说,谓它处皆作"避吏",此"事"疑因相似而误。今据改。按:"事"字古文作"叓",与"吏"形相近也。

〔３〕同母弟申徒臣　集解引惠栋说,谓"申徒臣"东观记作"公孙臣",袁宏纪作"申屠臣"。今按:聚珍本东观记光武纪作"公孙臣",李通传作"申徒臣"。

〔４〕苍卒时以备不虞耳　汲本、殿本"苍"作"仓"。按:苍仓通用。又按:影印绍兴本此卷仍有阙佚,取它本补配,故多讹字。以下遇极明显之讹字,皆径予改正,不作校记。

〔５〕征通为卫尉　按:袁纪"卫尉"作"光禄勋"。书钞五十三引续汉书同。

〔６〕属南(郡)〔阳〕　据集解引洪亮吉说改。

〔７〕以病上书乞身　按:集解引洪亮吉说,谓此蒙上"六年夏"之文,下云"其夏,引拜为大司空",考通为司空在建武七年五月,则此应云"明年夏,引拜为大司空",否则"以病上书乞身"上亦应加"明年"二字。省此二字,增一"其"字,遂觉叙事不清。

〔８〕安众侯刘(崇)〔宠〕　集解引顾炎武说,谓"崇"当从汉表作"宠"。又引陈景云说,谓崇死于莽未篡汉之先,建武二年,从父弟宠绍封,此传写误也。今据改。按:集解又引惠栋说,谓安众侯绍封者有刘宣子高,见卓茂传。校补谓"宣"与"宠"自系一人名,因形近而误。

〔９〕猖狂无妄之福　按:汲本"福"作"祸"。

〔10〕又有无(妄)〔望〕之祸　据汲本、殿本改,与史记平原君传合。

〔11〕南(郡)〔阳〕有宜秋聚也　集解引惠栋说,谓续志平氏县有宜秋聚,属南阳,非南郡也。今据改。

〔12〕此〔天〕所以祐吾属也　校补引钱大昭说,谓"此"字下通鉴有"天"字。按:上屡言"天",此处合有"天"字,今据补。

〔13〕此家率下江诸将　集解谓袁宏纪"此家"作"此人"。按:通鉴胡注"此家犹言此人也"。

〔14〕嚣遣将过乌氏　按:集解引惠栋说,谓氏音支,续志作"枝"或作"支"。

〔15〕按:此注原系"乌氏"下,据汲本、殿本移正。

〔16〕往时会宛独当应邪 按:张煊谓"会宛"下当有"语"字,袁纪作"宛下言傥能应也"。

〔17〕有趍譁犯〔法〕者斩无须时 据刊误补,与前书莽传合。按:殿本"趍"作"趋",与前书莽传同。

〔18〕仆竟(辩)〔辮〕之 按:集解引沈钦韩说,谓此"仆"字即光武自称之"仆","辩"当作"辮"。今据改。

〔19〕赏赐数百(十)〔千〕万 据汲本、殿本改。

〔20〕娶光武祖姑生歙 按:殿本考证万承苍谓下文王遵曰"君叔陛下之外兄也",此"祖姑"字必有误。又沈家本谓按后文"而陛下之外兄也",注"光武之姑子,故曰外兄",然则仲娶者非光武祖姑,恐"祖"字讹也。

〔21〕而陛下之外兄也 按:御览四五二引"陛下"作"汉帝"。

〔22〕害之无损于汉而随以族灭 按:御览四五二引作"害之无损于彼,灭之有害于吾"。

〔23〕前书音义曰回中在汧 按:集解引惠栋说,谓番须、回中皆在安定郡,注引前书音义谓"回中在汧",非。

〔24〕则制其支体〔易〕也 据校补引钱大昭说补。

〔25〕下(辩)〔辮〕 据集解引惠栋说改。按:通鉴作"辮"。

〔26〕按:此注原在"被罪"下,依汲本移正。

〔27〕省书(览)〔擥〕涕 校补谓"览"当作"擥",屈子怀沙"思美人兮擥涕竚伫眙"。今据改。按:通鉴引作"揽",揽即擥字。

467

〔28〕故改汝南之当乡县为征羌国焉 按:前志汝南无当乡县。集解引钱大昕说,谓"县"字疑衍。又引洪颐煊说,谓地理、郡国两志于征羌不言"故当乡"。范滂传"汝南征羌人",李注"谢承书云汝南细阳人。"疑当乡县东京初年割细阳所置,故承以滂为细阳人。

〔29〕侍中闾丘弘 按:集解引惠栋说,谓袁纪作"中郎将闾丘宏"。

〔30〕固得辗转若此乎　按:汲本、殿本"得"作"复"。

〔31〕续汉(书)〔志〕曰符节令秩〔六〕百石　"书"当作"志"。又集解引沈钦韩说,谓"百石"上应有"六"字,今据补,与续志合。

后汉书卷十六

邓寇列传第六　邓禹子训　孙骘　寇恂曾孙荣

　　邓禹字仲华，南阳新野人也。年十三，能诵诗，受业长安。时光武亦游学京师，禹年虽幼，而见光武知非常人，遂相亲附。数年归家。

　　及汉兵起，更始立，豪桀多荐举禹，禹不肯从。及闻光武安集河北，即杖策北渡，追及于邺。光武见之甚欢，谓曰："我得专封拜，生远来，宁欲仕乎？"禹曰："不愿也。"光武曰："即如是，何欲为？"禹曰："但愿明公威德加于四海，禹得效其尺寸，垂功名于竹帛耳。"光武笑，因留宿闲语。①禹进说曰："更始虽都关西，今山东未安，赤眉、青犊之属，动以万数，三辅假号，往往群聚。更始既未有所挫，而不自听断，诸将皆庸人屈起，②志在财币，争用威力，朝夕自快而已，非有忠良明智，深虑远图，欲尊主安民者也。四方分崩离析，③形埶可见。明公虽建藩辅之功，犹恐无所成立。于今之

469

计,莫如延揽英雄,务悦民心,立高祖之业,救万民之命。以公而虑天下,不足定也。"光武大悦,因令左右号禹曰邓将军。常宿止于中,与定计议。

①闲,私也。

②屈音求勿反。

③论语曰:"邦分崩离析。"

及王郎起兵,光武自蓟至信都,使禹发奔命,得数千人,令自将之,别攻拔乐阳。①从至广阿,②光武舍城楼上,披舆地图,指示禹曰:"天下郡国如是,今始乃得其一。子前言以吾虑天下不足定,何也"?禹曰:"方今海内殽乱,人思明君,犹赤子之慕慈母。古之兴者,在德薄厚,不以大小。"③光武悦。时任使诸将,多访于禹,禹每有所举者,皆当其才,光武以为知人。使别将骑,与盖延等击铜马于清阳。延等先至,战不利,还保城,为贼所围。禹遂进与战,破之,生获其大将。从光武追贼至(满)〔蒲〕阳,[1]连大克获,北州略定。

①乐阳,县名,属常山郡。

②东观记曰:"上率禹等击王郎横野将军刘奉,大破之。上过禹营,禹进炙鱼,上餐啖,劳勉吏士,威严甚厉。众皆窃言'刘公真天人也'。"

③史记苏秦说赵王曰:"尧无三夫之分,舜无咫尺之地,禹无百人之聚,汤、武之士不过三千,立为天子,诚得其道也。"

及赤眉西入关,更始使定国上公王匡、襄邑王成丹、抗威将军刘均及诸将,分据河东、弘农以拒之。赤眉众大集,王匡等莫能当。光武筹赤眉必破长安,欲乘衅并关中,而方自事山东,未知所寄,以禹沈深有大度,故授以西讨之略。乃拜为前将军持节,中分麾下精兵二万人,遣西入关,令自选偏裨以下可与俱者。于是以韩歆为军师,李文、李春、程虑为祭酒,①冯愔为积弩将军,樊崇为骁骑将军,宗歆为车骑将军,邓寻为建威将军,[2]耿䜣为赤眉将军,左于为军师将军,引而西。

①"虑"字或为"宪"字。

建武元年正月,禹自箕关将入河东,①河东都尉守关不开,禹攻十日,破之,获辎重千馀乘。进围安邑,数月未能下。更始大将军樊参将数万人,度大阳欲攻禹,②禹遣诸将逆击于解南,大破之,斩参首。③于是王匡、成丹、刘均等合军十馀万,复共击禹,禹军不利,樊崇战死。会日暮,战罢,军师韩歆及诸将见兵势已摧,皆劝禹夜去,禹不听。明日癸亥,匡等以六甲穷日不出,禹因得更理兵勒众。明旦,匡悉军出攻禹,禹令军中无得妄动;既至营下,因传发诸将鼓而并进,大破之。匡等皆弃军亡走,禹率轻骑急追,获刘均及河东太守杨宝、持节中郎将弭强,皆斩之,收得节六,印绶五百,兵器不可胜数,遂定河东。承制拜李文为河东太守,悉更置属县令长以镇抚之。是月,光武即位于鄗,使使者持节拜禹为大司徒。策曰:"制诏前将军禹:深执忠孝,与朕谋谟帷幄,决胜千里。④孔子曰:'自吾有回,门人日亲。'⑤斩将破军,平定山西,功效尤著。百姓不亲,五品不训,汝作司徒,敬敷五教,五教在宽。⑥今遣奉车都尉授印绶,封为酂侯,食邑万户。敬之哉!"⑦禹时年二十四。

①箕关在今王屋县东。

②大阳,县,属河东郡。前书音义曰:"大河之阳。"春秋:"秦伯伐晋,自茅津济。"杜预云:"河东大阳县也。"

③解,县,属河东郡,故城在今蒲州桑泉县东南也。

④高祖曰:"运策帷幄之中,决胜千里之外,吾不如子房。"

⑤史记曰,颜回年二十九,发白,早死,孔子哭之恸,曰"自吾有回,门人

邓寇列传第六

471

益亲"也。

⑥五品,五常也:父义,母慈,兄友,弟恭,子孝。言五常之教务在
宽也。

⑦郦,县,(今)属南阳郡,故城在〔今〕襄州穀城县东北。[3]

遂渡汾阴河,入夏阳。更始中郎将左辅都尉公乘歙,①引其众
十万,与左冯翊兵共拒禹于衙,②禹复破走之,而赤眉遂入长安。
是时三辅连覆败,赤眉所过残贼,百姓不知所归。闻禹乘胜独剋而
师行有纪,③皆望风相携负以迎军,降者日以千数,众号百万。禹
所止辄停车住节,④以劳来之,父老童稚,垂发戴白,⑤满其车下,
莫不感悦,于是名震关西。帝嘉之,数赐书褒美。

①左辅即左冯翊也。三辅皆有都尉。

②衙,县名,属左冯翊,解见安纪。

③纪,纲纪也。言有条贯而不残暴。

④住或作柱。

⑤垂发,童幼也。戴白,父老也。

诸将豪杰皆劝禹径攻长安。禹曰:"不然。今吾众虽多,能战
者少,前无可仰之积,①后无转馈之资。赤眉新拔长安,财富充
实,[4]锋锐未可当也。夫盗贼群居,无终日之计,财穀虽多,变故万
端,宁能坚守者也?上郡、北地、安定三郡,土广人稀,饶穀多畜,吾
且休兵北道,就粮养士,以观其弊,乃可图也。"于是引军北至栒
邑。②禹所到,击破赤眉别将诸营保,郡邑皆开门归附。西河太守
宗育遣子奉檄降,禹遣诣京师。③

①仰犹恃也,音鱼向反。

②栒邑,县,属右扶风,故城在今豳州三水县东北。栒音荀。

③京师谓洛阳也。公羊传曰:"天子所居曰京师。"

472

帝以关中未定，而禹久不进兵，下敕曰："司徒，尧也；亡贼，桀也。长安吏人，遑遑无所依归。宜以时进讨，镇慰西京，系百姓之心。"禹犹执前意，乃分遣将军别攻上郡诸县，更征兵引穀，归至大要。①遣冯愔、宗歆守枸邑。二人争权相攻，愔遂杀歆，因反击禹，禹遣使以闻(帝)。[5]帝问使人："愔所亲爱为谁"，对曰："护军黄防。"帝度愔、防不能久和，埶必相忤，因报禹曰："缚冯愔者，必黄防也。"乃遣尚书宗广持节降之。[6]后月馀，防果执愔，将其众归罪。更始诸将王匡、胡殷(成丹)等皆诣广降，[7]与共东归。至安邑，道欲亡，广悉斩之。愔至洛阳，赦不诛。

①大要，县名，属北地郡。

二年春，遣使者更封禹为梁侯，食四县。时赤眉西走扶风，禹乃南至长安，军昆明池，大飨士卒。率诸将斋戒，择吉日，修礼谒祠高庙，收十一帝神主，[8]遣使奉诣洛阳，因循行园陵，为置吏士奉守焉。

禹引兵与延岑战于蓝田，不克，复就穀云阳。汉中王刘嘉诣禹降。嘉相李宝倨慢无礼，禹斩之。宝弟收宝部曲击禹，杀将军耿䜣。自冯愔反后，禹威稍损，又乏食，归附者离散。而赤眉复还入长安，禹与战，败走，至高陵，军士饥饿(者)，皆食枣菜。[9]帝乃征禹还，敕曰："赤眉无穀，自当来东，吾折捶笞之，非诸将忧也。无得复妄进兵。"禹惭于受任而功不遂，数以饥卒徼战，辄不利。三年春，与车骑将军邓弘击赤眉，遂为所败，众皆死散。事在冯异传。独与二十四骑还诣宜阳，谢上大司徒、梁侯印绶。有诏归侯印绶。数月，拜右将军。

延岑自败于东阳，遂与秦丰合。四年春，复寇顺阳间。遣禹护复汉将军邓晔、辅汉将军于匡,击破岑于邓;追至武当,复破之。岑奔汉中,馀党悉降。

十三年,天下平定,诸功臣皆增户邑,定封禹为高密侯,食高密、昌安、夷安、淳于四县。①帝以禹功高,封弟宽为明亲侯。其后左右将军官罢,②以特进奉朝请。禹内文明,笃行淳备,事母至孝。天下既定,常欲远名埶。有子十三人,各使守一蓻。修整闺门,教养子孙,皆可以为后世法。资用国邑,不修产利。帝益重之。中元元年,复行司徒事。从东巡狩,封岱宗。

①高密,国名,今密州县也。昌安、夷安并属高密国。昌安故城在今密州安丘县外城也。夷安故城在今密州高密县外城也。淳于,县名,属北海郡,故城在今密州安丘县东北也。

②续汉志曰"前后左右将军皆主征伐,事讫皆罢"也。

显宗即位,以禹先帝元功,拜为太傅,进见东向,甚见尊宠。①居岁馀,寝疾,帝数自临问,以子男二人为郎。永平元年,年五十七薨,谥曰元侯。

①臣当北面,尊如宾,故令东向。

帝分禹封为三国:长子震为高密侯,袭为昌安侯,珍为夷安侯。

禹少子鸿,好筹策。永平中,以为小侯。引入与议边事,帝以为能,拜将兵长史,率五营士屯雁门。肃宗时,为度辽将军。永元中,与大将军窦宪俱出击匈奴,有功,征行车骑将军。出塞追畔胡逢侯,坐逗留,下狱死。

高密侯震卒,子乾嗣。乾尚显宗女沁水公主。永元十四年,阴皇后巫蛊事发,乾从兄奉以后舅被诛,乾从坐,国除。元兴元年,和帝复封乾本国,拜侍中。乾卒,子成嗣。成卒,子褒嗣。褒尚安帝

妹舞阴长公主，桓帝时为少府。襃卒，长子某嗣。少子昌袭母爵为
舞阴侯，拜黄门侍郎。

　　昌安侯袭嗣子藩，〔10〕亦尚显宗女平皋长公主，①和帝时
为侍中。

　　①平皋，县名，属河内郡，故城在今怀州武德县西。

　　夷安侯珍子康，少有操行。兄良袭封，无后，永初六年，绍封康
为夷安侯。时诸绍封者皆食故国半租，康以皇太后戚属，独三分食
二，以侍祠侯①为越骑校尉。康以太后久临朝政，宗门盛满，数上
书长乐宫谏争，宜崇公室，自损私权，言甚切至。太后不从。康心
怀畏惧，永宁元年，遂谢病不朝。太后使内侍者问之。时宫人出
入，多能有所毁誉，其中耆宿皆称中大人。所使者乃康家先婢，亦
自通中大人。康闻，诟之②曰："汝我家出，亦敢尔邪！"婢怨恚，还
说康诈疾而言不逊。太后大怒，遂免康官，遣归国，绝属籍。及从
兄瞀诛，③安帝征康为侍中。顺帝立，为太仆，有方正称，名重朝
廷。以病免，加位特进。阳嘉三年卒，谥曰义侯。

　　①汉官仪曰："诸侯功德优盛，朝廷所敬者，位特进，在三公下；其次朝
　　　侯，在九卿下；其次侍祠侯；其次下土小国侯，以肺腑亲公主子孙，奉
　　　坟墓于京师，亦随时朝见，是为限诸侯也。"〔11〕康，太后从兄，以亲侍
　　　祀得绍封也。

　　②诟，骂也，音许遘反。

　　③瞀音质。

　　论曰：夫变通之世，君臣相择，①斯最作事谋始之几也。②邓公
赢粮徒步，触纷乱而赴光武，③可谓识所从会矣，于是中分麾下之

军,以临山西之隙,至使关河响动,怀赴如归。功虽不遂,而道亦弘矣！及其威损枸邑,兵散宜阳,褫龙章于终朝,就侯服以卒岁,④荣悴交而下无二色,进退用而上无猜情,使君臣之美,后世莫窥其间,不亦君子之致为乎！

①家语孔子曰:"君择臣而任之,臣亦择君而事之。"

②几者,事之微也。易讼卦曰"君子以作事谋始"也。

③方言曰:"赢,檐。"

④褫音直纸反,又敕纸反。龙章,衮龙之服也。谓禹为赤眉所败,上司徒印绶也。易讼卦曰:"或锡之鞶带,终朝三褫之。"

训字平叔,禹第六子也。少有大志,不好文学,禹常非之。显宗即位,初以为郎中。训乐施下士,士大夫多归之。①

①东观记曰:"训谦恕下士,无贵贱见之如旧,朋友子往来门内,视之如子,有过加鞭扑之教。太医皮巡从猎上林还,暮宿殿门下,寒疝病发。时训直事,闻巡声,起往问之,巡曰:'冀得火以熨背。'训身至太官门为求火,不得,乃以口嘘其背,复呼同庐郎共更嘘,至朝遂愈也。"

永平中,理虖沱、石臼河,从都虑至羊肠仓,①〔12〕欲令通漕。②太原吏人苦役,连年无成,转运所经三百八十九隈,③前后没溺死者不可胜算。建初三年,拜训谒者,使监领其事。训考量隐括,④知大功难立,具以上言。肃宗从之,遂罢其役,更用驴辇,岁省费亿万计,全活徒士数千人。

①郦元水经注云,汾阳故城,积粟所在,谓之羊肠仓,在晋阳西北,石隥萦委,若羊肠焉,故以为名。今岚州界羊肠阪是也。石臼河解见(明)〔章〕纪。〔13〕

②水运曰漕。

③临音乙卖反。

④隐审量括之也。孙卿子曰："拘木必待隐括蒸揉然后直"也。拘音钩，
谓曲者也。

会上谷太守任兴欲诛赤沙乌桓，〔乌桓〕怨恨谋反，诏[14]训将
黎阳营兵屯狐奴，以防其变。①训抚接边民，为幽部所归。六年，迁
护乌桓校尉，黎阳故人多携将老幼，乐随训徙边。②鲜卑闻其威恩，
皆不敢南近塞下。③八年，舞阴公主子梁扈有罪，训坐私与扈通书，
征免归闾里。④

①汉官仪曰："中兴以幽、冀、并州兵克定天下，故于黎阳立营，以谒者监
之。"狐奴，县，属渔阳郡也。

②东观记曰："训故吏最贫羸者举国，念训常所服药北州少乏，又知训好
青泥封书，从黎阳步推鹿车于洛阳市药，还过赵国易阳，并载青泥一
(襆)〔墣〕，[15]至上谷遗训。其得人心如是。"

③东观记曰："吏士常大病疟，转易至数十人，[16]训身为煮汤药，咸得平
愈。其无妻者，为适配偶。"

④东观记曰："燕人思慕，为之作歌也。"

元和三年，卢水胡反畔，以训为谒者，乘传到武威，拜张掖
太守。

章和二年，护羌校尉张纡诱诛烧当种羌迷吾等，[17]由是诸羌
大怒，谋欲报怨，朝廷忧之。公卿举训代纡为校尉。诸羌激忿，遂
相与解仇结婚，交质盟诅，①众四万馀人，期冰合度河攻训。先是
小月氏胡分居塞内，胜兵者二三千骑，皆勇健富强，每与羌战，常以
少制多。虽首施两端，②汉亦时收其用。时迷吾子迷唐，别与武威
种羌合兵万骑，来至塞下，未敢攻训，先欲胁月氏胡。训拥卫稽故，
令不得战。③议者咸以羌胡相攻，县官之利，以夷伐夷，不宜禁护。

训曰:"不然。今张纡失信,众羌大动,经常屯兵,不下二万,转运之费,空竭府帑,④凉州吏人,命县丝发。原诸胡所以难得意者,皆恩信不厚耳。今因其迫急,以德怀之,庶能有用。"遂令开城及所居园门,悉驱群胡妻子内之,严兵守卫。羌掠无所得,⑤又不敢逼诸胡,因即解去。由是湟中诸胡⑥皆言"汉家常欲斗我曹,今邓使君待我以恩信,开门内我妻子,乃得父母"。咸欢喜叩头曰:"唯使君所命。"训遂抚养其中少年勇者数百人,以为义从。

①郑玄注周礼云:"大事曰盟,小事曰诅。"

②首施犹首鼠也。

③稽故谓稽留事故也。东观记"稽故"字作"诸故"也。

④说文曰:"帑,金帛所藏。"音它莽反。

⑤掠,劫夺也。

⑥湟中,月氏胡所居,今鄯州湟水县也。

羌胡俗耻病死,每病临困,辄以刃自刺。训闻有困疾者,辄拘持缚束,不与兵刃,使医药疗之,愈者非一,小大莫不感悦。于是赏赂诸羌种,使相招诱。迷唐伯父号吾乃将其母及种人八百户,[18]自塞外来降。训因发湟中秦、胡、羌兵四千人,出塞掩击迷唐于写谷,①斩首虏六百馀人,得马牛羊万馀头。迷唐乃去大、小榆,②居颇岩谷,众悉破散。其春,复欲归故地就田业,训乃发湟中六千人,令长史任尚将之,缝革为船,置于箄上以度河,③掩击迷唐庐落大豪,多所斩获。复追逐奔北,会尚等夜为羌所攻,于是义从羌胡并力破之,斩首前后一千八百馀级,获生口二千人,马牛羊三万馀头,一种殆尽。④迷唐遂收其馀部,远徙庐落,西行千馀里,诸附落小种皆背畔之。烧当豪帅东号稽颡归死,⑤馀皆款塞纳质。于是绥接归附,威信大行。遂罢屯兵,各令归郡。唯置弛刑徒二千馀人,分以屯田,为贫人耕种,修理城郭坞壁而已。

①东观记(曰)"写"作"雁"。[19]

②两谷名也,见西羌传。

③箄,木筏也,音步佳反。

④一种谓迷唐也。

⑤东号,羌名。

永元二年,大将军窦宪将兵镇武威,宪以训晓羌胡方略,上求俱行。训初厚于马氏,不为诸窦所亲,及宪诛,故不离其祸。①

①离,遭也。

训虽宽中容众,而于闺门甚严,兄弟莫不敬惮,诸子进见,未尝赐席接以温色。四年冬,病卒官,时年五十三。吏人羌胡爱惜,旦夕临者日数千人。戎俗父母死,耻悲泣,皆骑马歌呼。至闻训卒,莫不吼号,或以刀自割,又刺杀其犬马牛羊,曰"邓使君已死,我曹亦俱死耳"。前乌桓吏士皆奔走道路,①至空城郭。吏执不听,以状白校尉徐傿。傿叹息曰:"此义也。"②乃释之。遂家家为训立祠,每有疾病,辄此请祷求福。[20]

①训前任乌桓校尉时吏士也。

②傿音于建反。

元兴元年,和帝以训皇后之父,使谒者持节至训墓,赐策追封,谥曰平寿敬侯。①中宫自临,百官大会。

①平寿,县,属北海郡,故城在今青州北海县。

训五子:骘,京,悝,弘,阊。①[21]

①悝音口回反。

骘字昭伯,①少辟大将军窦宪府。及女弟为贵人,骘兄弟皆除郎中。及贵人立,是为和熹皇后。骘三迁虎贲中郎将,京、悝、弘、阊皆黄门侍郎。京卒于官。延平元年,拜骘车骑将军、仪同三司。〔仪同三司〕始自骘也。[22]悝虎贲中郎将,弘、阊皆侍中。

①东观记"骘"作"陟"。

殇帝崩,太后与骘等定策立安帝,悝迁城门校尉,弘虎贲中郎将。自和帝崩后,骘兄弟常居禁中。骘谦逊不欲久在内,连求还第,岁馀,太后乃许之。

永初元年,封骘上蔡侯,悝叶侯,弘西平侯,①阊西华侯,②食邑各万户。骘以定策功,增邑三千户。骘等辞让不获,遂逃避使者,间关诣阙,③上疏自陈曰:"臣兄弟污浊,无分可采,④过以外戚,遭值明时,⑤託日月之末光,被云雨之渥泽,⑥并统列位,光昭当世。不能宣赞风美,补助清化,诚戁诚惧,无以处心。陛下躬天然之姿,体仁圣之德,遭国不造,仍离大忧,⑦开日月之明,运独断之虑,援立皇统,奉承大宗。圣策定于神心,休烈垂于不朽,本非臣等所能万一,而猥推嘉美,并享大封,⑧伏闻诏书,惊惶惭怖。追观前世倾覆之诫,⑨退自惟念,不寒而栗。⑩臣等虽无逮及远见之虑,犹有庶几戒惧之情。常母子兄弟,内相敕厉,冀以端悫畏慎,一心奉戴,上全天恩,下完性命。刻骨定分,有死无二。终不敢横受爵土,以增罪累。惶窘征营,昧死陈乞。"太后不听。骘频上疏,至于五六,乃许之。

①西平,县,属汝南郡,故城在今豫州郾城县南。

②西华,县,属汝南郡也。

③间关犹崎岖也。

④言无分寸可收采也。

⑤过，误也。

⑥易曰："夫圣人者，与天地合其德，日月齐其明。"又云"云行雨施，天下平"也。

⑦造，成也。仍，频也。大忧，和帝、殇帝崩。

⑧猥，曲也。

⑨前代外戚上官安、霍禹之属，皆被诛戮也。

⑩惟，思也。不寒而栗，言恐惧也。前书曰"义纵为定襄太守，郡中不寒而栗"也。

其夏，凉部畔羌摇荡西州，朝廷忧之。于是诏骘将左右羽林、北军五校士及诸部兵击之，车驾幸平乐观钱送。骘西屯汉阳，使征西校尉任尚、从事中郎司马钧与羌战，大败。时以转输疲弊，百姓苦役。冬，征骘班师。①〔23〕朝廷以太后故，遣五官中郎将迎拜骘为大将军。军到河南，使大鸿胪亲迎，中常侍赍牛酒郊劳，王、主以下候望于道。既至，大会群臣，赐束帛乘马，②宠灵显赫，光震都鄙。

①班，还也。

②驷马曰乘。

时遭元二之灾，①人士荒饥，〔24〕死者相望，盗贼群起，四夷侵畔。骘等崇节俭，罢力役，推进天下贤士何熙、祋讽、②羊浸、李郃、陶敦等列于朝廷，辟杨震、朱宠、陈禅置之幕府，故天下复安。

①臣贤案：元二即元元也，〔25〕古书字当再读者，即于上字之下为小"二"字，言此字当两度言之。后人不晓，遂读为元二，或同之阳九，或附之百六，良由不悟，致斯乖舛。今岐州石鼓铭，凡重言者皆为"二"字，明验也。

②祋，姓也，音丁外反，又音丁活反。

四年，母新野君寝病，骘兄弟并上书求还侍养。太后以圌最

481

邓寇列传第六

少,孝行尤著,特听之,赐安车驷马。及新野君薨,骘等复乞身行服,章连上,太后许之。骘等既还里第,并居冢次。圉至孝骨立,有闻当时。及服阕,诏喻骘还辅朝政,更授前封。骘等叩头固让,乃止,于是并奉朝请,位次在三公下,特进、侯上。^①其有大议,乃诣朝堂,与公卿参谋。

①在特进及列侯之上。

元初二年,弘卒。太后服齐衰,帝丝麻,^[26]并宿幸其第。弘少治欧阳尚书,授帝禁中,^①诸儒多归附之。初疾病,遗言悉以常服,不得用锦衣玉匣。有司奏赠弘骠骑将军,位特进,封西平侯。太后追思弘意,不加赠位衣服,但赐钱千万,布万匹,骘等复辞不受。诏大鸿胪持节,即弘殡封子广德为西平侯。将葬,有司复奏发五营轻车骑士,礼仪如霍光故事,^②太后皆不听,但白盖双骑,门生挽送。^③后以帝师之重,分西平之都乡封广德弟甫德为都乡侯。四年,又封京子黄门侍郎珍为阳安侯,^[27]邑三千五百户。

①欧阳生字和伯,千乘人,事伏生,武帝时人。

②霍光薨,宣帝遣太中大夫、侍御史持节护丧事,中二千石修莫府冢,上赐玉衣、梓宫、便房、黄肠题凑、辒辌车、黄屋左纛,轻车材官五校士以送葬也。

③白盖车也。

五年,悝、圉相继并卒,皆遗言薄葬,不受爵赠,太后并从之。乃封悝子广宗为叶侯,圉子忠为西华侯。

自祖父禹教训子孙,皆遵法度,深戒窦氏,^①检敕宗族,阖门静居。^②骘子侍中凤,尝与尚书郎张龛书,属郎中马融宜在台阁。又中郎将任尚尝遗凤马,后尚坐断盗军粮,槛车征诣廷尉,^③凤惧事泄,先自首于骘。骘畏太后,遂髡妻及凤以谢,天下称之。

①章帝窦皇后,窦勋女,祖穆及叔父俱尚主。穆交通轻薄,属託郡县,干
　乱政化,后并坐怨望谋不轨被诛,故邓氏引深为诫也。

②阖,闭也。

③槛车谓以板四周为槛,无所见。

建光元年,太后崩,未及大敛,帝复申前命,封骘为上蔡侯,位
特进。帝少号聪敏,及长多不德,而乳母王圣见太后久不归政,虑
有废置,常与中黄门李闰候伺左右。及太后崩,宫人先有受罚者,
怀怨恚,因诬告悝、弘、阊先从尚书邓访取废帝故事,[28]谋立平原
王得。①[29]帝闻,追怒,令有司奏悝等大逆无道,遂废西平侯广德、
叶侯广宗、[30]西华侯忠、阳安侯珍、都乡侯甫德皆为庶人。骘以不
与谋,但免特进,遣就国。宗族皆免官归故郡,没入骘等赀财田宅,
徙邓访及家属于远郡。郡县逼迫,广宗及忠皆自杀。又徙封骘为
罗侯,②骘与子凤并不食而死。骘从弟河南尹豹、度辽将军舞阳侯
遵、将作大匠畅皆自杀,唯广德兄弟以母阎后戚属得留京师。

①和帝长子平原王胜无嗣,邓太后立乐安王宠子得为平原王。

②罗,县,属长沙(国)〔郡〕。[31]

大司农朱宠痛骘无罪遇祸,乃肉袒舆榇,①上疏追讼骘曰:"伏
惟和熹皇后圣善之德,为汉文母。②兄弟忠孝,同心忧国,宗庙有
主,王室是赖。③功成身退,让国逊位,历世外戚,无与为比。当享
积善履谦之祐,④而横为宫人单辞所陷。利口倾险,反乱国家,罪
无申证,⑤狱不讯鞠,⑥遂令骘等罹此酷滥。一门七人,并不以
命,⑦尸骸流离,怨魂不反,逆天感人,率土丧气。宜收还冢次,宠
树遗孤,奉承血祀,以谢亡灵。"⑧宠知其言切,自致廷尉,诏免官归

田里。众庶多为骘称枉,帝意颇悟,乃遣让州郡,⑨还葬洛阳北芒旧茔,公卿皆会丧,莫不悲伤之。诏遣使者祠以中牢,诸从昆弟皆归京师。及顺帝即位,追感太后恩训,愍骘无辜,乃诏宗正复故大将军邓骘宗亲内外,朝见皆如故事。除骘兄弟子及门从十二人悉为郎中,擢朱宠为太尉,录尚书事。

①榇,亲身棺也。

②诗凯风曰:"母氏圣善。"文母,文王之母大任也。言太后有圣智之善,比于文母也。

③殇帝崩,太后与骘定立安帝,故曰是赖。

④易曰:"积善之家,必有馀庆。"又曰:"鬼神害盈而福谦。"

⑤申,明白也。

⑥讯,问也。鞫,穷也。

⑦七人谓骘从弟豹、遵、畅,骘子凤,凤从弟广宗、忠也。

⑧血祀谓祭庙杀牲取血以告神也。

⑨以逼迫广宗等故也。

宠字仲威,京兆人,初辟骘府,稍迁颍川太守,治理有声。及拜太尉,封安乡侯,甚加优礼。

广德早卒。甫德更召征为开封令。学传父业。丧母,遂不仕。

閟妻耿氏有节操,痛邓氏诛废,子忠早卒,乃养河南尹豹子嗣为閟后。耿氏教之书学,遂以通博称。永寿中,与伏无忌、延笃著书东观,官至屯骑校尉。

禹曾孙香(子)〔之〕女为桓帝后,[32]帝又绍封度辽将军遵子万世为南乡侯,拜河南尹。及后废,万世下狱死,其馀宗亲皆复归故郡。

邓氏自中兴后,累世宠贵,凡侯者二十九人,公二人,大将军以下十三人，中二千石十四人，列校二十二人，州牧、郡守四十八人，其馀侍中、将、大夫、郎、谒者不可胜数，东京莫与为比。

论曰：汉世外戚，自东、西京十有馀族，①非徒豪横盈极，自取灾故，必于贻衅后主，以至颠败者，其数有可言焉。②何则？恩非己结，而权已先之；③情疏礼重，而枉性图之；④来宠方授，地既害之；⑤隙开执谢，谗亦胜之。⑥悲哉！骘、悝兄弟，委远时柄，忠劳王室，而终莫之免，斯乐生所以泣而辞燕也！⑦

①高帝吕后、昭帝上官后、宣帝霍后、成帝赵后、平帝王后、章帝窦后、和帝邓后、安帝阎后、桓帝窦后、顺帝梁后、灵帝何后等家，或以贵盛骄奢，或以摄位权重，皆以盈极被诛也。

②后主谓嗣君也。言外戚握权者，当先帝时或容免祸，必贻罪衅于嗣君，以至倾覆。数犹理也，其致败之理可得言焉。

③言外戚之家，承隆宠于先帝，不结恩于后主，故权势先在其身也。

④图，谋也。其人既居权要，礼数不可不重，故后主枉其本性与之图谋政事，非心所好也。

⑤后来宠者，方欲授之要职，而先代权臣见居其地，必须除旧方得授新，是地既害之也。

⑥君臣有隙，上下离心，则权宠之人形势渐谢，于是谗人构会，寻亦胜也。

⑦乐毅忠于燕昭王，其子惠王立而疑乐毅，乐毅惧而奔赵。赵王谓乐毅曰："燕力竭于齐，其主信谗，国人不附，其可图乎？"毅伏而垂涕曰："臣事昭王，犹事大王也。臣若获戾于它国，没身不忍谋赵徒隶，况其后嗣乎！"事见古史考。〔33〕

寇恂字子翼，上谷昌平人也，世为著姓。恂初为郡功曹，太守耿况甚重之。

王莽败，更始立，使使者徇郡国，曰“先降者复爵位”。恂从耿况迎使者于界上，况上印绶，使者纳之，一宿无还意。恂勒兵入见使者，就请之。使者不与，曰：“天王使者，功曹欲胁之邪？”恂曰：“非敢胁使君，①窃伤计之不详也。今天下初定，国信未宣，使君建节衔命，以临四方，郡国莫不延颈倾耳，望风归命。今始至上谷而先堕大信，②沮向化之心，生离畔之隙，将复何以号令它郡乎？且耿府君在上谷，久为吏人所亲，今易之，得贤则造次未安，不贤则祇更生乱。为使君计，莫若复之以安百姓。”使者不应，恂叱左右以使者命召况。况至，恂进取印绶带况。使者不得已，乃承制诏之，况受而归。

①君者，尊之称也。

②堕，毁也。

及王郎起，遣将徇上谷，急况发兵。恂与门下掾闵业共说况曰：“邯郸拔起，难可信向。①昔王莽时，所难独有刘伯升耳。今闻大司马刘公，伯升母弟，尊贤下士，士多归之，可攀附也。”况曰：“邯郸方盛，力不能独拒，如何？”恂对曰：“今上谷完实，控弦万骑，举大郡之资，可以详择去就。恂请东约渔阳，齐心合众，邯郸不足图也。”况然之，乃遣恂到渔阳，结谋彭宠。恂还，至昌平，袭击邯郸使者，杀之，夺其军，遂与况子弇等俱南及光武于广阿。拜恂为偏将军，号承义侯，从破群贼。数与邓禹谋议，禹奇之，因奉牛酒共交欢。

①拔，卒也。

光武南定河内，而更始大司马朱鲔等盛兵据洛阳。又并州未安，光武难其守，①问于邓禹曰："诸将谁可使守河内者？"禹曰："昔高祖任萧何于关中，无复西顾之忧，所以得专精山东，终成大业。今河内带河为固，户口殷实，北通上党，南迫洛阳。寇恂文武备足，有牧人御众之才，非此子莫可使也。"乃拜恂河内太守，行大将军事。光武谓恂曰："河内完富，吾将因是而起。昔高祖留萧何镇关中，吾今委公以河内，坚守转运，给足军粮，率厉士马，防遏它兵，勿令北度而已。"光武于是复北征燕、代。恂移书属县，讲兵肄射，②伐淇园之竹，为矢百馀万，③养马二千匹，收租四百万斛，转以给军。

①非其人不可，故难之。

②肄，习也。

③前书音义曰"淇园，卫之苑，多竹篠"也。

朱鲔闻光武北而河内孤，使讨难将军苏茂、副将贾强将兵三万馀人，度巩河攻温。①檄书至，恂即勒军驰出，并移告属县，发兵会于温下。军吏皆谏曰："今洛阳兵度河，前后不绝，宜待众军毕集，乃可出也。"恂曰："温，郡之藩蔽，失温则郡不可守。"遂驰赴之。旦日合战，而偏将军冯异遣救及诸县兵适至，士马四集，幡旗蔽野。恂乃令士卒乘城鼓噪，大呼言曰："刘公兵到！"苏茂军闻之，陈动，恂因奔击，大破之，追至洛阳，遂斩贾强。茂兵自投河死者数千，生获万馀人。恂与冯异过河而还。自是洛阳震恐，城门昼闭。时光武传闻朱鲔破河内，有顷恂檄至，大喜曰："吾知寇子翼可任也！"诸将军贺，[34]因上尊号，于是即位。

①巩、温并今洛州县也。临黄河，故曰巩河也。

时军食急乏，恂以辇车骊驾转输，前后不绝，①尚书升斗以禀
百官。帝数策书劳问恂，同门生茂陵董崇说恂曰："上新即位，四方
未定，而君侯以此时据大郡，内得人心，外破苏茂，威震邻敌，功名
发闻，此谗人侧目怨祸之时也。[35]昔萧何守关中，悟鲍生之言而高
祖悦。②今君所将，皆宗族昆弟也，无乃当以前人为镜戒。"恂然其
言，称疾不视事。帝将攻洛阳，先至河内，恂求从军。帝曰："河内
未可离也。"数固请，不听，乃遣兄子寇张、姊子谷崇将突骑愿为军
锋。帝善之，皆以为偏将军。

①前书音义曰："骊驾，并驾也。辇车，人挽行也。"
②汉王与项羽相距京、索，萧何留守关中，上数使使劳苦何。鲍生谓何
　曰："今君王暴衣露盖，数劳苦君者，有疑君心。为君计者，遣君子孙
　昆弟能胜兵者悉诣军。"何从其计，高祖大悦。

建武二年，恂坐系考上书者免。是时颍川人严终、赵敦聚众万
馀，与密人贾期连兵为寇。恂免数月，复拜颍川太守，与破奸将军
侯进俱击之。数月，斩期首，郡中悉平定。封恂雍奴侯，邑万户。

执金吾贾复在汝南，部将杀人于颍川，①恂捕得系狱。时尚草
创，军营犯法，率多相容，恂乃戮之于市。复以为耻，叹。还过颍
川，谓左右曰："吾与寇恂并列将帅，而今为其所陷，大丈夫岂有怀
侵怨而不决之者乎？今见恂，必手剑之！"恂知其谋，不欲与相见。
谷崇曰："崇，将也，得带剑侍侧。卒有变，足以相当。"恂曰："不
然。昔蔺相如不畏秦王而屈于廉颇者，为国也。②区区之赵，尚有
此义，吾安可以忘之乎？"乃敕属县盛供具，储酒醪，③执金吾军入
界，一人皆兼二人之馔。④恂乃出迎于道，称疾而还。贾复勒兵欲
追之，而吏士皆醉，遂过去。恂遣谷崇以状闻，帝乃征恂。恂至引
见，时复先在坐，欲起相避。帝曰："天下未定，两虎安得私斗？今

日朕分之。”⑤于是并坐极欢，遂共车同出，结友而去。

①部将谓军部之下小将也。

②史记曰，秦王与赵王饮于渑池，秦王请赵王鼓瑟，秦御史书曰“某年某月赵王为秦王鼓瑟”。蔺相如前请秦王击缶，秦王怒，不许。相如曰：“五步之内，相如请得以颈血溅大王矣！”秦王不怿，为击缶。相如顾赵御史书曰“某年某月秦王为赵王击缶”。秦群臣曰：“请以赵十五城为秦王寿。”相如曰：“请以秦咸阳为赵王寿。”竟酒不能相加。既罢归国，赵拜相如为上卿，位在廉颇之上。颇曰：“我有攻城野战之功，相如徒以口舌为劳，而位居我上，我见必厚辱之。”相如出，望见廉颇，辄引车避之。舍人谏。相如曰：“夫以秦王，相如能廷叱之，何畏廉将军哉！吾念强秦不敢加兵于赵者，盖以吾两人也。今两虎斗，必不俱全，吾所以先公家之急而后私仇也。”

③说文曰：“醪，兼汁滓酒。”

④馔，具〔食〕也。[36]

⑤分犹解也。

恂归颍川。①三年，遣使者即拜为汝南太守，②又使骠骑将军杜茂将兵助恂讨盗贼。盗贼清静，郡中无事。恂素好学，乃修乡校，教生徒，聘能为左氏春秋者，亲受学焉。七年，代朱浮为执金吾。明年，从车驾击隗嚣，而颍川盗贼群起，帝乃引军还，谓恂曰：“颍川迫近京师，当以时定。惟念独卿能平之耳，从九卿复出，以忧国可（知）也。”[37]恂对曰：“颍川剽轻，闻陛下远踰阻险，有事陇、蜀，故狂狡乘间相诖误耳。③如闻乘舆南向，贼必惶怖归死。臣愿执锐前驱。”即日车驾南征，恂从至颍川，盗贼悉降，而竟不拜郡。百姓遮道曰：“愿从陛下复借寇君一年。”④乃留恂长社，镇抚吏人，受纳馀降。

①东观记曰:"郡中政理,盗贼不入。"

②即,就也。

③狡,猾也。说文曰:"诖亦误也。"音挂。

④恂前为颍川太守,故曰复借也。

初,隗嚣将安定高峻,拥兵万人,据高平第一,^①帝使待诏马援招降峻,由是河西道开。中郎将来歙承制拜峻通路将军,封关内侯,后属大司马吴汉,共围嚣于冀。^[38]及汉军退,峻亡归故营,复助嚣拒陇坻。及嚣死,峻据高平,畏诛坚守。建威大将军耿弇率太中大夫窦士、武威太守梁统等围之,一岁不拔。十年,帝入关,将自征之,恂时从驾,谏曰:"长安道里居中,应接近便,^②安定、陇西必怀震惧,此从容一处可以制四方也。今士马疲倦,方履险阻,非万乘之固,前年颍川,可为至戒。"帝不从。进军及汧,^③峻犹不下,帝议遣使降之,乃谓恂曰:"卿前止吾此举,今为吾行也。若峻不即降,引耿弇等五营击之。"恂奉玺书至第一,峻遣军师皇甫文出谒,辞礼不屈。恂怒,将诛文。诸将谏曰:"高峻精兵万人,率多强弩,西遮陇道,连年不下。今欲降之而反戮其使,无乃不可乎?"恂不应,遂斩之。遣其副归告峻曰:"军师无礼,已戮之矣。欲降,急降;不欲,固守。"峻惶恐,即日开城门降。诸将皆贺,因曰:"敢问杀其使而降其城,何也?"恂曰:"皇甫文,峻之腹心,其所取计者也。今来,辞意不屈,必无降心。全之则文得其计,杀之则峻亡其胆,是以降耳。"诸将皆曰:"非所及也。"遂传峻还洛阳。

①高平,县,属安定郡。续汉志曰高平有第一城也。

②从洛阳至高平,长安为中。

③汧,县,属扶风,故城在今陇州汧源县南也。

恂经明行修，名重朝廷，所得秩奉，厚施朋友、故人及从吏士。常曰："吾因士大夫以致此，其可独享之乎！"时人归其长者，[39] 以为有宰相器。

十二年卒，谥曰威侯。子损嗣。[40] 恂同产弟及兄子、姊子以军功封列侯者凡八人，终其身，不传于后。

初所与谋闵业者，恂数为帝言其忠，赐爵关内侯，官至辽西太守。

十三年，复封损庶兄寿为浚侯。① 后徙封损扶柳侯。② 损卒，子鼇嗣，徙封商乡侯。鼇卒，子袭嗣。

①浚，县，属沛郡。浚音故交反。

②扶柳，县，属信都郡，故城在今冀州信都县西也。

恂女孙为大将军邓骘夫人，由是寇氏得志于永初间。①

①安帝永初元年，邓太后临朝，故得志也。

恂曾孙荣。

论曰：传称"喜怒以类者鲜矣"。① 夫喜而不比，怒而思难者，其唯君子乎！子曰："伯夷、叔齐，不念旧恶，怨是用希。"于寇公而见之矣。②

①左传曰，晋范武子会将老，召其子文子曰："吾闻之，喜怒以类者鲜矣，而易者实多也。"

②论语孔子之言。

荣少知名，桓帝时为侍中。性矜絜自贵，于人少所与，① 以此见害于权宠。而从兄子尚帝妹益阳长公主，帝又聘其从孙女于后宫,左右益恶之。**延熹中**,遂陷以罪辟,与宗族免归故郡。吏承望风旨,持之浸急,**荣**恐不免,奔阙自讼。未至,刺史**张敬**追劾**荣**以擅去边,有诏捕之。**荣**逃窜数年,会赦令,不得除,积穷困,乃自亡命中上书曰:②

①与,党与也。

②自,从也。

    臣闻天地之于万物也好生,帝王之于万人也慈爱。陛下统天理物,为万国覆,作人父母,先慈爱,后威武,先宽容,后刑辟,自生齿以上,咸蒙德泽。①而臣兄弟独以无辜为专权之臣所见批抵,②[41]青蝇之人所共搆会。③以臣婚姻王室,谓臣将抚其背,夺其位,退其身,受其執。于是遂作飞章以被于臣,欲使坠万仞之阬,践必死之地,令陛下忽慈母之仁,发投杼之怒。④尚书背绳墨,案空劾,⑤不复质确其过,置于严棘之下,⑥便奏正臣罪。司隶校尉**冯羡**佞邪承旨,废于王命,[42]驱逐臣等,不得旋踵。臣奔走还郡,没齿无怨。臣诚恐卒为豺狼横见噬食,故冒死欲诣阙,披肝胆,布腹心。

①大戴礼曰"男子八月生齿,女子七月生齿"也。

②说文曰:"抵,侧击也。"批音片分反。抵音之氏反。

③青蝇,诗小雅曰:"营营青蝇,止于樊,恺悌君子,无信谗言。"青蝇能污白使黑,污黑使白,喻佞人变乱善恶。

④史记曰,昔**曾参**之处费,鲁人(又)有与**曾参**同姓名,[43]杀人。人告其母曰"**曾参**杀人",其母织自若也。又一人告之曰"**曾参**杀人",其母尚织自若也。又一人告之[曰"**曾参**杀人"],其母乃投杼下机,[44]踰墙而走。夫以**曾参**之贤,其母犹生疑于三告。

⑤绳墨谓法律也。

⑥质,正也。确,实也。说文云,确音胡角反,此苦角反。严棘谓狱也,易坎上六曰"系用徽墨,置于丛棘"也。

　　刺史张敬好为诡谀,张设机网,复令陛下兴雷电之怒。司隶校尉应奉、河南尹何豹、洛阳令袁腾并驱争先,若赴仇敌,罚及死没,髡剔坟墓,但未掘圹出尸,剖棺露骴耳。①昔文王葬枯骨,②公刘敦行苇,世称其仁。③今残酷容媚之吏,无折中处平之心,不顾无辜之害,而兴虚诬之诽,欲使严朝必加滥罚。是以不敢触突天威,而自窜山林,以俟陛下发神圣之听,启独觌之明,拒谗慝之谤,绝邪巧之言,救可济之人,援没溺之命。不意滞怒不为春夏息,④淹恚不为顺时怠,遂驰使邮驿,布告远近,严文剀剥,痛于霜雪,张罗海内,设置万里,逐臣者穷人迹,追臣者极车轨,虽楚购伍员,⑤汉求季布,无以过也。⑥

①骴谓骨之尚有肉者也。月令曰:"掩骼埋骴。"音才赐反,又在(侈)〔移〕反。[45]

②解见顺纪也。

③大雅行苇之诗曰:"敦彼行苇,牛羊勿践履。"言公刘之时,仁及草木,敦然道傍之苇,牧牛羊者无使践履折伤之,况于人乎? 故荣以自喻焉。

④春夏长养万物,故不宜怒矣。

⑤史记曰:楚人伍奢为平王太子建太傅,费无忌谮杀奢。奢子员字子胥,奔吴,楚购之,得伍员者赐粟五万石,爵执圭。

⑥季布为项羽将,数窘汉王。项羽灭,高祖购求布千金,敢舍匿,罪三族。

　　臣遇罚以来,三赦再赎,无验之罪,足以蠲除。①而陛下疾臣愈深,有司咎臣甫力,②止则见埽灭,行则为亡虏,苟生则为穷人,极死则为冤鬼,[46]天广而无以自覆,地厚而无以自载,蹈陆土而有沈沦之忧,远岩墙而有镇压之患。精诚足以感于陛下,而哲王未肯悟。如臣犯元恶大憝,③足以陈于原野,备刀锯,④陛下当班布臣之所坐,以解众论之疑。臣思入国门,坐于肺石之上,使三槐九棘平臣之罪。⑤而闾阖九重,⑥陷穽步设,⑦举趾触罘罝,⑧动行挂罗网,无缘至万乘之前,永无见信之期矣。

① 无验谓无罪状可案验也。

② 甫,始也。力,甚也。

③ 憝,恶也。主言元恶之人,大为人之所恶也。

④ 锯,刖刑也。国语曰,刑有五,大者陈诸原野矣。

⑤ 周礼秋官云:"左九棘,孤卿大夫位焉;右九棘,公侯伯子男位焉;面三槐,三公位焉。左嘉石,平罢人;右肺石,达穷人。"

⑥ 闾阖,天门也。

⑦ 穽,阱穽也。

⑧ 说文曰:"罘,兔网也。"罝亦兔网也,音浮嗟。

　　国君不可雠匹夫,雠之则一国尽惧。①臣奔走以来,三离寒暑,②阴阳易位,当暖反寒,春常凄风,③夏降霜雹,④又连年大风,折拔树木。风为号令,⑤春夏布德,⑥议狱缓死之时。⑦愿陛下思帝尧五教在宽之德,企成汤避远谄夫之诚,⑧以宁风旱,以弭灾兵。臣闻勇者不逃死,智者不重困,⑨固不为明朝惜垂尽之命,愿赴湘、沅之波,从屈原之悲,⑩沈江湖之流,吊子胥之哀。⑪臣功臣苗绪,生长王国,惧独含恨以葬江鱼之腹,无以自别于世,⑫不胜狐死首丘之情,营魂识路之怀。⑬犯冒王怒,触突帝禁,伏于两观,陈诉毒痛,⑭然后登金镬,入沸汤,糜烂于炽爨之下，九死而未悔。⑮

①左传曰，晋侯之竖头须曰"国君而雠匹夫，惧者甚众"也。

②离，历。

③凄风，寒风也。左传曰："春无凄风。"

④月令："仲夏行冬令，则雹冻伤穀。"

⑤前书翼奉曰："凡风者，天之号令，所以谴告人也。"

⑥月令，春，天子布德行惠，发仓廪，振穷乏；夏，行封，庆赐，无不欣悦也。

⑦易中孚象曰"君子以议狱缓死"也。

⑧刘向说苑曰："汤大旱七年，使人持鼎祀山川，祝曰：'政不节邪？包苴行邪？谗夫昌邪？宫室营邪？女谒盛邪？使人疾邪？何不雨之极也！'"

⑨重犹惜也。

⑩史记曰，屈原事楚怀王，王受谗，流屈原于江南。屈原忧愁悲思，遂投湘、沅而死。

⑪史记曰，伍子胥为吴行人，被宰嚭所谮，吴王赐属镂之剑以死。王取其尸，盛以鸱夷，浮之于江中矣。

⑫屈原曰"宁赴湘流，葬江鱼之腹"也。

⑬礼檀弓曰："古人有言，狐死正首丘，仁也。"楚词曰："愿径逝而未得，魂识路之茕茕。"老子曰"载营魄"，犹营魂也。

⑭两观，阙也。孔子摄司寇，诛少正卯于两观之下。

⑮楚词曰"虽九死犹未悔"也。

悲夫，久生亦复何聊！盖忠臣杀身以解君怒，孝子殒命以宁亲怨，故大舜不避涂廪浚井之难，①申生不辞姬氏谗邪之谤。②臣敢忘斯议，[47]不自毙以解明朝之忿哉！乞以身塞重责。愿陛下匄兄弟死命，③使臣一门颇有遗类，以崇陛下宽饶

之惠。先死陈情,临章涕泣,泣血(连)〔涟〕如。④〔48〕

①虞,仓也。浚,深也。史记曰,舜父瞽叟常欲杀舜,使舜涂虞,从下焚
虞,舜乃以两笠自扞而下。后又使穿井,舜为匿空旁出。舜既入深,
父乃与象共下土实之,舜从旁空出去。

②申生,晋献公太子。献公用骊姬之谗而杀申生,事见左氏传也。

③匄,乞也,音盖。

④易曰:"乘马班如,泣(涕连)〔血涟〕如。"〔49〕言居不获安,行无所适,穷
困阘厄,无所委仰者。

帝省章愈怒,遂诛荣。寇氏由是衰废。

赞曰:元侯渊谟,乃作司徒。明启帝略,肇定秦都。勋成智隐,
静其如愚。①子翼守温,萧公是埒。②系兵转食,以集鸿烈。诛文屈
贾,有刚有折。③

①论语孔子曰"吾与回言终日,不违如愚"也。

②埒,等也。

③诛皇甫文,屈于贾复。

【校勘记】

〔1〕从光武追贼至(满)〔蒲〕阳　据集解引沈钦韩说改。按:蒲阳,
山名。

496

〔2〕邓寻为建威将军　按:袁纪作"建武将军"。

〔3〕鄹县(今)属南阳郡故城在〔今〕襄州穀城县东北　据校补改。

〔4〕财富充实　通鉴"富"作"穀"。按:下云"财穀虽多",作"穀"是。

〔5〕禹遣使以闻(帝)　据刊误删。

〔6〕乃遣尚书宗广　按:集解引惠栋说,谓袁宏纪作"宋广"。

〔7〕更始诸将王匡胡殷(成丹)等皆诣广降　按:沈家本后汉书琐言谓按

圣公传,更始复疑王匡、陈牧、成丹与张卬等同谋,乃并召入,牧、丹先至,即斩之。是尔时已无成丹,"成丹"二字衍。今据删。

〔8〕收十一帝神主　按:集解引汪文台说,谓御览五百三十一引谢承书,云"因收十二帝神主"。

〔9〕军士饥饿(者)皆食枣菜　据刊误删。

〔10〕昌安侯袭嗣子藩　按:后纪"藩"作"蕃"。

〔11〕是为限诸侯也　按:刊误谓"限"当依独断作"偎"。集解引周寿昌说,谓百官志注引胡广汉制度作"猥"。限、偎、猥通用古今字,作"猥"以较合。广雅"猥,众也"。

〔12〕从都虑至羊肠仓　按:集解引惠栋说,谓水经注"虑"作"卢"。

〔13〕石臼河解见(明)〔章〕纪　据校补引张熷说改。

〔14〕会上谷太守任兴欲诛赤沙乌桓〔乌桓〕怨恨谋反　按:集解引沈钦韩说,谓乌桓传言乌桓死者神灵归赤山,祭肜传作"赤山乌桓",此"赤沙"疑"赤山"之误。王先谦谓如沈说,"乌桓"下似当重"乌桓"二字。沈家本亦谓当重"乌桓"二字。今据补。

〔15〕并载青泥一(襆)〔璞〕　据集解引惠栋说改。按:聚珍版东观记作"樸",亦误。

〔16〕转易至数十人　按:东观记作"数千人"。

〔17〕章和二年护羌校尉张纡诱诛烧当种羌迷吾等　按:"二年"疑"元年"之误。沈家本谓按西羌传,事在章和元年,章帝纪亦在元年书护羌校尉刘盱,刘盱盖即张纡之讹。

〔18〕迷唐伯父号吾　按西羌传,迷唐为迷吾之子,号吾为迷吾之弟,则号吾乃迷唐之叔父也。

〔19〕东观记(曰)　按:"曰"字衍,今删。

〔20〕辄此请祷求福　按:王先谦谓"此"字疑衍,或"此"上夺"于"字。
今按:御览二七八引无"此"字。

〔21〕训五子骂京恒弘闿　按:袁纪"闿"作"阊"。

〔22〕拜骘车骑将军仪同三司〔仪同三司〕始自骘也　王先谦谓东观记复出"仪同三司"四字为是。今据补。

〔23〕冬征骘班师　按:"冬"上当脱"二年"二字。集解引惠栋说,谓洪适云帝纪班师在二年十一月,传有脱字。又引沈钦韩说,谓黄伯思东观馀论云近岁关右人发地得古瓮,中有东汉时竹简永初二年讨羌符,与范书纪二年班师合,明"冬"上脱文。

〔24〕人士荒饥　按:集解引惠栋说,谓"士"当作"民"。

〔25〕元二即元元也　按:集解引杭世骏说及惠栋补注,皆谓"元二"谓建初元年二年,注非。

〔26〕帝丝麻　按:马叙伦读两汉书记谓"丝"字疑当作"缌"。

〔27〕又封京子黄门侍郎珍为阳安侯　按:集解引沈钦韩说,谓京子于夷安侯珍为从祖,不应同名。袁宏纪云封京子宝为阳安侯。

〔28〕尚书邓访　按:集解引惠栋说,谓袁宏纪"访"作"防"。

〔29〕谋立平原王得　殿本考证万承苍云"得"当作"翼",安帝纪及章八王传可据。得又无子,以翼为嗣,安帝缘此贬翼为都乡侯,注失考正。今按:据章八王传,得薨在元初六年,而邓弘先卒于元初二年,悝、阊卒于元初五年,今诬告弘等,必弘未卒前事,时为平原王者得也。安帝贬翼,追怨其父而迁怒其子耳,安得以此为据,万说未允。

〔30〕遂废西平侯广德叶侯广宗　原作"西平侯广宗叶侯广德",误,径据汲本、殿本改正。按:影印绍兴本此卷仍有阙佚,取它本补配,故多讹脱,举此一例,馀皆不作校记。

〔31〕属长沙(国)〔郡〕　据校补引张熷说改。

〔32〕禹曾孙香(子)〔之〕女为桓帝后　据校补引张熷说改。

〔33〕事见古史考　汲本无此五字,殿本作"事见史记"。　按:校补谓闽本亦有此五字,殿本依监本转刊,作"事见史记",两说互岐,殆皆非原注所有。

〔34〕诸将军贺　集解引何焯说,谓"军"疑当作"毕"。今按:史记淮阴

侯列传"诸将效首虏毕贺",汉书作"皆贺",诸将毕贺者,诸将皆贺也,何说是。

〔35〕此谗人侧目怨祸之时也　按:集解王先谦谓东观记"时"作"府",当是。

〔36〕馈具〔食〕也　据说文补。

〔37〕从九卿复出以忧国可(知)也　校补谓"知"字衍。通鉴引传文无"知"字,袁纪作"从九卿复为二千石以忧国可也",亦无"知"字。今据删。

〔38〕后属大司马吴汉共围嚣于冀　按:沈家本谓是时围隗嚣于西城,非冀也。"冀"字误。

〔39〕时人归其长者　按:"归"疑"称"字之讹。

〔40〕子损嗣　按:集解引惠栋说,谓水经注"损"作"棋"。

〔41〕所见批抵　按:汲本、殿本"抵"作"抵"。注同。

〔42〕废於王命　集解引沈钦韩说,谓"于"当为"干"。王先谦谓沈说是,盖"干"讹为"于",因改为"於"也。

〔43〕鲁人(又)有与曾参同姓名　据殿本删。

〔44〕又一人告之〔曰曾参杀人〕其母乃投杼下机　据汲本、殿本补。

〔45〕又在(侈)〔移〕反　据汲本改。

〔46〕极死则为冤鬼　按:集解引惠栋说,谓袁纪"极死"作"殛死"。

〔47〕臣敢忘斯议　刊误谓"议"当作"义"。按:议义通,非必误字。

〔48〕泣血(连)〔涟〕如　据汲本、殿本改。

〔49〕泣(涕连)〔血涟〕如　据易屯卦改。

后汉书卷十七

冯岑贾列传第七

冯异字公孙,颍川父城人也。① 好读书,通左氏春秋、孙子兵法。②

①父城,县名,故城在今许州叶县东北。汝州郏城县亦有父城。[1]

②孙子名武,善用兵,吴王阖庐之将也,作兵法十三篇。见史记。

汉兵起,异以郡掾监五县,与父城长苗萌共城守,为王莽拒汉。光武略地颍川,攻父城不下,屯兵巾车乡。① 异间出行属县,② 为汉兵所执。时异从兄孝及同郡丁綝、吕晏,③ 并从光武,因共荐异,得召见。异曰:"异一夫之用,不足为强弱。有老母在城中,愿归据五城,以效功报德。"光武曰"善"。异归,谓苗萌曰:"今诸将皆壮士屈起,多暴横,独有刘将军所到不虏掠。观其言语举止,非庸人也,可以归身。"苗萌曰:"死生同命,敬从子计。"光武南还宛,更始诸将攻父城者前后十馀辈,异坚守不下;及光武为司隶校尉,道经父

501

城,异等即开门奉牛酒迎。光武署异为主籍,苗萌为从事。异因荐
邑子铫期、④叔寿、段建、[2]左隆等,⑤光武皆以为掾史,从至洛阳。

①巾车,乡名也,在父城界。

②间出犹微行。行音下孟反。

③东观记曰:"綝字幼春,定陵人也。伉健有武略。"綝音丑心反。

④音姚。

⑤东观记及续汉书,"段"并作"殷"字。

更始数欲遣光武徇河北,诸将皆以为不可。是时左丞相曹竟
子诩为尚书,①父子用事,异劝光武厚结纳之。及度河北,诩有
力焉。

①竟字子期,山阳人也,后死于赤眉之难。见前书。[3]诩音虚羽反。

自伯升之败,光武不敢显其悲戚,每独居,辄不御酒肉,枕席有
涕泣处。异独叩头宽譬哀情。光武止之曰:"卿勿妄言。"异复因
间进说曰:"天下同苦王氏,思汉久矣。今更始诸将从横暴虐,①所
至虏掠,百姓失望,无所依戴。今公专命方面,施行恩德。夫有桀
纣之乱,乃见汤武之功;人久饥渴,易为充饱。②宜急分遣官属,徇
行郡县,[4]理冤结,布惠泽。"光武纳之。至邯郸,遣异与铫期乘传
抚循属县,录囚徒,存鳏寡,亡命自诣者除其罪,阴条二千石长吏同
心及不附者上之。

①从音子用反。横音胡孟反。

②犹言凋残之后,易流德泽。

及王郎起,光武自蓟东南驰,晨夜草舍,①至饶阳无蒌亭。②[5]
时天寒烈,众皆饥疲,异上豆粥。明旦,光武谓诸将曰:"昨得公孙
豆粥,饥寒俱解。"及至南宫,③遇大风雨,光武引车入道傍空舍,异

抱薪,邓禹爇火,④光武对灶燎衣。⑤异复进麦饭菟肩。因复度虖
沱河至信都,⑥使异别收河间兵。还,拜偏将军。从破王郎,封
应侯。⑦

①舍,止息也。

②无蒌,亭名,在今饶阳县东北。蒌音力于反。

③南宫,县名,属信都国,今冀州县也。

④爇音而悦反。

⑤燎,炙也。

⑥光武纪云,度虖沱河,至下博城西,见白衣老父,曰"信都去此八十里
耳",是自北而南。此传先言至南宫,后言度虖沱河,南宫在虖沱河南
百有馀里,又似自南而北。纪传两文全相乖背,迹其地理,纪是传非。
诸家之书并然,亦未详其故。

⑦应,国名,周武王子所封也。杜预注春秋曰:"应国在襄城成父县
西南。"[6]

　　异为人谦退不伐,行与诸将相逢,辄引车避道。①进止皆有表
识,②军中号为整齐。每所止舍,诸将并坐论功,异常独屏树下,军
中号曰"大树将军"。及破邯郸,乃更部分诸将,各有配隶。③军士
皆言愿属大树将军,光武以此多之。④别击破铁胫于北平,⑤又降
匈奴于林闟顿王,⑥[7]因从平河北。

①东观记、续汉书云"异敕吏士,非交战受敌,常行诸营之后,相逢引车
避之,由是无争道变斗者"也。

②言其进退有常处也。

③隶,属也。袁山松书曰:"先时诸将同营,吏卒多犯法。"

④多,重也。

⑤北平,县名,属中山国,故城在今易州永乐县也。

⑥匈奴王号。山阳公载记(曰)"顿"字作"碓"。[8]前书音义闟音蹋,顿

音碓。

时更始遣舞阴王李轶、虞丘王田立、大司马朱鲔、白虎公陈侨①将兵号三十万,与河南太守武勃共守洛阳。光武将北徇燕、赵,以魏郡、河内独不逢兵,而城邑完,仓廪实,乃拜寇恂为河内太守,异为孟津将军,②统二郡军河上,与恂合埶,以拒朱鲔等。

①东观记"侨"字作"矫"。

②孟,地名,古今以为津。

异乃遗李轶书曰:"愚闻明镜所以照形,往事所以知今。①昔微子去殷而入周,项伯畔楚而归汉,②周勃迎代王而黜少帝,霍光尊孝宣而废昌邑。③彼皆畏天知命,覩存亡之符,见废兴之事,故能成功于一时,垂业于万世也。苟令长安尚可扶助,延期岁月,疏不间亲,远不踰近,季文岂能居一隅哉?④今长安坏乱,赤眉临郊,王侯搆难,大臣乖离,纲纪已绝,⑤四方分崩,异姓并起,是故萧王跋涉霜雪,经营河北。方今英俊云集,百姓风靡,虽邠岐慕周,不足以喻。⑥季文诚能觉悟成败,亟定大计,论功古人,⑦转祸为福,在此时矣。如猛将长驱,严兵围城,虽有悔恨,亦无及已。"初,轶与光武首结谋约,加相亲爱,及更始立,反共陷伯升。虽知长安已危,欲降又不自安。乃报异书曰:"轶本与萧王首谋造汉,结死生之约,同荣枯之计。今轶守洛阳,将军镇孟津,俱据机轴,⑧千载一会,思成断金。⑨唯深达萧王,愿进愚策,以佐国安人。"轶自通书之后,不复与异争锋,故异因此得北攻天井关,拔上党两城,⑩又南下河南成皋已东十三县,及诸屯聚,皆平之,降者十馀万。武勃将万馀人攻诸畔者,异引军度河,与勃战于士乡下,⑪大破斩勃,[9]获首五千馀级,轶又闭门不救。异见其信效,具以奏闻。光武故宣露轶书,⑫

令朱鲔知之。鲔怒，遂使人刺杀轶。由是城中乖离，多有降者。鲔乃遣讨难将军苏茂将数万人攻温，鲔自将数万人攻平阴以缀异⑬。异遣校尉护军(将军)将兵，〔10〕与寇恂合击茂，破之。异因度河击鲔，鲔走；异追至洛阳，环城一匝而归。

①孔子家语曰，孔子观周明堂四门之墉，有尧、舜、桀、纣之象，谓从者曰："明镜所以察形，古事所以知今。"

②史记曰，微子名启，纣之庶兄。周武王伐纣，微子乃持祭器，肉袒面缚，造于军门。武王乃释其缚，复其位。项伯名缠，项籍之季父，素善张良，高祖因良与伯结婚。项籍谋害汉王，伯以身翊蔽之。籍诛，乃归汉。

③少帝，孝惠后宫之子，名弘。惠帝崩，周勃以弘非惠帝之子，乃黜之，迎立代王。昭帝崩，无嗣，霍光乃迎立武帝孙昌邑王贺。贺无道，光废之而立宣帝。

④长安谓更始。季文，李轶字。言轶与更始疏远，独居一隅，理难支久，欲其早图去就。

⑤时更始大臣张卬、申屠建、隗嚣等以赤眉入关，谋劫更始归南阳，是大臣乖离也。

⑥史记曰，古公亶父修后稷之业，积德行义，国人皆戴之。戎翟攻之，不忍战其人，乃与其私属去邠，止于岐下。邠人举国扶老携弱，尽复归古公于岐山之下。

⑦亟，急也。古人即谓微子、项伯等。

⑧机，弩牙也；轴，车轴也：皆在物之要，故取谕焉。

⑨易曰："二人同心，其(义)〔利〕断金。"〔11〕

⑩天井关在太行山(下)〔上〕，〔12〕解见章纪。

⑪续汉书曰，士乡，亭名，属河南郡。

⑫东观记曰："上报异曰：'轶多诈不信，人不能得其要领，今移其书。'"

⑬平阴,县名,属河南郡。缀谓连缀也。

移檄上状,诸将皆入贺,并劝光武即帝位。光武乃召异诣鄗,问四方动静。异曰:"三王反畔,更始败亡,①天下无主,宗庙之忧,在于大王。宜从众议,上为社稷,下为百姓。"光武曰:"我昨夜梦乘赤龙上天,觉悟,心中动悸。"异因下席再拜贺曰:"此天命发于精神。②心中动悸,大王重慎之性也。"异遂与诸将定议上尊号。

①三王谓张卬为淮阳王,[13]廖湛为穰王,胡殷为随王。更始欲杀卬等,遂勒兵掠东西市,入战于宫中,更始大败。

②周易乾卦九五曰:"飞龙在天,大人造也。"庄子曰:"其梦也神交。"故言天命发于精神。

建武二年春,定封异阳夏侯。①引击阳翟贼严终、[14]赵根,破之。诏异归家上冢,使太中大夫赏牛酒,②令二百里内太守、都尉已下及宗族会焉。

①夏音贾。

②续汉志曰:"太中大夫秩千石,掌顾问论议,属光禄。"

时赤眉、延岑暴乱三辅,郡县大姓各拥兵众,大司徒邓禹不能定,乃遣异代禹讨之。车驾送至河南,赐以乘舆七尺具剑。①敕异曰:"三辅遭王莽、更始之乱,重以赤眉、延岑之酷,元元涂炭,无所依诉。今之征伐,非必略地屠城,要在平定安集之耳。诸将非不健斗,然好虏掠。卿本能御吏士,念自修敕,无为郡县所苦。"异顿首受命,引而西,所至皆布威信。弘农群盗称将军者十馀辈,皆率众降异。②

①具谓以宝玉装饰之。东观记作"玉具剑"。

②东观记曰:"黾池霍郎、陕王长、湖浊惠、华阴阳沈等称将军者

皆降。"〔15〕

　　异与赤眉遇于华阴,相拒六十馀日,战数十合,降其将刘始、王宣等①五千馀人。三年春,遣使者即拜异为征西大将军。会邓禹率车骑将军邓弘等引归,与异相遇,禹、弘要异共攻赤眉。异曰:"异与贼相拒且数十日,虽屡获雄将,馀众尚多,可稍以恩信倾诱,难卒用兵破也。上今使诸将屯黾池要其东,而异击其西,一举取之,此万成计也。"禹、弘不从。弘遂大战移日,赤眉阳败,弃辎重走。车皆载土,以豆覆其上,兵士饥,争取之。赤眉引还击弘,弘军溃乱。异与禹合兵救之,赤眉小却。异以士卒饥倦,可且休,禹不听,复战,大为所败,死伤者三千馀人。禹得脱归宜阳。异弃马步走上回谿阪,②与麾下数人归营。复坚壁,收其散卒,招集诸营保数万人,与贼约期会战。使壮士变服与赤眉同,伏于道侧。旦日,赤眉使万人攻异前部,异裁出兵以救之。③贼见执弱,遂悉众攻异,异乃纵兵大战。日昃,贼气衰,伏兵卒起,衣服相乱,赤眉不复识别,众遂惊溃。追击,大破于崤底,降男女八万人。馀众尚十馀万,东走宜阳降。玺书劳异曰:〔16〕"赤眉破平,士吏劳苦,始虽垂翅回谿,终能奋翼黾池,④可谓失之东隅,收之桑榆。⑤方论功赏,以答大勋。"

①东观记"宣"作"重"。

②回谿,今俗所谓回阬,在今洛州永宁县东北。其溪长四里,阔二丈,深二丈五尺也。

③裁小出兵,所以示弱也。

④以鸟为喻。

⑤淮南子曰:"至于衡阳,是谓隅中。"又前书谷子云曰:"太白出西方六十日,法当参天;今已过期,尚在桑榆间。"桑榆谓晚也。

时赤眉虽降,众寇犹盛:延岑据蓝田,王歆据下邽,①芳丹据新丰,②蒋震据霸陵,③张邯据长安,公孙守据长陵,杨周据谷口,④吕鲔据陈仓,角闳据汧,骆(盖)延据盩厔,〔17〕任良据鄠,〔18〕汝章据槐里,〔19〕各称将军,拥兵多者万馀,少者数千人,转相攻击。异且战且行,屯军上林苑中。延岑既破赤眉,自称武安王,拜置牧守,欲据关中,引张邯、任良共攻异。异击破之,斩首千馀级,诸营保守附岑者皆来降归异。岑走攻析,⑤异遣复汉将军邓晔、辅汉将军于匡要击岑,大破之,降其将苏臣等八千馀人。岑遂自武关走南阳。时百姓饥饿,人相食,黄金一斤易豆五升。道路断隔,委输不至,军士悉以果实为粮。诏拜南阳赵匡为右扶风,将兵助异,并送缣縠,军中皆称万岁。异兵食渐盛,乃稍诛击豪杰不从令者,褒赏降附有功劳者,悉遣其渠帅诣京师,散其众归本业。威行关中。唯吕鲔、张邯、蒋震遣使降蜀,其馀悉平。

①秦武公伐邽戎致之也。陇西有上邽,故此有下也。

②续汉书"芳"作"茅"。

③霸陵,文帝陵,因以为县名,故秦(芒)〔芷〕阳县。〔20〕

④谷口,县名,属左冯翊,故城在今醴泉县东北。

⑤析,县名,楚之白羽邑也,即今邓州内乡县。

明年,公孙述遣将程焉,将数万人就吕鲔出屯陈仓。〔21〕异与赵匡迎击,大破之,焉退走汉川。异追战于箕谷,复破之,还击破吕鲔,营保降者甚众。其后蜀复数遣将间出,异辄摧挫之。①怀来百姓,申理枉结,出入三岁,上林成都。②

①贾逵注国语曰:"折其锋曰挫。"

②成都,言归附之多也。史记曰:"一年成邑,三年成都。"

异自以久在外，不自安，上书思慕阙廷，[22]愿亲帷幄，帝不许。后人有章言异专制关中，斩长安令，威权至重，百姓归心，号为“咸阳王”。帝使以章示异。①异惶惧，上书谢曰："臣本诸生，遭遇受命之会，充备行伍，过蒙恩私，位大将，爵通侯，②受任方面，以立微功，③皆自国家谋虑，愚臣无所能及。臣伏自思惟：以诏敕战攻，每辄如意；时以私心断决，未尝不有悔。国家独见之明，久而益远，乃知'性与天道，不可得而闻也'。④当兵革始起，扰攘之时，豪杰竞逐，⑤迷惑千数。臣以遭遇，託身圣明，在倾危溷淆之中，尚不敢过差，而况天下平定，上尊下卑，而臣爵位所蒙，巍巍不测乎？诚冀以谨敕，遂自终始。见所示臣章，战慄怖惧。伏念明主知臣愚性，固敢因缘自陈。"诏报曰："将军之于国家，义为君臣，恩犹父子。何嫌何疑，而有惧意？"

①东观记曰："使者宋嵩西上，因以章示异。"

②通侯即彻侯，避武帝讳改焉。

③谓西方一面专以委之。

④论语子贡曰："夫子之文章，可得而闻也。夫子之言性与天道，不可得而闻。"

⑤逐，争也。

六年春，异朝京师。引见，帝谓公卿曰："是我起兵时主簿也。为吾披荆棘，定关中。"①既罢，使中黄门赐以珍宝、衣服、钱帛。诏曰："仓卒无蒌亭豆粥，虖沱河麦饭，厚意久不报。"异稽首谢曰："臣闻管仲谓桓公曰：'愿君无忘射钩，臣无忘槛车。'齐国赖之。②臣今亦愿国家无忘河北之难，小臣不敢忘巾车之恩。"③后数引讌见，定议图蜀，留十馀日，令异妻子随异还西。

①荆棘，榛梗之谓，以喻纷乱。

②史记曰,管仲将兵遮莒道,射桓公中钩。后鲁桎梏管仲而送于齐,齐
以为相。说苑曰:"管仲桎梏槛车中,非无愧也,自裁也。"新序曰,齐
桓公与管仲饮,酒酣,管仲上寿曰:"愿君无忘出奔于莒也,臣亦无忘
束缚于鲁也。"此云射钩、槛车,义亦通。

③谓光武获异于巾车而赦之。

夏,遣诸将上陇,为隗嚣所败,乃诏异军枸邑。未及至,隗嚣乘
胜使其将王元、行巡将二万馀人下陇,因分遣巡取枸邑。异即驰
兵,欲先据之。诸将皆曰:"虏兵盛而新乘胜,不可与争。宜止军便
地,徐思方略。"异曰:"虏兵临境,狃(怵)〔忕〕小利,①[23]遂欲深
入。若得枸邑,三辅动摇,是吾忧也。夫'攻者不足,守者有馀',②
今先据城,以逸待劳,非所以争也。"潜往闭城,偃旗鼓。行巡不知,
驰赴之。异乘其不意,卒击鼓建旗而出。巡军惊乱奔走,追击数十
里,大破之。祭遵亦破王元于汧。于是北地诸豪长耿定等,悉畔隗
嚣降。异上书言状,不敢自伐。③诸将或欲分其功,帝患之。乃下
玺书曰:"制诏大司马,虎牙、建威、汉(中)〔忠〕、[24]捕虏、武威将
军:虏兵猥下,三辅惊恐。④枸邑危亡,在于旦夕。北地营保,按兵
观望。今偏城获全,虏兵挫折,使耿定之属,复念君臣之义。征西
功若丘山,犹自以为不足。孟之反奔而殿,亦何异哉?⑤今遣太中
大夫赐征西吏士死伤者医药、棺敛,大司马已下亲吊死问疾,以崇
谦让。"于是使异进军义渠,并领北地太守事。⑥

①狃忕犹惯习也,谓惯习前事而复为之。尔雅曰:"狃,复也。"郭景纯
曰:"谓惯忕复为之也。"狃音尼丑反。忕音逝。

②孙子兵法之文。

③孔安国注尚书曰:"自矜曰伐。"

④大司马,吴汉也。虎牙,盖延也。建威,耿弇也。汉忠,王常也。捕

虏，马武也。武威，刘尚也。广雅曰："猥，众也。"

⑤孟之反，鲁大夫。鲁与齐战，鲁师败，之反殿，是其功也。将入鲁门，乃策其马曰："吾非敢后，马不进。"是谦而不自伐也。

⑥义渠，县名，属北地郡。

青山胡率万馀人降异。①异又击卢芳将贾览、匈奴奥鞬日逐王，破之。②上郡、安定皆降，异复领安定太守事。九年春，祭遵卒，诏异守征虏将军，并将其营。及隗嚣死，其将王元、周宗等复立嚣子纯，犹总兵据冀，公孙述遣将赵匡等救之，帝复令异行天水太守事。攻匡等且一年，皆斩之。③诸将共攻冀，不能拔，欲且还休兵。异固持不动，常为众军锋。

①青山在北地参(峦)〔䜌〕界，[25]青山中水所出也。续汉书曰："安定属国人，本属国降胡也。居参(峦)〔䜌〕青山中，其豪帅号肥头小卿。"[26]

②奥音于六反。

③东观记曰："时赐冯异玺书曰：'闻吏士精锐，水火不避，购赏之赐，必不令将军负丹青，失断金。'"

明年夏，与诸将攻落门，未拔，①病发，薨于军，谥曰节侯。

①落门，聚名，在冀县，有落门山。

长子彰嗣。[27]明年，帝思异功，复封彰弟䜣为析乡侯。[28]十三年，更封彰东缗侯，食三县。①永平中，徙封平乡侯。②彰卒，子普嗣，有罪，国除。③

①东观记曰，东缗，县名，属山阳郡。左传曰"齐侯伐宋，围缗"，即此地也。在今兖州金乡县。

②东观记曰："永平五年，封平乡侯，食郁林潭中。"

③东观记曰："坐斗杀游徼，会赦，国除。"

永初六年,安帝下诏曰:"夫仁不遗亲,义不忘劳,兴灭继绝,善善及子孙,古之典也。①昔我光武受命中兴,恢弘圣绪,横被四表,昭假上下,②光耀万世,祉祚流衍,垂于罔极。予末小子,夙夜永思,追惟勋烈,披图案籍,建武元功二十八将,佐命虎臣,谶记有征。盖萧、曹绍封,传继于今;③况此未远,而或至乏祀,朕甚愍之。其条二十八将无嗣绝世,若犯罪夺国,其子孙应当统后者,分别署状上。将及景风,章叙旧德,显兹遗功焉。"④于是绍封普子晨为平乡侯。明年,二十八将绝国者,皆绍封焉。

①论语曰:"兴灭国,继绝世。"公羊传曰:"善善及子孙,恶恶止其身。"

②昭,明也。假,至也。上下,天地。假音格。

③和帝永元三年,诏绍封萧、曹之后,以彰厥功也。

④春秋考异邮曰:"夏至四十五日景风至。"宋均注曰"景风至则封有功"也。

岑彭字君然,南阳棘阳人也。①王莽时,守本县长。汉兵起,攻拔棘阳,彭将家属奔前队大夫甄阜。阜怒彭不能固守,拘彭母妻,令效功自补。彭将宾客战斗甚力。及甄阜死,彭被创,亡归宛,与前队贰严说共城守。②汉兵攻之数月,城中粮尽,人相食,彭乃与说举城降。

①棘音纪力反。

②前队大夫贰,甄阜之副也。姓严,名说。东观记云:"与贰师严尤共城守。"[29]计严尤为大司马,又非贰师,[30]与此不同。

诸将欲诛之,大司徒伯升曰:"彭,郡之大吏,执心坚守,是其节也。今举大事,当表义士,不如封之,以劝其后。"更始乃封彭为归德侯，①令属伯升。及伯升遇害，彭复为大司马朱鲔校尉，从鲔击王莽杨州牧李圣，杀之，定淮阳城。鲔荐彭为淮阳都尉。更始遣立威王张卬与将军徭伟镇淮阳。②〔31〕伟反，击走卬。彭引兵攻伟，破之。迁颍川太守。

①归德，县名，属北地郡。

②风俗通曰："东越王徭，句践之后，其后以徭为姓。"东观记(曰)"徭"作"淫"。〔32〕

会春陵刘茂起兵，略下颍川，彭不得之官，乃与麾下数百人从河内太守邑人韩歆。会光武徇河内，歆议欲城守，彭止不听。既而光武至怀，歆迫急迎降。光武知其谋，大怒，收歆置鼓下，将斩之。①召见彭，彭因进说曰："今赤眉入关，更始危殆，权臣放纵，矫称诏制，道路阻塞，四方蜂起，群雄竞逐，百姓无所归命。窃闻大王平河北，开王业，此诚皇天祐汉，士人之福也。彭幸蒙司徒公所见全济，未有报德，旋被祸难，永恨于心。今复遭遇，愿出身自效。"光武深接纳之。彭因言韩歆南阳大人，②可以为用。乃贳歆，③以为邓禹军师。

①中〔军〕将(军)最尊，〔33〕自执旗鼓。若置营，则立旗以为军门，并设鼓，戮人必于其下。

②大人谓大家豪右。

③贳，宽也。

更始大将军吕植将兵屯淇园，彭说降之，于是拜彭为刺奸大将军，〔34〕使督察众营，①授以常所持节，从平河北。光武即位，拜彭廷尉，归德侯如故，行大将军事。②与大司马吴汉，大司空王梁，建义大将军朱祐，右将军万修，执金吾贾复，骁骑将军刘植，扬化将军坚镡,积射将军侯进,偏将军冯异、祭遵、王霸等,围洛阳数月。朱鲔等坚守不肯下。帝以彭尝为鲔校尉,令往说之。鲔在城上,彭在城下,相劳苦欢语如平生。彭因曰:"彭往者得执鞭侍从,蒙荐举拔擢,常思有以报恩。今赤眉已得长安,更始为三王所反,③皇帝受命,平定燕、赵,尽有幽、冀之地,百姓归心,贤俊云集,亲率大兵,来攻洛阳。天下之事,逝其去矣。公虽婴城固守,将何待乎?"④鲔曰:"大司徒被害时,鲔与其谋,⑤又谏更始无遣萧王北伐,诚自知罪深。"彭还,具言于帝。帝曰:"夫建大事者,不忌小怨。鲔今若降,官爵可保,况诛罚乎? 河水在此,吾不食言。"⑥彭复往告鲔,鲔从城上下索曰:"必信,可乘此上。"彭趣索欲上。⑦鲔见其诚,即许降。后五日,鲔将轻骑诣彭。顾敕诸部将曰:"坚守待我。我若不还,诸君径将大兵上辕,归郾王。"⑧乃面缚,与彭俱诣河阳。⑨帝即解其缚,召见之,复令彭夜送鲔归城。明旦,悉其众出降,拜鲔为平狄将军,封扶沟侯。鲔,淮阳人,后为少府,⑩传封累代。

①续汉书曰:"时更始尚书令谢躬将六将军屯邺,兵横暴,为百姓所苦。上先遣吴汉往收之,故拜彭为刺奸将军。"

②续汉书曰:"彭镇河内。冯异先攻洛阳,朱鲔大出军,欲击彭。时天雾,鲔以为彭已去,令其兵皆获黍,彭乃进击,大破之。"

③解见上文。

④婴,绕也。谓以城自婴绕而守之。

⑤与音预。

⑥指河以为信,言其明白也。

⑦趣,向也。

⑧更始传尹尊为郾王。

⑨东观记曰:"诣行在所河津亭。"

⑩前书曰："少府，秦官，秩二千石。"续汉书曰："少府，掌中服御诸物，衣服宝货珍膳之属。"

建武二年，使彭击荆州，[35]下𨽻、叶等十馀城。①是时南方尤乱。南郡人秦丰据黎丘，自称楚黎王，略（十）有〔十〕二县；②[36]董䜣起堵乡，许邯起杏；③又始诸将各拥兵据南阳诸城。帝遣吴汉伐之，汉军所过多侵暴。时破虏将军邓奉谒归新野，怒吴汉掠其乡里，遂（返）〔反〕，击破汉军，[37]获其辎重，屯据淯阳，与诸贼合从。秋，彭破杏，降许邯，迁征南大将军。复遣朱祐、贾复及建威大将军耿弇，汉（中）〔忠〕将军王常，[38]武威将军郭守，越骑将军刘宏，偏将军刘嘉、耿植等，与彭并力讨邓奉。先击堵乡，而奉将万馀人救董䜣。䜣、奉皆南阳精兵，彭等攻之，连月不克。三年夏，帝自将南征，至叶，董䜣别将将数千人遮道，车骑不可得前。彭奔击，大破之。帝至堵阳，邓奉夜逃归淯阳，④董䜣降。彭复与耿弇、贾复及积弩将军傅俊、骑都尉臧宫等从追邓奉于小长安。⑤帝率诸将亲战，大破之。奉迫急，乃降。帝怜奉旧功臣，且耻起吴汉，欲全宥之。彭与耿弇谏曰："邓奉背恩反逆，暴师经年，致贾复伤痍，朱祐见获。陛下既至，不知悔善，而亲在行陈，兵败乃降。若不诛奉，无以惩恶。"于是斩之。奉者，西华侯邓晨之兄子也。

①𨽻，县名，属南阳郡，故城在今汝州鲁山县东南。叶，今许州叶县也。续汉书曰："彭南击荆州，至（城）〔成〕安，[39]昆阳、𨽻、叶、舞阳、堵阳、平氏、棘阳、胡阳，处处皆破其屯聚。"

②东观记曰："丰，邔县人，少学长安，受律令，归为县吏。更始元年起兵，攻得邔、宜城、（若）〔鄀〕、[40]编、临沮、中庐、襄阳、邓、新野、穰、湖阳、蔡阳，兵合万人。"邔音求纪反。

③南阳复阳县有杏聚。

④续汉书曰:"奉令候伏道旁,见车骑一日不绝,归语奉,奉遂夜遁。"

⑤小长安解见光武纪。

车驾引还,令彭率傅俊、臧宫、刘宏等三万馀人南击秦丰,拔黄邮,①丰与其大将蔡宏拒彭等于邓,数月不得进。帝怪以让彭,彭惧,于是夜勒兵马,申令军中,使明旦西击山都。②乃缓所获虏,令得逃亡,归以告丰,丰即悉其军西邀彭。彭乃潜兵度沔水,击其将张杨于阿头山,大破之。③从川谷间伐木开道,直袭黎丘,击破诸屯兵。丰闻大惊,驰归救之。彭与诸将依东山为营,丰与蔡宏夜攻彭,彭豫为之备,出兵逆击之,丰败走,追斩蔡宏。更封彭为舞阴侯。

①黄邮,聚名也,在南阳新(都)〔野〕县。[41]

②山都,县名,属南阳郡,旧南阳之赤乡,秦以为县,故城在今襄州义清县东北。

③沔水源出武都东狼谷中,即汉水之上源也。阿头山在襄阳也。

秦丰相赵京举宜城降,拜为成汉将军,与彭共围丰于黎丘。时田戎拥众夷陵,①闻秦丰被围,惧大兵方至,欲降。而妻兄辛臣谏戎曰:"今四方豪杰各据郡国,洛阳地如掌耳,②不如按甲以观其变。"戎曰:"以秦王之强,犹为征南所围,岂况吾邪? 降计决矣。"四年春,戎乃留辛臣守夷陵,自将兵沿江沂沔止黎丘,[42]刻期日当降,而辛臣于后盗戎珍宝,从间道先降于彭,而以书招戎。戎疑必卖己,遂不敢降,③而反与秦丰合。彭出兵攻戎,数月,大破之,其大将伍公诣彭降,戎亡归夷陵。帝幸黎丘劳军,封彭吏士有功者百馀人。彭攻秦丰三岁,斩首九万馀级,丰馀兵裁千人,又城中食且尽。帝以丰转弱,令朱祐代彭守之,使彭与傅俊南击田戎,大破之,遂拔夷陵,追至秭归。④戎与数十骑亡入蜀,尽获其妻子士众数万人。

①东观记曰:"田戎,西平人,与同郡人陈义客夷陵,为群盗。更始元年,义、戎将兵陷夷陵,陈义自称黎丘大将军,戎自称埽地大将军。"襄阳耆旧记曰:"戎号周成王,义称临江王。"

②续汉书曰:"辛臣为戎作地图,图彭宠、张步、董宪、公孙述等所得郡国,[43]云洛阳所得如掌耳。"

③东观记曰:"戎至期日,灼龟卜降,兆中折,遂止不降。"

④秭归,县名,今归州,解见和纪。

彭以将伐蜀汉,而夹川谷少,水险难漕运,留威虏将军冯骏军江州,①[44]都尉田鸿军夷陵,领军李玄军夷道,自引兵还屯津乡,当荆州要会,②喻告诸蛮夷,降者奏封其君长。初,彭与交阯牧邓让厚善,与让书陈国家威德,③又遣偏将军屈充移檄江南,[45]班行诏命。于是让与江夏太守侯登、武陵太守王堂、[46]长沙相韩福、桂阳太守张隆、零陵太守田翕、苍梧太守杜穆、[47]交阯太守锡光等,相率遣使贡献,悉封为列侯。或遣子将兵助彭征伐。④于是江南之珍始流通焉。

①江州,县名,今渝州巴县也。东观记曰:"长沙中尉冯骏将兵诣彭,玺书拜骏为威虏将军。"

②津乡,县名,[48]所谓江津也。东观记曰:"津乡当荆、杨之咽喉。"

③东观记曰:"让夫人,光烈皇后姊也。"

④续汉书曰:"张隆遣子晔将兵诣彭助征伐,上以晔为率义侯。"不总遣子,故言或。

六年冬,征彭诣京师,数召讌见,厚加赏赐。复南还津乡,有诏过家上冢,大长秋以朔望问太夫人起居。①

①大长秋，皇后属官。汉法，列侯之母，方称太夫人也。

八年，彭引兵从车驾破天水，与吴汉围隗嚣于西城。时公孙述将李育将兵救嚣，守上邽，帝留盖延、耿弇围之，而车驾东归。敕彭书曰："两城若下，便可将兵南击蜀虏。人苦不知足，既平陇，复望蜀。每一发兵，头须为白。"彭遂壅谷水灌西城，城未没丈馀，①嚣将行巡、周宗将蜀救兵到，嚣得出还冀。汉军食尽，烧辎重，引兵下陇，延、弇亦相随而退。嚣出兵尾击诸营，彭殿为后拒，②故诸将能全师东归。彭还津乡。

①东观记曰："时以缣囊盛土为堤，灌西城，谷水从地中数丈涌出，故城不拔。"续汉书云"以缣盛土为堤"。

②尾谓寻其后而击之。凡军在前曰启，在后曰殿。东观记曰"彭东入弘农界，百姓持酒肉迎军，曰'蒙将军为后拒，全子弟得生还'"也。

九年，公孙述遣其将任满、田戎、程汎，将数万人乘枋箄下江关，①击破冯骏及田鸿、李玄等。遂拔夷道、夷陵，据荆门、虎牙。②横江水起浮桥、斗楼，[49]立攒柱绝水道，结营山上，以拒汉兵。彭数攻之，不利，于是装直进楼船、冒突露桡数千艘。③

①枋箄，以木竹为之，浮于水上。尔雅曰："筏，泭也。"郭景纯曰："水中箄筏也。"华阳国志曰，巴、楚相攻，故置江关，旧在赤甲城，后移江南岸，对白帝城，故基在今夔州〔鱼〕〔人〕复县南。[50]"枋"即"舫"字，古通用耳。箄音步佳反。泭音匹俱反。

②解在光武纪。

③并船名。楼船，船上施楼。桡，小楫也。（尔雅）〔方言〕曰："楫谓之桡。"[51]露桡谓露楫在外，人在船中。冒突，取其触冒而唐突也。桡音饶。

十一年春，彭与吴汉及诛虏将军刘隆、辅威将军臧宫、骁骑将军刘歆，发南阳、武陵、南郡兵，又发桂阳、零陵、长沙委输棹卒，凡六万馀人，①骑五千匹，皆会荆门。吴汉以三郡棹卒多费粮穀，欲罢之。彭以蜀兵盛，不可遣，上书言状。帝报彭曰："大司马习用步骑，不晓水战，荆门之事，一由征南公为重而已。"彭乃令军中募攻浮桥，先登者上赏。于是偏将军鲁奇应募而前。时天风狂急，〔52〕（彭）奇船逆流而上，〔53〕直冲浮桥，而横柱钩不得去，②奇等乘埶殊死战，因飞炬焚之，风怒火盛，桥楼崩烧。彭复悉军顺风并进，所向无前。蜀兵大乱，溺死者数千人。斩任满，生获程汎，而田戎亡保江州。彭上刘隆为南郡太守，自率臧宫、刘歆长驱入江关，令军中无得虏掠。所过，百姓皆奉牛酒迎劳。彭见诸耆老，为言大汉哀愍巴蜀久见虏役，故兴师远伐，以讨有罪，为人除害。让不受其牛酒。百姓皆大喜悦，争开门降。诏彭守益州牧，所下郡，辄行太守事。③

① 棹卒，持棹行船也。东观记作"濯"。前书邓通以濯船为黄头郎。濯音直教反。

② 续汉书曰："时天东风，其横柱有反把，钩奇船不得去。"

③ 东观记曰："彭若出界，即以太守号付后将军，选官属守州中长（史）〔吏〕。"〔54〕

彭到江州，以田戎食多，难卒拔，留冯骏守之，自引兵乘利直指垫江，攻破平曲，①收其米数十万石。公孙述使其将延岑、吕鲔、王元及其弟恢悉兵拒广汉及资中，②又遣将侯丹率二万馀人拒黄石。彭乃多张疑兵，使护军杨翕与臧宫拒延岑等，自分兵浮江下还江州，泝都江而上，③袭击侯丹，大破之。因晨夜倍道兼行二千馀里，径拔武阳。④使精骑驰广都，⑤去成都数十里，埶若风雨，所至皆奔散。初，述闻汉兵在平曲，故遣大兵逆之。及彭至武阳，绕出延岑军后，蜀地震骇。述大惊，以杖击地曰："是何神也！"

①垫江,县名,属巴郡,今忠州县也。垫音徒协反。平曲,地阙。

②资中,县名,属犍为郡,其地在今资州资阳县。

③都江,成都江也。

④武阳,解见光武纪。

⑤广都,县名,属蜀郡,故城在今益州成都县东南。

彭所营地名彭亡,闻而恶之,欲徙,会日暮,蜀刺客诈为亡奴降,夜刺杀彭。

彭首破荆门,长驱武阳,持军整齐,秋豪无犯。①邛縠王任贵闻彭威信,数千里遣使迎降。②会彭已薨,帝尽以任贵所献赐彭妻子,谥曰壮侯。蜀人怜之,为立庙武阳,岁时祠焉。

①豪,毛也。秋毛喻细也。高祖曰:"吾入关,秋豪无所取。"

②前书音义曰:"任贵,越巂夷,杀太守枚根,自立为邛縠王。"

子遵嗣,徙封细阳侯。①十三年,帝思彭功,复封遵弟淮为谷阳侯。②遵永平中为屯骑校尉。遵卒,子伉嗣。③伉卒,子杞嗣,④元初三年,坐事失国。建光元年,安帝复封杞细阳侯,顺帝时为光禄勋。

①细阳,县名,属汝南郡,故城在今颍川汝阴县西。

②谷阳,县名,属沛郡。

③伉音口莽反。

④东观记(曰)"杞"作"起"。〔55〕元初中,坐事免。

520

杞卒,子熙嗣,尚安帝妹涅阳长公主。少为侍中、虎贲中郎将,朝廷多称其能。迁魏郡太守,①〔56〕招聘隐逸,与参政事,无为而化。视事二年,與人歌之曰:"我有枳棘,岑君伐之。②我有蟊贼,岑君遏之。③狗吠不惊,足下生氂。④含哺鼓腹,焉知凶灾?⑤我喜我生,独丁斯时。⑥美矣岑君,於戏休兹!"⑦〔57〕

①魏郡，秦时置，故城在今相州安阳县东北。

②枳棘多榛梗，以喻寇盗充斥也。

③蟊贼，食禾稼虫名，以喻奸吏侵渔也。

④氂牦，长毛也。犬无追吠，故足下生牦。

⑤哺，食也。鼓，击也。

⑥丁犹当也。

⑦於戏，叹美之词。见尔雅。于音乌。戏音许宜反。

熙卒，子福嗣，为黄门侍郎。

贾复字君文，南阳冠军人也。少好学，习尚书。事舞阴李生，李生奇之，谓门人曰："贾君之容貌志气如此，而勤于学，将相之器也。"王莽末，为县掾，迎盐河东，会遇盗贼，等比十馀人皆放散其盐，复独完以还县，县中称其信。

时下江、新市兵起，复亦聚众数百人于羽山，自号将军。更始立，乃将其众归汉中王刘嘉，以为校尉。复见更始政乱，诸将放纵，乃说嘉曰："臣闻图尧舜之事而不能至者，汤武是也；①图汤武之事而不能至者，桓文是也；②图桓文〔之〕事而不能至者，〔58〕六国是也；③定六国之规，欲安守之而不能至者，亡六国是也。今汉室中兴，大王以亲戚为藩辅，天下未定而安守所保，所保得无不可保乎？"嘉曰："卿言大，非吾任也。大司马刘公在河北，必能相施，〔59〕第持我书往。"④复遂辞嘉，受书北度河，及光武于柏人，因邓禹得召见。光武奇之，禹亦称有将帅节，于是署复破虏将军督盗贼。〔60〕复马赢，⑤光武解左骖以赐之。⑥官属以复后来而好陵折等辈，调补鄗尉，〔61〕光武曰："贾督有折冲千里之威，方任以职，勿得

521

擅除。"⑦

　　①尧禅舜，舜禅禹，汤乃放桀，武王诛纣，故言不能至者。

　　②齐桓公小白，晋文公重耳，春秋之时，周衰，二君霸有海内。

　　③六国谓韩、赵、魏、燕、齐、楚，分列中夏，[62]各自跨据，又不逮桓文。

　　④施，用也。第，但也。

　　⑤羸，力佳反。

　　⑥骖者，服外之马也。东观记、续汉书"左"并作"右"。

　　⑦东观记曰"时上置两府官属，复与段孝共坐。孝谓复曰：'卿将军督，我大司马督，不得共坐。'复曰：'俱刘公吏，有何尊卑？'官属以复不逊，上调官属补长吏，共白欲以复为郫尉，上署报不许"也。

　　光武至信都，以复为偏将军。及拔邯郸，迁都护将军。从击青犊于射犬，大战至日中，贼陈坚不却。光武传召复曰："吏士皆饥，可且朝饭。"复曰："先破之，然后食耳。"于是被羽先登，①所向皆靡，贼乃败走。诸将咸服其勇。又北与五校战于真定，大破之。复伤创甚。光武大惊曰："我所以不令贾复别将者，为其轻敌也。果然，失吾名将。闻其妇有孕，生女邪，我子娶之，生男邪，我女嫁之，不令其忧妻子也。"复病寻愈，追及光武于蓟，相见甚欢，大飨士卒，令复居前，击邺贼，破之。

　　①被犹负也，析羽为旌旗，将军所执。先登，先赴敌也。

522

　　光武即位，拜为执金吾，封冠军侯。先度河攻朱鲔于洛阳，与白虎公陈侨战，连破降之。建武二年，益封穰、朝阳二县。更始郾王尹尊及诸大将在南方未降者尚多，帝召诸将议兵事，未有言，沈吟久之，乃以檄叩地曰："郾最强，宛为次，谁当击之？"复率然对曰："臣请击郾。"帝笑曰："执金吾击郾，吾复何忧！大司马当击宛。"遂遣复与骑都尉阴识、骁骑将军刘植南度五社津击郾，连破之。月馀,尹尊降,尽定其地。引东击更始淮阳太守暴汜,汜降,属县悉定。其秋,南击召陵、新息,平定之。①明年春,迁左将军,别击赤眉于新城、渑池间,连破之。②与帝会宜阳,降赤眉。

①新息,县名,属汝南郡,故城在今豫州新息县西南也。

②新城,今伊阙县。

复从征伐,未尝丧败,数与诸将溃围解急,身被十二创。帝以复敢深入,希令远征,而壮其勇节,常自从之,故复少方面之勋。①诸将每论功自伐,复未尝有言。帝辄曰:"贾君之功,我自知之。"

①东观记曰:"吴汉击蜀未破,上书请复自助,上不遣。"

十三年,定封胶东侯,食郁秩、壮武、下密、即墨、梃(胡)、观阳,凡六县。①〔63〕复知帝欲偃干戈,修文德,不欲功臣拥众京师,乃与高密侯邓禹并剺甲兵,敦儒学。②帝深然之,遂罢左右将军。复以列侯就第,加位特进。③复为人刚毅方直,多大节。既还私第,阖门养威重。朱祐等荐复宜为宰相,帝方以吏事责三公,故功臣并不用。是时列侯唯高密、固始、胶东三侯与公卿参议国家大事,恩遇甚厚。④三十一年卒,〔64〕谥曰刚侯。

①六县皆属胶东国。壮武故城在今莱州即墨县西,下密在今青州北海县东北,即墨在今莱州胶水县东南,梃(胡)故城在今莱州昌阳县西北,观阳在昌阳县东。梃一音廷。

②广雅曰:"剺,削也。"谓削除甲兵。东观记曰:"复阖门养威重,授易经,起大义。"

③东观记曰:"上以天下既定,思念欲完功臣爵土,不令以吏职为过,故皆以列侯就第也。"

④高密侯邓禹,固始侯李通。

子忠嗣。忠卒,子敏嗣。建初元年,坐诬告母杀人,国除。肃宗更封复小子邯为胶东侯,邯弟宗为即墨侯,各一县。邯卒,子育嗣。育卒,子长嗣。

宗字武孺,少有操行,多智略。初拜郎中,稍迁,建初中为朔方太守。旧内郡徙人在边者,率多贫弱,为居人所仆役,不得为吏。宗擢用其任职者,与边吏参选,转相监司,以擿发其奸,或以功次补长吏,故各愿尽死。匈奴畏之,不敢入塞。① 征为长水校尉。宗兼通儒术,每谳见,常使与少府丁鸿等论议于前。章和二年卒,朝廷愍惜焉。

①东观记曰:"匈奴常犯塞,得生口,问:'太守为谁?'曰:'贾武孺。'曰:'宁贾将军子邪?'曰:'是。'皆放遣还,是后更不入塞。"

子参嗣。参卒,子建嗣。元初元年,尚和帝女临颍长公主。主兼食颍阴、许,合三县,数万户。时邓太后临朝,光宠最盛,以建为侍中,顺帝时为光禄勋。

论曰:中兴将帅立功名者众矣,唯岑彭、冯异建方面之号,自函谷以西,方城以南,① 两将之功,实为大焉。若冯、贾之不伐,岑公之义信,② 乃足以感三军而怀敌人,故能剋成远业,终全其庆也。昔高祖忌柏人之名,违之以全福;征南恶彭亡之地,留之以生灾。③岂几虑自有明惑,将期数使之然乎?

①方城,山名,一名黄城山,在今唐州方城县东北也。

②信谓朱鲔知其诚而降。义谓荆人奉牛酒,让不受。

③柏人,县名也。高祖尝欲宿于柏人。曰:"柏人者,迫于人也。"不宿而去。后竟有贯高之事。

赞曰:阳夏师克,实在和德。胶东盐吏,征南宛贼。奇锋震敌,远图谋国。

【校勘记】

〔1〕汝州郏城县亦有父城　按:集解引沈钦韩说,谓汝州郏城县之父城,乃前志沛郡之城父,非父城也。注误。

〔2〕段建　按:原本"段"皆讹"叚",径改正,后不悉出。

〔3〕竟字子期山阳人也后死于赤眉之难见前书　按:沈家本谓按前书无曹竟事,圣公传亦无左丞相,"前书"二字必有误。

〔4〕徇行郡县　按:汲本、殿本"徇"作"循"。

〔5〕至饶阳无蒌亭　按:聚珍版东观记"无"作"芜"。

〔6〕杜预注春秋曰应国在襄城成父县西南　按:校补谓案今杜注作"在襄阳城父县西南",见左僖二十四年传下。考晋志,襄城无成父县,襄阳亦无城父县,当作"襄城父城县西南"。

〔7〕又降匈奴于林阘顿王　按:集解引钱大昕说,谓说文无"阘"字,当是"蹋"字之讹,三国魏志作"蹋顿"。

〔8〕山阳公载记(曰)　据集解引惠栋说删。

〔9〕大破斩勃　按:李慈铭谓"大破"下脱一"之"字。

〔10〕异遣校尉护军(将军)将兵　据刊误删。

〔11〕其(义)〔利〕断金　据汲本、殿本改。

〔12〕天井关在太行山(下)〔上〕　校补谓当依章帝纪注作"山上",今据改。

〔13〕谓张卬为淮阳王　按:"卬"原讹"卭",径改正。

〔14〕引击阳翟贼　刊误谓"引"下少一"军"字。按:张森楷校勘记谓下文"引而西",贾复传"引东击更始淮阳太守",并无"军"字,刘说泥。

〔15〕华阴阳沈　"阳"原作"杨",迳据汲本、殿本改。按:聚珍版东观记

亦作"阳"。

〔16〕馀众尚十馀万东走宜阳降玺书劳异曰　集解引王补说,谓"降"下宜有"帝"字。按:下云"时赤眉虽降",是"降"字当属上为句,王说非。又按:通鉴删"馀众尚十馀万东走宜阳"十字,下接"帝降玺书曰"云云,是亦误以"降"字属下读,并补一"帝"字矣。说详黄山校补。

〔17〕骆(盖)延据盎屋　按:集解引惠栋说,谓通鉴无"盖"字。张森楷校勘记谓盖延是汉臣,未尝据盎屋,据盎屋者骆延也。今据删。又按:"盎"原作"蛰",径依汲本改正。

〔18〕任良据鄂　按:"鄂"原讹"鄂",径改正。

〔19〕汝章据槐里　按:"里"原讹"回",径改正。

〔20〕故秦(芒)〔芷〕阳县　据王先谦说改。

〔21〕公孙述遣将程焉将数万人就吕鲔　按:集解引惠栋说,谓依公孙述传及华阳国志,"焉"当作"乌"。

〔22〕上书思慕阙廷　按:李慈铭谓"上书"下当脱一"言"字。

〔23〕忸(怵)〔忕〕小利　据集解本改。按:注作"怵",从大,不误。

〔24〕汉(中)〔忠〕　刊误谓案王常传,"中"当作"忠"。今据改。注"中"亦径改为"忠"。

〔25〕青山在北地参(峦)〔䜌〕界　据刊误改,下同。

〔26〕其豪帅号肥头小卿　按:汲本、殿本"小"作"少"。

〔27〕长子彰嗣　按:集解引沈钦韩说,谓水经注"彰"作"璋"。

〔28〕复封彰弟䜣为析乡侯　按:"析"原讹"祈",径据汲本、殿本改正。

〔29〕与贰师严尤共城守　按:汲本、殿本脱"与"字。

〔30〕又非贰师　按:"贰"原讹"二",径改正。

〔31〕更始遣立威王张卬　按:沈家本谓按圣公传卬封淮阳王,而此曰"立威"者,殆先封立威王,更封淮阳欤?

〔32〕东观记(曰)　"曰"字当衍,今删。

〔33〕中〔军〕将(军)最尊　据刊误改。

〔34〕于是拜彭为刺奸大将军　集解引沈钦韩说,谓案文当为"大将军刺奸",时光武为大将军,彭为其刺奸耳。今按:沈说是。亦如光武以破虏将军行大司马事,而署贾复为破虏将军督盗贼掾也。

〔35〕建武二年使彭击荆州　按:校补引钱大昭说,谓光武纪遣彭击荆州群贼在建武元年十月。

〔36〕略(十)有〔十〕二县　校补谓"十有"二字当乙转。今据改。

〔37〕遂(返)〔反〕击破汉军　据校补改。

〔38〕汉(中)〔忠〕将军王常　刊误谓"中"当作"忠"。今据改。

〔39〕至(城)〔成〕安　据校补改。

〔40〕(若)〔郡〕　据郡国志改,各本皆未正。

〔41〕在南阳新(都)〔野〕县　据集解引惠栋说改。

〔42〕沿江沂沔止黎丘　按:校补引钱大昭说,谓"止"当作"上"。

〔43〕所得郡国　按:汲本"得"作"分"。

〔44〕留威虏将军冯骏军江州　按:集解引沈钦韩说,谓疑验此时未能越巴峡军江州,"江州"或"江关"之误,即捍关也。王先谦谓下文方言田戎亡保江州,此"江州"是误文。

〔45〕偏将军屈充　按:集解引惠栋说,谓袁宏纪"屈充"作"房充"。

〔46〕武陵太守王堂　按:"堂"原讹"常",径据汲本、殿本改正。

〔47〕苍梧太守杜穆　按:集解引惠栋说,谓袁宏纪"杜穆"作"杜稷"。

〔48〕津乡县名　按:集解引惠栋说,谓续志南郡江陵县有津乡。津乡,乡名,非县名也。

〔49〕横江水起浮桥斗楼　按:校补引钱大昭说,谓"斗楼"通鉴作"关楼"。胡注,犹今城上敌楼也。

〔50〕在今夔州(鱼)〔人〕复县南　按:"鱼"当作"人",详公孙述传校勘记。

〔51〕(尔雅)〔方言〕曰楫谓之桡　集解引沈钦韩说,谓注"尔雅"误,文见

方言。今据改。

〔52〕时天风狂急　集解引钱大昕说，谓"天"当为"大"字之讹。今按：
　　通鉴作"时东风狂急"。

〔53〕(彭)奇船逆流而上　集解引陈景云说，谓时奇应募，以偏师独进，
　　彭见敌势已摧，乃悉军并进耳。彭不与奇同行，此文不合有"彭"
　　字。今据删。按：通鉴"彭"作"鲁"。又惠栋云，蜀鉴无"彭"字。

〔54〕选官属守州中长(史)〔吏〕　据刊误改。

〔55〕东观记(曰)杞作起　"曰"字当衍，今删。

〔56〕迁魏郡太守　按：集解引沈钦韩说，谓艺文类聚引东观记，北堂书
　　钞引华峤书，俱作"东郡"。

〔57〕於戏休兹　按：王先谦谓类聚十九、御览四百六十五引"休"
　　作"在"。

〔58〕图桓文〔之〕事而不能至者　据汲本、殿本补。

〔59〕必能相施　按：汲本"必"作"不"。

〔60〕于是署复破虏将军督盗贼　按：集解引沈钦韩说，谓光武以破虏将
　　军行大司马事，故署复为督盗贼，亦如太守府有门下督盗贼。通鉴
　　直云"以复为破虏将军"，误矣。又按：李慈铭谓此为光武破虏将军
　　之督盗贼掾也，"贼"字下疑脱一"掾"字。

〔61〕调补部尉　按：集解引王补说，谓"调"上疑夺"请"字。

〔62〕分列中夏　按：汲本、殿本"列"作"裂"。

〔63〕食郁秩壮武下密即墨梃(胡)观阳凡六县　据集解引惠栋说删，
　　注同。

〔64〕三十一年卒　按：集解引惠栋说，谓袁宏纪云"三十年"。

后汉书卷十八

吴盖陈臧列传第八

吴汉字子颜,南阳宛人也。家贫,给事县为亭长。王莽末,以宾客犯法,乃亡命至渔阳。①资用乏,以贩马自业,往来燕、蓟间,所至皆交结豪杰。更始立,使使者韩鸿徇河北。②或谓鸿曰:"吴子颜,奇士也,可与计事。"鸿召见汉,甚悦之,遂承制拜为安乐令。③

①命,名也。谓脱其名籍而逃亡。

②续汉书曰:"(雒县)〔南阳〕人韩鸿为谒者,[1]使持节降河北,拜除二千石。"

③安乐,县名,属渔阳郡,故城在今幽州潞县西北。

529

会王郎起,北州扰惑。汉素闻光武长者,独欲归心。乃说太守彭宠曰:"渔阳、上谷突骑,天下所闻也。君何不合二郡精锐,附刘公击邯郸,此一时之功也。"①宠以为然,而官属皆欲附王郎,宠不能夺。汉乃辞出,止外亭,念所以谲众,未知所出。②望见道中有一人似儒生者,汉使人召之,为具食,^③问以所闻。生因言刘公所过,为郡县所归;邯郸举尊号者,实非刘氏。汉大喜,即诈为光武书,移檄渔阳,使生赍以诣宠,令具以所闻说之,汉复随后入。宠甚然之。于是遣汉将兵与上谷诸将并军而南,所至击斩王郎将帅。^④及光武于广阿,拜汉为偏将军。既拔邯郸,^⑤赐号建策侯。

①一时,言不可再遇也。

②谲,诈也。未知欲出何计以诈之。

③续汉书曰:"时道路多饥人,来求食者似(诸)〔儒〕生,^[2]汉召〔之〕,^[3]故先为具食。"

④续汉书曰:"攻蓟,诛王郎大将赵闳等。"

⑤续汉书曰:"时上使汉等将突骑,扬兵戏马,立骑驰环邯郸城,^[4]乃围之。"

汉为人质厚少文,造次不能以辞自达。邓禹及诸将多知之,数相荐举,及得召见,^[5]遂见亲信,常居门下。

光武将发幽州兵,夜召邓禹,问可使行者。禹曰:"间数与吴汉言,其人勇鸷有智谋,^①诸将鲜能及者。"即拜汉大将军,持节北发十郡突骑。更始幽州牧苗曾闻之,阴勒兵,敕诸郡不肯应调。^②汉乃将二十骑先驰至无终。^③曾以汉无备,出迎于路,汉即拱兵骑。收曾斩之,而夺其军。北州震骇,城邑莫不望风弭从。^④遂悉发其兵,引而南,与光武会清阳。诸将望见汉还,士马甚盛,皆曰:"是宁肯分兵与人邪?"及汉至莫府,上兵簿,^⑤诸将人人多请之。光武曰:"属者恐不与人,^⑥今所请又何多也?"诸将皆惭。

①广雅曰:"鸷,执也。"凡鸟之勇锐,兽之猛悍者,皆名鸷也。

②调,发也。

③无终,本山戎国也。无终山名,因为国号。汉为县名,属右北平,故城

在今幽州渔阳县也。

　　④驿犹服也。

　　⑤莫,大也。兵簿,军士之名帐。

　　⑥属犹近也。

　　初,更始遣尚书令谢躬率六将军攻王郎,不能下。会光武至,共定邯郸,而躬裨将虏掠不相承禀,光武深忌之。虽俱在邯郸,遂分城而处,然每有以慰安之。躬勤于职事,光武常称曰"谢尚书真吏也",故不自疑。躬既而率其兵数万,还屯于邺。时光武南击青犊,谓躬曰:"我追贼于射犬,必破之。尤来在山阳者,埶必当惊走。若以君威力,击此散房,必成禽也。"躬曰:"善。"及青犊破,而尤来果北走隆虑山,躬乃留大将军刘庆、魏郡太守陈康守邺,自率诸将军击之。穷寇死战,其锋不可当,躬遂大败,死者数千人。光武因躬在外,乃使汉与岑彭袭其城。汉先令辩士说陈康曰:"盖闻上智不处危以侥幸,①中智能因危以为功,下愚安于危以自亡。危亡之至,在人所由,不可不察。今京师败乱,四方云扰,公所闻也。萧王兵强士附,河北归命,公所见也。谢躬内背萧王,外失众心,公所知也。公今据孤危之城,待灭亡之祸,义无所立,节无所成。不若开门内军,转祸为福,免下愚之败,收中智之功,此计之至者也。"康然之。于是康收刘庆及躬妻子,开门内汉等。及躬从隆虑归邺,不知康已反之,乃与数百骑轻入城。汉伏兵收之,手击杀躬,其众悉降。②躬字子张,南阳人。初,其妻知光武不平之,常戒躬曰:"君与刘公积不相能,而信其虚谈,不为之备,终受制矣。"躬不纳,故及于难。

531

　　①侥犹求也。

　　②续汉书曰:"时岑彭已在城中,将躬诣传舍,驰白汉。[6]汉至,躬在彭前

伏,汉曰:'何故与鬼语!'遂杀之。"

光武北击群贼,①汉常将突骑五千为军锋,数先登陷陈。及河
北平,汉与诸将奉图书,上尊号。光武即位,拜为大司马,更封舞
阳侯。

①续汉书曰:"从击铜马、重连、高胡,皆破之。"

建武二年春,汉率大司空王梁,建义大将军朱祐,大将军杜茂,
执金吾贾复,扬化将军坚镡,偏将军王霸,骑都尉刘隆、马武、阴识,
共击檀乡贼于邺东漳水上,大破之,①降者十馀万人。帝使使者玺
书定封汉为广平侯,食广平、斥漳、曲周、广年,凡四县。②复率诸将
击邺西山贼黎伯卿等,及河内脩武,悉破诸屯聚。车驾亲幸抚劳。
复遣汉进兵南阳,击宛、涅阳、郦、穰、新野诸城,皆下之。引兵南,
与秦丰战黄邮水上,破之。③又与偏将军冯异击昌城五楼贼张文
等,又攻铜马、五幡于新安,皆破之。

①水经曰:漳水源出上党长子县西发鸠山,东北至昌亭,与虖沱河合。

②四县皆属广平郡。广平故城在今洺州永年县西北,广年在今永年县
东北,斥漳在今洺州洺水县,[7]曲周故城在今洺州曲周县西南。广
年,避隋炀帝讳,改为永年县。[8]

③南阳新野县有黄邮水、黄邮聚也。

明年春,率建威大将军耿弇、虎牙大将军盖延,击青犊于轵西,
大破降之。又率骠骑大将军杜茂、强弩将军陈俊等,围苏茂于广
乐。刘永将周建别招聚收集得十馀万人,救广乐。汉将轻骑迎与
之战,不利,堕马伤膝,还营,建等遂连兵入城。诸将谓汉曰:"大敌
在前而公伤卧,众心惧矣。"汉乃勃然裹创而起,椎牛飨士,令军中
曰:"贼众虽多,皆劫掠群盗,'胜不相让,败不相救',①非有仗节

死义者也。[9]今日封侯之秋,诸君勉之!"于是军士激怒,人倍其气。旦日,建、茂出兵围汉。汉选四部精兵黄头吴河等,②及乌桓突骑三千馀人,齐鼓而进。③建军大溃,反还奔城。汉长驱追击,争门并入,大破之,茂、建突走。汉留杜茂、陈俊等守广乐,自将兵助盖延围刘永于睢阳。永既死,二城皆降。

①此上两句在左传,郑(大夫)公子突之词也。[10]

②前书邓通为黄头郎。音义曰:"土胜水,故刺船郎著黄帽,号黄头也。"

③续汉书曰:"汉躬被甲拔戟,令诸部将曰:'闻雷鼓声,皆大呼俱(大)进,[11]后至者斩。'遂鼓而进之。"

明年,又率陈俊及前将军王梁,击破五校贼于临平,追至东郡箕山,大破之。北击清河长直及平原五里贼,皆平之。①时鬲县五姓共逐守长,据城而反。②诸将争欲攻之,汉不听,曰:"使鬲反者,皆守长罪也。敢轻冒进兵者斩。"乃移檄告郡,使收守长,而使人谢城中。五姓大喜,即相率归降。诸将乃服,曰:"不战而下城,非众所及也。"

①东观记及续汉书"长直"并作"长垣"。案:长垣,县名,在河南,不得言北击,而范书作长直,当是贼号,或因地以为名。

②鬲,县,属平原郡,故城在今德州西北。五姓,盖当土强宗豪右也。鬲音革。

冬,汉率建威大将军耿弇、汉(中)〔忠〕将军王常等,[12]击富平、获索二贼于平原。[13]明年春,贼率五万馀人夜攻汉营,军中惊乱,汉坚卧不动,有顷乃定。即夜发精兵出营突击,大破其众。因追讨馀党,遂至无盐,①进击勃海,皆平之。又从征董宪,围朐城。明年春,拔朐,②斩宪。事(以)〔已〕见刘永传。[14]东方悉定,振旅还京师。

①无盐,县名,属东平国,故城在今郓州东。

②朐,县名,解见光武纪。

会隗嚣畔,夏,复遣汉西屯长安。八年,从车驾上陇,遂围隗嚣于西城。帝敕汉曰:"诸郡甲卒但坐费粮食,[15]若有逃亡,则沮败众心,宜悉罢之。"汉等贪并力攻嚣,遂不能遣,粮食日少,吏士疲役,逃亡者多,及公孙述救至,汉遂退败。

十一年春,率征南大将军岑彭等伐公孙述。及彭破荆门,长驱入江关,汉留夷陵,装露桡船,①将南阳兵及弛刑募士三万人泝江而上。会岑彭为刺客所杀,汉并将其军。十二年春,与公孙述将魏党、公孙永战于鱼涪津,大破之,②遂围武阳。述遣子婿史兴将五千人救之。汉迎击兴,尽殄其众,因入犍为界。诸县皆城守。汉乃进军攻广都,拔之。遣轻骑烧成都市桥,③武阳以东诸小城皆降。

①桡,短楫也,音人遥反。

②续汉书曰:"犍为郡南安县有渔涪津,在县北,临大江。"南中志曰:"渔涪津广数百步。"

③桥名也,解见公孙述传。

帝戒汉曰:"成都十馀万众,不可轻也。但坚据广都,待其来攻,勿与争锋。若不敢来,公转营迫之,须其力疲,乃可击也。"汉乘利,遂自将步骑二万馀人进逼成都,去城十馀里,阻江北为营,作浮桥,使副将武威将军刘尚①将万馀人屯于江南,相去二十馀里。帝闻大惊,让汉曰:[16]"比敕公千条万端,何意临事勃乱!既轻敌深入,又与尚别营,事有缓急,不复相及。贼若出兵缀公,以大众攻尚,尚破,公即败矣。幸无它者,急引兵还广都。"诏书未到,述果使其将谢丰、袁吉将众十许万,分为二十馀营,并出攻汉。使别将

〔将〕万馀人劫刘尚，[17]令不得相救。汉与大战一日，兵败，走入壁，丰因围之。汉乃召诸将厉之曰："吾共诸君踰越险阻，转战千里，所在斩获，遂深入敌地，至其城下。而今与刘尚二处受围，执既不接，其祸难量。欲潜师就尚于江南，并兵御之。若能同心一力，人自为战，大功可立；如其不然，败必无馀。成败之机，在此一举。"诸将皆曰"诺"。于是飨士秣马，闭营三日不出，乃多树幡旗，使烟火不绝，夜衔枚引兵与刘尚合军。丰等不觉，明日，乃分兵拒江北，[18]自将攻江南。汉悉兵迎战，自旦至晡，遂大破之，斩谢丰、袁吉，获甲首五千馀级。于是引还广都，留刘尚拒述，具以状上，而深自谴责。帝报曰："公还广都，[19]甚得其宜，述必不敢略尚而击公也。②若先攻尚，公从广都五十里悉步骑赴之，适当值其危困，破之必矣。"自是汉与述战于广都、成都之间，八战八克，遂军于其郭中。述自将数万人出城大战，汉使护军高午、唐邯将数万锐卒击之。[20]述兵败走，高午奔陈刺述，杀之。事已见述传。旦日城降，斩述首传送洛阳。明年正月，汉振旅浮江而下。至宛，诏令过家上冢，赐穀二万斛。

①东观记、续汉书"尚"字并作"禹"。

②略犹过也。

十五年，复率扬武将军马成、捕虏将军马武北击匈奴，徙雁门、代郡、上谷吏人六万馀口，置居庸、常〔山〕关以东。[21]

十八年，蜀郡守将史歆反于成都，自称大司马，攻太守张穆，穆踰城走广都，歆遂移檄郡县，而宕渠杨伟、朐䏰徐容等，①起兵各数千人以应之。帝以歆昔为岑彭护军，晓习兵事，故遣汉率刘尚及太中大夫臧宫将万馀人讨之。汉入武都，乃发广汉、巴、蜀三郡兵围成都,百馀日城破,诛歆等。汉乃乘桴沿江下巴郡,杨伟、徐容等惶恐解散,汉诛其渠帅二百馀人,徙其党与数百家于南郡、长沙而还。

①宕渠、朐䏰,二县名,皆属巴郡。朐音劬,䏰音忍。宕渠山名,因以名县,故城在今渠州流江县东北,俗名车骑城是也。十三州志朐音春,䏰音闰。其地下湿,多朐䏰虫,因以名县。故城在今夔州云安县西万户故城是也。

汉性强力,每从征伐,帝未安,恒侧足而立。诸将见战陈不利,或多惶惧,失其常度。汉意气自若,方整厉器械,激扬士吏。帝时遣人观大司马何为,还言方脩战攻之具,乃叹曰:"吴公差强人意,隐若一敌国矣!"①每当出师,朝受诏,夕即引道,初无办严之日。②故能常任职,以功名终。及在朝廷,斤斤谨质,形于体貌。③汉尝出征,妻子在后买田业。汉还,让之曰:"军师在外,吏士不足,何多买田宅乎!"遂尽以分与昆弟外家。④

①隐,威重之貌。言其威重若敌国。前书周亚夫谓剧孟曰:"大将得之,若一敌国矣。"

②严即装也,避明帝讳,故改之。

③尔雅曰:"明明、斤斤,察也。"李巡曰:"斤斤,精详之察也。"孙炎曰:"重慎之察也。"斤音靳。

④东观记曰"汉但修里宅,不起第。夫人先死,薄葬小坟,不作祠堂"也。

二十年,汉病笃。车驾亲临,问所欲言。对曰:"臣愚无所知识,唯愿陛下慎无赦而已。"及薨,有诏悼愍,赐谥曰忠侯。①发北军五校、轻车、介士送葬,如大将军霍光故事。②

①东观记曰:"有司奏议以武为谥,诏特赐谥曰忠侯。"

②汉置南北军五校,解见顺帝纪。轻车,兵车也。介士,甲士也。霍光传云以北军五校尉、轻车、介士载光尸以辒辌车,黄屋左纛,军陈至茂

陵。不以南军者,重之也。

子哀侯成嗣,为奴所杀。二十八年,分汉封为三国:成子旦为
濯阳侯,①以奉汉嗣;旦弟盱②为筑阳侯;成弟国为新蔡侯。③旦卒,
无子,国除。建初八年,徙封盱为平春侯,④以奉汉后。盱卒,子胜
嗣。初,汉兄尉为将军,从征战死,封尉子彤为安阳侯。⑤帝以汉功
大,复封弟翕为褒亲侯。吴氏侯者凡五国。

①濯阳,县名,属汝南郡,在濯水之阳,因以为名,其地今豫州吴房县也。
　音劬。
②盱音火俱反。
③筑阳,县名,属南阳郡,古穀国也,在筑水之阳,故城在今襄州穀城县
　西。新蔡,县名,属汝南郡,蔡平侯自蔡徙此,故加“新”字,今豫州县
　也。筑音逐。
④平春,县名,属江夏郡。
⑤安阳,县名,属汝南郡,古江国也,故城在今豫州新息县西南。

初,渔阳都尉严宣,与汉俱会光武于广阿,光武以为偏将军,封
建信侯。①

①建信,县名,属千乘国。

论曰:吴汉自建武世,常居上公之位,终始倚爱之亲,①[22]谅
由质简而强力也。子曰“刚毅木讷近仁”,②斯岂汉之方乎!③昔陈
平智有馀以见疑,周勃资朴忠而见信。④[23]夫仁义不足以相怀,则
智者以有馀为疑,而朴者以不足取信矣。⑤

①“差强人意”,是倚之也;遂见亲信,是爱之也。
②论语文。刚毅谓强而能断。木,朴悫貌。讷,忍于言也。四者皆仁之
　质,若加文,则成仁矣,故言近仁。

③方，比也。

④高祖谓吕后曰："陈平智有馀，然难独任。"是见疑也。又曰："周勃重厚少文，安刘氏者必勃。"是见信也。

⑤怀，依也。言若仁义之心足相依信，则情无疑阻。若彼此之诚未协，仁义不足相依，则智者翻以有馀见疑，朴者以愚直取信。

盖延字巨卿，渔阳要阳人也。①身长八尺，弯弓三百斤。边俗尚勇力，而延以气闻。历郡列掾、州从事，所在职办。②彭宠为太守，召延署营尉，行护军。

①要阳，县名，光武时省。

②古者三公下至郡县皆有掾属。续汉志曰："建武十八年，立刺史十二人，人主一州，皆有从事史、假佐，每郡皆置诸曹掾。"郡中列掾非一，延并为之，故言历也。渔阳属幽州。东观记云延为幽州从事。

及王郎起，延与吴汉同谋归光武。①延至广阿，拜偏将军，号建功侯，从平河北。光武即位，以延为虎牙将军。

①续汉书曰："并与狐奴令王梁同劝宠。"

建武二年，更封安平侯。遣南击敖仓，转攻酸枣、封丘，皆拔。①其夏，督驸马都尉马武、骑都尉刘隆、护军都尉马成、偏将军王霸等南伐刘永，先攻拔襄邑，②进取麻乡，③遂围永于睢阳。数月，尽收野麦，夜梯其城入。永惊惧，引兵走出东门，④延追击，大破之。永弃军走谯，延进攻，拔薛，斩其鲁郡太守，⑤而彭城、扶阳、杼秋、萧皆降。⑥又破永沛郡太守，斩之。⑦永将苏茂、佼强、周建等三万馀人⑧救永，共攻延，延与战于沛西，大破之。永军乱，遁没溺死者太半。永弃城走湖陵，苏茂奔广乐。延遂定沛、楚、临淮，修高祖庙,置啬夫、祝宰、乐人。⑨

①酸枣、封丘,二县名,属陈留郡。酸枣故城在今滑州县也。封丘故城
在今汴州县也。

②续汉书曰:"时刘永别将许德据襄邑,延攻而拔之。"

③麻乡,县名,[24]故城在今宋州砀山县东北。

④东观记云"走出鱼门",然则东门名鱼门也。[25]

⑤薛,县名,属鲁国,故城在今徐州滕县东南。东观记曰"鲁郡太守梁丘
寿"也。[26]

⑥扶阳,县名,属沛郡。[27]杼秋,县名,属梁国,故城在今徐州萧县西北。
杼音食汝反。

⑦东观记曰:"沛郡太守陈脩。"

⑧佼强,姓名也,周大夫原伯佼之后也。[28]

⑨楚即今彭城县也。临淮,郡名,今泗州下邳县。高祖庙在今徐州沛县
东故泗水亭中,即高祖为亭长之所也。啬夫,主知庙事。东观记曰:
"时盖延因斋戒祠高祖庙。"

三年,睢阳复反城迎刘永,①延复率诸将围之百日,收其野谷。
永乏食,突走,延追击,尽得辎重。永为其将所杀,永弟防举城降。

①反音翻。

四年春,延又击苏茂、周建于蕲,①进与董宪战留下,皆破
之。②因率平(敌)〔狄〕将军庞萌攻西防,[29]拔之。③复追败周建、苏
茂于彭城,茂、建亡奔董宪,〔董宪〕将贲休举兰陵城降。④[30]宪闻
之,自郯围休。时延及庞萌在楚,请往救之。帝敕曰:"可直往捣
郯,则兰陵必自解。"⑤延等以贲休城危,遂先赴之。宪逆战而阳
败,延等(遂)逐退,[31]因拔围入城。明日,宪大出兵合围,延等惧,
遽出突走,因往攻郯。帝让之曰:"间欲先赴郯者,以其不意故耳。

今既奔走，贼计已立，围岂可解乎!"延等至郯，果不能克，而董宪遂拔兰陵，杀贲休。延等往来要击宪别将于彭城、郯、邳之间，战或日数合，颇有剋获。帝以延轻敌深入，数以书诫之。⑥及庞萌反，攻杀楚郡太守，引军袭败延，延走，北度泗水，破舟楫，坏津梁，仅而得免。⑦帝自将而东，征延与大司马吴汉、汉忠将军王常、前将军王梁、捕虏将军马武、讨虏将军王霸等会任城，讨庞萌于桃乡，又并从征董宪于昌虑，皆破平之。六年春，遣屯长安。

①蕲，县名，属沛郡，有大泽乡。蕲音机。

②留，县名，属楚国，故城在今徐州沛县东南。

③西防，县名，春秋时宋之西防城，故城在今宋州单父县北。

④前书有贲赫，音肥。今有此姓，(贲)音奔。〔32〕

⑤捣，击也。东观记作"击"字。

⑥东观记载延上疏辞曰："臣幸得受干戈，诛逆虏，奉职未称，久留天诛，常恐污辱名号，不及等伦。天下平定巳后，曾无尺寸可数，不得预竹帛之编。明诏深闵，儆戒备具，每事奉循诏命，必不敢为国之忧也。"

⑦东观记、续汉书皆云萌攻延，延与战，破之。诏书劳延曰："庞萌一夜反畔，相去不远，营壁不坚，殆令人齿欲相击，而将军有不可动之节，吾甚美之。"此传言"仅而得免"，与彼不同。

九年，隗嚣死，延西击街泉、略阳、清水诸屯聚，皆定。①

①街泉、略阳、清水三县，皆属天水郡。

540

十一年，与中郎将来歙攻河池，未剋，以病引还，拜为左冯翊，将军如故。①十三年，增封定食万户。十五年，薨于位。

①续汉书曰："视事四年，人敬其威信。"

子扶嗣。扶卒，子侧嗣。永平十三年，坐与舅王平谋反，伏诛，国除。永初七年，邓太后绍封延曾孙恢为芦亭侯。①恢卒，子遂嗣。

后汉书卷十八

①东观记作"庐亭"。〔33〕

陈俊字子昭,南阳西鄂人也。①少为郡吏。更始立,以宗室刘嘉为太常将军,俊为长史。光武徇河北,嘉遗书荐俊,光武以为安集掾。②

①江夏郡有鄂,故此加"西"也,故城在今邓州向城县南也。

②东观记曰:"俊初调补曲阳长,上曰:'欲与君为左右,小县何足贪乎?'俊即拜,解印绶,上以为安集掾。"

从击铜马于清阳,进至(满)〔蒲〕阳,〔34〕拜强弩将军。①与五校战于安次,俊下马,手接短兵,所向必破,追奔二十馀里,斩其渠帅而还。光武望而叹曰:"战将尽如是,岂有忧哉!"五校引退入渔阳,所过虏掠。俊言于光武曰:"宜令轻骑出贼前,使百姓各自坚壁,〔35〕以绝其食,可不战而殄也。"光武然之,遣俊将轻骑驰出贼前。视人保壁坚完者,敕令固守;放散在野者,因掠取之。贼至无所得,遂散败。及军还,光武谓俊曰:"困此虏者,将军策也。"及即位,封俊为列侯。

①华峤书曰:"拜为强弩偏将军,赐绛衣九百领,〔36〕以衣中坚同心士。"

建武二年春,攻匡贼,下四县,①更封新处侯。②引击顿丘,降三城。③其秋,大司马吴汉承制拜俊为强弩大将军,别击金门、白马贼于河内,皆破之。④四年,转徇汝阳及项,又拔南武阳。⑤是时太山豪杰多拥众与张步连兵,吴汉言于帝曰:"非陈俊莫能定此郡。"于是拜俊太山太守,行大将军事。张步闻之,遣其将击俊,战于嬴下,⑥俊大破之,追至济南,收得印绶九十馀,⑦稍攻下诸县,遂定太山。五年,与建威大将军耿弇共破张步。事在弇传。

①匡贼即匡城县贼也。东观记作"匡城贼"。匡城,古匡邑也,故城在今
滑州匡城县南。

②新处,县名,属中山国。

③顿丘,县名,属东郡,故城在今魏州顿丘县北阴安城是也。

④金门、白马并山名,在今洛州福昌县西南,有金门白马水。盖贼起于
二山,因以〔为〕名。[37]

⑤南武阳,县名,属太山郡,故城在今沂州费县西。

⑥续汉书曰:赢,县名,[38]属太山郡。赢音盈。

⑦步时拟私封爵人之印绶。

时琅邪未平,乃徙俊为琅邪太守,领将军如故。齐地素闻俊
名,入界,盗贼皆解散。俊将兵击董宪于赣榆,①进破朐贼孙阳,平
之。八年,张步畔,还琅邪,俊追讨,斩之。帝美其功,诏俊得专征
青、徐。②俊抚贫弱,表有义,检制军吏,不得与郡县相干,百姓歌
之。数上书自请,愿奋击陇、蜀。诏报曰:"东州新平,大将军之功
也。负海猾夏,盗贼之处,国家以为重忧,且勉镇抚之。"

①赣榆,县名,属东海郡。赣音贡。

②华峤书曰:"赐俊玺书曰:'将军元勋大著,威震青、徐,两州有警,得专
征之。'"

十三年,增邑,定封祝阿侯。①明年,征奉朝请。二十三年卒。

①祝阿,县名,属平原郡。

子浮嗣,徙封蕲春侯。①浮卒,子专诸嗣。专诸卒,子笃嗣。

①蕲春,今蕲州县也。东观记曰:"诏书以祝阿益济南国,故徙浮封蕲春
侯。"蕲音祈。

臧宫字君翁，颍川郏人也。①少为县亭长、游徼，②后率宾客入下江兵中为校尉，因从光武征战，诸将多称其勇。光武察宫勤力少言，甚亲纳之。及至河北，以为偏将军，从破群贼，数陷陈却敌。

①郏，县名，今汝州郏城县也。

②续汉书曰"每十里一亭，亭有长，以禁盗贼。每乡有游徼，掌循禁奸盗"也。

光武即位，以为侍中、骑都尉。建武二年，封成安侯。①明年，将突骑与征虏将军祭遵击更始将左防、韦颜②于(汨)〔涅〕阳、〔39〕郦，悉降之。五年，将兵徇江夏，〔40〕击代乡、钟武、〔41〕竹里，皆下之。③帝使太中大夫④持节拜宫为辅威将军。七年，更封期思侯。⑤击梁郡、济阴，皆平之。

①成安，县名，属颍川郡。

②华峤书"韦"字作"韩"。

③钟武，县名，属江夏郡，故城在今申州钟山县西南。

④华峤书曰"使张明"也。

⑤期思，县名，属汝南郡，故城在今光州固始县西北。

十一年，将兵至中卢，屯骆越。①是时公孙述将田戎、任满与征南大将军岑彭相拒于荆门，彭等战数不利，越人谋畔从蜀。宫兵少，力不能制。会属县送委输车数百乘至，宫夜使锯断城门限，令车声回转出入至旦。越人候伺者闻车声不绝，而门限断，相告以汉兵大至。其渠帅乃奉牛酒以劳军营。宫陈兵大会，击牛酾酒，飨赐慰纳之，②越人由是遂安。

①中卢，县名，属南郡，故城在今襄州襄阳县南。盖骆越人徙于此，因以为名。

②醲音所宜反。说文曰:"下酒也。"诗注曰"以筐曰醲"也。

宫与岑彭等破荆门,别至垂鹊山,通道出秭归,至江州。岑彭下巴郡,使宫将降卒五万,从涪水上平曲。公孙述将延岑盛兵于(沅)〔沈〕水,①[42]时宫众多食少,转输不至,而降者皆欲散畔,郡邑复更保聚,观望成败。宫欲引还,恐为所反。②会帝遣谒者将兵诣岑彭,有马七百匹,宫矫制取以自益,晨夜进兵,多张旗帜,登山鼓噪,右步左骑,挟船而引,呼声动山谷。岑不意汉军卒至,登山望之,大震恐。宫因从击,大破之。斩首溺死者万馀人,水为之浊流。延岑奔成都,其众悉降,尽获其兵马珍宝。③自是乘胜追北,降者以十万数。④

①(沅)〔沈〕水出广汉,解见光武纪。

②反音翻。

③华峤书曰:"上玺书劳宫,赐吏士缣缣六千匹。"

④人好阳而恶阴,北方幽阴之地,故军败者皆谓之北。史记乐书曰:"北者,败也。"而近代音北为背,失其指矣。

军至平阳乡,蜀将王元举众降。进拔绵竹,破涪城,斩公孙述弟恢,复攻拔繁、郫。①前后收得节五,印绶千八百。是时大司马吴汉亦乘胜进营逼成都。宫连屠大城,兵马旌旗甚盛,乃乘兵入小雒郭门,[43]历成都城下,②至吴汉营,饮酒高会。汉见之甚欢,谓宫曰:"将军向者经虏城下,震扬威灵,风行电照。然穷寇难量,还营愿从它道矣。"宫不从,复路而归,贼亦不敢近之。进军咸门,③与吴汉并灭公孙述。

①繁,县名,属蜀郡。繁,江名,因以为县名,故城在今益州新繁县北。

郫,县名,属蜀郡,故城在今益州郫县北。郫音皮。

②张载注蜀都赋云:"汉武帝元鼎三年,立成都郭十八门。"小雒郭门盖

其数焉。

③成都北面东头门。

帝以蜀地新定,拜宫为广汉太守。十三年,增邑,更封鄹侯。十五年,征还京师,以列侯奉朝请,定封朗陵侯。①十八年,拜太中大夫。

①朗陵,县名,属汝南郡,故城在今豫州朗山县西南。

十九年,妖巫维汜弟子单臣、傅镇等,复妖言相聚,入原武城,①劫吏人,自称将军。于是遣宫将北军及黎阳营数千人围之。贼穀食多,数攻不下,士卒死伤。帝召公卿诸侯王问方略,皆曰“宜重其购赏”。时显宗为东海王,独对曰:“妖巫相劫,势无久立,其中必有悔欲亡者。但外围急,不得走耳。宜小挺缓,②令得逃亡,逃亡则一亭长足以禽矣。”帝然之,即敕宫彻围缓贼,贼众分散,遂斩臣、镇等。宫还,迁城门校尉,复转左中郎将。击武谿贼,至江陵,降之。③

①“维”或作“缕”。

②挺,解也。

③武溪,水名,在今辰州卢谿县。

宫以谨信质朴,故常见任用。后匈奴饥疫,自相分争,帝以问宫,宫曰:“愿得五千骑以立功。”帝笑曰:“常胜之家,难与虑敌,吾方自思之。”二十七年,宫乃与杨虚侯马武上书曰:[44]“匈奴贪利,无有礼信,穷则稽首,安则侵盗,缘边被其毒痛,中国忧其抵突。①虏今人畜疫死,旱蝗赤地,②疲困之力,[45]不当中国一郡。万里死命,县在陛下。福不再来,时或易失,③岂宜固守文德而堕武事乎?今命将临塞,厚县购赏,喻告高句骊、乌桓、鲜卑攻其左,发河西四郡、④天水、陇西羌胡击其右。如此,北虏之灭,不过数年。臣恐陛下仁恩不忍,谋臣狐疑,令万世刻石之功不立于圣世。"诏报曰:"黄石公记曰,'柔能制刚,弱能制强'。⑤柔者德也,刚者贼也,弱者仁之助也,强者怨之归也。故曰有德之君,以所乐乐人;无德之君,以所乐乐身。乐人者其乐长,乐身者不久而亡。舍近谋远者,劳而无功;舍远谋近者,逸而有终。逸政多忠臣,劳政多乱人。故曰务广地者荒,务广德者强。有其有者安,贪人有者残。残灭之政,虽成必败。今国无善政,灾变不息,⑥百姓惊惶,人不自保,而复欲远事边外乎? 孔子曰:'吾恐季孙之忧,不在颛臾。'⑦且北狄尚强,而屯田警备传闻之事,恒多失实。⑧诚能举天下之半以灭大寇,岂非至愿;苟非其时,不如息人。"自是诸将莫敢复言兵事者。

①抵,触也。

②赤地,言在地之物皆尽。说苑曰:"晋平公时,赤地千里。"

③左传曰:"大福不再。"蒯通曰:"时者难遇而易失也。"

④谓张掖、酒泉、武威、金城也。

⑤即张良于下邳圯所见老父出一编书者。

⑥左传曰:"国无善政,则自取谪于日月之灾。"

⑦颛臾,鲁附庸之国。鲁卿季氏贪其土地,欲伐而兼之。时孔子弟子冉有仕于季氏,孔子责之。冉有曰:"今夫颛臾固而近季氏之邑,今不取,恐为子孙之忧。"孔子曰:"吾恐季孙之忧,不在颛臾,而在萧墙之内也。"

⑧公羊传曰:"见者异辞,闻者异辞,传闻者异辞。"

宫永平元年卒,谥曰愍侯。子信嗣。信卒,子震嗣。震卒,子松嗣。元初四年,与母别居,国除。[46]永宁元年,邓太后绍封松弟由为朗陵侯。

论曰：中兴之业，诚艰难也。然敌无秦、项之强，人资附汉之思，虽怀玺纡绂，跨陵州县，①殊名诡号，千队为群，尚未足以为比功上烈也。至于山西既定，威临天下，②戎羯丧其精胆，群帅贾其馀壮，③斯诚雄心尚武之几，先志玩兵之日。④臧宫、马武之徒，抚鸣剑而抵掌，[47]志驰于伊吾之北矣。⑤光武审黄石，存包桑，⑥闭玉门以谢西域之质，卑词币以礼匈奴之使，⑦其意防盖已弘深。岂其颠沛平城之围，忍伤黥王之陈乎？⑧

① 玺，解见光武纪。白虎通曰："天子朱绂，诸侯赤绂，上广一尺，下广二尺，法天一地二也，长三尺，法天地人也。"董巴舆服志曰："古者上下皆有绂，所以殊贵贱也。自五霸递兴，以绂非兵服，于是去绂也。"

② 谓诛隗嚣、公孙述。

③ 羯本匈奴别部，分散居于上党、武乡、羯室，因号羯胡。此总谓戎夷耳，不指于羯也。左传曰："欲勇者，贾余馀勇。"

④ 几，会也。玩，习也。先志者，乘胜之志也。

⑤ 屈原曰："抚长剑兮玉珥。"曹植结交篇曰："利剑鸣手中。"说文曰："抵，侧击也。"[48]

⑥ 周易否卦九五曰："其亡其亡，系于包桑。"言圣人居天位，不可以安，常自危惧，乃是系于包桑也。包，本也，系于桑本，言其固也。

⑦ 西域传曰，建武二十一年，西域十八国俱遣子弟入侍，天子以中国初定，皆还其侍子。匈奴传曰，建武二十八年，匈奴遣使诣阙贡马及裘，乞和亲。帝报曰："单于国内虚耗，贡物裁以通礼，何必马裘？今赠缯五百匹，斩马剑一。"是卑辞币礼也。

⑧ 平城，县名，今云州定襄县。高祖七年，击韩王信，至平城，被匈奴围，七日乃解。十二年，高祖亲击淮南王黥布，在陈为流矢所中。颠沛，狼狈也。颠音丁千反。

赞曰:吴公鸷强,实为龙骧。①电埽群孽,风行巴、梁。虎牙猛力,功立睢阳。宫、俊休休,是亦鹰扬。②

① 战国策曰:"廉颇为人,勇鸷而爱士。白起视瞻不转者,执志强也。" 骧,举也。若龙之举,言其威盛。邹阳曰:"神龙骧首奋翼,则浮云出流。"

② 诗曰:"良士休休。"又曰:"惟师尚父,时惟鹰扬。"

〔1〕(雒县)〔南阳〕人韩鸿 据集解引洪颐煊说改。按:汲本、殿本"雒县"作"雒阳"。

〔2〕来求食者似(诸)〔儒〕生 据汲本、殿本改。

〔3〕汉召〔之〕 据刊误补。

〔4〕立骑驰环邯郸城 按:汲本、殿本"立"作"士"。

〔5〕及得召见 按:汲本、殿本"及"作"乃"。

〔6〕驰白汉 按:汲本、殿本"驰"作"出"。

〔7〕斥漳在今洺州洺水县 按:集解王先谦谓"洺水"当作"池水"。校补谓洺水,隋县名,属冀州武安郡,唐并入曲周,疑章怀作注时,此县尚未并省也。

〔8〕广年避隋炀帝讳改为永年县 按:"广年"原讹"广平",径据汲本、殿本改正。

〔9〕非有仗节死义者也 按:"仗"原讹"伏",径改正。

〔10〕郑(大夫)公子突 据集解引周寿昌说删,与左传合。

〔11〕皆大呼俱(大)进 据刊误删。按:集解引惠栋说,谓东观记所载与此同,无"大"字,刊误是。

〔12〕汉(中)〔忠〕将军王常 刊误谓"中"当作"忠",今据改。

548

〔13〕击富平获索二贼于平原　按:校补引钱大昭说,谓本纪列五年二
　　月,盖据破降二贼时言之。

〔14〕斩宪事(以)〔已〕见刘永传　据殿本改。　按:以已通。

〔15〕诸郡甲卒但坐费粮食　按:汲本、殿本"但"作"俱"。

〔16〕帝闻大惊让汉曰　按:御览三〇九引,"惊"下有"使"字。

〔17〕使别将〔将〕万馀人劫刘尚　王先谦谓"将"字下少一"将"字,则句
　　不圆通。通鉴"别将"下重"将"字,今据补。

〔18〕乃分兵拒江北　按:"江"原讹"水",径改正。

〔19〕公还广都　按:"还"原讹"远",径改正。

〔20〕汉使护军高午唐邯　按:校补引钱大昭说,谓"护军高午"续天文志
　　作"护军将军"。

〔21〕常〔山〕关以东　据刊误补。

〔22〕终始倚爱之亲　按:李慈铭谓终始倚爱之亲不成语,当以"之"字断
　　句,"亲"字盖涉注文"遂见亲信"句而衍。

〔23〕周勃资朴忠而见信　按:汲本、殿本"资"作"质"。

〔24〕麻乡县名　按:集解引惠栋说,谓两汉无"麻乡县",或是乡名。又
　　引沈钦韩说,谓今徐州府砀山县西北有麻城集。

〔25〕然则东门名鱼门也　按:集解引惠栋说,谓续志梁国睢阳有鱼门。

〔26〕梁丘寿　按:"丘"原讹"国",径改正。

〔27〕属沛郡　按:"沛"原讹"大",径改正。

〔28〕周大夫原伯佼之后也　按:沈家本谓此注疑本风俗通姓氏篇,今左
　　传作"原伯绞"。

〔29〕平(敌)〔狄〕将军庞萌　据集解本改。按:校补谓"狄"各本皆作
　　"敌",据萌传正。

〔30〕茂建亡奔董宪〔董宪〕将贲休举兰陵城降　李慈铭谓"董宪"下当
　　叠"董宪"二字。今据补。

〔31〕延等(遂)逐退　刊误谓案文多一"遂"字,缘下有"逐"字误之。今

据删。

〔32〕今有此姓(贲)音奔　据刊误删。

〔33〕东观记作庐亭　按:汲本、殿本"庐"作"卢",聚珍版东观记亦作"卢"。

〔34〕进至(满)〔蒲〕阳　集解引惠栋说,谓光武纪作"蒲阳",案前志中山曲逆县有蒲阳山。今据改。参阅邓禹传校勘记。

〔35〕使百姓各自坚壁　按:汲本、殿本"坚"下有"守"字。

〔36〕赐绛衣九百领　按:王先谦谓今本东观记作"三百领"。

〔37〕盖贼起于二山因以〔为〕名　据汲本、殿本补。按:汲本"山"作"水"。

〔38〕(续汉书曰)嬴县名　"续汉书曰"四字当衍,汲本无,今据删。

〔39〕(沮)〔涅〕阳　集解引沈钦韩说,谓"沮阳"当为"涅阳",与郦皆属南阳郡。今据改。

〔40〕五年将兵徇江夏　按:汲本、殿本"五年"讹"三年"。

〔41〕钟武　汲本、殿本"钟"作"锺",注同。按:锺钟古通作。

〔42〕公孙述将延岑盛兵于(沅)〔沈〕水　集解引钱大昕说,谓光武纪建武十一年,臧宫与公孙述将延岑战于沈水,注引水经注"沈水出广汉县,下入涪水",本或作"沅水"及"沆水"者,并非。则此"沅"字乃"沈"字之讹。今据改。注同。

〔43〕乃乘兵入小雒郭门　按:王先谦谓"乘兵"无义,详文意当是"陈兵",音近而讹也。

〔44〕杨虚侯马武　按:"杨"原讹"扬",径改正。

〔45〕疫困之力　按:校补引钱大昭说,谓"之"当作"乏"。

〔46〕元初四年与母别居国除　按:李慈铭谓"与母别居"上当脱一"坐"字。

〔47〕抚鸣剑而抵掌　按:"抵"原讹"抵",各本同,径改正。

〔48〕说文曰抵侧击也　"抵"原讹"抵",径改正。按:抵从手氏声,与抵字音义皆殊。

后汉书卷十九

耿弇列传第九 弟国 国子秉 秉弟夔 国弟子恭

耿弇字伯昭,[1]扶风茂陵人也。其先武帝时,以吏二千石自钜鹿徙焉。①父况,字侠游,以明经为郎,与王莽从弟伋共学老子于安丘先生。②后为朔调连率。③弇少好学,习父业。④常见郡尉试骑士,建旗鼓,肄驰射,由是好将帅之事。⑤

①武帝时,徙吏二千石高赀富人及豪杰并兼之家于诸陵也。

②嵇康圣贤高士传曰"安丘望之字仲都,京兆长陵人。少持老子经,恬净不求进宦,[2]号曰安丘丈人。成帝闻,欲见之,望之辞不肯见,为巫医于人间"也。

③王莽改上谷郡曰朔调,守曰连率。

④袁山松书曰:"弇少学诗、礼,明锐有权谋。"

⑤汉官仪曰:"岁终郡试之时,讲武勒兵,因以校猎,简其材力也。

及王莽败,更始立,诸将略地者,前后多擅威权,辄改易守、令。

551

况自以莽之所置,怀不自安。时弇年二十一,乃辞况奉奏诣更始,因赍贡献,以求自固之宜。及至宋子,会王郎诈称成帝子子舆,起兵邯郸,弇从吏孙仓、卫包于道共谋曰:[3]"刘子舆成帝正统,舍此不归,远行安之?"弇按剑曰:"子舆弊贼,卒为降虏耳。我至长安,与国家陈渔阳、上谷兵马之用,还出太原、代郡,反覆数十日,归发突骑以轥乌合之众,①如摧枯折腐耳。观公等不识去就,族灭不久也。"仓、包不从,遂亡降王郎。

①轥,轹也,音力刃反。

弇道闻光武在卢奴,乃驰北上谒,光武留署门下吏。[4]弇因说护军朱祐,求归发兵,以定邯郸。光武笑曰:"小儿曹乃有大意哉!"因数召见加恩慰。①弇因从光武北至蓟。闻邯郸兵方到,光武将欲南归,召官属计议。弇曰:"今兵从南来,不可南行。渔阳太守彭宠,公之邑人;②上谷太守,即弇父也。发此两郡,控弦万骑,邯郸不足虑也。"光武官属腹心皆不肯,曰:"死尚南首,奈何北行入囊中?"③光武指弇曰:"是我北道主人也。"会蓟中乱,④光武遂南驰,官属各分散。弇走昌平就况,⑤因说况使寇恂东约彭宠,各发突骑二千匹,步兵千人。弇与景丹、寇恂及渔阳兵合军而南,所过击斩王郎大将、九卿、校尉以下四百馀级,得印绶百二十五,节二,斩首三万级,定涿郡、中山、钜鹿、清河、河间凡二十二县,遂及光武于广阿。是时光武方攻王郎,传言二郡兵为邯郸来,众皆恐。既而悉诣营上谒。光武见弇等,说,曰:"当与渔阳、上谷士大夫共此大功。"乃皆以为偏将军,使还领其兵。加况大将军、兴义侯,得自置偏裨。弇等遂从拔邯郸。

①续汉书曰"弇还檄与况,陈上功德,自嫌年少,恐不见信,宜自来。况

得檄立发,至昌平见上”也。

②宠,南阳宛人也。

③渔阳、上谷北接塞垣,至彼路穷,如入囊也。

④续汉书曰“弇归,主人食未已,蓟中扰乱,上驾出南城门,颇遮绝辎重,城中相掠。弇既与上相失,以马与城门亭长,乃得出”也。

⑤昌平,县名,属上谷郡,今幽州县,故城在县东也。

时更始征代郡太守赵永,而况劝永不应召,令诣于光武。^[5]光武遣永复郡。永北还,而代令张晔据城反畔,乃招迎匈奴、乌桓以为援助。光武以弇弟舒为复胡将军,使击晔,破之。永乃得复郡。时五校贼二十馀万北寇上谷,况与舒连击破之,贼皆退走。

更始见光武威声日盛,君臣疑虑,乃遣使立光武为萧王,令罢兵与诸将有功者还长安;遣苗曾为幽州牧,韦顺为上谷太守,蔡充为渔阳太守,并北之部。时光武居邯郸宫,昼卧温明殿。①弇入造床下请间,因说曰:“今更始失政,君臣淫乱,诸将擅命于畿内,贵戚纵横于都内。②天子之命,不出城门,所在牧守,辄自迁易,百姓不知所从,士人莫敢自安。虏掠财物,劫掠妇女,怀金玉者,至不生归。元元叩心,更思莽朝。又铜马、赤眉之属数十辈,辈数十百万,圣公不能办也。③其败不久。公首事南阳,破百万之军;今定河北,(北)据天府之地。④^[6]以义征伐,发号响应,天下可传檄而定。天下至重,不可令它姓得之。闻使者从西方来,欲罢兵,不可从也。今吏士死亡者多,弇愿归幽州,益发精兵,以集(其)大计。”^[7]光武大说,⑤乃拜弇为大将军,与吴汉北发幽州十郡兵。弇到上谷,收韦顺、蔡充斩之;汉亦诛苗曾。于是悉发幽州兵,引而南,从光武击破铜马、高湖、赤眉、青犊,又追尤来、大枪、五幡于元氏,弇常将精骑为军锋,辄破走之。光武乘胜战(慎)〔顺〕水上,^[8]虏危急,殊死战。

553

时军士疲弊,遂大败奔还,壁范阳,数日乃振,⑥贼亦退去,从追至容城、小广阳、安次,连战破之。⑦光武还蓟,复遣弇与吴汉、景丹、盖延、朱祐、邳彤、耿纯、刘植、岑彭、祭遵、坚镡、王霸、陈俊、马武十三将军,[9]追贼至潞东,及平谷,⑧再战,斩首万三千馀级,遂穷追于右北平无终、土垠之间,⑨至(浚)〔俊〕靡而还。⑩[10]贼散入辽西、辽东,或为乌桓、貊人所钞击,略尽。

①汉赵王如意之殿也,故基在今洺州邯郸县内。

②更始传曰:"李轶、朱鲔擅命山东,王匡、张卬横暴三辅。"

③办犹成也,音蒲苋反。

④前书曰:"关中所谓金城天府。"弇以河北富饶,故以喻焉。

⑤续汉书曰:"光武初见弇言,起坐曰:'卿失言,我斩卿!'弇曰:'大王哀厚弇如父子,故披赤心为大王陈事。'上曰:'我戏卿耳。'"

⑥壁谓筑垒壁也。

⑦容城,县名,属涿郡,故城在今易州(道)〔遒〕县也。[11]广阳国有广阳县,故曰小广阳,及安次,县名,并在今幽州也。

⑧平谷,解见光武纪。

⑨无终、土垠并县名,属右北平郡,无终故城在今渔阳县。土垠故城在今平州西南。垠音银。

⑩(浚)〔俊〕靡,县名,属右北平,故城在今渔阳县北。靡音麻。

光武即位,拜弇为建威大将军。与骠骑大将军景丹、强弩将军陈俊攻厌新贼于敖仓,皆破降之。建武二年,更封好畤侯,食好畤、美阳二县。三年,延岑自武关出攻南阳,下数城。穰人杜弘率其众以从岑。弇与岑等战于穰,大破之,斩首三千馀级,生获其将士五千馀人,得印绶三百。杜弘降,岑与数骑遁走东阳。

弇从幸春陵,因见自请北收上谷兵未发者,定彭宠于渔阳,取张丰于涿郡，还收富平、获索，东攻张步，以平齐地。帝壮其意，乃许之。四年，诏弇进攻渔阳。弇以父据上谷，本与彭宠同功，又兄弟无在京师者，自疑，不敢独进，上书求诣洛阳。诏报曰："将军出身举宗为国，所向陷敌，功效尤著，何嫌何疑，而欲求征？且与王常共屯涿郡，勉思方略。"况闻弇求征，亦不自安，遣舒弟国入侍。帝善之，进封况为隃麋侯。①乃命弇与建义大将军朱祐、汉忠将军王常等击望都、故安西山贼十馀营，皆破之。②时征虏将军祭遵屯良乡，③骁骑将军刘喜屯阳乡，④以拒彭宠。宠遣弟纯将匈奴二千馀骑，宠自引兵数万，分为两道以击遵、喜。胡骑经军都，⑤舒袭破其众，斩匈奴两王，宠乃退走。况复与舒攻宠，取军都。五年，宠死，天子嘉况功，使光禄大夫持节迎况，⑥赐甲第，奉朝请。封〔舒为〕牟平侯。[12]遣弇与吴汉击富平、获索贼于平原，大破之，降者四万馀人。

① 隃麋，县名，属右扶风，故城在今陇州汧阳县东南。隃音输。

② 望都，县名，属中山国。尧母庆都山在南，故以名焉。故城在今定州唐县东北。故安，县名，故城在今易州易县东南。

③ 良乡，县名，属涿郡。

④ 阳乡，县名，属涿郡，故城在今幽州故安县西北。

⑤ 军都，县，属广阳郡，有军都山，在西北，今幽州昌平县。

⑥ 袁山松书曰："使光禄大夫樊宏诏况曰：'惟况功大，不宜监察从事。边郡寒苦，不足久居。其诣行在所。'"

因诏弇进讨张步。弇悉收集降卒，结部曲，置将吏，率骑都尉刘歆、太山太守陈俊引兵而东，从朝阳桥济河以度。①[13]张步闻之，乃使其大将军费邑军历下，②又分兵屯祝阿，③别于太山钟城列营数十以待弇。弇度河先击祝阿，自旦攻城，〔日〕未中而拔之，[14]故开围一角，令其众得奔归钟城。钟城人闻祝阿已溃，大恐惧，遂空壁亡去。费邑分遣弟敢守巨里。④弇进兵先胁巨里，使多伐树木，扬言以填塞坑堑。数日，有降者言邑闻弇欲攻巨里，谋来救之。弇乃严令军中趣修攻具，宣敕诸部，后三日当悉力攻巨里城。阴缓生口，令得亡归。归者以弇期告邑，邑至日果自将精兵三万馀人来救之。弇喜，谓诸将曰："吾所以修攻具者，欲诱致邑耳。今来，适其所求也。"即分三千人守巨里，自行精兵上冈阪，⑤乘高合战，大破之，临陈斩邑。既而收首级以示巨里城中，城中凶惧，⑥费敢悉众亡归张步。弇复收其积聚，纵兵击诸未下者，平四十馀营，遂定济南。

①朝阳，县名，属济南郡，在朝水之阳。今朝城在济水北，有漯河，在今齐州临济县东。

②历下城在今齐州历城县也。

③祝阿，今齐州县也，故城在今山茌县东北。

④巨里，聚名也，一名巨合城，在今齐州全节县东南也。

⑤尔雅曰："山脊曰冈，坡者曰阪。"

⑥凶，恐惧声，音呼勇反。

时张步都剧，使其弟蓝将精兵二万守西安，①诸郡太守合万馀人守临淄，相去四十里。弇进军画中，②居二城之间。弇视西安城小而坚，且蓝兵又精，临淄名虽大而实易攻，乃敕诸校会，③后五日攻西安。蓝闻之，晨夜儆守。至期夜半，弇敕诸将皆蓐食，④会明至临淄城。护军荀梁等争之，以为宜速攻西安。弇曰："不然。西安闻吾欲攻之，日夜为备；临淄出不意而至，必惊扰，吾攻之一日必拔。拔临淄即西安孤，张蓝与步隔绝，必复亡去，所谓击一而得二者也。若先攻西安，不卒下，顿兵坚城，死伤必多。纵能拔之，蓝引军还奔临淄，并兵合埶，观人虚实，吾深入敌地，后无转输，旬（月）〔日〕之间，[15]不战而困。诸君之言，未见其宜。"遂攻临淄，半日拔之，入据其城。张蓝闻〔之大〕惧，[16]遂将其众亡归剧。

①西安，县名也，属齐郡，故城在今青州临淄县西北。

②画中，邑名也。画音胡麦反。故城在今西安城东南。有澅水，因名焉。

③会犹集也。

④前书音义曰："未起而床蓐中食也。"

弇乃令军中无得妄掠剧下，须张步至乃取之，以激怒步。步闻大笑曰："以尤来、大肜十馀万众，吾皆即其营而破之。今大耿兵少于彼，①又皆疲劳，何足惧乎！"[17]乃与三弟蓝、弘、寿及故大肜渠帅重异等兵②号二十万，[18]至临淄大城东，将攻弇。③弇先出淄水上，与重异遇，突骑欲纵，弇恐挫其锋，令步不敢进，故示弱以盛其气，乃引归小城，陈兵于内。④步气盛，直攻弇营，与刘歆等合战，弇升王宫坏台望之，⑤视歆等锋交，乃自引精兵以横突步陈于东城下，大破之。飞矢中弇股，以佩刀截之，左右无知者。至暮罢。弇明旦复勒兵出。是时帝在鲁，闻弇为步所攻，自往救之，未至。陈俊谓弇曰："剧虏兵盛，可且闭营休士，以须上来。"弇曰："乘舆且到，臣子当击牛醑酒以待百官，反欲以贼虏遗君父邪？"乃出兵大战，自旦及昏，复大破之，杀伤无数，城中沟堑皆满。弇知步困将退，豫置左右翼为伏以待之。⑥人定时，步果引去，伏兵起纵击，追至钜昧水上，⑦八九十里僵尸相属，收得辎重二千馀两。步还剧，兄弟各分兵散去。

①弇，况之长子，故呼为大耿。

②重，姓；异，名。

③袁山松书曰"弇上书曰：'臣据临淄，深堑高垒，张步从剧县来攻，疲劳
饥渴。欲进，诱而攻之；欲去，随而击之。臣依营而战，精锐百倍，以
逸待劳，以实击虚，旬日之间，步首可获。'上是其计"也。

④伏琛齐地记曰："小城内有汉景王祠。"

⑤临淄本齐国所都，即齐王宫，中有坏台也。东观记作"环台"。

⑥两旁伏兵，如鸟之翼。

⑦钜昧，水名，一名巨洋水，在今青州寿光县西。

后数日，车驾至临淄自劳军，群臣大会。帝谓弇曰："昔韩信破
历下以开基，①今将军攻祝阿以发迹，此皆齐之西界，功足相方。
而韩信袭击已降，②将军独拔勍敌，其功乃难于信也。又田横亨郦
生，及田横降，高帝诏卫尉不听为仇。③张步前亦杀伏隆，若步来归
命，吾当诏大司徒释其怨，④又事尤相类也。将军前在南阳建此大
策，⑤常以为落落难合，⑥有志者事竟成也！"弇因复追步，步奔平
寿，⑦乃肉袒负斧锧于军门。⑧弇传步诣行所，而勒兵入据其城。
树十二郡旗鼓，⑨令步兵各以郡人诣旗下，众尚十馀万，[19]辎重七
千馀两，皆罢遣归乡里。弇复引兵至城阳，降五校馀党，⑩齐地悉
平。振旅还京师。

①前书曰，齐屯兵于历下以备汉，信击破之。

②前书曰，郦食其说齐王田广，广降之，乃与食其纵酒，罢守备。韩信闻
齐已降，欲止，蒯通说信令击之。食其音异基也。

③前书曰，齐既破，横走居海岛，高帝召之。横曰："臣亨陛下之使郦食
其，今闻其弟商为卫尉，臣恐惧，不敢奉诏。"高帝诏郦商曰："横即至，
敢动者族之。"

④大司徒伏湛，即隆之父。

⑤谓弇从帝幸春陵时，请收上谷兵定彭宠，取张丰，平张步等。

⑥落落犹疏阔也。

⑦平寿，县名，属北海郡，故城在今青州北海县。

⑧锁，锒也。示必死。锒音竹林反。

⑨东观记曰："弇凡平城阳、琅邪、高密、胶东、东莱、北海、齐、千乘、济
南、平原、泰山、临淄等〔郡〕。"[20]

⑩祝阿馀党也。

六年，西拒隗嚣，屯兵于漆。①八年，从上陇。明年，与中郎将
来歙分部徇安定、北地诸营保，皆下之。

①漆，县名，属右扶风，故城在今（幽）〔豳〕州新平县也，[21]漆水
在西。

弇凡所平郡四十六，屠城三百，未（常）〔尝〕挫折。[22]

十二年，况疾病，乘舆数自临幸。复以国弟广、举并为中郎将。
弇兄弟六人皆垂青紫，省侍医药，当代以为荣。及况卒，谥烈侯，少
子霸袭况爵。

十三年，增弇户邑，上大将军印绶，①罢，以列侯奉朝请。每有
四方异议，辄召入问筹策。年五十六，永平元年卒，谥曰愍侯。

①上音时掌反。

子忠嗣。忠以骑都尉击匈奴于天山，有功。忠卒，子冯嗣。冯
卒，子良嗣，一名无禁。延光中，尚安帝妹濮阳长公主，位至侍中。
良卒，子协嗣。

隃麋侯霸卒，子文金嗣。文金卒，子喜嗣。喜卒，子显嗣，为羽
林左监。显卒，子援嗣。尚桓帝妹长社公主，为河（阳）〔东〕太
守。[23]后曹操诛耿氏，唯援孙弘存焉。①

①决录注云"援字伯绪，官至河东太守"也。

牟平侯舒卒,子袭嗣。尚显宗女隆虑公主。袭卒,子宝嗣。

宝女弟为清河孝王妃。及安帝立,尊孝王,母为孝德皇后,[24]以妃为甘园大贵人。帝以宝元舅之重,使监羽林左(车)骑,[25]位至大将军。而附事内宠,与中常侍樊丰、帝乳母王圣等潜废皇太子为济阴王,及排陷太尉杨震,议者怨之。宝弟子承袭公主爵为林虑侯,①位至侍中。安帝崩,阎太后以宝等阿附嬖幸,共为不道,策免宝及承,皆贬爵为亭侯,遣就国。宝于道自杀,国除。②大贵人数为耿氏请,阳嘉三年,顺帝遂(诏)〔绍〕封宝子箕牟平侯,[26]为侍中。以恒为阳亭侯,承为羽林中郎将。其后贵人薨,大将军梁冀从承求贵人珍玩,不能得,冀怒,风有司奏夺其封。承惶恐,遂亡匿于穰。数年,冀推迹得之,乃并族其家十馀人。

①林虑即上隆虑也,至此避殇帝讳改焉。

②决录注曰:"宝字君达。"

论曰:淮阴廷论项王,审料成埶,则知高祖之庙胜矣。①〔耿〕弇决策河北,[27]定计南阳,亦见光武之业成矣。然弇自剋拔全齐,而无〔复〕尺寸功。[28]夫岂不怀?②将时之度数,不足以相容乎?三世为将,道家所忌,③而耿氏累叶以功名自终。将其用兵欲以杀止杀乎?何其独能隆也!

①淮阴侯韩信也。史记韩信说高祖曰:"项王特匹夫之勇,妇人之仁也。名虽霸,实失天下心。今大王入关,秋豪无所取,秦人无不欲得大王王秦者。今大王举而东,三秦可传檄而定。"于是汉王举兵定三秦。庙胜谓谋兵于庙而胜敌。

②怀,思也。言岂不思重立大功乎。

③史记曰,秦使王翦之孙王离击赵。或曰:"王离秦之名将,举之必矣。"

客曰："不然。夫将三代必败,以其杀伐多也,其后受其不祥。"

国字叔虑,①建武四年初入侍,光武拜为黄门侍郎,应对左右,帝以为能,迁射声校尉。七年,射声官罢,拜驸马都尉。父况卒,国于次当嗣,上疏以先侯爱少子霸,固自陈让,有诏许焉。后历顿丘、阳翟、上蔡令,所在吏人称之。征为五官中郎将。

①东观记"虑"作"宪"。

是时乌桓、鲜卑屡寇外境,国素有筹策,数言边事,帝器之。及匈奴薁鞬日逐王比自立为呼韩邪单于,款塞称藩,愿捍御北虏。事下公卿。议者皆以为天下初定,中国空虚,夷狄情伪难知,不可许。国独曰:"臣以为宜如孝宣故事受之,①令东扞鲜卑,北拒匈奴,率厉四夷,完复边郡,使塞下无晏开之警,②万世（有）安宁之策也。"〔29〕帝从其议,遂立比为南单于。由是乌桓、鲜卑保塞自守,北虏远遁,中国少事。二十七年,代冯勤为大司（马）〔农〕。〔30〕又上言宜置度辽将军,左右校尉,屯五原以防逃亡。永平元年卒官。显宗追思国言,后遂置度辽将军,左右校尉,如其议焉。

①宣帝甘露二年,呼韩邪单于款塞请朝。帝发所过郡二千骑迎之,宠以殊礼,位在诸侯王上,赞谒称臣而不名。

②晏,晚也。有警急则开门晚也。

国二子:秉,夔。

秉字伯初,有伟体,腰带八围。博通书记,能说司马兵法,尤好将帅之略。以父任为郎,数上言兵事。常以中国虚费,边陲不宁,其患专在匈奴。以战去战,盛王之道。显宗既有志北伐,阴然其言。永平中，召诣省闼，问前后所上便宜方略，拜谒者仆射，遂见亲幸。每公卿会议，常引秉上殿，访以边事，多简帝心。

十五年，拜驸马都尉。十六年，以骑都尉秦彭为副，与奉车都尉窦固等俱伐北匈奴。虏皆奔走，不战而还。

十七年夏，诏秉与固合兵万四千骑，复出白山击车师。车师有后王、前王，前王即后王之子，其廷相去五百馀里。固以后王道远，山谷深，士卒寒苦，欲攻前王。秉议先赴后王，以为并力根本，则前王自服。固计未决。秉奋身而起曰："请行前。"[31]乃上马，引兵北入，众军不得已，遂进。并纵兵抄掠，斩首数千级，收马牛十馀万头。[32]后王安得震怖，从数百骑出迎秉。而固司马苏安欲全功归固，即驰谓安得曰："汉贵将独有奉车都尉，天子姊婿，①爵为通侯，当先降之。"安得乃还，更令其诸将迎秉。秉大怒，被甲上马，麾其精骑径造固壁。言曰："车师王降，迄今不至，请往枭其首。"固大惊曰："且止，将败事！"秉厉声曰："受降如受敌。"遂驰赴之。安得惶恐，走出门，脱帽抱马足降。②秉将以诣固。其前王亦归命，遂定车师而还。

①固尚光武女涅阳公主，明帝姊也。

②东观记曰"脱帽趋抱马蹄"也。[33]

562

明年秋，肃宗即位，拜秉征西将军。遣案行凉州边境，劳赐保塞羌胡，进屯酒泉，救戊己校尉。

建初元年，拜度辽将军。视事七年，匈奴怀其恩信。征为执金吾，甚见亲重。帝每巡郡国及幸宫观，秉常领禁兵宿卫左右。除三子为郎。章和二年，复拜征西将军，副车骑将军窦宪击北匈奴，大破之。事并见宪传。封秉美阳侯，[34]食邑三千户。

秉性勇壮而简易于事，军行常自被甲在前，休止不结营部，然远斥候，明要誓，有警，军陈立成，士卒皆乐为死。永元二年，代桓虞为光禄勋。明年夏卒，时年五十馀。赐以朱棺、玉衣，将作大匠穿冢，假鼓吹，五营骑士三百馀人送葬。谥曰桓侯。匈奴闻秉卒，举国号哭，或至黎面流血。①

①黎即"剺"字，古通用也，剺，割也，音力私反。

长子冲嗣。及窦宪败，以秉窦氏党，国除。冲官至汉阳太守。

曾孙纪，少有美名，辟公府，曹操甚敬异之，稍迁少府。纪以操将篡汉，建安二十三年，与大医令吉丕、①丞相司直韦(况)晃(晔)谋起兵诛操，[35]不克，夷三族。于时衣冠盛门坐纪罹祸灭者众矣。

①"丕"或作"平"。

夔字定公。少有气决。永元初，为车骑将军窦宪假司马，北击匈奴，转(车)骑都尉。[36]三年，宪复出河西，以夔为大将军左校尉。[37]将精骑八百，出居延塞，直奔北单于廷，于金微山斩阏氏、名王已下五千馀级，单于与数骑脱亡，尽获其匈奴珍宝财畜，[38]去塞五千馀里而还，自汉出师所未尝至也。乃封夔粟邑侯。①会北单于弟左鹿蠡王於除鞬自立为单于，众八部二万馀人，来居蒲类海上，遣使款塞。以夔为中郎将，持节卫护之。及窦宪败，夔亦免官夺爵土。

①粟邑，县名，属左冯翊，故城在今同州白水县西北。

后复为长水校尉，拜五原太守，迁辽东太守。元兴元年，貊人寇郡界，夔追击，斩其渠帅。永初三年，南单于檀反畔，使夔率鲜卑及诸郡兵屯雁门，与车骑将军何熙共击之。熙推夔为先锋，而遣其

563

司马耿溥、刘祉将二千人与夔俱进。到属国故城,单于遣奠鞬日逐王三千馀人遮汉兵。夔自击其左,令鲜卑攻其右,虏遂败走,追斩千馀级,杀其名王六人,获穹庐车重千馀两,马畜生口甚众。鲜卑马多羸病,遂畔出塞。夔不能独进,以不穷追,左转云中太守,后迁行度辽将军事。

夔勇而有气,数侵陵〔使〕匈奴中郎将郑戬。[1][39] 元初元年,坐征下狱,以减死论,笞二百。建光中,复拜度辽将军。时鲜卑攻杀云中太守成严,围乌桓校尉徐常于马城。[2] 夔与幽州刺史庞参救之,追虏出塞而还。后坐法免,卒于家。

[1] 音翦。

[2] 马城,县名,属代郡,故城在今云州定襄县。秦始皇初筑城,辄崩坏,其后有马周章驰走,因随马迹起城,故以名焉。

恭字伯宗,国弟广之子也。少孤。慷慨多大略,有将帅才。永平十七年冬,骑都尉刘张出击车师,请恭为司马,与奉车都尉窦固及从弟驸马都尉秉破降之。始置西域都护、戊己校尉,乃以恭为戊己校尉,屯后王部金蒲城,[1][40] 谒者关宠为戊己校尉,屯前王柳中城,[2] 屯各置数百人。恭至部,移檄乌孙,示汉威德,大昆弥已下皆欢喜,遣使献名马,及奉宣帝时所赐公主博具,[3] 愿遣子入侍。恭乃发使赍金帛,迎其侍子。

[1] 金蒲城,车师后王庭也,今庭州蒲昌县城是也。

[2] 柳中,今西州县。

[3] 武帝元封中,遣江都王建女细君为公主,嫁与乌孙昆莫,赐乘舆服御,官属侍御数百人,赠送甚盛,盖后宣帝赐以博具也。

明年三月,北单于遣左鹿蠡王二万骑击车师。恭遣司马将兵三百人救之，道逢匈奴骑多，皆为所殁。匈奴遂破杀后王安得，而攻金蒲城。恭乘城搏战，以毒药傅矢。传语匈奴曰："汉家箭神，[41]其中疮者必有异。"因发强弩射之。虏中矢者，视创皆沸，遂大惊。会天暴风雨，随雨击之，杀伤甚众。匈奴震怖，相谓曰："汉兵神，真可畏也！"遂解去。恭以疏勒城傍有涧水可固，五月，乃引兵据之。七月，匈奴复来攻恭，恭募先登数千人直驰之，胡骑散走，匈奴遂于城下拥绝涧水。恭于城中穿井十五丈不得水，吏士渴乏，筰马粪汁而饮之。①恭仰叹曰："闻昔贰师将军拔佩刀刺山，飞泉涌出；②今汉德神明，岂有穷哉。"乃整衣服向井再拜，为吏士祷。有顷，水泉奔出，众皆称万岁。乃令吏士扬水以示虏。③虏出不意，以为神明，遂引去。

①筰谓压筰也。

②贰师，大宛中城名，昔武帝时使李广利伐大宛，期至贰师城，因以为号也。

③东观记曰："恭亲自挽笼，于是令士且勿饮，先和泥涂城，并扬示之。"

时焉耆、龟兹攻殁都护陈睦，[42]北虏亦围关宠于柳中。会显宗崩，救兵不至，车师复畔，与匈奴共攻恭。恭厉士众击走之。后王夫人先世汉人，常私以虏情告恭，又给以粮饷。数月，食尽穷困，乃煮铠弩，食其筋革。恭与士推诚同死生，故皆无二心，而稍稍死亡，馀数十人。单于知恭已困，欲必降之。复遣使招恭曰："若降者，当封为白屋王，妻以女子。"恭乃诱其使上城，手击杀之，炙诸城上。虏官属望见，号哭而去。单于大怒，更益兵围恭，不能下。

初，关宠上书求救，时肃宗新即位，乃诏公卿会议。司空第五伦以为不宜救。司徒鲍昱议曰："今使人于危难之地，急而弃之，外则纵蛮夷之暴,内则伤死难之臣。诚令权时后无边事可也,<u>匈奴</u>如复犯塞为寇,陛下将何以使将? 又二部兵人裁各数十,①<u>匈奴</u>围之,历旬不下,是其寡弱尽力之效也。可令<u>敦煌</u>、<u>酒泉</u>太守各将精骑二千,多其幡帜,倍道兼行,以赴其急。<u>匈奴</u>疲极之兵,必不敢当,四十日间,足还入塞。"帝然之。乃遣征西将军<u>耿秉</u>屯<u>酒泉</u>,行太守事;遣<u>秦彭</u>与谒者<u>王蒙</u>、<u>皇甫援</u>发<u>张掖</u>、<u>酒泉</u>、<u>敦煌</u>三郡及<u>鄯善</u>兵,合七千馀人,<u>建初</u>元年正月,会<u>柳中</u>击<u>车师</u>,攻<u>交河城</u>,②斩首三千八百级,获生口三千馀人,驼驴马牛羊三万七千头。北虏惊走,<u>车师</u>复降。③

① 二部谓<u>关宠</u>及<u>恭</u>也。

② <u>前书</u>曰:"<u>车师</u>前王居<u>交河城</u>,河水分流绕城下,故号<u>交河</u>,去<u>长安</u>八千一百五十里。"故城在今<u>西州交河县</u>也。

③ <u>东观记</u>曰,<u>车师</u>太子<u>比</u>持訾降。

会<u>关宠</u>已殁,<u>蒙</u>等闻之,便欲引兵还。先是<u>恭</u>遣军吏<u>范羌</u>至<u>敦煌</u>迎兵士寒服,<u>羌</u>因随<u>王蒙</u>军俱出塞。<u>羌</u>固请迎<u>恭</u>,诸将不敢前,乃分兵二千人与<u>羌</u>,从山北迎<u>恭</u>,遇大雪丈馀,军仅能至。城中夜闻兵马声,以为虏来,大惊。<u>羌</u>乃遥呼曰:"我<u>范羌</u>也。<u>汉</u>遣军迎校尉耳。"城中皆称万岁。开门,共相持涕泣。明日,遂相随俱归。虏兵追之,且战且行。吏士素饥困,发<u>疏勒</u>时尚有二十六人,随路死没,三月至<u>玉门</u>,①唯馀十三人。衣屦穿决,形容枯槁。中郎将<u>郑众</u>为<u>恭</u>已下洗沐易衣冠。上疏曰:"<u>耿恭</u>以单兵固守孤城,当<u>匈奴</u>之衝,对数万之众,连月踰年,心力困尽。凿山为井,煮弩为粮,出于万死无一生之望。前后杀伤丑虏数千百计,卒全忠勇,不为<u>大汉</u>耻。<u>恭</u>之节义,古今未有。宜蒙显爵,以厉将帅。"及<u>恭</u>至<u>雒阳</u>,<u>鲍昱</u>奏<u>恭</u>节过<u>苏武</u>,宜蒙爵赏。于是拜为骑都尉,以恭司马石修为雒阳市丞,张封为雍营司马,军吏范羌为共丞,②馀九人皆补羽林。恭母先卒,及还,追行丧制,有诏使五官中郎将③赍牛酒释服。④

①玉门,关名,属敦煌郡,在今沙州。臣贤案:酒泉郡又有玉门县,据东观记曰"至敦煌",明即玉门关也。

②共,今卫州共城县。

③据东观记,马严。

④夺情不令追服。

明年,迁长水校尉。其秋,金城、陇西羌反。恭上疏言方略,诏召入问状。乃遣恭将五校士三千人,副车骑将军马防讨西羌。恭屯枹罕,数与羌接战。明年秋,烧当羌降,防还京师,恭留击诸未服者,首虏千馀人,获牛羊四万馀头,勒姐、①烧何羌等十三种数万人,皆诣恭降。初,恭出陇西,上言"故安丰侯窦融昔在西州,甚得羌胡腹心。今大鸿胪固,即其子孙。前击白山,功冠三军。宜奉大使,镇抚凉部。令车骑将军防屯军汉阳,以为威重"。由是大忤于防。②及防还,监营谒者李谭承旨奏恭不忧军事,被诏怨望。坐征下狱,免官归本郡,卒于家。

①姐音紫,又子也反。

②忿恭荐窦固夺其权。

子溥,为京兆虎牙都尉。①元初二年,击畔羌于丁奚城,军败,遂殁。诏拜溥子宏、晔并为郎。

①溥音普。汉官仪曰:"京兆虎牙都尉、扶风(郡)〔都尉〕比二千石。[43]以凉州近羌,数犯三辅,将兵护园陵。"

晔字季遇。顺帝初,为乌桓校尉。①时鲜卑寇缘边,杀代郡太守。晔率乌桓及诸郡卒出塞讨击,大破之。鲜卑震怖,数万人诣辽东降。自后频出辄克获,威振北方。迁度辽将军。

①"遇"或为"过"。

耿氏自中兴已后迄建安之末,大将军二人,将军九人,卿十三人,尚公主三人,列侯十九人,中郎将、护羌校尉及刺史、二千石数十百人,遂与汉兴衰云。

论曰:余初读苏武传,感其茹毛穷海,不为大汉羞。①后览耿恭疏勒之事,喟然不觉涕之无从。嗟哉,义重于生,以至是乎!②昔曹子抗质于柯盟,③相如申威于河表,④盖以决一旦之负,异乎百死之地也。以为二汉当疏高爵,宥十世。⑤而苏君恩不及嗣,恭亦终填牢户。[44]追诵龙蛇之章,以为叹息。⑥

①苏武,武帝时使匈奴,匈奴乃幽囚武于大窖中,绝不饮食。天雨雪,武卧啮雪,与旃毛并咽之,数日不死,匈奴以为神。乃徙武北海上无人处,二十年乃还也。

②孟子曰:"生者我所欲,义者亦我所欲,二者不可俱,舍生而取义也。"

③曹子,鲁大夫曹刿也。一曰曹沫。史记曰,齐桓公与鲁庄公会于柯而盟,曹沫执匕首劫齐桓公曰:"齐强鲁弱,而大国侵鲁亦已甚矣。今城坏墼境,君其图之。"桓公乃尽还鲁之侵地,而与之盟。

④相如,解见寇恂传也。

⑤左传曰,晋范宣子之杀叔向之弟羊舌虎而囚叔向。于是祁奚闻之,见宣子曰"谋而鲜过,惠训不倦者,叔向有焉。犹将十世宥之,以劝能者"也。

⑥史记曰,晋文公返国,赏从亡者。介之推不言禄,禄亦不及。县书宫

门曰"龙欲上天,五蛇为辅。龙已升天,四蛇各入其宇。一蛇独怨,终不见处"也。

赞曰:好畤经武,能画能兵。往收燕卒,来集汉营。请间赵殿,醑酒齐城。况、舒率从,亦既有成。国图久策,分此凶狄。①秉洽胡情,夔单虏迹。慊慊伯宗,枯泉飞液。

①谓耿国议立日逐王为南单于,由是鲜卑保塞自守,北虏远遁也。

【校勘记】

〔1〕字伯昭 按:集解引惠栋说,谓水经注作"昭伯"。

〔2〕恬净不求进宦 按:"宦"原讹"官",径据汲本、殿本改正。

〔3〕弇从吏孙仓卫包于道共谋曰 按:集解引惠栋说,谓袁宏纪"卫包"作"卫苞"。又按:"道"原讹"富",径改正。

〔4〕门下吏 按:刊误谓"吏"当作"史"。

〔5〕令诣于光武 按:殿本考证谓"于"字似衍文。

〔6〕(北)据天府之地 据刊误删。

〔7〕以集(其)大计 据刊误删。

〔8〕战(慎)〔顺〕水上 集解引惠栋说,谓"慎"光武纪作"顺"。今据改。

〔9〕十三将军 光武纪作"十二将军"。按:此十三将军列举姓名,当以传为是。

〔10〕至(浚)〔俊〕靡而还 据集解引钱大昕说改,注同。按:前志、续志并作"俊靡"。

〔11〕今易州(道)〔逎〕县 前志、续志并作"逎县","逎"亦作"遒",此形近而讹,今改。

〔12〕封〔舒为〕牟平侯 集解引王鸣盛说,谓"牟平"上脱"舒为"二字,

通鉴因其误。又钱大昕谓此封况子舒为牟平侯,况之封隃麋侯如故也,史有脱文耳。今据补。

〔13〕从朝阳桥济河以度　按:当时济水行经朝阳,此谓耿弇从朝阳架桥渡济河也。说详集解。

〔14〕〔日〕未中而拔之　集解引惠栋说,谓通鉴云"日未中"。今据补。

〔15〕旬(月)〔日〕之间　王先谦谓东观记作"旬日之间",是也。今据改。

〔16〕张蓝闻〔之大〕惧　据汲本、殿本补。

〔17〕何足惧乎　按:汲本作"足可摧乎",殿本作"何足摧乎"。

〔18〕故大彤渠帅重异　按:沈家本谓按光武纪注引东观记作"樊重"。

〔19〕众尚十馀万　按:"尚"原讹"向",径改正。

〔20〕临淄等〔郡〕　王先谦谓注"等"下脱"郡"字,东观记有。今据补。
按:沈钦韩谓临淄非郡,是时甾川未并入北海,应为"甾川"。

〔21〕故城在今(幽)〔幽〕州新平县也　据殿本改。

〔22〕未(常)〔尝〕挫折　据汲本、殿本改。

〔23〕为河(阳)〔东〕太守　据校补引钱大昭说改。按:张森楷校勘记亦谓两汉无"河阳郡",不得有太守,当从注作"河东"。

〔24〕尊孝王母为孝德皇后　按:集解引钱大昕说,谓安帝纪建光元年,追尊皇考清河孝王曰孝德皇,皇姚左氏曰孝德皇后,此传以考德皇后为孝王之母,误矣。校补谓应读"尊孝王"为句"母为孝德皇后"别为句。李慈铭谓案传文,当是"尊孝王为孝德皇",传写者误衍"母"字及"后"字耳。

〔25〕使监羽林左(车)骑　刊误谓"车"字衍。今据删。

〔26〕(诏)〔绍〕封宝子　据刊误改。

〔27〕〔耿〕弇决策河北　刊误谓"弇"上明少一"耿"字。今据补。按:校补引钱大昭说,谓闽本"弇"上有"耿"字。

〔28〕而无〔复〕尺寸功　据汲本、殿本补。

〔29〕万世(有)安宁之策也　刊误谓按文多"有"字,缘上言"无",遂妄生

此对文,非也。今据删。

〔30〕代冯勤为大司(马)〔农〕　集解引惠栋说,谓袁宏纪国官至大司农。
又引何焯说,谓帝纪冯勤以十七年自大司农为司徒。王先谦谓东
观记亦作"大司农"。今据改。

〔31〕秉奋身而起曰请行前　按:李慈铭谓此当读"请行"为句,"前"为
句,言秉既曰"请行",遂走而前上马也。或曰"前"亦秉之词,言促
其往前行也。

〔32〕收马牛十馀万头　按:御览二八四引,"牛"下有"羊"字。

〔33〕脱帽趋抱马蹄　按:"抱"原讹"鸣",径改正。

〔34〕封秉美阳侯　按:集解引洪亮吉说,谓秉定封在和帝永元二年,与
窦宪冠军侯同封。此蒙上"章和二年"之文,未另著年月。

〔35〕丞相司直韦(况)晃(晔)　集解引沈钦韩说,谓献帝纪及魏志止云
"韦晃","况""晔"二字衍。今据删。

〔36〕转(车)骑都尉　刊误谓按官无车骑都尉,明衍"车"字。殿本考证
万承苍则谓是时窦宪为车骑将军,故夔之官转为车骑都尉,"车"字
非衍。按:沈家本谓将军官属无都尉,恐当以刘说为是。又按:袁
宏纪亦止云"骑都尉"。今删"车"字。

〔37〕以夔为大将军左校尉　按:校补引钱大昭说,谓南匈奴传作"右
校尉"。

〔38〕尽获其匈奴珍宝财畜　按:殿本考证谓推寻文义,"其"字当是
衍文。

〔39〕数侵陵〔使〕匈奴中郎将郑戳　李慈铭谓"匈奴"上脱一"使"字。
今据补。

〔40〕屯后王部金蒲城　按:洪亮吉谓"金蒲"当作"金满",新唐书地理
志等皆讹作"金蒲",近古城内掘得旧碑,正作"金满"。又按:李慈
铭谓"后王"下衍一"部"字。

〔41〕汉家箭神　按:集解引惠栋说,谓东观记"箭神"作"神箭"。

〔42〕都护陈睦　按:集解引惠栋说,谓袁宏纪"陈睦"作"陈穆"。

〔43〕扶风(郡)〔都尉〕比二千石　据刊误改。

〔44〕恭亦终填牢户　按:沈家本谓恭卒于家,似不得曰"填牢户"。

后汉书卷二十

铫期王霸祭遵列传第十 祭遵从弟肜

　　铫期字次况,颍川郏人也。长八尺二寸,容貌绝异,矜严有威。父猛,为桂阳太守,卒,期服丧三年,乡里称之。光武略地颍川,闻期志义,召署贼曹掾,①从徇蓟。[1] 时王郎檄书到蓟,蓟中起兵应郎。光武趋驾出,百姓聚观,諠呼满道,遮路不得行,期骑马奋戟,瞋目大呼左右曰“趣”,②众皆披靡。③及至城门,门已闭,攻之得出。行至信都,以期为裨将,与傅宽、吕晏俱属邓禹。徇傍县,又发房子兵。禹以期为能,独拜偏将军,授兵二千人,宽、晏各数百人。还言其状,光武甚善之。使期别徇真定宋子,攻拔乐阳、槀、肥累。④

①汉官仪曰:“东西曹掾比四百石,馀掾比三百石。贼曹,主盗贼之事。”

②周礼:“隶仆掌趣宫中之事。”郑众曰:“止行清道也,若今警跸。”说文“趣”与“跸”同。

③披,普彼反。[2]

④乐阳,县名,属常山郡。〔槀〕,今恒州槀城县也,[3]故城在县西。肥
累,故肥子国也,汉以为县,故城在今槀城县西南,并属真定国。累音
力追反。

从击王郎将兒宏、刘奉于钜鹿下,①期先登陷陈,手杀五十馀
人,被创中额,摄(帻)〔帻〕复战,②[4]遂大破之。王郎灭,拜期虎牙
大将军。乃因间说光武曰:"河北之地,界接边塞,人习兵战,号为
精勇。今更始失政,大统危殆,海内无所归往。明公据河山之固,
拥精锐之众,以顺万人思汉之心,则天下谁敢不从?"光武笑曰:
"卿欲遂前趣邪?"③时铜马数十万众入清阳、博平,④期与诸将迎
击之,连战不利,期乃更背水而战,所杀伤甚多。会光武救至,遂
大破之,追至馆陶,皆降之。从击青犊、赤眉于射犬,贼袭期辎
重,期还击之,手杀伤数十人,身被三创,而战方力,⑤遂破
走之。

①兒音五奚反。

②摄犹正也。

③唯天子得称警趣。

④博平,县名,属东郡,在今博州县也。

⑤力,苦战也。

光武即位,封安成侯,①食邑五千户。时檀乡、五楼贼入繁阳、
内黄,②又魏郡大姓数反覆,而更始将卓京③谋欲相率反邺城。帝
以期为魏郡太守,行大将军事。期发郡兵击卓京,破之,斩首六百
馀级。京亡入山,追斩其将校数十人,获京妻子。进击繁阳、内黄,
复斩数百级,郡界清平。督盗贼李熊,邺中之豪,而熊弟陆谋欲反
城迎檀乡。④或以告期,期不应,告者三四,期乃召问熊。熊叩头首

服，愿与老母俱就死。期曰："为吏偍不若为贼乐者，可归与老母往就陆也。"⑤使吏送出城。熊行求得陆，将诣邺城西门。陆不胜愧感，自杀以谢期。期嗟叹，以礼葬之，而还熊故职。于是郡中服其威信。

①安成，县名，属汝南郡，故城在今豫州汝阳县东南也。

②繁阳，县名，故城在今相州内黄县东北；内黄故城在西北。

③"京"或作"原"。

④反音翻。

⑤必以在城中为吏不如为贼之乐，即任将母往就弟。

建武五年，行幸魏郡，以期为太中大夫。从还洛阳，又拜卫尉。

期重于信义，自为将，有所降下，未尝虏掠。及在朝廷，忧国爱主，其有不得于心，必犯颜谏诤。帝尝轻与期门近出，①期顿首车前曰："臣闻古今之戒，变生不意，诚不愿陛下微行数出。"帝为之回舆而还。十年卒，②帝亲临襚敛，赠以卫尉、安成侯印绶，谥曰忠侯。

①前书，武帝将出，必与北地良家子期于殿门，故曰"期门"。

②东观记曰："期疾病，使使者存问，加赐医药甚厚。其母问期当封何子？期言'受国家恩深，常惭负，如死，不知当何以报国，何宜封子也'！上甚怜之。"

子丹嗣。复封丹弟统为建平侯。①〔5〕后徙封丹葛陵侯。②丹卒，子舒嗣。舒卒，子羽嗣。羽卒，子蔡嗣。

①建平，县名，属沛郡，故城在今亳州酇县西北，一名马头城。

②葛陵，县名，故城在汝南，故鲖阳县也。

王霸字元伯,颍川颍阳人也。世好文法,①父为郡决曹掾,②霸亦少为狱吏。常慷慨不乐吏职,其父奇之,遣西学长安。汉兵起,光武过颍阳,霸率宾客上谒,曰:"将军兴义兵,窃不自知量,贪慕威德,愿充行伍。"光武曰:"梦想贤士,共成功业,岂有二哉!"遂从击破王寻、王邑于昆阳,还休乡里。

①东观记曰:"祖父为诏狱丞。"

②汉旧仪:"决曹,主罪法事。"

及光武为司隶校尉,道过颍阳,霸请其父,愿从。父曰:"吾老矣,不任军旅,汝往,勉之!"霸从至洛阳。及光武为大司马,以霸为功曹令史,从度河北。宾客从霸者数十人,稍稍引去。光武谓霸曰:"颍川从我者皆逝,而子独留。努力! 疾风知劲草。"

及王郎起,光武在蓟,郎移檄购光武。光武令霸至市中募人,将以击郎。市人皆大笑,举手邪揄之,①霸惭懅而还。②光武即南驰至下曲阳。传闻王郎兵在后,从者皆恐。及至滹沱河,候吏还白河水流澌,③无船,不可济。官属大惧。光武令霸往视之。霸恐惊众,欲且前,阻水,还即诡曰:"冰坚可度。"官属皆喜。光武笑曰:"候吏果妄语也。"遂前。比至河,河冰亦合,乃令霸护度,④未毕数骑而冰解。光武谓霸曰:"安吾众得济免者,卿之力也。"霸谢曰:"此明公至德,神灵之祐,虽武王白鱼之应,无以加此。"⑤光武谓官属曰:"王霸权以济事,殆天瑞也。"以为军正,爵关内侯。既至信都,发兵攻拔邯郸。霸追斩王郎,得其玺绶。封王乡侯。[6]

①说文曰:"歔歔,手相笑也。"[7]歔音弋支反。歔音踰,或音由。此云"邪揄",语轻重不同。

②懅亦惭也,音遽。

③澌音斯。

④监护度也。

⑤今文尚书曰："武王度盟津,白鱼跃入王舟。"

从平河北,常与臧宫、傅俊共营,霸独善抚士卒,死者脱衣以敛之,伤者躬亲以养之。[8]光武即位,以霸晓兵爱士,可独任,拜为偏将军,并将臧宫、傅俊兵,而以宫、俊为骑都尉。建武二年,更封富波侯。①

①富波,县名,属汝南郡,在今豫州。

四年秋,帝幸谯,使霸与捕虏将军马武东讨周建于垂惠。苏茂将五校兵四千馀人救建,而先遣精骑遮击马武军粮,武往救之。建从城中出兵夹击武,武恃霸之援,战不甚力,为茂、建所败。武军奔过霸营,大呼求救。霸曰:"贼兵盛,出必两败,努力而已。"乃闭营坚壁。军吏皆争之。霸曰:"茂兵精锐,其众又多,吾吏士心恐,而捕虏与吾相恃,两军不一,此败道也。今闭营固守,示不相援,贼必乘胜轻进;捕虏无救,其战自倍。如此,茂众疲劳,[9]吾承其弊,乃可剋也。"茂、建果悉出攻武。合战良久,霸军中壮士路润等数十人断发请战。霸知士心锐,乃开营后,出精骑袭其背。茂、建前后受敌,惊乱败走,霸、武各归营。贼复聚众挑战,霸坚卧不出,方飨士作倡乐。茂雨射营中,中霸前酒樽,霸安坐不动。军吏皆曰:"茂前日已破,今易击也。"霸曰:"不然。苏茂客兵远来,粮食不足,故数挑战,以徼一切之胜。①今闭营休士,所谓不战而屈人之兵,善之善者也。"茂、建既不得战,乃引还营。其夜,建兄子诵反,闭城拒之,茂、建遁去,诵以城降。

①徼,要也。一切犹权时也。

五年春,帝使太中大夫持节拜霸为讨虏将军。六年,屯田新安。八年,屯〔田〕函谷关。[10]击荥阳、中牟盗贼,皆平之。

九年,霸与吴汉及横野大将军王常、建义大将军朱祐、破奸将军侯进等五万馀人,击卢芳将贾览、闵堪于高柳。匈奴遣骑助芳,汉军遇雨,战不利。吴汉还洛阳,令朱祐屯常山,王常屯涿郡,侯进屯渔阳。玺书拜霸上谷太守,领屯兵如故,捕击胡虏,无拘郡界。①明年,霸复与吴汉等四将军六万人出高柳击贾览,诏霸与渔阳太守陈䜣将兵为诸军锋。匈奴左南将军将数千骑救览,霸等连战于平城下,破之,追出塞,斩首数百级。霸及诸将还入雁门,与骠骑大将军杜茂会攻卢芳将尹由于崞、繁畤,不剋。②

①拘犹限也。

②崞及繁畤皆县名,属雁门郡,并今代州县也,有崞山焉。崞音郭。

十三年,增邑户,更封向侯。①是时,卢芳与匈奴、乌桓连兵,寇盗尤数,缘边愁苦。诏霸将弛刑徒六千馀人,与杜茂治飞狐道,②堆石布土,筑起亭障,自代至平城三百馀里。凡与匈奴、乌桓大小数十百战,颇识边事,数上书言宜与匈奴结和亲,又陈委输可从温水漕,③以省陆转输之劳,事皆施行。后南单于、乌桓降服,北边无事。霸在上谷二十馀岁。三十年,定封淮陵侯。④永平二年,以病免,后数月卒。

①向,县名,属沛郡。左传曰:“莒人入向。”案:今密州莒县南又有向城。

②飞狐道在今蔚州飞狐县,北通妫州怀戎县,即古之飞狐口也。

③水经注曰:温馀水出上谷居庸关东,[11]又东过军都县南,又东过蓟县北。盖通以运漕也。

④淮陵,县,属临淮郡。

子符嗣,徙封轵侯。①符卒,子度嗣。度尚显宗女浚仪长公主,为黄门郎。度卒，子歆嗣。

①轪，县，属江夏郡。轪音大。

祭遵字弟孙，①颍川颍阳人也。少好经书。家富给，而遵恭俭，恶衣服。丧母，负土起坟。尝为部吏所侵，结客杀之。初，县中以其柔也，既而皆惮焉。

①祭音侧界反。

及光武破王寻等，还过颍阳，遵以县吏数进见，光武爱其容仪，署为门下史。从征河北，为军市令。舍中儿犯法，遵格杀之。光武怒，命收遵。时主簿陈副谏曰："明公常欲众军整齐，今遵奉法不避，是教令所行也。"光武乃贳之，①以为刺奸将军。谓诸将曰："当备祭遵！吾舍中儿犯法尚杀之，必不私诸卿也。"寻拜为偏将军，从平河北，以功封列侯。

①贳犹赦也。

建武二年春，拜征虏将军，定封颍阳侯。与骠骑大将军景丹、建义大将军朱祐、汉忠将军王常、骑都尉王梁、臧宫等入箕关，①〔12〕南击弘农、厌新、柏华蛮中贼。②〔13〕弩中遵口，洞出流血，众见遵伤，稍引退，遵呼叱止之，士卒战皆自倍，遂大破之。时新城蛮中山贼张满，③〔14〕屯结险隘为人害，诏遵攻之。遵绝其粮道，满数挑战，遵坚壁不出。而厌新、柏华余贼复与满合，遂攻得霍阳聚，④遵乃分兵击破降之。明年春，张满饥困，城拔，生获之。初，满祭祀天地，自云当王，既执，叹曰："谶文误我！"乃斩之，夷其妻子。遵引兵南击邓奉弟终于杜衍，〔15〕破之。⑤

①箕关,解在邓禹传。

②东观记曰柏华聚也。

③新城,县名,属河南郡,今伊阙县也。

④有霍阳山,故名焉,俗谓之张侯城,在今汝州西南。

⑤杜衍,县名,属南阳郡,故城在今邓州南阳县西南。

时涿郡太守张丰执使者举兵反,自称无上大将军,与彭宠连兵。四年,遵与朱祐及建威大将军耿弇、骁骑将军刘喜俱击之。遵兵先至,急攻丰,丰功曹孟玄执丰降。①初,丰好方术,有道士言丰当为天子,以五綵囊裹石系丰肘,云石中有玉玺。丰信之,遂反。既执当斩,犹曰:"肘石有玉玺。"遵为椎破之,丰乃知被诈,仰天叹曰:"当死无所恨!"诸将皆引还,遵受诏留屯良乡拒彭宠。因遣护军傅玄袭击宠将李豪于潞,大破之,斩首千馀级。相拒岁馀,数挫其锋,党与多降者。及宠死,遵进定其地。

①说文曰:"玄,臂上也。"玄音公弘反。

六年春,诏遵与建威大将军耿弇、虎牙大将军盖延、汉忠将军王常、捕虏将军马武、骁骑将军刘歆、武威将军刘尚等从天水伐公孙述。①师次长安,时车驾亦至,而隗嚣不欲汉兵上陇,辞说解故。②帝召诸将议。皆曰:"可且延嚣日月之期,益封其将帅,以消散之。"遵曰:"嚣挟奸久矣。今若按甲引时,则使其诈谋益深,而蜀警增备,固不如遂进。"帝从之,乃遣遵为前行。隗嚣使其将王元拒陇坻,遵进击,破之,追至新关。及诸将到,与嚣战,并败,引退下陇。乃诏遵军汧,耿弇军漆,征西大将军冯异军栒邑,大司马吴汉等还屯长安。自是后遵数挫隗嚣。事已见冯异传。

①续汉书曰:"上幸广阳城门,设祖道,阅过诸将,以遵新破渔阳,令最

在前。"

②解故谓解脱事故,以为辞说。

　　八年秋,复从车驾上陇。及嚣破,帝东归过汧,幸遵营,劳飨士卒,作黄门武乐,良夜乃罢。①时遵有疾,诏赐重茵,覆以御盖。复令进屯陇下。及公孙述遣兵救嚣,吴汉、耿弇等悉奔还,遵独留不却。②九年春,卒于军。

①黄门,署名。前书曰:"是时名倡皆集黄门。"武乐,执干戚以舞也。良犹深也,本或作"久"。

②东观记曰:"时遵屯汧。诏书曰:'将军连年距难,众兵即却,复独按部,功劳烂然。兵退无宿戒,粮食不豫具,今乃调度,恐力不堪。国家知将军不易,亦不遗力。今送缣千匹,以赐吏士。'"

　　遵为人廉约小心,克己奉公,赏赐辄尽与士卒,家无私财,身衣韦绔,布被,夫人裳不加缘,①帝以是重焉。及卒,愍悼之尤甚。遵丧至河南县,诏遣百官先会丧所,车驾素服临之,望哭哀恸。还幸城门,过其车骑,涕泣不能已。②丧礼成,复亲祠以太牢,如宣帝临霍光故事。③诏大长秋、谒者、河南尹护丧事,大司农给费。博士范升上疏,追称遵曰:"臣闻先王崇政,遵美屏恶。④昔高祖大圣,深见远虑,班爵割地,与下分功,著录勋臣,颂其德美。生则宠以殊礼,奏事不名,入门不趋。⑤死则畴其爵邑,世无绝嗣,⑥丹书铁券,传于无穷。⑦斯诚大汉厚下安人长久之德,所以累世十馀,历载数百,⑧废而复兴,绝而复续者也。陛下以至德受命,先明汉道,[16]褒序辅佐,封赏功臣,同符祖宗。征虏将军颍阳侯遵,不幸早薨。陛下仁恩,为之感伤,远迎河南,恻怛之恸,形于圣躬,丧事用度,仰给县官,重赐妻子,不可胜数。送死有以加生,厚亡有以过存,矫俗厉化,卓如日月。⑨古者臣疾君视,臣卒君吊,⑩德之厚者也。陵迟

581

已来久矣。及至陛下,复兴斯礼,群下感动,莫不自励。臣窃见遵修行积善,竭忠于国,北平渔阳,西拒陇、蜀,先登坻上,⑪深取略阳。众兵既退,独守衝难。⑫制御士心,不越法度。所在吏人,不知有军。⑬清名闻于海内,廉白著于当世。所得赏赐,辄尽与吏士,身无奇衣,家无私财。同产兄午以遵无子,娶妾送之,遵乃使人逆而不受,自以身任于国,不敢图生虑继嗣之计。临死遗诫牛车载丧,薄葬洛阳。问以家事,终无所言。任重道远,死而后已。⑭遵为将军,取士皆用儒术,对酒设乐,必雅歌投壶。⑮又建为孔子立后,奏置五经大夫。虽在军旅,不忘俎豆,〔17〕可(为)〔谓〕好礼悦乐,〔18〕守死善道者也。礼,生有爵,死有谥,爵以殊尊卑,谥以明善恶。臣愚以为宜因遵薨,论叙众功,详案谥法,以礼成之。⑯显章国家笃古之制,为后嗣法。"帝乃下升章以示公卿。至葬,车驾复临,赠以将军、侯印绶,朱轮容车,介士军陈送葬,⑰谥曰成侯。〔19〕既葬,车驾复临其坟,存见夫人室家。其后会朝,帝每叹曰:"安得忧国奉公之臣如祭征虏者乎!"遵之见思若此。⑱

①"缘"或作"絲"。

②东观记曰:"上还幸城门,阅过丧车,瞻望涕泣。"

③霍光薨,宣帝及上官太后亲临光丧,使太中大夫任宣、侍御史五人持节护丧事。东观记曰:"时下宣帝临霍将军仪,令公卿读视,以为故事。"

④孔子曰:"尊五美,屏四恶。"

⑤前书曰:"萧何奏事不名,入门不趋。"

⑥畴,等也。言功臣死后,子孙袭封,世世与先人等。

⑦前书,高祖与功臣剖符作誓,丹书铁契,金匮石室,藏之宗庙。

⑧汉兴至此二百馀年,言"数百"者,谓以百数之。

⑨卓,高也。

⑩前书贾山上书曰:"古之贤君于其臣也,尊其爵禄而亲之,疾则临视之无数,死则往吊哭之,临其小敛大敛,可谓尽礼也,故臣下竭力尽死以报其上。"

⑪即陇坻上。

⑫衔,兵衔也。谓吴汉、耿弇等悉奔还,唯遵独留不却。

⑬言不侵扰。

⑭论语孔子曰:"仁以为己任,不亦重乎。死而后已,不亦远乎。"

⑮雅歌谓歌雅诗也。礼记投壶经曰:"壶颈脩七寸,腹脩五寸,口径二寸半,容斗五升。壶中实小豆焉,为其矢之跃而出也。矢以柘若棘,长二尺八寸,无去其皮,取其坚而重。投之胜者饮不胜者,以为优劣也。"

⑯谥法,周书之篇,周公制焉。

⑰容车,容饰之车,象生时也。介士,甲士也。东观记曰:"遣校尉发骑士四百人,被玄甲、兜鍪,兵车军陈送葬。"

⑱东观记曰"上数嗟叹,卫尉铫期见上感恸,对曰'陛下至仁,哀念祭遵不已,群臣各怀惭惧'"也。

无子,国除。兄午,官至酒泉太守。从弟肜。[20]

彤字次孙,早孤,以至孝见称。遇天下乱,野无烟火,而独在冢侧。每贼过,见其尚幼而有志节,皆奇而哀之。

583

光武初以遵故,拜彤为黄门侍郎,常在左右。及遵卒无子,帝追伤之,以彤为偃师长,令近遵坟墓,四时奉祠之。彤有权略,视事五岁,县无盗贼,课为第一,迁襄贲令。①时天下郡国尚未悉平,襄贲盗贼白日公行。彤至,诛破奸猾,殄其支党,数年,襄贲政清。玺书勉励,增秩一等,赐缣百匹。

①襄賁，縣名，屬東海郡，故城在今沂州臨沂縣南。賁音肥。

　　當是時，匈奴、鮮卑及赤山烏桓連和彊盛，數入塞殺略吏人。朝廷以為憂，益增緣邊兵，郡有數千人，又遣諸將分屯障塞。帝以肜為能，建武十七年，拜遼東太守。至則勵兵馬，廣斥候。肜有勇力，能貫三百斤弓。虜每犯塞，常為士卒〔前〕鋒，[21]數破走之。二十一年秋，鮮卑萬餘騎寇遼東，肜率數千人迎擊之，自被甲陷陳，虜大奔，投水死者過半，遂窮追出塞，虜急，皆棄兵裸身散走，斬首三千餘級，獲馬數千匹。自是後鮮卑震怖，畏肜不敢復窺塞。肜以三虜連和，卒為邊害，①二十五年，乃使招呼鮮卑，示以財利。其大都護偏何②遣使奉獻，願得歸化，肜慰納賞賜，稍復親附。其異種滿離、高句驪之屬，遂駱驛款塞，上貂裘好馬，帝輒倍其賞賜。其後偏何邑落諸豪并歸義，願自效。肜曰：“審欲立功，當歸擊匈奴，斬送頭首乃信耳。”偏何等皆仰天指心曰：“必自効！”即擊匈奴左伊（袟）〔秩〕訾部，[22]斬首二千餘級，持頭詣郡。其後歲歲相攻，輒送首級受賞賜。自是匈奴衰弱，邊無寇警，鮮卑、烏桓并入朝貢。

　　①卒，終也。三虜謂匈奴、鮮卑及赤山烏桓。

　　②鮮卑名也。

　　肜為人質厚重毅，體貌絕眾。撫夷狄以恩信，皆畏而愛之，故得其死力。初，赤山烏桓數犯上谷，為邊害，詔書設購賞，（功）〔切〕責州郡，[23]不能禁。肜乃率勵偏何，遣往討之。永平元年，偏何擊破赤山，斬其魁帥，持首詣肜，塞外震讋。①肜之威聲，暢于北方，西自武威，東盡玄菟及樂浪，胡夷皆來內附，野無風塵。乃悉罷緣邊屯兵。

　　①音之涉反。

后汉书卷二十

584

十二年,征为太仆。彤在辽东几三十年,衣无兼副。显宗既嘉其功,又美彤清约,拜日,赐钱百万,马三匹,衣被刀剑下至居室什物,大小无不悉备。帝每见彤,常叹息以为可属以重任。后从东巡狩,过鲁,坐孔子讲堂,顾指子路室谓左右曰:"此太仆之室。太仆,吾之御侮也。"①

> ①尚书大传曰:"孔子曰:'吾有四友焉。自吾得回也,门人加亲,是非骨附邪? 自吾得赐也,远方之士日至,是非奔走邪? 自吾得师也,前有光,后有辉,是非先后邪? 自吾得由也,恶言不至门,是非御侮邪?'"

十六年,使彤以太仆将万馀骑与南单于左贤王信伐北匈奴,期至涿邪山。[24]信初有嫌于彤,行出高阙塞九百馀里,得小山,乃妄言以为涿邪山。彤到不见房而还,坐逗留畏懦下狱免。彤性沈毅内重,自恨见诈无功,出狱数日,欧血死。临终谓其子曰:"吾蒙国厚恩,奉使不称,微绩不立,身死诚惭恨。义不可以无功受赏,死后,若悉簿上所得赐物,①身自诣兵屯,效死前行,以副吾心。"既卒,其子逢上疏具陈遗言。帝雅重彤,方便任用,闻之大惊,召问逢疾状,嗟叹者良久焉。乌桓、鲜卑追思彤无已,每朝贺京师,常过冢拜谒,仰天号泣乃去。辽东吏人为立祠,四时奉祭焉。

> ①若,汝也。皆为文簿而上之。

彤既葬,子参遂诣奉车都尉窦固,从军击车师有功,稍迁辽东太守。永元中,鲜卑入郡界,参坐沮败,下狱死。彤子孙多为边吏者,皆有名称。

论曰：祭肜武节刚方，动用安重，虽条侯、穰苴之伦，不能过也。①且临守偏海，政移犷俗，②徼人请符以立信，胡貊数级于郊下，③至乃卧鼓边亭，灭烽幽障者将三十年。古所谓"必世而后仁"，岂不然哉！④而一眚之故，以致感愤，⑤惜哉，畏法之敝也！⑥

①条侯，周亚夫也。为将军，军于细柳，文帝幸其营，亚夫持兵揖曰："介胄之士不拜，请以军礼见。"文帝曰："此真将军也！"穰苴，齐人田穰苴也。齐景公使为将军，使庄贾往，穰苴与约曰："旦日日中会于军门。"穰苴先至，贾后至，于是遂斩庄贾以徇三军，士皆振栗。

②犷音古猛反，又音久永反。

③徼人谓徼外人偏何等也。符，验也。为偏何请还自劾，以验内属之信。数级谓偏何斩匈奴，送首级受赏赐。

④三十年为一世，言承化久也。论语孔子曰："如有王者，必世而后仁。"

⑤眚，过也。左传曰："不以一眚掩大德。"眚音所景反。

⑥畏法犹严法也。

赞曰：期启燕门，霸冰虖河。祭遵好礼，临戎雅歌。肜抗辽左，边廷怀和。

586 【校勘记】

〔一〕从徇蓟　按：集解引惠栋说，谓东观记"从平河北。"

〔二〕披普彼反　按："普"原讹"芳"，径改正。

〔三〕〔槁〕今桓州槁城县也　据集解引钱大昕说补。按："槁"当作"稿"，字从禾，然各本正文注文皆作"槁"，今仍之。

〔四〕摄（帻）〔帧〕复战　刊误谓帧是马扇汗，期被创中额，则是"帧"

字。<u>王先谦</u>谓<u>东观记</u>正作"帻"。今据改。按:"帻"原讹"愤",径
改正。

〔5〕复封丹弟统为建平侯　按:<u>集解</u>引<u>惠栋</u>说,谓<u>水经注</u>作"平舆",属
<u>汝南</u>也。

〔6〕封王乡侯　按:<u>殿本</u>考证谓<u>地理</u>、<u>郡国志</u>无"王乡"地名,"王"字
疑误。

〔7〕说文曰歇歴手相笑也　按:<u>集解</u>引<u>孙星衍</u>说,谓<u>说文</u>作"歇瘄",并
无"歴"字。云"人相笑相歇瘄",不云"手相笑"。注误。

〔8〕死者脱衣以敛之伤者躬亲以养之　<u>刊误</u>谓按文脱衣可言"以敛
之",躬亲不宜复有"以"字。按:"以敛之"与"以养之"相对成文,
<u>刘</u>说泥。

〔9〕茂众疲劳　按:<u>御览</u>二八四引,"茂"下有"建"字。

〔10〕屯〔田〕函谷关　据<u>汲本</u>、<u>殿本</u>补。

〔11〕温馀水出上谷居庸关东　按:"温馀水"当作"㶟馀水",说详<u>杨守
敬水经注疏</u>。

〔12〕臧宫等入箕关　按:<u>集解</u>引<u>惠栋</u>说,谓<u>东观记</u>"箕关"作"天中关"。

〔13〕南击弘农厌新柏华蛮中贼　按:<u>集解</u>引<u>沈钦韩</u>说,谓<u>纪要</u>柏谷在<u>陕
州</u><u>灵宝县</u>西南<u>朱阳镇</u>,有柏谷亭。"柏华"盖"柏谷"之误。

〔14〕时新城蛮中山贼张满　按:<u>集解</u>引<u>惠栋</u>说,谓<u>续志</u><u>新城</u>有<u>鄳聚</u>,今
名蛮中。<u>说文</u>作"緜中"。

〔15〕邓奉弟终　按:<u>集解</u>引<u>惠栋</u>说,谓"终"一作"众",古通。

〔16〕先明汉道　按:<u>刊误</u>谓"先"当作"光"。

〔17〕不忘俎豆　按:<u>王先谦</u>谓<u>东观记</u>作"不忘王室"。

〔18〕可(为)〔谓〕好礼悦乐　据<u>汲本</u>、<u>殿本</u>改。

〔19〕谥曰成侯　按:<u>集解</u>引<u>沈钦韩</u>说,谓<u>袁纪</u>作"威侯"。

〔20〕从弟肜　按:<u>汲本</u>、<u>殿本</u>"肜"作"彤",<u>通鉴</u>或作"肜",或作"彤"。

〔21〕常为士卒〔前〕锋　<u>御览</u>三〇二引作"常为士卒前锋",<u>东观记</u>作

·"常为士卒先锋",今据御览补"前"字。

〔22〕即击匈奴左伊（袟）〔秩〕訾部　据集解本改。与前书匈奴传合。

〔23〕（功）（切）责州郡　据刊误改。

〔24〕期至涿邪山　按:集解引惠栋说,谓袁宏纪作"涿邪王山"。

后 汉 书 卷 二 十 一

任李万邳刘耿列传第十一 任光子隗

任光字伯卿，南阳宛人也。少忠厚，为乡里所爱。初为乡啬夫，郡县吏。①汉兵至宛，军人见光冠服鲜明，令解衣，将杀而夺之。会光禄勋刘赐适至，视光容貌长者，乃救全之。光因率党与从赐，为安集掾，拜偏将军，与世祖破王寻、王邑。

①续汉志曰："三老，游徼，郡所署也，秩百石，掌一乡人。其乡小者，县署啬夫一人，主知人善恶，为役先后，知人贫富，为赋多少。"

更始至洛阳，以光为信都太守。及王郎起，郡国皆降之，光独不肯，遂与都尉李忠、令万脩、①功曹阮况、五官掾郭唐等②同心固守。廷掾持王郎檄③诣府白光，光斩之于市，以徇百姓，发精兵四千人城守。更始二年春，世祖自蓟还，狼狈不知所向，传闻信都独为汉拒邯郸，即驰赴之。光等孤城独守，恐不能全，④闻世祖至，大喜，吏民皆称万岁，即时开门，与李忠、万脩率官属迎谒。世祖入传

589

舍,谓光曰:"伯卿,今埶力虚弱,欲俱入城头子路、力子都兵中,[1]何如邪?"光曰:"不可。"世祖曰:"卿兵少,如何?"光曰:"可募发奔命,出攻傍县,若不降者,恣听掠之。人贪财物,则兵可招而致也。"世祖从之。拜光为左大将军,[2]封武成侯,留南阳宗广领信都太守事,使光将兵从。光乃多作檄文曰:"大司马刘公将城头子路、力子都兵百万众从东方来,击诸反虏。"遣骑驰至钜鹿界中。吏民得檄,传相告语。世祖遂与光等投暮入堂阳界,⑤使骑各持炬火,弥满泽中,光炎烛天地,举城莫不震惊惶怖,其夜即降。旬日之间,兵众大盛,因攻城邑,遂屠邯郸,乃遣光归郡。

①信都令也。

②续汉志曰:"五官掾,掌署诸曹事。"

③东观记扶柳县廷掾。

④独守无援,故恐之。

⑤投,至也。堂阳,今冀州县也。

城头子路者,东平人,姓爰,名曾,字子路,与肥城刘诩起兵卢城头,①故号其兵为"城头子路"。曾自称"都从事",诩称"校三老",寇掠河、济间,众至二十馀万。更始立,曾遣使降,拜曾东莱郡太守,②[3]诩济南太守,皆行大将军事。是岁,曾为其将所杀,众推诩为主,更始封诩助国侯,令罢兵归本郡。

①卢,县名,属太山郡,今济州县。

②今莱州。

力子都者,东海人也。起兵乡里,钞击徐、兖界,众有六七万。更始立,遣使降,拜子都徐州牧。为其部曲所杀,馀党复相聚,与诸贼会于檀乡,①因号为檀乡。檀乡渠帅董次仲始起茌平,②遂渡河入魏郡清河,与五校合,众十馀万。建武元年,世祖入洛阳,遣大司马吴汉等击檀乡,明年春,大破降之。

①今兖州瑕丘县东北有檀乡。

②茌平,县名,属东郡,故城在今博州聊城县东。茌音仕疑反。

是岁,更封光阿陵侯,①食邑万户。五年,征诣京师,奉朝请。其冬卒。子隗嗣。

①阿陵,县名,属涿郡也。

后阮况为南阳太守,郭唐至河南尹,皆有能名。

隗字仲和,少好黄老,清静寡欲,所得奉秩,常以赈卹宗族,收养孤寡。显宗闻之,擢奉朝请,迁羽林左监、①虎贲中郎将,又迁长水校尉。肃宗即位,雅相敬爱,数称其行,以为将作大匠。②将作大匠自建武以来常谒者兼之,至隗乃置真焉。建初五年,迁太仆,八年,代窦固为光禄勋,所历皆有称。章和元年,拜司空。

①续汉志曰:"羽林有左、右监一人,各六百石,主左、右羽林骑。"

②前书曰,将作少府,秦官也,景帝更名将作大匠,秩二千石。

隗义行内修,不求名誉,而以沈正见重于世。和帝即位,大将军窦宪秉权,专作威福,内外朝臣莫不震慑。时宪击匈奴,国用劳费,隗奏议征宪还,前后十上。独与司徒袁安同心毕力,持重处正,鲠言直议,无所回隐,①语在袁安传。

①持重谓守正也。〔鲠言谓〕执议不移。[4]回,邪也。隐,避也。

永元四年薨,子屯嗣。帝追思隗忠,擢屯为步兵校尉,徙封西阳侯。①

①西阳,县名,属山阳郡也。

屯卒,子胜嗣。①胜卒,子世嗣,徙封北乡侯。②

①东观汉记(日)"胜"字作"腾"。[5]

②北乡,县名,属齐郡。

李忠字仲都,[6]东莱黄人也。①父为高密都尉。②忠元始中以
父任为郎,署中数十人,而忠独以好礼修整称。王莽时为新博属
长,③郡中咸敬信之。

①黄,今莱州县也,故城在县东南。

②臣贤案:东观记、续汉书并云"中尉"。又郡国志高密,侯〔国〕。[7]百
官志皇子封,每国傅、相各一人,中尉一人,比二千石,职如郡都尉,主
盗贼。高密非郡,为"都"字者误。

③王莽改信都国曰新博,都尉曰属长也。

更始立,使使者行郡国,即拜忠都尉官。忠遂与任光同奉世
祖,以为右大将军,[8]封武固侯。时世祖自解所佩绶以带忠,①[9]
因从攻下属县。至苦陉,②世祖会诸将,问所得财物,唯忠独无所
掠。世祖曰:"我欲特赐李忠,诸卿得无望乎?"即以所乘大骊马及
绣被衣物赐之。③

①东观记曰:"上初至不脱衣带,衣服垢薄,使忠解澣长襦,[10]忠更作新
袍绔(解)〔鲜〕支小单衣裤而上之。"[11]

②苦陉,县名,属中山国,章帝改曰汉昌,自此已后,随代改之,今定州唐
昌县是也。

③马色黑而青曰骊。

进围钜鹿,未下,王郎遣将攻信都,信都大姓马宠等开城内之,
收太守宗广及忠母妻,而令亲属招呼忠。时宠弟从忠为校尉,忠即
时召见,责数以背恩反城,因格杀之。诸将皆惊曰:"家属在人手

中,杀其弟,何猛也!"忠曰:"若纵贼不诛,则二心也。"世祖闻而美之,谓忠曰:"今吾兵已成矣,将军可归救老母妻子,宜自募吏民能得家属者,赐钱千万,来从我取。"忠曰:"蒙明公大恩,思得効命,诚不敢内顾宗亲。"世祖乃使任光将兵救信都,光兵于道散降王郎,无功而还。会更始遣将攻破信都,忠家属得全。世祖因使忠还,行太守事,收郡中大姓附邯郸者,诛杀数百人。及任光归郡,忠乃还复为都尉。建武二年,更封中水侯,①食邑三千户。其年,征拜五官中郎将,从平庞萌、董宪等。

> ①中水,县,属涿郡。前书音义曰:"此县在两河之间,故曰中水。"故城在今瀛州乐寿县西北。

六年,迁丹阳太守。是时海内新定,南方海滨江淮,多拥兵据土。忠到郡,招怀降附,其不服者悉诛之,旬月皆平。忠以丹阳越俗不好学,嫁娶礼仪,衰于中国,乃为起学校,习礼容,春秋乡饮,①选用明经,郡中向慕之。垦田增多,三岁间流民占著者五万餘口。②十四年,三公奏课为天下第一,迁豫章太守。病去官,③征诣京师。十九年,卒。

> ①校亦学也。礼记曰:"乡饮酒之义,主人拜迎宾于庠门之外,三揖而后至阶,三让而后升,所以致尊让也。六十者坐,五十者立侍,以听政役,所以明尊长也。合诸乡射,教之乡饮酒之礼,而孝悌之行立。"郑玄注曰:"春秋以礼会民于州序也。"

> ②著音直略反。

> ③东观记曰:"病湿痹,免。"

子威嗣。威卒,子纯嗣,永平九年,坐母杀纯叔父,国除。①永初七年,邓太后复封纯琴亭侯。纯卒,子广嗣。

> ①东观记曰:"永平二年,坐纯母礼杀威弟季。"

万脩字君游,扶风茂陵人也。更始时,为信都令,与太守任光、都尉李忠共城守,迎世祖,拜为偏将军,封造义侯。及破邯郸,拜右将军,从平河北。建武二年,更封槐里侯。与扬化将军坚镡俱击南阳,未剋而病,卒于军。

子普嗣,徙封泫氏侯。①普卒,子亲嗣,徙封扶柳侯。②亲卒,无子,国除。永初七年,邓太后绍封脩曾孙圭为曲平亭侯。圭卒,子炽嗣。永建元年,炽卒,无子,国除。延熹二年,桓帝绍封脩玄孙恭为门德亭侯。

①泫氏,县名,属上党郡。西有泫谷水,故以为名。今泽州高平县也。泫音(工玄)〔胡涓〕反。[12]

②扶柳,县名,故城在今冀州信都县西。

邳彤字伟君,[13]信都人也。父吉,为辽西太守。彤初为王莽和成卒正。①[14]世祖徇河北,至下曲阳,彤举城降,复以为太守,留止数日。世祖北至蓟,会王郎兵起,使其将徇地,所到县莫不奉迎,[15]唯和成、信都坚守不下。彤闻世祖从蓟还,失军,欲至信都,乃先使五官掾张万、督邮尹绥,选精骑二千馀匹,缘路迎世祖军。彤寻与世祖会信都。世祖虽得二郡之助,而兵众未合,议者多言可因信都兵自送,西还长安。彤廷对曰:"议者之言皆非也。吏民歌吟思汉久矣,故更始举尊号而天下向应,三辅清宫除道以迎之。一夫荷戟大呼,则千里之将无不捐城遁逃,虏伏请降。自上古以来,亦未有感物动民其如此者也。[16]又卜者王郎,假名因埶,驱集乌合之众,遂震燕、赵之地;况明公奋二郡之兵,扬向应之威,以攻则何城不克,以战则何军不服!今释此而归,岂徒空失河北,必更惊动三辅,堕损威重,非计之得者也。若明公无复征伐之意,则虽信都之兵犹难会也。何者?明公既西,则邯郸城民不肯捐父母,背城主,而千里送公,其离散亡逃可必也。"世祖善其言而止。即日拜彤为后大将军,和成太守如故,使将兵居前,比至堂阳,堂阳已反属王郎,彤使张万、尹绥先晓譬吏民,世祖夜至,即开门出迎。引兵击破白奢贼于中山。自此常从战攻。

①东观记曰:"王莽分钜鹿为和成郡,居下曲阳,以彤为卒正也。"

信都复反为王郎,郎所置信都王捕系彤父弟及妻子,使为手书呼彤曰:"降者封爵,不降族灭。"彤涕泣报曰:"事君者不得顾家。彤亲属所以至今得安于信都者,刘公之恩也。公方争国事,彤不得复念私也。"会更始所遣将攻拔信都,郎兵败走,彤家属得免。

及拔邯郸,封武义侯。建武元年,更封灵寿侯,①行大司空事。帝入洛阳,拜彤太常,月馀日转少府,是年免。复为左曹侍中,②常从征伐。六年,就国。

①灵寿,县名,故城在今恒州灵寿县西北。

②前书曰,侍中有左、右曹。入侍天子,故曰侍中。

彤卒,子汤嗣,九年,徙封乐陵侯。①十九年,汤卒,子某嗣;②无子,国除。元初元年,邓太后绍封彤孙音为平亭侯。音卒,子柴嗣。

①乐陵,县名,属平原郡,故城在今沧州乐陵县东也。

②史阙名也。

初,张万、尹绥与彤俱迎世祖,皆拜偏将军,亦从征伐。万封重平侯,绥封平台侯。①

①重平,县名,属勃海郡,故城在今安德县西北。臣贤案:平台,县,属常

山郡,诸本多云"平台"者,误也。

论曰:凡言成事者,以功著易显;谋几初者,以理隐难昭。①斯固原情比迹,所宜推察者也。若乃议者欲因二郡之众,建入关之策,委成业,临不测,而世主未悟,谋夫景同,邳肜之廷对,其为几乎!语曰"一言可以兴邦",②斯近之矣。

①几者,事之先见者也。

②论语(日)鲁定公谓孔子之言。〔17〕

刘植字伯先,钜鹿昌城人也。王郎起,植与弟喜、从兄歆①率宗族宾客,聚兵数千人据昌城。闻世祖从蓟还,乃开门迎世祖,以植为骁骑将军,喜、歆偏将军,皆为列侯。时真定王刘扬起兵以附王郎,众十馀万,世祖遣植说扬,扬乃降。世祖因留真定,纳郭后,后即扬之甥也,故以此结之。乃与扬及诸将置酒郭氏漆里舍,②扬击筑为欢,因得进兵拔邯郸,从平河北。

①东观记(日)"喜"作"嘉",〔18〕字共仲;歆字细君也。

②漆(圆)〔里〕即郭氏所居之里名也。〔19〕

建武二年,更封植为昌城侯。讨密县贼,战殁。子向嗣。帝使喜代将植营,复为骁骑将军,封观津侯。①喜卒,复以歆为骁骑将军,封浮阳侯。②喜、歆从征伐,皆传国于后。向徙封东武阳侯,③卒,子述嗣,永平十五年,坐与楚王英谋反,国除。

①观津,县名,故城在今德州蓨县西北。

②浮阳,县名,属勃海郡,在浮水之阳,今沧州清池县也。

③东武阳,县,属东郡,在武水之阳,故城在今魏州(华阳)〔莘县〕南。〔20〕

耿纯字伯山，钜鹿宋子人也。父艾，为王莽济平尹。①纯学于长安，因除为纳言士。②

①莽改定陶国曰济平也。

②王莽法古置纳言之官，即尚书也。每官皆置士，故曰纳言士也。

王莽败，更始立，使舞阴王李轶降诸郡国，纯父艾降，还为济南太守。时李轶兄弟用事，专制方面，宾客游说者甚众。纯连求谒不得通，久之乃得见，因说轶曰："大王以龙虎之姿，遭风云之时，①奋迅拔起，期月之间兄弟称王，②而德信不闻于士民，功劳未施于百姓，宠禄暴兴，此智者之所忌也。③兢兢自危，犹惧不终，而况沛然自足，可以成功者乎？"④轶奇之，且以其钜鹿大姓，乃承制拜为骑都尉，授以节，令安集赵、魏。

①遭，遇也。易曰："云从龙，风从虎。"

②拔犹卒也。拔音步末反。期音朞。

③前书陈婴母谓婴曰"暴得富贵者不祥也"，故云智者之所忌也。

④公羊传曰："力沛然若有馀。"何休注曰："沛，有馀〔优饶〕貌。"[21]

会世祖度河至邯郸，纯即谒见，世祖深接之。纯退，见官属将兵法度不与它将同，遂求自结纳，献马及缣帛数百匹。世祖北至中山，留纯邯郸。会王郎反，①世祖自蓟东南驰，纯与从昆弟䜣、宿、植共率宗族宾客二千馀人，②老病者皆载木自随，奉迎于育。③[22]拜纯为前将军，封耿乡侯，④䜣、宿、植皆偏将军，使与纯居前，降宋子，从攻下曲阳及中山。

①东观记曰："王郎举尊号，欲收纯，纯持节与从吏夜逃出城，(柱)〔驻〕节道中[23]，诏取行者车马，得数十，驰归宋子，与从兄䜣、宿、植俱诣上

所在卢奴,言王郎(所)反(之)状。"〔24〕

②续汉书曰"皆衣缣襦绔绛衣"也。

③左传曰:"又如是而嫁,将就木焉。"木谓棺也,老病者恐死,故载以从军。育,县名,故城在冀州。

④郦元注水经曰:〔成〕郎水北有耿乡,〔25〕光武封耿纯为侯国,俗谓之宜安城。其故城在今恒州槁城县西南也。

是时郡国多降邯郸者,纯恐宗家怀异心,乃使近、宿归烧其庐舍。世祖问纯故,对曰:"窃见明公单车临河北,非有府臧之蓄,重赏甘饵,可以聚人者也,①徒以恩德怀之,是故士众乐附。今邯郸自立,北州疑惑,纯虽举族归命,老弱在行,犹恐宗人宾客半有不同心者,故燔烧屋室,绝其反顾之望。"世祖叹息。及至鄗,世祖止传舍,鄗大姓苏公反城开门内王郎将李恽。〔26〕纯先觉知,将兵逆与恽战,大破斩之。从平邯郸,又破铜马。

①黄石公记曰:"芳饵之下必有悬鱼,重赏之下必有死夫。"易曰:"何以聚人,曰财。"故纯引之。

时赤眉、青犊、上江、大肜、铁胫、五幡十馀万众并在射犬,世祖引兵将击之。纯军在前,去众营数里,贼忽夜攻纯,雨射营中,①士多死伤。纯勒部曲,坚守不动。选敢死二千人,俱持强弩,各傅三矢,使衔枚间行,②绕出贼后,齐声呼噪,强弩并发,贼众惊走,追击,遂破之。驰骑白世祖。世祖明旦与诸将俱至营,劳纯曰:"昨夜困乎?"纯曰:"赖明公威德,幸而获全。"世祖曰:"大兵不可夜动,故不相救耳。军营进退无常,卿宗族不可悉居军中。"乃以纯族人耿伋为蒲吾长,③悉令将亲属居焉。

①矢下如雨也。

②傅,著也。

后汉书卷二十一

598

③蒲吾，县名，属常山郡，故城在今恒州灵寿县南。

世祖即位，封纯高阳侯。击刘永于济阴，下定陶。初，纯从攻王郎，堕马折肩，时疾发，乃还诣怀宫。①帝问"卿兄弟谁可使者"，纯举从弟植，于是使植将纯营，纯犹以前将军从。

①怀，河内县名，有离宫焉。

时真定王刘扬复造作谶记云："赤九之后，瘿扬为主。"①扬病瘿，欲以惑众，与绵曼贼交通。②建武二年春，遣骑都尉陈副、游击将军邓隆征扬，扬闭城门，不内副等。乃复遣纯持节，行赦令于幽、冀，所过并使劳慰王侯。密敕纯曰："刘扬若见，因而收之。"纯从吏士百馀骑与副、隆会元氏，俱至真定，止传舍。扬称病不谒，以纯真定宗室之出，③遣使与纯书，欲相见。纯报曰："奉使见王侯牧守，不得先诣，如欲面会，宜出传舍。"〔27〕时扬弟(林)〔临〕邑侯让及从兄细④各拥兵万馀人，〔28〕扬自恃众强而纯意安静，即从官属诣之，兄弟并将轻兵在门外。扬入见纯，纯接以礼敬，因延请其兄弟，皆入，乃闭合悉诛之，因勒兵而出。真定震怖，无敢动者。帝怜扬、让谋未发，并封其子，复故国。

①汉以火德，故云赤也。光武于高祖九代孙，故云九。

②绵曼，县名，属真定国，故城在今恒州石邑县西北，俗音讹，谓之"人文"故城也。〔29〕

③男子谓姊妹之子为出也。

④东观记、续汉书"细"并作"绀"。

纯还京师，因自请曰："臣本吏家子孙，幸遭大汉复兴，圣帝受命，备位列将，爵为通侯。天下略定，臣无所用志，愿试治一郡，尽力自效。"帝笑曰："卿既治武，复欲修文邪？"乃拜纯为东郡太守。时东郡未平,纯视事数月,盗贼清宁。四年,诏纯将兵击更始东平太守范荆,荆降。进击太山济南及平原贼,皆平之。居东郡四岁,时发干长有罪,纯案奏,围守之,奏未下,长自杀。纯坐免,以列侯奉朝请。从击董宪,道过东郡,百姓老小数千随车驾涕泣,云"愿复得耿君"。帝谓公卿曰:"纯年少被甲胄为军吏耳,治郡乃能见思若是乎?"

六年,定封为东光侯。①纯辞就国,帝曰:"文帝谓周勃'丞相吾所重,君为我率诸侯就国',今亦然也。"纯受诏而去。至邺,赐縠万斛。到国,吊死问病,民爱敬之。八年,东郡、济阴盗贼群起,遣大司空李通、横野大将军王常击之。帝以纯威信著于卫地,②遣使拜太中大夫,使与大兵会东郡。东郡闻纯入界,盗贼九千馀人皆诣纯降,大兵不战而还。玺书复以为东郡太守,吏民悦服。十三年,卒官,谥曰成侯。子阜嗣。

> ①东光,今沧州县也。续汉书曰:"六年,上令诸侯就国,纯上书自陈,前在东郡案诛涿郡太守朱英亲属,今国属涿,诚不自安。制书报曰:'侯前奉公行法,朱英久吏,晓知义理,何时当以公事相是非!然受尧舜之罚者不能爱己也,已更择国土,令侯无介然之忧。'乃更封纯为东光侯也。"
>
> ②东郡旧卫地也。

植后为辅威将军,封武邑侯。①宿至代郡太守,封遂乡侯。䜣为赤眉将军,封著武侯,从邓禹西征,战死云阳。凡宗族封列侯者四人,关内侯者三人,为二千石者九人。

> ①武邑,县名,属信都,今冀州县也。

阜徙封莒乡侯,永平十四年,坐同族耿歙与楚人颜忠辞语相连,国除。建初二年,肃宗追思纯功,绍封阜子盱为高亭侯。盱卒,无嗣,帝复封盱弟腾。①卒,子忠嗣。忠卒,孙绪嗣。

①续汉书云"封腾高亭侯"也。

赞曰:任、邳识几,严城解扉。①委佗还旅,二守焉依。②纯、植义发,奉兵佐威。

①解犹开也。

②委音于危反。佗音移,行貌也。旅,众也。还旅谓自蓟而还也。二守谓任光为信都太守,邳肜为和成太守也。左传曰:"平王东迁,晋、郑焉依。"言光武失军而南还,依任、邳以成功。

【校勘记】

〔1〕力子都 汲本"力"作"刁"。校补谓应作"刁",刁字本即刀字,故易与力混。今按:前书莽传作"力"。

〔2〕拜光为左大将军 按:集解引惠栋说,谓水经注云左将军,无"大"字。

〔3〕拜曾东莱郡太守 刊误谓他处复字郡名皆不言"郡太守",明此衍"郡"字。今按:何焯校本灭"莱"字,谓上云寇掠河济间,则"莱"字当衍,注亦误。

〔4〕〔鲠言谓〕执议不移 据校补补。

〔5〕东观汉记(日) 按:"日"字明衍,今删。

〔6〕李忠字仲都 按:集解引惠栋说,谓袁纪"都"作"卿"。

〔7〕高密侯〔国〕 按:刊误谓"侯"当作"国"。校补谓高密前汉为王国,后汉为侯国,注所引乃续志,作"侯"明不误,特夺"国"字耳。今据补。

〔8〕以为右大将军 按:集解引惠栋说,谓东观记无"大"字。

〔9〕时世祖自解所佩绶以带忠 按:沈钦韩谓北堂书钞引东观记曰"时无绶,上自解所佩绶以赐仲都",疑此脱"无绶"二字。

〔10〕解潍长襦 按:"潍"原讹"瀚",径改正。

〔11〕(解)〔鲜〕支　集解引沈钦韩说,谓当作"鲜支",广雅"鲜支,绢
　　也"。今据改。

〔12〕泫音(工玄)〔胡涓〕反　据汲本、殿本改。按:原作"工玄反",疑是
　　"五玄反"之误。

〔13〕邛彤　按:校补谓蜀志谯周传作"邛肜"。

〔14〕彤初为王莽和成卒正　按:集解引惠栋说,谓本纪作"和戎",胡三
　　省、王应麟皆本作"戎",惟水经注作"和城"。

〔15〕所到县莫不奉迎　按:李慈铭谓"所到"下脱一"郡"字。

〔16〕亦未有感物动民其如此者也　按:王先谦谓"其"字当衍。

〔17〕论语(曰)鲁定公谓孔子之言　据汲本、殿本删。

〔18〕东观记(曰)　按:"曰"字衍,今删。

〔19〕漆(园)〔里〕即郭氏所居之里名也　据刊误改。

〔20〕故城在今魏州(华阳)〔莘县〕南　集解引沈钦韩说,谓注"华阳"误,
　　隋志莘县后周置武阳郡,"莘"与"华"相似,又衍"阳"字。今据改。

〔21〕沛有馀(优饶)貌　据今本公羊传何注删。

〔22〕奉迎于育　通鉴胡注谓贤曰"育,县名",余考两汉志无育县,盖
　　"贳"字之误。今按:前志钜鹿郡有贳县。

〔23〕(柱)〔驻〕节道中　据汲本、殿本改,与聚珍本东观记合。

〔24〕言王郎(所)反(之)状　据王先谦说删。

〔25〕〔成〕郎水北有耿乡　据集解引沈钦韩说补。

〔26〕鄗大姓苏公反城开门内王郎将李恽　按:李慈铭谓城开二字疑误
　　倒,当作"开城门"。

〔27〕宜出传舍　按:袁宏纪作"宜自强来"。

〔28〕(林)〔临〕邑侯让　王先谦谓"林"当从帝纪作"临"。今据改。

〔29〕谓之人文故城也　集解引钱大昕说,谓古音文如岷,与曼声相近。
　　今按:"人"本作"民",章怀避唐讳改之。古音文如岷,"民文"与
　　"绵曼"声相近也。

后汉书卷二十二

朱景王杜马刘傅坚马列传第十二

朱祐字仲先，[1]南阳宛人也。①少孤，归外家复阳刘氏，②往来春陵，世祖与伯升皆亲爱之。伯升拜大司徒，以祐为护军。③及世祖为大司马，讨河北，复以祐为护军，常见亲幸，舍止于中。祐侍讌，从容曰："长安政乱，公有日角之相，此天命也。"④世祖曰："召刺奸收护军！"⑤祐乃不敢复言。从征河北，常力战陷阵，⑥以为偏将军，封安阳侯。世祖即位，拜为建义大将军。建武二年，更封堵阳侯。⑦冬，与诸将击邓奉于淯阳，祐军败，为奉所获。明年，奉破，乃肉袒因祐降。帝复祐位而厚加慰赐。遣击新野、随，皆平之。⑧

①东观记（曰）"祐"作"福"，[2]避安帝讳。

②复阳，县名，属南阳郡。

③前书曰，护军都尉，秦官，平帝元始元年更名护军也。

④日角，解在光武纪也。

⑤王莽置左右刺奸，使督奸猾。

⑥续汉书曰："祐至南䜌，为贼所伤，上亲候视之。"

⑦堵阳，县名，属南阳郡，故城今唐州方城县。堵音者。

⑧随，县名，属南阳郡也，故城今随州随县。

延岑自败于穰，遂与秦丰将张成合，祐率征虏将军祭遵与战于东阳，大破之，①临阵斩成，延岑败走归丰。祐收得印绶九十七。②进击黄邮，降之，赐祐黄金三十斤。四年，率破奸将军侯进、辅威将军耿植代征南大将军岑彭围秦丰于黎丘，破其将张康于蔡阳，斩之。帝自至黎丘，使御史中丞李由持玺书招丰，丰出恶言，不肯降。车驾引还，敕祐方略，祐尽力攻之。明年夏，城中穷困，丰乃将其母妻子九人肉袒降。祐辒车传丰送洛阳，斩之。大司马吴汉劾奏祐废诏受降，违将帅之任，帝不加罪。祐还，与骑都尉臧宫会击延岑余党阴、酇、筑阳三县贼，悉平之。

①东阳，聚名，在南阳。

②东观记曰："收得所盗茂陵武帝庙衣、印、绶。"

祐为人质直，尚儒学。将兵率众，多受降，以克定城邑为本，不存首级之功。又禁制士卒不得虏掠百姓，军人乐放纵，多以此怨之。九年，屯南行唐拒匈奴。①十三年，增邑，定封鬲侯，②食邑七千三百户。③

①行唐，今恒州县也。

②鬲，县名，属平原郡。

③东观记曰："祐自陈功薄而国大，愿受南阳五百户足矣。上不许。"

十五年，朝京师，上大将军印绶，因留奉朝请。祐奏古者人臣受封，不加王爵，可改诸王为公。帝即施行。又奏宜令三公并去

"大"名,以法经典。后遂从其议。

祐初学长安,帝往候之,祐不时相劳苦,而先升讲舍。后车驾幸其第,帝因笑曰:"主人得无舍我讲乎?"以有旧恩,数蒙赏赉。[①]二十四年,卒。

> [①]东观记曰:"上在长安时,尝与祐共买蜜合药。上追念之,赐祐白蜜一石,问:'何如在长安时共买蜜乎?'其亲厚如此。"

子商嗣。商卒,子演嗣,永元十四年,坐从兄伯为外孙阴皇后巫蛊事,免为庶人。[①][3]永初七年,邓太后绍封演子冲为鬲侯。

> [①]和帝阴后,吴房侯阴纲女也,为巫蛊事废。

景丹字孙卿,冯翊栎阳人也。少学长安。王莽时举四科,[①]丹以言语为固德侯相,有干事称,迁朔调连率副贰。[②]

> [①]东观记曰:"王莽时举有德行、能言语、通政事、明文学之士。"
> [②]朔调,上谷也。副贰,属令也。

更始立,遣使者徇上谷,丹与连率耿况降,复为上谷长史。王郎起,丹与况共谋拒之。况使丹与子弇及寇恂等将兵南归世祖,世祖引见丹等,笑曰:"邯郸将帅数言我发渔阳、上谷兵,吾聊应言然,[①]何意二郡良为吾来![②]方与士大夫共此功名耳。"拜丹为偏将军,号奉义侯。从击王郎将儿宏等于南䜌,[③]郎兵迎战,汉军退却,[④]丹等纵突骑击,大破之,追奔十馀里,死伤者从横。丹还,世祖谓曰:"吾闻突骑天下精兵,今乃见其战,乐可言邪?"遂从征河北。

> [①]王郎将帅数云欲发二郡兵以拒光武,时光武聊应然之,犹今两军遥相

戏弄也。

②东观记曰："上在广阿,闻外有大兵(自)来,〔上自〕登城,[4]勒兵在西门楼。上问:'何等兵?'丹等对言:'上谷、渔阳兵。'上曰:'为谁来乎?'对曰:'为刘公。'即请丹入,人人劳勉,恩意甚备。"

③兒音五分反。

④续汉书曰"南蛮贼迎击上营,得上鼓车辎重数乘"也。

世祖即位,以谶文用平狄将军孙咸行大司马,众咸不悦。诏举可为大司马者,①群臣所推唯吴汉及丹。帝曰:"景将军北州大将,是其人也。然吴将军有建大策之勋,②又诛苗幽州、谢尚书,其功大。③旧制骠骑将军官与大司马相兼也。"④乃以吴汉为大司马,而拜丹为骠骑大将军。

①东观记(日)载谶文曰"孙咸征狄"也。[5]

②谓发渔阳兵也。

③苗曾,谢躬。

④前书武帝置大司马,号大将军、骠骑将军也。

建武二年,定封丹栎阳侯。帝谓丹曰:"今关东故王国,虽数县,不过栎阳万户邑。夫'富贵不归故乡,如衣绣夜行',故以封卿耳。"①丹顿首谢。秋,与吴汉、建威大将军耿弇、建义大将军朱祐、执金吾贾复、偏将军冯异、强弩将军陈俊、左曹王常、骑都尉臧宫等从击破五校于蒲阳,②降其众五万人。会陕贼苏况攻破弘农,生获郡守。丹时病,③帝以其旧将,欲令强起领郡事,乃夜召入,谓曰:"贼迫近京师,但得将军威重,卧以镇之足矣。"丹不敢辞,乃力疾拜命,将营到郡,④十馀日薨。

①前书武帝谓朱买臣之词。

②聚名也,解见光武纪。

③东观记曰:"丹从上至怀,病虐,见上在前,疟发寒慄。上笑曰:'闻壮

士不病疟,今汉大将军反病疟邪?'使小黄门扶起,赐医药。还归洛

阳,病遂加。"

④续汉书曰"将营兵西到弘农"也。

子尚嗣,徙封余吾侯。①尚卒,子苞嗣。苞卒,子临嗣,无子,国

绝。永初七年,邓太后绍封苞弟遷为监亭侯。

①余吾,县名,属上党,故城在今潞州屯留县西北。

王梁字君严,渔阳(安)〔要〕阳人也。[6]为郡吏,太守彭宠以梁

守狐奴令,与盖延、吴汉俱将兵南及世祖于广阿,拜偏将军。既拔

邯郸,赐爵关内侯。从平河北,拜野王令,与河内太守寇恂南拒洛

阳,北守天井关,朱鮪等不敢出兵,世祖以为梁功。及即位,议选大

司空,而赤伏符曰"王梁主卫作玄武",①帝以野王卫之所徙,②玄

武水神之名,司空水土之官也,于是擢拜梁为大司空,封武强侯。

①玄武,北方之神,龟蛇合体。

②史记曰,卫元君自濮阳徙于野王。

建武二年,与大司马吴汉等俱击檀乡,有诏军事一属大司马,

而梁辄发野王兵,帝以其不奉诏敕,令止在所县,而梁复以便宜进

军。帝以梁前后违命,大怒,遣尚书宗广持节军中斩梁。[7]广不忍,

乃槛车送京师。既至,赦之。月馀,以为中郎将,行执金吾事。北

守箕关,击赤眉别校,降之。三年春,转击五校,追至信都、赵国,破

之,悉平诸屯聚。冬,遣使者持节拜梁前将军。四年春,击肥城、文

阳,[8]拔之。①进与骠骑大将军杜茂击佼强、苏茂于楚、沛间,拔大

607

梁、啮桑，②而捕虏将军马武、偏将军王霸亦分道并进，岁馀悉平之。五年，从救桃城，破庞萌等，梁战尤力，拜山阳太守，镇抚新附，将兵如故。

①肥城，县名，属太山郡，故城在今济州平阴县东南。文音汶，故城在今兖州泗水县西。

②前书音义曰啮桑，县名。或曰城名。史记张仪与齐、楚会战啮桑。

数月征入，代欧阳歙为河南尹。梁穿渠引榖水注洛阳城下，东写巩川，及渠成而水不流。七年，有司劾奏之，梁惭惧，上书乞骸骨。乃下诏曰："梁前将兵征伐，众人称贤，故擢典京师。建议开渠，为人兴利，[9]旅力既愆，迄无成功，①百姓怨讟，谈者谨哗。②虽蒙宽宥，犹执谦退，'君子成人之美'，③其以梁为济南太守。"十三年，增邑，定封（封）阜成侯。④[10]十四年，卒官。

①旅，众也。愆，过也。言众力已过，而功不成。

②讟，谤。

③论语载孔子之言也。

④阜成属渤海，今冀州县。

子禹嗣。禹卒，子坚石嗣。坚石追坐父禹及弟平与楚王英谋反，弃市，国除。

608

杜茂字诸公，南阳冠军人也。初归光武于河北，为中坚将军，常从征伐。世祖即位，拜大将军，封乐乡侯。①北击五校于真定，进降广平。建武二年，更封苦陉侯。与中郎将王梁击五校贼于魏郡、清河、东郡，悉平诸营保，降其持节大将三十馀人，②三郡清静，道路流通。[11]明年,遣使持节拜茂为骠骑大将军,击沛郡,拔芒。③时西防复反,迎佼强。五年春,茂率捕虏将军马武进攻西防,数月拔之,强奔董宪。

①乐乡属信都国。

②续汉书曰:"降其渠帅大将军杜猛、持节光禄大夫董敦等。"

③芒,县名也。郡国志曰后名临睢,属沛国。

东方既平,七年,诏茂引兵北屯田晋阳、广武,以备胡寇。①九年,与雁门太守郭凉击卢芳将尹由于繁畤,②[12]芳将贾览率胡骑万馀救之,茂战,军败,引入楼烦城。③时卢芳据高柳,与匈奴连兵,数寇边民,帝患之。十二年,遣谒者段忠将众郡弛刑配茂,镇守北边,因发边卒筑亭候,修烽火,又发委输金帛缯絮供给军士,并赐边民,冠盖相望。茂亦建屯田,驴车转运。先是,雁门人贾丹、霍匡、解胜等为尹由所略,由以为将帅,与共守平城。丹等闻芳败,遂共杀由诣郭凉;凉上状,皆封为列侯,诏送委输金帛赐茂、凉军吏及平城降民。自是卢芳城邑稍稍来降,凉诛其豪右郇氏之属,镇抚羸弱,旬月间雁门且平,芳遂亡入匈奴。帝擢凉子为中郎,宿卫左右。

①广武,县名,属太原郡。

②繁畤,县名,今代州县也。

③楼烦,县名,属雁门郡,故城在今代州崞县东北。崞音郭。

凉字公文,右北平人也。身长八尺,气力壮猛,虽武将,然通经书,多智略,尤晓边事,有名北方。初,幽州牧朱浮辟为兵曹掾,击彭宠有功,封广武侯。

十三年,增茂邑,更封脩侯。①[13]十五年,坐断兵马禀缣,②使军吏杀人,免官,削户邑,定封参蘧乡侯。十九年,卒。

①脩,县名,属信都国也。

②斮犹割截也。

子元嗣,永平十四年,坐与东平王等谋反,〔14〕减死一等,国除。永初七年,邓太后绍封茂孙奉为安乐亭侯。

马成字君迁,南阳棘阳人也。少为县吏。世祖徇颍川,以成为安集掾,调守郏令。①及世祖讨河北,成即弃官步负,追及于(满)〔蒲〕阳,〔15〕以成为期门,从征伐。世祖即位,再迁护军都尉。

①郏,县名,今汝州县也。

建武四年,拜扬武将军,督诛虏将军刘隆、振威将军宋登、射声校尉王赏,发会稽、丹阳、九江、六安四郡兵击李宪,时帝幸寿春,设坛场,祖礼遣之。①进围宪于舒,令诸军各深沟高垒。宪数挑战,成坚壁不出,守之岁馀,至六年春,城中食尽,乃攻之,遂屠舒,斩李宪,追击其党与,尽平江淮地。

①应劭风俗通曰:"谨案礼传,共工氏之子曰修,好远游,舟车所至,足迹所逮,靡不穷览,故祀以为祖神。祖,徂也。"

七年夏,封平舒侯。①八年,从征破隗嚣,以成为天水太守,将军如故。冬,征还京师。九年,代来歙守中郎将,率武威将军刘尚等破河池,遂平武都。②明年,大司空李通罢,以成行大司空事,〔16〕居府如真,数月复拜扬武将军。

①平舒属代郡。

②河池,县,一名仇池,属武都郡,今凤州县也。

十四年,屯常山、中山以备北边,并领建义大将军朱祐营。又代骠骑大将军杜茂缮治障塞,自西河至渭桥,①河上至安邑,②太原至井陉,③中山至邺,皆筑保壁,起烽燧,十里一候。在事五六年,帝以成勤劳,征还京师。边人多上书求请者,复遣成还屯。及南单于保塞,北方无事,拜为中山太守,上将军印绶,领屯兵如故。二十四年,南击武谿蛮贼,无功,④上太守印绶。

①西河,今胜州富昌县也。渭桥本名横桥,在今咸阳县东南。

②前书曰,河上,地名,故秦内史,高帝二年改为河上郡,武帝分为左冯翊。

③太原,今并州也。井陉,(今)属常山郡,(常山)今恒州县也。〔17〕

④武谿水在今辰州泸溪县西。

二十七年,定封全椒侯,①就国。三十二年卒。

①全椒,县名,今滁州县也。

子卫嗣。卫卒,子香嗣,徙封棘陵侯。香卒,子圭嗣。圭卒,子玄嗣。玄卒,子邑嗣。邑卒,子醜嗣,桓帝时以罪失国。延熹二年,帝复封成玄孙昌为益阳亭侯。

刘隆字元伯,南阳安众侯宗室也。王莽居摄中,隆父礼与安众侯崇起兵诛莽,事泄,隆以年未七岁,故得免。及壮,学于长安,更始拜为骑都尉。谒归,①迎妻子置洛阳。闻世祖在河内,即追及于射犬,以为骑都尉,与冯异共拒朱鲔、李轶等,轶遂杀隆妻子。建武二年,封亢父侯。②四年,拜诛虏将军,讨李宪。宪平,遣隆屯田武当。③

①谒,请也,谓请假归也。

②亢父,县名,属东平国,故城在今兖州任城县南。

③武当,今均州县也。

十一年,守南郡太守,岁馀,上将军印绶。十三年,增邑,更封竟陵侯。是时,天下垦田多不以实,又户口年纪互有增减。十五年,诏下州郡检覈其事,而刺史太守多不平均,或优饶豪右,侵刻羸弱,百姓嗟怨,遮道号呼。时诸郡各遣使奏事,帝见陈留吏牍上有书,视之,云"颍川、弘农可问,河南、南阳不可问"。帝诘吏由趣,吏不肯服,抵言于长寿街上得之。①帝怒。时显宗为东海公,年十二,在幄后言曰:"吏受郡敕,当欲以垦田相方耳。"帝曰:"即如此,何故言河南、南阳不可问?"对曰:"河南帝城,多近臣,南阳帝乡,多近亲,田宅踰制,不可为准。"帝令虎贲将诘问吏,吏乃实首服,如显宗对。于是遣谒者考实,具知奸状。明年,隆坐征下狱,其畴辈十馀人皆死。帝以隆功臣,特免为庶人。

①抵,欺也。

明年,复封为扶乐乡侯,以中郎将副伏波将军马援击交阯蛮夷徵侧等,隆别于禁溪口破之,①获其帅徵贰,②斩首千馀级,降者二万馀人。还,更封大国,为长平侯。③及大司马吴汉薨,隆为骠骑将军,行大司马事。

①交阯郡麊泠县有金溪穴,〔18〕相传音讹,谓之"禁溪",则徵侧等所败处也。其地今岑州新昌县也。〔19〕麊音麋,泠音零。

②徵侧之妹。

③长平,县,属汝南郡。

隆奉法自守,视事八岁,上将军印绶,罢,赐养牛,上樽酒十斛,①以列侯奉朝请。三十年,定封慎侯。②中元二年,卒,谥曰靖侯。子安嗣。

①前书音义曰："稻米一斗得酒一斗为上樽,稷米一斗为中樽,粟米一斗
为下樽也。"

②慎,县名,属汝南郡也。

傅俊字子卫,颍川襄城人也。世祖徇襄城,俊以县亭长迎军,
拜为校尉,襄城收其母弟宗族,皆灭之。从破王寻等,①以为偏将
军。别击京、密,破之,遣归颍川,收葬家属。

①东观记曰："傅俊从上迎击王寻等于阳关,汉兵反走,还汝水上,上以
手饮水,澡盥须眉尘垢,谓俊曰:'今日罢倦甚,诸卿宁愈邪?'"

及世祖讨河北,俊与宾客十馀人北追,及于邯郸,上谒,世祖使
将颍川兵,常从征伐。世祖即位,以俊为侍中。建武二年,封昆阳
侯。三年,拜俊积弩将军,与征南大将军岑彭击破秦丰,因将兵徇
江东,扬州悉定。七年,卒,谥曰威侯。

子昌嗣,徙封芜湖侯。①建初中,遭母忧,因上书,以国贫不愿
之封,乞钱五十万,为关内侯。肃宗怒,贬为关内侯,竟不赐钱。永
初七年,邓太后复封昌子铁为高置亭侯。

①芜湖,县名,属丹阳郡。

坚镡字子伋,①颍川襄城人也。为郡县吏。世祖讨河北,或荐
镡者,因得召见。以其吏能,署主簿。又拜偏将军,从平河北,别击
破大枪于卢奴。世祖即位,拜镡扬化将军,封濦强侯。②

①东观记"伋"作"皮"。

②濦强,县名,属汝南郡。濦音於靳反。

与诸将攻洛阳,而朱鲔别将守东城者为反间,私约镡晨开上东门。①镡与建义大将军朱祐乘朝而入,与鲔大战武库下,②杀伤甚众,至旦食乃罢,朱鲔由是遂降。又别击内黄,平之。建武二年,与右将军万脩徇南阳诸县,而堵乡人董䜣反宛城,获南阳太守刘骥。镡乃引军赴宛,选敢死士夜自登城,斩关而入,䜣遂弃城走还堵乡。邓奉复反新野,攻破吴汉。时万脩病卒,镡独孤绝,南拒邓奉,北当董䜣,一年间道路隔塞,粮馈不至,镡食蔬菜,与士卒共劳苦。每急,辄先当矢石,③身被三创,以此能全其众。及帝征南阳,击破䜣、奉,以镡为左曹,常从征伐。六年,定封合肥侯。二十六年,卒。

①上东门,洛阳故城东面北头第一门也。

②洛阳记曰:"建始殿东有太仓,仓东有武库,藏兵之所。"

③石谓发石以投人也。墨子曰:"备城者积石百枚,重十钧已上者。"

子鸿嗣。鸿卒,子浮嗣。浮卒,子雅嗣。

马武字子张,南阳湖阳人也。少时避雠,客居江夏。王莽末,竟陵、西阳三老起兵于郡界,武往从之,后入绿林中,遂与汉军合。更始立,以武为侍郎,与世祖破王寻等,拜为振威将军,与尚书令谢躬共攻王郎。〔20〕

及世祖拔邯郸,请躬及武等置酒高会,因欲以图躬,不剋。既罢,独与武登丛台,①从容谓武曰:"吾得渔阳、上谷突骑,欲令将军将之,何如?"武曰:"驽怯无方略。"世祖曰:"将军久将,习兵,岂与我掾史同哉!"武由是归心。

①故赵王台也,在今(潞)〔洺〕州邯郸城中。〔21〕

及谢躬诛死,武驰至射犬降,世祖见之甚悦,引置左右,每劳飨诸将,武辄起斟酌于前,世祖以为欢,复使将其部曲至邺,武叩头辞以不愿,世祖愈美其意,因从击群贼。世祖击尤来、五幡等,败于慎水,[22]武独殿,还陷阵,故贼不得迫及。①进至安(定)次、小广阳,②[23]武常为军锋,力战无前,诸将皆引而随之,故遂破贼,穷追至平谷、浚靡而还。③

①殿,镇后也,音丁殿反。言兵败而镇其后也。

②即广平亭也,在今幽州范阳县西南,以有广阳国,故谓此亭为小广阳也。

③平谷,县名,属渔阳郡。浚靡,县名,属右北平郡。靡音摩。

世祖即位,以武为侍中、骑都尉,封山都侯。建武四年,与虎牙将军盖延等讨刘永,武别击济阴,下成武、楚丘,拜捕虏将军。明年,庞萌反,攻桃城,武先与战,破之;会车驾至,萌遂败走。六年夏,与建威大将军耿弇西击隗嚣,汉军不利,引下陇。嚣追急,武选精骑还为后拒,身被甲持戟奔击,杀数千人,[24]嚣兵乃退,诸军得还长安。

十三年,增邑,更封鄃侯。①将兵北屯下曲阳,备匈奴。坐杀军吏,受诏将妻子就国。武径诣洛阳,上将军印绶,削户五百,定封为杨虚侯,因留奉朝请。

①鄃,县名,属平原郡,故城在今德州平原县西南。鄃音俞。

帝后与功臣诸侯谠语,从容言曰:"诸卿不遭际会,自度爵禄何所至乎?"高密侯邓禹先对曰:"臣少尝学问,可郡文学博士。"帝曰:"何言之谦乎?卿邓氏子,志行脩整,何为不掾功曹?"馀各以次对,至武,曰:"臣以武勇,可守尉督盗贼。"帝笑曰:"且勿为盗贼,自致亭长,斯可矣。"武为人嗜酒,阔达敢言,①时醉在御前面折同列,言其短长,无所避忌。帝故纵之,以为笑乐。帝虽制御功臣,而每能回容,宥其小失。②远方贡珍甘,必先徧赐列侯,而太官无馀。有功,辄增邑赏,不任以吏职,故皆保其福禄,终无诛遣者。

①阔达,大度也。敢言谓果敢于言,无所隐也。

②回,曲也,曲法以容也。

二十五年,武以中郎将将兵击武陵蛮夷,还,上印绶。显宗初,西羌寇陇右,覆军杀将,朝廷患之,复拜武捕虏将军,以中郎将王丰副,与监军使者窦固、右辅都尉陈䜣,将乌桓、黎阳营、三辅募士、①凉州诸郡羌胡兵及弛刑,合四万人击之。到金城浩亹,与羌战,②斩首六百级。又战于洛都谷,为羌所败,③死者千馀人。羌乃率众引出塞,武复追击到东、西邯,大破之,④斩首四千六百级,获生口千六百人,馀皆降散。武振旅还京师,增邑七百户,并前千八百户。永平四年,卒。

①光武置黎阳营,见邓训传。

②浩亹,县名,属金城郡,故城在今兰州广武县西南。浩音合,亹音门。

③湟水一名洛都水,西自吐谷浑界入,在今鄯州湟水县。

④邯元水经注曰邯川城左右有水,自北出,南经邯亭注于河。盖以此水分流,谓之东、西邯也,在今廓州化(阴)〔隆〕县东。[25]

子檀嗣,坐兄伯济与楚王英党颜忠谋反,国除。永初七年,邓太后绍封武孙震为潊亭侯。①震卒,子侧嗣。

①潊音胡巧反,又力膋反。

论曰:中兴二十八将,前世以为上应二十八宿,未之详也。然咸能感会风云,奋其智勇,①称为佐命,亦各志能之士也。②议者多非光武不以功臣任职,至使英姿茂绩,委而勿用。然原夫深图远筹,固将有以焉尔。若乃王道既衰,降及霸德,③犹能授受惟庸,勋贤皆序,如管、隰之迭升桓世,先、赵之同列文朝,可谓兼通矣。④降自秦、汉,世资战力,至于翼扶王运,皆武人屈起。⑤亦有鬻缯屠狗轻猾之徒,⑥或崇以连城之赏,或任以阿衡之地,⑦故埶疑则隙生,力侔则乱起。⑧萧、樊且犹缧绁,信、越终见葅戮,不其然乎!⑨自兹以降,迄于孝武,宰辅五世,莫非公侯。⑩遂使缙绅道塞,贤能蔽壅,⑪朝有世及之私,下多抱关之怨。⑫其怀道无闻,委身草莽者,亦何可胜言。故光武鉴前事之违,存矫枉之志,⑬虽寇、邓之高勋,耿、贾之鸿烈,分土不过大县数四,所加特进、朝请而已。⑭观其治平临政,课职责咎,将所谓"导之以政,齐之以刑"者乎!⑮若格之功臣,其伤已甚。⑯何者?直绳则亏丧恩旧,桡情则违废禁典,选德则功不必厚,举劳则人或未贤,参任则群心难塞,并列则其敝未远。⑰不得不校其胜否,即以事相权。⑱故高秩厚礼,允答元功,峻文深宪,责成吏职。建武之世,侯者百馀,若夫数公者,则与参国议,分均休咎,⑲其馀并优以宽科,完其封禄,莫不终以功名延庆于后。昔留侯以为高祖悉用萧、曹故人,⑳而郭伋亦讥南阳多显,㉑郑兴又戒功臣专任。㉒夫崇恩偏授,易启私溺之失,至公均被,必广招贤之路,意者不其然乎!

①风云,已具圣公传。

②易通卦验曰:"黄佐命。"郑玄注云:"黄者,火之子。佐命,张良是也。"
已上皆华峤之辞。

③王谓周也,霸谓齐桓、晋文公。

④史记曰,管仲、隰朋修齐国之政,齐人皆悦事之。管子曰:"管仲寝疾,

桓公问之：'若不可讳，政将安移之？'对曰：'隰朋可。'"国语云，文公使赵衰为卿，辞曰："先轸有谋，臣不若也。"乃使先轸佐下军。公曰："赵衰〔三让〕，[26]其所让皆社稷之卫也。"

⑤屈起犹勃起也。音其勿反。

⑥灌婴，睢阳贩缯者，樊哙，沛人，以屠狗为事，皆从高祖。

⑦樊哙封为舞阳侯；灌婴为丞相，封为颍阴侯。阿，倚也。衡，平也。言天下依倚而取平也。

⑧蛰位过，则君臣相疑。侔，等也。

⑨萧何为丞相，为人请上林中空地，上大怒，乃下廷尉械系之。燕王卢绾反，樊哙以相国击燕，人有恶哙党于吕氏，帝大怒，使陈平即军中斩哙；平畏吕氏，执哙诣长安。韩信封为淮阴侯，人上书告信反，吕后使武士缚信，斩之。彭越为梁王，吕后令其舍人告越谋反，遂夷宗族。刑法志曰："夷三族者枭其首，菹其骨肉。"彭越、韩信皆受此诛。

⑩自高祖至于孝武凡五代也，其中宰辅皆以公侯勋贵为之。

⑪缙，赤色也。[27]绅，带也。或作"搢"，搢，插也，谓插笏于带也。

⑫世及谓父子相继也。礼记曰："大人世及以为礼。"抱关谓守门者。前书曰，萧望之署小苑东门侯，王仲翁谓望之曰："不肯碌碌，反抱关为？"

⑬矫，正也。违，失也。枉，曲也。孟子曰："矫枉者过其正。"

⑭邓禹为大司徒，封高密侯，食邑四县。耿弇好畤侯，食邑二县，奉朝请。贾复封胶东侯，凡食六县，以列侯加特进。

⑮论语曰："导之以政，齐之以刑，人免而无耻。"

⑯格，正也。若以上法绳正功臣，则于其〔人〕有害也。[28]

⑰参任，谓兼勋贤而任之，则群臣之心各有觊望，故难塞也。若遵高祖并用功臣，则其散未远。

⑱胜否犹可否。即，就也。权谓平其轻重。

⑲贾复传曰："帝方以吏事责三公，故功臣遂不用。是时列侯唯高密、固

618

始、胶东三侯与公卿参议国家大事,恩遇甚厚”也。

⑳前书曰:上望见诸将往往偶语,张良曰:“此谋反耳。陛下起布衣为天子,而所封皆萧、曹故人耳,〔故〕相聚谋反也。”[29]见高纪。

㉑郭伋传曰:“光武以伋为并州牧,帝引见,伋因言:‘选补众职,当简天下贤俊,不宜专用南阳人也。’帝深纳其言。”

㉒郑兴传曰:“兴征为太中大夫,上疏曰:‘道路咸曰朝廷欲用功臣,功臣用则人位谬矣。’”

永平中,显宗追感前世功臣,乃图画二十八将于南宫云台,[30] 其外又有王常、李通、窦融、卓茂,合三十二人。故依其本弟系之篇末,以志功臣之次云尔。

太傅高密侯邓禹　　　　　中山太守全椒侯马成

大司马广平侯吴汉　　　　河南尹阜成侯王梁

左将军胶东侯贾复　　　　琅邪太守祝阿侯陈俊

建威大将军好畤侯耿弇　　骠骑大将军参蘧侯杜茂

执金吾雍奴侯寇恂　　　　积弩将军昆阳侯傅俊

征南大将军舞阳侯岑彭　　左曹合肥侯坚镡

征西大将军阳夏侯冯异[31]　上谷太守淮(阳)〔陵〕侯王霸[32]

建义大将军鬲侯朱祐　　　信都太守阿陵侯任光

征虏将军颍阳侯祭遵　　　豫章太守中水侯李忠

骠骑大将军栎阳侯景丹　　右将军槐里侯万脩

虎牙大将军安平侯盖延　　太常灵寿侯邳肜

卫尉安成侯铫期　　　　　骁骑将军昌成侯刘植

东郡太守东光侯耿纯　　　横野大将军山桑侯王常

城门校尉朗陵侯臧宫　　　大司空固始侯李通

捕虏将军杨虚侯马武　　　大司空安丰侯窦融

骠骑将军慎侯刘隆　　　太傅宣德侯卓茂

赞曰:帝绩思乂,庸功是存。^①有来群后,捷我戎轩。^②婉娈龙姿,俪景同飙。^③

①庸,勋也。言将兴帝绩,则念勋功之臣也。

②捷,胜也,谓寇、邓之徒翼佐王烈,戎车所至,皆克捷也。

③婉娈犹亲爱也。龙姿谓光武也。俪,齐也,偶也。言诸将齐景翻飞而
举大功也。

【校勘记】

〔1〕朱祐　按:刊误谓案注引东观汉记安帝讳,则此人当名祜。集解引
通鉴考异,谓当作"示"旁"古"之"祜",不当作"示"旁"右"之
"祐"。校补谓范书凡"祐"字皆实"祜"字,当由范氏别有所避耳,
否则以宋人述汉事,不应并安帝名亦改之也。

〔2〕东观记(曰)祐作福　按:"曰"字衍,今删。

〔3〕坐从兄伯为外孙阴皇后巫蛊事免为庶人　按:李慈铭谓和帝阴皇
后纪言后外祖母邓朱及二子奉、毅,俱坐巫蛊事下狱考治,奉、毅皆
死狱中,朱徙日南。邓禹传亦言禹之孙高密侯乾以阴皇后巫蛊事
发,乾从兄奉以后舅被诛,乾从坐国除。是邓朱者,朱氏女而嫁邓
氏者也,此"伯"字误。

〔4〕闻外有大兵(自)来〔上自〕登城　据王先谦说改。

〔5〕东观记(曰)载谶文曰孙咸征狄也　"曰"字据刊误删。按:集解引
惠栋说,谓袁宏纪"孙咸"作"孙臧"。

〔6〕渔阳(安)〔要〕阳人也　按:安阳属五原,不属渔阳,洪颐煊、沈钦韩
皆谓是"要阳"之讹,今据改。

〔7〕遣尚书宗广持节军中斩梁　按:李慈铭谓"节"下当脱一字。

〔8〕文阳　按:郡国志"文"作"汝"。

〔9〕为人兴利　按:王先谦谓"人"当作"民",此避唐讳未回改者。

〔10〕定封(封)阜成侯　据汲本、殿本删。

〔11〕道路流通　按:通鉴"道"作"边",胡注云自洛阳至渔阳、上谷,路
　　出三郡,三郡既平,则边路流通矣。

〔12〕雁门太守郭涼　按:校补谓"涼"应作"凉",下同。

〔13〕更封修侯　王先谦谓"脩"一作"条",见皇后纪。按:校补谓脩条
　　古通作。

〔14〕坐与东平王等谋反　按:刊误谓王平、颜忠是楚王同时谋反者,多
　　连士大夫,故杜元坐之,传写之误,遂作"东平王",东平何尝反也!
　　又按:沈家本谓刘说是。事在永平十三年,"四"字亦误。

〔15〕追及于(满)〔蒲〕阳　惠栋云"满"当作"蒲"。今据改。按:光武纪
　　作"蒲阳",陈俊传、邓禹传并讹"满阳"。

〔16〕以成行大司空事　按:集解引钱大昕说,谓光武纪马成平武都,在
　　建武十一年,其行大司空事,在十二年,与传异。

〔17〕井陉(今)属常山郡(常山)今恒州县也　据校补改。

〔18〕交阯郡麊泠县有金溪穴　按:"金溪穴"当依水经叶榆水注作"金
　　溪究",详后马援传校勘记。

〔19〕其地今岑州新昌县也　按:通鉴胡注谓按唐志,新昌县属丰州,
　　"岑"字误。

〔20〕与尚书令谢躬共攻王郎　按:张煦谓光武纪作"尚书仆射"。

〔21〕在今(潞)〔洺〕州邯郸城中　据殿本考证改。

〔22〕败于慎水　按:集解引钱大昕说,谓光武纪作"顺水",注云本或作
　　"慎水"者误。

〔23〕进至安(定)次小广阳　据集解引陈景云、钱大昕说删。

〔24〕杀数千人　按:刊误谓"千"当作"十"。

〔25〕在今廓州化(阴)〔隆〕县东　据集解引沈钦韩说改。

〔26〕赵衰〔三让〕　沈钦韩谓按晋语,"赵衰"下合有"三让"二字。今据补。

〔27〕缙赤色也　按:蔡邕传注作"赤白色也"。

〔28〕则于其〔人〕有害也　据刊误补。

〔29〕而所封皆萧曹故人耳〔故〕相聚谋反也　据殿本补。按:殿本脱"耳"字,各本脱"故"字。

〔30〕按:云台二十八将排列次序,原作一行,故首邓禹,次即马成,次吴汉,次王梁。汲本则作两行排列,王先谦谓二十八将当以汲本次第为正,今从之。又按:通鉴胡注:"云台功臣之次,以邓禹、吴汉、贾复、耿弇、寇恂、岑彭、冯异、朱祐、祭遵、景丹、盖延、铫期、耿纯、臧宫、马武、刘隆为一列,马成、王梁、陈俊、杜茂、傅俊、坚镡、王霸、任光、李忠、万脩、邳彤、刘植、王常、李通、窦融、卓茂为一列。"后人误认横列为纵次,将上下两列,先奇后偶,硬相排比,列为一行,遂失范书之旧,惟汲本不误。

〔31〕征西大将军阳夏侯冯异　按:"阳夏"原讹"夏阳",径据汲本、殿本乙正。

〔32〕上谷太守淮(阳)〔陵〕侯王霸　王先谦谓"淮阳"误,本传作"淮陵"。今据改。

后汉书卷二十三

窦融列传第十三　　弟子固　曾孙宪　玄孙章

　　窦融字周公,扶风平陵人也。七世祖广国,孝文皇后之弟,封章武侯。[1]融高祖父,宣帝时以吏二千石自常山徙焉。融早孤。王莽居摄中,为强弩将军司马,[2]东击翟义,还攻槐里,[3]以军功封建武男。[4]女弟为大司空王邑小妻。家长安中,出入贵戚,连结闾里豪杰,以任侠为名;然事母兄,养弱弟,内修行义。王莽末,青、徐贼起,太师王匡[5]请融为助军,与共东征。

　　①章武,县,属勃海郡,故城在今沧州鲁〔城〕县也。[1]

　　②强弩将军即莽明义侯王俊。[2]

　　③槐里赵明、霍鸿等起兵以应翟义,王邑等破义还,合军击明、鸿等灭之,融时随其军也。见前书。

　　④东观记、续汉书并云"宁武男"。

　　⑤匡,王舜之子。

623

及汉兵起,融复从王邑败于昆阳下,归〔长安。汉兵〕长驱入关,[3]王邑荐融,拜为波水将军。①赐黄金千斤,引兵至新丰。莽败,融以军降更始大司马赵萌,萌以为校尉,甚重之,荐融为钜鹿太守。

①前书音义曰:"波水在长安南。"

融见更始新立,东方尚扰,不欲出关,而高祖父尝为张掖太守,从祖父为护羌校尉,从弟亦为武威太守,累世在河西,知其土俗,独谓兄弟曰:"天下安危未可知,河西殷富,带河为固,张掖属国精兵万骑,①一旦缓急,杜绝河津,足以自守,此遗种处也。"②兄弟皆然之。融于是日往守萌,③辞让钜鹿,图出河西。④萌为言更始,乃得为张掖属国都尉。融大喜,即将家属而西。既到,抚结雄杰,怀辑羌虏,⑤甚得其欢心,河西翕然归之。

①汉边郡皆置属国。

②遗,留也,可以保全不畏绝灭。

③守犹求也。

④图,谋也。

⑤辑,和也。

是时酒泉太守梁统、金城太守厍钧、①[4]张掖都尉史苞、②酒泉都尉竺曾、敦煌都尉辛肜,并州郡英俊,融皆与为厚善。及更始败,融与梁统等计议曰:"今天下扰乱,未知所归。河西斗绝在羌胡中,③不同心戮力④则不能自守;权钧力齐,复无以相率。当推一人为大将军,共全五郡,观时变动。"议既定,而各谦让,咸以融世任河西为吏,人所敬向,乃推融行河西五郡大将军事。是时武威太守马期、张掖太守任仲并孤立无党,乃共移书告示之,二人即解印绶去。于是以梁统为武威太守，史苞为张掖太守，竺曾为酒泉太守，辛肜为敦煌太守，厍钧为金城太守。融居属国，领都尉职如故，置从事监察五郡。河西民俗质朴，而融等政亦宽和，上下相亲，晏然富殖。修兵马，习战射，明烽燧之警，羌胡犯塞，融辄自将与诸郡相救，皆如符要，⑤每辄破之。其后匈奴惩义，⑥稀复侵寇，而保塞羌胡皆震服亲附，安定、北地、上郡流人避凶饥者，归之不绝。

①前书音义曰，厍姓，即仓库吏后也。今羌中有姓厍，音舍，云承钧之
　后也。

②三辅决录注："苞字叔文，茂陵人也。"

③斗，峻绝也，前书曰："成山斗入海。"

④戮，并也。

⑤赴敌不失期契也。

⑥惩，创也。说文云义亦惩也。

融等遥闻光武即位，而心欲东向，以河西隔远，未能自通。时隗嚣先称建武年号，融等从受正朔，嚣皆假其将军印绶。嚣外顺人望，内怀异心，使辩士张玄游说河西曰："更始事业已成，寻复亡灭，此一姓不再兴之效。今即有所主，便相系属，一旦拘制，自令失柄，后有危殆，虽悔无及。今豪杰竞逐，雌雄未决，①当各据其土宇，与陇、蜀合从，②高可为六国，下不失尉佗。"③融等于是召豪杰及诸太守计议，其中智者皆曰："汉承尧运，④历数延长。今皇帝姓号见于图书，⑤自前世博物道术之士谷子云、夏贺良等，建明汉有再受命之符，言之久矣，⑥故刘子骏改易名字，冀应其占。⑦及莽末，道士西门君惠言刘秀当为天子，遂谋立子骏。事觉被杀，出谓百姓观者曰：'刘秀真汝主也。'皆近事暴著，⑧智者所共见也。除言天命，且以人事论之：今称帝者数人，而洛阳土地最广，甲兵最强，号令最

明。观符命而察人事,它姓殆未能当也。"诸郡太守各有宾客,或同或异。融小心精详,遂决策东向。五年夏,遣长史刘钧奉书献马。

①项羽谓高祖曰:"愿与沛公决雌雄。"

②前书音义曰:"以利合为从,以威劫相胁曰横。"

③佗姓赵,真定人也。陈胜起,佗行南海尉,遂王有南越,故曰尉佗也。

④左传曰,陶唐氏既衰,其后有刘累,学扰龙,事孔甲为御龙氏,春秋时晋卿士会即其后也。士会奔秦,后归晋,其处者为刘氏。战国时,刘氏自秦获于魏,魏迁大梁都于丰,号丰公,即太上皇父也,故曰"汉承尧运"。

⑤谓河图赤伏符曰"刘秀发兵捕不道"。

⑥前书成帝时谷永上书曰:"陛下当阳数之摽季,涉三七之节纪。"哀帝时夏贺良言:"赤精子谶,汉家历运中衰,当再受命矣。"

⑦刘歆以哀帝建平元年改名秀,字(颍)〔颖〕叔,[5]冀应符命。

⑧暴,露也。著,见也。

先是,帝闻河西完富,地接陇、蜀,常欲招之以逼嚣、述,亦发使遗融书,遇钧于道,即与俱还。帝见钧欢甚,礼饩毕,乃遣令还,赐融玺书曰:"制诏行河西五郡大将军事、属国都尉:劳镇守边五郡,兵马精强,仓库有蓄,民庶殷富,外则折挫羌胡,内则百姓蒙福。威德流闻,虚心相望,道路隔塞,邑邑何已!长史所奉书献马悉至,深知厚意。今益州有公孙子阳,天水有隗将军,方蜀汉相攻,权在将军,举足左右,便有轻重。①以此言之,欲相厚岂有量哉!诸事具长史所见,将军所知。王者迭兴,千载一会。②欲遂立桓、文,辅微国,当勉卒功业;③欲三分鼎足,连衡合从,亦宜以时定。④天下未并,吾与尔绝域,非相吞之国。今之议者,必有任嚣效尉佗制七郡之计。⑤王者有分土，无分民，自适己事而已。今以黄金二百斤赐将军，便宜辄言。"因授融为凉州牧。

①犹蒯通曰"与楚即楚胜，与汉即汉捷"。

②言时难得而易失也。

③周室微弱，齐桓、晋文辅之以霸天下。

④蒯通说韩信曰："三分天下，鼎足而立。"

⑤秦胡亥时，南海尉任嚣病且死，召龙川令赵佗语曰："番禺负山险阻，南北东西数千里，颇有中国人相辅，此亦一州之主，可为国，故召公即令行南(国)〔海〕尉事。"[6]地理志曰苍梧、郁林、合浦、交阯、九真、南海、日南，皆越之分也，此为七郡也。效，致也，流俗本作"教"者误也。

玺书既至，河西咸惊，以为天子明见万里之外，网罗张立①之情[7]。融即复遣钧上书曰："臣融窃伏自惟，幸得托先后末属，蒙恩为外戚，累世二千石。至臣之身，复备列位，假历将帅，②守持一隅。以委质则易为辞，以纳忠则易为力。书不足以深达至诚，故遣刘钧口陈肝胆。自以底里上露，长无纤介。③而玺书盛称蜀、汉二主，三分鼎足之权，任嚣、尉佗之谋，窃自痛伤。臣融虽无识，犹知利害之际，顺逆之分。岂可背真旧之主，事奸伪之人；废忠贞之节，为倾覆之事；弃已成之基，求无冀之利。此三者虽问狂夫，犹知去就，而臣独何以用心！谨遣同产弟友诣阙，口陈区区。"友至高平，④会嚣反叛，道绝，驰还，遣司马席封间行通书。⑤帝复遣席封赐融、友书，所以尉藉之甚备。⑥

①一作"玄"。

②假犹滥也。

③底里皆露，言无藏隐。

④高平，今(凉)〔原〕州〔平高〕县也。[8]

⑤东观记及续汉书"席",皆作"(虎)〔虞〕"字。[9]

⑥尉藉,解见隗嚣传。

融既深知帝意,乃与隗嚣书责让之曰:"伏惟将军国富政修,士兵怀附。亲遇厄会之际,国家不利之时,①守节不回,②承事本朝,后遣伯春③委身于国,无疑之诚,于斯有效。融等所以欣服高义,愿从役于将军者,良为此也。而忿悁之间,④改节易图,君臣分争,上下接兵。⑤委成功,造难就,⑥去从义,为横谋,⑦[10]百年累之,一朝毁之,岂不惜乎!殆执事者贪功建谋,以至于此,⑧融窃痛之!当今西州地埶局迫,人兵离散,[11]易以辅人,难以自建。计若失路不反,闻道犹迷,⑨不南合子阳,则北入文伯耳。⑩夫负虚交而易强御,恃远救而轻近敌,⑪未见其利也。融闻智者不危众以举事,仁者不违义以要功。今以小敌大,于众何如?⑫弃子徼功,于义何如?⑬且初事本朝,稽首北面,忠臣节也。⑭及遣伯春,垂涕相送,慈父恩也。俄而背之,谓吏士何?忍而弃之,谓留子何?⑮自兵起以来,转相攻击,城郭皆为丘墟,生人转于沟壑。今其存者,非锋刃之馀,则流亡之孤。迄今伤痍之体未愈,哭泣之声尚闻。幸赖天运少还,而(大)将军复重于难,[12]是使积痾不得遂瘳,幼孤将复流离,其为悲痛,尤足愍伤,言之可为酸鼻!⑯庸人且犹不忍,况仁者乎?融闻为忠甚易,得宜实难。⑰忧人大过,以德取怨,⑱知且以言获罪也。区区所献,唯将军省焉。"嚣不纳。融乃与五郡太守共砥厉兵马,上疏请师期。

①谓汉遭王莽篡夺也。

②回,邪也。

③嚣子恂之字也。

④悁,恚也。

⑤言违背光武也。

⑥委，弃也。

⑦去从，背山东也。为横，通西蜀也。

⑧言隗嚣执政事者，贪有其功而立此逆谋也。

⑨淮南子曰："通于道者如车轴，不运于己，而舆毂致数千里，[13]不通于道者若迷惑，告以东西南北，然犹复迷惑矣。"

⑩文伯，卢芳也。

⑪负亦恃也。易，轻也。恃公孙述而轻光武也。易音以豉反。

⑫言危众也。

⑬言违义也。

⑭稽首，拜天子礼也。礼，君南向，答阳之义；臣北面，答君也。

⑮留子谓见在之子，对伯春，故曰留也。

⑯宋玉曰："孤子寡妇，寒心酸鼻。"

⑰左传曰："忠为令德，非其人犹不可，况不令乎？"

⑱诗曰："不以我为德，反以我为雠。"

帝深嘉美之，乃赐融以外属图及太史公五宗、外戚世家、①魏其侯列传。②诏报曰："每追念外属，孝景皇帝出自窦氏，③定王，景帝之子，朕之所祖。昔魏其一言，继统以正，④长君、少君尊奉师傅，⑤修成淑德，施及子孙，⑥此皇太后神灵，上天祐汉也。从天水来者写将军所让隗嚣书，痛入骨髓。畔臣见之，当股栗惭愧，忠臣则酸鼻流涕，义士则旷若发矇，⑦非忠孝恳诚，孰能如此？⑧岂其德薄者所能剋堪！嚣自知失河西之助，族祸将及，欲设间离之说，乱惑真心，转相解构，⑨以成其奸。又京师百僚，不晓国家及将军本意，多能采取虚伪，夸诞妄谈，令忠孝失望，传言乖实。段誉之来，皆不徒然，不可不思。今关东盗贼已定，大兵今当悉西，将军其抗厉威武,以应期会。"融被诏,即与诸郡守将兵入金城。

①景帝子十三人为王,而母五人,同母者为一宗,故曰五宗。言景帝以
窦氏所生,而致子孙众多也。

②窦婴,太后从兄子也,封魏其侯。魏其,县,属琅邪郡。

③出,生也。尔雅曰:"男子谓姊妹之子曰出。"

④梁孝王,景帝弟也,亦窦太后所生。梁王朝,因昆弟燕饮,是时景帝未
立太子,酒酣,帝从容曰:"千秋之后传梁王。"太后欢,窦婴引卮酒进
上曰:"天下者,高祖天下,父子相传,汉之约也,帝何以得传梁王!"帝
遂止矣。

⑤长君,窦太后兄也。少君,太后弟广国之字也。绛、灌等以两人所出
微,为择师傅、长者有节行者与居,长君、少君由此为退让君子,不以
富贵骄人。见前书。

⑥施,延也,音羊豉反。

⑦说文曰:"旷,明也。"有眸子而无见曰矇。前书杨雄曰:"乃今日发矇,
廓然光照矣。"

⑧说文曰:"恖,谨也。""恖"或作"懿"也。

⑨相解说而结搆。

初,更始时,先零羌封何诸种杀金城太守,居其郡,隗嚣使使略
遗封何,与共结盟,欲发其众。融等因军出,进击封何,大破之,斩
首千馀级,得牛马羊万头,穀数万斛,因并河扬威武,①伺候车驾。

时大兵未进,融乃引还。

①并音蒲浪反。

帝以融信効著明,益嘉之。诏右扶风修理融父坟茔,祠以太
牢。数驰轻使,致遗四方珍羞。梁统乃使人刺杀张玄,遂与嚣绝,
皆解所假将军印绶。七年夏,酒泉太守竺曾以弟报怨杀人而去

郡，①融承制拜曾为武锋将军，更以辛肜代之。

① 东观记曰："曾弟婴报怨，杀属国候王胤等，曾惭而去郡。"

秋，隗嚣发兵寇安定，帝将自西征之，先戒融期。会遇雨，道断，且嚣兵已退，乃止。融至姑臧，①被诏罢归。融恐大兵遂久不出，乃上书曰："隗嚣闻车驾当西，臣融东下，士众骚动，计且不战。嚣将高峻之属皆欲逢迎大军，后闻兵罢，峻等复疑。嚣扬言东方有变，西州豪桀遂复附从。嚣又引公孙述将，令守突门。②臣融孤弱，介在其间，③虽承威灵，宜速救助。国家当其前，臣融促其后，缓急迭用，首尾相资，嚣执排迮，④不得进退，此必破也。若兵不早进，久生持疑，则外长寇仇，内示困弱，复令谗邪得有因缘，臣窃忧之。惟陛下哀怜！帝深美之。

① 姑臧，县名，属武威郡，今凉州县也。西河旧事曰："凉州城昔匈奴故盖臧城。"后人音讹，名"姑臧"也。

② 突门，守城之门，墨子曰"城百步为一突门"也。

③ 杜预注左传云"介犹间也"。

④ 排迮谓魇迫也。

八年夏，车驾西征隗嚣，融率五郡太守及羌虏小月氏等①步骑数万，辎重五千馀两，与大军会高平第一。②融先遣从事问会见仪适，③是时军旅代兴，[14]诸将与三公交错道中，或背使者交私语。帝闻融先问礼仪，甚善之，以宣告百僚。乃置酒高会，引见融等，待以殊礼。拜弟友为奉车都尉，从弟士太中大夫。遂共进军，嚣众大溃，城邑皆降。帝高融功，下诏以安丰、阳泉、蓼、(安)安风四县④封融为安丰侯，[15]弟友为显亲侯。⑤遂以次封诸将帅：武锋将军竺曾为助义侯，武威太守梁统为成义侯，张掖太守史苞为褒义侯，金城太守厍钧为辅义侯,酒泉太守辛肜为扶义侯。封爵既毕,乘舆东归,悉遣融等西还所镇。

①小月氏,西域胡国名。

②高平,今原州县,郡国志云高平有第一城。

③犹言仪注。

④四县并属庐江郡。安丰,今寿州县也。故城在今霍山县西北。安风本汉六安国,及阳泉故城并在今安丰县南。杜预注左传曰:"蓼在安丰。"蓼音了。

⑤显亲,县,故城在今秦州成纪县东南也。

融以兄弟并受爵位,久专方面,惧不自安,数上书求代。诏报曰:"吾与将军如左右手耳,①数执谦退,何不晓人意? 勉循士民,无擅离部曲。"

①韩信亡,萧何自追之,人曰"丞相何亡",高祖闻之,如失左右手耳。见前书。

及陇、蜀平,诏融与五郡太守奏事京师,官属宾客相随,驾乘千馀两,马牛羊被野。融到,诣洛阳城门,上凉州牧、张掖属国都尉、安丰侯印绶,诏遣使者还侯印绶。引见,就诸侯位,赏赐恩宠,倾动京师。数月,拜为冀州牧,十馀日,又迁大司空。融自以非旧臣,一旦入朝,在功臣之右,每召会进见,容貌辞气卑恭已甚,帝以此愈亲厚之。融小心,久不自安,数辞让爵位,因侍中金迁口达至诚。①又上疏曰:"臣融年五十三。有子年十五,质性顽钝。臣融朝夕教导以经蓺,不得令观天文,见谶记。诚欲令恭肃畏事,恂恂循道,不愿其有才能,何况乃当传以连城广土,享故诸侯王国哉?"因复请间求见,帝不许。后朝罢,逡巡席后,帝知欲有让,遂使左右传出。它日会见,迎诏融曰:"日者知公欲让职还土,②故命公暑热且自便。今相见，宜论它事，勿得复言。"融不敢重陈请。

①金迁，安上之曾孙。安上，日䃅弟伦之子。迁哀帝时为尚书令，见
　前书。

②日者犹往日也。

　　二十年，大司徒戴涉坐所举人盗金下狱，帝以三公参职，不得
已乃策免融。明年，加位特进。二十三年，代阴兴行卫尉事，特进
如故，又兼领将作大匠。弟友为城门校尉，兄弟并典禁兵。融复乞
骸骨，①辄赐钱帛，太官致珍奇。及友卒，帝愍融年衰，遣中常侍、
中谒者即其卧内强进酒食。

①说苑曰，晏子任东阿，乞骸骨以避贤者之路。

　　融长子穆，尚内黄公主，代友为城门校尉。穆子勋，尚东海恭
王强女沘阳公主，友子固，亦尚光武女涅阳公主。显宗即位，以融
从兄子林为护羌校尉。窦氏一公，两侯，三公主，四二千石，①相与
并时。自祖及孙，官府邸第相望京邑，奴婢以千数，于亲戚、功臣中
莫与为比。

①一公，大司空也；两侯，安丰、显亲也；四二千石，卫尉、城门校尉、护羌
　校尉、中郎将。

　　永平二年，林以罪诛，事在西羌传。帝由是数下诏切责融，戒
以窦婴、田蚡祸败之事。①融惶恐乞骸骨，诏令归第养病。岁馀，听
上卫尉印绶，赐养牛，上樽酒。融在宿卫十馀年，年老，子孙纵诞，
多不法。穆等遂交通轻薄，属托郡县，干乱政事。以封在安丰，欲
令姻戚悉据故六安国，遂矫称阴太后诏，令六安侯刘盱去妇，因以
女妻之。五年，盱妇家上书言状，帝大怒，乃尽免穆等官，诸窦为郎
吏者皆将家属归故郡，独留融京师。穆等西至函谷关，有诏悉复追

还。会融卒,时年七十八,谥曰戴侯,赗送甚厚。

①田蚡,武帝王皇后异父弟也,为丞相,搆会窦婴之罪,使至诛戮。事见
　前书。

帝以穆不能修尚,①而拥富赀,居大第,常令谒者一人监护其
家。居数年,谒者奏穆父子自失埶,数出怨望语,帝令将家属归本
郡,唯勋以沘阳主壻留京师。穆坐赂遗小吏,郡捕系,与子宣俱死
平陵狱,勋亦死洛阳狱。久之,诏还融夫人与小孙一人居洛阳
家舍。

①不能修整自高尚也。

十四年,封勋弟嘉为安丰侯,〔16〕食邑二千户,奉融后。和帝
初,为少府。及勋子大将军宪被诛,免就国。嘉卒,子万全嗣。万
全卒,子会宗嗣。万全弟子武,别有传。

论曰:窦融始以豪侠为名,拔起风尘之中,①以投天隙。②遂蝉
蜕王侯之尊,③终膺卿相之位,此则徼功趣埶之士也。及其爵位崇
满,至乃放远权宠,恂恂似若不能已者,又何智也!④尝独详味此子
之风度,虽经国之术无足多谈,而进退之礼良可言矣。

①拔音步末反。拔,卒也。亦音彭八反,义两通。

②投会天之间隙。

③说文曰,蝉蜕所解皮也,言去微至贵也。蜕音税。

④言融之心实欲去权贵,以帝不纳,故常恂恂恭顺,似若不得已然者也。

固字孟孙,少以尚公主为黄门侍郎。①好览书传,喜兵法,贵显
用事。中元元年,袭父友封显亲侯。显宗即位,迁中郎将,监羽林

士。②后坐从兄穆有罪,废于家十馀年。时天下乂安,帝欲遵武帝故事,击匈奴,通西域,以固明习边事,③十五年冬,拜为奉车都尉,④以骑都尉耿忠为副,⑤谒者仆射耿秉为驸马都尉,秦彭为副,皆置从事、司马,并出屯凉州。明年,固与忠率酒泉、敦煌、张掖甲卒及卢水羌胡⑥万二千骑出酒泉塞,耿秉、秦彭率武威、陇西、天水募士及羌胡万骑出居延塞,⑦又太仆祭肜、度辽将军吴棠将河东北地、[17]西河羌胡及南单于兵万一千骑出高阙塞,⑧骑都尉来苗、护乌桓校尉文穆将太原、雁门、代郡、上谷、渔阳、右北平、定襄郡兵及乌桓、鲜卑万一千骑出平城塞。固、忠至天山,⑨击呼衍王,斩首千馀级。呼衍王走,追至蒲类海。⑩留吏士屯伊吾卢城。⑪耿秉、秦彭绝漠六百馀里,至三木楼山,⑫[18]来苗、文穆至匈奴河水上,[19]虏皆奔走,无所获。祭肜、吴棠坐不至涿邪山,免为庶人。时诸将唯固有功,加位特进。明年,复出玉门击西域,诏耿秉及骑都尉刘张皆去符传以属固。⑬固遂破白山,降车师,事已具耿秉传。固在边数年,羌胡服其恩信。⑭

①续汉书曰:"给事黄门侍郎,六百石。"

②续汉志曰,宣帝命中郎将、骑都尉监羽林,秩比二千石。

③固旧随融在河西,晓知边事也。

④续汉志曰,比二千石,掌御乘舆。

⑤忠,弇子也。

⑥案:湟水东经临羌县故城北,又东卢溪水注之,水出西南卢川,即其地也。

⑦居延塞在今甘州张掖县东北。

⑧高阙,山名,在朔方北。

⑨即祁连山也,今在西州交河县东北,今名祁县罗漫山。

⑩蒲类海今名婆悉海,在今庭州蒲昌县东南也。

⑪伊吾,今伊州县也,本匈奴地,明帝置宜禾都尉以为屯田,故地今伊州纳职县伊吾故小城地是。

⑫匈奴中山名。

⑬专将兵者并有符传,拟合之取信。今去符,皆受固之节度。

⑭东观记曰:"羌胡见客,炙肉未熟,人人长跪前割之,血流指间,进之于固,固辄为啗,不秽贱之,是以爱之如父母也。"

肃宗即位,以公主修敕慈爱,累世崇重,加号长公主,增邑三千户;征固代魏应为大鸿胪。帝以其晓习边事,每被访及。建初三年,追录前功,增邑一千三百户。七年,代马防为光禄勋。明年,复代马防为卫尉。

固久历大位,甚见尊贵,赏赐租禄,赀累巨亿,而性谦俭,爱人好施,士以此称之。章和二年卒,谥曰文侯。子彪,至射声校尉,先固卒,无子,国除。

宪字伯度。父勋被诛,宪少孤。建初二年,女弟立为皇后,拜宪为郎,稍迁侍中、虎贲中郎将;弟笃,为黄门侍郎。兄弟亲幸,并侍宫省,赏赐累积,宠贵日盛,自王、主及阴、马诸家,莫不畏惮。宪恃宫掖声执,遂以贱直请夺沁水公主园田,①主逼畏,不敢计。后肃宗驾出过园,指以问宪,宪阴喝不得对。②[20]后发觉,帝大怒,召宪切责曰:"深思前过,夺主田园时,何用愈赵高指鹿为马?③久念使人惊怖。昔永平中,常令阴党、阴博、邓叠三人更相纠察,④故诸豪戚莫敢犯法者,而诏书切切,⑤犹以舅氏田宅为言。今贵主尚见枉夺,何况小人哉!国家弃宪如孤雏腐鼠耳。"⑥宪大震惧,皇后为毁服深谢,良久乃得解,使以田还主。虽不绳其罪,然亦不授以重任。

①沁水公主，明帝女。

②阴喝犹噎塞也。阴音于禁反，喝音一介反。或作"呜"，音乌故反。

③愈犹差也。赵高解见灵帝纪。

④以阴、邓皆外戚，恐其踰侈，故使更相纠察也。博，阴兴之子。

⑤切切犹勤勤也。[21]

⑥乌子生而啄者曰雏。

和帝即位，太后临朝，宪以侍中，内干机密，①出宣诰命。肃宗遗诏以笃为虎贲中郎将，笃弟景、瓖并中常侍，[22]于是兄弟皆在亲要之地。宪以前太尉邓彪有义让，先帝所敬，而仁厚委随，②故尊崇之，以为太傅，令百官总已以听。其所施为，辄外令彪奏，内白太后，事无不从。又屯骑校尉桓郁，累世帝师，而性和退自守，故上书荐之，令授经禁中。所以内外协附，莫生疑异。

①干，主也，或曰古"管"字也。

②委随犹顺从也。

宪性果急，睚眦之怨莫不报复。①初，永平时，谒者韩纡尝考劾父勋狱，[23]宪遂令客斩纡子，以首祭勋冢。齐殇王子都乡侯畅②来吊国忧，③[24]畅素行邪僻，与步兵校尉邓叠亲属数往来京师，因叠母元自通长乐宫，得幸太后，被诏召诣上东门。宪惧见幸，分宫省之权，遣客刺杀畅于屯卫之中，④而归罪于畅弟利侯刚，乃使侍御史与青州刺史杂考刚等。后事发觉，太后怒，闭宪于内宫。

①睚音语解反，眦音仕懈反。广雅："睚，裂也。"或谓裂眦瞋目貌。史记曰范睢"睚眦之怨必报"。

②齐殇王名石，伯升孙章之子。

③章帝崩也。

④屯兵宿卫之所。

宪惧诛,自求击匈奴以赎死。会南单于请兵北伐,乃拜宪车骑将军,金印紫绶,官属依司空,①以执金吾耿秉为副,发北军五校、②黎阳、雍营、缘边十二郡骑士,③及羌胡兵出塞。明年,宪与秉各将四千骑及南匈奴左谷蠡王师子④万骑出朔方鸡鹿塞,南单于屯屠河,⑤[25]将万馀骑出满夷谷,度辽将军邓鸿⑥及缘边义从羌胡八千骑,与左贤王安国万骑出(捆)〔稒〕阳塞,⑦[26]皆会涿邪山。宪分遣副校尉阎盘、司马耿夔、耿谭将左谷蠡王师子、右呼衍王须訾等,⑧精骑万余,与北单于战于稽落山,大破之,虏众崩溃,单于遁走,追击诸部,遂临私渠比鞮海。⑨斩名王已下万三千级,获生口马牛羊橐驼百馀万头。⑩于是温犊须、日逐、温吾、夫渠王柳鞮等八十一部率众降者,前后二十馀万人。宪、秉遂登燕然山,去塞三千馀里,刻石勒功,纪汉威德,令班固作铭曰:

①依,准也。长史一人,千石;掾属二十九人,令史及御属三十二人,见续汉志也。

②汉有南北军,〔北军〕中候一人,[27]六百石,掌临五营,[28]见续汉志。

③汉官仪曰:“光武中兴,以幽、冀、并州兵骑克定天下,故于黎阳立营,以谒者监之。”又曰:“扶风都尉部在雍县,以凉州近羌,数犯三辅,将兵卫护园陵,故俗称雍营。”

④师子其名也。

⑤屯屠河,单于名也。

⑥邓禹少子。

⑦(捆)〔稒〕阳在五原郡。(捆)〔稒〕音固。

⑧呼衍其号,因以为姓,匈奴贵种也,今呼延姓是其后。须訾,名也。

⑨匈奴中海名也。

⑩橐音托。

惟永元元年秋七月，有汉元舅曰车骑将军窦宪，寅亮圣明，登翼王室，①纳于大麓，惟清缉熙。②乃与执金吾耿秉，述职巡御，理兵于朔方。③鹰扬之校，螭虎之士，爰该六师，④暨南单于、东乌桓、西戎氏羌侯王君长之群，骁骑三万。[29]元戎轻武，长毂四分，⑤云辎蔽路，万有三千馀乘。⑥勒以八阵，莅以威神，⑦玄甲耀日，朱旗绛天。⑧遂陵高阙，下鸡鹿，经碛卤，绝大漠，⑨斩温禺以衅鼓，血尸逐以染锷。⑩然后四校横徂，星流彗埽，萧条万里，野无遗寇。于是域灭区单，反旆而旋，考传验图，穷览其山川。遂踰涿邪，跨安侯，乘燕然，蹑冒顿之区落，焚老上之龙庭。⑪上以摅高、文之宿愤，光祖宗之玄灵；下以安固后嗣，恢拓境宇，振大汉之天声。⑫兹所谓一劳而久逸，暂费而永宁者也。⑬乃遂封山刊石，昭铭上德。⑭其辞曰：

①寅，敬；亮，信也。尚书曰："二公弘化，寅亮天地。"登，升也。翼，辅也。

②孔安国注尚书曰："麓，录也，纳之使大录万机也。"周颂曰："惟清缉熙。"郑玄注云："光明也。"

③左传曰："小有述职，大有巡功。"又曰："出曰理兵。"

④鹰扬，如鹰之飞扬也。诗云："惟师尚父，时惟鹰扬。"螭，山神，兽形也。史记曰："如熊如罴，如豺如离。"徐广曰："离与螭同。"该，备也。诗云："整我六师，以脩我戎。"

⑤暨，及也。元戎，兵车也。诗云："元戎十乘，以先启行。"轻武，言疾也。长毂，兵车。

⑥辎，车也。称云，言多也。

⑦兵法有八阵图。

⑧玄甲,铁甲也。前书曰"发属国之玄甲"也。

⑨沙土曰漠。直度曰绝。

⑩温禺、尸逐,皆匈奴王号也。周礼,杀人以血涂鼓谓之衅。锷,刃也。

⑪四校,四面之校。横徂,横行也。星流彗埽,言疾也。安侯,水名。冒顿,单于头曼子也。区落谓东灭东胡,西走月氏,南取楼烦,悉收秦所夺匈奴地。冒顿子稽粥号老上单于。匈奴五月大会龙庭,祭其先、天地、鬼神,今皆焚荡之。

⑫高帝被冒顿单于围于平城七日。孝文帝时匈奴寇边,杀太守,帝欲自征,太后不许。拓,开也。天声,雷霆之声。甘泉赋曰:"天声起兮勇士厉。"恢,大也。

⑬扬雄曰"以为不一劳者不久逸,不暂费者不永宁"也。

⑭上犹至也。老子曰:"上德不德,是以有德。"

　　铄王师兮征荒裔,①剿凶虐兮截海外,②夐其邈兮亘地界,③[30]封神丘兮建隆嵑,④熙帝载兮振万世。⑤

①铄,美也。诗曰:"于铄王师,遵养时晦。"

②剿,绝;截,整齐也。诗云:"相土烈烈,海外有截。"

③夐、邈皆远也。亘,竟也。

④神丘即燕然山也。方者谓之碑,员者谓之碣。嵑亦碣也,协韵音其例反。

⑤熙,广也。载,事也。书曰:"奋庸熙帝之载。"

宪乃班师而还。遣军司马吴汜、梁讽,奉金帛遗北单于,宣明国威,而兵随其后。时虏中乖乱,汜、讽所到,辄招降之,前后万馀人。遂及单于於西海上,宣国威信,致以诏赐,单于稽首拜受。讽因说宜修呼韩邪故事,保国安人之福。①单于喜悦,即将其众与讽俱还,到私渠海,闻汉军已入塞,乃遣弟右温禺鞮王奉贡入侍,随讽诣阙。宪以单于不自身到,奏还其侍弟。南单于於漠北遗宪古鼎,容五斗,其傍铭曰"仲山甫鼎,其万年子子孙孙永保用",宪乃上之。诏使中郎将持节即五原拜宪大将军,封武阳侯,食邑二万户。宪固辞封,赐策许焉。

①言依附汉家,自保护其国也。宣帝时呼韩邪单于款塞,朝于甘泉宫,请留居光禄塞下,有急,保汉受降城也。

旧大将军位在三公下,置官属依太尉。①宪威权震朝庭,公卿希旨,奏宪位次太傅下,三公上;长史、司马秩中二千石,从事中郎二人六百石,自下各有增。振旅还京师。于是大开仓府,劳赐士吏,其所将诸郡二千石子弟从征者,悉除太子舍人。②

①续汉志,太尉长史千石,掾属二十四人,令史及御属二十二人也。
②续汉志曰,太子舍人秩二百石,无员,更直宿卫也。

是时笃为卫尉,景、瓌皆侍中、奉车、驸马都尉,四家竞修第宅,穷极工匠。明年,诏曰:"大将军宪,前岁出征,克灭北狄,朝加封赏,固让不受。舅氏旧典,并蒙爵土。①其封宪冠军侯,邑二万户;笃郾侯,景汝阳侯,瓌夏阳侯,各六千户。"宪独不受封,遂将兵出镇凉州,以侍中邓叠行征西将军事为副。

①西汉故事,帝舅皆封侯。

北单于以汉还侍弟,复遣车谐储王等款居延塞,欲入朝见,愿请大使。宪上遣大将军中护军班固行中郎将,与司马梁讽迎之。会北单于为南匈奴所破,被创遁走,固至私渠海而还。宪以北虏微弱,遂欲灭之。明年,复遣右校尉耿夔、司马任尚、赵博等将兵击北虏于金微山,大破之,克获甚众。北单于逃走,不知所在。

宪既平匈奴,威名大盛,以耿夔、任尚等为爪牙,邓叠、郭璜为心腹。班固、傅毅之徒，皆置幕府，以典文章。刺史、守令多出其门。尚书仆射郅寿、乐恢并以忤意，相继自杀。[①]由是朝臣震慑，望风承旨。而笃进位特进，得举吏，[②]见礼依三公。景为执金吾，瓌光禄勋，权贵显赫，倾动京都。虽俱骄纵，而景为尤甚，奴客缇骑依倚形执，侵陵小人，[③]强夺财货，篡取罪人，妻略妇女。商贾闭塞，如避寇雠。有司畏懦，莫敢举奏。太后闻之，使谒者策免景官，以特进就朝位。瓌少好经书，节约自修，出为魏郡，[31]迁颍川太守。窦氏父子兄弟并居列位，充满朝廷。叔父霸为城门校尉，霸弟褒将作大匠，褒弟嘉少府，其为侍中、将、大夫、郎吏十馀人。

①寿，郅恽子。

②汉法三公得举吏。

③汉官仪曰："执金吾缇骑二百人。"说文曰："缇，帛丹黄色也。"言奴客及缇骑并为纵横也。

宪既负重劳，陵肆滋甚。四年，封邓叠为穰侯。叠与其弟步兵校尉磊及母元，又宪女婿射声校尉郭举，举父长乐少府璜，[①]皆相交结。元、举并出入禁中，举得幸太后，遂共图为杀害。帝阴知其谋，乃与近幸中常侍郑众定议诛之。以宪在外，虑其惧祸为乱，忍而未发。会宪及邓叠班师还京师，诏使大鸿胪持节郊迎，赐军吏各有差。宪等既至，帝乃幸北宫，诏执金吾、五校尉勒兵屯卫南、北宫，闭城门，收捕叠、磊、璜、举，皆下狱诛，家属徙合浦。遣谒者仆射收宪大将军印绶，更封为冠军侯。宪及笃、景、瓌皆遣就国。帝以太后故，不欲名诛宪，为选严能相督察之。宪、笃、景到国，皆迫令自杀，宗族、宾客以宪为官者皆免归本郡。瓌以素自修，不被逼迫，明年坐禀假贫人，[②]徙封罗侯，不得臣吏人。[③]初，窦后之谮梁氏,宪等豫有谋焉,永元十年,梁棠兄弟④徙九真还,路由长沙,逼璜令自杀。后和熹邓后临朝,永初三年,诏诸窦前归本郡者与安丰侯万全俱还京师。[32]万全少子章。

①太后居长乐宫,故有少府,秩二千石。

②稟,给也。假贷贫人,非侯家之法,故坐焉。

③罗,县,属长沙郡,在今岳州湘阴县东北。

④棠及兄雍,雍弟翟,并梁竦子也。

论曰:卫青、霍去病资强汉之众,连年以事匈奴,国耗太半矣,而猾虏未之胜,后世犹传其良将,岂非以身名自终邪! 窦宪率羌胡边杂之师,一举而空朔庭,至乃追奔稽落之表,饮马比鞮之曲,铭石负鼎,荐告清庙。列其功庸,兼茂于前多矣,而后世莫称者,章末衅以降其实也。①是以下流,君子所甚恶焉。②夫二三子得之不过房幄之间,非复搜扬仄陋,选举而登也。③当青病奴仆之时,④窦将军念咎之日,⑤乃庸力之不暇,思鸣之无晨,⑥何意裂膏腴,享崇号乎? 东方朔称"用之则为虎,不用则为鼠",信矣。以此言之,士有怀瑜琰以就煨尘者,亦何可支哉!⑦

①降,损也。

②论语曰:"纣之不善不如是之甚也,是以君子恶居下流,天下之恶皆归焉。"

③二三子谓卫、霍及宪也,皆缘椒房帡幪之恩耳。

④卫青本平阳公主家童所生,相者见之,曰:"贵人,官至封侯。"青笑曰:"人奴之生,无笞骂足矣,安得封侯哉!"

⑤谓太后闲之南宫,欲诛之日也。

⑥吴志诸葛瑾曰"失旦之鸡,复思一鸣"也。

⑦琬琰,美玉也。楚词曰:"怀琬琰以为心。"支,计也。亦何可计,言其
    多也。

章字伯向。少好学,有文章,与马融、崔瑗同好,更相推荐。①
①融集与窦伯向书曰:"孟陵奴来,赐书,见手跡,欢喜何量,见于面
    也。[33]书虽两纸,纸八行,行七字。"

永初中,三辅遭羌寇,章避难东国,家于外黄。①居贫,蓬户蔬
食,②躬勤孝养,然讲读不辍。太仆邓康③闻其名,请欲与交,章不
肯往,康以此益重焉。是时学者称东观为老氏臧室,道家蓬莱
山,④康遂荐章入东观为校书郎。
①外黄,县,属陈留郡,〔故〕城在今汴州雍丘县东。[34]
②庄子"原宪编蓬为户",论语"颜回饭蔬食"也。[35]
③邓珍之子,禹之孙。
④老子为守臧史,复为柱下史,四方所记文书皆归柱下,事见史记。言
    东观经籍多也。蓬莱,海中神山,为仙府,幽经祕录并皆在焉。

顺帝初,章女年十二,能属文,以才貌选入掖庭,有宠,与梁皇
后并为贵人。擢章为羽林郎将,①[36]迁屯骑校尉。章谦虚下士,
收进时辈,甚得名誉。是时梁、窦并贵,各有宾客,多交搆其间,章
推心待之,故得免于患。
①续汉志曰,羽林郎秩二百石,无员,常宿卫侍从也。

贵人早卒,帝追思之无已,诏史官树碑颂德,章自为之辞。贵
人殁后,帝礼待之无衰。永和五年,迁少府。汉安二年,转大鸿胪。
建康元年,梁后称制,章自免,卒于家。中子唐,有俊才,官至虎贲
中郎将。

赞曰:悃悃安丰,亦称才雄。①提挈河右,奉图归忠。②孟孙明边,伐北开西。③宪实空漠,远兵金山。听箛龙庭,镂石燕然。④虽则折鼎,王灵以宣。⑤

①楚词曰"悃悃款款"也。王逸注曰"志纯一也"。亦犹实也。

②奉图者,谓既奉外戚图,乃归于汉也。

③叶韵音先。

④箛,胡乐也。老子作之。

⑤鼎三足,三公象。折足者,言其不胜任也。易曰"鼎折足,覆公𫗧"也。

【校勘记】

〔1〕今沧州鲁〔城〕县也　据殿本补。

〔2〕强弩将军即莽明义侯王俊　按:集解引惠栋说,谓案翟义传,"俊"当作"骏"。又按:惠云此强弩将军乃赵恢,非王骏,注误。

〔3〕归〔长安汉兵〕长驱入关　据汲本、殿本补。

〔4〕金城太守厍钧　按:"厍"汲本、殿本并作"库"。集解引钱大昕、王鸣盛说,谓古读库有舍音,犹车音尺遮反,余音食遮反。说文厂部无"库"字。广韵祃部有"厍"字,云姓也。此流俗妄造,正如"角里"别造"𧢲"字代之。

〔5〕字(颕)〔颖〕叔　据集解本改。

〔6〕行南(国)〔海〕尉事　据刊误改。

〔7〕网罗张立之情　按:集解引周寿昌说,谓时隗嚣遣辩士张玄游说,光武察玄所说,而以玺书诏融,"立"字当正作"玄"。

〔8〕今(凉)〔原〕州〔平高〕县也　据集解引陈景云说改。按:汉高平县,北周改曰平高,唐以后废。

〔9〕席皆作(虎)〔虞〕字　据汲本、殿本改,与聚珍本东观记合。

〔10〕去从义为横谋　汲本、殿本"义"作"议"。按:义议通。

〔11〕人兵离散　按:王先谦谓"人"当作"民",此亦避唐讳未回改者,下"生人",同。

〔12〕而(大)将军复重于难　王先谦谓通鉴无"大"字,前后称将军,此不得忽加"大"字,明传写误衍。今据删。

〔13〕而舆毂致数千里　按:汲本、殿本"舆"作"与"。

〔14〕是时军旅代兴　按:原脱"兴"字,径据汲本、殿本补。

〔15〕安丰阳泉蓼(安)安风四县　据刊误删。

〔16〕封勋弟嘉为安丰侯　按:沈家本谓续志庐江郡安风侯国,安丰自为县,则嘉所封实安风,亦融所食四县之一,而其名则不同矣。此"丰"字盖因上文而误。

〔17〕度辽将军吴棠　按:集解引惠栋说,谓"吴棠"袁宏纪作"吴常"。

〔18〕至三木楼山　按:集解引惠栋说,谓"三木楼山"袁宏纪作"沐楼山"。

〔19〕匈奴河水　刊误谓匈河,水名,多一"奴"字。按:校补谓前书匈奴传云赵破奴万馀骑出令居数千里,至匈奴河水,臣瓒云水名也,与武纪注同,未尝言名有误。刊误则据破奴本传但云"匈河",为衍"奴"字,不知匈奴河可省称匈河也。

〔20〕宪阴喝不得对　按:御览一五二引,"阴喝"作"暗呜"。

〔21〕切切犹勤勤也　按:此注原在"为言"下,据汲本、殿本移正。

〔22〕笃弟景瓌并中常侍　按:集解引钱大昕说,谓中常侍宦者之职,非外戚所宜居,恐有误。

〔23〕尝考劾父勋狱　按:"尝"原讹"当",径改正。

〔24〕齐殇王　按:刊误谓"殇"当作"炀",彼既有子,不得谥"殇"明矣。

〔25〕南单于屯屠河　按:校补谓南单于传"河"作"何",同。

〔26〕出(捆)〔稇〕阳塞　王先谦谓前志作"稇阳",此误。今据改。注同。

〔27〕汉有南北军〔北军〕中候一人　刊误谓汉有北军中候耳,衍"南"字。校补谓"南北军"下误脱"北军"二字耳,传言北军,注应先释

所起,无突举北军之理。按:校补说是。今据补。

〔28〕掌临五营　刊误谓"临"当作"监"。今按:临亦监也,刘说泥。

〔29〕暨南单于东乌桓西戎氐羌侯王君长之群骁骑三万　按:文选"东"下有"胡"字,"三万"作"十万"。

〔30〕复其邈兮亘地界　按:"邈"原作"懇",径据汲本、殿本改。注同。

〔31〕出为魏郡　按:刊误谓下少"太守"二字。

〔32〕安丰侯万全　按:沈家本谓"丰"当作"风"。

〔33〕见于面也　艺文类聚三十一引"见"作"次"。按:次于面谓仅次于见面也,义较长。

〔34〕〔故〕城在今汴州雍丘县东　按"城"上明脱一"故"字,今补。

〔35〕颜回饭蔬食　按:今论语作"饭疏食",而不云"颜回"。校补谓蔬疏古通作,惟注以为"颜回"则误。

〔36〕擢章为羽林郎将　按:黄山校补及沈家本后汉书瑣言皆谓"郎"上疑夺"中"字。

后汉书卷二十四

马援列传第十四 子廖 子防 兄子严 族孙棱

马援字文渊,扶风茂陵人也。其先赵奢为赵将,号曰马服君,子孙因为氏。①武帝时,以吏二千石自邯郸徙焉。②曾祖父通,以功封重合侯,坐兄何罗反,被诛,③故援再世不显。④援三兄况、余、员,⑤并有才能,王莽时皆为二千石。⑥

①马服者,言能服驭马也。史记曰,赵惠文王以奢有功,赐爵号为马服君。

②东观记曰:"徙茂陵成懽里。"

③重合,县,属勃海郡,故城在今沧州乐陵县东。马何罗与江充相善,[1]充既诛,遂惧罪及己,谋反,伏诛。事见前书。

④祖及父不得为显任也。东观汉记,通生宾,宣帝时以郎持节,号使君;使君生仲,仲官至玄武司马;仲生援。

⑤东观记曰:"况字长平,[2]余字圣卿,员字季主。"

⑥况,河南太守。余,中垒校尉。员,增山连率。

援年十二而孤，少有大志，诸兄奇之。尝受齐诗，意不能守章句，①乃辞况，欲就边郡田牧。②况曰："汝大才，当晚成。良工不示人以朴，且从所好。"③会况卒，援行服期年，不离墓所；敬事寡嫂，不冠不入庐。④后为郡督邮，送囚至司命府，⑤因有重罪，援哀而纵之，遂亡命北地。遇赦，因留牧畜，宾客多归附者，遂役属数百家。⑥转游陇汉间，常谓宾客曰："丈夫为志，穷当益坚，老当益壮。"因处田牧，至有牛马羊数千头，谷数万斛。既而叹曰："凡殖货财产，贵其能施赈也，否则守钱虏耳。"〔3〕乃尽散以班昆弟故旧，身衣羊裘皮绔。

①东观记曰："受齐诗，师事颍川满昌。"〔4〕

②东观记曰"援以况出为河南太守，次两兄为吏京师，见家用不足，乃辞况欲就边郡畜牧"也。

③从其所请也。

④庐，舍也。

⑤王莽置司命官，上公已下皆纠察。

⑥续汉书："援过北地任氏畜牧。自援祖宾，本客天水，父仲又尝为牧(帅)〔师〕令。〔5〕是时员为护苑使者，故人宾客皆依援。"

王莽末，四方兵起，莽从弟卫将军林广招雄俊，乃辟援及同县原涉为掾，①荐之于莽。莽以涉为镇戎大尹，②援为新成大尹。③及莽败，援兄员时为增山连率，④与援俱去郡，复避地凉州。世祖即位，员先诣洛阳，帝遣员复郡，卒于官。援因留西州，隗嚣甚敬重之，以援为绥德将军，与决筹策。

①涉字巨先，见前书。

②王莽改天水为镇戎，改太守为大尹。

③莽改汉中为新成也。

④莽改上郡为增山,连率亦太守也。莽法,典郡者公为牧,侯称卒正,伯
　称连率,其无封爵者为尹也。

　　是时公孙述称帝于蜀,嚣使援往观之。援素与述同里闬,①相
善,以为既至当握手欢如平生,而述盛陈陛卫,以延援入,交拜礼
毕,使出就馆,更为援制都布单衣、②交让冠,会百官于宗庙中,立
旧交之位。述鸾旗旄骑,③警跸就车,磬折而入,④礼飨官属甚盛,
欲授援以封侯大将军位。宾客皆乐留,援晓之曰:"天下雄雌未定,
公孙不吐哺走迎国士,⑤与图成败,反修饰边幅,⑥如偶人形。⑦[6]
此子何足久稽天下士乎?"⑧因辞归,谓嚣曰:"子阳井底蛙耳,⑨而
妄自尊大,不如专意东方。"

　①说文曰:"闬,闾也。"杜预注左传:"闬,闾门也。"

　②东观记(曰)"都"作"答"。[7]史记曰:"答布千匹。"前汉音义曰:"答
　　布,白叠布也。"何承天纂文曰:"都致、错履、无极,皆布名。"方言曰:
　　"禅衣,江、淮、南楚之间谓之褋,关之东西谓之禅衣。"

　③解在公孙述传。

　④磬折者,屈身如磬之曲折,敬也。

　⑤哺,食也。史记,周公诫伯禽曰:"吾一沐三握发,一食三吐哺,犹恐失
　　天下士心也。"

　⑥言若布帛脩整其边幅也。左传曰:"如布帛之有幅焉,为之度,使
　　无迁。"

　⑦礼记曰:"谓为俑者不仁。"郑玄云:"俑,偶人也。有面目机发,有似于
　　生人也。"俑音勇。

　⑧稽,留也。

　⑨言述志识褊狭,如坎井之蛙。事见庄子。

　　建武四年冬,嚣使援奉书洛阳。援至,引见于宣德殿。世祖迎

651

笑谓援曰："卿遨游二帝间，今见卿，使人大惭。"援顿首辞谢，因曰："当今之世，非独君择臣也，臣亦择君矣。①臣与公孙述同县，少相善。臣前至蜀，述陛戟而后进臣。臣今远来，陛下何知非刺客奸人，而简易若是？"②帝复笑曰："卿非刺客，顾说客耳。"援曰："天下反覆，盗名字者不可胜数。③今见陛下，恢廓大度，同符高祖，乃知帝王自有真也。"帝甚壮之。援从南幸黎丘，转至东海。及还，以为待诏，使太中大夫来歙持节送援西归陇右。

①家语曰："君择臣而任之，臣亦择君而事之。"

②东观记曰"援初到，敕令中黄门引入，时上在宣德殿南庑下，但帻坐"，〔8〕故云"简易"也。

③盗犹窃也。

隗嚣与援共卧起，问以东方流言及京师得失。①援说嚣曰："前到朝廷，上引见数十，②每接燕语，自夕至旦，才明勇略，非人敌也。且开心见诚，无所隐伏，阔达多大节，略与高帝同。经学博览，政事文辩，前世无比。"嚣曰："卿谓何如高帝？"援曰："不如也。高帝无可无不可；③今上好吏事，动如节度，又不喜饮酒。"嚣意不怿，曰："如卿言，反复胜邪？"然雅信援，故遂遣长子恂入质。援因将家属随恂归洛阳。居数月而无它职任。援以三辅地旷土沃，而所将宾客猥多，乃上书求屯田上林苑中，帝许之。

①流犹传也。

②东观记曰凡十四见。

③此论语孔子自言己之所行也。

会隗嚣用王元计，意更狐疑，①援数以书记责譬于嚣。嚣怨援背己，得书增怒，其后遂发兵拒汉。援乃上疏曰："臣援自念归身圣

朝,奉事陛下,本无公辅一言之荐,左右为容之助。②臣不自陈,陛
下何因闻之。夫居前不能令人轻,居后不能令人轩,③与人怨不能
为人患,臣所耻也。故敢触冒罪忌,昧死陈诚。臣与隗嚣,本实交
友。初,嚣遣臣东,谓臣曰:'本欲为汉,愿足下往观之。于汝意可,
即专心矣。'及臣还反,报以赤心,实欲导之于善,非敢谲以非义。
而嚣自挟奸心,盗憎主人,④怨毒之情遂归于臣。臣欲不言,则无
以上闻。愿听诣行在所,极陈灭嚣之术,得空匈腹,申愚策,退就陇
亩,死无所恨。"帝乃召援计事,援具言谋画。因使援将突骑五千,
往来游说嚣将高峻、任禹之属,下及羌豪,为陈祸福,以离嚣(友)
〔支〕党。[9]

①狐性多疑,故曰狐疑。

②邹阳书曰:"蟠木成万乘之器者,左右为之容。"

③言为人无所轻重也。诗云:"如轻如轩。"轻音丁利反。

④左传晋伯宗妻曰:"盗憎主人,民恶其上。"

援又为书与嚣将杨广,使晓劝于嚣,曰:"春卿无恙。①前别冀
南,②寂无音驿。援间还长安,因留上林。窃见四海已定,兆民同
情,而季孟闭拒背畔,为天下表的。③常惧海内切齿,思相屠裂,故
遗书恋恋,以致恻隐之计。乃闻季孟归罪于援,而纳王游翁谄邪之
说,④自谓函谷以西,举足可定,以今而观,竟何如邪?援间至河
内,过存伯春,⑤见其奴吉从西方还,说伯春小弟仲舒望见吉,欲问
伯春无它否,竟不能言,晓夕号泣,婉转尘中。又说其家悲愁之状,
不可言也。夫怨仇可刺不可毁,援闻之,不自知泣下也。援素知季
孟孝爱,曾、闵不过。夫孝于其亲,岂不慈于其子?可有子抱三木,
而跳梁妄作,自同分羹之事乎?⑥季孟平生自言所以拥兵众者,欲
以保全父母之国而完坟墓也,又言苟厚士大夫而已。而今所欲全

者将破亡之,所欲完者将毁伤之,所欲厚者将反薄之。季孟尝折愧子阳而不受其爵,⑦今更共陆陆,⑧欲往附之,将难为颜乎? 若复责以重质,当安从得子主给是哉! 往时子阳独欲以王相待,⑨而春卿拒之;今者归老,更欲低头与小儿曹共槽枥而食,并肩侧身于怨家之朝乎?⑩男儿溺死何伤而拘游哉!⑪今国家待春卿意深,宜使牛孺卿与诸耆老大人⑫共说季孟,若计画不从,真可引领去矣。前披舆地图,见天下郡国百有六所,奈何欲以区区二邦以当诸夏百有四乎? 春卿事季孟,外有君臣之义,内有朋友之道。言君臣邪,固当谏争;语朋友邪,应有切磋。⑬岂有知其无成,而但萎腇咋舌,叉手从族乎?⑭及今成计,殊尚善也;过是,欲少味矣。⑮且来君叔天下信士,朝廷重之,其意依依,常独为西州言。援商朝廷,尤欲立信于此,⑯必不负约,援不得久留,愿急赐报。"广竟不答。

①春卿,杨广字。

②天水冀县也。

③表犹标也,言为标准(谓)〔为〕射的也。〔10〕言背畔之罪,为天下所指射也。

④游翁,王元字也。

⑤存犹问也。

⑥三木者,谓桎、梏及械也,司马迁曰:"衣赭关三木。"分羹谓乐羊也,解见公孙述传。

⑦愧犹辱也。

⑧陆陆犹碌碌也。

⑨谓欲封为朔宁王也。

⑩字林:"并音卑正反。"

⑪游,浮也。

⑫大人谓豪杰也。

⑬骨曰切，象曰磋，言朋友之道如切磋以成器也。诗云："如切如磋，如琢如磨。"

⑭萎腇，尤弱也。萎音于罪反。腇音乃罪反。

⑮以食为谕。

⑯商，度也。

　　八年，帝自西征嚣，至漆，①诸将多以王师之重，不宜远入险阻，计尤豫未决②。会召援，夜至，帝大喜，引入，具以群议质之。③援因说隗嚣将帅有土崩之埶，兵进有必破之状。又于帝前聚米为山谷，指画形埶，开示众军所从道径往来，分析曲折，昭然可晓。帝曰："虏在吾目中矣。"明旦，遂进军至第一，嚣众大溃。④

①漆，县，属右扶风。

②尤，行貌也，义见说文。豫亦未定也。尤音以林反。

③广雅曰："质，定也。"

④第一，解见窦融传。

　　九年，拜援为太中大夫，副来歙监诸将平凉州。自王莽末，西羌寇边，遂入居塞内，金城属县多为虏有。来歙奏言陇西侵残，非马援莫能定。十一年夏，玺书拜援陇西太守。援乃发步骑三千人，击破先零羌于临洮，斩首数百级，获马牛羊万馀头。守塞诸羌八千馀人诣援降。诸种有数万，屯聚寇钞，拒浩亹隘。①援与扬武将军马成击之。羌因将其妻子辎重移阻于允吾谷，②援乃潜行间道，掩赴其营。羌大惊坏，复远徙唐翼谷中，援复追讨之。羌引精兵聚北山上，援陈军向山，而分遣数百骑绕袭其后，乘夜放火，击鼓叫噪，虏遂大溃，凡斩首千馀级。援以兵少，不得穷追，收其谷粮畜产而还。援中矢贯胫，帝以玺书劳之，赐牛羊数千头，援尽班诸宾客。

①浩亹音告门,县名,属金城郡。浩,水名也。亹者,水流峡山间,两岸
深若门也。诗曰"凫鹥在亹",亦其义也。今俗呼此水为合门河,盖疾
言之耳。

②允吾音铅牙。

是时,朝臣以金城破羌之西,①涂远多寇,议欲弃之。援上言,
破羌以西城多完牢,易可依固;其田土肥壤,②[11]灌溉流通。如令
羌在湟中,③则为害不休,不可弃也。帝然之,于是诏武威太守,④
令悉还金城客民。⑤归者三千馀口,使各反旧邑。援奏为置长吏,
缮城郭,起坞候,⑥开导水田,劝以耕牧,郡中乐业。又遣羌豪杨封
譬说塞外羌,皆来和亲。又武都氐人背公孙述来降者,授皆上复其
侯王君长,赐印绶,帝悉从之。乃罢马成军。

①破羌,县名,属金城郡,故城在今鄯州湟水县西。

②无块曰壤。

③湟,水名。据前书,出金城临羌县,东至允吾入河,今鄯州湟水县取其
名也。一名乐都水。

④东观记曰梁统也。

⑤金城客人在武威者。

⑥字林曰:"坞,小障也,一曰小城。字或作'隖',音一古反。"

十三年,武都参狼羌与塞外诸种为寇,杀长吏。援将四千馀人
击之,至氐道县,①羌在山上,援军据便地,夺其水草,不与战,
羌遂穷困,豪帅数十万户亡出塞,诸种万馀人悉降,于是陇右
清静。

①氐道县属陇西郡。县管蛮夷曰道。[12]

援务开(宽)〔恩〕信,(恩)〔宽〕以待下,[13]任吏以职,但总大体
而已。宾客故人,日满其门。诸曹时白外事,援辄曰:"此丞、掾之

任,何足相烦。①颇哀老子,使得遨游。若大姓侵小民,黠羌欲旅距,此乃太守事耳。"②傍县尝有报仇者,吏民惊言羌反,百姓奔入城郭。狄道长诣门,③请闭城发兵。援时与宾客饮,大笑曰:"烧虏何敢复犯我。④晓狄道长归守寺舍,⑤良怖急者,可床下伏。"⑥后稍定,郡中服之。视事六年,征入为虎贲中郎将。

①续汉志曰:"郡当边戍,丞为长史。"又:"置诸曹掾史。"

②旅距,不从之貌。

③狄道,县,属陇西郡,今兰州县也。

④烧虏即烧羌也。

⑤晓,喻也。寺舍,官舍也。

⑥良,甚也。

初,援在陇西上书,言宜如旧铸五铢钱。事下三府,三府奏以为未可许,事遂寝。及援还,从公府求得前奏,难十馀条,乃随牒解释,①更具表言。帝从之,天下赖其便。援自还京师,数被进见。为人明须发,眉目如画。②闲于进对,尤善述前世行事。每言及三辅长者,下至闾里少年,皆可观听。自皇太子、诸王侍闻者,莫不属耳忘倦。又善兵策,帝常言"伏波论兵,与我意合",每有所谋,未尝不用。

①东观记曰"凡十三难,援一一解之,条奏其状"也。

②东观记曰:"援长七尺五寸,色理发肤眉目容貌如画。"

初,卷人维汜,①訞言称神,有弟子数百人,坐伏诛。后其弟子李广等宣言汜神化不死,以诳惑百姓。十七年,遂共聚会徒党,攻没皖城,②杀皖侯刘闵,自称"南岳大师"。遣谒者张宗将兵数千人讨之,复为广所败。于是使援发诸郡兵,合万馀人,击破广等,斩之。

①卷,县名,属河南郡,故城在今郑州原武县西北也。

②皖,县名,属庐江郡,今舒州怀宁县。皖音下板反,又下管反。

又交阯女子徵侧及女弟徵贰反,①攻没其郡,九真、日南、合浦蛮夷皆应之,寇略岭外六十馀城,侧自立为王。于是玺书拜援伏波将军,②以扶乐侯刘隆为副,③督楼船将军段志等南击交阯。[14]军至合浦而志病卒,诏援并将其兵。遂缘海而进,随山刊道千馀里。④十八年春,军至浪泊上,与贼战,破之,斩首数千级,降者万馀人。援追徵侧等至禁溪,[15]数败之,贼遂散走。明年正月,斩徵侧、徵贰,传首洛阳。⑤封援为新息侯,食邑三千户。援乃击牛酾酒,劳飨军士。⑥从容谓官属曰:"吾从弟少游常哀吾慷慨多大志,曰:'士生一世,但取衣食裁足,乘下泽车,⑦御款段马,⑧为郡掾史,守坟墓,乡里称善人,斯可矣。致求盈馀,但自苦耳。'当吾在浪泊、西里间,[16]虏未灭之时,下潦上雾,毒气重蒸,[17]仰视飞鸢跕跕堕水中,⑨卧念少游平生时语,何可得也!今赖士大夫之力,被蒙大恩,猥先诸君纡佩金紫,且喜且惭。"吏士皆伏称万岁。

①徵侧者,麊泠县雒将之女也,[18]嫁为朱鸢人诗索妻,甚雄勇。交阯太守苏定以法绳之,侧怨怒,故反。

②东观记曰:"援上书:'臣所假伏波将军印,书"伏"字,"犬"外向。城皋令印,"皋"字为"白"下"羊";丞印"四"下"羊";尉印"白"下"人","人"下"羊"。即一县长吏,印文不同,恐天下不正者多。符印所以为信也,所宜齐同。'荐晓古文字者,事下大司空正郡国印章。奏可。"

③扶乐,县名,属九真郡。

④刊,除也。

⑤越志云:"征侧兵起,都麊泠县。及马援讨之,奔入金溪(穴)〔究〕中,[19]二年乃得之。"

⑥醽犹滤也。诗曰:"醽酒有藇。"毛苌注云:"以筐曰醽。"醽音所宜反。

⑦周礼曰"车人为车,行泽者欲短毂,行山者欲长毂,短毂则利,长毂则安"也。

⑧款犹缓也,言形段迟缓也。

⑨鸢,鸱也。跕跕,堕貌也。跕音都牒、泰牒二反。

援将楼船大小二千馀艘,战士二万馀人,进击<u>九真</u>贼<u>徵侧</u>馀党<u>都羊</u>等,[20]自<u>无功</u>至<u>居风</u>,①斩获五千馀人,峤南悉平。②援奏言<u>西于</u>县户有三万二千,③远界去庭千馀里,④请分为<u>封溪</u>、<u>望海</u>二县,许之。⑤援所过辄为郡县治城郭,穿渠灌溉,以利其民。条奏<u>越</u>律与汉律驳者十馀事,⑥与越人申明旧制以约束之,自后<u>骆越</u>奉行<u>马将军</u>故事。⑦

①<u>无功</u>、<u>居风</u>,二县名,并属<u>九真郡</u>。<u>居风</u>,今<u>爱州</u>。

②峤,岭峤也。尔雅曰:"山锐而高曰峤。"峤音渠庙反。广州记曰:"<u>援</u>到<u>交阯</u>,立铜柱,为汉之极界也。"

③<u>西于</u>县属<u>交阯郡</u>,故城在今<u>交州龙编</u>县东也。

④庭,县庭也。

⑤<u>封溪</u>、<u>望海</u>,县,并属<u>交阯郡</u>。

⑥驳,乖舛也。

⑦骆者,越别名。

二十年秋,振旅还京师,军吏经瘴疫死者十四五。赐<u>援</u>兵车一乘,朝见位次九卿。

<u>援</u>好骑,善别名马,于<u>交阯</u>得<u>骆越</u>铜鼓,乃铸为马式,①还上之。因表曰:"夫行天莫如龙,行地莫如马。②马者甲兵之本,国之大用。安宁则以别尊卑之序,有变则以济远近之难。昔有骐骥,一

日千里,伯乐见之,昭然不惑。③近世有西河子舆,亦明相法。子舆传西河仪长孺,长孺传茂陵丁君都,君都传成纪杨子阿,臣援尝师事子阿,受相马骨法。考之于〔行〕事,〔21〕辄有验効。臣愚以为传闻不如亲见,视景不如察形。今欲形之于生马,则骨法难备具,又不可传之于后。孝武皇帝时,善相马者东门京④铸作铜马法献之,有诏立马于鲁班门外,则更名鲁班门曰金马门。臣谨依仪氏䩭,中帛氏口齿,谢氏唇鬐,丁氏身中,备此数家骨相以为法。"⑤马高三尺五寸,围四尺五寸。有诏置于宣德殿下,以为名马式焉。

①式,法也。裴氏广州记曰:"俚獠铸铜为鼓,鼓唯高大为贵,面阔丈馀。初成,悬于庭,克晨置酒,招致同类,来者盈门。豪富子女以金银为大钗,执以叩鼓,叩竟,留遗主人也。"

②史记平准书曰:"以为在天莫如龙,在地莫如马。"

③伯乐,秦穆公时善相马者也。桓宽盐铁论曰:"骐骥负盐车,垂头于太行之坂,见伯乐则喷而长鸣。"

④东门,姓也;京,名也。

⑤援铜马相法曰:"水火欲分明。水火在鼻两孔间也。上唇欲急而方,口中欲红而有光,此马千里。颔下欲深,下唇欲缓。牙欲前向。牙(欲)去齿一寸,〔22〕则四百里;牙剑锋,则千里。目欲满而泽。腹欲充,膁欲小,季肋欲长,悬薄欲厚而缓。悬薄,股也。腹下欲平满,〔23〕汗沟欲深〔而〕长,(而)膝本欲起,〔24〕肘腋欲开,膝欲方,蹄欲厚三寸,坚如石。"䩭音居奇反。

初,援军还,将至,故人多迎劳之,平陵人孟冀,名有计谋,于坐贺援。援谓之曰:"吾望子有善言,反同众人邪? 昔伏波将军路博德开置七郡,裁封数百户;①今我微劳,猥飨大县,功薄赏厚,何以能长久乎? 先生奚用相济?"冀曰:"愚不及。"援曰:"方今匈奴、乌桓尚扰北边，欲自请击之。男儿要当死于边野，以马革裹尸还葬耳，何能卧床上在儿女子手中邪?"冀曰:"谅为烈士，当如此矣。"

①汉书曰，平南越以为南海、苍梧、郁林、合浦、交阯、九真、日南、朱崖、儋耳九郡。今此言"七郡"，则与前书不同也。

还月馀，会匈奴、乌桓寇扶风，援以三辅侵扰，园陵危逼，因请行，许之。自九月至京师，十二月复出屯襄国。①诏百官祖道。援谓黄门郎梁松、窦固曰:"凡人为贵，当使可贱，如卿等欲不可复贱，居高坚自持，勉思鄙言。"松后果以贵满致灾，固亦几不免。

①襄国，县名，属赵国，今邢州龙岗县也。

明年秋，援乃将三千骑出高柳，行雁门、代郡、上谷障塞。乌桓候者见汉军至，虏遂散去，援无所得而还。

援尝有疾，梁松来候之，独拜床下，援不答。松去后，诸子问曰:"梁伯孙帝婿，①贵重朝廷，公卿已下莫不惮之，大人奈何独不为礼?"援曰:"我乃松父友也。②虽贵，何得失其序乎?"③松由是恨之。

①松尚舞阴公主。尔雅曰:"女子之夫为婿。"

②松父统也。

③礼记曰:"见父之执友，[25]不谓之进不敢进，不谓之退不敢退，不问不敢对。"郑玄曰:"敬父同志如事父也。"

二十四年，武威将军刘尚击武陵五溪蛮夷，①[26]深入，军没，援因复请行。时年六十二，帝愍其老，未许之。援自请曰:"臣尚能被甲上马。"帝令试之。援据鞍顾眄，以示可用。帝笑曰:"矍铄哉是翁也!"②遂遣援率中郎将马武、耿舒、刘匡、孙永等，将十二郡募士及弛刑四万馀人征五溪。援夜与送者诀，谓友人谒者杜愔曰：[27]"吾受厚恩，年迫餘日索，③[28]常恐不得死国事。今获所愿，甘心瞑目，但畏长者家儿或在左右，或与从事，殊难得调，介介独恶是耳。"④明年春，军至临乡，④遇贼攻县，援迎击，破之，斩获二千餘人，皆散走入竹林中。

①郦元注水经云"武陵有五溪，谓雄溪、㯇溪、酉溪、沅溪、辰溪，悉是蛮夷所居，故谓五溪蛮"。皆槃瓠之子孙也。土俗"雄"作"熊"，"㯇"作"朗"，"沅"作"武"，在今辰州界。

②矍铄，勇貌也。东观记作"暚哉是翁"。暚音许缚反。

③索，尽也。

④长者家儿谓权要子弟等。介介犹耿耿也。

⑤东观记曰"二月到武陵临乡"也。

初，军次下隽①，有两道可入，从壶头则路近而水崄，②从充则涂夷而运远，③帝初以为疑。及军至，耿舒欲从充道，援以为弃日费粮，不如进壶头，扼其喉咽，④充贼自破。以事上之，帝从援策。三月，进营壶头。贼乘高守隘，水疾，船不得上。会暑甚，士卒多疫死，援亦中病，遂困，乃穿岸为室，以避炎气。⑤贼每升险鼓噪，援辄曳足以观之，左右哀其壮意，莫不为之流涕。耿舒与兄好畤侯弇书曰："前舒上书当先击充，粮虽难运而兵马得用，军人数万争欲先奋。今壶头竟不得进，大众怫郁行死，诚可痛惜。前到临乡，贼无故自致，若夜击之，即可殄灭。伏波类西域贾胡，到一处辄止，⑥以是失利。今果疾疫，皆如舒言。"弇得书，奏之。帝乃使虎贲中郎将梁松乘驿责问援，因代监军。会援病卒，松宿怀不平，⑦遂因事陷之。帝大怒，追收援新息侯印绶。

①下隽，县名，属长沙国，故城今辰州沅陵县。隽音字兖反。

②壶头，山名也，在今辰州沅陵东。武陵记曰"此山头与东海方壶山相

似，神仙多所游集，因名壶头山"也。

③充，县名，属武陵郡。充音昌容反。

④搤，持也。

⑤武陵记曰"壶头山边有石窟，即援所穿室也。室内有蛇如百斛船大，云是援之馀灵"也。

⑥言似商胡，所至之处辄停留。贾音古。

⑦以援往受其拜。

初，兄子严、敦并喜讥议，①而通轻侠客。援前在交阯，还书诫之曰："吾欲汝曹闻人过失，如闻父母之名，耳可得闻，口不可得言也。好论议人长短，妄是非正法，②〔29〕此吾所大恶也，宁死不愿闻子孙有此行也。汝曹知吾恶之甚矣，所以复言者，施衿结褵，申父母之戒，③欲使汝曹不忘之耳。龙伯高敦厚周慎，口无择言，谦约节俭，廉公有威，吾爱之重之，愿汝曹效之。杜季良豪侠好义，忧人之忧，乐人之乐，清浊无所失，④父丧致客，数郡毕至，吾爱之重之，不愿汝曹效也。效伯高不得，犹为谨敕之士，所谓刻鹄不成尚类鹜者也。⑤效季良不得，陷为天下轻薄子，所谓画虎不成反类狗者也。讫今季良尚未可知，郡将下车辄切齿，州郡以为言，吾常为寒心，是以不愿子孙效也。"季良名保，京兆人，时为越骑司马。⑥保仇人上书，讼保"为行浮薄，乱群惑众，伏波将军万里还书以诫兄子，而梁松、窦固以之交结，〔30〕将扇其轻伪，败乱诸夏"。书奏，帝召责松、固，以讼书及援诫书示之，松、固叩头流血，而得不罪。诏免保官。伯高名述，亦京兆人，为山都长，⑦由此擢拜零陵太守。⑧

①并余之子也。喜音许吏反。

②谓讥刺时政也。

③说文曰："衿，交衽也。"诗云："亲结其褵。"毛苌注云："褵，妇人之袆

也,女施衿结帨。"尔雅曰:"帨,缓也。"郭璞注曰:"即今之香缨也。"
仪礼,父戒女曰"戒之敬之,夙夜无违命";母戒之曰"戒之敬之,夙夜
无违宫事"也。

④轻重合宜。

⑤鹜,鸭也。

⑥续汉书曰:"越骑司马秩千石。"

⑦山都,县,属南阳郡,故城在今襄州义清县东北,今名固城也。

⑧今永州也。

初,援在交阯,常饵薏苡实,用能轻身省欲,以胜瘴气。①南方
薏苡实大,援欲以为种,军还,载之一车。时人以为南土珍怪,权贵
皆望之。援时方有宠,故莫以闻。及卒后,有上书谮之者,以为前
所载还,皆明珠文犀。②马武与於陵侯侯昱等③皆以章言其状,帝
益怒。援妻孥惶惧,不敢以丧还旧茔,裁买城西数亩地槁葬而
已。④宾客故人莫敢吊会。严与援妻子草索相连,诣阙请罪。帝乃
出松书以示之,方知所坐,上书诉冤,前后六上,辞甚哀切,然
后得葬。

①神农本草经曰:"薏苡味甘,微寒,主风湿痹下气,除筋骨邪气,久服轻
身益气。"

②犀之有文彩也。[31]

③昱,司徒侯霸之子也。

④裁,仅也,与才同。槁,草也。以不归旧茔,时权葬,[32]故称槁。

又前云阳令同郡朱勃诣阙上书曰:

臣闻王德圣政,不忘人之功,①採其一美,不求备于众。②
故高祖赦蒯通而以王礼葬田横,③大臣旷然,咸不自疑。夫大
将在外,谗言在内,微过辄记,大功不计,诚为国之所慎也。故

章邯畏口而奔楚,④燕将据聊而不下。⑤岂其甘心末规哉,悼
巧言之伤类也。⑥

①周书曰:"记人之功,忘人之过,宜为君也。"

②论语周公谓鲁公曰:"不使大臣怨乎不以,无求备于一人。"

③蒯通说韩信背汉,高祖征通至,释不诛。田横初自称齐王,汉定天下,
　横犹以五百人保于海岛,高祖追横,横自杀,以王礼葬之。并见前
　书也。

④章邯为秦将,使人请事,至咸阳,赵高不见,有不信之心,使还报,邯畏
　赵高谮之,遂降项羽。

⑤史记曰,燕将攻下聊城,人或谮之于燕,燕将惧诛,因保守聊城不敢
　归。聊即今博州聊城县也。

⑥末规犹下计也。诗云:"巧言如簧。"类,善也。

　　窃见故伏波将军新息侯马援,拔自西州,钦慕圣义,间关
险难,①触冒万死,孤立群贵之间,傍无一言之佐,驰深渊,入
虎口,岂顾计哉!②宁自知当要七郡之使,徼封侯之福邪? 八
年,车驾西讨隗嚣,国计狐疑,众营未集,援建宜进之策,卒破
西州。及吴汉下陇,冀路断隔,唯独狄道为国坚守,士民饥困,
寄命漏刻。援奉诏西使,镇慰边众,乃招集豪杰,晓诱羌戎,谋
如涌泉,埶如转规,③遂救倒县之急,④存几亡之城,⑤兵全师
进,因粮敌人,陇、冀略平,而独守空郡,⑥兵动有功,师进辄
克。铢锄先零,缘入山谷,猛怒力战,飞矢贯胫。又出征交阯,
土多瘴气,援与妻子生诀,无悔吝之心,⑦遂斩灭徵侧,克平一
州。⑧间复南讨,立陷临乡,师已有业,未竟而死,吏士虽疫,援
不独存。夫战或以久而立功,或以速而致败,深入未必为得,
不进未必为非。人情岂乐久屯绝地,不生归哉! 惟援得事朝

665

廷二十二年,北出塞漠,南度江海,触冒害气,僵死军事,⑨名灭爵绝,国土不传。海内不知其过,众庶未闻其毁,卒遇三夫之言,横被诬罔之谗,⑩家属杜门,葬不归墓,怨隙并兴,宗亲怖慄。死者不能自列,生者莫为之讼,臣窃伤之。

①间关犹崎岖也。

②战国策曰:"魏安釐王畏秦,将入朝,周䜣止之。王曰:'许绾为我咒曰:"若入不出,请徇寡人以首。"'周䜣对曰:'今有人谓臣,入不测之泉,而徇臣以鼠首,可乎?绾之首犹鼠首也。囚王于不测之秦而徇王以首,窃为王不取也。'"司马迁书曰"垂饵虎口",又曰"夫人臣出万死不顾一生之计,赴公家之难"。谓援使隗嚣也。

③规,员也。孙子曰:"战如转员石于万仞之山者,埶也。"

④孟子曰:"当今之时,行仁政,人悦之,犹解于倒县也。"

⑤几音祈。几,近也。

⑥守音式授反。

⑦吝犹恨也。

⑧南海、苍梧、郁林、合浦、交阯、日南、九真皆属交州。

⑨僵,仆也。

⑩韩子曰:"庞共与魏太子质于邯郸,[33]共谓魏王曰:'今一人言市有虎,王信乎?'王曰:'否。''二人言,王信乎?'王曰:'否。''三人言,王信乎?'曰:'寡人信。'庞共曰:'夫市无虎明矣,然三人言,诚市有虎。今邯郸去魏远于市,谤臣者过三人,愿王熟察之。'"

夫明主酌于用赏,约于用刑。高祖尝与陈平金四万斤以间楚军,不问出入所为,岂复疑以钱穀间哉?夫操孔父之忠而不能自免于谗,此邹阳之所悲也。①诗云:"取彼谗人,投畀豺虎。豺虎不食,投畀有北。有北不受,投畀有昊。"②此言欲令上天而平其恶。惟陛下留思竖儒之言，③无使功臣怀恨黄泉。臣闻春秋之义，罪以功除；④圣王之祀，臣有五义。⑤若援，所谓以死勤事者也。愿下公卿平援功罪，宜绝宜续，以厌海内之望。

①史记邹阳书曰："昔者，鲁听季孙之说而逐孔子，宋信子罕之计而囚墨翟。夫以孔、墨之辩，不能自免于谗谀。"

②诗小雅巷伯篇也。畀，与也。昊，昊天也。投与昊天，制其罚也。

③言如僮竖无知也。高祖曰："竖儒几败吾事。"

④公羊传曰："夏灭项。孰灭之？齐灭之。曷为不言齐灭？为桓公讳也，以桓公尝有继绝存亡之功，故君子为之讳也。"

⑤礼记曰："夫圣王之制祀也，法施于人则祀之，以死勤事则祀之，以劳定国则祀之，能御大灾则祀之，能捍大患则祀之。"

　　臣年已六十，常伏田里，[34]窃感栾布哭彭越之义，①冒陈悲愤，战慄阙庭。

①前书曰，彭越为梁王，栾布为梁大夫使于齐。越以谋反，枭首洛阳，诏有收视者捕之。布使还，奏事越头下，祠而哭之。

书奏，报，归田里。[35]

　　勃字叔阳，年十二能诵诗、书。常候援兄况。勃衣方领，能矩步，①辞言娴雅，②援裁知书，见之自失。况知其意，乃自酌酒慰援曰："朱勃小器速成，智尽此耳，卒当从汝禀学，勿畏也。"③朱勃未二十，右扶风请试守渭城宰，④及援为将军，封侯，而勃位不过县令。援后虽贵，常待以旧恩而卑侮之，勃愈身自亲，及援遇谗，唯勃能终焉。肃宗即位，追赐勃子谷二千斛。⑤

①续汉书曰："勃能说韩诗。"前书音义曰："颈下施衿领正方，学者之服也。"矩步者，回旋皆中规矩。

马援列传第十四

667

②嫺音闲。闲雅犹沈静也,司马相如曰"雍容嫺雅"。

③稟,受也。

④渭城,县名,故城在今咸阳县东北。前书音义曰:"试守者,试守一岁,乃为真,食其全俸。"

⑤东观记曰:"章帝下诏曰:'告平陵令、丞:县人故云阳令朱勃,建武中以伏波将军爵土不传,上书陈状,不顾罪戾,怀旌善之志,有烈士之风。诗云:"无言不雠,无德不报。"其以县见穀二千斛赐勃子若孙,勿令远诣阙谢。'"

初,援兄子壻王磐子石,①王莽从兄平阿侯仁之子也。莽败,磐拥富赀居故国,为人尚气节而爱士好施,有名江淮间。后游京师,与卫尉阴兴、大司空朱浮、齐王章共相友善。援谓姊子曹训曰:"王氏,废姓也。子石当屏居自守,而反游京师长者,②用气自行,多所陵折,其败必也。"后岁馀,磐果与司隶校尉苏邺、丁鸿事相连,坐死洛阳狱。而磐子肃复出入北宫及王侯邸第。援谓司马吕种曰:③"建武之元,名为天下重开。自今以往,海内日当安耳。但忧国家诸子并壮,而旧防未立,④若多通宾客,则大狱起矣。卿曹戒慎之!"及郭后薨,有上书者,以为肃等受诛之家,客因事生乱,[36]虑致贯高、任章之变。⑤帝怒,乃下郡县收捕诸王宾客,更相牵引,死者以千数。吕种亦豫其祸,临命叹曰:"马将军诚神人也!"

①子石,磐字也。

②长者谓豪侠者也。

③是援行军之司马也。

④旧防,诸侯王子不许交通宾客。

⑤张敖为赵王,其相贯高。高祖不礼赵王,高耻之,置人壁中,欲害高祖。又任章父宣,霍氏女壻,坐谋反诛。宣帝祠昭帝庙,章乃玄服夜

入庙,待帝至,欲为逆。发觉,伏诛。并见前书。

永平初,援女立为皇后。显宗图画建武中名臣、列将于云台,①以椒房故,独不及援。东平王苍观图,言于帝曰:"何故不画伏波将军像?"帝笑而不言。至十七年,援夫人卒,乃更修封树,起祠堂。

①云台在南宫也。

建初三年,肃宗使五官中郎将持节追策,谥援曰忠成侯。

四子:廖,防,光,客卿。

客卿幼而岐嶷,年六岁,能应接诸公,专对宾客。尝有死罪亡命者来过,客卿逃匿,不令人知。外若讷而内沈敏。援甚奇之,以为将相器,故以客卿字焉。①援卒后,客卿亦夭没。

①张仪、虞卿并为客卿,故取名焉。事见史记。

论曰:马援腾声三辅,遨游二帝,及定节立谋,以干时主,将怀负鼎之愿,盖为千载之遇焉。①然其戒人之祸,智矣,②而不能自免于谗隙。岂功名之际,理固然乎?③夫利不在身,以之谋事则智;虑不私己,以之断义必厉。诚能回观物之智而为反身之察,若施之于人则能恕,自鉴其情亦明矣。④

①伊尹负鼎以干汤。光武与窦融书曰"千载之遇"也。

②谓诫窦固、梁松、王磐、吕种等,皆如所言也。

③居功名之地,谗构易兴,[37]而能免之者少矣。

④见人之谓智,自见之谓明。以自见之明为见人之用,其于物理岂不通乎。

廖字敬平,少以父任为郎。①明德皇后既立,拜廖为羽林左监、

669

虎贲中郎将。显宗崩,受遗诏典掌门禁,遂代赵憙为卫尉,肃宗甚
尊重之。

①东观记曰:"廖少习易经,清约沈静。援击武溪无功,卒于师,廖不得
　　嗣爵。"

　　时皇太后躬履节俭,事从简约,廖虑美业难终,上疏长乐宫以
劝成德政,曰:"臣案前世诏令,以百姓不足,起于世尚奢靡,故元帝
罢服官,①成帝御浣衣,哀帝去乐府。②然而侈费不息,至于衰乱
者,百姓从行不从言也。③夫改政移风,必有其本。传曰:'吴王好
剑客,百姓多创瘢;楚王好细腰,宫中多饿死。'④长安语曰:⑤'城
中好高髻,四方高一尺;城中好广眉,四方且半额;城中好大袖,四
方全匹帛。'斯言如戏,有切事实。前下制度未几,后稍不行。〔38〕虽
或吏不奉法,良由慢起京师。今陛下躬服厚缯,斥去华饰,素简所
安,发自圣性。⑥此诚上合天心,下顺民望,浩大之福,莫尚于此。
陛下既已得之自然,犹宜加以勉勖,法太宗之隆德,戒成、哀之不
终。⑦易曰:'不恒其德,或承之羞。'⑧诚令斯事一竟,⑨则四海诵
德,声薰天地,⑩神明可通,金石可勒,而况于行仁心乎,〔39〕况于行
令乎! 愿置章坐侧,以当瞽人夜诵之音。"⑪太后深纳之。朝廷大
议,辄以询访。

①前书音义曰:"齐国旧有三服之官,春献冠帻缨为首服,纨素为冬服,
　　轻绡为夏服。元帝约省,故罢之。"

②哀帝即位,诏罢郑卫之音,减郊祭及武乐等人数也。

③书曰:"违上所命,从厥攸好。"

④墨子曰"楚灵王好细腰,而国多饿人"也。

⑤当时谚言。

⑥言俭素约简,后之所安。

⑦太宗,孝文也。玄默为化,身衣弋绨。成帝下诏,务崇俭约,禁断绮
　穀、女乐,嫁娶葬埋过制,唯青绿人所常服不禁。哀帝初即位,易帷
　帐,去锦绣,乘舆席缘绨缯而已。成帝以赵飞燕,哀帝以董贤,为俭并
　不终。

⑧恒卦九三爻词也。巽下震上,郑玄注云:“巽为进退,不恒其德之象。
　又(玄)〔互〕体兑,[40]兑为毁折,后将有羞辱也。”

⑨竟犹终也。

⑩薰犹蒸也,言芳声薰天地也。

⑪瞽人,无目者也。古者瞽师教国子诵六诗。前书礼乐志云“乃采诗夜
　诵”。夜诵者,其辞或祕,不可宣露,故于夜中歌诵也。

　廖性质诚畏慎,不爱权执声名,尽心纳忠,不屑毁誉。①有司连
据旧典,奏封廖等,累让不得已,建初四年,遂受封为顺阳侯,以特
进就第。每有赏赐,辄辞让不敢当,京师以是称之。

　　①王逸注楚词云:“屑,顾也。”

　子豫,为步兵校尉。太后崩后,马氏失执,廖性宽缓,不能教勒
子孙,豫遂投书怨诽。又防、光奢侈,好树党与。八年,有司奏免
豫,遣廖、防、光就封。豫随廖归国,考击物故。①后诏还廖京师。
永元四年,卒。和帝以廖先帝之舅,厚加赗赗,使者吊祭,王主会
丧,谥曰安侯。[41]

　　①物,无也;故,事也:谓死也。

671

　子遵嗣,徙封程乡侯。遵卒,无子,国除。元初三年,邓太后
(诏)〔绍〕封廖孙度为颍阳侯。[42]

　防字江平,永平十二年,与弟光俱为黄门侍郎。肃宗即位,拜
防中郎将,稍迁城门校尉。

建初二年，金城、陇西保塞羌皆反，①拜防行车骑将军事，以长水校尉耿恭副，将北军五校兵及诸郡积射士三万人击之。军到冀，而羌豪布桥等围南部都尉于临洮。防欲救之，临洮道险，车骑不得方驾，防乃别使两司马将数百骑，分为前后军，去临洮十馀里为大营，多树幡帜，扬言大兵旦当进。羌候见之，驰还言汉兵盛不可当。明旦遂鼓噪而前，羌虏惊走，因追击破之，斩首虏四千馀人，遂解临洮围。防开以恩信，烧当种皆降，唯布桥等二万馀人在临洮西南望曲谷。②十二月，羌又败耿恭司马及陇西长史于和罗谷，死者数百人。明年春，防遣司马夏骏将五千人从大道向其前，潜遣司马马彭将五千人从间道衝其心腹，又令将兵长史李调等将四千人绕其西，三道俱击，复破之，斩获千馀人，得牛羊十馀万头。羌退走，夏骏追之，反为所败。防乃引兵与战于索西，又破之。③布桥迫急，将种人万馀降。诏征防还，拜车骑将军，城门校尉如故。

①羌，东吾烧当之后也，以其父滇吾降汉，乃入居塞内，故称保塞。

②郦元注水经云望曲在临洮西南，去龙桑城二百里。

③索西，县名，故城在今岷州和政县东，亦名临洮东城，亦谓之赤城。沙州记云："从东洮至西洮一百二十里。"东洮即谓此城。

防贵宠最盛，与九卿绝席。光自越骑校尉迁执金吾。四年，封防颖阳侯，光为许侯，兄弟二人各六千户。防以显宗寝疾，入参医药，又平定西羌，增邑千三百五十户。屡上表让位，俱以特进就第。皇太后崩，明年，拜防光禄勋，光为卫尉。防数言政事，多见採用。是冬始施行十二月迎气乐，[43]防所上也。①子钜，为常从小侯。②六年正月，以钜当冠，③特拜为黄门侍郎。肃宗亲御章台下殿，陈鼎俎，自临冠之。明年，防复以病乞骸骨，诏赐故中山王田庐，④以特进就第。

①解见章帝纪。

②以小侯故得常从也。

③礼记曰二十弱冠。[44]仪礼曰,士冠,筮于庙门,[45]主人玄冠朝服,有司
如主人服。卒筮旅占告吉,若不吉即筮远日如初。前期三日,筮宾如
求日之仪。陈服于房中西墉下,东领北上。始加缁布冠,次加皮弁,
次加爵弁。嫡子冠于阼,以著代也。三加而弥尊,冠而字之,敬其名
也。祝曰:"令月吉辰,加尔元服,弃尔幼志,顺尔成德。"

④中山王焉以郭太后少子故,独留京师。建武三十年徙封中山,永平二
年就国,故以其田庐赐防也。

防兄弟贵盛,奴婢各千人已上,资产巨亿,皆买京师膏腴美田,
又大起第观,连阁临道,弥亘街路,多聚声乐,曲度比诸郊庙。①宾
客奔凑,四方毕至,京兆杜笃之徒数百人,常为食客,居门下。刺
史、守、令多出其家。岁时赈给乡间,故人莫不周洽。防又多牧马
畜,赋敛羌胡。帝不喜之,数加谴敕,所以禁遏甚备,由是权执稍
损,宾客亦衰。八年,因兄子豫怨谤事,有司奏防、光兄弟奢侈逾
僭,浊乱圣化,悉免就国。临上路,诏曰:"舅氏一门,俱就国封,四
时陵庙无助祭先后者,朕甚伤之。其令许侯思愆田庐,有司勿复
请,②以慰朕渭阳之情。"③

①曲度谓曲之节度也。

②留之于京,守田庐而思愆过也。

③渭阳,诗秦风也。秦康公送舅晋文公于渭之阳,念母之不见也。其诗
曰:"我见舅氏,如母存焉。"

光为人小心周密,丧母过哀,①帝以是特亲爱之,乃复位特进。
子康,黄门侍郎。永元二年,光为太仆,康为侍中。及窦宪诛,光坐
与厚善,复免就封。后宪奴诬光与宪逆,自杀,②家属归本郡。本

郡复杀康,而防及廖子遵皆坐徙封丹阳。防为翟乡侯,租岁限三百万,不得臣吏民。防后以江南下湿,上书乞归本郡,和帝听之。十三年,卒。

①东观记曰:"光遭母丧,哀恸感伤,形骸骨立。"

②东观记曰:"奴名玉当。初,窦氏有事,玉当亡,私从光乞,不与。恨去,怀挟欲中光。官捕得玉当,因告言光与宪有恶谋,光以被诬不能自明,乃自杀。光死后,宪他奴郭扈自出证明光、宪无恶言,光子朗上书迎光丧葬旧茔,诏许之。"

子钜嗣,后为长水校尉。永初七年,邓太后诏诸马子孙还京师,随四时见会如故事,复绍封光子朗为合乡侯。

严字威卿。父余,王莽时为扬州牧。严少孤,①而好击剑,习骑射。②后乃白援,从平原杨太伯讲学,专心坟典,能通春秋左氏,③因览百家群言,遂交结英贤,京师大人咸器异之。④仕郡督邮,援常与计议,委以家事。弟敦,字孺卿,亦知名。援卒后,严乃与敦俱归安陵,居钜下,⑤三辅称其义行,号曰"钜下二卿"。

①东观记:"余卒时,严七岁,依姊壻父九江连率平阿侯王述。明年,母复终,会述失郡,居沛郡。建武三年,余外孙右扶风曹贡为梧安侯相,迎严归,养视之。至四年,叔父援从车驾东征,过梧安,乃将严兄弟西。严年十三至雒阳,留寄郎朱仲孙舍,大奴步护视之也。"

②东观记曰:"严从其故门生肆都学击剑,[46]习骑射。"

③东观记曰,从司徒祭酒陈元受之。

④大人,长者之称也。

⑤决录注曰:"钜下,地名也。"

明德皇后既立,严乃闭门自守,犹复虑致讥嫌,遂更徙北地,断绝宾客。永平十五年,皇后敕使移居洛阳。显宗召见,严进对闲雅,意甚异之,有诏留仁寿闼,与校书郎杜抚、班固等杂定建武注记。常与宗室近亲临邑侯刘复等论议政事,甚见宠幸。后拜将军长史,将北军五校士、羽林禁兵三千人,屯西河美稷,①卫护南单于,听置司马、从事。牧守谒敬,同之将军。敕严过武库,祭蚩尤,②帝亲御阿阁,③观其士众,时人荣之。

①美稷,县名。

②武库,掌兵器,令一人,秩六百石。前书音义曰:"蚩尤,古天子,好五兵,故今祭之。"见高祖纪也。

③阿,曲也。

肃宗即位,征拜侍御史中丞,[47]除子鳣为郎,①令劝学省中。②其冬,有日食之灾,严上封事曰:"臣闻日者众阳之长,食者阴侵之征。书曰:'无旷庶官,天工人其代之。'③言王者代天官人也。故考绩黜陟,以明褒贬。④无功不黜,则阴盛陵阳。臣伏见方今刺史太守专州典郡,不务奉事尽心为国,而司察偏阿,取与自己,同则举为尤异,异则中以刑法,⑤不即垂头塞耳,採求财赂。今益州刺史朱酺、杨州刺史倪说、⑥凉州刺史尹业等,每行考事,辄有物故,⑦又选举不实,曾无贬坐,是使臣下得作威福也。故事,州郡所举上奏,司直察能否以惩虚实。⑧今宜加防检,式遵前制。旧丞相、御史亲治职事,唯丙吉以年老优游,不案吏罪,⑨于是宰府习为常俗,更共阘养,以崇虚名,⑩或未晓其职,便复迁徙,诚非建官赋禄之意。宜敕正百司,各责以事,州郡所举,必得其人。若不如言,裁以法令。传曰:'上德以宽服民,其次莫如猛。故火烈则人望而畏之,水懦则人狎而翫之。为政者宽以济猛,猛以济宽。'⑪如此,绥御有体,灾眚消矣。"⑫书奏,帝纳其言而免酺等官。

①鳟音时兖反。

②劝,勉也。前书王凤荐班伯于成帝,宜劝学,召见宴昵殿是也。

③尚书咎繇之词。

④尚书曰:"三载考绩,三考黜陟幽明。"

⑤中音丁仲反。

⑥倪音五分反。说音悦。

⑦考,按也。

⑧前书武帝元狩五年,初置司直,比二千石,掌佐丞相举不法。续汉书
曰:"光武以武帝故事置司直,居丞相府,助督录诸州。建武十八年
省之。"

⑨丙吉字少卿,鲁人也。宣帝时,为丞相。掾史有罪,终无所验。公府
不按吏,自吉始也。见前书。

⑩罔养犹依违也。

⑪左传郑子产诫子太叔为政之词也。

⑫眚亦灾也。

建初元年,迁五官中郎将,除三子为郎。严数荐达贤能,申解
冤结,多见纳用。复以五官中郎将行长乐卫尉事。二年,拜陈留太
守。严当之职,乃言于帝曰:"昔显亲侯窦固误先帝出兵西域,置伊
吾卢屯,烦费无益。又窦勋受诛,其家不宜亲近京师。"是时勋女为
皇后,窦氏方宠,时有侧听严言者,以告窦宪兄弟,由是失权贵心。
严下车,明赏罚,发奸慝,郡界清静。时京师讹言贼从东方来,百姓
奔走,转相惊动,诸郡遑急,各以状闻。严察其虚妄,独不为备。诏
书敕问,使驿系道,严固执无贼,后卒如言。典郡四年,坐与宗正刘
轶、少府丁鸿等更相属托,征拜太中大夫;十馀日,迁将作大匠。七

年,复坐事免。后既为窦氏所忌,遂不复在位。及帝崩,窦太后临朝,严乃退居自守,训教子孙。永元十年,卒于家,时年八十二。

弟敦,官至虎贲中郎将。严七子,①唯续、融知名。续字季则,七岁能通论语,十三明尚书,十六治诗,博观群籍,善九章算术。②顺帝时,为护羌校尉,迁度辽将军,所在有威恩称。融自有传。

①谓固、伉、歆、鳟、融、留、续。

②刘徽九章算术曰方田第一,粟米第二,(美外)〔差分〕第三,[48]少广第四,商功第五,均输第六,盈不足第七,方程第八,句股第九。

棱字伯威,援之族孙也。少孤,依从兄毅共居业,恩犹同产。毅卒无子,棱心丧三年。①

①东观记曰:"毅,张掖属国都尉。"

建初中,仕郡功曹,举孝廉。及马氏废,肃宗以棱行义,征拜谒者。章和元年,迁广陵太守。时穀贵民饥,奏罢盐官,以利百姓,赈贫赢,薄赋税,兴复陂湖,溉田二万馀顷,吏民刻石颂之。①永元二年,转汉阳太守,有威严称。大将军窦宪西屯武威,棱多奉军费,侵赋百姓,宪诛,坐抵罪。后数年,江湖多剧贼,以棱为丹阳太守。棱发兵掩击,皆禽灭之。转会稽太守,治亦有声。转河内太守。永初中,坐事抵罪,卒于家。

①东观记曰:"棱在广陵,蝗(虫)〔蟲〕入江海,化为鱼虾,[49]兴复陂湖,增岁租十余万斛。"

赞曰:伏波好功,爰自冀、陇。南静骆越,西屠烧种。徂年已流,壮情方勇。明德既升,家祚以兴。廖乏三趣,防遂骄陵。①

①左氏传曰,宋正考甫三命滋益恭,"一命而偻,再命而伛,三命而俯,循

墙而走,亦莫余敢侮”。

【校勘记】

〔1〕马何罗　集解引惠士奇说,谓“马”前书作“莽”,莽马音同,古
　　文通。

〔2〕况字长平　汲本、殿本“长”作“君”。按:聚珍本东观记亦作“君”。

〔3〕否则守钱虏耳　按:集解引惠栋说,谓“虏”袁宏纪作“奴”。

〔4〕师事颍川满昌　按:汲本“满”作“蒲”,东观记同。

〔5〕又尝为牧(帅)〔师〕令　集解引陈景云说,谓注“帅”当作“师”,前
　　汉有牧师令。今据改。

〔6〕如偶人形　按:汲本“偶”作“俑”。袁纪同。

〔7〕东观记(曰)　“曰”字当衍,今删。

〔8〕但帻坐　殿本“但”作“袒”,聚珍本东观记同。按:校补引说文
　　“但,裼也”,“裼,但也”,谓古“袒”作“但”,故通鉴亦作“但帻坐”。

〔9〕以离器(友)〔支〕党　据汲本改。按:刊误谓“友”当作“支”。

〔10〕言为标准(谓)〔为〕射的也　据殿本改。

〔11〕其田土肥壤　按:集解引沈钦韩说,谓方言“膔,肥也”,广雅“膔,
　　盛也”,“壤”当为“膔”。

〔12〕县管蛮夷曰道　刊误谓“管”当依汉书本文作“有”。今按:汉志作
　　“有蛮夷曰道”,续志作“县主蛮夷曰道”。

〔13〕务开(宽)〔恩〕信(恩)〔宽〕以待下　据刊误改。按:聚珍本东观记
　　正作“务开恩信,宽以待下”。

〔14〕督楼船将军段志等　按:“段志”袁宏纪作“殷志”。

〔15〕援追徵侧等至禁溪　按:通鉴胡注谓“禁溪”水经注及越志皆作
　　“金溪”。

〔16〕当吾在浪泊西里间　按:王先谦谓东观记“里”下有“坞”字。

〔17〕毒气重蒸　刊误谓"重"当作"熏"。今按:集解引周寿昌说,谓重蒸言下潦上雾,两重相蒸也,不必改"熏"。王先谦谓东观记作"熏",案"重"字亦通。

〔18〕雒将之女也　按:沈钦韩谓"雒"当为"骆",贾损之所谓"骆越之民",前书闽越传"瓯骆将左黄同"。

〔19〕奔入金溪(穴)〔究〕中　集解引沈钦韩说,谓"穴"当为"究"。水经郁水注引竺枝扶南记曰,山溪濑中谓之究。又叶榆水注,援将兵讨侧,侧走金溪究中。今据改。

〔20〕徵侧徐党都羊等　光武纪"都羊"作"都阳"。按:阳羊古通作。

〔21〕考之于〔行〕事　据汲本、殿本补。

〔22〕牙(欲)去齿一寸　据刊误删。

〔23〕腹下欲平满　按:集解引惠栋说,谓唐、宋旧本皆云"胁堂欲平满"。

〔24〕汗沟欲深〔而〕长(而)膝本欲起　据刊误改。

〔25〕见父之执友　按:殿本、集解本无"友"字,与礼记合。

〔26〕武威将军刘尚　按:王先谦谓东观记"刘尚"作"刘禹"。

〔27〕谒者杜愔　按:集解引惠栋说,谓袁宏纪"杜愔"作"杜忱"。

〔28〕年迫馀日索　按:集解引王补说,谓通鉴作"年迫日索",无"馀"字。

〔29〕妄是非正法　按:通鉴"正"作"政"。集解引惠栋说,谓案注当作"政"。

〔30〕窦固以之交结　按:王先谦谓"以"字无义,疑当作"与",音近而讹。

〔31〕犀之有文彩也　按:校补谓"之"当作"角"。

〔32〕时权葬　按:校补谓"时权"二字当乙。

〔33〕庞共与魏太子质于邯郸　按:校补谓"庞共"魏策作"庞葱"。

〔34〕常伏田里　按:校补谓观下文"报归田里",则朱勃上书之时必尚未归田里,安得云"常伏田里","常"盖"当"之误。

〔35〕书奏报归田里　按:<u>王补</u>谓<u>袁纪</u>"书奏不报,归田里",此"报"上夺"不"字,<u>通鉴</u>作"帝意稍解"。<u>校补</u>则谓<u>袁纪</u>"不"字必误衍。当时帝方盛怒,<u>勃</u>固无不待报而擅归田里之理。<u>勃</u>书本自陈年已六十,当伏田里,故帝报许之,不以其讼<u>伏波</u>为罪,即意稍解也。

〔36〕客因事生乱　按:<u>刊误</u>谓"客"是"容"之误。

〔37〕谗构易兴　按:"构"原作"搆",径改正。

〔38〕前下制度未几后稍不行　<u>刊误</u>谓案文有"未几",则不当更有"后"字,盖本是"复"字也。今按:应读"前下制度未几"为句,"后"字连下读,<u>刘</u>说未谛。

〔39〕而况于行仁心乎　按:"行"字疑涉下"行令"而讹衍,<u>群书治要</u>引此无"行"字,<u>通鉴</u>则删此一句。

〔40〕又(玄)〔互〕体兑　据殿本改。

〔41〕谥曰安侯　按:<u>汲</u>本、<u>殿</u>本"安"作"哀"。

〔42〕(诏)〔绍〕封廖孙度为颍阳侯　<u>殿</u>本考证谓"诏"当作"绍"。今据改。

〔43〕十二月迎气乐　按:<u>东观记</u>"十二月"作"十月"。

〔44〕二十弱冠　按:<u>张森楷校勘记</u>谓"弱"上当有"曰"字。

〔45〕筮于庙门　按:<u>刊误</u>谓"筮"下当有"日"字。

〔46〕严从其故门生肆都学击剑　<u>刊误</u>谓门生无故者,"故"当作"叔"。按:<u>集解</u>引<u>周寿昌</u>说,谓"其"字指<u>马援</u>,谓援之故门生,注截引<u>东观记</u>原文,故字句微阙。

〔47〕征拜侍御史中丞　<u>集解</u>引<u>惠栋</u>说,谓征拜侍御史,复迁中丞也。按:<u>沈家本</u>谓疑此"侍"字衍。

〔48〕(羡外)〔差分〕第三　据<u>汲</u>本、<u>殿</u>本改。

〔49〕蝗(虫)〔蟲〕入江海化为鱼虾　据<u>汲</u>本改。

后汉书卷二十五

卓鲁魏刘列传第十五　鲁恭弟丕

卓茂字子康，〔1〕南阳宛人也。父祖皆至郡守。茂，元帝时学于长安，事博士江生，①习诗、礼及历算，究极师法，称为通儒。性宽仁恭爱。乡党故旧，虽行能与茂不同，而皆爱慕欣欣焉。②

①江生，鲁人江翁也。昭帝时为博士，号鲁诗宗。见前书。

②东观记曰："茂为人恬荡乐道，推实不为华貌，〔2〕行己在于清浊之间，自束发至白首，与人未尝有争竞。"

初辟丞相府史，事孔光，光称为长者。时尝出行，有人认其马。茂问曰："子亡马几何时？"对曰："月馀日矣。"茂有马数年，心知其谬，嘿解与之，挽车而去，顾曰："若非公马，幸至丞相府归我。"他日，马主别得亡者，乃诣府送马，叩头谢之。茂性不好争如此。

后以儒术举为侍郎，给事黄门，迁密令。①劳心谆谆，视人如子，②举善而教，口无恶言，吏人亲爱而不忍欺之。③人尝有言部亭长受其米肉遗者，④茂辟左右问之曰："亭长为从汝求乎？为汝有事嘱之而受乎？将平居自以恩意遗之乎？"人曰："往遗之耳。"茂曰："遗之而受，何故言邪？"人曰："窃闻贤明之君，使人不畏吏，吏不取人。今我畏吏，是以遗之，吏既卒受，故来言耳。"茂曰："汝为敝人矣。凡人所以贵于禽兽者，以有仁爱，知相敬事也。今邻里长老尚致馈遗，此乃人道所以相亲，况吏与民乎？吏顾不当乘威力强请求耳。凡人之生，群居杂处，故有经纪礼义以相交接。[3]汝独不欲修之，宁能高飞远走，不在人间邪？亭长素善吏，岁时遗之，礼也。"人曰："苟如此，律何故禁之？"茂笑曰："律设大法，礼顺人情。今我以礼教汝，汝必无怨恶；以律治汝，何所措其手足乎？一门之内，小者可论，大者可杀也。且归念之！"于是人纳其训，吏怀其恩。初，茂到县，有所废置，吏人笑之，邻城闻者皆蚩其不能。河南郡为置守令，茂不为嫌，理事自若。⑤数年，教化大行，道不拾遗。平帝时，天下大蝗，河南二十馀县皆被其灾，独不入密县界。督邮言之，⑥太守不信，自出案行，见乃服焉。

①密，今洛州密县也。

②谆谆，忠谨之貌也。诗曰："诲尔谆谆。"音之顺反。

③家语曰："宓子贱为单父宰，[4]人不忍欺。"

④部谓所部也。

⑤东观记曰："守令与茂并居，久之，吏人不归往守令。"

⑥续汉志曰："郡监县有五部，部有督邮掾，以察诸县也。"

是时王莽秉政，置大司农六部丞，劝课农桑，①迁茂为京部丞，密人老少皆涕泣随送。及莽居摄，以病免归郡，常为门下掾祭酒，不肯作职吏。

①王莽摄政，置大司农部丞十三人，人部一州，劝课农桑。今书及东观

记并言六部。

更始立,以茂为侍中祭酒,①从至长安,知更始政乱,以年老乞骸骨归。

> ①续汉志曰:"侍中,无员,掌侍左右,顾问应对,本有仆射一人,中兴转
> 为祭酒。"

时光武初即位,先访求茂,茂诣河阳谒见。①乃下诏曰:"前密令卓茂,束身自修,执节淳固,诚能为人所不能为。夫名冠天下,当受天下重赏,故武王诛纣,封比干之墓,表商容之间。②今以茂为太傅,封褒德侯,食邑二千户,③赐几杖车马,衣一袭,絮五百斤"。④[5]复以茂长子戎为太中大夫,次子崇为中郎,给事黄门。建武四年,薨,赐棺椁冢地,车驾素服亲临送葬。

> ①东观记曰,茂时年七十馀矣。
> ②王子比干,纣杀之。商容,殷贤臣。武王入殷,命闳夭封比干之墓,命
> 毕公表商容之间。表,旌显也。间,里门也。事见史记。
> ③东观记、续汉书皆作"宣德侯"。[6]
> ④单复具谓之袭。

子崇嗣,徙封汜乡侯,官至大司农。①崇卒,子棽嗣。②棽卒,子沂嗣。沂卒,子隆嗣。永元十五年,隆卒,无子,国除。

> ①汜乡在琅邪郡不其县。
> ②棽音丑金反,又所金反。

初,茂与同县孔休、陈留蔡勋、安众刘宣、楚国龚胜、上党鲍宣六人同志,不仕王莽时,[7]并名重当时。休字子泉,哀帝初,守新都令。①后王莽秉权,休去官归家。及莽篡位,遣使赍玄纁、束帛,请为国师,遂欧血託病,杜门自绝。光武即位,求休、勋子孙,赐縠以

683

旌显之。刘宣字子高,安众侯崇之从弟,知王莽当篡,乃变名姓,抱经书隐避林薮。建武初乃出,光武以宣袭封安众侯。擢龚胜子赐为上谷太守。胜、鲍宣事在前书。勋事在玄孙邑传。

①新都,县也,属南阳郡。

论曰:建武之初,雄豪方扰,虓呼者连响,婴城者相望,①斯固倥偬不暇给之日。②卓茂断断小宰,无它庸能,③时已七十馀矣,而首加聘命,优辞重礼,其与周、燕之君表闾立馆何异哉?④于是蕴愤归道之宾,⑤越关阻,捐宗族,以排金门者众矣。夫厚性宽中近于仁,犯而不校邻于恕,⑥率斯道也,怨悔曷其至乎!⑦

①虓,虎怒也。诗曰:"阚如虓虎。"婴城,言以城自婴绕。

②字书曰:"倥偬,穷困也。给,足也。"日促事多,不暇给足也。

③断断犹专一也。书曰:"断断猗无它伎。"

④史记燕昭王即位,欲雪齐耻,以招贤者,得郭隗,为筑宫而师事之。

⑤蕴,积也。

⑥校,报也。邻,近也。曾子曰:"犯而不校。"

⑦怨谓为人所怨也。悔,恨也。

鲁恭字仲康,扶风平陵人也。其先出于鲁(倾)〔顷〕公,[8]为楚所灭,迁于下邑,因氏焉。世吏二千石,哀平间,自鲁而徙。祖父匡,王莽时,为羲和,有权数,号曰"智囊"。①父某,建武初,为武陵太守,卒官。时恭年十二,弟丕七岁,昼夜号踊不绝声,郡中赙赠无所受,②乃归服丧,礼过成人,乡里奇之。十五,与母及丕俱居太学,习鲁诗,③[9]闭户讲诵,绝人间事,兄弟俱为诸儒所称,学士争归之。

①匡设六筦之法以穷工商,故曰权数。

②公羊传曰:"货财曰赙。"

③高祖时鲁申公诗也。

太尉赵憙慕其志,每岁时遣子问以酒粮,皆辞不受。①恭怜丕小,欲先就其名,託疾不仕。郡数以礼请,谢不肯应,母强遣之,恭不得已而西,因留新丰教授。建初初,丕举方正,恭始为郡吏。太傅赵憙闻而辟之。肃宗集诸儒于白虎观,恭特以经明得召,与其议。②

①问,遗也。

②与音豫也。

敕憙复举恭直言,待诏公车,拜中牟令。恭专以德化为理,不任刑罚。讼人许伯等争田,累守令不能决,[10]恭为平理曲直,皆退而自责,辍耕相让。亭长从人借牛而不肯还之,牛主讼于恭。恭召亭长,敕令归牛者再三,犹不从。恭叹曰:"是教化不行也。"欲解印绶去。掾史泣涕共留之,①亭长乃憨悔,还牛,诣狱受罪,恭贳不问。②于是吏人信服。建初七年,郡国螟伤稼,犬牙缘界,不入中牟。河南尹袁安闻之,疑其不实,使仁恕掾肥亲往廉之。③恭随行阡陌,俱坐桑下,有雉过,止其傍。傍有童儿,亲曰:"儿何不捕之?"儿言"雉方将雏"。亲瞿然而起,④[11]与恭诀曰:"所以来者,欲察君之政跡耳。今虫不犯境,此一异也;化及鸟兽,此二异也;竖子有仁心,此三异也。久留,徒扰贤者耳。"还府,具以状白安。是岁,嘉禾生恭便坐廷中,⑤安因上书言状,帝异之。会诏百官举贤良方正,恭荐中牟名士王方,帝即征方诣公车,礼之与公卿所举同,方致位侍中。恭在事三年,州举尤异,会遭母丧去官,吏人思之。

①续汉志曰:"县置掾史如郡。"

②赀,宽贷也,音时夜反。

③仁恕掾,主狱,属河南尹,见汉官仪。廉,察也。

④瞿音久住反。

⑤便坐,于便侧之处,非正室也。续汉书云:"恭谦不矜功,封以言府,府
即奏上。尹以檄劳曰:'君以名德,久屈中牟,物产之化流行,天降休
瑞,应行而生,尹甚嘉之。'"

后拜侍御史。和帝初立,议遣车骑将军窦宪与征西将军耿秉
击匈奴,恭上疏谏曰:

陛下亲劳圣思,日昃不食,忧在军役,诚欲以安定北垂,为
人除患,定万世之计也。臣伏独思之,未见其便。社稷之计,
万人之命,在于一举。数年以来,秋稼不熟,人食不足,仓库空
虚,国无畜积。会新遭大忧,人怀恐惧。①陛下躬大圣之德,履
至孝之行,尽谅阴三年,听于冢宰。百姓阙然,三时不闻警跸
之音,②莫不怀思皇皇,若有求而不得。③今乃以盛春之月,兴
发军役,扰动天下,以事戎夷,诚非所以垂恩中国,改元正时,
由内及外也。

①章帝崩也。

②三时,秋、夏、冬也。天子出警入跸。和帝章和二年二月即位,明年
春,议击匈奴。帝在谅阴不出,故百姓三时不闻警跸。

③礼记檀弓曰:"鲁人颜丁善居丧,始死,皇皇焉如有求而不得。"言百姓
思帝,故恭引之。

万民者,天之所生。天爱其所生,犹父母爱其子。一物有
不得其所者,则天气为之舛错,况于人乎?故爱人者必有天

报。昔太王重人命而去邠,故获上天之祐。①夫戎狄者,四方之异气也。蹲夷踞肆,与鸟兽无别。②若杂居中国,则错乱天气,汙辱善人,是以圣王之制,羁縻不绝而已。③

①史记,古公修后稷、公刘之业,国人皆戴之。戎翟攻之,人人皆怒欲战,古公曰:“人以我故战,杀人父子,予不忍为。”乃与私属尽去邠,止于岐下。邠人举国扶老携弱,尽复归于岐下。旁国闻之,亦多归附。古公乃营筑城郭室屋而邑之,人皆歌颂其德。武王即位,追尊古公为大王。

②夷,平也。肆,放也。言平坐踞傲,肆放无礼也。

③字书曰:“羁,马络头也。”苍颉篇曰:“縻,牛缰也。”

今边境无事,宜当脩仁行义,尚于无为,令家给人足,安业乐产。夫人道乂于下,则阴阳和于上,祥风时雨,覆被远方,夷狄重译而至矣。易曰:“有孚盈缶,终来有它吉。”①言甘雨满我之缶,诚来有我而吉已。②〔12〕夫以德胜人者昌,以力胜人者亡。今匈奴为鲜卑所杀,远臧于史侯河西,〔13〕去塞数千里,而欲乘其虚耗,利其微弱,是非义之所出也。前太仆祭肜远出塞外,卒不见一胡而兵已困矣。③白山之难,不绝如缍,④都护陷没,士卒死者如积,⑤迄今被其辜毒。孤寡哀思之心未弭,仁者念之,以为累息,奈何复欲袭其跡,不顾患难乎?今始征发,而大司农调度不足,⑥使者在道,分部督趣,⑦上下相迫,民间之急亦已甚矣。三辅、并、凉少雨,麦根枯焦,牛死日甚,此其不合天心之效也。群僚百姓,咸曰不可,陛下独奈何以一人之计,弃万人之命,不恤其言乎?上观天心,下察人志,足以知事之得失。臣恐中国不为中国,岂徒匈奴而已哉!惟陛下留圣恩,〔14〕休罢士卒,以顺天心。

①易比卦辞也。孚,诚信也。缶,土器也。王弼注云:"亲乎天下,著信
盈缶,应者岂一道而来,故必有它吉也。"

②比卦坤下坎上。坤为土,缶之象也。坎为水,雨之象也。坎在坤上,
故曰甘雨满我之缶。有诚信,则它人来附而吉也。

③永平十六年,窦固、祭肜、耿秉、来苗等四道出击匈奴。固至天山,击
走呼衍王,肜坐不至涿邪山,无所见而还,下狱免为庶人也。

④白山即天山也。言肜、固俱击匈奴,固至天山,肜还下狱,同历艰危,
故曰如继。公羊传曰"中国不绝若继"也。

⑤永平末年,焉耆、龟兹共攻没都护陈睦,杀吏士二千馀人。

⑥度音大各反。

⑦趣音促。

书奏,不从。每政事有益于人,恭辄言其便,无所隐讳。

其后拜为鲁诗博士,由是家法学者日盛。迁侍中,数召谦见,
问以得失,赏赐恩礼宠异焉。迁乐安相。①是时东州多盗贼,群辈
攻劫,诸郡患之。恭到,重购赏,开恩信,②其渠帅张汉等率支党
降,恭上以汉补博昌尉,③其馀遂自相捕击,尽破平之,州郡以安。

①章帝孙千乘王宠相也。和帝改千乘国为乐安国,故城在今淄州高苑
县北。

②说文曰:"以财相赎曰购。"

③博昌,县,属千乘国,今青州县也。

688

永元九年,征拜议郎。八月,饮酎,斋会章台,诏使小黄门特引
恭前。其夜拜侍中,敕使陪乘,劳问甚渥。冬,迁光禄勋,选举清
平,京师贵戚莫能枉其正。十(二)〔三〕年,代吕盖为司徒。①〔15〕十
五年,从巡狩南阳,除子抚为郎中,赐骈马从驾。②时弟丕亦为侍
中。兄弟父子并列朝廷。后坐事策免。③殇帝即位,以恭为长乐卫

尉。永初元年，复代梁鲔为司徒。④

①汉官仪曰："吕盖字君(上)〔玉〕，[16]苑陵人。"

②驸，副也。非正所乘，皆为副。说文曰："驸马，副马也。"

③续汉书曰"坐族弟弘农都尉炳事免官"也。

④汉官仪曰"鲔字伯元，河东平阳人"也。

初，和帝末，下令麦秋得案验薄刑，而州郡好以苛察为政，因此遂盛夏断狱。恭上疏谏曰：

> 臣伏见诏书，敬若天时，①忧念万民，为崇和气，罪非殊死，且勿案验。进柔良，退贪残，奉时令。②所以助仁德，顺昊天，致和气，利黎民者也。

①若，顺也。尚书尧典曰："乃命羲和，钦若昊天，敬授人时。"

②言顺月令以行事也。

> 旧制至立秋乃行薄刑，自永元十五年以来，改用孟夏，而刺史、太守不深惟忧民息事之原，进良退残之化，①因以盛夏征召农人，拘对考验，连滞无已。司隶典司京师，四方是则，②而近于春月分行诸部，託言劳来贫人，而无隐恻之实，烦扰郡县，廉考非急，逮捕一人，罪延十数，③上逆时气，下伤农业。案易五月姤用事。④经曰："后以施令诰四方。"⑤言君以夏至之日，施命令止四方行者，所以助微阴也。⑥行者尚止之，况于逮召考掠，夺其时哉！

①月令曰："孟夏，命太尉赞桀俊，遂贤良，举长大，行爵出禄，必当其位。"

②汉官仪曰："司隶校尉董领京师及三辅、三河、弘农。"

③逮，及也。辞所连及，即追捕之。

④东观记曰："五月姤卦用事。"姤卦巽下乾上，初六，一阴爻生，五月之

卦也。本多作"后",古字通。

⑤诰,理也。易姤卦卦象曰:"天下有风,姤,后以施令诰四方。"〔17〕乾为天,君之象也;巽为风,号令之象也;后,君也;故以喻人君施令也。

⑥易复卦曰:"先王以至日闭关,商旅不行。"故夏至宜止行也。五月阴气始生,故曰微阴。

比年水旱伤稼,人饥流宂。①今始夏,百穀权舆,阳气胎养之时。②自三月以来,阴寒不暖,物当化变而不被和气。月令:"孟夏断薄刑,出轻系。行秋令则苦雨数来,五穀不熟。"③又曰:"仲夏挺重囚,益其食。④行秋令则草木零落,⑤人伤于疫。"⑥夫断薄刑者,谓其轻罪已正,不欲令久系,故时断之也。臣愚以为今孟夏之制,可从此令,其决狱案考,皆以立秋为断,以顺时节,育成万物,则天地以和,刑罚以清矣。

①宂,散也。

②尔雅曰:"权舆,始也。"万物皆含胎长养之时。

③郑玄注礼记云:"申之气乘之也。苦雨,白露之类也,时物得而伤也。"

④挺犹宽也。

⑤酉之气乘之也。八月宿直昴,为狱主杀。

⑥大陵之气为害也。大陵,星名。春秋合诚图曰"大陵主死丧"也。

初,肃宗时,断狱皆以冬至之前,自后论者互多駮异。邓太后诏公卿以下会议,恭议奏曰:

夫阴阳之气,相扶而行,发动用事,各有时节。若不当其时,则物随而伤。王者虽质文不同,而兹道无变,四时之政,行之若一。月令,周世所造,而所据皆夏之时也,①其变者唯正朔、服色、牺牲、徽号、器械而已。②故曰:"殷因于夏礼,周因于殷礼,所损益可知也。"易曰:"潜龙勿用。"③言十一月、十二月阳气潜臧,未得用事。虽煦嘘万物,养其根荄,④而犹盛阴在上,地冻水冰,阳气否隔,闭而成冬。故曰:"履霜坚冰,阴始凝也。驯致其道,至坚冰也。"⑤言五月微阴始起,至十一月坚冰至也。

①谓气候及星辰昏旦,皆夏时也。

②夏以建寅为正,服色、牺牲、徽号、器械皆尚黑;殷以建丑为正,尚白;周以建子为正,尚赤。周以夜半为朔,殷以鸡鸣为朔,夏以平旦为朔。祭天地宗庙曰牺,卜得吉日牲。徽号,旌旗之名也。器械,礼乐之器及甲兵也。

③龙以喻阳气,易乾卦初九爻辞。

④荄,草根也。荄音该,又音皆。

⑤易坤卦象辞也。驯,顺也。言阴以卑顺为道,渐至显著,犹自履霜而至坚冰。

　　夫王者之作,因时为法。孝章皇帝深惟古人之道,助三正之微,定律著令,①冀承天心,顺物性命,以致时雍。然从变改以来,年岁不熟,穀价常贵,人不宁安。小吏不与国同心者,率入十一月得死罪贼,不问曲直,便即格杀,虽有疑罪,不复谳正。一夫吁嗟,王道为亏,况于众乎?易十一月"君子以议狱缓死"。②〔18〕可令疑罪使详其法,大辟之科,尽冬月乃断。其立春在十二月中者,勿以报囚如故事。③

①三正,三微也。前书音义曰:"言阳气始施,万物微而未著,故曰微。"一曰天统,谓周十一月建子为正,天始施之端也。二曰地统,谓殷十二月建丑为正,地始化之端也。三曰人统,谓夏十三月建寅为正,人始成之端也。

②易中孚象词也。稽览图中孚十一月卦也。〔19〕

③报囚,谓奏请报决也。

后卒施行。

恭再在公位,选辟高第,至列卿郡守者数十人。而其耆旧大姓,或不蒙荐举,至有怨望者。恭闻之,曰:"学之不讲,是吾忧也。①诸生不有乡举者乎?"终无所言。②恭性谦退,奏议依经,潜有补益,然终不自显,故不以刚直为称。三年,以老病策罢。六年,年八十一,卒于家。

①讲,习也。论语孔子之言也。

②言人患学之不习耳,若能究习,自有乡里之举,岂要待三公之辟乎?

以两子为郎。长子谦,为陇西太守,有名绩。谦子旭,官至太仆,[20]从献帝西入关,与司徒王允同谋共诛董卓。及李傕入长安,旭与允俱遇害。

丕字叔陵,性沈深好学,孳孳不倦,①遂杜绝交游,不答候问之礼。士友常以此短之,而丕欣然自得。遂兼通五经,以鲁诗、尚书教授,为当世名儒。后归郡,为督邮、功曹,所事之将,无不师友待之。

①孳孳,不怠之意。

建初元年。肃宗诏举贤良方正,大司农刘宽举丕。时对策者百有馀人,唯丕在高第,除为议郎,迁新野令。视事期年,州课第一,擢拜青州刺史。务在表贤明,慎刑罚。七年,坐事下狱司寇论。①

①司寇,刑名也。决罪曰论,言奏而论决之。前书曰"司寇,二岁刑"也。

元和元年征,再迁,拜赵相。门生就学者常百馀人,关东号之曰"五经复兴鲁叔陵"。赵王商尝欲避疾①便时移住学官，[21]丕止不听。②王乃上疏自言，诏书下丕。丕奏曰："臣闻礼，诸侯薨于路寝，大夫卒于嫡室，③死生有命，未有逃避之典也。学官传五帝之道，脩先王礼乐教化之处，王欲废塞以广游讌，事不可听。"诏从丕言，王以此惮之。其后帝巡狩之赵，特被引见，难问经传，厚加赏赐。在职六年，嘉瑞屡降，吏人重之。

①商，赵王良之孙。

②学官谓学舍也。

③路寝、嫡室皆正寝。礼丧大记之文。

永元二年，迁东郡太守。丕在二郡，为人脩通溉灌，百姓殷富。数荐达幽隐名士。①明年，拜陈留太守。视事三期，后坐禀贫人不实，征司寇论。

①续汉书曰："荐王龚等，皆备帷幄近臣。"

十一年复征，再迁中散大夫。①时侍中贾逵荐丕道艺深明，宜见任用。和帝因朝会，召见诸儒，丕与侍中贾逵、尚书令黄香等相难数事，帝善丕说，罢朝，特赐冠帻履袜衣一袭。丕因上疏曰："臣以愚顽，显备大位，犬马气衰，猥得进见，论难于前，无所甄明，②衣服之赐，诚为优过。臣闻说经者，传先师之言，非从己出，不得相让；相让则道不明，若规矩权衡之不可枉也。③难者必明其据，说者务立其义，浮华无用之言不陈于前，故精思不劳而道术愈章。法异者，各令自说师法，博观其义。[22]览诗人之旨意，察雅颂之终始，明舜、禹、皋陶之相戒，④显周公、箕子之所陈，⑤观乎人文，化成天下。⑥陛下既广纳謇謇以开四聪，无令刍荛以言得罪；⑦既显岩穴以求仁贤，无使幽远独有遗失。"

①续汉志曰:"秩六百石,无员。"

②甄,别也。

③规,圆也。矩,方也。权,秤锤。衡,秤衡。

④尚书帝舜谓禹曰:"臣作朕股肱耳目。"禹戒舜曰:"安汝止,慎乃在位。"咎繇戒禹曰:"慎厥身修,思永,惇叙九族,在知人。"禹曰:"吁咸若时,惟帝其难之。"是相诫也。

⑤周公作无逸、立政二篇以戒成王,箕子为武王陈洪范九畴之义,并见尚书。

⑥易贲卦曰:"观乎天文,以察时变;观乎人文,以化成天下。"注云:"解天之文,则时变可知;解人之文,则化成可为也。"

⑦刍荛,采薪者也。大雅板诗曰"询于刍荛"也。

十三年,迁为侍中,免。

永初二年,诏公卿举儒术笃学者,大将军邓骘举丕,再迁,复为侍中、左中郎将,再为三老。①五年,年七十五,卒于官。

①三老,解见明帝纪也。

魏霸字乔卿,[23]济阴句阳人也。①世有礼义。霸少丧亲,兄弟同居,州里慕其雍和。

①句音钩。

694

建初中,举孝廉,八迁,和帝时为钜鹿太守。以简朴宽恕为政。掾史有过,(要)〔霸〕先诲其失,[24]不改者乃罢之。吏或相毁诉,霸辄称它吏之长,终不及人短,言者怀惭,潜讼遂息。

永元十六年,征拜将作大匠。明年,和帝崩,典作顺陵。[25]时盛冬地冻,中使督促,数罚县吏以厉霸。霸抚循而已,初不切责,而反劳之曰："令诸卿被辱，大匠过也。"吏皆怀恩，力作倍功。

延平元年，代尹勤为太常。明年，以病致仕，为光禄大夫。永初五年，拜长乐卫尉，以病乞身，复为光禄大夫，卒于官。

刘宽字文饶，弘农华阴人也。[1]父崎，顺帝时为司徒。[2]宽尝行，有人失牛者，乃就宽车中认之。宽无所言，下驾步归。有顷，认者得牛而送还，叩头谢曰："惭负长者，随所刑罪。"宽曰："物有相类，事容脱误，幸劳见归，何为谢之？"州里服其不校。[3]

[1]谢承书曰"宽少学欧阳尚书、京氏易，尤明韩诗外传。星官、风角、算历，皆究极师法，称为通儒。未尝与人争埶利之事"也。(隅)角，〔隅〕也。[26]观四隅之风占之也。

[2]崎音丘宜反。

[3]校，报也。论语曰曾子曰"犯而不校"。

桓帝时，大将军辟，五迁司徒长史。[1]时京师地震，特见询问。再迁，出为东海相。[2]延熹八年，征拜尚书令，迁南阳太守。典历三郡，温仁多恕，虽在仓卒，未尝疾言遽色。常以为"齐之以刑，民免而无耻"。吏人有过，但用蒲鞭罚之，示辱而已，终不加苦。事有功善，推之自下。灾异或见，引躬克责。每行县止息亭传，辄引学官祭酒及处士诸生执经对讲。[3]见父老慰以农里之言，少年勉以孝悌之训。人感德兴行，日有所化。

[1]大将军，梁冀也。

[2]东海王彊曾孙臻之相也。

[3]续汉书曰："博士祭酒，秩六百石。祭酒本仆射也，中兴改为祭酒。"处士，有道艺而在家者。

灵帝初,征拜太中大夫,侍讲华光殿。^①迁侍中,赐衣一袭。转屯骑校尉,迁宗正,转光禄勋。熹平五年,代许训为太尉。^②灵帝颇好学蓺,每引见宽,常令讲经。宽尝于坐被酒睡伏。^③帝问:"太尉醉邪?"宽仰对曰:"臣不敢醉,但任重责大,忧心如醉。"帝重其言。

①洛阳宫殿簿云:"华光殿在华林园内。"

②汉官仪曰:"许训字季师,平舆人。"

③被,加也,为酒所加也。被音平寄反。

宽简略嗜酒,不好盥浴,^①京师以为谚。尝坐客,遣苍头市酒,迁久,大醉而还。^②客不堪之,骂曰:"畜产。"宽须臾遣人视奴,疑必自杀。顾左右曰:"此人也,骂言畜产,辱孰甚焉!故吾惧其死也。"夫人欲试宽令恚,伺当朝会,装严已讫,使侍婢奉肉羹,飜汙朝衣。婢遽收之,宽神色不异,乃徐言曰:"羹烂汝手?"其性度如此。海内称为长者。

①说文曰:"澡手曰盥。"音管。

②迁久犹良久也。

后以日食策免。拜卫尉。光和二年,复代段颎为太尉。在职三年,以日变免。又拜永乐少府,迁光禄勋。以先策黄巾逆谋,^①以事上闻,封逯乡侯六百户。^②中平二年卒,时年六十六。赠车骑将军印绶,位特进,谥曰昭烈侯。子松嗣,官至宗正。

①先策谓预知也。

②逯音录。

赞曰:卓、鲁款款,情悫德满。^①仁感昆虫,爱及胎卵。^②宽、霸临政,亦称优缓。

①款款,忠诚也。

②童儿不捕雄也。

【校勘记】

〔1〕卓茂字子康　按:王先谦谓李善文选注作"字子容"。

〔2〕推实不为华貌　按:殿本"推"作"雅"。校补谓作"雅实"与通鉴
合。作"推实"亦与东观记合,推实即推诚,非字有误。

〔3〕故有经纪礼义以相交接　按:王先谦谓东观记"义"作"仪"。

〔4〕密子贱　按:汲本、殿本"密"作"宓"。

〔5〕絮五百斤　集解引惠栋说,谓东观记云"金五百斤"。

〔6〕东观记续汉书皆作宣德侯　按:书钞五十二、类聚四十六引汉官
仪,并作"宣德侯"。

〔7〕不仕王莽时　按:刊误谓"时"字衍。李慈铭谓"时"字本当作
"世",章怀避讳改。

〔8〕其先出于鲁(倾)〔顷〕公　按:校补谓"倾"乃"顷"之误,史记鲁世家
可证。今据改。

〔9〕与母及丕俱居太学习鲁诗　按:校补谓此文当有脱误,妇人不能同
居太学习经也。

〔10〕讼人许伯等争田累守令不能决　按:张森楷校勘记谓治要"累"下
有"年"字。

〔11〕亲瞿然而起　按:王先谦谓东观记作"亲默然有顷"。

〔12〕诚来有我而吉已　按:刊误谓"我"当作"它",注文甚明。

〔13〕远臧于史侯河西　按:校补引钱大昭说,谓"史侯"南匈奴传作
"安侯"。

〔14〕惟陛下留圣恩　刊误谓"恩"当作"思"。按:惠栋云袁纪作"恩"。

〔15〕十(二)〔三〕年代吕盖为司徒　集解引钱大昕说,谓"十二年"当依

和帝纪作"十三年"。今据改。

〔16〕吕盖字君(上)〔玉〕　据王先谦说改。

〔17〕后以施令诰四方　按:集解引钱大昕、惠栋说,谓"诰"本作"诘",
诘,止也,后人据王弼本改之耳。

〔18〕易十一月　汲本、殿本"一"作"二"。按:集解引王补说,谓袁纪作
"十一月中孚曰"。

〔19〕十一月卦也　按:汲本、殿本"一"作"二"。

〔20〕谦子旭官至太仆　李慈铭谓"旭"三国志注作"勗"。今按:注见魏
志董卓传,引张璠汉纪。

〔21〕便时移住学官　按:"学官"汲本作"学宫"。

〔22〕法异者各令自说师法博观其义　按:李慈铭谓"法异者"之"法"字
上当有"家"字。

〔23〕魏霸字乔卿　按:御览五一二引谢承后汉书作"字峤卿"。王先谦
谓东观记与传同,一本作"字延年"。

〔24〕掾史有过(要)〔霸〕先诲其失　李慈铭谓"要"盖"霸"字之误,俗书
霸作西头,故转误作"要"。今据改。

〔25〕典作顺陵　按:校补引钱大昭说,谓殇帝纪作"慎陵",注云俗本作
"顺陵"者误。

〔26〕(隅)角〔隅〕也　据殿本改。

后 汉 书 卷 二 十 六

伏侯宋蔡冯赵牟韦列传第十六 伏湛子隆

伏湛字惠公,琅邪东武人也。九世祖胜,字子贱,所谓济南伏生者也。湛高祖父孺,武帝时,客授东武,因家焉。父理,为当世名儒,以诗授成帝,为高密太傅,别自名学。①

①为高密王宽傅也。宽,武帝玄孙广陵王胥后也。前书儒林传曰,伏理字君游,[1]受诗于匡衡,由是齐诗有匡伏之学。故言"别自名学"也。

湛性孝友,少传父业,教授数百人。成帝时,以父任为博士弟子。五迁,至王莽时为绣衣执法,①使督大奸,迁后队属正。②

①武帝置绣衣御史,王莽改御史曰执法,故曰"绣衣执法"也。

②王莽改河内为后队。

更始立,以为平原太守。时仓卒兵起,天下惊扰,而湛独晏然,教授不废。谓妻子曰:"夫一穀不登,国君彻膳;①今民皆饥,奈何独饱?"乃共食麤粝,②悉分奉禄以赈乡里,来客者百馀家。时门下

699

督素有气力,谋欲为湛起兵,湛恶其惑众,即收斩之,徇首城郭,以示百姓,于是吏人信向,郡内以安。平原一境,湛所全也。

①礼记曰:"年穀不登,君膳不祭肺。"
②粝,麤米也。九章算术曰:"粟五十,粝率三十。一斛粟得六斗米为粝也。"

光武即位,知湛名儒旧臣,欲令干任内职,①征拜尚书,使典定旧制。时大司徒邓禹西征关中,帝以湛才任宰相,拜为司直,行大司徒事。车驾每出征伐,常留镇守,总摄群司。建武三年,遂代邓禹为大司徒,封阳都侯。②

①干,主也。
②阳都,县名,属城阳国,故城在今沂州沂水县东。

时彭宠反于渔阳,帝欲自征之,湛上疏谏曰:"臣闻文王受命而征伐五国,①必先询之同姓,然后谋于群臣,加占蓍龟,以定行事,②故谋则成,卜则吉,战则胜。其诗曰:'帝谓文王,询尔仇方,同尔弟兄,以尔钩援,与尔临衝,以伐崇庸。'③崇国城守,先退后伐,④所以重人命,俟时而动,故参分天下而有其二。陛下承大乱之极,受命而帝,兴明祖宗,出入四年,而灭檀乡,制五校,降铜马,破赤眉,诛邓奉之属,不为无功。今京师空匮,资用不足,未能服近而先事边外;且渔阳之地,逼接北狄,黠虏困迫,必求其助。又今所过县邑,尤为困乏。种麦之家,多在城郭,闻官兵将至,当已收之矣。大军远涉二千餘里,士马罢劳,转粮艰阻。今兖、豫、青、冀,中国之都,而寇贼从横,未及从化。渔阳以东,本备边塞,地接外虏,贡税微薄。安平之时,尚资内郡,况今荒耗,岂足先图?而陛下舍近务远,弃易求难,四方疑怪,百姓恐惧,诚臣之所惑也。复愿远览文王重兵博谋,近思征伐前后之宜,顾问有司,使极愚诚,采其所长,择之圣虑,以中土为忧念。"帝览其奏,竟不亲征。

①五国谓西伯受命伐犬夷,伐密须,伐耆,伐邘,伐崇。见史记。

②书曰:"谋及卿士,谋及卜筮。"又曰:"文王唯卜用,克绥受兹命。"诗大雅曰:"爰始爰谋,爰契我龟。"

③诗大雅也。仇,匹也。钩援,梯所引上城也。临,临车也。衝,衝车也,庸,城也。崇侯倡纣为无道,故伐焉。

④左氏传曰:"文王闻崇德乱而伐之,军三旬而不降,退脩政而复伐之,因垒而降。"

时贼徐异卿等①万馀人据富平,[2]连攻之不下,②唯云"愿降司徒伏公"。帝知湛为青、徐所信向,遣到平原,异卿等即日归降,护送洛阳。

①异卿即获索贼帅徐少也。[3]

②富平,县名,属平原郡,故城今棣州厌次县也。

湛虽在仓卒,造次必于文德,以为礼乐政化之首,颠沛犹不可违。①是岁奏行乡饮酒礼,遂施行之。

①颠沛犹僵仆也。

其冬,车驾征张步,留湛居守。时蒸祭高庙,①而河南尹、司隶校尉于庙中争论,湛不举奏,坐策免。六年,徙封不其侯,邑三千六百户,遣就国。②后南阳太守杜诗上疏荐湛曰:"臣闻唐、虞以股肱康,文王以多士宁,是故诗称'济济',书曰'良哉'。③臣诗窃见故大司徒阳都侯伏湛,自行束脩,讫无毁玷,④笃信好学,守死善道,经为人师,行为仪表。前在河内朝歌及居平原,⑤吏人畏爱,则而象之。遭时反覆,不离兵凶,秉节持重,有不可夺之志。陛下深知其能,显以宰相之重,众贤百姓,仰望德义。微过斥退,久不复用,有识所惜,儒士痛心,臣窃伤之。湛容貌堂堂,国之光晖;⑥智略谋虑,朝之渊薮。鬐发厉志,〔4〕白首不衰。⑦实足以先后王室,名足以光示远人。⑧古者选擢诸侯以为公卿,是故四方回首,仰望京师。⑨柱石之臣,宜居辅弼,⑩出入禁门,补缺拾遗。臣诗愚戆,不足以知宰相之才,窃怀区区,敢不自竭。臣前为侍御史,上封事,言湛公廉爱下,好恶分明,累世儒学,素持名信,经明行脩,通达国政,尤宜近侍,纳言左右,旧制九州五尚书,令一郡二人,⑪〔5〕可以湛代。颇为执事所非。但臣诗蒙恩深渥,所言诚有益于国,虽死无恨,故复越职触冒以闻。"

①冬祭曰蒸也。

②不其,县名,属琅邪郡。其音基。

③大雅诗曰:"济济多士。"尚书曰:"股肱良哉。"

④讫,竟也。玷,缺也。自行束脩谓年十五以上。

⑤朝歌,河内县名也,故城在今卫州卫县西。王莽改河内为后队,谓湛为〔后〕队属正也。〔6〕

⑥堂堂,盛威仪也。

⑦埤苍曰:"鬐,髦也。"鬐发谓童子垂发。

⑧先后,相导也。诗大雅曰:"予(则)〔曰〕有先后。"〔7〕先音先见反。后音胡豆反。

⑨左传曰:"郑武公、庄公为平王卿士。"东观记曰:"诗上书:'武公、庄公所以砥砺蕃屏,劝进忠信,令四方诸侯咸乐回首,仰望京师。'"

⑩柱石,承栋梁也。前书田延年曰:"将军为国柱石。"尚书大传曰:"古者天子必有四邻,前曰疑,后曰承,左曰辅,右曰弼。天子有问无以对,责之疑;可志而不志,责之承;可正而不正,责之辅;可扬而不扬,责之弼。"

⑪盖旧制九州共选五人以任尚书,令则一郡乃有二人,〔8〕故欲以湛代一
人之处。

十三年夏,征,敕尚书择拜吏日,未及就位,〔9〕因谳见中暑,病
卒。赐秘器,帝亲吊祠,遣使者送丧脩冢。

二子:隆、翕。

翕嗣爵,卒,子光嗣。光卒,子晨嗣。①晨谦敬博爱,好学尤笃,
以女孙为顺帝贵人,奉朝请,位特进。卒,子无忌嗣,亦传家学,博
物多识,顺帝时,为侍中屯骑校尉。永和元年,诏无忌与议郎黄景
校定中书五经、诸子百家、蓺术。②元嘉中,桓帝复诏无忌与黄景、
崔寔等共撰汉记。又自采集古今,删著事要,号曰伏侯注。③无忌
卒,子质嗣,官至大司农。质卒,子完嗣,尚桓帝女阳安长公主。女
为孝献皇后。曹操杀后,诛伏氏,国除。

①东观记曰:"晨尚高平公主。"

②中书,内中之书也。艺文志曰"诸子凡一百八十九家",言百家,举其
成数也。艺谓书、数、射、御,术谓医、方、卜、筮。

③其书上自黄帝,下尽汉质帝,为八卷,见行于今。

初,自伏生已后,世传经学,清静无竞,故东州号为"伏不
斗"云。〔10〕

隆字伯文,少以节操立名,①仕郡督邮。建武二年,诣怀宫,光
武甚亲接之。

①东观记"隆"作"盛",字伯明。

时张步兄弟各拥强兵,据有齐地,拜隆为太中大夫,持节使青
徐二州,招降郡国。隆移檄告曰:"乃者,猾臣王莽,杀帝盗位。宗

室兴兵,除乱诛莽,故群下推立圣公,以主宗庙。而任用贼臣,杀戮贤良,三王作乱,盗贼从横,忤逆天心,①卒为赤眉所害。皇天祐汉,圣哲应期,陛下神武奋发,以少制众。故寻、邑以百万之军,溃散于昆阳,王郎以全赵之师,土崩于邯郸,②大肜、高胡望旗消靡,铁胫、五校莫不摧破。梁王刘永,幸以宗室属籍,爵为侯王,不知厌足,自求祸弃,遂封爵牧守,造为诈逆。今虎牙大将军屯营十万,已拔睢阳,刘永奔进,家已族矣。此诸君所闻也。不先自图,后悔何及?"青、徐群盗得此惶怖,获索贼右师郎等六校即时皆降。③张步遣使随隆,④诣阙上书,献鳆鱼。⑤

①三王见圣公传。

②全赵谓举赵之地。

③"右"或为"古"。

④东观记步遣其掾孙昱随之。

⑤郭璞注三苍云:"鳆似蛤,偏著石。"广志曰:"鳆无鳞有壳,一面附石,细孔杂杂,或七或九。"本草云:"石决明,一名鳆鱼。"音步角反。

其冬,拜隆光禄大夫,复使于步,并与新除青州牧守及都尉俱东,诏隆辄拜令长以下。隆招怀绥缉,多来降附。帝嘉其功,比之郦生。①即拜步为东莱太守,而刘永亦复遣使立步为齐王。步贪受王爵,尤豫未决。②隆晓譬曰:"高祖与天下约,非刘氏不王,今可得为十万户侯耳。"步欲留隆与共守二州,隆不听,③求得反命,步遂执隆而受永封。隆遣间使上书曰:"臣隆奉使无状,④受执凶逆,虽在困厄,授命不顾。又吏人知步反畔,心不附之,愿以时进兵,无以臣隆为念。臣隆得生到阙廷,受诛有司,此其大愿;若令没身寇手,以父母昆弟长累陛下。⑤陛下与皇后、太子永享万国,与天无极。"帝得隆奏,召父湛流涕以示之曰:"隆可谓有苏武之节。⑥恨不且许而遽求还也!"其后步遂杀之,时人莫不怜哀焉。

①郦生,郦食其也。说齐王广,下齐七十餘城。食其音异基。

②尢音以今反。

③二州,青州、徐州也。

④言罪大也。

⑤累,讬也,音力伪反。

⑥武帝时,苏武使匈奴,会卫律所将降者,阴相与谋,劫单于母阏氏归汉,事发,单于使卫律考其事,召武受辞。武不屈节,引佩刀自刺。单于欲降武,武不降,杖节牧羊海上,卧起操持节,节旄尽落。在匈奴中十九年,乃得归汉。见前书也。

五年,张步平,车驾幸北海,诏隆中弟咸收隆丧,赐给棺敛,太中大夫护送丧事,诏告琅邪作冢,以子瑗为郎中。[11]

侯霸字君房,河南密人也。族父渊,以宦者有才辩,任职元帝时,佐石显等领中书,号曰大常侍。成帝时,任霸为太子舍人。①霸矜严有威容,家累千金,不事产业。笃志好学,师事九江太守房元,治穀梁春秋,为元都讲。②王莽初,五威司命陈崇举霸德行,迁随宰。③县界旷远,滨带江湖,而亡命者多为寇盗。霸到,即案诛豪猾,分捕山贼,县中清静。再迁为执法刺奸,④纠案执位者,无所疑惮。后为淮平大尹,政理有能名。⑤及王莽之败,霸保固自守,卒全一郡。

①汉官仪曰:"太子舍人,选良家子孙,秩二百石。"

②东观记曰"从钟宁君受律"也。

③王莽置五威司命将军,又改县令长曰宰。随,县名,属南阳郡,今随州

县也。

④王莽传曰:"置执法左右刺奸,选能吏侯霸等分督六尉、六队,如汉刺史。"

⑤王莽改临淮郡为淮平。

更始元年,遣使征霸,①百姓老弱相携号哭,遮使者车,或当道而卧。皆曰:"愿乞侯君复留期年。"民至乃戒乳妇勿得举子,侯君当去,必不能全。使者虑霸就征,临淮必乱,不敢授玺书,具以状闻。会更始败,道路不通。

①东观记曰:"遣谒者侯盛、荆州刺史费遂,赍玺书征霸。"

建武四年,光武征霸与车驾会寿春,拜尚书令。时无故典,朝廷又少旧臣,霸明习故事,收录遗文,条奏前世善政法度有益于时者,皆施行之。每春下宽大之诏,奉四时之令,皆霸所建也。①明年,代伏湛为大司徒,封关内侯。在位明察守正,奉公不回。

①月令春布德行庆,施惠下人,故曰宽大。奉四时谓依月令也。

十三年,霸薨,帝深伤惜之,亲自临吊。下诏曰:"惟霸积善清絜。视事九年。汉家旧制,丞相拜日,封为列侯。①朕以军师暴露,功臣未封,缘忠臣之义,不欲相踰,未及爵命,奄然而终。呜呼哀哉!"于是追封谥霸则乡哀侯,食邑二千六百户。子昱嗣。临淮吏人共为立祠,四时祭焉。以沛郡太守韩歆代霸为大司徒。

①汉自高祖以列侯为丞相,武帝以元勋佐命皆尽,拜公孙弘为丞相,封平津侯,因以为故事。

歆字翁君,南阳人,以从攻伐有功,封扶阳侯。好直言,无隐讳,帝每不能容。尝因朝会,闻帝读隗嚣、公孙述相与书,歆曰:"亡国之君皆有才,桀纣亦有才。"帝大怒,以为激发。歆又证岁将饥凶,指天画地,言甚刚切,坐免归田里。帝犹不释,复遣使宣诏责之。司隶校尉鲍永固请不能得,歆及子婴竟自杀。歆素有重名,死非其罪,众多不厌,①帝乃追赐钱穀,以成礼葬之。②

①厌音一叶反。

②成礼,具礼也。言不以非命而降其葬礼。

后千乘欧阳歙、清河戴涉相代为大司徒,坐事下狱死,自是大臣难居相任。其后河(南)〔内〕蔡茂,〔12〕京兆玉况,①〔13〕魏郡冯勤,皆得薨位。况字文伯,性聪敏,为陈留太守,以德行化人,迁司徒,四年薨。

①玉音肃。

昱后徙封於陵侯,①永平中兼太仆。昱卒,子建嗣。建卒,子昌嗣。

①於陵,县名,属济南郡,故城在今淄州长山县南。

宋弘字仲子,京兆长安人也。父尚,成帝时至少府;哀帝立,以不附董贤,违忤抵罪。弘少而温顺,哀平间作侍中,王莽时为共工。①赤眉入长安,遣使征弘,逼迫不得已,行至渭桥,自投于水,家人救得出,因佯死获免。

①王莽改少府曰共工。

光武即位,征拜太中大夫。建武二年,代王梁为大司空,封枸邑侯。①所得租奉分赡九族,家无资产,以清行致称。徙封宣平侯。

①枸音恂。

707

帝尝问弘通博之士，弘乃荐沛国桓谭才学洽闻，几能及杨雄、刘向父子。①于是召谭拜议郎、给事中。帝每谯，辄令鼓琴，好其繁声。弘闻之不悦，悔于荐举，伺谭内出，正朝服坐府上，遣吏召之。谭至，不与席而让之曰："吾所以荐子者，欲令辅国家以道德也，而今数进郑声以乱雅颂，非忠正者也。②能自改邪？将令相举以法乎？"谭顿首辞谢，良久乃遣之。后大会群臣，帝使谭鼓琴，谭见弘，失其常度。帝怪而问之。弘乃离席免冠谢曰："臣所以荐桓谭者，望能以忠正导主，而令朝廷耽悦郑声，臣之罪也。"帝改容谢，使反服，其后遂不复令谭给事中。弘推进贤士冯翊、桓梁三十馀人，〔14〕或相及为公卿者。③

① 几音祈。洽，浃洽也。几，近也。前书班固曰，穀永经书，汎为疏达，不能浃洽如刘向父子及杨雄也。故弘引焉。

② 论语孔子曰："恶郑声之乱雅乐也。"史记曰"郑音好滥淫志"也。

③ 及犹继也。

弘当谯见，御坐新屏风，〔15〕图画列女，帝数顾视之。弘正容言曰："未见好德如好色者。"帝即为彻之。笑谓弘曰："闻义则服，可乎？"对曰："陛下进德，臣不胜其喜。"

时帝姊湖阳公主新寡，帝与共论朝臣，微观其意。主曰："宋公威容德器，群臣莫及。"帝曰："方且图之。"后弘被引见，帝令主坐屏风后，因谓弘曰："谚言贵易交，富易妻，人情乎？"弘曰："臣闻贫贱之知不可忘，〔16〕糟糠之妻不下堂。"帝顾谓主曰："事不谐矣。"

弘在位五年，坐考上党太守无所据，免归第。①数年卒，无子，国除。

① 言无罪状可据。

弘弟嵩,以刚强孝烈著名,官至河南尹。嵩子由,(章)〔元〕和间为太尉,[17]坐阿党窦宪,策免归本郡,自杀。由二子:汉,登。登在儒林传。

汉字仲和,以经行著名,举茂才,四迁西河太守。永建元年,为东平相、度辽将军,①立名节,以威恩著称。迁太仆,上病自乞,拜太中大夫,卒。策曰:"太中大夫宋汉,清修雪白,正直无邪。前在方外,仍统军实,②怀柔异类,莫匪嘉绩,戎车载戢,边人用宁。予录乃勋,引登九列。因病退让,守约弥坚,将授三事,未克而终。朝廷愍悼,[18]悁其怆然。诗不云乎:'肇敏戎功,用锡尔祉。'③其令将相大夫会葬,加赐钱十万,及其在殡,以全素丝羔羊之絜焉。"④

①为东平王苍曾孙端相也。

②仍,频也。统,领也。军实谓军之所资也,左传曰"隳军实"。

③大雅江汉之诗也。吉甫美宣王能兴衰拨乱,命召公平淮夷。毛苌注云:"肇,谋也。敏,疾也。戎,大也。功,事也。祉谓福庆。"

④诗国风曰:"羔羊之皮,素丝五纮,退食自公,委〔蛇〕委(蛇)蛇。"[19]退食,减膳也。言卿大夫巳下,皆衣羔羊之裘,缝以素丝,自减膳食,从于公事,行步委蛇自得。

子则,字元矩,为鄢陵令,亦有名跡。拔同郡韦著、扶风法真,称为知人。则子年十岁,与苍头共弩射,苍头弦断矢激,误中之,即死。奴叩头就诛,则察而恕之。颍川荀爽深以为美,时人亦服焉。

论曰:中兴以后,居台相总权衡多矣,其能以任职取名者,岂非先远业后小数哉?①故惠公造次,急于乡射之礼;君房入朝,先奏宽大之令。夫器博者无近用,道长者其功远,盖志士仁人所为根心者也。②君子以之得,固贵矣;以之失,亦得矣。③宋弘止繁声,戒淫色,其有关雎之风乎!④

①远业谓德礼,小数谓名法也。

②根犹本也。

③以之得,谓行道义而得,固可贵矣。以之失,谓行道义而失,亦为得也。

④诗序曰:"关雎乐得淑女以配君子,忧在进贤,不淫其色也。"

蔡茂字子礼,河内怀人也。哀平间以儒学显,征试博士,对策陈灾异,以高等擢拜议郎,迁侍中。遇王莽居摄,以病自免,不仕莽朝。

会天下扰乱,茂素与窦融善,因避难归之。融欲以为张掖太守,固辞不就;每所饷给,计口取足而已。后与融俱征,复拜议郎,再迁广汉太守,有政绩称。时阴氏宾客在郡界多犯吏禁,茂辄纠案,无所回避。会洛阳令董宣举纠湖阳公主,[20]帝始怒收宣,既而赦之。茂喜宣刚正,欲令朝廷禁制贵戚,乃上书曰:"臣闻兴化致教,必由进善;康国宁人,莫大理恶。陛下圣德系兴,再隆大命,即位以来,四海晏然。诚宜夙兴夜寐,虽休勿休。然顷者贵戚椒房之家,数因恩埶,干犯吏禁,杀人不死,伤人不论。臣恐绳墨弃而不用,①斧斤废而不举。②近湖阳公主奴杀人西市,而与主共舆,出入宫省,逋罪积日,冤魂不报。洛阳令董宣,直道不顾,干主讨奸。陛下不先澄审,召欲加箠。当宣受怒之初,京师侧耳;及其蒙宥,天下拭目。今者,外戚娇逸,宾客放滥,宜敕有司案理奸罪,使执平之吏永申其用,以厌远近不缉之情。"光武纳之。③

710

①绳墨谕章程也。

②斧斤谓刑戮也。贾谊曰"释斤斧之用"也。

③缉,叶也。

建武二十年,代戴涉为司徒,[21]在职清俭匪懈。二十三年薨于位,时年七十二。赐东园梓棺,赗赠甚厚。①

①东园,署名,主作棺也。

茂初在广汉,梦坐大殿,极上有三穗禾,茂跳取之,得其中穗,辄复失之。①以问主簿郭贺,贺离席庆曰:"大殿者,宫府之形象也。极而有禾,人臣之上禄也。取中穗,是中台之位也。于字禾失为秩,虽曰失之,乃所以得禄秩也。衮职有阙,君其补之。"②旬月而茂征焉,乃辟贺为掾。

①屋之大者,古通呼为殿也。极,殿梁也。前书音义曰:"三辅间谓屋梁
为极。"

②三公服衮,画为龙。龙首衮衮然,故言衮龙。[22]诗曰:"衮职有阙,仲
山甫补之。"

贺字乔卿,雒(阳)人。[23]祖父坚伯,父游君,并脩清节,不仕王莽。贺能明法,累官,建武中为尚书令,[24]在职六年,晓习故事,多所匡益。拜荆州刺史,引见赏赐,恩宠隆异。及到官,有殊政。百姓便之,歌曰:"厥德仁明郭乔卿,忠正朝廷上下平。"显宗巡狩到南阳,特见嗟叹,赐以三公之服,黼黻冕旒。①敕行部去襜帷,使百姓见其容服,以章有德。每所经过,吏人指以相示,莫不荣之。永平四年,征拜河南尹,以清静称。在官三年卒,诏书愍惜,[25]赐车一乘,钱四十万。

①三公服衮冕。黼若斧形,黻若两"己"相背。冕以木为之,衣以帛,玄

上纁下,广八寸,长尺六寸。旒谓冕前后所垂玉也,天子十二旒,上公九旒。

冯勤字伟伯,魏郡繁阳人也。曾祖父扬,宣帝时为弘农太守。有八子,皆为二千石,赵魏间荣之,号曰"万石君"焉。兄弟形皆伟壮,唯勤祖父偃,长不满七尺,常自耻短陋,恐子孙之似也,[1]乃为子伉娶长妻。伉生勤,长八尺三寸。八岁善计。[2]

①东观记偃为黎阳令。

②计,算术也。

初为太守铫期功曹,有高能称。期常从光武征伐,政事一以委勤。勤同县冯巡等举兵应光武,谋未成而为豪右焦廉等所反,[1]勤乃率将老母兄弟及宗亲归期,期悉以为腹心,荐于光武。初未被用,后乃除为郎中,给事尚书。[2]以图议军粮,在事精勤,遂见亲识。每引进,帝辄顾谓左右曰:"佳乎吏也!"由是使典诸侯封事。勤差量功次轻重,国土远近,地执丰薄,不相踰越,莫不厌服焉。自是封爵之制,非勤不定。帝益以为能,尚书众事,皆令总录之。

①反音幡。

②东观记魏郡太守范横上疏荐勤,然始除之。

司徒侯霸荐前梁令阎杨。[26]杨素有讥议,帝常嫌之,既见霸奏,疑其有奸,大怒,赐霸玺书曰:"崇山、幽都何可偶,[1]黄钺一下无处所。[2]欲以身试法邪? 将杀身以成仁邪?"使勤奉策至司徒府。勤还,陈霸本意,申释事理,帝意稍解,拜勤尚书仆射。职事十五年,以勤劳赐爵关内侯。迁尚书令,拜大司农,三岁迁司徒。

①崇山，南裔也。幽都，北裔也。偶，对也。言将杀之，不可得流徙也。

尚书舜流共工于幽州，放驩兜于崇山。

②钺，斧也，以黄金饰之，所以戮人。

先是三公多见罪退，帝贤勤，欲令以善自终，乃因谶见从容戒之曰："朱浮上不忠于君，下陵轹同列，竟以中伤至今，①死生吉凶未可知，岂不惜哉！人臣放逐受诛，虽复追加赏赐赗祭，不足以偿不訾之身。②忠臣孝子，览照前世，以为镜诫。能尽忠于国，事君无二，则爵赏光乎当世，功名列于不朽，可不勉哉！"勤愈恭约尽忠，号称任职。

①朱浮为大司空，坐卖弄国恩免，又为陵轹同列，帝衔之，惜其功，不忍加罪。

②訾，量也。言无量可比之，贵重之极也。訾与赀同。

勤母年八十，每会见，诏敕勿拜，令御者扶上殿，顾谓诸王主曰："使勤贵宠者，此母也。"其见亲重如此。

中元元年，薨，①帝悼惜之，使者吊祠，赐东园秘器，赗赠有加。

①东观记曰："中元元年，车驾西幸长安，祠园陵还，勤燕见前殿尽日，归府，因病喘逆，上使太医疗视，赏赐钱帛，遂薨。"

勤七子。长子宗嗣，至张掖属国都尉。中子顺，尚平阳长公主，终于大鸿胪。①建初八年，以顺中子奋袭主爵为平阳侯，薨，无子。永元七年，诏书复封奋兄羽林右监劲为平阳侯，奉公主之祀。奋弟由，黄门侍郎，尚平安公主。②劲薨，子卯嗣。卯延光中为侍中，薨，子留嗣。

①平阳主，明帝女。

②章帝女也。臣贤案：东观记亦云安平，皇后纪云由尚平邑公主，纪传不同，未知孰是。

赵憙字伯阳，[27] 南阳宛人也。少有节操。从兄为人所杀，无子，憙年十五，常思报之。乃挟兵结客，后遂往复仇。而仇家皆疾病，无相距者。憙以因疾报杀，非仁者心，且释之而去。顾谓仇曰："尔曹若健，远相避也。"仇皆卧自搏。①后病愈，悉自缚诣憙，憙不与相见，后竟杀之。

①自搏犹叩头也。

更始即位，舞阴大姓李氏拥城不下，更始遣柱天将军李宝降之，不肯，云"闻宛之赵氏有孤孙憙，信义著名，愿得降之"。更始乃征憙。憙年未二十，既引见，更始笑曰："茧栗犊，岂能负重致远乎？"①即除为郎中，行偏将军事，使诣舞阴，而李氏遂降。憙因进入颍川，击诸不下者，历汝南界，还宛。更始大悦，谓憙曰："卿名家驹，努力勉之。"②会王莽遣王寻、王邑将出兵关，更始乃拜憙为五威偏将军，使助诸将拒寻、邑于昆阳。光武破寻、邑，憙被创，有战劳，还拜中郎将，封勇功侯。

①犊角如茧栗，言小也。礼纬曰："天地之牲角茧栗。"[28]
②武帝谓刘德为千里之驹，故以憙比之。

更始败，憙为赤眉兵所围，迫急，乃踰屋亡走，与所友善韩仲伯等数十人，携小弱，越山阻，径出武关。仲伯以妇色美，虑有强暴者，而己受其害，欲弃之于道。憙责怒不听，因以泥涂仲伯妇面，载以鹿车，身自推之。①每道逢贼，或欲逼略，憙辄言其病状，以此得免。既入丹水,②遇更始亲属,皆裸跣涂炭,饥困不能前。③憙见之悲感,所装缣帛资粮,悉以与之,将护归乡里。

①风俗通曰:"俗说鹿车窄小,裁容一鹿。"

②丹水,县名,属南阳郡,故城在今邓州内乡县西南,临丹水。

③涂炭者,若陷泥坠火,喻穷困之极也。

时邓奉反于南阳,憙素与奉善,数遗书切责之,而谗者因言憙与奉合谋,帝以为疑。及奉败,帝得憙书,乃惊曰:"赵憙真长者也。"即征憙,引见,赐鞍马,待诏公车。时江南未宾,道路不通,以憙守简阳侯相。憙不肯受兵,①单车驰之简阳。吏民不欲内憙,憙乃告譬,呼城中大人,示以国家威信,其帅即开门面缚自归,由是诸营壁悉降。荆州牧奏憙才任理剧,诏以为平林侯相。攻击群贼,安集已降者,县邑平定。

①东观记曰:"敕憙从骑都尉储融受兵二百人,通利道路。憙白上,不愿受融兵,单车驰往,度其形况。上许之。"

后拜怀令。大姓李子春先为琅邪相,豪猾并兼,为人所患。憙下车,闻其二孙杀人事未发觉,即穷诘其奸,收考子春,二孙自杀。京师为请者数十,终不听。时赵王良疾病将终,车驾亲临王,问所欲言。王曰:"素与李子春厚,今犯罪,怀令赵憙欲杀之,愿乞其命。"帝曰:"吏奉法,律不可枉也,更道它所欲。"王无复言。既薨,帝追感赵王,乃贳出子春。

其年,迁憙平原太守。时平原多盗贼,憙与诸郡讨捕,斩其渠帅,馀党当坐者数千人。憙上言"恶恶止其身,①可一切徙京师近郡"。帝从之,乃悉移置颍川、陈留。于是擢举义行,诛锄奸恶。后青州大蝗,侵入平原界辄死,岁屡有年,百姓歌之。

①公羊传曰："善善及子孙,恶恶止其身。"

二十六年,帝延集内戚谶会,欢甚,诸夫人各各前言"赵熹笃义多恩,往遭赤眉出长安,皆为熹所济活"。帝甚嘉之。后征熹入为太仆,引见谓曰:"卿非但为英雄所保也,妇人亦怀卿之恩。"厚加赏赐。

二十七年,拜太尉,赐爵关内侯。时南单于称臣,乌桓、鲜卑并来入朝,帝令熹典边事,思为久长规。①熹上复缘边诸郡,幽并二州由是而定。②

①规,谋也。

②复音伏。谓建武六年徙云中、五原人于常山、居庸间,〔29〕至二十六年复令还云中、五原。东观记曰:"草创苟合,未有还人,盖熹至此,请徙之令尽也。"

三十年,熹上言宜封禅,正三雍之礼。中元元年,从封泰山。及帝崩,熹受遗诏,典丧礼。是时藩王皆在京师,自王莽篡乱,旧典不存,皇太子与东海王等杂止同席,〔30〕宪章无序。熹乃正色,横剑殿阶,扶下诸王,以明尊卑。时藩国官属出入宫省,与百僚无别,熹乃表奏谒者将护,分止它县,诸王并令就邸,唯朝晡入临。整礼仪,严门卫,内外肃然。

永平元年,封节乡侯。三年春,坐考中山相薛脩事不实免。①其冬,代窦融为卫尉。八年,代虞延行太尉事,〔31〕居府如真。后遭母忧,上疏乞身行丧礼,显宗不许,遣使者为释服,赏赐恩宠甚渥。熹内典宿卫,外干宰职,正身立朝,未尝懈惰。及帝崩,复典丧事,再奉大行,礼事脩举。肃宗即位,进为太傅,录尚书事。擢诸子为郎吏者七人。长子代,〔32〕给事黄门。

①脩，光武子中山王焉相也。

建初五年，熹疾病，帝亲幸视。及薨，车驾往临吊。时年八十四。谥曰正侯。

子代嗣，官至越骑校尉。永元中，副行征西将军刘尚征羌，坐事下狱，疾病物故。和帝怜之，赐秘器钱布，赠越骑校尉、节乡侯印绶。子直嗣，官至步兵校尉。直卒，子淑嗣，无子，国除。

牟融字子优，北海安丘人也。少博学，以大夏侯尚书教授，① 门徒数百人，名称州里。以司徒茂才为丰令，② 视事三年，县无狱讼，为州郡最。

①大夏侯名胜，宣帝时人也。

②司徒举为茂才也。丰，今徐州县也。

司徒范迁荐融忠正公方，经行纯备，宜在本朝，并上其理状。① 永平五年，入代鲍昱为司隶校尉，多所举正，百僚敬惮之。八年，代包咸为大鸿胪。十一年，代鲑阳鸿为大司农。②〔33〕

①汉官仪曰："范迁字子庐，〔34〕沛人也。"

②鲑阳，姓也，音胡佳反。

是时显宗方勤万机，公卿数朝会，每辄延谋政事，判折狱讼。〔35〕融经明才高，善论议，朝廷皆服其能，帝数嗟叹，以为才堪宰相。明年，代伏恭为司空，① 举动方重，甚得大臣节。肃宗即位，以融先朝名臣，代赵熹为太尉，与熹参录尚书事。

①恭字叔齐，伏湛同产兄子也。见东观记。

建初四年薨，车驾亲临其丧。时融长子麟归乡里，帝以其馀子幼弱,敕太尉掾史教其威仪进止,赠赗恩宠笃密焉。又赐冢茔地于显节陵下,除麟为郎。

韦彪字孟达,扶风平陵人也。高祖贤,宣帝时为丞相。祖赏,哀帝时为大司马。

彪孝行纯至,父母卒,哀毁三年,不出庐寝。服竟,羸瘠骨立异形,医疗数年乃起。好学洽闻,雅称儒宗。建武末,举孝廉,除郎中,以病免,复归教授。安贫乐道,恬于进趣,三辅诸儒莫不慕仰之。

显宗闻彪名,永平六年,召拜谒者,赐以车马衣服,三迁魏郡太守。肃宗即位,以病免。征为左中郎将、长乐卫尉,数陈政术,每归宽厚。比上疏乞骸骨,拜为奉车都尉,秩中二千石,赏赐恩宠,侔于亲戚。

建初七年,车驾西巡狩,以彪行太常从,数召入,问以三辅旧事,礼仪风俗。彪因建言:“今西巡旧都,宜追录高祖、中宗功臣,①褒显先勋,纪其子孙。”帝纳之。行至长安,乃制诏京兆尹、右扶风求萧何、霍光后。时光无苗裔,唯封何末孙熊为酂侯。建初二年已封曹参后曹湛为平阳侯,[36] 故不复及焉。乃厚赐彪钱珍羞食物,使归平陵上冢。还,拜大鸿胪。

①中宗,宣帝。

是时陈事者,多言郡国贡举率非功次,故守职益懈而吏事寖疏,咎在州郡。有诏下公卿朝臣议。彪上议曰:“伏惟明诏,忧劳百姓,垂恩选举,务得其人。夫国以简贤为务,贤以孝行为首。孔子曰：'事亲孝故忠可移于君，是以求忠臣必于孝子之门。'①夫人才行少能相兼，是以孟公绰优于赵、魏老，不可以为滕、薛大夫。②忠孝之人，持心近厚；[37]锻炼之吏，持心近薄。③三代之所以直道而行者，在其所以磨之故也。④士宜以才行为先，不可纯以阀阅。⑤然其要归，在于选二千石。二千石贤，则贡举皆得其人矣。"帝深纳之。

①孝经纬之文也。

②论语孔子之言也。公绰，鲁大夫。赵、魏皆晋卿之邑也。家臣称老。公绰性寡欲，赵、魏老优间无事；滕、薛小国，大夫职烦，故不可为也。

③苍颉篇曰："锻，椎也。"锻炼犹成孰也。言深文之吏，入人之罪，犹工冶陶铸锻炼，使之成孰也。前汉路温舒上疏曰"锻炼而周内之"。

④论语孔子曰："吾之于人，谁毁谁誉，如有所誉者，其有所试矣，斯三代之所以直道而行(之)〔也〕。"[38]彪引之者，言古之用贤皆磨砺选练，然后用之。

⑤史记曰："明其等曰阀，积功曰阅。"

彪以世承二帝吏化之后，[39]多以苛刻为能，①又置官选职，不必以才，因盛夏多寒，上疏谏曰："臣闻政化之本，必顺阴阳。伏见立夏以来，当暑而寒，殆以刑罚刻急，郡国不奉时令之所致也。农人急于务而苛吏夺其时，赋发充常调而贪吏割其财，此其巨患也。夫欲急人所务，当先除其所患。天下枢要，在于尚书，②尚书之选，岂可不重？而间者多从郎官超升此位，虽晓习文法，长于应对，然察察小慧，类无大能。宜简尝历州宰素有名者，虽进退舒迟，时有不逮，然端心向公，奉职周密。宜鉴嗇夫捷急之对，③深思绛侯木讷之功也。④往时楚狱大起，故置令史以助郎职，而类多小人，好为奸利。今者务简，可皆停省。又谏议之职，应用公直之士，通才謇正,有补益于朝者。今或从征试辈为大夫。⑤又御史外迁,动据州郡。并宜清选其任,责以言绩。其二千石视事虽久,而为吏民所便安者,宜增秩重赏,勿妄迁徙。惟留圣心。"书奏,帝纳之。

①二帝,光武、明帝也。

②百官志曰"尚书,主知公卿二千石吏人上书、外国夷狄事",故曰枢要。

③啬夫,官名也。文帝出上林,登虎圈,因问上林尉禽兽簿,不能对。虎圈啬夫从傍代对,响应无穷。文帝拜啬夫为上林令,张释之曰:"夫绛侯、东阳侯言事曾不能出口,岂效此啬夫喋喋利口捷急哉?"文帝曰"善",遂不拜啬夫为上林令。

④木,质也。讷,迟钝也。前书曰"周勃木强少文",又曰"安刘氏者必勃"。

⑤辈,类也。

元和二年春,东巡狩,以彪行司徒事从行。还,以病乞身,帝遣小黄门、太医问病,赐以食物。彪遂称困笃。章和二年夏,使谒者策诏曰:"彪以将相之裔,勤身饬行,出自州里,在位历载。中被笃疾,连上求退。君年在耆艾,①不可复以加增,恐职事烦碎,重有损焉。其上大鸿胪印绶。其遣太子舍人诣中臧府,〔40〕受赐钱二十万。"②永元元年,卒,诏尚书:"故大鸿胪韦彪,在位无怨,方欲录用,奄忽而卒。其赐钱二十万,布百匹,穀三千斛。"

①礼记曰:"七十曰耆,〔41〕五十曰艾。"

②续汉志曰"中臧府,令一人,秩六百石,掌中币帛金钱货物"也。

彪清俭好施,禄赐分与宗族,家无馀财。著书十二篇,号曰韦卿子。

族子义。义字季节。高祖父玄成,元帝时为丞相。初,彪独徙扶风,故义犹为京兆杜陵人焉。

兄顺,字叔文,平舆令。有高名。①次兄豹,字季明。数辟公府,辄以事去。司徒刘恺复辟之,谓曰:"卿以轻好去就,爵位不跻。②今岁垂尽,当选御史,意在相荐,子其宿留乎?"③豹曰:"犬马齿衰,旅力已劣,④仰慕崇恩,故未能自割。且眩瞀滞疾,不堪久待,⑤〔42〕选荐之私,非所敢当。"遂跳而起。恺追之,径去不顾。安帝西巡,征拜议郎。

①平舆,县名,属汝南郡,故城在今豫州汝阳县东北。

②跻,升也。

③宿留,待也。宿音秀。留音力救反。

④旅,众也。尚书曰:"番番良士,旅力既愆。"

⑤眩,风疾也。瞀,乱也。谓视不明之貌也。眩音县。瞀音亡沟反。

义少与二兄齐名,初仕州郡。太傅桓焉辟举理剧,为广都长,①甘陵、陈二县令,②政甚有绩,官曹无事,牢狱空虚。数上书顺帝,陈宜依古典,考功黜陟,征集名儒,大定其制。又讥切左右,贬刺窦氏。言既无感,而久抑不迁,以兄顺丧去官。比辟公府,不就。广都为生立庙。及卒,三县吏民为义举哀,若丧考妣。

①广都,县名,属蜀郡,故城在今益州成都县东南。

②甘陵故城在今贝州清河县西北。陈属梁国,今陈州。

豹子著,字休明。少以经行知名,不应州郡之命。大将军梁冀辟,不就。延熹二年,桓帝公车备礼征,至霸陵,称病归,乃入云阳山,采药不反。有司举奏加罪,帝特原之。复诏京兆尹重以礼敦劝,著遂不就征。①灵帝即位,中常侍曹节以陈蕃、窦氏既诛,〔43〕海内多怨,欲借宠时贤以为名,②白帝就家拜著东海相。③诏书逼切,不得已,解巾之郡。④政任威刑,为受罚者所奏,坐论输左校。⑤又后妻恇恣乱政,以之失名,竟归,为奸人所害,隐者耻之。

①敦犹逼也。

②假借时贤宠荣以求美名,用解怨谤。

③东海王懿相也。即东海王彊四代孙。

④巾,幅巾也。既服冠冕,故解幅巾。

⑤左校,署名,属将作也。

赞曰:湛、霸奋庸,维宁两邦。①淮人孺慕,徐寇要降。②弘实体远,仁不忘本。③熹政多跡,彪明理损。牟公简帝,身终上衮。

①尚书曰:"有能奋庸熙帝之载。"孔安国注曰:"奋,起也。庸,功也。"两邦谓湛为平原太守,霸为淮平大尹。

②徐寇谓徐异卿也。愿要降司徒伏公。

③谓不忘糟糠妻也。

【校勘记】

〔1〕伏理字君游　按:集解引惠栋说,谓"君游"前书作"斿君"。

〔2〕时贼徐异卿等万馀人据富平　按:李慈铭谓案光武纪,帝之征张步及湛之免官,皆在建武五年,此传失书"五年"二字。又据纪言吴汉等击富平、获索贼于平原,大破降之。不言湛者,盖时贼已请降,特令湛往受之耳,然其事亦在五年二月。则此传"时贼徐异卿等"句"时"字当易"五年"二字,叙事方晰。

〔3〕获索贼帅徐少　按:集解引惠栋说,谓"获索"应作"富平"。

〔4〕髯发厉志　按:王先谦谓"髯发"东观记作"韶龀"。

〔5〕旧制九州五尚书令一郡二人　按:刊误谓"令"合作"今"。尚书令不可有五人,若言令一郡二人,又无义,改作"今",乃与注合。

〔6〕谓湛为〔后〕队属正也　据集解本补。

〔7〕予(则)〔曰〕有先后　据汲本、殿本改，与诗合。

〔8〕令则一郡乃有二人　按:殿本"令"作"今"。"二人"原讹"一人"，
　　径改正。

〔9〕未及就位　按:"未"字原脱，径据汲本、殿本补。

〔10〕故东州号为伏不斗云　按:"云"字原脱，径据汲本、殿本补。

〔11〕以子瑗为郎中　按:殿本、集解本"瑗"作"援"。

〔12〕河(南)〔内〕蔡茂　据殿本改。按:校补谓茂河内怀人，具本传，作
　　"河南"乃形近而讹。

〔13〕京兆玉况　殿本"玉"作"玊"，注同。按:玉字本有肃音，后人不
　　晓，另造一"玊"字，以别于金玉之"玉"，亦犹"角里"之"角"，别造
　　一"甪"字矣。

〔14〕弘推进贤士冯翊桓梁三十馀人　按:校补谓"三"疑"等"之误，盖
　　三十馀人似太多，且文法固宜有一"等"字也。又按:汲本"推进"
　　作"雅进"。

〔15〕御坐新屏风　按:集解引惠栋说，谓东观记云"新施屏风"，疑脱
　　"施"字。

〔16〕贫贱之知不可忘　按:汲本"知"作"交"。张森楷校勘记谓监本、
　　惠校本及治要作"知"，东观记作"交"。

〔17〕嵩子由(章)〔元〕和间为太尉　校补引钱大昭说，谓"章和"当作"元
　　和"。按:宋由于章帝元和三年为太尉，和帝永元四年策免，钱说
　　是，今据改。

〔18〕朝廷慜悼　按:殿本"慜"作"愍"。

〔19〕委〔蛇〕委(蛇)蛇　据汲本、殿本改。

〔20〕举纠湖阳公主　按:"公"字原脱，径据汲本、殿本补。

〔21〕建武二十年代戴涉为司徒　按:集解引周寿昌说，谓建武二十七年
　　始称司徒，去大字，此"司徒"上当有一"大"字。

〔22〕故言衮龙　按:汲本、殿本"衮龙"作"龙衮"。

〔23〕贺字乔卿雒(阳)人　按:集解引惠栋说,谓华阳国志云郭贺广汉雒人,此衍"阳"字。今据删。又按:校补谓东观记亦云贺雒阳人,则误不自范始。

〔24〕累官建武中为尚书令　按:校补谓"累官"下当有脱文。

〔25〕诏书慭惜　按:殿本"慭"作"憨"。

〔26〕前梁令阎杨　按:集解引惠栋说,谓王霸传"杨"作"阳"。

〔27〕赵熹　集解引惠栋说,谓东观记作"喜",喜与熹古字通。王先谦谓续汉书作"熹"。

〔28〕礼纬曰天地之牲角茧栗　汲本、殿本"礼纬"作"礼记"。按:礼王制云"祭天地之牛角茧栗"。

〔29〕徙云中五原人于常山居庸间　按:校补谓"间"当作"关",谓常山关、居庸关也。常山关在代郡,居庸关在上穀,中隔长城,亘千馀里,不能谓徙于其间明矣。

〔30〕杂止同席　按:集解引惠栋说,谓续汉书"杂止"作"杂坐"。

〔31〕八年代虞延行太尉事　按:集解引惠栋说,谓案纪当在七年。

〔32〕长子代　集解引惠栋说,谓汉官仪及和帝纪皆作"世"。按:此作"代",避唐讳改。

〔33〕代鲑阳鸿为大司农　按:姚范谓本书儒林传云中山鲑阳鸿,字孟孙。注"鲑音胡瓦反,其字从角,或作鲑从鱼者,音胡佳反"。据此,则字当从儒林传作"鲑"也。

〔34〕范迁字子庐　按:明帝纪注引汉官仪作"子闾"。

〔35〕判折狱讼　按:"折"原讹"析",径据汲本、殿本改正。

〔36〕已封曹参后曹湛为平阳侯　校补引钱大昭说,谓和帝纪永元三年,诏以曹相国后容城侯无嗣,求近亲绍封,则参后之绍封非平阳,乃容城也。按:校补谓钱说是,此或竟出浅人妄改。

〔37〕持心近厚　按:袁宏纪"持"作"治"。下"持心近薄"同。

〔38〕斯三代之所以直道而行(之)〔也〕　据汲本、殿本改。按:今论语作

“也”。“斯”下有“民也”二字。

〔39〕以世承二帝吏化之后　殿本“吏”作“更”，王先谦谓作“更”是。张森楷校勘记谓群书治要作“吏治之后”。今按：“吏治”作“吏化”，乃避唐高宗讳改之。下文云“多以苛刻为能”，即指吏治而言，“吏”作“更”，乃形近而误，王先谦之说非也。

〔40〕其遣太子舍人诣中臧府　按：“遣”下原衍“子”字，径据汲本、殿本删。

〔41〕七十曰耆　殿本“七”作“六”。按：说文“耆，老也”。段注：“曲礼六十曰耆，许不言者，许以为七十以上之通称也。”殿本殆据曲礼改。

〔42〕不堪久待　按：集解引惠栋说，谓依三补决录“待”当作“侍”。

〔43〕以陈蕃窦氏既诛　按：汲本“氏”作“武”，校补谓作“武”是。

后汉书卷二十七

宣张二王杜郭吴承郑赵列传第十七

宣秉字巨公,冯翊云阳人也。少修高节,显名三辅。哀、平际,见王氏据权专政,侵削宗室,有逆乱萌,遂隐遁深山,州郡连召,常称疾不仕。[1]王莽为宰衡,辟命不应。①及莽篡位,又遣使者征之,秉固称疾病。更始即位,征为侍中。建武元年,拜御史中丞。②光武特诏御史中丞与司隶校尉、尚书令③会同并专席而坐,故京师号曰"三独坐"。明年,迁司隶校尉。务举大纲,简略苛细,百僚敬之。④

①周公为太宰,伊尹为阿衡,莽欲兼之,故以为号。

②前书曰,御史中丞,秦官,秩千石,在殿中兰台,掌图籍秘书,外督部刺史,内领侍御史,纠察百寮。

③续汉志曰"尚书令一人,千石,秦官。武帝用宦者,成帝用士人"也。

④说文曰:"苛,细草也。"以喻(类)〔烦〕杂也。[2]

727

秉性节约,常服布被,蔬食瓦器。帝尝幸其府舍,见而叹曰:
"楚国二龚,不如云阳宣巨公。"①即赐布帛帐帷什物。②[3]四年,拜
大司徒司直。③所得禄奉,辄以收养亲族。其孤弱者,分与田地,自
无担石之储。④六年,卒于官,帝敏惜之,[4]除子彪为郎。⑤

①二龚谓龚胜字君宾,龚舍字君倩,二人皆以清苦立节著名,事见前书。

②周礼:"幕人,掌帷帟幄幕。"郑玄曰:"在旁曰帷。"尔雅曰:"帱谓之
帐。"军法,五人为伍,二伍为什,则共其器物,故通谓生生之具为
什物。

③司直,武帝元狩五年置,比二千石,掌佐丞相举不法。哀帝元寿二年,
改丞相为大司徒,中兴因而不改,犹置司直。至建武十一年省司直,
置长史一人,署诸曹事。至二十七年,司徒又去"大"字。见前书及续
汉书。

④前书音义曰:"齐人名小罂为担,今江淮人谓一石为一担。"担音丁
滥反。

⑤东观记曰,彪官至玄菟太守。

张湛字子孝,扶风平陵人也。矜严好礼,动止有则,居处幽室,
必自修整,虽遇妻子,若严君焉。①及在乡党,详言正色,②三辅以
为仪表。③人或谓湛伪诈,湛闻而笑曰:"我诚诈也。人皆诈恶,我
独诈善,不亦可乎?"

①周易家人卦曰:"家人有严君〔焉〕,[5]父母之谓也。"

②详,审也。

③仪,法也。表,正也。书曰:"仪表万邦。"

成哀间,为二千石。王莽时,历太守、都尉。

建武初,为左冯翊。在郡修典礼,设条教,政化大行。后告归平陵,望寺门而步。①主簿进曰:"明府位尊德重,不宜自轻。"②湛曰:"礼,下公门,轼辂马。③孔子于乡党,恂恂如也。④父母之国,所宜尽礼,何谓轻哉?"⑤

①告,请也。告归谓请假归。寺门即平陵县门也。风俗通曰:"寺者,嗣也。理事之吏,嗣续于其中也。"

②郡守所居曰府。明府者,尊高之称。前书韩延寿为东郡太守,门卒谓之明府,亦其义也。

③辂,大也。君所居曰路寝,车曰辂车,马曰辂马。轼,车前横木也。乘车必正立,有所敬则抚轼,谓小俯也。礼记曰:"大夫士下公门,式辂马。"郑玄云:"所以广敬。"

④论语之文也。郑玄云"恂恂,恭顺貌"也。

⑤史记孔子谓门弟子曰:"鲁,坟墓所处,父母之国也。"诗曰"惟桑与梓,必恭敬止"也。

五年,拜光禄勋。①光武临朝,或有惰容,湛辄陈谏其失。常乘白马,帝每见湛,辄言"白马生且复谏矣"。

①前书光禄勋本名郎中令,秦官,武帝改焉,秩中二千石,掌大夫、郎中从官。

七年,以病乞身,拜光禄大夫,代王丹为太子太傅。及郭后废,①因称疾不朝,拜太中大夫,居中东门候舍,②故时人号曰中东门君。帝数存问赏赐。后大司徒戴涉被诛,③帝强起湛以代之。湛至朝堂,遗失溲便,④因自陈疾笃,不能复任朝事,遂罢之。后数年,卒于家。

①建武十七年废。

②汉官仪曰:"洛阳十二门,东面三门,最北门名上东门,次南曰中东门。

每门校尉一人,秩二千石;司马一人,秩千石;候一人,秩六百石。"候舍,盖候之所居。

③涉字叔平,冀州清河人也,坐所举人盗金下狱。

④溲,小便也。溲音所流反。

王丹字仲回,京兆下邽人也。哀、平时,仕州郡。王莽时,连征不至。家累千金,隐居养志,好施周急。①每岁农时,辄载酒肴于田间,候勤者而劳之。②其惰嬾者,耻不致丹,皆兼功自厉。③邑聚相率,以致殷富。其轻黠游荡废业为患者,辄晓其父兄,使黜责之。没者则赙给,亲自将护。其有遭丧忧者,辄待丹为办,乡邻以为常。行之十馀年,其化大洽,风俗以笃。

①周急谓周济困急也。孔子曰:"君子周急不继富。"

②东观记曰:"载酒肴,便于田头大树下饮食劝勉之,因留其馀酒肴而去。"

③嬾与懒同,音力亶反。

丹资性方絜,疾恶强豪。时河南太守同郡陈遵,关西之大侠也。①其友人丧亲,遵为护丧事,赙助甚丰。丹乃怀缣一匹,陈之于主人前,曰:"如丹此缣,出自机杼。"遵闻而有惭色。自以知名,欲结交于丹,丹拒而不许。②

①遵字孟公,杜陵人也。见前书。

②东观记曰:"更始时,遵为大司马〔护军〕,[6]出使匈奴,过辞于丹。丹曰:'俱遭反覆,唯我二人为天所遗。今子当之绝域,无以相赠,赠子以不拜。'遂揖而别,遵甚悦之。"

会前将军邓禹西征关中,军粮乏,丹率宗族上麦(一)〔二〕千斛。^[7] 禹表丹领左冯翊，称疾不视事，免归。后征为太子少傅。

时大司徒侯霸欲与交友，及丹被征，遣子昱候于道。昱迎拜车下，丹下答之。昱曰："家公欲与君结交，何为见拜？"丹曰："君房有是言，丹未之许也。"

丹子有同门生丧亲，家在中山，白丹欲往奔慰。结侣将行，丹怒而挞之，^①令寄缣以祠焉。^②或问其故。丹曰："交道之难，未易言也。世称管、鲍，次则王、贡。^③张、陈凶其终，萧、朱隙其末，^④故知全之者鲜矣。"时人服其言。

> ①东观记曰："丹怒挞之五十。"
>
> ②东观记曰："寄帛二匹以祠焉。"
>
> ③史记曰："管夷吾，颍上人。尝与鲍叔牙游，叔牙知其贤。管仲贫困，尝欺鲍叔牙，鲍叔牙终善遇之。管仲曰：'生我者父母，知我者鲍叔。'"前书，王吉字子阳，贡禹字少翁，并琅邪人也。二人相善，时人为之语："王阳在位，贡禹弹冠。"言其趣舍同也。
>
> ④张耳、陈馀初为刎颈交，后构隙。耳后为汉将兵，杀陈馀于泜水之上。萧育字次君，朱博字子元，二人为友，著闻当代，后有隙不终，故时以交为难。并见前书。

客初有荐士于丹者，因选举之，而后所举者陷罪，丹坐以免。客惭惧自绝，而丹终无所言。寻复征为太子太傅，乃呼客谓曰："子之自绝，何量丹之薄也？"不为设食以罚之，相待如旧。其后逊位，卒于家。

王良子仲子，东海兰陵人也。少好学，习小夏侯尚书。^①王莽时，寝病不仕，^[8]教授诸生千余人。

①夏侯建,大夏侯胜之从兄子也。建受尚书于胜,号小夏侯。见前书。

建武二年,大司马吴汉辟,不应。三年,征拜谏议大夫,数有忠言,以礼进止,朝廷敬之。迁沛郡太守。至蕲县,称病不之府,官属皆随就之,良遂上疾笃,乞骸骨,征拜太中大夫。

六年,代宣秉为大司徒司直。在位恭俭,妻子不入官舍,布被瓦器。时司徒史鲍恢以事到东海,过候其家,而良妻布裙曳柴,从田中归。①恢告曰:“我司徒史也,故来受书,欲见夫人。”妻曰:“妾是也。苦掾,无书。”②恢乃下拜,叹息而还,闻者莫不嘉之。

①东观记曰:“徒跣曳柴。”

②掾,即谓鲍恢,司徒之掾史也。言劳苦相过,更无书信。

后以病归。一岁复征,至荥阳,疾笃不任进道,乃过其友人。友人不肯见,曰:“不有忠言奇谋而取大位,何其往来屑屑不惮烦也?”①遂拒之。良惭,自后连征,辄称病。诏以玄纁聘之,遂不应。后光武幸兰陵,遣使者问良所苦疾,[9]不能言对。诏复其子孙邑中徭役,卒于家。

①杨雄方言曰:“屑屑,不安也。秦、晋曰屑屑。”郭景纯曰:“往来貌。”

论曰:夫利仁者或借仁以从利,体义者不期体以合义。①季文子妾不衣帛,鲁人以为美谈。②公孙弘身服布被,汲黯讥其多诈。③事实未殊而誉毁别议。何也?将体之与利之异乎?宣秉、王良处位优重,而秉甘疏薄,良妻荷薪,可谓行过乎俭。然当世咨其清,人君高其节,岂非临之以诚哉!语曰:“同言而信,则信在言前;同令而行,则诚在令外。”不其然乎!④张湛不屑矜伪之诮,斯不伪矣。⑤王丹难于交执之道,斯知交矣。

①此言履行仁义,其事虽同,原其本心,真伪各异。利仁者谓心非好仁,但以行仁则于己有利,故假借仁道以求利耳。若天性自然,体合仁义者,举措云为,不期于体,而冥然自合。礼记曰:"仁者安仁,智者利仁,畏罪者强仁。"与人同功,其仁未可知;与人同过,其仁则可知。

②文子,鲁卿季孙行父之谥也。无衣帛之妾,无食粟之马,君子是以知季文子忠于公室。相三君矣而无私积,可不谓忠乎?事见左传。

③公孙弘,淄川人也。武帝时为丞相。汲黯曰:"弘以三公而身服布被,诈也。"事见前书。

④真伪之迹既殊,人之信否亦异。同言而信,谓体仁与利仁,二人同出言,而人信服其真者,不信其伪者,则知信不由言,故言信在言前也。同令而行,意亦同也。此皆子思子累德篇之言,故称"语曰"。

⑤屑犹介也。

杜林字伯山,扶风茂陵人也。①父邺,成哀间为凉州刺史。林少好学沈深,家既多书,又外氏张竦父子喜文采,②林从竦受学,博洽多闻,时称通儒。③

①案杜邺传,邺本魏郡繁阳人也,武帝时徙茂陵。

②邺字子夏,祖父皆至郡守。邺少孤。其母,张敞女也。邺从敞子吉学,得其家书。竦即吉之子也,博学文雅过于敞。见前书。

③风俗通曰:"儒者,区也。言其区别古今,居则玩圣哲之词,动则行典籍之道,稽先王之制,立当时之事,此通儒也。若能纳而不能出,能言而不能行,讲诵而已,无能往来,此俗儒也。"

初为郡吏。王莽败,盗贼起,林与弟成及同郡范逡、孟冀等,①将细弱俱客河西。道逢贼数千人,遂掠取财装,裸夺衣服,②拔刃向林等将欲杀之。冀仰曰:"愿一言而死。将军知天神乎?③赤眉兵众百万，所向无前，而残贼不道，卒至破败。今将军以数千之众，欲规霸王之事，不行仁恩而反遵覆车，不畏天乎？"④贼遂释之，俱免于难。

①逡音七伦反。

②褫，解也，音直纸反。

③言知天道有神乎。

④贾谊曰："前车覆，后车诫。"诗曰："不畏乎天，不愧乎人。"[10]

隗嚣素闻林志节，深相敬待，以为持书平。[11]后因疾告去，辞还禄食。嚣复欲令强起，遂称笃。嚣意虽相望，且欲优容之，①乃出令曰："杜伯山天子所不能臣，诸侯所不能友，②盖伯夷、叔齐耻食周粟。③今且从师友之位，须道开通，使顺所志。"林虽拘于嚣，而终不屈节。建武六年，弟成物故，嚣乃听林持丧东归。既遣而悔，追令刺客杨贤于陇坻遮杀之。贤见林身推鹿车，载致弟丧，乃叹曰："当今之世，谁能行义？我虽小人，何忍杀义士！"因亡去。

①望犹恨也。东观记曰："林寄嚣地，终不降志辱身，至蓻蒿席草，不食其粟也。"

②礼记曰："儒有上不臣天子，下不事诸侯，慎静尚宽，砥砺廉隅，其规为有如此者。"

③史记曰，伯夷、叔齐，孤竹君之子也。兄弟让位，归文王。后武王东伐纣，伯夷、叔齐扣马谏曰："父死不葬，爰及干戈，可谓孝乎？以臣伐君，可谓仁乎？"武王平殷乱，而二人耻之，义不食周粟，饿死于首阳山。

光武闻林已还三辅，乃征拜侍御史，引见，问以经书故旧及西州事，甚悦之，赐车马衣被。群寮知林以名德用，甚尊惮之。京师士大夫，咸推其博洽。①

①东观记曰："林与马援同乡里，素相亲厚。援从南方还，时林马适死，援令子持马一匹遗林，曰：'朋友有车马之馈，可且以备乏。'林受之。居数月，林遣子奉书曰：'将军内施九族，外有宾客，望恩者多。林父子两人食列卿禄，常有盈，今送钱五万。'援受之，谓子曰：'人当以此为法，是杜伯山所以胜我也。'"博，广也。洽，徧也。言其所闻见广大也。

河南郑兴、东海卫宏等，皆长于古学。①兴尝师事刘歆，林既遇之，欣然言曰："林得兴等固谐矣，使宏得林，且有以益之。"及宏见林，阇然而服。济南徐巡，始师事宏，后皆更受林学。林前于西州得漆书古文尚书一卷，常宝爱之，虽遭难困，[12]握持不离身。出以示宏等曰："林流离兵乱，常恐斯经将绝。何意东海卫子、济南徐生复能传之，是道竟不坠于地也。古文虽不合时务，然愿诸生无悔所学。"宏、巡益重之，于是古文遂行。

①宏字敬仲，在儒林传。

明年，大议郊祀制，多以为周郊后稷，汉当祀尧。诏复下公卿议，议者佥同，帝亦然之。林独以为周室之兴，祚由后稷，汉业特起，功不缘尧。祖宗故事，所宜因循。定从林议。①

①东观记载林议曰："当今政卑易行，礼简易从，人无愚智，思仰汉德。基业特起，不因缘尧。尧远于汉，人不晓信，言提其耳，终不说谕。后稷近周，人户知之，又据以兴，基由其祚。[13]诗曰：'不愆不忘，率由旧章。'宜如旧制，以解天下之惑。"

后代王良为大司徒司直。林荐同郡范逡、赵秉、申屠刚及陇西牛邯等，皆被擢用，士多归之。十一年，司直官罢，以林代郭宪为光禄勋。内奉宿卫，外总三署，①周密敬慎，选举称平。郎有好学者，辄见诱进，朝夕满堂。

①三署，左右中郎将及五官中郎将，皆管郎官也。见续汉书。

十四年，群臣上言："古者肉刑严重，则人畏法令；今宪律轻薄，故奸轨不胜。①宜增科禁，以防其源。"诏下公卿。林奏曰："夫人情挫辱，则义节之风损；法防繁多，则苟免之行兴。孔子曰：'导之以政，齐之以刑，民免而无耻。导之以德，齐之以礼，有耻且格。'②古之明王，深识远虑，动居其厚，不务多辟，周之五刑，不过三千。③大汉初兴，详览失得，故破矩为圆，斫雕为朴，镯除苛政，更立疏网，④海内欢欣，人怀宽德。及至其后，渐以滋章，吹毛索疵，诋欺无限。⑤果桃菜茹之馈，集以成臧，小事无妨于义，以为大戮，故国无廉士，家无完行。至于法不能禁，令不能止，上下相遁，为敝弥深。⑥臣愚以为宜如旧制，不合翻移。"帝从之。

①左传曰："凡乱在外为奸，在内为轨。"
②皆论语之言也。政谓禁令，刑谓刑罚。格，来也。言为政之法，初训导之以禁令，若有违则整齐之以刑罚，则人但免罪而已，而无耻惭之心。若教导之以道德，整齐之以礼义，则人皆有耻惭之心，且皆来服。
③五刑谓墨、劓、剕、宫、大辟也。尚书吕刑篇曰："五刑之属三千。"
④史记曰："汉兴，破觚而为圜，斫雕而为朴，号为网漏吞舟之鱼。"觚亦方也。老子曰："天网恢恢，疏而不漏。"
⑤老子曰："法令滋章，盗贼多有。"前书曰："有司吹毛求疵。"索，求也。诋欺谓饰非成衅，非其罪。
⑥遁犹回避也。前书曰："上下相匿，以文避法焉。"

后皇太子彊求乞自退，封东海王，故重选官属，以林为王傅。从驾南巡狩。时诸王傅数被引命，或多交游，不得应诏；唯林守慎，有召必至。馀人虽不见遣，而林特受赏赐，又辞不敢受，帝益重之。①

①东观记曰:"王又以师数加馈遗,林不敢受,常辞以道上禀假有馀,(若)〔苦〕以车重,[14]无所置之。"

明年,代丁恭为少府。①二十二年,复为光禄勋。顷之,代朱浮为大司空。博雅多通,称为任职相。明年薨,帝亲自临丧送葬,除子乔为郎。诏曰:"公侯子孙,必复其始,②贤者之后,宜宰城邑。其以乔为丹水长。"③

①恭字子然,山阳人,在儒林传。

②左氏传晋大夫辛廖之言。

③丹水,县,属南阳。

论曰:夫威强以自御,力损则身危;饰诈以图己,诈穷则道屈;而忠信笃敬,蛮貊行焉者,诚以德之感物厚矣。①故赵孟怀忠,匹夫成其仁;②杜林行义,烈士假其命。易曰"人之所助者(顺)〔信〕",[15]有不诬矣。③

①论语曰:"子张问行,子曰:'言忠信,行笃敬,虽蛮貊之邦行矣。'"

②赵孟,晋大夫赵盾也。左传曰:"晋灵公不君,赵盾骤谏之,灵公患焉,使鉏麑贼之。晨往,寝门辟矣,盛服将朝,尚早,坐而假寐。麑退而言曰:'不忘恭敬,民之主也。贼民之主不忠,弃君之命不信,有一于此,不如死也。'触槐而死。"赵盾遂得全。论语曰:"有杀身以成仁,无求生以害仁。"

③易系辞曰:"天之所助者(信)〔顺〕,人之所助者(顺)〔信〕。"[16]不诬,言必蒙天人之助也。

郭丹字少卿,南阳穰人也。父稚,成帝时为庐江太守,有清名。

丹七岁而孤,小心孝顺,后母哀怜之,为鬻衣襐,买产业。①后从师长安,买符入函穀关,②乃慨然叹曰:"丹不乘使者车,终不出关。"③既至京师,常为都讲,诸儒咸敬重之。大司马严尤请丹,辞病不就。王莽又征之,遂与诸生逃于北地。更始二年,三公举丹贤能,征为谏议大夫,持节使归南阳,安集受降。丹自去家十有二年,果乘高车出关,如其志焉。

①鬻,卖也。

②符即缯也。前书音义曰:"旧出入关皆用传。传烦,因裂缯帛分持,后复出,合之以为符信。"买符,非真符也。东观记曰"丹从宛人陈洮买入关符,[17]既入关,封符乞人"也。

③续汉志曰:"诸使车,皆朱班轮,四辐,赤衡轭。"

更始败,诸将悉归光武,并获封爵;丹独保平氏不下,为更始发丧,衰绖尽哀。①建武二年,遂潜逃去,敝衣间行,涉历险阻,求谒更始妻子,奉还节传,因归乡里。太守杜诗请为功曹,丹荐乡人长者自代而去。诗乃叹曰:"昔明王兴化,卿士让位,②今功曹推贤,可谓至德。敕以丹事编署黄堂,以为后法。"③

①丧服斩衰裳,上曰衰,下曰裳。麻在首要皆曰绖。首绖象缁布冠,要绖象大带。绖之言实,衰之言摧,明中实摧痛也。平氏,县名,属南阳郡。

②毛苌诗传曰:"虞、芮之君争田,相谓曰:'西伯,仁人也,盍往质焉?'乃相与朝周。至其朝,士让为大夫,大夫让为卿。二国君乃惭而退。"

③黄堂,大守之厅事。

十三年,大司马吴汉辟举高第,再迁并州牧,有清平称。转使匈奴中郎将,迁左冯翊。永平三年,代李欣为司徒。在朝廉直公正,与侯霸、杜林、张湛、郭伋齐名相善。明年,坐考陇西太守邓融事无所据,策免。五年,卒于家,时年八十七。以河南尹范迁有清行,代为司徒。

迁字子庐,[18]沛国人,初为渔阳太守,以智略安边,匈奴不敢入界。及在公辅,有宅数亩,田不过一顷,复推与兄子。其妻尝谓曰:"君有四子而无立锥之地,①可馀奉禄,以为后世业。"迁曰:"吾备位大臣而蓄财求利,何以示后世!"在位四年薨,家无担石焉。

①史记楚优孟曰:"孙叔敖子无立锥之地。"

后显宗因朝会问群臣郭丹家今何如,宗正刘匡对曰:"昔孙叔敖相楚,马不秣粟,妻不衣帛,子孙竟蒙寝丘之封。①丹出典州郡,入为三公,而家无遗产,子孙困匮。"帝乃下南阳访求其嗣。长子宇,官至常山太守。少子济,赵相。

①孙叔敖,楚庄王之相也,期思县人。史记曰,楚之处士虞丘相进之,相楚,上下和合,吏无奸邪,遂霸诸侯。吕览曰:"叔敖将死,戒其子曰:'王数封我矣,吾不受也。我死,王则封汝,必无受利地。楚越之间有寝丘者,此其地不利而名甚恶,可长有者唯此也。'孙叔敖死,王以美地封其子,其子辞,请寝丘,至今不失。"寝丘,县名,后汉改为固始,今光州固始县也,有孙叔敖祠焉。

吴良字大仪,齐国临淄人也。初为郡吏,①岁旦与掾史入贺,门下掾王望举觞上寿,谄称太守功德。②良于下坐勃然进曰:"望佞邪之人,欺诒无状,愿勿受其觞。"③太守敛容而止。谯罢,转良为功曹;耻以言受进,终不肯谒。

①东观记曰良为郡议曹掾。

②东观记曰:"王望言曰:'齐郡败乱,遭离盗贼,不闻鸡鸣犬吠之音。明府视事五年,土地开辟,盗贼灭息,五谷丰熟,家给人足。今日岁首,请上雅寿。'掾史皆称万岁。"

③东观记曰"良时跪曰:'门下掾佞谄,明府勿受其觞。盗贼未尽,人庶困乏。今良曹掾,尚无绔。'望曰:'议曹惰窳,自无绔,宁足为不家给人足邪?'太守曰:'此生言是。'赐良鰒鱼百枚"也。

时骠骑将军东平王苍闻而辟之,署为西曹。苍甚相敬爱,上疏荐良曰:"臣闻为国所重,必在得人;报恩之义,莫大荐士。窃见臣府西曹掾齐国吴良,资质敦固,公方廉恪,躬俭安贫,白首一节;①又治尚书,学通师法,②经任博士,行中表仪。宜备宿卫,以辅圣政。臣苍荣宠绝矣,忧责深大,③私慕公叔同升之义,惧于臧文窃位之罪,④〔19〕敢秉愚瞽,犯冒严禁。"显宗以示公卿曰:"前以事见良,须发皓然,衣冠甚伟。夫荐贤助国,宰相之职,萧何举韩信,设坛而拜,不复考试。⑤今以良为议郎。"

①言虽耆耄,志节不衰。

②东观记曰:"良习大夏侯尚书。"

③绝犹极也。

④公叔文子,卫大夫公孙拔之谥也。文子家臣名僎,操行与文子同,文子乃升进之于公,与之同为大夫。臧文仲,鲁大夫臧孙辰也。时柳下惠为士师,文仲知其贤而不进达之,孔子讥之曰:"臧文仲其窃位者欤!知柳下之贤而不与立。"事并见论语也。

⑤萧何荐韩信于高祖曰:"陛下必欲争天下,非信无可与计者。"汉王于是设坛场,拜信为大将军。见前书。

永平中,车驾近出,而信阳侯阴就干突禁卫,〔20〕车府令徐匡钩就车,收御者送狱。①诏书谴匡,匡乃自系。良上言曰:"信阳侯就倚恃外戚,干犯乘舆,无人臣礼,为大不敬。匡执法守正,反下于理,臣恐圣化由是而弛。"②帝虽赦匡,犹左转良为即丘长。③后迁司徒长史。④每处大议,辄据经典,不希旨偶俗,以徼时誉。⑤后坐事免。复拜议郎,卒于官。

①钩,留也。

②弛,废也。

③即丘,县名,属东海郡,即左氏传之祝丘也,故城在今沂州临沂县东南。

④哀帝改丞相为大司徒,司直仍旧,中兴因之不改。建武十一年省司直,置长史。

⑤希犹瞻望也。

承宫字少子,①琅邪姑幕人也。少孤,年八岁为人牧豕。乡里徐子盛者,以春秋经授诸生数百人,宫过息庐下,乐其业,因就听经,遂请留门下,②为诸生拾薪。执苦数年,勤学不倦。③经典既明,乃归家教授。遭天下丧乱,遂将诸生避地汉中,后与妻子之蒙阴山,④[21]肆力耕种。禾黍将孰,人有认之者,宫不与计,推之而去,由是显名。三府更辟,皆不应。⑤

①世本承姓,卫大夫成叔承之后也。

②续汉书曰:"宫过徐子盛,好之,因弃其猪而留听经。猪主怪其不还,求索得宫,欲笞之。门下生共禁止,因留之。"

③续汉书曰:"宫尝出行,得虎所杀鹿,持归,肉分门下,取皮上师,师不受,宫因弃之。人问其故,宫曰:'既已与人,义不可复取。'"

④蒙阴,县名,属太山郡,有蒙山,在今沂州新泰县东南。

⑤三府谓太尉、司徒、司空府。

永平中,征诣公车。车驾临辟雍,召宫拜博士,迁左中郎将。数纳忠言,陈政,论议切悫,[22]朝臣惮其节,名播匈奴。时北单于遣使求得见宫,显宗敕自整饰,宫对曰:"夷狄眩名,非识实者也。臣状丑,不可以示远,宜选有威容者。"①帝乃以大鸿胪魏应代之。十七年,拜侍中祭酒。建初元年,卒,肃宗褒叹,赐以冢地。妻上书乞归葬乡里,复赐钱三十万。②

①续汉书曰:"夷狄闻臣虚称,故欲见臣。臣丑陋形寝,不如选长大有威容者示之也。"

②续汉书曰:"宫子叠,官至济阴太守。"

郑均字仲虞,东平任城人也。少好黄老书。兄为县吏,①颇受礼遗,均数谏止,不听。即脱身为佣,岁馀,得钱帛,归以与兄。曰:"物尽可复得,为吏坐臧,终身捐弃。"兄感其言。遂为廉絜。均好义笃实,养寡嫂孤儿,恩礼敦至。②常称病家廷,不应州郡辟召。郡将欲必致之,使县令谲将诣门,③既至,卒不能屈。均于是客于濮阳。④

①东观记曰:"兄仲,为县游徼。"

②东观记曰:"均失兄,养孤兄子甚笃,[23]已冠娶,出令别居,并门,尽推财与之,使得一尊其母,然后随护视振给之。"

③谲,诈也。

④濮阳,今濮州县。

建初三年,司徒鲍昱辟之,后举直言,并不诣。六年,公车特征,再迁尚书,数纳忠言,肃宗敬重之。后以病乞骸骨,拜议郎,告归,因称病笃,帝赐以衣冠。①

①东观记曰："均遣子英奉章诣阙，诏召见英，问均所苦，赐以冠帻
钱布。"

元和元年，诏告庐江太守、东平相曰：①"议郎郑均，束脩安贫，
恭俭节整，前在机密，以病致仕，守善贞固，黄发不怠。又前安邑令
毛义，躬履逊让，比征辞病，淳絜之风，东州称仁。书不云乎：'章厥
有常，吉哉！'②其赐均、义穀各千斛，常以八月长吏存问，赐羊酒，
显兹异行。"③明年，帝东巡过任城，乃幸均舍，敕赐尚书禄以终其
身，④故时人号为"白衣尚书"。永元中，卒于家。

①以毛义庐江人，郑均东平人，故告二郡守相也。
②章，明也。吉，善也。言为天子当明显其有常德者，优其禀饩，则政之
　善也。尚书咎繇謩之言。
③东观记曰："赐羊一头，酒二斗，终其身。"问遗贤良，必以八月，诸物老
　成，故顺其时气助养育之也。故月令"仲秋之月养衰老，授几杖，行麋
　粥饮食"，郑玄注云"助老气也"。
④续汉志曰："尚书秩六百石，禄每月七十石。"

赵典字仲经，蜀郡成都人也。父戒，为太尉，①桓帝立，以定策
封厨亭侯。典少笃行隐约，②博学经书，弟子自远方至。③建和初，
四府表荐，④征拜议郎，侍讲禁内，再迁为侍中。时帝欲广开鸿池，
典谏曰："鸿池汜溉，已且百顷，犹复增而深之，非所以崇唐虞之约
己，遵孝文之爱人也。"帝纳其言而止。⑤

①谢承书曰："典，太尉戒之叔子也。"
②隐犹静也。约，俭也。
③谢承书曰："典学孔子七经、河图、洛书，内外艺术，靡不贯综，受业者

百有馀人。”

④四府，太尉、司徒、司空、大将军府也。谢承书曰：“典性明达，志节清亮。益州举茂才，以病辞，太尉黄琼、胡广举有道、方正，皆不应。桓帝公车征，对策为诸儒之表。”

⑤墨子曰：“尧舜堂高三尺，土阶三等，茅茨不翦，采椽不斫，饭土簋，歠土铏，粝粱之饭，藜藿之羹，夏日葛衣，冬日鹿裘。”是约己也。文帝尝欲作露台，召匠计之，曰直百金。帝曰：“百金，中人十家之产，何以台为！”宫室苑囿无所增益，有不便，辄弛以利人，是爱人也。

父卒，袭封。出为弘农太守，转右扶风。公事去官，征拜城门校尉，转将作大匠，迁少府，又转大鸿胪。时恩泽诸侯以无劳受封，群臣不悦而莫敢谏，典独奏曰：“夫无功而赏，劳者不劝，上忝下辱，乱象干度。①且高祖之誓，非功臣不封。②宜一切削免爵土，以存旧典。”帝不从。顷之，转太仆，迁太常。朝廷每有灾异疑议，辄咨问之。③典据经正对，无所曲折。每得赏赐，辄分与诸生之贫者。后以谏争违旨，免官就国。

①左传曰：“国无政，不用善，则自取谪于日月之灾，故政不可不慎。务三而已，一曰择人，二曰因人，三曰从时。”前书曰，成帝时，同日封王氏五侯，其日，天气赤，黄雾四塞。哀帝封丁、傅日亦然。是不用善人，则乱象干度。

②史记功臣侯表曰：“高祖与功臣约曰：‘非刘氏不王，非有功不侯。不如是，天下共击之。’”

③谢承书曰“天子宗典道懿，尊为国师，位特进。七为列卿，寝布被，食用瓦器”也。

会帝崩，时禁藩国诸侯不得奔吊，典慨然曰：“身从衣褐之中，致位上列。①且鸟乌反哺报德，〔24〕况于士邪！”②遂解印绶符策付县,而驰到京师。州郡及大鸿胪并执处其罪,而公卿百寮嘉典之义,表请以租自赎,诏书许之。再迁长乐少府、卫尉。公卿复表典笃学博闻,宜备国师。会病卒,③使者吊祠。窦太后复遣使兼赠印绶,[25]谥曰献侯。

①褐,织毛布之衣,贫者所服。

②小尔雅曰:"纯黑而反哺者谓之乌。"春秋元命包曰:"乌,孝鸟也。"

③谢承书曰:"灵帝即位,典与窦武、王畅、陈蕃等谋共诛中常侍曹节、侯览、赵忠等,皆下狱自杀。"不言病卒。

典兄子谦,谦弟温,相继为三公。

谦字彦信,初平元年,代黄琬为太尉。献帝迁都长安,以谦行车骑将军,[26]为前置。明年病罢。复为司隶校尉。车师王侍子为董卓所爱,数犯法,谦收杀之。卓大怒,杀都官从事,而素敬惮谦,故不加罪。转为前将军,遣击白波贼,有功,封郫侯。①李傕杀司徒王允,复代允为司徒,数月病免,拜尚书令。是年卒,谥曰忠侯。[27]

①郫音盘眉反。

温字子柔,初为京兆(郡)丞,①[28]叹曰:"大丈夫当雄飞,安能雌伏!"遂弃官去。遭岁大饥,散家粮以振穷饿,所活万馀人。献帝西迁都,为侍中,同舆辇至长安,封江南亭侯,代杨彪为司空,免,顷之,复为司徒,录尚书事。

①前书,三辅丞,武帝元鼎四年置,秩六百石。

时李傕与郭汜相攻,傕遂虏掠禁省,劫帝幸北坞,外内隔绝。傕素疑温不与己同,乃内温于坞中,又欲移乘舆于黄白城。温与傕书曰:"公前託为董公报仇,然实屠陷王城,杀戮大臣,天下不可家见而户说也。今与郭汜争睚眦之隙,以成千钧之雠,①人在涂炭,各不聊生。曾不改悟,遂成祸乱。朝廷仍下明诏,欲令和解。上命不行,威泽日损。而复欲移转乘舆,更幸非所,此诚老夫所不达也。于易,一为过,再为涉,三而弗改,灭其顶,凶。②不如早共和解,引军还屯,上安万乘,下全人民,岂不幸甚。"傕大怒,欲遣人杀温。(董卓)〔李傕〕从弟应,[29]温故掾也,谏之数日,乃获免。

①睚眦,解见窦融传。三十斤为钧,言其重。

②灭,没也。周易大过上六曰:"过涉灭顶,凶。"王弼曰:"处大过之极,过之甚者也。涉难过甚,故至于灭顶,凶也。"

温从车驾都许。建安十三年,以辟司空曹操子丕为掾,操怒,奏温辟(忠)臣子弟,[30]选举不实,免官。是岁卒,年七十二。

赞曰:宣、郑、二王,奉身清方。杜林据古,张湛矜庄。典以义黜,①宫由德扬。大仪鹄发,见表宪王。②少卿志仕,终乘高箱。

①谓弃郡奔丧,[31]以租赎罪也。

②鹄发,白发。

【校勘记】

〔1〕常称疾不仕　按:汲本"称疾"作"寝疾"。

〔2〕以喻(类)〔烦〕杂也　据汲本、殿本改。

746

〔3〕即赐布帛帐帷什物　按:刊误谓"帐帷"当作"帷帐",注文先解帷,后解帐,是其次矣。

〔4〕帝敏惜之　刊误谓"敏"当作"愍"。今按:校补引钱大昭说,谓敏与闵古字通。又谓前书人表"宋愍公",徐幹中论作"敏公",是敏亦与愍通,皆不须改字。

〔5〕家人有严君〔焉〕　据汲本、殿本补。

后汉书卷二十七

〔6〕更始时遵为大司马〔护军〕 据聚珍本东观记补,与前书陈遵传合。

〔7〕上麦(一)〔二〕千斛 据汲本、殿本改。

〔8〕王莽时寝病不仕 按:殿本"寝"作"称"。

〔9〕遣使者问良所苦疾 按:汲本、殿本"苦疾"作"疾苦"。

〔10〕不畏乎天不媿乎人 按:汲本、殿本两"乎"字并作"于"。

〔11〕以为持书平 按:刊误谓案文多一"平"字。盖旧作"治书",读者以平音治字,章怀已改作"持",后人又妄留"平"字也。

〔12〕虽遭难困 按:汲本、殿本"难"作"艰"。

〔13〕后稷近周人户知之又据以兴基由其祚 汲本、殿本"户"作"所"。按:校补谓原文作"后稷近周,民户知之。世据以兴,基由其祚",东观记及续志注所引并同。"户"作"所",乃字之讹。"民"改"人","世"改"又",则避太宗讳也。

〔14〕(若)〔苦〕以车重 据校补改,与东观记合。

〔15〕人之所助者(顺)〔信〕 据易系辞改。

〔16〕天之所助者(信)〔顺〕人之所助者(顺)〔信〕 据易系辞改。

〔17〕陈洮 按:集解引惠栋说,谓御览、六帖引东观记"洮"皆作"兆"。

〔18〕迁字子庐 集解引何焯说,谓汉官仪作"子间"。今按:明帝纪注引汉官仪作"子间"。

〔19〕惧于臧文窃位之罪 按:王先谦谓惧于文义未安,疑"于"当作"干",或"干"误写为"于",后人改作"于"耳。"窃慕"与"惧干"正相对为文。

〔20〕信阳侯阴就 钱大昭谓阴兴传作"新阳侯",新信古字通。按:校补谓冯衍传仍作"新阳侯",又后纪亦作"新阳侯世子阴圭",注同,今安徽太和县西北有信阳城,则新阳固即信阳矣。

〔21〕后与妻子之蒙阴山 按:集解引惠栋说,谓东观记作"华阴山",或宫从汉中之华阴也。

〔22〕数纳忠言陈政论议切悫 集解引何焯说,谓"政"下当有脱文。今

按："陈政"二字疑衍。东观记作"数纳忠谏,论议切直",无"陈政"二字,可证也。

〔23〕养孤兄子　按:汲本、殿本并作"养孤儿兄子",聚珍本东观记同。校补谓鲍永传"悉财产与孤弟子",此直当作"孤兄子","儿"字乃涉下"兄"字误衍也。

〔24〕且鸟乌反哺报德　按:汲本、殿本"鸟乌"作"乌鸟",误。

〔25〕窦太后复遣使兼赠印绶　按:李慈铭谓"兼"盖是"策"字之误。

〔26〕以谦行车骑将军　刊误谓案文少一"事"字。今按:范书凡书行某某事往往省一"事"字,非必脱文也。

〔27〕谥曰忠侯　按:李慈铭谓华阳国志作"惠侯"。

〔28〕初为京兆(郡)丞　校补引钱大昭说,谓京兆两汉皆不称郡,此"郡"字衍。今据删。

〔29〕(董卓)〔李傕〕从弟应　集解引惠栋说,谓袁宏纪云李傕从弟。王先谦谓"董卓"二字实传写之误。今据改。

〔30〕奏温辟(忠)臣子弟　集解引何焯说,谓"忠"字衍。张森楷校勘记谓魏志文帝纪注引献帝起居注无"忠"字,何说有本。今据删。

〔31〕谓弃郡奔丧　按:校补谓"郡"当作"国"。

中华正史经典

汉书

〔汉〕班固 撰
〔唐〕颜师古 注

二

中华书局

汉书卷二十一上

律历志第一上

师古曰:"志,记也,积记其事也。春秋左氏传曰'前志有之'。"

虞书曰"乃同律度量衡",①所以齐远近、立民信也。自伏戏画八卦,由数起,②至黄帝、尧、舜而大备。三代稽古,法度章焉。③周衰官失,孔子陈后王之法,曰:"谨权量,审法度,修废官,举逸民,四方之政行矣。"④汉兴,北平侯张苍首律历事,⑤孝武帝时乐官考正。⑥至元始中王莽秉政,欲耀名誉,征天下通知钟律者百(徐)馀人,〔1〕使羲和刘歆等典领条奏,言之最详。故删其伪辞,取正义,著于篇。⑦

①师古曰:"虞书,舜典也。同谓齐等。"

②师古曰:"万物之数,因八卦而起也。"

③师古曰:"三代,夏、殷、周也。稽,考也。考于古事,而法度益明。"

④师古曰："此论语载孔子述古帝王之政，以示后世。权谓斤两也。量，斗斛也。法度，丈尺也。逸民，谓有德而隐处者。"

⑤师古曰："首谓始定也。"

⑥师古曰："更质正其事。"

⑦师古曰："班氏自云作志取刘歆之义也。自此以下讫于'用竹为引者，事之宜也'，则其辞焉。"

一曰备数，二曰和声，三曰审度，四曰嘉量，五曰权衡。参五以变，错综其数，稽之于古今，效之于气物，和之于心耳，考之于经传，咸得其实，靡不协同。

数者，一、十、百、千、万也，所以算数事物，顺性命之理也。书曰："先其算命。"①本起于黄钟之数，始于一而三之，三三积之，②历十二辰之数，十有七万七千一百四十七，而五数备矣。③其算法用竹，径一分，长六寸，二百七十一枚而成六觚，为一握。④径象乾律黄钟之一，而长象坤吕林钟之长。⑤其数以易大衍之数五十，其用四十九，成阳六爻，得周流六虚之象也。⑥夫推历生律⑦制器，[2]规圜矩方，权重衡平，准绳嘉量，⑧探赜索隐，钩深致远，莫不用焉。⑨度长短者不失豪氂，⑩量多少者不失圭撮，⑪权轻重者不失黍絫。⑫纪于一，协于十，长于百，大于千，衍于万，其法在算术。宣于天下，小学是则。职在太史，羲和掌之。

①师古曰："逸书也。言王者统业，先立算数以命百事也。"

②孟康曰："黄钟，子之律也。子数一。泰极元气含三为一，是以一数变而为三也。"

③孟康曰："初以子一乘丑三，馀则转因其成数以三乘之，历十二辰，得是积数也。五行阴阳变化之数备于此矣。"

④苏林曰："六觚，六角也。度角至角，其度一寸，面容一分，算九枚，相因之数有十，正面之数实九，其表六九五十四，算中积凡得二百七十一枚。"

⑤张晏曰："林钟长六寸。"韦昭曰："黄钟管九寸，十分之一，得其一分也。"

⑥孟康曰："以四十九成阳六爻为乾，乾之策数二百一十六，以成六爻，是为周流六虚之象也。"

⑦张晏曰："推历十二辰以生律吕也。"

⑧张晏曰："准，水平。量知多少，故曰嘉。"

⑨师古曰："赜亦深也。索，求也。"

⑩孟康曰："豪，兔豪也。十为氂。"师古曰："度音大各反。"

⑪应劭曰："圭，自然之形，阴阳之始也。四圭曰撮，三指撮之也。"孟康曰："六十四黍为圭。"师古曰："撮音仓括反。"

⑫孟康曰："絫音（墨）蠡。"[3]应劭曰："十黍为絫，十絫为一铢。"师古曰："絫，孟音来戈反，此字读亦音纍绁之纍。"

声者，宫、商、角、徵、羽也。所以作乐者，谐八音，荡（降）〔涤〕人之邪意，[4]全其正性，移风易俗也。八音：土曰埙，①匏曰笙，②皮曰鼓，③竹曰管，④丝曰弦，石曰磬，金曰钟，木曰柷。⑤五声和，八音谐，而乐成。商之为言章也，物成孰可章度也。⑥角，触也，物触地而出，戴芒角也。宫，中也，居中央，畅四方，唱始施生，为四声纲也。徵，祉也，物盛大而繁祉也。羽，宇也，物聚臧宇覆之也。夫声者，中于宫，触于角，祉于徵，章于商，宇于羽，故四声为宫纪也。协之五行，则角为木，五常为仁，五事为貌。商为金为义为言，徵为火为礼为视，羽为水为智为听，宫为土为信为思。以君臣民事物言之，则宫为

891

君，商为臣，角为民，徵为事，羽为物。唱和有象，故言君臣位事之体也。

① 应劭曰："世本暴辛公作埙。"师古曰："烧土为之，其形锐上而平底，六孔吹之。埙音许元反，字或作壎，其音同耳。"

② 应劭曰："世本随作笙。"师古曰："匏，瓠也。列管瓠中，施簧管端。"

③ 师古曰："鼓者郭也，言郭张皮而为之。"

④ 孟康曰："礼乐器记，管，漆竹，长一尺，六孔。尚书大传，西王母来献白玉琯。汉章帝时零陵文学奚景于泠道舜祠下得白玉琯。古以玉作，不但竹也。"

⑤ 师古曰："柷与俶同，俶，始也。乐将作，先鼓之，故谓之柷。状如漆桶，中有椎，连底动之，令左右击。音昌六反。"

⑥ 师古曰："度音大各反。"

五声之本，生于黄钟之律。九寸为宫，或损或益，以定商、角、徵、羽。九六相生，阴阳之应也。律十有二，阳六为律，阴六为吕。律以统气类物，一曰黄钟，二曰太族，①三曰姑洗，四曰蕤宾，五曰夷则，六曰亡射。②吕以旅阳宣气，一曰林钟，二曰南吕，三曰应钟，四曰大吕，五曰夹钟，六曰中吕。③有三统之义焉。其传曰，黄帝之所作也。黄帝使泠纶，④自大夏之西，⑤昆仑之阴，取竹之解谷⑥生，其窍厚均者，⑦断两节间而吹之，〔5〕以为黄钟之宫。⑧制十二筒以听凤之鸣，⑨其雄鸣为六，雌鸣亦六，比黄钟之宫，而皆可以生之，是为律本。⑩至治之世，天地之气合以生风；天地之风气正，十二律定。⑪黄钟：黄者，中之色，君之服也；钟者，种也。天之中数五，⑫五为声，声上宫，五声莫大焉。地之中数六，⑬六为律，律有形有色，色上黄，五

汉书卷二十一上

892

色莫盛焉。故阳气施种于黄泉，孳萌万物，⑭为六气元也。以黄色名元气律者，著宫声也。宫以九唱六，⑮变动不居，周流六虚。始于子，在十一月。大吕：吕，旅也，言阴大，旅助黄钟（宫）〔宣〕气而牙物也。〔6〕位于丑，在十二月。太族：族，奏也，言阳气大，奏地而达物也。⑯位于寅，在正月。夹钟，言阴夹助太族宣四方之气而出种物也。位于卯，在二月。姑洗：洗，絜也，言阳气洗物辜絜之也。⑰位于辰，在三月。中吕，言微阴始起未成，著于其中旅助姑洗宣气齐物也。位于巳，在四月。蕤宾：蕤，继也，宾，导也，言阳始导阴气使继养物也。位于午，在五月。林钟：林，君也，言阴气受任，助蕤宾君主种物使长大楙盛也。⑱位于未，在六月。夷则：则，法也，言阳气正法度而使阴气夷当伤之物也。⑲位于申，在七月。南吕：南，任也，言阴气旅助夷则任成万物也。位于酉，在八月。亡射：射，厌也，言阳气究物而使阴气毕剥落之，终而复始，亡厌已也。位于戌，在九月。应钟，言阴气应亡射，该臧万物而杂阳阂种也。⑳位于亥，在十月。

①师古曰："族音千豆反。其下并同。"

②师古曰："亡读曰无。射音亦石反。"

③师古曰："中读曰仲。"

④师古曰："泠音零。纶音伦也。"

⑤应劭曰："大夏，西戎之国也。"

⑥孟康曰："解，脱也。谷，竹沟也。取竹之脱无沟节者也。一说昆仑之北谷名也。"晋灼曰："谷名是也。"

⑦应劭曰："生者，治也。窍，孔也。"孟康曰："竹孔与肉薄厚等也。"晋灼曰："取谷中之竹，生而（孔外肉）〔肉孔外内〕厚薄自然

均者，[7]截以为筒，不复加削刮也。"师古曰："晋说是也。"

⑧师古曰："黄钟之宫，律之最长者。"

⑨师古曰："筒音大东反。"

⑩师古曰："比，合也。可以生之，谓上下相生也，故谓之律本。比音
频寐反。"

⑪孟康曰："律得风气而成声，风和乃律调也。"臣瓒曰："风气正则
十二月之气各应其律，不失其序。"

⑫韦昭曰："一三在上，七九在下。"

⑬韦昭曰："二四在上，八十在下。"

⑭师古曰："孳读与滋同，滋，益也。萌，始生。"

⑮孟康曰："黄钟阳九，林钟阴六，言阳唱阴和。"

⑯师古曰："奏，进也。"

⑰孟康曰："辜，必也，必使之洁也。"

⑱师古曰："种物，种生之物。楙，古茂字也。种音之勇反。"

⑲师古曰："夷亦伤。"

⑳孟康曰："（该）〔阂〕，臧塞也，[8]阴杂阳气，臧塞为万物作种也。"
晋灼曰："外闭曰阂。"师古曰："阂音胡待反。下言'该阂于亥'，
音训并同也。"

三统者，天施，地化，人事之纪也。①十一月，乾之初九，
阳气伏于地下，始著为一，万物萌动，钟于太阴，故黄钟为天
统，律长九寸。九者，所以究极中和，为万物元也。易曰："立
天之道，曰阴与阳。"②六月，坤之初六，阴气受任于太阳，继养
化柔，万物生长，楙之于未，令种刚强大，故林钟为地统，律长
六寸。六者，所以含阳之施，楙之于六合之内，令刚柔有体也。
"立地之道，曰柔与刚。"③"乾知太始，坤作成物。"④正月，乾
之九三，万物棣通，⑤族出于寅，人奉而成之，仁以养之，义以

行之，令事物各得其理。寅，木也，为仁；其声，商也，为义。故太族为人统，律长八寸，象八卦，<u>宓戏氏</u>之所以顺天地、通神明、类万物之情也。⑥ "立人之道，曰仁与义。"⑦ "在天成象，在地成形。"⑧ "后以裁成天地之道，辅相天地之宜，以左右民。"⑨此三律之谓矣，是为三统。

①李奇曰："统，绪也。"

②师古曰："易说卦之辞。"

③师古曰："此亦说卦之辞也。"

④师古曰："此上系之辞。"

⑤孟康曰："棣谓通意也。"师古曰："棣音替。"

⑥师古曰："宓读与伏同。"

⑦师古曰："此说卦之辞。"

⑧师古曰："此上系之辞。"

⑨师古曰："此泰卦象辞也。后，君也，谓王者也。左右，助也。左读曰佐。右读曰佑。"

其于三正也，黄钟子为天正，①林钟未之衡丑为地正，太族寅为人正。三正正始，是以地正适其始纽于阳东北丑位。易曰"东北丧朋，乃终有庆"，②答应之道也。及黄钟为宫，则太族、姑洗、林钟、南吕皆以正声应，无有忽微，③不复与它律为役者，同心一统之义也。非黄钟而它律，虽当其月自宫者，则其和应之律有空积忽微，④不得其正。此黄钟至尊，亡与并也。

①师古曰："正音之成反。下皆类此。"

②孟康曰："未在西南，阳也，阴而入阳，为失其类也。"师古曰："此坤卦象辞。"

③孟康曰："忽微，若有若无，细于发者也。谓正声无有残分也。"

④孟康曰："十二月之气各以其月之律为宫，非五音之正，则声有高下差降也。空积。若郑氏分一寸为数千。"

易曰："参天两地而倚数。"①天之数始于一，终于二十有五。其义纪之以三，故置一得三，又二十五分之六，凡二十五置，终天之数，得八十一，以天地五位之合终于十者乘之，为八百一十分，应历一统②千五百三十九岁之章数，黄钟之实也。繇此之义，③起十二律之周径。④地之数始于二，终于三十。其义纪之以两，故置一得二，凡三十置，终地之数，得六十，以地中数六乘之，为三百六十分，当期之日，林钟之实。⑤人者，继天顺地，序气成物，统八卦，调八风，理八政，正八节，谐八音，舞八佾，监八方，被八荒，以终天地之功，故八八六十四。其义极天地之变，以天地五位之合终于十者乘之，为六百四十分，以应六十四卦，大族之实也。⑥书曰："天功人其代之。"⑦天兼地，人则天，故以五位之合乘焉，"唯天为大，唯尧则之"之象也。⑧地以中数乘者，阴道理内，在中馈之象也。⑨三统相通，故黄钟、林钟、太族律长皆全寸而亡馀分也。

①师古曰："易说卦之辞也。倚，立也。参谓奇也，两谓耦也。七九阳数，六八阴数。"

②孟康曰："十九岁为一章，一统凡八十一章。"

③师古曰："繇读（为）〔与〕由同。[9]由，用也。"

④孟康曰："律孔径三分，参天之数也；围九分，终天之数也。"

⑤孟康曰："林钟长六寸，围六分。以围乘长，得积三百六十分也。"

师古曰："期音基。谓十二月为一期也。"

⑥孟康曰："大族长八寸，围八分，为积六百四十分也。"

⑦师古曰："虞书咎繇谟也。言圣人禀天造化之功代而行之。"

⑧师古曰："则，法也。论语称孔子曰'大哉尧之为君也，唯天为大，唯尧则之'，美帝尧能法天而行化。"

⑨师古曰："馈字与馈同。易家人卦六二爻辞曰'无攸遂，在中馈'，言妇人之道，取象于阴，无所必遂，但居中主馈食而已，故云然。"

天之中数五，地之中数六，而二者为合。六为虚，五为声，周流于六虚。虚者，爻律夫阴阳，登降运行，列为十二，而律吕和矣。太极元气，函三为一。①极，中也。元，始也。行于十二辰，始动于子。参之于丑，得三。又参之于寅，得九。又参之于卯，得二十七。又参之于辰，得八十一。又参之于巳，得二百四十三。又参之于午，得七百二十九。又参之于未，得二千一百八十七。又参之于申，得六千五百六十一。又参之于酉，得万九千六百八十三。又参之于戌，得五万九千四十九。又参之于亥，得十七万七千一百四十七。此阴阳合德，气钟于子，化生万物者也。故孳萌于子，纽牙于丑，引达于寅，冒茆于卯，②振美于辰，已盛于巳，咢布于午，③昧薆于未，④申坚于申，留孰于酉，毕入于戌，该阂于亥。出甲于甲，奋轧于乙，⑤明炳于丙，大盛于丁，丰楙于戊，理纪于己，敛更于庚，悉新于辛，怀任于壬，陈揆于癸。故阴阳之施化，万物之终始，既类旅于律吕，又经历于日辰，而变化之情可见矣。

①孟康曰："元气始起于子，未分之时，天地人混合为一，故子数独一也。"师古曰："函读与含同。后皆类此。"

②师古曰："茆谓丛生也，音莫保反。"

③苏林曰："咢音愕。"

④师古曰："薆，蔽也，音爱。"

⑤师古曰："轧音于黠反。"

玉衡杓建，天之纲也；①日月初（缠）〔躔〕，[10]星之纪也。②纲纪之交，以原始造设，合乐用焉。律吕唱和，以育生成化，歌奏用焉。指顾取象，然后阴阳万物靡不条鬯该成。③故以成之数忖该之积，④如法为一寸，则黄钟之长也。⑤参分损一，下生林钟。⑥参分林钟益一，上生太族。参分太族损一，下生南吕。参分南吕益一，上生姑洗。参分姑洗损一，下生应钟。参分应钟益一，上生蕤宾。参分蕤宾损一，下生大吕。参分大吕益一，上生夷则。参分夷则损一，下生夹钟。参分夹钟益一，上生亡射。参分亡射损一，下生中吕。阴阳相生，自黄钟始而左旋，八八为伍。⑦其法皆用铜。职在大乐，太常掌之。

①如淳曰："杓音焱，斗端星也。"孟康曰："斗在天中，周制四方，犹宫声处中，为四声纲也。"师古曰："杓音必遥反。"

②孟康曰："（缠）〔躔〕，舍也。二十八舍列在四方，日月行焉，起于星纪，而又周之，犹四声为宫纪也。"晋灼曰："下言斗纲之端连贯营室，织女之纪指牵牛之初，以纪日月，故曰星纪。五星起其初，日月起其中。是谓天之纲纪也。"师古曰："躔，践也，音直连反。"

③师古曰："条，达也，鬯与畅同。"

④孟康曰："成之数者，谓黄钟之法数。该之积；为黄钟变生十二辰积实之数也。忖，除也。言以法数除积得九寸，即黄钟之长也。言该者，该众律之数也。"师古曰："忖音千本反。"

⑤孟康曰："得一寸，则所谓得九寸也。言一者，张法辞。"

⑥张晏曰："黄钟长九寸，以二乘九得十八，以三除之，得林钟六寸。其法率如此，推当算乃解。"晋灼曰："蔡邕律历记'凡阳生阴曰下，阴生阳曰上'也。"

⑦孟康曰："从子数辰至未得八，下生林钟。数未至寅得八，上生太

族。律上下相生，皆以此为率。伍，耦也，八八为耦。"

度者，分、寸、尺、丈、引也，所以度长短也。①本起黄钟之长。以子谷秬黍中者，②一黍之广，度之九十分，黄钟之长。一为一分，十分为寸，十寸为尺，十尺为丈，十丈为引，而五度审矣。其法用铜，高一寸，广二寸，长一丈，而分寸尺丈存焉。用竹为引，高一分，广六分，长十丈，其方法矩，高广之数，阴阳之象也。③分者，自三微而成著，可分别也。寸者，忖也。尺者，蒦也。④丈者，张也。引者，信也。⑤夫度者，别于分，忖于寸，蒦于尺，张于丈，信于引。引者，信天下也。职在内官，⑥廷尉掌之。⑦

①师古曰："度音大各反。下皆类此。"

②孟康曰："子北方，北方黑，谓黑黍也。"师古曰："此说非也。子谷犹言谷子耳，秬即黑黍，无取北方为号。中者，不大不小也。言取黑黍谷子大小中者，率为分寸也。秬音巨。"

③孟康曰："高一分，广六分。一为阳，六为阴也。"

④师古曰："蒦音约。"

⑤师古曰："信读曰伸，言其长。"

⑥师古曰："内官，署名也。百官表云'内官长丞，初属少府，中属主爵，后属宗正'。"

⑦师古曰："法度所起，故属廷尉也。"

量者，龠、合、升、斗、斛也，①所以量多少也。②本起于黄钟之龠，用度数审其容，③以子谷秬黍中者千有二百实其龠，以井水准其概。④合龠为合，十合为升，十升为斗，十斗为斛，而五量嘉矣。⑤其法用铜，方尺而圜其外，旁有庣焉。⑥其上为斛，其下为斗。⑦左耳为升，右耳为合龠。其状似爵，以縻爵禄。⑧上三下二，参天两地，圜而函方，左一右二，阴阳之象也。其圜象规，其重二钧，备气物之数，合万有一千五百二十。⑨声中黄钟，始于黄钟而反覆焉，⑩君制器之象也。龠者，黄钟律之实也，跃微动气而生物也。合者，合龠之量也。升者，登合之量也。斗者，聚升之量也。斛者，角斗平多少之量也。夫量者，跃于龠，合于合，登于升，聚于斗，角于斛也。职在太仓，大司农掌之。⑪

①师古曰："龠音籥。合音閤。"

②师古曰："量音力张反。"

③师古曰："因度以生量也。其容，谓其中所容受之多少也。"

④孟康曰："概欲其直，故以水平之。井水清，清则平也。"师古曰："概所以概平斗斛之上者也，音工代反，又音工内反。"

⑤师古曰："嘉，善也。"

⑥郑氏曰："庣音条桑之条。庣，过也。算方一尺，所受一斛，过九牦五豪，然后成斛。今尚方有王莽时铜斛，制尽与此同。"师古曰："庣，不满之处也，音吐雕反。"

⑦孟康曰："其上谓仰斛也，其下谓覆斛之底，受一斗。"

⑧晋灼曰："縻，散也。"

⑨孟康曰："三十斤为钧，钧万一千五百二十铢。"

⑩孟康曰："反斛声中黄钟，覆斛亦中黄钟之宫，宫为君也。"臣瓒曰："仰斛受一斛，覆斛受一斗，故曰反覆焉。"师古曰："覆音芳目反。"

⑪师古曰："米粟之量，故在太仓也。"

衡权者，衡，平也，权，重也，衡所以任权而均物平轻重也。其道如底，①以见准之正，绳之直，左旋见规，右折见矩。其在天也，佐助旋机，斟酌建指，以齐七政，②故曰玉衡。论语云："立则见其参于前也，③在车则见其倚于衡也。"又曰："齐之以礼。"此衡在前居南方之义也。

①师古曰："底，平也，谓以底石厉物令平齐也。底音指。"
②师古曰："七政，日、月、五星也。"
③孟康曰："权、衡、量，三等为参。"

权者，铢、两、斤、钧、石也，所以称物平施，知轻重也。本起于黄钟之重。一龠容千二百黍，重十二铢，两之为两。二十四铢为两。十六两为斤。三十斤为钧。四钧为石。忖为十八，易十有八变之象也。①五权之制，以义立之，以物钧之，其馀小大之差，以轻重为宜。圜而环之，令之肉倍好者，②周旋无端，终而复始，无穷已也。铢者，物繇忽微始，至于成著，可殊异也。③两者，两黄钟律之重也。④二十四铢而成两者，二十四气之象也。斤者，明也，三百八十四铢，易二篇之爻，阴阳变动之象也。十六两成斤者，四时乘四方之象也。钧者，均也，阳施其气，阴化其物，皆得其成就平均也。权与物均，重万一千五百二十铢，当万物之象也。四百八十两者，六旬行八节之象也。⑤三十斤成钧者，一月之象也。石者，大也，权之大者也。始于铢，两于两，明于斤，均于钧，终于石，物终石大也。四钧为石者，四时之象也。重百二十斤者，十二月之象也。终于十二辰而复于子，黄钟之象也。⑥千九百二十两者，阴阳之数也。三百八十四爻，五行之象也。四万六千八十铢者，万一千五百二十物历四时之象也。而岁功成就，五权谨矣。

①孟康曰："忖，度也，度其义有十八也。黄钟、龠、铢、两、钧、斤、石凡七，与下十一象为十八也。"张晏曰："象易三揲蓍而成一爻，十八变具六爻而成卦。"

②孟康曰："谓为（钟）〔锤〕之形如环也。"[11]如淳曰："体为肉，孔为好。"师古曰："锤者，称之权也，音直垂反，又音直睡反。"

③师古曰："縣读与由同。由，从也。"

④李奇曰："黄钟之管重十二铢，两十二得二十四也。"

⑤孟康曰："六甲为六旬，一岁有八节，六甲周行成岁，以六乘八节得之。"

⑥孟康曰："称之数始于铢，终于石。石重百二十斤，象十二月。铢之重本取于子。律，黄钟一龠容千二百黍，为十二铢，故曰复于子，黄钟之象也。"

权与物钧而生衡，①衡运生规，规圜生矩，矩方生绳，绳直生准，②准正则平衡而钧权矣。是为五则。规者，所以规圜器械，令得其类也。矩者，所以矩方器械，令不失其形也。规矩相须，阴阳位序，圜方乃成。准者，所以揆平取正也。绳者，上下端直，经纬四通也。准绳连体，衡权合德，百工縣焉，以定法式，③辅弼执玉，以翼天子。④诗云："尹氏大师，秉国之钧，四方是维，天子是毗，俾民不迷。"⑤咸有五象，其义一也。以阴阳言之，大阴者，北方。北，伏也，阳气伏于下，于时为冬。冬，终也，物终臧，乃可称。水润下。知者谋，谋者重，故为权也。大阳者，南方。南，任也，阳气任养物，于时为夏。夏，假也，物假大，乃宜平。火炎上。礼者齐，齐者平，故为衡也。少阴者，西方。西，迁也，阴气迁落物，于时为秋。秋，䉤也，⑥物䉤敛，乃成孰。金从革，改更也。义者成，成者方，故为矩也。

902

少阳者，东方。东，动也，阳气动物，于时为春。春，蠢也，物蠢生，乃动运。木曲直。仁者生，生者圜，故为规也。中央者，阴阳之内，四方之中，经纬通达，乃能端直，于时为四季。土稼穑蕃息。⑦信者诚，诚者直，故为绳也。五则揆物，有轻重圜方平直阴阳之义，四方四时之体，五常五行之象。厥法有品，各顺其方而应其行。职在大行，鸿胪掌之。⑧

①孟康曰："谓锤与物钧，所称适停，则衡平也。"

②韦昭曰："立准以望绳，以水为平。"

③师古曰："繇读与由同。由，用也。"

④师古曰："翼，助也。"

⑤师古曰："小雅节南山之诗也。言尹氏居太师之官，执持国之权量，维制四方，辅翼天子，使下无迷惑也。"

⑥师古曰："鞠音子由反。"

⑦师古曰："蕃，多也。息，生也。蕃音扶元反。"

⑧师古曰："平均曲直，齐一远近，故在鸿胪。"

书曰："予欲闻六律、五声、八音、七始咏，以出内五言，女听。"①予者，帝舜也。言以律吕和五声，施之八音，合之成乐。七者，天地四时人之始也。顺以歌咏五常之言，听之则顺乎天地，序乎四时，应人伦，本阴阳，原情性，风之以德，感之以乐，②莫不同乎一。唯圣人为能同天下之意，故帝舜欲闻之也。今广延群儒，博谋讲道，修明旧典，同律，审度，嘉量，平衡，钧权，正准，直绳，立于五则，备数和声，以利兆民，贞天下于一，同海内之归。③凡律度量衡用铜者，名自名也，④所以同天下、齐风俗也。铜为物之至精，不为燥湿寒暑变其节，不为风雨暴露改其形，介然有常，有似于士君子之行，⑤是以用铜也。用竹为引者，事之宜也。⑥

①师古曰："虞书益稷篇所载舜与禹言。"

②师古曰："以德化之，以乐动之。诗序曰'上以风化下'。"

③师古曰："贞，正也。易下系之辞曰'天下之动贞夫一者也'，言皆以一为正也。又曰'天下同归而殊途，一致而百虑'，言途虽殊其归则同，虑虽百其致则一也，故志引之云尔。"

④师古曰："取铜之名，以合于同也。"

⑤师古曰："介然，特异之意。"

⑥李奇曰："引长十丈，高一分，广六分，唯竹篾柔而坚为宜耳。"

历数之起上矣。传述颛顼命南正重司天，火正黎司地，①其后三苗乱德，二官咸废，②而闰馀乖次，③孟陬殄灭，④摄提失方。⑤尧复育重、黎之后，使纂其业，故书曰："乃命羲、和，钦若昊天，历象日月星辰，敬授民时。""岁三百有六旬有六日，以闰月定四时成岁，允厘百官，众功皆美。"⑥其后以授舜曰："咨尔舜，天之历数在尔躬。""舜亦以命禹。"⑦至周武王访箕子，⑧箕子言大法九章，而五纪明历法。⑨故自殷周，皆创业改制，咸正历纪，服色从之，顺其时气，以应天道。三代既没，五伯之末史官丧纪，畴人子弟分散，⑩或在夷狄，故其所记，有黄帝、颛顼、夏、殷、周及鲁历。战国扰攘，秦兼天下，未皇暇也，亦颇推五胜，⑪而自以为获水德，乃以十月为正，色上黑。⑫

①臣瓒曰："南正司天，则北正当司地，不得言火正也。古文火字与北相似，故遂误耳。"师古曰："此说非也。班固幽通赋云'玄黎醇耀于高辛'，是则黎为火正也。"

②师古曰："三苗，国名，缙云氏之后为诸侯者，即饕餮也。二官，重、黎也。"

③孟康曰："以岁之馀日为闰，故曰闰馀。次，十二次也。史推历失闰，则斗建与月名错也。"

④孟康曰："正月为孟陬。历纪废绝，闰馀乖错，不与正岁相值，谓之殄灭也。"

⑤孟康曰："摄提，星名，随斗杓所指建十二月，若历误，春三月当指辰而乃指巳，是为失方也。"

⑥师古曰："此皆虞书尧典之辞也。钦，敬；若，顺也。昊天，言天气广大也。星，四方之中星也。辰，日月所会也。羲氏、和氏，重、黎之后，以其继掌天地，故尧命之，使敬顺昊天，历象星辰之分节，敬记天时，以授下人也。匝四时凡三百六十六日，而定一岁。十二月三十日，正三百六十日，则馀六日矣。又除小月六日，是为岁有馀十二日，未盈三岁，便得一月，则置闰焉，以定四时之气节，成一岁之历象，则能信理百官，众功皆美也。"

⑦师古曰："事见论语尧曰篇。"

⑧师古曰："访箕子，谓灭殷之后。"

⑨孟康曰："岁月日星辰，是谓五纪也。"师古曰："大法九章即洪范九畴也。其四曰协用五纪也。"

⑩李奇曰："同类之人俱明历者也。"如淳曰："家业世世相传为畴。"师古曰："如说是也。"

⑪孟康曰："五行相胜，秦以周为火，用水胜之。"

⑫师古曰："获水德，谓有黑龙之瑞。"

汉兴，方纲纪大基，庶事草创，袭秦正朔。以北平侯张苍言，用颛顼历，比于六历，疏阔中最为微近。然正朔服色，未睹其真，而朔晦月见，弦望满亏，多非是。

至武帝元封七年，汉兴百二岁矣，大中大夫公孙卿、壶遂、太史令司马迁等言"历纪坏废，宜改正朔"。是时御史大夫兒宽明经术，①上乃诏宽曰："与博士共议，今宜何以为正朔？服色何上？"宽与博士赐等议，皆曰："帝王必改正朔、易服色，所以明受命于天也。创业变改，制不相复，②推传序文，则今夏时也。臣等闻学褊陋，不能明。陛下躬圣发愤，昭配天地，③臣愚以为三统之制，后圣复前圣者，二代在前也。今二代之统绝而不序矣，唯陛下发圣德，宣考天地四时之极，则顺阴阳以定大明之制，为万世则。"于是乃诏御史曰："乃者有司言历未定，广延宣问，以考星度，未能雠也。④盖闻古者黄帝合而不死，名察发敛，定清浊，起五部，建气物分数。⑤然则上矣。书缺乐弛，朕甚难之。⑥依违以惟，未能修明。⑦其以七年为元年。"⑧遂诏卿、遂、迁与侍郎尊、大典星射姓等⑨议造汉历。乃定东西，立晷仪，下漏刻，以追二十八宿相距于四方，举终以定朔晦分至，躔离弦望。⑩乃以前历上元泰初四千六百一十七岁，至于元封七年，复得阏逢摄提格之岁，中冬⑪十一月甲子朔旦冬至，日月在建星，⑫太岁在子，已得太初本星度新正。姓等奏不能为算，⑬愿募治历者，更造密度，各自增减，以造汉太初历。乃选治历邓平及长乐司马可、酒泉候宜君、⑭侍郎尊及与民间治历者，凡二十馀人，方士唐都、巴郡落下闳与焉。⑮都分天部，⑯而闳运算转历。其法以律起历，曰："律容一龠，积八十一寸，则一日之分也。⑰与长相终。律长九寸，百七十一分而终复。⑱三复而得甲子。夫律阴阳九六，爻象所从出也。故黄钟纪元气之谓律。律，法也，莫不取法焉。"与邓平所治同。于是皆观新星度、日月行，更以算推，如闳、平法。法，一月之日二十九日八十一分日之四十三。先藉半日，名曰阳历；不藉，名曰阴历。所谓阳历者，先朔月生；阴历者，朔而后月乃生。平曰："阳历朔皆先旦月生，以朝诸侯王群臣便。"乃诏迁用邓平所造八十一分律历，罢废尤疏远者十七家，复使校历律昏明。宦者淳于陵渠复覆太初历晦朔弦望，皆最密，日月如合璧，五星如连珠。⑲陵渠奏状，遂用邓平历，以平为太史丞。

①师古曰："兒音五奚反。"

②师古曰："复，重也，因也，音扶目反。次下亦同。"

③师古曰："躬圣者，言身有圣德也。发愤，谓念正朔未定也。昭，明也。"

④师古曰："雠，相当。"

⑤应劭曰："言黄帝造历得仙，名节会，察寒暑，致启分，发敛至，定清浊，起五部。五部，金、木、水、火、土也。建气物分数，皆叙历之意也。"孟康曰："合，作也。黄帝作历，历终而复始，无穷已也，故曰不死。名春夏为发，秋冬为敛。清浊，谓律声之清浊也。五部，谓五行也。天有四时，分为五行也。气，二十四气也。物，万物也。分，历数之分也。"晋灼曰："蔡邕天文志'浑天名察发敛，以行日月，以步五纬'。"臣瓒曰："黄帝圣德，与神灵合契，升龙登仙，故曰合而不死。题名宿度，候察进退。史记曰'名察宿度'，谓三辰之度，吉凶之验也。"

⑥师古曰："弛，废也，音式尔反。"

⑦师古曰："依违，不决之意也。惟，思也。"

⑧李奇曰："改元封七年为太初元年。"

⑨师古曰："姓射，名姓也。"

⑩应昭曰："躔，径也。离，远也。"臣瓒曰："案离，历也，日月之所历也。"邓展曰："日月践历度次。"

⑪孟康曰："言复得者，上元泰初时亦是阏逢之岁。岁在甲曰阏逢，在

寅日摄提格，此为甲寅之岁也。"师古曰："中读曰仲。"

⑫李奇曰："古以建星为宿，今以牵牛为宿。"孟康曰："建星在牵牛间。"晋灼曰："贾逵论太初历冬至日在牵牛初者，牵牛中星也。古历皆在建星。建星即斗星也。太初历四分法在斗二十六度。史官旧法，冬夏至常不及太初历五度。四分法在斗二十一度，与行事候法天度相应。"

⑬师古曰："姓即射姓也。"

⑭师古曰："可者司马之名也。宜君亦候之名也。候，官号也。故曰东南一尉，西北一候。"

⑮晋灼曰："三人姓名也。史记历书'唐都分天部，而巴郡落下闳运算推历'。"师古曰："姓唐，名都，方术之士也。姓落下名闳，巴郡人也。都与闳凡二人，言三人，非也。与读曰豫。"

⑯孟康曰："谓分部二十八宿为距度。"

⑰孟康曰："黄钟律长九寸，围九分，以围乘长，得积八十一寸也。"

⑱师古曰："复音扶目反。"

⑲孟康曰："谓太初上元甲子夜半朔旦冬至时，七曜皆会聚斗、牵牛分度，夜尽如合璧连珠也。"师古曰："言其应候不差也。"

后二十七年，元凤三年，太史令张寿王上书言："历者天地之大纪，上帝所为。传黄帝调律历，汉元年以来用之。今阴阳不调，宜更历之过也。"①诏下主历使者鲜于妄人诘问，寿王不服。妄人请与治历大司农中丞麻光等二十馀人杂候日月晦朔弦望、八节二十四气，钧校诸历用状。奏可。诏与丞相、御史、大将军、右将军史各一人杂候上林清台，课诸历疏密，凡十一家。以元凤三年十一月朔旦冬至，尽五年十二月，各有第。寿王课疏远。案汉元年不用黄帝调历，寿王非汉历，逆天道，非所宜言，大不敬。有诏勿劾。复候，尽六年。太初历第一，即墨徐万且、长安徐禹治太初历亦第一。②寿王及待诏李信治黄帝调历，课皆疏阔，又言黄帝至元凤三年六千馀岁。丞相属宝、长安单安国、安陵栖育治终始，③言黄帝以来三千六百二十九岁，不与寿王合。寿王又移帝王录，舜、禹年岁不合人年。寿王言化益为天子代禹，④骊山女亦为天子，在殷周间，皆不合经术。寿王历乃太史官殷历也。寿王猥曰安得五家历，⑤又妄言太初历亏四分日之三，去小馀七百五分，以故阴阳不调，谓之乱世。劾寿王吏八百石，古之大夫，服儒衣，诵不详之辞，作袄言欲乱制度，不道。奏可。寿王候课，比三年下，⑥终不服。再劾死，更赦勿劾，⑦遂不更言，诽谤益甚，竟以下吏。故历本之验在于天，自汉历初起，尽元凤六年，三十六岁，而是非坚定。

①师古曰："更，改也。"

②师古曰："且音子余反。"

③苏林曰："栖音布回反。"师古曰："姓栖，名育也。单音善。"

④师古曰："化益即伯益。"

⑤师古曰："猥，曲也。"

⑥师古曰："比，频也。下，下狱也，音胡稼反。"

⑦师古曰："更，经也，音工衡反。"

至孝成世，刘向总六历，列是非，作五纪论。向子歆究其微眇，①作三统历及谱以说春秋，推法密要，故述焉。②

①师古曰："眇，细也，音莫小反，又读曰妙。他皆类此。"

②师古曰："自此以下，皆班氏所述刘歆之说也。"

夫历春秋者，天时也，列人事而（目）〔因〕以天时。[12]传曰："民受天地之中以生，所谓命也。①是故有礼谊动作威仪之则以定命也，能者养以之福，不能者败以取祸。"② 故列十二公二百四十二年之事，以阴阳之中制其礼。故春为阳中，万物以生；秋为阴中，万物以成。是以事举其中，礼取其和，历数以闰正天地之中，以作事厚生，皆所以定命也。易金火相革之卦曰"汤武革命，顺乎天而应乎人"，③又曰"治历明时"，④所以和人道也。

①师古曰："此春秋左氏传周大夫刘康公之言也。中谓中和之气也。"
②师古曰："之，往也，往就福也。自此以上，皆刘康公辞。"
③师古曰："离下兑上，故云金火相革。此革卦象辞。"
④师古曰："此革卦象辞。"

　　周道既衰，幽王既丧，天子不能班朔，鲁历不正，以闰馀一之岁为蔀首。①故春秋刺"十一月乙亥朔，日有食之"。于是辰在申，②而司历以为在建戌，史书建亥。哀十二年，亦以建申流火之月为建亥，③而怪蛰虫之不伏也。自文公闰月不告朔，至此百有馀年，莫能正历数。故子贡欲去其饩羊，孔子爱其礼，④而著其法于春秋。经曰："冬十月朔，日有食之。"传曰："不书日，官失之也。天子有日官，诸侯有日御，日官居卿以厎日，礼也。⑤日御不失日以授百官于朝。"言告朔也。⑥元典历始曰元。传曰："元，善之长也。"共养三德为善。⑦又曰："元，体之长也。"合三体而为之原，故曰元。于春三月，每月书王，元之三统也。三统合于一元，故因元一而九三之以为法，⑧十一三之以为实。⑨实如法得一。黄钟初九，律之首，阳之变也。因而六之，以九为法，得林钟⑩初六，吕之首，阴之变也。皆参天两地之法也。⑪上生六而倍之，下生六而损之，皆以九为法。九六，阴阳夫妇子母之道也。⑫律娶妻⑬而吕生子，⑭天地之情也。六律六吕，而十二辰立矣。五声清浊，而十日行矣。⑮传曰"天六地五"，数之常也。天有六气，⑯降生五味。⑰夫五六者，天地之中合，⑱而民所受以生也。故日有六甲，辰有五子，⑲十一而天地之道毕，言终而复始。太极中央元气，故为黄钟，其实一龠，以其长自乘，故八十一为日法，所以生权衡度量，礼乐之所繇出也。⑳经元一以统始，易太极之首也。春秋二以目岁，㉑易两仪之中也。于春每月书王，易三极之统也。于四时虽亡事必书时月，易四象之节也。时月以建分至启闭之分，易八卦之位也。㉒象事成败，易吉凶之效也。朝聘会盟，易大业之本也。故易与春秋，天人之道也。传曰："龟，象也。筮，数也。物生而后有象，象而后有滋，滋而后有数。"㉓

①孟康曰："当以闰尽岁为蔀首，今失正，未尽一岁便以为蔀首也。"师古曰："蔀音剖，又音部。"

②孟康曰："辰谓斗建。"臣瓒曰："日月之会为辰。"师古曰："事在襄二十七年。"

③张晏曰："周之十二月，夏之十月也。再失闰，当为八月建酉，而云建申，误也。仲尼曰：'火犹西流，司历过也。'刘歆徒以诗'七月流火'为喻，不知八月火犹西流也。"

④师古曰："饩，生牲也。礼，人君每月告朔于庙，有祭事，故用牲。子贡见其礼废而欲去其羊，孔子曰：'赐也，汝爱其羊，我爱其礼。'事见论语。"

⑤苏林曰："辰，致也。"师古曰："音之履反。"

⑥师古曰："刘家本有此语。"

⑦孟康曰："谓三统之微气也，当施育万物，故谓之德。"师古曰："共读曰供。"

⑧孟康曰："辰有十二，其三为天地人之统。老子曰'三生万物'，是
以馀九。辰得三气，乃能施化。故每辰者，以三统之数乘之，是谓
九三之法，得积万九千六百八十三。"

⑨孟康曰："以子数一乘丑三，馀次辰，亦每三乘之，周十一辰，得十
七万七千一百四十七。"

⑩孟康曰："以六乘黄钟之九，得五十四。"

⑪孟康曰："三三而九，二三而六，参两之义也。"

⑫孟康曰："异类为子母，谓黄钟生林钟也。同类为夫妇，谓黄钟以大
吕为妻也。"

⑬如淳曰："黄钟生林钟。"

⑭如淳曰："林钟生太族。"

⑮李奇曰："声一清一浊，合为二，五声凡十，合于十日，从甲至癸
也。"孟康曰："谓东方甲乙、南方丙丁之属，分在五方，故五声
属焉。"

⑯张晏曰："六气，阴、阳、风、雨、晦、明也。"

⑰孟康曰："月令五方之味，酸咸是也。"

⑱孟康曰："天阳数奇，一三五七九，五在其中。地阴数耦，二四六八
十，六在其中。故曰天地之中合。"

⑲孟康曰："六甲之中唯甲寅无子，故有五子。"

⑳师古曰："繇读与由同。"

㉑邓展曰："春秋则为二矣。"孟康曰："春为阳中，万物以生；秋为
阴中，万物以成。举春秋以目一岁。"

㉒张晏曰："二至、二分、立春、立夏、立秋、立冬。"

㉓师古曰："左氏传载韩简之言也。物生则有象，有象而滋益，滋益乃
数起。龟以象告吉凶，筮以数示祸福。"

是故元始有象一也，春秋二也，三统三也，四时四也，合而

为十，成五体。以五乘十，大衍之数也，而道据其一，其馀四十九，所当用也，故著以为数。以象两两之，又以象三三之，又以象四四之，又归奇象闰十九^①及所据一加之，因以再扐两之，^②是为月法之实。如日法得一，则一月之日数也，而三辰之会交矣，是以能生吉凶。^③故易曰："天一地二，天三地四，天五地六，天七地八，天九地十。天数五，地数五，五位相得而各有合。天数二十有五，地数三十，凡天地之数五十有五，此所以成变化而行鬼神也。"^④并终数为十九，易穷则变，故为闰法。^⑤参天九，两地十，是为会数。参天数二十五，两地数三十，是为朔望之会。以会数乘之，则周于朔旦冬至，是为会月。^⑥九会而复元，^⑦黄钟初九之数也。经于四时，虽亡事必书时月。时所以记启闭也，月所以纪分至也。启闭者，节也。分至者，中也。节不必在其月，故时中必在正数之月。故传曰："先王之正时也，履端于始，举正于中，归馀于终。履端于始，序则不愆；举正于中，民则不惑；归馀于终，事则不悖。"^⑧此圣王之重闰也。以五位乘会数，而朔旦冬至，是为章月。四分月法，以其一乘章月，是为中法。参闰法为周至，以乘月法，以减中法而约之，则（六）〔七〕扐之数，^[13]为一月之闰法，其馀七分。此中朔相求之术也。朔不得中，是谓闰月，言阴阳虽交，不得中不生。故日法乘闰法，是为统岁。三统，是为元岁。元岁之闰，阴阳灾，三统闰法。易九厄曰：初入元，百六，阳九；次三百七十四，阴九；^⑨次四百八十，阳九；^⑩次七百二十，阴七；^⑪次七百二十，阳七；^⑫次六百，阴五；次六百，阳五；^⑬次四百八十，阴三；次四百八十，阳三。^⑭凡四千六百一十七岁，与一元终。经岁四千五百六十，灾岁五十七。⑮是以春秋曰："举正于中。"又曰："闰月不告朔，非礼也。闰以正时，时以作事，事以厚生，⑯生民之道于是乎在矣。不告闰朔，弃时正也，何以为民？"⑰故善僖"五年春王正月辛亥朔，日南至，公既视朔，遂登观台以望，而书，礼也。凡分至启闭，必书云物，为备故也"。至昭二十年二月己丑，日南至，失闰，至在非其月。梓慎望氛气而弗正，不履端于始也。故传不曰冬至，而曰日南至。极于牵牛之初，日中之时景最长，以此知其南至也。斗纲之端连贯营室，织女之纪指牵牛之初，以纪日月，故曰星纪。五星起其初，日月起其中，凡十二次。日至其初为节，至其中斗建下为十二辰。视其建而知其次。故曰"制礼上物，不过十二，天之大数也"。经曰春王正月，传曰周正月"火出，于夏为三月，商为四月，周为五月。夏数得天"，⑱得四时之正也。三代各据一统，明三统常合，而迭为首，⑲登降三统之首，周还五行之道也。⑳故三五相包而生。天统之正，始施于子半，㉑日萌色赤。地统受之于丑初，日肇化而黄，至丑半，日牙化而白。人统受之于寅初，日擘成而黑，至寅半，日生成而青。天施复于子，地化自丑毕于辰，㉒人生自寅成于申。㉓故历数三统，天以甲子，㉔地以甲辰，㉕人以甲申。㉖孟仲季迭用事为统首。三微之统既著，而五行自青始，其序亦如之。五行与三统相错。传曰"天有三辰，地有五行"，然则三统五星可知也。易曰："参五以变，错综其数。通其变，遂成天下之文；极其数，遂定天下之象。"㉗太极运三辰五星于上，而元气转三统五行于下。其于人，皇极统三德五事。故三辰之合于三统也，日合于天统，月合于地统，斗合于人统。五星之合于五行，水合于辰星，火合于荧惑，金合于太白，木合于岁星，土合于填星。三辰五星而相经纬也。天以一生水，地以二生火，天以三生木，地以四生金，天以五生土。五胜相乘，以生小周，以乘乾坤之策，而成大周。阴阳比类，交错相成，故九六之变登降于六体。三微而成著，三著而成象，二象十有八变而成卦，四营而成易，为七十二，参三统两四时相乘之数也。参之则得乾之策，两之则得坤之策。㉘以阳九九之，为六百四十八，以阴六六之，为四百三十二，凡一千八十，阴阳各一卦之微算策也。八之，为八千六百四十，而八卦小成。引而信之，㉙又八之，为六万九千一百二十，天地再之，为十三万八千二百四十，然后大成。五星会终，触类而长之，以乘章岁，为二百六十二万六千五百六十，而与日月会。三会为七百八十七万九千六百八十，而与三统会。三统二千三百六十三万九千四十，而复于太极上元。九章岁而六之为法，太极上元为实，实如法得一，阴（一）阳各万一千五百二十，[14] 当万物气体之数，天下之能事毕矣。

①孟康曰："岁有闰分七，分满十九，则为闰也。"师古曰："奇音居宜反。"

②师古曰："扐音勒。"

③孟康曰："三辰，日月星也。轨道相错，故有交会。交会即阴阳有干陵胜负，故生吉凶也。"

④师古曰："皆上系之辞。"

⑤孟康曰："天终数九，地终数十。穷，终也，言闰亦日之穷馀，故取二终之数以为义。"

⑥孟康曰："会月，二十七章之月数也，得朔旦冬至日与岁复。"

⑦孟康曰："谓四千六百一十七岁之月数也，所谓元月。"

915

⑧师古曰："自此以上，左氏传之辞也。履端于始，谓步历之始，以为术之端首也。举正于中，谓分一期为十二月，举中气以正月也。归馀于终，谓有馀日，则归于终，积而成闰也。悖，乖也，音布内反。"

⑨孟康曰："易传也。所谓阳九之厄，百六之会者也。初入元百六岁有厄者，则前元之馀气也，若馀分为闰也。易爻有九六七八，百六与三百七十四，六乘八之数也，六八四十八，合为四百八十岁也。"

⑩孟康曰："亦六乘八之数也，于易爻六有变，故再数也。"如淳曰："六八四十八，为四百八十岁，有九年旱。"

⑪孟康曰："〔亦〕九乘八之数也。^[15]八九七十二，为七百二十岁。"

⑫孟康曰："亦九乘八之数也。于易爻九变，故再数也。"如淳曰："八十岁纪一甲子冬至。以八乘九，八九七十二，故七百二十岁，乃有灾也。"

⑬孟康曰："七八爻乘八之数也。七乘八得五百六十岁，八乘八得六百四十岁，合千二百岁也。于易爻七八不变，气不通，故合而数之，各得六百岁也。"如淳曰："爻有七八，八八六十四，七八五十六，二爻之数，合千二百。满纯阴七八不变，故通其气，使各六百岁，乃有灾。"

⑭孟康曰："此六乘八之数也。六既有变，又阴爻也，阳奇阴偶，故九再数，而六四数，七八不变，又无偶，各一数。一元之中，有五阳四阴，阳旱阴水，九七五三，皆阳数也，故曰阳九之厄。"如淳曰："九六者，阳奇阴偶。偶，故重出，覆取上六八四十八，故同四百八十岁。正以九七五三为灾者，从天奇数也。易天之数曰：'立天之道，曰阴与阳。'系天故取其奇为灾岁数。八十岁则甲子冬至，一甲子六十日，一岁三百六十日，八十岁，得四百八十甲子又五日。五八四十，为四百八十日又四分日之一。八十岁有八十分，八十分为二十日，凡四百八十日，得七十甲子。八十岁合四百八十七甲子，馀分皆尽，故

八十岁则一甲子冬至也。”

⑮孟康曰：“经岁，从百六终阳三也，得灾岁五十七，合为一元，四千
　六百一十七岁。”

⑯师古曰：“言四时渐差，则置闰以正之，因顺时而命事，事得其序，
　则年谷丰熟。”

⑰师古曰：“自此以上，皆左氏传之辞也。为，治也。”

⑱师古曰：“自此以上，左传之辞。”

⑲师古曰：“迭，互也。音大结反。此下亦同。”

⑳师古曰：“还读曰旋。”

㉑苏林曰：“子之西，亥之东，其中间也。或曰于子半日地统，受于丑
　初。”臣瓒曰：“谓分十二辰，各有上中下，言半，谓在中也，又受于
　寅初，此谓上也。”

㉒如淳曰：“地以十二月生万物，三月乃毕。”

㉓如淳曰：“人功自正月至七月乃毕。”

㉔李奇曰：“夏正月朔日。”

㉕韦昭曰：“殷正月朔日。”

㉖李奇曰：“周正月朔日。”

㉗师古曰：“易上系之辞。”

㉘苏林曰：“策，数也。”

㉙师古曰：“信读曰伸。”

917

【校勘记】

〔1〕　百（馀）馀人，　景祐、殿、局本都不重“馀”字。

〔2〕　夫推历生律（七）制器，　王先谦说“制器”二字上属为句。

〔3〕　絫音（墨）蠡。　景祐本无“墨”字。

〔4〕　荡（降）〔涤〕人之邪意，　景祐、殿、局本都作“涤”。

〔5〕 取竹之解谷⑥生，其窍厚均者，⑦断两节间而吹之，　注⑥在"解谷"下，明孟康以"生"字连下文读。陈浩说此于文义不顺，当以"取竹之解谷生"为读，"其窍均厚者"为句，于文始顺。王先谦说句读当如陈说，犹言解谷所生耳。

〔6〕 言阴大，旅助黄钟（宫）〔宣〕气而牙物也。　景祐、殿本都作"宣"。

〔7〕 生而（孔外肉）〔肉孔外内〕厚薄自然均者，　据景祐、殿、局本改。

〔8〕 （该）"阂"，臧塞也。　景祐、殿本都作"阂"。王先谦说作"阂"是。

〔9〕 緐读（为）〔与〕"与"由同。　景祐、殿本都作"与"。王先谦说作"与"是。

〔10〕 日月初（缠）〔躔〕，　景祐、殿本都作"躔"，孟康注同。

〔11〕 谓为（钟）〔锤〕之形如环也。　景祐、殿、局本都作"锤"。王先谦说作"锤"是。

〔12〕 列人事而（目）〔因〕以天时。　殿本作"因"，景祐本作"固"。

〔13〕 则（六）〔七〕扐之数，　钱大昕说"六"当作"七"。

〔14〕 实如法得一，阴（一）阳各万一千五百二十，　张文虎说"实如法得一"当绝句，算家常语，浅人误以"一阴"连属，遂又于"阳"上亦增"一"字。

〔15〕 〔亦〕九乘八之数也。　"亦"字据景祐、殿本补。

汉书卷二十一下

律历志第一下

统母

日法八十一。①元始黄钟初九自乘，一龠之数，得日法。

①孟康曰："分一日为八十一分，为三统之本母也。"

闰法十九，因为章岁。合天地终数，得闰法。

统法千五百三十九。以闰法乘日法，得统法。

元法四千六百一十七。参统法，得元法。

会数四十七。参天九，两地十，得会数。

章月二百三十五。五位乘会数，得章月。

月法二千三百九十二。推大衍象，得月法。

通法五百九十八。四分月法，得通法。

中法十四万五百三十。以章月乘通法，得中法。

周天五十六万二千一百二十。以章月乘月法，得周天。

919

岁中十二。以三统乘四时，得岁中。

月周二百五十四。以章月加闰法，得月周。

朔望之会百三十五。参天数二十五，两地数三十，得朔望之会。

会月六千三百四十五。以会数乘朔望之会，得会月。

统月万九千三十五。参会月，得统月。

元月五万七千一百五。参统月，得元月。

章中二百二十八。以闰法乘岁中，得章中。

统中万八千四百六十八。以日法乘章中，得统中。

元中五万五千四百四。参统中，得元中。

策馀八千八十。什乘元中，以减周天，得策馀。

周至五十七。参闰法，得周至。

(统)〔纪〕母。[1]

木金相乘为十二，是为岁星小周。小周乘<u>巛</u>策，为千七百二十八，是为岁星岁数。

见中分二万七百三十六。

积中十三，中馀百五十七。

见中法千五百八十三。_{见数也。}

见闰分万二千九十六。

积月十三，月馀万五千七十九。

见月法三万七十七。

见中日法七百三十万八千七百一十一。

见月日法二百四十三万六千二百三十七。

金火相乘为八，又以火乘之为十六而小复。小复乘<u>乾</u>策，为三千四百五十六，是为太白岁数。

　　见中分四万一千四百七十二。

　　积中十九，中馀四百一十三。

　　见中法二千一百六十一。复数。

　　见闰分二万四千一百九十二。

　　积月十九，月馀三万二千三十九。

　　见月法四万一千五十九。

　　晨中分二万三千三百二十八。

　　积中十，中馀千七百一十八。（"十"一作"七"）[2]

　　夕中分万八千一百四十四。

　　积中八，中馀八百五十六。

　　晨闰分万三千六百八。

　　积月十一，月馀五千一百九十一。

　　夕闰分万五百八十四。

　　积月八，月馀二万六千八百四十八。

　　见中日法九百九十七万七千三百三十七。

　　见月日法三百三十二万五千七百七十九。

　　土木相乘而合经纬为三十，是为镇星小周。小周乘〰策，为
四千三百二十，是为镇星岁数。

　　见中分五万一千八百四十。

　　积中十二，中馀千七百四十。

　　见中法四千一百七十五。见数也。

　　见闰分三万二百四十。

　　积月十二，月馀六万三千三百。

见月法七万九千三百二十五。

见中日法千九百二十七万五千九百七十五。

见月日法六百四十二万五千三百二十五。

火经特成，故二岁而过初，三十二过初为六十四岁而小周。小周乘乾策，则太阳大周，为万三千八百二十四岁，是为<u>荧惑</u>岁数。

见中分十六万五千八百八十八。

积中二十五，中馀四千一百六十三。

见中法六千四百六十九。_{见数也。}

见闰分九万六千七百六十八。

积月二十六，月馀五万二千九百五十四。

见月法十二万二千九百一十一。（"二千"一作"一千"）

见中日法二千九百八十六万七千三百七十三。

见月日法九百九十五万五千七百九十一。

水经特成，故一岁而及初，六十四及初而小复。小复乘巛策，则太阴大周，为九千二百一十六岁，是为<u>辰星</u>岁数。

见中分十一万五百九十二。

积中三，中馀三万二千四百六十九。

见中法二万九千四十一。_{复数也。}

见闰分六万四千五百一十二。

积月三，月馀五十一万四百二十三。

见月法五十五万一千七百七十九。

晨中分六万二千二百八。

积中二，中馀四千一百二十六。

夕中分四万八千三百八十四。

积中一，中馀万九千三百四十三。

晨闰分三万六千二百八十八。

积月二，月馀十一万四千六百八十二。

夕闰分二万八千二百二十四。

积月一，月馀三十九万五千七百四十一。

见中日法一亿三千四百八万二千二百九十七。

见月日法四千四百六十九万四千九十九。

合太阴太阳之岁数而中分之，各万一千五百二十。阳施其气，阴成其物。

以星行率减岁数，馀则见数也。

东九西七乘岁数，并九七为法，得一，<u>金</u>、<u>水</u>晨夕岁数。

以岁中乘岁数，是为星见中分。

星见数，是为见中法。

以岁闰乘岁数，是为星见闰分。

以章岁乘见数，是为见月法。

以元法乘见数，是为见中日法。

以统法乘见数，是为见月日法。

五步

　　<u>木</u>，晨始见，去日半次。顺，日行十一分度二，百二十一日。始留，二十五日而旋。逆，日行七分度一，八十四日。复留，二十四日三分而旋。复顺，日行十一分度二，百一十一日有百八十二万八千三百六十二分而伏。凡见三百六十五日有百八十二万八

千三百六十五分，除逆，定行星三十度百六十六万一千二百八十六分。凡见一岁，行一次而后伏。日行不盈十一分度一。伏三十三日三百三十三万四千七百三十七分，行星三度百六十七万三千四百五十一（一作"三"）分。一见，三百九十八日五百一十六万三千一百二分，行星三十三度三百三十三万四千七百三十七分。通其率，故曰日行千七百二十八分度之百四十五。

金，晨始见，去日半次。逆，日行二分度一，六日。始留，八日而旋。始顺，日行四十六分度三十三，四十六日。顺，疾，日行一度九十二分度十五，百八十四日而伏。凡见二百四十四日，除逆，定行星二百四十四度。伏，日行一度九十二分度三十三有奇。①伏八十三日，行星百一十三度四百三十六万五千二百二十分。凡晨见、伏三百二十七日，行星三百五十七度四百三十六万五千二百二十分。夕始见，去日半次。顺，日行一度九十二分度十五，百八十一日百七分日四十五。顺，迟，日行四十六分度三（一作"四"）十三，四十六日。始留，七日百七分日六十二分而旋。逆，日行二（一作"三"）分度一，六日而伏。凡见二百四十一日，除逆，定行星二百四十一度。伏，逆，日行八分度七有奇。伏十六（一作"六十"）日百二十九万五千三百五十二分，行星十四度三百六万九千八百六十八分。一凡夕见伏，二百五十七日百二十九万五千三百五十二（一作"一"）分，行星二百二十六度六百九十万七千四百六十九分。一复，五百八十四日百二十九万五千三百五十二分。行星亦如之，故曰日行一度。

①师古曰："奇音居宜反。下皆类此。"

土，晨始见，去日半次。顺，日行十五分度一，八十七日，始留，三十四日而旋。逆，日行八十一分度五，百一日。复留，三十三日八十六万二千四百五十五分而旋。复顺，日行十五分度一，八十五日而伏。凡见三百四十日八十六万二千四百五十五分，除逆，定（一多"餘"字）行星五度四百四十七万三千九百三十分。伏，日行不盈十五分度三。（百）三十七日[3]千七百一十七万一百七十分，行星七度八百七十三万六千五百七十分。一见，三百七十七日千八百三万二千六百二十五分，行星十二度千三百二十一万五百分。通其率，故曰日行四千三百二十分度之百四十五。

火，晨始见，去日半次。顺，日行九十二分度五十三，二百七十六日，始留，十日而旋。逆，日行六十二分度十七，六十二日。复留，十日而旋。复顺，日行九十二分度五十三，二百七十六日而伏。凡见六百三十四日，除逆，定行星三百一度。伏，日行不盈九十二分度七十三（分），[4]伏百四十六日千五百六十八万九千七百分，行星百一十四度八百二十一万八千五分。一见，七百八十日千五百六十八万九千七百分，凡行星四百一十五度八百二十一万八千五分。通其率，故曰日行万三千八百二十四分度之七千三百五十五。

水，晨始见，去日半次。逆，日行二度，一日。始留，二日而旋。顺，日行七分度六，（一多"十"字）七日。顺，疾，日行一度三分度一，（一多"一"字）十八日而伏。凡见二十八日，除逆，定行星二十八度。伏，日行一度九分度七有奇，三十七日一亿二千二百二万九千六百五分，行星六十八度四千六百六十一万一百二十八分。凡晨见、伏，六十五日一亿二千二百二万九千六百五分，行星九十六度四千六百六十一万一百二十八分。夕始见，去日半次。顺，疾，日行一度三分度一，十六日二分日一。顺，迟，日行七分度六，七（一作"十"）日。留，一日二分日一而旋。逆，日行二度，一日而伏。凡见二十六日，除逆，定行星二十六度。伏，逆，日行十五分度四有奇，二十四日，行星六度五千八百六十六万二千八百二十分。凡夕见伏，五十日，行星十九度七千五百四十一万九千四百七十七分。一复，百一十五日一亿二千二百二万九千六百五分。行星亦如之，故曰日行一度。

统术

推日月元统，置太极上元以来，外所求年，盈元法除之，馀不盈统者，则天统甲子以来年数也。盈统，除之，馀则地统甲辰以来年数也。又盈统，除之，馀则人统甲申以来年数也。各以其统首日为纪。

推天正，以章月乘（人）〔入〕统岁数，[5]盈章岁得一，名曰积月，不盈者名曰闰馀。闰馀十二以上，岁有闰。求地正，加积月一；求人正，加二。

推正月朔，以月法乘积月，盈日法得一，名曰积日，不盈者名曰小馀。小馀三十八以上，其月大。积日盈六十，除之，不盈者名曰大馀。数从统首日起，算外，则朔日也。求其次月，加大馀二十九，小馀四十三。小馀盈日法得一，从大馀，数除如法。求弦，加大馀七，小馀三十一。求望，倍弦。

推闰馀所在，以十二乘闰馀，加（十）〔七〕得一。[6]盈章中，数所得，起冬至，算外，则中至终闰盈。中气在朔若二日，则前月闰也。

推冬至，以（算）〔策〕馀乘（人）〔入〕统岁数，[7]盈统法得一，名曰大馀，不盈者名曰小馀。除数如法，则所求冬至日也。

求八节，加大馀四十五，小馀千一（百）〔十〕。[8]求二十四气，三其小馀，加大馀十五，小馀千一十。

推中部二十四气，皆以元为法。

推五行，其四行各七十三日，统（岁）〔法〕分之七十七。[9]中央各十八日，统法分之四百四。冬至后，中央二十七日六百六分。

推合晨所在星，置积日，以统法乘之，以十九乘小馀而并之。盈周天，除去之；不盈者，令盈统法得一度。数起牵牛，算外，则合晨所入星度也。

推其日夜半所在星，以章岁乘月小馀，以减合晨度。小馀不足者，破全度。

推其月夜半所在星，以月周乘月小馀，盈统法得一度，以减合晨度。

推诸加时，以十二乘小馀为实，各盈分母为法，数起于子，算外，则所加辰也。

推月食，置会馀岁积月，以二十三乘之，盈百三十五，除之。不盈者，加二十三得一月，盈百三十五，数所得，起其正，算外，则食月也。加时，在望日冲辰。

纪术

推五星见复，置太极上元以来，尽所求年，乘大统见复数，盈岁数得一，则定见复数也。不盈者名曰见复馀。见复馀盈其见复数，一以上见在往年，倍一以上，又在前往年，不盈者在今年也。

推星所（一多“在”字）见中次，以见中分乘定见复数，盈见中法得一，则积中（法）也。[10]不盈者名曰中馀。以元中除积中，馀则中元馀也。以章中除之，馀则入章中数也。以十二除之，馀则星见中次也。中数从冬至起，次数从星纪起，算外，则星所见中次也。

推星见月，以闰分乘定见〔复数〕，[11]以章岁乘中馀从之，盈见月法得一，并积中，则积月也。不盈者名曰月（中）馀。[12]以元月除积月馀，名曰月元馀。以章月除月元馀，则入章月数也。以十二除之，至有闰之岁，除十三入章。三岁一闰，六岁二闰，九岁三闰，十一岁四闰，十四岁五闰，十七岁六闰，十九岁七闰。不盈者数起于天正，算外，则星所见月也。

推至日，以中法乘中元馀，盈元法得一，名曰积日，不盈者名曰小馀。小馀盈二千五百九十七以上，中大。数除积日如法，算外，则冬至也。

推朔日，以月法乘月元馀，盈日法得一，名曰积日，馀名曰小馀。小馀三十八以上，月大。数除积日如法，算外，则星见月朔日也。

推入中次日度数，以中法乘中馀，以见中法乘其小馀并之，盈见中日法得一，则入中日入次度数也。中（次）〔以〕至日数，[13]次以次初数，算外，则星所见及日所在度数也。求夕，在日后十五度。

推入月日数，以月法乘月馀，以见月法乘其小馀并之，盈见月日法得一，则入月日数也。并之大馀，数除如法，则见日也。

推后见中，加积中于中元馀，加后〔中〕馀于中馀，盈其法得一，从中元馀，〔除〕数如法，则〔后〕见〔中〕也。[14]

推后见月，加积月于月元馀，加后月馀于月馀，盈其法得一，从月元馀，除数如法，则后见月也。

推至日及入中次度数，如上法。

推朔日及入月数，如上法。

推晨见加夕，夕见加晨，皆如上法。

推五步，置始见以来日数，至所求日，各以其行度数乘之。其星若日有分者，分子乘全为实，分母为法。其两有分者，分母分度数乘全，分子从之，令相乘为实，分母相乘为法，实如法得一，名曰积度。数起星初见（星宿）所在宿度，[15]算外，则星所在宿度也。

岁术

推岁所在，置上元以来，外所求年，盈岁数，除去之，不盈者以百四十五乘之，以百四十四为法，如法得一，名曰积次，不盈者名曰次馀。积次盈十二，除去之，不盈者名曰定次。数从星纪起，算尽之外，则所在次也。欲知太岁，以六十除（馀）积次，[16]馀不盈者，数从丙子起，算尽之外，则太岁日也。

赢缩。传曰："岁弃其次而旅于明年之次，以害鸟帑，①周楚恶之。"五星之（盈）〔赢〕缩不是过也。[17]过次者殃大，过舍者灾小，不过者亡咎。次度。六物者，岁时（数）日月星辰也。[18]辰者，日月之会而建所指也。

①师古曰："帑与奴同。"

星纪，初斗十二度，大雪。中牵牛初，冬至。于夏为十一月，商为十二月，周为正月。终于婺女七度。

玄枵，初婺女八度，小寒。中危初，大寒。于夏为十二月，商为正月，周为二月。终于危十五度。

诹訾，初危十六度，立春。中营室十四度，惊蛰。今日雨水，于夏为正月，商为二月，周为三月。终于奎四度。

降娄，初奎五度，雨水。今日惊蛰。中娄四度，春分。于夏为二月，商为三月，周为四月。终于胃六度。

大梁，初胃七度，谷雨。今日清明。中昴八度，清明。今日谷雨，于夏为三月，商为四月，周为五月。终于毕十一度。

实沈初毕十二度，立夏。中井初，小满。于夏为四月，商为五月，周为六月。终于井十五度。

鹑首，初井十六度，芒种。中井三十一度，夏至。于夏为五月，商为六月，周为七月。终于柳八度。

鹑火，初柳九度，小暑。中张三度，大暑。于夏为六月，商为七月，周为八月。终于张十七度。

鹑尾，初张十八度，立秋。中翼十五度，处暑。于夏为七月，商为八月，周为九月。终于轸十一度。

寿星，初轸十二度，白露。中角十度，秋分。于夏为八月，商为九月，周为十月。终于氐四度。

大火，初氐五度，寒露。中房五度，霜降。于夏为九月，商为十月，周为十一月。终于尾九度。

析木，初尾十度，立冬。中箕七度，小雪。于夏为十月，商为十一月，周为十二月。终于斗十一度。

角十二。　　　亢九。　　　氐十五。　　　房五。　　　心五。

尾十八。　　　箕十一。

　　　东七十五度。

斗二十六。　　　牛八。　　　女十二。　　　虚十。　　　危十七。

营室十六。　　　壁九。

　　　北九十八度。

奎十六。　　　娄十二。　　　胃十四。　　　昴十一。　　　毕十

六。　　　觜二。　　　参九。

　　　西八十度。

井三十三。　　　鬼四。　　　柳十五。　　　星七。　　　张十八。

翼十八。　　　轸十七。

　　　南百一十二度。

九章岁为百七十一岁，而九道小终。九终千五百三十九岁而大终。三终而与元终。进退于牵牛之前四度五分。九会。阳以九终，故日有九道。阴兼而成之，故月有十九道。阳名成功，故九会而终。四营而成易，故四岁中馀一，四章而朔馀一，为篇首，八十一章而终一统。

一，甲子元首。汉太初元年。　　　十，辛酉。　　　十九，己未。

二十八，丁巳。　　　三十七，乙卯。　　　四十六，壬子。

五十五，庚戌。　　　六十四，戊申。　　　七十三，丙午，中。

甲辰二统。　　　辛丑。　　　己亥。　　　丁酉。　　　乙未。

壬辰。　　　庚寅。　　　戊子。　　　丙戌，季。

甲申三统。　　　辛巳。　　　己卯。　　　丁丑。文王四十二年。

乙亥。微二十六年。　　　壬申。　　　庚午。　　　戊辰。　　　丙寅，

孟。憨二十二年。

二，癸卯。　　十一，辛丑。　　二十，己亥。　　二十九，丁酉。　　（二）〔三〕十八，甲午。[19]　　四十七，壬辰。五十六，庚寅。　　六十五，戊子。　　七十四，乙酉，中。

癸未。　辛巳。　己卯。　丁丑。　甲戌。　壬申。　庚午。　戊辰。　乙丑，季。

癸亥。　辛酉。　己未。　丁巳。周公五年。　　甲寅。壬子。　庚戌。　戊申。元四年。　乙巳，孟。

三，癸未。　　十二，辛巳。　　二十一，己卯。　　三十，丙子。　　三十九，甲戌。　　四十八，壬申。　　五十七，庚子。　　六十六，丁卯。　　七十五，乙丑，中。

癸亥。　辛酉。　己未。　丙辰。　甲寅。　壬子　庚戌。　丁未。　乙巳，季。

癸卯。　辛丑。　己亥。　丙申。　甲午。　壬辰。　庚寅。成十二年。　　丁亥。　乙酉，孟。

四，癸亥。初元二年。　　十三，辛酉。　　二十二，戊午。三十一，丙辰。　　四十，甲寅。　　四十九，壬子。　　五十八，己酉。　　六十七，丁未。　　七十六，乙巳，中。

癸卯。　辛丑。　戊戌。　丙申。　甲午。　壬辰。　己丑。　丁亥。　乙酉，季。

癸未。　辛巳。　戊寅。　丙子。　甲戌。　壬申。惠三十八年。　　己巳。　丁卯。　乙丑，孟。

五，癸卯。河平元年。　　十四，庚子。　　二十三，戊戌。三十二，丙申。　　四十一，甲午。　　五十，辛卯。　　五十九，己丑。　六十八，丁亥。　七十七，乙酉，中。

癸未。　庚辰。　戊寅。　丙子。　甲戌。　辛未。　己巳。　丁卯。　乙丑，季。<u>商太甲</u>元年。

癸亥。　庚申。　戊午。　丙辰。　甲寅。<u>献</u>十五年。

辛亥。　己酉。　丁未。　乙巳，孟。<u>楚元</u>三年。

六，壬午。　十五，庚辰。　二十四，戊寅。　三十三，丙子。　四十二，癸酉。　五十一，辛未。　六十，己巳。　六十九，丁卯。　七十八，甲子，中。

壬戌。　庚申。　戊午。　丙辰。　癸丑。　辛亥。　己酉。　丁未。　甲辰，季。

壬寅。　庚子。　戊戌。　丙申。<u>炀</u>二十四年。　癸巳。　辛卯。　己丑。　丁亥。<u>康</u>四年。　甲申，孟。

七，壬戌。<u>始建国</u>三年。　十六，庚申。　二十五，戊午。　三十四，乙卯。　四十三，癸丑。　五十二，辛亥。

六十一，己酉。　七十，丙午。　七十九，甲辰，中。

壬寅。　庚子。　戊戌。　乙未。　癸巳。　辛卯。己丑。丙戌。　甲申，季。

壬午。　庚辰。　戊寅。　乙亥。　癸酉。　辛未。　己巳。<u>定</u>七年。　丙寅。　甲子，孟。

八，壬寅。　十七，庚子。　二十六，丁酉。　三十五，乙未。　四十四，癸巳。　五十三，辛卯。　六十二，戊子。　七十一，丙戌。　八十，甲申，中。

壬午。　庚辰。　丁丑。　乙亥。　癸酉。　辛未。　戊辰。　丙寅。　甲子，季。

　　壬戌。　　庚申。　　丁巳。　　乙卯。　　癸丑。　　辛

亥。_{僖五年。}　　戊申。　　丙午。　　甲辰，孟。

　　九，壬午。　　十八，己卯。　　二十七，丁丑。　　三十

六，乙亥。　　四十五，癸酉。　　五十四，庚午。　　六十三，

戊辰。　　七十二，丙寅。　　八十一，甲子，中。

　　壬戌。　　己未。　　丁巳。　　乙卯。　　癸丑。　　庚

戌。　　戊申。　　丙午。　　甲辰，季。

　　壬寅。　　己亥。　　丁酉。　　乙未。　　癸巳。_{懿九年。}

庚寅。　　戊子。　　丙戌。　　甲申，孟。_{元朔六年。}

　　推章首朔旦冬至日，置大馀三十九，小馀六十一，数除如法，
各从其统首起。求其后章，当加大馀三十九，小馀六十一，各尽
其八十一章。

　　推篇，大馀亦如之，小馀加一。求周至，加大馀五十九，小
馀二十一。

世经

　　春秋昭公十七年"郯子来朝"，传曰昭子问少昊氏鸟名何
故，①对曰："吾祖也，我知之矣。昔者，黄帝氏以云纪，故为云师
而云名；炎帝氏以火纪，故为火师而火名；共工氏以水纪，故为
水师而水名；②太昊氏以龙纪，故为龙师而龙名。我高祖少昊（絷）
〔挚〕之立也，^[20]凤鸟适至，故纪于鸟，为鸟师而鸟名。"言郯子
据少昊受黄帝，黄帝受炎帝，炎帝受共工，共工受太昊，故先言
黄帝，上及太昊。稽之于易，炮牺、神农、黄帝相继之世可知。③

　　①师古曰："郯，国名；子，其君之爵也。郯国即东海郯县是也。朝，

朝于鲁也。昭子，鲁大夫叔孙昭子也，名婼。"

②师古曰："共读曰龚。下皆类此。"

③师古曰："炮与庖同也。"

太昊帝　易曰："炮牺氏之王天下也。"言炮牺继天而王，为百王先，首德始于木，故为帝太昊。作罔罟以田渔，取牺牲①故天下，号曰炮牺氏。祭典曰："共工氏伯九域。"②言虽有水德，在火木之间，非其序也。任知刑以强，故伯而不王。秦以水德，在周、汉火之间。③周人畀其行序，故易不载。④

①师古曰："罟音古。"

②师古曰："祭典，即礼经祭法也。伯读与霸同。下亦类此。"

③师古曰："志言秦为闰位，亦犹共工不当五德之序。"

④邓展曰："畀，去也，以其非次故去之。"师古曰："此指谓共工也。畀，古迁字。其下并同。"

炎帝　易曰："炮牺氏没，神农氏作。"言共工伯而不王，虽有水德，非其序也。以火承木，故为炎帝。教民耕农，故天下号曰神农氏。

黄帝　易曰："神农氏没，黄帝氏作。"火生土，故为土德。与炎帝之后战于阪泉，遂王天下。始垂衣裳，有轩冕之服，①故天下号曰轩辕氏。

①邓展曰："凡冠，前卑后高，故曰轩冕也。"师古曰："此说非也。轩，轩车也。冕，冕服也。春秋左氏传曰'服冕乘轩'。"

少昊帝　考德曰少昊曰清。①清者，黄帝之子清阳也，是其子孙名挚立。土生金，故为金德，天下号曰金天氏。周畀其乐，故易不载，序于行。

①师古曰："考德者，考五帝德之书也。"

颛顼帝　春秋外传曰，少昊之衰，九黎乱德，颛顼受之，乃命重黎。苍林昌意之子也。金生水，故为水德。天下号曰高阳氏。周郪其乐，故易不载，序于行。

帝喾　春秋外传曰，颛顼之所建，帝喾受之。清阳玄嚣之孙也。〔水〕生木（故），[21]故为木德。天下号曰高辛氏。帝挚继之，不知世数。周郪其乐，故易不载。周人禘之。

唐帝　帝系曰，帝喾四妃，陈丰生帝尧，封于唐。盖高辛氏衰，天下归之。木生火，故为火德，天下号曰陶唐氏。让天下于虞，使子朱处于丹渊为诸侯。即位七十载。

虞帝　帝系曰，颛顼生穷蝉，五世而生瞽叟，瞽叟生帝舜，处虞之妫汭，①尧嬗以天下。②火生土，故为土德。天下号曰有虞氏。让天下于禹，使子商均为诸侯。即位五十载。

①师古曰："妫，水名也。水曲曰汭，音人锐反。"

②师古曰："嬗，古禅让字也。其下亦同。"

伯禹　帝系曰，颛顼五世而生鲧，鲧生禹，虞舜嬗以天下。土生金，故为金德。天下号曰夏后氏。继世十七王，四百三十二岁。

936　成汤　书经汤誓汤伐夏桀。金生水，故为水德。天下号曰商，后曰殷。①

①孟康曰："初契封商，汤居殷而受命，故二号。"

三统，上元至伐桀之岁，十四万一千四百八十岁，岁在大火房五度，故传曰："大火，阏伯之星也。实纪商人。"后为成汤，方即世崩没之时，为天子用事十三年矣。商十二月乙丑朔旦冬至，故书序曰："成汤既没，太甲元年，使伊尹作伊训。"伊训篇曰："惟太甲元年十有二月乙丑朔，伊尹祀于先王，诞资有牧方明。"言虽有成汤、太丁、外丙之服，以冬至越茀祀先王于方明①以配上帝，是朔旦冬至之岁也。后九十五岁，商十二月甲申朔旦冬至，亡馀分，是为孟统。自伐桀至武王伐纣，六百二十九岁，故传曰殷"载祀六百"。

> ①如淳曰："觐礼，诸侯觐天子，为坛十有二寻，加方明于其上。"孟康曰："方明者，神明之象也，以木为之，方四尺，画六采，东青，西白，南赤，北黑，上玄，下黄。"

殷历曰，当成汤方即世用事十三年，十一月甲子朔旦冬至，终六府首。①当周公五年，则为距伐桀四百五十八岁，少百七十一岁，不盈六百二十九。又以夏时乙丑为甲子，计其年乃孟统后五章，癸亥朔旦冬至也。以为甲子府首，皆非是。凡殷世继嗣三十一王，六百二十九岁。

> ①师古曰："府首即蔀首。"

四分，上元至伐桀十三万二千一百一十三岁，其八十八纪，甲子府首，入伐桀后百二十七岁。

春秋历，周文王四十二年十二月丁丑朔旦冬至，孟统之二会首也。后八岁而武王伐纣。

武王　书经牧誓武王伐商纣。水生木，故为木德。天下号曰周室。

三统，上元至伐纣之岁，十四万二千一百九岁，岁在鹑火张十三度。文王受命九年而崩，再期，在大祥而伐纣，故书序曰：

"惟十有一年，武王伐纣，〔作〕太誓。"〔22〕八百诸侯会。还归二年，乃遂伐纣克殷，以箕子归，十三年也。故书序曰："武王克殷，以箕子归，作洪范。"洪范篇曰："惟十有三祀，王访于箕子。"自文王受命而至此十三年，岁亦在鹑火，故传曰："岁在鹑火，则我有周之分野也。"师初发，以殷十一月戊子，日在析木箕七度，故传曰："日在析木。"是夕也，月在房五度。房为天驷，故传曰："月在天驷。"后三日得周正月辛卯朔，合辰在斗前一度，斗柄也，故传曰："辰在斗柄。"明日壬辰，晨星始见。①癸巳武王始发，丙午还师，戊午度于孟津。孟津去周九百里，师行三十里，故三十一日而度。明日己未冬至，晨星与婺女伏，历建星及牵牛，至于婺女天鼋之首，故传曰："星在天鼋。"周书武成篇："惟一月壬辰，旁死霸，②若翌日癸巳，武王乃朝步自周，于征伐纣。"序曰："一月戊午，师度于孟津。"至庚申，二月朔日也。四日癸亥，至牧野，夜陈，甲子昧爽而合矣。故外传曰："王以二月癸亥夜陈。"武成篇曰："粤若来三月，既死霸，粤五日甲子，咸刘商王纣。"③是岁也，闰数余十八，正大寒中，在周二月己丑晦。明日闰月庚寅朔。三月二日庚申惊蛰。四月己丑朔死霸。死霸，朔也。生霸，望也。是月甲辰望，乙巳，旁之。故武成篇曰："惟四月既旁生霸，粤六日庚戌，武王燎于周庙。翌日辛亥，祀于天位。粤五日乙卯，乃以庶国祀馘于周庙。"④文王十五而生武王，受命九年而崩，崩后四年而武王克殷。克殷之岁八十六矣，后七岁而崩。故礼记文王世子曰："文王九十七而终，武王九十三而终。"凡武王即位十一年，周公摄政五年，正月丁巳朔旦冬至，殷历以为六年戊午，距炀公七十六岁，入孟统二十九章首也。后二岁，得周公七年"复子明辟"之岁。是岁二月乙亥朔，庚寅望，后六日得乙未。故召诰曰："惟二月既望，粤六日乙未。"又其三月甲辰朔，三日丙午。召诰曰："惟三月丙午胐。"⑤古文月采篇曰"三日曰胐"。⑥是岁十二月戊辰晦，周公以反政。故洛诰篇曰："戊辰，王在新邑，烝祭岁，命作策，惟周公诞保文武受命，惟七年。"

①师古曰："晨，古晨字也。其字从臼。臼音居玉反。"

②孟康曰："月二日咮往，月〔生〕魄死（死），[23]故言死魄。魄，月质也。"师古曰："霸，古魄字同。"

③师古曰："今文尚书之辞。刘，杀也。"

④师古曰："亦今文尚书也。祁馘，献于庙而告祁也。截耳曰馘，音居获反。"

⑤孟康曰："胐，月出也，音敷尾反。"

⑥师古曰："月采说月之光采，其书则亡。"

成王元年正月己巳朔，此命伯禽俾侯于鲁之岁也。①后三十年四月庚戌朔，十五日甲子哉生霸。②故顾命曰"惟四月哉生霸，王有疾不豫，甲子，王乃洮沬水"，作顾命。③翌日乙丑，成王崩。康王十二年六月戊辰朔，三日庚午，故毕命丰刑曰："惟十（月）〔有〕二年六月庚午胐，[24]王命作策丰刑。"④

①师古曰："俾，使也。封之使为诸侯。"

②师古曰："哉，始也。"

③师古曰："洮，盥手也，沬，洗面也。洮音徒高反。沬即颒字也，音呼内反。"

④孟康曰："逸书篇名。"

春秋、殷历皆以殷，鲁自周昭王以下亡年数，故据周公、伯禽以下为纪。鲁公伯禽，推即位四十六年，至康王十六年而薨。故传曰"燮父、禽父并事康王"，①言晋侯燮、鲁公伯禽俱事康王也。子考公就立，酋。②考公，世家即位四年，及炀公熙立。③炀公二十四年正月丙申朔旦冬至，殷历以为丁酉，距微公七十六岁。④

①师古曰："燮父，晋唐叔虞之子。禽父，即伯禽也。父读曰甫。甫者，男子之美称。"
②师古曰："又记此酋者，诸说不同，而名字或异也。下皆放此。酋音在由反。"
③师古曰："及者，兄弟相及，非子继父也。下皆类此。"
④师古曰："炀音弋向反。"

世家，炀公即位六十年，子幽公宰立。幽公，世家即位十四年，及微公弗立，濆。①微公二十六年正月乙亥朔旦冬至，殷历以为丙子，距献公七十六岁。

①师古曰："弗音弗。濆，古沸字。"

世家，微公即位五十年，子厉公翟立，擢。厉公，世家即位三十七年，及献公具立。献公十五年正月甲寅朔旦冬至，殷历以为乙卯，距懿公七十六岁。

世家，献公即位五十年，子慎公执立，嚊。①慎公，世家即位三十年，及武公敖立。武公，世家即位二年，子懿公被立，戏。②懿公九年正月癸巳朔旦冬至，殷历以为甲午，距惠公七十六岁。

①师古曰："嚊音皮秘反，又音吁器反。"
②师古曰："戏音许宜反。"

世家，懿公即位九年，兄子柏御立。伯御，世家即位十一年，叔父孝公称立。孝公，世家即位二十七年，子惠公皇立。惠公三十八年正月壬申朔旦冬至，殷历以为癸酉，距釐公七十六岁。①

①师古曰："釐读曰僖。下皆类此。"

世家，惠公即位四十六年，子隐公息立。

凡伯禽至春秋，三百八十六年。

春秋　隐公，春秋即位十一年，及桓公轨立。此元年上距伐纣四百岁。

桓公，春秋即位十八年，子庄公同立。

庄公，春秋即位三十二年，子愍公启方立。

愍公，春秋即位二年，及釐公申立。釐公五年正月辛亥朔旦冬至，殷历以为壬子，距成公七十六岁。

是岁距上元十四万二千五百七十七岁，得孟统五十三章首。故传曰："五年春王正月辛亥朔，日南至。""八月甲午，晋侯围上阳。"(章)〔童〕谣云[25]："丙子之辰，龙尾伏辰，袀服振振，取虢之旂。①鹑之贲贲，天策焞焞，火中成军，虢公其奔。"②卜偃曰："其九月十月之交乎？丙子旦，日在尾，月在策，鹑火中，必是时也。"冬十二月丙子灭虢。言历者以夏时，故周十二月，夏十月也。是岁，岁在大火。故传曰晋侯使寺人披伐蒲，重耳奔狄。③董因曰："君之行，岁在大火。"④后十二年，釐之十六岁，岁在寿星。故传曰重耳处狄十二年而行，过卫五鹿，乞食于野人，野人举块而与之。子犯曰："天赐也，后十二年，必获此土。岁复于寿星，必获诸侯。"后八岁，釐之二十四年也，岁在实沈，秦伯纳之。故传曰董因云："君以辰出，而以参入，必获诸侯。"

①师古曰："袀音均，又弋均反。振音之人反。"
②师古曰："贲音奔。焞音徒门反，又土门反。"

③师古曰：“晋侯谓献公也。寺人，奄人也，披其名也。蒲，晋邑也，公子重耳之所居。献公用骊姬之谮，故令披伐之，而重耳惧罪出奔也。事见春秋左氏传及国语。”

④师古曰：“董因，晋史也。本周太史辛有之后，以董主史官，故为董氏，因其名也。”

春秋，釐公即位三十三年，子文公兴立。文公元年，距辛亥朔旦冬至二十九岁。是岁闰馀十三，正小雪，闰当在十一月后，而在三月，故传曰“非礼也”。后五年，闰馀十，是岁亡闰，而置闰。闰，所以正中朔也。亡闰而置闰，又不告朔，故经曰“闰月不告朔”，言亡此月也。传曰：“不告朔，非礼也。”

春秋，文公即位十八年，子宣公倭立。①

①师古曰：“倭音于危反。”

宣公，春秋即位十八年，子成公黑肱立。成公十二年正月庚寅朔旦冬至，殷历以为辛卯，距定公七年七十六岁。

春秋，成公即位十八年，子襄公午立。襄公二十七年，距辛亥百九岁。九月乙亥朔，是建申之月也。鲁史书：“十二月乙亥朔，日有食之。”传曰：“冬十一月乙亥朔，日有食之，于是辰在申，司历过也，再失闰矣。”言时实行以为十一月也，不察其建，不考之于天也。二十八年距辛亥百一十岁，岁在星纪，故经曰：“春无冰。”传曰：“岁在星纪，而淫于玄枵。”三十年岁在娵訾。三十一年岁在降娄。是岁距辛亥百一十三年，二月有癸未，上距文公十一年会于承匡之岁夏正月甲子朔凡四百四十有五甲子，奇二十日，为日二万六千六百有六旬。故传曰绛县老人曰：“臣生之岁，正月甲子朔，四百四十有五甲子矣。其季于今，三之一也。”

师旷曰："郤成子会于承匡之岁也，七十三年矣。"史赵曰："亥有二首六身，下二如身，则其日数也。"[①]士文伯曰："然则二万六千六百有六旬也。"

> ①孟康曰："下二画使就身也。"师古曰："杜预云'亥字二画在上，并三六为身，如算之六也。下亥上二画，竖置身旁'。"

春秋，襄公即位三十一年，子昭公稠立。昭公八年岁在析木，十年岁在颛顼之虚，玄枵也。十八年距辛亥百三十一岁，五月有丙子、戊寅、壬午，火始昏见，宋、卫、陈、郑火。二十年春王正月，距辛亥百三十三岁，是辛亥后八章首也。正月己丑朔旦冬至，失闰。故传曰："二月己丑，日南至。"三十二年，岁在星纪，距辛亥百四十五岁，盈一次矣。故传曰："越得岁，吴伐之，必受其咎。"

春秋，昭公即位三十二年，及定公宋立。定公七年，正月己巳朔旦冬至，殷历以为庚午，距元公七十六岁。

春秋，定公即位十五年，子哀公（将）〔蒋〕立。[26]哀公十二年冬十二月流火，非建戌之月也。是月也螽，故传曰："火伏而后蛰者毕，今火犹西流，司历过也。"诗曰："七月流火。"春秋，哀公即位二十七年。自春秋尽哀十四年，凡二百四十二年。

六国　春秋哀公后十三年逊于邾，子悼公曼立，宁。悼公，世家即位三十七年，子元公嘉立。元公四年正月戊申朔旦冬至，殷历以为己酉，距康公七十六岁。元公，世家即位二十一年，子穆公衍立，显。穆公，世家即位三十三年，子恭公奋立。恭公，世家即位二十二年，子康公毛立。康公四年正月丁亥朔旦冬至，殷历以为戊子，距缗公七十六岁。[①]康公，世家即位九年，子景公偃立。景公，世家即位二十九年，子平公旅立。平公，世家即位二十年，子缗公贾立。缗公二十二年正月丙寅朔旦冬至，殷历以为丁卯，距楚元七十六岁。缗公，世家即位二十三年，子顷公雠立。顷公，表十八年，秦昭王之五十一年也，秦始灭周。周凡三十六王，八百六十七岁。

①师古曰："缗读与愍同。下皆类此。"

秦伯①昭（公）〔王〕，本纪无天子五年。[27]孝文王，本纪即位一年。元年，楚考烈王灭鲁顷公为家人，周灭后六年也。庄襄王，本纪即位三年。始皇，本纪即位三十七年。二世，本纪即位三年。凡秦伯五世，四十九岁。

①师古曰："伯读曰霸。其下亦同。"

汉高祖皇帝，著纪，伐秦继周。木生火，故为火德。天下号曰汉。距上元年十四万三千二十五岁，岁在大棣之东井二十二度，鹑首之六度也。故汉志曰岁在大棣，名曰敦牂，太岁在午。八年十一月乙巳朔旦冬至，楚元三年也。故殷历以为丙午，距元朔七十六岁。著纪，高帝即位十二年。

惠帝，著纪即位七年。
高（帝）〔后〕，[28]著纪即位八年。
文帝，前十六年，后七年，著纪即位二十三年。
景帝，前七年，中六年，后三年，著纪即位十六年。
武帝建元、元光、元朔各六年。元朔六年十一月甲申朔旦冬至，殷历以为乙酉，距初元七十六岁。元狩、元鼎、元封各六年。汉历太初元年，距上元十四万三千一百二十七岁。前十一月甲子朔旦冬至，岁在星纪婺女六度，故汉志曰岁名困敦，①正月岁星出婺女。<u>太初</u>、<u>天汉</u>、<u>太始</u>、<u>征和</u>各四年，后二年，著<u>纪</u>即位五十四年。

①师古曰："敦音顿。"

<u>昭帝始元</u>、<u>元凤</u>各六年，<u>元平</u>一年，著<u>纪</u>即位十三年。

<u>宣帝本始</u>、<u>地节</u>、<u>元康</u>、<u>神爵</u>、<u>五凤</u>、<u>甘露</u>各四年，<u>黄龙</u>一年，著<u>纪</u>即位二十五年。

<u>元帝初元</u>二年十一月癸亥朔旦冬至，<u>殷历</u>以为甲子，以为纪首。是岁也，十月日食，非合辰之会，不得为纪首。距<u>建武</u>七十六岁。<u>初元</u>、<u>永光</u>、<u>建昭</u>各五年，<u>竟宁</u>一年，著<u>纪</u>即位十六年。

<u>成帝建始</u>、<u>河平</u>、<u>阳朔</u>、<u>鸿嘉</u>、<u>永始</u>、<u>元延</u>各四年，<u>绥和</u>二年，著<u>纪</u>即位二十六年。

<u>哀帝建平</u>四年，<u>元寿</u>二年，著<u>纪</u>即位六年。

<u>平帝</u>，著<u>纪</u>即位<u>元始</u>五年，以<u>宣帝</u>玄孙<u>婴</u>为嗣，谓之<u>孺子</u>。<u>孺子</u>，著<u>纪新都侯</u><u>王莽</u>居摄三年，<u>王莽</u>居摄，盗袭帝位，窃号曰<u>新室</u>。<u>始建国</u>五年，<u>天凤</u>六年，<u>地皇</u>三年，著<u>纪</u>盗位十四年。<u>更始帝</u>，著<u>纪</u>以汉宗室灭<u>王莽</u>，即位二年。<u>赤眉</u>贼立宗室<u>刘盆子</u>，灭<u>更始帝</u>。自<u>汉</u>元年讫<u>更始</u>二年，凡二百三十岁。

<u>光武皇帝</u>，著<u>纪</u>以<u>景帝</u>后<u>高祖</u>九世孙受命中兴复<u>汉</u>，改元曰<u>建武</u>，岁在<u>鹑尾</u>之张度。<u>建武</u>三十一年，<u>中元</u>二年，即位三十三年。

945

【校勘记】

〔1〕 (统)〔纪〕母。 <u>李锐</u>说"统"是"纪"之误。

〔2〕 积中十，中馀千七百一十八。（"十"一作"七"） <u>王先谦</u>说"'十'

一作'七'"四字乃后人校语，此下并同。按景祐、殿本"十"
作"七"。

〔3〕 (百) 三十七日　钱大昕说"百"字衍。按景祐本无"百"字。

〔4〕 日行不盈九十二分度七十三 (分)。　钱大昕说下"分"字衍。

〔5〕 以章月乘 (人) 〔入〕 统岁数，　钱大昕说"人"当作"入"。

〔6〕 加 (十) 〔七〕 得一。　钱大昕说"加十"当作"加七"。

〔7〕 以 (算) 〔策〕 余乘 (人) 〔入〕 统岁数，　钱大昕说"算"当作
"策"，"人"当作"入"。

〔8〕 小余千一 (百) 〔十〕。　林文炳说当作"小余千一十"。按景祐
本正作"一十"。

〔9〕 统 (岁) 〔法〕 分之七十七。　钱大昕说"统岁"当作"统法"。
李锐说"统岁"即"统法"。

〔10〕 盈见中法得一，则积中 (法) 也。　钱大昕说下"法"字衍。

〔11〕 以闰分乘定见 〔复数〕，　"复数"二字据李锐说增。

〔12〕 不盈者名曰月 (中) 余。　钱大昕说"中"字衍。

〔13〕 中 (次) 〔以〕 至日数，　钱大昕说"次"当作"以"。

〔14〕 加后 〔中〕 余于中余，盈其法得一，从中元余，〔除〕 数如法，
则 〔后〕 见 〔中〕 也。　前"中"、"除"、"后"三字都据钱
大昕说增，后 〔中〕 字据景祐、殿本增，原注有"一多'中'
字"四字。

〔15〕 数起星初见 (星宿) 所在宿度，　李锐说"星宿"二字衍。

〔16〕 以六十除 (余) 积次，　钱大昕说"余"字衍。

〔17〕 五星之 (盈) 〔赢〕 缩不是过也。　景祐、殿本都作"赢"。

〔18〕 岁时 (数) 日月星辰也。　钱大昕说"数"字衍。

〔19〕 (二) 〔三〕 十八，甲午。　景祐、殿、局本都作"三"。王先谦
说作"三"是。

〔20〕 我高祖少昊 (絷) 〔挚〕 之立也，　景祐、殿、局本都作"挚"。

王先谦说作"挚"是。

[21] 〔水〕生木(故)， 钱大昭说"生"上脱"水"字，"木"下衍"故"字。按景祐、殿本都作"水生木"。

[22] 武王伐纣，〔作〕太誓。 王先谦说以下文"故书序曰"至"作洪范"例之，"太誓"上当有"作"字。

[23] 月〔生〕魄死(死)， 景祐、殿本都作"月生魄死"。

[24] 惟十(月)〔有〕二年六月庚午胐， 景祐、殿、局本都作"有"。王先谦说作"有"是。

[25] (章)〔童〕谣云： 景祐、殿本都作"童"，此误。

[26] 子哀公(将)〔蒋〕立。 殿本作"蒋"。王先谦说作"蒋"是。

[27] 昭(公)〔王〕，本纪无天子五年。 景祐、殿本都作"王"。王先谦说作"王"是。

[28] 高(帝)后， 钱大昭说"帝"字误。按景祐、殿本都作"后"。

汉书卷二十二

礼乐志第二

六经之道同归，而礼乐之用为急。①治身者斯须忘礼，则暴嫚入之矣；②为国者一朝失礼，则荒乱及之矣。人函天地阴阳之气，有喜怒哀乐之情。③天禀其性而不能节也，④圣人能为之节而不能绝也，故象天地而制礼乐，所以通神明，立人伦，⑤正情性，节万事者也。

①师古曰："六经谓易、诗、书、春秋、礼、乐也。"
②师古曰："斯须，犹须臾。"
③师古曰："函，包容也，读与含同。它皆类此。"
④师古曰："禀谓给授也。"
⑤师古曰："伦，理也。"

人性有男女之情，妒忌之别，为制婚姻之礼；有交接长幼之序，为制乡饮之礼；有哀死思远之情，为制丧祭之礼；有尊尊敬

949

上之心，为制朝觐之礼。哀有哭踊之节，乐有歌舞之容，①正人足以副其诚，邪人足以防其失。②故婚姻之礼废，则夫妇之道苦，而淫辟之罪多；③乡饮之礼废，则长幼之序乱，而争斗之狱蕃；④丧祭之礼废，则骨肉之恩薄，而背死忘先者众；⑤朝聘之礼废，则君臣之位失，而侵陵之渐起。故孔子曰："安上治民，莫善于礼；移风易俗，莫善于乐。"⑥礼节民心，乐和民声，政以行之，刑以防之。礼乐政刑四达而不悖，则王道备矣。⑦

①师古曰："踊，跳也。哀甚则踊。"

②师古曰："副，称也。"

③孟康曰："苦音盬。夫妇之道行盬不固也。"师古曰："苦，恶也，不当假借。辟读曰僻。"

④师古曰："蕃亦多也，音扶元反。他皆类此。"

⑤师古曰："先者，先人，谓祖考。"

⑥师古曰："此孝经载孔子之言也。善，古善字。"

⑦师古曰："悖，乖也，音布内反。"

乐以治内而为同，①礼以修外而为异；②同则和亲，异则畏敬；和亲则无怨，畏敬则不争。揖让而天下治者，礼乐之谓也。二者并行，合为一体。畏敬之意难见，则著之于享献辞受，登降跪拜；③和亲之说难形，则发之于诗歌咏言，钟石筦弦。④盖嘉其敬意而不及其财贿，美其欢心而不流其声音。⑤故孔子曰："礼云礼云，玉帛云乎哉？乐云乐云，钟鼓云乎哉？"⑥此礼乐之本也。故曰："知礼乐之情者能作，识礼乐之文者能述；作者之谓圣，述者之谓明。明圣者，述作之谓也。"⑦

①李奇曰："同于和乐也。"

②李奇曰："尊卑为异也。"

③师古曰："见谓彰显也。"

④师古曰："说读曰悦。形亦见也。笁字与管同。"

⑤师古曰："流，移也。心不移溢于音声也。"

⑥师古曰："论语载孔子之言也。谓礼以节人为贵，乐以和人为本，玉帛钟鼓乃其末也。"

⑦师古曰："作谓有所兴造也。述谓明辨其义而循行也。"

王者必因前王之礼，顺时施宜，有所损益，即民之心，稍稍制作，①至太平而大备。周监于二代，礼文尤具，②事为之制，曲为之防，③故称礼经三百，威仪三千。于是教化浃洽，④民用和睦，灾害不生，祸乱不作，囹圄空虚，四十馀年。⑤孔子美之曰："郁郁乎文哉！吾从周。"⑥及其衰也，诸侯逾越法度，恶礼制之害己，去其篇籍。遭秦灭学，遂以乱亡。

①师古曰："即，就也。"

②师古曰："监，观也。二代，夏、殷也。言周观夏、殷之礼，而增损之也。"

③师古曰："言每事立制，委曲防闲也。"

④师古曰："浃，澈也。洽，沾也。浃音子牒反。"

⑤应劭曰："囹圄，周狱名也。"师古曰："囹，狱也。圄，守也。故总言囹圄，无系于周。囹音来丁反。圄音牛吕反。"

⑥师古曰："论语载孔子之言也。郁郁，文章貌。"

汉兴，拨乱反正，日不暇给，①犹命叔孙通制礼仪，以正君臣之位。高祖说而叹曰：②"吾乃今日知为天子之贵也！"以通为奉常，遂定仪法，③未尽备而通终。

①师古曰："拨去乱俗而还之于正道也。给，足也。言事务殷多，日日

951

修造，尚不能足，故无暇也。"

②师古曰："说读曰悦。"

③师古曰："奉常，则太常也。解在百官公卿表。"

至文帝时，贾谊以为"汉承秦之败俗，废礼义，捐廉耻，今其甚者杀父兄，盗者取庙器，而大臣特以簿书不报期会为故，①至于风俗流溢，恬而不怪，②以为是适然耳。③夫移风易俗，使天下回心而乡道，④类非俗吏之所能为也。夫立君臣，等上下，使纲纪有序，六亲和睦，⑤此非天之所为，人之所设也。人之所设，不为不立，不修则坏。⑥汉兴至今二十馀年，宜定制度，兴礼乐，然后诸侯轨道，百姓素朴，狱讼衰息"。⑦乃草具其仪，⑧天子说焉。⑨而大臣绛、灌之属害之，故其议遂寝。⑩

①师古曰："特，但也。簿，文簿也。故谓大事也。言公卿但以文案簿书报答为事也。簿音步户反。"

②师古曰："恬，安也，谓心以为安。"

③师古曰："言正当如此，非失道也。"

④师古曰："乡读曰向。"

⑤如淳曰："六亲，贾谊书以为父也，子也，从父昆弟也，从祖昆弟也，曾祖昆弟也，族昆弟也。"

⑥师古曰："为，作也。"

⑦师古曰："轨道，言遵道，犹车行之依轨辙也。"

⑧师古曰："草谓创立其事也。它皆类此。"

⑨师古曰："说读曰悦。"

⑩师古曰："旧说以为绛谓绛侯周勃也，灌谓灌婴也。而楚汉春秋高祖之臣别有绛灌，疑昧之文。不可明也。此既言大臣，则当谓周勃、灌婴也。"

至武帝即位，进用英隽，议立明堂，制礼服，以兴太平。①会窦太后好黄老言，不说儒术，②其事又废。后董仲舒对策言："王者欲有所为，宜求其端于天。天道大者，在于阴阳。阳为德，阴为刑。天使阳常居大夏而以生育长养为事，阴常居大冬而积于空虚不用之处，以此见天之任德不任刑也。阳出布施于上而主岁功，阴入伏藏于下而时出佐阳。阳不得阴之助，亦不能独成岁功。王者承天意以从事，故务德教而省刑罚。刑罚不可任以治世，犹阴之不可任以成岁也。今废先王之德教，独用执法之吏治民，而欲德化被四海，故难成也。是故古之王者莫不以教化为大务，立大学以教于国，设庠序以化于邑。③教化已明，习俗已成，天下尝无一人之狱矣。至周末世，大为无道，以失天下。秦继其后，又益甚之。自古以来，未尝以乱济乱，大败天下如秦者也。④习俗薄恶，民人抵冒。⑤今汉继秦之后，虽欲治之，无可奈何。法出而奸生，令下而诈起，一岁之狱以万千数，如以汤止沸，沸俞甚而无益。⑥辟之琴瑟⑦不调，甚者必解而更张之，乃可鼓也。为政而不行，甚者必变而更化之，乃可理也。故汉得天下以来，常欲善治，而至今不能胜残去杀者，失之当更化而不能更化也。古人有言：'临渊羡鱼，不如归而结网。'今临政而愿治七十馀岁矣，不如退而更化。更化则可善治，而灾害日去、福禄日来矣。"是时，上方征讨四夷，锐志武功，⑧不暇留意礼文之事。

①师古曰："服谓衣服之色也。"

②师古曰："说读曰悦。"

③师古曰："庠序，行礼养老之处也。"

④师古曰："济，益也。"

⑤师古曰："抵，忤也。冒，犯也。言无廉耻，不畏惧也。抵音丁礼反。"

⑥师古曰："俞，进也，音逾。又音愈。它皆类此。"

⑦师古曰："辟读曰譬。"

⑧师古曰："锐，利也。言一意进求，若兵刃之锐利。"

至宣帝时，琅邪王吉为谏大夫，又上疏言："欲治之主不世出，①公卿幸得遭遇其时，未有建万世之长策，举明主于三代之隆者也。其务在于簿书断狱听讼而已，此非太平之基也。今俗吏所以牧民者，非有礼义科指可世世通行者也，以意穿凿，各取一切。②是以诈伪萌生，刑罚无极，质朴日消，恩爱寝薄。③孔子曰'安上治民，莫善于礼'，非空言也。愿与大臣延及儒生，述旧礼，明王制，驱一世之民，济之仁寿之域，④则俗何以不若成康？寿何以不若高宗？"⑤上不纳其言，吉以病去。

①师古曰："言时时而一出，难常遇也。"

②师古曰："苟顺一时，非正道。"

③师古曰："寝，古浸字。浸，渐也。"

④师古曰："言以仁道治之，皆得其性，则寿考也。域，界也。"

⑤师古曰："成康，周之二王，太平之时也。高宗，殷王武丁也。有德可尊，故曰高宗。享国五十九年，故云寿。"

至成帝时，犍为郡于水滨得古磬十六枚，①议者以为善祥。刘向因是说上："宜兴辟雍，设庠序，陈礼乐，隆雅颂之声，盛揖攘之容，②以风化天下。如此而不治者，未之有也。或曰，不能具礼。③礼以养人为本，如有过差，是过而养人也。④刑罚之过，或至死伤。今之刑，非皋陶之法也，而有司请定法，削则

汉书卷二十二

削，笔则笔，⑤救时务也。至于礼乐，则曰不敢，是敢于杀人不敢于养人也。为其俎豆筦弦之间小不备，因是绝而不为，是去小不备而就大不备，（大不备）或莫甚焉。⑥[1]夫教化之比于刑法，刑法轻，是舍所重而急所轻也。⑦且教化，所恃以为治也，刑法所以助治也。今废所恃而独立其所助，非所以致太平也。自京师有悖逆不顺之子孙，⑧至于陷大辟受刑戮者不绝，繇不习五常之道也。⑨夫承千岁之衰周，继暴秦之馀敝，民渐渍恶俗，贪饕险诐，不闲义理，⑩不示以大化，而独殴以刑罚，终已不改。⑪故曰：'导之以礼乐，而民和睦。'⑫初，叔孙通将制定礼仪，见非于齐鲁之士，然卒为汉儒宗，业垂后嗣，斯成法也。"成帝以向言下公卿议，会向病卒，丞相大司空奏请立辟雍。案行长安城南，⑬营表未作，遭成帝崩，群臣引以定谥。⑭

①师古曰："滨，水涯也，音宾。"

②师古曰："攘，古让字。"

③师古曰："或曰者，刘向设为难者之言，而后答释也。"

④师古曰："过差，犹失错也。"

⑤服虔曰："言随君意也。"师古曰："削者，谓有所删去，以刀削简牍也。笔者，谓有所增益，以笔就而书也。"

⑥师古曰："大不备者，事之亏失，莫甚于此。"

⑦师古曰："舍，废也。"

⑧师古曰："悖，乖也，音布内反。"

⑨师古曰："繇与由同。五常，仁、义、礼、智、信，人性所常行之也。"

⑩师古曰："贪甚曰饕。言行险曰诐。饕音吐高反。诐音彼义反。"

⑪师古曰："殴与驱同。"

⑫师古曰:"孝经载孔子之言也。"

⑬师古曰:"行音下更反。"

⑭孟康曰:"谥法曰'安民立政曰成'。帝欲立辟廱,未就而崩,群臣议谥,引为美,谓之成。"

及王莽为宰衡,欲耀众庶,遂兴辟廱,因以篡位,海内畔之。世祖受命中兴,拨乱反正,①改定京师于土中。②即位三十年,四夷宾服,百姓家给,政教清明,③乃营立明堂、辟雍。显宗即位,④躬行其礼,宗祀光武皇帝于明堂,养三老五更于辟雍,⑤威仪既盛美矣。然德化未流洽者,礼乐未具,群下无所诵说,而庠序尚未设之故也。孔子曰:"辟如为山,未成一篑,止,吾止也。"⑥今叔孙通所撰礼仪,与律令同录,臧于理官,⑦法家又复不传。汉典寝而不著,民臣莫有言者。⑧又通没之后,河间献王采礼乐古事,稍稍增辑,至五百馀篇。⑨今学者不能昭见,但推士礼以及天子,说义又颇谬异,故君臣长幼交接之道寝以不章。⑩

①师古曰:"谓后汉光武帝也。"

②师古曰:"谓都洛阳。"

③师古曰:"给,足也,言家家皆足。"

④李奇曰:"明帝曰显宗。"

⑤李奇曰:"王者父事三老,兄事五更。诗云'三寿作朋'。"邓展曰:"汉直以一公为三老,用大夫为五更,(毋常人)〔每常大〕行礼乃置。"[2]师古曰:"郑玄说云三老五更谓老人更知三德五事者也。更音工衡反。蔡邕以为更当为叟。叟,老人之称也。"

⑥师古曰:"论语载孔子之言。篑者,织草为器,所以盛土也。言为山欲成,尚少一篑之土,止而不为,则其功终已不就。如斯之人,吾

所不能教喻也。辟读曰譬。”

⑦师古曰："古书怀藏之字本皆作臧，汉书例为臧耳。理官，即法官也。"

⑧师古曰："寝，息也。"

⑨师古曰："辑与集同。"

⑩师古曰："浸，渐也。"

乐者，圣人之所乐也，而可以善民心。其感人深，其移风易俗易，①故先王著其教焉。②

①师古曰："易音弋豉反。"

②师古曰："著，明也。"

夫民有血气心知之性，而无哀乐喜怒之常，应感而动，然后心术形焉。①是以纤微瘖瘵（一作"衰"）之音作，而民思忧；②阐谐嫚易之音作，而民康乐；③麤厉猛奋之音作，而民刚毅；④廉直正诚之音作，而民肃敬；宽裕和顺之音作，而民慈爱；⑤流辟邪散之音作，而民淫乱。⑥先王耻其乱也，故制雅颂之声，本之情性，稽之度数，制之礼仪，⑦合生气之和，导五常之行，⑧使之阳而不散，阴而不集，⑨刚气不怒，柔气不慑，⑩四畅交于中，而发作于外，⑪皆安其位而不相夺（也），足以感动人之善心（而）〔也〕，不使邪气得接焉，[3]是先王立乐之方也。

①师古曰："言人之性感物则动也。术，道径也。心术，心之所由也。形，见也。"

②师古曰："瘖瘵，谓减缩也，音子笑反。"

③师古曰："阐，广也。谐，和也。嫚易，言不急刻也。易音弋豉反。"

④师古曰："麤厉，抗厉也。猛奋，发扬也。麤（古）〔作〕麁字，〔非

是〕。"[4]

⑤师古曰："裕，饶也。"

⑥师古曰："辟读曰僻。"

⑦师古曰："稽，考也。"

⑧师古曰："生气，阴阳之气也。导，引也。

⑨师古曰："集谓聚滞也。"

⑩师古曰："慑，恐也，音之涉反。"

⑪师古曰："畅，通达也。"

王者未作乐之时，因先王之乐以教化百姓，说乐其俗，①然后改作，以章功德。易曰："先王以作乐崇德，殷荐之上帝，以配祖考。"②昔黄帝作咸池，颛顼作六茎，帝喾作五英，③尧作大章，舜作招，④禹作夏，汤作濩，⑤武王作武，周公作勺。勺，言能勺先祖之道也。⑥武，言以功定天下也。濩，言救民也。夏，大承二帝也。⑦招，继尧也。⑧大章，章之也。⑨五英，英华茂也。六茎，及根茎也。⑩咸池，备矣。⑪自夏以往，其流不可闻已，⑫殷颂犹有存者。⑬周诗既备，⑭而其器用张陈，周官具焉。⑮典者自卿大夫师瞽以下，皆选有道德之人，⑯朝夕习业，以教国子。国子者，卿大夫之子弟也，皆学歌九德，⑰诵六诗，⑱习六舞、五声、八音之和。⑲故帝舜命夔曰："女典乐，教胄子，⑳直而温，㉑宽而栗，㉒刚而无虐，㉓简而无敖。㉔诗言志，歌咏言，㉕声依咏，律和声，㉖八音克谐。"㉗此之谓也。又以外赏诸侯德盛而教尊者。其威仪足以充目，音声足以动耳，诗语足以感心，故闻其音而德和，省其诗而志正，㉘论其数而法立。是以荐之郊庙则鬼神飨，作之朝廷则群臣和，立之学官则万民协。听者无不虚己竦神，说而承流，㉙是以海内遍知上德，被服其风，㉚光辉日新，化上迁善，而不知所以然，至于万物不夭，天地顺而嘉应降。故诗曰：
"钟鼓锽锽，磬管锵锵，降福穰穰。"㉛书云："击石拊石，百兽
率舞。"㉜鸟兽且犹感应，而况于人乎？况于鬼神乎？故乐者，圣
人之所以感天地、通神明、安万民、成性类者也。然自雅颂之
兴，而所承衰乱之音犹在，㉝是谓淫过凶嫚之声，为设禁焉。世
衰民散，小人乘君子，㉞心耳浅薄，则邪胜正。故书序："殷纣断
弃先祖之乐，乃作淫声，用变乱正声，以说妇人。"㉟乐官师瞽抱
其器而犇散，或适诸侯，或入河海。㊱夫乐本情性，浃肌肤而臧
骨髓，虽经乎千载，其遗风馀烈尚犹不绝。至春秋时，陈公子完
犇齐。㊲陈，舜之后，招乐存焉。故孔子适齐闻招，三月不知肉
味，曰："不图为乐之至于斯！"美之甚也。㊳

①师古曰："说乐其俗，使和说而安乐也。说读曰悦。乐音来各反。"

②师古曰："此豫卦象辞也。殷，盛大也。上帝，天也。言王者作乐，
　崇表其德，大荐于天，而以祖考配飨之也。"

③师古曰："营音酷。"

④师古曰："招读曰韶。下皆类此。"

⑤师古曰："濩音护。"

⑥师古曰："勺读曰酌。酌，取也。"

⑦师古曰："夏，大也。二帝谓尧、舜也。"

⑧师古曰："韶之言绍，故曰继尧也。"

⑨师古曰："章，明也。"

⑩师古曰："泽及下也。"

⑪师古曰："咸，皆也。池，言其包容浸润也。故云备矣。"

⑫师古曰："言歌颂皆亡也。已，语终辞。"

⑬师古曰："谓正考甫所得那以下是。"

959

⑭师古曰："谓雅颂皆得其所。"

⑮师古曰："谓大司乐以下诸官所掌。"

⑯师古曰："师，乐工。瞽，无目者。"

⑰师古曰："水火金木土谷谓之六府。正德、利用、厚生谓之三事。六府三事谓之九功。九功之德皆可歌也，故言九德也。"

⑱应劭曰："六诗者，诗有六义，一曰风，二曰赋，三曰比，四曰兴，五曰雅，六曰颂。"

⑲师古曰："六舞谓帗舞、羽舞、皇舞、旄舞、干舞、人舞也。五声，宫、商、角、徵、羽也。八音，金、石、丝、竹、匏、土、革、木。帗音弗。皇音皇。"

⑳师古曰："虞书舜典所载也。夔，舜臣名。胄子，即国子也。"

㉑师古曰："正直温和也。"

㉒师古曰："宽大而敬栗。"

㉓师古曰："刚毅而不害虐也。"

㉔师古曰："简约而无傲慢也。教读曰傲。"

㉕师古曰："咏，古咏字也。在心为志，发言为诗。咏，永也。永，长也，歌所以长言之。"

㉖师古曰："依，助也。五声所以助歌也，六律所以和声也。"

㉗师古曰："谐亦和也。自此以上，皆帝舜之言。"

㉘师古曰："省，视也。"

㉙师古曰："竦，敬也。说读曰悦。"

960

㉚师古曰："被音皮义反。言蒙其风化，若被而服之。"

㉛师古曰："此周颂执竞之诗也。锽锽，和也。锵锵，盛也。穰穰，多也。言周王祭祖考之庙，奏乐而八音和盛，则神降之福至多也。锽音皇。穰音人羊反。"

㉜师古曰："虞书舜典也。石谓磬也。言乐之和谐也。至于击拊磬石，则百兽相率而舞也。"

㉝师古曰："言若周时尚有殷纣之馀声。"

㉞师古曰："乘,陵也。"

㉟师古曰："今文周书泰誓之辞也。说读曰悦。"

㊱师古曰："辚,古奔字。论语云:'太师挚适齐,亚饭干适楚,三饭缭适蔡,四饭缺适秦,鼓方叔入于河,播鼗武入于汉,少师阳、击磬襄入于海。'此志所云及古今人表所叙,皆谓是也。云诸侯者,追系其地,非为当时已有国名。而说论语者乃以为(追)鲁哀公时礼坏乐崩,[5]乐人皆去,斯亦未允也。夫六经残缺,学者异师,文义竞驰,各守所见。而马、郑群儒,皆在班、扬之后,向、歆博学,又居王、杜之前,校其是非,不可偏据。其汉书所引经文,与近代儒家往往乖别,既自成义指,即就而通之,庶免守株,以申贤达之意。非苟越异,理固然也。它皆类此。"

㊲师古曰："完,陈厉公子,即敬仲也,庄二十二年遇难出奔齐也。"

㊳师古曰："事见论语。"

周道始缺,怨刺之诗起。王泽既竭,而诗不能作。王官失业,雅颂相错,①孔子论而定之,故曰:"吾自卫反鲁,然后乐正,雅颂各得其所。"②是时,周室大坏,诸侯恣行,设两观,乘大路。③陪臣管仲、季氏之属,④三归雍彻,八佾舞廷。⑤制度遂坏,陵夷而不反,⑥桑间、濮上,郑、卫、宋、赵之声并出,⑦内则致疾损寿,外则乱政伤民。巧伪因而饰之,以营乱富贵之耳目。⑧庶人以求利,列国以相间。⑨故秦穆遗戎而由余去,⑩齐人馈鲁而孔子行。⑪至于六国,魏文侯最为好古,⑫而谓子夏曰:"寡人听古乐则欲寐,及闻郑、卫,余不知倦焉。"子夏辞而辨之,终不见纳,⑬自此礼乐丧矣。

①师古曰："错,杂也。"

② 师古曰："事亦见论语。"

③ 应劭曰："观，阙门边两观也。礼，诸侯一观。大路，天子之车。"

④ 师古曰："陪，重也。诸侯者，天子之臣，故其臣称重臣也。季氏，鲁桓公子季友之后，专执国政而奢僣也。"

⑤ 师古曰："三归，取三姓女也。妇人谓嫁曰归，故曰三归。盖谓管仲耳。雍，乐诗也，彻馔奏之。八佾，八列之舞。皆僣天子礼也。此谓季氏耳。"

⑥ 师古曰："陵夷，渐颓替也。解在成帝纪及诸侯王表。"

⑦ 应劭曰："桑间，卫地，濮上，濮水之上，皆好新声。"师古曰："郑、卫、宋、赵诸国，亦皆有淫声。"

⑧ 师古曰："营犹回绕也。"

⑨ 师古曰："间音居苋反。"

⑩ 应劭曰："戎，西戎也。由余，其贤臣也。秦欲兼之，遗以女乐，由余谏而不听，遂去入秦。"

⑪ 师古曰："馈亦馈字。论语云'齐人馈女乐，季桓子受之，三日不朝，孔子行'也。"

⑫ 师古曰："魏文侯本晋大夫毕万之后，僣诸侯者。"

⑬ 师古曰："事见礼之乐记。"

汉兴，乐家有制氏，①以雅乐声律世世在大乐官，但能纪其铿锵鼓舞，而不能言其义。②高祖时，叔孙通因秦乐人制宗庙乐。大祝迎神于庙门，奏嘉至，③犹古降神之乐也。皇帝入庙门，奏永至，以为行步之节，犹古采荠、肆夏也。④乾豆上，奏登歌，⑤独上歌，不以筦弦乱人声，欲在位者遍闻之，犹古清庙之歌也。登歌再终，下奏休成之乐，⑥美神明既飨也。皇帝就酒东厢，坐定，奏永安之乐，美礼已成也。又有房中祠乐，高祖唐山夫人所作也。⑦周有房中乐，至秦名曰寿人。凡乐，乐其所生，礼不忘本。高祖乐楚声，故房中乐楚声也。孝惠二年，使乐府令夏侯宽备其箫管，更名曰安世乐。

①服虔曰："鲁人也，善乐事也。"

②师古曰："铿鎗，金石之声也。铿音丘耕反。鎗音初庚反。其下亦同。"

③李奇曰："嘉，善也，善神之至也。"

④刘德曰："歌乐，在逸诗。"师古曰："茦音才私反，礼经或作薋，又作茨，音并同耳。"

⑤师古曰："乾豆，脯羞之属。"

⑥服虔曰："叔孙通所奏作也。"

⑦服虔曰："高帝姬也。"韦昭曰："唐山，姓也。"

高（祖）庙奏武德、文始、五行之舞；[6]孝文庙奏昭德、文始、四时、五行之舞；孝武庙奏盛德、文始、四时、五行之舞。武德舞者，高祖四年作，以象天下乐己行武以除乱也。文始舞者，曰本舜招舞也，高祖六年更名曰文始，以示不相袭也。五行舞者，本周舞也，秦始皇二十六年更名曰五行也。四时舞者，孝文所作，以（明）示天下之安和也。[7]盖乐己所自作，明有制也；①乐先王之乐，明有法也。②孝景采武德舞以为昭德，以尊大宗庙。至孝宣，采昭德舞为盛德，以尊世宗庙。诸帝庙皆常奏文始、四时、五行舞云。高祖六年又作昭容乐、礼容乐。昭容者，犹古之昭夏也，主出武德舞。③礼容者，主出文始、五行舞。舞人无乐者，将至至尊之前不敢以乐也；出用乐者，言舞不失节，能以乐终也。大氐皆因秦旧事焉。④

①师古曰："言自制作也。"

②师古曰："遵前代之法。"

③苏林曰："言昭容乐生于武德舞。"

④师古曰："氐，归也，音丁礼反。其后字或作抵，音义并同。"

初，高祖既定天下，过沛，与故人父老相乐，醉酒欢哀，作"风起"之诗，令沛中僮儿百二十人习而歌之。至孝惠时，以沛宫为原庙，①皆令歌儿习吹以相和，常以百二十人为员。文、景之间，礼官肄业而已。②至武帝定郊祀之礼，祠太一于甘泉，就乾位也；③祭后土于汾阴，泽中方丘也。④乃立乐府，⑤采诗夜诵，⑥有赵、代、秦、楚之讴。以李延年为协律都尉，多举司马相如等数十人造为诗赋，略论律吕，以合八音之调，作十九章之歌。以正月上辛用事甘泉圜丘，⑦使童男女七十人俱歌，昏祠至明。夜常有神光如流星止集于祠坛，天子自竹宫而望拜，⑧百官侍祠者数百人皆肃然动心焉。

①师古曰："原，重也。言已有正庙，更重立（之）〔也〕。"[8]

②师古曰："肄，习也，音弋二反。"

③师古曰："言在京师之西北也。"

④师古曰："汾水之旁，土特堆起，是泽中方丘也。祭地，以方象地形。"

⑤师古曰："始置之也。乐府之名盖起于此，哀帝时罢之。"

⑥师古曰："采诗，依古道人徇路，采取百姓讴谣，以知政教得失也。夜诵者，其言辞或秘不可宣露，故于夜中歌诵也。"

⑦师古曰："用上辛，用周礼郊天日也。辛，取齐戒自新之义也。为圜丘者，取象天形也。"

⑧韦昭曰："以竹为宫，天子居中。"师古曰："汉旧仪云竹宫去坛三里。"

安世房中歌十七章，其诗曰：

大孝备矣，休德昭清。高张四县，乐充宫庭。①芬树羽林，云景杳冥，②金支秀华，庶旄翠旌。③

①晋灼曰："四县，乐四县也，天子宫县。"师古曰："谓设宫县而高张之。县，古悬字。"

②师古曰："言所树羽葆，其盛若林，芬然众多，仰视高远，如云日之杳冥也。"

③张晏曰："金支，百二十支。秀华，中主有华艳也。旌，钟之旄也。"文颖曰："析羽为旌，翠羽为之也。"臣瓒曰："乐上众饰，有流溯羽葆，以黄金为支，其首敷散，若草木之秀华也。"师古曰："金支秀华，瓒说是也。庶，众也。庶旄翠旌，谓析五采羽，注翠旄之首而为旌耳。"

七始华始，肃倡和声。①神来宴娭，庶几是听。②粥粥音送，细齐人情。③忽乘青玄，熙事备成。④清思眑眑，经纬冥冥。⑤

①孟康曰："七始，天地四时人之始。华始，万物英华之始也。以为乐名，如六英也。"师古曰："肃，敬也。言歌者敬而倡谐和之声。"

②师古曰："娭，戏也。言庶几神来宴戏听此乐也。娭音许其反。"

③晋灼曰："粥粥，敬惧貌也。细，微也。以乐送神，微感人情，使之齐肃也。"师古曰："粥音弋六反。"

④师古曰："言还神礼毕，忽登青天而去，福熙之事皆备成也。熙与禧同。"

⑤苏林曰："眑音窈。"师古曰："眑眑，幽静也。经纬，谓经纬天地。"

我定历数，人告其心。①敕身齐戒，施教申申。②乃立祖庙，敬明尊亲。大矣孝熙，四极爰臻。③

①师古曰："言臣下各竭其心，致诚虑也。"

②应劭曰："救，谨敬之貌。"师古曰："救读曰斋。"

③师古曰："熙亦福也。四极，四方极远之处也。尔雅曰：'东至于泰远，西至于邠国，南至于濮铅，北至于祝栗，谓之四极。'邠音彬。臻字与臻同。"

王侯秉德，其邻翼翼，①显明昭式。清明畅矣，皇帝孝德。②竟全大功，抚安四极。

①师古曰："邻，言德不孤必有邻也。翼翼，恭敬也。"

②师古曰："畅，古畅字。畅，通也。"

海内有奸，纷乱东北。①诏抚成师，武臣承德。②行乐交逆，箫、勺群慝。③肃为济哉，盖定燕国。④

①师古曰："谓匈奴。"

②师古曰："成师，言各置（郊）〔部〕校，[9]师出以律也。春秋左氏传曰'成师以出'。"

③晋灼曰："箫，舜乐也。勺，周乐也。言以乐征伐也。"师古曰："言制定新乐，教化流行，则逆乱之徒尽交欢也。慝，恶也。勺读曰酌。"

④师古曰："匈奴服从，则燕国安静无寇难也。"

大海荡荡水所归，高贤愉愉民所怀。①大山崔，百卉殖。民何贵？贵有德。②

①李奇曰："愉愉，怿也。"师古曰："荡荡，广大貌也。愉愉，和乐貌也。怀，思也。言海以广大之故，众水归之；王者有和乐之德，则人皆思附也。"

②师古曰："言大山以崔嵬之故，能生养百卉；明君以崇高其德，故为

966

万姓所尊也。崔音才回反。"

安其所，乐终产。①乐终产，世继绪。②飞龙秋，游上天。③高贤愉，乐民人。④

①师古曰："万物各安其所，而乐终其生也。"

②师古曰："言传祚无穷。"

③苏林曰："秋，飞貌也。"师古曰："庄子有秋驾之法者，亦言驾马腾骧，秋秋然也。扬雄赋曰'秋秋跄跄入西园'，其义亦同。读者不晓秋义，或改此秋字为秖稷之秖，失之远矣。"

④师古曰："言王者有愉愉之德，故使众人皆安乐。"

丰草葽，女罗施。①蓱何如，谁能回！②大莫大，成教德；长莫长，被无极。③

①孟康曰："葽音'四月秀葽'。葽，盛貌也。"应劭曰："女罗，兔丝也，延于松柏之上。异类而犹载之，况同姓，言族亲不可不覆遇也。"

②师古曰："回，乱也。言至德之善，上古帝皇皆不如之，而不可干乱。"

③师古曰："被音皮义反。次下亦同。

雷震震，电耀耀。明德乡，治本约。①治本约，泽弘大。②加被宠，咸相保。③德施大，世曼寿。④

①服虔曰："与臣民之约。"师古曰："乡，方也。言王者之威，取象雷电，明示德义之方，而治政本之约。约读曰要。"

②师古曰："政教有常，则恩惠溥洽。"

③师古曰："言德政所加，人被宠渥，则室家老幼皆相保也。"

④师古曰："曼，延也。"

都荔遂芳，窅宨桂华。①孝奏天仪，若日月光。②乘玄四龙，回驰北行。羽旄殷盛，芬哉芒芒。③孝道随世，我署文章。④桂华。〔10〕

①苏林曰："窅音窅胅之窅。宨音宨下之宨。"孟康曰："窅，出；宨，入。都良薛荔之香鼓动桂华也。"晋灼曰："桂华似殿名，次下言'桂华冯冯翼翼，承天之则'，言树此香草以絜齐其芳气，乃达于宫殿也。"臣瓒曰："茂陵中书歌都蠦、桂英、美芳、鼓行，如此复不得为殿名。"师古曰："诸家说皆未尽也。此言都良薛荔俱有芬芳，桂华之形窅宨然也。皆谓神宫所有耳。窅音一校反。宨音一瓜反。"

②师古曰："言以孝道进承于天，天神下降，故有光。"

③师古曰："芬亦谓众多。芒芒，广远之貌。"

④师古曰："署犹分部也，一曰表也。"

冯冯翼翼，承天之则。①吾易久远，烛明四极。②慈惠所爱，美若休德。③杳杳冥冥，克绰永福。④美（芳）〔若〕。〔11〕

①师古曰："冯冯，盛满也。翼翼，众貌也。"

②晋灼曰："易，疆易也。久，固也。武帝自言拓境广远安固也。"师古曰："此说非也。久犹长也，自言疆易远大耳。非武帝时也，不得云拓境。"

③师古曰："若，顺也。休亦美也。"

④师古曰："绰，缓也，亦谓延长也。"

碪碪即即，师象山则。①呜呼孝哉，案抚戎国。蛮夷竭欢，象来致福。②兼临是爱，终无兵革。③

①孟康曰："碪碪，崇积也。即即，充实也。师，众也。则，法也。积实之盛众类于山也。"师古曰："碪音五回反。"

②李奇曰："象，译也。蛮夷遣（择）〔译〕致福贡也。"〔12〕

③师古曰："兼临，言在上位者普包容也。"

嘉荐芳矣，告灵飨矣。告灵既飨，德音孔臧。①惟德之臧，建侯之常。承保天休，令问不忘。②

①师古曰："飨字合韵皆音乡。孔，甚也。臧，善也。"

②师古曰："建侯，封建诸侯也。易屯卦曰'利建侯'。休，美也。令，善也。问，名也。"

皇皇鸿明，荡侯休德。①嘉承天和，伊乐厥福。②在乐不荒，惟民之则。③

①服虔曰："侯，惟也。"臣瓒曰："天下荡平，惟帝之休德。"

②师古曰："伊，是也。"

③师古曰："则，法也。"

浚则师德，下民咸殖。令问在旧，孔容翼翼。①

①师古曰："浚，深也。师，众也。则，法也。殖，生也。旧，久也。翼翼，敬也。言有深法众德，故能生育群黎，久有善名，其容甚敬也。"

孔容之常，承帝之明。①下民之乐，子孙保光。②承顺温良，受帝之光。嘉荐令芳，寿考不忘。③

①师古曰："帝谓天也。下皆类此。"

②师古曰："言永保其光宠也。"

③师古曰："不忘，言长久也。"

承帝明德，师象山则。①云施称民，永受厥福。②承容之常，承帝之明。下民安乐，受福无疆。③

①师古曰："众象山而为法，言不骞不崩。"

②师古曰："言称物平施，其泽如云也。称音尺孕反。"

③师古曰："疆，竟也。下皆类此。"

郊祀歌十九章，其诗曰：

练时日，侯有望，①炀膋萧，延四方。②九重开，灵之斿，③垂惠恩，鸿祜休。④灵之车，结玄云，驾飞龙，羽旄纷。⑤灵之下，若风马，⑥左仓龙，右白虎。⑦灵之来，神哉沛，⑧先以雨，般裔裔。⑨灵之至，庆阴阴，⑩相放㷙，震澹心。⑪灵已坐，五音饬，⑫虞至旦，承灵亿。⑬牲茧栗，粢盛香，尊桂酒，宾八乡。⑭灵安留，吟青黄，⑮遍观此，眺瑶堂。⑯众嫭并，绰奇丽，⑰颜如茶，兆逐靡。⑱被华文，厕雾縠，曳阿锡，佩珠玉。⑲侠嘉夜，茝兰芳，⑳澹容与，献嘉觞。㉑

练时日一

①师古曰："练，选也。"

②李奇曰："膋，肠间脂也。萧，香蒿也。"师古曰："以萧炀脂合馨香也。四方，四方之神也。膋音来雕反。炀音人说反。"

③师古曰："天有九重，言皆开门而来降厥福。"

④师古曰："鸿，大也。祜，福也。休，美也。祜音怙。"

⑤师古曰："纷纷，言其多。"

⑥师古曰："言速疾也。"

⑦师古曰："以为卫。"

⑧师古曰："沛，疾貌，音补盖反。"

⑨师古曰："先以雨，言神欲行，令雨先驱也。般读与班同。班，布也。裔裔，飞流之貌。"

⑩师古曰："言垂阴覆遍于下。"

⑪师古曰："放愍犹仿佛也。澹，动也。放音昉。愍音沸。澹音大滥反。"

⑫师古曰："饬读与敕字同，谓整也。"

⑬师古曰："虞，乐也。亿，安也。"

⑭应劭曰："桂酒，切桂置酒中也。"晋灼曰："尊，大尊也。元帝时大宰丞李元记云'以水渍桂，为大尊酒'。"师古曰："茧栗，言角之小如茧及栗之形也。八乡，八方之神。"

⑮服虔曰："吟音含。"师古曰："服说非也。吟谓歌诵也。青黄，谓四时之乐也。"

⑯应劭曰："眺，望也。瑶，石而似玉者也。"师古曰："以瑶饰堂。瑶音遥。"

⑰孟康曰：嫭音互。嫭，好也。"如淳曰："嫭，美目貌。"晋灼曰："嫭音圻鄂之鄂。"师古曰："孟说是也。谓供神女乐，并好丽也。"

⑱应劭曰："荼，野菅白华也。言此奇丽，白如荼也。"孟康曰："兆逐靡者，兆民逐观而猗靡也。"师古曰："菅，茅也。言美女颜貌如茅荼之柔也。荼者，今俗所谓蒹锥也。荼音涂。菅音奸。靡，合韵音武义反。"

⑲如淳曰："阿，细缯。锡，细布也。"师古曰："厕，杂也。雾縠，言其轻细若云雾也。"

⑳如淳曰："佳、侠，皆美人之称也。嘉夜，芳草也。"师古曰："侠与挟同，言怀挟芳草也。苣即今白芷。苣音昌改反。"

㉑师古曰："澹，安也。容与，音闲舒也。澹音大滥反。"

　　帝临中坛，四方承宇，①绳绳意变，备得其所。②清和六合，制数以五。③海内安宁，兴文偃武。④后土富媪，昭明三光。⑤穆穆优游，嘉服上黄。⑥

　　帝临二

①师古曰："言天神尊者来降中坛，四方之神各承四宇也。坛字或作
禋，读亦曰坛。字加示者，神灵之耳。下言紫坛、嘉坛，其义
并同。"

②应劭曰："绳绳，谨敬更正意也。"孟康曰："众多也。"臣瓒曰：
"尔雅曰'绳绳，戒也'。"师古曰："瓒说是也。"

③张晏曰："此后土之歌也。土数五。"

④师古曰："匽，古偃字。"

⑤张晏曰："媪，老母称也。坤为母，故称媪。海内安定，富媪之
功耳。"

⑥孟康曰："土色上黄也。"

青阳开动，根荄以遂，①膏润并爱，跂行毕逮。②霆声发荣，
蛰处顷听，③枯槁复产，乃成厥命。④众庶熙熙，施及夭胎，⑤群生
喵喵，惟春之祺。⑥

青阳三　邹子乐。

①臣瓒曰："春为青阳。"师古曰："草根曰荄。遂者，言皆生出也。荄
音该。"

②孟康曰："跂音岐。"师古曰："并，兼也。逮，及也。凡有足而行
者，称跂行也。"

③晋灼曰："蛰，穴也。谓蛰虫惊听也。"师古曰："蛰与岩同。言雷霆
始发，草木舒荣，则蛰虫处岩崖者，莫不顷听而起。顷读曰倾。"

④师古曰："枯槁，谓草木经冬零落者也。槁音口老反。"

⑤师古曰："熙熙，和乐貌也。施，延也。少长曰夭，在孕曰胎。施音
弋豉反。夭音乌老反。"

⑥服虔曰："喵音'湛湛露斯'。"如淳曰："祺，福也。"师古曰："喵
喵，丰厚之貌也，音徒感反。祺音其。"

朱明盛长，旉与万物，①桐生茂豫，靡有所诎。②敷华就实，既阜既昌，③登成甫田，百鬼迪尝。④广大建祀，肃雍不忘，神若宥之，传世无疆。⑤

朱明四　邹子乐。

①臣瓒曰："夏为朱明。"师古曰："旉，古敷字也。旉与，言开舒也。与音弋于反。"

②师古曰："桐读为通。茂豫，美盛而光悦也。言草木皆通达而生，美悦光泽，各无所诎，皆申遂也。诎音丘物反。"

③师古曰："敷，布也。就，成也。阜，大也。昌，盛也。"

④师古曰："甫田，大田也。百鬼，百神也。迪，进也。尝谓歆飨之也。言此粢盛，皆因大田而登成，进于祀所，而为百神所歆飨也。迪音大历反。"

⑤师古曰："若，善也。宥，祐也。"

西颢沆砀，秋气肃杀，①含秀垂颖，续旧不废。②奸伪不萌，祅孽伏息，隔辟越远，四貉咸服。③既畏兹威，惟慕纯德，附而不骄，正心翊翊。④

西颢五　邹子乐。

①韦昭曰："西方少昊也。"师古曰："沆音胡浪反。砀音荡。沆砀，白气之貌也。"

②师古曰："五谷百草，秀颖成实，皆因旧苗，无废绝也。不荣而实曰秀，叶末曰颖。废合韵音发。"

③师古曰："四貉犹言四夷。辟读曰僻。貉音莫客反。"

④师古曰："纯，大也。言畏威怀德，皆来宾附，无敢骄怠，尽虔敬。"

玄冥陵阴，蛰虫盖臧，①屮木零落，抵冬降霜。②易乱除邪，革正异俗，③兆民反本，抱素怀朴。条理信义，望礼五岳。④籍敛之时，掩收嘉谷。⑤

　　玄冥六　　邹子乐。

　①师古曰："玄冥，北方之神也。"
　②孟康曰："抵，至也，至冬而降霜，音底。"师古曰："屮，古草字。"
　③师古曰："易，变；革，改也。"
　④师古曰："条，分也，畅也。"
　⑤师古曰："籍敛，谓收籍田也。"

　　惟泰元尊，媪神蕃釐，①经纬天地，作成四时。精建日月，星辰度理，阴阳五行，周而复始。云风雷电，降甘露雨，百姓蕃滋，咸循厥绪。②继统共勤，顺皇之德，③鸾路龙鳞，罔不肸饰。④嘉笾列陈，庶几宴享，⑤灭除凶灾，（列）〔烈〕腾八荒。⑥〔13〕钟鼓竽笙，云舞翔翔，招摇灵旗，九夷宾将。⑦

　　惟泰元七　　建始元年，丞相匡衡奏罢"鸾路龙鳞"，更定诗曰"涓选休成"。⑧

　①李奇曰："元尊，天也。媪神，地也。祭天燔燎，祭地瘗埋也。"师
　　古曰："李说非也，泰元，天也。蕃，多也。釐，福也。言天神至
　　尊，而地神多福也。蕃音扶元反。釐读曰禧。"
　②师古曰："蕃，多也。滋，益也。循，顺也。绪，业也。"
　③师古曰："共读曰恭。皇，皇天也。此言天子继承祖统，恭勤为心而
　　顺天也。"
　④苏林曰："肸音墅涂之墅。墅，饰也。"师古曰："罔，无也。肸，振
　　也。谓皆振整而饰之也。肸音许乙反。"
　⑤师古曰："嘉笾，谓祭祀之笾实也。木曰豆，竹曰笾。享字合韵宜
　　（因）〔音〕乡。"〔14〕
　⑥师古曰："言咸烈之盛，逾于八荒。"

⑦师古曰："画招摇于旗以征伐，故称灵旗。将犹从也。"

⑧臣瓒曰："涓，除也。除恶选取美成者也。"

天地并况，惟予有慕，①爰熙紫坛，思求厥路。②恭承禋祀，缊豫为纷，③黼绣周张，承神至尊。④千童罗舞成八溢，⑤合好效欢虞泰一。⑥九歌毕奏斐然殊，鸣琴竽瑟会轩朱。⑦璆磬金鼓，灵其有喜，⑧百官济济，各敬厥事。盛牲实俎进闻膏，⑨神奄留，临须摇。⑩长丽前掞光耀明，⑪寒暑不忒况皇章。⑫展诗应律铦玉鸣，⑬函宫吐角激徵清。发梁扬羽申以商，⑭造兹新音永久长。声气远条凤鸟翔，⑮神夕奄虞盖孔享。⑯

天地八　丞相匡衡奏罢"黼绣周张"，更定诗曰"肃若旧典"。⑰

①师古曰："况，赐也。"

②师古曰："熙，兴也。紫坛，坛紫色也。思求降神之路也。"

③孟康曰："积聚修饰，为此纷华也。"师古曰："缊音于粉反。"

④师古曰："白与黑画为斧形谓之黼。"

⑤师古曰："溢与佾同。佾，列也。"

⑥师古曰："虞与娱同。"

⑦师古曰："轩朱即朱轩也。言总合音乐，会于轩槛之前。"

⑧师古曰："璆，美玉名，以为磬也。喜，合韵音许吏反。"

⑨师古曰："言以牲实俎，以萧焫脂，则其芬馨达于神所，故曰盛牲实俎进闻膏。"

⑩晋灼曰："须摇，须史也。"师古曰："奄读曰淹。"

⑪孟康曰："欲令神宿留，言日虽暮，长更星在前扶助，常有光明也。掞或作扶。"晋灼曰："掞即光炎字也。"臣瓒曰："长丽，灵鸟也。故相如赋曰'前长丽而后裔皇'。旧说云鸾也。张衡思玄赋亦曰

975

'前长丽使拂羽'。"师古曰："晋、瓒二说是也。丽音离。拨音艳。"

⑫晋灼曰："况，赐也。皇，君也。章，明也。言长更星终始不改其光，神永以此明赐君也。"臣瓒曰："忒，差也。寒暑不差，言阴阳和也，以此赐君，章贤德也。"师古曰："瓒说是也。"

⑬晋灼曰："锔，鸣玉声也。"师古曰："锔音火玄反。"

⑭晋灼曰："下有'梁黄鼓员四人'，似新造音乐者姓名也。"师古曰："晋说非也。自函宫吐角以下，总言五声之备耳。申，重也。发梁，歌声绕梁也。函与含同。"

⑮师古曰："条，达也。鹑，古翔字。"

⑯师古曰："虞，乐也。盖，语辞也。孔，甚也。享，合韵音乡。"

⑰师古曰："肃，敬也。若，顺也。"

日出入安穷？时世不与人同。①故春非我春，夏非我夏，秋非我秋，冬非我冬。泊如四海之池，遍观是邪谓何？②吾知所乐，独乐六龙，六龙之调，使我心若。③訾黄其何不徕下！④

日出入九

①晋灼曰："日月无穷，而人命有终，世长而寿短。"

②晋灼曰："言人寿不能安固如四海，遍观是，乃知命甚促。谓何，当如之何也。"师古曰："泊，水貌也，音步各反，又音魄。"

③应劭曰："易曰'时乘六龙以御天'。武帝愿乘六龙，仙而升天，曰'吾所乐独乘六龙然，御六龙得其调，使我心若'。"

④应劭曰："訾黄一名乘黄，龙翼而马身，黄帝乘之而仙。武帝意欲得之，曰：'何不来邪？'"师古曰："訾，嗟叹之辞也。黄，乘黄也。叹乘黄不来下也。訾音咨。"

太一况，天马下，①沾赤汗，沫流赭。②志俶傥，精权奇，籋浮云，晻上驰。③体容与，迣万里，④今安匹，龙为友。⑤元狩三年马生渥洼水中作。

① 师古曰："言此天马乃太一所赐，故来下也。"

② 应劭曰："大宛马汗血沾濡也，流沫如赭也。"李奇曰："沫音靧面之靧。"晋灼曰："沫，古靧字也。"师古曰："沫、沬两通。沬者，言被面如颒也，字从水傍午未之未，音呼内反。沫者，言汗流沫出也，字从水傍本末之末，音亦如之。然今书字多作沬面之沬也。"

③ 苏林曰："蹑音躐。言天马上躐浮云也。"师古曰："晻音乌感反。言晻然而上驰。"

④ 孟康曰："逝音逝。"如淳曰："逝，超逾也。晋灼曰："古迾字也。"师古曰："孟音非也。逝读与厉同，言能厉渡万里也。"

⑤ 师古曰："言今更无与匹者，唯龙可为之友耳。"

天马徕，从西极，涉流沙，九夷服。① 天马徕，出泉水，虎脊两，化若鬼。② 天马徕，历无草，径千里，循东道。③ 天马徕，执徐时，④ 将摇举，谁与期？⑤ 天马徕，开远门，竦予身，逝昆仑。⑥ 天马徕，龙之媒，⑦ 游阊阖，观玉台。⑧ 太初四年诛宛王获宛马作。

　　天马十

① 师古曰："言九夷皆服，故此马远来也。徕，古往来字也。"

② 应劭曰："马毛色如虎脊〔者〕有两也。"[15]师古曰："言其变化若鬼神。"

③ 张晏曰："马从西而来东也。"师古曰："言马从西来，经行碛卤之地无草者，(几)〔凡〕千里而至东道。"[16]

④ 应劭曰："太岁在辰曰执徐。言得天马时岁在辰也。"孟康曰："东方震为龙，又青龙宿。言以其方来也。"师古曰："应说是也。"

⑤ 如淳曰："遥，远也。摇或作遥。"师古曰："如说非也。言当奋摇

高举，不可与期也。"

⑥应劭曰："言天马虽去人远，当豫开门以待之也。"文颖曰："言武帝好仙，常庶几天马来，当乘之往发昆仑也。"师古曰："文说是也。"

⑦应劭曰："言天马者乃神龙之类，今天马已来，此龙必至之效也。"

⑧应劭曰："阊阖，天门。玉台，上帝之所居。"

　　天门开，詙荡荡，①穆并骋，以临飨。②光夜烛，德信著，③灵
寝（平而）鸿，长生豫。④[17]大朱涂广，夷石为堂，⑤饰玉梢以舞歌，
体招摇若永望。⑥星留俞，塞陨光，⑦照紫幄，珠烦黄。⑧幡比翅回
集，贰双飞常羊。⑨月穆穆以金波，日华耀以宣明。⑩假清风轧忽，
激长至重觞。⑪神裴回若留放，殣冀亲以肆章。⑫函蒙祉福常若
期，⑬寂漻上天知厥时。⑭泛泛滇滇从高斿，⑮殷勤此路胪所求。⑯佻
正嘉吉弘以昌，⑰休嘉砰隐溢四方。⑱专精厉意逝九阂，⑲纷云六幕
浮大海。⑳

　　天门十一

①如淳曰："詙读如迭。詙荡荡，天体坚清之状也。"师古曰："詙音大
　结反。"

②师古曰："言众神穆然方驾驰骋而临祠祭。"

③师古曰："神光夜照，应诚而来，是德信著明。"

④师古曰："神灵德泽所浸，溥博无私，其福甚大，故我得长生之道而
　安豫也。"

⑤师古曰："涂，道路也。夷，平也。言通神之路，饰以朱丹，又甚广
　大。平夷密石，累以为堂。"

⑥师古曰："梢，竿也，舞者所持。玉梢，以玉饰之也。招摇，申动之
　貌。永，长也。梢音所交反。招音韶。望，合韵音亡。"

⑦师古曰："俞，答也。言众星留神，答我飨荐，降其光耀，四面充塞

也。俞音逾。”

⑧如淳曰：“熉音殒，黄貌也。”师古曰：“紫幄，飨神之幄也。帐上四下而覆曰幄。言光照紫幄，故其珠色熉然而黄也。熉音云。”

⑨文颖曰：“舞者骨腾肉飞，如鸟之回翅而双集也。”师古曰：“常羊，犹逍遥也。”

⑩师古曰：“言月光穆穆，若金之波流也。宣，遍也。”

⑪师古曰：“轧忽，长远之貌也。重觞，谓累献也。”

⑫孟康曰：“殣音觐。”师古曰：“言神灵裴回，留而不去，故我得觐见，冀以亲附而陈诚意，遂章明之。”

⑬师古曰：“函，包也。蒙，被也。言为神所飨，故能包函蒙被，祉福应诚而至，有常期也。”

⑭应劭曰：“言天虽寂漻高远，而知我飨荐之时也。漻音来朝反。”

⑮应劭曰：“泛泛，上浮之意也。滇滇，盛貌也。”晋灼曰：“滇音‘振旅阗阗’。”师古曰：“音徒千反。”

⑯应劭曰：“胪，陈也。言所以殷勤此路，乃欲陈所求也。”师古曰：“胪音力于反。”

⑰如淳曰：“佻读曰肇。肇，始也。”

⑱师古曰：“休，美也。嘉，庆也。砰音普萌以。砰隐，盛意。”

⑲如淳曰：“阂亦陔也。淮南子曰若士者谓卢敖曰‘吾与汗漫期乎九陔之上’。陔，重也。谓九天之上也。”师古曰：“阂，合韵音改，又音亥。”

⑳师古曰：“纷云，兴作之貌。六幕，犹言六合也。”

景星显见，信星彪列，[1]象载昭庭，日亲以察。[2]参侔开阖，爰推本纪，[3]汾脽出鼎，皇祐元始。[4]五音六律，依韦飨昭，[5]杂变并会，雅声远姚。[6]空桑琴瑟结信成，[7]四兴递代八风生。[8]殷殷钟石羽籥鸣。[9]河龙供鲤醇牺牲。[10]百末旨酒布兰生。[11]泰尊柘浆析朝醒。⑫微感心攸通修名，⑬周流常羊思所并。⑭穰穰复正直往宁，⑮冯蠵切和疏写平。⑯上天布施后土成，穰穰丰年四时荣。

景星十二　元鼎五年得鼎汾阴作。

①如淳曰："景星者，德星也，见无常，常出有道之国。镇星为信星，居国益地。"师古曰："谓彰著而为行列也。"

②师古曰："象谓县象也。载，事也。县象秘事，昭显于庭，日来亲近，甚明察也。"

③应劭曰："参，三也。言景星光明开阔，乃三于日月也。"晋灼曰："侔，等也。开阔，犹开辟也。言今之鼎瑞，参等于上世。"师古曰："晋说是。"

④师古曰："皇，大也。祜，福也。脽音谁。祜音怙。"

⑤师古曰："依韦，谐和不相乖离也。缦读曰响。昭，明也，言声响之明也。"

⑥师古曰："姚，儇姚，言飞扬也。"

⑦张晏曰："传曰'空桑为瑟，一弹三叹'，祭天质故也。"师古曰："空桑，地名也，出善木，可为琴瑟也。"

⑧应劭曰："四时递代成阴阳，八风以生也。"臣瓒曰："舞者四县代奏也。左氏传曰'夫舞者，所以节八音而行八风'也。"师古曰："瓒说是也。八方之风，谓东北曰条风，东方曰明庶风，东南曰清明风，南方曰景风，西南曰凉风，西方曰阊阖风，西北曰不周风，北方曰广莫风。"

⑨师古曰："殷殷，声盛也。石谓磬也。羽籥，韶舞所持者也。殷音隐。"

⑩晋灼曰："河龙，夏之所赐者也。供鲤，给厨祭也。"师古曰："醇谓色不杂也。牺牲，牛羊全体者也。"

⑪张晏曰："百末，末作之末也。"晋灼曰："百日之末酒也，芬香布

列，若兰之生也。"师古曰："百末，百草华之末也。旨，美也。以
百草华末杂酒，故香且美也。事见春秋繁露。"

⑫应劭曰："柘浆，取甘柘汁以为饮也。酲，病酒也。析，解也。言柘
浆可以解朝酲也。"

⑬师古曰："言精微所应，其心攸远，故得通达成长久之名。"

⑭师古曰："周流，犹周行也。常羊，犹逍遥也。思所并，思与神道合
也，下言合所思是也。"

⑮师古曰："穰穰，多也。复犹归也。直，当也。宵，愿也。言获福既
多，归于正道，克当往日所愿也。复音扶目反，宵合韵音宁。"

⑯晋灼曰："冯，冯夷，河伯也。螭，㲳螭，龟属也。"师古曰："言
冯夷命灵螭，使切厉谐和水神，令之疏导川潦，写散平均，无灾害
也。螭音弋随反，又音携。"

齐房产草，九茎连叶，①宫童效异，披图案谍。②玄气之精，
回复此都，③蔓蔓日茂，芝成灵华。④

　齐房十三　元封二年芝生甘泉齐房作。

①师古曰："齐读曰斋。其下并同。"

②臣瓒曰："宫之童竖致此异瑞也。"苏林曰："谍，谱弟之也。"

③师古曰："玄，天也。言天气之精，回旋反复于此云阳之都，谓甘
泉也。"

④师古曰："蔓蔓，言其长久，日以茂盛也。"

后皇嘉坛，立玄黄服，①物发冀州，兆蒙祉福。②沇沇四塞，
假狄合处，③经营万亿，咸遂厥宇。④

　后皇十四

①师古曰："坛，祭坛也。服，祭服也。"

②晋灼曰："得宝鼎于汾阴也。"臣瓒曰："汾阴属冀州。"

③孟康曰："沈音宪。"师古曰："沈沈，流行之貌也。假狄，远夷也。合处，内附也。假即遐字耳，其字从彳。彳音丑益反。"

④师古曰："宇，居也。言我经营万方亿兆，故得咸遂其居。"

华爗爗，固灵根。神之斿，过天门，车千乘，敦昆仑。①神之出，排玉房，周流杂，拔兰堂。②神之行，旌容容，骑沓沓，般纵纵。③神之徕，泛翊翊，甘露降，庆云集。④神之揄，临坛宇，⑤九疑宾，夔龙舞。⑥神安坐，羝吉时，⑦共翊翊，合所思。⑧神嘉虞，申貳觞，⑨福滂洋，迈延长。⑩沛施祐，汾之阿，⑪扬金光，横泰河，⑫莽若云，增阳波。⑬遍胪欢，腾天歌。⑭

华爗爗十五

①师古曰："敦读曰屯。屯，聚也。"

②师古曰："拔，舍止也，音步曷反。"

③孟康曰："纵音总。"晋灼曰："音人相似勇作恶。"师古曰："容容，飞扬之貌。沓沓，疾行也。般，相连也。纵纵，众也。容音勇。纵音总。一曰容读如本字，似音才公反。"

④如淳曰："天文志云'若烟非烟，若云非云，郁郁纷纷，是谓庆云'。"师古曰："翊音弋入反，又音立。"

⑤师古曰："揄，引也。坛宇，谓祭祠坛场及宫室。言神引来降临之也。揄音逾。"

982

⑥如淳曰："九疑，舜所葬。言以舜为宾客也。夔典乐，龙管纳言，皆随舜而来，舞以乐神。"

⑦师古曰："羝，古翔字也。言神安坐回翔，皆趣吉时也。"

⑧师古曰："共读曰恭。翊翊，敬也。"

⑨师古曰："虞，乐也。貳觞，犹重觞也。"

⑩师古曰："滂洋，饶广也。滂音普郎反。洋音羊，又音祥。"

⑪师古曰:"沛音普大反。沛然泛貌也。阿,水之曲隅。"

⑫师古曰:"横,充满也。泰河,大河也。"

⑬师古曰:"莽,云貌。言光明之盛,莽莽然如云也。"

⑭师古曰:"胪,陈也。腾,升也。言陈其欢庆,令歌上升于天。"

　　五神相,包四邻,①土地广,扬浮云。扢嘉坛,椒兰芳,②璧玉精,垂华光。③益亿年,美始兴,④交于神,若有承。⑤广宣延,咸毕觞,⑥灵舆位,偃蹇骧。⑦卉汨胪,析奚(道)〔遗〕?⑧〔18〕淫渌泽,洼然归。⑨

　　五神十六

①如淳曰:"五帝为太一相也。"师古曰:"包,含也。四邻,四方。"

②孟康曰:"扢,摩也。"师古曰:"音公忽反。谓摩拭其坛,加以椒兰之芳。"

③师古曰:"言礼神之璧乃玉之精英,故有光华也。"

④师古曰:"言福庆方兴起也。"

⑤师古曰:"言神来降临,故尽其肃恭。"

⑥师古曰:"言遍延诸神,咸歆祭祀,毕尽觞爵也。"

⑦师古曰:"神既毕飨,则严驾灵舆,引其侍从之位偃蹇高骧也。蹇音居偃反。"

⑧师古曰:"卉汨,疾意也。胪,陈也。析,分也。奚,何也。言速自陈列分散而归,无所留也。汨音于笔反。"

⑨师古曰:"淫,久也。渌泽,泽名。言我飨神之后,久在渌泽,乃洼然而归也。渌音绿。洼音乌黄反。"

　　朝陇首,览西垠,①雷电燎,获白麟。②爰五止,显黄德,③图匈虐,熏鬻殛。④辟流离,抑不详,⑤宾百僚,山河飨。⑥掩回辕,鬑长驰,⑦腾雨师,洒路陂。⑧流星陨,感惟风,籋归云,抚怀心。⑨

朝陇首十七　元狩元年行幸雍获白麟作。

①臣瓒曰："谓朝于陇首而览西北也。"师古曰："陇坻之首也。垠，厓也。坻音丁礼反。"

②臣瓒曰："尞祭五畤，皆有报应，声若雷，光若电也。"师古曰："尞，古燎字。"

③师古曰："爰，曰也，发语辞也。止，足也。时白麟足有五蹄。"

④应劭曰："熏鬻，匈奴本号也。"师古曰："殛，穷也。一曰，殛，诛也，音居力反。"

⑤师古曰："流离不得其所者，为开道路，使之安集。违道不详善者，则抑黜之，以申惩劝也。"

⑥师古曰："百僚，百神之官也。飨，合韵音乡。"

⑦如淳曰："驡音横。驡驡，长貌也。"师古曰："音武元反。"

⑧师古曰："洒，灑也。路陂，路傍也。言使雨师灑道也。洒音灑，又音山豉反。"

⑨师古曰："怀心，怀柔之心也。籥音踽。"

象载瑜，白集西，①食甘露，饮荣泉。②赤雁集，六纷员，③殊翁杂，五采文。④神所见，施祉福，登蓬莱，结无极。⑤

象载瑜十八　太始三年行幸东海获赤雁作。

①服虔曰："象载，鸟名也。"师古曰："此说非也。象载，象舆也。山出象舆，瑞应车也。瑜，美貌也。言此瑞车瑜然色白而出西方也。西，合韵音先。"

②师古曰："驾舆者之所饮食也。荣泉，言泉有光华。"

③师古曰："言六者，所获赤雁之数也。纷员，多貌也。言西获象舆，东获赤雁，祥瑞多也。员音云。"

④孟康曰："翁，雁颈也。言其文采殊异也。"

⑤师古曰："见，显示也。蓬莱，神山也，在海中。结，成也。"

赤蛟绥，黄华盖，①露夜零，昼晻濭。②百君礼，六龙位，③勺椒浆，灵已醉。④灵既享，锡吉祥，芒芒极，降嘉觞。⑤灵殷殷，烂扬光，⑥延寿命，永未央。杳冥冥，塞六合，泽汪濊，辑万国。⑦灵禗禗，象舆轙，⑧票然逝，旗逶蛇。⑨礼乐成，灵将归，托玄德，长无衰。⑩

赤蛟十九

①师古曰："绥绥，赤蛟貌。黄华盖，言其上有黄气，状若盖也。"

②师古曰："晻音乌感反。濭音蔼。晻濭，云气之貌。"

③师古曰："百君，亦谓百神也。"

④师古曰："勺读曰酌。"

⑤师古曰："芒芒，广大貌，音莫郎反。"

⑥师古曰："殷殷，盛也。烂，光貌。殷音隐。"

⑦师古曰："塞，满也。辑，和也。天地四方谓之六合。汪濊，言饶多也。濊音于废反，又音乌外反。辑与集同。"

⑧孟康曰："禗音近枲，不安欲去也。轙，待也。"如淳曰："轙，仆人严驾待发之意也。"师古曰："禗，孟音是也。轙，如说是也。轙音仪。"

⑨师古曰："票然，轻举意也。逶蛇，旗貌也。票音匹遥反。蛇音移。"

⑩师古曰："言托恃天德，冀获长生，无衰竭也。"

其馀巡狩福应之事，不序郊庙，故弗论。

是时，河间献王有雅材，亦以为治道非礼乐不成，因献所集雅乐。天子下大乐官，常存肄之，①岁时以备数，然不常御，常御及郊庙皆非雅声。然诗乐施于后嗣，犹得有所祖述。昔殷周之雅颂，乃上本有娀、姜原，②禼、稷始生，玄王、公刘、古公、大伯、王季、姜女、大任、太姒之德，③乃及成汤、文、武受命，武丁、成、康、宣王中兴，④下及辅佐阿衡、周、召、太公、申伯、召虎、仲山甫之属，⑤君臣男女有功德者，靡不襃扬。功德既信美矣，襃扬之声盈乎天地之间，是以光名著于当世，遗誉垂于无穷也。今汉郊庙诗歌，未有祖宗之事，八音调均，又不协于钟律，而内有掖庭材人，外有上林乐府，皆以郑声施于朝廷。

①师古曰："肄，习也。音弋二反。"

②应劭曰："简狄，有娀之女，吞燕卵而生契。"师古曰："姜嫄，后稷之母也。"

③师古曰："禼，殷之始祖。稷，周之始祖。玄王亦殷之先祖，承黑帝之后，故曰玄王。公刘，后稷之曾孙也。古公亶父，即豳公也。大伯，大王之子，王季之兄也。王季，文王之父也。姜女，亶甫之妃也。大任，文王之母也。太姒，文王之妃，武王之母也。毛、郑说诗，以玄王即禼也。此志既言禼，又有玄王，则玄王非禼一人矣。"

④师古曰："武丁，殷王高宗也。周成王，武王之子也。康王，成王之子也。宣王，厉王之子也。"

⑤师古曰："阿衡，伊尹职号也。周，周公旦也。召，召公奭也。太公，师尚父也。申伯、召虎、仲山甫，皆周宣王臣也。"

986 　至成帝时，谒者常山王禹世受（可）〔河〕间乐，[19]能说其义，其弟子宋晔等上书言之，①下大夫博士平当等考试。当以为："汉承秦灭道之后，赖先帝圣德，博受兼听，修废官，立大学，河间献王聘求幽隐，修兴雅乐以助化。时大儒公孙弘、董仲舒等皆以为音中正雅，立之大乐。春秋乡射，作于学官，希阔不讲。②故自公卿大夫观听者，但闻（鉴）〔铿〕鎗[20]，不晓其意，而欲以风谕众庶，其道无由。③是以行之百有馀年，德化至今未成。今晔等守习孤学，大指归于兴助教化。衰微之学，兴废在人。宜领属雅乐，以继绝表微。④孔子曰：'人能弘道，非道弘人。'⑤河间区区，(不)〔小〕国藩臣，⑥[21]以好学修古，能有所存，⑦民到于今称之，况于圣主广被之资，⑧修起旧文，放郑近雅，述而不作，信而好古，于以风示海内，扬名后世，诚非小功小美也。"事下公卿，以为久远难分明，当议复寝。

礼乐志第二

①师古曰："晔音于辄反。"

②师古曰："讲谓论习也。"

③师古曰："风，化也。"

④师古曰："表，显也。"

⑤师古曰："论语载孔子之言。"

⑥师古曰："区区，小貌也。"

⑦师古曰："存意于礼乐。"

⑧师古曰："被犹覆也，音皮义反。"

　　是时，郑声尤甚。黄门名倡丙彊、景武之属富显于世，贵戚五侯定陵、富平外戚之家①淫侈过度，至与人主争女乐。哀帝自为定陶王时疾之，又性不好音，及即位，下诏曰："惟世俗奢泰文巧，而郑卫之声兴。夫奢泰则下不孙而国贫，②文巧则趋末背本者众，③郑卫之声兴则淫辟之化流，④而欲黎庶敦朴家给，犹浊其源而求其清流，⑤岂不难哉！孔子不云乎？'放郑声，郑声淫。'⑥其罢乐府官。郊祭乐及古兵法武乐，在经非郑卫之乐者，条奏，别属他官。"丞相孔光、大司空何武奏："郊祭乐人员六十二人，给祠南北郊。大乐鼓员六人，嘉至鼓员十人，邯郸鼓员二人，骑吹鼓员三人，江南鼓员二人，淮南鼓员四人，巴俞鼓员三十六人，⑦歌鼓员二十四人，楚严鼓员一人，梁皇鼓员四人，临淮鼓员三十五人，兹邡鼓员三人，⑧凡鼓十二，员百二十八人，朝贺置酒陈殿下，应古兵法。外郊祭员十三人，诸族乐人兼云招给祠南郊用六十七人，⑨兼给事雅乐用四人，夜诵员五人，刚、别柎员二人，⑩给盛德主调篪员二人，⑪〔22〕听工以律知日冬夏至一人，钟工、磬工、箫工员各一人，仆射二人主领诸乐人，皆不可罢。竽工员三人，一人可罢。⑫琴工员五人，三人可罢。柱工员二人，一人可罢。⑬绳弦工员六人，四人可罢。⑭郑四会员六十二人，一人给事雅乐，六十一人可罢。张瑟员八人，七人可罢。安世乐鼓员十二人，十九人可罢。沛吹鼓员十二人，族歌鼓员二十七人，陈吹鼓员十三人，商乐鼓员十四人，东海鼓员十六人，长乐鼓员十三人，缦乐鼓员十三人，⑮凡鼓八，员百二十八人，朝贺置酒，陈前殿房中，不应经法。治竽员五人，楚鼓员六人，常从倡三十人，常从象人四人，⑯诏随常从倡十六人，秦倡员二十九人，秦倡象人员三人，诏随秦倡一人，雅大人员九人，朝贺置酒为乐。楚四会员十七人，巴四会员十二人，铫四会员十二人，⑰齐四会员十九人，蔡讴员三人，齐讴员六人，竽瑟钟磬员五人，皆郑声，可罢。师学百四十二人，其七十二人给大官挏马酒，⑱其七十人可罢。大凡八百二十九人，其三百八十八人不可罢。可领属大乐，其四百四十一人不应经法，或郑卫之声，皆可罢。”奏可。然百姓渐渍日久，又不制雅乐有以相变，豪富吏民湛沔自若，⑲陵夷坏于王莽。

①师古曰："五侯，王凤以下也。定陵，淳于长也。富平，张放。"

②师古曰："孙读曰逊。"

③师古曰："趋读曰趣。趣，向也。"

④师古曰："辟读曰僻也。"

⑤师古曰："源，水泉之本。"

⑥师古曰："论语载孔子之言。"

⑦师古曰："巴，巴人也。俞，俞人也。当高祖初为汉王，得巴俞人，
并趫捷善斗，与之定三秦灭楚，因存其武乐也。巴俞之乐因此始也。
巴即今之巴州，俞即今之（俞）〔渝〕州，[23]各其本地。"

⑧晋灼曰："邡音方。"

⑨师古曰："招读与翘同。"

⑩师古曰："刚及别柎皆鼓名也。柎音肤。"

⑪师古曰："籭以竹为之，七孔，亦笛之类也，音池。"

⑫师古曰："竽，笙类也，三十六簧，音于。"

⑬师古曰："柱工，主筝瑟之柱者。"

⑭师古曰："弦，琴瑟之弦。绳言主纠合作之也。"

⑮师古曰："缦乐，杂乐也，音漫。"

⑯孟康曰："象人，若今戏虾鱼师子者也。"韦昭曰："著假面者也。"
师古曰："孟说是。"

⑰李奇曰："疑是夔。"韦昭曰："铫，国名，音繇。"师古曰："韦说是
也。铫音姚。"

⑱李奇曰："以马乳为酒，撞挏乃成也。"师古曰："挏音动。为酪味如
酒，而饮之亦可醉，故呼马酒也。"

⑲师古曰："湛读曰沈，又读曰耽。自若，言自如故也。"

今海内更始，民人归本，户口岁息，①平其刑辟，牧以贤良，
至于家给，既庶且富，则须庠序礼乐之教化矣。②今幸有前圣遗
制之威仪，诚可法象而补备之，经纪可因缘而存著也。孔子曰：
"殷因于夏礼，所损益，可知也；周因于殷礼，所损益，可知也；

其或继周者，百世可知也。"③今大汉继周，久旷大仪，未有立礼成乐，此贾（宜）〔谊〕、[24]仲舒、王吉、刘向之徒所为发愤而增叹也。④

①师古曰："今谓班氏撰书时也。息，生也。"
②师古曰："家给，解已在前。庶，众也。论语云孔子曰：'庶矣哉！'冉有曰：'既庶矣，又何加焉？'曰：'富之。'曰：'既富矣，又何加焉？'曰：'教之。'故班氏引之也。"
③师古曰："论语载孔子答子张之言也。"
④师古曰："感叹也。"

〔1〕（大不备）或莫甚焉。　王先谦说"大不备"三字误衍。"或"古"惑"字。通鉴不重三字，"或"作"惑"，是所见本不误。

〔2〕（毋常人）〔每常大〕行礼乃置。　"毋常人"，景祐本作"每常大"。殿本"常"作"当"。

〔3〕皆安其位而不相夺（也），足以感动人之善心（而）〔也〕，不使邪气得接焉，　景祐本如此。

〔4〕麤（古）〔作〕麁字，〔非是〕。　景祐本如此。按"麁"是"麤"之俗字，故说非是。

〔5〕而说论语者乃以为（追）鲁哀公时礼坏乐崩，　景祐、殿本无"追"字。

〔6〕高（祖）庙奏武德、文始、五行之舞；　王念孙说"祖"字涉上下文而衍，景祐本作"高庙"，是也。

〔7〕以（明）示天下之安和也。　王念孙说"明"字涉下两"明"字而衍，景祐本无。

〔8〕更重立（之）〔也〕。　景祐、殿本都作"也"。

汉书卷二十二

990

〔9〕 言各置(郊)〔部〕校，景祐、殿、局本都作"部"。王先谦说作"部"是。

〔10〕 桂华 钱大昭说，此二字是练时日、帝临、青阳之类，所以记章数也。但存桂华、美若二章之名，其馀俱脱去耳。

〔11〕 美(芳)〔若〕 刘奉世说，桂华、美芳皆二诗章名，本侧注在前章之末，传写之误，遂以冠后。后词无"美芳"，亦当作"美若"矣。

〔12〕 蛮夷遣(择)〔译〕致福贡也。景祐、殿本都作"译"。王先谦说作"译"是。

〔13〕 (列)〔烈〕腾八荒。景祐、殿本都作"烈"。王先谦说作"烈"是。

〔14〕 享字合韵宜(因)〔音〕乡。景祐、殿本都作"音"。王先谦说作"音"是。

〔15〕 马毛色如虎脊〔者〕有两也。"者"字据景祐、殿本补。

〔16〕 (儿)〔凡〕千里而至东道。景祐、殿本都作"凡"。王先谦说作"凡"是。

〔17〕 灵寝(平而)鸿，长生豫。王先谦说，八字不成句义，"平而"二字当衍。颜注亦未为"平"字释义，衍文明矣。

〔18〕 析奚(道)〔遗〕？景祐、殿、局本都作"遗"。王先谦说作"遗"是。

〔19〕 世受(可)〔河〕间乐，钱大昭说"可"当作"河"。按景祐、殿、局本都作"河"。

〔20〕 但闻(鉴)〔铿〕鎗，景祐、殿、局本都作"鎗"。王先谦说作"鎗"是。

〔21〕 (不)〔小〕国藩臣，钱大昭说"不"疑"小"字之讹。按景祐、殿本都作"小"。

〔22〕 刚、别枏员二人,⑩给盛德主调麓员二人, 注⑩原在"盛
德"下。王先谦说"给盛德"三字当下属。

〔23〕 俞即今之(俞)〔渝〕州。 景祐、殿本都作"渝"。王先谦说
作"渝"是。

〔24〕 贾(宜)〔谊〕 景祐、殿本都作"谊"。王先谦说作"谊"
是。

汉书卷二十三

刑法志第三

　　夫人宵天地之貌，①怀五常之性，②聪明精粹，③有生之最灵者
也。爪牙不足以供耆欲，趋走不足以避利害，④无毛羽以御寒暑，
必将役物以为养，任智而不恃力，此其所以为贵也。故不仁爱则
不能群，不能群则不胜物，不胜物则养不足。群而不足，争心将
作，上圣卓然先行敬让博爱之德者，众心说而从之。⑤从之成群，
是为君矣；归而往之，是为王矣。⑥洪范曰："天子作民父母，为
天下王。"⑦圣人取类以正名，而谓君为父母，明仁爱德让，王道
之本也。爱待敬而不败，德须威而久立，故制礼以崇敬，作刑以
明威也。圣人既躬明哲之性，⑧必通天地之心，制礼作教，立法
设刑，动缘民情，而则天象地。⑨故曰先王立礼，"则天之明，因
地之性"也。⑩刑罚威狱，以类天之震曜杀戮也；⑪温慈惠和，以
效天之生殖长育也。书云"天秩有礼"，"天讨有罪"。⑫故圣人

993

因天秩而制五礼，^⑬因天讨而作五刑。^⑭大刑用甲兵，^⑮其次用斧钺；^⑯中刑用刀锯，^⑰其次用钻凿；^⑱薄刑用鞭扑。^⑲大者陈诸原野，^⑳小者致之市朝，^㉑其所繇来者上矣。^㉒

①应劭曰："宵，类也。头圆象天，足方象地。"孟康曰："宵，化也，言禀天地气化而生也。"师古曰："宵义与肖同，应说是也，故庸妄之人谓之不肖，言其状貌无所象似也。貇，古貌字。"

②师古曰："五常，仁、义、礼、智、信。"

③师古曰："精，细也，言其识性细密也。粹，淳也，音先遂反。"

④师古曰："耆读曰嗜。"

⑤师古曰："说读曰悦。"

⑥师古曰："言争往而归之也。"

⑦师古曰："洪范，周书也。

⑧师古曰："躬谓身亲有之。"

⑨师古曰："则，法也。"

⑩师古曰："春秋左氏传载郑大夫子太叔之辞也。"

⑪师古曰："震谓雷电也。"

⑫师古曰："此虞书咎繇谟之辞也。秩，叙也。言有礼者天则进叙之，有罪者天则讨治之。"

⑬师古曰："五礼，吉、凶、宾、军、嘉。"

⑭师古曰："其说在下也。"

⑮张晏曰："以六师诛暴乱。"

⑯韦昭曰："斩刑也。"

⑰韦昭曰："刀，割刑。锯，刖刑也。"

⑱韦昭曰："钻，髌刑也。凿，黥刑也。"师古曰："钻，钻去其髌骨也。钻音子端反。髌音频忍反。"

⑲师古曰："扑，杖也，音普木反。"

⑳师古曰："谓征讨所杀也。"

㉑应劭曰："大夫以上尸诸朝，士以下尸诸市。"

㉒师古曰："繇读与由同。"

　　自黄帝有涿鹿之战以定火灾，①颛顼有共工之陈以定水害。②唐虞之际，至治之极，犹流共工，放讙兜，窜三苗，殛鲧，然后天下服。③夏有甘扈之誓，④殷、周以兵定天下矣。⑤天下既定，戢藏干戈，教以文德，⑥而犹立司马之官，设六军之众，⑦因井田而制军赋。地方一里为井，井十为通，通十为成，成方十里；成十为终，终十为同，同方百里；同十为封，封十为畿，畿方千里。有税有（租）〔赋〕。⑧〔1〕税以足食，赋以足兵。故四井为邑，四邑为丘。丘，十六井也，有戎马一匹，牛三头。四丘为甸。甸，六十四井也，有戎马四匹，兵车一乘，牛十二头，甲士三人，卒七十二人，干戈备具，是谓乘马之法。⑨一同百里，提封万井，⑩除山川沈斥，城池邑居，园囿术路，三千六百井，⑪定出赋六千四百井，戎马四百匹，兵车百乘，此卿大夫采地之大者也，⑫是谓百乘之家。一封三百一十六里，提封十万井，定出赋六万四千井，戎马四千匹，兵车千乘，此诸侯之大者也，是谓千乘之国。天子畿方千里，提封百万井，定出赋六十四万井，戎马四万匹，兵车万乘，故称万乘之主。戎马车徒干戈素具，春振旅以搜，夏拔舍以苗，秋治兵以狝，冬大阅以狩，⑬皆于农隙以讲事焉。⑭五国为属，属有长；十国为连，连有帅；⑮三十国为卒，卒有正；二百一十国为州，州有牧。连帅比年简车，⑯卒正三年简徒，⑰群牧五载大简车徒，此先王为国立武足兵之大略也。

　　①郑氏曰："涿鹿在彭城南。与炎帝战，炎帝火行，故云火（炎）

〔灾〕。"[2]李奇曰："黄帝与炎帝战于阪泉，今言涿鹿，地有二名也。"文颖曰："国语云，黄帝，炎帝弟也。炎帝号神农，火行也，后子孙暴虐，黄帝伐之，故言以定火灾。律历志云'与炎帝后战于阪泉'。涿鹿在上谷，今见有阪泉地黄帝祠。"师古曰："文说是也。彭城者，上谷北别有彭城，非宋之彭城也。"

②文颖曰："共工，主水官也，少昊氏衰，秉政作害，颛顼伐之。本主水官，因为水行也。"师古曰："共读曰龚。次下亦同。"

③师古曰："舜受尧禅而流共工于幽州，放谨兜于崇山，窜三苗于三危，殛鲧于羽山也。殛，诛也，音居力反。"

④师古曰："谓启与有扈战于甘之野，作甘誓，事见夏书。扈国，今鄠县是也。甘即甘水之上。"

⑤师古曰："谓汤及武王。"

⑥师古曰："戢，敛也。"

⑦师古曰："司马，夏官卿，掌邦政，军旅属焉。万二千五百人为军，王则六军也。"

⑧师古曰："税者，田租也。赋谓发敛财也。"

⑨郑氏曰："甲士在车上也。"师古曰："乘音食证反。其下并同。"

⑩苏林曰："提音祇，陈留人谓举田为祇。"李奇曰："提，举也，举四封之内也。"师古曰："李说是也。提读如本字，苏音非也。说者或以为积土而封谓之堤封，既改文字，又失义也。"

⑪臣瓒曰："沈斥，水田舄卤也。"如淳曰："术，大道也。"师古曰："川谓水之通流者也。沈谓居深水之下也。斥，咸卤之地。"

⑫师古曰："采，官也。因官食地，故曰采地。尔雅曰'采、寮，官也'。说者不晓采地之义，因谓菜地，云以种菜，非也。"

⑬师古曰："振旅，整众也。搜，搜择不任孕者。拔舍，草止，不妨农也。苗，为苗除害也。治兵，观威武也。狝，应杀气也。大阅，简车马也。狩，火田。一曰，狩，守也，围守而取之。拔音步末反。"

⑭师古曰："隙，空闲也。讲，和习之也。"

⑮师古曰："长音竹两反。帅音所类反。"

⑯师古曰："比年，频年也。"

⑰师古曰："徒，人众。"

周道衰，法度墯，①至齐桓公任用管仲，而国富民安。公问行伯用师之道，②管仲曰："公欲定卒伍，修甲兵，大国亦将修之，而小国设备，则难以速得志矣。"于是乃作内政而寓军令焉，③故卒伍定虖里，而军政成虖郊。连其什伍，④居处同乐，死生同忧，祸福共之，故夜战则其声相闻，昼战则其目相见，缓急足以相死。其教已成，外攘夷狄，内尊天子，以安诸夏。⑤齐（威）〔桓〕既没，[3]晋文接之，亦先定其民，作被庐之法，⑥总帅诸侯，迭为盟主。⑦然其礼已颇僭差，又随时苟合以求欲速之功，故不能充王制。二伯之后，浸以陵夷，⑧至鲁成公作丘甲，⑨哀公用田赋，⑩搜狩治兵大阅之事皆失其正。春秋书而讥之，以存王道。于是师旅亟动，百姓罢敝，⑪无伏节死难之谊。孔子伤焉，曰："以不教民战，是谓弃之。"⑫故称子路曰："由也，千乘之国，可使治其赋也。"而子路亦曰："千乘之国，摄呼大国之间，加之以师旅，因之以饥馑，由也为之，比及三年，可使有勇，且知方也。"⑬治其赋兵教以礼谊之谓也。

①师古曰："墯即堕字。堕，毁也，音火规反。

②师古曰："伯读曰霸。"

③师古曰："寓，寄也，寄于内政而修军令也。"

④师古曰："五人为伍，二伍为什。"

⑤师古曰："攘，却也。诸夏，中国之诸侯也。夏，大也，言大于四夷也。攘音人羊反。"

⑥应劭曰:"搜于被庐之地,作执秩以为六官之法,因以名之也。"师古曰:"被庐,晋地也。被音皮义反。"

⑦师古曰:"迭,互也,音大结反。"

⑧师古曰:"浸,渐也。陵夷,颓替也。二伯,齐桓公、晋文公也。伯读曰霸。"

⑨师古曰:"丘,十六井也,止出戎马一匹,牛三头。四丘为甸。甸,六十四井也,乃出戎马四匹,兵车一乘,牛十二头,甲士三人,卒七十二人耳。今乃使丘出甸赋,违常制也。一说,别令人为丘作甲也。士农工商四类异业,甲者非凡人所能为,而令作之,讥不正也。"

⑩师古曰:"田赋者,别计田亩及家财各为一赋。言不依古制,役烦敛重也。"

⑪师古曰:"亟,屡也,音丘吏反。罢读曰疲。"

⑫师古曰:"论语载孔子之言也,非其不素习。"

⑬师古曰:"皆论语所载也。方,道也。比音必寐反。"

春秋之后,灭弱吞小,并为战国,稍增讲武之礼,以为戏乐,用相夸视。①而秦更名角抵,②先王之礼没于淫乐中矣。雄桀之士因势辅时,作为权诈以相倾覆,吴有孙武,齐有孙膑,③魏有吴起,秦有商鞅,皆禽敌立胜,垂著篇籍。当此之时,合从连衡,④转相攻伐,代为雌雄。⑤齐愍以技击强,⑥魏惠以武卒奋,⑦秦昭以锐士胜。⑧世方争于功利,而驰说者以孙、吴为宗。时唯孙卿明于王道,⑨而非之曰:"彼孙、吴者,上势利而贵变诈;施于暴乱昏嫚之国,君臣有间,⑩上下离心,政谋不良,故可变而诈也。夫仁人在上,为下所卬,⑪犹子弟之卫父兄,若手足之扞头目,何可当也?⑫邻国望我,欢若亲戚,芬若椒兰,顾视其上,犹焚灼仇雠。人情岂肯为其所恶而攻其所好哉？故以桀攻桀，犹有巧拙；以桀诈尧，若卵投石，夫何幸之有！⑬诗曰：'武王载斾，有虔秉钺，如火烈烈，则莫我敢遏。'⑭言以仁谊绥民者，无敌于天下也。若齐之技击，得一首则受赐金。事小敌脆，则媮可用也；⑮事巨敌坚，则涣然离矣。⑯是亡国兵也。魏氏武卒，衣三属之甲，⑰操十二石之弩，负矢五十个，置戈其上，冠胄带剑，赢三日之粮，⑱日中而趋百里，⑲中试则复其户，利其田宅。⑳如此，则其地虽广，其税必寡，其气力数年而衰。是危国之兵也。秦人，其生民也陿厄，其使民也酷烈。㉑劫之以势，隐之以厄，㉒狃之以赏庆，道之以刑罚，㉓使其民所以要利于上者，非战无由也。功赏相长，五甲首而隶五家，㉔是最为有数，故能四世有胜于天下。然皆干赏蹈利之兵，庸徒鬻卖之道耳，㉕未有安制矜节之理也。㉖故虽地广兵强，鳃鳃常恐天下之一合而共轧己也。㉗至乎齐桓、晋文之兵，可谓入其域而有节制矣，㉘然犹未本仁义之统也。故齐之技击不可以遇魏之武卒，魏之武卒不可以直秦之锐士，㉙秦之锐士不可以当桓、文之节制，桓、文之节制不可以敌汤、武之仁义。"

① 师古曰："视读曰示。"

② 师古曰："抵音丁礼反，解在武纪。"

③ 师古曰："腜音频忍反。"

④ 师古曰："衡，横也。战国时，齐、楚、韩、魏、燕、赵为从，秦国为衡。从音子容反。谓其地形南北从长也。秦地形东西横长，故为衡也。"

⑤ 师古曰："代亦迭也。"

⑥ 孟康曰："兵家之技巧。技巧者，习手足，便器械，积机关，以立攻

守之胜。”

⑦师古曰：“奋，盛起。”

⑧师古曰：“锐，勇利。”

⑨师古曰：“孙卿，楚人也，姓荀字况，避汉宣帝之讳，故改曰孙卿。”

⑩师古曰：“言有间隙不谐和。”

⑪师古曰：“卬读曰仰。”

⑫师古曰：“扞，御难也，音下旦反。”

⑬师古曰：“言往必破碎。”

⑭师古曰：“殷颂长发之诗也。武王谓汤也。虔，敬也。遏，止也。言汤建号兴师，本犹仁义，虽执戚钺，以敬为先，故得如火之盛，无能止也。”

⑮师古曰：“媮与偷同，谓苟且。”

⑯师古曰：“巨，大也。涣然，散貌。”

⑰服虔曰：“作大甲三属，竟人身也。”苏林曰：“兜鍪也，盆领也，髀褌也。”如淳曰：“上身一，髀褌一，胫缴一，凡三属也。”师古曰：“如说是也。属，联也，音之欲反。髀音陛。胫即胫字。”

⑱师古曰：“个读曰箇。箇，枚也。胄，兜鍪也。冠胄带剑者，著兜鍪而又带剑也。赢谓担负也，音盈。”

⑲师古曰：“中，一日之中。”

⑳师古曰：“中试，试之而中科条也。复谓免其赋税也。利田宅者，给其便利之处也。中音竹仲反。复音方目反。”

1000

㉑师古曰：“陋，地小也。隘，险固也。酷，重厚也。烈，猛威也。”

㉒郑氏曰：“秦地多隘，臧隐其民于隘中也。”臣瓒曰：“秦政急峻，隐括其民于隘狭之法。”师古曰：“郑说是也。”

㉓师古曰：“狃，串习也，音女九反。道读曰导。”

㉔服虔曰：“能得著甲者五人首，使得隶役五家也。”如淳曰：“役隶五家，是为相君长。”

汉书卷二十三

㉕师古曰："嫠音育。"

㉖师古曰："矜，（特）〔持〕也。"[4]

㉗苏林曰："鰓音慎而无礼则葸之葸。鰓，惧貌也。"张晏曰："轧，践
轹也。"师古曰："鰓音先祀反。轧音于黠反。"

㉘孟康曰："入王兵之域，而未尽善也。"

㉙师古曰："直亦当也。"

故曰："善师者不陈，①善陈者不战，善战者不败，善败者不
亡。"若夫舜修百僚，咎繇作士，②命以"蛮夷猾夏，寇贼奸
轨"，③而刑无所用，所谓善师不陈者也。汤、武征伐，陈师誓
众，而放禽桀、纣，④所谓善陈不战者也。齐桓南服强楚，使贡
周室，⑤北伐山戎，为燕开路，⑥存亡继绝，功为伯首，⑦所谓善战
不败者也。楚昭王遭阖庐之祸，国灭出亡，⑧父老送之。王曰：
"父老反矣！何患无君？"父老曰："有君如是其贤也！"⑨相与从
之。或犇走赴秦，号哭请救，⑩秦人（怜之谓）〔为〕之出兵。⑪[5]
二国并力，遂走吴师，⑫昭王返国，⑬所谓善败不亡者也。若秦因
四世之胜，据河山之阻，任用白起、王翦豺狼之徒，奋其爪牙，
禽猎六国，以并天下。⑭穷武极诈，士民不附，卒隶之徒，还为
敌雠，⑮森起云合，果共轧之。⑯斯为下矣。凡兵，所以存亡继
绝、救乱除害也。故伊、吕之将，子孙有国，与商周并。⑰至于
末世，苟任诈力，以快贪残，争城杀人盈城，争地杀人满野。
孙、吴、商、白之徒，皆身诛戮于前，而（功）〔国〕灭亡于
后。⑱[6]报应之势，各以类至，其道然矣。

①师古曰："战陈之义本因陈列为名，而音变耳，字则作陈，更无别
体。而末代学者辄改其字旁从车，非经史之本文也。今宜依古，不
从流俗也。"

②师古曰："士师，理官，谓司寇之职也。"

③师古曰："虞书舜典舜命咎繇之文也。猾，乱也。夏，诸夏也。寇谓
攻剽，贼谓杀人。在外为奸，在内为轨。"

④师古曰："谓汤誓、泰誓、牧誓是也。"

⑤师古曰："谓僖四年伐楚，次于陉，责包茅不入，王祭不供也。"

⑥师古曰："谓庄三十年伐山戎，以其病燕故也。"

⑦师古曰："谓存三亡国，卫、邢、鲁也。伯读曰霸。"

⑧师古曰："谓定四年吴入郢，楚子出，涉睢济江，入于云中也。"

⑨师古曰："言无有如此君者。"

⑩师古曰："谓申包胥如秦乞师也。犇，古奔字。"

⑪师古曰："谓秦子蒲、子武帅车五百乘以救楚也。"

⑫师古曰："谓子蒲大败夫概王于沂，（遂）〔薳〕射之子[7]从子西败
吴师于军祥。"

⑬师古曰："吴师已归，楚子入郢。"

⑭师古曰："言如猎之取兽。"

⑮师古曰："谓陈胜、吴广、英布之徒也。"

⑯师古曰："猋，疾风也。如猋之起，言其速也。如云之合，言其盛
也。猋音必遥反。"

⑰师古曰："言其同盛衰也。"

⑱师古曰："孙武、孙膑、吴起、商鞅、白起也。"

汉兴，高祖躬神武之材，行宽仁之厚，总揽英雄，以诛秦、
项。任萧、曹之文，用良、平之谋，骋陆、郦之辩，明叔孙通之
仪，文武相配，大略举焉。天下既定，蹈秦而置材官于郡国，①
京师有南北军之屯。至武帝平百粤，内增七校，②外有楼船，皆
岁时讲肄，修武备云。③至元帝时，以贡禹议，始罢角抵，而未
正治兵振旅之事也。

①师古曰："踵，因也。"

②晋灼曰："百官表中垒、屯骑、步兵、越骑、长水、胡骑、射声、虎
　贲，凡八校尉，胡骑不常置，故此言七也。"

③师古曰："肆，习也，音弋二反。"

　　古人有言："天生五材，民并用之，①废一不可，谁能去兵？"
鞭扑不可弛于家，②刑罚不可废于国，征伐不可偃于天下；用之
有本末，行之有逆顺耳。孔子曰："工欲善其事，必先利其
器。"③文德者，帝王之利器；威武者，文德之辅助也。夫文之所
加者深，则武之所服者大；德之所施者博，则威之所制者广。三
代之盛，至于刑错兵寝者，其本末有序，帝王之极功也。④

①师古曰："五材，金、木、水、火、土也。"

②师古曰："弛，放也，音式尔反。"

③师古曰："论语载孔子之言。"

④师古曰："刑错兵寝，皆谓置而弗用也。"

　　昔周之法，建三典以刑邦国，诘四方：①一曰，刑新邦用轻
典；②二曰，刑平邦用中典；③三曰，刑乱邦用重典。④五刑，墨罪
五百，劓罪五百，宫罪五百，刖罪五百，杀罪五百，所谓刑平邦
用中典者也。⑤凡杀人者踣诸市，⑥墨者使守门，⑦劓者使守关，⑧
宫者使守内，⑨刖者使守囿，⑩完者使守积。⑪其奴，男子入于罪
隶，⑫女子入舂槁。⑬凡有爵者，与七十者，与未龀者，皆不
为奴。⑭

①师古曰："诘，责也，音口一反。字或作诰，音工到反。诘，谨也，
　以刑治之令谨敕也。"

②师古曰："新辟地立君之国，其人未习于教，故用轻法。"

③师古曰："承平守成之国，则用中典常行之法也。"

④师古曰："篡杀畔逆之国，化恶难移，则用重法诛杀之也。自此以上（皆）〔大〕司寇所职也。"[8]

⑤师古曰："墨，黥也，凿其面以墨涅之。劓，截鼻也。宫，淫刑也，男子割腐，妇人幽闭。刖，断足也。杀，死刑也。自此以上，司刑所职也。劓音午冀反。刖音五刮反，又音月。"

⑥师古曰："踣谓毙之也，音妨付反。"

⑦师古曰："黥面之人不妨禁卫也。"

⑧师古曰："以其貌毁，故远之。"

⑨师古曰："人道既绝，于事便也。"

⑩师古曰："驱御禽兽，无足可也。"

⑪师古曰："完谓不亏其体，但居作也。积，积聚之物也。自此以上，掌戮所职也。"

⑫李奇曰："男女徒总名为奴。"

⑬孟康曰："主暴燥舂之也。"韦昭曰："舂，舂人；槁，槁人也。给此二官之役。"师古曰："槁音古老反。"

⑭师古曰："有爵，谓命士以上也。龀，毁齿，男子八岁，女子七岁，而毁齿矣。自此以上，司厉所职也。"

周道既衰，穆王眊荒，命甫侯度时作刑，以诘四方。①墨罚之属千，劓罚之属千，膑罚之属五百，宫罚之属三百，大辟之罚其属二百。②五刑之属三千，③盖多于平邦中典五百章，所谓刑乱邦用重典者也。

①师古曰："穆王，昭王之子也，享国既百年，而王眊乱荒忽，乃命甫侯为司寇，商度时宜，而作刑之制，以治四方也，甫，国名也。眊音莫报反。度音大各反。"

②师古曰："膑罚，去膝头骨。大辟，死刑也。膑音频忍反。"

③师古曰："五者之刑凡三千。"

春秋之时，王道浸坏，教化不行，①子产相郑而铸刑书。②晋叔向非之曰：③ "昔先王议事以制，不为刑辟。④惧民之有争心也，犹不可禁御，是故闲之以谊，纠之以政，⑤行之以礼，守之以信，奉之以仁；⑥制为禄位以劝其从，⑦严断刑罚以威其淫。⑧惧其未也，故诲之以忠，懫之以行，⑨教之以务，⑩使之以和，⑪临之以敬，莅之以强，⑫断之以刚。犹求圣哲之上，明察之官，忠信之长，慈惠之师。⑬民于是乎可任使也，而不生祸乱。民知有辟，则不忌于上，并有争心，以征于书，而侥幸以成之，弗可为矣。⑭夏有乱政而作禹刑，商有乱政而作汤刑，周有乱政而作九刑。⑮三辟之兴，皆叔世也。⑯今吾子相郑国，制参辟，铸刑书，⑰将以靖民，不亦难乎！⑱诗曰：'仪式刑文王之德，日靖四方。'⑲又曰：'仪刑文王，万邦作孚。'⑳如是，何辟之有？㉑民知争端矣，将弃礼而征于书。㉒锥刀之末，将尽争之，㉓乱狱滋丰，货赂并行。㉔终子之世，郑其败虖！"子产报曰："若吾子之言，侨不材，不能及子孙，吾以救世也。"㉕偷薄之政，自是滋矣。孔子伤之，曰："导之以德，齐之以礼，有耻且格；导之以政，齐之以刑，民免而无耻。"㉖ "礼乐不兴，则刑罚不中；刑罚不中，则民无所错手足。"㉗孟氏使阳肤为士师，㉘问于曾子，㉙亦曰："上失其道，民散久矣。如得其情，则哀矜而勿喜。"㉚

①师古曰："浸，渐也。"

②师古曰："子产，郑大夫公孙侨也。铸刑法于鼎，事在昭六年。"

③师古曰："叔向，晋大夫羊舌肸也。遗其书以非之。向音许两反。"

④李奇曰："先议其犯事，议定然后乃断其罪，不为一成之刑著于鼎

也。"师古曰："虞舜则象以典刑，流宥五刑。周礼则三典五刑，以诘邦国。非不豫设，但弗宜露使人知之。"

⑤师古曰："闲，防也。纠，举也。"

⑥师古曰："奉，养也。"

⑦师古曰："劝其从教之心也。"

⑧师古曰："淫，放也。"

⑨晋灼曰："㥄，古竦字也。"师古曰："㥄谓奖也，又音所项反。"

⑩师古曰："时所急。"

⑪师古曰："悦以使人也。"

⑫师古曰："莅谓监视也。"

⑬师古曰："上谓公侯也。官，卿佐也。长、师，皆列职之首也。"

⑭师古曰："辟，法也。为，治也。权移于法，故人不畏上，因危文以生诈妄，侥幸而成巧，则弗可治也。"

⑮韦昭曰："谓正刑五，及流、赎、鞭、扑也。"

⑯师古曰："叔世言晚时也。"

⑰孟康曰："谓夏、殷、周乱政所制三辟也。"

⑱师古曰："靖，安也，一曰治也。"

⑲师古曰："周颂我将之诗也。言法象文王之德，以为仪式，则四方日以安靖也。"

⑳师古曰："大雅文王诗也。孚，信也。又言法象文王，则万国皆信顺也。"

㉑师古曰："若诗所言，不宜制刑辟。"

㉒师古曰："取证于刑书。"

㉓师古曰："喻微细。"

㉔师古曰："滋，益也。"

㉕师古曰："言虽非长久之法，且救当时之散。"

㉖师古曰："论语载孔子之言也。格，正也。言用德礼，则人有耻而自

正；尚政刑，则下苟免而无耻。"

㉗师古曰："亦论语所载孔子之言也。礼以治人，乐以易俗，二者不兴，则刑罚滥矣。错，置（矣）〔也〕。"[9]

㉘师古曰："亦论语所载。阳肤，曾子弟子也。士师，狱官。"

㉙师古曰："问何以居此职也。"

㉚师古曰："此曾子对辞。（前）〔言〕萌俗浇离，[10]轻犯于法，乃由上失其道，非下之过。今汝虽得狱情，当哀矜之，勿（自）喜也。"

　　陵夷至于战国，韩任申子，秦用商鞅，连相坐之法，造参夷之诛；①增加肉刑、大辟，有凿颠、抽胁、镬亨之刑。②

①师古曰："参夷，夷三族。"

②师古曰："鼎大而无足曰镬，以鬻人也。"

　　至于秦始皇，兼吞战国，遂毁先王之法，灭礼谊之官，专任刑罚，躬操文墨，①昼断狱，夜理书，自程决事，日县石之一。②而奸邪并生，赭衣塞路，囹圄成市，天下愁怨，溃而叛之。

①师古曰："躬，身也。操，执持也，音千高反。"

②服虔曰："县，称也。石，百二十斤也。始皇省读文书，日以百二十斤为程。"

　　汉兴，高祖初入关，约法三章曰："杀人者死，伤人及盗抵罪。"蠲削烦苛，兆民大说。①其后四夷未附，兵革未息，三章之法不足以御奸，②于是相国萧何攈摭秦法，③取其宜于时者，作律九章。

①师古曰："说读曰悦。"

②师古曰："御，止也。"

③师古曰："攈摭，谓收拾也。攈音九问反。摭音之石反。"

当<u>孝惠</u>、<u>高后</u>时，百姓新免毒蠚，人欲长幼养老。①<u>萧</u>、<u>曹</u>为相，填以无为，②从民之欲，而不扰乱，是以衣食滋殖，刑罚用稀。

①师古曰："蠚音呼各反。"

②师古曰："言以无为之法填安百姓也。填音竹刃反。"

及<u>孝文</u>即位，躬修玄默，劝趣农桑，减省租赋。而将相皆旧功臣，少文多质，惩恶亡<u>秦</u>之政，论议务在宽厚，耻言人之过失。化行天下，告讦之俗易。①吏安其官，民乐其业，畜积岁增，户口浸息。②风流笃厚，禁罔疏阔。选<u>张释之</u>为廷尉，罪疑者予民，③是以刑罚大省，至于断狱四百，④有刑错之风。

①师古曰："讦，面相斥罪也，音居谒反。"

②师古曰："畜读曰蓄。浸，益也。息，生也。"

③师古曰："从轻断。"

④师古曰："谓普天之下重罪者也。"

即位十三年，<u>齐太仓令淳于公</u>有罪当刑，诏狱逮系<u>长安</u>。①<u>淳于公</u>无男，有五女，当行会逮，骂其女曰："生子不生男，缓急非有益（也）！"〔11〕其少女<u>缇萦</u>，自伤悲泣，②乃随其父至<u>长安</u>，上书曰："妾父为吏，<u>齐</u>中皆称其廉平，今坐法当刑。妾伤夫死者不可复生，刑者不可复属，③虽后欲改过自新，其道亡繇也。④妾愿没入为官婢，以赎父刑罪，使得自新。"书奏天子，天子怜悲其意，遂下令曰："制诏御史：盖闻有<u>虞氏</u>之时，画衣冠异章服以为戮，而民弗犯，何治之至也！今法有肉刑三，⑤而奸不止，其咎安在？非乃朕德之薄，而教不明与！⑥吾甚自愧。故夫训道不纯而愚民陷焉。⑦诗曰：'恺弟君子，民之父母。'⑧今人有过，教未施而刑已加焉，或欲改行为善，而道亡繇至，⑨朕甚怜之。夫刑至断支体，刻肌肤，终身不息，⑩何其刑之痛而不德也！岂称为民父母之意哉？其除肉刑，有以易之；及令罪人各以轻重，不亡逃，有年而免。⑪具为令。"⑫

①师古曰："逮，及也。辞之所及，则追捕之，故谓之逮。一曰逮者，在道将送，防御不绝，若今之传送囚也。"

②师古曰："缇萦，女名也。缇音他弟反。"

③师古曰："属，联也，音之欲反。"

④师古曰："繇读与由同。由，从也。"

⑤孟康曰："黥、劓二，（则）〔刖〕左右趾合一，〔12〕凡三也。"

⑥师古曰："与读曰欤。"

⑦师古曰："道读曰导。"

⑧师古曰："大雅洞酌之诗也。言君子有和乐简易之德，则其下尊之如父，亲之如母也。"

⑨师古曰："繇读与由同。"

⑩师古曰："息，生也。"

⑪孟康曰："其不亡逃者，满其年数，得免为庶人。"

⑫师古曰："使更为条制。"

丞相张苍、御史大夫冯敬奏言："肉刑所以禁奸，所由来者久矣。陛下下明诏，怜万民之一有过被刑者终身不息，及罪人欲改行为善而道亡繇至，于盛德，臣等所不及也。臣谨议请定律曰：诸当完者，完为城旦舂；①当黥者，髡钳为城旦舂；当劓者，笞三百；当斩左止者，笞五百；当斩右止，及杀人先自告，及吏坐受赇枉法，守县官财物而即盗之，已论命复有笞罪者，皆弃市。②罪人狱已决，完为城旦舂，满三岁为鬼薪白粲。鬼薪白粲一岁，为隶臣妾。隶臣妾一岁，免为庶人。③隶臣妾满二岁，为司寇。司寇一岁，及作如司寇二岁，皆免为庶人。④其亡逃及有罪耐以上，不用此令。⑤前令之刑城旦春岁而非禁锢者，如完为城旦春岁数以免。⑥臣昧死请。"制曰："可。"是后，外有轻刑之名，内实杀人。斩右止者又当死。斩左止者笞五百，当劓者笞三百，率多死。⑦

①臣瓒曰："文帝除肉刑，皆有以易之，故以完易髡，以笞代劓，以钛左右止代刖。今既曰完矣，不复云以完代完也。此当言髡者完也。"

②李奇曰："命，逃亡也。复于论命中有罪也。"晋灼曰："命者，名也，成其罪也。"师古曰："止，足也。当斩右足者，以其罪次重，故从弃市也。杀人先自告，谓杀人而自首，得免罪者也。吏受赇枉法，谓曲公法而受赂者也。守县官财物而即盗之，即今律所谓主守自盗者也。杀人害重，受赇盗物，赃污之身，故此三罪已被论名而又犯笞，亦皆弃市也。今流俗书本'笞三百''笞五百'之上及'劓者'之下有'籍笞'字，'复有笞罪'亦云'复有籍笞罪'，皆后人妄加耳，旧本无也。"

③师古曰："男子为隶臣，女子为隶妾。鬼薪白粲满（三）〔一〕岁为隶臣，[13]隶臣一岁免为庶人。隶妾亦然也。"

④如淳曰："罪降为司寇，故一岁，正司寇，故二岁也。"

⑤师古曰："于本罪中又重犯者也。"

⑥李奇曰："谓文帝作此令之前有刑者。"

⑦师古曰："斩右止者弃市，故入于死。以笞五百代斩左止，笞三百代劓，笞数既多，亦不活也。"

景帝元年，下诏曰："加笞与重罪无异，①幸而不死，不可为人。②其定律：笞五百曰三百，笞三百曰二百。"犹尚不全。至中六年，又下诏曰："加笞者，或至死而笞未毕，朕甚怜之。其减笞三百曰二百，笞二百曰一百。"又曰："笞者，所以教之也，其定箠令。"③丞相<u>刘舍</u>、御史大夫<u>卫绾</u>请："笞者，箠长五尺，其本大一寸，其竹也，末薄半寸，皆平其节。当笞者笞臀。④毋得更人。⑤毕一罪乃更人。"自是笞者得全，然酷吏犹以为威。死刑既重，而生刑又轻，民易犯之。

①孟康曰："重罪谓死刑。"

②师古曰："谓不能自起居也。"

③师古曰："箠，策也，所以击者也，音止蘂反。"

④如淳曰："然则先时笞背也。"师古曰："臀音徒门反。"

⑤师古曰："谓行笞者不更易人也。"

及至<u>孝武</u>即位，外事四夷之功，内盛耳目之好，征发烦数，百姓贫耗，①穷民犯法，酷吏击断，奸轨不胜。于是招进<u>张汤</u>、<u>赵禹</u>之属，条定法令，作见知故纵、监临部主之法，②缓深故之罪，③急纵出之诛。④其后奸猾巧法，转相比况，禁罔浸密。⑤律令凡三百五十九章，大辟四百九条，千八百八十二事，死罪决事比万三千四百七十二事。⑥文书盈于几阁，典者不能遍睹。是以郡国承用者驳，⑦或罪同而论异。奸吏因缘为市，⑧所欲活则傅生议，所欲陷则予死比，⑨议者咸冤伤之。

①师古曰："耗，损也，音呼到反。"

②师古曰："见知人犯法不举告为故纵，而所监临部主有罪并连坐也。"

③孟康曰："<u>孝武</u>欲急刑，吏深害及故入人罪者，皆宽缓。"

④师古曰："吏释罪人，疑以为纵出，则急诛之。亦言尚酷。"

⑤师古曰："浸，渐也。其下亦同。"

⑥师古曰："比，以例相比况也。"

⑦师古曰："不晓其指，用意不同也。"

⑧师古曰："弄法而受财，若市买之交易。"

⑨师古曰："傅读曰附。"

宣帝自在间阎而知其若此，及即尊位，廷史路温舒上疏，言秦有十失，其一尚存，治狱之吏是也。语在温舒传。上深愍焉，乃下诏曰："间者吏用法，巧文浸深，是朕之不德也。夫决狱不当，使有罪兴邪，不辜蒙戮，①父子悲恨，朕甚伤之。今遣廷史与郡鞫狱，任轻禄薄，②其为置廷平，秩六百石，员四人。其务平之，以称朕意。"于是选于定国为廷尉，求明察宽恕黄霸等以为廷平，季秋后请谳。时上常幸宣室，斋居而决事，③狱刑号为平矣。时涿郡太守郑昌上疏言："圣王置谏争之臣者，非以崇德，防逸豫之生也；立法明刑者，非以为治，救衰乱之起也。今明主躬垂明听，虽不置廷平，狱将自正；若开后嗣，不若删定律令。④律令一定，愚民知所避，奸吏无所弄矣。今不正其本，而置廷平以理其末也，政衰听怠，则廷平将招权而为乱首矣。"⑤宣帝未及修正。

①晋灼曰："当重而轻，使有罪者起邪恶之心也。"师古曰："有罪者更兴邪恶，无辜者反陷重刑，是决狱不平故。"

1012

②如淳曰："廷史，廷尉史也。以囚辞决狱事为鞫，谓疑狱也。"李奇曰："鞫，穷也，狱事穷竟也。"师古曰："李说是也。"

③如淳曰："宣室，布政教之室也。重用刑，故斋戒以决事。"晋灼曰："未央宫中有宣室殿。"师古曰："晋说是也。贾谊传亦云受厘坐宣室，盖其殿在前殿之侧也，斋则居之。"

④师古曰："删，刊也。有不便者，则刊而除之。"

⑤苏林曰："招音翘。翘，举也，犹卖弄也。"孟康曰："招，求也，招
　致权著己也。"师古曰："孟说是也。"

　　至元帝初立，乃下诏曰："夫法令者，所以抑暴扶弱，欲其
难犯而易避也。今律令烦多而不约，自典文者不能分明，而欲罗
元元之不逮，①斯岂刑中之意哉!②其议律令可蠲除轻减者，条
奏，唯在便安万姓而已。"

　　①师古曰："罗，网也。不逮，言意识所不及。"
　　②师古曰："中，当也。"

　　至成帝河平中，复下诏曰："甫刑云'五刑之属三千，大辟
之罚其属二百'，①今大辟之刑千有馀条，律令烦多，百有馀万
言，奇请它比，日以益滋，②自明习者不知所由，③欲以晓喻众
庶，不亦难乎! 于以罗元元之民，夭绝亡辜，岂不哀哉! 其与中
二千石、二千石、博士及明习律令者议减死刑及可蠲除约省者，
令较然易知，条奏。书不云乎?'惟刑之恤哉!'④其审核之，务
准古法，⑤朕将尽心览焉。"有司无仲山父将明之材，⑥不能因时
广宣主恩，建立明制，为一代之法，而徒钩摭微细，毛举数事，
以塞诏而已。⑦是以大议不立，遂以至今。议者或曰，法难数变，
此庸人不达，疑塞治道，圣智之所常患者也。⑧故略举汉兴以来，
法令稍定而合古便今者。

1013

　　①师古曰："甫刑，即周书吕刑。初为吕侯，号曰吕刑，后为甫侯，又
　　　称甫刑。"
　　②师古曰："奇请，谓常文之外，主者别有所请以定罪也。它比，谓引
　　　它类以比附之，稍增律条也。奇音居宜反。"
　　③师古曰："由，从也。"

④师古曰:"虞书舜典之辞。恤,忧也,言当忧刑也。"

⑤师古曰:"核,究其实也。"

⑥师古曰:"有司以下,史家之言也。大雅蒸人之诗曰:'肃肃王命,
仲山父将之;邦国若否,仲山父明之。'将,行也。否,不善也。言
王有诰命,则仲山父行之;邦国有不善之事,则仲山父明之。故引
以为美,伤今不能然也。"

⑦师古曰:"毛举,言举毫毛之事,轻小之甚〔者〕。塞犹当
(者)也。"〔14〕

⑧师古曰:"塞谓不通也。"

汉兴之初,虽有约法三章,网漏吞舟之鱼,①然其大辟,尚
有夷三族之令。令曰:"当三族者,皆先黥,劓,斩左右止,笞
杀之,枭其首,菹其骨肉于市。②其诽谤詈诅者,又先断舌。"故
谓之具五刑。彭越、韩信之属皆受此诛。至高后元年,乃除三族
罪、袄言令。孝文二年,又诏丞相、太尉、御史:"法者,治之
正,所以禁暴而卫善人也。今犯法者已论,而使无罪之父母妻子
同产坐之及收,朕甚弗取。其议。"左右丞相周勃、陈平奏言:
"父母妻子同产相坐及收,所以累其心,使重犯法也。③收之之
道,所由来久矣。臣之愚计,以为如其故便。"文帝复曰:"朕
闻之,法正则民悫,罪当则民从。④且夫牧民而道之以善者,吏
也;⑤既不能道,又以不正之法罪之,是法反害于民,为暴者
也。⑥朕未见其便,宜孰计之。"平、勃乃曰:"陛下幸加大惠于
天下,使有罪不收,无罪不相坐,甚盛德,臣等所不及也。臣等
谨奉诏,尽除收律、相坐法。"其后,新垣平谋为逆,复行三族
之诛。由是言之,风俗移易,人性相近而习相远,信矣。⑦夫以
孝文之仁,平、勃之知,犹有过刑谬论如此甚也,而况庸材溺于

末流者乎？

①师古曰："言疏阔，吞舟，谓大鱼也。"

②师古曰："菹谓醢也。菹音侧于反。"

③师古曰："重，难也。累音力瑞反。"

④师古曰："悫，谨也，音丘角反。"

⑤师古曰："道读曰导。以善导之也。"

⑥师古曰："法害于人，是法为暴。"

⑦师古曰："论语云孔子曰'性相近，习相远'也，言人同禀五常之性，其所取舍本相近也，但所习各异，渐渍而移，则相远矣。

周官有五听、八议、三刺、三宥、三赦之法。①五听：一曰辞听，②二曰色听，③三曰气听，④四曰耳听，⑤五曰目听。⑥八议：一曰议亲，⑦二曰议故，⑧三曰议贤，⑨四曰议能，⑩五曰议功，⑪六曰议贵，⑫七曰议勤，⑬八曰议宾。⑭三刺：一曰讯群臣，二曰讯群吏，三曰讯万民。⑮三宥：一曰弗识，二曰过失，三曰遗忘。⑯三赦：一曰幼弱，二曰老眊，三曰蠢愚。⑰凡囚，"上罪梏拲而桎，中罪桎梏，下罪梏；王之同族拲，有爵者桎，以待弊。"⑱高皇帝七年，制诏御史："狱之疑者，吏或不敢决，有罪者久而不论，无罪者久系不决。自今以来，县道官狱疑者，各谳所属二千石官，二千石官以其罪名当报之。⑲所不能决者，皆移廷尉，廷尉亦当报之。廷尉所不能决，谨具为奏，傅所当比律令以闻。"⑳上恩如此，吏犹不能奉宣。故孝景中五年复下诏曰："诸狱疑，虽文致于法而于人心不厌者，辄谳之。"其后狱吏复避微文，遂其愚心。至后元年，又下诏曰："狱，重事也。人有愚智，官有上下。狱疑者谳，有令谳者已报谳而后不当，谳者不为失。"㉑自此之后，狱刑益详，近于五听三宥之意。三年复下诏曰："高年老长，人所尊敬也；鳏寡不属逮者，人所哀怜也。㉒其著令：年八十以上，八岁以下，及孕者未乳，㉓师、朱儒㉔当鞠系者，颂系之。"㉕至孝宣元康四年，又下诏曰："朕念夫耆老之人，发齿堕落，血气既衰，亦无暴逆之心，今或罗于文法，执于囹圄，不得终其年命，朕甚怜之。自今以来，诸年八十非诬告杀伤人，它皆勿坐。"至成帝鸿嘉元年，定令："年未满七岁，贼斗杀人及犯殊死者，上请廷尉以闻，得减死。"合于三赦幼弱老眊之人。此皆法令稍定，近古而便民者也。㉖

①师古曰："刺，杀也。讯而有罪，则杀之也。宥，宽也。赦，舍也，谓释置也。"

②师古曰："观其出言，不直则烦。"

③师古曰："观其颜色，不直则变。"

④师古曰："观其气息，不直则喘。"

⑤师古曰："观其听聆，不直则惑。"

⑥师古曰："观其瞻视，不直则乱。"

⑦师古曰："王之亲族也。"

⑧师古曰："王之故旧也。"

⑨师古曰："有德行者也。"

⑩师古曰："有道艺者。"

⑪师古曰："有大勋力者。"

⑫师古曰："爵位高者也。"

⑬师古曰："谓尽悴事国者也。"

⑭师古曰："谓前代之后，王所不臣者也。自五听以下至此，皆小司寇所职也。"

⑮师古曰："讯，问也，音信。"

⑯师古曰："弗识，不审也。过失，非意也。遗忘，（勿）〔忽〕

忘也。"〔15〕

⑰师古曰："幼弱，谓七岁以下。老眊，谓八十以上。蠢愚，生而痴呆
者。自三刺以下至此，皆司刺所职也。眊读与蒙同。蠢音丑江反，
又音贞巷反。"

⑱师古曰："械在手曰梏，两手同械曰桊，在足曰桎。弊，断罪也。自
此以上掌囚所职也。梏音古笃反。桊即拱字也。桎音之日反。弊
音蔽。"

⑲师古曰："当谓处断也。"

⑳师古曰："傅读曰附。"

㉑师古曰："解并在景纪。"

㉒师古曰："属音之欲反。"

㉓师古曰："乳，产也，音人喻反。"

㉔如淳曰："师，乐师盲瞽者。朱儒，短人不能走者。"

㉕师古曰："颂读曰容。容，宽容之，不桎梏。"

㉖师古曰："近音其靳反。"

孔子曰："如有王者，必世而后仁；善人为国百年，可以胜
残去杀矣。"①言圣王承衰拨乱而起，被民以德教，②变而化之，
必世然后仁道成焉；至于善人，不入于室，然犹百年胜残去杀
矣。③此为国者之程式也。今汉道至盛，历世二百馀载，④考自
昭、宣、元、成、哀、平六世之间，断狱殊死，率岁千馀口而一
人，⑤耐罪上至右止，三倍有馀。⑥古人有言："满堂而饮酒，有
一人乡隅而悲泣，⑦则一堂皆为之不乐。"王者之于天下，譬犹一
堂之上也，故一人不得其平，为之凄怆于心。今郡国被刑而死者
岁以万数，天下狱二千馀所，其冤死者多少相覆，狱不减一人，
此和气所以未洽者也。

①师古曰："论语载孔子之言。此谓若有受命之王，必三十年仁政乃成也。胜残，谓胜残暴之人，使不为恶。去杀，不行杀戮也。"

②师古曰："被，加也，音皮义反。"

③师古曰："论语称子张问善人之道，子曰：'不践迹，亦不入于室也。'言善人不但修践旧迹而已，固少自创制，然亦不能入圣人之室。"

④师古曰："今谓撰志时。"

⑤如淳曰："率天下犯罪者千口而有一人死。"

⑥李奇曰："耐从司寇以上至右止，为千口三人刑。"

⑦师古曰："乡读曰向。"

原狱刑所以蕃若此者，①礼教不立，刑法不明，民多贫穷，豪桀务私，奸不辄得，狱犴不平之所致也。②书云"伯夷降典，悊民惟刑"，③言制礼以止刑，犹堤之防溢水也。今堤防凌迟，礼制未立；死刑过制，生刑易犯；饥寒并至，穷斯滥溢；豪桀擅私，为之囊橐，④奸有所隐，则狃而浸广：⑤此刑之所以蕃也。孔子曰："古之知法者能省刑，本也；今之知法者不失有罪，末矣。"⑥又曰："今之听狱者，求所以杀之；古之听狱者，求所以生之。"与其杀不辜，宁失有罪。今之狱吏，上下相驱，以刻为明，深者获功名，平者多后患。谚曰："鬻棺者欲岁之疫。"⑦非憎人欲杀之，利在于人死也。今治狱吏欲陷害人，亦犹此矣。凡此五疾，狱刑所以尤多者也。

①师古曰："蕃，多也，音扶元反。"

②服虔曰："乡亭之狱曰犴。"臣瓒曰："狱岸，狱讼也。"师古曰："小雅小宛之诗云'宜岸宜狱'。瓒说是也。"

③师古曰："周书甫刑之辞也。悊，知也。言伯夷下礼法以道人，人习

知礼，然后用刑也。”

④师古曰：“有底曰囊，无底曰橐。言容隐奸邪，若囊橐之盛物。”

⑤师古曰：“狃，串习也。浸，渐也。狃音女救反。”

⑥师古曰：“省谓减除之，绝于未然，故曰本也。不失有罪，事止听讼，所以为末。”

⑦师古曰：“鬻，卖也。疫，疠病也。鬻音育。疫音役。”

自建武、永平，民亦新免兵革之祸，人有乐生之虑，与高、惠之间同，而政在抑强扶弱，朝无威福之臣，邑无豪桀之侠。以口率计，断狱少于成、哀之间什八，可谓清矣。①然而未能称意比隆于古者，以其疾未尽除，而刑本不正。

①师古曰：“十少其八也。”

善乎！孙卿之论刑也，曰：“世俗之为说者，以为治古者无肉刑，①有象刑墨黥之属，菲履赭衣而不纯，②是不然矣。以为治古，则人莫触罪邪，岂独无肉刑哉，亦不待象刑矣。③以为人或触罪矣，而直轻其刑，是杀人者不死，而伤人者不刑也。罪至重而刑至轻，民无所畏，乱莫大焉。凡制刑之本，将以禁暴恶，且惩其（末）〔未〕也。④[16]杀人者不死，伤人者不刑，是惠暴而宽恶也。故象刑非生〔于〕治古，[17]方起于乱今也。⑤凡爵列官职，赏庆刑罚，皆以类相从者也。一物失称，乱之端也。⑥德不称位，能不称官，赏不当功，刑不当罪，不祥莫大（矣）焉。[18]夫征暴诛悖，治之威也。杀人者死，伤人者刑，是百王之所同也，未有知其所由来者也。故治则刑重，乱则刑轻，⑦犯治之罪固重，犯乱之罪固轻也。书云‘刑罚世重世轻’，此之谓也。”⑧所谓“象刑惟明”者，言象天道而作刑，⑨安有菲履赭衣者哉？

1019

①师古曰："治古，谓上古至治之时也。治音丈吏反。"

②师古曰："菲，草履也。纯，缘也。衣不加缘，示有耻也。菲音扶味反。纯音之允反。"

③师古曰："人不犯法，则象刑无所施也。"

④师古曰："惩，止也。"

⑤如淳曰："古无象刑也，所有象刑之言者，近起今人恶刑之重，故遂推言古之圣君但以象刑，天下自治。"

⑥师古曰："称，宜也，音尺孕反。"

⑦李奇曰："世所以治者，乃刑重也；所以乱者，乃刑轻也。"

⑧师古曰："周书甫刑之辞也。言刑罚轻重，各随其时。"

⑨师古曰："虞书益稷曰'咎繇方祗厥叙，方施象刑惟明'，言敬其次叙，施其法刑皆明白也。"

孙卿之言既然，又因俗说而论之曰：禹承尧舜之后，自以德衰而制肉刑，汤武顺而行之者，以俗薄于唐虞故也。今汉承衰周暴秦极敝之流，俗已薄于三代，而行尧舜之刑，是犹以轵而御駻突，①违救时之宜矣。且除肉刑者，本欲以全民也，今去髡钳一等，转而入于大辟。以死罔民，失本惠矣。②故死者岁以万数，刑重之所致也。至乎穿窬之盗，忿怒伤人，男女淫佚，吏为奸臧，③若此之恶，髡钳之罚又不足以惩也。故刑者岁十万数，民既不畏，又曾不耻，刑轻之所生也。故俗之能吏，公以杀盗为威，专杀者胜任，奉法者不治，乱名伤制，不可胜条。是以罔密而奸不塞，刑蕃而民愈嫚。④必世而未仁，百年而不胜残，诚以礼乐阙而刑不正也。岂宜惟思所以清原正本之论，删定律令，籑二百章，以应大辟，⑤其馀罪次，于古当生，今触死者，皆可募行肉刑。⑥及伤人与盗，吏受赇枉法，男女淫乱，皆复古刑，为三千章。诋欺文致微细之法，悉蠲除。⑦如此，则刑可畏而禁易避，吏不专杀，法无二门，轻重当罪，民命得全，合刑罚之中，殷天人之和，⑧顺稽古之制，成时雍之化。成康刑错，虽未可致，孝文断狱，庶几可及。诗云"宜民宜人，受禄于天"。⑨书曰"立功立事，可以永年"。⑩言为政而宜于民者，功成事立，则受天禄而永年命，所谓"一人有庆，万民赖之"者也。⑪

①孟康曰："以绳缚马口之谓靷。"晋灼曰："靷，古羁字也。"如淳曰："骈音捍。突，恶马也。"师古曰："马络头曰羁也。"

②师古曰："罔，谓罗网也。"

③师古曰："佚读与逸同。"

④师古曰："塞，止也。蕃，多也，音扶元反。嫚与慢同。"

⑤孟康曰："纂音撰。"

⑥李奇曰："欲死邪，欲腐邪？"

⑦师古曰："诋谓诬也，音丁礼反。"

⑧李奇曰："殷亦中。"

⑨师古曰："大雅假乐之诗也。盖嘉成王之德云。"

⑩师古曰："今文泰誓之辞也。永，长也。"

⑪师古曰："吕刑之辞也。一人，天子也。言天子用刑详审，有福庆之惠，则众庶咸赖之也。"

〔1〕 有税有（租）〔赋〕。　王鸣盛说下文即云"税以足食，赋以足兵"，证之颜注则合作"有税有赋"。按景祐、殿本都作"有赋"。

〔2〕 炎帝火行，故云火（炎）〔灾〕。　景祐、殿本都作"灾"。王先谦说作"灾"是。

〔3〕 齐（威）〔桓〕既没，　景祐、殿本都作"桓"。

〔4〕 矜，（特）〔持〕也。　景祐、殿本都作"持"。

〔5〕 秦人（怜之谓）〔为〕之出兵。　景祐本无"怜之"二字。王念孙说通典亦无，疑后人所加。"谓"作"为"。

〔6〕 而（功）〔国〕灭亡于后。　钱大昭说监本、闽本"功"作"国"。按景祐、殿本都作"国"。王先谦说作"国"是。

〔7〕 （遂）〔蓬〕射之子　王先谦说"遂"当为"蓬"，各本皆误。按景祐本作"蓬"，不误。

〔8〕 自此以上，（皆）〔大〕司寇所职也。　景祐、殿本都作"大"。

〔9〕 错，置（矣）〔也〕。　景祐、殿、局本都作"也"。王先谦说作"也"是。

〔10〕 （前）〔言〕萌俗浇离，　景祐本"前"作"言"。殿本"萌"作"民"。下"勿自喜也"，景祐本无"自"字。

〔11〕 缓急非有益（也）！　宋祁说姚本"益也"删去"也"字。按景祐本无"也"字。

〔12〕 （则）〔刖〕左右趾合一，　景祐、殿、局本都作"刖"。王先谦说"则"乃"刖"之误。

〔13〕 鬼薪白粲满（三）〔一〕岁为隶臣，　王先谦说"三岁"误，当为"一岁"。

〔14〕 言举毫毛之事，轻小之甚〔者〕。塞犹当（者）也。　王先谦

说“者”字当在“甚”字下。

〔15〕 遗忘，(勿)〔忽〕忘也。　景祐、殿本作“忽”。王先谦说作
“忽”是。

〔16〕 且惩其 (末) 〔未〕也。　钱大昭说荀子作“未”。按殿本作
“未”。

〔17〕 故象刑非生〔于〕治古，　“于”字据景祐、殿本补。

〔18〕 不祥莫大 (矣) 焉。　钱大昭说“矣”字衍。按殿本无。

汉书卷二十四上

食货志第四上

　　洪范八政，一曰食，二曰货。食谓农殖嘉谷可食之物，①货谓布帛可衣，②及金刀龟贝，所以分财布利通有无者也。③二者，生民之本，兴自神农之世。"斲木为耜，煣木为耒，耒〔耨〕之利以教天下"，[1]而食足；④"日中为市，致天下之民，聚天下之货，交易而退，各得其所"，而货通。⑤食足货通，然后国实民富，而教化成。黄帝以下"通其变，使民不倦"。⑥尧命四子以"敬授民时"，⑦舜命后稷以"黎民祖饥"，⑧是为政首。禹平洪水，定九州，⑨制土田，各因所生远近，赋入贡棐，⑩柴迁有无，万国作乂。⑪殷周之盛，诗书所述，要在安民，富而教之。故易称"天地之大德曰生，圣人之大宝曰位；何以守位曰仁，何以聚人曰财"。⑫财者，帝王所以聚人守位，养成群生，奉顺天德，治国安民之本也。故曰："不患寡而患不均，不患贫而患不

1025

安；盖均亡贫，和亡寡，安亡倾。"⑬是以圣王域民，⑭筑城郭以居之，制庐井以均之，⑮开市肆以通之，⑯设庠序以教之；⑰士农工商，四民有业。学以居位曰士，辟土殖谷曰农，作巧成器曰工，通财鬻货曰商。⑱圣王量能授事，四民陈力受职，故朝亡废官，邑亡敖民，地亡旷土。⑲

①师古曰："殖，生也。嘉，善也。"

②师古曰："衣音于既反。"

③师古曰："金谓五色之金也。黄者曰金，白者曰银，赤者曰铜，青者曰铅，黑者曰铁。刀谓钱币也。龟以卜占，贝以表饰，故皆为宝货也。"

④师古曰："斲，斫也。㮈，屈也。耒，手耕曲木也。耜，耒端木所以施金也。耨，耕田也。耜音似。㮈音人九反。耒音来内反。耨音乃构反。"

⑤师古曰："自'斲木为耜'以至于此，事见易上系辞。"

⑥李奇曰："器币有不便于时，则变更通利之，使民乐其业而不倦也。"

⑦师古曰："四子谓羲仲、羲叔、和仲、和叔也。事见虞书尧典也。"

⑧孟康曰："祖，始也。黎民始饥，命弃为稷官也。古文言阻。"师古曰："事见〔虞书〕舜典。"[2]

⑨师古曰："九州谓冀、兖、青、徐、扬、荆、豫、梁、雍。"

⑩应劭曰："柴，竹器也，所以盛。方曰筐，隋曰柴。"师古曰："柴读与匪同，禹贡所谓'厥贡漆丝，厥篚织文'之类是也。隋，圆而长也。隋音他果反。"

⑪师古曰："橅与茂同，勉也。言劝勉天下，迁易有无，使之交足，则万国皆治。"

⑫师古曰："下系之辞。"

⑬师古曰："论语载孔子之言。"

⑭师古曰："为邦域。"

⑮师古曰："井田之中为屋庐。"

⑯师古曰："肆，列也。"

⑰师古曰："庠序，礼官养老之处。"

⑱师古曰："鬻，卖也。鬻音弋六反。"

⑲师古曰："敖谓逸游也。旷，空也。

　理民之道，地著为本。①故必建步立晦，正其经界。②六尺为步，步百为亩，亩百为夫，夫三为屋，屋三为井，井方一里，是为九夫。八家共之，各受私田百亩，公田十亩，是为八百八十亩，馀二十亩以为庐舍。③出入相友，守望相助，疾病（则）〔相〕救[3]，民是以和睦，而教化齐同，力役生产可得而平也。

①师古曰："地著，谓安土也，音直略反。"

②师古曰："晦，古亩字也。"

③师古曰："庐，田中屋也。春夏居之，秋冬则去。"

　民受田，上田夫百亩，中田夫二百亩，下田夫三百亩。岁耕种者为不易上田；休一岁者为一易中田；休二岁者为再易下田，三岁更耕之，自爰其处。①农民户人己受田，其家众男为馀夫，亦以口受田如比。②士工商家受田，五口乃当农夫一人。此谓平土可以为法者也。若山林薮泽原陵淳卤之地，③各以肥硗多少为差。④有赋有税。税谓公田什一及工商衡虞之入也。⑤赋共车马甲兵士徒之役，⑥充实府库赐予之用。税给郊社宗庙百神之祀，天子奉养百官禄食庶事之费。民年二十受田，六十归田。七十以上，上所养也；十岁以下，上所长也；十一以上，上所强也。⑦种谷必杂五种，以备灾害。⑧田中不得有树，用妨五谷。力耕数耘，收获如寇盗之至。⑨还庐树桑，⑩菜茹有畦，瓜瓠果蓏⑪殖于疆易。⑫鸡豚狗彘毋失其时，⑬女修蚕织，则五十可以衣帛，七十可以食肉。

①孟康曰："爰，于也。"师古曰："更，互也，音工衡反。"

②师古曰："比，例也，音必寐反。"

③晋灼曰："淳，尽也，舄卤之田不生五谷也。"

④师古曰："墝，墝确也，谓瘠薄之田也，音口交反。"

⑤师古曰："赋谓计口发财，税谓收其田入也。什一，谓十取其一也。工、商、衡、虞虽不垦殖，亦取其税者，工有技巧之作，商有行贩之利，衡虞取山泽之材产也。"

⑥师古曰："徒，众也。共读曰供。"

⑦师古曰："勉强劝之，令习事也。强音其两反。"

⑧师古曰："岁月有宜，及水旱之利也。种即五谷，谓黍、稷、麻、麦、豆也。"

⑨师古曰："力谓勤作之也。如寇盗之至，谓促遽之甚，恐为风雨所损。"

⑩师古曰："还，绕也。"

⑪应劭曰："木实曰果，草实曰蓏。"张晏曰："有核曰果，无核曰蓏。"臣瓒曰："案木上曰果，地上曰蓏也。"师古曰："茹，所食之菜也。畦，区也。茹音人豫反。畦音胡圭反。蓏音来果反。"

⑫张晏曰："至此易主，故曰易。"师古曰："诗小雅信南山云'中田有庐，疆埸有瓜'，即谓此也。"

⑬师古曰："彘即豕。"

在野曰庐，在邑曰里。①五家为邻，五邻为里，四里为族，五族为党，五党为州，五州为乡。乡，万二千五百户也。邻长位下士，自此以上，稍登一级，至乡而为卿也。于〔是〕里有序而乡有庠。[4]序以明教，庠则行礼而视化焉。②春令民毕出在野，冬则毕入于邑。其诗曰："四之日举止，同我妇子，馌彼南亩。"③又曰："十月蟋蟀，入我床下，嗟我妇子，聿为改岁，入此室处。"④所以顺阴阳、备寇贼、习礼文也。春，（秋）〔将〕出民，[5]里胥平旦坐于右塾，邻长坐于（右）〔左〕塾，[5][6]毕出然后归，夕亦如之。⑥入者必持薪樵，轻重相分，班白不提挈。⑦冬，民既入，妇人同巷，相从夜绩，女工一月得四十五日。⑧必相从者，所以省费燎火，同巧拙而合习俗也。⑨男女有不得其所者，因相与歌咏，各言其伤。⑩

① 师古曰："庐各在其田中，而里聚居也。"

② 师古曰："视读为示也。"

③ 师古曰："此豳诗七月之章也。馌，馈也。四之日，周之四月，夏之二月也。农人无不举足而耕也，则其妇与子同以食来至南亩治田之处而馈之也。馌音于辄反。"

④ 师古曰："亦七月之章也。蟋蟀，蛬也，今谓之促织。聿，曰也。言寒气既至，蟋蟀渐来，则妇子皆曰岁将改矣，而去田中入室处也。蛬音拱。"

⑤ 孟康曰："里胥，如今里吏也。"师古曰："门侧之堂曰塾。坐于门侧者，督促劝之，知其早晏，防怠惰也。塾音孰。"

⑥ 师古曰："言里胥邻长亦待入毕，然后归也。

⑦ 师古曰："班白者，谓发杂色也。不提挈者，所以优老人也。"

⑧ 服虔曰："一月之中，又得夜半为十五日，凡四十五日也。

⑨ 师古曰："省费燎火，省燎火之费也。燎所以为明，火所以为温也。燎音力召反。"

⑩师古曰："怨刺之诗也。"

是月，馀子亦在于序室。①八岁入小学，学六甲五方书计之事，②始知室家长幼之节。十五入大学，学先圣礼乐，而知朝廷君臣之礼。其有秀异者，移乡学于庠序；庠序之异者，移国学于少学。诸侯岁贡少学之异者于天子，学于大学，命曰造士。③行同能偶，则别之以射，④然后爵命焉。

①苏林曰："馀子，庶子也。或曰，未任役为馀子。"师古曰："未任役者是也。幼童皆当受业，岂论嫡庶乎？"

②苏林曰："五方之异书，如今秘书学外国书也。"臣瓒曰："辨五方之名及书艺也。"师古曰："瓒说是也。"

③李奇曰："造，成也。"

④师古曰："以射试之。"

孟春之月，群居者将散，①行人振木铎徇于路，以采诗，②献之大师，比其音律，以闻于天子。③故曰王者不窥牖户而知天下。

①师古曰："谓各趣农亩也。"

②师古曰："行人，道人也，主号令之官。铎，大铃也，以木为舌，谓之木铎。徇，巡也。采诗，采取怨刺之诗也。"

③师古曰："大师，掌音律之官，教六诗以六律为之音者。比谓次之也。比音频二反。"

此先王制土处民富而教之之大略也。故孔子曰："道千乘之国，敬事而信，节用而爱人，使民以时。"①故民皆劝功乐业，先公而后私。其诗曰："有渰凄凄，兴云祁祁，雨我公田，遂及我私。"②民三年耕，则馀一年之畜。③衣食足而知荣辱，廉让生而争讼息，故三载考绩。④孔子曰"苟有用我者，期月而已可也，三年有成"，成此功也。⑤三考黜陟，馀三年食，进业曰登；⑥再登曰平，馀六年食；三登曰泰平，二十七岁，遗九年食。然后（日）〔至〕德流洽，⁽⁷⁾礼乐成焉。故曰"如有王者，必世而后仁"，⑦繇此道也。⑧

    ①师古曰："论语载孔子之言。道，治也。举事必敬，施令必信，不为奢侈，爱养其民，无夺农时。"

    ②师古曰："小雅大田之诗也。浡，阴云也。凄凄，云起貌也。祁祁，徐也。言阴阳和，风雨时，民庶庆悦，喜其先雨公田，乃及私也。"

    ③师古曰："畜读曰蓄。其下并同。"

    ④师古曰："绩，功也。言主治民者，三年一考其功也。"

    ⑤师古曰："论语载孔子之言也。用谓使为政，期月可以易俗，三年乃得成功也。"

    ⑥郑氏曰："进上百工之业也。或曰进上农工诸事业，名曰登。"

    ⑦师古曰："亦孔子之言也。解在刑法志。"

    ⑧师古曰："繇读与由同。由，用也，从也。"

    周室既衰，暴君污吏慢其经界，①繇役横作，②政令不信，上下相诈，公田不治。故鲁宣公"初税亩"，春秋讥焉。③于是上贪民怨，灾害生而祸乱作。

    ①师古曰："污谓贪秽也。"

    ②师古曰："繇读曰徭。横音胡孟反。"

    ③孟康曰："春秋谓之履亩，履践民所种好者而取之，讥其贪也。"

    陵夷至于战国，贵诈力而贱仁谊，先富有而后礼让。是时，李悝为魏文侯作尽地力之教，①以为地方百里，提封九万顷，除山泽邑居参分去一，为田六百万亩，治田勤谨则亩益三升，②不勤则损亦如之。地方百里之增减，辄为粟百八十万石矣。又曰籴甚贵伤民，③甚贱伤农；民伤则离散，农伤则国贫。故甚贵与甚贱，其伤一也。善为国者，使民毋伤而农益劝。今一夫挟五口，治田百亩，岁收亩一石半，为粟百五十石，除十一之税十五石，馀百三十五石。食，人月一石半，五人终岁为粟九十石，馀有四十五石。石三十，为钱千三百五十，除社闾尝新春秋之祠，用钱三百，馀千五十。衣，人率用钱三百，五人终岁用千五百，不足四百五十。④不幸疾病死丧之费，及上赋敛，又未与此。⑤此农夫所以常困，有不劝耕之心，而令籴至于甚贵者也。是故善平籴者，必谨观岁有上中下孰。上孰其收自四，馀四百石；⑥中孰自三，馀三百石；⑦下孰自倍，馀百石。⑧小饥则收百石，⑨中饥七十石，⑩大饥三十石。⑪故大孰则上籴三而舍一，中孰则籴二，下孰则籴一，使民适足，贾平则止。⑫小饥则发小孰之所敛，⑬中饥则发中孰之所敛，大饥则发大孰之所敛，而粜之。故虽遇饥馑水旱，籴不贵而民不散，取有馀以补不足也。行之**魏国**，国以富强。

①师古曰："**李悝**，文侯臣也。悝音恢。"

②**服虔**曰："与之三升也。"臣**瓒**曰："当言三斗。谓治田勤，则亩加三斗也。"师古曰："计数而言，字当为斗。瓒说是也。"

③**韦昭**曰："此民谓士工商也。"

④师古曰："少四百五十，不足也。"

⑤师古曰："与读曰豫。"

⑥**张晏**曰："平岁百亩收百五十石，今大孰四倍，收六百石，计民食终岁长四百石，官籴三百石，此为籴三舍一也。"

⑦**张晏**曰："自三，四百五十石也。终岁长三百石，官籴二百石，此为

粂二而舍一也。”

⑧张晏曰：“自倍，收三百石，终岁长百石，官粂其五十石，云下孰粂一，谓中分百石之一。”

⑨张晏曰：“平岁百亩之收，收百五十石，今小饥收百石，收三分之二也。”

⑩张晏曰：“收二分之一。”

⑪张晏曰：“收五分之一也。以此准之，大小中饥之率也。”

⑫师古曰：“贾读曰价。”

⑬李奇曰：“官以敛藏出粜也。”

及秦孝公用商君，坏井田，开仟伯，①急耕战之赏，虽非古道，犹以务本之故，倾邻国而雄诸侯。然王制遂灭，僭差亡度。庶人之富者累巨万，②而贫者食糟糠；有国强者兼州域，而弱者丧社稷。至于始皇，遂并天下，内兴功作，外攘夷狄，收泰半之赋，③发闾左之戍。④男子力耕不足粮饷，⑤女子纺绩不足衣服。竭天下之资财以奉其政，犹未足以澹其欲也。⑥海内愁怨，遂用溃畔。⑦

①师古曰：“仟伯，田间之道也。南北曰仟，东西曰伯。伯音莫白反。”

②师古曰：“巨，大也。大万，谓万万也。累者兼数，非止一也。言其资财积累万万也。”

③师古曰：“泰半，三分取其二。”

④应劭曰：“秦时以適发之，名適戍。先发吏有过及赘婿、贾人，后以尝有市籍者发，又后以大父母、父母尝有市籍者。戍者曹辈尽，复入闾，取其左发之，未及取右而秦亡。”师古曰：“闾，里门也。言居在（闾）〔里〕门之左者，[8]一切发之。此闾左之释，应最得之，诸家之义烦秽舛错，故无所取也。”

⑤师古曰:"饟,古饷字也。"

⑥师古曰:"澹,古赡字也。赡,给也。其下并同。"

⑦师古曰:"下逃其上曰溃。"

汉兴,接秦之敝,诸侯并起,民失作业,而大饥馑。凡米石五千,人相食,死者过半。高祖乃令民得卖子,就食蜀汉。天下既定,民亡盖臧,①自天子不能具醇驷,②而将相或乘牛车。③上于是约法省禁,轻田租,什五而税一,量吏禄,度官用,以赋于民。④而山川园池市肆租税之入,自天子以至封君汤沐邑,皆各为私奉养,不领于天子之经费。⑤漕转关东粟以给中都官,岁不过数十万石。⑥孝惠、高后之间,衣食滋殖。文帝即位,躬修俭节,思安百姓。时民近战国,皆背本趋末,贾谊说上曰:

①苏林曰:"无物可盖臧。"

②师古曰:"醇,不杂也。无醇色之驷,谓四马杂色也。"

③师古曰:"以牛驾车也。"

④师古曰:"才取足。"

⑤师古曰:"言各收其所赋税以自供,不入国朝之仓廪府库也。经,常也。"

⑥师古曰:"中都官,京师诸官府也。"

管子曰"仓廪实而知礼节"。①民不足而可治者,自古及今,未之尝闻。古之人曰:"一夫不耕,或受之饥;一女不织,或受之寒。"生之有时,而用之亡度,则物力必屈。②古之治天下,至纤至悉也,③故其畜积足恃。今背本而趋末,食者甚众,是天下之大残也;④淫侈之俗,日日以长,是天下之大贼也。残贼公行,莫之或止;大命将泛,⑤莫之振

救。⑥生之者甚少而靡之者甚多,⑦天下财产何得不蹶!⑧汉之
为汉几四十年矣,⑨公私之积犹可哀痛。⑩失时不雨,民且狼
顾;⑪岁恶不入,请卖爵、子。⑫既闻耳矣,⑬安有为天下阽危
者若是而上不惊者!⑭

①师古曰:"笮与管同。管子,管仲之书也。"

②师古曰:"屈,尽也。音其勿反。"

③师古曰:"孅,细也。悉,尽其事也。孅与纤同。"

④师古曰:"本,农业也。末,工商也。言人已弃农而务工商矣,其食
米粟者又甚众。残谓伤害也。"

⑤孟康曰:"泛音方勇反。泛,覆也。"师古曰:"字本作氾,此通
用也。"

⑥师古曰:"振,举也。"

⑦师古曰:"靡,散也,音縻。"

⑧应劭曰:"蹶,倾竭也。"师古曰:"蹶音厥。"

⑨师古曰:"几,近也。音巨衣反。"

⑩师古曰:"言年载已多,而无储积。"

⑪郑氏曰:"民欲有畔意,若狼之顾望也。"李奇曰:"狼性怯,走憙
还顾。言民见天不雨,今亦恐也。"师古曰:"李说是也。"

⑫如淳曰:"卖爵级又卖子也。"

⑬如淳曰:"闻于天子之耳。"

⑭师古曰:"阽危,欲坠之意也。音阎,又音丁念反。"

1035

　　世之有饥穰,天之行也,①禹、汤被之矣。②即不幸有方
二三千里之旱,国胡以相恤?③卒然边境有急,数十百万之
众,国胡以馈之?④兵旱相乘,天下大屈,⑤有勇力者聚徒而
衡击,⑥罢夫羸老易子而咬其骨。⑦政治未毕通也,远方之能

疑者并举而争起矣，⑧乃骇而图之，岂将有及乎？⑨

①李奇曰："天之行气，不能常孰也。或曰，行，道也。"师古曰："穰，丰也，音人常反。"

②师古曰："谓禹遭水，而汤遭旱也。"

③师古曰："胡，何也。"

④师古曰："卒读曰猝。馈亦馈字也"

⑤师古曰："屈音其勿反。"

⑥师古曰："衡，横也。"

⑦师古曰："罢读曰疲。咬，啮也，音五巧反。"

⑧师古曰："疑读曰拟。拟，僭也，谓与天子相比拟。"

⑨师古曰："图谓谋也。"

　　夫积贮者，天下之大命也。苟粟多而财有馀，何为而不成？以攻则取，以守则固，以战则胜。怀敌附远，何招而不至？①今殴民而归之农，皆著于本，②使天下各食其力，末技游食之民转而缘南亩，③则畜积足而人乐其所矣。可以为富安天下，而直为此廪廪也，④窃为陛下惜之！

①师古曰："怀，来也，安也。"

②师古曰："殴亦驱字。著音直略反。"

③师古曰："言皆趋农作也。"

④李奇曰："廪廪，危也。"师古曰："言务耕农，厚畜积，则天下富安，何乃不为，而常不足廪廪若此。"

　　于是上感谊言，始开籍田，躬耕以劝百姓。晁错复说上曰：

　　圣王在上而民不冻饥者，非能耕而食之、织而衣之也，①为开其资财之道也。故尧、禹有九年之水，汤有七年之旱，而国亡捐瘠者，②以畜积多而备先具也。今海内为一，土地人民之众不避汤、禹，加以亡天灾数年之水旱，而畜积未及者，何也？地有遗利，民有馀力，生谷之土未尽垦，山泽之利未尽出也，游食之民未尽归农也。民贫，则奸邪生。贫生于不足，不足生于不农，不农则不地著，不地著则离乡轻家，民如鸟兽，虽有高城深池，严法重刑，犹不能禁也。

① 师古曰："食读曰飤。衣音于既反。"

② 孟康曰："肉腐为瘠。捐，骨不埋者。或曰，捐谓民有饥相弃捐者。或谓贫乞者为捐。"苏林曰："瘠音渍。"师古曰："瘠，瘦病也。言无相弃捐而瘦病者耳。不当音渍也。贫乞之释，尤疏僻焉。"

　　夫寒之于衣，不待轻暖；① 饥之于食，不待甘旨；② 饥寒至身，不顾廉耻。人情，一日不再食则饥，终岁不制衣则寒。夫腹饥不得食，肤寒不得衣，虽慈母不能保其子，君安能以有其民哉！明主知其然也，故务民于农桑，薄赋敛，广畜积，以实仓廪，备水旱，故民可得而有也。

① 师古曰："以御风霜，不求靡丽也。暖音乃短反。"

② 师古曰："旨，美也。"

　　民者，在上所以牧之，趋利如水走下，四方亡择也。① 夫珠玉金银，饥不可食，寒不可衣，然而众贵之者，以上用之故也。其为物轻微易臧，在于把握，可以周海内而亡饥寒之患，② 此令臣轻背其主，而民易去其乡，盗贼有所劝，亡逃者得轻资也。粟米布帛生于地，长于时，聚于力，非可一日成也；数石之重，中人弗胜，③ 不为奸邪所利，一日弗得而饥寒至。是故明君贵五谷而贱金玉。

① 师古曰："走音奏。"

②师古曰:"周谓周遍而游行。"

③师古曰:"中人者,处强弱之中也。"

今农夫五口之家,其服役者不下二人,①其能耕者不过百亩,百亩之收不过百石。春耕夏耘,秋获冬臧,伐薪樵,治官府,给繇役;春不得避风尘,夏不得避暑热,秋不得避阴雨,冬不得避寒冻,四时之间亡日休息;又私自送往迎来,吊死问疾,养孤长幼在其中。勤苦如此,尚复被水旱之灾,急政暴(虐)〔赋〕,[9]赋敛不时,朝令而暮改。当具有者半贾而卖,②亡者取倍称之息,③于是有卖田宅鬻子孙以偿责者矣。而商贾大者积贮倍息,小者坐列贩卖,④操其奇赢,日游都市,⑤乘上之急,所卖必倍。⑥故其男不耕耘,女不蚕织,衣必文采,食必(粱)〔粱〕肉;⑦[10]亡农夫之苦,有仟伯之得。⑧因其富厚,交通王侯,力过吏势,以利相倾;千里游敖,冠盖相望,乘坚策肥,履丝曳缟。⑨此商人所以兼并农人,农人所以流亡者也。

①师古曰:"服,事也,给公事之役也。"

②师古曰:"本直千钱者,止得五百也。贾读曰价。"

③如淳曰:"取一偿二为倍称。"师古曰:"称,举也,今俗所谓举钱者也。"

④师古曰:"行卖曰商,坐贩曰贾。列者,若今市中卖物行也。贾音古。"

⑤师古曰:"奇赢,谓有馀财而畜聚奇异之物也。一说,(字)〔奇〕谓残馀物也,[11]音居宜反。"

⑥师古曰:"上所急求,则其价倍贵。"

⑦师古曰:"(粱)〔粱〕,好粟也,即今之(粱)〔粱〕米。"

⑧师古曰："仟谓千钱，伯谓百钱也。伯音莫白反。今俗犹谓百钱为一伯。"

⑨师古曰："坚谓好车也。缟，皓素也，缯之精白者也。"

今法律贱商人，商人已富贵矣；尊农夫，农夫已贫贱矣。故俗之所贵，主之所贱也；吏之所卑，法之所尊也。上下相反，好恶乖迕，①而欲国富法立，不可得也。方今之务，莫若使民务农而已矣。欲民务农，在于贵粟；贵粟之道，在于使民以粟为赏罚。今募天下入粟县官，得以拜爵，得以除罪。如此，富人有爵，农民有钱，粟有所渫。②夫能入粟以受爵，皆有馀者也；取于有馀，以供上用，则贫民之赋可损，③所谓损有馀补不足，令出而民利者也。顺于民心，所补者三：一曰主用足，二曰民赋少，三曰劝农功。今令民有车骑马一匹者，复卒三人。④车骑者，天下武备也，故为复卒。⑤神农之教曰："有石城十仞，⑥汤池百步，⑦带甲百万，而亡粟，弗能守也。"以是观之，粟者，王者大用，政之本务。令民入粟受爵至五大夫以上，乃复一人耳，⑧此其与骑马之功相去远矣。爵者，上之所擅，出于口而亡穷；⑨粟者，民之所种，生于地而不乏。夫得高爵与免罪，人之所甚欲也。使天下〔人〕入粟于边，〔12〕以受爵免罪，不过三岁，塞下之粟必多矣。

①师古曰："迕，违也。好音呼到反。恶音乌故反。迕音五故反。"

②师古曰："渫，散也，音先列反。此下亦同也。"

③师古曰："损，减也。"

④如淳曰："复三卒之算钱也。或曰，除三夫不作甲卒也。"师古曰："当为卒者，免其三人；不为卒者，复其钱耳。复音方目反。"

⑤师古曰："为音于伪反。"

⑥应劭曰："仞，五尺六寸也。"师古曰："此说非也。八尺曰仞，取人
申臂之一寻也。"

⑦师古曰："池，城边池也。以沸汤为池，不可辄近，喻严固之（基）
〔甚〕。〔13〕"

⑧师古曰："五大夫，第九等爵也。复音方目反。"

⑨师古曰："擅，专也。"

于是文帝从错之言，令民入粟边，六百石爵上造，①稍增至
四千石为五大夫，②万二千石为大庶长，③各以多少级数为差。错
复奏言："陛下幸使天下入粟塞下以拜爵，甚大惠也。窃恐塞卒
之食不足用大渫天下粟。边食足以支五岁，可令入粟郡县矣；④
足支一岁以上，可时赦，勿收农民租。如此，德泽加于万民，民
俞勤农。⑤时有军役，若遭水旱，民不困乏，天下安宁；岁孰且
美，则民大富乐矣。"上复从其言，乃下诏赐民十二年租税之半。
明年，遂除民田之租税。

①师古曰："上造，第二等爵也。"

②师古曰："五大夫，第九等爵。"

③师古曰："大庶长，第十八等爵也。"

④师古曰："入诸郡县，以备凶灾也。"

⑤师古曰："俞，进也，音逾，又音愈。"

后十三岁，孝景二年，令民半出田租，三十而税一也。其
后，上郡以西旱，复修卖爵令，而裁其贾以招民；①及徒复作，
得输粟于县官以除罪。②始造苑马以广用，③宫室列馆车马益增修
矣。然娄敕有司以农为务，④民遂乐业。至武帝之初七十年间，
国家亡事，非遇水旱，则民人给家足，都鄙廪庾尽满，而府库馀

财。京师之钱累百钜万，贯朽而不可校。⑤太仓之粟陈陈相因，⑥充溢露积于外，腐败不可食。众庶街巷有马，仟伯之间成群，⑦乘牸牝者摈而不得会聚。⑧守闾阎者食粱肉；为吏者长子孙；⑨居官者以为姓号。⑩人人自爱而重犯法，⑪先行谊而黜媿辱焉。⑫于是罔疏而民富，役财骄溢，或至并兼豪党之徒以武断于乡曲。⑬宗室有土，公卿大夫以下争于奢侈，⑭室庐车服僭上亡限。物盛而衰，固其变也。

①师古曰："贾读曰价。裁谓减省之也。"
②师古曰："复音房目反。解在宣纪。"
③师古曰："苑马，谓为苑以牧马。"
④师古曰："娄，古屡字。"
⑤师古曰："累百钜万，谓数百万万也。校谓计数也。"
⑥师古曰："陈谓久旧也。"
⑦师古曰："谓田中之阡陌也。"
⑧孟康曰："皆乘父马，有牝马间其间则踶啮，故斥出不得会同。"师古曰："言时富饶；故耻乘牸牝，不必以其踶啮也。踶，蹋也，音大奚反。"
⑨如淳曰："时无事，吏不数转，至于（长生）〔生长〕子孙而不转职也。〔14〕"
⑩如淳曰："货殖传仓氏、庾氏是也。"
⑪师古曰："重，难也。"
⑫师古曰："以行谊为先，以媿辱相黜也。行音下更反。"
⑬师古曰："恃其饶富，则擅行威罚也。断音丁唤反。"
⑭师古曰："有土，谓国之宗姓受封邑土地者也。"

是后，外事四夷，内兴功利，役费并兴，而民去本。董仲舒说上曰："春秋它谷不书，至于麦禾不成则书之，以此见圣人于五谷最重麦与禾也。今关中俗不好种麦，是岁失春秋之所重，而损生民之具也。愿陛下幸诏大司农，使关中民益种宿麦，令毋后时。"①又言："古者税民不过什一，其求易共；②使民不过三日，其力易足。民财内足以养老尽孝，外足以事上共税，下足以畜妻子极爱，故民说从上。③至秦则不然，用商鞅之法，改帝王之制，除井田，民得卖买，富者田连仟伯，贫者亡立锥之地。又颛川泽之利，管山林之饶，④荒淫越制，逾侈以相高；邑有人君之尊，里有公侯之富，小民安得不困？又加月为更卒，已，复为正一岁，屯戍一岁，力役三十倍于古；⑤田租口赋，盐铁之利，二十倍于古。⑥或耕豪民之田，见税什五。⑦故贫民常衣牛马之衣，而食犬彘之食。重以贪暴之吏，刑戮妄加，⑧民愁亡聊，亡逃山林，转为盗贼，赭衣半道，断狱岁以千万数。汉兴，循而未改。古井田法虽难卒行，宜少近古，⑨限民名田，以澹不足，⑩塞并兼之路。盐铁皆归于民。去奴婢，除专杀之威。⑪薄赋敛，省徭役，以宽民力。然后可善治也。"仲舒死后，功费愈甚，天下虚耗，人复相食。⑫

①师古曰："宿麦，谓其苗经冬。"

②师古曰："共读曰供。次下亦同。"

③师古曰："说读曰悦也。"

④师古曰："颛与专同。管，主也。"

⑤师古曰："更卒，谓给郡县一月而更者也。正卒，谓给中都官者也。率计今人一岁之中，屯戍及力役之事三十倍多于古也。更音工衡反。"

⑥如淳曰："秦卖盐铁贵，故下民受其困也。"师古曰："既收田租，

又出口赋，而官更夺盐铁之利。率计今人一岁之中，失其资产，二十倍多于古也。"

⑦如淳曰："十税其五。"师古曰："言下户贫人，自无田而耕垦豪富家田，十分之中，以五输本田主也。"

⑧师古曰："重音直用反。"

⑨师古曰："卒读曰猝。近音其靳反。"

⑩师古曰："名田，占田也。各为立限，不使富者过制，则贫弱之家可足也。"

⑪服虔曰："不得专杀奴婢也。"

⑫师古曰："耗音呼到反。"

武帝末年，悔征伐之事，乃封丞相为富民侯。①下诏曰："方今之务，在于力农。"以赵过为搜粟都尉。过能为代田，一亩三甽。②岁代处，故曰代田，③古法也。后稷始甽田，以二耜为耦，④广尺深尺曰甽，长终亩。一亩三甽，一夫三百甽，而播种于甽中。⑤苗生叶以上，稍耨陇草，⑥因隤其土以附（根苗）〔苗根〕。⑦〔15〕故其诗曰："或芸或芋，黍稷儗儗。"⑧芸，除草也。（秄）〔芋〕，附根也。〔16〕言苗稍壮，每耨辄附根，比盛暑，陇尽而根深，⑨能风与旱，⑩故儗儗而盛也。其耕耘下种田器，皆有便巧。率十二夫为田一井一屋，故亩五顷，⑪用耦犁，二牛三人，一岁之收常过缦田亩一斛以上，⑫善者倍之。⑬过使教田太常、三辅，⑭大农置工巧奴与从事，为作田器。二千石遣令长、三老、力田及里父老善田者受田器，学耕种养苗状。⑮民或苦少牛，亡以趋泽，⑯故平都令光教过以人挽犁。⑰过奏光以为丞，教民相与庸挽犁。⑱率多人者田日三十亩，少者十三亩，以故田多垦辟。过试以离宫卒田其宫壖地，⑲课得谷皆多其旁田亩一斛以上。令命家田三辅公田，⑳又教边郡及居延城。㉑是后边城、河东、弘农、三辅、太常民皆便代田，用力少而得谷多。

①韦昭曰："沛蕲县也。"师古曰："欲百姓之殷实，故取其嘉名也。"

②师古曰："甽，垄也，音工犬反，字或作畎。"

③师古曰："代，易也。"

④师古曰："并两耜而耕。"

⑤师古曰："播，布也。种谓谷子也。"

⑥师古曰："耨，锄也。"

⑦师古曰："隤谓下之也，音颓。"

⑧师古曰："小雅甫田之诗。倰倰，盛貌。芸音云。芋音子。倰音拟。"

⑨师古曰："比音必寐反。"

⑩师古曰："能读曰耐也。"

⑪邓展曰："九夫为井，三夫为屋。夫百亩，于古为十二顷。古百步为亩，汉时二百四十步为亩，古千二百亩，则得今五顷。"

⑫师古曰："缦田，谓不为（亩）〔甽〕者也。[17]缦音莫干反。"

⑬师古曰："善为甽者，又过缦田二斛以上也。"

⑭苏林曰："太常主诸陵，有民，故亦课田种也。"

⑮苏林曰："为法意状也。"

⑯师古曰："趋读曰趣。趣，及也。泽，雨之润泽也。"

⑰师古曰："輓，引也，音晚。"

⑱师古曰："庸，功也，言（挽）〔换〕功共作也。[18]义亦与庸赁同。"

⑲师古曰："离宫，别处之宫，非天子所常居也。壖，馀也。宫壖地，谓外垣之内，内垣之外也。诸缘河壖地，庙垣壖地，其义皆同。守离宫卒，闲而无事，因令于壖地为田也。壖音而缘反。"

⑳李奇曰："令，使也。命者，教也。令离宫卒教其家田公田也。"韦昭曰："命谓爵命者。命家，谓受爵命一爵为公士以上，令得田公

田，优之也。"师古曰："令音力成反。"

㉑韦昭曰："居延，张掖县也。时有甲卒也。"

至昭帝时，流民稍还，田野益辟，颇有畜积。宣帝即位，用吏多选贤良，百姓安土，岁数丰穰，①谷至石五钱，农人少利。时大司农中丞耿寿昌以善为算能商功利②得幸于上，五凤中奏言："故事，岁漕关东谷四百万斛以给京师，③用卒六万人。宜籴三辅、弘农、河东、上党、太原郡谷足供京师，可以省关东漕卒过半。"又白增海租三倍，天子皆从其计。御史大夫萧望之奏言："故御史属徐宫④家在东莱，言往年加海租，鱼不出。长老皆言武帝时县官尝自渔，海鱼不出，后复予民，鱼乃出。夫阴阳之感，物类相应，万事尽然。今寿昌欲近籴漕关内之谷，筑仓治船，费直二万万馀，⑤有动众之功，恐生旱气，民被其灾。寿昌习于商功分铢之事，其深计远虑，诚未足任，宜且如故。"上不听。漕事果便，寿昌遂白令边郡皆筑仓，以谷贱时增其贾而籴，以利农，谷贵时减贾而粜，名曰常平仓。⑥民便之。上乃下诏，赐寿昌爵关内侯。而蔡葵以好农使劝郡国，至大官。⑦

①师古曰："数音所角反。穰音人常反。"

②师古曰："商，度也。"

③师古曰："漕，水运。"

④李奇曰："御史大夫属。"

⑤服虔曰："万万，亿也。"

⑥师古曰："贾并读曰价。"

⑦师古曰："为使而劝郡国也。使音山（史）〔吏〕反。[19]"

元帝即位，天下大水，关东郡十一尤甚。二年，齐地饥，谷石三百馀，民多饿死，琅邪郡人相食。在位诸儒多言盐铁官及北假田官、常平仓可罢，①毋与民争利。上从其议，皆罢之。又罢建章、甘泉宫卫，角抵，齐三服官，省禁苑以予贫民，减诸侯王庙卫卒半。又减关中卒五百人，转谷振贷穷乏。其后用度不足，独复盐铁官。

①孟康曰："北假，地名也。"

成帝时，天下亡兵革之事，号为安乐，然俗奢侈，不以畜聚为意。永始二年，梁国、平原郡比年伤水灾，①人相食，刺史守相坐免。

①师古曰："比，频也。"

哀帝即位，师丹辅政，建言："古之圣王莫不设井田，然后治乃可平。①孝文皇帝承亡周乱秦兵革之后，天下空虚，故务劝农桑，帅以节俭。民始充实，未有并兼之害，故不为民田及奴婢为限。②今累世承平，豪富吏民訾数巨万，而贫弱俞困。盖君子为政，贵因循而重改作，③然所以有改者，将以救急也。亦未可详，宜略为限。"④天子下其议。丞相孔光、大司空何武奏请："诸侯王、列侯皆得名田国中。列侯在长安，公主名田县道，及关内侯、吏民名田皆毋过三十顷。诸侯王奴婢二百人，列侯、公主百人，关内侯、吏民三十人。期尽三年，犯者没入官。"时田宅奴婢贾为减贱，丁、傅用事，董贤隆贵，皆不便也。⑤诏书且须后，⑥遂寝不行。宫室苑囿府库之臧已侈，百姓訾富虽不及文景，然天下户口最盛矣。

①师古曰："建，立也，立其议也。"

②师古曰："不为作限制。上为音于伪反。"

③师古曰："重，难也。"

④师古曰："详谓悉尽也。"

⑤师古曰："丁、傅及董贤之家皆不便此事也。"

⑥师古曰："须，待也。"

平帝崩，王莽居摄，遂篡位。王莽因汉承平之业，匈奴称藩，百蛮宾服，舟车所通，尽为臣妾，府库百官之富，天下晏然。莽一朝有之，其心意未满，①狭小汉家制度，以为疏阔。②宣帝始赐单于印玺，与天子同，而西南夷钩町称王。③莽乃遣使易单于印，贬钩町王为侯。二方始怨，侵犯边境。莽遂兴师，发三十万众，欲同时十道并出，一举灭匈奴；募发天下囚徒丁男甲卒转委输兵器，自负海江淮而至北边，④使者驰传督趣，⑤海内扰矣。又动欲慕古，不度时宜，⑥分裂州郡，改职作官，下令曰："汉氏减轻田租，三十而税一，常有更赋，罢癃咸出，⑦而豪民侵陵，分田劫假，⑧厥名三十，实什税五也。富者骄而为邪，贫者穷而为奸，俱陷于辜，刑用不错。⑨今更名天下田曰王田，奴婢曰私属，皆不得卖买。其男口不满八，而田过一井者，分馀田与九族乡党。"犯令，法至死，制度又不定，吏缘为奸，天下謷謷然，陷刑者众。⑩

①师古曰："谓爱惜之意未厌饱也。"

②师古曰："莽以汉家制度为泰疏阔，而更之令狭小。"

③师古曰："钩音巨于反。町音大鼎反。"

④如淳曰："负，背也。"

⑤师古曰："传音张恋反。趣读曰促。"

⑥师古曰："度音大各反。"

1047

⑦晋灼曰:"虽老病者,皆复出口算。"师古曰:"更音工衡反。罢读曰疲。"

⑧师古曰:"分田,谓贫者无田而取富人田耕种,共分其所收也。假亦谓贫人赁富人之田也。劫者,富人劫夺其税,侵欺之也。"

⑨师古曰:"错,置也。"

⑩师古曰:"嗸嗸,众口愁声也,音敖。"

后三年,莽知民愁,下诏诸食王田及私属皆得卖买,勿拘以法。然刑罚深刻,它政詿乱。①边兵二十馀万人仰县官衣食,②用度不足,数横赋敛,③民俞贫困。常苦枯旱,亡有平岁,谷贾翔贵。④

①师古曰:"詿,乖也,音布内反。"

②师古曰:"仰音牛向反。"

③师古曰:"数音所角反。横(因)〔音〕胡孟反。"〔20〕

④晋灼曰:"翔音常。"师古曰:"晋说非也。翔言如鸟之回翔,谓不离于贵也。若暴贵,称腾踊也。"

末年,盗贼群起,发军击之,将吏放纵于外。北边及青徐地人相食,雒阳以东米石二千。莽遣三公将军开东方诸仓振贷穷乏,又分遣大夫谒者教民煮木为酪;①酪不可食,重为烦扰。②流民入关者数十万人,置养澹官以禀之,吏盗其禀,③饥死者什七八。莽耻为政所致,乃下诏曰:"予遭阳九之厄,百六之会,④枯旱霜蝗,饥馑荐臻,蛮夷猾夏,寇贼奸轨,百姓流离。予甚悼之,害气将究矣。"⑤岁为此言,以至于亡。

①服虔曰:"煮木实,或曰如今饵术之属也。"如淳曰:"作杏酪之属也。"师古曰:"如说是也。"

②<u>师古</u>曰："重音直用反。"

③<u>师古</u>曰："稟，给也。盗其稟者，盗所给之物。稟音彼甚反。"

④<u>师古</u>曰："此历法应有灾岁之期也。事在律历志。"

⑤<u>师古</u>曰："究，竟尽也。"

【校勘记】

〔1〕 耒(目)〔耜〕之利以教天下， <u>王先谦</u>说据<u>颜</u>注，作"耜"
是。按<u>景祐</u>、殿本都作"耜"。

〔2〕 事见〔<u>虞书</u>〕舜典。 <u>王先谦</u>说<u>唐</u>写本"事见"下有"<u>虞书</u>"
二字。按<u>景祐</u>本有。

〔3〕 疾病(则)〔相〕救。 <u>景祐</u>、殿本都作"相"。<u>王先谦</u>说作
"相"是。

〔4〕 于〔是〕里有序而乡有庠； <u>宋祁</u>说"于里有序""于"字下
当添"是"字。按<u>景祐</u>本有"是"字。

〔5〕 春，(秋)〔将〕出民， <u>张文虎</u>说<u>粤</u>本"秋"作"将"，是。
按<u>景祐</u>、殿本都作"将"。

〔6〕 邻长坐于(右)〔左〕塾， <u>景祐</u>、殿、局本都作"左"，
此误。

〔7〕 然后(目)〔至〕德流洽， <u>景祐</u>本作"至"。<u>王先谦</u>说作
"至"是。

〔8〕 言居在(闾)〔里〕门之左者， <u>景祐</u>、殿本都作"里"。

〔9〕 急政暴(虐)〔赋〕， <u>景祐</u>本作"赋"。<u>王念孙</u>说作"赋"是。
按通鉴亦作"赋"。

〔10〕 食必(粱)〔梁〕肉； <u>景祐</u>、殿、局本都作"梁"。<u>王先谦</u>
说作"梁"是。注同。

〔11〕 一说，(字)〔奇〕谓残馀物也， <u>景祐</u>、殿、局本都作

食货志第四上

1049

"奇"。王先谦说作"奇"是。

[12] 使天下〔人〕入粟于边， 景祐、殿本都有"人"字，通鉴亦有。

[13] 喻严固之（基）〔甚〕。 景祐、殿本都作"甚"。王先谦说作"甚"是。

[14] 至于（长生）〔生长〕子孙而不转职也。 景祐、殿本都作"生长"。

[15] 因隤其土以附（根苗）〔苗根〕。 景祐、殿本都作"苗根"。王先谦说作"苗根"是。

[16] （秄）〔芋〕，附根也。 王先谦说殿本"秄"作"芋"是。

[17] 缦田，谓不为（亩）〔畎〕者也。 景祐、殿本都作"畎"。王先谦说作"畎"是。

[18] 言（挽）〔换〕功共作也。 景祐、殿本都作"换"。王先谦说作"换"是。

[19] 使音山（史）〔吏〕反。 景祐、殿本都作"吏"。王先谦说唐写本同。

[20] 横（因）〔音〕胡孟反。 景祐、殿本都作"音"，此误。

汉 书 卷 二 十 四 下

食货志第四下

凡货，金钱布帛之用，夏殷以前其详靡记云。太公为周立九
府圜法：①黄金方寸，而重一斤；钱圜函方，②轻重以铢；③布帛广
二尺二寸为幅，长四丈为匹。故货宝于金，利于刀，④流于泉，⑤
布于布，⑥束于帛。⑦

①李奇曰："圜即钱也。圜一寸，而重九两。"师古曰："此说非也。周
　　官太府、玉府、内府、外府、泉府、天府、职内、职金、职币皆掌
　　财币之官，故云九府。圜谓均而通也。"

②孟康曰："外圜而内孔方也。"

③师古曰："言黄金以斤为名，钱则以铢为重也。"

④如淳曰："名钱为刀者，以其利于民也。"

⑤如淳曰："流行如泉也。"

⑥如淳曰："布于民间。"

⑦李奇曰："束，聚也。"

1051

太公退，又行之于齐。至管仲相桓公，通轻重之权，曰：
"岁有凶穰，故谷有贵贱；①令有缓急，故物有轻重。②人君不理，
则畜贾游于市，③乘民之不给，百倍其本矣。④故万乘之国必有万
金之贾，千乘之国必有千金之贾者，利有所并也。计本量委则足
矣，⑤然而民有饥饿者，谷有所臧也。⑥民有馀则轻之，故人君敛
之以轻；民不足则重之，故人君散之以重。⑦凡轻重敛散之以时，
则准平。〔守准平〕，[1]使万室之邑必有万锺之臧，臧繦千万；⑧千
室之邑必有千锺之臧，臧繦百万。春以奉耕，夏以奉耘，⑨耒耜
器械，种馕粮食，必取澹焉。⑩故大贾畜家不得豪夺吾民矣。"⑪
桓公遂用区区之齐合诸侯，显伯名。⑫

①师古曰："穰音人常反。"

②李奇曰："上令急于求米则民重米，缓于求米则民轻米。"

③师古曰："畜读曰蓄。蓄贾，谓贾人之多蓄积者。"

④师古曰："给，足也。"

⑤李奇曰："委，积也。"

⑥师古曰："言富人多臧谷，故令贫者食不足也。"

⑦李奇曰："民轻之时，为敛籴之；重之时，官为散也。"

⑧李奇曰："繦，落也。"孟康曰："六斛四斗为锺。繦，钱贯也。管
子曰'凶（庾）〔岁〕籴，釜十繦'。"[2]师古曰："孟说是也。繦音
居两反。"

⑨师古曰："奉谓供事也。"

⑩师古曰："种，五谷之种也。馕字与饷同，谓饷田之具也。"

⑪师古曰："畜读曰蓄。豪谓轻侮之也，字本作勢，盖通用耳。"

⑫师古曰："伯读曰霸。"

其后百馀年，周景王时患钱轻，将更铸大钱，①单穆公曰：

"不可。②古者天降灾戾，③于是乎量资币，权轻重，以救民。④民患轻，则为之作重币以行之，于是有母权子而行，民皆得焉。⑤若不堪重，则多作轻而行之，亦不废重，于是乎有子权母而行，小大利之。⑥今王废轻而作重，民失其资，能无匮乎？民若匮，王用将有所乏；乏将厚取于民；⑦民不给，将有远志，是离民也。⑧且绝民用以实王府，犹塞川原为潢洿也，⑨竭亡日矣。王其图之。"弗听，卒铸大钱，文曰"宝货"，肉好皆有周郭，⑩以劝农澹不足，百姓蒙利焉。⑪

①应劭曰："大于旧钱，其价重也。"

②师古曰："单穆公，周大夫单旗。单音善。"

③师古曰："戾，恶气也。一曰，戾，至也。"

④应劭曰："资，财也。量资币多少有无，平其轻重也。"师古曰："凡言币者，皆所以通货物，易有无也，故金之与钱，皆名为币也。"

⑤应劭曰："母，重也，其大倍，故为母也。子，轻也，其轻少半，故为子也。民患币之轻而物贵，为重币以平之，权时而行，以废其轻。故曰母权子，犹言重权轻也。民皆得者，本末有无皆得其利也。"孟康曰："重为母，轻为子，若市八十钱物，以母当五十，以子三十续之。"

⑥应劭曰："民患币重，则多作轻钱而行之，亦不废去重者，言重者行其贵，轻者行其贱也。"

⑦师古曰："厚犹多也，重也。"

⑧师古曰："远志，谓去其本居而散（忘）〔亡〕也。"〔3〕

⑨师古曰："原谓水泉之本也。潢洿，停水也。潢音黄。洿音一胡反。"

⑩韦昭曰："肉，钱形也。好，孔也。"

⑪孟康曰："单穆公曰'竭无日矣'，不得复云百姓蒙利焉。"臣瓒曰："但是不听不铸大钱耳，犹自从其不废轻，此言母子并用，故蒙其利

也。"师古曰："二说皆非也。单旗虽有此言，王终自铸钱，果有便，故百姓蒙其利也。"

秦兼天下，币为二等：黄金以溢为名，上币；①铜钱质如周钱，②文曰"半两"，重如其文。而珠玉龟贝银锡之属为器饰宝藏，不为币，然各随时而轻重无常。

①孟康曰："二十两为溢。"师古曰："改周一斤之制，更以溢为金之名数也。高祖初赐张良金百溢，此尚秦制也。上币者，二等之中黄金为上而钱为下也。"

②臣瓒曰："言钱之形质如周钱，唯文异耳。"

汉兴，以为秦钱重难用，更令民铸荚钱。①黄金一斤。②而不轨逐利之民畜积馀赢以稽市物，痛腾跃，③米至石万钱，马至匹百金。天下已平，高祖乃令贾人不得衣丝乘车，重税租以困辱之。④孝惠、高后时，为天下初定，复弛商贾之律，⑤然市井子孙亦不得（宦为吏）〔为官吏〕。[4]孝文五年，为钱益多而轻，乃更铸四铢钱，其文为"半两"。除盗铸钱令，使民放铸。⑥贾谊谏曰：

①如淳曰："如榆荚也。"师古曰："荚音颊。"

②师古曰："复周之制，更以斤名金。"

③李奇曰："稽，贮滞也。"晋灼曰："痛，甚也。言计市物贱，豫益畜之，物贵而出卖，故使物甚腾跃也。"师古曰："不轨，谓不循轨度者也。言以其赢馀之财蓄积群货，使物稽滞在己，故市价甚腾贵。今书本痛字或作踊者，误耳。踊、腾一也，不当重累言之。畜读曰蓄。"

④师古曰："欲令务农。"

⑤师古曰："弛，解也。"

⑥师古曰："恣其私铸。"

　　法使天下公得顾租铸铜锡为钱，敢杂以铅铁为它巧者，其罪黥。①然铸钱之情，非淆杂为巧，则不可得赢；②而淆之甚微，为利甚厚。③夫事有召祸而法有起奸，今令细民人操造币之势，④各隐屏而铸作，因欲禁其厚利微奸，虽黥罪日报，其势不止。⑤乃者，民人抵罪，多者一县百数，及吏之所疑，榜笞奔走者甚众。夫县法以诱民，⑥使入陷阱，孰积于此！⑦曩禁铸钱，死罪积下；⑧今公铸钱，黥罪积下。为法若此，上何赖焉？⑨

①师古曰："顾租，谓顾庸之直，或租其本。"

②师古曰："淆谓乱杂也。赢，馀利也。言不杂铅铁，则无利也。淆音爻。"

③师古曰："微谓精妙也。言淆杂铅铁，其术精妙，不可觉知，而得利甚厚，故令人轻犯之，奸不可止也。"

④师古曰："操，持也。人人皆得铸钱也。操音千高反。"

⑤郑氏曰："报，论。"

⑥师古曰："县谓开立之。"

⑦师古曰："阱，穿地以陷兽也。积，多也。阱音才性反。"

⑧苏林曰："下，报也，积累下报论之也。"张晏曰："死罪者多，委积于下也。"师古曰："苏说是也。下音胡亚反。次后亦同。"

⑨师古曰："赖，利也。一曰恃也。"

　　又民用钱，郡县不同：或用轻钱，百加若干；①或用重钱，平称不受。②法钱不立，③吏急而壹之乎，则大为烦苛，而力不能胜；纵而弗呵虖，④则市肆异用，钱文大乱。苟非其术，何乡而可哉！⑤

①应劭曰："时钱重四铢，法钱百枚，当重一斤十六铢，轻则以钱足之若干枚，令满平也。"师古曰："若干，且设数之言也。干犹个也，谓当如此个数耳。而胡广云'若，顺也；干，求也'。当顺所求而与之矣。"

②应劭曰："用重钱，则平称有馀，不能受也。"臣瓒曰："秦钱重半两，汉初铸荚钱，文帝更铸四铢钱。秦钱与荚钱皆当废，而故与四铢并行。民以其见废，故用轻钱，则百加若干；用重钱，虽以一当一犹复不受之。是以郡县不同也。"师古曰："应说是也。称音尺孕反。"

③师古曰："法钱，依法之钱也。"

④师古曰："呵，责怒也，音火何反。"

⑤师古曰："乡读曰向。"

今农事弃捐而采铜者日蕃，①释其末耨，冶镕炊炭，②奸钱日多，五谷不为多。③善人怵而为奸邪，④愿民陷而之刑戮，⑤刑戮将甚不详，奈何而忽！⑥国知患此，吏议必曰禁之。禁之不得其术，其伤必大。令禁铸钱，则钱必重；⑦重则其利深，盗铸如云而起，⑧弃市之罪又不足以禁矣。奸数不胜而法禁数溃，铜使之然也。⑨故铜布于天下，其为祸博矣。⑩

①师古曰："蕃，多也，音扶元反。其下亦同。"

②应劭曰："镕，形容也，作钱模也。"师古曰："镕音容。"

③师古曰："言皆采铜铸钱，废其农业，故五谷不多也。为音于伪反。不为多，犹言为之不多也。"

④李奇曰："怵，诱也，动心于奸邪也。"师古曰："怵音先律反，又

音黜。"

⑤师古曰："愿,谨也。"

⑥师古曰："详,平也。忽,忽忘也。"

⑦师古曰："令谓法令也。"

⑧师古曰："言其多。"

⑨师古曰："数,并音所角反。"

⑩师古曰："博,大也。"

今博祸可除,而七福可致也。何谓七福?上收铜勿令布,则民不铸钱,黥罪不积,一矣。伪钱不蕃,民不相疑,二矣。采铜铸作者反于耕田,三矣。铜毕归于上,上挟铜积以御轻重,①钱轻则以术敛之,重则以术散之,货物必平,四矣。以作兵器,以假贵臣,多少有制,用别贵贱,五矣。②以临万货,以调盈虚,以收奇羡,③则官富实而末民困,六矣。④制吾弃财,以与匈奴逐争其民,收敌必怀,七矣。⑤故善为天下者,因祸而为福,转败而为功。今久退七福而行博祸,臣诚伤之。

①师古曰："铜积,谓多积铜也。"

②如淳曰："古者以铜为兵,秦销锋锽铸金人十二,是也。"

③师古曰："调,平均也。奇,残馀也。羡,饶溢也。奇音居宜反。羡音弋战反。"

④师古曰："末谓工商之业也。"

⑤师古曰："末业既困,农人敦本,仓廪积实,布帛有馀,则招诱胡人,多来降附。故言制吾弃财逐争其人也。弃财者,可弃之财。逐,竞也。"

上不听。是时,吴以诸侯即山铸钱,富埒天子,①后卒叛逆。邓通，大夫也，以铸钱财过王者。故吴、邓钱布天下。

①师古曰："即，就也。垺，等也。"

武帝因文、景之畜，忿胡、粤之害，①即位数年，严助、朱买臣等招徕东瓯，事两粤，江淮之间萧然烦费矣。②唐蒙、司马相如始开西南夷，凿山通道千馀里，以广巴蜀，巴蜀之民罢焉。③彭吴穿秽貊、朝鲜，置沧海郡，④则燕齐之间靡然发动。及王恢谋马邑，匈奴绝和亲，侵扰北边，兵连而不解，天下共其劳。⑤干戈日滋，行者赍，居者送，⑥中外骚扰相奉，百姓抏敝以巧法，⑦财赂衰耗而不澹。⑧入物者补官，出货者除罪，选举陵夷，廉耻相冒，⑨武力进用，法严令具。兴利之臣自此而始。⑩

①师古曰："畜读曰蓄。"

②师古曰："萧然犹骚然，劳动之貌。"

③师古曰："罢读曰疲。"

④师古曰："彭吴，人姓名也。本皆荒梗，始开通之也，故言穿也。"

⑤师古曰："共犹同。"

⑥师古曰："赍谓将衣食之具以自随也，音子奚反。"

⑦师古曰："抏，忨也，谓摧挫也。巧法，为巧诈以避法也。抏音五官反。"

⑧师古曰："耗，减也。澹，足也。"

⑨师古曰："冒，蒙也。"

⑩师古曰："谓桑弘羊、东郭咸阳、孔仅之属也。"

其后，卫青岁以数万骑出击匈奴，遂取河南地，筑朔方。时又通西南夷道，作者数万人，千里负担馈饷，①率十馀锺致一石，②散币于邛僰以辑之。③数岁而道不通，蛮夷因以数攻

(吏)^[5]，吏发兵诛之。悉巴蜀租赋不足以更之，^④乃募豪民田<u>南夷</u>，入粟县官，而内受钱于都内。^⑤东置<u>沧海郡</u>，人徒之费疑于<u>南夷</u>。^⑥又兴十馀万人筑卫<u>朔方</u>，^⑦转漕甚远，自<u>山东</u>咸被其劳，费数十百钜万，^⑧府库并虚。乃募民能入奴婢得以终身复，为郎增秩，^⑨及入羊为郎，始于此。

①师古曰："馈亦馈字。饷，古饷字。"

②师古曰："言其劳费用功重。"

③应劭曰："邛属临邛，僰属犍为。"晋灼曰："僰音蒲贼反。"师古曰："本西南夷两种也。邛，今邛州也。僰，今僰道县也。辑与集同，谓安定也。"

④李奇曰："不足用，终更其事也。"韦昭曰："更，续也。"师古曰："二说并非也。悉，尽也。更，偿也。虽尽租赋不足偿其功费也。更音庚。"

⑤服虔曰："入谷于外县，而受粟钱于内府也。"师古曰："此说非也。都内，京师主臧者也。百官公卿表大司农属官有都内令丞也。"

⑥师古曰："疑读曰儗。儗谓比也。"

⑦师古曰："既筑其城，又守卫之。"

⑧师古曰："数十万乃至百万万。"

⑨师古曰："庶人入奴婢则复终身，先为郎者就增其秩也。一曰入奴婢少者复终身，多者得为郎，旧为郎更增秩也。"

此后四年，<u>卫青</u>比岁十馀万众击<u>胡</u>，^①斩捕首虏之士受赐黄金二十馀万斤，而汉军士马死者十馀万，兵甲转漕之费不与焉。^②于是大司农陈臧钱经用，赋税既竭，不足以奉战士。^③有司请令民得买爵及赎禁锢免(臧)〔减〕罪；^[6]请置赏官，名曰武功爵。^④级十七万，凡直三十馀万金。诸买武功爵官首者试补吏，先除；千夫如五大夫；⑤其有罪又减二等；爵得至乐卿，⑥以显军功。军功多用超等，大者封侯卿大夫，小者郎。吏道杂而多端，则官职秏废。⑦

①师古曰："比岁，频岁也。"

②师古曰："与读曰豫。"

③师古曰："陈谓列奏之。经，常也。既，尽也。言常用之钱及诸赋税并竭尽也。"

④臣瓒曰："茂陵中书有武功爵，一级曰造士，二级曰闲舆卫，三级曰良士，四级曰元戎士，五级曰官首，六级曰秉铎，七级曰千夫，八级曰乐卿，九级曰执戎，十级曰政戾庶长，十一级曰军卫。此武帝所制，以宠军功。"师古曰："此下云级十七万，凡直三十馀万金，今瓒所引茂陵中书止于十一级，则计数不足，与本文乖矣。或者茂陵书说之不尽也。"

⑤师古曰："五大夫，旧二十等爵之第九级也。至此以上，始免徭役，故每先选以为吏。千夫者，武功十一等爵之第七也，亦得免役，今则先除为吏，比于五大夫也。"

⑥师古曰："乐卿者，武功爵第八等也。言买爵唯得至第八也。此文止论武功爵级，而作注者乃以旧二十等爵解之，失其本意，故删而不取。"

⑦师古曰："秏，乱也，音莫报反。"

1060

自〔公〕孙弘以春秋之义绳臣下取汉相，[7]张汤以峻文决理为廷尉，于是见知之法生，而废格沮诽穷治之狱用矣。①其明年，淮南、衡山、江都王谋反迹见，②而公卿寻端治之，竟其党与，坐而死者数万人，吏益惨急而法令察。③当是时，招尊方正贤良文学之士，或至公卿大夫。公孙弘以宰相，布被，食不重味，为下先，然而无益于俗，稍务于功利矣。

①张晏曰："吏见知不举劾为故纵，官有所作，废格沮败诽谤，则穷治
之也。"如淳曰："废格天子文法，使不行也。诽谓非上所行，若颜
异反唇之比也。"师古曰："沮，（上）〔止〕坏之，[8]音材汝反。"

②师古曰："踪迹显见也。"

③师古曰："惨，毒也。察，微视也。"

其明年，票骑仍再出击胡，大克获。①浑邪王率数万众来
降，②于是汉发车三万两迎之。③既至，受赏，赐及有功之士。是
岁费凡百馀钜万。

①师古曰："仍，频也。"

②师古曰："浑音胡昆反。"

③师古曰："一两，一乘。"

先是十馀岁，河决，灌梁、楚地，固已数困，而缘河之郡堤
塞河，辄坏决，费不可胜计。其后番係欲省底柱之漕，①穿汾、
河渠以为溉田；郑当时为渭漕回远，凿漕直渠自长安至华阴；②
而朔方亦穿溉渠。作者各数万人，历二三期而功未就，费亦各以
钜万十数。③

①师古曰："番，姓；係，名也。番音普安反。係音工系反。"

②师古曰："回，曲绕也，音胡内反。"

③师古曰："谓十万万也。"

天子为伐胡故，盛养马，马之往来食长安者数万匹，①卒掌
者关中不足，乃调旁近郡。②而胡降者数万人皆得厚赏，衣食仰
给县官，③县官不给，④天子乃损膳，解乘舆驷，出御府禁臧以
澹之。

①师古曰:"食读曰饲。"

②师古曰:"调谓选发之也。调音徒钓反。"

③师古曰:"仰音牛向反。次下亦同。"

④师古曰:"给,足也。"

其明年,<u>山东</u>被水灾,民多饥乏,于是天子遣使虚郡国仓廪以振贫。犹不足,又募豪富人相假贷。①尚不能相救,乃徙贫民于关以西,及充<u>朔方</u>以南<u>新秦中</u>,②七十馀万口,衣食皆仰给于县官。数岁,贷与产业,使者分部护,③冠盖相望,费以亿计,县官大空。而富商贾或墆财役贫,④转毂百数,⑤废居居邑,⑥封君皆氐首仰给焉。⑦冶铸鬻盐,财或累万金,而不佐公家之急,黎民重困。⑧

①师古曰:"贷音土戴反。次下亦同。"

②应劭曰:"<u>秦始皇</u>遣<u>蒙恬</u>攘却匈奴,得其<u>河南造阳</u>之北千里地甚好,于是为筑城郭,徙民充之,名曰新秦。四方杂错,奢俭不同,今俗名新富贵者为'新秦',由是名也。"

③师古曰:"分音扶问反。"

④<u>孟康</u>曰:"墆,停也。"<u>晋灼</u>曰:"墆音滞。"

⑤<u>李奇</u>曰:"毂,车也。"

⑥<u>服虔</u>曰:"居谷于邑也。"<u>如淳</u>曰:"居贱物于邑中以待贵也。"师古曰:"二说皆未尽也。此言或有所废置,有所居蓄,而居于邑中,以乘时射利也。"

⑦<u>晋灼</u>曰:"氐音抵距之抵。"<u>服虔</u>曰:"仰给于商贾,言百姓好末作也。"师古曰:"二说皆非也。封君,受封邑者,谓公主及列侯之属也。氐首,犹俯首也。时公主、列侯虽有国邑而无馀财,其朝夕所须皆俯首而取给于富商大贾,后方以邑入偿之。氐音丁奚反。"

⑧师古曰："重音直用反。"

于是天子与公卿议，更造钱币以澹用，①而摧浮淫并兼之徒。是时禁苑有白鹿而少府多银锡。自孝文更造四铢钱，至是岁四十馀年，从建元以来，用少，县官往往即多铜山而铸钱，②民亦盗铸，不可胜数。钱益多而轻，③物益少而贵。④有司言曰："古者皮币，诸侯以聘享。金有三等，黄金为上，白金为中，赤金为下。⑤今半两钱法重四铢，⑥而奸或盗摩钱质而取铅，⑦钱益轻薄而物贵，则远方用币烦费不省。"乃以白鹿皮方尺，缘以缋，为皮币，⑧直四十万。王侯宗室朝觐聘享，必以皮币荐璧，然后得行。

①师古曰："更，改也。"

②师古曰："就多铜之山而铸钱也。"

③臣瓒曰："铸钱者多，故钱轻。轻亦贱也。"

④如淳曰："民但铸钱，不作馀物故也。"

⑤孟康曰："白金，银也。赤金，丹阳铜也。"

⑥郑氏曰："其文为半两，实（为）〔重〕四铢也。"[9]

⑦如淳曰："钱一面有文，一面幕，幕为质。民盗摩漫面而取其铅，以更铸作钱也。"臣瓒曰："许慎云'铅，铜屑也'。摩钱漫面以取其屑，更以铸钱。西京黄图叙曰'民摩钱取屑'是也。"师古曰："铅音浴。瓒说是也。"

⑧师古曰："缋，绣也，绘五彩而为之。"

又造银锡白金。①以为天用莫如龙，地用莫如马，人用莫如龟，故白金三品：其一曰重八两，圆之，其文龙，名"白撰"，直三千；二曰以重差小，方之，其文马，直五百；②三曰复小，椭之，其文龟，直三百。③令县官销半两钱，更铸三铢钱，重如其文。盗铸诸金钱罪皆死，而吏民之犯者不可胜数。

①如淳曰："杂铸银锡为白金。"

②晋灼曰："以半斤之重差为三品，此重六两，则下品重四两也。"

③师古曰："楕，圜而长也，音佗果反。"

于是以东郭咸阳、孔仅为大农丞，①领盐铁事，而桑弘羊贵幸。咸阳，齐之大鬻盐，孔仅，南阳大冶，皆致产累千金，故郑当时进言之。弘羊，洛阳贾人之子，以心计，②年十三侍中。故三人言利事析秋豪矣。

①师古曰："二人也，姓东郭名咸阳，姓孔名仅。仅音巨刃反。"

②师古曰："不用筹算。"

法既益严，吏多废免。兵革数动，民多买复①及五大夫、千夫，征发之士益鲜。②于是除千夫、五大夫为吏，不欲者出马；③故吏皆適令伐棘上林，作昆明池。④

①师古曰："入财于官，以取优复。复音方目反。"

②师古曰："鲜，少也，音先浅反。"

③如淳曰："千夫、五大夫不欲为吏者，令之出马也。"

④师古曰："適读曰谪。谪，责罚也，以其久为奸利。"

其明年，大将军、票骑大出击胡，赏赐五十万金，军马死者十馀万匹，转漕车甲之费不与焉。①是时财匮，②战士颇不得禄矣。

①师古曰："与读曰豫。"

②师古曰："匮，空也。"

有司言三铢钱轻，轻钱易作奸诈，乃更请郡国铸五铢钱，周郭其质，令不可得摩取 (铅)〔铴〕。①〔10〕

①孟康曰："周匝为郭，文漫皆有。"

大农上盐铁丞孔仅、咸阳言：①"山海，天地之臧，宜属少府，陛下弗私，以属大农佐赋。愿募民自给费，因官器作鬻盐，官与牢盆。②浮食奇民欲擅斡山海之货，以致富羡，③役利细民。其沮事之议，不可胜听。敢私铸铁器鬻盐者，釱左趾，④没入其器物。郡不出铁者，置小铁官，⑤使属在所县。"使仅、咸阳乘传举行天下盐铁，⑥作官府，⑦除故盐铁家富者为吏。吏益多贾人矣。

①师古曰："奏上其言也。"

②苏林曰："牢，价直也。今世人言顾手牢。"如淳曰："牢，廪食也。古者名廪为牢。盆，锌盐盆也。"师古曰："牢，苏说是也。鬻，古煮字也。"

③师古曰："斡谓主领也，读与管同。羡，饶也，音弋战反。"

④师古曰："釱，足钳也，音徒计反。"

⑤邓展曰："铸故铁。"

⑥师古曰："举，皆也，普天之下皆行之也。〔行〕音下更反。"〔11〕

⑦师古曰："主锌铸用出纳之处也。"

商贾以币之变，多积货逐利。于是公卿言："郡国颇被灾害，贫民无产业者，募徙广饶之地。陛下损膳省用，出禁钱以振元元，宽贷，而民不齐出南亩，①商贾滋众。贫者畜积无有，皆仰县官。②异时算轺车贾人之缗钱皆有差，③请算如故。诸贾人末作贳贷卖买，居邑贮积诸物，④及商以取利者，虽无市籍，各以其物自占，⑤率缗钱二千而算一。⑥诸作有租及铸，⑦率缗钱四千算一。非吏比者、三老、北边骑士，轺车一算；⑧商贾人轺车二

算;⑨船五丈以上一算。匿不自占，占不悉，戍边一岁，没入缗
钱。⑩有能告者，以其半畀之。⑪贾人有市籍，及家属，皆无得名
田，⑫以便农。敢犯令，没入田货。"

①师古曰："言农人尚少，不皆务耕种也。"

②师古曰："畜读曰蓄。仰音牛向反。"

③师古曰："异时，言往时也。轺，小车也。缗谓钱贯也。轺音弋昭
反。缗音武巾反。"

④师古曰："贳，赊也。贷，假与也。贳音式制反。贷音土戴反。"

⑤师古曰："占，隐度也，各隐度其财物多少，而为名簿送之于官也。
占音之赡反。"

⑥师古曰："率计有二千钱者则出一算。"

⑦如淳曰："以手力所作而卖之者。"

⑧师古曰："比，例也。身非为吏之例，非为三老，非为北边骑士，而
有轺车，皆令出一算。比音必寐反。"

⑨如淳曰："商贾人有轺车，又使多出一算，重其赋。"

⑩师古曰："悉，尽也。"

⑪师古曰："畀，与也，音必寐反。"

⑫师古曰："一人有市籍，则身及家内皆不得有田也。"

是时，豪富皆争匿财，唯卜式数求入财以助县官。天子乃超
拜式为中郎，赐爵左庶长，田十顷，布告天下，以风百姓。①初，
式不愿为官，上强拜之，稍迁至齐相。语自在其传。孔仅使天下
铸作器，三年中至大司农，列于九卿。而桑弘羊为大司农中丞，
管诸会计事，稍稍置均输以通货物。始令吏得入谷补官，郎至六
百石。②

①师古曰："风读曰讽。"

②师古曰：“吏更迁补高官，郎又就增其秩，得至六百石也。”

自造白金五铢钱后五岁，而赦吏民之坐盗铸金钱死者数十万人。其不发觉相杀者，不可胜计。赦自出者百馀万人。然不能半自出，天下大氐无虑皆铸金钱矣。①犯法者众，吏不能尽诛，于是遣博士褚大、徐偃等分行郡国，②举并兼之徒守相为利者。③而御史大夫张汤方贵用事，减宣、杜周等为中丞，④义纵、尹齐、王温舒等用急刻为九卿。直指夏兰之属始出。⑤而大农颜异诛矣。初，异为济南亭长，以廉直稍迁至九卿。上与汤既造白鹿皮币，问异。异曰：“今王侯朝贺以仓璧，直数千，而其皮荐反四十万，本末不相称。”天子不说。⑥汤又与异有隙，及人有告异以它议，事下汤治。异与客语，客语初令下有不便者，⑦异不应，微反唇。⑧汤奏当异九卿见令不便，不入言而腹非，⑨论死。自是后有腹非之法比，⑩而公卿大夫多谄谀取容。

①师古曰：“氐读曰抵。抵，归也。大归犹言大凡也。无虑亦谓大率无小计虑耳。”

②师古曰：“行音下更反。”

③师古曰：“守，郡守也。相，诸侯相。”

④师古曰：“减，姓也，音减省之减。”

⑤苏林曰：“夏兰，人姓名。”

⑥师古曰：“说读曰悦。”

⑦李奇曰：“异与客语，道诏令初下有不便处。”

⑧师古曰：“盖非之。”

⑨师古曰：“当谓处断其罪。”

⑩师古曰：“比，则例也，读如字，又音必寐反。”

天（下）〔子〕既下缗钱令而尊卜式[12]，百姓终莫分财佐县

食货志第四下

官，于是告缗钱纵矣。①

①师古曰："纵，放也，放令相告言也。"

郡国铸钱，民多奸铸，①钱多轻，而公卿请令京师铸官赤
仄，②一当五，赋官用非赤仄不得行。③白金稍贱，民弗宝用，县
官以令禁之，无益，岁馀终废不行。是岁，汤死而民不思。其后
二岁，赤仄钱贱，民巧法用之，不便，又废。于是悉禁郡国毋铸
钱，专令上林三官铸。钱既多，而令天下非三官钱不得行，诸郡
国前所铸钱皆废销之，输入其铜三官。而民之铸钱益少，计其费
不能相当，④唯真工大奸乃盗为之。⑤

①师古曰："谓巧铸之，杂铅锡。"

②应劭曰："所谓子绀钱也。"如淳曰："以赤铜为其郭也。（令）〔今〕
钱郭见有赤者，[13]不知作法云何也。"

③师古曰："充赋及给官用，皆令以赤仄。"

④师古曰："言无利。"

⑤师古曰："其术巧妙，故得利。"

杨可告缗遍天下，①中家以上大氐皆遇告。杜周治之，狱少
反者。②乃分遣御史廷尉正监分曹往，③（往）即治郡国缗钱，④[14]
得民财物以亿计，奴婢以千万数，田大县数百顷，小县百馀顷，
宅亦如之。于是商贾中家以上大氐破，民偷甘食好衣，不事畜臧
之业，⑤而县官以盐铁缗钱之故，用少饶矣。益广（开）〔关〕，置
左右辅。[15]

①如淳曰："告缗令杨可所告言也。"师古曰："此说非也。杨可据令
而发动之，故天下皆被告。"

②如淳曰："治匿缗之罪，其狱少有反者。"苏林曰："反音幡。"师古

曰："幡谓从轻而出。"

③服虔曰："分曹职案行也。"师古曰："服说非也。曹，辈也，分辈而出为使也。"

④师古曰："就其所在而治也。"

⑤师古曰："偷，苟且也。"

初，大农（幹）〔斡〕盐铁官布多，〔16〕置水衡，欲以主盐铁；及杨可告缗，上林财物众，乃令水衡主上林。上林既充满，益广。是时粤欲与汉用船战逐，①乃大修昆明池，列馆环之。②治楼船，高十馀丈，旗织加其上，③其壮。于是天子感之，乃作柏梁台，高数十丈。宫室之修，繇此日丽。

①孟康曰："水战相逐也。"

②师古曰："环，绕也。"

③师古曰："织读曰（炽）〔帜〕，〔17〕音昌志反。"

乃分缗钱诸官，而水衡、少府、太仆、大农各置农官，往往即郡县比没入田田之。①其没入奴婢，分诸苑养狗马禽兽，及与诸官。官益杂置多，②徒奴婢众，而下河漕度四百万石，及官自籴乃足。③

①师古曰："即，就也。比谓比者所没入也。"

②如淳曰："水衡、少府、太仆、司农皆有农官，是为多也。"师古曰："此说非也。谓杂置官员分掌众事耳，非农官也。"

③师古曰："度，计也，音大各反。"

所忠言："世家子弟富人或斗鸡走狗马，弋猎博戏，乱齐民。"①乃征诸犯令，相引数千人，名曰"株送徒"。入财者得补郎，郎选衰矣。②

①如淳曰："世家，谓世世有禄秩家也。齐，等也。无有贵贱，谓之齐
　　民，若今言平民矣。"晋灼曰："中国被教齐整之民也。"师古曰：
　　"所，姓也，忠，名也，武帝之近臣。郊祀志云'公孙卿因所忠言宝
　　鼎'，石庆传云'欲请诏近臣所忠，广川王传云'言汉公卿及幸臣
　　所忠'，司马相如传云'所忠往取书'。考其踪迹，此并一人也。而
　　说者或以为所忠信之人，此释大谬。齐等之义，如说是也。"

②应劭曰："株，根本也。送，致也。"如淳曰："株，蒂也。诸坐博戏
　　事决为徒者，能入钱，得补郎。"李奇曰："先至者为魁株也。"师古
　　曰："言被牵引者为其根株所送，当充徒役，而能入财者，即当
　　补郎。"

是时山东被河灾，及岁不登数年，人或相食，方二三千里。
天子怜之，令饥民得流就食江淮间，欲留，留处。①使者冠盖相
属于道护之，②下巴蜀粟以振焉。

①师古曰："流谓恣其行移，若水之流。至所在，有欲（往）〔住〕者，
　　亦留而处（之）〔也〕。"〔18〕

②师古曰："属，联续也，音之欲反。"

明年，天子始出巡郡国。东度河，河东守不意行至，不辩，
自杀。行西逾陇，卒，①从官不得食，陇西守自杀。于是上北出
萧关，从数万骑行猎新秦中，以勒边兵而归。新秦中或千里无亭
徼，②于是诛北地太守以下，而令民得畜边县。③官假马母，三岁
而归，及息什一，以除告缗，用充入新秦中。④

①孟康曰："逾，度也。卒，仓卒也。"

②晋灼曰："徼，塞也。"臣瓒曰："既无亭候，又不徼循，无御边之
　　备，故诛北地太守。"师古曰："晋说是也。"

③孟康曰："令得畜牧于边县。"

④李奇曰：“边有官马，今令民能畜官母马者，满三岁归之，十母马还官一驹，此为息什一也。”师古曰：“官得母马之息，以给用度，得充实秦中人，故除告缗之令也。”

既得宝鼎，立后土、泰一祠，公卿白议封禅事，而郡国皆豫治道，修缮故宫，及当驰道县，县治宫储，设共具，①而望幸。

①师古曰：“共音居用反。”

明年，南粤反，西羌侵边。天子为山东不澹，赦天下囚，因南方楼船士二十馀万人击粤，发三河以西骑击羌，又数万人度河筑令居。①初置张掖、酒泉郡，而上郡、朔方、西河、河西开田官，斥塞卒六十万人戍田之。②中国缮道馈粮，远者三千，近者千馀里，皆仰给大农。③边兵不足，乃发武库工官兵器以澹之。车骑马乏，县官钱少，买马难得，乃著令，令封君以下至三百石吏以上差出（牡）〔牝〕马[19]天下亭，亭有畜字马，岁课息。

①师古曰：“令音零。”
②师古曰：“开田，始开屯田也。斥塞，广塞令却。初置二郡，故塞更广也。以开田之官广塞之卒戍而田也。”
③师古曰：“仰音牛向反。此下并同。”

齐相卜式上书，愿父子死南粤。天子下诏褒扬，赐爵关内侯，黄金四十斤，田十顷。布告天下，天下莫应。列侯以百数，皆莫求从军。至饮酎，少府省金，①而列侯坐酎金失侯者百馀人。乃拜卜式为御史大夫。式既在位，见郡国多不便县官作盐铁，器苦恶，②贾贵，③或强令民买之。而船有算，商者少，物贵，乃因孔仅言船算事。上不说。④

①李奇曰："省，视也。至尝酎饮宗庙时，少府视其金多少。"

②如淳曰："苦或作盬。盬，不攻严也。"臣瓒曰："谓作铁器，民患苦其不好也。"师古曰："二说非也。盐既味苦，器又脆恶，故总云苦恶也。"

③师古曰："盐铁并贵也。贾读曰价。"

④师古曰："说音悦。"

汉连出兵三岁，诛羌，灭两粤，番禺以西至蜀南者置初郡十七，①且以其故俗治，无赋税。南阳、汉中以往，各以地比给初郡吏卒奉食币物，传车马被具。②而初郡又时时小反，杀吏，汉发南方吏卒往诛之，间岁万馀人，③费皆仰大农。大农以均输调盐铁助赋，故能澹之。然兵所过县，县以为訾给毋乏而已，不敢言轻赋法矣。

①晋灼曰："元鼎六年定越地以为南海、苍梧、郁林、合浦、交阯、九真、日南、珠崖、儋耳郡，定西南夷以为武都、牂柯、越巂、沈黎、汶山郡，及地理志、西南夷传所置犍为、零陵、益州郡，凡十七。"

②师古曰："地比，谓依其次第，自近及远也。比音频寐反。传音张恋反。被音皮义反。"

③师古曰："间岁，隔一岁。"

其明年，元封元年，卜式贬为太子太傅。而桑弘羊为治粟都尉，领大农，尽代仅斡天下盐铁。①弘羊以诸官各自市相争，物以故腾跃，而天下赋输或不偿其僦费，②乃请置大农部丞数十人，分部主郡国，各往往置均输盐铁官，令远方各以其物如异时商贾所转(贬)〔贩〕者为赋，〔20〕而相灌输。置平准于京师，都受天下委输。召工官治车诸器，皆仰给大农。大农诸官尽笼天下之货物，贵则卖之，贱则买之。如此，富商大贾亡所牟大利，③则反本，而万物不得腾跃。故抑天下之物，名曰"平准"。天子以为然而许之。于是天子北至朔方，东封泰山，巡海上，旁北边以归。④所过赏赐，用帛百馀万匹，钱金以钜万计，皆取足大农。

①师古曰："代孔仅。"

②师古曰："傭，顾也，言所输赋物不足偿其馀雇庸之费也。傭音子就反。"

③如淳曰："牟，取也。"

④师古曰："旁音步浪反。"

弘羊又请令民得入粟补吏，及罪以赎。令民入粟甘泉各有差，以复终身，①不复告缗。它郡各输急处，而诸农各致粟，山东漕益岁六百万石。一岁之中，太仓、甘泉仓满。边馀谷，诸均输帛五百万匹。民不益赋而天下用饶。于是弘羊赐爵左庶长，②黄金者再百焉。③

①师古曰："复音方目反。"

②师古曰："第十等爵。"

③师古曰："凡再赐百金。"

是岁小旱，上令百官求雨。卜式言曰："县官当食租衣税而已，①今弘羊令吏坐市列，贩物求利。②亨弘羊，天乃雨。"③久之，武帝疾病，拜弘羊为御史大夫。

①师古曰："衣音于既反。"

②师古曰："市列，谓列肆。"

③师古曰："亨，鬻也，音普庚反。"

昭帝即位六年，诏郡国举贤良文学之士，问以民所疾苦，教化之要。皆对愿罢盐铁酒（榷）〔榷〕均输官，[21]毋与天下争利，视以俭节，①然后教化可兴。弘羊难，②以为此国家大业，所以制四夷，安边足用之本，不可废也。乃与丞相千秋共奏罢酒酤。弘羊自以为国兴大利，伐其功，欲为子弟得官，怨望大将军霍光，遂与上官桀等谋反，诛灭。

①师古曰："视读曰示。"

②师古曰："诘难议者之言也。"

宣、元、成、哀、平五世，亡所变改。元帝时尝罢盐铁官，三年而复之。贡禹言："铸钱采铜，一岁十万人不耕，民坐盗铸陷刑者多。富人臧钱满室，犹无厌足。民心动摇，弃本逐末，耕者不能半，奸邪不可禁，原起于钱。疾其末者绝其本，宜罢采珠玉金银铸钱之官，毋复以为币，除其贩卖租铢之律，①租税禄赐皆以布帛及谷，使百姓壹意农桑。"议者以为交易待钱，布帛不可尺寸分裂。禹议亦寝。

①师古曰："租铢，谓计其所卖物价，平其锱铢而收租也。"

自孝武元狩五年三官初铸五铢钱，至平帝元始中，成钱二百八十亿万馀云。

王莽居摄，变汉制，以周钱有子母相权，于是更造大钱，径寸二分，重十二铢，文曰"大钱五十"。又造契刀、错刀。契刀，其环如大钱，身形如刀，长二寸，文曰"契刀五百"。错刀，以黄金错其文，曰"一刀直五千"。①与五铢钱凡四品，并行。

①张晏曰："案今所见契刀、错刀，形质如大钱，而肉好轮厚异于此。大钱形如大刀环矣，契刀身形圆，不长二寸也。其文左曰'契'，右曰'刀'，无'五百'字也。错刀则刻之作字也，以黄金填其文，

上曰'一'，下曰'刀'。二刀泉甚不与志相应也，似扎单差错，文
字磨灭故耳。"师古曰："张说非也。王莽钱刀今并尚在，形质及文
与志相合，无差错也。"

莽即真，以为书"刘"字有金刀，乃罢错刀、契刀及五铢
钱，而更作金、银、龟、贝、钱、布之品，名曰"宝货"。

小钱径六分，重一铢，文曰"小钱直一"。次七分，三铢，
曰"幺钱一十"。①次八分，五铢，曰"幼钱二十"。次九分，七
铢，曰"中钱三十"。次一寸，九铢，曰"壮钱四十"。因前
"大钱五十"，是为钱货六品，直各如其文。

①师古曰："幺，小也，音一尧反。"

黄金重一斤，直钱万。朱提银重八两为一流，直一千五百八
十。①它银一流直千。是为银货二品。

①师古曰："朱提，县名，属犍为，出善银。朱音殊。提音上支反。"

元龟岠冉长尺二寸，①直二千一百六十，为大贝十朋。②公龟
九寸，直五百，为壮贝十朋。侯龟七寸以上，直三百，为幺贝十
朋。子龟五寸以上，直百，为小贝十朋。是为龟宝四品。

①孟康曰："冉，龟甲缘也。岠，至也。度背两边缘尺二寸也。"臣瓒
曰："元，大也。"

②苏林曰："两贝为朋。朋直二百一十六，元龟十朋，故二千一百六
十也。"

大贝四寸八分以上，二枚为一朋，直二百一十六。壮贝三寸
六分以上，二枚为一朋，直五十。幺贝二寸四分以上，二枚为一
朋，直三十。小贝寸二分以上，二枚为一朋，直十。不盈寸二

分，漏度不得为朋，率枚直钱三。是为贝货五品。

大布、次布、弟布、壮布、中布、差布、厚布、幼布、幺布、小布。小布长寸五分，重十五铢，文曰"小布一百"。自小布以上，各相长一分，相重一铢，文各为其布名，直各加一百。上至大布，长二寸四分，重一两，而直千钱矣。是为布货十品。①

　①师古曰："布亦钱耳。谓之布者，言其分布流行也。"

凡宝货五物，六名，二十八品。

铸作钱布皆用铜，淆以连锡，①文质周郭放汉五铢钱云。②其金银与它物杂，色不纯好，龟不盈五寸，贝不盈六分，皆不得为宝货。元龟为蔡，非四民所得居，③有者，入大卜受直。

　①孟康曰："连，锡之别名也。"李奇曰："铅锡璞名曰连。"应劭曰："连似铜。"师古曰："孟、李二说皆非也。许慎云'链，铜属也'，然则以连及锡杂铜而为钱也。此下又云能采金银铜连锡，益知连非锡矣。"

　②师古曰："放，依也，音甫往反。"

　③如淳曰："臧文仲居蔡，谓此也，说谓蔡国出大龟也。"臣瓒曰："蔡是大龟之名也。书曰'九江纳锡大龟'，大龟又不出蔡国也。若龟出楚，不可名龟为楚也。"师古曰："瓒说非也。本以蔡出善龟，故因名大龟为蔡耳。"

百姓愦乱，其货不行。民私以五铢钱市买。莽患之，下诏："敢非井田挟五铢钱者为惑众，投诸四裔以御魑魅。"于是农商失业，食货俱废，民涕泣于市道。坐卖买田宅奴婢铸钱抵罪者，自公卿大夫至庶人，不可称数。莽知民愁，乃但行小钱直一，与大钱五十，二品并行，龟贝布属且寝。

莽性躁扰，不能无为，每有所兴造，必欲依古得经文。国师公刘歆言周有泉府之官，收不雠，与欲得，①即易所谓"理财正辞，禁民为非"者也。②莽乃下诏曰："夫周礼有赊贷，③乐语有五均，④传记各有斡焉。今开赊贷，张五均，设诸斡者，所以齐众庶，抑并兼也。"遂于长安及五都立五均官，更名长安东西市令及洛阳、邯郸、临甾、宛、成都市长皆为五均司市（称）师。[22]东市称京，西市称畿，洛阳称中，馀四都各用东西南北为称，皆置交易丞五人，钱府丞一人。工商能采金银铜连锡登龟取贝者，⑤皆自占司市钱府，顺时气而取之。⑥

①师古曰："雠读曰售。言卖不售者，官收取之；无而欲得者，官出与之。"

②师古曰："易下系辞曰：'理财正辞，禁人为非曰义。'言财货辞讼正，乃得人不为非，合事宜。"

③师古曰："周礼泉府之职曰：'凡赊者，祭祀无过旬日，丧纪无过三月。凡人之贷者，与其有司辨而授之，以国服为之息。'谓人以祭祀、丧纪故从官赊买物，不过旬日及三月而偿之。其从官贷物者，以共其所属吏定价而后与之。各以其国服事之税而输息，谓若受园廛之田而贷万钱者，一期之月，出息五百。贷音土戴反。"

④邓展曰："乐语，乐元语，河间献王所传，道五均事。"臣瓒曰："其文云：'天子取诸侯之（士）〔土〕以立五均，[23]则市无二贾，四民常均，强者不得困弱，富者不得要贫，则公家有馀，恩及小民矣。'"

⑤如淳曰："登，进也。龟有灵，故言登。"

⑥师古曰："各以其所采取之物自隐实于司市钱府也。占音之渐反。其下并同。"

又以<u>周官</u>税民：凡田不耕为不殖，出三夫之税；城郭中宅不树艺者为不毛，^①出三夫之布；民浮游无事，出夫布一匹。其不能出布者，冗作，县官衣食之。^②诸取众物鸟兽鱼鳖百虫于山林水泽及畜牧者，嫔妇桑蚕织纴纺绩补缝，^③工匠医巫卜祝及它方技商贩贾人坐肆列里区谒舍，^④皆各自占所为于其在所之县官，除其本，计其利，十一分之，而以其一为贡。敢不自占，自占不以实者，尽没入所采取，而作县官一岁。

① <u>师古</u>曰："树艺，谓种树果木及菜蔬。"

② <u>师古</u>曰："冗，散也，音人勇反。衣音于既反。食读曰饲。"

③ <u>师古</u>曰："机缕曰纴，音人禁反。"

④ <u>如淳</u>曰："居处所在为区。谒舍，今之客舍也。"

诸司市常以四时中月实定所掌，^①为物上中下之贾，^②各自用为其市平，毋拘它所。众民卖买五谷布帛丝绵之物，周于民用而不雠者，^③均官有以考检厥实，用其本贾取之，毋令折钱。^④万物卬贵，过平一钱，则以平贾卖与民。^⑤其贾氏贱减平者，听民自相与市，^⑥以防贵庾者。^⑦民欲祭祀丧纪而无用者，钱府以所入工商之贡但赊之，^⑧祭祀无过旬日，丧纪毋过三月。民或乏绝，欲贷以治产业者，均授之，除其费，计所得受息，毋过岁什一。^⑨

① <u>师古</u>曰："中读曰仲。"

② <u>师古</u>曰："贾读曰价。其下并同。"

③ <u>师古</u>曰："雠读曰售。下亦类此也。"

④ <u>师古</u>曰："折音上列反。"

⑤ <u>师古</u>曰："卬，物价起，音五刚反，亦读曰仰。"

⑥ <u>师古</u>曰："贵（既）〔即〕为卬。^{〔24〕}贱则为氏，音丁奚反。"

⑦师古曰:"庾,积也。以防民积物待贵也。"

⑧师古曰:"但,空也,徒也。言空赊与之,不取息利也。"

⑨师古曰:"均谓各依先后之次。除其费,谓衣食之费已用者也。"

羲和鲁匡言:"名山大泽,盐铁钱布帛,五均赊贷,斡在县官,①唯酒酤独未斡。酒者,天之美禄,帝王所以颐养天下,享祀祈福,扶衰养疾。百礼之会,非酒不行。故诗曰'无酒酤我',②而论语曰'酤酒不食',③二者非相反也。夫诗据承平之世,酒酤在官,和旨便人,可以相御也。④论语孔子当周衰乱,酒酤在民,薄恶不诚,是以疑而弗食。今绝天下之酒,则无以行礼相养;放而亡限,则费财伤民。请法古,令官作酒,以二千五百石为一均,率开一卢以卖,⑤䜌五十酿为准。一酿用麤米二斛,麴一斛,得成酒六斛六斗。各以其市月朔米麴三斛,并计其贾而参分之,⑥以其一为酒一斛之平。除米麴本贾,计其利而什分之,以其七入官,其三及醨敊灰炭⑦给工器薪樵之费。"

①师古曰:"斡谓主领也。"

②师古曰:"小雅伐木之诗也。酤,买也。言王于族人恩厚,要在燕饫,无酒则买而饮之。"

③师古曰:"乡党所说孔子齐之时也。"

④师古曰:"旨,美也。御,进。"

⑤如淳曰:"酒家开肆待客,设酒卢,故以卢名肆。"臣瓒曰:"卢,酒瓮也。言开一瓮酒也。赵广汉入丞相府破卢瓮。"师古曰:"二说皆非也。卢者,卖酒之区也,以其一边高,形如锻家卢,故取名耳,非即谓火卢及酒瓮也。此言䜌五十酿为准,岂一瓮乎? 广汉所破卢及罂卢,亦谓所居罂瓮之处耳。"

⑥师古曰:"参,三也。"

⑦师古曰："截，酢浆也，音才代反。"

羲和置命士督五均六斡，郡有数人，皆用富贾。洛阳薛子仲、张长叔、临菑姓伟等，①乘传求利，交错天下。②因与郡县通奸，多张空簿，③府臧不实，百姓俞病。莽知民苦之，复下诏曰："夫盐，食肴之将；④酒，百药之长，嘉会之好；铁，(曰)〔田〕农之本；[25]名山大泽，饶衍之臧；五均赊贷，百姓所取平，卬以给澹；⑤铁布铜冶，通行有无，备民用也。此六者，非编户齐民所能家作，⑥必卬于市，虽贵数倍，不得不买。豪民富贾，即要贫弱，先圣知其然也，故斡之。每一斡为设科条防禁，犯者罪至死。"奸吏猾民并侵，众庶各不安生。

①如淳曰："姓姓名伟也。"

②师古曰："传音张恋反。"

③师古曰："簿，计簿也，音步户反。"

④师古曰："将，大也，一说为食肴之将帅。"

⑤师古曰："卬音牛向反。其下并同。"

⑥师古曰："家谓家家自作也。"

后五岁，天凤元年，复申下金银龟贝之货，颇增减其贾直。而罢大小钱，改作货布，长二寸五分，广一寸，首长八分有奇，①广八分，其圜好径二分半，②足枝长八分，间广二分，其文右曰"货"，左曰"布"，重二十五铢，直货泉二十五。货泉径一寸，重五铢，文右曰"货"，左曰"泉"，枚直一，与货布二品并行。又以大钱行久，罢之，恐民挟不止，乃令民且独行大钱，与新货泉俱枚直一，并行尽六年，毋得复挟大钱矣。每壹易钱，民用破业，而大陷刑。莽以私铸钱死，及非沮宝货投四裔，犯法者多，不可胜行，乃更轻其法：私铸作泉布者，与妻子没入为官奴婢；吏及比伍，知而不举告，与同罪；③非沮宝货，民罚作一岁，吏免官。犯者俞众，及五人相坐皆没入，郡国槛车铁锁，传送长安锺官，④愁苦死者什六七。

①师古曰："奇音居宜反，谓有馀也。"

②师古曰："好，孔也。"

③师古曰："比音频寐反。"

④师古曰："锺官，主铸钱者。"

作货布后六年，匈奴侵寇甚，莽大募天下囚徒人奴，名曰猪突豨勇，①壹切税吏官，訾三十而取一。又令公卿以下至郡县黄绶吏，皆保养军马，②吏尽复以与民。③民摇手触禁，不得耕桑，徭役烦剧，④而枯旱蝗虫相因。又用制作未定，上自公侯，下至小吏，皆不得奉禄，而私赋敛，货赂上流，狱讼不决。吏用苛暴立威，旁缘莽禁，侵刻小民。⑤富者不得自保，贫者无以自存，起为盗贼，依阻山泽，吏不能禽而覆蔽之，浸淫日广，⑥于是青、徐、荆楚之地往往万数。战斗死亡，缘边四夷所系虏，陷罪，饥疫，人相食，及莽未诛，而天下户口减半矣。

①服虔曰："猪性触突人，故取以喻。"师古曰："东方名豕曰豨，一曰，豨，豕走也，音许岂反。"

②师古曰："保者，不许其死伤。"

③师古曰："转令百姓养之。"

④师古曰："繇读曰徭也。"

⑤师古曰："旁，依也，音步浪反。"

⑥师古曰："浸淫，犹渐染也。它皆类此。"

自发豬突豨勇后四年，而汉兵诛莽。后二年。世祖受命，荡涤烦苛，复五铢钱，与天下更始。

赞曰：易称"哀多益寡，称物平施"，①书云"楙迁有无"，②周有泉府之官，③而孟子亦非"狗彘食人之食不知敛，④野有饿莩而弗知发"。⑤故管氏之轻重，⑥李悝之平籴，弘羊均输，寿昌常平，亦有从徕。⑦顾古为之有数，吏良而令行，⑧故民赖其利，万国作乂。⑨及孝武时，国用饶给，而民不益赋，其次也。至于王莽，制度失中，奸轨弄权，官民俱竭，亡次矣。

①师古曰："谦卦象辞。哀，取也。言取于多者以益少者，故万物皆称而施与平也。哀音薄侯反。"

②应劭曰："楙，勉也。迁，徙也。言天下食货有无相通足也。"师古曰："虞书益稷之辞。言劝勉天下迁徙有无，使相通也。"

③师古曰："司徒之属官也，掌市之征布，敛市货之不售，货之滞于人用者，以其价买之。"

④应劭曰："养狗彘者使食人之食，而不知以法度敛之也。"师古曰："孟子，孟轲之书。言岁丰孰，菽粟饶多，狗彘食人之食，此时可敛之也。"

⑤郑氏曰："莩音'蔈有梅'之蔈。莩，零落也。人有饿死零落者，不知发仓廪贷之也。"师古曰："莩音频小反。诸书或作殍字，音义亦同。"

⑥服虔曰："作轻重货，在管子书。"

⑦师古曰："言所从徕久矣。"

⑧师古曰："顾，思念。"

⑨师古曰："乂，治也。"

【校勘记】

〔1〕 则准平。〔守准平〕，　王念孙说景祐本"则准平"下有"守准平"三字，是也。

〔2〕 凶 (庚) 〔岁〕余，釜十稺。　景祐、殿本都作"岁"。王先谦说作"岁"是。

〔3〕 谓去其本居而散 (忘) 〔亡〕也。　景祐、殿本都作"亡"。王先谦说作"亡"是。

〔4〕 然市井子孙亦不得 (宦为吏) 〔为官吏〕。　景祐、殿本都作"为官吏"。

〔5〕 蛮夷因以数攻 (吏)，　景祐、殿本都无"吏"字，平准书亦无。

〔6〕 赎禁锢免 (臧) 〔减〕罪；　王先谦说"臧"当作"减"，平准书作"减"。

〔7〕 自〔公〕孙弘以春秋之义绳臣下取汉相，　"公"字据景祐、殿、局本补。

〔8〕 沮，(上) 〔止〕坏之，　景祐、殿本都作"止"。王先谦说作"止"是。

〔9〕 实 (为) 〔重〕四铢也。　景祐、殿本都作"重"。王先谦说作"重"是。

〔10〕 令不可得摩取 (铅) 〔铜〕。　钱大昭说"铅"当作"铜"。按景祐、殿本都作"铜"

〔11〕 〔行〕音下更反。　朱一新说"音"上脱"行"字。按各本都脱。

〔12〕 天 (下) 〔子〕既下缗钱令而尊卜式，　钱大昭说"天下"之"下"字疑是"子"字。王先谦说钱说是。按景祐、殿本都作"子"。

〔13〕 (令)〔今〕钱郭见有赤者， 殿本考证说"令"当作"今"。按平准书集解作"今"。

〔14〕 乃分遣御史廷尉正监分曹往，③ (往) 即治郡国缗钱， 注③原在"分曹"下。王先谦说平准书不重"往"字，"往"字当属上句，其重文盖衍。

〔15〕 益广 (开)〔关〕，置左右辅。 何焯说当从平准书作"益广关"，"开"字误。

〔16〕 大农 (斡)〔幹〕盐铁官布多， 王先谦说"斡"字误，当作"幹"，平准书作"筦"，同。

〔17〕 织读曰 (炽)〔帜〕， 殿本作"帜"。王先谦说作"帜"是。

〔18〕 至所在，有欲 (往)〔住〕者，亦留而处 (之)〔也〕。 王先谦说"往"疑作"住"。宋祁说"处之"当改"处也"。按景祐本"往"正作"住"，"之"正作"也"。

〔19〕 差出 (牡)〔牝〕马， 钱大昭说"牡"当作"牝"，昭帝始元元年罢天下亭母马是也。按平准书亦作"牝"。

〔20〕 令远方各以其物如异时商贾所转 (贬)〔贩〕者为赋， 景祐、殿、局本都作"贩"。

〔21〕 皆对愿罢盐铁酒 (榷)〔榷〕均输官， 景祐、殿本都作"榷"。

〔22〕 皆为五均司市 (称) 师。 王念孙说"称"字涉下文四"称"字而衍。

〔23〕 天子取诸侯之 (士)〔土〕以立五均， 景祐、殿本都作"土"。王先谦说作"土"是。

〔24〕 贵 (既)〔即〕为印。 王先谦说殿本"既"作"即"，是。

〔25〕 铁，(曰)〔田〕农之本； 钱大昭说"曰"疑当作"田"。按殿、局本都作"田"。

汉 书 卷 二 十 五 上

郊祀志第五上

　　洪范八政，三曰祀。①祀者，所以昭孝事祖，通神明也。旁及四夷，莫不修之；下至禽兽，豺獭有祭。②是以圣王为之典礼。民之精爽不贰，齐肃聪明者，神或降之，③在男曰觋，在女曰巫，④使制神之处位，为之牲器。使先圣之后，能知山川，敬于礼仪，明神之事者，以为祝；能知四时牺牲，坛场上下，氏姓所出者，以为宗。⑤故有神民之官，各司其序，不相乱也。民神异业，敬而不黩，⑥故神降之嘉生，⑦民以物序，⑧灾祸不至，所求不匮。⑨

①师古曰："祀谓祭祀也。"

②师古曰："礼记月令：'季秋之月，豺祭兽。''孟春之月，獭祭鱼。'豺，挚搏之兽，形似狗。獭，水居而食鱼。祭者，谓杀之而布列，以祭其先也。豺音仕皆反。獭音吐曷反。"

1085

③师古曰："爽，明也，齐读曰斋。斋肃，庄敬也。"

④师古曰："巫觋亦通称耳。觋音下狄反。"

⑤应劭曰："上下，谓天地之属神也。氏姓，王族之别也。宗，大宗也。"臣瓒曰："宗，宗伯也。"师古曰："二说皆非也。祝谓主祭之赞词者。积土为坛，平地为场。氏姓，谓神本所出，及见所当为主者也。宗，宗人，主神之列位尊卑者也。春秋左氏传曰'虢公使祝应宗区享神'也，又云'祝宗用马于四墉'，并非宗伯及大宗也。"

⑥师古曰："黩，污渫也。黩音读。"

⑦应劭曰："嘉谷也。"师古曰："嘉生，谓众瑞。"

⑧孟康曰："各有分叙也。"

⑨师古曰："匮，乏也。"

及少昊之衰，九黎乱德，①民神杂扰，不可放物。②家为巫史，享祀无度，黩齐明而神弗蠲。③嘉生不降，祸灾荐臻，莫尽其气。④颛顼受之，乃命南正重司天以属神，命火正黎司地以属民，⑤使复旧常，亡相侵黩。

①孟康曰："少昊时诸侯作乱者也。"韦昭曰："黎氏九人也。"

②师古曰："放，依也。物，事也。放音甫往反。"

③师古曰："齐读曰斋。蠲，絜也。"

④师古曰："言不究其性命也。"

⑤应劭曰："黎，阴官也。火数二，二，地数也，故火正司地以属万民。"师古曰："属，委也，以其事委之也。属音之欲反。"

自共工氏霸九州，其子曰句龙，能平水土，死为社祠。①有烈山氏王天下，其子曰柱，能殖百谷，死为稷祠。②故郊祀社稷，所从来尚矣。③

①师古曰："共工氏在太昊、炎帝之间。无禄而王，故谓之霸。句读

日钧。"

②师古曰:"烈山氏,炎帝。"

③师古曰:"尚,上也。谓起于上古。"

虞书曰,舜在璇玑玉衡,以齐七政。①遂类于上帝,禋于六宗,②望秩于山川,遍于群神。③揖五瑞,④择吉月日,见四岳诸牧,班瑞。⑤岁二月,东巡狩,至于岱宗。⑥岱宗,泰山也。柴,望秩于山川。⑦遂见东后。东后者,诸侯也。⑧合时月正日,同律度量衡,⑨修五礼五乐,⑩三帛二生一死为贽。⑪五月,巡狩至南岳。南岳者,衡山也。八月,巡狩至西岳。西岳者,华山也。十一月,巡狩至北岳。北岳者,恒山也。皆如岱宗之礼。中岳,嵩高也。五载一巡狩。⑫

①师古曰:"虞书舜典也。在,察也。璇,美玉也。玑转而衡平。以玉为玑衡,谓浑天仪也。七政,日、月、五星也。言舜观察玑衡,以齐同日、月、五星之政,度合天意。"

②孟康曰:"六宗,星、辰、风伯、雨师、司中、司命。一说云乾坤六子。又一说:天宗三,日、月、星辰;地宗三,泰山、河、海。或曰天地间游神也。"师古曰:"类,以类祭也。上帝,天也。絜精以祀谓之禋。六宗之义,说者多矣。乾坤六子,其最通乎。"

③师古曰:"望,谓在远者望而祭之。秩,次也。群神,丘陵坟衍之属。"

④师古曰:"揖与辑同。揖,合也。五瑞,公、侯、伯、子、男之瑞玉。"

⑤师古曰:"四岳诸牧,谓四方诸侯也。班,布也。"

⑥师古曰:"狩,守也。诸侯为天子守土,故巡行。"

⑦师古曰:"柴,积柴而燔。"

1087

⑧师古曰："后，君也。东方诸侯，故谓之东后也。"

⑨师古曰："时，四时也。月，十二月也。日，三百六十日也。律，六律也。度，尺丈也。量，斛斗也。衡，斤两也。"

⑩师古曰："五礼，吉、凶、宾、军、嘉也。五乐，谓春则琴瑟，夏则笙竽，季夏则鼓，秋则钟，冬则磬也。五乐，尚书作五玉，今志亦有作五玉者。五玉即五瑞。"

⑪师古曰："三帛，玄、纁、黄也。二牲，羔、雁也。一死，雉也。赘者，所执以为礼也。"

⑫师古曰："此以上皆舜典所载。"

禹遵之。后十三世，至帝孔甲，淫德好神，神黩，二龙去之。①其后十三世，汤伐桀，欲迁夏社，不可，作夏社。②乃迁烈山子柱，而以周弃代为稷祠。后八世，帝太戊有桑穀生于廷，一暮大拱，③惧。伊陟曰："祆不胜德。"④太戊修德，桑穀死。伊陟赞巫咸。⑤后十三世，武帝丁得傅说为相，⑥殷复兴焉，称高宗。有雉登鼎耳而雊，⑦武丁惧。祖己曰："修德。"武丁从之，位以永宁。⑧后五世，帝乙嫚神而震死。⑨后三世，帝纣淫乱，武王伐之。由是观之，始未尝不肃祇，后稍怠嫚也。

①应劭曰："夏帝孔甲，天赐之乘龙，河汉各二，其后媒黩嫚神，故龙去之。"

②应劭曰："遭大旱七年，明德以荐，而旱不止，故迁社，以弃代为稷。欲迁句龙，德莫能继，故作夏社，说不可迁之义也。"师古曰："暴，古迁字。夏社，尚书篇名，今则序在而书亡逸。"

③师古曰："穀即今之楮树也。其字从木。合两手曰拱。"

④师古曰："伊陟，太戊臣，伊尹之子。"

⑤孟康曰：“巫咸，殷贤臣。赞，说也，谓伊陟说其意也。”师古曰："因此作咸乂四篇。事见商书序，其篇亦亡逸也。"

⑥师古曰："说读曰悦。"

⑦师古曰："雊，雉鸣，音工豆反。"

⑧师古曰："事见商书说命及高宗肜日。祖己，殷之贤臣。"

⑨师古曰："帝乙，武乙也，为韦囊盛血，仰而射之，号曰射天，后遇雷震而死。"

　周公相成王，王道大洽，制礼作乐，天子曰明堂辟雍，①诸侯曰泮宫。②郊祀后稷以配天，宗祀文王于明堂以配上帝。③四海之内各以其职来助祭。天子祭天下名山大川，怀柔百神，咸秩无文。④五岳视三公，四渎视诸侯。⑤而诸侯祭其疆内名山大川，⑥大夫祭门、户、井、灶、中霤五祀，⑦士庶人祖考而已。各有典礼，而淫祀有禁。

①师古曰："明堂辟雍，解在平纪。"

②师古曰："泮之言半也。制度半于天子之辟雍也。泮音普半反。"

③师古曰："郊祀，祀于郊也。后稷，周之始祖也。宗，尊也。文王，周始受命之王。上帝，太微五帝也。"

④师古曰："怀，来也。柔，安也。言招来百神而安处之也。称百者，言其多也。秩，序也。旧无礼文者，皆以次序而祭之。"

⑤师古曰："江、河、淮、济为四渎。渎者，发源而注海者也。视谓其礼物之数也。"

⑥师古曰："疆，境也。"

⑦韦昭曰："古者穴居，故名室中为中霤。"

　后十三世，世益衰，礼乐废。幽王无道，为犬戎所败，平王东徙雒邑。秦襄公攻戎救周，列为诸侯，而居西，自以为主少昊之神，作西畤，祠白帝，其牲用骊驹黄牛羝羊各一云。①

①师古曰："骊，赤马黑鬣尾也。羝，牡羊也。骊音留。羝音丁奚反。"

其后十四年，秦文公东猎汧渭之间，①卜居之而吉。文公
(薨)〔梦〕黄蛇自天下属地，②〔1〕其口止于鄜衍。③文公问史敦，④
敦曰："此上帝之征，君其祠之。"于是作鄜畤，用三牲郊祭白
帝焉。

①师古曰："汧渭，二水名。汧音牵。"

②师古曰："属，著也，音之欲反。"

③李奇曰："鄜音孚。三辅谓山阪间为衍。"晋灼曰："左冯翊鄜县之
　　衍也。"师古曰："今之鄜州盖取名于此也。"

④师古曰："秦之太史也，敦其名也。"

自未作鄜畤，而雍旁故有吴阳武畤，①雍东有好畤，皆废无
祀。或曰："自古以雍州积高，神明之隩，②故立畤郊上帝，诸神
祠皆聚云。盖黄帝时尝用事，虽晚周亦郊焉。"③其语不经见，缙
绅者弗道。④

①李奇曰："于旁有吴阳地也。"

②师古曰："土之可居者曰隩，音于六反。"

③师古曰："晚谓末时也。"

④李奇曰："缙，插也，插笏于绅。绅，大带也。"臣瓒曰："缙，赤白
　　色也。绅，大带也。左氏传有缙云氏。"师古曰："李云缙插是也。
　　字本作搢，插笏于大带与革带之间耳，非插于大带也。或作荐绅者，
　　亦谓荐笏于绅带之间，其义同。"

作鄜畤后九年，文公获若石云，于陈仓北阪城祠之。①其神
或岁不至，或岁数。来也常以夜，光辉若流星，从东方来，集于

祠城，若雄雉，其声殷殷云，野鸡夜鸣。②以一牢祠之，名曰陈宝。③

①苏林曰："质如石，似肝。"师古曰："陈仓之北阪上城中也。云，语辞也。"

②师古曰："殷殷，声也。云，传声之乱也。野鸡，亦雉也，避吕后讳，故曰野鸡。言陈宝若来而有声，则野鸡皆鸣以应之也。上言雄雉，下言野鸡，史驳文也。殷音隐。"

③臣瓒曰："陈仓县有宝夫人祠，或一岁二岁与叶君合。叶君神来时，天为之殷殷雷鸣，雉为之雊也。"

作陈宝祠后七十一年，秦德公立，卜居雍。①子孙饮马于河，遂都雍。雍之诸祠自此兴。用三百牢于鄜畤。作伏祠。②磔狗邑四门，以御蛊灾。

①师古曰："即今之雍县。"

②孟康曰："六月伏日也。周时无，至此乃有之。"师古曰："伏者，谓阴气将起，迫于残阳而未得升，故为臧伏，因名伏日也。立秋之后，以金代火，金畏于火，故至庚日必伏。庚，金也。"

后四年，秦宣公作密畤于渭南，祭青帝。

后十三年，秦穆公立，病卧五日不寤；①寤，乃言梦见上帝，②上帝命穆公平晋乱。史书而藏之府。③而后世皆曰上天。

①师古曰："寤，觉也。觉音公孝反。"

②师古曰："上帝谓天也。"

③师古曰："府，藏书之处。"

穆公立九年，齐桓公既霸，会诸侯于葵丘，而欲封禅。①管仲曰："古者封泰山禅梁父者七十二家，②而夷吾所记者十有二焉。昔无怀氏封泰山，禅云云；③虙羲封泰山，禅云云；④神农氏封泰山，禅云云；炎帝封泰山，禅云云；⑤黄帝封泰山，禅亭亭；⑥颛顼封泰山，禅云云；帝喾封泰山，禅云云；尧封泰山，禅云云；舜封泰山，禅云云；禹封泰山，禅会稽；汤封泰山，禅云云；周成王封泰山，禅于社首；⑦皆受命然后得封禅。"桓公曰："寡人北伐山戎，过孤竹；⑧西伐，束马县车，上卑耳之山；⑨南伐至召陵，⑩登熊耳山，以望江汉。⑪兵车之会三，乘车之会六，九合诸侯，一匡天下，⑫诸侯莫违我。昔三代受命，亦何以异乎？"于是管仲睹桓公不可穷以辞，因设之以事，曰："古之封禅，鄗上黍，北里禾，所以为盛；⑬江淮间一茅三脊，所以为藉也。⑭东海致比目之鱼，⑮西海致比翼之鸟。⑯然后物有不召而自至者十有五焉。今凤皇麒麟不至，嘉禾不生，而蓬蒿藜莠茂，鸱枭群翔，⑰而欲封禅，无乃不可乎？"于是桓公乃止。

①师古曰："葵丘会在僖九年。葵丘在陈留外黄县东。封禅者，封土于山而禅祭于地也。禅音上战反，解在武纪。"

②师古曰："父音甫。"

③郑氏曰："无怀氏，古之王者，在伏羲前，见庄子。"服虔曰："云云在梁父东，山名也。"晋灼曰："云云山在蒙阴县故城东北，下有云云亭。"

④师古曰："虙读曰伏。"

⑤李奇曰："炎帝，神农后。"

⑥服虔曰："亭亭山在牟阴。"晋灼曰："地理志钜平有亭亭山。"师古曰："晋说是也。"

⑦应劭曰："山名，在博县。"晋灼曰："在钜平南十二里。"师古曰："晋说是也。"

⑧应劭曰："伯夷国也，在辽西令支。"师古曰："令音郎定反。支音神祇之祇。"

⑨韦昭曰："将上山，缠束其马，县鉤其车也。卑耳即齐语所谓辟耳。"

⑩师古曰："召陵，楚地也，在汝南。召读曰劭。"

⑪师古曰："熊耳山在顺阳北益阳县东，非禹贡所云'导洛自熊耳'者也。其山两峰，状亦若熊耳，因以为名也。"

⑫师古曰："兵车之会三，谓庄十三年会于北杏以平宋乱，僖四年侵蔡，蔡溃，遂伐楚，次于陉，六年伐郑围新城也。乘车之会六，谓庄十四年会于鄄，十五年又会于鄄，十六年同盟于幽，僖五年会于首止，八年盟于洮，九年会于葵丘也。匡，正也。一匡天下，谓定襄王为天子之位也。一说谓阳谷之会令诸侯云'无障谷，无贮粟，无以妾为妻'，天下皆从，故云一匡者也。"

⑬应劭曰："鄗音臛。"苏林曰："鄗上、北里，皆地名也。"师古曰："盛谓以实簋簋。"

⑭服虔曰："茅草有三脊也。"张晏曰："谓灵茅也。"师古曰："藉，以藉地也，音才夜反。"

⑮师古曰："尔雅云'东方有比目鱼焉，不比不行，其名谓之鲽'，音土盍反。"

⑯师古曰："山海经云'崇吾之山有鸟状如凫，而一翼一目，相得乃飞，其名曰鹓'。尔雅曰'南方有比翼鸟焉，不比不飞，其名谓之鹣鹣'。而管仲乃云西海，其说异也。"

⑰师古曰："蓬蒿藜莠，皆秽恶之草。枭，不祥之鸟也。鸱，盖今所谓角鸱也。枭，土枭也。"

是岁，秦穆公纳晋君夷吾。其后三置晋国之君，平其乱。①穆公立三十九年而卒。

①师古曰："三立其君，谓惠公、怀公、文公。"

后五十年，周灵王即位。时诸侯莫朝周，苌弘乃明鬼神事，①设射不来。不来者，诸侯之不来朝者也。依物怪，欲以致诸侯。诸侯弗从，而周室愈微。后二世，至敬王时，晋人杀苌弘。②

①师古曰："苌弘，周大夫。"

②李奇曰："周为晋杀之也。"师古曰："春秋左氏传哀公三年传称'刘氏、范氏世为婚姻，苌弘事刘文公，故周与范氏赵鞅以为讨，周人杀苌弘'也。"

是时，季氏专鲁，旅于泰山，仲尼讥之。①

①师古曰："旅，陈也，陈礼物而祭之也。陪臣祭泰山，僭诸侯之礼。孔子非之曰：'呜乎，曾谓泰山不如林放乎！'事见论语。"

自秦宣公作密畤后二百五十年，而秦灵公于吴阳作上畤，祭黄帝；作下畤，祭炎帝。

后四十八年，周太史儋见秦献公①曰："周始与秦国合而别，别五百载当复合，②合七十年而伯王出焉。"③儋见后七年，栎阳雨金，献公自以为得金瑞，故作畦畤栎阳，而祀白帝。④

①孟康曰："太史儋谓老子也。"师古曰："此亦周之太史名，非必老聃。老聃非秦献公时。儋音丁甘反，又吐甘反。"

②应劭曰："秦，伯翳之后也。始周孝王封非子为附庸，邑诸秦。平王东迁洛邑，襄公以兵卫之，嘉其勋力，列为侯伯，与周别五百载矣。昭王时，西周君自归受罪，尽献其邑三十六城，此复合也。"孟康曰："谓周封秦为别，秦并周为合。此襄王为霸，始皇为王也。"韦昭曰："周封秦为始别，谓秦仲也。五百岁，谓从秦仲至孝公强大，显王致伯，与之亲合也。"师古曰："诸家之说皆非也。自非子至西

周献邑，凡六百五十三岁，自仲至显王二十六年孝公称伯，止有四百二十六岁，皆不合五百之数也。按史记秦本纪及年表，并云周平王封襄公，始列为诸侯，于是始与诸侯通。又周本纪及吴、齐、晋、楚诸系家皆言幽王为犬戎所杀，秦始列为诸侯，正与此志符会，是乃为别。至昭襄王五十二年，西周君自归献邑，凡五百一十六年，是为合也。言五百者，举其成数也。”

③韦昭曰：“武王、昭王皆伯，至始皇而王天下。”师古曰：“七十当为十七，今史记旧本皆作十七字。伯王者，指谓始皇。始皇初立，政在太后、嫪毐，未得称伯。自昭王灭周后，至始皇九年诛嫪毐，止十七年。本纪年表其义显，而韦氏乃合武王、昭王为数，失之远矣。伯读曰霸。”

④师古曰：“畦畤者，如种韭畦之形，而畤于畦中各为一土封也。畦音下圭反。”

后百一十岁，周赧王卒，九鼎入于秦。或曰，周显王之四十二年，宋大丘社亡，①而鼎沦没于泗水彭城下。

①师古曰：“尔雅云‘左陵泰丘’，谓丘左有陵者其名泰丘也。郭璞云‘宋有泰丘’，盖以丘名此地也。”

自赧王卒后七年，秦庄襄王灭东周，周祀绝。后二十八年，秦并天下，称皇帝。

秦始皇帝既即位，或曰：“黄帝得土德，黄龙地螾见。①夏得木德，青龙止于郊，草木畅茂。②殷得金德，银自山溢。③周得火德，有赤乌之符。④今秦变周，水德之时。昔文公出〔腊〕〔猎〕，[2]获黑龙，此其水德之瑞。”于是秦更名河曰“德水”，以冬十月为年首，色尚黑，度以六为名，⑤音上大吕，⑥事统上法。⑦

①应劭曰：“螾，丘蚓也。黄帝土德，故地见其神，蚓大五六围，长十

余丈。"如淳曰："吕氏春秋云黄帝之时天先见大螾大蝼，黄帝曰土气胜，故其色尚黄。"师古曰："螾音蚓。蝼音楼，谓蝼蛄也。"

②师古曰："邑与畅同。"

③苏林曰："流出也。"

④师古曰："谓武王伐纣师渡孟津之时也。尚书中候曰'有火自天止于王屋，流为赤乌，五至，以谷俱来'。"

⑤张晏曰："水北方黑，终数六，故以方六寸为符，六尺为步。"

⑥师古曰："大吕，阴律之始也。"

⑦服虔曰："政尚法令也。"臣瓚曰："水阴，阴主刑杀，故上法也。"

即帝位三年，东巡狩郡县，祠驺峄山，①颂功业。②于是从齐鲁之儒生博士七十人，至于泰山下。诸儒生或议曰："古者封禅为蒲车，恶伤山之土石草木；③扫地而祠，席用苴秸，④言其易遵也。"始皇闻此议各乖异，难施用，由此黜儒生。⑤而遂除车道，上自泰山阳。至颠，立石颂德，明其得封也。从阴道下，⑥禅于梁父。其礼颇采泰祝之祀雍上帝所用，而封臧皆秘之，世不得而记也。

①苏林曰："驺，鲁县也。"臣瓚曰："峄山在北。"师古曰："峄音亦。"

②师古曰："谓刻石自著功业。"

③师古曰："蒲车，以蒲裹轮。"

④应劭曰："秸，藁本也，去皮以为席。"如淳曰："苴读如租。秸读如夏。"晋灼曰："苴，藉也。"师古曰："茅藉也。苴字本作菹，假借用。"

⑤师古曰："黜，退也。"

⑥师古曰："山南曰阳，山北曰阴。"

始皇之上泰山，中阪遇暴风雨，休于大树下。诸儒既黜，不得与封禅，①闻始皇遇风雨，即讥之。

①师古曰："与读曰豫也。"

于是始皇遂东游海上，行礼祠名山川及八神，（来）〔求〕仙人羡门之属。①[3] 八神将自古而有之；或曰太公以来作之。齐所以为齐，以天齐也。② 其祀绝，莫知起时。八神，一曰天主，祠天齐。天齐渊水，居临菑南郊山下下者。③ 二曰地主，祠泰山梁父。盖天好阴，祠之必于高山之下畤，命曰"畤"；④ 地贵阳，祭之必于泽中圜丘云。三曰兵主，祠蚩尤。蚩尤在东平陆监乡，齐之西竟也。⑤ 四曰阴主，祠三山；⑥ 五曰阳主，祠之罘山；⑦ 六曰月主，祠（之）莱山：⑧[4] 皆在齐北，并勃海。⑨ 七曰日主，祠盛山。盛山斗入海，⑩ 最居齐东北阳，以迎日出云。八曰四时主，祠琅邪。琅邪在齐东北，盖岁之所始。⑪ 皆各用牢具祠，而巫祝所损益，圭币杂异焉。⑫

①应劭曰："羡门名子高，古仙人也。"师古曰："古亦以偭为仙字。下皆类此。"

②苏林曰："当天中央齐也。"师古曰："谓其众神异，如天之腹齐也。"

③师古曰："下下，谓最下者。临菑城南有天齐水，五泉并出，盖谓此也。"

④师古曰："名其祭处曰畤也。"

⑤师古曰："东平陆，县名也。监，其县之乡名也。"

⑥师古曰："三山，即下所谓三神山。"

⑦韦昭曰："之罘山在东莱腄县。"师古曰："罘音浮。腄音直瑞反。"

⑧韦昭曰："在东莱长广也。"

⑨师古曰："并音步浪反。"

⑩韦昭曰："盛山在东莱不夜县，斗入海也。"师古曰："斗，绝也。盛音成。"

⑪师古曰："山海经云琅邪台在勃海间，谓临海有山形如台也。"

⑫师古曰："言八神牲牢皆同，而圭币各异也。"

自齐威、宣时，驺子之徒论著终始五德之运，①及秦帝而齐人奏之，故始皇采用之。而宋毋忌、正伯侨、元尚、羡门高最后，皆燕人，[5]为方仙道，②形解销化，③依于鬼神之事。驺衍以阴阳主运④显于诸侯，而燕齐海上之方士传其术不能通，然则怪迂阿谀苟合之徒自此兴，不可胜数也。⑤

①如淳曰："今其书有五德终始。五德各以所胜为行。秦谓周为火德，灭火者水，故自谓水德。"师古曰："驺子即驺衍。"

②韦昭曰："皆慕古人之名，效为神仙者也。"师古曰："自宋毋忌至最后，皆其人姓名也，凡五人。"

③服虔曰："尸解也。"张晏曰："人老而解去，故骨如变化也。今山中有龙骨，世人谓之龙解骨化去。"应劭曰："列仙传曰崔文子学仙于王子乔，〔王子乔〕化为白蜺，[6]文子惊，引戈击之，俯而见之，王子乔之尸也，须臾则为大鸟飞而去。"师古曰："服、张二说是也。"

④晋灼曰："燕昭王筑宫师之，故作主运之篇也。"如淳曰："今其书有（王）〔主〕运，[7]五行相次转用事，随方（而）〔面〕为服也。"

⑤师古曰："迂谓回远也，音于。"

自威、宣、燕昭使人入海求蓬莱、方丈、瀛洲。此三神山者，其传在勃海中，①去人不远。盖尝有至者，诸僊人及不死之药皆在焉。其物禽兽尽白，而黄金银为宫阙。未至，望之如云；及到，三神山反居水下，水临之，患且至，则风辄引船而去，终莫能至云。世主莫不甘心焉。②

①服虔曰："其传书云尔。"臣瓒曰："世人相传云尔。"师古曰："瓒
说是也。"

②师古曰："甘心，言贪嗜之心不能已也。"

及秦始皇至海上，则方士争言之。始皇如恐弗及，使人赍童
男女入海求之。船交海中，皆以风为解，①曰未能至，望见之焉。
其明年，始皇复游海上，至琅邪，过恒山，从上党归。后三年，
游碣石，考入海方士，②从上郡归。后五年，始皇南至湘山，遂
登会稽，并海上，③几遇海中三神山之奇药。④不得，还到沙
丘崩。⑤

①师古曰："自解说云为风不得至。"
②师古曰："考，校其虚实也。"
③师古曰："附海而上也。并音步浪反。上音时掌反。"
④师古曰："几读曰冀。"
⑤臣瓒曰："沙丘在钜鹿县东北也。"

二世元年，东巡碣石，并海，①南历泰山，至会稽，皆礼祠
之，而刻勒始皇所立石书旁，以章始皇之功德。②其秋，诸侯叛
秦。三年而二世弑死。

①师古曰："并音步浪反。"
②师古曰："今此诸山皆有始皇所刻石及胡亥重刻，其文并具存焉。"

始皇封禅之后十二年而秦亡。诸儒生疾秦焚诗书，诛灭文
学，百姓怨其法，天下叛之，皆说曰："始皇上泰山，为风雨所
击，不得封禅云。"此岂所谓无其德而用其事者邪？

昔三代之居皆河洛之间，①故嵩高为中岳，而四岳各如其方，

四渎咸在山东。至秦称帝，都咸阳，则五岳、四渎皆并在东方。自五帝以至秦，迭兴迭衰，②名山大川或在诸侯，或在天子，其礼损益世殊，不可胜记。③及秦并天下，令祠官所常奉天地名山大川鬼神可得而序也。

①师古曰："谓夏都安邑，殷都朝歌，周都洛阳。"

②师古曰："迭，互也，音大结反。"

③师古曰："代代殊异，故不可尽记。"

于是自崤以东，名山五，大川祠二。①曰太室。太室，嵩高也。恒山，泰山，会稽，湘山。水曰泲，曰淮。②春以脯酒为岁祷，因泮冻；③秋涸冻；④冬塞祷祠。⑤其牲用牛犊各一，牢具圭币各异。自华以西，名山七，名川四。曰华山，薄山。薄山者，襄山也。⑥岳山，岐山，吴山，鸿冢，渎山。渎山，蜀之岷山也。⑦水曰河，祠临晋；⑧沔，祠汉中；⑨湫渊，祠朝那；⑩江水，祠蜀。亦春秋泮涸祷塞如东方山川；而牲亦牛犊牢具圭币各异。而四大冢鸿、岐、吴、岳，皆有尝禾。⑪陈宝节来祠，⑫其河加有尝醪。此皆雍州之域，近天子都，故加车一乘，骝驹四。霸、产、长水，皆不在大山川数，⑬以近咸阳，尽得比山川祠，而无诸加。⑭汧、洛二渊，鸣泽、蒲山、岳嬬山之属，⑮为小山川，亦皆祷塞泮涸祠，礼不必同。而雍有日、月、参、辰、南北斗、荧惑、太白、岁星、填星、辰星、二十八宿、风伯、雨师、四海、九臣、十四臣、诸布、诸严、诸逐之属，百有馀庙。⑯西亦有数十祠。于湖有周天子祠。于下邽有天神。丰、镐有昭明、天子辟池。于杜、亳有五杜主之祠、寿星祠；⑰而雍、菅庙祠亦有杜主。⑱杜主，故周之右将军，⑲其在秦中最小鬼之神者也。⑳各以岁时奉祠。

①师古曰："崤即今之陕州二崤也。"

②师古曰："沛音子礼反，此本济水之字。"

③服虔曰："解冻也。"师古曰："泮音普半反。"

④师古曰："涸读与沍同。沍，凝也，音下故反。春则解之，秋则凝之。春秋左氏传曰'固阴沍寒'。礼记月令曰'孟冬行春令则冻闭不密'。"

⑤师古曰："塞谓报其所祈也，音先代反。下并同也。"

⑥师古曰："说者云薄山在河东，一曰在潼关北十馀里，而此志云自华以西者，则今阌乡之南山连延西出，并得华山之名。"

⑦师古曰："周礼职方氏：'雍州，其山曰岳。'尔雅亦云'河西曰岳'。说者咸云岳即吴岳也。今志有岳，又有吴山，则吴岳非一山之名，但未详岳之所在耳。徐广云：'岳山在武功。'据地理志，武功但有垂山，无岳山也。岐山即今之岐山县，其山两岐，俗呼为箭括岭。吴山在今陇州吴山县。鸿冢，释在下。岷山在湔氐道。"

⑧师古曰："即今之同州朝邑县界。"

⑨师古曰："沔，汉水之上名也。汉中，今梁州是也。沔音弥善反。"

⑩苏林曰："湫渊在安定朝那县，方四十里，停水不流，冬夏不增不减，不生草木。湫音将蓼反。"师古曰："此水今在泾州界，清澈可爱，不容秽浊，或喧污，辄兴云雨。土俗亢旱，每于此求之，相传云龙之所居也。而天下山川隈曲，亦往往有之。湫音子由反。"

⑪孟康曰："以新谷祭之。"

⑫服虔曰："陈宝神应节来也。"

⑬师古曰："霸、产出蓝田。丰、涝出鄠。长水者，言其源流长也。涝音劳。"

⑭师古曰："加谓车及骊驹之属。"

⑮苏林曰："婿音胥。"韦昭曰："音苏计反。"师古曰："韦说是也。"

⑯师古曰："风伯，飞廉也。雨师，屏翳也，一曰屏号。而说者乃谓风伯箕星也，雨师毕星也。此志既言二十八宿，又有风伯、雨师，则知非箕、毕也。九臣、十四臣，不见名数所出。诸布、诸严、诸逐，未闻其义。逐字或作逯，音求。屏并音步丁反。"

⑰韦昭曰："亳音薄，汤所都也。"臣瓒曰："济阴薄县是也。"师古曰："杜即京兆杜县也。此亳非汤都也，不在济阴。徐广云京兆杜县有薄亭，斯近之矣。"

⑱李奇曰："菅，茅也。"师古曰："菅音奸。"

⑲师古曰："墨子云周宣王杀杜伯不以罪，后宣王田于圃田，见杜伯执弓矢射，宣王伏弓衣而死，故周人尊其鬼而右之，盖谓此也。"

⑳师古曰："其鬼虽小而有神灵也。"

　　唯雍四(时)〔畤〕上帝为尊，[8]其光景动人民，唯陈宝。故雍四畤，春以为岁祷，因泮冻，秋涸冻，冬赛祠，五月尝驹，及四中之月月祠，①若陈宝节来一祠。春夏用骍，②秋冬用駵。畤驹四匹，③木寓龙一駟，④木寓车马一駟，各如其帝色。黄犊羔各四，圭币各有数，皆生瘗埋，无俎豆之具。三年一郊。秦以十月为岁首，故常以十月上宿郊见，⑤通权火，⑥拜于咸阳之旁，而衣上白，其用如经祠云。⑦西畤、畦畤，祠如其故，上不亲往。诸此祠皆太祝常主，以岁时奉祠之。至如它名山川诸神及八神之属，上过则祠，去则已。郡县远方祠者，民各自奉祠，不领于天子之祝官。祝官有秘祝，即有灾祥，辄祝祠移过于下。

①师古曰："中读曰仲。谓四时之仲月皆祠之。"

②师古曰："骍，纯赤色也，音先营反。"

③师古曰："每畤用驹四匹，而春秋异色。"

④李奇曰："寓，寄也，寄生龙形于木也。"师古曰："一驷亦四龙也。"

⑤李奇曰："上宿，上斋戒也。"

⑥张晏曰："权火，烽火也，状若井挈皋矣。其法类称，故谓之权火。欲令光明远照，通于祀所也。汉祀五畤于雍，五十里一烽火。"如淳曰："权，举也。"师古曰："凡祭祀通举火者，或以天子不亲至祠所而望拜，或以众祠各处，欲其一时荐飨，宜知早晏，故以火为之节度也。它皆类此。"

⑦服虔曰："经，常也。"

汉兴，高祖初起，杀大蛇，有物曰："蛇，白帝子，而杀者赤帝子也。"①及高祖祷丰枌榆社，②徇沛，为沛公，则祀蚩尤，衅鼓旗。遂以十月至霸上，立为汉王。因以十月为年首，色上赤。

①师古曰："物谓鬼神也。"

②郑氏曰："枌榆，乡名也。社在枌榆。"晋灼曰："枌，白榆也。社在丰东北十五里。"师古曰："以此树为社神，因立名也。枌音符云反。"

二年(冬)〔9〕，东击项籍而还入关，问："故秦时上帝祠何帝也？"对曰："四帝，有白、青、黄、赤帝之祠。"高祖曰："吾闻天有五帝，而四，何也？"莫知其说。于是高祖曰："吾知之矣，乃待我而具五也。"乃立黑帝祠，名曰北畤。有司进祠，上不亲往。悉召故秦祝官，复置太祝、太宰，如其故仪礼。因令县为公社。①下诏曰："吾甚重祠而敬祭。今上帝之祭及山川诸神当祠者，各以其时礼祠之如故。"

①李奇曰："犹官社。"

后四岁，天下已定，诏御史令丰治枌榆社，常以时，春以羊彘祠之。令祝立蚩尤之祠于长安。长安置祠祀官、女巫。其梁巫祠天、地、天社、天水、房中、(当)〔堂〕上之属；[10]晋巫祠五帝、东君、云中君、巫社、巫祠、族人炊之属；①秦巫祠杜主、巫保、族累之属；②荆巫祠堂下、巫先、司命、施糜之属；③九天巫祠九天：④皆以岁时祠宫中。其河巫祠河于临晋，而南山巫祠南山、秦中。秦中者，二世皇帝也。⑤各有时日。

①服虔曰："东君以下皆神名也。"师古曰："东君，日也。云中君谓云神也。巫社、巫祠，皆古巫之神也。族人炊，古主炊母之神也。炊谓饎爨也。"

②师古曰："杜主即上所云五杜主也。巫保、族累，二神名。累音力追反。"

③师古曰："堂下，在堂之下。巫先，巫之最先者也。司命，说者云文昌第四星也。施糜，其先常施设糜鬻者也。"

④师古曰："九天者，谓中央钧天，东方苍天，东北旻天，北方玄天，西北幽天，西方浩天，西南朱天，南方炎天，东南阳天也。其说见淮南子。一说云东方旻天，东南阳天，南方赤天，西南朱天，西方成天，西北幽天，北方玄天，东北变天，中央钧天也。"

⑤张晏曰："以其强死，魂魄为厉，故祠之。成帝时匡衡奏罢之。"

其后二岁，或言曰周兴而邑立后稷之祠，①至今血食天下。②于是高祖制诏御史："其令天下立灵星祠，③常以岁时祠以牛。"

①师古曰："以其有播种之功，故令天下诸邑皆祠之。"

②师古曰："祭有牲牢，故言血食遍天下也。"

③张晏曰："龙星左角曰天田，则农祥也。(晨)〔辰〕见而祭之。"[11]

高祖十年春，有司请令县常以春二月及腊祠稷以羊彘，民里社各自裁以祠。①制曰："可。"

①师古曰："随其祠具之丰俭也。"

文帝即位十三年，下诏曰："秘祝之官移过于下，朕甚弗取，其除之。"

始名山大川在诸侯，诸侯祝各自奉祠，天子官不领。及齐、淮南国废，令太祝尽以岁时致礼如故。

明年，以岁比登，①诏有司增雍五畤路车各一乘，驾被具；②西畤、畦畤寓车各一乘，寓马四匹，驾被具；河、湫、汉水，玉加各二；及诸祠皆广坛场，圭币俎豆以差加之。

①师古曰："年谷频孰也。"

②师古曰："驾车被马之饰皆具也。被音皮义反。下亦同。"

鲁人公孙臣上书曰："始秦得水德，及汉受之，推终始传，①则汉当土德，土德之应黄龙见。宜改正朔，服色上黄。"时丞相张苍好律历，以为汉乃水德之时，河决金堤，其符也。年始冬十月，色外黑内赤，②与德相应。公孙臣言非是，罢之。明年，黄龙见成纪。③文帝召公孙臣，拜为博士，与诸生申明土德，草改历服色事。④其夏，下诏曰："有异物之神见于成纪，毋害于民，岁以有年。朕几郊祀上帝诸神，⑤礼官议，毋讳以朕劳。"⑥有司皆曰："古者天子夏亲郊祀上帝于郊，故曰郊。"⑦于是夏四月，文帝始幸雍郊见五畤，祠衣皆上赤。

①郑氏曰："音亭传。"师古曰："音张恋反。谓转次之。"

②服虔曰："十月阴气在外，〔故外〕黑；[12]阳气尚伏在地，故内赤也。或曰，十月百草外黑内赤也。"

③师古曰："天水之县也。"

④师古曰："草谓创造之。后例皆同也。"

⑤师古曰："几读曰冀。"

⑥师古曰："无讳以朕为劳，自言不以为劳也。"晋灼曰："讳，忌难也。"

⑦师古曰："邑外谓之郊。"

赵人新垣平以望气见上，言"长安东北有神气，成五采，若人冠冕焉。或曰东北神明之舍，西方神明之墓也。①天瑞下，宜立祠上帝，以合符应"。于是作渭阳五帝庙，同宇，②帝一殿，面五门，各如其帝色。祠所用及仪亦如雍五畤。

①张晏曰："神明，日也。日出东北，舍谓阳谷。日没于西，故曰墓。墓，濛谷也。"师古曰："此说非也。灵总言凡神明以东北为居，西方为冢墓之所，故立庙于渭阳者也。"

②师古曰："宇谓屋之覆也。言同一屋之下而别为五庙，各立门室也。庙记云五帝庙在长安东北也。"

明年夏四月，文帝亲拜霸渭之会，①以郊见渭阳五帝。五帝庙临渭，其北穿蒲池沟水。②权火举而祠，若光辉然属天焉。③于是贵平至上大夫，赐累千金。而使博士诸生刺六经中作王制，④谋议巡狩封禅事。

1106

①如淳曰："二水之合也。"

②师古曰："蒲池，为池而种蒲。蒲字或作满，言其水满也。"

③师古曰："属，联也，音之欲反。"

④师古曰："刺，采取之也，音千赐反。"

文帝出长门，①若见五人于道北，遂因其直立五帝坛，②祠以五牢。

①如淳曰:"亭名也。"

②郑氏曰:"因其所立处以立祠也。"师古曰:"直犹当也,当其处。"

其明年,平使人持玉杯,上书阙下献之。平言上曰:"阙下有宝玉气来者。"已视之,果有献玉杯者,刻曰"人主延寿"。平又言"臣候日再中"。居顷之,日却复中。于是始更以十七年为元年,令天下大酺。平言曰:"周鼎亡在泗水中,今河决通于泗,臣望东北汾阴直有金宝气,①意周鼎其出乎?兆见不迎则不至。"于是上使使治庙汾阴南,临河,欲祠出周鼎。人有上书告平所言皆诈也。下吏治,诛夷平。②是后,文帝怠于改正服鬼神之事,③而渭阳、长门五帝使祠官领,以时致礼,不往焉。

①师古曰:"汾阴直,谓正当汾阴也。"

②师古曰:"夷者,平也,谓尽平除其家室宗族。"

③师古曰:"正,正朔也。服,服色也。正音之成反。"

明年,匈奴数入边,①兴兵守御。后岁少不登。数岁而孝景即位。十六年,祠官各以岁时祠如故,无有所兴。

①师古曰:"数音所角反。"

武帝初即位,尤敬鬼神之祀。汉兴已六十馀岁矣,天下艾安,①缙绅之属皆望天子封禅改正度也,②而上乡儒术,③招贤良。赵绾、王臧等以文学为公卿,欲议古立明堂城南,以朝诸侯,草巡狩封禅改历服色事未就。④窦太后不好儒术,使人微伺赵绾等奸利事,按绾、臧,绾、臧自杀,诸所兴为皆废。六年,窦太后崩。其明年，征文学之士。

①师古曰："艾读曰乂。乂，治也。汉书皆以艾为乂，其义类此也。"

②师古曰："正亦正朔。度，度量也。服色度量，互言之耳。"

③师古曰："乡读曰向。"

④师古曰："就，成也。"

明年，上初至雍，郊见五畤。后常三岁一郊。是时上求神君，舍之上林中蹏氏馆。①神君者，长陵女子，以乳死，见神于先后宛若。②宛若祠之其室，民多往祠。平原君亦往祠，其后子孙以尊显。③及上即位，则厚礼置祠之内中。闻其言，不见其人云。

①如淳曰："蹏音蹄。"郑氏曰："音斯。"师古曰："郑音是也。其字从石从虒。"

②孟康曰："产乳而死也。兄弟妻相谓先后。宛若，字也。"师古曰："先音苏见反。后音胡遘反。古谓之娣姒，今关中俗呼为先后，吴楚俗呼之为妯娌，音轴里。"

③应劭曰："平原君，武帝外祖母也。"

是时，李少君亦以祠灶、谷道、却老方见上，①上尊之。少君者，故深泽侯人，主方。②匿其年及所生长。③常自谓七十，能使物，却老。④其游以方遍诸侯。无妻子。人闻其能使物及不死，更馈遗之，⑤常馀金钱衣食。人皆以为不治产业而饶给，⑥又不知其何所人，愈信，争事之。少君资好方，善为巧发奇中。⑦常从武安侯宴，坐中有年九十馀老人，少君乃言与其大父游射处，老人为儿从其大父，识其处，⑧一坐尽惊。少君见上，上有故铜器，问少君。少君曰："此器齐桓公十年陈于柏寝。"⑨已而按其刻，果齐桓公器。⑩一宫尽骇，以为少君神，数百岁人也。少君言上："祠灶皆可致物，⑪致物而丹沙可化为黄金，黄金成以为饮食器则益寿，益寿而海中蓬莱仙者乃可见之，以封禅则不死，黄帝是也。臣尝游海上，见安期生，⑫安期生食臣枣，大如瓜。⑬安期生仙者，通蓬莱中，合则见人，不合则隐。"⑭于是天子始亲祠灶，遣方士入海求蓬莱安期生之属，而事化丹沙诸药齐为黄金矣。⑮久之，少君病死。天子以为化去不死也，使黄锤史宽舒受其方，⑯而海上燕齐怪迂之方士多更来言神事矣。⑰

①如淳曰："祠灶可以致福。"李奇曰："谷道，辟谷不食之道也。"

②如淳曰："侯家人，主方药也。"

③师古曰："生长，谓其郡县所属及居止处。"

④如淳曰："物谓鬼物也。"

⑤师古曰："更音工衡反。"

⑥师古曰："给，足也。"

⑦如淳曰："时时发言有所中。"师古曰："中音竹仲反。"

⑧师古曰："识，记也，音式志反。"

⑨臣瓒曰："晏子书柏寝，台名也。"师古曰："以柏木为寝室于台之上。"

⑩师古曰："刻谓器上所铭记。"

⑪师古曰："物亦谓鬼物。"

⑫服虔曰："古之真人也。"师古曰："列仙传云安期生琅邪人，卖药东海边，时人皆言千岁也。"

⑬师古曰："食读曰饲。"

⑭师古曰："合谓道相合。"

⑮师古曰："齐，药之分齐也，音才计反。"

⑯孟康曰："二人皆方士也。"师古曰："锤音直垂反。"

1109

⑰师古曰："更音工衡反。"

亳人谬忌奏祠泰一方，①曰："天神贵者泰一，泰一佐曰五帝。②古者天子以春秋祭泰一东南郊，日一太牢，七日，③为坛开八通之鬼道。"于是，天子令太祝立其祠长安城东南郊，常奉祠如忌方。其后，人上书言："古者天子三年一用太牢祠三一：天一、地一、泰一。"天子许之，令太祝领祠之于忌泰一坛上，如其方。后人复有言："古天子常以春解祠，祠黄帝用一枭、破镜；④冥羊用羊祠；马行用一青牡马；泰一、皋山山君用牛；武夷君用干鱼；阴阳使者以一牛。"⑤令祠官领之如其方，而祠泰一于忌泰一坛旁。

①如淳曰："亳亦薄也，下所谓薄忌也。"晋灼曰："济阴薄县人也。"

②师古曰："谓青帝灵威仰，赤帝赤熛怒，白帝白招矩，黑帝叶光纪，黄帝含枢纽也。一说苍帝名灵符，赤帝名文祖，白帝名显纪，黑帝名玄矩，黄帝名神斗。"

③师古曰："每日以一太牢，凡七日祭也。"

④张晏曰："黄帝，五帝之首也，岁之始也。枭，恶逆之鸟。方士虚诞，云以岁始被除凶灾，令神仙之帝食恶逆之物，使天下为逆者破灭讫竟，无有遗育也。"孟康曰："枭，鸟名，食母。破镜，兽名，食父。黄帝欲绝其类，使百吏祠皆用之。破镜如貙而虎眼。"如淳曰："汉使东郡送枭，五月五日作枭羹以赐百官。以其恶鸟，故食之也。"师古曰："解祠者，谓祠祭以解罪求福。"

⑤孟康曰："阴阳之神也。"

后二年，郊雍，获一角兽，若麃然。①有司曰："陛下肃祇郊祀，上帝报享，锡一角兽，盖麟云。"于是以荐五畤，畤加一牛以燎。赐诸侯白金，以风符应合于天也。②于是济北王以为天子且封禅，上书献泰山及其旁邑，天子以它县偿之。常山王为罪，<u>髡</u>，③天子封其弟真定，以续先王祀，而以常山为郡。然后五岳皆在天子之郡。

①师古曰："麃，鹿属也，形似獐，牛尾，一角，音蒲交反。"

②晋灼曰："符，瑞也。"臣瓒曰："风示诸侯以此符瑞之应也。"

③师古曰："髡与迁同也。"

明年，齐人少翁以方见上。上有所幸李夫人，夫人卒，少翁以方盖夜致夫人及灶鬼之貌云，天子自帷中望见焉。乃拜少翁为文成将军，赏赐甚多，以客礼礼之。文成言："上即欲与神通，宫室被服非象神，神物不至。"乃作画云气车，及各以胜日①驾车辟恶鬼。又作甘泉宫，中为台室，画天地泰一诸鬼神，而置祭具以致天神。居岁馀，其方益衰，神不至。乃为帛书以饭牛，②阳不知，言此牛腹中有奇（书）。[13]杀视得书，书言甚怪。天子识其手，③问之，果为书。于是诛文成将军，隐之。

①服虔曰："甲乙五行相克之日。"如淳曰："如火胜金，用丙丁日，不用庚辛也。"

②师古曰："谓杂草以饭牛也，音扶晚反。"

③师古曰："手谓所书手迹。"

其后又作柏梁、铜柱、承露仙人掌之属矣。①

①苏林曰："仙人以手掌擎盘承甘露。"师古曰："三辅故事云建章宫承露盘高二十丈，大七围，以铜为之，上有仙人掌承露，和玉屑饮之。盖张衡西京赋所云'立修茎之仙掌，承云表之清露，屑琼蕊以朝餐，必性命之可度'也。"

文成死明年，天子病鼎湖甚，①巫医无所不致。游水发根言上郡有巫，病而鬼下之。②上召置祠之甘泉。及病，使人问神君，神君言曰："天子无忧病。病少愈，强与我会甘泉。"于是上病愈，遂起，幸甘泉，病良已。③大赦，置寿宫神君。④神君最贵者曰太一，其佐曰太禁、司命之属，皆从之。非可得见，闻其言，言与人音等。时去时来，来则风肃然。居室帷中，时昼言，然常以夜。天子祓，然后入。⑤因巫为主人，关饮食，所欲言，行下。⑥又置寿宫、北宫，张羽旗，设共具，⑦以礼神君。神君所言，上使受书，其名曰"画法"。⑧其所言，世俗之所知也，无绝殊者，而天子心独喜。其事秘，世莫知也。⑨

①晋灼曰："黄图宫名，在京兆。地理志，湖本在京兆，后分属弘农也。"

②服虔曰："游水，县名。发根，人姓名。"晋灼曰："地理志游水，水名，在临淮淮浦也。"师古曰："二说皆非也。游水，姓也。发根，名也，盖因水为姓也。本尝遇病，而鬼下之，故为巫也。"

③孟康曰："良已，善已，谓愈也。"

④孟康曰："更立此宫也。"臣瓒曰："寿宫，奉神之宫也。楚辞曰'蹇将憺兮寿宫'也。"

⑤孟康曰："祟絜自除祓，然后入也。"师古曰："祓音发勿反。"

⑥李奇曰："神所欲言，上辄为下之也。"晋灼曰："神君所言行下于巫。"师古曰："晋说是也。"

⑦师古曰："共读曰供，音居用反。"

⑧孟康曰："策画之法也。"

⑨师古曰："憙读曰喜。喜，好也，音许吏反。"

后三年，有司言元宜以天瑞，不宜以一二数。①一元曰"建"，②二元以长星曰"光"，③今郊得一角兽曰"狩"云。④

①苏林曰："得诸瑞以名年。"

②苏林曰："建元元年是。"

③苏林曰："以有长星之光，故曰元光元年。"

④如淳曰："改元狩元年。"

其明年，天子郊雍，曰："今上帝朕亲郊，而后土无祀，则礼不答也。"①有司与太史令谈、祠官宽舒议：②"天地牲，角茧栗。③今陛下亲祠后土，后土宜于泽中圜丘为五坛，坛一黄犊牢具。已祠尽瘗，而从祠衣上黄。"④于是天子东幸汾阴。汾阴男子公孙滂洋等见汾旁有光如绛，⑤上遂立后土祠于汾阴脽上，⑥如宽舒等议。上亲望拜，如上帝礼。礼毕，天子遂至荥阳。还过雒阳，下诏封周后，令奉其祀。语在武纪。上始巡幸郡县，浸寻于泰山矣。⑦

①师古曰："答，对也。郊天而不祀地，失对偶之义。一曰，阙地祇之祀，故不为神所答应也。"

②师古曰："谈即司马谈也。"

③师古曰："牛角之形或如茧，或如栗，言其小。"

④师古曰："侍祠之人皆著黄衣也。"

⑤师古曰："滂音普郎反。洋音羊也。"

⑥师古曰："脽音谁。解在武纪。"

⑦郑玄曰："寻，用也。"晋灼曰："寻，遂往之意也。"师古曰："二说皆非也。浸，渐也。寻，就也。"

其春，乐成侯（登）上书言栾大。[14]栾大，胶东宫人，①故尝与文成将军同师，已而为胶东王尚方。②而乐成侯姊为康王后，③无子。王死，它姬子立为王，而康后有淫行，与王不相中，相危以法。④康后闻文成死，而欲自媚于上，乃遣栾大入，因乐成侯求见言方。⑤天子既诛文成，后悔其方不尽，及见栾大，大说。⑥大为人长美，⑦言多方略，〔15〕而敢为大言，处之不疑。大言曰："臣常往来海中，见安期、羡门之属，顾以臣为贱，不信臣。⑧又以为康王诸侯耳，不足与方。臣数以言康王，康王又不用臣。臣之师曰：'黄金可成，而河决可塞，不死之药可得，仙人可致也。'然臣恐效文成，则方士皆掩口，恶敢言方哉！"⑨上曰："文成食马肝死耳。子诚能修其方，我何爱乎！"大曰："臣师非有求人，人者求之。陛下必欲致之，则贵其使者，令为亲属，以客礼待之，勿卑，使各佩其信印，乃可使通言于神人。神人尚肯邪不邪，尊其使然后可致也。"于是上使验小方，斗棋，棋自相触击。

① 服虔曰："王家人。"

② 师古曰："主方药。"

③ 孟康曰："胶东王后也。"

④ 师古曰："不相可也。相危以法，谓以罪法相欲倾危也。中音竹仲反。"

⑤ 师古曰："言神仙之方。"

⑥ 师古曰："说读曰悦。"

⑦ 师古曰："善为甘美之言也。"

⑧ 师古曰："顾，念也。"

⑨ 师古曰："恶音乌，谓于何也。"

是时，上方忧河决而黄金不就，①乃拜大为五利将军。居月馀，得四印；得天士将军、地士将军、大通将军印。制诏御史："昔禹疏九河，决四渎。间者，河溢皋陆，堤繇不息。②朕临天下二十有八年，天若遗朕士而大通焉。乾称'飞龙'，'鸿渐于般',③朕意庶几与焉。④其以二千户封地士将军大为乐通侯。"赐列侯甲第，童千人。乘舆斥车马帷帐器物以充其家。⑤又以卫长公主妻之，⑥赍金十万斤，更名其邑曰当利公主。天子亲如五利之弟，使者存问共给，相属于道。⑦自大主将相以下，皆置酒其家，⑧献遗之。天子又刻玉印曰"天道将军"，使使衣羽衣，夜立白茅上，五利将军亦衣羽衣，立白茅上受印，以视不臣也。⑨而佩"天道"者，且为天子道天神也。⑩于是五利常夜祠其家，欲以下神。后装治行，东入海求其师云。大见数月，佩六印，贵震天下，而海上燕齐之间，莫不搤掔⑪而自言有禁方能神仙矣。

① 师古曰："铸黄金不成。"

② 师古曰："皋，水旁地。广平曰陆。言水泛溢，自皋及陆，而筑作堤防，徭役甚多，不暇休息。"

③ 孟康曰："般，水涯堆也。渐，进也。武帝云得栾大如鸿进于般，一举千里。得道若飞龙在天。"师古曰："飞龙在天，乾卦九五爻辞也。鸿渐于般，渐卦六二爻辞也。般，山石之安者。"

④ 师古曰："与读曰豫。"

⑤ 师古曰："斥，不用者也。"

⑥ 孟康曰："卫太子妹。"如淳曰："卫太子姊也。"师古曰："外戚传云子夫生三女，元朔三年生男据。是则太子之姊也。孟说非也。"

⑦ 师古曰："共读曰供。属，及也，音之欲反。"

⑧ 韦昭曰："大主，武帝姑，窦太后之女也。"

⑨ 师古曰："羽衣，以鸟羽为衣，取其神仙飞翔之意也。视读曰示。"

⑩ 师古曰："为音于伪反。道天神，道读曰导。"

⑪ 师古曰："搤，捉持也。掔，古手腕之字也。搤音厄。"

其夏六月，汾阴巫锦①为民祠魏脽后土营旁，②见地如钩状，掊视得鼎。③鼎大异于众鼎，文镂无款识，④怪之，言吏。吏告河东太守胜，胜以闻。天子使验问巫得鼎无奸诈，乃以礼祠，迎鼎至甘泉，从上行，荐之。⑤至中山，晏温，⑥有黄云焉。有鹿过，上自射之，因之以祭云。至长安，公卿大夫皆议尊宝鼎。天子曰："间者河溢，岁数不登，故巡祭后土，祈为百姓育谷。今年丰茂未报，鼎曷为出哉？"⑦有司皆言："闻昔泰帝兴神鼎一，⑧一者一统，天地万物所系象也。黄帝作宝鼎三，象天地人。禹收九牧之金，⑨铸九鼎，象九州。皆尝鬺享上帝鬼神。⑩其空足曰鬲，⑪以象三德，⑫飨承天祜。⑬夏德衰，鼎迁于殷；殷德衰，鼎迁于周；周德衰，鼎迁于秦；秦德衰，宋之社亡，鼎乃沦伏而不见。周颂曰：'自堂徂基，自羊徂牛，鼐鼎及鼒；不吴不敖，胡考之休。'⑭今鼎至甘泉，以光润龙变，承休无疆。合兹中山，有黄白云降，⑮盖若兽为符，⑯路弓乘矢，集获坛下，⑰报祠大亨。唯受命而帝者心知其意而合德焉。⑱鼎宜视宗祢（广）〔庙〕，[16]臧于帝庭，以合明应。"⑲制曰："可。"

①应劭曰："锦，巫名。"

②应劭曰："魏，故魏国也。"师古曰："汾脽本魏地之境，故云魏脽也。营谓祠之兆域也。"

③师古曰："掊谓手把土也，音蒲沟反。把音蒲巴反，其字从木。

④韦昭曰："款，刻也。"师古曰："识，记也，音式志反。其下美阳鼎亦同也。"

⑤如淳曰："以鼎从行上甘泉，将荐之于天。"师古曰："上音时掌反。"

⑥如淳曰："三辅谓日出清济为晏。晏而温，乃有黄云，故为异也。"师古曰："中读曰仲。即今云阳之中山也。下云'合兹中山'，亦同也。"

⑦师古曰："茂，美也，言稼穑美也。未报者，获年丰而未报赛也。一
　日，虽祈谷而未获年丰之（谷）〔报〕也。[17]其下张敞引此诏文云
　'谷嗛未报'，嗛者，少也。"

⑧师古曰："泰帝者，即泰昊伏羲氏也。"

⑨师古曰："九牧，九州之牧也。"

⑩服虔曰："以享祀上帝也。"师古曰："鬺亨一也。鬺亨，煮而祀也。
　韩诗采蘋曰：'于以鬺之，唯锜及釜。'亨音普庚反。"

⑪苏林曰："鬲音历。足中空不实者，名曰鬲也。"

⑫如淳曰："鼎有三足故也。三德，三正之德。"师古曰："如说非也。
　三德，一曰正直，二曰刚克，三曰柔克。事见周书洪范。"

⑬师古曰："祜，福也，音怙。"

⑭师古曰："周颂丝衣之诗也。基，门塾之基也。鼎绝大者谓之鼐，圜
　弇上谓之鼒。吴，喧哗也。敖，慢也。考，寿也。休，美也。言执
　祭事者，或升堂室，或之门塾，视羊牛之牲，及举大小之鼎，告其
　致絜，神降之福，故获寿考之美，曰何寿之美！何寿之美者，叹
　之之言也。鼐音乃代反。鼒音兹。敖读曰傲。"

⑮师古曰："言鼎至甘泉之后，光润变见，若龙之神，能幽能明，能小
　能大，乘此休福，无穷竟也。有黄白云降，与初至仲山黄云之瑞相
　合也。"

⑯服虔曰："云若兽在车盖也。"晋灼曰："盖，辞也。符谓鹿也。"师
　古曰："二说非也。盖，发语辞也。言甘泉之云又若兽形，以为符
　瑞也。"

⑰李奇曰："宜言卢弓。"韦昭曰："路，大也。四矢曰乘。"师古曰：
　"韦说是也。又于坛下获弓矢之应。"

⑱服虔曰："高祖受命知之，宜见鼎于其庙也。"师古曰："合德，谓与
　天合德。"

⑲师古曰："视读曰示。宗谓先帝有德可尊者也。祢，父庙也。帝庭，

甘泉天神之庭。"

入海求蓬莱者，言蓬莱不远，而不能至者，殆不见其气。上乃遣望气佐候其气云。

其秋，上雍，且郊。① 或曰"五帝，泰一之佐也，宜立泰一而上亲郊之"。上疑未定。

① 师古曰："雍地形高，故云上也，音时掌反。"

齐人公孙卿曰："今年得宝鼎，其冬辛巳朔旦冬至，与黄帝时等。"① 卿有札书②曰："黄帝得宝鼎冕候，问于鬼臾区，③鬼臾区对曰：'黄帝得宝鼎神策，是岁己酉朔旦冬至，得天之纪，终而复始。'于是黄帝迎日推策，④后率二十岁复朔旦冬至，凡二十推，三百八十年，黄帝仙登于天。"卿因所忠欲奏之。⑤所忠视其书不经，⑥疑其妄言，谢曰："宝鼎事已决矣。尚何以为！"⑦卿因嬖人奏之。上大说，⑧乃召问卿。对曰："受此书申公，申公已死。"上曰："申公何人也？"卿曰："齐人，与安期生通，受黄帝言，无书，独有此鼎书。曰'汉兴复当黄帝之时。'曰'汉之圣者，在高祖之孙且曾孙也。宝鼎出而与神通，封禅。封禅七十二王，唯黄帝得上泰山封。'申公曰：'汉帝亦当上封（禅），〔上〕封（禅）则能仙登天矣。〔18〕黄帝万诸侯，而神灵之封君七千。⑨天下名山八，而三在蛮夷，五在中国。中国华山、首山、太室山、泰山、东莱山，此五山黄帝之所常游，与神会。黄帝且战且学仙，患百姓非其道，乃断斩非鬼神者。百馀岁然后得与神通。黄帝郊雍上帝，宿三月。鬼臾区号大鸿，死葬雍，故鸿冢是也。⑩其后黄帝接万灵明庭。明庭者，甘泉也。所谓寒门者，谷口也。⑪黄帝采首山铜，铸鼎于荆山下。⑫鼎既成，有龙垂胡𩓋下迎黄帝。⑬黄帝上骑，群臣后宫从上龙七十馀人，龙乃〔上〕去。[19]馀小臣不得上，乃悉持龙𩓋，龙𩓋拔，堕，堕黄帝之弓。百姓卬望⑭黄帝既上天，乃抱其弓与龙𩓋号，故后世因名其处曰鼎湖，其弓曰乌号。'”于是天子曰：“嗟乎！诚得如黄帝，吾视去妻子如脱屣耳。”⑮拜卿为郎，使东候神于太室。

① 师古曰："等，同也。"

② 师古曰："札，木简之薄小者也。"

③ 师古曰："鬼臾区，黄帝臣也。艺文志云鬼容区，而此志作臾区，臾、容声相近，盖一也。今流俗书本臾字作申，非也。"

④ 晋灼曰："迎，数之也。"臣瓒曰："日月朔望未来而推之，故曰迎日。"

⑤ 师古曰："所忠，人姓名也。解在食货志。"

⑥ 师古曰："不合经典也。"

⑦ 师古曰："谓不须更言之。"

⑧ 师古曰："说读曰悦。"

⑨ 应劭曰："黄帝时，诸侯会封禅者七千人也。"李奇曰："说仙道得封者七千国也。"张晏曰："神灵之封，谓山川之守也。"师古曰："张说是也。山川之守谓尊山川之神令主祭祀也，即国语所云'汪芒氏之君守封嵎之山'也。"

⑩ 苏林曰："今雍有鸿冢。"

⑪ 服虔曰："黄帝升仙之处也。"师古曰："谷口，仲山之谷口也，汉时为县，今呼之治谷是也。以仲山之北寒凉，故谓此谷为寒门也。"

⑫ 晋灼曰："地理志首山属河东蒲阪，荆山在冯翊怀德县也。"

⑬ 师古曰："胡谓颈下垂肉也。𩓋，其毛也，音人占反。"

⑭ 师古曰："卬读曰仰。"

⑮师古曰:"屣,小履。脱屣者,言其便易,无所顾也。屣音山尔反。"

上遂郊雍,至陇西,登空桐,幸甘泉。令祠官宽舒等具泰一祠坛,祠坛放亳忌泰一坛,三陔。①五帝坛环居其下,各如其方。黄帝西南,除八通鬼道。②泰一所用,如雍一畤物,而加醴枣脯之属,杀一犛牛③以为俎豆牢具。而五帝独有俎豆醴进。④其下四方地,为腏,食群神从者及北斗云。⑤已祠,胙馀皆燎之。⑥其牛色白,白鹿居其中,彘在鹿中,鹿中水而酒之。⑦祭日以牛,祭月以羊彘特。⑧泰一祝宰则衣紫及绣。五帝各如其色,日赤,月白。

①师古曰:"陔,重也。三陔,三重坛也。音该。"

②服虔曰:"坤位在未,黄帝从土位。"

③李奇曰:"音狸。"师古曰:"西南夷长尾髦之牛也。一音茅。"

④师古曰:"具俎豆酒醴而进之。一曰,进谓杂物之具,所以加礼也。"

⑤师古曰:"腏字与餟同,谓联续而祭也,音竹芮反。食读曰饲。"

⑥师古曰:"胙谓祭馀酒肉也。"

⑦服虔曰:"水,玄酒;酒,真酒也。"晋灼曰:"此言合牲物而燎之也。"师古曰:"言以白鹿内牛中,以彘内鹿中,又以水及酒合内鹿中。"

⑧师古曰:"若牛,若羊,若彘,止一牲也。"

十一月辛巳逆旦冬至,昒爽,①天子始郊拜泰一。朝朝日,夕夕月,②则揖;而见泰一如雍郊礼。其赞飨曰:"天始以宝鼎神策授皇帝,朔而又朔,终而复始,皇帝敬拜见焉。"③而衣上黄。其祠列火满坛,坛旁亨炊具。有司云"祠上有光"。公卿言"皇帝始郊见泰一云阳,有司奉瑄玉④嘉牲荐飨,⑤是夜有美光,及昼，黄气上属天。"⑥太史令谈、祠官宽舒等曰："神灵之休，祐福兆祥，宜因此地光域立泰畤坛以明应。⑦令太祝领，秋及腊间祠。(二)〔三〕岁天子壹郊见。"〔20〕

①师古曰："昒爽，谓日尚冥，盖未明之时也。昒音忽。"

②师古曰："以朝旦拜日为朝。下朝音丈昭反。"

③师古曰："赞飨谓祝辞。"

④孟康曰："璧大六寸谓之瑄。"

⑤师古曰："汉旧仪云祭天养牛五岁，至三千斤也。"

⑥师古曰："属音之欲反。"

⑦师古曰："明著美光及黄气之祥应。"

其秋，为伐南越，告祷泰一，以牡荆画幡日月北斗登龙，以象太一三星，为泰一锋（旗），①〔21〕命曰"灵旗"。为兵祷，则太史奉以指所伐国。而五利将军使不敢入海，之泰山祠。上使人随验，实无所见。五利妄言见其师，其方尽，多不雠。②上乃诛五利。

①李奇曰："牡荆作幡柄也。"如淳曰："牡荆，荆之无子者，皆絜斋之道。"晋灼曰："牡，节间不相当也，月晕刻之为券以畏病者。天文志：'天极星，其一明者，太一也；旁三星，三公也。'画一星在后，三星在前，为泰一锋（旗）也。"师古曰："李、晋二说是也。以牡荆为幡竿，而画幡为日月龙及星。"

1121

②师古曰："雠，应当也。不雠，无验也。"

其冬，公孙卿候神河南，言见仙人迹缑氏城上，有物如雉，往来城上。天子亲幸缑氏视迹，问卿："得毋效文成、五利乎？"卿曰："仙者非有求人主，人主者求之。其道非少宽暇，神不来。

言神事，如迂诞，①积以岁，乃可致。"于是郡国各除道，缮治宫馆名山神祠所，以望幸矣。

①师古曰："迂，回远也。诞，大言也。"

其春，既灭南越，嬖臣李延年以好音见。上善之，下公卿议，曰："民间祠有鼓舞乐，今郊祀而无乐，岂称乎？"公卿曰："古者祠天地皆有乐，而神祇可得而礼。"或曰："泰帝使素女鼓五十弦瑟，悲，帝禁不止，①故破其瑟为二十五弦。"于是塞南越，祷祠泰一、后土，始用乐舞。益召歌儿，②作二十五弦及空侯瑟自此起。③

①师古曰："泰帝亦谓泰昊也。不止，谓不能自止也。"

②师古曰："益，多也。"

③苏林曰："作空侯与瑟。"

其来年冬，上议曰："古者先振兵释旅，然后封禅。"乃遂北巡朔方，勒兵十馀万骑，还祭黄帝冢桥山，释兵凉如。①上曰："吾闻黄帝不死，有冢，何也？"或对曰："黄帝以仙上天，群臣葬其衣冠。"既至甘泉，为且用事泰山，先类祠泰一。②

①李奇曰："地名也。"

②师古曰："且，犹将也。类祠，谓以事类而祭也。"

自得宝鼎，上与公卿诸生议封禅。封禅用希旷绝，莫知其仪体，而群儒采封禅尚书、周官、王制之望祀射牛事。①齐人丁公年九十馀，曰："封禅者，古不死之名也。秦皇帝不得上封。陛下必欲上，稍上②即无风雨，遂上封矣。"上于是乃令诸儒习射牛，草封禅仪。数年，至且行。天子既闻公孙卿及方士之言，黄帝以上封禅皆致怪物与神通，欲放黄帝③以接神人蓬莱，高世比德于九皇，④而颇采儒术以文之。群儒既已不能辩明封禅事，又拘于诗书古文而不敢骋。上为封祠器视群儒，⑤群儒或曰"不与古同"，徐偃又曰"太常诸生行礼不如鲁善"，⑥周霸属图封事，⑦于是上黜偃、霸，而尽罢诸儒弗用。

① 师古曰："天子有事宗庙，必自射牲，盖示亲杀也。事见国语也。"

② 师古曰："稍，渐也。"

③ 师古曰："放，依也，音甫往反。"

④ 张晏曰："三皇之前有人皇，九首。"韦昭曰："上古有人皇者九人。"
　　师古曰："韦说是也。"

⑤ 师古曰："视读曰示。"

⑥ 师古曰："徐偃，博士姓名。"

⑦ 服虔曰："属，会也，会诸儒图封事也。"师古曰："周霸，亦人姓名也。属音之欲反。"

　　三月，乃东幸缑氏，礼登中岳太室。从官在山上闻若有言"万岁"云。问上，上不言；问下，下不言。乃令祠官加增太室祠，禁毋伐其山木，以山下户凡三百封崈高，为之奉邑，①独给祠，复，无有所与。②上因东上泰山，③泰山草木未生，乃令人上石立之泰山颠。④

① 师古曰："崈，古崇字耳。以崇奉嵩高之山，故谓之崈高奉邑。奉音扶用反。"

② 师古曰："复音方目反。与读曰预。"

③ 如淳曰："言易上也。泰山从南面直上，步道三十里，车道百里。"

④ 师古曰："从山下转石而上。"

上遂东巡海上，行礼祠八神。齐人之上疏言神怪奇方者以万数，乃益发船，令言海中神山者数千人求蓬莱神人。公孙卿持节常先行候名山，至东莱，言夜见大人，长数丈，就之则不见，见其迹甚大，类禽兽云。群臣有言见一老父牵狗，言"吾欲见钜公"，①已忽不见。上既见大迹，未信，及群臣又言老父，则大以为仙人也。宿留海上，②与方士传车③及间使求神仙人以千数。④

①郑氏曰："天子也。"张晏曰："天子为天下父，故曰钜公也。"师古曰："钜，大也。"

②师古曰："宿留，谓有所须待也。宿音先欲反。留音力就反。它皆类此。"

③师古曰："传音张恋反。"

④师古曰："间，微也，随间隙而行也。"

四月，还至奉高。上念诸儒及方士言封禅人殊，不经，难施行。①天子至梁父，礼祠地主。至乙卯，令侍中儒者皮弁缙绅，射牛行事。封泰山下东方，如郊祠泰一之礼。封广丈二尺，高九尺，其下则有玉牒书，书秘。礼毕，天子独与侍中奉车子侯上泰山，②亦有封。其事皆禁。明日，下阴道。丙辰，禅泰山下阯东北肃然山，③如祭后土礼。天子皆亲拜见，衣上黄而尽用乐焉。江淮间一茅三脊为神藉。五色土益杂封。纵远方奇兽飞禽及白雉诸物，颇以加祠。兕牛象犀之属不用。皆至泰山，然后去。封禅祠，其夜若有光，昼有白云出封中。④

①师古曰："人人殊异，又不合经，故难以施行。"

②服虔曰："子侯，霍去病子也。"

1124

③师古曰：“阯者，山之基足，音止。”

④师古曰：“白云出于所封之中。”

天子从禅还，坐明堂，群臣更上寿。①下诏改元为元封。语在武纪。又曰：“古者天子五载一巡狩，用事泰山，诸侯有朝宿地。其令诸侯各治邸泰山下。”

①师古曰：“更，互也，音工衡反。”

天子既已封泰山，无风雨，而方士更言蓬莱诸神①若将可得，于是上欣然庶几遇之，复东至海上望焉。奉车子侯暴病，一日死。上乃遂去，并海上，②北至碣石，巡自辽西，历北边至九原。五月，乃至甘泉，周万八千里云。

①师古曰：“更音工衡反。”

②师古曰：“并音步浪反。上音时掌反。”

其秋，有星孛于东井。后十馀日，有星孛于三能。①望气王朔言：“候独见填星出如瓜，食顷，复入。”有司皆曰：“陛下建汉家封禅，天其报德星云。”②

①师古曰：“能读曰台。”

②师古曰：“德星，即填星也。言天以德星报于帝。”

其来年冬，郊雍五帝。还，拜祝祠泰一。①赞飨曰：“德星昭衍，厥维休祥。②寿星仍出，渊耀光明。信星昭见，皇帝敬拜泰祝之享。”

①师古曰：“拜而祠之，加祝辞。”

②师古曰：“昭，明；衍，大；休，美也。”

其春，公孙卿言见神人东莱山，若云“欲见天子”。天子于是幸缑氏城，拜卿为中大夫。遂至东莱，宿，留之数日，毋所见，见大人迹云。复遣方士求神人采药以千数。是岁旱。天子既出亡名，乃祷万里沙，①过祠泰山。②还至瓠子，自临塞决河，留二日，湛祠而去。③

①应劭曰："万里沙，神祠也，在东莱曲城。"如淳曰："故祷万里沙以为名也。"

②郑氏曰："泰山东自复有小泰山。"臣瓒曰："即今之泰山也。"师古曰："瓒说是也。"

③师古曰："湛读曰沉，谓沉祭具于水中也。尔雅曰'祭川曰浮沉'。"

【校勘记】

〔1〕 文公（羲）〔梦〕黄蛇自天下属地， 景祐、殿、局本都作"梦"。朱一新说作"梦"是，封禅书同。

〔2〕 昔文公出（腊）〔猎〕， 景祐、殿、局本都作"猎"。王先谦说作"猎"是。

〔3〕 （来）〔求〕仙人羡门之属。 景祐、殿本都作"求"。朱一新说作"求"是，封禅书同。

〔4〕 六曰月主，祠（之）莱山： 王先谦说"之"字不当有，缘上"之"字而衍。

〔5〕 羡门高最后，皆燕人， 王鸣盛说，案服虔、司马贞说，最后者，自是谓其在驺子之后耳，非姓名。其实止四人。颜注谬。

〔6〕 〔王子乔〕化为白霓， "王子乔"三字据景祐、殿本补。

〔7〕 今其书有（王）〔主〕运。五行相次转用事，随方（而）〔面〕为服也。 景祐、殿本"王"都作"主"，"而"都作"面"，封禅书集解引同。

〔8〕 唯雍四(时)〔時〕上帝为尊， 景祐、殿、局本都作"時"。
王先谦说作"時"是。

〔9〕 二年(冬)， 王念孙说景祐本无"冬"字是也。按封禅书亦无
"冬"字。

〔10〕 (当)〔堂〕上之属； 景祐、殿、局本都作"堂"。

〔11〕 (晨)〔辰〕见而祭之。 王先谦说殿本"晨"作"辰"是。

〔12〕 〔故外〕黑； "故外"二字据景祐、殿本补。

〔13〕 言此牛腹中有奇(书)。 景祐本无"书"字，封禅书亦无。
王念孙说无"书"字是。

〔14〕 乐成侯(登)上书言栾大。 王先谦说"登"字盖衍。

〔15〕 大为人长美，⑦言多方略， 注⑦原在"言"字下，明颜以
"长美言"连读。武亿说"言"字当连下"多方略"为句。
杨树达说颜注非，武读是。

〔16〕 鼎宜视宗祢(广)〔庙〕 景祐、殿、局本都作"庙"。

〔17〕 虽祈谷而未获年丰之(谷)〔报〕也。 景祐、殿本都作
"报"。朱一新说作"报"是。

〔18〕 汉帝亦当上封(禅)，〔上〕封(禅)则能仙登天矣。 据景祐
本改。王念孙说景祐本是。

〔19〕 龙乃〔上〕去。 景祐、殿本都有"上"字。朱一新说史记
同，此脱。

〔20〕 (二)〔三〕岁天子壹郊见。 景祐、殿本都作"三"。王先谦
说封禅书、通鉴作"三"是，此误。

〔21〕 为泰一锋(旗)， 王念孙说"锋旗"之"旗"后人以意加之
也。景祐本无"旗"字，注同。

汉 书 卷 二 十 五 下

郊祀志第五下

是时既灭两粤，粤人勇之乃言："粤人俗鬼，①而其祠皆见鬼，数有效。昔东瓯王敬鬼，寿百六十岁。后世怠嫚，故衰耗。"②乃命粤巫立粤祝祠，安台无坛，亦祠天神帝百鬼，③而以鸡卜。④上信之，粤祠鸡卜自此始用。⑤

①师古曰："勇之，越人名也。俗鬼，言其土俗尚鬼神之事。"

②师古曰："耗，减也，音火到反。"

③师古曰："天帝之神及百鬼。"

④李奇曰："持鸡骨卜，如鼠卜。"

⑤师古曰："言国家始用。"

公孙卿曰："仙人可见，上往常遽，以故不见。①今陛下可为馆如缑氏城，②置脯枣，神人宜可致。且仙人好楼居。"于是上令长安则作飞廉、桂馆，③甘泉则作益寿、延寿馆，④使卿持节设具

1129

而候神人。乃作通天台,⑤置祠具其下,将招来神仙之属。于是甘泉更置前殿,始广诸宫室。夏,有芝生甘泉殿房内中。天子为塞河,兴通天,若有光云,⑥乃下诏赦天下。

①师古曰:"遽,速也,音其庶反。"

②师古曰:"依其制度也。"

③师古曰:"飞廉馆及桂馆二名也。"

④师古曰:"益寿、延寿,亦二馆名。"

⑤师古曰:"汉旧仪云台高三十丈,望见长安城。"

⑥师古曰:"为塞河及造通天台而有神光之应,故赦天下也。"

其明年,伐朝鲜。夏,旱。公孙卿曰:"黄帝时封则天旱,干封三年。"①上乃下诏:"天旱,意干封乎?②其令天下尊祠灵星焉。"

①师古曰:"三岁不雨,暴所封之土令干也。"

②郑氏曰:"言适新封则致旱,天欲干我所封乎?"

明年,上郊雍五畤,通回中道,遂北出萧关,历独鹿、鸣泽,①自西河归,幸河东祠后土。

①师古曰:"解并在武纪。"

明年冬,上巡南郡,至江陵而东。登礼灊之天柱山,号曰南岳。①浮江,自浔阳出枞阳,②过彭蠡,礼其名山川。北至琅邪,并海上。③四月,至奉高修封焉。

①师古曰:"灊,庐江县也,天柱山在焉。武帝以天柱山为南岳。灊音潜。"

②师古曰:"枞音千庸反。"

③师古曰:"并音步浪反。上音时掌反。"

初，天子封泰山，泰山东北阯古时有明堂处，处险不敞。①
上欲治明堂奉高旁，未晓其制度。济南人公玉带上黄帝时明堂
图。②明堂中有一殿，四面无壁，以茅盖，通水，水圜宫垣，③为
复道，上有楼，从西南入，④名曰昆仑，天子从之入，以拜祠上
帝焉。于是上令奉高作明堂汶上，如带图。⑤及是岁修封，则祠
泰一、五帝于明堂上坐，⑥合高皇帝祠坐对之。⑦祠后土于下房，
以二十太牢。天子从昆仑道入，始拜明堂如郊礼。毕，燎堂
下。⑧而上又上泰山，[1]自有秘祠其颠。而泰山下祠五帝，各如其
方，黄帝并赤帝所，⑨有司侍祠焉。山上举火，下悉应之。还幸
甘泉，郊泰畤。春幸汾阴，祠后土。

①师古曰："言其阻厄不显敞。"

②师古曰："公玉，姓也。带，名也。吕氏春秋齐有公玉丹，此盖其旧
族。而说者读公玉为宿，非也。单姓玉者，后汉司徒玉况，自音
宿耳。"

③师古曰："圜，绕也。"

④师古曰："复读曰複也。"

⑤师古曰："汶，水名也，出琅邪朱虚。作明堂于汶水之上也。带图，
公玉带所上明堂图。汶音问。"

⑥师古曰："坐音才卧反。"

⑦服虔曰："汉是时未以高祖配天，故言对。光武以来乃配之。"

⑧师古曰："燎，古燎字。"

⑨师古曰："与赤帝同处。"

明年，幸泰山，以十一月甲子朔旦冬至日祀上帝于明堂，（后
每）〔毋〕修封。[2]其赞飨曰："天增授皇帝泰元神策，周而复始。
皇帝敬拜泰一。"①东至海上，考入海及方士求神者，莫验，然益

遣，几遇之。②乙酉，柏梁灾。十二月甲午朔，上亲禅高里，③祠
后土。临勃海，将以望祀蓬莱之属，几至殊庭焉。④

①师古曰："自此以上，赞祝者辞。"

②师古曰："益，多也。几读曰冀。言更遣人求之，冀必遇也。"

③师古曰："高里，山名。解在武纪。"

④师古曰："殊庭，蓬莱中仙人庭也。几读曰冀。"

上还，以柏梁灾故，受计甘泉。公孙卿曰："黄帝就青灵台，
十二日烧，①黄帝乃治明庭。明庭，甘泉也。"方士多言古帝王有
都甘泉者。其后天子又朝诸侯甘泉，甘泉作诸侯邸。勇之乃曰：
"粤俗有火灾，复起屋，必以大，用胜服之。"于是作建章宫，
度为千门万户。前殿度高未央。②其东则凤阙，高二十馀丈。③其
西则商中，数十里虎圈。④其北治大池，渐台高二十馀丈，名曰
泰液，⑤池中有蓬莱、方丈、瀛州、壶梁，象海中神山龟鱼之
属。⑥其南有玉堂璧门大鸟之属。⑦立神明台、井幹楼，高五十
丈，辇道相属焉。⑧

①师古曰："就，成也，造台适成，经十二日即遇火烧。"

②师古曰："度并音大各反。"

③师古曰："三辅故事云其阙圜上有铜凤凰。"

④如淳曰："商中，商庭也。"师古曰："商，金也。于序在秋，故谓
西方之庭为商庭，言广数十里。於菟亦西方之兽，故于此置其
圈也。"

⑤师古曰："渐，浸也。台在池中，为水所浸，故曰渐台。一音子廉
反。三辅黄图或为瀸字，瀸亦浸耳。"

⑥师古曰："三辅故事云池北岸有石鱼，长二丈，高五尺，西岸有石鳖
三枚，长六尺。"

⑦师古曰:"立大鸟象也。"

⑧师古曰:"汉宫阁疏云神明台高五十丈,上有九室,恒置九天道士百人。然则神明、井幹俱高五十丈也。井幹楼积木而高,为楼若井幹之形也。井幹者,井上木栏也,其形或四角,或八角。张衡西京赋云'井幹叠而百层',即谓此楼也。幹或作韩,其义并同。"

夏,汉改历,以正月为岁首,而色上黄,官更印章以五字,①因为太初元年。是岁,西伐大宛,蝗大起。丁夫人、雒阳虞初等②以方祠诅匈奴、大宛焉。

①师古曰:"解在武纪。"

②应劭曰:"丁夫人,其先丁复,本越人,封阳都侯。夫人其后,以诅军为功。"韦昭曰:"丁,姓;夫人,名也。"

明年,有司言雍五畤无牢孰具,芬芳不备。乃令祠官进畤犊牢具,色食所胜,①而以木寓马代驹云。及诸名山川用驹者,悉以木寓马代。独行过亲祠,乃用驹,它礼如故。

①孟康曰:"若火胜金,则祠赤帝以白牲也。"

明年,东巡海上,考神仙之属,未有验者。方士有言黄帝时为五城十二楼,①以候神人于执期,②名曰迎年。③上许作之如方,名曰明年。④上亲礼祠,上犊黄焉。

①应劭曰:"昆仑玄圃五城十二楼,仙人之所常居。"

②郑氏曰:"地名也。"

③师古曰:"迎年,若云祈年。"

④师古曰:"言明其得延年也。"

公玉带曰:"黄帝时虽封泰山,然风后、封钜、岐伯令黄帝封东泰山,①禅凡山,②合符,然后不死。"天子既令设祠具,至东泰山，东泰山卑小，不称其声，乃令祠官礼之，而不封焉。其后令带奉祠候神物。复还泰山，修五年之礼如前，而加禅祠石闾。石闾者，在泰山下阯南方，③方士言仙人闾也，故上亲禅焉。

①韦昭曰："风后、封钜、岐伯皆黄帝臣也。"臣瓒曰："东泰山在琅邪朱虚界，中有小泰山是。"

②师古曰："凡山在朱虚县，见地理志也。"

③师古曰："下基之南面。"

其后五年，复至泰山修封，还过祭恒山。

自封泰山后，十三岁而周遍于五岳、四渎矣。

后五年，复至泰山修封。东幸琅邪，礼日成山，登之罘，浮大海，用事八神延年。①又祠神人于交门宫，若有乡坐拜者云。②

①师古曰："解并在武纪。延年，即上所谓迎年者。"

②师古曰："如有神人景象向祠坐而拜也。事具在武纪。乡读与向同。"

后五年，上复修封于泰山。东游东莱，临大海。是岁，雍县无云如靁者三，①或如虹气苍黄，若飞鸟集棫阳宫南，②声闻四百里。陨石二，黑如黳，有司以为美祥，以荐宗庙。而方士之候神入海求蓬莱者终无验，公孙卿犹以大人之迹为解。③天子犹羁縻不绝，④几遇其真。⑤

①师古曰："靁，古雷字也。空有雷声也。"

②师古曰："棫音域。"

③师古曰："言见大人之迹，以自解说也。"

④师古曰："羁縻，系联之意。马络头曰羁也。牛靷曰縻。"

⑤师古曰："几读曰冀。"

诸所兴，如薄忌泰一及三一、冥羊、马行、赤星，五（祩）。

宽舒之祠（宫）〔官〕①以岁时致礼。[3]凡六祠，皆大祝领之。至如八神，诸明年、凡山它名祠，行过则祠，去则已。方士所兴祠，各自主，其人终则已，祠官不主。它祠皆如故。甘泉泰一、汾阴后土，三年亲郊祠，而泰山五年一修封。武帝凡五修封。昭帝即位，富于春秋，未尝亲巡祭云。

①李奇曰："皆祠名。"

宣帝即位，由武帝正统兴，故立三年，尊孝武庙为世宗，行所巡狩郡国皆立庙。告祠世宗庙日，有白鹤集后庭。以立世宗庙告祠孝昭寝，有雁五色集殿前。西河筑世宗庙，神光兴于殿旁，有鸟如白鹤，前赤后青。神光又兴于房中，如烛状。广川国世宗庙殿上有锺音，门户大开，夜有光，殿上尽明。上乃下诏赦天下。

时，大将军霍光辅政，上共已正南面，①非宗庙之祀不出。十二年，乃下诏曰："盖闻天子尊事天地，修祀山川，古今通礼也。间者，上帝之祠阙而不亲十有馀年，朕甚惧焉。朕亲饬躬齐戒，亲奉祀，为百姓蒙嘉气，获丰年焉。"

①师古曰："共读曰恭。"

明年正月，上始幸甘泉，郊见泰畤，数有美祥。修武帝故事，盛车服，敬齐祠之礼，颇作诗歌。

其三月，幸河东，祠后土，有神爵集，改元为神爵。制诏太常："夫江海，百川之大者也，今阙焉无祠。其令祠官以礼为岁事，①以四时祠江海雒水，祈为天下丰年焉。"自是五岳、四渎皆有常礼。东岳泰山于博，中岳泰室于嵩高，南岳灊山于灊，②西岳华山于华阴，北岳常山于上曲阳，③河于临晋，④江于江都，⑤淮

1135

于平氏，⑥济于临邑界中，⑦皆使者持节侍祠。唯泰山与河岁五祠，江水四，馀皆一祷而三祠云。

①师古曰："言每岁常祠之。"
②师古曰："灊与潜同也。"
③师古曰："上曲阳，常山郡之县也。"
④师古曰："冯翊之县也，临河西岸。"
⑤师古曰："广陵之县也。"
⑥师古曰："南阳之县也。"
⑦师古曰："东郡之县也。"

时，南郡获白虎，献其皮牙爪，上为立祠。又以方士言，为随侯、剑宝、玉宝璧、周康宝鼎立四祠于未央宫中。又祠太室山于即墨，三户山于下密，①祠天封苑火井于鸿门。②又立岁星、辰星、太白、荧惑、南斗祠于长安城旁。又祠参山八神于曲城，③蓬山石社石鼓于临朐，④之罘山于腄，成山于不夜，莱山于黄。⑤成山祠日，莱山祠月。又祠四时于琅邪，蚩尤于寿良。⑥京师近县鄠，则有劳谷、五牀山、日月、五帝、仙人、玉女祠。云阳有径路神祠，祭休屠王也。⑦又立五龙山仙人祠及黄帝、天神、帝原水，凡四祠于肤施。⑧

①师古曰："即墨、下密皆胶东之县也。"
②如淳曰："地理志西河鸿门县有天封苑火井祠，火从地中出。"
③师古曰："东莱之县也。"
④师古曰："临朐，齐郡县也。朐音劬。地理志蓬山作达山也。"
⑤应劭曰："腄音甀。"晋灼曰："腄、不夜、黄县皆属东莱。"师古曰："腄音丈瑞反。"
⑥师古曰：东郡之县也。"

⑦师古曰："休屠，匈奴王号也。径路神，本匈奴之祠也。休音许虬反。屠音除。"

⑧师古曰："肤施，上郡之县也。"

或言益州有金马碧鸡之神，①可醮祭而致，于是遣谏大夫王褒使持节而求之。

①如淳曰："金形似马，碧形似鸡。"

大夫刘更生献淮南枕中洪宝苑秘之方，①令尚方铸作。事不验，更生坐论。京兆尹张敞上疏谏曰："愿明主时忘车马之好，斥远方士之虚语，②游心帝王之术，太平庶几可兴也。"后尚方待诏皆罢。

①师古曰："洪，大也。苑秘者，言秘术之苑囿也。"

②师古曰："远音于万反。"

是时，美阳得鼎，献之。①下有司议，多以为宜荐见宗庙，如元鼎时故事。张敞好古文字，案鼎铭勒而上议曰："臣闻周祖始乎后稷，后稷封于斄，②公刘发迹于豳，③大王建国于岐梁，④文武兴于酆镐。⑤由此言之，则岐梁丰镐之间周旧居也，固宜有宗庙坛场祭祀之臧。今鼎出于岐东，中有刻书曰：'王命尸臣："官此栒邑，⑥赐尔旂鸾黼黻琱戈。"⑦尸臣拜手稽首曰："敢对扬天子丕显休命。"'⑧臣愚不足以迹古文，⑨窃以传记言之，此鼎殆周之所以褒赐大臣，大臣子孙刻铭其先功，臧之于宫庙也。昔宝鼎之出于汾脽也，河东太守以闻，诏曰：'朕巡祭后土，祈为百姓蒙丰年，⑩今谷嗛未报，⑪鼎焉为出哉？'博问耆老，意旧臧与？⑫诚欲考得事实也。有司验脽上非旧臧处，鼎大八尺一寸，高三尺六寸，殊异于众鼎。今此鼎细小，又有款识，⑬不宜荐见于宗庙。"

制曰："京兆尹议是。"

①师古曰："美阳，扶风之县也。"

②师古曰："麊读与邰同，今武功故城是。"

③师古曰："今豳州是也。"

④师古曰："梁山在岐山之东，九嵕之西，非夏阳之梁山也。邚，古岐字。"

⑤师古曰："酆，今长安城西丰水上也。镐在昆明池北。"

⑥师古曰："尸臣，主事之臣也。枸邑，即豳地是也。枸音荀。"

⑦师古曰："交龙为旂。鸾谓有鸾之车也。黼黻，冕服也。琱戈，刻镂之戈也。琱与凋同。"

⑧师古曰："拜手，首至于手也。"

⑨师古曰："寻其文迹。"

⑩师古曰："为音于伪反。"

⑪师古曰："嗛，少意也。言谷稼尚少，未获丰年也。嗛音苦簟反。"

⑫服虔曰："言鼎岂旧臧于此地。"师古曰："与读曰欤。"

⑬师古曰："款，刻也。识，记也，音式志反。"

上自幸河东之明年正月，凤皇集祋祤，①于所集处得玉宝，起步寿宫，乃下诏赦天下。后间岁，凤皇神爵甘露降集京师，②赦天下。其冬，凤皇集上林，乃作凤皇殿，以答嘉瑞。③明年正月，复幸甘泉，郊泰畤，改元曰五凤。明年，幸雍祠五畤。其明年春，幸河东，祠后土，赦天下。后间岁，改元为甘露。正月，上幸甘泉，郊泰畤。其夏，黄龙见新丰。建章、未央、长乐宫锺虡铜人皆生毛，长一寸所，④时以为美祥。后间岁正月，上郊泰畤，因朝单于于甘泉宫。后间岁，改元为黄龙。正月，复幸甘泉，郊泰畤，又朝单于于甘泉宫。至冬而崩。凤皇下郡国凡五十馀所。

①师古曰："彼祤，冯翊之县也。彼音丁活反，又丁外反。祤音况
矩反。"

②师古曰："间岁，隔一岁也。"

③师古曰："答，应也。"

④师古曰："虞，神兽名也，县钟之木，刻饰为之，因名曰虞也。"

元帝即位，遵旧仪，间岁正月，一幸甘泉郊泰畤，又东至河
东祠后土，西至雍祠五畤。凡五奉泰畤、后土之祠。亦施恩泽，
时所过毋出田租，赐百户牛酒，①或赐爵，赦罪人。

①师古曰："言有时如此，不常然也。"

元帝好儒，贡禹、韦玄成、匡衡等相继为公卿。禹建言汉家
宗庙祭祀多不应古礼，上是其言。后韦玄成为丞相，议罢郡国
庙，自太上皇、孝惠帝诸园寝庙皆罢。后元帝寝疾，梦神灵谴罢
诸庙祠，上遂复焉。后或罢或复，至哀、平不定。语在韦玄
成传。

成帝初即位，丞相衡、御史大夫谭①奏言："帝王之事莫大
乎承天之序，承天之序莫重于郊祀，故圣王尽心极虑以建其制。
祭天于南郊，就阳之义也；瘗地于北郊，即阴之象也。②天之于
天子也，因其所都而各飨焉。往者，孝武皇帝居甘泉宫，即于云
阳立泰畤，祭于宫南。今行常幸长安，郊见皇天反北之泰阴，祠
后土反东之少阳，事与古制殊。又至云阳，行溪谷中，厄狭且百
里，汾阴则渡大川，有风波舟楫之危，③皆非圣主所宜数乘。郡
县治道共张，吏民困苦，④百官烦费。劳所保之民，行危险之
地，⑤难以奉神灵而祈福祐，殆未合于承天子民之意。昔者周文

武郊于丰鄗，成王郊于雒邑。由此观之，天随王者所居而飨之，可见也。甘泉泰畤、河东后土之祠宜可徙置长安，合于古帝王。愿与群臣议定。”奏可。大司马车骑将军许嘉等八人以为所从来久远，宜如故。右将军王商、博士师丹、议郎翟方进等五十人以为礼记曰“燔柴于太坛，祭天也；瘗埋于大折，祭地也”。⑥兆于南郊，所以定天位也。⑦祭地于大折，在北郊，就阴位也。郊处各在圣王所都之南北。书曰："越三日丁巳，用牲于郊，牛二。"⑧周公加牲，告徙新邑，定郊礼于雒。明王圣主，事天明，事地察。天地明察，神明章矣。天地以王者为主，故圣王制祭天地之礼必于国郊。长安，圣主之居，皇天所观视也。甘泉、河东之祠非神灵所飨，宜徙就正阳大阴之处。违俗复古，循圣制，定天位，如礼便。于是衡、谭奏议曰："陛下圣德，忽明上通，⑨承天之大，典览群下，使各悉心尽虑，议郊祀之处，天下幸甚。臣闻广谋从众，则合于天心，故洪范曰'三人占，则从二人言'，⑩言少从多之议也。论当往古，宜于万民，则依而从之；⑪违道寡与，则废而不行。今议者五十八人，其五十人言当徙之义，皆著于经传，同于上世，便于吏民；八人不案经艺，考古制，而以为不宜，无法之议，难以定吉凶。太誓曰：'正稽古立功立事，可以永年，丕天之大律。'⑫诗曰'毋曰高高在上，陟降厥士，日监在兹'，⑬言天之日监王者之处也。又曰'乃眷西顾，此维予宅'，⑭言天以文王之都为居也。宜于长安定南北郊，为万世基。"天子从之。

①师古曰："衡，匡衡。谭，张谭。"
②师古曰："祭地曰瘗埋，故云瘗地也，即，就也。"

③师古曰："桴音集。其字从木。"

④师古曰："共读曰供，音居用反。张音竹亮反。下皆类此。"

⑤师古曰："保，养也。"

⑥韦昭曰："大折，谓为坛于昭晰地也。"师古曰："折，曲也。言方泽之形，四曲折也。"

⑦邓展曰："除地为营垺，有形兆也。"

⑧师古曰："周书洛诰之辞。"

⑨师古曰："忽与聪同。"

⑩师古曰："洪范，周书也。"

⑪师古曰："论，议也，音来顿反。"

⑫师古曰："今文泰誓，周书也。稽，考也。永，长也。丕，奉也。律，法也。言正考古道而立事，则可长年享有天下，是则奉天之大法也。"

⑬师古曰："诗周颂敬之诗也。陟，升也。士，事也。言无谓天之高而又高，远在上而不加敬，天乃上下升降，日日监观于此，视人之所为者耳。"

⑭师古曰："大雅皇矣之诗也。宅，居也。言天眷然西顾，以周国为居也。商纣在东，故谓周为西也。"

既定，衡言："甘泉泰畤紫坛，八觚宣通象八方。①五帝坛周环其下，又有群神之坛。以尚书禋六宗、望山川、遍群神之义，紫坛有文章采镂黼黻之饰及玉、女乐，②石坛、仙人祠，瘗鸾路、驲驹、寓龙马，不能得其象于古。臣闻郊（紫坛）〔柴〕飨帝之义，[4]扫地而祭，上质也。歌大吕舞云门以俟天神，歌太蔟舞咸池以俟地祇，③其牲用犊，其席稿秸，其器陶匏，④皆因天地之性，贵诚上质，不敢修其文也。以为神祇功德至大，虽修精微而备庶物，犹不足以报功，唯至诚为可，（致）〔故〕上质不饰，[5]

以章天德。紫坛伪饰、女乐、鸾路、驷驹、龙马、石坛之属，宜皆勿修。"

①服虔曰："八觚，如今社坛也。"师古曰："觚，角也。"

②师古曰："汉旧仪云祭天用六彩绮席六重，用玉几玉饰器凡七十。女乐，即礼乐志所云'使童男童女俱歌'也。"

③师古曰："此周礼也。大吕合于黄锺。黄锺，阳声之首也。云门，黄帝乐也。太蔟，阳声次二者也。咸池，尧乐也。"

④师古曰："陶，瓦器；匏，瓟也。秸音戛。"

衡又言："王者各以其礼制事天地，非因异世所立而继之。①今雍鄜、密、上下畤，②本秦侯各以其意所立，非礼之所载术也。汉兴之初，仪制未及定，即且因秦故祠，复立北畤。今既稽古，建定天地之大礼，郊见上帝，青赤白黄黑五方之帝皆毕陈，各有位馔，祭祀备具。诸侯所妄造，王者不当长遵。及北畤，未定时所立，③不宜复修。"天子皆从焉。及陈宝祠，由是皆罢。

①师古曰："异世，谓前代。"

②晋灼曰："秦文公、宣公所立畤也。"

③师古曰："谓高祖之初，礼仪未定。"

明年，上始祀南郊，赦奉郊之县及中都官耐罪囚徒。①是岁衡、谭复条奏："长安厨官县官给祠郡国候神方士使者所祠，凡六百八十三所，其二百八所应礼，及疑无明文，可奉祠如故。其馀四百七十五所不应礼，或复重，②请皆罢。"奏可。本雍旧祠二百三所，唯山川诸星十五所为应礼云。若诸布、诸严、诸逐，皆罢。杜主有五祠，置其一。又罢高祖所立梁、晋、秦、荆巫、九天、南山、莱中之属，及孝文渭阳、孝武薄忌泰一、三一、黄帝、冥羊、马行、泰一、皋山山君、武夷、夏后启母石、万里沙、八神、延年之属，及孝宣参山、蓬山、之罘、成山、莱山、四时、蚩尤、劳谷、五牀、仙人、玉女、径路、黄帝、天神、原水之属，皆罢。候神方士使者副佐、本草待诏七十馀人皆归家。③

①师古曰："中都官，京师诸官府也。"

②师古曰："复音扶目反。重音丈庸也。"

③师古曰："本草待诏，谓以方药本草而待诏者。"

　　明年，匡衡坐事免官爵。众庶多言不当变动祭祀者。又初罢甘泉泰畤作南郊日，大风坏甘泉竹宫，折拔畤中树木十围以上百馀。天子异之，以问刘向。对曰："家人尚不欲绝种祠，①况于国之神宝旧畤！且甘泉、汾阴及雍五畤始立，皆有神祇感应，然后营之，非苟而已也。武、宣之世，奉此三神，礼敬敕备，②神光尤著。祖宗所立神祇旧位，诚未易动。及陈宝祠，自秦文公至今七百馀岁矣，汉兴世世常来，光色赤黄，长四五丈，直祠而息，音声砰隐，野鸡皆雊。③每见雍太祝祠以太牢，遣候者乘一乘传驰诣行在所，④以为福祥。高祖时五来，文帝二十六来，武帝七十五来，宣帝二十五来，初元元年以来亦二十来，此阳气旧祠也。及汉宗庙之礼，不得擅议，皆祖宗之君与贤臣所共定。古今异制，经无明文，至尊至重，难以疑说正也。前始纳贡禹之议，后人相因，多所动摇。易大传曰：'巫神者殃及三世。'恐其咎不独止禹等。"上意恨之。⑤

1143

①师古曰："家人，谓庶人之家也。种祠，继嗣所传祠也。"

②师古曰："敕，整也。"

③师古曰："直，当也。息，止也。当祠处而止也。砰音普萌反。"

④师古曰："报神之来也。传音张恋反。"

⑤师古曰："恨，悔也。"

后上以无继嗣故，今皇太后诏有司曰："盖闻王者承事天地，交接泰一，尊莫著于祭祀。孝武皇帝大圣通明，始建上下之祀，①营泰畤于甘泉，定后土于汾阴，而神祇安之，飨国长久，子孙蕃滋，②累世遵业，福流于今。今皇帝宽仁孝顺，奉循圣绪，靡有大愆，而久无继嗣。思其咎职，殆在徙南北郊，③违先帝之制，改神祇旧位，失天地之心，以妨继嗣之福。春秋六十，未见皇孙，④食不甘味，寝不安席，朕甚悼焉。春秋大复古，善顺祀。⑤其复甘泉泰畤，汾阴后土如故，及雍五畤、陈宝祠在陈仓者。"天子复亲郊礼如前。又复长安、雍及郡国祠著明者且半。

①师古曰："上下，谓天地。"

②师古曰："蕃音扶元反。"

③师古曰："职，主也，咎过主于此也。"

④师古曰："皇太后自谓。"

⑤师古曰："以复古为大，以顺祀为善也。"

成帝末年颇好鬼神，亦以无继嗣故，多上书言祭祀方术者，皆得待诏，祠祭上林苑中长安城旁，费用甚多，然无大贵盛者。谷永说上曰："臣闻明于天地之性，不可或以神怪；知万物之情，不可罔以非类。①诸背仁义之正道，不遵五经之法言，而盛称奇怪鬼神，广崇祭祀之方，求报无福之祠，及言世有仙人，服食不终之药，遥兴轻举，②登遐倒景，③览观县圃，浮游蓬莱，④耕耘五德，朝种暮获，⑤与山石无极，⑥黄冶变化，⑦坚冰淖溺，⑧化色五仓之术者，⑨皆奸人惑众，挟左道，怀诈伪，以欺罔世主。⑩听其言，洋洋满耳，若将可遇；⑪求之，盪盪如系风捕景，终不可得。⑫是以明王距而不听，圣人绝而不语。⑬昔周史苌弘欲以鬼神之术辅尊灵王会朝诸侯，而周室愈微，诸侯愈叛。楚怀王隆祭祀，事鬼神，欲以获福助，却秦师，⑭而兵挫地削，身辱国危。秦始皇初并天下，甘心于神仙之道，遣徐福、韩终之属多赍童男童女入海求神采药，因逃不还，天下怨恨。汉兴，新垣平、齐人少翁、公孙卿、栾大等，皆以仙人、黄冶、祭祠、事鬼使物、入海求神采药贵幸，赏赐累千金。大尤尊盛，至妻公主，爵位重絫，震动海内。⑮元鼎、元封之际，燕齐之间方士瞋目扼掔，言有神仙祭祀致福之术者以万数。其后，平等皆以术穷诈得，诛夷伏辜。⑯至初元中，有天渊玉女、钜鹿神人、轃阳侯师张宗之奸，纷纷复起。⑰夫周秦之末，三五之隆，⑱已尝专意散财，厚爵禄，竦精神，举天下以求之矣。旷日经年，靡有毫氂之验，足以揆今。经曰：‘享多仪，仪不及物，惟曰不享。’⑲论语说曰：‘子不语怪神。’⑳唯陛下拒绝此类，毋令奸人有以窥朝者。”上善其言。

①师古曰：“罔犹蔽。”

②如淳曰：“遙，远也。兴，举也。”师古曰：“遙，古遥字也。兴，起也。谓起而远去也。”

③如淳曰：“在日月之上，反从下照，故其景倒。”师古曰：“遐亦远也。”

④李奇曰：“昆仑九成，上有县圃，县圃之上即阊阖天门。”

⑤晋灼曰：“翼氏风角，五德东方甲，南方丙，西方庚，中央戊。种五色禾于（北）〔此〕地而耕耘也。”〔6〕

⑥师古曰：“言获长寿，比于山石无穷也。”

⑦晋灼曰："黄者，铸黄金也。道家言冶丹沙令变化，可铸作黄金也。"

⑧晋灼曰："方士诈以药石若陷冰丸投之冰上，冰即消液，因假为神仙道使然也。或曰，谓冶金令可饵也。"师古曰："或说非也。渖，濡甚也，音女教反。"

⑨李奇曰："思身中有五色，腹中有五仓神；五色存则不死，五仓存则不饥。"

⑩师古曰："左道，邪僻之道，非正义也。"

⑪师古曰："洋洋，美盛之貌也。洋音羊，又音祥。"

⑫师古曰："瀁瀁，空旷之貌也。瀁音荡。"

⑬师古曰："谓孔子不语怪神。"

⑭师古曰："却，退。音丘略反。"

⑮师古曰："絫，古累字。"

⑯师古曰："诈得，谓主上得其诈伪之情。"

⑰师古曰："辕阳侯，江仁也，元帝时坐使家丞上印绶随宗学仙免官。辕音辽。"

⑱师古曰："三谓三皇，五谓五帝也。"

⑲师古曰："周书洛诰之辞也。言祭享之道，唯以絜诚，若多其容仪，而不及礼物，则不为神所享也。"

⑳师古曰："说谓论语之说也。"

后成都侯王商为大司马卫将军辅政，杜邺说商曰："'东邻杀牛，不如西邻之瀹祭'，①言奉天之道，贵以诚质大得民心也。行秽祀丰，犹不蒙祐；德修荐薄，吉必大来。古者坛场有常处，寮禋有常用，②赞见有常礼；牺牲玉帛虽备而财不匮，车舆臣役虽动而用不劳。是故每（奉）〔举〕其礼，[7]助者欢说，③大路所历，黎元不知。④今甘泉、河东天地郊祀，咸失方位，违阴阳之宜。及雍五畤皆旷远，奉尊之役休而复起，缮治共张无解已时，皇天著象殆可略知。前上甘泉，先敺失道；⑤礼月之夕，奉引复迷。⑥祠后土还，临河当渡，疾风起波，船不可御。又雍大雨，坏平阳宫垣。乃三月甲子，震电灾林光宫门。⑦祥瑞未著，咎征仍臻。迹三郡所奏，皆有变故。⑧不答不飨，何以甚此！⑨诗曰'率由旧章'。⑩旧章，先生法度，文王以之，交神于祀，子孙千亿。宜如异时公卿之议，复还长安南北郊。"

①师古曰："此易既济九五爻辞也。东邻，谓商纣也。西邻，周文王也。禴祭，谓禴煮新菜以祭。言祭祀之道莫盛修德，故纣之牛牲，不如文王之蘋藻也。禴音龠。"

②师古曰："尞，古燎字。"

③师古曰："助谓助祭也。说读曰悦。"

④师古曰："大路，天子祭天所乘之车也。黎元不知，言无（伪）〔徭〕费，[8]不劳于于也。"

⑤师古曰："敺与驱字同。"

⑥韦昭曰："奉引，前导引车。"

⑦孟康曰："甘泉一名林光。"师古曰："林光，秦离宫名也。汉又于其旁起甘泉宫，非一名也。"

⑧师古曰："迹谓观其事迹也。"

⑨师古曰："不答，不当天意。不飨，不为天所飨也。"

⑩师古曰："大雅假乐之诗也。率，循也。由，用也。循用旧典之文章也。"

后数年，成帝崩，皇太后诏有司曰："皇帝即位，思顺天心，遵经义，定郊礼，天下说憙。①惧未有皇孙，故复甘泉泰畤、汾阴后土，庶几获福。皇帝恨难之，卒未得其祐。其复南北郊长安如故，以顺皇帝之意也。"

①师古曰:"说读曰悦。"

哀帝即位,寝疾,博征方术士,京师诸县皆有侍祠使者,尽复前世所常兴诸神祠官,凡七百馀所,一岁三万七千祠云。

明年,复令太皇太后诏有司曰:"皇帝孝顺,奉承圣业,靡有解怠,①而久疾未瘳。夙夜唯思,殆继体之君不宜改作。其复甘泉泰畤、汾阴后土祠如故。"上亦不能亲至,遣有司行事而礼祠焉。后三年,哀帝崩。

①师古曰:"解读曰懈。"

平帝元始五年,大司马王莽奏言:"王者父事天,故爵称天子。孔子曰:'人之行莫大于孝,孝莫大于严父,严父莫大于配天。'①王者尊其考,欲以配天,缘考之意,欲尊祖,推而上之,遂及始祖。是以周公郊祀后稷以配天,宗祀文王于明堂以配上帝。礼记天子祭天地及山川,岁遍。春秋穀梁传以十二月下辛卜,正月上辛郊。②高皇帝受命,因雍四畤起北畤,而备五帝,未共天地之祀。③孝文十六年用新垣平,初起渭阳五帝庙,祭泰一、地祇,以太祖高皇帝配。日冬至祠泰一,夏至祠地祇,皆并祠五帝,而共一牲,上亲郊拜。后平伏诛,乃不复自亲,而使有司行事。孝武皇帝祠雍,曰:'今上帝朕亲郊,而后土无祠,则礼不答也。'于是元鼎四年十一月甲子始立后土祠于汾阴。或曰,五帝,泰一之佐,宜立泰一。五年十一月癸未始立泰一祠于甘泉,二岁一郊,与雍更祠,④亦以高祖配,不岁事天,皆未应古制。建始元年,徙甘泉泰畤、河东后土于长安南北郊。永始元年三月,以未有皇孙,复甘泉、河东祠。绥和二年,以卒不获祐,复长安南北郊。建平三年,惧孝哀皇帝之疾未瘳,复甘泉、汾阴祠，竟复无福。臣谨与太师孔光、长乐少府平晏、大司农左咸、中垒校尉刘歆、太中大夫朱阳、博士薛顺、议郎国由等六十七人议，皆曰宜如建始时丞相衡等议，复长安南北郊如故。"

①师古曰："孝经载孔子之言。"
②师古曰："豫卜郊之日。"
③师古曰："共读曰恭。"
④师古曰："更音工衡反。"

莽又颇改其祭礼，曰："周官天墬之祀，①乐有别有合。其合乐曰'以六律、六钟、五声、八音、六舞大合乐'，祀天神，祭地祇，祀四望，祭山川，享先妣先祖。②凡六乐，奏六歌，而天地神祇之物皆至。③四望，盖谓日月星海也。三光高而不可得亲，海广大无限界，故其乐同。祀天则天文从，祭地则地理从。三光，天文也。山川，地理也。天地合祭，先祖配天，先妣配地，其谊一也。天地合精，夫妇判合。祭天南郊，则以地配，一体之谊也。天地位皆南乡，同席，④地在东，共牢而食。高帝、高后配于坛上，西乡，后在北，亦同席共牢。牲用茧栗，⑤玄酒陶匏。礼记曰天子籍田千晦以事天地，⑥繇是言之，宜有黍稷。⑦天地用牲一，燔燎瘗埋用牲一，高帝、高后用牲一。天用牲左，及黍稷燔燎南郊；地用牲右，及黍稷瘗于北郊。其旦，东乡再拜朝日；其夕，西乡再拜夕月。然后孝弟之道备，而神祇嘉享，万福降辑。⑧此天地合祀，以祖妣配者也。其别乐曰'冬日至，于地上之圜丘奏乐六变，则天神皆降；夏日至，于泽中之方丘奏乐八变，则地祇皆出'。⑨天地有常位，不得常合，此其各特祀者也。阴阳之别于日冬夏至，其会也以孟春正月上辛若丁。天子亲合祀

天地于南郊，以高帝、高后配。阴阳有离合，易曰'分阴分阳，
迭用柔刚'。⑩以日冬至使有司奉祠南郊，高帝配而望群阳，日夏
至使有司奉祭北郊，高后配而望群阴，皆以助致微气，通道幽
弱。⑪当此之时，后不省方，⑫故天子不亲而遣有司，所以正承天
顺地，复圣王之制，显太祖之功也。渭阳祠勿复修。群望未悉
定，定复奏。"奏可。三十馀年间，天地之祠五徙焉。

①师古曰："墬，古地字也。下皆类也。"

②师古曰："此周礼春官大司乐之职也。六律，合阳声者。六钟，以六
律六钟之均也。五声，宫、商、角、徵、羽。八音，金、石、丝、
竹、匏、土、革、木。六舞，云门、咸池、大韶、大夏、大护、大
武也。大合乐者，遍作之也。先妣，姜嫄也。先祖，先王先公也。"

③师古曰："谓一变而致羽物及川泽之祇，再变而致（嬴）〔臝〕物[9]
及山林之祇，三变而致鳞物及丘陵之祇，四变而致毛物及坟衍之祇，
五变而致介物及地祇，六变而致象物及天神。"

④师古曰："乡读曰向。其下并同。"

⑤师古曰："谓牛角如茧及栗者，牛之小也。"

⑥师古曰："晦，古亩字。"

⑦师古曰："繇读与由同。"

⑧师古曰："辑与集同。"

⑨师古曰："此亦春官大司乐之职也。天神之乐：圜锺为宫，黄锺为
角，太蔟为徵，姑洗为羽，雷鼓雷鼗，孤竹之管，云和之琴瑟，云
门之舞。地祇之乐，函锺为宫，太蔟为角，姑洗为徵，南吕为羽，
灵鼓灵鼗，孙竹之管，空桑之琴瑟，咸池之舞。先奏是乐，以致其
神，礼之以玉，然后合乐而祭。"

⑩师古曰："易说卦之辞也。阳为刚，阴为柔，阴阳既分，则刚柔迭用
也。迭，互也，音大结反。"

后莽又奏言："书曰'类于上帝，禋于六宗'。①欧阳、大小夏侯三家说六宗，皆曰上不及天，下不及地，旁不及四方，在六者之间，助阴阳变化，实一而名六，名实不相应。礼记祀典，功施于民则祀之。天文日月星辰，所昭仰也；地理山川海泽，所生殖也。易有八卦，乾坤六子，水火不相逮，雷风不相悖，山泽通气，然后能变化，既成万物也。②臣前奏徙甘泉泰畤、汾阴后土皆复于南北郊。谨案周官'兆五帝于四郊'，山川各因其方，③今五帝兆居在雍五畤，不合于古。又日月雷风山泽，易卦六子之尊气，所谓六宗也。星辰水火沟渎，皆六宗之属也。今或未特祀，或无兆居。谨与太师光、大司徒宫、羲和歆等八十九人议，皆曰天子父事天，母事地，今称天神曰皇天上帝，泰一兆曰泰畤，而称地祇曰后土，与中央黄灵同，又兆北郊未有尊称。宜令地祇称皇地后祇，兆曰广畤。易曰'方以类聚，物以群分'。④分群神以类相从为五部，兆天地之别神：中央帝黄灵后土畤及日庙、北辰、北斗、填星、中宿中宫于长安城之未地兆；东方帝太昊青灵勾芒畤及雷公、风伯庙、岁星、东宿东宫于东郊兆；南方炎帝赤灵祝融畤及荧惑星、南宿南宫于南郊兆；西方帝少暤白灵蓐收畤及太白星、西宿西宫于西郊兆；北方帝颛顼黑灵玄冥畤及月庙、雨师庙、辰星、北宿北宫于北郊兆。"奏可。于是长安旁诸庙兆畤甚盛矣。

①师古曰："虞书舜典也。并已解于上。"

②师古曰："乾为父，坤为母。震为长男，巽为长女，坎为中男，离为

中女，艮为少男，兑为少女，故云六子也。水火，坎离也。霤风，
震巽也。山泽，艮兑也。逮，及。悖，乱也。既，尽也。霤，古雷
字也。悖音布内反。"

③师古曰："春官小宗伯之职也。兆谓为坛之营域也。五帝于四郊，谓
青帝于东郊，赤帝及黄帝于南郊，白帝于西郊，黑帝于北郊也。各
因其方，谓顺其所在也。"

④师古曰："易上系之辞也。方谓所向之地。"

莽又言："帝王建立社稷，百王不易。社者，土也。宗庙，
王者所居。稷者，百谷之主，所以奉宗庙，共粢盛，①人所食以
生活也。王者莫不尊重亲祭，自为之主，礼如宗庙。诗曰'乃立
冢土'。②又曰'以御田祖，以祈甘雨'。③礼记曰'唯祭宗庙社
稷，为越绋而行事'。④圣汉兴，礼仪稍定，已有官社，未立官
稷。"⑤遂于官社后立官稷，以夏禹配食官社，后稷配食官稷。稷
种穀树。⑥徐州牧岁贡五色土各一斗。

①师古曰："共读与供同。"

②师古曰："大雅绵之诗也。冢，大也。土，土神，谓太社也。"

③师古曰："小雅甫田之诗也。田祖，稷神也。言设乐以御祭于神，为
农求甘雨也。"

④李奇曰："引棺车谓之绋。当祭天地五祀，则越绋而行事，不以私丧
废公祀。"师古曰："绋，引车索也。音弗。"

⑤臣瓒曰："高帝除秦社稷，立汉社稷，礼所谓太社也。时又立官社，
配以夏禹，所谓王社也。见汉祀令。而未立官稷，至此始立之。世
祖中兴，不立官稷，相承至今也。"

⑥师古曰："穀树，楮树也。其子类谷，故于稷种。"

莽篡位二年，兴神仙事，以方士苏乐言，起八风台于宫中。

台成万金，①作乐其上，顺风作液汤。②又种五粱禾于殿中，③各顺色置其方面，先齏鹤髓、毒冒、犀玉二十馀物渍种，④计粟斛成一金，言此黄帝谷仙之术也。以乐为黄门郎，令主之。莽遂㸑鬼神淫祀，⑤至其末年，自天地六宗以下至诸小鬼神，凡千七百所，用三牲鸟兽三千馀种。后不能备，乃以鸡当鹜雁，犬当麋鹿。数下诏自以当仙，语在其传。

①师古曰："费值万金也。"

②如淳曰："艺文志有液汤经，其义未闻也。"

③师古曰："〔王〕〔五〕色禾也，[10] 谷永所谓耕耘五德也。"

④师古曰："㸑，古煮字也。髓，古髓字也。谓煮取汁以渍谷子也。毒音代，冒音莫内反。"

⑤师古曰："㸑，古崇字。"

赞曰：汉兴之初，庶事草创，唯一叔孙生略定朝廷之仪。若乃正朔、服色、郊望之事，数世犹未章焉。至于孝文，始以夏郊，而张仓据水德，公孙臣、贾谊更以为土德，卒不能明。孝武之世，文章为盛，太初改制，而兒宽、司马迁等犹从臣、谊之言，①服色数度，遂顺黄德，彼以五德之传从所不胜，②秦在水德，故谓汉据土而克之。刘向父子以为帝出于震，故包羲氏始受木德，③其后以母传子，终而复始，自神农、黄帝下历唐虞三代而汉得火焉。故高祖始起，神母夜号，著赤帝之符，旗章遂赤，自得天统矣。④昔共工氏以水德间于木火，⑤与秦同运，非其次序，故皆不永。由是言之，祖宗之制盖有自然之应，顺时宜矣。究观方士祠官之变，谷永之言，不亦正乎！不亦正乎！

①李奇曰："公孙臣、贾谊。"

②服虔曰："音亭传之传。五帝相承代，常以金木水火相胜之法，若火灭金，便以火代金。"师古曰："传音张恋反。"

③师古曰："包读曰庖。"

④邓展曰："向父子虽有此议，时不施行，至光武建武二年，乃用火德，色尚赤耳。"

⑤师古曰："共读曰龚。间音工苋反。"

【校勘记】

〔1〕 毕，燎堂下。⑧而上又上泰山， 注⑧原在"而上"下。刘敞说"而上"字属下句。

〔2〕 (后每)〔毋〕修封。 宋祁说越本"每"作"毋"，新本无"后"字，但云"毋修封"。按景祐本作"毋修封"。

〔3〕 诸所兴，如薄忌泰一及三一、冥羊、马行、赤星，五(牀)。宽舒之祠(宫)〔官〕以岁时致礼。 王先谦说"牀"字疑后人误加，封禅书、孝武纪并无。"宫"字封禅书、孝武纪并作"官"，是，此误。

〔4〕 臣闻郊(紫坛)〔柴〕飨帝之义， 何焯说以文义求之，作"柴"为是，亦不当有"坛"字。按景祐、殿本"紫"都作"柴"，无"坛"字。

〔5〕 (致)〔故〕上质不饰， 景祐、殿本都作"故"。朱一新说作"故"是。

〔6〕 种五色禾于(北)〔此〕地而耕耘也。 景祐、殿本都作"此"。朱一新说作"此"是。

〔7〕 是故每(奉)〔举〕其礼， 景祐、殿本都作"举"。朱一新说作"举"是。

〔8〕 言无(伪)〔徭〕费， 景祐、殿本都作"徭"。朱一新说

"徭"是。

〔9〕　再变而致（赢）〔嬴〕物　朱一新说"赢"当作"嬴"。按景祐、殿本都作"嬴"。

〔10〕　（玉）〔五〕色禾也，　景祐、殿、局本都作"五"。王先谦说作"五"是。

汉书卷二十六

天文志第六

凡天文在图籍昭昭可知者，经星常宿中外官凡百一十八名，积数七百八十三星，皆有州国官宫物类之象。其伏见蚤晚，邪正存亡，虚实阔陿，①及五星所行，合散犯守，陵历斗食，②彗孛飞流，日月薄食，③晕适背穴，抱珥虹蜺，④迅雷风祅，怪云变气：此皆阴阳之精，其本在地，而上发于天者也。政失于此，则变见于彼，犹景之象形，乡之应声。⑤是以明君睹之而寤，饬身正事，思其咎谢，则祸除而福至，自然之符也。

1157

①孟康曰："伏见蚤晚，谓五星也。日月五星下道为邪。存谓列宿不亏也，亡谓恒星不见。虚实，若天牢星实则囚多，虚则开出之属也。阔陿，若三台星相去远近也。"

②孟康曰："合，同舍也。散，五星有变则其精散为祅星也。犯，七寸以内光芒相及也。陵，相冒过也。食，星月相陵，不见者则所蚀

也。"韦昭曰:"自下往触之曰犯,居其宿曰守,经之为历,突掩为陵,星相击为斗也。"

③张晏曰:"彗所以除旧布新也。孛气似彗。飞流谓飞星流星也。"孟康曰:"飞,绝迹而去也。流,光迹相连也。日月无光曰薄。京房易传曰日月赤黄为薄。或曰不交而食曰薄。"韦昭曰:"气往迫之为薄,亏毁曰食也。"

④孟康曰:"(皆)〔晕〕,日旁气也。[1]適,日之将食先有黑之变也。背,形如背字也。穴多作镝,其形如玉镝也。抱,气向日也。珥,形点黑也。"如淳曰:"晕读曰运。虹或作虹。蜺读曰齧。螮蝀谓之虹,表云雄为虹,雌为蜺。凡气(食)〔在〕日上为冠为戴,[2]在旁直对为珥,在旁如半环向日为抱,向外为背。有气刺日为镝。镝,抉伤也。"

⑤师古曰:"乡读曰响。"

中宫天极星,其一明者,泰一之常居也,旁三星三公,或曰子属。后句四星,末大星正妃,馀三星后(官)〔宫〕之属也。[3]环之匡卫十二星,藩臣。皆曰紫宫。

前列直斗口三星,随北耑锐,若见若不见,曰阴德,或曰天一。紫宫左三星曰天枪,右四星曰天棓。①后十七星绝汉抵营室,曰阁道。

①苏林曰:"音桔打之桔。"师古曰:"棓音白讲反。"

北斗七星,所谓"旋、玑、玉衡以齐七政"。杓携龙角,①衡殷南斗,魁枕参首。②用昏建者杓;杓,自华以西南。③夜半建者衡;衡,殷中州河、济之间。④平旦建者魁;魁,海岱以东北也。⑤斗为帝车,运于中央,临制四海。分阴阳,建四时,均五行,移节度,定诸纪,皆系于斗。

①孟康曰："杓，斗柄也。龙角，东方宿也。携，连也。"

②晋灼曰："衡，斗之中央。殷，中也。"

③孟康曰："传曰'斗第七星法太白，主杓，斗之尾也'。尾为阴，又其用昏，昏阴，位在西方，故主西南。"

④孟康曰："假令杓昏建寅，衡夜半亦建寅也。"

⑤孟康曰："传曰'斗魁第一星法为日，主齐'。魁，斗之首；首，阳也，又其用在明，阳与明，德在东方，故主东北方。"

斗魁戴筐六星，曰<u>文昌宫</u>：^①一曰<u>上将</u>，二曰<u>次将</u>，三曰<u>贵相</u>，四曰<u>司命</u>，五曰<u>司禄</u>，六曰<u>司灾</u>。在魁中，贵人之牢。^②魁下六星两两而比者，曰<u>三能</u>。^③<u>三能</u>色齐，君臣和；不齐，为乖戾。柄<u>辅星</u>，^④明近，辅臣亲强；斥小，疏弱。^⑤

①晋灼曰："似筐，故曰戴筐。"

②孟康曰："传曰'天理四星在斗魁中'。贵人牢名曰<u>天理</u>也。"

③苏林曰："能音台。"

④孟康曰："在<u>北斗第六星</u>旁。"

⑤苏林曰："斥，远也。"

杓端有两星：一内为<u>矛</u>，<u>招摇</u>；^①一外为<u>盾</u>，<u>天蜂</u>。^②有句圜十五星，属杓，曰贱人之牢。牢中星实则囚多，虚则开出。

①孟康曰："近<u>北斗</u>者<u>招摇</u>，<u>招摇</u>为<u>天矛</u>。"晋灼曰："<u>梗河</u>三星，<u>天矛</u>、<u>锋</u>、<u>招摇</u>，一星耳。"

②晋灼曰："外，远<u>北斗</u>也。在<u>招摇</u>南，一名<u>天蜂</u>。"

<u>天一</u>、<u>枪</u>、<u>棓</u>、<u>矛</u>、<u>盾</u>动摇，角大，兵起。^①

①李奇曰："角，芒角。"

东宫苍龙，<u>房</u>、<u>心</u>。<u>心</u>为明堂，大星天王，前后星子属。不

欲直；直，王失计。房为天府，曰天驷。其阴，右骖。旁有两星
曰衿。衿北一星曰辖。①东北曲十二星曰旗。旗中四星曰天市。
天市中星众者实，其中虚则耗。房南众星曰骑官。

①晋灼曰："辖，古辖字。"

　　左角，理；右角，将。大角者，天王帝坐廷。其两旁各有三
星，鼎足句之，曰摄提。①摄提者，直斗杓所指，以建时节，故
曰"摄提格"。亢为宗庙，主疾。其南北两大星，曰南门。氐为
天根，主疫。尾为九子，曰君臣；斥绝，不和。箕为敖客，后妃
之府，曰口舌。火犯守角，则有（载）〔战〕。[4]房、心，王者
恶之。

①晋灼曰："如鼎足之句曲也。"

　　南宫朱鸟，权、衡。①衡、太微，三光之廷。筐卫十二星，
藩臣：西，将；东，相；南四星，执法；中，端门；左右，掖
门。掖门内六星，诸侯。其内五星，五帝坐。后聚十五星，曰哀
乌郎位；旁一大星，将位也。月、五星顺入，轨道，司其出，所
守，天子所诛也。其逆入，若不轨道，以所犯名之；中坐，成
形，②皆群下不从谋也。金、火尤甚。廷藩西有随星四，名曰少
微，士大夫。权，轩辕，黄龙体。③前大星，女主象；旁小星，
御者后宫属。月、五星守犯者，如衡占。

①孟康曰："轩辕为权，太微为衡也。"
②晋灼曰："中坐，犯帝坐也。成形，祸福之形见。"
③孟康曰："形如腾龙。"

　　东井为水事。火入之，一星居其左右，天子且以火为败。东

井西曲星曰戉；北，北河；南，南河；两河、天阙间为关梁。舆鬼，鬼祠事；中白者为质。①火守南北河，兵起，谷不登。故德成衡，观成潢，②伤成戉，③祸成井，④诛成质。⑤

①晋灼曰："舆鬼五星，其中白者为质。"

②晋灼曰："日、月、五星不轨道也。衡，太微廷也。观，占也。潢，五潢，五帝车舍也。"

③晋灼曰："贼伤之占，先成形于戉。"

④晋灼曰："东井主水事，火入，一星居其旁，天子且以火败，故曰祸也。"

⑤晋灼曰："荧惑入舆鬼天质，占曰大臣有诛。"

柳为鸟喙，主木草。七星，颈，为员宫，主急事。张，嗉，为厨，主觞客。翼为羽翮，主远客。

轸为车，主风。其旁有一小星，曰长沙，星星不欲明；明与四星等，若五星入轸中，兵大起。轸南众星曰天库，库有五车。车星角，若益众，及不具，亡处车马。

西宫咸池，曰天五潢。五潢，五帝车舍。火入，旱；金，兵；水，水。中有三柱；柱不具，兵起。

奎曰封豨，为沟渎。娄为聚众。胃为天仓。其南众星曰廥积。①

①如淳曰："刍稿积为廥也。"

昴曰旄头，胡星也，为白衣会。毕曰罕车，为边兵，主弋猎。其大星旁小星为附耳。附耳摇动，有谗乱臣在侧。昴、毕间为天街。其阴，阴国；阳，阳国。①

①孟康曰："阴，西南，象坤维，河山已北国也。阳，河山已南国也。"

参为白虎。三星直者，是为衡石。①下有三星，锐，曰罚，②为斩艾事。其外四星，左右肩股也。小三星隅置，曰觜觿，为虎首，主葆旅事。③其南有四星，曰天厕。天厕下一星，曰天矢。矢黄则吉；青、白、黑，凶。其西有句曲九星，三处罗列：一曰天旗，二曰天苑，三曰九斿。其东有大星曰狼，狼角变色，多盗贼。下有四星曰弧，直狼。比地有大星，曰南极老人。④老人见，治安；不见，兵起。常以秋分时候之南郊。

①孟康曰："参三星者，白虎宿中，东西直，似称衡也。"

②孟康曰："在参间，上小下大，故曰锐。"晋灼曰："三星小，邪列，无锐形也。"

③如淳曰："关中俗谓桑榆薿生为葆。"晋灼曰："禾野生曰旅，今之饥民采旅也。"宋均曰："葆，守也。旅，军旅也。言佐参伐斩艾除凶也。"

④晋灼曰："比地，近地也。"

北宫玄武，虚、危。危为盖屋；①虚为哭泣之事。②其南有众星，曰羽林天军。③军西为垒，或曰戉。旁一大星，北落。北落若微亡，军星动角益稀，及五星犯北落，入军，军起。火、金、水尤甚。火入，军忧；水，水患；木、土，军吉。④危东六星，两两而比，曰司寇。

①宋均曰："危上一星高，旁两星下，似盖屋也。"

②宋均曰："盖屋之下中无人，但空虚，似乎殡宫，故主哭泣也。"

③宋均曰："虚、危、营室，阴阳终始之处，际会之间，恒多奸邪，故设羽林为军卫。"

④孟康曰："木星、土星入北落，军则吉也。"

营室为清庙，曰离宫、阁道。汉中四星，曰天驷。旁一星，曰王梁。王梁策马，车骑满野。旁有八星，绝汉，曰天横。天横旁，江星。江星动，以人涉水。

杵、臼四星，在危南。匏瓜，有青黑星守之，鱼盐贵。

南斗为庙，其北建星。建星者，旗也。牵牛为牺牲，其北河鼓。河鼓大星，上将；左，左将；右，右将。婺女，其北织女。织女，天女孙也。

岁星①曰东方春木，于人五常仁也，五事貌也。仁亏貌失，逆春令，伤木气，罚见岁星。岁星所在，国不可伐，可以伐人。超舍而前为赢，退舍为缩。赢，其国有兵不复；缩，其国有忧，其将死，国倾败。所去，失地；所之，得地。一曰，当居不居，国亡；所之，国昌；已居之，又东西去之，国凶，不可举事用兵。安静中度，吉。出入不当其次，必有天祅见其舍也。

①晋灼曰："太岁在四仲，则岁行三宿；太岁在四孟、四季，则岁行二宿。二八十六，三四十二，而行二十八宿。十二岁而周天。"

岁星赢而东南，①石氏"见彗星"，甘氏"不出三月乃生彗，本类星，末类彗，长二丈"。赢东北，石氏"见觉星"，甘氏"不出三月乃生天棓，本类星，末锐，长四尺"。缩西南，②石氏"见欃云，如牛"，③甘氏"不出三月乃生天枪，左右锐，长数丈"。缩西北，石氏"见枪云，如马"，甘氏"不出三月乃生天欃，本类星，末锐，长数丈"。石氏"枪、欃、棓、彗异状，其祅一也，必有破国乱君，伏死其辜，馀殃不尽，为旱凶饥暴疾"。至日行一尺，出二十馀日乃入，甘氏"其国凶，不可举事用兵"。出而易，"所当之国，是受其殃"。又曰"祅星，不出三年，其下有军，及失地，若国君丧"。

①孟康曰："五星东行，天西转。岁星晨见东方，行疾则不见，不见则变为袄星。"

②孟康曰："岁星当伏西方，行迟早没，变为袄星也。"

③韦昭曰："欃音参差之参。"

荧惑①曰南方夏火，礼也，视也。礼亏视失，逆夏令，伤火气，罚见荧惑。逆行一舍二舍为不祥，居之三月国有殃，五月受兵，七月国半亡地，九月地太半亡。因与俱出入，国绝祀。荧惑为乱为（成）〔贼〕，[5]为疾为丧，为饥为兵，所居之宿国受殃。殃还至者，虽大当小；居之久殃乃至者，当小反大。已去复还居之，若居之而角者，若动者，绕环之，及乍前乍后，乍左乍右，殃愈甚。一曰，荧惑出则有大兵，入则兵散。周还止息，乃为其死丧。寇乱在其野者亡地，以战不胜。东行疾则兵聚于东方，西行疾则兵聚于西方；其南为丈夫丧，北为女子丧。荧惑，天子理也，故曰虽有明天子，必视荧惑所在。

①晋灼曰："常以十月入太微，受制而出，行列宿，司无道，出入无常也。"

太白①曰西方秋金，义也，言也。义亏言失，逆秋令，伤金气，罚见太白。日方南太白居其南，日方北太白居其北，为赢，侯王不宁，用兵进吉退凶。日方南太白居其北，日方北太白居其南，为缩，侯王有忧，用兵退吉进凶。当出不出，当入不入，为失舍，不有破军，必有死王之墓，有亡国。一曰，天下偃兵，野有兵者，所当之国大凶。当出不出，未当入而入，天下偃兵，兵在外，入。未当出而出，当入而不入，天下起兵，有至破国。未当出而出，未当入而入，天下举兵，所当之国亡。当期而出，其国昌。出东为东方，入为北方；出西为西方，入为南方。所居久，其国利；易，其乡凶。②入七日复出，将军战死。入十日复出，相死之。入又复出，人君恶之。已出三日而复微入，三日乃复盛出，是为奭而伏，③其下国有军，其众败将北。已入三日，又复微出，三日乃复盛入，其下国有忧，帅师虽众，敌食其粮，用其兵，虏其帅。出西方，失其行，夷狄败；出东方，失其行，中国败。一曰，出蚤为月食，晚为天祅及彗星，将发于亡道之国。

①晋灼曰："常以正月甲寅与荧惑晨出东方，二百四十日而入。入四十日又出西方，二百四十日而入。入三十五日而复出东方。出以寅戌，入以丑未也。"

②苏林曰："疾过也。一说，易乡而出入也。"晋灼曰："上言'出而易'，言疾过是也。"

③晋灼曰："奭，退也。不进而伏，伏不见也。"

太白出而留桑榆间，病其下国。①上而疾，未尽期日过参天，病其对国。②太白经天，天下革，民更王，③是为乱纪，人民流亡。昼见与日争明，强国弱，小国强，女主昌。

①晋灼曰："行迟而下也。正出，举目平正。出桑榆上，馀二千里也。"

②晋灼曰："三分天过其一，此戌酉之间也。"

③孟康曰："谓出东入西，出西入东也。太白，阴星，出东当伏东，出西当伏西，过午为经天。"晋灼曰："日，阳也；日出则星亡。昼见午上为经天。"

太白，兵象也。出而高，用兵深吉浅凶；坤，浅吉深凶。行疾，用兵疾吉迟凶；行迟，用兵迟吉疾凶。角，敢战吉，不敢战凶；击角所指吉，逆之凶。进退左右，用兵进退左右吉，静凶。圜以静，用兵静吉趮凶。出则兵出，入则兵入。象<u>太白</u>吉，反之凶。赤角，战。

<u>太白</u>者，犹军也，而<u>荧惑</u>，忧也。故<u>荧惑</u>从<u>太白</u>，军忧；离之，军舒。出<u>太白</u>之阴，有分军；出其阳，有偏将之战。当其行，<u>太白</u>还之，破军杀将。

<u>辰星</u>，杀伐之气，战斗之象也。与<u>太白</u>俱出东方，皆赤而角，夷狄败，中国胜；与<u>太白</u>俱出西方，皆赤而角，中国败，夷狄胜。

五星分天之中，积于东方，中国大利；积于西方，夷狄用兵者利。

<u>辰星</u>不出，<u>太白</u>为客；<u>辰星</u>出，<u>太白</u>为主人。<u>辰星</u>与<u>太白</u>不相从，虽有军不战。<u>辰星</u>出东方，<u>太白</u>出西方。若<u>辰星</u>出西方，<u>太白</u>出东方，为格，野虽有兵，不战。<u>辰星</u>入<u>太白</u>中，五日乃出，及入而上出，破军杀将，客胜；下出，客亡地。<u>辰星</u>来抵，<u>太白</u>不去，将死。正其上出，破军杀将，客胜；下出，客亡地。视其所指，以名破军。<u>辰星</u>绕环<u>太白</u>，若斗，大战，客胜，主人吏死。<u>辰星</u>过<u>太白</u>，间可械剑，小战，客胜；①居<u>太白</u>前旬三日，军罢；出<u>太白</u>左，小战；历<u>太白</u>右，数万人战，主人吏死；出<u>太白</u>右，去三尺，军急约战。

①苏林曰："械音函。函，容也，其间可容一剑也。"

凡<u>太白</u>所出所直之辰，其国为得位，得位者战胜。所直之辰顺其色而角者胜，其色害者败。①<u>太白</u>白比狼，赤比心，黄比参右肩，青比参左肩，黑比奎大星。色胜位，②行胜色，③行得尽胜之。④

①晋灼曰："郑色黄，而赤苍，小败；宋色黄，而赤黑，小败；楚色赤，黑小败；燕色黑，黄小败。皆大角胜也。"

②晋灼曰："有色胜得位也。"

③晋灼曰："太白行得度，胜有色也。"

④晋灼曰："行应天度，虽有色得位，行尽胜之，行重而色位轻。星经传得字作德。"

辰星①曰北方冬水，知也，听也。知亏听失，逆冬令，伤水气，罚见辰星。出蚤为月食，晚为彗星及天祅。一时不出，其时不和；四时不出，天下大饥。失其时而出，为当寒反温，当温反寒。当出不出，是谓击卒，兵大起。与它星遇而斗，天下大乱。②出于房、心间，地动。

①晋灼曰："常以二月春分见奎、娄，五月夏至见东井，八月秋分见角、亢，十一月冬至见牵牛。出以辰戌，入以丑未，二旬而入。晨候之东方，夕候之西方也。"

②晋灼曰："祅星彗孛之属也，一曰五星。"

填星①曰中央季夏土，信也，思心也。仁义礼智以信为主，貌言视听以心为正，故四星皆失，填星乃为之动。填星所居，国吉。未当居而居之，若已去而复还居之，国得土，不乃得女子。当居不居，既已居之，又东西去之，国失土，不乃失女，不，有土事若女之忧。居宿久，国福厚；易，福薄。当居不居，为失填，其下国可伐；得者，不可伐。其赢，为王不宁；缩，有军不复。一曰，既已居之又东西去之，其国凶，不可举事用兵。失次而上一舍三舍，有王命不成，不乃大水；失次而下二舍，有后戚，其岁不复，不乃天裂若地动。

①晋灼曰："常以甲辰元始建斗之岁填行一宿，二十八岁而周天也。"

凡五星，岁与填合则为内乱，与辰合则为变谋而更事，与荧惑合则为饥，为旱，与太白合则为白衣之会，为水。太白在南，岁在北，名曰（牡）〔牝〕牡，①[6]年谷大孰。太白在北，岁在南，年或有或亡。荧惑与太白合则为丧，不可举事用兵；与填合则为忧，主孽卿；与辰合则为北军，用兵举事大败。填与辰合则将有覆军下师；与太白合则为疾，为内兵。辰与太白合则为变谋，为兵忧。凡岁、荧惑、填、太白四星与辰斗，皆为战，兵不在外，皆为内乱。一曰，火与水合为淬，②与金合为铄，不可举事用兵。土与金合国亡地，与木合则国饥，与水合为雍沮，③不可举事用兵。木与金合斗，国有内乱。同舍为合，相陵为斗。二星相近者其殃大，二星相远者殃无伤也，从七寸以内必之。④

①晋灼曰："岁，阳也，太白，阴也，故曰（牡）〔牝〕牡。"

②晋灼曰："火入水，故曰淬也。"

③晋灼曰："沮音沮湿之沮。水性雍而潜土，故曰雍沮。一曰，雍，填也。"

④韦昭曰："必有祸也。"

凡月食五星，其国（必）〔皆〕亡：①[7]岁以饥，荧惑以乱，填以杀，太白强国以战，辰以女乱。月食大角，王者恶之。

①李奇曰："谓其分野之国。"

凡五星所聚宿，其国王天下：从岁以义，从荧惑以礼，从填以重，①从太白以兵，从辰以法。以法者，以法致天下也。三星若合，是谓惊立绝行，②其国外内有兵与丧，民人乏饥，改立王公。四星若合，是谓大汤，③其国兵丧并起，君子忧，小人流。五星若合，是谓易行：有德受庆，改立王者，掩有四方，子孙蕃昌；亡德受罚，离其国家，灭其宗庙，④百姓离去，被满四方。五星皆大，其事亦大；皆小，其事亦小也。

①韦昭曰："谓以咸重得。"

②晋灼曰："有兵丧，故惊。改王，故曰绝也。"

③晋灼曰："汤犹荡涤也。"

④晋灼曰："宗祖庙也。"

凡五星色：皆圜，白为丧为旱，赤中不平为兵，青为忧为水，黑为疾为多死，黄吉；皆角，赤犯我城，黄地之争，白哭泣之声，青有兵忧，黑水。五星同色，天下偃兵，百姓安宁，歌舞以行，不见灾疾，五谷蕃昌。

凡五星，岁，缓则不行，急则过分，逆则占。荧惑，缓则不出，急则不入，违道则占。填，缓则不建，急则过舍，逆则占。太白，缓则不出，急则不入，逆则占。辰，缓则不出，急则不入，非时则占。五星不失行，则年谷丰昌。

凡以宿星通下之变者，维星散，句星信，则地动。①有星守三渊，天下大水，地动，海鱼出。纪星散者山崩，不即有丧。龟、鳖星不居汉中，川有易者。辰星入五车，大水。荧惑入积水，水，兵起；入积薪，旱，兵起；守之，亦然。极后有四星，名曰句星。斗杓后有三星，名曰维星。散者，不相从也。②三渊，盖五车之三柱也。③天纪属贯索。积薪在北戍西北。积水在北戍

1169

东北。

①孟康曰："散在尾北。"韦昭曰："信音申。"

②孟康曰："散，不复行列而聚也。"

③晋灼曰："柱音注解之注。"

角、亢、氐，沇州。房、心，豫州。尾、箕，幽州。斗、江、湖。牵牛、婺女，扬州。虚、危，青州。营室、东壁，并州。奎、娄、胃，徐州。昴、毕，冀州。觜觿、参，益州。东井、舆鬼，雍州。柳、七星、张，三河。翼、轸，荆州。

甲乙，海外，日月不占。①丙丁，江、淮、海、岱。戊己，中州河、济。庚辛，华山以西。壬癸，常山以北。一曰，甲齐，乙东夷，丙楚，丁南夷，戊魏，己韩，庚秦，辛西夷，壬燕、赵，癸北夷。子周，丑翟，寅赵，卯郑，辰邯郸，巳卫，午秦，未中山，申齐，酉鲁，戌吴、越，亥燕、代。

①晋灼曰："海外远，甲乙日时，不以占之。"

秦之疆，候太白，占狼、弧。吴、楚之疆，候荧惑，占鸟、衡。燕、齐之疆，候辰星，占虚、危。宋、郑之疆，候岁星，占房、心。晋之疆，亦候辰星，占参、罚。及秦并吞三晋、燕、代，自河、山以南者中国。中国于四海内则在东南，为阳，阳则日、岁星、荧惑、填星，占于街南，毕主之。其西北则胡、貊、月氏旃裘引弓之民，为阴，阴则月、太白、辰星，占于街北，昴主之。故中国山川东北流，其维，首在陇、蜀，尾没于勃海碣石。是以秦、晋好用兵，①复占太白。太白主中国，而胡、貊数侵掠，独占辰星。辰星出入躁疾，常主夷狄，其大经也。

①孟康曰："秦、晋西南维之北为阴，与胡、貉引弓之民同，故好用兵。"

凡五星，早出为赢，赢为客；晚出为缩，缩为主人。五星赢缩，必有天应见杓。

太岁在寅曰摄提格。岁星正月晨出东方，石氏曰名监德，在斗、牵牛。失次，杓，早水，晚旱。甘氏在建星、婺女。太初历在营室、东壁。

在卯曰单阏。二月出，石氏曰名降入，在婺女、虚、危。甘氏在虚、危。失次，杓，有水灾。太初在奎、娄。

在辰曰执徐。三月出，石氏曰名青章，在营室、东壁。失次，杓，早旱，晚水。甘氏同。太初在胃、昴。

在巳曰大荒落。四月出，石氏曰名路踵，在奎、娄。甘氏同。太初在参、罚。

在午曰敦牂。五月出，石氏曰名启明，在胃、昴、毕。失次，杓，早旱，晚水。甘氏同。太初在东井、舆鬼。

在未曰协洽。六月出，石氏曰名长烈，在觜觿、参。甘氏在参、罚。太初在注、张、七星。

在申曰涒滩。七月出。石氏曰名天晋，在东井、舆鬼。甘氏在弧。太初在翼、轸。

在酉曰作诺。（尔雅作作噩。）[8]八月出，石氏曰名长壬，在柳、七星、张。失次，杓，有女丧、民疾。甘氏在注、张。失次，杓，有火。太初在角、亢。

在戌曰掩茂。九月出，石氏曰名天睢，在翼、轸。失次，杓，水。甘氏在七星、翼。太初在氐、房、心。

在亥曰大渊献。十月出，石氏曰名天皇，在角、亢始。甘氏在轸、角、亢。太初在尾、箕。

在子曰困敦。十一月出，石氏曰名天宗，在氐、房始。甘氏同。太初在建星、牵牛。

在丑曰赤奋若。十二月出，石氏曰名天昊，在尾、箕。甘氏在心、尾。太初在婺女、虚、危。

甘氏、太初历所以不同者，以星赢缩在前，各录后所见也。其四星亦略如此。

古历五星之推，亡逆行者，至甘氏、石氏经，以荧惑、太白为有逆行。夫历者，正行也。古人有言曰："天下太平，五星循度，亡有逆行。日不食朔，月不食望。"夏氏日月传曰："日月食尽，主位也；不尽，臣位也。"星传曰："日者德也，月者刑也，故曰日食修德，月食修刑。"然而历纪推月食，与二星之逆亡异。荧惑主内乱，太白主兵，月主刑。自周室衰，乱臣贼子师旅数起，刑罚失中，虽其亡乱臣贼子师旅之变，内臣犹不治，四夷犹不服，兵革犹不寝，刑罚犹不错，故二星与月为之失度，三变常见；及有乱臣贼子伏尸流血之兵，大变乃出。甘、石氏见其常然，因以为纪，皆非正行也。诗云"彼月而食，则惟其常；此日而食，于何不臧?"诗传曰："月食非常也，比之日食犹常也，日食则不臧矣。"谓之小变，可也；谓之正行，非也。故荧惑必行十六舍，去日远而颛恣。太白出西方，进在日前，气盛乃逆行。及月必食于望，亦诛盛也。

国皇星，大而赤，状类南极。所出，其下起兵。兵强，其冲不利。①

①孟康曰："岁星之精散所为也。五星之精散为六十四变，志记不
  尽也。"

昭明星，大而白，无角，乍上乍下。所出国，起兵多变。①

①孟康曰："形如三足几，几上有九彗上向，荧惑之精也。"

五残星，出正东，东方之星。其状类辰，去地可六丈，大
而黄。①

①孟康曰："星表有青气如晕，有毛，填星之精。"

六贼星，出正南，南方之星。去地可六丈，大而赤，数动，
有光。①

①孟康曰："形如彗，芒九角，太白之精。"

司诡星，出正西，西方之星。去地可六丈，大而白，类
太白。①

①孟康曰："星大而有尾，两角，荧惑之精也。"

咸汉星，出正北，北方之星。去地可六丈，大而赤，数动，
察之中青。①

①孟康曰："一名狱汉星，青中赤表，下有三彗从横，亦填星之精也。"

此四星所出非其方，其下有兵，冲不利。

四填星，出四隅，去地可四丈。地维臧光，亦出四隅，去地
可二丈，若月始出。所见下，有乱者亡，有德者昌。

烛星，状如太白，其出也不行，见则灭。所烛，城邑乱。①

①孟康曰："星上有三彗上出，亦填星之精也。"

如星非星，如云非云，名曰归邪。①归邪出，必有归国者。

①李奇曰："邪音蛇。"孟康曰："星有两赤彗上向，上有盖状气，下连星。"

星者，金之散气，其本曰人。①星众，国吉，少则凶。汉者，亦金散气，其本曰水。星多，多水，少则旱，②其大经也。

①孟康曰："星，石也，金石相生，人与星气相应也。"
②孟康曰："汉，河汉也。水生于金。多少，谓汉中星也。"

天鼓，有音如雷非雷，音在地而下及地。其所住者，兵发其下。

天狗，状如大流星，①有声，（共）〔其〕下止地，类狗。[9]所坠及，望之如火光炎炎中天。其下圜，如数顷田处，上锐，见则有黄色，千里破军杀将。

①孟康曰："星有尾，旁有彗，下有如狗形者，亦太白之精。"

格泽者，如炎火之状，黄白，起地而上，下大上锐。其见也，不种而获。不有土功，必有大客。

蚩尤之旗，类彗而后曲，象旗。①见则王者征伐四方。

①孟康曰："荧惑之精也。"晋灼曰："吕氏春秋云其色黄上白下也。"

旬始，出于北斗旁，状如雄鸡。其怒，青黑色，象伏鳖。①

①李奇曰："怒当（首）〔言〕帑。"[10]晋灼曰："帑，雌也。或曰怒则色青。"宋均曰："怒谓芒角刺出。"

枉矢，状类大流星，蛇行而仓黑，望如有毛目然。

长庚，广如一匹布著天。此星见，起兵。

星磒至地，则石也。①

①如淳曰："磒亦坠也。"

天暒而见景星。①景星者，德星也，其状无常，常出于有道之国。

①孟康曰："暒，精明也。有赤方气与青方气相连，赤方中有两黄星，青方中有一黄星，凡三星合为景星也。"

日有中道，月有九行。

中道者，黄道，一曰光道。光道北至东井，去北极近；南至牵牛，去北极远；东至角，西至娄，去极中。夏至至于东井，北近极，故晷短；立八尺之表，而晷景长尺五寸八分。冬至至于牵牛，远极，故晷长；立八尺之表，而晷景长丈三尺一寸四分。春秋分日至娄、角，去极中，而晷中；立八尺之表，而晷景长七尺三寸六分。此日去极远近之差，晷景长短之制也。去极远近难知，要以晷景。晷景者，所以知日之南北也。日，阳也。阳用事则日进而北，昼进而长，阳胜，故为温暑；阴用事则日退而南，昼退而短，阴胜，故为凉寒也。故日进为暑，退为寒。若日之南北失节，晷过而长为常寒，退而短为常燠。此寒燠之表也，故曰为寒暑。一曰，晷长为潦，短为旱，奢为扶。①扶者，邪臣进而正臣疏，君子不足，奸人有馀。

①郑氏曰："扶当为蟠，齐鲁之间声如酺。酺扶声近。蟠，止不行也。"
苏林曰："景形奢大也。"晋灼曰："扶，附也，小臣佞媚附近君子之侧也。"

月有九行者：黑道二，出黄道北；赤道二，出黄道南；白道

1175

二，出黄道西；青道二，出黄道东。立春、春分，月东从青道；立秋、秋分，西从白道；立冬、冬至，北从黑道；立夏、夏至，南从赤道。然用之，一决房中道。青赤出阳道，白黑出阴道。若月失节度而妄行，出阳道则旱风，出阴道则阴雨。

凡君行急则日行疾，君行缓则日行迟。日行不可指而知也，故以二至二分之星为候。日东行，星西转。冬至昏，奎八度中；夏至，氐十三度中；春分，柳一度中；秋分，牵牛三度七分中：此其正行也。日行疾，则星西转疾，事势然也。故过中则疾，君行急之感也；不及中则迟，君行缓之象也。

至月行，则以晦朔决之。日冬则南，夏则北；冬至于牵牛，夏至于东井。日之所行为中道，月、五星皆随之也。

箕星为风，东北之星也。东北地事，天位也，[1]故易曰"东北丧朋"。及巽在东南，为风；风，阳中之阴，大臣之象也，其星，轸也。月去中道，移而东北入箕，若东南入轸，则多风。西方为雨；雨，少阴之位也。月去中道，移而西入毕，则多雨。故诗云"月离于毕，俾滂沱矣"，言多雨也。星传曰"月入毕则将相有以家犯罪者"，言阴盛也。书曰"星有好风，星有好雨，月之从星，则以风雨"，言失中道而东西也。故星传曰"月南入牵牛南戒，民间疾疫；月北入太微，出坐北，若犯坐，则下人谋上。"

[1]孟康曰："东北阳，日、月、五星起于牵牛，故为天位。坤在西南，纽于阳，为地统，故为地事也。"

一曰月为风雨，日为寒温。冬至日南极，晷长，南不极则温为害；夏至日北极，晷短，北不极则寒为害。故书曰"日月之行，则有冬有夏"也。政治变于下，日月运于上矣。(日)〔月〕出**房**北，[11]为雨为阴，为乱为兵；出**房**南，为旱为夭丧。水旱至冲而应，及五星之变，必然之效也。

两军相当，日晕等，力均；厚长大，有胜；薄短小，亡胜。重抱大破亡。抱为和，背为不和，为分离相去。直为自立，立兵破军，若曰杀将。抱且戴，有喜。围在中，中胜；在外，外胜。青外赤中，以和相去；赤外青中，以恶相去。气晕先至而后去，居军胜。先至先去，前有利，后有病；后至后去，前病后利；后至先去，前后皆病，居军不胜。见而去，其后发疾，虽胜亡功。见半日以上，功(太)〔大〕。[12]白虹屈短，上下锐，①有者下大流血。日晕制胜，近期三十日，远期六十日。

①李奇曰："屈或为尾。"韦昭曰："短而直者也。或曰短屈之虹。"

其食，食所不利；复生，生所利；不然，食尽为主位。以其直及日所躔加日时，用名其国。

凡望云气，仰而望之，三四百里；平望，在桑榆上，千馀里，二千里；登高而望之，下属地者居三千里。云气有(战)〔兽〕居上者，胜。[13]

自**华**以南，气下黑上赤。**嵩高**、**三河**之郊，气正赤。**常山**以北，气下黑上青。**勃**、**碣**、**海**、**岱**之间，气皆黑。**江**、**淮**之间，气皆白。

徒气白。土功气黄。车气乍高乍下，往往而聚。骑气卑而布。卒气抟。①前卑而后高者，疾；前方而后高者，锐；后锐而卑者，却。其气平者其行徐。前高后卑者，不止而反。气相遇者，卑胜高，锐胜方。气来卑而循车道者，不过三四日，去之五六里见。气来高七八尺者，不过五六日，去之十馀二十里见。气来高丈馀二丈者，不过三四十日，去之五六十里见。

①如淳曰："抟，专也。抟音徒端反。"

捎云精白者，其将悍，①其士怯。其大根而前绝远者，战。精白，其芒低者，战胜；其前赤而卬者，战不胜。陈云如立垣。杼云类杼。柚云抟而耑锐。杓云如绳者，居前竟天，其半半天。蜺云者，类斗旗故。（锐）钩云句曲。〔14〕诸此云见，以五色占。而泽抟密，其见动人，乃有占；兵必起，（占）〔合〕斗其直。〔15〕

①晋灼曰："捎音霄。"韦昭曰："音髾。"

王朔所候，决于日旁。日旁云气，人主象。皆如其形以占。

故北夷之气如群畜穹闾，南夷之气类舟船幡旗。大水处，败军场，破国之虚，下有积泉，金宝上，皆有气，不可不察。海旁蜄气象楼台，广野气成宫阙然。云气各象其山川人民所聚积。故候息秏者，入国邑，视封畺田畴之整治，①城郭室屋门户之润泽，次至车服畜产精华。实息者吉，虚秏者凶。"

①如淳曰："蔡邕云麻田曰畴。"

若烟非烟，若云非云，郁郁纷纷，萧索轮囷，是谓庆云。庆云见，喜气也。若雾非雾，衣冠不濡，见则其城被甲而趋。

夫雷电、虾蚌、辟历、夜明者，阳气之动者也，春夏则发，秋冬则藏，故候书者亡不司。

天开县物，①地动坼绝。山崩及陁，川塞谿垘；②水澹地长，泽竭见象。城郭门闾，润息槁枯；宫庙廊第，人民所次。谣俗车服，观民饮食。五谷草木，观其所属。仓府厩库，四通之路。六

畜禽兽，所产去就；鱼鳖鸟鼠，观其所处。鬼哭若謼，与人逢
遻。讹言，诚然。

①孟康曰："谓天裂而见物象也。天开示县象。"

②孟康曰："垼音罗薛，谓谿垼崩也。"苏林曰："垼音伏。伏流也。"

　如淳曰："垼，填塞不通也。"

凡候岁美恶，谨候岁始。岁始或冬至日，产气始萌。腊明
日，人众卒岁，壹会饮食，发阳气，故曰初岁。正月旦，王者岁
首；立春，四时之始也。四始者，候之日。

而汉魏鲜集腊明正月旦决八风。①风从南，大旱；西南，小
旱；西方，有兵；西北，戎叔为，②小雨，趣兵；北方，为中岁；
东北，为上岁；③东方，大水；东南，民有疾疫，岁恶。故八风
各与其冲对，课多者为胜。多胜少，久胜亟，疾胜徐。旦至食，
为麦；食至日昳，为（疾）〔稷〕；〔16〕昳至晡，为黍；晡至下晡，
为叔；下晡至日入，为麻。欲终日有云，有风，有日，当其时，
深而多实；亡云，有风日，当其时，浅而少实；有云风，亡日，
当其时，深而少实；有日，亡云，不风，当其时者稼有败。如食
顷，小败；孰五斗米顷，大败。风复起，有云，其稼复起。各以
其时用云色占种所宜。雨雪，寒，岁恶。

①孟康曰："魏鲜，人姓名，作占候者也。"

②孟康曰："戎叔，胡豆也。为，成也。"

③韦昭曰："上岁，大穰。"

是日光明，听都邑人民之声。声宫，则岁美，吉；商，有
兵；徵，旱；羽，水；角，岁恶。

或从正月旦比数雨。率日食一升，至七升而极；①过之，不

占。数至十二日，直其月，占水旱。②为其环域千里内占，即为天下候，竟正月。③月所离列宿，日、风、云，占其国。然必察太岁所在。金，穰；水，毁；木，饥；火，旱。此其大经也。

①孟康曰："正月一日雨而民有一升之食，二日雨民有二升之食，如此至七日已来验也。"

②孟康曰："一日雨，正月水也。"

③孟康曰："月三十日周天历二十八宿，然后可占天下。"

正月上甲，风从东方来，宜蚕；从西方来，若旦有黄云，恶。

冬至短极，县土炭，①炭动，麋鹿解角，兰根出，泉水踊，略以知日至，要决晷景。

①孟康曰："先冬至三日，县土炭于衡两端，轻重适均，冬至而阳气至则炭重，夏至阴气至则土重。"晋灼曰："蔡邕历律记'候钟律权土炭，冬至阳气应黄钟通，土炭轻而衡仰，夏至阴气应蕤宾通，土炭重而衡低。进退先后，五日之中'。"

夫天运三十岁一小变，百年中变，五百年大变，三大变一纪，三纪而大备，此其大数也。

春秋二百四十二年间，日食三十六，彗星三见，夜常星不见，夜中星陨如雨者各一。当是时，祸乱辄应，周室微弱，上下交怨，杀君三十六，亡国五十二，诸侯奔走不得保其社稷者不可胜数。自是之后，众暴寡，大并小。秦、楚、吴、粤，夷狄也，为强伯。田氏篡齐，三家分晋，并为战国，争于攻取，兵革递起，城邑数屠，因以饥馑疾疫愁苦，臣主共忧患，其察机祥候星气尤急。①近世十二诸侯七国相王，言从横者继踵，而占天文者因时务论书传，故其占验鳞杂米盐，亡可录者。

①如淳曰："吕氏春秋'荆人鬼、越人礼'，今之巫祝祷祠淫祀之比也。"晋灼曰："礼音珠玑之玑。"

周卒为秦所灭。始皇之时，十五年间彗星四见，久者八十日，长或竟天。后秦遂以兵内兼六国，外攘四夷，死人如乱麻。又荧惑守心，及天市芒角，色赤如鸡血。始皇既死，適庶相杀，二世即位，残骨肉，戮将相，太白再经天。因以张楚并兴，兵相跆籍，①秦遂以亡。

①苏林曰："跆音台，登蹑也，或作蹹。"

项羽救钜鹿，枉矢西流。枉矢所触，天下之所伐射，灭亡象也。物莫直于矢，今蛇行不能直而枉者，执矢者亦不正。以象项羽执政乱也。羽遂合从，坑秦人，屠咸阳。凡枉矢之流，以乱伐乱也。

汉元年十月，五星聚于东井，以历推之，从岁星也。①此高皇帝受命之符也。故客谓张耳曰："东（并）〔井〕秦地，^[17]汉王入秦，五星从岁星聚，当以义取天下。"秦王子婴降于枳道，汉王以属吏，宝器妇女亡所取，闭宫封门，还军次于霸上，以候诸侯。与秦民约法三章，民亡不归心者，可谓能行义矣，天之所予也。五年遂定天下，即帝位。此明岁星之崇义，东井为秦之地明效也。

①李奇曰："岁星得其正度，其四星随比常正行，故曰从也。"孟康曰："岁星先至，先至为主也。"

三年秋，太白出西方，有光几中，①乍北乍南，过期乃入。

辰星出四孟。^②是时，项羽为楚王，而汉已定三秦，与相距荥阳。太白出西方，有光几中，是秦地战将胜，而汉国将兴也。辰星出四孟，易主之表也。后二年，汉灭楚。

①晋灼曰："几中，近逾身。"

②韦昭曰："法当出四仲，出四孟，为易主之象也。"

七年，月晕，围参、毕七重。占曰："毕、昴间，天街也；街北，胡也；街南，中国也。昴为匈奴，参为赵，毕为边兵。"是岁高皇帝自将兵击匈奴，至平城，为冒顿单于所围，七日乃解。

十二年春，荧惑守心。^①四月，宫车晏驾。^②

①李奇曰："心为天王也。"

②应劭曰："天子当晨起早作，而方崩殒，故称晏驾云。"韦昭曰："凡初崩为晏驾者，臣子之心，犹（为）〔谓〕宫车当驾而出耳。"[18]

孝惠二年，天开东北，广十馀丈，长二十馀丈。地动，阴有馀；天裂，阳不足：皆下盛强将害上之变也。其后有吕氏之乱。

孝文后二年正月壬寅，天欃夕出西南。^①占曰："为兵丧乱。"其六年十一月，匈奴入上郡、云中，汉起三军以卫京师。其四月乙巳，水、木、火三合于东井。占曰："外内有兵与丧，改立王公。东井，秦也。"八月，天狗下梁野，是岁诛反者周殷长安市。其七年六月，文帝崩。其十一月戊戌，土、水合于危。占曰："为雍沮，所当之国不可举事用兵，必受其殃。一曰将覆军。危，齐也。"其七月，火东行，行毕阳，环毕东北，出而西，逆行至昴，即南乃东行。占曰："为丧死寇乱。毕、昴，赵也。"

①孟康曰："岁星之精。"

　　孝景元年正月癸酉，金、水合于婺女。占曰："为变谋，为兵忧。婺女，粤也，又为齐。"其七月乙丑，金、木、水三合于张。占曰："外内有兵与丧，改立王公。张，周地，今之河南也，又为楚。"其二年七月丙子，火与水晨出东方，因守斗。占曰："其国绝祀。"至其十二月，水、火合于斗。占曰："为淬，不可举事用兵，必受其殃。"一曰："为北军，用兵举事大败。斗，吴也，又为粤。"是岁彗星出西南。其三月，立六皇子为王，〔王〕淮阳、[19]汝南、河间、临江、长沙、广川。其三年，吴、楚、胶西、胶东、淄川、济南、赵七国反。吴、楚兵先至攻梁，胶西、胶东、淄川三国攻围齐。汉遣大将军周亚夫等戍止河南，以候吴楚之敝，遂败之。吴王亡走粤，粤攻而杀之。平阳侯败三国之师于齐，咸伏其辜，齐王自杀。汉兵以水攻赵城，城坏，王自杀。六月，立皇子二人，楚元王子一人为王，王胶西、中山、楚。徙济北为淄川王，淮阳为鲁王，汝南为江都王。七月，兵罢。天狗下，占为："破军杀将。狗又守御类也，天狗所降，以戒守御。"吴、楚攻梁，梁坚城守，遂伏尸流血其下。

　　三年，填星在娄，几入，还居奎。奎，鲁也。占曰："其国得地为得填。"是岁鲁为国。

　　四年七月癸未，火入东井，行阴，又以九月己未入舆鬼，戊寅出。占曰："为诛罚，又为火灾。"后二年，有栗氏事。其后未央东阙灾。

　　中元年，填星当在觜觿、参，去居东井。占曰："亡地，不乃有女忧。"其（三）〔二〕年正月丁亥，[20]金、木合于觜觿，为白衣之会。三月丁酉，彗星夜见西北，色白，长丈，在觜觿，且去益小，十五日不见。占曰："必有破国乱君，伏死其辜。觜觿，梁也。"其五月甲午，金、木俱在东井。（戉）〔戉戌〕，金去木留，[21]守之二十日。占曰："伤成于戉。木为诸侯，诛将行于诸侯也。"其六月壬戌，蓬星见西南，在房南，去房可二丈，大如二斗器，色白；癸亥，在心东北，可长丈所；甲子，在尾北，可六丈；丁卯，在箕北，近汉，稍小，且去时，大如桃。壬申去，凡十日。占曰："蓬星出，必有乱臣。房、心间，天子宫也。"是时梁王欲为汉嗣，使人杀汉争臣袁盎。汉桉诛梁大臣，斧钺用。梁王恐惧，布车入关，伏斧戉谢罪，然后得免。

中三年十一月庚午夕，金、火合于虚，相去一寸。占曰："为铄，为丧。虚，齐也。"

四年四月丙申，金、木合于东井。占曰："为白衣之会。（非）〔井〕，秦也。"[22]其五年四月乙巳，水、火合于参。占曰："国不吉。参，梁也。"其六年四月，梁孝王死。五月，城阳王、济阴王死。六月，成阳公主死。出入三月，天子四衣白，临邸第。

后元年五月壬午，火、金合于舆鬼之东北，不至柳，出舆鬼北可五寸。占曰："为铄，有丧。舆鬼，秦也。"丙戌，地大动，铃铃然，民大疫死，棺贵，至秋止。

孝武建元三年三月，有星孛于注、张，历太微，干紫宫，至于天汉。春秋"星孛于北斗，齐、（鲁）〔宋〕、晋之君皆将死乱"。[23]今星孛历五宿，其后济东、胶西、江都王皆坐法削黜自杀，淮阳、衡山谋反而诛。

三年四月，有星孛于天纪，至织女。占曰："织女有女变，天纪为地震。"至四年十月而地动，其后陈皇后废。

六年，荧惑守舆鬼。占曰："为火变，有丧。"是岁高园有火灾，窦太后崩。

元光元年六月，客星见于房。占曰："为兵起。"其二年十一月，单于将十万骑入武州，汉遣兵三十馀万以待之。

元光中，天星尽摇，上以问候星者。对曰："星摇者，民劳也。"后伐四夷，百姓劳于兵革。

元鼎五年，太白入于天苑。占曰："将以马起兵也。"一曰："马将以军而死耗。"其后以天马故诛大宛，马大死于军。

元鼎中，荧惑守南斗。占曰："荧惑所守，为乱贼丧兵；守之久，其国绝祀。南斗，越分也。"其后越相吕嘉杀其王及太后，汉兵诛之，灭其国。

元封中，星孛于河戍。占曰："南戍为越门，北戍为胡门。"其后汉兵击拔朝鲜，以为乐浪、玄菟郡。朝鲜在海中，越之象也；居北方，胡之域也。

太初中，星孛于招摇。〔星〕传曰："〔24〕客星守招摇，蛮夷有乱，民死君。"其后汉兵击大宛，斩其王。招摇，远夷之分也。

孝昭始元中，汉宦者梁成恢及燕王候星者吴莫如见蓬星出西方天市东门，行过河鼓，入营室中。恢曰："蓬星出六十日，不出三年，下有乱臣戮死于市。"后太白出西方，下行一舍，复上行二舍而下去。太白主兵，上复下，将有戮死者。后太白出东方，入咸池，东下入东井。人臣不忠，有谋上者。后太白入太微西藩第一星，北出东藩第一星，北东下去。太微者，天廷也，太白行其中，宫门当闭，大将被甲兵，邪臣伏诛。荧惑在娄，逆行至奎，法曰"当有兵"。后太白入昴。莫如曰："蓬星出西方，当有大臣戮死者。太白星入东井、太微廷，出东门，汉有死将。"后荧惑出东方，守太白。兵当起，主人不胜。后流星下燕万载宫极，东去，①法曰"国恐，有诛"。其后左将军桀、票骑将军安与长公主、燕剌王谋乱，咸伏其辜。兵诛乌桓。

①李奇曰："极，屋梁也，三辅间名为极。或曰，极，栋也，三辅间名栋为极。寻栋东去也。（延）〔延〕笃谓之堂前闌楣也。"〔25〕

元凤四年九月，客星在紫宫中斗枢极间。占曰："为兵。"其五年六月，发三辅郡国少年诣北军。五年四月，烛星见奎、娄间。占曰："有土功，胡人死，边城和。"其六年正月，筑辽东、玄菟城。二月，度辽将军范明友击乌桓还。

元平元年正月庚子，日出时有黑云，状如（猋）〔猋〕风乱鬠，①〔26〕转出西北，东南行，转而西，有顷亡。占曰："有云如众风，是谓风师，法有大兵。"其后兵起乌孙，五将征匈奴。

①〔师古曰〕："音舜。"〔27〕

二月甲申，晨有大星如月，有众星随而西行。乙酉，牂云如狗，赤色，长尾三枚，夹汉西行。大星如月，大臣之象，众星随之，众皆随从也。天文以东行为顺，西行为逆，此大臣欲行权以安社稷。占曰："太白散为天狗，为卒起。卒起见，祸无时，臣运柄。牂云为乱君。"到其四月，昌邑王贺行淫辟，立二十七日，大将军霍光白皇太后废贺。

三月丙戌，流星出翼、轸东北，干太微，入紫宫。始出小，且入大，有光。入有顷，声如雷，三鸣止。占曰："流星入紫宫，天下大凶。"其四月癸未，宫车晏驾。

孝宣本始元年四月壬戌甲夜，辰星与参出西方。其二年七月辛亥夕，辰星与翼出，皆为蚤。占曰："大臣诛。"其后荧惑守房之钩钤。钩钤，天子之御也。①占曰："不太仆，则奉车，不黜即死也。房、心，天子宫也。房为将相，心为子属也。其地宋，今楚彭城也。"四年七月甲辰，辰星在翼，月犯之。占曰："兵起，上卿死将相也。"是日，荧惑入舆鬼天质。占曰："大臣有诛者，名曰天贼在大人之侧。"

①晋灼曰："上言房为天驷，其阴右骖，旁有二星曰钤，故曰天子御也。"

地节元年正月戊午乙夜，月食荧惑，①荧惑在角、亢。占曰："忧在宫中，非贼而盗也。有内乱，谗臣在旁。"其辛酉，荧惑入氐中。氐，天子之宫，荧惑入之，有贼臣。其六月戊戌甲夜，客星又居左右角间，东南指，长可二尺，色白。占曰："有奸人在宫廷间。"其丙寅，又有客星见贯索东北，南行，至七月癸酉夜入天市，芒炎东南指，其色白。占曰："有戮卿。"一曰："有戮王。期皆一年，远二年。"是时，楚王延寿谋逆自杀。四年，故大将军霍光夫人显、将军霍禹、范明友、奉车霍山及诸昆弟宾婚为侍中、诸曹、九卿、郡守皆谋反，咸伏其辜。

①孟康曰："凡星入月，见月中，为星食月；月奄星，星灭，为月食星。"

黄龙元年三月，客星居王梁东北可九尺，长丈馀，西指，出阁道间，至紫宫。其十二月，宫车宴驾。

元帝初元元年四月，客星大如瓜，色青白，在南斗第二星东可四尺。占曰："为水饥。"其五月，勃海水大溢。六月，关东大饥，民多饿死，琅邪郡人相食。

二年五月，客星见昴分，居卷舌东可五尺，青白色，炎长三寸。占曰："天下有妄言者。"其十二月，钜鹿都尉谢君男诈为神人，论死，父免官。①

五年四月，彗星出西北，赤黄色，长八尺所，后数日长丈馀，东北指，在参分。后二岁馀，西羌反。

孝成建始元年九月戊子，有流星出文昌，色白，光烛地，长可四丈，大一围，动摇如龙蛇形。有顷，长可五六丈，大四围所，诎折委曲，贯紫宫西，在斗西北子亥间。后诎如环，北方不合，留一（合）〔刻〕所。[28]占曰："文昌为上将贵相。"是时帝舅王凤为大将军，其后宣帝舅子王商为丞相，皆贵重任政。凤妒商，谮而罢之。商自杀，亲属皆废黜。

四年七月，荧惑隃岁星，居其东北半寸所如连李。时岁星在关星西四尺所，荧惑初从毕口大星东东北往，数日至，往疾去迟。占曰："荧惑与岁星斗，有病君饥岁。"至河平元年三月，旱，伤麦，民食榆皮。二年十二月壬申，太皇太后避时昆明东观。①

十一月乙卯，月食填星，星不见，时在舆鬼西北八九尺所。占曰："月食填星，流民千里。"河平元年三月，流民入函谷关。

河平二年十月下旬，填星在东井轩辕南嵩大星尺馀，岁星在其西北尺所，荧惑在其西北二尺所，皆从西方来。填星贯舆鬼，先到岁星次，荧惑亦贯舆鬼。十一月上旬，岁星、荧惑西去填星，皆西北逆行。占曰："三星若合，是谓惊位，是谓绝行，外内有兵与丧，改立王公。"其十一月丁巳，夜郎王歆大逆不道，牂柯太守立捕杀歆。三年九月甲戌，东郡庄平男子侯母辟兄弟五人群党为盗，攻燔官寺，缚县长吏，盗取印绶，自称将军。三月辛卯，左将军千秋卒，右将军史丹为左将军。四年四月戊申，梁王贺薨。

阳朔元年七月壬子，月犯心星。占曰："其国有忧，若有大丧。房、心为宋，今楚地。"十一月辛未，楚王友薨。

四年闰月庚午，飞星大如缶，出西南，入斗下。占曰："汉使匈奴。"明年，鸿嘉元年正月，匈奴单于雕陶莫皋死。五月甲午，遣中郎将杨兴使吊。

永始二年二月癸未夜，东方有赤色，大三四围，长二三丈，索索如树，南方有大四五围，下行十馀丈，皆不至地灭。占曰："东方客之变气，状如树木，以此知四方欲动者。"明年十二月己卯，尉氏男子樊并等谋反，贼杀陈留太守严普及吏民，出囚徒，取库兵，劫略令丞，自称将军，皆诛死。庚子，山阳铁官亡徒苏令等杀伤吏民，篡出囚徒，取库兵，聚党数百人为大贼，逾年经历郡国四十馀。一日有两气同时起，并见，而并、令等同月俱发也。

元延元年四月丁酉日餔时，天㬥晏，殷殷如雷声，有流星头大如缶，长十馀丈，皎然赤白色，从日下东南去。四面或大如盂，或如鸡子，燿燿如雨下，至昏止。郡国皆言星陨。春秋星陨如雨为王者失势诸侯起伯之异也。其后王莽遂颛国柄。王氏之兴萌于<u>成帝</u>〔时〕，^[29]是以有星陨之变。后<u>莽</u>遂篡国。

<u>绥和</u>元年正月辛未，有流星从东南入<u>北斗</u>，长数十丈，二刻所息。占曰："大臣有系者。"其年十一月庚子，<u>定陵侯淳于长</u>坐执左道下狱死。

二年春，<u>荧惑守心</u>。二月乙丑，丞相<u>翟方进</u>欲塞灾异，自杀。(二)〔三〕月丙戌，^[30]宫车晏驾。

<u>哀帝建平</u>元年正月丁未日出时，有著天白气，广如一匹布，长十馀丈，西南行，讙如雷，西南行一刻而止，名曰天狗。传曰："言之不从，则有犬祸诗妖。"到其四年正月、二月、三月，民相惊动，讙哗奔走，传行诏筹祠<u>西王母</u>，又曰"从目人当来"。十二月，白气出西南，从地上至天，出<u>参</u>下，贯<u>天厕</u>，广如一匹布，长十馀丈，十馀日去。占曰："天子有阴病。"其三年十一月壬子，太皇太后诏曰："皇帝宽仁孝顺，奉承圣绪，靡有解怠，而久病未瘳。夙夜惟思，殆继体之君不宜改作。春秋大复古，其复<u>甘泉泰畤</u>、<u>汾阴后土</u>如故。"

二年二月，彗星出<u>牵牛</u>七十馀日。传曰："彗所以除旧布新也。<u>牵牛</u>，日、月、五星所从起，历数之元，三正之始。彗而出之，改更之象也。其出久者，为其事大也。"其六月甲子，<u>夏贺良</u>等建言当改元易号，增漏刻。诏书改<u>建平</u>二年为<u>太初</u>（元将）元年，^[31]号曰<u>陈圣刘太平皇帝</u>，刻漏以百二十为度。八月丁巳，悉复蠲除之，<u>贺良</u>及党与皆伏诛流放。其后卒有<u>王莽</u>篡国之祸。

<u>元寿</u>元年十一月，<u>岁星入太微</u>，逆行干<u>右执法</u>。占曰："大臣有忧，执法者诛，若有罪。"二年十月戊寅，<u>高安侯董贤</u>免大司马位，归第自杀。

【校勘记】

〔1〕 (皆)〔晕〕，日旁气也。 殿本考证说，"晕"监本讹作"皆"，从宋本改。按景祐、汲古、局本都作"皆"，文义为长，但史记天官书"日月晕适"句裴骃集解引作"晕"，则不得作"皆"。

〔2〕 凡气 (食)〔在〕日上为冠为戴， 景祐、殿本都作"在"。朱一新说作"在"是。

〔3〕 馀三星后 (官)〔宫〕之属也。 景祐、殿本都作"宫"。朱一新说作"宫"是。

〔4〕 火犯守角，则有 (戟)〔战〕。 景祐、殿本都作"战"。王先谦说作"战"是。

〔5〕 荧惑为乱为 (成)〔贼〕， 景祐、殿、局本都作"贼"。朱一新说作"贼"是。

〔6〕 名曰 (牡)〔牝〕牡， 景祐、殿本都作"牝"，注同。朱一新说作"牝"是。

〔7〕 其国 (必)〔皆〕亡： 景祐、殿本都作"皆"。

〔8〕 (尔雅作作噩) 王先谦说"尔雅"五字汉书无此例，非班自注，盖校书者误加之。

〔9〕 (共)〔其〕下止地，类狗。 景祐、殿、局本都作"其"。王先谦说作"其"是。

〔10〕 怒当 (首)〔言〕幣。 景祐、殿本都作"言"。

〔11〕 (日)〔月〕出房北， 景祐、殿本都作"月"。王先谦说作"月"是。

〔12〕 见半日以上，功 (太)〔大〕。 沈钦韩说"大"误为"太"。按景祐、殿、局本都作"大"。

〔13〕 云气有 (战)〔兽〕居上者，胜。 王念孙说"战"当依天官

书作"兽"。按殿本作"兽"。

[14] (锐)钩云句曲。 王先谦说"锐"字衍,天官书、晋、隋志皆无。

[15] 兵必起,(占)〔合〕斗其直。 王先谦说天官书"占"作"合"是。

[16] 食至日昳,为(疾)〔稷〕, 景祐、殿本都作"稷"。朱一新说作"稷"是。

[17] 东(并)〔井〕秦地, 景祐、殿、局本都作"井"。王先谦说作"井"是。

[18] 臣子之心,犹(为)〔谓〕宫车当驾而出耳。 景祐、殿本都作"谓"。

[19] 立六皇子为王,〔王〕淮阳 "王"字原缺,据景祐、殿、局本补。

[20] 其(三)〔二〕年正月丁亥, 王念孙说中三年在下文,则此"三年"当作"二年"。

[21] (戌)〔戊戌〕,金去木留, 殿本作〔戊戌〕。朱一新说作"戊戌"是,自甲午至戊戌凡五日。

[22] (非)〔井〕,秦也。 景祐、殿本都作"井"。

[23] 齐、(鲁)〔宋〕、晋之君皆将死乱。 王先慎说"鲁"为"宋"字之误。按左传文十四年作"宋、齐、晋之君"。

[24] 〔星〕传曰: 朱一新说汪本有"星"字,此脱。按景祐、殿本都有"星"字。

[25] (延)〔延〕笃谓之堂前阑楯也。 景祐、殿本都作"延"。朱一新说作"延"是。

[26] 状如(焱)〔猋〕风乱髻, 王先谦说当从三"犬"。"猋",

"飙"之通借字。

〔27〕 〔师古曰〕：音舜。 叶德辉说疑此音上夺"师古曰"三字。

〔28〕 留一(合)〔刻〕所。 景祐、殿本都作"刻"。朱一新说作
"刻"是。

〔29〕 王氏之兴萌于成帝〔时〕， 景祐、殿本都有"时"字。

〔30〕 (二)〔三〕月丙戌， 景祐、殿本都作"三"。朱一新说作
"三"是。

〔31〕 诏书改建平二年为太初(元将)元年， 景祐、殿本都无"元
将"二字，通鉴亦无。

汉 书 卷 二 十 七 上

五行志第七上

易曰:"天垂象,见吉凶,圣人象之;河出图,雒出书,圣
人则之。"①刘歆以为慮羲氏继天而王,②受河图,则而画之,八
卦是也;③禹治洪水,赐雒书,法而陈之,洪范是也。④圣人行其
道而宝其真。降及于殷,箕子在父师位而典之。⑤周既克殷,以
箕子归,武王亲虚己而问焉。故经曰:"惟十有三祀,王访于箕
子,⑥王乃言曰:'乌呼,箕子!惟天阴骘下民,相协厥居,我不
知其彝伦逌叙。'⑦箕子乃言曰:'我闻在昔,鲧堙洪水,汨陈其
五行,⑧帝乃震怒,弗畀洪范九畴,彝伦逌敨。⑨鲧则殛死,禹乃
嗣兴,⑩天乃锡禹洪范九畴,彝伦逌叙。'"⑪此武王问雒书于箕
子,箕子对禹得雒书之意也。

①师古曰:"上系之辞也。则,效也。"
②师古曰:"慮读与伏同。"

③师古曰："放效河图而画八卦也。"

④师古曰："取法雒书而陈洪范也。"

⑤师古曰："父师，即太师，殷之三公也。箕子，纣之诸父而为太师，故曰父师。"

⑥师古曰："祀，年也。商曰祀。自此以下皆周书洪范之文。"

⑦服虔曰："鹭音陟也。"应劭曰："阴，覆也。陟，升也。相，助也。协，和也。伦，理也。攸，所也。言天覆下民，王者当助天居，我不知居天常理所次序也。"师古曰："鹭音质。鹭，定也。协，和也。天不言而默定下人，助合其居。"

⑧应劭曰："堙，塞也。汩，乱也。水性流行，而鲧障塞之，失其本性，其馀所陈列皆乱，故曰乱陈五行也。"师古曰："汩音骨。"

⑨师古曰："帝谓上帝，即天也。震，动也。畀，与也。畴，类也。九类即九章也。敎，败也，音丁故反。"

⑩师古曰："殛，诛也，见（殛）〔诛〕而死。[1]殛音居力反。"

⑪师古曰："自此以上，洪范之文。"

"初一曰五行；①次二曰羞用五事；②次三曰农用八政；③次四曰叶用五纪；④次五曰建用皇极；⑤次六曰艾用三德；⑥次七曰明用稽疑；⑦次八曰念用庶征；⑧次九曰向用五福，畏用六极。"⑨凡此六十五字，皆雒书本文，所谓天乃锡禹大法九章常事所次者也。以为河图、雒书相为经纬，八卦、九章相为表里。昔殷道弛，文王演周易；⑩周道敝，孔子述春秋。则乾坤之阴阳，效洪范之咎征，天人之道粲然著矣。

①师古曰："谓之行者，言顺天行气。"

②师古曰："羞，进也。"

③张晏曰："农，食之本，食为八政首，故以农为名也。"师古曰："此

说非也。农，厚也。羞用义例皆同，非田农之义也。"

④应劭曰："叶，合也，合成五行，为之条纪也。"师古曰："叶读曰叶，和也。"

⑤应劭曰："皇，大；极，中也。"

⑥应劭曰："艾，治也。治大中之道用三德也。"师古曰："艾读曰乂。"

⑦应劭曰："疑事明考之于蓍龟。"

⑧师古曰："念，思也。庶，众也。征，应也。"

⑨应劭曰："天所以向乐人，用五福；所以畏惧人，用六极。"

⑩师古曰："演，广也，更广其文也。演音弋善反。"

汉兴，承秦灭学之后，景、武之世，董仲舒治公羊春秋，始推阴阳，为儒者宗。宣、元之后，刘向治穀梁春秋，数其祸福，传以洪范，①与仲舒错。②至向子歆治左氏传，其春秋意亦已乖矣；言五行传，又颇不同。是以揽仲舒，别向、歆，③传载眭孟、夏侯胜、京房、谷永、李寻之徒所陈行事，④讫于王莽，举十二世，以傅春秋，著于篇。⑤

①师古曰："祸，古文祸字。以洪范义传而说之。传字或作傅，读曰附，谓附著。"

②师古曰："错，互不同也。"

③师古曰："揽字与擥同，谓引取之。擥音来敢反。"

④师古曰："眭音息规反。说在眭孟传。"

⑤师古曰："傅读曰附，谓比附其事。"

1197

经曰："初一曰五行。五行：一曰水，二曰火，三曰木，四曰金，五曰土。水曰润下，火曰炎上，①木曰曲直，②金曰从革，③土爰稼穑。"④

①师古曰："皆水火自然之性也。"

②师古曰："言可揉而曲，可矫而直。"

③张晏曰："革，更也，可更销铸也。"

④师古曰："爰亦曰也。一说爰，于也，可于其上稼穑也。种之曰稼。收聚曰穑。"

传曰："田猎不宿，①饮食不享，②出入不节，夺民农时，及有奸谋，③则木不曲直。"

①服虔曰："不得其时也。或曰，不豫戒曰不宿，不戒以其时也。"

②师古曰："不行享献之礼也。"

③李奇曰："奸谋，增赋履亩之事也。"臣瓒曰："奸谋，邪谋也。"师古曰："即下所谓作为奸诈以夺农时。李说是。"

说曰：木，东方也。于《易》，地上之木为观。①其于王事，威仪容貌亦可观者也。故行步有佩玉之度，②登车有和鸾之节，③田狩有三驱之制，④饮食有享献之礼，⑤出入有名，使民以时，务在劝农桑，谋在安百姓：如此，则木得其性矣。若乃田猎驰骋不反宫室，饮食沈湎不顾法度，⑥妄兴繇役以夺民时，作为奸诈以伤民财，则木失其性矣。盖工匠之为轮矢者多伤败，⑦及木为变怪，⑧是为木不曲直。

①师古曰："坤下巽上，观。巽为木，故云地上之木也。"

②师古曰："玉佩上有双衡，下有双璜，琚瑀以杂之，(衡)〔衡〕牙(玭)〔蚌〕珠以纳其间。[2]右徵角而左宫羽，进则掩之，退则扬之，然后玉锵鸣焉。是为行步之节度也。璜音黄。琚音居。瑀音禹。蚌音步千反。"

③师古曰："和，铃也，以金为之，施于衡上。鸾亦以金为鸾鸟而衔铃焉，施于镳上。动皆有声，以为舒疾之(疾)〔节〕也。"[3]

④师古曰："谓田猎三驱也。三驱之礼，一为乾豆，二为宾客，三为充

君之庖也。"

⑤师古曰："以礼饮食谓之享，进爵于前谓之献。"

⑥师古曰："沈湎，谓溺于酒食。湎音弥善反。"

⑦如淳曰："揉轮不曲，矫矢不直也。"

⑧臣瓒曰："梓柱更生及变为人形是也。"

春秋成公十六年"正月，雨，木冰"。刘歆以为上阳施不下通，下阴施不上达，故雨，而木为之冰，雾气寒，①木不曲直也。刘向以为冰者阴之盛而水滞者也，木者少阳，贵臣卿大夫之象也。此人将有害，则阴气（协）〔胁〕木，[4]木先寒，故得雨而冰也。是时叔孙乔如出奔，公子偃诛死。②一曰，时晋执季孙行父，又执公，此执辱之异。③或曰，今之长老名木冰为"木介"。介者，甲。甲，兵象也。是岁晋有鄢陵之战，楚王伤目而败。④属常雨也。

①师古曰："雾音纷。"

②师古曰："叔孙乔如，叔孙宣伯也，通于宣公夫人穆姜，谋欲作乱，不克而出奔齐。公子偃，宣公庶子，成公弟也，豫乔如之谋，故见诛。事并在十六年冬。"

③师古曰："行父，季文子也。十六年秋，公会晋侯于沙随，晋受乔如之谮而止公。是年九月，又信乔如之谮而执行父也。"

④师古曰："晋楚战于鄢陵，吕锜射恭王中目。鄢陵，郑地。"

传曰："弃法律，逐功臣，杀太子，以妾为妻，则火不炎上。"

说曰：火，南方，扬光辉为明者也。其于王者，南面乡明而治。①书云："知人则悊，能官人。"②故尧舜举群贤而命之朝，③远四佞而放诸壄。④孔子曰："浸润之谮、肤受之诉不行焉，可谓明矣。"⑤贤佞分别，官人有序，帅由旧章，⑥敬重功勋，殊别适庶，⑦如此则火得其性矣。若乃信道不笃，⑧或耀虚伪，谗夫昌，邪胜正，则火失其性矣。自上而降，及滥炎妄起，⑨灾宗庙，烧宫馆，虽兴师众，弗能救也，是为火不炎上。

①师古曰："乡读曰向。"

②师古曰："虞书咎繇谟之辞。愍，智也。能知其材则能官之，所以为智也。"

③师古曰："谓稷、卨以下。"

④师古曰："四侯，即四凶也。远，离也。壄，古野字。"

⑤师古曰："论语载孔子之言也。浸润，言积渐也。肤受，谓初入皮肤以至骨髓也。"

⑥师古曰："帅，循也。由，从也，用也。"

⑦师古曰："适读曰嫡。"

⑧师古曰："笃，厚也。"

⑨师古曰："炎读曰焰。"

春秋桓公十四年"八月壬申，御廪灾"。董仲舒以为先是四国共伐鲁，大破之于龙门。①百姓伤者未瘳，怨咎未复，而君臣俱惰，内急政事，外侮四邻，非能保守宗庙终其天年者也，故天灾御廪以戒之。刘向以为御廪，夫人八妾所舂米之臧以奉宗庙者也，②时夫人有淫行，③挟逆心，④天戒若曰，夫人不可以奉宗庙。桓不寤，与夫人俱会齐，⑤夫人谮桓公于齐侯，⑥齐侯杀桓公。⑦刘歆以为御廪，公所亲耕籍田以奉粢盛者也，⑧弃法度亡礼之应也。

①韦昭曰："鲁郭门。"

②师古曰："一娶九女，正嫡一人，馀者妾也，故云八妾。"

③师古曰："谓通于齐侯。"

④师古曰："谓欲弑桓公。"

⑤师古曰："十八年春，公会齐侯于泺，公与夫人姜氏遂如齐也。"

⑥师古曰："言世子同非吾子，齐侯之子。"

⑦师古曰："齐侯享公，公醉，使公子彭生乘公，拉其幹而杀之。公薨于车。"

⑧师古曰："黍稷曰粢，在器曰盛也。"

严公二十年"夏，齐大灾"。①刘向以为齐桓好色，听女口，以妾为妻，適庶数更，②故致（太）〔大〕灾。[5]桓公不寤，及死，適庶分争，九月不得葬。③公羊传曰，大灾，疫也。董仲舒以为鲁夫人淫于齐，齐桓姊妹不嫁者七人。国君，民之父母；夫妇，生化之本。本伤则末夭，故天灾所予也。④

①师古曰："严公，谓庄公也，避明帝讳，故改曰严。凡汉书载谥姓为严者，皆类此。"

②师古曰："更，改也。桓公之夫人三，王姬、徐嬴、蔡姬，皆无子。而桓公好内多宠，内嬖如夫人者六人：长卫姬，生公子无亏，即武孟也；少卫姬，生惠公；郑姬生孝公；葛嬴生昭公；密姬生懿公；宋华子生公子雍。公与管仲属孝公于宋襄公，以为太子。易牙有宠于卫恭姬，因寺人貂以荐羞于公，请立武孟。公许之。管仲卒，五公子皆求立。適读曰嫡，下亦同。数音所角反。"

③师古曰："鲁僖十七年，齐桓公卒，易牙入，因内宠以杀群吏，立无亏。孝公奔宋。十八年，齐立孝公，不胜（日）〔四〕公子之徒，[6]遂与宋人战，败齐师于甗，立孝公而还。八月，葬桓公，是为过于九月乃得葬也。"

④李奇曰："以为疫杀其民人。"

釐公二十年"五月（己酉）〔乙巳〕，西宫灾"。①[7]穀梁以为愍公宫也，以谥言之则若疏，故谓之西宫。刘向以为釐立妾母为夫人以入宗庙，②故天灾愍宫，若曰，去其卑而亲者，将害宗庙之正礼。③董仲舒以为釐娶于楚，而齐媵之，胁公使立以为夫人。④西宫者，小寝，夫人之居也。若曰，妾何为此宫！诛去之意也。以天灾之，故大之曰西宫也。左氏以为西宫者，公宫也。言西，知有东。东宫，太子所居。言宫，举区皆灾也。

> ①师古曰："釐读曰僖。后皆类此。"
> ②师古曰："僖公之母，谓成风也。本非正嫡，僖既为君，而母遂同夫人礼。文四年经书'夫人风氏薨'，五年'王使荣叔归含且赗'，是也。"
> ③师古曰："愍公于僖公为弟，故云卑。"
> ④师古曰："僖公初聘楚女为嫡，齐女为媵。时齐先致其女，胁鲁使立为夫人。事见公羊、穀梁传。"

宣公十六年"夏，成周宣榭火"。①榭者，所以臧乐器，宣其名也。董仲舒、刘向以为十五年王札子杀召伯、毛伯，②天子不能诛。天戒若曰，不能行政令，何以礼乐为而臧之？左氏经曰："成周宣榭火，人火也。人火曰火，天火曰灾。"榭者，讲武之坐屋。

> ①师古曰："公羊经也。成周，洛阳也。"
> ②师古曰："王札子即王子捷也。召伯、毛伯，周二大夫也。召读曰邵。后皆类此。"

成公三年"二月甲子，新宫灾"。穀梁以为宣宫，不言谥，恭也。刘向以为时鲁三桓子孙始执国政，宣公欲诛之，恐不能，使大夫公孙归父如晋谋。未反，宣公死。三家谮归父于成公。成公父丧未葬，听谗而逐其父之臣，使奔齐，①故天灾宣宫，明不用父命之象也。一曰，三家亲而亡礼，犹宣公杀子赤而立。②亡礼而亲，天灾宣庙，欲示去三家也。董仲舒以为成居丧亡哀戚心，数兴兵战伐，③故天灾其父庙，示失子道，不能奉宗庙也。一曰，宣杀君而立，不当列于群祖也。

①师古曰："三桓，谓孟孙、叔孙、季孙三家，俱出桓公之子也。公孙归父，东门襄仲之子也。归父欲去三桓以张公室，与宣公谋，而聘于晋，欲以晋人去之。而宣公薨，成公即位，季文子及臧宣叔乃逐东门氏。归父还，复命于介，遂出奔齐。"

②师古曰："赤，文公太子，即子恶也。宣公，文公之庶子，襄仲杀赤而立宣公。"

③师古曰："谓元年作丘甲，二年季孙行父帅师会晋郤克及齐侯战于鞌，三年叔孙侨如帅师围棘。"

襄公九年"春，宋灾"。刘向以为先是宋公听谗，逐其大夫华弱，出奔鲁。①左氏传曰，宋灾，乐喜为司城，②先使火所未至彻小屋，③涂大屋，④陈畚挶，⑤具绠缶，⑥备水器，⑦畜水潦，积土涂，⑧缮守备，⑨表火道，⑩储正徒。⑪郊保之民，使奔火所。⑫又饬众官，各慎其职。⑬晋侯闻之，问士弱曰：⑭"宋灾，于是乎知有天道，何故？"对曰："古之火正，或食于心，或食于咮，以出入火。⑮是故咮为鹑火，心为大火。陶唐氏之火正阏伯，居商丘，祀大火，而火纪时焉。相土因之，故商主大火。商人阅其祸败之衅必始于火，是以知有天道。"公曰："可必乎？"对曰："在道。国乱亡象，不可知也。"⑯说曰：古之火正，谓火官也，掌祭火星，行火政。季春昏，心星出东方，而咮、七星、鸟首正在南方，则用火；季秋，星入，则止火，以顺天时，救民疾。帝喾则有祝融，尧时有阏伯，民赖其德，死则以为火祖，配祭火星，故曰"或食于心，或食于咮也"。相土，商祖契之曾孙，⑰代阏伯后主火星。宋，其后也，世司其占，故先知火灾。贤君见变，能修道以除凶；乱君亡象，天不谴告，故不可必也。

①师古曰："华弱，华耦之孙也，与乐辔少相狎，长相优，又相谤。辔以弓梏弱于朝，宋平公怒，逐之，遂来奔。事在襄六年。"

②师古曰："司城，本司空，避武公之讳，故改其官为司城。"

③师古曰："恐火及之，故彻去。"

④师古曰："大屋难彻，故以泥涂之，令火至不可焚。"

⑤应劭曰："畚，草笕也，读与本同。輂，所以舆土也。"师古曰："輂音居玉反。"

⑥师古曰："绠，汲索也。缶即盎也。绠音工杏反。"

⑦师古曰："罃甕之属也。许氏说文解字曰'罃备火，（金）〔今〕之长颈瓶也'。"[8]

⑧师古曰："潦，行潦也。畜读曰蓄。蓄谓障遏聚之也。涂，泥也。"

⑨师古曰："缮谓补修之也。修守御之备，恐因火有它故也。"

⑩师古曰："火之所起之道皆立标记也。"

⑪师古曰："储，偫也。正徒，役徒也。偫音丈纪反。"

⑫师古曰："郊保之民，谓郊野之外保聚者也。使奔火所，共救灾也。"

⑬师古曰："饬读与（赤）〔敕〕同。"[9]

⑭师古曰："士弱，晋大夫士庄伯。"

⑮师古曰："咮音竹救反。"

⑯韦昭曰："大乱之君，天（下）〔不〕复告，[10]故无象。"

⑰师古曰："契读曰偰，音先列反。字或作高，其用同耳。据诸典籍，相土即高之孙，今云曾孙，未详其意。"

三十年“五月甲午，宋灾”。董仲舒以为伯姬如宋五年，宋恭公卒，①伯姬幽居守节三十馀年，又忧伤国家之患祸，积阴生阳，故火生灾也。刘向以为先是宋公听谗而杀太子痤，②应火不炎上之罚也。

①师古曰："伯姬，鲁宣公女恭姬也。成九年归于宋，十五年而宋公卒。今云如宋五年，则是转写误。"

②师古曰："痤，宋平公太子也。寺人惠墙伊戾谮太子，云与楚（各）〔客〕盟，[11]平公杀之。事在襄二十六年。痤音在戈反。"

左氏传昭公六年“六月丙戌，郑灾”。是春三月，郑人铸刑书。士文伯曰："火见，郑其火乎？①火未出而作火以铸刑器，藏争辟焉。②火而象之，不火何为？"说曰：火星出于周五月，而郑以三月作火铸鼎，刻刑辟书，以为民约，是为刑器争辟。故火星出，与五行之火争明为灾，其象然也，又弃法律之占也。不书于经，时不告鲁也。

①师古曰："士文伯，晋大夫伯瑕也。"

②师古曰："著刑于鼎，故称刑器。法设下争，故云争辟。"

九年“夏四月，陈火”。①董仲舒以为陈夏徵舒杀君，楚严王托欲为陈讨贼，陈国辟门而待之，至因灭陈。②陈臣子尤毒恨甚，极阴生阳，故致火灾。刘向以为先是陈侯弟招杀陈太子偃师，③皆外事，不因其宫馆者，略之也。八年十月壬午，楚师灭陈，④春秋不与蛮夷灭中国，故复书陈火也。⑤左氏经曰“陈灾”。传曰“郑裨灶曰：‘五年，陈将复封，⑥封五十二年而遂亡。’子产问其故，对曰：‘陈，水属也。火，水妃也，而楚所相也。今火出而火陈，逐楚而建陈也。妃以五（陈）〔成〕，[12]故曰五年。岁五及鹑火，而后陈卒亡，楚克有之，天之道也。'"说曰：颛顼以水王，陈其族也。⑦今兹岁在星纪，后五年在大梁。大梁，昂也。金为水宗，得其宗而昌，故曰"五年陈将复封"。楚之先为火正，故曰"楚所相也"。天以一生水，地以二生火，天以三生木，地以四生金，天以五生土。五位皆以五而合，而阴阳易位，故曰"妃以五成"。然则水之大数六，火七，木八，金九，土十。故水以天一为火二牡，木以天三为土十牡，土以天五为水六牡，火以天七为金四牡，金以天九为木八牡。阳奇为牡，阴耦为妃。⑧故曰"水，火之牡也；火，水妃也"。于易，坎为水，为中男，离为火，为中女，盖取诸此也。自大梁四岁而及鹑火，四周四十八岁，凡五及鹑火，五十二年而陈卒亡。火盛水衰，故曰"天之道也"。哀公十七年七月己卯，楚灭陈。

①师古曰："公羊（传）〔经〕。"〔13〕

②师古曰："夏徵舒，陈卿夏南，即少西氏也。徵舒之母通于灵公，灵公饮酒于夏氏，徵舒射而杀之。楚子为夏氏乱故伐陈，谓陈人无动，将讨于少西氏，遂入陈，杀夏徵舒，辕诸栗门，因县陈。事在宣公十一年。"

③师古曰："招谓陈哀公之弟。偃师即哀公子也。哀公有废疾，招杀太子而立公子留。事在昭八年。招音韶。"

④师古曰："庄王初虽县陈，纳申叔时之谏，乃复封陈，至此时陈又为楚灵王所灭。"

⑤师古曰："九年火时，陈已为楚县，犹追书陈国者，以楚蛮夷，不许其灭中夏之国。"

⑥师古曰："禆竈，郑大夫。"

⑦师古曰："陈，舜后也。舜本出颛顼。"

⑧师古曰:"奇音居宜反。"

　　昭十八年"五月壬午,宋、卫、陈、郑灾"。董仲舒以为象
王室将乱,天下莫救,故灾四国,言亡四方也。又宋、卫、陈、
郑之君皆荒淫于乐,不恤国政,与周室同行。阳失节则火灾出,
是以同日灾也。刘向以为宋、陈,王者之后,①卫、郑,周同姓
也。②时周景王老,刘子、单子事王子猛,③尹氏、召伯、毛伯事
王子朝。④子朝,楚之出也。⑤及宋、卫、陈、郑亦皆外附于楚,
亡尊周室之心。后三年,景王崩,王室乱,故天灾四国。天戒若
曰,不救周,反从楚,废世子,立不正,以害王室,明同罪也。

①师古曰:"宋微子启本出殷,陈胡公满有虞苗裔,皆王者之后。"

②师古曰:"卫康叔,文王之子。郑桓公,宣王之弟。"

③师古曰:"刘子,刘献公挚也。单子,穆公旗也。皆周大夫也。猛,
　　景王太子。单音善。"

④师古曰:"尹氏,文公固也。召伯,庄公奂也。毛伯,毛得也。皆周
　　大夫也。子朝,景王庶子也。朝,古朝字。"

⑤师古曰:"姊妹之子曰出。"

　　定公二年"五月,雉门及两观灾"。①董仲舒、刘向以为此皆
奢僭过度者也。先是,季氏逐昭公,昭公死于外。②定公即位,
既不能诛季氏,又用其邪说,淫于女乐,而退孔子。③天戒若曰,
去高显而奢僭者。一曰,门阙,号令所由出也,今舍大圣而纵有
罪,亡以出号令矣。京房易传曰:"君不思道,厥妖火烧宫。"

①师古曰:"雉门,公宫南门也。两观谓阙。"

②师古曰:"谓薨于乾侯。"

③师古曰:"齐人归女乐,季桓子劝定公受之,君臣相与观之,废朝礼

三日，孔子乃行。"

哀公三年"五月辛卯，桓、釐宫灾"。董仲舒、刘向以为此二宫不当立，违礼者也。哀公又以季氏之故不用孔子。孔子在陈闻鲁灾，曰："其桓、釐之宫乎！"以为桓，季氏之所出，釐，使季氏世卿者也。

四年"六月辛丑，亳社灾"。[1]董仲舒、刘向以为亡国之社，所以为戒也。[2]天戒若曰，国将危亡，不用戒矣。春秋火灾，屡于定、哀之间，不用圣人而纵骄臣，将以亡国，不明甚也。一曰，天生孔子，非为定、哀也，盖失礼不明，火灾应之，自然象也。

[1]师古曰："亳社，殷社也。"
[2]师古曰："存其社者，欲使君常思敬慎，惧危亡也。"

高后元年五月丙申，赵丛台灾。刘向以为是时吕氏女为赵王后，嫉妒，将为谗口以害赵王。王不寤焉，卒见幽杀。

惠帝四年十月乙亥，未央宫凌室灾；[1]丙子，织室灾。[2]刘向以为元年吕太后杀赵王如意，残戮其母戚夫人。是岁十月壬寅，太后立帝姊鲁元公主女为皇后。其乙亥，凌室灾。明日，织室灾。凌室所以供养饮食，织室所以奉宗庙衣服，与春秋御廪同义。天戒若曰，皇后亡奉宗庙之德，将绝祭祀。其后，皇后亡子，后宫美人有男，太后使皇后名之，而杀其母。惠帝崩，嗣子立，有怨言，太后废之，更立吕氏子弘为少帝。赖大臣共诛诸吕而立文帝，惠后幽废。

[1]师古曰："臧冰之室也。"
[2]师古曰："织作之室。"

文帝七年六月癸酉，未央宫东阙罘思灾。①刘向以为东阙所以朝诸侯之门也，罘思在其外，诸侯之象也。汉兴，大封诸侯王，连城数十。文帝即位，贾谊等以为违古制度，必将叛逆。先是，济北、淮南王皆谋反，其后吴楚七国举兵而诛。

①师古曰："罘思，阙之屏也。解具在文纪。"

景帝中五年八月己酉，未央宫东阙灾。先是，栗太子废为临江王，①以罪征诣中尉，自杀。丞相条侯周亚夫以不合旨称疾免，后二年下狱死。

①师古曰："景帝太子，栗姬所生，谓之栗太子。"

武帝建元六年六月丁酉，辽东高庙灾。四月壬子，高园便殿火。董仲舒对曰："春秋之道举往以明来，是故天下有物，视春秋所举与同比者，①精微眇以存其意，通伦类以贯其理，天地之变，国家之事，粲然皆见，亡所疑矣。按春秋鲁定公、哀公时，季氏之恶已孰，②而孔子之圣方盛。夫以盛圣而易孰恶，季孙虽重，鲁君虽轻，其势可成也。故定公二年五月两观灾。两观，僭礼之物，③天灾之者，若曰，僭礼之臣可以去。已见罪征，而后告可去，此天意也。定公不知省。④至哀公三年五月，桓宫、釐宫灾。二者同事，所为一也，若曰燔贵而去不义云尔。⑤哀公未能见，故四年六月亳社灾。两观、桓、釐庙、亳社，四者皆不当立，天皆燔其不当立者以示鲁，欲其去乱臣而用圣人也。季氏亡道久矣，前是天不见灾者，鲁未有贤圣臣，虽欲去季孙，其力不能，昭公是也。⑥至定、哀乃见之，其时可也。不时不见，天之道也。今高庙不当居辽东，高园殿不当居陵旁，于礼亦不当立，与鲁所灾同。其不当立久矣，至于陛下时天乃灾之者，殆亦其时可也。昔秦受亡周之敝，而亡以化之；汉受亡秦之敝，又亡以化之。夫继二敝之后，承其下流，兼受其猥，难治甚矣。⑦又多兄弟亲戚骨肉之连，骄扬奢侈⑧恣睢者众，⑨所谓重难之时者也。陛下正当大敝之后，又遭重难之时，甚可忧也。故天灾若语陛下：'当今之世，虽敝而重难，非以太平至公，不能治也。视亲戚贵属在诸侯远正最甚者，忍而诛之，⑩如吾燔辽〔东〕高庙乃可；〔14〕视近臣在国中处旁仄及贵而不正者，忍而诛之，⑪如吾燔高园殿乃可'云尔。在外而不正者，虽贵如高庙，犹灾燔之，况诸侯乎！在内不正者，虽贵如高园殿，犹燔灾之，况大臣乎！此天意也。罪在外者天灾外，罪在内者天灾内，燔甚罪当重，燔简罪当轻，承天意之道也。"

①师古曰："比，类也，音必寐反。"

②师古曰："孰，成也。"

③师古曰："两观，天子之制也。"

④师古曰："省，察也。"

⑤师古曰："燔音烦。"

⑥师古曰："前是，谓此时之前也。见，显示也，音胡电反。次下并同。"

⑦师古曰："猥，积也，谓积敝也。"

⑧师古曰："扬，谓振扬张大也。"

⑨服虔曰："自恣意怒貌也。"师古曰："睢音呼季反。"

⑩师古曰："远，离也，谓离正道者也。"

⑪师古曰："仄，古侧字。"

先是，淮南王安入朝，始与帝舅太尉武安侯田蚡有逆言。其后胶西于王、赵敬肃王、常山宪王皆数犯法，或至夷灭人家，药杀二千石，而淮南、衡山王遂谋反。胶东、江都王皆知其谋，阴治兵弩，欲以应之。至元朔六年，乃发觉而伏辜。时田蚡已死，不及诛。上思仲舒前言，使仲舒弟子吕步舒持斧钺治淮南狱，以春秋谊颛断于外，不请。①既还奏事，上皆是之。

①师古曰："颛与专同。不请者，不奏待报。"

太初元年十一月乙酉，未央宫柏梁台灾。先是，大风发其屋，夏侯始昌先言其灾日。后有江充巫蛊卫太子事。

征和二年春，涿郡铁官铸铁，铁销，皆飞上去，此火为变使之然也。其三月，涿郡太守刘屈氂为丞相。后月，巫蛊事兴，帝女诸邑公主、阳石公主、①丞相公孙贺、子太仆敬声、平阳侯曹宗等皆下狱死。七月，使者江充掘蛊太子宫，太子与母皇后议，恐不能自明，乃杀充，举兵与丞相刘屈氂战，死者数万人，太子败走，至湖自杀。②明年，屈氂复坐祝褵要斩，③妻枭首也。成帝河平二年正月，沛郡铁官铸铁，铁不下，隆隆如雷声，又如鼓音，工十三人惊走。音止，还视地，地陷数尺，炉分为十，一炉中销铁散如流星，皆上去，与征和二年同象。其夏，帝舅五人封列侯，号五侯。④元舅王凤为大司马大将军秉政。后二年，丞相王商与凤有隙，凤潜之，免官，自杀。明年，京兆尹王章讼商忠直，言凤颛权，凤诬章以大逆罪，下狱死，妻子徙合浦。后许皇后坐巫蛊废，而赵飞燕为皇后，妹为昭仪，贼害皇子，成帝遂亡嗣。皇后、昭仪皆伏辜。一曰，铁飞属金不从革。

①师古曰："诸，琅邪之县也。公主所食曰邑，故谓之诸邑。阳石，北海之县，字亦作羊。"
②师古曰："湖，县名也。即今阌乡、湖城二县界。"

③师古曰："禥，古祖字也，音侧据反。"

④师古曰："谭、商、立、根、逢时，凡五人。"

昭帝元凤元年，燕城南门灾。刘向以为时燕王使邪臣通于汉，为谗贼，谋逆乱。南门者，通汉道也。天戒若曰，邪臣往来，为奸谗于汉，绝亡之道也。燕王不寤，卒伏其辜。

元凤四年五月丁丑，孝文庙正殿灾。刘向以为孝文，太宗之君，与成周宣榭火同义。先是，皇后父车骑将军上官安、安父左将军桀谋为逆，大将军霍光诛之。皇后以光外孙，年少不知，居位如故。光欲后有子，因上侍疾医言，禁内后宫皆不得进，唯皇后颛寝。皇后年六岁而立，十三年而昭帝崩，遂绝继嗣。光执朝政，犹周公之摄也。是岁正月，上加元服，①通诗、尚书，有明悊之性。光亡周公之德，秉政九年，久于周公，上既已冠而不归政，将为国害。故正月加元服，五月而灾见。古之庙皆在城中，孝文庙始出居外，天戒若曰，去贵而不正者。宣帝既立，光犹摄政，骄溢过制，至妻显杀许皇后，光闻而不讨，后遂诛灭。

①师古曰："谓冠也。"

宣帝甘露元年四月丙申，中山太上皇庙灾。甲辰，孝文庙灾。元帝初元三年四月乙未，孝武园白鹤馆灾。刘向以为先是前将军萧望之、光禄大夫周堪辅政，为佞臣石显、许章等所谮，望之自杀，堪废黜。明年，白鹤馆灾。园中五里驰逐走马之馆，①不当在山陵昭穆之地。天戒若曰，去贵近逸游不正之臣，将害忠良。后章坐走马上林下烽驰逐，免官。②

①师古曰："五里者，言其周回五里。"

②孟康曰："夜于上林苑下举火驰射也。烽或作熢。"晋灼曰："冠首

日烽。竞走日逐。"师古曰:"孟说是。"

永光四年六月甲戌,孝宣杜陵园东阙南方灾。刘向以为先是上复征用周堪为光禄勋,及堪弟子张猛为太中大夫,石显等复谮毁之,皆出外迁。是岁,上复征堪领尚书,猛给事中,石显等终欲害之。园陵小于朝廷,阙在司马门中,内臣石显之象也。孝宣,亲而贵;阙,法令所从出也。天戒若曰,去法令,内臣亲而贵者必为国害。后堪希得进见,因显言事,事决显口。堪病不能言。显诬告张猛,自杀于公车。成帝即位,显卒伏辜。

成帝建始元年正月乙丑,皇考庙灾。初,宣帝为昭帝后而立父庙,于礼不正。是时大将军王凤颛权擅朝,甚于田蚡,将害国家,故天于元年正月而见象也。其后寖盛,①五将世权,遂以亡道。②

①师古曰:"寖,古浸字。浸,渐也。"

②孟康曰:"谓王五大司马也。"师古曰:"谓凤、音、商、根、莽也。"

鸿嘉三年八月乙卯,孝景庙北阙灾。十一月甲寅,许皇后废。

永始元年正月癸丑,大官凌室灾。戊午,戾后园南阙灾。是时,赵飞燕大幸,许后既废,上将立之,故天见象于凌室,与惠帝四年同应。戾后,卫太子妾,遭巫蛊之祸,宣帝既立,追加尊号,于礼不正。又戾后起于微贱,与赵氏同〔应〕。[15]天戒若曰,微贱亡德之人不可以奉宗庙,将绝祭祀,有凶恶之祸至。其六月丙寅,赵皇后遂立,姊妹骄妒,贼害皇子,卒皆受诛。

永始四年四月癸未,长乐宫临华殿及未央宫东司马门灾。六月甲午,孝文霸陵园东阙南方灾。长乐宫,成帝母王太后之所居也。未央宫，帝所居也。霸陵，太宗盛德园也。是时，太后三弟相续秉政，①举宗居位，充塞朝廷，两宫亲属将害国家，②故天象仍见。③明年，成都侯商薨，弟曲阳侯根代为大司马秉政。后四年，根乞骸骨，荐兄子新都侯莽自代，遂覆国焉。

①师古曰："谓阳平侯凤、安阳侯音、成都侯商相代为大司马。"

②师古曰："谓太后家王氏，皇后家赵氏，故云两宫亲属。"

③师古曰："仍，重也。"

汉书卷二十七上

哀帝建平三年正月癸卯，桂宫鸿宁殿灾，帝祖母傅太后之所居也。时，傅太后欲与成帝母等号齐尊，大臣孔光、师丹等执政，以为不可，太后皆免官爵，遂称尊号。后三年，帝崩，傅氏诛灭。

平帝元始五年七月己亥，高皇帝原庙殿门灾尽。①高皇帝庙在长安城中，后以叔孙通讥复道，故复起原庙于渭北，非正也。是时平帝幼，成帝母王太后临朝，委任王莽，将篡绝汉，堕高祖宗庙，②故天象见也。其冬，平帝崩。明年，莽居摄，因以篡国，后卒夷灭。

①师古曰："原庙，重庙也。"

②师古曰："堕，毁也，音火规反。"

1214　　传曰："治宫室，饰台榭，①内淫乱，犯亲戚，侮父兄，则稼穑不成。"

①师古曰："台有室曰榭。"

说曰：土，中央，生万物者也。其于王者，为内事。宫室、夫妇、亲属，亦相生者也。古者天子诸侯，宫庙大小高卑有制，后夫人媵妾多少进退有度，九族亲疏长幼有序。孔子曰："礼，与其奢也，宁俭。"①故禹卑宫室，②文王刑于寡妻，③此圣人之所以昭教化也。④如此则土得其性矣。若乃奢淫骄慢，则土失其性。亡水旱之灾而草木百谷不孰，是为稼穑不成。

①师古曰："论语载孔子之言也。若不得礼之中而失于奢，则不如俭。"

②师古曰："论语载孔子曰：'禹，吾无间然矣，卑宫室而尽力乎沟洫。'谓勤于治水而所居狭陋也。"

③师古曰："大雅思齐之诗云：'刑于寡妻，至于兄弟，以御于家邦。'刑，法也。寡妻，谓正嫡也。御，治也。此美文王以礼法接待其妻，旁及兄弟宗族，又广以政教治家邦。"

④师古曰："昭，明也。"

严公二十八年"冬，大（水）亡麦禾"。[16]董仲舒以为夫人哀姜淫乱，①逆阴气，故大水也。刘向以为水旱当书，不书水旱而曰"大亡麦禾"者，土气不养，稼穑不成者也。是时，夫人淫于二叔，内外亡别，②又因凶饥，一年而三筑台，③故应是而稼穑不成，饰台榭内淫乱之罚云。遂不改寤，四年而死，④既流二世，⑤奢淫之患也。

①师古曰："哀姜，庄公夫人，齐女也。"

②师古曰："二叔，谓庄公二弟仲庆父及叔牙。"

③师古曰："谓三十一年春筑台于郎，夏筑台于薛，秋筑台于秦也。郎、薛、秦，皆鲁地也。"

④师古曰："庄公三十二年薨，距大（水）无麦禾，凡四岁也。"

⑤师古曰："谓子般及闵公，皆杀死。"

传曰："好战攻，轻百姓，饰城郭，侵边境，则金不从革。"

说曰：金，西方，万物既成，杀气之始也。故立秋而鹰隼击，秋分而微霜降。其于王事，出军行师，把旄杖钺，誓士众，抗威武，所以征畔逆止暴乱也。诗云："有虔秉钺，如火烈烈。"①又曰："载戢干戈，载櫜弓矢。"②动静应谊，"说以犯难，民忘其死。"③〔如此则〕金得其性矣。[17]若乃贪欲恣睢，务立威胜，④不重民命，则金失其性。盖工冶铸金铁，金铁冰滞涸坚，不成者众，⑤及为变怪，是为金不从革。

①师古曰："商颂长发之诗也。虔，固也。此美殷汤兴师出征，固持其钺，以诛有罪，威力猛盛，如火炽烈。"

②师古曰："周颂时迈之诗也。戢，聚也。櫜，韬也。言天下太平，兵不复用，故戢敛而韬臧也。"

③师古曰："言以和悦使人，（难）〔虽〕犯危难，[18]不顾其生也。易兑卦象曰'说以犯难，人忘其死'，故引之也。说读曰悦。"

④师古曰："睢音呼季反。"

⑤师古曰："涸读与冱同。冱，（疑）〔凝〕也，[19]音下故反。春秋左氏传曰'固阴冱寒'。"

左氏传曰昭公八年"春，石言于晋"。晋平公问于师旷，①对曰："石不能言，神或冯焉。作事不时，怨讟动于民，②则有非言之物而言。今宫室崇侈，民力彫尽，怨讟并兴，莫信其性，③石之言不亦宜乎！"于是晋侯方筑虒祁之宫。④叔向曰："君子之言，信而有征。"⑤刘歆以为金石同类，是为金不从革，失其性也。刘向以为石白色为主，属白祥。

①师古曰："晋掌乐大夫。"

②师古曰："讟，痛怨之言也，音读。"

③师古曰："信犹保也。性，生也。一说，信读曰申，言不得申其性

命也。"

④师古曰:"虒祁,地在绛西,临汾水。虒音斯。"

⑤师古曰:"叔向,晋大夫羊舌肸也。向音许两反,字亦作嚮,其音同。"

成帝鸿嘉三年五月乙亥,天水冀南山大石鸣,①声隆隆如雷,有顷止,闻平襄二百四十里,②野鸡皆鸣。③石长丈三尺,广厚略等,④旁著岸胁,去地二百馀丈,民俗名曰石鼓。石鼓鸣,有兵。是岁,广汉钳子谋攻牢,⑤篡死罪囚郑躬等,盗库兵,劫略吏民,衣绣衣,自号曰山君,党与寖广。⑥明年冬,乃伏诛,自归者三千馀人。后四年,尉氏樊并等谋反,杀陈留太守严普,自称将军,山阳亡徒苏令等党与数百人盗取库兵,经历郡国四十馀,皆逾年乃伏诛。是时起昌陵,作者数万人,徙郡国吏民五千馀户以奉陵邑。作治五年不成,乃罢昌陵,还徙家。⑦石鸣,与晋石言同应,师旷所谓"民力彫尽",传云"轻百姓"者也。虒祁离宫去绛都四十里,昌陵亦在郊野,皆与城郭同占。城郭属金,宫室属土,外内之别云。

①师古曰:"天水之冀县南山也。"

②韦昭曰:"天水县。"

③师古曰:"雉也。"

④师古曰:"广及厚皆如其长。"

⑤师古曰:"钳子,谓钳徒也。牢,系重囚之处。"

⑥师古曰:"寖,渐也。"

⑦师古曰:"初徙人陪昌陵者,令皆还其本居。"

传曰:"简宗庙,不祷祠,废祭祀,逆天时,则水不润下。"

说曰:水,北方,终藏万物者也。其于人道,命终而形藏,精神放越，圣人为之宗庙以收魂气，春秋祭祀，以终孝道。王者即位，必郊祀天地，祷祈神祇，望秩山川，怀柔百神，亡不宗事。①慎其齐戒，致其严敬，鬼神歆飨，多获福助。此圣王所以顺事阴气，和神人也。至发号施令，亦奉天时。十二月咸得其气，则阴阳调而终始成。如此则水得其性矣。若乃不敬鬼神，(致)〔政〕令逆时，[20]则水失其性。雾水暴出，百川逆溢，坏乡邑，溺人民，及淫雨伤稼穑，是为水不润下。京房易传曰："颛事有知，诛罚绝理，厥灾水，其水也，雨杀人以陨霜，大风天黄。饥而不损兹谓泰，厥灾水，水杀人。辟遏有德兹谓狂，②厥灾水，水流杀人，已水则地生虫。归狱不解，兹谓追非，③厥水寒，杀人。追诛不解，兹谓不理，厥水五谷不收。大败不解，兹谓皆阴。解，舍也，王者于大败，诛首恶，赦其众，不则皆函阴气，④厥水流入国邑，陨霜杀(谷)〔叔草〕。"[21]

①师古曰："怀，来也。柔，安也。谓招来而祭祀之，使其安也。宗，尊也。"

②应劭曰："辟，天子也。有德者雍遏不见用也。"师古曰："遏音一曷反。"

③李奇曰："归罪过于民，不罪己也。"张晏曰："谓释有罪之人而归无辜者也。解，止也。追非，遂非也。"

④师古曰："函读与含同。"

桓公元年"秋，大水"。董仲舒、刘向以为桓弑兄隐公，民臣痛隐而贱桓。后宋督弑其君，①诸侯会，将讨之，②桓受宋赂而归，③又背宋。诸侯由是伐鲁，仍交兵结雠，伏尸流血，百姓愈怨，④故十三年夏复大水。一曰，夫人骄淫，将弑君，阴气盛，

汉书卷二十七上

桓不寤，卒弑死。⑤刘歆以为桓易许田，不祀周公，⑥废祭祀之
罚也。

①师古曰："宋华父督为太宰，弑殇公，事在桓公二年。"
②师古曰："谓齐、陈、郑也。"
③师古曰："谓郜大鼎。"
④师古曰："桓会宋公者五，与宋公、燕人盟，已而背盟伐宋。宋公、
燕人怨而求助，齐、卫助之。桓公惧，而会纪侯、郑伯及四国之师
大战。"
⑤师古曰："已解于上也。"
⑥师古曰："许田，鲁朝宿之邑，而有周公别（号）〔庙〕。[22]桓既篡
位，遂以许田与郑，而取郑之祊田，故云不祀周公。"

严公七年"秋，大水，亡麦苗"。董仲舒、刘向以为严母文
姜与兄齐襄公淫，共杀（威）〔桓〕公，[23]严释父雠，复取齐女，
未入，先与之淫，一年再出，会于道逆乱，臣下贱之之应也。

十一年"秋，宋大水"。董仲舒以为时鲁、宋比年为乘丘、
鄑之战，①百姓愁怨，阴气盛，故二国俱水。刘向以为时宋愍公
骄慢，睹灾不改，明年与其臣宋万博戏，妇人在侧，矜而骂万，
万杀公之应。②

①师古曰："比年，频年也。庄十年，公败宋师于乘丘。十一年，公败
宋师于鄑。乘丘、鄑，鲁地。鄑音子移反。"
②师古曰："万，宋大夫也。战败获于鲁，复归宋，又为大夫，与愍公
博，妇人在侧。万曰：'甚矣，鲁侯之淑，鲁侯之美！天下诸侯宜为
君者唯鲁侯耳。'愍公矜此妇人，妒其言，顾曰：'此虏也。尔虏焉
故鲁侯之美恶乎至！'万怒，搏愍公，绝其脰而死。事在庄十二年。"

二十四年，"大水"。董仲舒以为夫人哀姜淫乱不妇，阴气

盛也。刘向以为哀姜初入，公使大夫宗妇见，用币，①又淫于二叔，公弗能禁。臣下贱之，故是岁、明年仍大水。②刘歆以为先是严饰宗庙，刻桷丹楹，以夸夫人，③简宗庙之罚也。④

> ①师古曰："宗妇，同姓之妇也。大夫妻及宗妇见夫人者，皆令执币，是逾礼也。"
> ②师古曰："仍，频也。"
> ③臣瓒曰："桷，榱也。"韦昭曰："楹，柱也。"师古曰："庄公二十三年丹桓宫楹，二十四年刻桓宫桷。将迎夫人，故为盛饰。"
> ④师古曰："简，慢也。"

宣公十年"秋大水，饥"。董仲舒以为时比伐邾取邑，①亦见报复，兵雠连结，百姓愁怨。刘向以为宣公杀子赤而立，子赤，齐出也，②故惧，以济西田赂齐。③邾子貜且亦齐出也，④而宣比与邾交兵。⑤臣下惧齐之威，创邾之毗，⑥皆贱公行而非其正也。

> ①师古曰："比，频也。九年秋，取根牟。公羊传曰：'根牟者何？邾娄之邑也。'十年，公孙归父帅师伐邾取绎，故云比年也。"
> ②师古曰："赤母姜氏。赤死，姜氏大归，齐市人皆哭，鲁人谓之哀姜。"
> ③师古曰："宣既即位，与齐侯会于平州，以定其位。元年六月，齐人取济西田，为立公故，以赂齐也。"
> ④师古曰："貜且，邾文公之子邾定公也，亦齐女所生。貜音俱碧反，又音钁。且音子余反。"
> ⑤师古曰："比，频也。"
> ⑥师古曰："创，惩艾也，音初亮反。"

成公五年"秋，大水"。董仲舒、刘向以为时成幼弱，政在大夫，前此一年再用师，①明年复城郓以强私家，②仲孙蔑、叔孙侨如颛会宋、晋,阴胜阳。③

　　①师古曰:"成三年春,公会晋侯、宋公、卫侯、曹伯伐郑,秋,叔孙
　　　侨如帅师围棘,是也。"

　　②师古曰:"四年城郓。郓,季氏邑,音运。"

　　③师古曰:"仲孙蔑,孟献子也。成五年春,仲孙蔑如宋。夏,叔孙侨
　　　如会晋荀首于穀。颛与专同,专者,不秉命于公。"

　　襄公二十四年"秋,大水"。董仲舒以为先是一年齐伐晋,
襄使大夫帅师救晋,①后又侵齐,②国小兵弱,数敌强大,百姓愁
怨,阴气盛。刘向以为先是襄慢邻国,是以邾伐其南,③齐伐其
北,④莒伐其东,⑤百姓骚动,后又仍犯强齐也。⑥大水,饥,谷不
成,其灾甚也。"

　　①师古曰:"襄二十三年秋,齐伐卫,遂伐晋。八月,叔孙豹帅师救
　　　晋,次于雍榆。"

　　②师古曰:"二十四年,仲孙羯帅师侵齐。"

　　③师古曰:"十五年,邾人伐我南鄙是也。"

　　④师古曰:"十六年,齐人伐我北鄙是也。"

　　⑤师古曰:"十二年,莒人伐我东鄙是也。"

　　⑥师古曰:"十八年,公会晋侯、宋公、卫侯、郑伯同围齐。二十三年
　　　救晋,二十四年又侵齐,是重犯也。"

　　高后三年夏,汉中、南郡大水,水出流四千馀家。四年秋,
河南大水,伊、雒流千六百馀家,汝水流八百馀家。八年夏,汉
中、南郡水复出,流六千馀家。南阳沔水流万馀家。①是时女主
独治,诸吕相王。

　　①师古曰:"沔,汉水之上也,音弥善反。"

文帝后三年秋，大雨，昼夜不绝三十五日。蓝田山水出，流九百馀家。(燕)〔汉水出〕，坏民室八千馀所，[24]杀三百馀人。先是，赵人新垣平以望气得幸，为上立渭阳五帝庙，欲出周鼎，以夏四月，郊见上帝。①岁馀惧诛，谋为逆，发觉，要斩，夷三族。是时，比再遣公主配单于，赂遗甚厚，②匈奴愈骄，侵犯北边，杀略多至万馀人，汉连发军征讨戍边。

①师古曰："事并见郊祀志。"

②师古曰："比，频也。高祖使刘敬奉宗室女翁主为冒顿单于阏氏。冒顿死，其子老上单于初立，文帝复遣宗人女为单于阏氏。"

元帝永光五年夏及秋，大水。颖川、汝南、淮阳、庐江雨，坏乡聚民舍，及水流杀人。先是一年有司奏罢郡国庙，是岁又定迭毁，①罢太上皇、孝惠帝寝庙，皆无复修，通儒以为违古制。刑臣石显用事。②

①师古曰："亲尽则毁，故云迭毁。事在韦玄成传。迭音大结反。"

②师古曰："石显宦者，故曰刑臣。"

成帝建始三年夏，大水，三辅霖雨三十馀日，郡国十九雨，山谷水出，凡杀四千馀人，坏官寺民舍八万三千馀所。元年，有司奏徙甘泉泰畤、河东后土于长安南北郊。二年，又罢雍五畤、郡国诸旧祀，凡六所。

【校勘记】

〔1〕 见(殛)〔诛〕而死。 景祐、殿本都作"诛"。朱一新说作"诛"是。

〔2〕 (衡)〔衔〕牙(批)〔妣〕珠以纳其间。 "衡"，景祐、殿本都

作“衝”。“㧙”，景祐本作“妣”。

〔3〕 以为舒疾之（疾）〔节〕也。　景祐、殿、局本都作“节”。朱一新说作“节”是。

〔4〕 则阴气（协）〔胁〕木，　景祐、殿本都作“胁”。

〔5〕 故致（太）〔大〕灾。　景祐、殿本都作“大”。

〔6〕 不胜（日）〔四〕公子之徒，　景祐、殿本都作“四”，此误。

〔7〕 釐公二十年五月（己酉）〔乙巳〕，西宫灾。　景祐、殿本都作“乙巳”，与春秋经同。

〔8〕 （金）〔今〕之长颈瓶也。　景祐、殿本都作“今”。朱一新说作“今”是。

〔9〕 饬读与（赤）〔敕〕同。景祐、殿本都作“敕”。朱一新说作“敕”是。

〔10〕 天（下）〔不〕复告，　景祐、殿本都作“不”。朱一新说作“不”是。

〔11〕 云与楚（各）〔客〕盟，　景祐、殿、局本都作“客”。朱一新说作“客”是。

〔12〕 妃以五（陈）〔成〕，　景祐、殿、局本都作“成”。

〔13〕 公羊（传）〔经〕。　景祐、殿本都作“经”。

〔14〕 如吾燔辽〔东〕高庙乃可；　“东”字据景祐、殿本补。

〔15〕 与赵氏同（应）。　景祐、殿本都有“应”字。

〔16〕 大（水）亡麦禾。　景祐本无“水”字，春秋经亦无。注同。

〔17〕 〔如此则〕金得其性矣。　殿本有“如此则”三字。王先谦说此脱。按景祐本亦无。

〔18〕 （难）〔虽〕犯危难，景祐、殿本都作“虽”。苏舆说作“虽”是。

〔19〕 沍，(疑)〔凝〕也。　景祐、殿本都作"凝"。朱一新说作
　　　　"凝"是。

〔20〕 (致)〔政〕令递时，　景祐本作"政"。朱一新说作"政"是。

〔21〕 陨霜杀(谷)〔叔草〕。　宋祁说"谷"当作"菽"。按景祐本
　　　　作"叔草"。杨树达说中之下卷亦云"陨霜杀叔草"。

〔22〕 而有周公别(号)〔庙〕。　景祐、殿本都作"庙"。朱一新说
　　　　作"庙"是。

〔23〕 共杀(威)〔桓〕公，　景祐、殿本都作"桓"。钱大昭说作
　　　　"桓"是。

〔24〕 (燕)〔汉水出〕，坏民室八千餘所。　王念孙据汉纪孝文纪
　　　　改。

汉书卷二十七中之上

五行志第七中之上

经曰："羞用五事。五事：一曰貌，二曰言，三曰视，四曰听，五曰思。①貌曰恭，言曰从，视曰明，听曰聪，思曰睿。②恭作肃，从作艾，③明作悊，聪作谋，④睿作圣。⑤休征：⑥曰肃，时雨若；⑦艾，时阳若；⑧悊，时奥若；⑨谋，时寒若；圣，时风若。⑩咎征：⑪曰狂，恒雨若；僭，恒阳若；⑫舒，恒奥若；急，恒寒若；霿，恒风若。"⑬

①应劭曰："思，思虑。"

②应劭曰："睿，通也，古文作睿。"

③师古曰："艾读曰乂。乂，治也。其下亦同。"

④应劭曰："上聪则下谋，故聪为谋也。"

⑤张晏曰："睿通达以至于圣。"

⑥孟康曰："善行之验也。"

⑦应劭曰："居上而敬，则雨顺之。"

⑧应劭曰："君政治，则阳顺之。"

⑨应劭曰："惩，明也。"师古曰："奥读曰燠。燠，温也，音于六反。其下亦同。"

⑩师古曰："凡言时者，皆谓行得其道，则寒暑风雨以时应而顺之。"

⑪师古曰："言恶行之验。"

⑫应劭曰："僭，僭差。"

⑬服虔曰："霿音人傋霿。"应劭曰："人君毂霿鄙吝，则风不顺之也。"

师古曰："凡言恒者，谓所行者失道，则寒暑风雨不时，而恒久为灾也。霿音莫豆反。傋毂，并音构，又音寇。"

传曰："貌之不恭，是谓不肃，厥咎狂，厥罚恒雨，厥极恶。时则有服妖，时则有龟孽，①时则有鸡祸，②时则有下体生上之痾，③时则有青眚青祥。④唯金沴（水）〔木〕。"⑤〔1〕

①师古曰："孽音鱼列反。其下并同。"

②师古曰："祸与祸同。"

③韦昭曰："若牛之足反出背上，下欲伐上之祸也。"师古曰："痾音阿。"

④李奇曰："内曰眚，外曰祥。"

⑤服虔曰："沴，害也。"如淳曰："沴音拂戾之戾，义亦同。"

说曰：凡草物之类谓之妖。妖犹夭胎，言尚微。①虫豸之类谓之孽。②孽则牙孽矣。及六畜，谓之祸，言其著也。及人，谓之痾。痾，病貌，言寖深也。③甚则异物生，谓之眚；自外来，谓之祥。祥犹祯也。气相伤，谓之沴。沴犹临莅，不和意也。每一事云"时则"以绝之，言非必俱至，或有或亡，或在前或在后也。

1226

①师古曰："天音乌老反。"

②师古曰："有足谓之虫，无足谓之豸。"

③师古曰："窬，渐也。"

孝武时，夏侯始昌通五经，善推五行传，以传族子夏侯胜，下及许商，皆以教所贤弟子。其传与刘向同，唯刘歆传独异。貌之不恭，是谓不肃。肃，敬也。内曰恭，外曰敬。人君行己，体貌不恭，急慢骄蹇，则不能敬万事，失在狂易，故其咎狂也。①上嫚下暴，则阴气胜，故其罚常雨也。水伤百谷，衣食不足，则奸轨并作，故其极恶也。一曰，民多被刑，或形貌丑恶，亦是也。风俗狂慢，变节易度，则为剽轻奇怪之服，②故有服妖。水类动，故有龟孽。③于易，巽为鸡，鸡有冠距文武之貌。不为威仪，貌气毁，故有鸡祸。一曰，水岁鸡多死及为怪，亦是也。上失威仪，则下有强臣害君上者，故有下体生于上之痾。木色青，故有青眚青祥。凡貌伤者病木气，木气病则金沴之，冲气相通也。于易，震在东方，为春为木也；兑在西方，为秋为金也；离在南方，为夏为火也；坎在北方，为冬为水也。春与秋，日夜分，寒暑平，是以金木之气易以相变，故貌伤则致秋阴常雨，言伤则致春阳常旱也。至于冬夏，日夜相反，寒暑殊绝，水火之气不得相并，故视伤常奥，听伤常寒者，其气然也。逆之，其极曰恶；顺之，其福曰攸好德。④刘歆貌传曰有鳞虫之孽，羊祸，鼻痾。说以为于天文东方辰为龙星，故为鳞虫；于易兑为羊，木为金所病，故致羊祸，与常雨同应。此说非是。春与秋，气阴阳相敌，木病金盛，故能相并，唯此一事耳。祸与妖痾祥眚同类，不得独异。

①师古曰:"狂易,谓狂而易其常性。"

②师古曰:"剽音匹妙反。"

③如淳曰:"河鱼大上,以为鱼孽之比。"

④孟康曰:"政不顺则致妖,顺则致福也。"师古曰:"攸,所也,所好者德也。"

史记①成公十六年,公会诸侯于周,单襄公见晋厉公视远步高,②告公曰:"晋将有乱。"鲁侯曰:"敢问天道也?抑人故也?"③对曰:"吾非瞽史,④焉知天道?吾见晋君之容,殆必祸者也。夫君子目以定体,足以从之,⑤是以观其容而知其心矣。目以处谊,足以步目。⑥晋侯视远而足高,目不在体,而足不步目,其心必异矣。目体不相从,何以能久?夫合诸侯,民之大事也,于是虖观存亡。故国将无咎,其君在会,步言视听必皆无谪,则可以知德矣。⑦视远,曰绝其谊;足高,曰弃其德;言爽,曰反其信;⑧听淫,曰离其名。⑨夫目以处谊,足以践德,⑩口以庇信,⑪耳以听名者也,故不可不慎。偏丧有咎;⑫既丧,则国从之。⑬晋侯爽二,吾是以云。"⑭后二年,晋人杀厉公。凡此属,皆貌不恭之咎云。

①师古曰:"此志凡称史记者,皆谓司马迁所撰也。"

②师古曰:"单襄公,周卿士单子朝也。晋厉公,景公之子也,名州蒲。单音善。"

③师古曰:"抑,发语辞也。"

④师古曰:"瞽,乐太师。史,太史。"

⑤师古曰:"体定则目安,足之进退皆无违也。"

⑥师古曰:"视瞻得其宜,行步中其节也。"

⑦师古曰:"谪,责也。无谪,谓得其义理无可咎责也。"

⑧师古曰："爽，差也。"

⑨师古曰："淫，邪也。"

⑩师古曰："践，履也，所履皆德行也。"

⑪师古曰："庇，覆也。言行相覆则为信矣。"

⑫师古曰："苟丧其一，则有咎。"

⑬师古曰："既，尽也。若尽丧之，则国亦亡。"

⑭张晏曰："视远一也，步高二也。"

<u>左氏</u>（使）〔传〕<u>桓公</u>十三年，[2]<u>楚屈瑕</u>伐<u>罗</u>，<u>鬬伯比</u>送之，①还谓其驭曰："<u>莫嚣</u>必败，②举止高，心不固矣。"③遽见<u>楚子</u>以告。④<u>楚子</u>使<u>赖</u>人追之，弗及。<u>莫嚣</u>行，遂无次，且不设备。⑤及<u>罗</u>，<u>罗</u>人军之，大败。<u>莫嚣</u>缢死。

①师古曰："<u>屈瑕</u>即<u>莫嚣</u>也。<u>鬬伯比</u>，<u>楚</u>大夫。<u>罗</u>，国名，在<u>南郡枝江</u>西。"

②师古曰："<u>莫嚣</u>，<u>楚</u>官名也。字或作敖，其音同。"

③师古曰："止，足也。"

④师古曰："遽，速也。"

⑤师古曰："无次，不为次列也。"

<u>釐公</u>十一年，<u>周</u>使内史<u>过</u>赐<u>晋惠公</u>命，①受玉，惰。②过归告王曰："<u>晋侯</u>其无后乎！王赐之命，而惰于受瑞，先自弃也已，其何继之有！礼，国之干也；敬，礼之舆也。③不敬则礼不行，礼不行则上下昏，何以长世！"二十一年，<u>晋惠公</u>卒，子<u>怀公</u>立，<u>晋</u>人杀之，更立<u>文公</u>。

①师古曰："内史<u>过</u>，<u>周</u>大夫。<u>晋惠公</u>，<u>夷吾</u>也。诸侯即位，天子则赐命圭以为瑞。"

②师古曰："不敬其事也。"

③师古曰：“无礼，则国不立，故谓之干。无敬，则礼不行，故比之于舆。”

成公十三年，晋侯使郤锜乞师于鲁，将事不敬。①孟献子曰："郤氏其亡乎!②礼，身之干也；敬，身之基也。③郤子无基。且先君之嗣卿也，受命以求师，将社稷是卫，而惰弃君命也，不亡何为!"十七年，郤氏亡。

①师古曰："郤锜，晋大夫驹伯也。乞师，欲以伐秦也。将事，致其君命也。锜音牛尔反。"

②师古曰："孟献子，仲孙蔑。"

③师古曰："无礼，则身不立；不敬，则身不安也。"

成公十三年，诸侯朝王，遂从刘康公伐秦。成肃公受（赈）〔脤〕于社，[3]不敬。①刘子曰："吾闻之曰，民受天地之中以生，所谓命也。②是以有礼义动作威仪之则，以定命也。能者养以之福，不能者败以取祸，③是故君子勤礼，小人尽力。勤礼莫如致敬，尽力莫如惇笃。敬在养神，笃在守业。国之大事，在祀与戎。祀有执膰，戎有受脤，④神之大节也。⑤今成子惰，弃其命矣，其不反乎!"五月，成肃公卒。

①服虔曰："脤，祭社之肉也，盛以蜃器，故谓之脤。"师古曰："刘康公、成肃公，皆周大夫也。脤读与蜃同。以出师而祭社谓之宜。脤者，即宜社之肉也。蜃，大蛤也，音上忍反。"

②师古曰："刘子即康公也。中谓中和之气。"

③师古曰："之，往也。能养生者，则定礼义威仪，自致于福；不能者，则丧之以取祸乱。"

④应劭曰："膰，祭肉也。"师古曰："膰音扶元反。"

⑤师古曰："交神之节。"

　　成公十四年，卫定公享苦成叔，甯惠子相。①苦成叔敖，②甯子曰："苦成家其亡乎！古之为享食也，以观威仪省齍福也。③故诗曰：'兕觥其觩，旨酒思柔，匪傲匪傲，万福来求。'④今夫子傲，取齍之道也。"后三年，苦成家亡。⑤

　　①师古曰："定公名臧。苦成叔，晋大夫郤犨也。晋使郤犨如卫，故定
　　　公享之。惠子，卫大夫甯殖也。相谓赞相其礼。"
　　②师古曰："敖读曰傲。其下并同。"
　　③师古曰："食读曰饲。"
　　④张晏曰："觥，罚爵也。饮酒和柔，无失礼可罚，罚爵徒觩然而已。"
　　　应劭曰："言在位者不傲讦不倨傲也。"师古曰："小雅桑扈之诗也。
　　　傲谓傲幸也。万福，言其多也。谓饮酒者不傲幸，不傲慢，则福禄
　　　就而求之也。觩音虬。傲音工尧反。"
　　⑤师古曰："十七年，晋攻郤氏，长鱼矫以戈杀郤锜、郤犨、郤至，而
　　　灭其家。"

　　襄公七年，卫孙文子聘于鲁，君登亦登。①叔孙穆子相，②趋进曰："诸侯之会，寡君未尝后卫君。今吾子不后寡君，寡君未知所过，吾子其少安！"③孙子亡辞，亦亡悛容。④穆子曰："孙子必亡。为臣而君，过而不悛，亡之本也。"十四年，孙子逐其君而外叛。⑤

　　①师古曰："文子，卫大夫孙林父也。礼之登阶，臣后君一等。"
　　②师古曰："穆子，叔孙豹。"
　　③师古曰："安，徐也。"
　　④师古曰："悛，改也，音千全反。"
　　⑤师古曰："逐其君，谓卫献公出奔齐也。外叛，谓以戚叛之。"

襄公二十八年，蔡景侯归自晋，入于郑。①郑伯享之，不敬。子产曰："蔡君其不免乎!②日其过此也，君使子展往劳于东门，而敖。③吾曰：'犹将更之。'④今还，受享而惰，乃其心也。⑤君小国，事大国，⑥而惰敖以为己心，将得死乎！君若不免，必由其子。淫而不父，⑦如是者必有子祸。"三十年，为世子般所杀。⑧

①师古曰："景侯名固，文侯之子也。"

②师古曰："言不免于祸。"

③师古曰："日谓往日，始适晋之时也。子展，郑大夫公孙舍之。"

④师古曰："更，改也。"

⑤师古曰："言心之所常行也。"

⑥师古曰："言身为小国之君，而事于大国。"

⑦师古曰："通太子之妻。"

⑧师古曰："般读与班同。"

襄公三十一年，公薨。季武子将立公子裯，①穆叔曰："是人也，居丧而不哀，在戚而有嘉容，是谓不度。不度之人，鲜不为患，②若果立，必为季氏忧。"武子弗听，卒立之。比及葬，三易衰，衰衽如故衰。③是为昭公。立二十五年，听谗攻季氏。兵败，出奔，死于外。④

①师古曰："裯，襄公之子，齐归所生。裯音直留反。"

②师古曰："穆叔，即叔孙穆子也。不度，不遵礼度也。鲜，少也，音先浅反。"

③师古曰："衣前曰衽。言游戏无已也。比音必寐反。衰音千回反。衽音人禁反。"

④师古曰："谓薨于乾侯。"

襄公三十一年，卫北宫文子见楚令尹围之仪，^①言于卫侯曰：
"令尹似君矣，将有它志；^②虽获其志，弗能终也。"公曰："子
何以知之？"对曰："诗云'敬慎威仪，惟民之则'，^③令尹无威
仪，民无则焉。民所不则，以在民上，不可以终。"^④

　①师古曰："北宫文子，卫大夫也，名佗。令尹围即公子围，楚恭王之
　　子也，时为令尹。文子从卫侯在楚，故见之。"

　②师古曰："谓有为君之心，言语视瞻非其常。"

　③师古曰："大雅抑之诗也。则，法也。言君能慎其威仪，乃臣下所法
　　效之。"

　④师古曰："遂以杀君篡国，而取败于乾豀也。"

　　昭公十一年夏，周单子会于戚，^①视下言徐。^②晋叔向曰：
"单子其死乎！^③朝有著定，^④会有表，^⑤衣有襘，带有结。^⑥会朝之
言必闻于表著之位，所以昭事序也；^⑦视不过结襘之中，所以道
容貌也。^⑧言以命之，容貌以明之，失则有阙。今单子为王官
伯，^⑨而命事于会，视不登带，言不过步，貌不道容而言不昭矣。
不道不恭，不昭不从，无守气矣。"^⑩十二月，单成公卒。

　①师古曰："单子，周大夫单成公也。戚，卫地。"

　②应劭曰："视下，视不登带。言徐，不闻于表著。"

　③师古曰："叔向，晋大夫羊舌肸也。向音许两反。"

　④师古曰："朝内列位有定处，所谓表著者也。著音直庶反，又音除。"

　⑤师古曰："会于野，设表以为位。"

　⑥师古曰："襘，领之交会也。结，绅带之结也。襘音工外反。"

　⑦师古曰："昭，明也。"

　⑧师古曰："道读曰导。其下并同。"

　⑨师古曰："伯，长也。"

1233

⑩师古曰：“貌正曰恭，言正曰从。”

昭公二十一年三月，葬蔡平公，蔡太子朱失位，位在卑。①鲁大夫送葬者归告昭子。②昭子叹曰：“蔡其亡乎！若不亡，是君也必不终。诗曰：‘不解于位，民之攸墍。’③今始即位而適卑，身将从之。”十月，蔡侯朱出奔楚。

①师古曰：“不在正嫡之位，而以长幼序之。”

②师古曰：“昭子，叔孙婼。”

③师古曰：“大雅假乐之诗也。墍，息也。言在上者能率位不怠，则其臣下恃以安息也。解读曰懈。墍音许既反。”

晋魏舒合诸侯之大夫于翟泉，①将以城成周。魏子莅政，②卫彪傒曰：“将建天子，而易位以令，非谊也。③大事奸谊，必有大咎。④晋不失诸侯，魏子其不免乎！”是行也，魏献子属役于韩简子，⑤而田于大陆，焚焉而死。⑥

①应劭曰：“水名，今洛阳是也。”师古曰：“魏舒，晋卿魏献子也。事在定公元年。志不书者，盖阙文。”

②师古曰：“谓代天子大夫为政，以临其事。”

③师古曰：“傒，卫大夫。建天子，谓立天子之居也。傒音奚。”

④师古曰：“奸，犯也，音干。”

⑤师古曰：“简子，亦晋卿韩不信。以城周之功役委简子也。属音之欲反。”

⑥师古曰：“高平曰陆。因放火田猎而见烧杀也。说者或以为大陆即钜鹿北大陆泽也。据会于狄泉，则其所田处固当在近，非大陆泽也。”

定公十五年，邾隐公朝于鲁，执玉高，其容仰。公受玉卑，其容俯。①子赣观焉，②曰：“以礼观之，二君者皆有死亡焉。夫礼，死生存亡之体也。将左右周旋，进退俯仰，于是乎取之；朝祀丧戎，于是乎观之。今正月相朝，而皆不度，心已亡矣。③嘉事不体，何以能久？④高仰，骄也；卑俯，替也。⑤骄近乱，替近疾。君为主，其先亡乎！"⑥

①师古曰："隐公，邾子益也。玉，谓朝者之贽。"

②师古曰："子赣，孔子弟子端木赐也。赣音贡。"

③师古曰："不度，不合法度。"

④师古曰："嘉事，嘉礼之事，谓朝祀也。不体，不得身体之节。"

⑤师古曰："替，废惰也。"

⑥师古曰："是年五月，定公薨。哀公七年秋，伐邾，以邾子益来也。"

庶征之恒雨，刘歆以为春秋大雨也，刘向以为大水。

隐公九年"三月癸酉，大雨，震电；庚辰，大雨雪"。①大雨，雨水也；②震，雷也。刘歆以为三月癸酉，于历数春分后一日，始震电之时也，当雨，而不当大雨。大雨，常雨之罚也。于始震电八日之间而大雨雪，常寒之罚也。刘向以为周三月，今正月也，当雨水，雪杂雨，雷电未可以发也。既已发也，则雪不当复降。皆失节，故谓之异。于易，雷以二月出，其卦曰豫，③言万物随雷出地，皆逸豫也。以八月入，其卦曰归妹，④言雷复归。入地则孕毓根核，保藏蛰虫，⑤避盛阴之害；出地则养长华实，发扬隐伏，宣盛阳之德。入能除害，出能兴利，人君之象也。是时，隐以弟桓幼，代而摄立。公子翚见隐居位已久，劝之遂立。⑥隐既不许，翚惧而易其辞，⑦遂与桓共杀隐。天见其将然，故正月大雨水而雷电。是阳不闭阴，出涉危难而害万物。天戒若曰，为君失时，贼弟佞臣将作乱矣。后八日大雨雪，阴见间隙而胜阳，篡杀之既将成也。公不寤，后二年而杀。

①师古曰："雨雪，雨音于具反。"

②师古曰："下雨音于具反。后类并同。"

③师古曰："坤下震上也。"

④师古曰："兑下震上也。"

⑤师古曰："毓字与育同。核亦荄字也。草根曰荄，音该。"

⑥师古曰："公子翚，鲁大夫羽父也。劝杀（威）〔桓〕公，[4]己求为
太宰。翚音挥。"

⑦师古曰："反谓桓公云隐欲杀之。"

昭帝始元元年七月，大水雨，自七月至十月。成帝建始三年
秋，大雨三十馀日；四年九月，大雨十馀日。

左氏传愍公二年，晋献公使太子申生帅师，①公衣之偏衣，
佩之金玦。②狐突叹曰："时，事之征也；衣，身之章也；佩，衷
之旗也。③故敬其事，则命以始；④服其身，则衣之纯；⑤用其衷，
则佩之度。⑥今命以时卒，闷其事也；⑦衣以龙服，远其躬也；⑧佩
以金玦，弃其衷也。服以远之，时以闷之，龙凉冬杀，金寒玦
离，胡可恃也！"⑨梁馀子养曰："帅师者，受命于庙，受脤于社，
有常服矣。⑩弗获而龙，命可知也。死而不孝，不如逃之。"罕夷
曰："龙奇无常，金玦不复，君有心矣。"⑪后四年，申生以谗自
杀。近服妖也。

①师古曰："以伐东山皋落氏。"

②师古曰："偏衣，谓左右异色，其半象公之服也。金玦，以金为玦
也。半环曰玦。"

③师古曰："狐突，晋大夫伯行，时为太子御戎也。徵，（澄）〔證〕
也。[5]章，明也。旗，表也。衣所以明贵贱，佩所以表中心。"

④师古曰："赏以春夏。"

⑤师古曰："壹其色。"

⑥师古曰："佩玉者，君子之常度。"

⑦应劭曰："卒，尽也。闵，闭也。谓十二月尽时也。"

⑧师古曰："尨，杂色也，谓偏衣也。远音于万反。其下并同。"

⑨师古曰："凉，薄也。尨色不能纯，故曰薄也。冬主杀气，金行在西，是谓之寒。玦形半缺，故云离。"

⑩师古曰："梁馀子养，晋大夫也，时为下军御。军之常服则韦弁。"

⑪应劭曰："奇，奇怪非常意。复，反也。金玦，犹（块）〔决〕，去不反意也。"[6] 师古曰："罕夷，晋大夫，时为下军卿也。有心，害太子之心也。复音扶目反。"

左氏传曰，郑子臧好聚鹬冠，①郑文公恶之，使盗杀之。②刘向以为近服妖者也。一曰，非独为子臧之身，亦文公之戒也。初，文公不礼晋文，③又犯天子命而伐滑，④不尊尊敬上。其后晋文伐郑，几亡国。⑤

①张晏曰："鹬鸟赤足黄文，以其毛饰冠。"韦昭曰："鹬，今翠鸟也。"师古曰："子臧，郑文公子也。鹬，大鸟，即战国策所云啄蚌者也。天之将雨，鹬则知之。翠鸟自有鹬名，而此饰冠，非翠鸟也。逸周书曰'知天文者冠鹬冠'，盖以鹬鸟知天时故也。礼图谓之'术氏冠'。鹬音聿，又音术。"

②师古曰："时已得罪出奔宋，故使盗杀之于陈、宋之间。"

③师古曰："晋文公之为公子也，避骊姬之难而出奔，欲之楚，过郑，郑不礼焉。"

④师古曰："僖二十四年，郑公子士〔洩〕[7]及堵俞弥帅师伐滑。王使伯服游、孙伯如郑请滑，郑伯不听而执二子。"

⑤师古曰："僖三十年，晋侯、秦伯围郑，佚之狐曰：'国危矣！'使

烛之武见秦伯，师乃退也。几音钜依反。"

昭帝时，昌邑王贺遣中大夫之长安，多治仄注冠，①以赐大臣，又以冠奴。刘向以为近服妖也。时王贺狂悖，②闻天子不豫，③弋猎驰骋如故，与驺奴宰人游居娱戏，骄嫚不敬。④冠者尊服，奴者贱人，贺无故好作非常之冠，暴尊象也。以冠奴者，当自至尊坠至贱也。⑤其后帝崩，无子，汉大臣征贺为嗣。即位，狂乱无道，缚戮谏者夏侯胜等。于是大臣白皇太后，废贺为庶人。贺为王时，又见大白狗冠方山冠而无尾，⑥此服妖，亦犬祸也。贺以问郎中令龚遂，遂曰："此天戒，言在仄者尽冠狗也。⑦去之则存，不去则亡矣。"贺既废数年，宣帝封之为列侯，复有罪，死不得置后，又犬既祸无尾之效也。京房易传曰："行不顺，厥咎人奴冠，天下乱，辟无適，⑧妾子拜。"⑨又曰："君不正，臣欲篡，厥妖狗冠出朝门。"

①应劭曰："今法冠是也。"李奇曰："一曰高山冠，本齐冠也，谒者服之。"师古曰："仄，古侧字也。谓之侧注者，言形侧立而下注也。蔡邕云高九〔尺〕〔寸〕，[8]铁为卷，非法冠及高山也。卷音去权反。"

②师古曰："悖，惑也，音布内反。"

③师古曰："言有疾不悦豫也。周书顾命曰'王有疾，不豫'。"

④师古曰："驺，厩御也。宰人，主膳者也。娱，乐也。戏音僖。"

⑤师古曰："坠，堕也，音直类反。"

⑥邓展曰："方山冠以五采縠为之，乐舞人所服。"

⑦师古曰："言王左右侍侧之人不识礼义，若狗而著冠者耳。冠音工唤反。其下亦同。"

⑧如淳曰："辟，君也。適，適子也。"师古曰："辟音璧。適读曰嫡。"

⑨如淳曰："无適子故也。"

汉书卷二十七中之上

成帝鸿嘉、永始之间，好为微行出游，选从期门郎有材力者，及私奴客，多至十馀，少五六人，皆白衣袒帻，①带持刀剑。或乘小车，御者在茵上，②或皆骑，出入市里郊野，远至旁县。时，大臣车骑将军王音及刘向等数以切谏。谷永曰："易称'得臣无家'，③言王者臣天下，无私家也。今陛下弃万乘之至贵，乐家人之贱事；厌高美之尊称，好匹夫之卑字；④崇聚票轻无谊之人，以为私客；⑤置私田于民间，畜私奴车马于北宫；数去南面之尊，离深宫之固，挺身独与小人晨夜相随，⑥乌集醉饱吏民之家，⑦乱服共坐，溷肴亡别，⑧闵勉遁乐，昼夜在路。⑨典门户奉宿卫之臣执干戈守空宫，公卿百寮不知陛下所在，积数年矣。昔虢公为无道，有神降曰'赐尔土田'，⑩言将以庶人受土田也。诸侯梦得土田，为失国祥，⑪而况王者畜私田财物，为庶人之事乎！"

①师古曰："袒帻，不加上冠。"

②苏林曰："茵，车上蓐也。御者错乱，更在茵上坐也。"师古曰："车小，故御者不得回避，而在天子茵上也。茵音因。"

③师古曰："损卦上九爻辞。"

④如淳曰："称张放家人，是为卑字。"师古曰："为微行，故变易姓名。"

⑤师古曰："票音匹妙反，又音频妙反。"

⑥师古曰："挺，引也。"

⑦师古曰："乍合乍离，如乌之集。"

⑧师古曰："溷肴，谓杂乱也。溷音胡困反。"

⑨师古曰："闵勉犹黾勉，言不息也。遁乐，言流遁为乐也。"

⑩师古曰："春秋左氏传庄公三十二年有神降于莘，虢公使祝应、宗区、史（嚚）〔嚚〕[9]享焉。神赐之土田。史（嚚）〔嚚〕曰：'虢其

1239

亡乎！'"

⑪师古曰："僖五年，晋灭虢，虢公丑奔京师。"

左氏传曰，周景王时大夫宾起见雄鸡自断其尾。①刘向以为近鸡祸也。是时，王有爱子子朝，王与宾起阴谋欲立之。②田于北山，将因兵众杀適子之党，③未及而崩。三子争国，王室大乱。其后，宾起诛死，④子朝奔楚而败。⑤京房易传曰："有始无终，厥妖雄鸡自啮断其尾。"

①师古曰："宾起即宾孟。"

②师古曰："子朝，王之庶长子。"

③师古曰："適读曰嫡。嫡子王子猛，（反）〔及〕后为悼王。[10]子猛之党谓刘献公、单穆公。"

④师古曰："三子，谓子朝、子猛及子猛弟敬王匄也。刘子遂攻宾起，杀之。事并在昭公二十二年。"

⑤师古曰："昭二十六年，邵伯盈逐王子朝，子朝奔楚。定公五年，王人杀之于楚。"

宣帝黄龙元年，未央殿辂軨中雌鸡化为雄，①毛衣变化而不鸣，不将，无距。②元帝初元中，丞相府史家雌鸡伏子，渐化为雄，③冠距鸣将。永光中，有献雄鸡生角者。京房易传曰："鸡知时，知时者当死。"房以为己知时，恐当之。刘向以为房失鸡占。鸡者小畜，主司时，起居人，④小臣执事为政之象也。言小臣将秉君威，以害正事，犹石显也。竟宁元年，石显伏辜，此其效也。一曰，石显何足以当此？昔武王伐殷，至于牧野，誓师曰："古人有言曰'牝鸡无晨；牝鸡之晨，惟家之索'。今殷王纣惟妇言用。"⑤繇是论之，⑥黄龙、初元、永光鸡变，乃国家之占，妃后象也。孝元王皇后以甘露二年生男，立为太子。妃，王禁女也。黄龙元年，宣帝崩，太子立，是为元帝。王妃将为皇后，故是岁未央殿中雌鸡为雄，明其占在正宫也。不鸣不将无距，贵始萌而尊未成也。至元帝初元元年，将立王皇后，先以为婕妤。三月癸卯制书曰："其封婕妤父丞相少史王禁为阳平侯，位特进。"丙午，立王婕妤为皇后。明年正月，立皇后子为太子。故应是，丞相府史家雌鸡为雄，其占即丞相少史之女也。伏子者，明已有子也。冠距鸣将者，尊已成也。永光二年，阳平顷侯禁薨，子凤嗣侯，为侍中卫尉。元帝崩，皇太子立，是为成帝。尊皇后为皇太后，以后弟凤为大司马大将军，领尚书事，上委政，无所与。⑦王氏之权自凤起，故于凤始受爵位时，雄鸡有角，明视作威⑧颛君害上⑨危国者，从此人始也。其后群弟世权，以至于莽，遂篡天下。即位五年，王太后乃崩，此其效也。京房易传曰："贤者居明夷之世，知时而伤，⑩或众在位，⑪厥妖鸡生角。鸡生角，时主独。"又曰："妇人颛政，国不静；牝鸡雄鸣，主不荣。"故房以为己亦在占中矣。

①孟康曰："辂轳，厩名也。"师古曰："百官表太仆属官有辂轳丞。辂与路同。轳音零。"

②师古曰："将谓率领其群也。距，鸡附足骨，斗时所用刺之。"

③师古曰："初尚伏子，后乃稍稍化为雄也。伏音房富反。"

④师古曰："至时而鸣，以为人起居之节。"

⑤师古曰："周书牧誓之辞。晨谓晨时鸣也。索，尽也。言妇人为政，犹雌鸡而代雄鸣，是丧家之道也。索音思各反。"

⑥师古曰："繇读与由同。"

⑦师古曰："与读曰豫。言政皆出凤，天子不豫。"

⑧师古曰:"视读曰示。"

⑨师古曰:"颛与专同。其下类此。"

⑩师古曰:"易之明夷卦曰:'明入地中,明夷。'夷,伤也,离下坤
上,言日在地中,伤其明也。知时,谓知天时者也。贤而被伤,故
取明夷之义。"

⑪师古曰:"言虚伪无实之人矫惑于众在职位也。"

成公七年"正月,鼷鼠食郊牛角;①改卜牛,又食其角"。刘
向以为近青祥,亦牛祸也,不敬而傋霜之所致也。昔周公制礼
乐,成周道,故成王命鲁郊祀天地,以尊周公。至成公时,三家
始颛政,鲁将从此衰。天愍周公之德,痛其将有败亡之祸,故于
郊祭而见戒云。鼠,小虫,性盗窃,鼷又其小者也。牛,大畜,
祭天尊物也。角,兵象,在上,君威也。小小鼷鼠,食至尊之牛
角,象季氏乃陪臣盗窃之人,将执国命以伤君威而害周公之祀
也。改卜牛,鼷鼠又食其角,天重语之也。②成公怠慢昏乱,遂
君臣更执于晋。③至于襄公,晋为溴梁之会,④天下大夫皆夺君
政。⑤其后三家逐昭公,卒死于外,⑥几绝周公之祀。⑦董仲舒以为
鼷鼠食郊牛,皆养牲不谨也。京房易传曰:"祭天不慎,厥妖鼷
鼠啮郊牛角。"

①师古曰:"鼷,小鼠也,即今所谓甘鼠者,音奚。"

②师古曰:"重音直用反。"

③师古曰:"更,互也。十年秋,公如晋,晋人以公为贰于楚,故止
公,至十一年三月乃得归。十六年秋,公会晋侯于沙随,晋受叔孙
侨如之谮而止公。是年九月,又信侨如之谮,执季孙行父,舍之于
苕丘,十二月乃得归。故云君臣更执也。更音工衡反。"

④师古曰:"襄十六年,晋平公会诸侯于溴梁。溴梁者,溴水之梁也。

漊水出河内轵县东南，至温入河。漊音工觅反。"

⑤师古曰："溴梁之会，诸侯皆在，而鲁叔孙豹、晋荀偃、宋向戌、卫宵殖、郑公孙虿、小邾之大夫盟，是夺其君政也。"

⑥师古曰："已解于上。"

⑦师古曰："几音钜衣反。"

定公十五年"正月，鼷鼠食郊牛，牛死"。刘向以为定公知季氏逐昭公，罪恶如彼，亲用孔子为夹谷之会，齐人俟归郓、讙、龟阴之田，①圣德如此，反用季桓子，淫于女乐，而退孔子，无道甚矣。②诗曰："人而亡仪，不死何为!"③是岁五月，定公薨，牛死之应也。京房易传曰："子不子，鼠食其郊牛。"

①师古曰："夹谷，齐地也，一名祝其。定公十年，公与齐侯会于夹谷，齐侯欲使莱人以兵劫公。孔子以公退，命士众兵之，齐侯乃止。又欲以盟要公，孔子不欲，使兹无还以辞对。又欲诈享公，孔子又距而不受。于是齐人乃服。先是季氏之臣阳货以郓、讙、龟阴之田奔齐，至此会，乃以归我。郓、讙，二邑名。龟阴，龟山之阴。夹音频。讙音驩。"

②师古曰："桓子，季平子之子季孙斯也。女乐已解于上。"

③师古曰："卫诗相鼠之篇也。(无)〔亡〕仪，无礼仪也。"[11]

哀公元年"正月，鼷鼠食郊牛"。刘向以为天意汲汲于用圣人，逐三家，故复见戒也。①哀公年少，不亲见昭公之事，故见败亡之异。已而哀不寤，身奔于粤，此其效也。②

①师古曰："圣人，孔子也。见，显也。"

②师古曰："哀二十七年，公欲以越伐鲁而去三桓，公如公孙有山氏，因逊于邾，遂如越。国人施罪于公孙有山氏，而立哀公之子悼公。"

昭帝元凤元年九月，燕有黄鼠衔其尾舞王宫端门中，①王往视之，鼠舞如故。王使吏以酒脯祠，鼠舞不休，一日一夜死。近黄祥，时燕刺王旦谋反将死之象也。其月，发觉伏辜。京房易传曰："诛不原情，厥妖鼠舞门。"②

①师古曰："宫之正门。"

②师古曰："不原情者，不得其本情。"

成帝建始四年九月，长安城南有鼠衔黄蒿、柏叶，上民家柏及榆树上为巢，桐柏尤多。①巢中无子，皆有干鼠矢数十。时议臣以为恐有水灾。鼠，盗窃小虫，夜出昼匿；今昼去穴而登木，象贱人将居显贵之位也。桐柏，卫思后园所在也。其后，赵皇后自微贱登至尊，与卫后同类。赵后终无子而为害。明年，有鸢焚巢，杀子之异也。②天象仍见，甚可畏也。③一曰，皆王莽窃位之象云。京房易传曰："臣私禄罔辟，④厥妖鼠巢。"

①师古曰："桐柏，本亭名，卫思后于其地葬也。"

②师古曰："鸢，鸱也，音弋全反。"

③师古曰："仍，频也。"

④李奇曰："辟，君也。擅私爵禄，诬罔其君。"

文公十三年，"大室屋坏"。近金沴木，木动也。先是，冬，釐公薨，十六月乃作主。①后六月，又吉禘于太庙而致釐公，②春秋讥之。经曰："大事于太庙，跻釐公。"③左氏说曰：太庙，周公之庙，飨有礼义者也；祀，国之大事也。恶其乱国之大事于太庙，故言大事也。跻，登也，登釐公于愍公上，逆祀也。釐虽愍之庶兄，尝为愍臣，臣子一例，不得在愍上。又未三年而吉禘，前后乱贤父圣祖之大礼，内为貌不恭而狂，外为言不从而僭。故是岁自十二月不雨，至于秋七月。后年，若是者三，而太室屋坏矣。前堂曰太庙，中央曰太室；屋，其上重屋尊高者也，象鲁自是陵夷，将堕周公之祀也。④穀梁、公羊经曰，世室，鲁公伯禽之庙也。周公称太庙，鲁公称世室。大事者，祫祭也。⑤跻僖公者，先祢后祖也。

①师古曰："主，庙主也。僖公三十三年十二月薨，至文二年二月乃作主，间有一闰，故十六月也。"
②师古曰："祫，祭也，（二）〔一一〕而祭之。文二年八月而祫，距作主六月也。致谓（外）〔升〕其主于庙。"〔12〕
③师古曰："跻音子奚反，又音子谐反。"
④师古曰："堕，毁也，音火规反。"
⑤师古曰："祫，合也。毁庙及未毁庙之主，皆合祭于太祖。"

景帝三年十二月，吴二城门自倾，大船自覆。刘向以为近金沴木，木动也。先是，吴王濞以太子死于汉，称疾不朝，阴与楚王戊谋为逆乱。城犹国也，其一门名曰楚门，一门曰鱼门。吴地以船为家，以鱼为食。天戒若曰，与楚所谋，倾国覆家。吴王不寤，正月，与楚俱起兵，身死国亡。京房易传曰："上下咸诤，厥妖城门坏。"①

①师古曰："诤，惑也，音布内反。"

宣帝时，大司马霍禹所居第门自坏。时禹内不顺，外不敬，见戒不改，卒受灭亡之诛。

哀帝时，大司马董贤第门自坏。时贤以私爱居大位，赏赐无度，骄嫚不敬，大失臣道，见戒不改。后贤夫妻自杀，家徙合浦。

传曰："言之不从，是谓不乂，① 厥咎僭，厥罚恒阳，厥极忧。时则有诗妖，时则有介虫之孽，时则有犬祸，时则有口舌之痾，时则有白眚白祥。惟木沴金。"

①师古曰："乂读曰义。"

"言之不从"，从，顺也。"是谓不乂"，乂，治也。孔子曰："君子居其室，出其言不善，则千里之外违之，况其迩者乎!"①诗云："如蜩如螗，如沸如羹。"②言上号令不顺民心，虚哗愦乱，则不能治海内，失在过差，故其咎僭。僭，差也。刑罚妄加，群阴不附，则阳气胜，故其罚常阳也。旱伤百谷，则有寇难，上下俱忧，故其极忧也。君炕阳而暴虐，③臣畏刑而柑口，④则怨谤之气发于歌谣，故有诗妖。介虫孽者，谓小虫有甲飞扬之类，阳气所生也，于春秋为螽，今谓之蝗，皆其类也。于易，兑为口，犬以吠守，而不可信，言气毁故有犬祸。一曰，旱岁犬多狂死及为怪，亦是也。及人，则多病口喉欬者，故有口舌痾。金色白，故有白眚白祥，凡言伤者，病金气；金气病，则木沴之。其极忧者，顺之，其福曰康宁。刘歆言传曰时有毛虫之孽。说以为于天文西方参为虎星，故为毛虫。

①师古曰："易上系之辞也。迩，近也。"
②师古曰："大雅荡之诗也。蜩，蝉也。螗，蝘也，即蚗蟟也。谓政无文理，虚言蹲沓，如蜩螗之鸣，汤之沸渭，羹之将熟也。蜩音调。螗音唐。蝘音偃。蚗音貂。蟟音聊。渭音下馆反。"
③师古曰："凡言炕阳者，枯涸之意，谓无惠泽于下也。炕音口浪反。"
④师古曰："柑，笒也，音其廉反。笒音女涉反。"

史记周单襄公与晋郤锜、郤犨、郤至、齐国佐语，①告鲁成公曰：“晋将有乱，三郤其当之虖！夫郤氏，晋之宠人也，（二）〔三〕卿而五大夫，[13]可以戒惧矣。高位实疾颠，厚味实腊毒。②今郤伯之语犯，叔迁，季伐。③犯则陵人，迁则诬人，伐则掩人。有是宠也，而益之以三怨，其谁能忍之！虽齐国子亦将与焉。④立于淫乱之国，而好尽言以招人过，⑤怨之本也。唯善人能受尽言，齐其有乎！”⑥十七年，晋杀三郤。十八年，齐杀国佐。凡此属，皆言不从之咎云。

①师古曰：“单襄公，解已在前。郤锜，驹伯也。郤犫，苦成叔也。郤至，昭子，即温季也。国佐，齐大夫国武子也。”

②师古曰：“颠，仆也。腊，久也。言位高者必速颠仆也，味厚者为毒久。”

③师古曰：“伯，驹伯也。叔，苦成叔也。季，温季也。犯，侵也。迁，夸诞也。伐，矜尚也。”

④师古曰：“与读曰豫。豫于祸。”

⑤苏林曰：“招音翘。招，举也。”师古曰：“尽言，犹极言也。”

⑥师古曰：“言无善人不能受尽言。”

　晋穆侯以条之役生太子，名之曰仇；①其弟以千畮之战生，名之曰成师。②师服曰：“异哉，君之名子也！③夫名以制谊，谊以出礼，④礼以体政，政以正民，⑤是以政成而民听；易则生乱。⑥嘉耦曰妃，怨耦曰仇，古之命也。⑦今君名太子曰仇，弟曰成师，始兆乱矣，兄其替虖！”⑧及仇嗣立，是为文侯。文侯卒，子昭侯立，封成师于曲沃，号桓叔。⑨后晋人杀昭侯而纳桓叔，不克。⑩复立昭侯子孝侯，桓叔子严伯杀之。晋人立其弟鄂侯。鄂侯生哀侯，严伯子武公复杀哀侯及其弟，灭之，而代有晋国。⑪

①师古曰："穆侯，僖侯之孙也。条，晋地也。盖以敌来侵己，当战时而生，故取仇怨之义以名子。"

②师古曰："太子之弟，即桓叔也。晦，古亩字也。千晦亦地名，意取能成其师众也。"

③师古曰："师服，晋大夫。"

④师古曰："先制义理然后立名。义理既定，礼由之出。"

⑤师古曰："政以礼成，俗所以正。"

⑥师古曰："反易礼义，则乱生也。"

⑦师古曰："本自古昔而有此名。"

⑧师古曰："替，废也。"

⑨师古曰："昭侯国乱身危，不能自安，故封成师为曲沃伯也。桓，谥也。昭侯叔父，故谓之叔也。"

⑩师古曰："事不遂。"

⑪师古曰："武始并晋国，故称公也。事在桓三年。"

宣公六年，郑公子曼满与王子伯廖语，欲为卿。①伯廖告人曰："无德而贪，其在周易丰之离，②弗过之矣。"③间一岁，郑人杀之。④

①师古曰："曼满、伯廖，皆郑大夫也。廖音聊。"

②张晏曰："离下震上，丰。上六变而之离，曰'丰其屋，蔀其家'也。"

1248

③师古曰："言无道德而大其屋，不过三岁，必灭亡也。"

④师古曰："间一岁者，中间隔一岁。"

襄公二十九年，齐高子容与宋司徒见晋知伯，汝齐相礼。①宾出，汝齐语知伯曰："二子皆将不免！子容专，司徒侈，皆亡家之主也。②专则速及，侈将以其力毙，专则人实毙之，将及

矣。"九月，高子出奔燕。^①

①师古曰："高子容，齐大夫高止也。宋司徒，华定。知伯，晋大夫荀盈也。汝齐，晋大夫司马侯也。"

②师古曰："专，自是也。侈，奢泰。"

襄公三十一年正月，鲁穆叔会晋归，告孟孝伯曰："赵孟将死矣！^①其语偷，不似民主；^②且年未盈五十，而谆谆焉如八九十者，弗能久矣。^③若赵孟死，为政者其韩子乎！^④吾子盍与季孙言之？可以树善，君子也。"^⑤孝伯曰："民生几何，谁能毋偷！^⑥朝不及夕，将焉用树！"穆叔告人曰："孟孙将死矣！吾语诸赵孟之偷也，而又甚焉。"九月，孟孝伯卒。

①师古曰："穆叔，即叔孙穆子也。孟孝伯，鲁大夫仲孙羯也。赵孟，晋卿赵文子也，名武。前年十月，穆叔与武同会澶泉，至此年正月乃归。"

②师古曰："偷，苟且。"

③师古曰："谆谆，重顿之貌也，谆音之闰反。"

④师古曰："韩子，韩宣子也，名起。"

⑤师古曰："季孙，谓季武子也，名宿。言韩起有君子之德，方执晋政，可素厚之，以立善也。"

⑥师古曰："几何，言无多时也。几音居岂反。"

昭公元年，周使刘定公劳晋赵孟，^①因曰："子弁冕以临诸侯，盍亦远绩禹功，而大庇民乎？"^②对曰："老夫罪戾是惧，焉能恤远？吾侪偷食，朝不谋夕，何其长也？"^③刘子归，以语王曰："谚所谓老将知而耄及之者，其赵孟之谓乎！^④为晋正卿以主诸侯，而侪于隶人，朝不谋夕，弃神人矣。神怒民畔，何以能

久?⑤赵孟不复年矣!"⑥是岁，秦景公弟后子奔晋，⑦赵孟问:
"秦君何如?"对曰:"无道。"赵孟曰:"亡乎?"对曰:"何为?
一世无道，国未艾也。⑧国于天地，有与立焉，⑨不数世淫，弗能
敝也。"赵孟曰:"(天)〔夭〕乎?"〔14〕对曰:"有焉。"赵孟曰:
"其几何?"⑩对曰:"铖闻国无道而年谷和孰，天赞之也，鲜不
五稔。"⑪赵孟视荫，曰:"朝夕不相及，谁能待五?"⑫后子出而
告人曰:"赵孟将死矣! 主民玩岁而愒日，其与几何?"⑬冬，赵
孟卒。昭五年，秦景公卒。

①师古曰:"周，周景王也。刘定公，周卿也，食邑于刘，名夏。是
　时，孟与诸侯会于虢，故就而劳之。"

②师古曰:"时馆于洛汭，因见河洛而美禹功，故言之也。弁冕，冠
　也。言今服冠冕有国家，何不追绩禹功，而庇荫其人乎?"

③师古曰:"侪，等也。言且得食而已，苟免目前，不能念其长久也。
　侪音仕皆反。"

④师古曰:"谚，俗所传言也。八十曰耄，乱也。言人年老阅历既多，
　谓将益智，而又耄乱也。"

⑤师古曰:"言其自比贱隶，而无恤下之心，人为神主，故神人皆
　去也。"

⑥师古曰:"谓其即死，不复见明年。"

⑦师古曰:"后子，即公子铖。"

⑧师古曰:"艾读曰刈。刈，绝也。"

⑨师古曰:"言在天地之间，多欲辅助，相与共成立之。"

⑩师古曰:"言当几时也。音居岂反。"

⑪师古曰:"赞，佐助之也。鲜，少也。稔，孰也。谷孰为一稔。言少
　尚当五年，多则或不尽也。稔音人甚反。"

⑫师古曰:"荫谓日之荫影也。赵孟自以年暮，朝不及夕，故言五年不

可待也。萌读与阴同。"

⑬师古曰："玩，爱也。愒，贪也。与几何，言不能久也。愒音口
盖反。"

　　昭公元年，楚公子围会盟，①设服离卫。②鲁叔孙穆子曰：
"楚公子美矣君哉！"③伯州犁曰："此行也，辞而假之寡君。"④郑
行人子羽曰："假不反矣。"⑤伯州犁曰："子姑忧子皙之欲背诞
也。"⑥子羽曰："假而不反，子其无忧乎？"⑦齐国子曰："吾代二
子闵矣。"⑧陈公子招曰："不忧何成？二子乐矣！"⑨卫齐子曰：
"苟或知之，虽忧不害。"⑩退会，子羽告人曰："齐、卫、陈大
夫其不免乎！国子代人忧，子招乐忧，齐子虽忧弗害。夫弗及而
忧，与可忧而乐，与忧而弗害，皆取忧之道也。⑪太誓曰：'民之
所欲，天必从之。'⑫三大夫兆忧矣，能无至乎！⑬言以知物，其
是之谓矣。"⑭

　　①师古曰："围，楚恭王之子也。时为楚令尹，与齐、宋、卫、陈、
　　　蔡、郑会于虢。"

　　②张晏曰："设服者，设人君之服。离卫者，二人执戈在前也。"师古
　　　曰："离列人君之侍卫也。"

　　③师古曰："穆子，叔孙豹也。言其服美似人君也。"

　　④师古曰："伯州犁，楚太宰也。言受楚王之命，假以此礼耳。盖为其
　　　令尹文过。"

　　⑤师古曰："行人，官名。子羽，公孙挥字也。假不反矣，言将遂
　　　为君。"

　　⑥应劭曰："子皙攻杀伯有，今又背盟，欲复作乱也。"师古曰："子
　　　皙，郑大夫公孙黑也。背诞者，背命放诞，欲为乱也。子且自忧此，
　　　无忧令尹不反戈也。"

⑦师古曰："言令尹将图为君，则楚国有难，子亦有忧也。"

⑧应劭曰："闵，忧也。二子，伯州犁，行人子羽也。"师古曰："国子，齐大夫国弱也。二子，谓王子围及伯州犁也。围以是年篡位，而不能令终，州犁亦为围所杀，故言可闵。应说非也。"

⑨应劭曰："言国有忧，己乃得以成功也。"师古曰："招，陈公子，哀公弟也。言因忧以成事，事成而乐也。招音韶。"

⑩师古曰："齐子，卫大夫齐恶也。言先知为备，虽有忧难，无所损害。"

⑪师古曰："弗及而忧，谓忧不及己而妄忧也。"

⑫师古曰："太誓，周书也。"

⑬师古曰："兆忧，谓开忧兆也。"

⑭师古曰："物，类也。察其所言，以知祸福之类。"

昭公十五年，晋籍谈如周葬穆后，①既除丧而燕，②王曰："诸侯皆有以填抚王室，晋独无有，何也？"③籍谈对曰："诸侯之封也，皆受明器于王室，故能荐彝器。④晋居深山，戎翟之与邻，拜戎不暇，其何以献器？"王曰："叔氏其忘诸乎！⑤叔父唐叔，成王之母弟，其反亡分乎？⑥昔而高祖司晋之典籍，⑦以为大正，故曰籍氏。女，司典之后也，何故忘之？"籍谈不能对。宾出，王曰："籍父其无后乎！数典而忘其祖。"⑧籍谈归，以语叔向。叔向曰："王其不终乎！吾闻所乐必卒焉。⑨今王乐忧，若卒以忧，不可谓终。王一岁而有三年之丧二焉，⑩于是乎以丧宾燕，又求彝器，乐忧甚矣。三年之丧，虽贵遂服，礼也。⑪王虽弗遂，燕乐已早。⑫礼，王之大经也；一动而失二礼，无大经矣。⑬言以考典，典以志经。⑭忘经而多言举典，将安用之！"

①师古曰："籍谈，晋大夫也。穆后，周景王之后谥穆也。"

②师古曰:"燕与宴同。"

③师古曰:"填抚王室,谓献器物也。填音竹刃反。"

④师古曰:"明器,明德之器也。彝器,常可宝用之器也。"

⑤师古曰:"叔,籍谈字也。一曰叔父之使,故谓之叔氏也。"

⑥师古曰:"分音扶问反。"

⑦师古曰:"而亦汝。"

⑧师古曰:"忘祖业。"

⑨师古曰:"言志之所乐,终于此事。"

⑩师古曰:"为太子三年,妻死三年乃娶,达子之志。言三年之丧,二后及太子也。"

⑪师古曰:"遂犹竟。"

⑫师古曰:"天子除丧,当在卒哭,今适既葬,故讥其早也。"

⑬师古曰:"经谓常法也。既不遂服,又即宴乐,是失二礼。"

⑭师古曰:"考,成也。志,记也。"

哀公十六年,孔丘卒,公诔之曰:"(昊)〔旻〕天不吊,[15]不愁遗一老,俾屏予一人。"①子赣曰:"君其不殁于鲁乎?夫子之言曰:'礼失则昏,名失则愆。'②失志为昏,失所(谓)〔为〕愆。[16]生弗能用,死而诔之,非礼也;称'予一人',非名也。③君两失之。"二十七年,公孙于邾,④遂死于越。⑤

①应劭曰:"愁,且辞也。言(昊)〔旻〕天不善于鲁,不且遗一老,使屏蔽我一人也。"师古曰:"愁音鱼觐反。"

②师古曰:"夫子谓孔子也。昏谓惑也。愆,过也。"

③师古曰:"天子自称曰'予一人',非诸侯之号,故云非名。"

④师古曰:"孙读曰逊。"

⑤师古曰:"已解于上。"

庶征之恒阳，刘向以为春秋大旱也。其夏旱雩祀，谓之大雩。不伤二谷，谓之不雨。京房易传曰："欲德不用兹谓张，① 厥灾荒。荒，旱也，其旱阴云不雨，变而赤，因而除。师出过时兹谓广，② 其旱不生。上下皆蔽兹谓隔，其旱天赤三月，时有雹杀飞禽。上缘求妃兹谓僭，③ 其旱三月大温亡云。居高台府，兹谓犯阴侵阳，其旱万物根死，数有火灾。庶位逾节兹谓僭，其旱泽物枯，为火所伤。"

① 孟康曰："欲得贤者而不用，人君徒张此意。"

② 李奇曰："广音旷。"韦昭曰："谓怨旷也。"

③ 师古曰："缘，历也。言历众处而求妃妾也。"

釐公二十一年"夏，大旱"。董仲舒、刘向以为齐（威）〔桓〕既死，[17]诸侯从楚，釐尤得楚心。楚来献捷，释宋之执。① 外倚强楚，炕阳失众，又作南门，劳民兴役。② 诸雩旱不雨，略皆同说。

① 师古曰："谓此年楚执宋公以伐宋，冬使宜申来献捷，十二月盟于薄，释宋公也。"

② 师古曰："南门本名稷门，更改高大而作之。事在二十年。"

宣公七年"秋，大旱"。是夏，宣与齐侯伐莱。①

① 师古曰："莱国即东莱黄县也。"

襄公五年"秋，大雩"。先是宋鱼石犇楚，① 楚伐宋，取彭城以封鱼石。② 郑畔于中国而附楚，③ 襄与诸侯共围彭城，④ 城郑虎牢以御楚。⑤ 是岁郑伯使公子发来聘，⑥ 使大夫会吴于善道。⑦ 外结二国，内得郑聘，有炕阳动众之应。

①师古曰："犇，古奔字也。事在成十五年。鱼石，宋左师也，公子目夷之曾孙也。"

②师古曰："事在成十八年。"

③师古曰："自鄢陵战后，郑遂不服，故诸侯屡侵伐之。"

④师古曰："谓襄元年使仲孙蔑会晋栾黡、宋华元、卫宁殖、曹人、莒人、邾人、滕人、薛人围彭城。"

⑤师古曰："事在二年。武牢本郑邑，时已属晋，盖追言之。"

⑥师古曰："公子发，郑穆公之子，子产之父也，字子国。"

⑦师古曰："使仲孙蔑会吴也。善道，地名。"

八年"九月，大雪"。时作三军，季氏盛。①

①师古曰："万二千五百人为军。鲁本立上下二军，皆属于公，有事则三卿递帅之而征伐。今季氏欲专其人，故增立中军，三卿各主其一也。事在十一年。"

二十八年"八月，大雪"。先是，比年晋使荀吴、齐使庆封来聘，①是夏邾子来朝。襄有炕阳自大之应。

①师古曰："比年，频年也。荀吴，晋大夫，即荀偃之子也，二十六年晋侯使来聘。庆封，齐大夫也，二十七年齐侯使来聘。"

昭公三年"八月，大雪"。刘歆以为昭公即位年十九矣，犹有童心，居丧不哀，炕阳失众。

六年"九月，大雪"。先是莒牟夷以二邑来犇，①莒怒伐鲁，叔弓帅师，距而败之，昭得入晋。②外和大国，内获二邑，取胜邻国，有炕阳动众之应。

①师古曰："事在五年。牟夷，莒大夫也。二邑，谓牟娄及防兹也。"

②师古曰："叔弓，鲁大夫。时昭公适欲朝晋，而遇莒人来讨，将不果

行。叔弓既败莒师，公乃得去。故传云成礼大国，以为援好也。"

十六年"九月，大雩"。先是昭公母夫人归氏薨，昭不戚，又大蒐于比蒲。①晋叔向曰："鲁有大丧而不废蒐。国不恤丧，不忌君也；君亡戚容，不顾亲也，殆其失国。"与三年同占。

①师古曰："事在昭十一年。归氏，胡国之女。归姓，即齐归也。齐，谥也。蒐谓聚而众田猎也。比蒲，鲁地名。比音毗。"

二十四年"八月，大雩"。刘歆以为左氏传二十三年邾师城翼，还经鲁地，①鲁袭取邾师，获其三大夫。②邾人愬于晋，晋人执我行人叔孙婼，③是春乃归之。

①师古曰："翼，邾邑也。经者，道出其中也。鲁地，谓武城也。"

②师古曰："谓徐钽、丘弱、茅地也。"

③师古曰："叔孙昭子也。婼音丑略反。"

二十五年"七月上辛大雩，季辛又雩"，旱甚也。刘歆以为时后氏与季氏有隙。①又季氏之族有淫妻为谗，使季平子与族人相恶，皆共谮平子。②子家驹谏曰："谗人以君侥幸，不可。"③昭公遂伐季氏，为所败，出犇齐。

①师古曰："后氏，郈昭伯也。季氏，季平子也。季、郈之鸡斗，季氏芥其鸡，郈子为之金距。平子怒，益宫于郈氏，且责让之，故郈昭伯怨之。"

②师古曰："谓平子庶叔父公鸟之妻季姒与雍人檀通，而谮季氏之族人季公亥、公思展，故平子杀思展，以故族人皆怨之。"

③师古曰："子家驹即子家懿伯，庄公之玄孙也。一名羁。"

定公（十）〔七〕年[18]"九月，大雩"。先是定公自将侵郑，归而城中城。二大夫帅师围郓。①

①师古曰："事并在六年。中城，鲁之邑也。二大夫谓季孙斯、仲孙
何忌。"

严公三十一年"冬，不雨"。是岁，一年而三筑台，①奢侈不
恤民。

①师古曰："是年春筑台于郎，夏筑台于薛，秋筑台于秦。秦、郎、
薛，皆鲁地。"

釐公二年"冬十月不雨"，三年"春正月不雨，夏四月不
雨"，"六月雨"。先是者，严公夫人与公子庆父淫，而杀二
君。①国人攻之，夫人逊于邾，庆父犇莒。釐公即位，南败邾，②
东败莒，获其大夫。③有炕阳之应。

①师古曰："庆父，桓公之子，庄公弟也。二君，谓子般及闵公。"
②师古曰："谓元年公败邾师于偃。"
③师古曰："谓元年公子友帅师败莒师于郦，获莒挐也。"

文公二年，"自十有二月不雨，至于秋七月"。文公即位，
天子使叔服会葬，①毛伯赐命。②又会晋侯于戚。③公子遂如齐纳
币。④又与诸侯盟。⑤上得天子，外得诸侯，沛然自大。⑥跻釐公
主。大夫始颛事。⑦

①师古曰："叔服，周之内史也，叔氏，服字。会葬，葬僖公。"
②师古曰："亦天子使之也。毛伯，周之卿士。毛，国；伯，爵也。赐
命者，赐以命圭为瑞信也。"
③师古曰："谓大夫公孙敖会之也。戚，卫邑，在顿丘卫县西。"
④师古曰："纳玄纁之币，谓公为婚于齐。"
⑤师古曰："谓公孙敖会宋公、陈侯、郑伯、晋士縠盟于垂陇也。垂

1257

陇，郑地。"

⑥师古曰："沛音普大反。"

⑦师古曰："谓季孙行父也。颛读与专同。"

十年，"自正月不雨，至于秋七月"。先是公子遂会四国而救郑。①楚使越椒来聘。②秦人归襚。③有炕阳之应。

①师古曰："谓九年楚人伐郑，公子遂会晋人、宋人、卫人、许人以救之。"

②师古曰："越椒，楚大夫名也。事亦在九年。"

③师古曰："谓九年秦人来归僖公及成风之襚也。凡问丧者，衣服曰襚。成风，僖公之母也。成，谥也。风，姓也。襚音遂。"

十三年，"自正月不雨，至于秋七月"。先是曹伯、杞伯、滕子来朝，①郑伯来犇，②秦伯使遂来聘，③季孙行父城诸及郓。④二年之间，五国趋之，内城二邑。炕阳失众。一曰，不雨而五谷皆熟，异也。文公时，大夫始颛盟会，公孙敖会晋侯，又会诸侯盟于垂陇。故不雨而生者，阴不出气而私自行，以象施不由上出，臣下作福而私自成。一曰，不雨近常阴之罚，君弱也。

①师古曰："十一年曹伯来朝，十二年杞伯、滕子来朝。"

②师古曰："事在十二年。郑，国；伯，爵也。"

③师古曰："事在十二年。遂，秦大夫名，即左氏所谓西乞术也。"

④师古曰："事在十二年。诸、郓，二邑名也。诸即琅邪诸县也。"

惠帝五年夏，大旱，江河水少，溪谷绝。先是发民男女十四万六千人城长安，是岁城乃成。

文帝三年秋，天下旱。是岁夏，匈奴右贤王寇侵上郡，诏丞相灌婴发车骑士八万五千人诣高奴，①击右贤王走出塞。其秋，济北王兴居反，使大将军讨之，皆伏诛。

①师古曰："即上郡之县。"

后六年春，天下大旱。先是发车骑材官屯广昌，①是岁二月复发材官屯陇西。后匈奴大入上郡、云中，烽火通长安，三将军屯边，②又三将军屯京师。③

①师古曰："武都之县。"
②师古曰："谓以中大夫令免为车骑将军屯飞狐，故楚相苏意为将军屯句注，将军张武屯北地。"
③师古曰："谓河内太守周亚夫为将军次细柳，宗正刘礼为将军次霸上，祝兹侯徐厉为将军次棘门。"

景帝中三年秋，大旱。

武帝元光六年夏，大旱。是岁，四将军征匈奴。①

①师古曰："谓车骑将军卫青出上谷，骑将军公孙敖出代，轻车将军公孙贺出云中，骁骑将军李广出雁门。"

元朔五年春，大旱。是岁，六将军众十馀万征匈奴。①

①师古曰："谓卫青将六将军兵也。六将军者，卫尉苏建为游击将军，左内史李沮为强弩将军，大仆公孙贺为骑将军，代相李蔡为轻车将军，俱出朔方；大行李息、岸头侯张次公为将军，出右北平。"

元狩三年夏，大旱。是岁发天下故吏伐棘上林，穿昆明池。

天汉元年夏，大旱；其三年夏，大旱。先是贰师将军征大宛还。天汉元年，发適民。①二年夏，三将军征匈奴，②李陵没不还。

①师古曰："適读曰谪。"

②师古曰："谓贰师将军三万骑出酒泉，因杅将军出西河，骑都尉李陵将步兵五千人出居延北也。"

征和元年夏，大旱。是岁发三辅骑士闭长安城门，大搜，始治巫蛊。明年，卫皇后、太子败。

昭帝始元六年，大旱。先是大鸿胪田广明征益州，暴师连年。

宣帝本始三年夏，大旱，东西数千里。先是五将军众二十万征匈奴。①

①师古曰："本始三年，御史大夫田广明为祁连将军，后将军赵充国为蒲类将军，云中太守田顺为武牙将军，及渡辽将军范明友、前将军韩增，凡五将军，兵十五万骑。校尉常惠持节护乌孙兵，咸击匈奴，是为二十万众也。"

神爵元年秋，大旱。是岁，后将军赵充国征西羌。

成帝永始三年、四年夏，大旱。

左氏传晋献公时童谣曰："丙〔子〕之晨，[19]龙尾伏辰，袀服振振，取虢之旂。①鹑之贲贲，天策焞焞，火中成军，虢公其奔。"②是时虢为小国，介夏阳之阨，怙虞国之助，③亢衡于晋，有炕阳之节，失臣下之心。晋献伐之，问于卜偃曰："吾其济乎？"④偃以童谣对曰："克之。十月朔丙子旦，日在尾，月在策，鹑火中，必此时也。"冬十二月丙子朔，晋师灭虢，虢公丑奔周。周十二月，夏十月也。言天者以夏正。

①师古曰："徒歌曰谣。袀服，黑衣。振振，袀服之貌也。袀音（勾）〔均〕，[20]又音弋春反。振音只人反。"

②师古曰："（犇）〔贲〕音奔。[21]焞音吐敦反，又音敦。犇，古奔字。"

③师古曰："介，隔也。"

④师古曰："卜偃，晋大夫主卜者。"

史记晋惠公时童谣曰："恭太子更葬兮，后十四年，晋亦不昌，昌乃在其兄。"是时，惠公赖秦力得立，立而背秦，内杀二大夫，①国人不说。②及更葬其兄恭太子申生而不敬，故诗妖作也。后与秦战，为秦所获，立十四年而死。晋人绝之，更立其兄重耳，是为文公，遂伯诸侯。③

①师古曰："谓里克、丕郑。"

②师古曰："说读曰悦。"

③师古曰："伯读曰霸。"

左氏传文、成之世童谣曰："鸜之鹆之，公出辱之。①鸜鹆之羽，公在外野，往馈之马。②鸜鹆趹趹，公在乾侯，③征褰与襦。④鸜鹆之巢，远哉摇摇，⑤裯父丧劳，宋父以骄。⑥鸜鹆鸜鹆，往歌来哭。"⑦至昭公时，有鸜鹆来巢。公攻季氏，败，出奔齐，居外野，次乾侯。八年，死于外，归葬鲁。昭公名裯。公子宋立，是为定公。

①师古曰："鸜音劬。鹆音欲。"

②师古曰："馈亦馈字。"

③臣瓒曰："乾侯，在魏郡斥丘县。"师古曰："趹趹，跳行貌也。趹音诛。乾音干。"

④师古曰："征，求也。褰，袴也。言公出外求袴襦之服。"

⑤师古曰："摇摇，不安之貌。"

⑥师古曰："父读曰甫。甫者，男子之通号，故云裯甫、宋甫也。言昭公欲去季氏，不遂而出，故曰丧劳。定公无德于下，坐致君位，故

日以骄。"

⑦师古曰："谓昭公生时出奔，死乃以丧归之。"

元帝时童谣曰："井水溢，灭灶烟，灌玉堂，流金门。"至成帝建始二年三月戊子，北宫中井泉稍上，溢出南流，象春秋时先有鹳鹆之谣，而后有来巢之验。井水，阴也；灶烟，阳也；玉堂、金门，至尊之居：象阴盛而灭阳，窃有宫室之应也。王莽生于元帝初元四年，至成帝封侯，为三公辅政，因以篡位。

成帝时童谣曰："燕燕尾涎涎，①张公子，时相见。木门仓琅根，燕飞来，啄皇孙，皇孙死，燕啄矢。"其后帝为微行出游，常与富平侯张放俱称富平侯家人，过（河阳）〔阳阿〕主作乐，〔22〕见舞者赵飞燕而幸之，故曰"燕燕尾涎涎"，美好貌也。张公子谓富平侯也。"木门仓琅根"，谓宫门铜锾，②言将尊贵也。后遂立为皇后。弟昭仪贼害后宫皇子，卒皆伏辜，所谓"燕飞来，啄皇孙，皇孙死，燕啄矢"者也。

①师古曰："涎涎，光泽貌也，音徒见反。"
②师古曰："门之铺首及铜锾也。铜色青，故曰仓琅。铺首衔环，故谓之根。锾读与环同。"

成帝时歌谣又曰："邪径败良田，谗口乱善人。桂树华不实，黄爵巢其颠。故为人所羡，今为人所怜。"桂，赤色，汉家象。华不实，无继嗣也。王莽自谓黄，象黄爵巢其颠也。

严公十七年"冬，多麋"。刘歆以为毛虫之孽为灾。刘向以为麋色青，近青祥也。麋之为言迷也，盖牝兽之淫者也。是时，严公将取齐之淫女，其象先见，天戒若曰，勿取齐女，淫而迷国。严不寤，遂取之。夫人既入，淫于二叔，终皆诛死，①几亡社稷。②董仲舒指略同。京房易传曰："废正作淫，大不明，国多麇。"又曰："震遂泥，③厥咎国多麇。"

①师古曰："谓庆父缢死，叔牙鸩卒，齐人杀哀姜也。"

②师古曰："谓子般、闵公前后见杀，而齐侯欲取鲁国也。几音钜依反。"

③李奇曰："从三至五，有坎象。坎为水，四为泥在水中，故曰震遂泥。泥者，泥溺于水，不能自拔，道未光也。或以为溺于淫女，故其妖多麇。麇，迷也。"师古曰："此易震卦九四爻辞也。泥音乃计反。"

昭帝时，昌邑王贺闻人声曰"熊"，视而见大熊。左右莫见，以问郎中令龚遂，遂曰："熊，山野之兽，而来入宫室，王独见之，此天戒大王，恐宫室将空，危亡象也。"贺不改寤，后卒失国。

左氏传襄公十七年十一月甲午，宋国人逐狂狗，①狂狗入于华臣氏，②国人从之。臣惧，遂奔陈。先是臣兄阅为宋卿，③阅卒，臣使贼杀阅家宰，遂就其妻。宋平公闻之，曰："臣不唯其宗室是暴，大乱宋国之政。"欲逐之。左师向戌曰："大臣不顺，国之耻也，不如盖之。"④公乃止。华臣炕暴失义，内不自安，故犬祸至，以犗亡也。

①师古曰："狂，狂也，音征例反。"

②师古曰："华臣，华元之子也。"

③师古曰："为右师。"

④师古曰："向戌，宋桓公曾孙也。盖谓覆掩其事也。"

高后八年三月，祓霸上，①还过枳道，见物如仓狗，橄高后掖,②忽而不见。卜之,赵王如意为祟。遂病掖伤而崩。先是高后鸩杀如意,支断其母戚夫人手足,榱其(服)〔眼〕以为人彘。③〔23〕

①师古曰:"祓者,除恶之祭也,音废。"

②师古曰:"械谓拘持之也。械音戟。拘音居足反。"

③师古曰:"榱谓敲击去其精也。榱音口角反。凡言彘者,皆豕之别名。"

　　文帝后五年六月,齐雍城门外有狗生角。①先是帝兄齐悼惠王亡后,帝分齐地,立其庶子七人皆为王。②兄弟并强,有炕阳心,故犬祸见也。犬守御,角兵象,在前而上鄉者也。③犬不当生角,犹诸侯不当举兵乡京师也。天之戒人蚤矣,④诸侯不寤。后六年,吴、楚畔,济南、胶西、胶东三国应之,举兵至齐。齐王犹与城守,⑤三国围之。会汉破吴、楚,因诛四王。故天狗下梁而吴、楚攻梁,狗生角于齐而三国围齐。汉卒破吴、楚于梁,诛四王于齐。京房易传曰:"执政失,下将害之,厥妖狗生角。君子苟免,小人陷之,厥妖狗生角。"

①师古曰:"雍城门者,齐门名也。春秋左氏传平阳之役,赵武及秦周伐雍门之(获)〔获〕是也。"〔24〕

②师古曰:"谓齐孝王将闾、济北王志、菑川王贤、胶东王雄渠、胶西王卬、济南王辟光,并城阳恭王喜,是谓七王。"

③师古曰:"乡读曰向。次下亦同。"

④师古曰:"蚤,古早字。"

⑤师古曰:"与读曰豫。"

　　景帝三年二月,邯郸狗与彘交。悖乱之气,近犬豕之祸也。①是时赵王遂悖乱，与吴、楚谋为逆，遣使匈奴求助兵，卒伏其辜。犬，兵革失众之占；②豕，北方匈奴之象。逆言失听，交于异类，以生害也。京房易传曰："夫妇不严，厥妖狗与豕交。兹谓反德，国有兵革。"

①师古曰："悖，惑也，音布内反。此下亦同。"
②如淳曰："犬吠守，似兵革外附它类，失众也。"

成帝河平元年，长安男子石良、刘音相与同居，①有如人状在其室中，击之，为狗，走出。去后有数人被甲持兵弩至良家，良等格击，或死或伤，皆狗也。自二月至六月乃止。

①师古曰："二人共止一室。"

鸿嘉中，狗与彘交。

左氏昭公二十四年十月癸酉，王子朝以成周之宝圭湛于河，①幾以获神助。②甲戌，津人得之河上，阴不佞取将卖之，则为石。③是时王子朝篡天子位，万民不乡，号令不从，④故有玉变，近白祥也。癸酉入而甲戌出，神不享之验云。玉化为石，贵将为贱也。后二年，子朝犇楚而死。

①师古曰："以祭河也。尔雅曰：'祭川曰浮沈。'湛读曰沈。后皆类此。"
②师古曰："幾读曰冀。"
③师古曰："阴不佞，周大夫也。"
④师古曰："乡读曰向。"

史记秦始皇帝三十六年，郑客从关东来，至华阴，望见素车白马从华山上下，知其非人，道住止而待之。遂至，①持璧与客曰："为我遗镐池君。"②因言"今年祖龙死"。③忽不见。郑客奉璧，即始皇二十八年过江所湛璧也。与周子辈同应。是岁，石陨于东郡，民或刻其石曰："始皇死而地分。"此皆白祥，炕阳暴虐，号令不从，孤阳独治，群阴不附之所致也。一曰，石，阴类也，阴持高节，臣将危君，赵高、李斯之象也。始皇不畏戒自省，反夷灭其旁民，而燔烧其石。是岁始皇死，后三年而秦灭。

①师古曰："于道上住而待此车马。"

②张晏曰："武王居镐，镐池君则武王也。武王伐商，故神云始皇荒淫若纣矣，今亦可伐也。"孟康曰："长安西南有镐池。"师古曰："镐池在昆明池北。此直江神告镐池之神，云始皇将死耳，无豫于武王也。张说失矣。"

③苏林曰："祖，始也。龙，人君象。谓始皇也。"

孝昭元凤三年正月，泰山莱芜山南匈匈有数千人声。民视之，有大石自立，高丈五尺，大四十八围，入地深八尺，三石为足。石立处，有白乌数千集其旁。眭孟以为石阴类，下民象，泰山岱宗之岳，王者易姓告代之处，当有庶人为天子者。孟坐伏诛。京房易传曰："'复，崩来无咎。'①自上下者为崩，厥应泰山之石颠而下，②圣人受命人君废。"又曰："石立如人，庶士为天下雄。立于山，同姓；平地，异姓。立于水，圣人；于泽，小人。"

①师古曰："复卦之辞也。今易崩字作朋也。"

②师古曰："颠，坠也。"

天汉元年三月，天雨白毛；三年八月，天雨白氂。①京房易传曰："前乐后忧，厥妖天雨羽。"又曰："邪人进，贤人逃，天雨毛。"

①师古曰："凡言氄者，毛之强曲者也，音力之反。"

史记周威烈王二十三年，九鼎震。①金震，木动之也。是时周室衰微，刑重而虐，号令不从，以乱金气。鼎者，宗庙之宝器也。宗庙将废，宝鼎将迁，故震动也。是岁晋三卿韩、魏、赵篡晋君而分其地，威烈王命以为诸侯。天子不恤同姓，而爵其贼臣，天下不附矣。后三世，周致德祚于秦。②其后秦遂灭周，而取九鼎。九鼎之震，木沴金，失众甚。

①孟康曰："威烈，一王之谥也，六国时也。"师古曰："即赧王之高
　祖也。"
②晋灼曰："赧王奔秦，献其邑，此谓致德祚也。"

成帝元延元年正月，长安章城门门牡自亡，①函谷关次门牡亦自亡。②京房易传曰："饥而不损兹谓泰，厥灾水，厥咎牡亡。"妖辞曰："关动牡飞，辟为亡道臣为非，厥咎乱臣谋篡。"③故谷永对曰："章城门通路寝之路，函谷关距山东之险，城门关守国之固，固将去焉，故牡飞也。"

①晋灼曰："西出南头第一门也。牡是出篅者。"师古曰："牡所以下闭
　者也，亦以铁为之，非出篅也。"
②韦昭曰："函谷关边小门也。"师古曰："非行人出入所由，盖关司曹
　府所在之门也。"
③李奇曰："易妖变传辞。"

【校勘记】

〔1〕　唯金沴（水）〔木〕。　景祐、殿本都作"木"。朱一新说作

"木"是。

〔2〕 左氏(使)〔传〕桓公十三年， 景祐、殿、局本都作"传"，
此误。

〔3〕 成甫公受(赈)〔服〕于社， 景祐、殿本都作"服"，此误，
局本亦误。

〔4〕 劝杀(威)〔桓〕公， 景祐、殿本都作"桓"。

〔5〕 徵，(澄)〔證〕也。 景祐、殿、局本都作"證"。朱一新说作
"證"是。

〔6〕 犹(玦)〔决〕，去不反意也。 景祐、殿本都作"决"。王先谦
说作"决"是。

〔7〕 郑公子士〔浅〕 殿本有"浅"字。朱一新说有"浅"字是。
按景祐本无，杨树达以为不当有。

〔8〕 高九(尺)〔寸〕， 景祐、殿本都作"寸"。朱一新说作
"寸"是。

〔9〕 史(嚣)〔嚚〕 殿本作"嚚"。王先谦说作"嚚"是。

〔10〕 (反)〔及〕后为悼王。 景祐、殿本都作"及"。朱一新说
"反""及"均误，当作"也"。

〔11〕 (无)〔亡〕仪，无礼仪也。 景祐、殿本都作"亡"。王先谦
说作"亡"是。

〔12〕 (二)〔一一〕而祭之。致谓(外)〔升〕其主于庙。 朱一新说
汪本"二"作"一一"，"外"作"升"，是。按景祐、殿本同
汪本。

〔13〕 (二)〔三〕卿而五大夫， 景祐本作"三"。朱一新说作
"三"是。

〔14〕 (天)〔夭〕殡？ 王念孙说当从景祐本作"夭"，下文"其几

何"正承"天"字言之。

[15] (昊)〔旻〕天不吊， 景祐、殿本都作"旻"，注同。按左传作"旻"。

[16] 失所(谓)〔为〕怨。 景祐、殿本都作"为"。

[17] 齐(威)〔桓〕既死， 景祐、殿本都作"桓"。

[18] 定公(十)〔七〕年 苏舆说据春秋经，定十年无大雩事。其书"九月大雩"，在定七年。"十"疑"七"之误。

[19] 丙〔子〕之晨， 景祐本有"子"字。王念孙说景祐本是。

[20] 袀音(匀)〔均〕， 景祐、殿本都作"均"。

[21] (犇)〔贲〕音奔。 殿本作"贲"。王先谦说作"贲"是。

[22] 过(河阳)〔阳阿〕主作乐， 何焯、王念孙都说当作"阳阿"。

[23] 摧其(服)〔眼〕以为人彘。 钱大昭说"服"当作"眼"。按景祐、殿本都作"眼"。

[24] 伐雍门之(荻)〔萩〕是也。 朱一新说汪本作"萩"是。按左传襄十八年文作"萩"。

汉书卷二十七中之下

五行志第七中之下

传曰："视之不明，是谓不悊，厥咎舒，厥罚恒奥，①厥极疾。②时则有草妖，时则有蠃虫之孽，③时则有羊祸，时则有目痾，时则有赤眚赤祥。惟水沴火。"

①师古曰："奥读曰燠。燠，暖也，音於六反。其下并同。"
②韦昭曰："以疾为罚。"
③师古曰："螽、螟之类无鳞甲毛羽，故谓之蠃虫也。音郎果反。"

"视之不明，是谓不悊"，悊，知也。诗云："尔德不明，以亡陪亡卿；不明尔德，以亡背亡仄。"①言上不明，暗昧蔽惑，则不能知善恶，亲近习，长同类，②亡功者受赏，有罪者不杀，百官废乱，失在舒缓，故其咎舒也。盛夏日长，暑以养物，政弛缓，故其罚常奥也。奥则冬温，春夏不和，伤病民人，故极疾也。诛不行则霜不杀草，繇臣下则杀不以时，③故有草妖。凡妖，

1271

貌则以服，言则以诗，听则以声。视则以色者，五色物之大分也，在于眚祥，故圣人以为草妖，失秉之明者也。④温奥生虫，故有蠃虫之孽，谓螟螣之类⑤当死不死，未当生而生，或多于故而为灾也。刘歆以为属思心不容。于易，刚而包柔为离，⑥离为火为目。羊上角下（号）〔蹶〕，[1]刚而包柔，羊大目而不精明，视气毁故有羊祸。一曰，暑岁羊多疫死，及为怪，亦是也。及人，则多病目者，故有目痾。火色赤，故有赤眚赤祥。凡视伤者病火气，火气伤则水沴之。其极疾者，顺之，其福曰寿。⑦刘歆视传曰有羽虫之孽，鸡祸。说以为于天文南方喙为鸟星，故为羽虫；祸亦从羽，故为鸡；鸡于易自在巽。说非是。庶征之恒奥，刘向以为春秋亡冰也。小奥不书，无冰然后书，举其大者也。京房易传曰："禄不遂行兹谓欺，厥咎奥，雨雪四至而温。臣安禄乐逸兹谓乱，奥而生虫。知罪不诛兹谓舒，其奥，夏则暑杀人，冬则物华实。重过不诛，兹谓亡征，其咎当寒而奥六日也。"

①师古曰："大雅荡之诗也。言不别善恶，有逆背倾仄者，有堪为卿大夫者，皆不知之也。仄，古侧字。"

②师古曰："习，狎也。近狎者则亲爱之，同类者则长益也。"

③师古曰："縣读与由同，言诛罚由于臣下。"

④师古曰："谓失所执之权也。音彼命反。"

⑤师古曰："螟食苗心，螣食苗叶之虫也。螟音冥。螣音徒得反。"

⑥师古曰："两阳居外，一阴在内，故云刚包柔。"

⑦李奇曰："于六极之中为疾者，逆火气，致疾病也。能顺火气，则祸更为福。"

桓公十五年"春，亡冰"。刘向以为周春，今冬也。先是连兵邻国，三战而再败也，①内失百姓，外失诸侯，不敢行诛罚，郑伯突篡兄而立，公与相亲，②长养同类，不明善恶之罚也。③董仲舒以为象夫人不正，阴失节也。④

①师古曰："三战者，谓十年齐侯、卫侯、郑伯来战于郎，十二年与郑师伐宋战于宋，十三年会纪侯、郑伯及齐侯、宋公、卫侯、燕人战也。再败者，谓郎之战，穀梁传曰'以吾败也'，又宋之战，穀梁亦曰'讳败，举其可道者也'。据左氏传、公羊、穀梁，亦曰无冰，并在十四年，今此云十五年，未详其意。"

②师古曰："突，郑庄公子，即厉公也。兄谓太子忽，即昭公也。庄公既卒，突因宋庄公之宠而得立，遂使昭公奔卫，故云篡兄也。公与相亲者，谓十五年突为祭仲所逐奔蔡，遂居栎，而昭公入，公再与诸侯伐郑，谋纳厉公。"

③师古曰："言桓篡立，与突志同，故曰长养同类。"

④师古曰："夫人姜氏通于齐侯，故云不正。"

成公元年"二月，无冰"。董仲舒以为方有宣公之丧，君臣无悲哀之心，而炕阳，作丘甲。①刘向以为时公幼弱，政舒缓也。

①师古曰："时宣公薨始逾年，故云有丧也。丘甲，解在刑法志。"

襄公二十八年"春，无冰"。刘向以为先是公作三军，有侵陵用武之意，①于是邻国不和，伐其三鄙，②被兵十有馀年，因之以饥馑，百姓怨望，臣下心离，公惧而弛缓，不敢行诛罚，③楚有夷狄行，公有从楚心，不明善恶之应。④董仲舒指略同。一曰，水旱之灾，寒暑之变，天下皆同，故曰"无冰"，天下异也。桓公杀兄弑君，外成宋乱，与郑易邑，背畔周室。⑤成公时，楚横行中国，⑥王札子杀召伯、毛伯，⑦晋败天子之师于贸戎，⑧天子皆不能讨。襄公时，天下诸侯之大夫皆执国权，⑨君不能制。渐将日甚，善恶不明，诛罚不行。周失之舒，秦失之急，故周衰亡寒岁，秦灭亡奥年。

①师古曰："作三军者，季氏欲专其权，非公本意，此说非也。侵陵用武者，谓入郓取邴也。邴音诗。"

②师古曰："谓十二年三月，十四年夏，莒人伐我东鄙。十五年夏，齐侯伐我北鄙。秋，邾人伐我南鄙。十六年三月，齐侯伐我北鄙。"

③师古曰："弛，放也，音式尔反。"

④师古曰："有从楚心，谓二十八年公朝于楚。"

⑤师古曰："隐摄公位，又桓之兄，故云杀兄弑君也。成宋乱者，谓宋华父督弑其君殇公及其大夫孔父，以郜大鼎赂公，公会齐侯、郑伯于稷而平其乱也。与郑易邑，谓以太山之田易许田也。许田者，鲁朝宿之邑也，而以与郑，明鲁之不朝于王，故云背畔周室。"

⑥师古曰："谓成二年楚师侵卫，遂侵我，师于蜀。六年七月，楚公子婴齐帅师伐郑。九年，婴齐帅师伐莒。十五年，楚子伐郑。十六年，楚子与晋侯、郑伯战于鄢陵。十八年，楚子伐宋。"

⑦师古曰："王札子，即王子捷也。召伯、毛伯，皆周大夫也。今春秋经王札子杀召伯、毛伯事在宣十五年，而此言成公时，未达其说。召读曰邵。"

⑧师古曰："贸戎，戎别种也。公羊传成元年：'王师败绩于贸戎。孰败之？盖晋败之。'贸音莫候反。"

⑨师古曰："谓襄十六年会于溴梁，诸侯之大夫盟皆类此。"

武帝元狩六年冬，亡冰。先是，比年遣大将军卫青、霍去病攻祁连，绝大幕，①穷追单于，斩首十馀万级，还，大行庆赏。乃闵海内勤劳，是岁遣博士褚大等六人持节巡行天下，②存赐鳏寡，假与乏困，举遗逸独行君子诣行在所。郡国有以为便宜者，上丞相、御史以闻。天下咸喜。

①师古曰："比，频也。祁连，山名也。幕，沙碛也。直度曰绝，祁音
　　上夷反。"
②师古曰："行音下更反。"

昭帝始元二年冬，亡冰。是时上年九岁，大将军霍光秉政，
始行宽缓，欲以说下。

僖公三十三年"十二月，陨霜不杀草"。刘歆以为草妖也。
刘向以为今十月，周十二月。于易五为天位，（为）君位，[2]九月
阴气至，五通于天位，其卦为剥，①剥落万物，始大杀矣，明阴
从阳命，臣受君令而后杀也。今十月陨霜而不能杀草，此君诛不
行，舒缓之应也。是时公子遂颛权，②三桓始世官，③天戒若曰，
自此之后，将皆为乱矣。文公不寤，其后遂杀子赤，三家逐昭
公。④董仲舒指略同。京房易传曰："臣有缓兹谓不顺，厥异霜不
杀也。"

①师古曰："坤下艮上。"
②师古曰："公子遂，庄公之子，即东门襄仲也，时为卿，专执国
　　政也。"
③师古曰："谓父子相继为卿也。"
④师古曰："并已解于上。"

书序曰："伊（涉）〔陟〕相太戊，[3]亳有祥，桑穀共生。"①
传曰："俱生乎朝，七日而大拱。②伊陟戒以修德，而木枯。"刘
向以为殷道既衰，高宗承敝而起，尽凉阴之哀，天下应之，③既
获显荣，怠于政事，国将危亡，故桑穀之异见。桑犹丧也，穀犹
生也，杀生之秉失而在下，④近草妖也。一曰，野木生朝而暴长，

小人将暴在大臣之位，危亡国家，象朝将为虚之应也。⑤

①师古曰："商书咸乂之序也。其书亡。伊陟，伊尹子也。大戊，太甲孙也。亳，殷所都也。桑、穀二木，合而共生。穀音縠。"

②师古曰："两手合为拱，音久勇反。"

③师古曰："凉，信也。阴，默也。言居哀信默，三年不言也。凉读曰谅。一说，凉阴谓居丧之庐也。谓三年处于庐中不言。凉音力羊反。据今尚书及诸传记，太戊卒，子仲丁立，卒，弟何亶甲立，卒，子祖乙立，卒，子盘庚立，卒，小乙之子武丁立，是为高宗。桑穀自太戊时生，凉阴乃高宗之事。而此云桑穀即高宗时出，其说与尚书大传不同，未详其义也。或者伏生差谬。"

④师古曰："秉音彼命反。"

⑤师古曰："虚读曰墟。"

书序又曰："高宗祭成汤，有蜚雉登鼎耳而雊。"①祖己曰："惟先假王，正厥事。"②刘向以为雉雊鸣者雄也，以赤色为主。于易，离为雉，雉，南方，近赤祥也。刘歆以为羽虫之孽。易有鼎卦，③鼎，宗庙之器，主器奉宗庙者长子也。野鸟自外来，入为宗庙器主，是继嗣将易也。一曰，鼎三足，三公象，而以耳行。④野鸟居鼎耳，小人将居公位，败宗庙之祀。野木生朝，野鸟入庙，败亡之异也。武丁恐骇，谋于忠贤，修德而正事，内举傅说，授以国政，⑤外伐鬼方，以安诸夏，⑥故能攘木鸟之妖，致百年之寿，⑦所谓"六沴作见，若是共御，五福乃降，用章于下"者也。⑧一曰，金沴木曰木不曲直。

①师古曰："商书高宗肜日之序也。蜚，古飞字。雊音工豆反。"

②师古曰："祖己，殷贤臣。假，大也。言先代大道之王，能正其事，而灾异销也。"

③师古曰："巽下离上也。"

④师古曰："鼎非举耳不得行，故云以耳行。"

⑤师古曰："武丁梦得贤相，乃以所梦之像使求之，得于傅岩，立以为相，作说命三篇。说读曰悦。"

⑥师古曰："鬼方，绝远之地，一曰国名。夏，大也。中国大于戎狄，故曰诸夏。"

⑦师古曰："攘，却也，音人羊反。"

⑧师古曰："共读曰恭。御读曰禦。言恭己以御灾也。一说，御，治也，恭治其事也。"

僖公三十三年"十二月，李梅实"。刘向以为周十二月，今十月也，李梅当剥落，今反华实，近草妖也。先华而后实，不书华，举重者也。阴成阳事，象臣颛君作威福。一曰，冬当杀，反生，象骄臣当诛，不行其罚也。故冬（华）华者，[4]象臣邪谋有端而不成，至于实，则成矣。是时僖公死，公子遂颛权，文公不寤，后有子赤之变。一曰，君舒缓甚，奥气不臧，则华实复生。董仲舒以为李梅实，臣下强也。记曰："不当华而华，易大夫；不当实而实，易相室。"①冬，水王，木相，故象大臣。刘歆以为庶徵皆以虫为孽，思心羸虫孽也。李梅实，属草妖。

①应劭曰："冬，水王，木相，故象大臣。冬实者，变置丞相与宫室也。但华，则变大夫也。"师古曰："相室犹言相国，谓宰相也。合韵故言相室。相室者，相王室。"

1277

惠帝五年十月，桃李华，枣实。昭帝时，上林苑中大柳树断仆地，一朝起立，生枝叶，有虫食其叶，成文字，曰"公孙病已立"。又昌邑王国社有枯树复生枝叶。眭孟以为木阴类，下民象，当有故废之家公孙氏从民间受命为天子者。昭帝富于春秋，霍光秉政，以孟妖言，诛之。后昭帝崩，无子，徵昌邑王贺嗣位，狂乱失道，光废之，更立昭帝兄卫太子之孙，是为宣帝。帝本名病已。京房易传曰："枯杨生稊，①枯木复生，人君亡子。"

①师古曰："大过九二爻辞也。稊，杨秀之始生者，音徒奚反。"

元帝初元四年，皇后曾祖父济南东平陵王伯墓门梓柱卒生枝叶，上出屋。①刘向以为王氏贵盛将代汉家之象也。后王莽篡位，自说之曰："初元四年，莽生之岁也，当汉九世火德之厄，而有此祥兴于高祖考之门。门为开通，梓犹子也，言王氏当有贤子开通祖统，起于柱石大臣之位，受命而王之符也。"

①孟康曰："王伯，莽之祖也。"师古曰："莽高祖父也。故下云高祖考。卒读曰猝。猝，暴也。"

建昭五年，兖州刺史浩赏禁民私所自立社。①山阳橐茅乡社有大槐树，②吏伐断之，其夜树复立其故处。成帝永始元年二月，河南街邮樗树生支如人头，③眉目须皆具，亡发耳。哀帝建平三年十月，汝南西平遂阳乡柱仆地，生支如人形，④身青黄色，面白，头有颧发，稍长大，凡长六寸一分。京房易传曰："王德衰，下人将起，则有木生为人状。"

①张晏曰："民间三月九月又社，号曰私社。"臣瓒曰："旧制二十五家为一社，而民或十家五家共为田社，是私社。"师古曰："瓒说是。"

②师古曰："橐，县名也，属山阳郡。茅乡，橐县之乡也。橐音拓。"

③师古曰："邮谓行书之舍。樗树似杶。樗音丑余反。杶音丑伦反。"

④师古曰："仆，顿也，音赴。"

哀帝建平三年，零陵有树僵地，①围丈六尺，长十丈七尺。

民断其本，长九尺馀，皆枯。三月，树卒自立故处。②京房易传曰："弃正作淫，厥妖木断自属。③妃后有颛，木仆反立，断枯复生。④天辟恶之。"⑤

①师古曰："僵，偃也，音疆。"

②师古曰："卒读曰猝。"

③师古曰："属，连续也。音之欲反。"

④师古曰："颛谓专宠。"

⑤如淳曰："天辟，谓天子也。"师古曰："辟音壁。"

元帝永光二年八月，天雨草，而叶相摎结，大如弹丸。①平帝元始三年正月，天雨草，状如永光时。京房易传曰："君臣于禄，信衰贤去，厥妖天雨草。"

①师古曰："摎，绕也。摎音居虬反。"

昭公二十五年"夏，有鸲鹆来巢"。刘歆以为羽虫之孽，其色黑，又黑祥也，视不明听不聪之罚也。刘向以为有蜚有蜮不言来者，气所生，所谓眚也；①鸲鹆言来者，气所致，所谓祥也。鸲鹆，夷狄穴藏之禽，来至中国，不穴而巢，阴居阳位，②象季氏将逐昭公，去宫室而居外野也。鸲鹆白羽，旱之祥也；穴居而好水，黑色，为主急之应也。天戒若曰，既失众，不可急暴；急暴，阴将持节阳以逐尔，去宫室而居外野矣。昭不寤，而举兵围季氏，为季氏所败，出犇于齐，遂死于外野。董仲舒指略同。

①师古曰："此蜚，谓负蠜也，其为虫臭。蜮，短弧，即今所谓水弩也。隐元年有蜚，庄十八年有蜮。蜚音翡。蜮音域。蜚亦作蜚，其音同耳。"

②师古曰："今之鸲鹆，中国皆有，依周官而言，但不逾济水耳。左氏

1279

以为鲁所常无，故异而书之。而此云夷狄禽，未喻其意。又此鸟本亦巢居，不皆穴处也。书巢者，著其居止孳乳，不即去也。”

景帝三年十一月，有白颈乌与黑乌群斗楚国吕县，白颈不胜，堕泗水中，死者数千。刘向以为近白黑祥也。时楚王戊暴逆无道，①刑辱申公，与吴王谋反。乌群斗者，师战之象也。白颈者小，明小者败也。堕于水者，将死水地。王戊不寤，遂举兵应吴，与汉大战，兵败而走，至于丹徒，为越人所斩，堕死于水之效也。京房易传曰："逆亲亲，厥妖白黑乌斗于国。"

①师古曰："戊，楚元王之孙也。"

昭帝元凤元年，有乌与鹊斗燕王宫中池上，乌堕池死，近黑祥也。时燕王旦谋为乱，遂不改寤，伏辜而死。楚、燕皆骨肉藩臣，以骄怨而谋逆，俱有乌鹊斗死之祥，行同而占合，此天人之明表也。燕一乌鹊斗于宫中而黑者死，楚以万数斗于野外而白者死，象燕阴谋未发，独王自杀于宫，故一乌水色者死，楚炕阳举兵，军师大败于野，故众乌金色者死，天道精微之效也。京房易传曰："专征劫杀，厥妖乌鹊斗。"

昭帝时有鹈鹕或曰秃鹙，①集昌邑王殿下，王使人射杀之。刘向以为水鸟色青，青祥也。时王驰骋无度，慢侮大臣，不敬至尊，有服妖之象，②故青祥见也。野鸟入处，宫室将空。王不寤，卒以亡。京房易传曰："辟退有德，厥咎狂，厥妖水鸟集于国中。"③

①师古曰："鹈鹕即汗泽也，一名淘河，腹下胡大如数升囊，好群入泽中，抒水食鱼，因名秃鹙，亦水鸟也。鹈音大奚反。鹕音胡。鹙音秋。"

②师古曰："谓多治灭注冠,又以冠奴也。"

③师古曰："辟,君也。"

成帝河平元年二月庚子,泰山山桑谷有戴焚其巢。①男子孙通等闻山中群鸟戴鹊声,往视,见巢燃,尽堕地中,②有三戴鷇烧死。③树大四围,巢去地五丈五尺。太守平以闻。戴色黑,近黑祥,贪虐之类也。易曰:"鸟焚其巢,旅人先笑后号咷。"④泰山,岱宗,五岳之长,王者易姓告代之处也。天戒若曰,勿近贪虐之人,听其贼谋,将生焚巢自害其子绝世易姓之祸。其后赵蜚燕得幸,立为皇后,弟为昭仪,姊妹专宠,闻后宫许美人、曹伟能生皇子也,⑤昭仪大怒,令上夺取而杀之,皆并杀其母。成帝崩,昭仪自杀,事乃发觉,赵后坐诛。此焚巢杀子后号咷之应也。一曰,王莽贪虐而任社稷之重,卒成易姓之祸云。京房易传曰:"人君暴虐,鸟焚其舍。"

①师古曰："戴,鸲也,音缘。"

②师古曰："燃,古然字。"

③师古曰："鸟子新生而哺者曰鷇,音口豆反,又音工豆反。"

④师古曰："旅卦上九爻辞也。咷音逃。"

⑤师古曰："曹伟能,宫人姓名也。伟能一名宫,见外戚传。"

鸿嘉二年三月,博士行大射礼,有飞雉集于庭,历阶登堂而雊。后雉又集太常、宗正、丞相、御史大夫、大司马车骑将军之府,又集未央宫承明殿屋上。时大司马车骑将军王音、待诏宠等上言:"天地之气,以类相应,①谴告人君,甚微而著。雉者听察,先闻雷声,故月令以纪气。②经载高宗雊雉之异,③以明转祸为福之验。今雉以博士行礼之日大众聚会,飞集于庭,历阶登堂，万众睢睢，④惊怪连日。径历三公之府，太常宗正典宗庙骨肉之官，然后入宫。其宿留告晓人，具备深切，⑤虽人道相戒，何以过是！"后帝使中常侍晁闳诏音曰："闻捕得雊，毛羽颇摧折，类拘执者，得无人为之？"⑥音复对曰："陛下安得亡国之语？不知谁主为佞谄之计，⑦诬乱圣德如此者！左右阿谀甚众，不待臣音复谄而足。⑧公卿以下，保位自守，莫有正言。如令陛下觉寤，惧大祸且至身，深责臣下，绳以圣法，臣音当先受诛，岂有以自解哉！今即位十五年，继嗣不立，日日驾车而出，泆行流闻，⑨海内传之，甚于京师。外有微行之害，内有疾病之忧，皇天数见灾异，⑩欲人变更，终已不改。天尚不能感动陛下，臣子何望？独有极言待死，命在朝暮而已。如有不然，老母安得处所，尚何皇太后之有！高祖天下当以谁属乎！⑪宜谋于贤知，克己复礼，以求天意，继嗣可立，灾变尚可销也。"

①师古曰："以经术待诏，其人名宠，不记姓也。流浴书本宠上辄加孙字，非也。"

②师古曰："谓季冬之月云'雉雊鸡乳'也。"

③师古曰："已解于上。"

④师古曰："睢睢，仰目视貌也。音呼惟反。"

⑤师古曰："宿音先就反。留音力救反。"

⑥师古曰："言人放此雊，故欲为变异者。"

⑦师古曰："谄，古谄（也）〔字〕。"〔5〕

⑧师古曰："足，益也，音子喻反。"

⑨师古曰："言帝行多骄泆，且恶流布，闻于远方也。"

⑩师古曰："见，显示。"

⑪如淳曰："老母，音之老母也，当随己受罪诛也。又谓己言深切，触

悟人主，积恚而死，必行之诛，不能复顾太后也。"师古曰："如说非也。此言总属于成帝耳。不然者，谓不如所谏而自修改也。老母，帝之母，即太后也。言帝不自修改，国家危亡，太后不知处所，高祖天下无所付属也。属音之欲反。"

成帝绥和二年三月，天水平襄有燕生爵，哺食至大，俱飞去。①京房易传曰："贼臣在国，厥咎燕生爵，诸侯销。"一曰，生非其类，子不嗣世。

①师古曰："哺音蒲固反。食读曰饲。谓与母俱去。"

史记鲁定公时，季桓子穿井，得土缶，中得虫若羊，①近羊祸也。羊者，地上之物，幽于土中，象定公不用孔子而听季氏，暗昧不明之应也。一曰，羊去野外而拘土缶者，象鲁君失其所而拘于季氏，季氏亦将拘于家臣也。是岁季氏家臣阳虎囚季桓子。后三年，阳虎劫公伐孟氏，兵败，窃宝玉大弓而出亡。②

①师古曰："缶，盎也，即今之盆。"
②师古曰："宝玉谓夏后氏之璜，大弓谓封父之繁弱，皆鲁始封之分器，所受于周也。定八年，阳虎作乱不克，窃之而入讙阳关以叛。"

左氏传鲁襄公时，宋有生女子赤而毛，弃之堤下，宋平公母共姬之御者见而收之，①因名曰弃。长而美好，纳之平公，生子曰佐。后宋臣伊戾谮太子痤而杀之。②先是，大夫华元出奔晋，③华弱奔鲁，④华臣奔陈，⑤华合比奔卫。⑥刘向以为时则火灾赤眚之明应也。京房易传曰："尊卑不别，厥妖女生赤毛。"

①师古曰："平公，宋共公之子也，名成。共读曰恭。"
②师古曰："事在襄二十六年。痤音才戈反。"
③师古曰："华元奔在成十五年。"

④师古曰："事在襄六年。"

⑤师古曰："事在襄十七年。"

⑥师古曰："事在昭六年。据今春秋，合比奔在杀太子痤后，而志总言先是，未详其意。"

惠帝二年，天雨血于宜阳，一顷所，刘向以为赤眚也。时又冬雷，桃李华，常奥之罚也。是时政舒缓，诸吕用事，谗口妄行，杀三皇子，建立非嗣，①及不当立之王，②退王陵、赵尧、周昌。③吕太后崩，大臣共诛灭诸吕，僵尸流血。京房易传曰："归狱不解，兹谓追非，厥咎天雨血；兹谓不亲，民有怨心，不过三年，无其宗人。"又曰："佞人禄，功臣僇，天雨血。"④

①师古曰："三皇子，谓赵隐王如意、赵幽王友、赵恭王恢，皆高帝子也。建立非嗣，谓立后宫美人子为嗣。"

②孟康曰："吕氏三王也。"

③师古曰："惠帝六年，王陵为右丞相。惠帝崩，吕后欲废陵，迁为太傅，实夺之相权。高祖以赵尧为御史大夫，高后元年怨尧前定赵王如意之策，乃抵尧罪。周昌为赵相，赵王见鸩杀，昌谢病不朝见，三岁而薨。"

④师古曰："僇，古戮字。"

哀帝建平四年四月，山阳湖陵雨血，广三尺，长五尺，大者如钱，小者如钱，小者如麻子。后二年，帝崩，王莽擅朝，诛贵戚丁、傅，大臣董贤等皆放徙远方，与诸吕同（众）〔象〕。[6]诛死者少，雨血亦少。

传曰："听之不聪，是谓不谋，厥咎急，厥罚恒寒，厥极贫。时则有鼓妖，时则有鱼孽，时则有豕祸，时则有耳痾，时则有黑眚黑祥。惟火沴水。"

"听之不聪，是谓不谋"，言上偏听不聪，下情隔塞，则不能谋虑利害，失在严急，故其咎急也。盛冬日短，寒以杀物，政促迫，故其罚常寒也。寒则不生百谷，上下俱贫，故其极贫也。君严猛而闭下，臣战栗而塞耳，则妄闻之气发于音声，故有鼓妖。寒气动，故有鱼孽。雨以龟为孽，①龟能陆处，非极阴也。鱼去水而死，极阴之孽也。于易坎为豕，豕大耳而不聪察，听气毁，故有豕祸也。一曰，寒岁豕多死，及为怪，亦是也。及人，则多病耳者，故有耳痾。水色黑，故有黑眚黑祥。凡听伤者病水气，水气病则火沴之。其极贫者，顺之，其福曰富。刘歆听传曰有介虫孽也，庶徵之恒寒。刘向以为春秋无其应，周之末世舒缓微弱，政在臣下，奥暖而已，故籍秦以为验。②秦始皇帝即位尚幼，委政太后，太后淫于吕不韦及嫪毐，③封毐为长信侯，以太原郡为毐国，宫室苑囿自恣，政事断焉。故天冬雷，以见阳不禁闭，以涉危害，舒奥迫近之变也。始皇既冠，毐惧诛作乱，始皇诛之，斩首数百级，大臣二十人，皆车裂以徇，夷灭其宗，迁四千馀家于房陵。是岁四月，寒，民有冻死者。数年之间，缓急如此，寒奥辄应，此其效也。刘歆以为大雨雪，及未当雨雪而雨雪，及大雨雹，陨霜杀叔草，皆常寒之罚也。刘向以为常雨属貌不恭。京房易传曰："有德遭险，兹谓逆命，厥异寒。诛过深，当奥而寒，尽六日，亦为雹。害正不诛，兹谓养贼，寒七十二日，杀蜚禽。④道人始去兹谓伤，⑤其寒物无霜而死，涌水出。战不量敌，兹谓辱命，其寒虽雨物不茂。闻善不予，厥咎聋。"

①服虔曰："多雨则龟多出。"

②师古曰："籍，假借。"

③师古曰：“嫪或音居虬反。嫪，姓也。毐，名也。许慎说以为‘嫪毐，士之无行者’。嫪音郎到反。毐音乌改反。与今史记、汉书本文不同。且嫪乐之姓，又非嫪也，故当依本字以读。”

④师古曰：“蜚读曰飞。”

⑤服虔曰：“有道之人去。”

桓公八年“十月，雨雪”。周十月，今八月也，未可以雪，刘向以为时夫人有淫齐之行，而桓有妒（媚）〔媚〕之心，①[7]夫人将杀，其象见也。②桓不觉寤，后与夫人俱如齐而杀死。凡雨，阴也，雪又雨之阴也，出非其时，迫近象也。董仲舒以为象（大）〔夫〕人专恣，[8]阴气盛也。

①师古曰：“媚谓夫妒妇也。音莫报反。”

②师古曰：“谓欲杀桓公。”

釐公十年“冬，大雨雪”。刘向以为先是釐公立妾为夫人，阴居阳位，阴气盛也。公羊经曰“大雨雹”。董仲舒以为公胁于齐桓公，立妾为夫人，不敢进群妾，①故专壹之象见诸雹，皆为有所渐胁也，②行专壹之政云。

①师古曰：“已解于上。”

②孟康曰：“谓阴气渐胁。”

昭公四年“正月，大雨雪”。刘向以为昭取于吴而为同姓，谓之吴孟子。①君行于上，臣非于下。又三家已强，皆贱公行，慢侮之心生。②董仲舒以为季孙宿任政，阴气盛也。③

①师古曰：“鲁与吴俱姬也。周礼同姓不为婚，故讳不称吴姬，而云孟子也。取读曰娶。”

②师古曰：“侮，古侮字。”

③师古曰:"季孙宿,季武子也。"

文帝四年六月,大雨雪。后三岁,淮南王长谋反,发觉,迁,道死。①京房易传曰:"夏雨雪,戒臣为乱。"

①师古曰:"迁于蜀,未至而死于雍,故曰道死。"

景帝中六年三月,雨雪。其六月,匈奴入上郡取苑马,吏卒战死者二千馀人。明年,条侯周亚夫下狱死。

武帝元狩元年十二月,大雨雪,民多冻死。是岁淮南、衡山王谋反,发觉,皆自杀。使者行郡国,治党与,①坐死者数万人。"

①师古曰:"行音下更反。"

元鼎二年三月,雪,平地厚五尺。是岁御史大夫张汤有罪自杀,丞相严青翟坐与三长史谋陷汤,①青翟自杀,三长史皆弃市。

①师古曰:"谓朱买臣为丞相长史,王朝及边通皆守丞相长史也。"

元鼎三年三月水冰,四月雨雪,关东十馀郡人相食。是岁,民不占缗钱有告者,以半畀之。①

①师古曰:"言政急刻也。占音之赡反。"

元帝建昭二年十一月,齐楚地大雪,深五尺。是岁魏郡太守京房为石显所告,坐与妻父淮阳王舅张博、博弟光劝视淮阳王以不义,①博要斩,光、房弃市,御史大夫郑弘坐免为庶人。成帝即位,显伏辜,淮阳王上书冤博,辞语增加,②家属徙者复得还。

①师古曰:"视读曰示。"
②师古曰:"言博本为石显所冤,增加其语故陷罪。"

建昭四年三月，雨雪，燕多死。谷永对曰："皇后桑蚕以治祭服，共事天地宗庙，[1] 正以是日疾风自西北，大寒雨雪，坏败其功，以章不乡。[2] 宜齐戒辟寝，以深自责，[3] 请皇后就宫，离闭门户，毋得擅上。[4] 且令众妾人人更进，以时博施。皇天说喜，[5] 庶几可以得贤明之嗣。即不行臣言，灾异俞甚，天变成形，臣虽欲复捐身关策，不及事已。"[6] 其后许后坐祝诅废。

① 师古曰："共读曰恭。"

② 师古曰："言不当天心。乡读曰向。"

③ 师古曰："齐读曰斋。辟读曰避。"

④ 师古曰："禹与隔同。擅上，谓辄至御所也。上音时掌反。一曰，擅，专也。上谓天子也，读如本字。勿令皇后专固天子。"

⑤ 师古曰："更音工衡反。说读曰悦。"

⑥ 师古曰："言虽欲弃捐其身，不怀顾虑，极陈计策，关说天子，亦无所及。"

阳朔四年四月，雨雪，燕雀死。后十六年，许皇后自杀。

定公元年"十月，陨霜杀菽"。[1] 刘向以为周十月，今八月也，消卦为观，[2] 阴气未至君位而杀，诛罚不由君出，在臣下之象也。是时季氏逐昭公，公死于外，定公得立，故天见灾以视公也。[3] 釐公二年[9]"十月，陨霜不杀草"，为嗣君微，失秉事之象也。[4] 其后卒在臣下，则灾为之生矣。异故言草，灾故言菽，重杀谷。[5] 一曰菽，草之难杀者也，言杀菽，知草皆死也；言不杀草，知菽亦不死也。董仲舒以为菽，草之强者，天戒若曰，加诛于强臣。言菽，以微见季氏之罚也。

① 师古曰："菽，大豆。"

②师古曰："坤下巽上也。"

③师古曰："视读曰示。"

④师古曰："谓襄仲专权，杀嫡立庶，公室遂弱。秉音彼命反。"

⑤师古曰："以其事为重，不比于杀草也。"

武帝元光四年四月，陨霜杀草木。先是二年，遣五将军三十万众伏马邑下，①欲袭单于，单于觉之而去。自是始征伐四夷，师出三十馀年，天下户口减半。京房易传曰："兴兵亡诛，兹谓亡法，厥灾霜，夏杀五谷，冬杀麦。诛不原情，兹谓不仁，其霜，夏先大雷风，冬先雨，乃陨霜，有芒角。贤圣遭害，其霜附木不下地。佞人依刑，兹谓私贼，其霜在草根土隙间。不教而诛兹谓虐，其霜反在草下。"

①师古曰："谓御史大夫韩安国为护军将军，卫尉李广为骁骑将军，太仆公孙贺为轻车将军，大行王恢为将屯将军，太中大夫李息为材官将军。"

元帝永光元年三月，陨霜杀桑；九月二日，陨霜杀稼，天下大饥。是时中书令石显用事专权，与春秋定公时陨霜同应。成帝即位，显坐作威福诛。

釐公二十九年"秋，大雨雹"。刘向以为盛阳雨水，温暖而汤热，阴气胁之不相入，则转而为雹；盛阴雨雪，凝滞而冰寒，阳气薄之不相入，则散而为霰。①故沸汤之在闭器，而湛于寒泉，则为冰，②及雪之销，亦冰解而散，此其验也。故雹者阴胁阳也，霰者阳胁阴也，春秋不书霰者，犹月食也。釐公末年信用公子遂，遂专权自恣，将至于杀君，故阴胁阳之象见。釐公不寤，遂终专权，后二年杀子赤，立宣公。③左氏传曰："圣人在上无雹，虽有不为灾。"说曰：凡物不为灾不书，书大，言为灾也。凡雹，皆冬之愆阳，夏之伏阴也。④

①师古曰："霰，雨雪杂下，音先见反。"
②孟康曰："投汤器中，以沈寒泉而成也。"师古曰："湛读曰沈。"
③师古曰："公子遂，东门襄仲也。赤，文公太子，即恶也。"
④师古曰："愆，过也。过阳，冬温也。伏阴，夏寒也。"

昭公三年，"大雨雹"。是时季氏专权，胁君之象见。昭公不寤，后季氏卒逐昭公。

元封三年十二月，雷雨雹，大如马头。宣帝地节四年五月，山阳济阴雨雹如鸡子，深二尺五寸，杀二十人，蜚鸟皆死。①其十月，大司马霍禹宗族谋反，诛，霍皇后废。

①师古曰："蜚读曰飞。"

成帝河平二年四月，楚国雨雹，大如斧，蜚鸟死。

左传曰釐公三十二年十二月己卯，晋文公卒，庚辰，将殡于曲沃，出绛，柩有声如牛。刘向以为近鼓妖也。丧，凶事；声如牛，怒象也。将有急怒之谋，以生兵革之祸。是时，秦穆公遣兵袭郑而不假道，还，晋大夫先轸谓襄公曰，秦师过不假涂，请击之。①遂要崤阸，②以败秦师，匹马觭轮无反者，③操之急矣。④晋不惟旧，而听虐谋，结怨强国，四被秦寇，祸流数世，凶恶之效也。⑤

①师古曰："先轸即原轸。"
②师古曰："即今之二崤山也。"
③服虔曰："觭音奇偶之奇。"师古曰："觭，只也。言尽虏获之。觭音居宜反。"

④师古曰："操，持也。谓执持所虏获也。操音千高反。"

⑤师古曰："旧者，谓晋襄之父文公本为秦所纳而得国，是旧恩也。虐谋，先轸之计也。四被秦寇，谓鲁文二年秦孟明视帅师伐晋，三年秦伯伐晋济河焚舟取王官及郊，十年秦伯伐晋取北徵，十二年秦伯伐晋取羁马。祸流，谓自襄公至厉公，凡五君与秦构难也。"

哀帝建平二年四月乙亥朔，御史大夫朱博为丞相，少府赵玄为御史大夫，临延登受策，有大声如钟鸣，①殿中郎吏陛者皆闻焉。②上以问黄门侍郎扬雄、李寻，寻对曰："洪范所谓鼓妖者也。师法以为人君不聪，为众所惑，空名得进，则有声无形，不知所从生。其传曰岁月日之中，则正卿受之。今以四月日加辰巳有异，是为中焉。正卿谓执政大臣也。宜退丞相、御史，以应天变。然虽不退，不出期年，其人自蒙其咎。"③扬雄亦以为鼓妖，听失之象也。朱博为人强毅多权谋，宜将不宜相，恐有凶恶亟疾之怒。④八月，博、玄坐为奸谋，博自杀，玄减死论。京房易传曰："令不修本，下不安，金毋故自动，若有音。"

①师古曰："延入而登殿也。汉旧仪云丞相御史大夫初拜，皇帝延登亲诏也。"

②师古曰："陛者，谓执兵列于陛侧。"

③师古曰："期年，十二月也。蒙犹被也。期音基。"

④师古曰："亟，急也，音居力反。"

1291

史记秦二世元年，天无云而雷。刘向以为雷当托于云，犹君托于臣，阴阳之合也。二世不恤天下，万民有怨畔之心。是岁陈胜起，天下畔，赵高作乱，秦遂以亡。一曰，易震为雷，为貌不恭也。

史记秦始皇八年，河鱼大上。刘向以为近鱼孽也。是岁，始皇弟长安君将兵击赵，反，死屯留，军吏皆斩，迁其民于临洮。①明年有嫪（毐）〔毒〕之诛。[10]鱼阴类，民之象，逆流而上者，民将不从君令为逆行也。其在天文，鱼星中河而处，车骑满野。至于二世，暴虐愈甚，终用急亡。京房易传曰："众逆同志，厥妖河鱼逆流上。"

①师古曰："本使长安君击赵，至屯留而谋反作乱，故赐长安君死，斩其军吏，迁其黔首也。屯留，上党县也。临洮，即今之洮州也。屯音纯。洮音土高反。"

武帝元鼎五年秋，蛙与虾蟆群斗。①是岁，四将军众十万征南越，②开九郡。③

①师古曰："蛙音胡娲反。虾音遐。蟆音麻。"

②师古曰："谓伏波将军路博德出桂阳下皇水，楼船将军杨仆出豫章下浈水，归义越侯严为戈船将军出零陵下离水，田甲为下濑将军下苍梧。"

③师古曰："谓得越地以为南海、苍梧、郁林、合浦、交趾、九真、日南、珠崖、儋耳郡也。"

成帝鸿嘉四年秋，雨鱼于信都，长五寸以下。成帝永始元年春，北海出大鱼，长六丈，高一丈，四枚。哀帝建平三年，东莱平度出大鱼，①长八丈，高丈一尺，七枚，皆死。京房易传曰："海数见巨鱼，邪人进，贤人疏。"②

①师古曰："平度，东莱之县。"

②师古曰："数音所角反。"

桓公五年"秋，螽"。①刘歆以为贪虐取民则螽，介虫之孽也，与鱼同占。刘向以为介虫之孽属言不从。是岁，公获二国之聘，取鼎易邑，②兴役起城。③诸螽略皆从董仲舒说云。

①师古曰："螽即阜螽，即今之蝗虫也。螽音终。蝗音之庸反。"

②师古曰："二国，宋、郑也。宋以郜鼎赂公，郑以泰山之田易许田也。"

③师古曰："谓五年夏城祝丘也。"

严公二十九年"有蜚"。刘歆以为负蠜也，性不食谷，食谷为灾，介虫之孽，①刘向以为蜚色青，近青眚也，非中国所有。南越盛暑，男女同川泽，淫风所生，为虫臭恶。②是时严公取齐淫女为夫人，既入，淫于两叔，故蜚至。天戒若曰，今诛绝之尚及，不将生臭恶，闻于四方。严不寤，其后夫人与两叔作乱，二嗣以杀，③卒皆被辜。④董仲舒指略同。

①师古曰："蜚音伏味反。蠜音烦。"

②师古曰："蜚者，中国所有，非南越之虫，未详向所说。"

③师古曰："二嗣，谓子般及闵公也。"

④师古曰："谓二叔、哀姜皆不得其死也。已解于上。"

釐公十五年"八月，螽"。刘向以为先是釐有鹹之会，后城缘陵，①是岁复以兵车为牡丘会，使公孙敖帅师，及诸侯大夫救徐，②兵比三年在外。③

①师古曰："僖十（二）〔三〕年，[11]公会齐侯、宋公、陈侯、卫侯、郑伯、许男、曹伯于鹹。鹹，卫地。十四年而与诸侯城缘陵。缘陵，杞邑也。"

②师古曰："十五年公会齐侯、宋公、陈侯、卫侯、郑伯、许男、曹伯"盟于牡丘，遂次于匡。公孙敖帅师，及诸侯之大夫救徐。公孙

教，孟穆伯也。诸侯之大夫，即所与会诸侯也。时楚伐徐，故救之。"

③师古曰："比，频也。"

文公三年"秋，雨螽于宋"。刘向以为先是宋杀大夫而无罪，①有暴虐赋敛之应。②穀梁传曰上下皆合，言甚。③董仲舒以为宋三世内取，④大夫专恣，杀生不中，⑤故螽先死而至。刘歆以为螽为谷灾，卒遇贼阴，坠而死也。

①师古曰："谓僖二十五年经书'宋杀其大夫'，不书名，以其无罪。"

②师古曰："谓宋昭公也。"

③师古曰："上下皆合，螽之多。"

④师古曰："三世，谓襄公、成公、昭公也。内取于国之大夫也。事见公羊传。取读曰娶。"

⑤师古曰："中音竹仲反。"

八年"十月，螽"。时公伐邾取须朐，城郚。①

①师古曰："须朐，邾邑；郚，鲁邑也。事并在文七年。朐音钜俱反。郚声吾。"

宣公六年"八月，螽"。刘向以为先是时宣伐莒向，①后比再如齐，谋伐莱。②

①师古曰："事在四年。向，莒邑也。向音饷。"

②师古曰："比，频也。谓四年秋及五年春公如齐，七年公会齐侯伐莱是也。"

十三年"秋，螽"。公孙归父会齐伐莒。①

①师古曰："事在十一年。归父，东门襄仲子也，字子家。父读曰甫。"

十五年"秋，螽"。宣亡熟岁，数有军旅。

襄公七年"八月，螽"。刘向以为先是襄兴师救陈，①滕子、郯子、小邾子皆来朝。②夏，城费。③

①师古曰："谓五年楚伐陈，公会晋侯、宋公、卫侯、郑伯、齐太子光救陈也。"

②师古曰："六年滕子来朝，七年郯子、小邾子来朝。"

③师古曰："亦七年之夏。费，鲁邑也。音秘。"

哀公十二年"十二月，螽"。是时哀用田赋。①刘向以为春用田赋，冬而螽。

①师古曰："言重敛也。解在刑法志。"

十三年"九月，螽；十二月，螽"。比三螽，虐取于民之效也。①刘歆以为周十二月，夏十月也，火星既伏，蛰虫皆毕，天之见变，因物类之宜，不得以螽，是岁再失闰矣。周九月，夏七月，故传曰"火犹西流，司历过也"。

①师古曰："比，频也。"

宣公十五年"冬，蝝生"。①刘歆以为蝝，蚍蜉之有翼者，②食谷为灾，黑眚也。董仲舒、刘向以为蝝，螟始生也，一曰（螟）〔蝗〕始生。[12]是时民患上力役，解于公田。③宣是时初税亩。税亩，就民田亩择美者税其什一，乱先王制而为贪利，故应是而蝝生，属蠃虫之孽。

①师古曰："尔雅曰'蝝，蝮蜪'，说者以为螽蝗之类。蝮音蒲北反，又音服。蜪音徒高反。"

②孟康曰："蚍蜉，音蚍蜉。"

③师古曰:"解读曰懈。"

景帝中三年秋,蝗。先是匈奴寇边,中尉不害将车骑材官士屯代高柳。①

①师古曰:"魏不害。"

武帝元光五年秋,螟;六年夏,蝗。先是,五将军众三十万伏马邑,欲袭单于也。①是岁,四将军征匈奴。②

①师古曰:"已解于上。"

②师古曰:"谓车骑将军卫青出上谷,骑将军公孙敖出代,轻车将军公孙贺出云中,骁骑将军李广出雁门也。"

元鼎五年秋,蝗。是岁,四将军征南越①及西南夷,②开十馀郡。③

①师古曰:"已解于上。"

②师古曰:"越(骑)〔驰〕义侯遗^[13]将巴蜀罪人发夜郎兵征西南夷,平之。"

③师古曰:"定越地为九郡,定西南夷为武都、牂柯、越嶲、沈黎、汶山郡,凡十四郡。"

元封六年秋,蝗。先是,两将军征朝鲜,①开三郡。②

①师古曰:"二年,楼船将军杨仆、左将军荀彘将应募罪人击之。"

②师古曰:"武纪云以其地为乐浪、临屯、玄菟、真番郡,是四郡也,而此云三,盖传写志者误。"

太初元年夏,蝗从东方蜚至敦煌;①三年秋,复蝗。元年贰师将军征大宛,天下奉其役连年。

①师古曰:"蜚读曰飞。"

征和三年秋，蝗；四年夏，蝗。先是一年，三将军众十餘万征匈奴。①征和三年，貳师七万人没不还。

①师古曰："谓三年貳师将军广利将七万人出五原，御史大夫商丘成二万人出西河，重合侯马通四万骑出酒泉。"

平帝元始二年秋，蝗，遍天下。是时王莽秉政。

左氏传曰严公八年齐襄公田于贝丘，①见豕。从者曰："公子彭生也。"公怒曰："射之！"豕人立而嗁，公惧，坠车，伤足丧屦。刘向以为近豕祸也。先是，齐襄淫于妹鲁桓公夫人，使公子彭生杀（威）〔桓〕公，[14]又杀彭生以谢鲁。公孙无知有宠于先君，襄公绌之，②无知帅怨恨之徒攻襄于田所，③襄匿其户间，足见于户下，遂杀之。伤足丧屦，卒死于足，虐急之效也。

①师古曰："贝丘，齐地。"

②师古曰："无知，僖公弟，夷仲年之子也，于襄公从父昆弟。先君即僖公。"

③师古曰："怨恨之徒，谓连称、管至父久戍葵丘也。"

昭帝元凤元年，燕王宫永巷中豕出圂，坏都灶，①衔其鬴六七枚置殿前。②刘向以为近豕祸也。时燕王旦与长公主、左将军谋为大逆，诛杀谏者，暴急无道。灶者，生养之本，豕而败灶，陈鬴于庭，鬴灶将不用，宫室将废辱也。燕王不改，卒伏其辜。京房易传曰："众心不安君政，厥妖豕入居室。"

①师古曰："圂者，养豕之牢也。都灶，蒸炊之大灶也。圂也胡顿反。"

②晋灼曰："鬴，古文釜字。"

史记鲁襄公二十三年，穀、洛水斗，将毁王宫。刘向以为近火沴水也。周灵王将拥之，有司谏曰："不可。长民者不崇薮，不堕山，不防川，不窦泽。①今吾执政毋乃有所辟，②而滑夫二川之神，③使至于争明，④以防王宫室，王而饰之，毋乃不可乎!⑤惧及子孙，王室愈卑。"王卒拥之。以传推之，以四渎比诸侯，榖、洛其次，卿大夫之象也，⑥为卿大夫将分争以危乱王室也。是时世卿专权，儋括将有篡杀之谋，⑦如灵王觉寤，匡其失政，⑧惧以承戒，则灾祸除矣。不听谏谋，简嫚大异，⑨任其私心，塞埤拥下，⑩以逆水势而害鬼神。后数年有黑如日者五。是岁蚤霜，灵王崩。景王立二年，儋括欲杀王，而立王弟佞夫。佞夫不知，景王并诛佞夫。⑪及景王死，五大夫争权，或立子猛，或立子朝，王室大乱。⑫京房易传曰："天子弱，诸侯力政，⑬厥异水斗。"

①师古曰："长萌为萌之长也。崇，聚也。薮谓泽之无水者。堕，毁也。防，止也。窦，穴也。堕音火规反。"

②服虔曰："音邪辟之辟。"

③师古曰："滑，乱也，音骨。"

④臣瓒曰："明，水道也。"师古曰："明谓神灵。"

⑤师古曰："言为欲防固王宫，使水不得毁，故遍饰二川。"

⑥师古曰："榖、洛皆大水，故为四渎之次。"

⑦师古曰："儋括，儋季之子，简王之孙也。篡杀之谋，谓除丧服，将见灵王，过庭而叹曰'呜呼，必有此夫!'"

⑧师古曰："匡，正也。"

⑨师古曰："谏谋，谓单公子愆旗闻儋括之言，恐必为害，请杀之，王不听也。简嫚大异，谓不忧榖、洛。"

⑩师古曰："埤，卑也，音婢。"

⑪师古曰："事在襄三十年。"

⑫师古曰："五大夫，谓刘子、单子、尹氏、召伯、毛伯也。已解

于上。"

⑬师古曰："政亦征也，言专以武力相征讨。一说，诸侯之政，当以德礼，今王室微弱，文教不行，遂乃以力为政，相攻伐也。"

史记曰，秦武王三年渭水赤者三日，昭王三十四年渭水又赤三日。刘向以为近火沴水也。秦连相坐之法，弃灰于道者黥，①罔密而刑虐，加以武伐横出，残贼邻国，至于变乱五行，气色谬乱。天戒若曰，勿为刻急，将致败亡。秦遂不改，至始皇灭六国，二世而亡。昔三代居三河，河洛出图书，②秦居渭阳，而渭水数赤，③瑞异应德之效也。京房易传曰："君湎于酒，淫于色，④贤人潜，国家危，厥异流水赤也。"

①孟康曰："商鞅为政，以弃灰于道必坋人，坋人必斗，故设黥刑以绝其原也。"臣瓒曰："弃灰或有火，火则燔庐舍，故刑之也。"师古曰："孟说是也。坋音蒲顿反。"

②师古曰："谓夏都安邑，即河东也；殷都朝歌，即河内也；周都洛阳，即河南也。"

③师古曰："数音山角反。"

④师古曰："湎，流也，音莫践反。"

【校勘记】

〔1〕 羊上角下（号）〔踦〕， 景祐、殿本都作"踦"。

〔2〕 五为天位，（为）君位。 景祐本无下"为"字。

〔3〕 伊（涉）〔陟〕相太戊， 景祐、殿、局本都作"陟"。王先谦说作"陟"是。

〔4〕 故冬（华）华者， 王念孙说景祐本作"故冬华者"是也。"华"字不宜叠。

〔5〕 谓，古诣（也）〔字〕。 朱一新说汪本“也”作“字”，是。按殿本作“字也”。

〔6〕 与诸吕同（众）〔象〕。 景祐、殿本都作“象”。朱一新说作“象”是。

〔7〕 而桓有妠（媚）〔媚〕之心， 景祐、殿、局本都作“媚”。叶德辉说作“媚”是。

〔8〕 董仲舒以为象（大）〔夫〕人专恣， 景祐、殿本都作“夫”。王先谦说作“夫”是。

〔9〕 釐公二年 按左、公、穀经都在僖公三十三年。

〔10〕 明年有蟜（毒）〔虎〕之诛。 景祐、殿本都作“毒”，此误。

〔11〕 僖十（二）〔三〕年， 景祐、殿本都作“三”，左传亦作“三”。

〔12〕 一曰（螟）〔蝗〕始生。 叶德辉说“螟”为“蝗”之误，既云“一曰”，则非“螟”明矣。

〔13〕 越（骑）〔驰〕义侯遗 景祐、殿本都作“驰”。 王先谦说作“驰”是。

〔14〕 杀（威）〔桓〕公， 景祐、殿本都作“桓”。

汉书卷二十七下之上

五行志第七下之上

传曰："思心之不睿，是谓不圣，厥咎霿，①厥罚恒风，厥极凶短折。时则有脂夜之妖，时则有华孽，时则有牛祸，时则有心腹之痾，时则有黄眚黄祥，时则有金木水火沴土。"

①师古曰："霿音莫豆反。"

"思心之不睿，是谓不圣。"思心者，心思虑也；睿，宽也。孔子曰："居上不宽，吾何以观之哉！"①言上不宽大包容臣下，则不能居圣位。貌言视听，以心为主，四者皆失，则区霿无识，②故其咎霿也。雨旱寒奥，亦以风为本，③四气皆乱，故其罚常风也。常风伤物，故其极凶短折也。伤人曰凶，禽兽曰短，屮木曰折。④一曰，凶，夭也；兄丧弟曰短，父丧子曰折。在人腹中，肥而包裹心者脂也，心区霿则冥晦，故有脂夜之妖。⑤一曰，有脂物而夜为妖，若脂水夜汙人衣，淫之象也。一曰，夜妖者，云风并起而杳冥，故与常风同象也。温而风则生螟螣，⑥有裸虫之孽。⑦刘向以为于易巽为风为木，卦在三月四月，继阳而治，主木之华实。风气盛，至秋冬木复华，故有华孽。一曰，地气盛则秋冬复华。一曰，华者色也，土为内事，为女孽也。于易坤为土为牛，牛大心而不能思虑，思心气毁，故有牛祸。一曰，牛多死及为怪，亦是也。及人，则多病心腹者，故有心腹之痾。土色黄，故有黄眚黄祥。凡思心伤者病土气，土气病则金木水火沴之，故曰："时则有金木水火沴土"。不言"惟"而独曰"时则有"者，非一冲气所沴，明其异大也。其极曰凶短折，顺之，其福曰考终命。⑧刘歆思心传曰时则有裸虫之孽，谓螟螣之属也。庶征之常风，刘向以为春秋无其应。

①师古曰："论语载孔子之言。"

②师古曰："区音口豆反。霿音莫豆反。其下并同。"

③师古曰："奥音于六反。"

④师古曰："屮，古草字。"

⑤师古曰："脂妖及夜妖。"

⑥师古曰："螣音徒得反。"

⑦师古曰："裸亦臝字也，从衣果声。"

⑧师古曰："寿考而终其命。"

釐公十六年"正月，六鹢退蜚，过宋都"。①左氏传曰："风也。"刘歆以为风发于它所，至宋而高，鹢高蜚而逢之，则退。经以见者为文，故记退蜚；传以实应著，言风，常风之罚也。象宋襄公区霿自用，不容臣下，逆司马子鱼之谏，而与强楚争盟，②后六年为楚所执，③应六鹢之数云。京房易传曰："潜龙勿用，④众逆同志，至德乃潜，厥异风。其风也，行不解物，不长，⑤雨小而伤。政悖德隐兹谓乱，厥风先风不雨，大风暴起，发屋折木。守义不进兹谓耄，厥风与云俱起，折五谷茎。臣易上政，兹谓不顺，厥风大焱发屋。⑥赋敛不理兹谓祸，厥风绝经（纪）〔纬〕，⑦[1]止即温，温即虫。侯专封兹谓不统，厥风疾，而树不摇，谷不成。辟不思道利，兹谓无泽，⑧厥风不摇木，旱无云，伤禾。公常于利兹谓乱，⑨厥风微而温，生虫蝗，害五谷。弃正作淫兹谓惑，厥风温，螟虫起，害有益人之物。侯不朝兹谓叛，厥风无恒，地变赤而杀人。"

① 师古曰："鸮音五狄反。"

② 师古曰："子鱼，公子目夷也，桓公之子，而为司马。争盟，谓为鹿上之盟，以求诸侯于楚。子鱼谏曰：'小国争盟，祸也。'公不听之。"

③ 师古曰："僖二十一年，楚执宋公以伐宋，距六鸮退飞凡六年。"

④ 师古曰："乾初九爻辞。"

⑤ 师古曰："不解物，谓物逢之而不解散也。不长，所起者近也。"

⑥ 师古曰："焱，疾风也，音必遥反。"

⑦ 如淳曰："有所破坏，绝匹帛之属也。"晋灼曰："南北为经，东西为纬，丝因风暴，乱不端理也。"

⑧ 师古曰："道读曰导，不思导示于下而安利之。"

⑨ 师古曰："公，上爵也。常于利，谓心常求利也。"

文帝二年六月，淮南王都寿春大风毁民室，杀人。刘向以为是岁南越反，攻淮南边，淮南王长破之，后年入朝，杀汉故丞相辟阳侯，上赦之，归聚奸人谋逆乱，自称东帝，见异不寤，后迁于蜀，道死雍。

文帝五年，吴暴风雨，坏城官府民室。时吴王濞谋为逆乱，天戒数见，终不改寤，后卒诛灭。

五年十月，楚王都彭城大风从东南来，毁市门，杀人。是月王戊初嗣立，后坐淫削国，与吴王谋反，刑僇谏者。①吴在楚东南，天戒若曰，勿与吴为恶，将败市朝。王戊不寤，卒随吴亡。

①师古曰："谓楚相张尚、太傅赵夷吾也。僇，古戮字。下皆类此。"

昭帝元凤元年，燕王都蓟大风雨，①拔宫中树七围以上十六枚，坏城楼。燕王旦不寤，谋反发觉，卒伏其辜。

①师古曰："蓟，县名，燕国之所都。"

釐公十五年"九月己卯晦，震夷伯之庙"。①刘向以为晦，暝也；震，雷也。夷伯，世大夫，正（书）〔昼〕雷，[2]其庙独冥。②天戒若曰，勿使大夫世官，将专事暝晦。明年，公子季友卒，果世官，③政在季氏。至成公十六年"六月甲午晦"，正昼皆暝，阴为阳，臣制君也。成公不寤，其冬季氏杀公子偃。④季氏萌于釐公，⑤大于成公，此其应也。董仲舒以为夷伯，季氏之孚也，⑥陪臣不当有庙。震者雷也，晦暝，雷击其庙，明当绝去僭差之类也。向又以为此皆所谓夜妖者也。刘歆以为春秋及朔言朔，及晦言晦，人道所不及，则天震之。展氏有隐慝，故天加诛于其祖夷伯之庙以谴告之也。

1304
①师古曰："夷伯，司空无骇之后，本鲁公族也，号展氏。"

②师古曰："冥，暗也。"

③师古曰："谓季友之孙行父仍执政专国，自此以后常为卿。"

④师古曰："为季文子所杀也。已解于上。"

⑤师古曰："萌，喻草木始生也。言其始有（成）〔威〕权。"[3]

⑥师古曰："孚，信也。所信任之臣也。"

成公十六年"六月甲午晦，晋侯及楚子、郑伯战于鄢陵"。皆月晦云。

隐公五年"秋，螟"。董仲舒、刘向以为时公观渔于棠，贪利之应也。①刘歆以为又逆臧僖伯之谏，②贪利区霿，以生蠃虫之孽也。

①师古曰："棠，鲁地也。陈渔者之事而观之也。"

②师古曰："臧僖伯，公子疆也，孝公之子，谏观渔。"

八年"九月，螟"。时郑伯以邴将易许田，①有贪利心。京房易传曰："臣安禄兹谓贪，厥灾虫，虫食根。德无常兹谓烦，虫食叶。不缺无德，虫食本。与东作争，兹谓不时，②虫食节。蔽恶生孽，虫食心。"③

①师古曰："〔邴〕，郑祀泰山之邑也，[4]音彼命反。已解于上。"

②师古曰："夺农时也。"

③师古曰："蔽谓恶人蔽君之明（谓）〔为〕灾孽也。"[5]

严公六年"秋，螟"。董仲舒、刘向以为先是卫侯朔出奔齐，齐侯会诸侯纳朔，①许诸侯赂。②齐人归卫宝，鲁受之，③贪利应也。

①师古曰："朔谓惠公也。桓十六年，以左公子（洍）〔泄〕、[6]右公子职立公子黔牟，故惠公奔齐。至庄五年，会齐人、宋人、蔡人伐卫而纳惠公也。"

②师古曰："诸国各有赂。"

③师古曰："以伐卫所获之宝来归鲁。"

文帝后六年秋，螟。是岁匈奴大入上郡、云中，烽火通长安，遣三将军屯边，三将军屯京师。①

①师古曰："并已解于上。"

宣公三年，"郊牛之口伤，改卜牛，牛死"。刘向以为近牛
祸也。是时宣公与公子遂谋共杀子赤而立，①又以丧娶，②区霿昏
乱。乱成于口，幸有季文子得免于祸，天犹恶之，生则不飨其
祀，③死则灾燔其庙。④董仲舒指略同。

①师古曰："已解于上也。"

②师古曰："宣元年正月，公子遂如齐逆女。三月，遂以夫人妇姜至自
齐，时（成）〔文〕公丧制未除。"[7]

③师古曰："谓郊牛伤死，是天不欲飨其祀。"

④师古曰："成三年，新宫灾。新宫者，宣之庙也，以其新成，故谓之
新宫。"

秦孝文王五年，斿胸衍，有献五足牛者。①刘向以为近牛祸
也。先是文惠王初都咸阳，广大宫室，南临渭，北临泾，思心
失，逆土气。足者止也，戒秦建止奢泰，将致危亡。②秦遂不改，
至于离宫三百，复起阿房，未成而亡。一曰，牛以力为人用，足
所以行也。其后秦大用民力转输，起负海至北边，③天下叛之。
京房易传曰："兴繇役，夺民时，厥妖牛生五足。"

①师古曰："胸衍，地名，在北地。胸音许于反。"

②如淳曰："建立基止。泰，奢泰。"

③师古曰："负海，犹言背海也。"

景帝中六年，梁孝王田北山，有献牛，足上出背上。刘向
以为近牛祸。先是孝王骄奢，起苑方三百里，宫馆阁道相连三十馀
里。纳于邪臣羊胜之计，欲求为汉嗣，刺杀议臣爰盎，事发，负

斧归死。既退归国，犹有恨心，内则思虑霿乱，外则土功过制，故牛旤作。足而出于背，下奸上之象也。①犹不能自解，发疾暴死，又凶短之极也。

①师古曰："奸，犯也，音干。"

左氏传昭公二十一年春，周景王将铸无射钟，①泠州鸠曰：②"王其以心疾死乎！夫天子省风以作乐，③小者不窕，大者不摦，④摦则不容，心是以感，感实生疾。今钟摦矣，王心弗（裁）〔戡〕，⑤[8]其能久乎？"刘向以为是时景王好听淫声，適庶不明，⑥思心霿乱，明年以心疾崩，近心腹之痾，凶短之极者也。

①师古曰："钟声中无射之律也。射音弋石反。"

②应劭曰："泠，官也，州鸠，名也。"师古曰："乐官曰泠，后遂以为氏。泠音零，其字从水。"

③应劭曰："风，土地风俗也。省中和之风以作乐，然后可移恶风易恶俗也。"臣瓒曰："省风俗之流通，作乐以救其敝也。"师古曰："应说是也。省，观也。"

④师古曰："窕，轻小也。摦，横大也。窕音它尧反。摦音胡化反。"

⑤孟康曰："古堪字。"

⑥师古曰："適读曰嫡。谓太子寿卒，王立子猛为嗣，后又欲立子朝也。"

昭二十五年春，鲁叔孙昭子聘于宋，元公与燕，饮酒乐，语相泣也。①乐祁佐，②告人曰："今兹君与叔孙其皆死乎！吾闻之，哀乐而乐哀，皆丧心也。③心之精爽，是谓魂魄；魂魄去之，何以能久？"冬十月，叔孙昭子死；十一月，宋元公卒。

①师古曰："昭子，叔孙婼也。元公，宋平公子也。相泣，相对而俱

五行志第七下之上

1307

泣也。"

②师古曰："乐祁，宋司城子梁也。佐，佐酒。"

③师古曰："哀乐，可乐而反哀也。乐哀，可哀而反乐也。丧，失
之也。"

　　昭帝元凤元年九月，燕有黄鼠衔其尾舞王宫端门中，往视
之，鼠舞如故。王使夫人以酒脯祠，鼠舞不休，夜死。黄祥也。
时燕刺王旦谋反将败，死亡象也。其月，发觉伏辜。京房易传
曰："诛不原情，厥妖鼠舞门。"

　　成帝建始元年四月辛丑夜，西北有如火光。壬寅晨，大风从
西北起，云气赤黄，四塞天下，终日夜下著地者黄土尘也。是
岁，帝元舅大司马大将军王凤始用事；又封凤母弟崇为安成侯，
食邑万户；庶弟谭等五人赐爵关内侯，食邑三千户。①复益封凤
五千户，悉封谭等为列侯，是为五侯。哀帝即位，封外属丁氏、
傅氏、周氏、郑氏凡六人为列侯。②杨宣对曰："五侯封日，天气
赤黄，丁、傅复然。③此殆爵土过制，伤乱土气之祥也。"京房易
传曰："经称'观其生'，④言大臣之义，当观贤人，知其性行，
推而贡之，否则为闻善不与，兹谓不知，⑤厥异黄，厥咎聋，厥
灾不嗣。黄者，日上黄光不散如火然，有黄浊气四塞天下。蔽贤
绝道，故灾异至绝世也。经曰'良马逐'。⑥逐，进也，言大臣得
贤者谋，当显进其人，否则为下相攘善，⑦兹谓盗明，厥咎亦不
嗣，至于身僇家绝。"⑧

①师古曰："谭、商、音、根、逢时凡五人。"

②师古曰："外戚传傅太后弟子喜封高武侯，晏封孔乡侯，商封汝昌
侯，同母弟子郑业为阳信侯，丁太后兄明封阳安侯，子满封平周侯。
傅氏、郑氏侯者四人，丁氏侯者二人。今此言六人为列侯，其数是

也。傅氏、丁氏、郑氏则有之，而不见周氏所出。志传不同，未详其意。"

③服虔曰："杨宣，谏大夫也。"

④师古曰："易观卦上九爻辞。"

⑤师古曰："徒知之而已，不能进助也。"

⑥师古曰："此易大畜九三爻辞。"

⑦师古曰："攘，却也。言不进达之也。一曰攘，因也。因而窃取曰攘。音人羊反。"

⑧师古曰："傮，古戮字。"

史记周幽王二年，周三川皆震。①刘向以为金木水火沴土者也。伯阳甫曰：②"周将亡矣！天地之气不过其序；若过其序，民乱之也。阳伏而不能出，阴迫而不能升，③于是有地震。今三川实震，是阳失其所而填阴也。④阳失而在阴，原必塞；⑤原塞，国必亡。夫水，土演而民用也；⑥土无所演，而民乏财用，不亡何待？昔伊雒竭而夏亡，河竭而商亡，今周德如二代之季，其原又塞，塞必竭；川竭，山必崩。夫国必依山川，山崩川竭，亡之征也。若国亡，不过十年，数之纪也。"

①应劭曰："震，地震三川竭也。"师古曰："三川，泾、渭、洛也。洛即漆沮也。川自震耳，故将壅塞，非地震也。"

②服虔曰："周太史。"

③应劭曰："迫，阴迫阳，使不能升也。"

④应劭曰："失其所，失其道也。填阴，为阴所填不得升也。"师古曰："填音竹刃反。"

⑤师古曰："原谓水泉之本也。"

⑥应劭曰："演，引也，所以引出土气者也。"师古曰："演音衍。"

是岁（二）〔三〕川竭^[9]，岐山崩。刘向以为阳失在阴者，谓火气来煎枯水，故川竭也。山川连体，下竭上崩，事势然也。时幽王暴虐，妄诛伐，不听谏，迷于褒姒，废其正后，①废后之父申侯与犬戎共攻杀幽王。一曰，其在天文，水为辰星，辰星为蛮夷。月食辰星，国以女亡。幽王之败，女乱其内，夷攻其外。京房易传曰："君臣相背，厥异名水绝。"②

①师古曰："褒姒，褒人所献之女也。正后，申后也。盖白华之诗所为作也。"

②师古曰："有名之水。"

文公九年"九月癸酉，地震"。刘向以为先是时，齐桓、晋文、鲁釐二伯贤君新没，①周襄王失道，②楚穆王杀父，③诸侯皆不肖，权倾于下，天戒若曰，臣下强盛者将动为害。后宋、鲁、晋、莒、郑、陈、齐皆杀君。④诸震，略皆从董仲舒说也。京房易传曰："臣事虽正，专必震，其震，于水则波，于木则摇，于屋则瓦落。大经在辟而易臣，兹谓阴动，⑤厥震摇政宫。大经摇政，兹谓不阴，厥震摇山，山出涌水。嗣子无德专禄，兹谓不顺，厥震动丘陵，涌水出。"

①师古曰："齐桓、晋文，二伯也。鲁釐，贤君也。伯读曰霸。"

②师古曰："谓避叔带之难而出奔，失为君之道。"

③师古曰："穆王，商臣也，杀其父成王也。"

④师古曰："文十六年宋人杀其君杵臼，十八年襄仲杀恶，宣二年晋赵盾杀其君夷皋，文十八年莒弑其君庶其，宣四年郑公子归生弑其君夷，十年陈夏徵舒杀其君平国，文十八年齐人杀其君商人。"

⑤服虔曰："经，常也。辟音刑辟之辟。"苏林曰："大经，五行之常

经也。在辟，众阴犯杀其上也。"师古曰："辟读曰僻，谓常法僻坏而易臣也。"

襄公十六年"五月甲子，地震"。刘向以为先是鸡泽之会，诸侯盟，大夫又盟。[1]是岁三月，诸侯为溴梁之会，而大夫独相与盟，[2]五月地震矣。其后崔氏专齐，栾盈乱晋，良霄倾郑，阍杀吴子，燕逐其君，楚灭陈、蔡。[3]

[1]师古曰："鸡泽，卫地也。襄三年，公会单子、晋侯、宋公、卫侯、郑伯、莒子、邾子、齐世子光，己未，同盟于鸡泽。陈侯使袁侨如会，戊寅，叔孙豹及诸侯大夫及陈袁侨盟也。"

[2]师古曰："经书诸大夫盟，谓晋、宋、卫、郑、曹、莒、邾、薛、杞、小邾之大夫。"

[3]师古曰："崔氏，齐卿崔杼也。栾盈，晋大夫栾桓子之子怀子也，二十一年奔楚，二十三年复入于晋而作乱。良霄，郑大夫伯有也。三十年，子晳以驷氏之甲伐而焚之，伯有奔雍梁，遂奔许，晨自墓门之窦入，介于襄库，以伐旧北门。驷带率国人伐之，伯有死于羊肆。阍，守门者也。吴子，馀祭也。吴人伐越，获俘焉，以为阍，使守舟。二十九年，馀祭观舟，阍以刀杀之。燕，北燕国也。昭三年冬，燕大夫杀公之外嬖，公惧奔齐。昭八年，楚师灭陈。十一年，楚灭蔡也。"

昭公十九年"五月己卯，地震"。刘向以为是时季氏将有逐君之变。其后宋三臣、曹会皆以地叛，[1]蔡、莒逐其君，吴败中国杀二君。[2]

[1]师古曰："二十年，宋华亥、向宁、华定出奔陈，二十一年自陈入于宋南里以叛。曹会，大夫公孙会也，二十年自鄸出奔宋。穀梁传曰'自鄸者'专鄸也'。鄸，会之邑也。鄸音莫风反。"

②师古曰："昭二十一年，蔡人信费无极之言，出蔡侯朱，朱出奔楚。二十三年，莒子庚舆虐而好剑，国人患之。秋七月，乌存帅国人以逐之，庚舆出奔鲁。戊辰，吴败楚、顿、胡、沈、蔡、陈、许之师于鸡父，胡子髡、沈子逞灭，是也。"

二十三年"八月乙未，地震"。刘向以为是时周景王崩，刘、单立王子猛，尹氏立子朝。①其后季氏逐昭公，黑肱叛邾，②吴杀其君僚，③宋五大夫、晋二大夫皆以地叛。④

①师古曰："已解于上。"

②师古曰："黑肱，邾大夫也。三十一年，经书'邾黑肱以滥来奔'。滥，邾邑。"

③师古曰："二十七年，吴公子光使专设诸抽剑刺王是也。"

④师古曰："定十年，宋公之弟辰暨仲佗、石彄出奔陈。十一年春，辰及仲佗、石彄、公子地自陈入于萧以叛。秋，宋乐大心自曹入于萧。十三年，晋荀寅、士吉射入朝歌以叛。"

哀公三年"四月甲午，地震"。刘向以为是时诸侯皆信邪臣，莫能用仲尼，盗杀蔡侯，齐陈乞弑君。①

①师古曰："哀四年，经书'盗杀蔡侯申'。左氏传曰：'蔡昭侯将如吴，诸大夫恐其又迁也，公孙翩逐而射之，入于家人而卒。'陈乞，齐大夫陈僖子也。六年，乞杀其君荼。荼，景公之子安孺子也。荼音大胡反。"

惠帝二年正月，地震陇西，厌四百馀家。①武帝征和二年八月癸亥，地震，厌杀人。宣帝本始四年四月壬寅，地震河南以东四十九郡，北海琅邪坏祖宗庙城郭，杀六千馀人。元帝永光三年冬，地震。绥和二年九月丙辰，地震，自京师至北边郡国三十馀坏城郭，凡杀四百一十五人。

①师古曰："厌音一甲反。次下亦同。"

釐公十四年"秋八月辛卯，沙麓崩"。穀梁传曰："林属于山曰麓，①沙其名也。"刘向以为臣下背叛，散落不事上之象也。先是，齐桓行伯道，会诸侯，②事周室。管仲既死，桓德日衰，天戒若曰，伯道将废，诸侯散落，政逮大夫，陪臣执命，臣下不事上矣。桓公不寤，天子蔽晦。③及齐（威）〔桓〕死，[10]天下散而从楚。王札子杀二大夫。④晋败天子之师，⑤莫能征讨，从是陵迟。公羊以为沙麓，河上邑也。董仲舒说略同。一曰，河，大川象；齐，大国；桓德衰，伯道将移于晋文，故河为徙也。左氏以为沙麓，晋地；沙，山名也；地震而麓崩，不书震，举重者也。伯阳甫所谓"国必依山川，山崩川竭，亡之征也；不过十年，数之纪也"。至二十四年，晋怀公杀于高梁。⑥京房易传曰："小人剥庐，⑦厥妖山崩，兹谓阴乘阳，弱胜强。"

①师古曰："属，联也，音之欲反。"

②师古曰："伯读曰霸。其下亦同。"

③师古曰："被，掩蔽而暗也。"

④师古曰："二大夫，召伯、毛伯也。"

⑤师古曰："谓败之于贸戎也。已解于上也。"

⑥师古曰："怀公谓子圉，惠公之子也。文公入国而使杀之。高梁，晋地。"

⑦师古曰："剥卦上九爻之辞也。"

成公五年"夏，梁山崩"。穀梁传曰壅河三日不流，①晋君帅群臣而哭之，乃流。②刘向以为山阳，君也，水阴，民也，天戒若曰，君道崩坏，下乱，百姓将失其所矣。哭然后流，丧亡象也。梁山在晋地，自晋始而及天下也。后晋暴杀三卿，厉公以弑。③溴梁之会，天下大夫皆执国政，④其后孙、甯出卫献，⑤三家逐鲁昭，单、尹乱王室。⑥董仲舒说略同。刘歆以为梁山，晋望也；崩，弛崩也。⑦古者三代命祀，祭不越望，吉凶祸福，不是过也。国主山川，山崩川竭，亡之征也，美恶周必复。⑧是岁岁在鹑火，至十七年复在鹑火，栾书、中行偃杀厉公而立悼公。

①师古曰："雍读曰壅。"

②师古曰："从伯宗用辇者之言。"

③师古曰："三卿谓郤犨、郤锜、郤至也。厉公杀之，而栾书、中行偃又弑厉公。事在成十七年。"

④师古曰："已解于上。"

⑤师古曰："孙，孙林父，甯，甯殖，皆卫大夫也。卫献公，定公之子也，名衎。献公戒二子食，日旰不召，而射鸿于囿，二子怒，因作乱。公如鄄，遂出奔齐。孙氏追之，败公徒于柯泽。事在襄十四年。"

⑥师古曰："并解于上。"

⑦师古曰："言渐解散也。弛音式尔反。"

⑧师古曰："复音扶目反。"

高后二年正月，武都山崩，杀七百六十人，地震至八月乃止。文帝元年四月，齐楚地山二十九所同日俱大发水，溃出，刘向以为近水沴土也。天戒若曰，勿盛齐楚之君，今失制度，将为乱。后十六年，帝庶兄齐悼惠王之孙文王则薨，无子，帝分齐地，立悼惠王庶子六人皆为王。①贾谊、晁错谏，以为违古制，恐为乱。至景帝三年，齐楚七国起兵百馀万，汉皆破之。春秋四国同日灾，②汉七国同日众山溃，咸被其害，不畏天威之明效也。

①师古曰："谓齐孝王将闾、济北王志、菑川王贤、胶东王雄渠、胶西王卬、济南王辟光。"

②师古曰："宋、卫、陈、郑。"

成帝河平三年二月丙戌，犍为柏江山崩，捐江山崩，皆雍江水，①江水逆流坏城，杀十三人，地震积二十一日，百二十四动。元延三年正月丙寅，蜀郡岷山崩，雍江，江水逆流，三日乃通。刘向以为周时岐山崩，三川竭，而幽王亡。岐山者，周所兴也。汉家本起于蜀汉，今所起之地山崩川竭，星孛又及摄提、大角，从参至辰，②殆必亡矣。其后三世亡嗣，王莽篡位。

①师古曰："雍读曰壅。次下亦同。"

②如淳曰："孛星尾长及摄提、大角，始发于参至辰也。"

传曰："皇之不极，是谓不建，厥咎眊，①厥罚恒阴，厥极弱。时则有射妖，时则有龙蛇之孽，时则有马祸，时则有下人伐上之痾，时则有日月乱行，星辰逆行。"

①服虔曰："眊音老耄。"

"皇之不极，是谓不建"，皇，君也。极，中；建，立也。人君貌言视听思心五事皆失，不得其中，则不能立万事，失在眊悖，故其咎眊也。①王者自下承天理物。云起于山，而弥于天；②天气乱，故其罚常阴也。一曰，上失中，则下强盛而蔽君明也。易曰"亢龙有悔，贵而亡位，高而亡民，贤人在下位而亡辅"，③如此，则君有南面之尊，而亡一人之助，故其极弱也。盛阳动进轻疾。④礼，春而大射，以顺阳气。⑤上微弱则下奋动，故有射妖。易曰"云从龙",⑥又曰"龙蛇之蛰,以存身也"。⑦阴气动,故有龙蛇之孽。于易,乾为君为马,马任用而强力,君气毁,故有马祸。一曰,马多死及为怪,亦是也。君乱且弱,人之所叛,天之所去,不有明王之诛,则有篡弑之祸,故有下人伐上之痾。凡君道伤者病天气,不言五行沴天,而曰"日月乱行,星辰逆行"者,为若下不敢沴天,犹春秋曰"王师败绩于贸戎",不言败之者,以自败为文,尊尊之意也。刘歆皇极传曰有下体生上之痾。说以为下人伐上,天诛已成,不得复为痾云。皇极之常阴,刘向以为春秋亡其应。一曰,久阴不雨是也。刘歆以为自属常阴。

①师古曰:"眊,不明也。悖,惑也,音布内反。"

②师古曰:"弥,满也。"

③师古曰:"乾上九文言也。"

④服虔曰:"阳行轻且疾也。"

⑤韦昭曰:"将祭,与群臣射,谓之大射。"

⑥师古曰:"乾九五文言。"

⑦师古曰:"下系辞也。"

昭帝元平元年四月崩,亡嗣,立昌邑王贺。贺即位,天阴,昼夜不见日月。贺欲出,光禄大夫夏侯胜当车谏曰:"天久阴而不雨,臣下有谋上者,陛下欲何之?"贺怒,缚胜以属吏,①吏白大将军霍光。光时与车骑将军张安世谋欲废贺。光让安世,以为泄语,安世实不泄,召问胜。胜上洪范五行传曰:"'皇之不极,厥罚常阴,时则有下人伐上。'不敢察察言,②故云臣下有谋。"光、安世读之,大惊,以此益重经术士。后数日卒共废贺,此常

阴之明效也。京房易传曰："有蜺、蒙、雾。雾，上下合也。蒙
如尘云。蜺，日旁气也。其占曰：后妃有专，蜺再重，赤而专，
至冲旱。③妻不壹顺，黑蜺四背，又白蜺双出日中。妻以贵高夫，
兹谓擅阳，蜺四方，日光不阳，解而温。④内取兹谓禽，⑤蜺如
禽，在日旁。以尊降妃，兹谓薄嗣，蜺直而塞，六辰乃除，夜星
见而赤。⑥女不变始，兹谓乘夫，⑦蜺白在日侧，黑蜺果之，气正
直。⑧妻不顺正，兹谓擅阳，蜺中窥贯而外专。夫妻不严兹谓
媟，⑨蜺与日会。妇人擅国兹谓顷，⑩蜺白贯日中，赤蜺四背。⑪适
不答兹谓不次，⑫蜺直在左，蜺交在右。取于不专，兹谓危嗣，
蜺抱日两未及。君淫外兹谓亡，蜺气左日交于外。取不达兹谓不
知，蜺白夺明而大温，温而雨。⑬尊卑不别兹谓媟，蜺三出三已，
三辰除，⑭除则日出且雨。臣私禄及亲，兹谓罔辟，⑮厥异蒙，其
蒙先大温，已蒙起，日不见。行善不请于上，兹谓作福，蒙一日
五起五解。辟不下谋，臣辟异道，兹谓不见，上蒙下雾，风三变
而俱解。立嗣子疑，兹谓动欲，蒙赤，日不明。德不序兹谓不
聪，蒙，日不明，温而民病。德不试，空言禄，⑯兹谓主窳臣
夭，⑰蒙起而白。君乐逸人兹谓放，蒙，日青，黑云夹日，左右
前后行过日。公不任职，兹谓怙禄，蒙三日，又大风五日，蒙不
解。利邪以食，兹谓闭上，蒙大起，白云如山行蔽日。公惧不言
道，兹谓闭下，蒙大起，日不见，若雨不雨，至十二日解，而有
大云蔽日。禄生于下，兹谓诬君，蒙微而小雨，已乃大雨。下相
攘善，兹谓盗明，蒙黄浊。下陈功，求于上，兹谓不知，蒙，微
而赤，风鸣条，解复蒙。下专刑兹谓分威，蒙而日不得明。大臣
厌小臣兹谓蔽，蒙微，日不明，若解不解，大风发，赤云起而蔽

日。众不恶恶兹谓闭，蒙，尊卦用事，⑱三日而起，日不见。漏
言亡喜，兹谓下层用，⑲蒙微，日无光，有雨云，雨不降。废忠
惑佞兹谓亡，蒙，天先清而暴，蒙微而日不明。有逸民兹谓不
明，蒙浊，夺日光。公不任职，兹谓不绌，蒙白，三辰止，则日
青，青而寒，寒必雨。忠臣进善君不试，兹谓遏，⑳蒙，先小雨，
雨已蒙起，微而日不明。惑众在位，兹谓覆国，蒙微而日不明，
一温一寒，风扬尘。知佞厚之兹谓庳，蒙甚而温。君臣故弼兹谓
悖，㉑厥灾风雨雾，风拔木，乱五谷，已而大雾。庶正蔽恶，兹
谓生孽灾，厥异雾。"此皆阴云之类云。

① 师古曰："属，委也，音之欲反。"

② 臣瓒曰："不敢察察明言之。"

③ 孟康曰："专，员也。若五月再重，赤而员，至十一月旱也。"

④ 服虔曰："蒙气解而温。"

⑤ 服虔曰："人君内淫于骨肉也。"臣瓒曰："人君取于国中也。"师古
曰："取，如礼记'聚麀'之聚，瓒说非。"

⑥ 韦昭曰："六辰，谓从卯至申。"

⑦ 孟康曰："始贵高于夫，终行此不变也。"

⑧ 师古曰："果谓干之也。"

⑨ 韦昭曰："媟言媟慢也。"师古曰："音先列反。"

⑩ 师古曰："顷读曰倾。"

⑪ 服虔曰："蜿背日。"

⑫ 服虔曰："言适妻不见答也。"臣瓒曰："夫不接妻谓不答。"师古曰：
"适读曰嫡。答，报也。言妻有承顺之心，不见报答也。一曰，答，
对也，言不以恩意接对之。"

⑬ 师古曰："取读曰聚。"

⑭韦昭曰:"若从寅至辰也。蜺旦见西,晏则雨。"

⑮韦昭曰:"辟,君也。"师古曰:"辟音壁。其下并同。"

⑯师古曰:"试,用也。"

⑰孟康曰:"谓君惰窳,用人不以次第,为天也。"师古曰:"窳音庾。"

⑱孟康曰:"尊卦,乾坤也。"臣瓒曰:"京房谓之方伯卦,震、兑、坎、离也。"师古曰:"孟说是。"

⑲师古曰:"唇音千各反。"

⑳师古曰:"试,用也。"

㉑师古曰:"弼犹相戾也。悖,惑也。"

严公十八年"秋,有蜮"。刘向以为蜮生南越。越地多妇人,男女同川,淫女为主,乱气所生,故圣人名之曰蜮。蜮犹惑也,在水旁,能射人,射人有处,甚者至死。①南方谓之短弧,②近射妖,死亡之象也。时严将取齐之淫女,故蜮至。天戒若曰,勿取齐女,将生淫惑篡弑之祸。严不寤,遂取之。入后淫于二叔,二叔以死,两子见弑,夫人亦诛。③刘歆以为蜮,盛暑所生,非自越来也。京房易传曰:"忠臣进善君不试,厥咎国生蜮。"④

①师古曰:"以气射人也。"

②师古曰:"即射工也,亦呼水弩。"

③师古曰:"并解于上。"

④师古曰:"试,用也。"

史记鲁哀公时,有隼集于陈廷而死,①楛矢贯之,②石砮,③长尺有咫。④陈闵公使使问仲尼,⑤仲尼曰:"隼之来远矣!昔武王克商,通道百蛮,使各以方物来贡,肃慎贡楛矢,⑥石砮长尺有咫。先王分异姓以远方职,使毋忘服,⑦故分陈以肃慎矢。"试求之故府,果得之。⑧刘向以为隼近黑祥,贪暴类也;矢贯之,近射妖也；死于廷，国亡表也。象陈昏乱，不服事周，⑨而行贪暴，将致远夷之祸，为所灭也。是时中国齐晋、南夷吴楚为强，⑩陈交晋不亲，附楚不固，数被二国之祸。后楚有白公之乱，⑪陈乘而侵之，⑫卒为楚所灭。⑬

①师古曰："隼，鸷鸟，即今之鹘也。说者以为鹞，失之矣。廷，朝廷也。鹘字音胡骨反。"

②应劭曰："楛，木名。"师古曰："音怙，其木堪为箭笴，今幽以北皆用之，土俗呼其木为楛子也。"

③应劭曰："砮，镞也，音奴，又乃互反。"

④张晏曰："八寸曰咫。"

⑤师古曰："闵公名周，怀公之子。"

⑥臣瓒曰："肃慎，东北夷。"

⑦师古曰："服，事也。"

⑧师古曰："得昔所分之矢于府藏中。"

⑨师古曰："昏音莫报反。"

⑩师古曰："中国则齐、晋为强，南夷则吴、楚为强。"

⑪师古曰："白公，楚平王太子建之子胜也。建遇谗，奔郑而死。胜在吴，子西召之，使处吴境，为白公。吴人伐慎，白公败之，请以战备献，因作乱，子西、子期皆死。事在哀十六年。"

⑫师古曰："白公之乱，陈人恃其聚而侵楚。事见哀十七年。"

⑬师古曰："陈闵公之二十年，获麟之岁也。其二十四年，而为楚所灭。"

史记夏后氏之衰，有二龙止于夏廷，而言"余，褒之二君也"。①夏帝卜杀之，去之，止之，莫吉；卜请其漦而藏之，乃吉。②于是布币策告之。③龙亡而漦在，乃椟去之。④其后夏亡，传椟于殷周，三代莫发，至厉王末，发而观之，漦流于廷，不可除也。厉王使妇人赢而噪之，⑤漦化为玄鼋，⑥入后宫。处妾遇之而孕，⑦生子，惧而弃之。宣王立，女童谣曰："檿弧箕服，实亡周国。"⑧后有夫妇鬻是器者，宣王使执而僇之。⑨既去，见处妾所弃妖子，闻其夜号，哀而收之，遂亡奔褒。后褒人有罪，入妖子以赎，是为褒姒，幽王见而爱之，生子伯服。王废申后及太子宜咎，而立褒姒、伯服代之。废后之父申侯与缯西畎戎共攻杀幽王。⑩诗曰："赫赫宗周，褒姒灭之。"⑪刘向以为夏后季世，周之幽、厉，皆诗乱逆天，⑫故有龙鼋之怪，近龙蛇孽也。漦，血也，一曰沫也。檿弧，桑弓也。其服，盖以其草为箭服，近射妖也。女童谣者，祸将生于女，国以兵寇亡也。⑬

　①师古曰："褒，古国名。"

　②应劭曰："漦，沫也。"郑氏曰："漦音牛齝之齝。"师古曰："去谓驱逐也，止谓拘留也。去音丘吕反。漦音丑之反。"

　③师古曰："奠币为礼，读策辞而告之也。说者以为策者糇米，盖失之矣。"

　④师古曰："椟，匮也。去，藏也。椟音读。去音丘吕反。"

　⑤应劭曰："群呼曰噪。"师古曰："噪音先到反。"

　⑥韦昭曰："玄，黑；鼋，蜥蜴也，似蛇而有足。"师古曰："鼋似鳖而大，非蛇及蜥蜴。"

　⑦师古曰："处妾，宫中之童女。"

　⑧服虔曰："檿，檿桑也。"师古曰："女童谣，间里之童女为歌谣也。檿，山桑之有点文者也。木弓曰弧。服，盛箭者，即今之步叉也。箕，草，似荻而细，织之为服也。檿音一箪反。箕音基。荻音敌。"

　⑨师古曰："鬻，卖也，音弋六反。"

⑩师古曰："畎戎即犬戎，亦曰昆夷。"

⑪师古曰："小雅正月之诗也。赫赫，盛貌也。宗周，镐京也。威，灭也，音呼悦反。"

⑫师古曰："誖，惑也，音布内反。"

⑬师古曰："因妇人以致兵寇也。"

左氏传昭公十九年，龙斗于郑时门之外洧渊。①刘向以为近龙孽也。郑以小国摄乎晋楚之间，②重以强吴，③郑当其冲，不能修德，将斗三国，以自危亡。④是时子产任政，内惠于民，外善辞令，以交三国，郑卒亡患，能以德消变之效也。京房易传曰："众心不安，厥妖龙斗。"

①师古曰："时门，郑城门也。洧泉，洧水之泉也。洧水出荥阳密县东南，至颍川长平入颍也。"

②师古曰："摄，收持之。"

③师古曰："重音直用反。"

④师古曰："言若不修德，则三国伐之，必危亡。"

惠帝二年正月癸酉旦，有两龙见于兰陵廷东里温陵井中，①至乙亥夜去。刘向以为龙贵象而困于庶人井中，象诸侯将有幽执之祸。其后吕太后幽杀三赵王，诸吕亦终诛灭。京房易传曰："有德遭害，厥妖龙见井中。"又曰："行刑暴恶，黑龙从井出。"

①师古曰："兰陵县之廷东里也。温陵，人姓名也。"

左氏传鲁严公时有内蛇与外蛇斗郑南门中，内蛇死。刘向以为近蛇孽也。先是郑厉公劫相祭仲而逐兄昭公代立。①后厉公出奔，昭公复入。②死，弟子仪代立。③厉公自外劫大夫傅瑕，使傻子仪。④此外蛇杀内蛇之象也。蛇死六年，而厉公立。严公闻之，问申繻曰："犹有妖乎?"⑤对曰："人之所忌，其气炎以取之，⑥妖由人兴也。人亡衅焉，妖不自作。人弃常，故有妖。"⑦京房易传曰："立嗣子疑，厥妖蛇居国门斗。"

①师古曰："厉公母，宋雍氏之女也。祭仲，祭封人仲足也。桓十一年，宋人执祭仲，曰：'不立突，将死。'仲乃与宋盟而立厉公。昭公奔卫。祭音侧介反。"

②师古曰："桓十五年，厉公与祭仲之壻雍纠谋杀祭仲，不克，五月，出奔蔡。六月，昭公复归于郑。九月，厉公杀檀伯而居栎也。"

③师古曰："桓十七年，高渠弥弑昭公而立其弟子亹。十八年，齐人杀子亹，祭仲乃立亹之弟仪也。"

④师古曰："傅瑕，郑大夫也。庄十四年，厉公自栎侵郑，获傅瑕，与之盟。于是傅瑕杀子仪而纳厉公也。"

⑤师古曰："申繻，鲁大夫也。繻音须。"

⑥师古曰："炎音弋瞻反。"

⑦师古曰："已解于上。"

左氏传文公十六年夏，有蛇自泉宫出，①入于国，如先君之数。刘向以为近蛇孽也。泉宫在囿中，公母姜氏尝居之，蛇从之出，象宫将不居也。诗曰："维虺维蛇，女子之祥。"②又蛇入国，国将有女忧也。如先君之数者，公母将薨象也。秋，公母薨。公恶之，乃毁泉台。夫妖孽应行而自见，非见而为害也。文不改行循正，共御厥罚，③而作非礼，以重其过。④后二年薨，公子遂杀文之二子恶、视，而立宣公。⑤文公夫人大归于齐。⑥

①师古曰："泉宫，即泉台。"

②师古曰："小雅斯干之诗。"

③师古曰："共读曰恭。御读曰禦，又读如本字。"

④师古曰："重音直用反。"

⑤师古曰："恶即子赤也。视，其母弟。"

⑥师古曰："本齐女，故出而归齐，所谓哀姜者也。"

武帝太始四年七月，赵有蛇从郭外入，与邑中蛇斗孝文庙下，邑中蛇死。后二年秋，有卫太子事，事自赵人江充起。

左氏传定公十年，宋公子地有白马驷，①公嬖向魋欲之，②公取而朱其尾鬣③以予之。地怒，使其徒扶魋而夺之。④魋惧将走，公闭门而泣之，目尽肿。公弟辰谓地曰："子为君礼，不过出竟，君必止子。"⑤地出奔陈，公弗止。辰为之请，不听。辰曰："是我迁吾兄也，⑥吾以国人出，君谁与处？"遂与其徒出奔陈。明年俱入于萧以叛，大为宋患，⑦近马祸也。

① 师古曰："地，宋元公子也。四马曰驷。"

② 师古曰："公谓景公，即地之兄也。魋，宋司马桓魋也。向音式尚反。魋音大回反。"

③ 师古曰："鬣，领上鬣也，音力涉反。"

④ 师古曰："扶，击也，音丑失反。"

⑤ 师古曰："辰亦元公子也。言若见君怒，惧而出奔，是为臣之礼也。竟读曰境（也）。"〔11〕

⑥ 应劭曰："迁音君狂〔反〕。"〔12〕臣瓒曰："迁音九放反。"师古曰："二说皆非也。迁，欺也，音求往反。"

⑦ 师古曰："萧，宋邑。"

史记秦孝公二十一年有马生人，昭王二十年牡马生子而死。刘向以为皆马祸也。孝公始用商君攻守之法，东侵诸侯，至于昭王，用兵弥烈。①其象将以兵革抗极成功，而还自害也。牡马非生类，妄生而死，犹秦恃力强得天下，而还自灭之象也。〔一〕

曰，诸畜生非其类，[13]子孙必有非其姓者，至于始皇，果吕不韦子。京房易传曰："方伯分威，厥妖牡马生子。亡天子，诸侯相伐，厥妖马生人。"

①师古曰："烈，猛也。"

文帝十二年，有马生角于吴，角在耳前，上乡。①右角长三寸，左角长二寸，皆大二寸。刘向以为马不当生角，犹吴不当举兵乡上也。是时，吴王濞封有四郡五十馀城，②内怀骄恣，变见于外，天戒早矣。王不寤，后卒举兵，诛灭。京房易传曰："臣易上，政不顺，厥妖马生角，兹谓贤士不足。"又曰："天子亲伐，马生角。"

①师古曰："乡读曰向。次下亦同。"
②师古曰："高纪云'六年春，以故东阳郡、鄣郡、吴郡五十三县立刘贾为荆王'。十二年十月诏曰：'吴，古之建国，日者荆王兼有其地，今死无后，朕欲复立吴王。'长沙王臣等请立沛侯为吴王。而荆燕吴传云：'荆王刘贾为黥布所杀，无后，上患会稽轻悍，无壮王填之，乃立濞为吴王，王三郡五十三城。'是则濞之所封，贾本地也，止有三郡，荆燕吴传与纪（冈）〔同〕矣。[14]今此云四郡，未详其说。若以贾本不得会稽，濞加一郡者，则不得言五十三城也。"

成帝绥和（三）〔二〕年二月，[15]大厩马生角，在左耳前，围长各二寸。是时王莽为大司马，害上之萌自此始矣。①哀帝建平二年，定襄牡马生驹，三足，随群饮食，太守以闻。马，国之武用，三足，不任用之象也。后侍中董贤年二十二为大司马，居上公之位，天下不宗。哀帝暴崩，成帝母王太后召弟子新都侯王莽入，收贤印绶，贤恐，自杀，莽因代之，并诛外家丁、傅。又废哀帝傅皇后，令自杀，发掘帝祖母傅太后、母丁太后陵，更以庶人葬之。辜及至尊，大臣微弱之祸也。

①师古曰："萌，若草木之始生也。"

文公十一年，"败狄于鹹"。①穀梁、公羊传曰，长狄②兄弟三人，一者之鲁，③一者之齐，④一者之晋。⑤皆杀之，身横九畮；⑥断其首而载之，眉见于轼。⑦何以书？记异也。刘向以为是时周室衰微，三国为大，可责者也。天戒若曰，不行礼义，大为夷狄之行，将至危亡。其后三国皆有篡弑之祸，⑧近下人伐上之痾也。刘歆以为人变，属黄祥。一曰，属羸虫之孽。一曰，天地之性人为贵，凡人为变，皆属皇极下人伐上之痾云。京房易传曰："君暴乱，疾有道，厥妖长狄入国。"又曰："丰其屋，下独苦。⑨长狄生，世主房。"

①师古曰："鹹，鲁地也。"

②师古曰："防风之后，漆姓也，国号鄋瞒。鄋音所求反。瞒音莫干反。"

③师古曰："侨如也。来伐鲁，为叔孙得臣所获。"

④师古曰："荣如也。齐襄公二年伐齐，为王子成父所获。"

⑤师古曰："焚如也。宣十五年，晋灭潞国而获之。"

⑥师古曰："畮，古亩字。"

⑦师古曰："轼，车前横木。"

⑧师古曰："谓鲁文公薨，襄仲弑恶及视而立宣公；齐连称、管至父弑襄公而立无知；晋栾书、中行偃弑厉公而立悼公。"

⑨师古曰："丰其屋，易丰卦上六爻辞也。丰，大也。"

史记秦始皇帝二十六年，有大人长五丈，足履六尺，皆夷狄服，凡十二人，见于临洮。^①天戒若曰，勿大为夷狄之行，将受其祸。是岁始皇初并六国，反喜以为瑞，销天下兵器，作金人十二以象之。遂自贤圣，燔诗书，坑儒士；奢淫暴虐，务欲广地；南戍五岭，北筑长城以备胡越，^②堑山填谷，西起临洮，东至辽东，径数千里。故大人见于临洮，明祸乱之起。后十四年而秦亡，亡自戍卒陈胜发。

①师古曰："陇西之县也。音吐高反。"

②师古曰："五岭，解在张耳陈馀传。"

史记魏襄王十三年，魏有女子化为丈夫。京房易传曰："女子化为丈夫，兹谓阴昌，贱人为王；丈夫化为女子，兹谓阴胜，厥咎亡。"一曰，男化为女，宫刑滥也；^①女化为男，妇政行也。

①如淳曰："宫刑之行大滥也。"

哀帝建平中，豫章有男子化为女子，嫁为人妇，生一子。长安陈凤言此阳变为阴，将亡继嗣，自相生之象。一曰，嫁为人妇生一子〔者〕，^[16]将复一世乃绝。

哀帝建平四年四月，山阳方与女子田无啬生子。^①先未生二月，儿啼腹中，及生，不举，葬之陌上，三日，人过闻啼声，母掘收养。

①师古曰："方与者，山阳之县也。女子姓田，名无啬。方与音房豫。"

平帝元始元年二月，朔方广牧女子赵春病死，^①敛棺积六日，^②出在棺外，自言见夫死父，曰："年二十七，不当死。"太守谭以闻。京房易传曰："'干父之蛊，有子，考亡咎'，^③子三年不改父道，思慕不皇，亦重见先人之非，^④不则为私，厥妖人死复生。"一曰,至阴为阳,下人为上。

①师古曰:"广牧,朔方之县也。姓赵,名春。"

②师古曰:"敛音力赡反。棺音工唤反。"

③韦昭曰:"蛊,事也。子能正父之事,是为有子,故考不为咎累。"

　师古曰:"易蛊卦初六爻辞也。"

④师古曰:"言父有不善之事,当速改之,若唯思慕而已,无所变易,是重显先人之非也。一曰,三年之内,但思慕而已,不暇见父之非,故不改也。重音直用反。"

　　六月,长安女子有生儿,两头异颈面相鄉,四臂共匈俱前乡,①尻上有目长二寸所。京房易传曰:"'睽孤,见豕负涂',②厥妖人生两头。下相攘善,妖亦同。人若六畜首目在下,兹谓亡上,正将变更。凡妖之作,以谴失正,各象其类。二首,下不壹也;足多,所任邪也;足少,下不胜任,或不任下也。凡下体生于上,不敬也;上体生于下,媟渎也;生非其类,淫乱也;人生而大,上速成也;生而能言,好虚也。群妖推此类,不改乃成凶也。"

①师古曰:"乡读曰向。"

②师古曰:"易睽卦上九象辞也。睽孤,乖剌之意也。涂,泥也。睽音苦携反。"

　　景帝二年九月,胶东下密人年七十餘,生角,角有毛。时胶东、胶西、济南、齐四(主)〔王〕[17]有举兵反谋,谋由吴王濞起,连楚、赵,凡七国,下密,县居四齐之中;①角,兵象,上乡者也;②老人,吴王象也;年七十,七国象也。天戒若曰,人不当生角,犹诸侯不当举兵以乡京师也,祸从老人生,七国俱败云。诸侯不寤，明年吴王先起，诸侯从之，七国俱灭。京房易传曰："冢宰专政，厥妖人生角。"

① 师古曰："四齐即上所云胶东、胶西、济南、齐也。本皆齐地，故谓之四齐。"

② 师古曰："乡读曰向。次下亦同。"

成帝建始三年十月丁未，京师相惊，言大水至。渭水虒上小女陈持弓年九岁，①走入横城门，入未央宫尚方掖门，殿门门卫户者莫见，至句盾禁中而觉得。②民以水相惊者，阴气盛也。小女而入宫殿中者，下人将因女宠而居有宫室之象也。名曰持弓，有似周家檿弧之祥。易曰："弧矢之利，以威天下。"③是时，帝母王太后弟凤始为上将，秉国政，天知其后将威天下而入宫室，故象先见也。其后，王氏兄弟父子五侯秉权，至莽卒篡天下，盖陈氏之后云。京房易传曰："妖言动众，兹谓不信，路将亡人，司马死。"

① 师古曰："虒上，地名也。音斯。"

② 师古曰："句盾，少府之署。觉得，事觉而见执得也。"

③ 师古曰："下系之辞也。"

成帝绥和二年八月庚申，郑通里男子王褒①衣绛衣小冠，带剑入北司马门殿东门，②上前殿，入非常室中，③解帷组结佩之，④招前殿署长业等曰："天帝令我居此。"业等收缚考问，褒故公车大谁卒，⑤病狂易，⑥不自知入宫状，下狱死。是时王莽为大司马，哀帝即位，莽乞骸骨就第，天知其必不退，故因是而见象也。姓名章服甚明，径上前殿路寝，入室取组而佩之，称天帝命，然时人莫察。后莽就国，天下冤之，哀帝征莽还京师。明年帝崩，莽复为大司马，因是而篡国。

　①师古曰："郑县之通里。"

　②师古曰："入北司马门，又入殿之东门也。"

　③如淳曰："殿上室名。"

　④师古曰："组，绶类，所以系帷，又垂以为饰也。佩带之。"

　⑤应劭曰："在司马殿门掌谨呵者也。"服虔曰："卫士之师也，著樊哙
　　冠。"师古曰："大谁者，主问非常之人，云姓名是谁也。而应氏乃
　　以谁哗为义，云大谨呵，不当厥理。后之学者辄改此书谁字为谨，
　　违本文矣。大谁本以谁何称，因用名官，有大谁长。今此卒者，长
　　所领士卒也。"

　⑥师古曰："谓病狂而变易其常也。"

　哀帝建平四年正月，民惊走，持稿或棷一枚，①传相付与，曰
行诏筹。道中相过逢多至千数，或被发徒践，②或夜折关，或逾墙
入，或乘车骑奔驰，以置驿传行，经历郡国二十六，至京师。其
夏，京师郡国民聚会里巷仟佰，设（祭）张博具，〔18〕③歌舞祠西王
母。又传书曰："母告百姓，佩此书者不死。不信我言，视门枢
下，当有白发。"④至秋止。是时帝祖母傅太后骄，与政事，⑤故杜
邺对曰："春秋灾异，以指象为言语。筹，所以纪数。民，阴，水
类也。水以东流为顺走，而西行，反类逆上。象数度放溢，妄以
相予，违忤民心之应也。西王母，妇人之称。博弈，男子之事。
于街巷仟伯，明离阃内，⑥与疆外。⑦临事盘乐，炕阳之意。白发，
衰年之象，体尊性弱，难理易乱。门，人之所由；枢，其要也。
居人之所由，制持其要也。其明甚著，今外家丁、傅并侍帷幄，
布于列位，有罪恶者不坐辜罚，亡功能者毕受官爵。皇甫、三桓，
诗人所刺，春秋所讥，亡以甚此。⑧指象昭昭，以觉圣朝，奈何不

应!"后哀帝崩，成帝母王太后临朝，王莽为大司马，诛灭丁、傅。一曰丁、傅所乱者小，此异乃王太后、莽之应云。

① 如淳曰："椷，麻干也。"师古曰："稾，禾秆也，音工老反。椷音邹，又音侧九反。"

② 师古曰："徒践，谓（徙）〔徒〕跣也。"〔19〕

③ 师古曰："博戏之具。"

④ 师古曰："枢，门扇所由开闭者也，音昌于反。"

⑤ 师古曰："与读曰豫。"

⑥ 师古曰："阒，门橛也，音鱼列反。"

⑦ 师古曰："与读曰预。"

⑧ 师古曰："皇甫，周卿士之字也。用后嬖宠，而处职位，诗人刺之。事见小雅十月之交篇。"

【校勘记】

〔1〕 厥风绝经（纪）〔纬〕，殿、局本都作"纬"。王先谦说，据注文，作"纬"是。

〔2〕 正（书）〔昼〕雷，景祐、殿本都作"昼"。王先谦说作"昼"是。

〔3〕 言其始有（成）〔咸〕权。景祐、殿本都作"咸"。朱一新说作"咸"是。

〔4〕 〔郮〕，郑祀泰山之邑也。王先谦说殿本"郑"作"郮"是。按景祐、局本都作"郑"，当于"郑"上补"郮"字，文义方足。

〔5〕 （谓）〔为〕灾孽也。景祐、殿本都作"为"。朱一新说作"为"是。

〔6〕 左公子(涠)〔泄〕,　景祐、殿本都作"泄",朱一新说作
"泄"是。

〔7〕 时(成)〔文〕公丧制未除。　殿本作"文",景祐、汲古、局
本都误作"成"。

〔8〕 王心弗(载)〔戒〕,　景祐、殿本作"戒"。朱一新说作
"戒"是。

〔9〕 是岁(二)〔三〕川竭,　景祐、殿本都作"三"。叶德辉说作
"三"是。

〔10〕 及齐(威)〔桓〕死,　景祐、殿本都作"桓"。

〔11〕 竟读曰境(也)。　殿本无"也"字。

〔12〕 廷音君狂〔反〕。　"反"字据景祐本补。

〔13〕 〔一〕曰,诸畜生非其类,　景祐、殿本都有"一"字。

〔14〕 荆燕吴传与纪(罔)〔同〕矣。　景祐、殿本都作"同"。朱一
新说作"同"是。

〔15〕 成帝绥和(三)〔二〕年二月,　景祐、殿本都作"二"。

〔16〕 嫁为人妇生一子〔者〕,　景祐、殿本都有"者"字。

〔17〕 四(主)〔王〕　景祐、殿本都作"王"。朱一新说作
"王"是。

〔18〕 设(祭)张博具,　钱大昭说闽本无"祭"字。朱一新说汪本
无"祭"字。景祐本亦无。

〔19〕 谓(徙)〔徒〕跣也。　景祐、殿本都作"徒"。王先谦说作
"徒"是。

汉书卷二十七下之下

五行志第七下之下

隐公三年"二月己巳，日有食之"。穀梁传曰，言日不言朔，食晦。公羊传曰，食二日。董仲舒、刘向以为其后戎执天子之使，①郑获鲁隐，②灭戴，③卫、鲁、宋咸杀君。④左氏刘歆以为正月二日，燕、越之分野也。凡日所躔而有变，则分野之国失政者受之。⑤人君能修政，共御厥罚，则灾消而福至；⑥不能，则灾息而祸生。⑦故经书灾而不记其故，盖吉凶亡常，随行而成祸福也。周衰，天子不班朔，⑧鲁历不正，置闰不得其月，月大小不得其度。史记（曰）〔日〕食，[1]或言朔而实非朔，或不言朔而实朔，或脱不书朔与日，皆官失之也。京房易传曰："亡师兹谓不御，厥异日食，其食也既，并食不一处。诛众失理，兹谓生叛，厥食既，光散。纵畔兹谓不明，厥食先大雨三日，雨除而寒，寒即食。专禄不封，兹谓不安，厥食既，先日出而黑，光反外烛。⑨君臣不通兹谓亡，厥蚀三既。同姓上侵，兹谓诬君，厥食四方有云，中央无云，其日大寒。公欲弱主位，兹谓不知，厥食中白青，四方赤，已食地震。诸侯相侵，兹谓不承，厥食三毁三复。君疾善，下谋上，兹谓乱，厥食既，先雨雹，杀走兽。弑君获位兹谓逆，厥食既，先风雨折木，日赤。内臣外乡兹谓背，⑩厥食食且雨，地中鸣。⑪冢宰专政兹谓因，厥食先大风，食时日居云中，四方亡云。伯正越职，兹谓分威，⑫厥食日中分。诸侯争美于上兹谓泰，厥食日伤月，食半，天营而鸣。⑬赋不得兹谓竭，厥食星随而下。受命之臣专征云试，厥食虽侵光犹明，⑭若文王臣独诛纣矣。⑮小人顺受命者征其君云杀，厥食五色，至大寒阴霜，⑯若纣臣顺武王而诛纣矣。⑰诸侯更制兹谓叛，⑱厥食三复三食，食已而风，地动。適让庶兹谓生欲，⑲厥食日失位，光晻晻，月形见。⑳酒亡节兹谓荒，厥蚀乍青乍黑乍赤，明日大雨，发雾而寒。"凡食二十占，其形二十有四，改之辄除；不改三年，三年不改六年，六年不改九年。推隐三年之食，贯中央，上下竟而黑，臣弑从中成之形也。后卫州吁弑君而立。

①师古曰："凡伯，周大夫也。隐七年，天王使凡伯来聘，戎伐凡伯于楚丘以归。"

②师古曰："公羊传隐六年春郑人来渝平。渝平，堕（城）〔成〕也。[2] 曰'吾成败矣，吾与郑人未有成'。狐壤之战，隐公获焉。何以不言战？讳获也。"

③师古曰："十年秋，宋人、蔡人、卫人伐戴，郑伯伐取之。戴国，今外黄县东南戴城是也。读者多误为载，故随室置载州焉。"

④师古曰："四年，卫州吁杀其君完。十一年，羽父使贼杀公于寪氏。桓二年春，宋督弑其君与夷。"

⑤师古曰:"躔,践也,音缠。"

⑥师古曰:"共读曰恭。御读曰禦,又读如本字。"

⑦师古曰:"息谓蕃滋也。"

⑧师古曰:"班,布也。"

⑨韦昭曰:"中无光,四边有明外烛。"

⑩师古曰:"乡读曰向。"

⑪韦昭曰:"地中有声如鸣耳,或曰如狗子声。"

⑫师古曰:"伯读曰霸。正者,长帅之称。"

⑬韦昭曰:"食半,谓食望也。"臣瓒曰:"月食半,谓食月之半也。月食常以望,不为异也。"

⑭师古曰:"试,用也,自擅意也。一说试与弑同,谓欲弑君。"

⑮韦昭曰:"是时纣臣尚未欲诛纣,独文王之臣欲诛之。"

⑯师古曰:"杀亦读曰弑。"

⑰韦昭曰:"纣恶益甚,其臣欲顺武王而诛纣。"

⑱师古曰:"更,改也。"

⑲师古曰:"適读曰嫡。"

⑳师古曰:"晻音乌感反。见音胡电反。"

桓公三年"七月壬辰朔,日有食之,既"。董仲舒、刘向以为前事已大,后事将至者又大,则既。先是鲁、宋弑君,鲁又成宋乱,易许田,亡事天子之心;楚僭称王。后郑岠王师,射桓王,①又二君相篡。②刘歆以为六月,赵与晋分。③先是,晋曲沃伯再弑晋侯,④是岁晋大乱,⑤灭其宗国。⑥京房易传以为桓三年日食贯中央,上下竟而黄,臣弑而不卒之形也。后楚严称王,兼地千里。⑦

①师古曰:"并已解于上。"

②师古曰："谓厉公奔蔡而昭公入，高渠弥杀昭公而立子亹。"

③晋灼曰："周之六月，今之四月，始去毕而入参。参，晋分也。毕，赵也。日行去赵远，入晋分多，故日与。计二十八宿，分其次，度其月，及所属，下皆以为例。"

④师古曰："曲沃伯，本桓叔成师之封号也，其后遂继袭焉。鲁惠公三十年，大夫潘父杀昭侯而纳成师，不克，晋人立孝侯。惠之四十五年，成师之子曲沃庄伯伐翼，杀孝侯也。"

⑤师古曰："桓三年，庄伯之子曲沃武公伐翼，逐翼侯于汾隰，夜获而杀之。"

⑥师古曰："桓八年，曲沃武公灭翼，遂并其国。"

⑦师古曰："楚武王荆尸久已见传，今此言庄始称王，未详其说。"

十七年"十月朔，日有食之"。穀梁传曰，言朔不言日，食二日也。刘向以为是时卫侯朔有罪出奔齐，①天子更立卫君。②朔藉助五国，举兵伐之而自立，王命遂坏。③鲁夫人淫失于齐，卒杀威公。④董仲舒以为言朔不言日，恶鲁桓且有夫人之祸，将不终日也。刘歆以为楚、郑分。

①师古曰："朔，卫惠公也。桓十六年经书'卫侯朔出奔齐'。公羊传曰'得罪乎天子'，穀梁传曰'天子召而不往也'。"

②师古曰："谓公子黔牟。"

③师古曰："庄五年冬，公会齐人、宋人、陈人、蔡人伐卫。庄六年春，王人子突救卫，夏，卫侯朔入，放公子黔牟于周，是也。"

④师古曰："失读曰佚。"

严公十八年"三月，日有食之"。穀梁传曰，不言日，不言朔，夜食。①史推合朔在夜，明旦日食而出，出而解，②是为夜食。刘向以为夜食者，阴因日明之衰而夺其光，象周天子不明，齐桓将夺其威，专会诸侯而行伯道。③其后遂九合诸侯，④天子使世子会之，⑤此其效也。公羊传曰食晦。董仲舒以为宿在东壁，鲁象也。后公子庆父、叔牙果通于夫人以劫公。刘歆以为晦鲁、卫分。

> ①张晏曰："日夜食，则无景。立六尺木不见其景，以此为候。"
>
> ②孟康曰："夜食地中，出而止。"
>
> ③师古曰："伯读曰霸。"
>
> ④师古曰："解在郊祀志。"
>
> ⑤师古曰："僖五年，齐侯、宋公、陈侯、卫侯、郑伯、许男、曹伯会王太子于首止是。"

二十五年"六月辛未朔，日有食之"。董仲舒以为宿在毕，主边兵夷狄象也。后狄灭邢、卫。①刘歆以为五月二日鲁、赵分。

> ①师古曰："春秋闵元年狄伐邢，二年狄灭卫，其后并为齐所立，而邢迁于夷仪，卫迁于楚丘。"

二十六年"十二月癸亥朔，日有食之"。董仲舒以为宿在心，心为明堂，文武之道废，中国不绝若线之象也。①刘向以为时戎侵曹，②鲁夫人淫于庆父、叔牙，将以弑君，故比年再蚀以见戒。③刘歆以为十月二日楚、郑分。

> ①师古曰："线，缕也，音先箭反。"
>
> ②师古曰："事在庄二十四年。"
>
> ③师古曰："比，频也。见，显也。"

三十年"九月庚午朔，日有食之"。董仲舒、刘向以为后鲁二君弑，①夫人诛，②两弟死，③狄灭邢，④徐取舒，⑤晋杀世子，⑥楚灭弦。⑦刘歆以为八月秦、周分。

1337

①师古曰："谓子般为圉人所杀，闵公为卜齮所杀也。"

②师古曰："哀姜为齐人所杀。"

③师古曰："谓叔牙及庆父也。"

④师古曰："已解于上。"

⑤师古曰："僖三年，徐人取舒。舒，国名也，在庐江舒县也。"

⑥师古曰："僖五年，晋侯杀其太子申生。"

⑦师古曰："僖五年，楚人灭弦，弦，国名也，在弋阳。"

僖公五年"九月戊申朔，日有食之"。董仲舒、刘向以为先是齐桓行伯，江、黄自至，①南服强楚。②其后不内自正，而外执陈大夫，则陈、楚不附，③郑伯逃盟，④诸侯将不从桓政，故天见戒。其后晋灭虢，⑤楚（国）〔围〕许，[3]诸侯伐郑，⑥晋弑二君，⑦狄灭温，⑧楚伐黄，⑨桓不能救。刘歆以为七月秦、晋分。

①师古曰："伯读曰霸。江、黄，二国名也。僖二年，齐侯、宋公、江人、黄人盟于贯。传曰'服江、黄也'。江国在汝南安阳县，黄国在弋阳县。"

②师古曰："僖四年，齐侯以诸侯之师侵蔡，遂伐楚，盟于邵陵。"

③师古曰："邵陵盟后，以陈辕涛涂为误军而执之，陈不服罪，故伐之。楚自是不复通。"

④师古曰："僖五年秋，齐侯与诸侯盟于首止，郑伯逃归不盟。"

⑤师古曰："事在僖五年。"

⑥师古曰："事并在僖六年。"

⑦师古曰："谓里克弑奚齐及卓子。"

⑧师古曰："温，周邑也。僖十年，狄灭之。"

⑨师古曰："僖十一年，黄不归楚贡，故伐之。"

十二年"三月庚午（朔），[4]日有食之"。董仲舒、刘向以为是时楚灭黄，①狄侵卫、郑，②莒灭杞。③刘歆以为三月齐、卫分。

①师古曰："事在十二年夏。"

②师古曰："僖十三年狄侵卫，十四年狄侵郑。"

③师古曰："僖十四年诸侯城缘陵。公羊传曰：'曷为城？杞灭也。孰灭之？盖徐、莒也。'"

十五年"五月，日有食之"。刘向以为象晋文公将行伯道，①后遂伐卫，执曹伯，败楚城濮，②再会诸侯，③召天王而朝之，④此其效也。日食者臣之恶也，夜食者掩其罪也，以为上亡明王，桓、文能行伯道，攘夷狄，安中国，⑤虽不正犹可，盖春秋实与而文不与之义也。董仲舒以为后秦获晋侯，⑥齐灭项，⑦楚败徐于娄林。⑧刘歆以为二月朔齐、越分。

①师古曰："伯读曰霸。"

②师古曰："事并在二十八年。"

③师古曰："二十八年五月盟于践土，冬会于温。"

④师古曰："晋侯不欲就朝王，故召王使来。经书'天王狩于河阳'。"

⑤师古曰："伯读曰霸。攘，却也。"

⑥师古曰："晋侯，夷吾也。僖十五年十一月，晋侯及秦伯战于韩，秦获晋侯以归也。"

⑦师古曰："事在公羊传僖十七年。项国，今项城县是也。"

⑧师古曰："事在僖十五年冬。娄林，徐地。"

文公元年"二月癸亥，日有食之"。董仲舒、刘向以为先是大夫始执国政，①公子遂如京师，②后楚世子商臣杀父，齐公子商人弑君，皆自立，③宋子哀出奔，④晋灭江，⑤楚灭六，⑥大夫公孙敖、叔彭生并专会盟。⑦刘歆以为正月朔燕、越分。

①师古曰:"谓东门襄仲也。"

②师古曰:"事在僖三十年,报宰周公之聘。"

③师古曰:"已解于上。"

④师古曰:"宋子哀,宋卿高哀也。不义宋公,而来奔鲁。事在文十四年。"

⑤师古曰:"春秋文四年'楚人灭江',今此云晋,未详其说。"

⑥师古曰:"六,国名也,在庐江六县。文五年楚人灭之。"

⑦师古曰:"文七年冬公孙敖如莒莅盟,十一年叔彭生会邻缺于承匡。公孙敖,孟穆伯;叔彭生,叔仲惠伯也。"

十五年"六月辛丑朔,日有食之"。董仲舒、刘向以为后宋、齐、莒、晋、郑八年之间五君杀死,①(夷)〔楚〕灭舒蓼。[5]刘歆以为四月二日鲁、卫分。

①师古曰:"文十六年宋弑其君杵臼,十八年夏齐人弑其君商人,冬莒弑其君庶其,宣二年晋赵盾弑其君夷皋,四年郑公子归生弑其君夷也。"

宣公八年"七月甲子,日有食之,既"。董仲舒、刘向以为先是楚商臣弑父而立,至于严王遂强。诸夏大国唯有齐、晋,齐、晋新有篡弑之祸,内皆未安,故楚乘弱横行,八年之间六侵伐而一灭国;①伐陆浑戎,观兵周室;②后又入郑,郑伯肉袒谢罪;北败晋师于邲,流血色水;③围宋九月,析骸而炊之。④刘歆以为十月二日楚、郑分。

①师古曰:"六侵伐者,谓宣元年侵陈,三年侵郑,四年伐郑,五年伐郑,六年伐郑,八年伐陈也。一灭国者,谓八年灭舒蓼也。"

②师古曰:"宣三年'楚子伐陆浑之戎,遂至于洛,观兵于周疆'。观兵者,示威武也。"

③师古曰:"事并在十二年。邲,郑地。色水,谓血流入水而变水之色也。邲音蒲必反。"

④师古曰:"事在十五年。炊,爨也。言无薪樵,示困之甚也。"

十年"四月丙辰,日有食之"。董仲舒、刘向以为后陈夏徵舒弑其君,①楚灭萧,②晋灭二国,③王札子杀召伯、毛伯。④刘歆以为二月鲁、卫分。

①师古曰:"弑灵公也。事在十年。"

②师古曰:"萧,宋附庸国也。事在十二年。"

③师古曰:"谓十五年灭赤狄潞氏,十六年灭赤狄甲氏。"

④师古曰:"事在十五年。"

十七年"六月癸卯,日有食之"。董仲舒、刘向以为后邾支解鄫子,①晋败王师于贸戎,②败齐于鞌。③刘歆以为三月晦朓鲁、卫分。④

①师古曰:"十八年,邾人戕鄫子于鄫,支解而节断之,谓解其四支,断其骨节。"

②师古曰:"事在成元年。"

③师古曰:"事在成二年。"

④服虔曰:"朓,相覜也。日晦食为朓。"臣瓒曰:"志云晦而月见西方曰朓,以此名之,非日食晦之名也。"师古曰:"朓音佗了反。"

成公十六年"六月丙寅朔,日有食之"。董仲舒、刘向以为后晋败楚、郑于鄢陵,①执鲁侯。②刘歆以为四月二日鲁、卫分。

①师古曰:"事在十六年。鄢陵,郑地。"

②师古曰:"已解于上。"

十七年"十二月丁巳朔,日有食之"。董仲舒、刘向以为后楚灭舒庸，①晋弑其君，②宋鱼石因楚夺君邑，③莒灭郯，齐灭莱，④郑伯弑死。⑤刘歆以为九月周、楚分。

①师古曰："事在十七年日食之后。舒庸，盖群舒之一种，楚与国也。"

②师古曰："谓厉公也。事在十八年。"

③师古曰："鱼石，宋大夫也，十五年出奔楚，至十八年楚伐宋，取彭城而纳之。"

④师古曰："事并在襄六年。郯、莱皆小国。"

⑤师古曰："郑僖公也，襄七年会于郏，其大夫子驷使贼夜杀之，而以虐疾赴。郏音芳。"

襄公十四年"二月乙未朔，日有食之"。董仲舒、刘向以为后卫大夫孙、宁共逐献公，立孙剽。①刘歆以为前年十二月二日宋、燕分。

①孟康曰："剽音骠。"师古曰："孙林父、宁殖逐献公，襄十四年四月出奔齐，而立剽。剽，穆公之孙也。剽又音匹妙反。"

十五年"八月丁巳〔朔〕，[6]日有食之"。董仲舒、刘向以为先是晋为鸡泽之会，诸侯盟，又大夫盟，后为溴梁之会，诸侯在而大夫独相与盟，①君若缀斿，不得举手。②刘歆以为五月二日鲁、赵分。

①师古曰："并已解于上。"

②应昭曰："斿，旌旗之流，随风动摇也。"师古曰："言为下所执，随人东西也。"

二十年"十月丙辰朔，日有食之"。董仲舒以为陈庆虎、庆寅蔽君之明，①邾庶其有叛心，②后庶其以漆、闾丘来奔，③陈杀二庆。④刘歆以为八月秦、周分。

①师古曰："二庆，并陈大夫也。襄二十年，陈侯之弟黄出奔楚，将出，呼於国曰：'庆氏无道，求专陈国，暴蔑其君，而去其亲，五年不灭，是无天也。'"

②师古曰："庶其，邾大夫。"

③师古曰："事在二十一年。漆及闾丘，邾之二邑。"

④师古曰："二十三年，陈侯如楚，公子黄诉二庆。楚人召之，庆氏以陈叛楚，屈建从陈侯围陈，遂杀二庆也。"

二十一年"九月庚戌朔，日有食之"。董仲舒以为晋栾盈将犯君，后入于曲沃。①刘歆以为七月秦、晋分。

①师古曰："已解于上。"

"十月庚辰朔，日有食之"。董仲舒以为宿在轸、角，楚大国象也。后楚屈氏谮杀公子追舒，①齐庆封胁君乱国。②刘歆以为八月秦、周分。

①师古曰："公子追舒，楚令尹子南也。二十二年，楚杀之。"

②师古曰："庆封，齐大夫也。二十七年，使卢蒲嫳帅甲攻崔氏，杀成及彊，尽俘其家。崔杼缢而死，自是庆封当国，专执政也。"

二十三年"二月癸酉朔，日有食之"。董仲舒以为后卫侯入陈仪，①甯喜弑其君剽。②刘歆以为前年十二月二日宋、燕分。

①师古曰："卫侯衍也，前为孙、甯所逐，二十五年入于陈仪。陈仪，卫邑。左传云夷仪。"

②师古曰："二十六年，甯喜杀剽，而衍入于卫。甯喜，殖子也。"

二十四年"七月甲子朔，日有食之，既"。刘歆以为五月鲁、赵分。

"八月癸巳朔，日有食之"。董仲舒以为比食又既，①象阳将绝，②夷狄主上国之象也。后六君弑，③楚子果从诸侯伐郑，④灭舒鸠，⑤鲁往朝之，⑥卒主中国，⑦伐吴讨庆封。⑧刘歆以为六月晋、赵分。

①师古曰："比，频也。"

②孟康曰："阳，君也。"

③师古曰："谓二十五年齐崔杼杀其君光，二十六年卫甯喜弑其君剽，二十九年阍杀吴子馀祭，三十年蔡太子班弑其君固，三十一年莒人弑其君密州，昭元年楚令尹子围入问王疾，缢而杀之。"

④师古曰："二十四年冬，楚子、蔡侯、陈侯、许男伐郑。"

⑤师古曰："二十五年，楚屈建帅师灭舒鸠。舒鸠亦群舒一种。"

⑥师古曰："二十八年，公如楚。"

⑦师古曰："谓楚灵王以昭四年与诸侯会于申。"

⑧师古曰："庆封以二十八年为庆舍之难自齐出奔鲁，遂奔吴。至申之会，楚灵王伐吴，执庆封而杀之。

二十七年"十二月乙亥朔，日有食之"。董仲舒以为礼义将大灭绝之象也。时吴子好勇，使刑人守门；①蔡侯通于世子之妻；②莒不早立嗣。③后阍戕吴子，④蔡世子般弑其父，莒人亦弑君而庶子争。⑤刘向以为自二十年至此岁，八年间日食七作，祸乱将重起，⑥故天仍见戒也。⑦后齐崔杼弑君，⑧宋杀世子，⑨北燕伯出奔，⑩郑大夫自外入而篡位，⑪指略如董仲舒。刘歆以为九月周、楚分。

①师古曰："吴子即馀祭也。刑人，阍者。"

②师古曰："即蔡侯固，为太子所杀者也。"

③师古曰："即密州也，生去疾及展舆，既立展舆又废之。"

④师古曰："戕，伤也。它国臣来弑君曰戕。音墙。"

⑤师古曰："展舆因国人攻其父而杀之。展舆即位，去疾奔齐。明年去疾入而展舆出奔吴。并非嫡嗣，故云庶子争。"

⑥师古曰："重音直用反。"

⑦师古曰："仍，频也。"

⑧师古曰："已解于上。"

⑨师古曰："宋平公太子痤也。事在二十六年。"

⑩孟康曰："有南燕，故言北燕，南燕姞姓，北燕姬姓也。"师古曰："昭三年'北燕伯款出奔齐'。"

⑪师古曰："谓伯有也。已解于上。"

昭公七年"四月甲辰朔，日有食之"。董仲舒、刘向以为先是楚灵王弑君而立，会诸侯，①执徐子，灭赖，②后陈公子招杀世子，③楚因以灭之，④又灭蔡，⑤后灵王亦弑死。⑥刘歆以为二月鲁、卫分。传曰晋侯问于士文伯曰："谁将当日食？"⑦对曰："鲁、卫恶之，卫大鲁小。"公曰："何故？"对曰："去卫地，如鲁地，于是有灾，其卫君乎？鲁将上卿。"是岁，八月卫襄公卒，十一月鲁季孙宿卒。晋侯谓士文伯曰："吾所问日食从矣，可常乎？"⑧对曰："不可。六物不同，民心不壹，事序不类，官职不则，同始异终，胡可常也？诗曰：'或宴宴居息，或尽瘁事国。'⑨其异终也如是。"公曰："何谓六物？"对曰："岁、时、日、月、星、辰是谓。"公曰："何谓辰？"对曰："日月之会是谓。"公曰："诗所谓'此日而食，于何不臧'，何也？"⑩对曰："不善政之谓也。国无政，不用善，则自取适于日月之灾。⑪故政不可不慎也，务三而已：一曰择人，二曰因民，三曰从时。"此推日食之占循变复之要也。易曰："县象著明，莫大于日月。"⑫是故圣人重之，载于三经。⑬于易在丰之震曰："丰其沛，日中见

1345

昧，折其右肱，亡咎。"⑭于诗十月之交，则著卿士、司徒，下至趣马、师氏，咸其非材。⑮同于右肱之所折，协于三务之所择，明小人乘君子，阴侵阳之原也。

①师古曰："已解于上。"

②师古曰："申之会，楚人执徐子，遂灭赖。"

③师古曰："招，成公子，哀公弟也。昭八年，经书'陈侯之弟招杀陈太子偃师'。偃师即哀公之子也。招音韶。"

④师古曰："偃师之死，哀公缢。其九月，楚公子弃疾奉偃师之子孙吴围陈，遂灭之。"

⑤师古曰："十一年，楚师灭蔡也。执太子有以归，用之。"

⑥师古曰："十三年，楚公子比弑其君虔于乾谿是也。"

⑦师古曰："士文伯，晋大夫伯瑕。"

⑧师古曰："从，谓如士文伯之言也。可常，谓常可以此占之（下）〔不〕。"[7]

⑨如淳曰："颗，古悴字也。"师古曰："小雅北山之诗也。宴宴，安息之貌也。尽悴，言尽力而悴病也。"

⑩师古曰："小雅十月之交之诗也。臧，善也。"

⑪师古曰："適读曰谪。"

⑫师古曰："上系之辞也。"

⑬师古曰："谓易、诗、春秋。"

⑭服虔曰："日中而昏也。"师古曰："此丰卦九三爻辞也，言遇此灾，则当退去右肱之臣，乃免咎。"

⑮师古曰："十月之交诗曰：'皇父卿士，番维司徒。蹶维趣马，楀维师氏，艳妻煽方处。'司徒，地官卿也，掌邦教。趣马，中士也，掌王马之政。师氏，中大夫也，掌司朝得失之事。番、蹶、楀，皆氏也。美色曰艳。艳妻，褒姒也。艳或作阎，阎亦嫔妾之姓也。煽，

炽也。诗人刺王淫于色，故皇父之徒皆用后宠而处职位，不以德选也。趣音千后反。絮音居卫反。撟音居夭反。番音扶元反。"

十五年"六月丁巳朔，日有食之"。刘歆以为三月鲁、卫分。

十七年"六月甲戌朔，日有食之"。董仲舒以为时宿在毕，晋国象也。晋厉公诛四大夫，失众心，以弑死。[1]后莫敢复责大夫，六卿遂相与比周，专晋国，君还事之。[2]日比再食，其事在春秋后，故不载于经。刘歆以为鲁、赵分。左氏传平子曰：[3]"唯正月朔，慝未作，日有食之，于是乎天子不举，伐鼓于社，诸侯用币于社，伐鼓于朝，礼也。其馀则否。"太史曰："在此月也，日过分而未至，三辰有灾，百官降物，君不举，避移时，乐奏鼓，祝用币，史用辞，啬夫驰，庶人走，此月朔之谓也。当夏四月，是谓孟夏。"说曰：正月谓周六月，夏四月，正阳纯乾之月也。慝谓阴爻也，冬至阳爻起初，故曰复。至建巳之月为纯乾，亡阴爻，而阴侵阳，为灾重，故伐鼓用币，责阴之礼。降物，素服也。不举，去乐也。避移时，避正堂，须时移灾复也。啬夫，掌币吏。庶人，其徒役也。刘歆以为六月二日鲁、赵分。

[1] 师古曰："四大夫，谓三郤及胥童也。胥童非厉公所诛，以导乱而死，故总书四大夫。厉公竟为栾书、中行偃所杀。"

[2] 师古曰："六卿谓范氏、中行氏、智氏、韩、魏、赵也。"

[3] 师古曰："季平子。"

二十一年"七月壬午朔，日有食之"。董仲舒以为周景王老，刘子、单子专权，[1]蔡侯朱骄，君臣不说之象也。[2]后蔡侯朱果出奔，[3]刘子、单子立王猛。刘歆以为五月二日鲁、赵分。"

①师古曰:"已解于上。"

②师古曰:"蔡侯朱,蔡平公之子。说读曰悦。"

③师古曰:"昭二十一年出奔楚。"

二十二年"十二月癸酉朔,日有食之"。董仲舒以为宿在心,天子之象也。后尹氏立王子朝,天王居于狄泉。①刘歆以为十月楚、郑分。

①师古曰:"天王,敬王也,避子朝之难,故居狄泉。"

二十四年"五月乙未朔,日有食之"。董仲舒以为宿在胃,鲁象也。后昭公为季氏所逐。刘向以为自十五年至此岁,十年间天戒七见,人君犹不寤。后楚杀戎蛮子,①晋灭陆浑戎,②盗杀卫侯兄,③蔡、莒之君出奔,④吴灭巢,⑤公子光杀王僚⑥宋三臣以邑叛其君,⑦它如仲舒。刘歆以为二日鲁、赵分。是月斗建辰。左氏传梓慎曰:"将大水。"⑧昭子曰:"旱也。⑨日过分而阳犹不克,克必甚,能无旱乎!⑩阳不克,莫将积聚也。"⑪是岁秋,大雩,旱也。二至二分,日有食之,不为灾。日月之行也,春秋分日夜等,故同道;冬夏至长短极,故相过。相过同道而食轻,不为大灾,水旱而已。

①师古曰:"昭十六年楚子诱戎蛮子杀之。戎蛮国在河南新城县。"

②师古曰:"十七年晋荀吴帅师灭陆浑之戎。其地今陆浑县是也。"

③师古曰:"卫灵公兄也,名絷,二十年为齐豹所杀。以豹不义,故贬称盗,所谓求名而不得。"

④师古曰:"蔡君,即朱也。莒君,莒子庚舆也,二十三年出奔鲁。"

⑤师古曰:"二十四年吴灭巢,巢、吴、楚间小国,即居巢城是也。"

⑥师古曰:"事在二十七年。"

⑦师古曰："二十一年，宋华亥、向宁、华定入于宋南里以叛是也。"

⑧师古曰："梓慎，鲁大夫。"

⑨师古曰："叔孙昭子。"

⑩孟康曰："谓春分后阴多阳少，为不克。阳胜则盛，故言甚。"

⑪苏林曰："莫，莫尔不胜，为积聚也。"

　　三十一年"十二月辛亥朔，日有食之"。董仲舒以为宿在心，天子象也。时京师微弱，后诸侯果相率而城周，①宋中几亡尊天子之心，而不衰城。②刘向以为时吴灭徐，③而蔡灭沈，④楚围蔡，吴败楚入郢，昭王走出。⑤刘歆以为二日宋、燕分。

①师古曰："定元年，晋魏舒合诸侯之大夫于狄泉以城周是也。"

②师古曰："中几，宋大夫。衰城，谓以差次受功赋也。衰音初为反。

　　一曰，衰读曰蓑。蓑城，谓以草覆城也。蓑音先和反。中读曰仲。"

③师古曰："事在昭三十年。"

④师古曰："定四年蔡公孙姓帅师灭沈。"

⑤师古曰："事并在定四年。"

　　定公五年"三月辛亥朔，日有食之"。董仲舒、刘向以为后郑灭许，①鲁阳虎作乱，窃宝玉大弓，季桓子退仲尼，宋三臣以邑叛。②刘歆以为正月二日燕、赵分。

①师古曰："六年郑游速帅师灭许，以许男斯归。"

②师古曰："已解于上。"

　　十二年"十一月丙寅朔，日有食之"。董仲舒、刘向以为后晋三大夫以邑叛，薛弑其君，①楚灭顿、胡，②越败吴，③卫逐世子。④刘歆以为十二月二日楚、郑分。

①师古曰："十三年，晋赵鞅入于晋阳以叛，荀寅、士吉射入朝歌以

叛，薛杀其君比。"

②师古曰："十四年，楚公子结帅师灭顿，以顿子牂归。十五年，楚人灭胡，以胡子豹归。"

③师古曰："十四年五月於越败吴于檇李是也。檇音醉。"

④师古曰："十四年，卫太子蒯聩出奔宋。"

十五年"八月庚辰朔，日有食之"。董仲舒以为宿在柳，周室大坏，夷狄主诸夏之象也。明年，中国诸侯果累累从楚而围蔡，①蔡恐，迁于州来。②晋人执戎蛮子归于楚，③京师楚也。④刘向以为盗杀蔡侯，⑤齐陈乞弑其君而立阳生，⑥孔子终不用。刘歆以为六月晋、赵分。

①师古曰："哀元年楚子、陈侯、随侯、许男围蔡是也。累读曰累。累，不绝之貌。"

②师古曰："哀二年十一月，蔡迁于州来。州来，楚邑，今下蔡县是。"

③师古曰："哀公四年，晋人执戎蛮子赤归于楚。"

④师古曰："言以楚为京师。"

⑤师古曰："哀四年，蔡公孙翩杀蔡侯申。翩非大夫，故贱之而书盗。"

⑥师古曰："哀六年齐陈乞弑其君荼。荼即景公之子也。阳生，荼之兄，即悼公也。荼音涂。"

哀公十四年"五月庚申朔，日有食之"。在获麟后。刘歆以为三月二日齐、卫分。

凡春秋十二公，二百四十二年，日食三十六。穀梁以为朔二十六，晦七，夜二，二日一。公羊以为朔二十七，二日七，晦二。左氏以为朔十六，二日十八，晦一，不书日者二。

高帝三年十月甲戌晦，日有食之，在斗二十度，燕地也。后二年，燕王臧荼反，诛，立卢绾为燕王，后又反，败。

十一月癸卯晦，日有食之，在虚三度，齐地也。后二年，齐
王韩信徙为楚王，明年废为列侯，后又反，诛。

九年六月乙未晦，日有食之，既，在张十三度。

惠帝七年正月辛丑朔，日有食之，在危十三度。谷永以为岁
首正月朔日，是为三朝，尊者恶之。

五月丁卯，先晦一日，日有食之，几尽，①在七星初。刘向
以为五月微阴始起而犯至阳，其占重。至其八月，宫车晏驾，有
吕氏诈置嗣君之害。京房易传曰："凡日食不以晦朔者，名曰薄。
人君诛将不以理，或贼臣将暴起，日月虽不同宿，阴气盛，薄日
光也。"

①师古曰："几音钜依反。后皆类此。"

高后二年六月丙戌晦，日有食之。

七年正月己丑晦，日有食之，既，在营室九度，为宫室中。
时高后恶之，曰："此为我也！"明年应。①

①师古曰："谓高后崩也。"

文帝二年十一月癸卯晦，日有食之，在婺女一度。

三年十月丁酉晦，日有食之，在斗二十（三）〔二〕度。[8]

十一月丁卯晦，日有食之，在虚八度。

后四年四月丙辰晦，日有食之，在东井十三度。

七年正月辛未朔，日有食之。

景帝三年二月壬午晦，日有食之，在胃二度。

七年十一月庚寅晦，日有食之，在虚九度。

中元年十二月甲寅晦，日有食之。

中二年九月甲戌晦，日有食之。

三年九月戊戌晦，日有食之，几尽，在尾九度。

六年七月辛亥晦，日有食之，在轸七度。

后元年七月乙巳，先晦一日，日有食之，在翼十七度。

武帝建元二年二月丙戌朔，日有食之，在奎十四度。刘向以为奎为卑贱妇人，后有卫皇后自至微兴，卒有不终之害。①

①师古曰："皇后自杀，不终其位也。"

三年九月丙子晦，日有食之，在尾二度。

五年正月己巳朔，日有食之。

元光元年二月丙辰晦，日有食之。

七月癸未，先晦一日，日有食之，在翼八度。刘向以为前年高园便殿灾，与春秋御廪灾后日食于翼、轸同。其占，内有女变，外为诸侯。其后陈皇后废，江都、淮南、衡山王谋反，诛。日中时食从东北，过半，晡时复。

元朔二年二月乙巳晦，日有食之，在胃三度。

六年十一月癸丑晦，日有食之。

元狩元年五月乙巳晦，日有食之，在柳六度。京房易传推以为是时日食从旁右，法曰君失臣。明年丞相公孙弘薨。日食从旁左者，亦君失臣；从上者，臣失君；从下者，君失民。

元鼎五年四月丁丑晦，日有食之，在东井二十三度。

元封四年六月己酉朔，日有食之。

太始元年正月乙巳晦，日有食之。

四年十月甲寅晦，日有食之，在斗十九度。

征和四年八月辛酉晦，日有食之，不尽如钩，在亢二度。晡时食从西北，日下晡时复。

昭帝始元三年十一月壬辰朔，日有食之，在斗九度，燕地也。后四年，燕剌王谋反，诛。

元凤元年七月己亥晦，日有食之，几尽，在张十二度。刘向以为己亥而既，其占重。① 后六年，宫车晏驾，卒以亡嗣。

①孟康曰："己，土；亥，水也。纯阴，故食为最重也。日食尽为既。"

宣帝地节元年十二月癸亥晦，日有食之，在营室十五度。

五凤元年十二月乙酉朔，日有食之，在婺女十度。

四年四月辛丑朔，日有食之，在毕十九度。是为正月朔，慝未作，左氏以为重异。

元帝永光二年三月壬戌朔，日有食之，在娄八度。

四年六月戊寅晦，日有食之，在张七度。

建昭五年六月壬申晦，日有食之，不尽如钩，因入。

成帝建始三年十二月戊申朔，日有食之，其夜未央殿中地震。谷永对曰："日食婺女九度，占在皇后。地震萧墙之内，咎在贵妾。①二者俱发，明同事异人，共掩制阳，将害继嗣也。亶日食，则妾不见；②亶地震，则后不见。异日而发，则似殊事；亡故动变，则恐不知。是月后妾当有失节之邮，③故天因此两见其变。若曰，违失妇道，隔远众妾，④妨绝继嗣者，此二人也。"杜钦对亦曰："日以戊申食，时加未。戊未，土也，中宫之部。其夜殿中地震，此必适妾将有争宠相害而为患者。⑤人事失于下，变象见于上。能应之（司）〔以〕德，[9]则咎异消；忽而不戒，则祸败至。⑥应之，非诚不立，非信不行。"

①师古曰："萧墙，谓门屏也。萧，肃也，人臣至此，加肃敬也。"
②师古曰："亶读曰但。下例并同。"

③师古曰："邮与尤同。尤，过也。"

④师古曰："远音于万反。"

⑤师古曰："適读曰嫡。"

⑥师古曰："忽，怠忘。"

河平元年四月己亥晦，日有食之，不尽如钩，在东井六度。刘向对曰："四月交于五月，月同孝惠，日同孝昭。东井，京师地，且既，其占恐害继嗣。"日蚤食时，从西南起。

三年八月乙卯晦，日有食之，在房。

四年三月癸丑朔，日有食之，在昴。

阳朔元年二月丁未晦，日有食之，在胃。

永始元年九月丁巳晦，日有食之。谷永以京房易占对曰："元年九月日蚀，酒亡节之所致也。独使京师知之，四国不见者，若曰，湛湎于酒，君臣不别，祸在内也。"①

①师古曰："湛读曰沈，又读曰耽也。"

永始二年二月乙酉晦，日有食之。谷永以京房易占对曰："今年二月日食，赋敛不得度，民愁怨之所致也。所以使四方皆见，京师阴蔽者，若曰，人君好治宫室，大营坟墓，赋敛兹重，而百姓屈竭，①祸在外也。"

①师古曰："兹，益也。屈，尽也，音其勿反。"

三年正月己卯晦，日有食之。

四年七月辛未晦，日有食之。

元延元年正月己亥朔，日有食之。

哀帝元寿元年正月辛丑朔，日有食之，不尽如钩，在营室十度，与惠帝七年同月日。

二年三月壬辰晦，日有食之。

平帝元始元年五月丁巳朔，日有食之，在东井。

二年九月戊申晦，日有食之，既。

凡汉著纪十二世，二百一十二年，日食五十三，朔十四，晦三十六，先晦一日三。

成帝建始元年八月戊午，晨漏未尽三刻，有两月重见。京房易传曰："'妇贞厉，月几望，君子征，凶。'①言君弱而妇强，为阴所乘，则月并出。晦而月见西方谓之朓，朔而月见东方谓之仄慝，②仄慝则侯王其肃，朓则侯王其舒。"刘向以为朓者疾也，君舒缓则臣骄慢，故日行迟而月行疾也。仄慝者不进之意，君肃急则臣恐惧，故日行疾而月行迟，不敢迫近君也。不舒不急，以正失之者，食朔日，刘歆以为舒者侯王展意颛事，臣下促急，故月行疾。肃者王侯缩朒不任事，③臣下弛纵，故月行迟也。④当春秋时，侯王率多缩朒不任事，故食二日仄慝者十八，食晦日朓者一，此其效也。考之汉家，食晦朓者三十六，终亡二日仄慝者，歆说信矣。此皆谓日月乱行者也。

①师古曰："小畜上九爻辞也。几音钜依反。"
②孟康曰："朓者，月行疾在日前，故早见。仄慝者，行迟在日后，当没而更见。"师古曰："朓音吐了反。"
③服虔曰："朒音忸怩之忸。"郑氏曰："不任事之貌也。"师古曰："朒音女六反。"
④师古曰："弛，放也，音式尔反。"

元帝永光元年四月，日色青白，亡景，①正中时有景亡光。②是夏寒，至九月，日乃有光。京房易传曰："美不上人，兹谓上弱，厥异日白，七日不温。顺亡所制兹谓弱，③日白六十日，物亡霜而死。天子亲伐，兹谓不知，日白，体动而寒。弱而有任，兹谓不亡，日白不温，明不动。辟（僻）〔譬〕公行，[10]兹谓不伸，④厥异日黑，大风起，天无云，日光晻。⑤不难上政，兹谓见过，日黑居仄，大如弹丸。"

①韦昭曰："日下无景也。无景，谓唯质见耳。"

②韦昭曰："无光曜也。"

③孟康曰："君顺从于臣下，无所能制。"

④孟康曰："辟，君也。有过而公行之。"

⑤师古曰："晻与暗同也。"

成帝河平元年正月壬寅朔，日月俱在营室，时日出赤，二月癸未，日朝赤，且入又赤，夜月赤。甲申，日出赤如血，亡光，漏上四刻半，乃颇有光，烛地赤黄，食后乃复。京房易传曰："辟不闻道兹谓亡，厥异日赤。"三月乙未，日出黄，有黑气大如钱，居日中央。京房易传曰："祭天不顺兹谓逆，厥异日赤，其中黑，闻善不予，兹谓失知，厥异日黄。"夫大人者，与天地合其德，与日月合其明，故圣王在上，总命群贤，以亮天功，①则日之光明，五色备具，烛燿亡主；有主则为异，应行而变也。色不虚改，形不虚毁，观日之五变，足以监矣。故曰"县象著明，莫大乎日月"，此之谓也。

①师古曰："虞书舜典帝曰：'咨，二十有二人，钦哉，惟时亮天功。'谓敕六官、十二牧、四岳，令各敬其职事，信定其功，顺天道也。故志引之。"

严公七年"四月辛卯夜，恒星不见，夜中星陨如雨"。董仲舒、刘向以为常星二十八宿者，人君之象也；众星，万民之类也。列宿不见，象诸侯微也；众星陨坠，民失其所也。夜中者，为中国也。不及地而复，象齐桓起而救存之也。乡亡桓公，星遂至地，中国其良绝矣。①刘向以为夜中者，言不得终性命；中道败也。或曰象其叛也，言当中道叛其上也。天垂象以视下，②将欲人君防恶远非，慎卑省微，以自全安也。③如人君有贤明之材，畏天威命，若高宗谋祖己，④成王泣金縢，⑤改过修正，立信布德，存亡继绝，修废举逸，下学而上达，⑥裁什一之税，复三日之役，⑦节用俭服，以惠百姓，则诸侯怀德，士民归仁，灾消而福兴矣。遂莫肯改寤，法则古人，而各行其私意，终于君臣乖离，上下交怨。自是之后，齐、宋之君弑，⑧谭、遂、邢、卫之国灭，⑨宿迁于宋，⑩蔡获于楚，⑪晋相弑杀，五世乃定，⑫此其效也。左氏传曰："恒星不见，夜明也；星陨如雨，与雨偕也。"刘歆以为昼象中国，夜象夷狄。夜明，故常见之星皆不见，象中国微也。"星陨如雨"，如，而也，星陨而且雨，故曰"与雨偕也"，明雨与星陨，两变相成也。洪范曰："庶民惟星。"易曰："雷雨作，解。"⑬是岁岁在玄枵，齐分野也。夜中而星陨，象庶民中离上也。雨以解过施，复从上下，象齐桓行伯，⑭复兴周室也。周四月，夏二月也，日在降娄，鲁分野也。先是，卫侯朔奔齐，卫公子黔牟立，齐帅诸侯伐之，天子使使救卫。⑮鲁公子溺专政，会齐以犯王命，⑯严弗能止，卒从而伐卫，逐天王所立。⑰不义至甚，而自以为功。（名）〔民〕去其上，[11]政繇下作，⑱尤著，故星陨于鲁，天事常象也。

①师古曰："乡读曰向。中国，中夏之国也。良犹信也。"

②师古曰："视读曰示。"

③师古曰："远，离也。省，视。"

④师古曰："谓殷之武丁有雊雉之异，而祖己训诸王，作高宗肜日高宗之训。"

⑤师古曰："武王有疾，周公作金縢之书为王请命，王翌日乃瘳。后武王崩，成王即位，管、蔡流言，而周公居东。天大雷电以风，禾尽偃，大木斯拔。王启金縢，乃得周公代武王之说，王执书以泣，遣使者逆公。王出郊，天乃雨，反风，禾则尽起。"

⑥师古曰："下学，谓博谋于群下也。上达，谓通于天道而畏威。"

⑦师古曰："古之田租，十税其一，一岁役兆庶不过三日也。"

⑧师古曰："庄八年齐无知弒其君诸儿，十二年宋万弒其君捷也。"

⑨师古曰："十年齐侯灭谭，十三年齐人灭遂，闵二年狄人入卫，僖二十五年卫侯燬灭邢。"

⑩师古曰："庄十年宋人迁宿，盖取其地也。宿国，东平无盐县是。"

⑪师古曰："庄十年荆败蔡师于莘，以蔡侯献舞归也。"

⑫师古曰："谓杀奚齐、卓子及怀公也。自献公以至文公反国，凡易五君乃定。"

⑬师古曰："解卦象辞也。"

⑭师古曰："伯读曰霸。"

⑮师古曰："已解于上。"

⑯师古曰："溺，鲁大夫名也。庄三年，'溺会齐师伐卫'，疾其专命，故贬而去族。天子救卫，而溺伐之，故云犯王命。"

⑰师古曰："谓放黔牟也。"

⑱师古曰："繇读与由同。次下亦同。"

成帝永始二年二月癸未，夜过中，星陨如雨，长一二丈，绎绎未至地灭，①至鸡鸣止。谷永对曰"日月星辰烛临下土，其有食阴之异，则遐迩幽隐靡不咸睹。星辰附离于天，犹庶民附离王者也。王者失道，纲纪废顿，下将叛去，故星叛天而陨，以见其象。春秋记异，星陨最大，自鲁严以来，至今再见。臣闻三代所以丧亡者，皆繇妇人群小，湛湎于酒。②书云：‘乃用其妇人之言，四方之逋逃多罪，是信是使。’③诗曰：‘赫赫宗周，褒姒威之。’④‘颠覆厥德，荒沈于酒。’⑤及秦所以二世而亡者，养生大奢，奉终大厚。方今国家兼而有之，社稷宗庙之大忧也。”京房易传曰：“君不任贤，厥妖天雨星。”

①师古曰：“绎绎，光采貌。”

②师古曰：“湛读曰沈，又读曰耽。其下亦同。”

③师古曰：“周书泰誓也。言纣惑于妲己，而昵近亡逃罪人，信用之。”

④师古曰：“小雅正月之诗也。已解于上。咸音许悦反。”

⑤师古曰：“大雅抑之诗也。刺王倾败其德，荒废政事而耽酒。”

文公十四年“七月，有星孛入于北斗”。董仲舒以为孛者恶气之所生也。谓之孛者，言其孛孛有所妨蔽，暗乱不明之貌也。北斗，大国象。后齐、宋、鲁、莒、晋皆弑君。①刘向以为君臣乱于朝，政令亏于外，则上浊三光之精，五星赢缩，变色逆行，甚则为孛。北斗，人君象；孛星，乱臣类，篡杀之表也。星传曰“魁者，贵人之牢”。又曰“孛星见北斗中，大臣诸侯有受诛者”。一曰魁为齐、晋。夫彗星较然在北斗中，天之视人显矣，②史之有占明矣，时君终不改寤。是后，宋、鲁、莒、晋、郑、陈六国咸弑其君，③齐再弑焉。④中国既乱，夷狄并侵，兵革从横，楚乘威席胜，深入诸夏，⑤六侵伐，⑥一灭国，⑦观兵周室。⑧晋外灭二国，⑨内败王师，⑩又连三国之兵大败齐师于鞌，⑪追亡逐北，东临海水，⑫威陵京师，武折大齐。皆孛星炎之所及，流至二十八年。⑬星传又曰："彗星入北斗，有大战。其流入北斗中，得名人；⑭不入，失名人。"宋华元，贤名大夫，大棘之战，华元获于郑，⑮传举其效云。左氏传曰有星孛北斗，周史服曰："不出七年，宋、齐、晋之君皆将死乱。"⑯刘歆以为北斗有环域，四星入其中也。斗，天之三辰，纲纪星也。宋、齐、晋，天子方伯，中国纲纪。彗所以除旧布新也。斗七星，故曰不出七年。至十六年，宋人弑昭公；⑰十八年，齐人弑懿公；⑱宣公二年，晋赵穿弑灵公。

①师古曰："文十四年齐公子商人弑其君舍，十六年宋人弑其君杵臼，十八年襄仲杀恶及视，莒弑其君庶其，宣二年晋赵穿攻灵公于桃园。"

②师古曰："视读曰示。"

③师古曰："宋、鲁、莒、晋已解于上。宣四年郑公子归生弑其君夷，十年陈夏徵舒弑其君平国。"

④师古曰："再弑者，谓（向）〔商〕人[12]杀舍，而阎职等又杀（向）〔商〕人。"

⑤师古曰："谓邲战之后。"

⑥师古曰："谓宣十二年春楚子围郑，夏与晋师战于邲，晋师败绩，十三年楚子伐宋，十四年楚子围宋，成二年楚师侵卫，遂侵鲁师于蜀，成六年楚公子婴齐帅师伐郑。"

⑦师古曰："谓宣十二年楚子灭萧。"

⑧师古曰："已解于上。"

⑨师古曰："谓宣十五年晋灭赤狄潞氏，十六年灭赤狄甲氏也。"

⑩师古曰："谓成元年晋败王师于贸戎是也。"

⑪师古曰："谓成二年晋郤克会鲁季孙行父、卫孙良夫、曹公子首及齐侯战于鞌，齐师败绩。鞌，齐地。"

⑫师古曰："谓逐之三周华不注，又从之入自丘舆，击马陉，东至海滨也。"

⑬师古曰："炎音弋赡反。其下并同。"

⑭孟康曰："谓得名臣也。"

⑮师古曰："宣二年宋华元帅师及郑公子归生战于大棘，宋师败绩，获华元。大棘，宋地。"

⑯师古曰："史服，周内史叔服也。"

⑰师古曰："即杵臼。"

⑱师古曰："即商人。"

昭公十七年"冬，有星孛于大辰"。董仲舒以为大辰心也，心（在）〔为〕明堂，[13]天子之象。后王室大乱，三王分争，此其效也。①刘向以为星传曰："心，大星，天王也。其前星，太子；后星，庶子也。尾为君臣乖离。"孛星加心，象天子適庶将分争也。②其在诸侯，角、亢、氐，陈、郑也；房、心，宋也。后五年，周景王崩，王室乱，大夫刘子、单子立王猛，尹氏、召伯、毛伯立子朝。子朝，楚出也。③时楚强，宋、卫、陈、郑皆南附楚。王猛既卒，敬王即位，子朝入王城，天王居狄泉，莫之敢纳。五年，楚平王居卒，子朝奔楚，王室乃定。后楚帅六国伐吴，吴败之于鸡父，杀获其君臣。④蔡怨楚而灭沈，楚怒，围蔡。吴人救之，遂为柏举之战，败楚师，屠郢都，妻昭王母，鞭平王墓。⑤此皆孛彗流炎所及之效也。左氏传曰："有星孛于大辰，西及汉。申繻曰：'彗，所以除旧布新也，⑥天事恒象。今除于火，火出必布焉。诸侯其有火灾乎？'梓慎曰：'往年吾见，是其征也。火出而见，今兹火出而章，必火入而伏，其居火也久矣，其与不然乎？火出，于夏为三月，于商为四月，于周为五月。夏数得天，若火作，其四国当之，在宋、卫、陈、郑乎？宋，大辰之虚；陈，太昊之虚；郑，祝融之虚；⑦皆火房也。星孛及汉；汉，水祥也。卫，颛顼之虚，其星为大水。水，火之牡也。⑧其以丙子若壬午作乎？水火所以合也。若火入而伏，必以壬午，不过见之月。'"明年"夏五月，火始昏见，丙子风。梓慎曰：'是谓融风，火之始也。⑨七日其火作乎？'⑩戊寅风甚，壬午太甚，⑪宋、卫、陈、郑皆火。"刘歆以为大辰，房、心、尾也，八月心星在西方，孛从其西过心东及汉也。宋，大辰虚，谓宋先祖掌祀大辰星也。陈，太昊虚，虙羲木德，⑫火所生也。郑，祝融虚，高辛氏火正也。故皆为火所舍。卫，颛顼虚，星为大水，营室也。天星既然，又四国失政相似，及为王室乱皆同。

①师古曰："三王，已解于上。"

②师古曰："適读曰嫡。"

③师古曰："姊妹之子曰出。"

④师古曰："昭二十三年，楚薳越帅师，及顿、胡、沈、蔡、陈、许之师与吴师战于鸡父，楚师败绩。胡子髠、沈子逞灭，获陈大夫夏齧。鸡父，楚地也。父读曰甫。"

⑤师古曰："沈，楚之与国。定四年四月，蔡公孙姓帅师灭沈，以沈子嘉归。秋，楚为沈故围蔡。冬，吴兴师以救之，与楚战于柏举，楚师败绩。庚辰，吴入郢，君舍乎君室，大夫舍乎大夫室，妻楚王之母，挞平王之墓也。"

⑥师古曰："申繻，鲁大夫。"

⑦师古曰："虚读皆曰墟。其下并同。"

⑧张晏曰："水以天一为地二牡。丙与午，南方火也，子及壬，北方水也，又其配合。"

⑨张晏曰："融风，立春木风也，火之母也，火所始生也。淮南子曰'东北曰炎风'。高诱以为艮气所生也。炎风一曰融风。"

⑩张晏曰："自丙子至壬午凡七日，既其配合之日，又火以七为纪。"

⑪师古曰："太甚者，又更甚也。"

⑫师古曰："虑读与伏同。"

哀公十三年"冬十一月，有星孛于东方"。董仲舒、刘向以为不言宿名者，不加宿也。①以辰乘日而出，乱气蔽君明也。明年，春秋事终。一曰，周之十一月，夏九月，日在氐。出东方者，轸、角、亢也。轸，楚；角、亢，陈、郑也。或曰角、亢大国象，为齐、晋也。其后楚灭陈，②田氏篡齐，③六卿分晋，④此其效也。刘歆以为孛，东方大辰也，不言大辰，旦而见与日争光，星入而彗犹见。是岁再失闰，十一月实八月也。日在鹑火，周分野也。十四年冬，"有星孛"，在获麟后。刘歆以为不言所在，官失之也。

①孟康曰："不在二十八宿之中也。"

②师古曰："襄十七年楚公孙朝帅师灭陈也。"

③师古曰："齐平公十三年，春秋之传终矣。平公二十五年卒。卒后七十年而康公为田和所灭。"

④师古曰："晋出公八年，春秋之传终矣。出公十七年卒。卒后八十年，至静公为韩、魏、赵所灭，而三分其地。盖晋之衰也，六卿擅权，其后范氏、中行氏、智氏灭，而韩、魏、赵兼其土田人众，故总言六卿分晋也。"

高帝三年七月，有星孛于大角，旬余乃入。刘向以为是时项羽为楚王，伯诸侯，①而汉已定三秦，与羽相距荥阳，天下归心于汉，楚将灭，故彗除王位也。一曰，项羽坑秦卒，烧宫室，弑义帝，乱王位，故彗加之也。

①师古曰："伯读曰霸。"

文帝后七年九月，有星孛于西方，其本直尾、箕，末指虚、危，长丈馀，及天汉，十六日不见。刘向以为尾宋地，今楚彭城也。箕为燕，又为吴、越、齐。宿在汉中，负海之国水泽地也。是时景帝新立，信用晁错，将诛正诸侯王，其象先见。后三年，吴、楚、四齐与赵七国举兵反，①皆诛灭云。

①师古曰："四齐，胶东、胶西、菑川、济南也。"

武帝建元六年六月，有星孛于北方。刘向以为明年淮南王安入朝，与太尉武安侯田蚡有邪谋，而陈皇后骄恣，其后陈后废，而淮南王反，诛。

八月，长星出于东方，长终天，三十日去。占曰："是为蚩尤旗，见则王者征伐四方。"其后兵诛四夷，连数十年。

元狩四年四月，长星又出西北，是时伐胡尤甚。

元封元年五月，有星孛于东井，又孛于三台。其后江充作乱，京师纷然。此明东井、三台为秦地效也。

宣帝地节元年正月，有星孛于西方，去太白二丈所。刘向以为太白为大将，彗孛加之，扫灭象也。明年，大将军霍光薨，后二年家夷灭。

成帝建始元年正月，有星孛于营室，青白色，长六七丈，广尺馀。刘向、谷永以为营室为后宫怀任之象，彗星加之，将有害怀任绝继嗣者。一曰，后宫将受害。其后许皇后坐祝诅后宫怀任者废。<u>赵皇后</u>立妹为昭仪，害两皇子，上遂无嗣。<u>赵后</u>姊妹卒皆伏辜。

<u>元延</u>元年七月辛未，有星孛于<u>东井</u>，践<u>五诸侯</u>，^①出河戍北率行<u>轩辕</u>、<u>太微</u>，后日六度有馀，晨出东方。十三日夕见西方，犯<u>次妃</u>、<u>长秋</u>、<u>斗</u>、<u>填</u>，蜂炎再贯紫宫中。<u>大火</u>当后，达天河，除于妃后之域。南逝度犯<u>大角</u>、<u>摄提</u>，至<u>天市</u>而按节徐行，^②炎入<u>市</u>，中旬而后西去，五十六日与<u>仓龙</u>俱伏。<u>谷永</u>对曰："上古以来，大乱之极，所希有也。察其驰骋骤步，芒炎或长或短，所历奸犯，^③内为后宫女妾之害，外为诸夏叛逆之祸。"<u>刘向</u>亦曰："<u>三代</u>之亡，摄提易方；<u>秦</u>、<u>项</u>之灭，星孛<u>大角</u>。"是岁，<u>赵昭仪</u>害两皇子。后五年，<u>成帝</u>崩，<u>昭仪</u>自杀。<u>哀帝</u>即位，<u>赵氏</u>皆免官爵，徙<u>辽西</u>。<u>哀帝</u>亡嗣。<u>平帝</u>即位，<u>王莽</u>用事，追废<u>成帝赵皇后</u>、<u>哀帝傅皇后</u>，皆自杀。外家<u>丁</u>、<u>傅</u>皆免官爵，徙<u>合浦</u>，归故郡。<u>平帝</u>亡嗣，<u>莽</u>遂篡国。

①<u>孟康</u>曰："<u>五诸侯</u>，星名。"

②<u>服虔</u>曰："谓行迟。"

③<u>师古</u>曰："奸音干。"

<u>釐公</u>十六年"正月戊申朔，陨石于<u>宋</u>，五，是月六鹢退飞过<u>宋都</u>"。<u>董仲舒</u>、<u>刘向</u>以为象<u>宋襄公</u>欲行伯道将自败之戒也。^①石阴类，五阳数，自上而陨，此阴而阳行，欲高反下也。石与金同类，色以白为主，近白祥也。鹢水鸟，六阴数，退飞，欲进反退也。其色青，青祥也，属于貌之不恭。天戒若曰，德薄国小，勿持炕阳，欲长诸侯，与强大争，必受其害。<u>襄公</u>不寤，明年<u>齐威</u>死，伐<u>齐</u>丧，^②执<u>滕子</u>，围<u>曹</u>，^③为<u>盂</u>之会，与<u>楚</u>争盟，卒为所

执。后得反国，④不悔过自责，复会诸侯伐郑，与楚战于泓，军败身伤，为诸侯笑。⑤左氏传曰：陨石，星也；鹢退飞，风也。宋襄公以问周内史叔兴曰："是何祥也？吉凶何在？"对曰："今兹鲁多大丧，明年齐有乱，⑥君将得诸侯而不终。"退而告人曰："是阴阳之事，非吉凶之所生也。吉凶繇人，吾不敢逆君故也。"⑦是岁，鲁公子季友、鄫季姬、公孙兹皆卒。⑧明年齐威死，適庶乱。⑨宋襄公伐齐行伯，卒为楚所败。⑩刘歆以为是岁岁在寿星，其冲降娄。⑪降娄，鲁分野也，故为鲁多大丧。正月，日在星纪，厌在玄枵。玄枵，齐分野也。石，山物；齐，大岳后。⑫五石象齐威卒而五公子作乱，⑬故为明年齐有乱。庶民惟星，陨于宋，象宋襄将得诸侯之众，而治五公子之乱。星陨而鹢退飞，故为得诸侯而不终。六鹢象后六年伯业始退，执于盂也。⑭民反德为乱，乱则妖灾生，言吉凶繇人，然后阴阳冲厌受其咎。齐、鲁之灾非君所致，故曰"吾不敢逆君故也"。京房易传曰："距谏自强，兹谓却行，厥异鹢退飞。適当黜，则鹢退飞。"⑮

①师古曰："伯读曰霸。"

②师古曰："僖十七年齐桓公卒，十八年宋襄公以诸侯伐齐。"

③师古曰："十九年三月，宋人执滕子婴齐，秋，宋人围曹。"

④师古曰："二十一年春，为鹿上之盟。秋，会于盂，于是楚执宋公以伐宋，冬，会于薄以释之。鹿上、盂、薄，皆宋地。"

⑤师古曰："二十二年夏，宋公、卫侯、许男、滕子伐郑。十一月，宋公及楚人战于泓，宋师败绩，公伤股，门官歼焉。二十三年卒，伤于泓故也。泓，水名也，音於宏反。"

⑥师古曰："今兹谓此年。"

⑦师古曰："繇读与由同。"

⑧师古曰："僖十六年三月公子季友卒，四月季姬卒，七月公孙兹卒。季姬，鲁女适鄫者也。公孙兹，叔孙戴伯也。"

⑨师古曰："適读曰嫡。"

⑩师古曰："已解于上，伯读曰霸。"

⑪师古曰："降音胡江反。"

⑫师古曰："齐，姜姓也，其先为尧之四岳，四岳分掌四方诸侯。"

⑬师古曰："五公子，谓无亏也，元也，昭也，潘也，商人也。"

⑭师古曰："伯读曰霸。"

⑮师古曰："適读曰嫡。"

惠帝三年，陨石緜诸，一。①

①师古曰："緜诸，道也，属天水郡也。"

武帝征和四年二月丁酉，陨石雍，二，天晏亡云，声闻四百里。①

①师古曰："雍，扶风之县也。晏，天清也。"

元帝建昭元年正月戊辰，陨石梁国，六。

成帝建始四年正月癸卯，陨石槀，四，肥累，一。①

①孟康曰："皆县名也，故属真定。"师古曰："槀音工老反。累音力追反。"

阳朔三年二月壬戌，陨石白马，八。①

①师古曰："东郡之县名。"

鸿嘉二年五月癸未，陨石杜衍，三。①

①师古曰："南阳之县名。"

元延四年三月，陨石都关，二。①

①师古曰："山阳之县名。"

哀帝建平元年正月丁未，陨石北地，十。其九月甲辰，陨石虞，二。①

①师古曰："梁国之县名。"

平帝元始二年六月，陨石钜鹿，二。

自惠尽平，陨石凡十一，皆有光燿雷声，成、哀尤屡。

【校勘记】

〔1〕 史记（日）〔日〕食， 殿本作"日"。王先谦说作"日"是。

〔2〕 渝平，堕（城）〔成〕也。 景祐、殿、局本都作"成"。朱一新说"成"字是。

〔3〕 楚（国）〔围〕许， 景祐、殿、局本都作"围"。朱一新说作"围"是。

〔4〕 三月庚午（朔）， 王引之说"朔"衍字，检左氏、公羊、穀梁皆无"朔"字。

〔5〕 （夷）〔楚〕灭舒蓼。 景祐、殿本都作"楚"。

〔6〕 十五年八月丁巳〔朔〕， 钱大昭说闽本有"朔"字。按景祐本有。

〔7〕 谓常可以此占之（下）〔不〕。 景祐、殿本都作"不"。

〔8〕 在斗二十（三）〔二〕度。 钱大昭说闽本作"二"。按景祐本作"二"。

〔9〕 能应之（司）〔以〕德， 景祐、殿、局本都作"以"。

〔10〕 辟（僻）〔譬〕公行， 杨树达说"譬"当作"譬"，譬与愆同。按各本皆误。

〔11〕 (名)〔民〕去其上， 景祐、殿本都作“民”，此误。

〔12〕 (向)〔商〕人 景祐、殿本都作“商”。王先谦说作“商”是。

〔13〕 心 (在)〔为〕明堂， 景祐、殿本都作“为”。王先谦说作“为”是。

汉书卷二十八上

地理志第八上

昔在黄帝，作舟车以济不通，旁行天下，①方制万里，画壄分州，②得百里之国万区。是故易称"先王（以）建万国，亲诸侯"，③〔1〕书云"协和万国"，④此之谓也。尧遭洪水，襄山襄陵，⑤天下分绝，为十二州，⑥使禹治之。水土既平，更制九州，列五服，⑦任土作贡。⑧

①师古曰："旁行，谓四出而行之。"

②师古曰："方制，制为方域也。画谓为之界也。壄，古野字。画音获。"

③师古曰："易比卦象辞。"

④师古曰："虞书尧典之辞也。"

⑤师古曰："襄字与（古）怀（字）同。〔2〕怀，包也。襄，驾也。言水大泛溢，包山而驾陵也。"

1371

⑥师古曰："九州之外有并州、幽州、营州，故曰十二。水中可居者曰州。洪水泛大，各就高陆，人之所居，凡十二处。"

⑦师古曰："其数在下也。"

⑧师古曰："任其土地所有，以定贡赋之差也。"

曰：禹敷土，①随山栞木，奠高山大川。②

①师古曰："敷，分也，谓分别治之。自此以下皆是夏书禹贡之文。"

②师古曰："栞，古刊字也。奠，定也。言禹随行山之形状而刊斫其木，以为表记，决水通道，故高山大川各得安定也。"

冀州既载，①壶口治梁及岐。②既脩太原，至于岳阳。③覃怀底绩，至于衡章。④厥土惟白壤。⑤厥赋上上错，⑥厥田中中。⑦恒、卫既从，大陆既作。⑧鸟夷皮服。⑨夹右碣石，入于河。⑩

①师古曰："两河间曰冀州。载，始也。冀州，尧所都，故禹治水自冀州始也。"

②师古曰："壶口山在河东。梁山在夏阳。岐山在美阳，即今之岐州岐山县箭括岭也。禹循山而西，治众水。"

③师古曰："太原即今之晋阳是也。岳阳在太原西南。"

④师古曰："覃怀，近河地名也。底，致也。绩，功也。衡章，谓章水横流而入河也。言禹于覃怀致功以至衡章也。底音之履反。"

⑤师古曰："柔土曰壤。"

⑥师古曰："赋者，发敛土地所生之物以供天子也。上上，第一也。错，杂也。言赋第一，又杂出诸品也。"

⑦师古曰："言其高下之形总于九州之中为第五也。一曰，为其肥瘠之等差也。它皆类此。"

⑧师古曰："恒、卫，二水名。恒水出恒山，卫水在灵寿。大陆，泽名，在钜鹿北。言恒、卫之水各从故道，大陆之泽已可耕作也。"

⑨师古曰:"此东北之夷,搏取鸟兽,食其肉而衣其皮也。一说,居在海曲,被服容止皆象鸟也。"

⑩师古曰:"碣石,海边山名也。言禹夹行此山之右而入于河,逆上也。"

沇、河惟兖州。①九河既道,②雷夏既泽,雍、沮会同,③桑土既蚕,是降丘宅土。④厥土黑坟,⑤屮繇木条。⑥厥田中下,⑦赋贞,⑧作十有三年乃同。⑨厥贡漆丝。⑩厥棐织文。⑪浮于沇、漯,通于河。⑫

①师古曰:"沇本济水之字,从水允声。言此州东南据济水,西北距河。沇音姊。"

②师古曰:"九河,河水分为九,各从其道。尔雅曰:'徒骇、太史、马颊、覆釜、胡苏、简、絜、钩盘、鬲津,是曰九河。'一说,道读曰导。导,治也。"

③师古曰:"雷夏,泽名,在济阴城阳西北。言此泽还复其故,而雍、沮二水同会其中也。沮音千余反。"

④师古曰:"降,下也。宅,居也。言此地宜桑,先时人众避水,皆上丘陵,今水害除,得以蚕织,故皆下丘居平土也。"

⑤师古曰:"色黑而坟起也。坟音扶粉反。"

⑥师古曰:"屮,古草字也。繇,悦茂也。条,脩畅也。繇音弋昭反。"

⑦师古曰:"第六也。"

⑧师古曰:"贞,正也。州第九,赋亦正当也。"

⑨师古曰:"治水十三年,乃同于它州,言用功多也。"

⑩师古曰:"贡,献也。地宜漆林,又善蚕丝,故以献也。"

⑪师古曰:"棐与篚同。篚,竹器,筐属也。织文,锦绮之类,盛于筐篚而献之。"

⑫师古曰:"浮,以舟渡也。沇、漯,二水名。漯水出东郡东武阳。因

水入水曰通。漯音它合反。"

海、岱惟青州。①嵎夷既略，惟、甾其道。②厥土白坟，海濒广潟。③田上下，赋中上。④贡盐、绨，海物惟错，⑤岱畎丝、枲、铅、松、怪石，⑥莱夷作牧，厥篚檿丝。⑦浮于汶，达于沛。⑧

①师古曰："东北据海，西南距岱。岱即太山也。"

②师古曰："嵎夷，地名也，即阳谷所在。略，言用功少也。惟、甾，二水名。皆复故道也。惟水出琅邪箕屋山。甾水出泰山莱芜县。惟字今作潍，甾字或作淄，古今通用也。一曰，道读曰导。导，治也。"

③师古曰："濒，水涯也。潟，卤咸之地。濒音频，又音宾。潟音昔。"

④师古曰："田第三，赋第四。"

⑤师古曰："葛之精者曰绨。海中物产既多，故杂献。"

⑥师古曰："畎，小谷也。枲，麻属也。铅，青金也。怪石，石之次玉美好者也。言岱山之谷，出丝、枲、铅、松、怪石五种，皆献之。畎音工犬反。"

⑦师古曰："莱山之夷，地宜畜牧。檿，檿桑也。食檿之蚕丝，可以弦琴瑟。檿音乌簟反。"

⑧师古曰："汶水出泰山郡莱芜县原山。言渡汶水西达于泲也。汶音问。"

海、岱及淮惟徐州。①淮、沂其乂，蒙、羽其艺。②大野既猪，东原厎平。③厥土赤埴坟，草木渐包。④田上中，赋中中。⑤贡土五色，⑥羽畎夏狄，峄阳孤桐，⑦泗濒浮磬，⑧淮夷蠙珠臮鱼，⑨厥篚玄纤缟。⑩浮于淮、泗，达于河。⑪

①师古曰："东至海，北至岱，南及淮。"

②师古曰："淮、沂二水已治，蒙、羽二山皆可种艺也。淮出大复山。

沂出泰山。沂音牛依反。"

③师古曰："大野即钜野泽也。潴，停水也。东原，地名。厎，致也。言大野之水既已停蓄也。东原之地致功而平，可耕稼也。"

④师古曰："埴，黏土也。渐包，言相渐及包裹而生。"

⑤师古曰："田第二，赋第五。"

⑥师古曰："王者取五色土，封以为太社，而此州毕贡之，言备有。"

⑦师古曰："羽畎，羽山之谷也。夏狄，狄雉之羽可为旌旐者也，羽山之谷出焉。峄阳，峄山之阳也。山南曰阳。孤桐，特生之桐也，可为琴瑟，峄山之生焉。峄音驿。"

⑧师古曰："泗水之涯浮出好石，可为磬也。泗水出济阴乘氏县。"

⑨师古曰："淮夷，淮水上之夷也。蠙珠，珠名。臮，及也。言其地出珠及美鱼也。蠙音步千反，字或作玭。"

⑩师古曰："玄，黑也。纤，细缯也。缟，鲜支也，即今所谓素者也。言献黑细缯及鲜支也。"

⑪师古曰："渡二水而入于河。"

淮、海惟扬州。①彭蠡既猪，阳鸟逌居。②三江既入，震泽厎定。③篠簜既敷，④少夭木乔⑤厥土涂泥。⑥田下下，赋下上错。⑦贡金三品，⑧瑶、琨、篠簜，齿、革、羽毛，⑨鸟夷卉服。⑩厥篚织贝，⑪厥包橘、柚，锡贡。⑫均江海，通于淮、泗。⑬

①师古曰："北据淮，南距海。"

②师古曰："彭蠡，泽名，在彭泽县西北。阳鸟，随阳之鸟也。言彭蠡之水既已蓄聚，则鸿雁之属所共居之。蠡音礼。"

③师古曰："三江，谓北江、中江、南江也。震泽在吴西，即具区也。厎，致也。言三江既入，则震泽致定。"

④师古曰："篠，小竹也。簜，大竹也。敷谓布地而生也。篠音先了反。簜音荡。"

⑤师古曰："夭，盛貌也。乔，上竦也。夭音于骄反。乔音桥，又音骄。"

⑥师古曰："潍沮湿也。"

⑦师古曰："田第九，赋第七。又杂出诸品。"

⑧师古曰："金、银、铜。"

⑨师古曰："瑶、琨，皆美玉名也。齿，象齿也。革，犀革也。羽旄，谓众鸟之羽可为旄者也。琨音昆。"

⑩师古曰："鸟夷，东南之夷善捕鸟者也。卉服，绨葛之属。"

⑪师古曰："织谓细布也。贝，水虫也，古以为货。"

⑫师古曰："柚，似橘而大，其味尤酸。橘、柚皆不耐寒，故包裹而致之也。锡贡者，须锡命而献之，言不常来也。柚音弋救反。"

⑬师古曰："均，平也。通淮、泗而入江海，故云平。"

荆及衡阳惟荆州。①江、汉朝宗于海。②九江孔殷，③沱、潜既道，云梦土作乂。④厥土涂泥。田下中，赋上下。⑤贡羽旄、齿、革，金三品，⑥杶、幹、栝、柏，厉、砥、砮、丹，⑦惟箘簬、楛，三国厎贡厥名，⑧包匦菁茅，⑨厥篚玄纁玑组，⑩九江纳锡大龟。⑪浮于江、沱、潜、汉，逾于洛，至于南河。⑫

①师古曰："北据荆山，南及衡山之阳也。"

②师古曰："江、汉二水归入于海，有似诸侯朝于天子，故曰朝宗。宗，尊也。"

③师古曰："孔，甚也。殷，中也。言江水于此州界分为九道，甚得地形之中。"

④师古曰："沱、潜，二水名，自江出为沱，自汉出为潜。云梦，泽名。言二水既从其道，则云梦之土可为（畎鱼）〔畎亩〕之治也。[3] 沱音徒何反。潜音潜。一曰，道读曰导。导，治也。"

⑤师古曰："田第八，赋第三。"

⑥师古曰："自金以上所贡与扬州同。"

⑦师古曰："杶木似樗而实。干，柘也。栝木柏叶而松身。厉，磨也。砥，其尤细者也。砮，石名，可为矢镞。丹，赤石也，所谓丹沙者也。杶音丑伦反。栝音古活反。砥音指，又音（祇）〔抵〕。[4]砮音奴。"

⑧师古曰："箘簬，竹名，楛，木名也，皆可为矢。言此州界本有三国致贡斯物，其名称美也。箘音囷。簬音路。楛音（枯）〔怙〕。"[5]

⑨师古曰："瓯，柙也。菁，菜也，可以为菹。茅可以缩酒。苞其茅瓯其菁而献之。瓯音轨。菁音精。"

⑩师古曰："玄，黑色。纁，绛也。玑，珠之不圆者也。组，绶类也。纁音勋。玑音机，又音祈。"

⑪师古曰："大龟尺有二寸，出于九江。锡命而纳，不常献也。"

⑫师古曰："逾，越也。言渡四水而越洛，乃至南河也。南河在冀州南。"

荆、河惟豫州。①伊、雒、瀍、涧既入于河，②荥、波既猪，③道荷泽，被盟猪。④厥土惟壤，下土坟垆。⑤田中上，赋错上中。⑥贡漆、枲、絺、纻，篚纤纩，⑦锡贡磬错。⑧浮于洛，入于河。⑨

①师古曰："西南至荆山，北距河水。"

②师古曰："伊出陆浑山，雒出冢领山，瀍出谷成山，涧出黾池山，四水皆入河"。

③师古曰："荥，沈水泆出所为也，即今荥泽是也。波，亦水名。言其水并已遏聚矣。一说，谓荥水之波。"

④师古曰："荷泽在湖陵。盟猪亦泽名，在荷之东北。言治荷泽之水衍溢，则使被及盟猪，不常入也。道读曰导。荷音歌。被音被马之被。盟音盂。"

⑤师古曰："高地则壤，下地则坟。垆谓土之刚黑者也，音卢。"

⑥师古曰:"田第四,赋第二,杂出第一。"

⑦师古曰:"纻,织纻为布及练也。纤纩,细绵也。纻音伫。纩音旷。"

⑧师古曰:"错,治玉之石。磬错,言可以治磬也。亦待锡命而贡。"

⑨师古曰:"因洛入河也。"

华阳、黑水惟梁州。①岷、嶓既艺,沱、潜既道,②蔡、蒙旅平,和夷厎绩。③厥土青黎。④田下上,赋下中三错。⑤贡璆、铁、银、镂、砮、磬,⑥熊、罴、狐、狸、织皮。⑦西顷因桓是俫,⑧浮于潜,逾于沔,⑨入于渭,乱于河。⑩

①师古曰:"东据华山之南,西距黑水。"

②师古曰:"岷,岷山也。嶓,嶓冢山也。言水已去,二山之土皆可种艺。沱、潜,二水,治从故道也。岷音旻。嶓音波。道读曰导。"

③师古曰:"蔡、蒙,二(水)〔山〕名。[6]旅,陈也。旅平,言已平治而陈祭也。和夷,地名,亦以致功可耕稼也。"

④师古曰:"色青而细疏。"

⑤师古曰:"田第七,赋第八,又杂出第七至第九,凡三品。"

⑥师古曰:"璆,美玉也。镂,刚铁也。磬,磬石也。璆音虬。"

⑦师古曰:"织皮,谓罽也。言贡四兽之皮,又贡(维)〔杂〕罽。"[7]

⑧师古曰:"西顷,山名,在临洮西南。桓,水名也。言治西顷山,因桓水是来,无它道也。顷读曰倾。"

⑨师古曰:"汉上曰沔,音莫践反。"

⑩师古曰:"正绝流曰乱。"

黑水、西河惟雍州。①溺水既西,②泾属渭汭。③漆、沮既从,酆水逌同。④荆、岐既旅,⑤终南、惇物、至于鸟鼠,⑥原隰厎绩,至于猪埜。⑦三危既宅,三苗丕叙。⑧厥土黄壤。田上上,赋中下。⑨贡球、琳、琅玕。⑩浮于积石,至于龙门西河,⑪会于渭汭。⑫织皮昆仑、析支、渠叟，西戎即叙。⑬

①师古曰："西据黑水，东距西河。西河即龙门之河也，在冀州西，故曰西河。"

②师古曰："治使西流至合黎。"

③师古曰："属，逮也。水北曰汭。言治泾水入于渭也。属音之欲反。汭音芮，又音而悦反。"

④师古曰："漆、沮，即冯翊之洛水也。酆水出酆之南山。言漆、沮既从入渭，酆水亦来同也。逎，古攸字也。攸，所也。沮音七余反。"

⑤师古曰："荆、岐，二山名。荆在岐东。言二山治毕，已旅祭也。"

⑥师古曰："终南、惇物二山皆在武功。鸟鼠山在陇西首阳西南。自终南西出至于鸟鼠也。"

⑦师古曰："高平曰原，下湿曰隰。豬壄，地名。言皆致功也。"

⑧师古曰："三危，山名，已可居也。三苗，本有苗氏之族，徙居于此，分而为三，故言三苗。今皆大得其次叙。"

⑨师古曰："田第一，赋第六。"

⑩师古曰："球、琳，皆玉名。琅玕，石似珠者也。球音求，又音虬。琳音林，琅音郎。玕音干。"

⑪师古曰："积石山在金城西南，龙门山在河东之西界，皆河水所经。"

⑫师古曰："逆流曰会。自渭北涯逆流西上。"

⑬师古曰："昆仑、析支、渠叟，三国名也。言此诸国皆织皮毛，各得其业。而西方远戎，并就次叙也。叟读曰搜。"

道汧及岐，至于荆山，①逾于河；②壶口、雷首，至于大岳；③厎柱、析城，至于王屋；④太行、恒山，至于碣石，入于海。⑤西倾、朱圉、鸟鼠，至于太华；⑥熊耳、外方、桐柏，至于倍尾。⑦道嶓冢，至于荆山；⑧内方，至于大别；⑨岷山之阳，至于衡山，⑩

过<u>九江</u>，至于<u>敷浅原</u>。⑪

①师古曰："自此以下，更说所治山水首尾之次也。治山通水，故举山言之。<u>汧山</u>在<u>汧县</u>西。道读曰导。后皆类此。汧音苦坚反。"

②师古曰："即<u>梁山龙门</u>。"

③师古曰："自<u>壶口</u>、<u>雷首</u>而至<u>大岳</u>也。<u>雷首</u>在<u>河东蒲阪</u>南。<u>大岳</u>即所谓<u>岳阳</u>者。"

④师古曰："<u>厎柱</u>在<u>陕县</u>东北，山在河中，形若柱也。<u>析城山</u>在<u>濩泽</u>西南。<u>王屋山</u>在<u>垣县</u>东北。"

⑤师古曰："<u>太行山</u>在<u>河内山阳</u>西北。<u>恒山</u>在<u>上曲阳</u>西北。言二山连延，东北接<u>碣石</u>而入于海。行音胡郎反。"

⑥师古曰："<u>朱围山</u>在<u>汉阳冀县</u>南。<u>太华</u>即今<u>华阴山</u>。"

⑦师古曰："<u>熊耳</u>在<u>陕</u>东。<u>外方</u>在<u>颍川</u>故县，即<u>崇高</u>也。<u>桐柏</u>在<u>平氏</u>东南。<u>倍尾</u>在<u>安陆</u>东北。言四山相连也。倍读曰陪。"

⑧师古曰："<u>嶓冢山</u>在<u>梁州</u>南。此<u>荆山</u>在<u>南郡临沮</u>东北。嶓音波。"

⑨师古曰："<u>内方</u>在<u>荆州</u>。<u>大别</u>在<u>庐江安丰</u>也。"

⑩师古曰："<u>岷山</u>在<u>蜀郡湔氐</u>西。<u>衡山</u>在<u>长沙湘南</u>之东南。<u>岷山</u>，江所出。<u>衡山</u>，江所经。"

⑪师古曰："<u>敷浅原</u>，一名〔博〕〔傅〕<u>阳山</u>，[8]在<u>豫章历陵</u>南。"

<u>道弱水</u>，至于<u>合藜</u>，馀波入于<u>流沙</u>。①道<u>黑水</u>，至于<u>三危</u>，入于<u>南海</u>。②道<u>河积石</u>，至于<u>龙门</u>，③南至于<u>华阴</u>，东至于<u>厎柱</u>，④又东至于<u>盟津</u>，⑤东过<u>洛汭</u>，至于<u>大伾</u>，⑥北过<u>降水</u>，至于<u>大陆</u>，⑦又北播为<u>九河</u>，⑧同为<u>逆河</u>，入于海。⑨<u>嶓冢道漾</u>，东流为<u>汉</u>，⑩又东为<u>沧浪之水</u>，⑪过<u>三澨</u>，至于<u>大别</u>，⑫南入于<u>江</u>，⑬东汇泽为<u>彭蠡</u>，⑭东为<u>北江</u>，入于海。⑮<u>岷山道江</u>，东别为<u>沱</u>，⑯又东至于<u>醴</u>，⑰过<u>九江</u>，至于<u>东陵</u>，⑱东迤北会于<u>汇</u>，⑲东为<u>中江</u>，入于

海。㉑道沇水，东流为泲，㉑入于河，轶为荥，㉒东出于陶丘北，㉓又东至于荷，㉔又东北会于汶，㉕又北东入于海。㉖道淮自桐柏，东会于泗、沂，东入于海。道渭自鸟鼠同穴，东会于酆，又东至于泾，又东过漆、沮，入于河。道洛自熊耳，东北会于涧、瀍，又东会于伊，又东北入于河。

① 师古曰："合蔾山在酒泉。流沙在敦煌西。"

② 师古曰："黑水出张掖鸡山，南流至敦煌，过三危山，又南流而入于南海。"

③ 师古曰："积石山在河关西羌中。龙门山在夏阳北。言治河施功，自积石起，凿山穿地，以通其流，至龙门山也。"

④ 师古曰："自龙门南流以至华阴，又折而东经底柱。"

⑤ 师古曰："盟读曰孟。孟津在洛阳之北，都道所凑，故号孟津。孟，长大也。"

⑥ 师古曰："洛汭，洛入河处，盖今所谓洛口也。山再重曰伾。大伾山在成皋。伾音平鄙反。"

⑦ 师古曰："降水在信都。大陆在钜鹿。"

⑧ 师古曰："播，布也。"

⑨ 师古曰："同，合也。九河又合而为一，名为逆河，言相迎受也。海即渤海是也。"

⑩ 师古曰："漾水出陇西氐道，东流过武关山南为汉。禹治漾水自嶓冢始也。漾音恙。"

⑪ 师古曰："出荆山东南流为沧浪之水，即渔父所歌者也。浪音琅。"

⑫ 师古曰："三澨水在江夏竟陵。澨音筮。"

⑬ 师古曰："触大别山而南入江也。"

⑭ 师古曰："汇，回也，又东回而为彭蠡泽也。汇音胡贿反。"

⑮ 师古曰："自彭蠡，江分为三，遂为北江而入海。"

⑯师古曰："别而出也，江东南流，沱东行也。沱音徒何反。"

⑰师古曰："醴水在荆州。"

⑱师古曰："东陵，地名。"

⑲师古曰："迤，溢也。东溢分流，都共北会彭蠡也。迤音弋尔反。"

⑳师古曰："亦自彭蠡出"。

㉑师古曰："泉出王屋山，名为沇，流去乃为沖也。沇音弋裔反。"

㉒师古曰："轶与溢同。言济水入河，并流而南，截河，又并流溢出，乃为荥泽。一曰轶，过也，音逸。"

㉓师古曰："陶丘，丘再重也，在济阴定陶西南。"

㉔师古曰："即荷泽。"

㉕师古曰："济与汶合。"

㉖师古曰："北折而东也。"

九州逌同，①四奥既宅，②九山栞旅，③九川涤原，④九泽既陂，⑤四海会同。⑥六府孔修，⑦庶土交正，厎慎财赋，⑧咸则三壤，成赋中国。⑨锡土姓："祇台德先，不距朕行。"⑩

①师古曰："各以其所而同法。"

②师古曰："奥读曰墺，谓土之可居者也。宅亦居也。言四方之土已可定居也。墺音於六反。"

③师古曰："九州之山皆已栞木通道而旅祭也。"

④师古曰："九州泉源皆已清涤无壅塞。"

⑤师古曰："九州陂泽皆已遏障无决溢。"

⑥师古曰："四海之内皆同会京师。"

⑦师古曰："水、火、金、木、土、谷皆甚治。"

⑧师古曰："言众土各以其所出，交易有无，而不失正，致慎货财，以供贡赋。"

⑨师古曰："言皆随其土田上下三品，而成其赋于中国也。中国，京

师也。"

⑩师古曰:"台,养也。言封诸侯,赐之土田,因以为姓。所敬养者,惟德为先,故无距我之行也。台音怡。"

　　五百里甸服:①百里赋内总,②二百里(纳)〔内〕铚,③[9]三百里内夏服,④四百里粟,五百里米。⑤五百里侯服:⑥百里采,⑦二百里男国,⑧三百里诸侯。⑨五百里绥服:⑩三百里揆文教,⑪二百里奋武卫。⑫五百里要服:⑬三百里夷,⑭二百里蔡。⑮五百里荒服:⑯三百里蛮,⑰二百里流。⑱东渐于海,西被于流沙,朔、南暨,声教讫于四海。⑲

①师古曰:"规方千里,最近王城者为甸服,则四面五百里也。甸之为言田也,主为王者治田。"

②师古曰:"自此以下,说甸服之内,以差言之也。总,禾稿总入也。内读曰纳。下皆类此。"

③师古曰:"铚谓所刈,即禾穗也。铚音窒。"

④师古曰:"夏,稿也。言服者,谓有役则服之耳。夏音工黠反。"

⑤师古曰:"精者纳少,麤者纳多。"

⑥师古曰:"此次甸服之外方五百里也。侯,候也,主斥候而服事也。"

⑦师古曰:"又说侯服内之差次也。采,事也。王事则供之,不主一也。"

⑧师古曰:"男之言任,任王事者。"

⑨师古曰:"三百里同主斥候,故合而言之为一等。"

⑩师古曰:"此又次侯服外之五百里也。绥,安也,言其安服王者政教。"

⑪师古曰:"揆度王者文教而行之也。三百里皆同。"

⑫师古曰:"奋其武力以卫王者。二百里皆同。"

⑬师古曰:"此又次绥服外之五百里也。要,以文教要来之也。要音一遥反。"

⑭师古曰:"夷,易也,言行平易之法也。三百里皆同。"

⑮师古曰:"蔡,法也,遵刑法而已。二百里皆同。"

⑯师古曰:"又次要服外五百里,此五服之最在外者也。荒,言其荒忽,各因本俗。"

⑰师古曰:"蛮谓以文德蛮幕而覆之。三百里皆同。"

⑱师古曰:"任其流移,不考诘也。二百里皆同。"

⑲师古曰:"渐,入也。被,加也。朔,北方也。讫,尽也。言东入于海,西加流沙,北方南方皆及,声教尽于四海也。一曰,渐,浸;臮,及也。"

禹锡玄圭,告厥成功。①

①师古曰:"玄,天色也。尧以禹治水功成,故赐玄圭以表之也。自此以上,皆禹贡之文。"

后受禅于虞,为夏后氏。

殷因于夏,亡所变改。周既克殷,监于二代而损益之,定官分职,改禹徐、梁二州合之于雍、青,①分冀州之地以为幽、并。故周官有职方氏,②掌天下之地,辩九州之国。

①师古曰:"省徐州以入青州,并梁州以合雍州。"

②师古曰:"夏官之属也。职,主也,主四方之土地。"

东南曰扬州:其山曰会稽,①薮曰具区,②川曰三江,浸曰五湖;③其利金、锡、竹箭;民二男五女;畜宜鸟兽,④谷宜稻。

①师古曰:"在山阴县。"

②师古曰:"薮,大泽也。具区在吴也。"

③师古曰：“窬，古浸字也。川，水之通流者也。浸谓引以灌溉者。五湖在吴。”

④师古曰：“鸟，孔翠之属。兽，犀象之属。”

正南曰荆州：其山曰衡，薮曰云梦，川曰江、汉，寖曰颍、湛；①其利丹、银、齿、革；民一男二女；畜及谷宜，与扬州同。

①师古曰：“颍水出阳城阳乾山，宜属豫州。许慎又云‘湛水，豫州浸’。并未详也。湛音直林反，又音直减反。”

河南曰豫州：其山曰华，①薮曰圃田，②川曰荥、雒，寖曰波、溠；③其利林、漆、丝、枲；民二男三女；畜宜六扰，④其谷宜五种。⑤

①师古曰：“即华阴之华山也。连延东出，故属豫州。”

②师古曰：“在中牟。”

③师古曰：“荥即沈水所溢者也。波即上禹贡所云荥波者也。溠水在楚，亦不当为豫州浸也。溠音庄亚反。”

④师古曰：“马、牛、羊、豕、犬、鸡也。谓之扰者，言人所驯养也。扰音人沼反。”

⑤师古曰：“黍、稷、菽、麦、稻。”

正东曰青州：其山曰沂，薮曰孟诸，①川曰淮、泗，寖曰沂、沭；②其利蒲、鱼；民二男三女；其畜宜鸡、狗，谷宜稻、麦。

①师古曰：“沂山在盖县，即沂水所出也。孟诸，即盟猪也。”

②师古曰：“沭水出东莞，音术。”

河东曰兖州：其山曰岱，薮曰泰壄，①其川曰河、沛，寖曰卢、潍；②其利蒲、鱼；民二男三女；其畜宜六扰，谷宜四种。③

①师古曰："即大野。"

②师古曰："卢水在济北卢县。郑康成读曰雷，非也。"

③师古曰："马、牛、羊、豕、犬、鸡，黍、稷、稻、麦也。"

正西曰雍州：其山曰岳，①薮曰弦蒲，②川曰泾、汭，③其浸曰渭、洛；④其利玉、石；其民三男二女；畜宜牛、马，谷宜黍、稷。

①师古曰："即吴岳也。"

②师古曰："在汧县。"

③师古曰："汭在豳地。诗大雅公刘之篇曰'汭鞫之即'。"

④师古曰："洛即漆、沮也，在冯翊。"

东北曰幽州：其山曰医无闾，①薮曰貕养，②川曰河、泲，浸曰菑、时；③其利鱼、盐；民一男三女；畜宜四扰，④谷宜三种。⑤

①师古曰："在辽东。"

②师古曰："在长广。"

③师古曰："菑出莱芜，时水出般阳。"

④师古曰："马、牛、羊、豕。"

⑤师古曰："黍、稷、稻。"

河内曰冀州：其山曰霍，①薮曰扬纡，②川曰漳，浸曰汾、潞；③其利松、柏；民五男三女；畜宜牛、羊，谷宜黍、稷。

①师古曰："在平阳永安县东北。"

②师古曰："尔雅曰'秦有扬纡'，而此以为冀州，未详其义及所在。"

③师古曰："漳水出上党长子。汾水出汾阳北山。潞出归德。"

正北曰并州：其山曰恒山，薮曰昭馀祁，①川曰虖池、呕夷，浸曰涞、易；②其利布帛；民二男三女；畜宜五扰，③谷宜五种。

①师古曰："在太原邬县。邬音一户反，又音於庶反。"

②师古曰："㴲池出卤城。呕夷出平舒。涞出广昌。易出故安。㴲音
呼。池音徒河反。呕音于侯反。"

③师古曰："马、牛、羊、犬、豕。"

而保章氏掌天文，以星土辩九州之地，所封封域皆有分星，
以视吉凶。①

①师古曰："保章氏，春官之属也。保，守也，言守天文之职也。分音
扶问反。"

周爵五等，而土三等：公、侯百里，伯七十里，子、男五十
里。不满为附庸，盖千八百国。而太昊、黄帝之后，唐、虞侯伯
犹存，帝王图籍相踵而可知。周室既衰，礼乐征伐自诸侯出，转
相吞灭，数百年间，列国耗尽。①至春秋时，尚有数十国，五伯
迭兴，总其盟会。②陵夷至于战国，天下分而为七，③合从连衡，
经数十年。秦遂并兼四海。以为周制微弱，终为诸侯所丧，故不
立尺土之封，分天下为郡县，荡灭前圣之苗裔，靡有孑遗者矣。

①师古曰："耗，灭也，音呼到反。"

②师古曰："此五伯谓齐桓、宋襄、晋文、秦穆、楚庄也。迭，互也。
伯读曰霸。迭音徒结反。"

③师古曰："谓秦、韩、魏、赵、燕、齐、楚也。"

汉兴，因秦制度，崇恩德，行简易，以抚海内。至武帝攘却
胡、越，开地斥境，南置交阯，北置朔方之州，①兼徐、梁、幽、
并夏、周之制，改雍曰凉，改梁曰益，凡十三（郡）〔部〕，[10]置
刺史。先王之迹既远，地名又数改易，②是以采获旧闻，考迹诗、
书，推表山川，以缀禹贡、周官、春秋，下及战国、秦、

汉焉。③

①师古曰："胡广记云，汉既定南越之地，置交阯刺史，别于诸州，令
持节治苍梧，分雍州置朔方刺史。"

②师古曰："数音所角反。"

③师古曰："中古以来，说地理者多矣，或解释经典，或撰述方志，竞
为新异，妄有穿凿，安处互会，颇失其真。后之学者，因而祖述，
曾不考其谬论，莫能寻其根本。今并不录，盖无尤焉。"

京兆尹，故秦内史，高帝元年属塞国，二年更为渭南郡，九年罢，
复为内史。武帝建元六年分为右内史，太初元年更为京兆尹。元始二年
户十九万五千七百二，口六十八万二千四百六十八。①县十二：
长安，高帝五年置。惠帝元年初城，六年成。户八万八百，口二十四万六
千二百。王莽曰常安。②新丰，骊山在南，故骊戎国。秦曰骊邑。高祖七
年置。③船司空，莽曰船利。④蓝田，山出美玉，有虎候山祠，秦孝公置
也。华阴，故阴晋，秦惠文王五年更名宁秦，高帝八年更名华阴。太华山
在南，有祠，豫州山。集灵宫，武帝起。莽曰华坛也。郑，周宣王弟郑桓
公邑。有铁官。⑤湖，有周天子祠二所，故曰胡，武帝建元年更名湖。下
邽，⑥南陵，文帝七年置。沂水出蓝田谷，北至霸陵入霸水。霸水亦出蓝
田谷，北入渭。（师）古曰兹水，秦穆公更名以章霸功，视子孙。⑦[11] 奉
明，宣帝置也。霸陵，故芷阳，文帝更名。莽曰水章也。杜陵。故杜伯
国，宣帝更名。有周右将军杜主祠四所。莽曰饶安也。

①师古曰："汉之户口当元始时最为殷盛，故志举之以为数也。后皆
类此。"

②师古曰："王莽篡位，改汉郡县名，普易之也。下皆类此。"

③应劭曰："太上皇思东归，于是高祖改筑城寺街里以象丰，徙丰民以
　实之，故号新丰。"

④服虔曰："县名。"师古曰："本主船之官，遂以为县。"

⑤应劭曰："宣王母弟友所封也。其子与平王东迁，更称新郑。"臣瓒
　曰："周自穆王以下都于西郑，不得以封桓公也。初桓公为周司徒，
　王室将乱，故谋于史伯而寄帑与赂于虢、会之间。幽王既败，二年
　而灭会，四年而灭虢，居于郑父之丘，是以为郑桓公，无封京兆之
　文也。"师古曰："春秋外传云：'幽王既败，郑桓公死之，其子武
　公与平王东迁。'故左氏传云：'我周之东迁，晋、郑焉依。'又郑
　庄公云'我先君新邑于此'，盖道新郑也。穆王以下无都西郑之事，
　瓒说非也。会音工外反。"

⑥应劭曰："秦武公伐邽戎，置有上邽，故加下。"师古曰："邽音圭，
　取邽戎之人而来为此县。"

⑦〔师古曰〕："沂音先历反。视读曰示。"

左冯翊，故秦内史，高帝元年属塞国，二年更名河上郡，九年罢，
复为内史。武帝建元六年分为左内史，太初元年更名左冯翊。户二十三
万五千一百一，口九十一万七千八百二十二。县二十四：高陵，
左辅都尉治。莽曰千春。栎阳，秦献公自雍徙。莽曰师亭。①翟道，莽曰
涣。池阳，惠帝四年置。巀薜山在北。②夏阳，故少梁，秦惠文王十一年
更名。禹贡梁山在西北，龙门山在北。有铁官。莽曰冀亭。衙，莽曰达
昌。③粟邑，莽曰粟城。谷口，九嵕山在西。有天齐公、五床山、仙人、
五帝祠四所。莽曰谷喙。④莲勺，⑤鄜，莽曰脩令。⑥频阳，秦厉公置。⑦
临晋，故大荔，秦获之，更名。有河水祠。芮乡，故芮国。莽曰监晋。⑧
重泉，莽曰调泉。郃阳，⑨祋祤，景帝二年置。⑩武城，莽曰桓城。⑪沈
阳，莽曰制昌。襄德，禹贡北条荆山在南，下有彊梁原。洛水东南入渭，

雍州窳。莽曰德驩。⑫徵，莽曰泛爱。⑬云陵，昭帝置也。万年，高帝置。
莽曰异赤。⑭长陵，高帝置。户五万五十七，口十七万九千四百六十九。
莽曰长平。阳陵，故弋阳，景帝更名。莽曰渭阳。云阳。有休屠、金人
及径路神祠三所，越巫䩾䉤祠三所。⑮

①如淳曰："栎音药。"

②应劭曰："在池水之阳。"师古曰："巀嶭，即今俗所呼嵯峨山是也，
音巀嶭。音才葛反，又音五葛反。"

③如淳曰："衙音牙。"师古曰："即春秋所云'秦晋战于彭衙'。"

④师古曰："巂音子公反，又音子孔反。喙音许秽反。"

⑤如淳曰："音辇酌。"

⑥孟康曰："音數。"

⑦应劭曰："在频水之阳。"

⑧应劭曰："临晋水，故曰临晋。"臣瓚曰："晋水在河之间，此县在
河之西，不得云临晋水也。旧说曰，秦筑高垒以临晋国，故曰临晋
也。"师古曰："瓚说是也。说者或以为魏文侯伐秦始置临晋，非也。
文侯重城之耳，岂始置乎！"

⑨应劭曰："在郃水之阳也。"师古曰："音合，即大雅大明之诗所谓
'在洽之阳'。"

⑩师古曰："祋音丁活反，又音丁外反。祤音诩。"

⑪师古曰："即左氏传所云'（伐秦）〔秦伐〕晋取武城'者也。"〔12〕

⑫师古曰："襄亦怀字。"

⑬师古曰："徵音惩，即今之澄城县是也。左传所云'取北徵'，谓此
地耳，而杜元凯未详其处也。"

⑭师古曰："三辅黄图云太上皇葬栎阳北原，起万年陵是也。"

⑮孟康曰："䉤音辜磔之辜，越人祠也。䩾音穰。休音许虬反。屠
音除。"

右扶风，故秦内史，高帝元年属雍国，二年更为中地郡。九年罢，复为内史。武帝建元六年分为右内史，太初元年更名主爵都尉为右扶风。①户二十一万六千三百七十七，口八十三万六千七十。县二十一：

渭城，故咸阳，高帝元年更名新城，七年罢，属长安。武帝元鼎三年更名渭城。有兰池宫。莽曰京城。槐里，周曰犬丘，懿王都之。秦更名废丘。高祖三年更名。有黄山宫，孝惠二年起。莽曰槐治。鄠，古国。有扈谷亭。扈，夏启所伐。鄠水出东南，又有潏水，皆北过上林苑入渭。有萯阳宫，秦文王起。②盩厔，有长杨宫，有射熊馆，秦昭王起。灵轵渠，武帝穿也。斄，周后稷所封。③郁夷，诗"周道郁夷"。有汧水祠。莽曰郁平。④美阳，禹贡岐山在西北。中水乡，周大王所邑。有高泉宫，秦宣太后起也。郿，成国渠首受渭，东北至上林入蒙笼渠。右辅都尉治。⑤雍，秦惠公都之。有五畤，太昊、黄帝以下祠三百三所。橐泉宫，孝公起。祈年宫，惠公起。棫阳宫，昭王起。有铁官。⑥漆，水在县西。有铁官。莽曰漆治。栒邑，有豳乡，诗豳国，公刘所都。⑦隃麋，有黄帝子祠。莽曰扶亭。⑧陈仓，有上公、明星、黄帝孙、舜妻（盲）〔育〕冢祠。[13]有羽阳宫，秦武王起也。杜阳，杜水南入渭。〔诗曰"自杜"〕[14]莽曰通杜。⑨汧，吴山在西，古文以为汧山。雍州山。北有蒲谷乡弦中谷，雍州弦蒲薮。汧水出西北，入渭。芮水出西北，东入泾。诗芮（陋）〔阮〕，[15]雍州川也。⑩好畤，垝山在东。有梁山宫，秦始皇起。莽曰好邑。⑪虢，有黄帝子、周文武祠。虢宫，秦宣太后起也。安陵，惠帝置。莽曰嘉平。⑫茂陵，武帝置。户六万一千八十七，口二十七万七千二百七十七。莽曰宣城。⑬平陵，昭帝置。莽曰广利。武功，太壹山，古文以为终南。垂山，古文以为敦物。皆在县东。斜水出衙领山北，至郿入渭。襃水亦出衙领，至南郑入沔。有垂山、斜水、（淮）〔襃〕水祠三所。[16]莽曰新光。⑭

①师古曰："主爵都尉，本秦之主爵中尉，掌列侯，至太初元年更名右

扶风，而治于内史右地。故此志追书建元六年分为右内史，又云更
名主爵都尉为右扶风。"

②师古曰："潏音决。蒉音倍。"

③师古曰："读与邰同，音（眙）〔胎〕。"〔17〕

④师古曰："小雅四牡之诗曰'四牡騑騑，周道倭迟'。韩诗作郁夷字，
言使臣乘马行于此道。"

⑤师古曰："郿音媚。"

⑥应劭曰："四面积高曰雍。"师古曰："械音域。"

⑦应劭曰："左氏传曰'毕、原、酆、郇，文之昭也'。郇侯、贾伯伐
晋是也。"臣瓒曰："汲郡古文'晋武公灭荀，以赐大夫原氏黯，是
为荀叔'。又云'文公城荀'。然则荀当在晋之境内，不得在扶风界
也。今河东有荀城，古荀国。"师古曰："瓒说是也。此枸读与荀同，
自别邑耳，非伐晋者。"

⑧师古曰："隃音逾。"

⑨师古曰："大雅緜之诗曰'人之初生，自土、漆、沮'，齐诗作'自
杜'，言公刘避狄而来居杜与漆、沮之地。"

⑩师古曰："（阮）〔陒〕读与鞠同。大雅公刘之诗曰'止旅乃密，芮
鞠之即'，韩诗作芮（阮）〔陒〕。言公刘止其军旅，欲使安静，乃就
芮（阮）〔陒〕之间耳。"

⑪师古曰："垝音丘毁反。"

⑫师古曰："阚骃以为本周之程邑也。"

⑬师古曰："黄图云本槐里之茂乡。"

⑭师古曰："斜音弋奢反。衙音牙。"

弘农郡，武帝元鼎四年置。莽曰右队。户十一万八千九十一，
口四十七万五千九百五十四。有铁官，在黾池。县十一：弘农，故
秦函谷关。衙山领下谷，爁水所出，北入河。卢氏，熊耳山在东。伊水

出，东北入雒，过郡一，行四百五十里。又有育水，南至顺阳入沔。又有洱水，东南至鲁阳，亦入沔。皆过郡二，行六百里。莽曰昌富。①陕，故虢国。有焦城，故焦国。北虢在大阳，东虢在荥阳，西虢在雍州。莽曰黄眉。宜阳，在黾池有铁官也。黾池，高帝八年复黾池中乡民。景帝中二年初城，徙万家为县。穀水出穀阳谷，东北至穀城入雒。莽曰陕亭。②丹水，水出上雒冢领山，东至析入钧。密阳乡，故商密也。③新安，禹贡涧水在东，南入雒。商，秦相卫鞅邑也。析，黄水出黄谷，鞠水出析谷，俱东至郦入湍水。莽曰君亭。④陆浑，春秋迁陆浑戎于此。有关。⑤上雒。禹贡雒水出冢领山，东北至巩入河，过郡二，行千七十里，豫州川。又有甲水，出秦领山，东南至锡入沔，过郡三，行五百七十里。熊耳获舆山在东北。⑥

①师古曰："洱音耳。"
②师古曰："黾音莫践反，又音莫忍反。"
③师古曰："钧亦水名也，音均。"
④师古曰："析音先历反。鞠水即今所谓菊潭也。郦音持益反。湍音专。"
⑤师古曰："浑音胡昆反。"
⑥师古曰："锡音阳。"

河东郡，秦置。莽曰兆阳。有根仓、湿仓。户二十三万六千八百九十六，口九十六万二千九百一十二。县二十四：安邑，巫咸山在南，盐池在西南。魏绛自魏徙此，至惠王徙大梁。有铁官、盐官。莽曰河东。大阳，吴山在西，上有吴城，周武王封太伯后于此，是为虞公，为晋所灭。有天子庙。莽曰勤田。①猗氏，解，②蒲反，有尧山、首山祠。雷首山在南。故曰蒲，秦更名。莽曰蒲城。③河北，诗魏国，晋献公灭之，以封大夫毕万，曾孙绛徙安邑也。左邑，莽曰兆亭。汾阴，介山在南。闻喜，故曲沃。晋武公自晋阳徙此。武帝元鼎六年行过，更名。④濩泽，禹贡析城山在西南。⑤端氏，临汾，垣，禹贡王屋山在东北，沇水所出，东南至武德入河，轶出荥阳北地中，又东至琅槐入海，过郡九，行千八百四十里。⑥皮氏，耿乡，故耿国，晋献公灭之，以赐大夫赵夙。后十世献侯徙中牟。有铁官。莽曰延平。长脩，平阳，韩武子玄孙贞子居此。有铁官。莽曰香平。⑦襄陵，有班氏（香）〔乡〕亭。[18] 莽曰干昌。⑧彘，霍大山在东，冀州山，周厉王所奔。莽曰黄城。⑨杨，莽曰有年亭。⑩北屈，禹贡壶口山在东南。莽曰朕北。⑪蒲子，⑫绛，晋武公自曲沃徙此。有铁官。⑬狐谗，⑭骐，侯国。⑮

①应劭曰："在大河之阳。"

②师古曰："音蟹。"

③应劭曰："秦始皇东巡见长坂，故加'反'云。"孟康曰："本蒲也，晋文公以赂秦，后秦人还蒲，魏人喜曰'蒲反矣'。谓秦名之，非也。"臣瓒曰："秦世家云'以垣为蒲反'，然则本非蒲也。"师古曰："应说是。"

④应劭曰："今曲沃也。秦改为左邑。武帝于此闻南越破，改曰闻喜。"

⑤应劭曰："有湅泽，在西北。"师古曰："湅音乌虢反。"

⑥师古曰："琅音郎。槐音回。"

⑦应劭曰："尧都也，在平河之阳。"

⑧应劭曰："襄陵在西北。"师古曰："晋襄公之陵，因以名县。"

⑨应劭曰："顺帝改曰永安。"

⑩应劭曰："杨侯国。"

⑪应劭曰："有南故称北。"臣瓒曰："汲郡古文'翟章救郑，次于南屈'。"师古曰："屈音居勿反。即晋公子夷吾所居。"

⑫应劭曰："故蒲反旧邑，武帝置。"师古曰："重耳所居也。应说失之。"

⑬应劭曰："绛水出西南。"

⑭师古曰："谍音之涉反。"

⑮师古曰："音其。"

太原郡，秦置。有盐官，在晋阳。属并州。户十六万九千八百六十三，口六十八万四百八十八。有家马官。①县二十一：晋阳，故诗唐国，周成王灭唐，封弟叔虞。龙山在西北。有盐官。晋水所出，东入汾。②狼人，③界休，莽曰界美。④榆次，涂水乡，晋大夫知徐吾邑。梗阳乡，魏戊邑。莽曰大原亭。⑤中都，于离，莽曰于合。兹氏，莽曰兹同。狼孟，莽曰狼调。邬，九泽在北，是为昭馀祁，并州薮。晋大夫司马弥牟邑。⑥盂，晋大夫盂丙邑。平陶，莽曰多穰。汾阳，北山，汾水所出，西南至汾阴入河，过郡二，行千三百四十里，冀州窦。京陵，莽曰致城。⑦阳曲，⑧大陵，有铁官。莽曰大宁。原平，祁，晋大夫贾辛邑。莽曰示。上艾，绵曼水，东至蒲吾，入虖池水。⑨虑虒，⑩阳邑，莽曰繁穰。广武。（河主）〔句注〕、贾屋山在北。〔19〕都尉治。莽曰信桓。⑪

①臣瓒曰："汉有家马厩，一厩万匹，时以边表有事，故分来在此。家马后改曰挏马也。"师古曰："挏音动。"

②臣瓒曰："所谓唐，今河东永安是也，去晋四百里。"师古曰："瓒说是也。"

③如淳曰："音璪。"师古曰："又音山寨反。"

④师古曰："休音许虬反。"

⑤师古曰："涂音塗。梗音鲠。"

⑥师古曰："音一户反，又音於据反。"

⑦师古曰："即九京。"

⑧应劭曰："河千里一曲，当其阳，故曰阳曲也。"师古曰："隋文帝自以姓杨，故恶阳曲之号，乃改其县为阳直。今则复旧名焉。"

⑨师古曰："虖音呼。池音徒何反。"

⑩师古曰："音庐夷。"

⑪师古曰："贾屋山，即史记所云'赵襄子北登夏屋'者。"

上党郡，秦置，属并州。有上党关、壶口关、石研关、天井关。①户七万三千七百九十八，口三十三万七千七百六十六。县十四：长子，周史辛甲所封。鹿谷山，浊漳水所出，东至邺入（青）〔清〕漳。②〔20〕屯留，桑钦言"绛水出西南东入海"。③余吾，铜鞮，有上虒亭，下虒聚。④沾，大黾谷，清漳水所出，东北至邑成入大河，过郡五，行千六百八十里，冀州川。⑤涅氏，涅水也。⑥襄垣，莽曰上党亭。壶关，有羊肠阪。沾水东至朝歌入淇。⑦泫氏，杨谷，绝水所出，南至瞀王入沁。⑧高都，莞谷，丹水所出，东南入泫水。有天井关。⑨潞，故潞子国。陭氏，⑩阳阿，穀远。羊头山世靡谷，沁水所出，东南至荥阳入河，过郡三，行九百七十里。莽曰穀近。⑪

①师古曰："研音形。"

②师古曰："长读曰长短之长，今俗为长幼之长，非也。"

③师古曰："屯音纯。"

④师古曰："虒音斯。"

⑤应劭曰："沾水出壶关。"师古曰："沾音他兼反。"

⑥师古曰："涅水出焉，故以名县也。涅音乃结反。"

⑦应劭曰："黎侯国也，今黎亭是。"

⑧应劭曰："山海经泫水所出者也。"师古曰："泫音工玄反。"

⑨师古曰："莞音丸。"

⑩师古曰："音於义反。"

⑪师古曰："今沁水至怀州武陟县界入河。此云至荥阳，疑传写错误。"

河内郡，高帝元年为殷国，二年更名。莽曰后队，属司隶。户二十四万一千二百四十六，口百六万七千九十七。县十八：怀，有工官。莽曰河内。汲，武德，①波，②山阳，东太行山在西北。③河阳，莽曰河亭。州，共，故国。北山，淇水所出，东至黎阳入河。④平皋，⑤朝歌，纣所都。周武王弟康叔所封，更名卫。莽曰雅歌。脩武，⑥温，故国，己姓，苏忿生所封也。樊王，太行山在西北。卫元君为秦所夺，自(仆)〔濮〕阳徙此。[21]莽曰平野。⑦获嘉，故汲之新中乡，武帝行过更名也。轵，⑧沁水，⑨隆虑，国水东北至信成入张甲河，过郡三，行千八百四十里。有铁官⑩荡阴。荡水东至内黄泽。西山，羑水所出，亦至内黄入荡。有羑里城，西伯所拘也。⑪

①孟康曰："始皇东巡置，自以武德定天下。"

②孟康曰："今有绛城，晋文公所得赐者。"

③师古曰："行音胡郎反。"

④孟康曰："共伯入为三公者也。"师古曰："共音恭。"

⑤应劭曰："邢侯自襄国徙此。当齐桓公时，卫人伐邢，邢迁于夷仪，其地属晋，号曰邢丘。以其在河之皋，处势平夷，故曰平皋。"臣瓒曰："春秋传狄人伐邢，邢迁于夷仪，不至此也。今襄国西有夷仪城，去襄国百馀里。邢是丘名，非国也。"师古曰："应说非也。左氏传曰'晋侯送女于邢丘'。盖谓此耳。"

⑥应劭曰："晋始启南阳，今南阳城是也，秦改曰脩武。"臣瓒曰："韩非书'秦昭王越赵长平西伐脩武'，时秦未兼天下，脩武之名久矣。"师古曰："瓒说是也。"

⑦孟康曰："故邗国也，今邗亭是也。"师古曰："行音胡郎反。"

⑧孟康曰："原乡，晋文公所围是也。"师古曰："音只。"

⑨师古曰："沁音千浸反。"

⑩应劭曰："隆虑山在北，避殇帝名改曰林虑也。"师古曰："虑音庐。"

⑪师古曰："荡音汤。羑音羊九反。"

河南郡，故秦三川郡，高帝更名。雒阳户五万二千八百三十九。莽曰保忠信乡，属司隶也。户二十七万六千四百四十四，口一百七十四万二百七十九。有铁官、工官。敖仓在荥阳。县二十二：雒阳，周公迁殷民，是为成周。春秋昭公（二）〔三〕十（一）〔二〕年，[22]晋合诸侯于狄泉，以其地大成周之城，居敬王。莽曰宜阳。① 荥阳，卞水、冯池皆在西南。有狼汤渠，首受泲，东南至陈入颍，过郡四，行七百八十里。② 偃师，尸乡，殷汤所都。莽曰师成。③ 京，④ 平阴，⑤ 中牟，圃田泽在西，豫州薮。有莞叔邑，赵献侯自耿徙此。⑥ 平，莽曰治平。阳武，有博狼沙。莽曰阳桓。⑦ 河南，故郏鄏地。周武王迁九鼎，周公致太平，营以为都，是为王城，至平王居之。⑧ 缑氏，刘聚，周大夫刘子邑。有延寿城仙人祠。莽曰中亭。⑨ 卷，⑩ 原武，莽曰原桓。鞏，东周所居。穀成，禹贡瀍水出潜亭北，东南入雒。⑪ 故市，密，故国。有大騩山，潩水所出，南至临颍入颍。⑫ 新成，惠帝四年置。蛮中，故戎蛮子国。开封，逢池在东北，或曰宋之逢泽也。⑬ 成皋，故虎牢。或曰制。⑭ 苑陵，莽曰左亭。梁，罂狐聚，秦灭西周徙其君于此。阳人聚，秦灭东周徙其君于此。⑮ 新郑。诗郑国，郑桓公之子武公所国，后为韩所灭，韩自平阳徙都之。⑯

① 师古曰："鱼豢云汉火行忌水，故云'洛''水'而加'隹'。如鱼氏说，则光武以后改为'雒'字也。"

② 应劭曰："故虢国，今虢亭是也。"师古曰："狼音浪。汤音宕。泲音子礼反，本济水字。"

③ 臣瓒曰："汤居亳，今济阴县是也。今亳有汤冢，己氏有伊尹冢，皆相近也。"师古曰："瓒说非也。又如皇甫谧所云汤都在穀熟，事并不经。刘向云'汤无葬处'，安得汤冢乎！"

④ 师古曰："即郑共叔段所居也。"

⑤ 应劭曰："在平城南，故曰平阴。"

⑥师古曰："筅与管同。"

⑦师古曰："狼音浪。"

⑧师古曰："郏音夹，鄏音辱。"

⑨师古曰："缑音工侯反。"

⑩师古曰："音去权反。"

⑪师古曰："即今新安。簪音潜。"

⑫应劭曰："'密人不恭'，密须氏姞姓之国也。"臣瓒曰："密，姬姓之国也，见世本。密须，今安定阴密是也。"师古曰："应、瓒二说皆非也。此密即春秋僖六年'围新密'者也，盖郑地。而诗所云'密人'，即左传所谓'密须之鼓'者也，在安定阴密。隗音隈。渼音翼，又音昌力反。"

⑬臣瓒曰："汲郡古文梁惠王发逢忌之薮以赐民，今浚仪有逢陂忌泽是也。"

⑭师古曰："穆天子传云'七萃之士生捕兽，即献天子，天子畜之东虢，号曰兽牢'。"

⑮应劭曰："左传曰秦取梁。梁，伯翳之后，与秦同祖。"臣瓒曰："秦取梁，后改曰夏阳，今冯翊夏阳是也。此梁，周之小邑，见于春秋。"师古曰："瓒说是也。罠音乃旦反。"

⑯应劭曰："国语曰，郑桓公为周司徒，王室将乱，寄帑与贿于虢、会之间。幽王败，威公死之，其子武公与平王东迁洛邑，遂伐虢、会而并其地，而邑于此。"

东郡，秦置。莽曰治亭。属兖州。户四十万一千二百九十七，口百六十五万九千二十八。县二十二：濮阳，卫成公自楚丘徙此。故帝丘，颛顼虚。莽曰治亭。①（畔）观，[23]莽曰观治。②聊城，顿丘，莽曰顺丘。③发干，莽曰戢楯。范，莽曰建睦。茌平，莽曰功崇。④东武阳，禹治漯水，东北至千乘入海，过郡三，行千二十里。莽曰武昌。⑤博平，莽曰加睦。黎，莽曰黎治。⑥清，莽曰清治。⑦东阿，都尉治。⑧离狐，莽曰瑞狐。临邑，有（涑）〔泲〕庙。〔24〕莽曰榖城亭。⑨利苗，须昌，故须句国，大昊后，风姓。⑩寿良，蚩尤祠在西北（涑）〔泲〕上。有朐城。⑪乐昌，阳平，白马，南燕，南燕国，姞姓，黄帝后。⑫廪丘。

①应劭曰："濮水南入钜野。"师古曰："虚读曰墟。"

②应劭曰："夏有观扈，世祖更名卫国，以封周后。"师古曰："观音工唤反。"

③师古曰："以丘名县也。丘一成为顿丘，谓一（成）〔顿〕而成也。〔25〕或曰，成，重也，一重之丘也。"

④应劭曰："在茬山之平地者也。"师古曰："音仕疑反。"

⑤应劭曰："武水之阳也。"师古曰："漯音它合反。"

⑥孟康曰："诗黎侯国，今黎阳也。"臣瓒曰："黎阳在魏郡，非黎县也。"师古曰："瓒说是。"

⑦应劭曰："章帝更名乐平。"

⑧应劭曰："卫邑也。有西故称东。"

⑨师古曰："（涑）〔泲〕亦济水字也。其后并同。"

⑩师古曰："句音劬。"

⑪应劭曰："世祖（父叔）〔叔父〕名良，〔26〕故曰寿张。"

⑫师古曰："姞音其乙反。"

陈留郡，武帝元狩元年置。属兖州。户二十九万六千二百八十四，口一百五十万九千五十。县十七：陈留，鲁渠水首受狼汤渠，东至阳夏，入涡渠。①小黄，成安，宁陵，莽曰康善。②雍丘，故杞国也，周武王封禹后东楼公。先春秋时徙鲁东北，二十一世简公为楚所灭。酸枣，东昏，莽曰东明。襄邑，有服官。莽曰襄平。③外黄，都尉治。④封丘，濮渠水首受（涑）〔泲〕，〔27〕东北至都关，入羊里水，过郡三，行六百三十里。⑤**长罗**，侯国。莽曰惠泽。**尉氏**，⑥**傿**，莽曰顺通。⑦**长垣**，莽曰长固。⑧**平丘**，**济阳**，莽曰济前。**浚仪**。故大梁。魏惠王自安邑徙此。睢水首受狼汤水，东至取虑入泗，过郡四，行千三百六十里。⑨

① 孟康曰："留，郑邑也，后为陈所并，故曰陈留。"臣瓒曰："宋亦有留，彭城留是也。留属陈，故称陈留也。"师古曰："瓒说是也。涡音戈。"

② 孟康曰："故葛伯国，今葛乡是。"

③ 应劭曰："春秋传曰'师于襄牛'是也。"师古曰："圈称云襄邑宋地，本承匡襄陵乡也。宋襄公所葬，故曰襄陵。秦始皇以承匡卑湿，故徙县于襄陵，谓之襄邑，县西三十里有承匡城。然则应说以为襄牛，误也。"

④ 张晏曰："魏郡有内黄，故加外。"臣瓒曰："县有黄沟，故氏之也。"师古曰："左氏传云'惠公败宋师于黄'，杜预以为外黄县东有黄城，即此地也。"

⑤ 孟康曰："春秋传'败狄于长丘'，今翟沟是。"

⑥ 应劭曰："古狱官曰尉氏，郑之别狱也。"臣瓒曰："郑大夫尉氏之邑，故遂以为邑。"师古曰："郑大夫尉氏亦以掌狱之官故为族耳。应说是也。"

⑦ 应劭曰："郑伯克段于鄢是也。"师古曰："鄢音偃。"

⑧ 孟康曰："春秋会于匡，今匡城是。"

⑨ 应劭曰："魏惠王自安邑徙此，号曰梁。"师古曰："取虑，县名也，音秋庐。取又音趋。"

颍川郡，秦置。高帝五年为韩国，六年复故。莽曰左队。阳翟有工官。属豫州。①户四十三万二千四百九十一，口二百二十一万九百七十三。县二十：**阳翟**，夏禹国。周末，韩景侯自新郑徙此。户四万一

千六百五十，口十万九千。莽曰颍川。②昆阳，③颍阳，④定陵，有东不
羹。莽曰定城。⑤长社，⑥新汲，⑦襄城，有西不羹。莽曰相城。郾，⑧
郏，⑨舞阳，⑩颍阴，崈高，武帝置，以奉太室山，是为中岳。有太室、
少室山庙。古文以崇高为外方山也。⑪许，故国，姜姓，四岳后，太叔所
封，二十四世为楚所灭。傿陵，户四万九千一百一，口二十六万一千四百
一十八。莽曰左亭。⑫临颍，莽曰监颍。父城，应乡，故国，周武王弟所
封。⑬成安，侯国也。周承休，侯国，元帝置，元始二年更名郑公。莽曰
嘉美。⑭阳城，阳城山，洧水所出，东南至长平入颍，过郡三，行五百里。
阳乾山，颍水所出，东至下蔡入淮，过郡三，行千五百里，荆州浸。有铁
官。⑮纶氏。

①孟康曰："夏启有钧台之飨，今钧台在南。"

②应劭曰："夏禹都也。"臣瓒曰："世本禹都阳城，汲郡古文亦云居
　　之，不居阳翟也。"师古曰："阳翟本禹所受封耳。应、瓒之说
　　皆非。"

③应劭曰："昆水出南阳。"

④应劭曰："颍水出阳城。"

⑤师古曰："羹音郎。其后亦同。"

⑥应劭曰："宋人围长葛是也。其社中树暴长，更名长社。"师古曰：
　　"长读如本字。"

⑦师古曰："阚骃云本汲乡也，宣帝神爵三年置。以河内有汲，故加
　　新也。"

⑧师古曰："音一战反。"

⑨师古曰："音夹。"

⑩应劭曰："舞水出南。"

⑪师古曰："崈，古崇字。"

⑫李奇曰：“六国为安陵。”师古曰：“偊音偃。”

⑬应劭曰：“韩诗外传周成王与弟戏，以桐叶为圭，‘吾以此封汝。’
周公曰：‘天子无戏言。’王应时而封，故曰应侯乡，是也。”臣瓒
曰：“吕氏春秋曰成王以戏授桐叶为圭以封叔虞，非应侯也。汲郡古
文殷时已自有国，非成王之所造也。”师古曰：“武王之弟自封应国，
非桐圭之事也。应氏之说盖失之焉。又据左氏传云‘邘、晋、应、
韩，武之穆也’，是则应侯武王之子，又与志说不同。”

⑭［师古曰］：“休音许虬反。”[28]

⑮师古曰：“乾音干。淯音于轨反。”

汝南郡，高帝置。莽曰汝汾。分为赏都尉。属豫州。户四十六万
一千五百八十七，口二百五十九万六千一百四十八。县三十七：
平舆，①阳安，②阳城，侯国。莽曰新安。澺强，③富波，女阳，④鲖
阳，⑤吴房，⑥安成，侯国。莽曰至成。南顿，故顿子国，姬姓。⑦朗
陵，⑧细阳，莽曰乐庆。⑨宜春，侯国。莽曰宣孱。女阴，故胡国。都尉
治。莽曰汝坟。新蔡，蔡平侯自蔡徙此，后二世徙下蔡。莽曰新迁。新
息，莽曰新德。⑩灈阳，⑪期思，⑫慎阳，⑬慎，莽曰慎治。召陵，⑭弋
阳，侯国。⑮西平，有铁官，莽曰新亭。⑯上蔡，故蔡国，周武王弟叔度
所封。度放，成王封其子胡，十八世徙新蔡。濦，莽曰闰治。⑰西华，莽
曰华望。长平，莽曰长正。宜禄，莽曰赏都亭。项，故国。新郪，莽
曰新延。⑱归德，侯国。宣帝置。莽曰归惠。新阳，莽曰新明。⑲安昌，
侯国。莽曰始成。安阳，侯国。莽曰均夏。⑳博阳，侯国。莽曰乐家。成
阳，侯国。莽曰新利。定陵。高陵山，汝水出，东南至新蔡入淮，过郡
四，行千三百四十里。

①应劭曰：“故沈子国。今沈亭是也。舆音豫。”

②应劭曰：“道国也。今道亭是。”

③应劭曰:"滍水出颍川阳城。"师古曰:"滍音於谨反,又音殷。"

④应劭曰:"汝水出弘农,入淮。"师古曰:"女读曰汝。其下汝阴亦同。"

⑤应劭曰:"在铜水之阳也。"孟康曰:"铜音纣。"

⑥孟康曰:"本房子国。楚灵王迁房于楚。吴王阖间弟夫槩奔楚,楚封于此,为堂豀氏。以封吴,故曰吴房,今吴房城堂豀亭是。"

⑦应劭曰:"顿迫于陈,其后南徙,故号南顿,故城尚在。"

⑧应劭曰:"朗陵山在西南。"

⑨师古曰:"居细水之阳,故曰细阳。细水本出新郪。郪音千私反。"

⑩孟康曰:"故息国,其后徙东,故加新云。"

⑪应劭曰:"澧水出吴房,东入滍也。"师古曰:"澧音劬。滍音楚人反,又音楚刃反。"

⑫师古曰:"故蒋国。"

⑬应劭曰:"慎水出东北,入淮。"师古曰:"慎字本作滇,音真,后误为慎耳。今犹有真丘、真阳县,字并单作真,知其音不改也。阚駰云永平五年失印更刻,遂误以'水'为'心'。"

⑭师古曰:"即桓公伐楚次于召陵者也。召读曰邵。"

⑮应劭曰:"弋山在西北。故黄国,今黄城是。"

⑯应劭曰:"故柏子国也,今柏亭是。"

⑰应劭曰:"孙叔敖子所邑之寝丘是也。世祖更名固始。"师古曰:"寝音子衽反。"

⑱应劭曰:"秦伐魏,取郪丘。汉兴为新郪。章帝封殷后,更名宋。"臣瓒曰:"光武既封殷后于宋,又封新郪。"师古曰:"封于新郪,号为宋国耳。瓒说非。"

⑲应劭曰:"在新水之阳。"

⑳应劭曰:"故江国,今江亭是。"

南阳郡，秦置。莽曰前队。属荆州。户三十五万九千（一）〔三〕百一十六，[29]口一百九十四万二千五十一。县三十六：宛，故申伯国。有屈申城。县南有北筮山。户四万七千五百四十七。有工官、铁官。莽曰南阳。犫，①杜衍，莽曰闰衍。酂，侯国。莽曰南庚。②育阳，有南筮聚，在东北。③博山，侯国。哀帝置。故顺阳。④涅阳，莽曰前亭。⑤阴，⑥堵阳，莽曰阳城。⑦雉，衡山，澧水所出，东至郦入汝。⑧山都，蔡阳，莽之母功显君邑。⑨新野，筑阳，故榖伯国。莽曰宜禾。⑩棘阳。⑪武当，舞阴，中阴山，瀙水所出，东至蔡入汝。西鄂，⑫穰，莽曰农穰。⑬郦，育水出西北，南入汉。⑭安众，侯国。故宛西乡。冠军，武帝置。故穰卢阳乡、宛临駣聚。⑮比阳，⑯平氏，禹贡桐柏大复山在东南，淮水所出，东南至淮（陵）〔浦〕入海，[30]过郡四，行三千二百四十里，青州川。莽曰平善。随，故国。厉乡，故厉国也。⑰叶，楚叶公邑。有长城，号曰方城。⑱邓，故国。都尉治。⑲朝阳，莽曰厉信。⑳鲁阳，有鲁山。古鲁县，御龙氏所迁。鲁山，滍水所出，东北至定陵入汝。又有昆水，东南至定陵入汝。㉑舂陵，侯国。故蔡阳白水乡。上唐乡，故唐国。㉒新都，侯国。莽曰新林。湖阳，故廖国也。㉓红阳，侯国。莽曰红俞。㉔乐成，侯国。博望，侯国。莽曰宜乐。复阳。侯国。故湖阳乐乡。㉕

① 师古曰："音昌牛反。"

② 孟康曰："音讃。"师古曰："即萧何所封。"

③ 应劭曰："育水出弘农卢氏，南入沔。"

④ 应劭曰："汉明帝改曰顺阳，在顺水之阳也。"师古曰："顺阳，旧名。应说非。"

⑤ 应劭曰："在涅水之阳。"师古曰："涅音乃结反。"

⑥ 师古曰："即春秋左氏传所云迁阴于下阴者也，与酂相近。今襄州有阴城县，县有酂城乡。"

⑦韦昭曰:"堵音者。"

⑧师古曰:"旧读雉音弋尔反。而太康地志云即陈仓人所逐二童子名宝鸡者,雄止陈仓为石,雌止此县,故名雉县,疑不可据也。郿音屋。"

⑨应劭曰:"蔡水所出,东入淮。"

⑩应劭曰:"筑水出汉中房陵,东入沔。"师古曰:"春秋云'榖伯绥来朝'是也。今襄州有榖城县,在筑水之阳。筑音逐。"

⑪应劭曰:"在棘水之阳。"

⑫应劭曰:"江夏有鄂,故加西云。"

⑬师古曰:"今邓州穰县是也。音人羊反。"

⑭如淳曰:"郦音蹢躅之蹢。"

⑮应劭曰:"武帝以封霍去病。去病仍出匈奴,功冠诸军,故曰冠军。駣音桃。"

⑯应劭曰:"比水所出,东入蔡。"

⑰师古曰:"厉读曰赖。"

⑱师古曰:"音式涉反。"

⑲应劭曰:"邓侯国。"

⑳应劭曰:"在朝水之阳。"

㉑师古曰:"即淮南所云鲁阳公与韩战日反三舍者也。滍音峙,又音雉。"

㉒师古曰:"汉记云元朔五年以零陵泠道之春陵乡封长沙王子买为春陵侯。至戴侯仁,以春陵地形下湿,上书徙南阳。元帝许之,以蔡阳白水乡徙仁为春陵侯。"

㉓师古曰:"廖音力救反。左氏传作飂字,其音同耳。"

㉔师古曰:"俞音逾。"

㉕应劭曰:"在桐柏下复山之阳。"师古曰:"复音房目反。"

南郡，秦置，高帝元年更为临江郡，五年复故。景帝二年复为临江，中二年复故。莽曰南顺。属荆州。户十二万五千五百七十九，口七十一万八千五百四十。有发弩官。①县十八：江陵，故楚郢都，楚文王自丹阳徙此。后九世平王城之。后十世秦拔我郢，徙（东）〔陈〕。[31]莽曰江陆。临沮，禹贡南条荆山在东北，漳水所出，东至江陵入阳水，阳水入沔，行六百里。②夷陵，都尉治。莽曰居利。③华容，云梦泽在南，荆州薮。夏水首受江，东入沔，行五百里。④宜城，故鄢，惠帝三年更名。鄀，楚别邑，故鄀。莽曰鄀亭。邔，⑤当阳，中庐，⑥枝江，故罗国。江沱出西，东入江。⑦襄阳，莽曰相阳。⑧编，有云梦官。莽曰南顺。⑨秭归，归乡、故归国。⑩夷道，莽曰江南。⑪州陵，莽曰江夏。若，楚昭王畏吴，自郢徙此，后复还郢。⑫巫，夷水东至夷道入江，过郡二，行五百四十里。有盐官。⑬高成。洈山，洈水所出，东入繇。繇水南至华容入江，过郡二，行五百里。莽曰言程⑭

① 师古曰："主教放弩也。"

② 应劭曰："沮水出汉中房陵，东入江。"师古曰："沮水即左传所云'江、汉、沮、漳，楚之望也'。音千余反。"

③ 应劭曰："夷山在西北。"

④ 应劭曰："春秋'许迁于容城'是。"

⑤ 孟康曰："音忌。"师古曰："音其已反。"

⑥ 师古曰："在襄阳县南。今犹有次庐村。以隋室讳忠，故改忠为次。"

⑦ 师古曰："沱即江别出者也，音徒何反。"

⑧ 应劭曰："在襄水之阳。"

⑨ 孟康曰："编音鞭。"

⑩ 孟康曰："秭音姊。"

⑪ 应劭曰："夷水出巫，东入江。"

⑫师古曰："春秋传作鄀，其音同。"

⑬应劭曰："巫山在西南。"

⑭师古曰："洈音危。繇读曰由。"

　　江夏郡，高帝置。属荆州。①户五万六千八百四十四，口二十一万九千二百一十八。县十四：西陵，有云梦官。莽曰江阳。竟陵，章山在东北，古文以为内方山。郧乡，楚郧公邑。莽曰守平。②西阳，襄，莽曰襄非。邾，衡山王吴芮都。③轪，故弦子国。④鄂，⑤安陆，横尾山在东北，古文以为陪尾山。沙羡，⑥蕲春，⑦邔，⑧云杜，⑨下雉，莽曰闰光。⑩锺武。侯国。莽曰当利。

①应劭曰："沔水自江别至南郡华容为夏水，过郡入江，故曰江夏。"

②师古曰："音云。"

③师古曰："音朱，又音诛。"

④孟康曰："音汰。"师古曰："又音徒系反。"

⑤师古曰："音五各反。"

⑥晋灼曰："美音夷。"

⑦晋灼曰："音祈。"

⑧苏林曰："音盲。"师古曰："音萌，又音莫耿反。"

⑨应劭曰："左传'若敖取于邔'，今邔亭是也。"师古曰："邔音云。"

⑩如淳曰："音羊氏反。"

　　庐江郡，故淮南，文帝十六年别为国。金兰西北有东陵乡，淮水出。属扬州。庐江出陵阳东南，北入江。①户十二万四千三百八十三，口四十五万七千三百三十三。有楼船官。县十二：舒，故国。莽曰昆乡。居巢，②龙舒，③临湖，雩娄，决水北至蓼入淮，又有灌水，亦北至蓼入决，过郡二，行五百一十里。④襄安，莽曰庐江亭也。枞阳，⑤寻阳，禹贡九江在南，皆东合为大江。灊，天柱山在南。有祠。沘山，沘水

1408

所出，北至寿春入芍陂。⑥皖，有铁官。⑦湖陵邑，北湖在南。松兹。侯国。莽曰诵善。

① 应劭曰："故庐子国。"

② 应劭曰："春秋‘楚人围巢’。巢，国也。"

③ 应劭曰："群舒之邑。"

④ 师古曰："雩音许于反。娄音力于反。"

⑤ 师古曰："音七容反。"

⑥ 晋灼曰："音潜。"师古曰："沘音比，又音布几反。芍音酌，又音鹊。"

⑦ 师古曰："音胡管反。"

九江郡，秦置，高帝四年更名为淮南国，武帝元狩元年复故。莽曰延平。属扬州。①户十五万五十二，口七十八万五百二十五。有陂官、湖官。县十五：寿春邑，楚考烈王自陈徙此。浚遒，②成德，莽曰平阿。橐皋，③阴陵，莽曰阴陆。历阳，都尉治。莽曰明义。当涂，侯国。莽曰山聚。④锺离，莽曰蚕富。⑤合肥，⑥东城，莽曰武城。博乡，侯国。莽曰扬陆。曲阳，侯国。莽曰延平亭。⑦建阳，全椒，阜陵。莽曰阜陆。

① 应劭曰："江自庐江寻阳分为九。"

② 晋灼曰："音首熟之首。"师古曰："浚音峻。遒音才由反。"

③ 孟康曰："音拓姑。"

④ 应劭曰："禹所娶涂山侯国也。有禹虚。"

⑤ 应劭曰："锺离子国。"

⑥ 应劭曰："夏水出父城东南，至此与淮合，故曰合肥。"

⑦ 应劭曰："在淮曲之阳。"

山阳郡，故梁。景帝中六年别为山阳国。武帝建元五年别为郡。莽曰钜野。属兖州。户十七万二千八百四十七，口八十万一千二百八十八。有铁官。县二十三：**昌邑**，武帝天汉四年更山阳为昌邑国。有梁丘乡。春秋传曰"宋、齐会于梁丘"。**南平阳**，莽曰黾平。①**成武**，有楚丘亭。齐桓公所城，迁卫文公于此。子成公徙濮阳。莽曰成安。**湖陵**，禹贡"浮于泗、淮，通于河"，水在南。莽曰湖陆。②**东缗**，③**方与**，④**橐**，莽曰高平。⑤**钜埜**，大壄泽在北，兖州薮。**单父**，都尉治。莽曰利父。⑥**薄**，⑦**都关**，**城都**，侯国。莽曰城毂。**黄**，侯国。**爰戚**，侯国。莽曰戚亭。**郜成**，侯国。莽曰告成。**中乡**，侯国。**平乐**，侯国。(淮)〔包〕水东北至(沛)〔沛〕入泗。[32]**郑**，侯国。**瑕丘**，⑧**菑乡**，侯国。⑨**栗乡**，侯国。莽曰足亭。**曲乡**，侯国。**西阳**。侯国。

①孟康曰："郜庶期以漆来奔，又城漆，今漆乡是。"

②应劭曰："尚书一名湖。章帝封东平王仓子为湖陵侯，更名湖陵。"

③师古曰："春秋僖二十三年'齐侯伐宋围缗'，即谓此。音旻。"

④晋灼曰："音房豫。"

⑤臣瓒曰："音拓。"

⑥师古曰："音善甫。"

⑦臣瓒曰："汤所都。"

⑧应劭曰："瑕丘在西南。"

⑨师古曰："音侧其反。"

1410 **济阴郡**，故梁。景帝中六年别为济阴国。宣帝甘露二年更名定陶。禹贡荷泽在定陶东。属兖州。①户二十九万二(千)〔十〕五，[33]口百三十八万六千二百七十八。县九：**定陶**，故曹国，周武王弟叔振铎所封。禹贡陶丘在西南。陶丘亭。**冤句**，莽改定陶曰济平，冤句县曰济平亭。②**吕都**，莽曰祈都。**葭密**，③**成阳**，有尧(家)〔冢〕灵台。[34]禹贡雷泽在西北。**鄄城**，莽曰鄄良。④**句阳**，⑤**秺**，莽曰万岁。⑥**乘氏**。泗水东南至睢陵入淮，过郡六，行千一百一十里。⑦

①师古曰："荷音柯。"

②师古曰："句音劬。"

③师古曰："葭音家。"

④师古曰："邨音工豰反。"

⑤应劭曰："左氏传'句渎之丘'也。"师古曰："音钩。"

⑥孟康曰："音妒。"

⑦应劭曰："春秋'败宋师于乘丘'是也。"师古曰："睢音虽。"

沛郡，故秦泗水郡。高帝更名。莽曰吾符。属豫州。户四十万九千七十九，口二百三万四百八十。县三十七：相，莽曰吾符亭。龙亢，①竹，莽曰笃亭。②穀阳，③萧，故萧叔国，宋别封附庸也。向，故国。春秋曰"莒人入向"。姜姓，炎帝后。④铚，⑤广戚，侯国。莽曰力聚。下蔡，故州来国，为楚所灭，后吴取之，至夫差迁昭侯于此。后四世侯齐竟为楚所灭。丰，莽曰吾丰。郸，莽曰单城。⑥谯，莽曰延成亭。蕲，铚乡。高祖破黥布。都尉治。莽曰蕲城。⑦蛊，莽曰贡。⑧辄与，莽曰华乐。山桑，公丘，侯国。故滕国，周懿王子错叔绣所封，三十一世为齐所灭。⑨符离，莽曰符合。敬丘，侯国。⑩夏丘，莽曰归思。洨，侯国。垓下，高祖破项羽。莽曰（有）〔育〕成。⑪〔35〕沛，有铁官。芒，莽曰博治。⑫建成，侯国。城父，夏肥水东南至下蔡入淮，过郡二，行六百二十里。莽曰思善。建平，侯国。莽曰田平。酂，莽曰赞治。⑬栗，侯国。莽曰成富。扶阳，侯国。莽曰合治。高，侯国。高柴，侯国。漂阳，⑭平阿，侯国。莽曰平宁。东乡，临都，义成，祁乡。侯国。莽曰会榖。

①晋灼曰："亢音冈。"

1411

②李奇曰："今竹邑。"

③应劭曰："在穀水之阳。"

④师古曰："音饷。"

⑤师古曰："铚音竹乙反。"

⑥孟康曰："音多。"

⑦师古曰："鼆音直恚反。"

⑧师古曰："埿亦音贡。"

⑨师古曰："左氏传云'郜、雍、曹、滕，文之昭也'，系本亦云'错叔绣，文王子'，而此志云懿王子，未详其义耳。"

⑩应劭曰："春秋'遇于犬丘'，明帝更名（犬）〔大〕丘。"[36]

⑪应劭曰："浚水所出，南入淮。"师古曰："浚音肴。"

⑫应劭曰："世祖更名临睢。睢水出焉。"师古曰："芒音莫郎反。睢音虽。"

⑬应劭曰："音嵯。"师古曰："此县本为酂，应音是也。中古以来借酇字为之耳，读皆为酂，而莽呼为赞治，则此县亦有赞音。"

⑭如淳曰："漂音票。"

魏郡，高帝置。莽曰魏城。属冀州。户二十一万二千八百四十九，口九十万九千六百五十五。县十八：**邺**，故大河在东北入海。**馆陶**，河水别出为屯氏河，东北至章武入海，过郡四，行千五百里。**斥丘**，莽曰利丘。①**沙**，**内黄**，清河水出南。②**清渊**，③**魏**，都尉治。莽曰魏城亭。④**繁阳**，⑤**元城**，⑥**梁期**，**黎阳**，莽曰黎蒸。⑦**即裴**，侯国。莽曰即是。⑧**武始**，漳水东至邯郸入漳，又有拘涧水，东北至邯郸入白渠。⑨**邯会**，侯国。⑩**阴安**，**平恩**，侯国。莽曰延平。**邯沟**，侯国。⑪**武安**，钦口山，白渠水所出，东至列人入漳。又有窦水，东北至东昌入虖池河，过郡五，行六百一里。有铁官。莽曰桓安。⑫

①应劭曰:"斥丘在西南也。"师古曰:"阚骃云地多斥卤,故曰斥丘。"

②应劭曰:"春秋'吴子、晋侯会于黄池'。今黄泽在西。陈留有外黄,故加内云。"臣瓒曰:"国语曰'吴子会诸侯于黄池,掘沟于齐、鲁之间'。今陈外黄有黄沟是也。史记曰'伐宋取黄池'。然则不得在魏郡明矣。"师古曰:"瓒说是也,应说失之。"

③应劭曰:"清河在西北。"

④应劭曰:"魏武侯别都。"

⑤应劭曰:"在繁水之阳。"张晏曰:"其界为繁渊。"

⑥应劭曰:"魏武侯公子元食邑于此,因而遂氏焉。"

⑦晋灼曰:"黎山在其南,河水经其东。其山上碑云县取山之名,取水之阳以为名。"

⑧应劭曰:"裴音非。"

⑨应劭曰:"拘音矩。"

⑩张晏曰:"漳水之别,自城西南与邯山之水会,今城旁犹有沟渠在也。"师古曰:"邯音下安反。"

⑪师古曰:"邯水之沟。"

⑫师古曰:"窜音子衉反。摩音呼。池音徒何反。其下并同。"

钜鹿郡,秦置。属冀州。户十五万五千九百五十一,口八十二万七千一百七十七。县二十:钜鹿,禹贡大陆泽在北。纣所作沙丘台在东北七十里。①南縊,莽曰富平。②广阿,象氏,侯国。莽曰宁昌。廮陶,③宋子,莽曰宜子。杨氏,莽曰功陆。临平,下曲阳,都尉治。④贳,⑤鄡,莽曰秦聚。⑥新市,侯国。莽曰市乐。堂阳,有盐官。尝分为(泾)〔经〕县。⑦[37]安定,侯国。敬武,历乡,侯国。莽曰历聚。乐信,侯国。武陶,侯国。柏乡,侯国。安乡。侯国。

①应劭曰:"鹿,林之大者也。"臣瓒曰:"山足曰鹿。"师古曰:"应

说是。”

②孟康曰：“縌音良全反。”

③师古曰：“廮音一并反。”

④应劭曰：“晋荀吴灭鼓，今鼓聚昔阳亭是也。”师古曰：“常山有上曲阳，故此云下。”

⑤师古曰：“音式制反。”

⑥师古曰：“音苦么反。”

⑦应劭曰：“在堂水之阳。”

常山郡，高帝置。莽曰井关。属冀州。①户十四万一千七百四十一，口六十七万七千九百五十六。县十八：元氏，沮水首受中丘西山穷泉谷，东至堂阳入黄河。莽曰井关亭。②石邑，井陉山在西，洨水所出，东南至廮陶入泜。③桑中，侯国。灵寿，中山桓公居此。禹贡卫水出东北，东入㴇池。蒲吾，有铁山。大白渠水首受縣曼水，东南至下曲阳入斯洨。④上曲阳，恒山北谷在西北。有祠。并州山。禹贡恒水所出，东至滱。莽曰常山亭。⑤九门，莽曰久门。井陉，⑥房子，赞皇山，（石）济水所出，[38]东至廮陶入泜。莽曰多子。⑦中丘，逢山长谷，（诸）〔渚〕水所出，[39]东至张邑入浊。莽曰直聚。封斯，侯国。关，平棘，⑧鄗，世祖即位，更名高邑。莽曰禾成亭。⑨乐阳，侯国。莽曰畅苗。平台，侯国。莽曰顺台。都乡，侯国。有铁官。莽曰分乡。南行唐。牛饮山白陆谷，滋水所出。东至新市入㴇池。都尉治。莽曰延亿。

①张晏曰：“恒山在西，避文帝讳，故改曰常山。”

②师古曰：“阚骃云赵公子元之封邑，故曰元氏。”

③师古曰：“洨音效，又音爻。泜音脂，又音丁计反。其后亦同。”

④应劭曰：“蒲水出中山蒲阴，东入河。”

⑤应劭曰：“滱音彄。”

⑥应劭曰："井陉山在南，音刑。"

⑦师古曰："济音子诣反。"

⑧应劭曰："伐晋取棘蒲也。"师古曰："功臣表棘蒲侯陈武，平棘侯林挚，是则平棘、棘蒲非一地也。应说失之。"

⑨师古曰："鄗音呼各反。"

　　清河郡，高帝置。莽曰平河。属冀州。户二十万一千七百七十四，口八十七万五千四百二十二。县十四：清阳，王都。东武城，绎幕，①灵，河水别出为鸣犊河，东北至蓚入屯氏河。莽曰播。②厝，莽曰厝治。③鄃，莽曰善陆。④贝丘，都尉治。⑤信成，张甲河首受屯氏别河，东北至蓚入漳水。恝题，⑥东阳，侯国。莽曰胥陵。信乡，侯国。⑦缭，⑧枣彊，复阳，莽曰乐岁。⑨

①应劭曰："绎音亦。"师古曰："本音弋尺反。"

②师古曰："蓚音条。其下亦同。"

③应劭曰："安帝以孝德皇后葬于厝，改曰甘陵也。"师古曰："音趋亦反。"

④师古曰："音输。"

⑤应劭曰："左氏传'齐襄公田于贝丘'是。"

⑥师古曰："恝，古莎字。"

⑦孟康曰："顺帝更名安平。"

⑧师古曰："音良笑反。"

⑨应劭曰："音腹。"

　　涿郡，高帝置。莽曰垣翰。属幽州。户十九万五千六百七，口七十八万二千七百六十四。有铁官。县二十九：涿，桃水（受首）〔首受〕涞水，[40]分东至安次入河。①遒，莽曰遒屏。②榖丘，故安，阎乡，易水所出，东至范阳入濡也，并州寖。水亦至范阳入涞。③南深泽，范阳，莽曰顺阴。④蠡吾，⑤容城，莽曰深泽。易，广望，侯国。郑，莽曰言符。⑥高阳，莽曰高亭。⑦州乡，侯国。安平，都尉治。莽曰广望亭。樊舆，侯国。莽曰握符。成，侯国。莽曰宜家。良乡，侯国。垣水南东至阳乡入桃。莽曰广阳。利乡，侯国。莽曰章符。临乡，侯国。益昌，侯国。莽曰有秩。阳乡，侯国。莽曰章武。西乡，侯国。莽曰移风。饶阳，⑧中水，⑨武垣，莽曰垣翰亭。⑩阿陵，莽曰阿陆。阿武，侯国。高郭，侯国。莽曰广堤。新昌。侯国。

①应劭曰："涿水出上谷涿鹿县。"师古曰："涞音来。"

②师古曰："逎古道字，音字由反。"

③师古曰："言易水又至范阳入涞也。濡音乃官反。"

④应劭曰："在范水之阳。"

⑤师古曰："蠡音礼。"

⑥应劭曰："音莫。"

⑦应劭曰："在高河之阳。"

⑧应劭曰："在饶河之阳。"

⑨应劭曰："在易、滱二水之间，故曰中水。"

⑩应劭曰："垣水出良乡，东入桃。"

勃海郡，高帝置。莽曰迎河。属幽州。①户二十五万六千三百七十七，口九十万五千一百一十九。县二十六：浮阳，莽曰浮城。阳信，东光，有胡苏亭。阜城，莽曰吾城。千童，②重合，南皮，莽曰迎河亭。③定，侯国。章武，有盐官。莽曰桓章。中邑，莽曰检阴。高成，都尉治。高乐，莽曰为乡。参户，侯国。成平，虖池河，民曰徒骇河。莽曰泽亭。柳，侯国。临乐，侯国。莽曰乐亭。东平舒，④重平，安次，脩市，侯国。[41]莽曰居宁。⑤文安，景成，侯国。束州，建成，章乡，〔侯国〕。蒲领。侯国。

①师古曰："在勃海之滨，因以为名。"

②应劭曰："灵帝改曰饶安。"

③师古曰："阚骃云章武有北皮亭，故此云南。"

④师古曰："代郡有平舒，故此加东。"

⑤应劭曰："音条。"

平原郡，高帝置。莽曰河平。属青州。户十五万四千三百八十七，口六十六万四千五百四十三。县十九：平原，有笃马河，东北入海，五百六十里。鬲，平当以为鬲津。莽曰河平亭。①高唐，桑钦言漯水所出。②重丘，平昌，侯国。羽，侯国。莽曰羽贞。般，莽曰分明。③乐陵，都尉治。莽曰美阳。④祝阿，莽曰安成。瑗，莽曰东顺亭。阿阳，漯阴，莽曰翼成。⑤朸，莽曰张乡。⑥富平，侯国。莽曰乐安亭。⑦安德，⑧合阳，侯国。莽曰宜乡。楼虚，侯国。龙额，侯国。莽曰清乡。⑨安。侯国。

①师古曰："读与（耿）〔隔〕同。"〔42〕

②师古曰："漯音它合反。"

③如淳曰："般音如面般之般。"韦昭曰："音逋垣反。"师古曰："尔雅说九河云'钩般'，郭璞以为水曲如钩，流般桓也。然今其土俗用如、韦之音。"

④师古曰："乐音来各反。"

⑤应劭曰："漯水出东武阳，东北入海。"师古曰："漯音它合反。"

⑥应劭曰："音力。"

⑦应劭曰："明帝更名厌次。"

⑧师古曰："德，古德字。"

⑨师古曰："今书本额字或作额，而崔浩云有龙额村，作额者非。"

千乘郡，高帝置。莽曰建信。属青州。①户十一万六千七百二十七，口四十九万七百二十。有铁官、盐官、均输官。县十五：千乘，有铁官。东邹，湿沃，莽曰延亭。平安，侯国。莽曰鸿睦。博昌，时水东北至钜定入马车渎，幽州薮。②蓼城，都尉治。莽曰施武。建信，狄，莽曰利居。③琅槐，④乐安，被阳，侯国。⑤高昌，繁安，侯国。莽曰瓦亭。高宛，莽曰常乡。延乡。

①应劭曰："和帝更名乐安。"

②应劭曰："昌水出东莱昌阳。"臣瓒曰："从东莱至博昌，经历宿水，不得至也。取其嘉名耳。"师古曰："瓒说是。"

③应劭曰："安帝更名曰临济。"

④师古曰："槐音回。"

⑤如淳曰："一作疲，音罢军之罢。"师古曰："音皮彼反。"

<u>济南郡</u>，故齐。文帝十六年别为济南国。景帝二年为郡。莽曰乐安。属<u>青州</u>。户十四万七百六十一，口六十四万二千八百八十四。县十四：<u>东平陵</u>，有工官、铁官。邹平，台，莽曰台治。梁邹，土鼓，於陵，都尉治。莽曰於陆。阳丘，般阳，莽曰济南亭。①菅，②朝阳，侯国。莽曰脩治。③历城，有铁官。猇，侯国。莽曰利成。④著，⑤宜成。侯国。

①应劭曰："在般水之阳。"师古曰："般音盘。"

②应劭曰："音姦。"

③应劭曰："在朝水之阳。"

④应劭曰："音麓。"苏林曰："音爻。今东朝阳有猇亭。蔡谟音由，音（鸹）〔鸹〕。"[43]师古曰："蔡音是，音于虬反。"

⑤师古曰："音竹庶反，又音直庶反。而韦昭误以为蓍龟之蓍字，乃音纪咨反，失之远矣。"

泰山郡，高帝置。属兖州。户十七万二千八十六，口七十二万六千六百四。有工官。汶水出莱毋，西入济。①县二十四：奉高，有明堂，在西南四里，武帝元封二年造。有工官。博，有泰山庙。岱山在西北，(求山上)〔兖州山〕。[44]茌，②卢，都尉治。济北王都也。肥成，③蛇丘，隧乡，故隧国。春秋曰"齐人歼于隧"也。④刚，故阐。莽曰柔。⑤柴，盖，临乐(于)〔子〕山，洙水所出，[45]西北至盖入池水。又沂水南至下邳入泗，过郡五，行六百里，青州薮。⑥梁父，⑦东平阳，南武阳，冠石山，治水所出，南至下邳入泗，过郡二，行九百四十里。莽曰桓宣。⑧莱芜，原山，甾水所出，东至(传)〔博〕昌入泲，幽(川)〔州〕薮。[46]又禹贡汶水出西南入泲。汶水，桑钦所言。⑨钜平，有亭亭山祠。⑩嬴，有铁官。⑪牟，故国。⑫蒙阴，禹贡蒙山在西南，有祠。颛臾国在蒙山下。莽曰蒙恩。华，莽曰翼阴。宁阳，侯国。莽曰宁顺。乘丘，⑬富阳，桃山，侯国。莽曰袁鲁。桃乡，侯国。莽曰鄣亭。式。

①师古曰："汶音问。毋与无同。"

②应劭曰："茌山在东北。音淄。"师古曰："又音仕疑反。"

③应劭曰："肥子国。"

④师古曰："蛇音移。隧音遂。"

⑤应劭曰："春秋'秋取鄆及阐'，今阐亭是也。"师古曰："鄆音运。"

⑥师古曰："盖读如本字，又音古盍反。洙音殊。"

⑦师古曰："以山名县也。父音甫。"

⑧应劭曰："武水所出，南入泗。"

⑨师古曰："泲音子礼反。"

⑩应劭曰："左氏传'阳虎入于鄆阳关以叛'。今阳关亭是也。"

⑪师古曰："音盈。"

⑫应劭曰："附庸也。"师古曰："春秋桓十五年'牟人来朝'，即

此也。"

⑬师古曰："春秋庄公十五年'公败宋师于乘丘'，即此是也。"

齐郡，秦置。莽曰济南。属青州。户十五万四千八百二十六，口五十五万四千四百四十四。县十二：临淄，师尚父所封。如水西北至梁邹入泲。有服官、铁官。莽曰齐陵。①昌国，德会水西北至西安入如。利，莽曰利治。西安，莽曰东宁。钜定，马车渎水首受钜定，东北至琅槐入海。广，为山，浊水所出，东北至广饶入钜定。广饶，昭南，临朐，有逢山祠。石膏山，洋水所出，东北至广饶入钜定。莽曰监朐。②北乡，侯国。莽曰禺聚。平广，侯国。台乡。

①应劭曰："齐献公自营丘徙此。"臣瓒曰："临淄即营丘也。故晏子曰：'始爽鸠氏居之，逢伯陵居之，太公居之。'又曰：'先君太公筑营之丘。'今齐之城中有丘，即营丘也。"师古曰："瓒说是也。筑营之丘，言于营丘地筑城邑。"

②应劭曰："临朐山有伯氏骈邑。"师古曰："朐音劬。洋音祥。"

北海郡，景帝中二年置。属青州。户十二万七千，口五十九万三千一百五十九。县二十六：营陵，或曰营丘。莽曰北海亭。①剧魁，侯国。莽曰上符。安丘，莽曰诛郅。②瓡，侯国。莽曰道德。③淳于，④益，莽曰探阳。平寿，⑤剧，都昌，有盐官。平望，侯国。莽曰所聚。平的，侯国。⑥柳泉，侯国。莽曰弘睦。寿光，有盐官。莽曰翼平亭。⑦乐望，侯国。饶，侯国。斟，故国，禹后。桑犊，覆甑山，溉水所出，东北至都昌入海。⑧平城，侯国。密乡，侯国。羊石，侯国。乐都，侯国。莽曰拔垒，一作杕，一作枝也。石乡，侯国。一作正乡。上乡，侯国。新成，侯国。成乡，侯国。莽曰石乐。胶阳。侯国。

①应劭曰："师尚父封于营丘，陵亦丘也。"臣瓒曰："营丘即临淄也。

營陵，春秋谓之缘陵。"师古曰："临淄、营陵，皆旧营丘地。"

②孟康曰："今渠丘是。"

③师古曰："靽即执字。"

④应劭曰："春秋'州公如曹'，左氏传曰'淳于公如曹'。"臣瓒曰："州，国名也，淳于公国之所都。"

⑤应劭曰："古斟寻，禹后，今斟城是也。"臣瓒曰："斟寻在河南，不在此也。汲郡古文云'大康居斟寻，羿亦居之。桀亦居之'。尚书序云'大康失邦，昆弟五人，须于洛汭'，此即大康所居为近洛也。又吴起对魏武侯曰'昔夏桀之居，左河济，右太华，伊阙在其南，羊肠在其北'，河南城为值之。又周书度邑篇曰武王问太公曰：'吾将因有夏之居，南望过于三涂，北瞻望于有河。'有夏之居，即河南是也。"师古曰："应说止云斟寻本是禹后耳，何豫夏国之都乎？瓒说非也。斟音斟。"

⑥师古曰："的音丁历反，其字从白。"

⑦应劭曰："古斟灌，禹后，今灌亭是。"

⑧师古曰："溉音功代反。"

东莱郡，高帝置。属青州。①户十万三千二百九十二，口五十万二千六百九十三。县十七：掖，莽曰掖通。腄，有之罘山祠。居上山，声洋〔丹〕水所出，[47]东北入海。②平度，莽曰利卢。黄，有莱山松林莱君祠。莽曰意母。临朐，有海水祠。莽曰监朐。③曲成，有参山万里沙祠。阳丘山，治水所出，南至沂入海。有盐官。牟平，莽曰望利。东牟，有铁官、盐官。莽曰弘德。惤，有百支莱王祠。有盐官。④育犁，昌阳，有盐官。莽曰凤敬亭。不夜，有成山日祠。莽曰凤夜。⑤当利，有盐官。莽曰（来）〔东〕莱亭。[48]卢乡，阳乐，侯国。莽曰延乐。阳石，莽曰识命。徐乡。

①师古曰："故莱子国也。"

②师古曰："腄音直瑞反。洋音祥。"

③师古曰："齐郡已有临朐，而东莱又有此县，盖各以所近为名也。斯类非一。"

④师古曰："憸音坚。"

⑤师古曰："齐地记云古有日夜出，见于东莱，故莱子立此城，以不夜为名。"

琅邪郡，秦置。莽曰填夷。属徐州。①户二十二万八千九百六十，口一百七万九千一百。有铁官。县五十一：东武，莽曰祥善。不其，有太一、僊人祠九所，及明堂，武帝所起。②海曲，有盐官。赣榆。③朱虚，凡山，丹水所出，东北至寿光入海。东泰山，汶水所出，东至安丘入维。有三山、五帝祠。④诸，莽曰诸并。⑤梧成，灵门，有高栎山。壶山，洭水所出，东北入淮。⑥姑幕，都尉治。或曰薄姑。莽曰季睦。⑦虚水，侯国。⑧临原，侯国。莽曰填夷亭。琅邪，越王句践尝治此，起馆台。(存)〔有〕四时祠。⑨〔49〕祓，侯国。⑩柜，根艾水东入海。莽曰祓同。⑪鲖，侯国。⑫邞，胶水东至平度入海。莽曰纯德。⑬雩(段)〔叚〕，〔50〕侯国。⑭黔陬，故介国也。⑮云，侯国。计斤，莒子始起此，后徙莒。有盐官。⑯稻，侯国。皋虞，侯国。莽曰盈庐。平昌，长广，有莱山莱王祠。奚养泽在西，秦地图曰剧清(地)〔池〕，〔51〕幽州薮。有盐官。横，故山，久台水所出，东南至东武入淮。莽曰令丘。⑰东莞，术水南至下邳入泗，过郡三，行七百一十里，青州薮。⑱魏其，侯国。莽曰青泉。昌，有环山祠。兹乡，侯国。箕，侯国。禹贡潍水北至(昌)〔都昌〕入海，〔52〕过郡三，行五百二十里，兖州薮也。椑，夜头水南至海。莽曰识命。⑲高广，侯国。高乡，侯国。柔，侯国。即来，侯国。莽曰盛睦。丽，侯国。武乡，侯国。莽曰顺理。伊乡，侯国。新山，侯国。

高阳，侯国。昆山，侯国。参封，侯国。折泉，侯国。折泉水北至莫入淮。博石，侯国。房山，侯国。慎乡，侯国。驷望，侯国。莽曰泠乡。⑳安丘，侯国。莽曰宁乡。高陵，侯国。莽曰蒲（睦）〔陆〕。[53]临安，侯国。莽曰诚信。石山。侯国。

①师古曰："填音竹人反。"

②如淳曰："其音基。"

③师古曰："赣音绀。榆音逾。"

④师古曰："前言汶水出莱芜入济，今此又言出朱虚入维，将桑钦所说有异，或者有二汶水乎？五帝祠在汶水之上。"

⑤师古曰："春秋'城诸（入）〔及〕郓'者。"[54]

⑥师古曰："枲即柘字也。浯音吾。"

⑦应劭曰："左氏传曰'薄姑氏因之，而后太公因之'。"

⑧如淳曰："虚音墟。"

⑨师古曰："山海经云琅邪台在琅邪之东。"

⑩师古曰："音废。"

⑪如淳曰："音巨。"

⑫如淳曰："音瓶。"

⑬师古曰："音夫，又音扶。"

⑭师古曰："雩音许于反。（段）〔叚〕音工下反。"

⑮师古曰："郰音子侯反。"

⑯师古曰："即春秋左氏传所谓介根也，语音有轻重。"

⑰师古曰："台音怡。"

⑱孟康曰："故郓邑，今郓亭是也。"师古曰："莞音官。术水即沭水也，音同。"

⑲应劭曰："音裨。"

⑳师古曰："泠音零。"

东海郡，高帝置。莽曰沂平。属徐州。①户三十五万八千四百一十四，口百五十五万九千三百五十七。县三十八：郯，故国，少昊后，盈姓。②兰陵，莽曰兰东。③襄贲，莽曰章信。④下邳，（万）〔葛〕峄山在西，[55]古文以为峄阳。有铁官。莽曰闰俭。⑤良成，侯国。莽曰承翰。⑥平曲，莽曰平端。戚，⑦朐，秦始皇立石海上以为东门阙。有铁官。开阳，故鄅国。莽曰厌虏。⑧费，故鲁季氏邑。都尉治。莽曰顺从。⑨利成，莽曰流泉。海曲，莽曰东海亭。兰祺，侯国。莽曰溥睦。缯，故国，禹后。莽曰缯治。南成，侯国。山乡，侯国。建乡，侯国。即丘，莽曰就信。⑩祝其，禹贡羽山在南，鲧所殛。莽曰犹亭。临沂，厚丘，莽曰祝其亭。容丘，侯国。祠水东南至下邳入泗。东安，侯国。莽曰业亭。合乡，莽曰合聚。承，莽曰承治。⑪建阳，侯国。莽曰建力。曲阳，莽曰从羊。⑫司吾，莽曰息吾。⑬于乡，侯国。平曲，侯国。莽曰端平。都阳，侯国。⑭阴平，侯国。郚乡，侯国。莽曰徐亭。⑮武阳，侯国。莽曰弘亭。新阳，侯国。莽曰博聚。建陵，侯国。莽曰付亭。昌虑，侯国。莽曰虑聚。⑯都平。侯国。

①应劭曰："秦郯郡。"

②应劭曰："音谈。"

③孟康曰："次室亭鲁伯是。"

④应劭曰："贲音肥。"

⑤应劭曰："邳在薛，其后徙此。故曰下邳。"臣瓒曰："有上邳，故曰下邳也。"师古曰："瓒说是。"

⑥师古曰："左氏传所谓'晋侯会吴子于良'，即此是。"

⑦郑氏曰："音忧戚。"

⑧师古曰："鄅音禹。厌音一涉反。"

⑨师古曰："音祕。"

⑩孟康曰：“古祝丘。”

⑪应劭曰：“音证。”

⑫应劭曰：“在淮曲之阳。”

⑬应劭曰：“左传吴执锺吾子。”

⑭应劭曰：“春秋‘齐人迁阳’是。”

⑮师古曰：“郚音吾，又音鱼。”

⑯师古曰：“虑音庐。”

临淮郡，武帝元狩六年置。莽曰淮平。户二十六万八千二百八十三，口百二十三万七千七百六十四。县二十九：徐，故国，盈姓。至春秋时徐子章禹为楚所灭。莽曰徐调。取虑，①淮浦，游水北入海。莽曰淮敬。②盱眙，都尉治。莽曰武匡。③厹犹，莽曰秉义。④僮，莽曰成信。射阳，莽曰监淮亭。⑤开阳，赘其，⑥高山，⑦睢陵，莽曰睢陆。⑧盐渎，有铁官。淮阴，莽曰嘉信。淮陵，莽曰淮陆。下相，莽曰从德。⑨富陵，莽曰樀虏。⑩东阳，播旌，莽曰著信。西平，莽曰永聚。高平，侯国。莽曰成丘。开陵，侯国。莽曰成乡。昌阳，侯国。广平，侯国。莽曰平宁。兰阳，侯国。莽曰建节。襄平，侯国。莽曰相平。海陵，有江海会祠。莽曰亭间。舆，莽曰美德。堂邑，有铁官。乐陵。侯国。

①师古曰：“取音趋，又音秋。虑音庐。”

②应劭曰：“淮涯也。”

③应劭曰：“音吁怡。”

④师古曰：“厹音仇。”

⑤应劭曰：“在射水之阳。”

⑥师古曰：“赘音之锐反。”

⑦应劭曰：“高山在东南。”

⑧师古曰："睢音虽。"

⑨应劭曰："相水出沛国，故加下。"

⑩〔师古〕曰："樕音朔。"〔56〕

会稽郡，秦置。高帝六年为荆国，十二年更名吴。景帝四年属江都。属扬州。户二十二万三千三十八，口百三万二千六百四。县二十六：**吴**，故国，周太伯所邑。具区泽在西，扬州薮，古文以为震泽。南江在南，东入海，扬州川。莽曰泰德。**曲阿**，故云阳。莽曰凤美。**乌伤**，莽曰乌孝。**毗陵**，季札所居。江在北，东入海，扬州川。莽曰毗坛。①**馀暨**，萧山，潘水所出，东入海。莽曰馀衍。②**阳羡**，**诸暨**，莽曰疏虏。**无锡**，有历山，春申君岁祠以牛。莽曰有锡。**山阴**，会稽山在南，上有禹冢、禹井，扬州山。越王句践本国。有灵文园。③**丹徒**，④**馀姚**，**娄**，有南武城，阖闾所起以候越。莽曰娄治。**上虞**，有仇亭。柯水东入海。莽曰会稽。**海盐**，故武原乡。有盐官。莽曰展武。**剡**，莽曰尽忠。⑤**由拳**，柴辟，故就李乡，吴、越战地。⑥**大末**，縠水东北至钱唐入江。莽曰末治。⑦**乌程**，有欧阳亭。⑧**句章**，渠水东入海。**馀杭**，莽曰进睦。⑨**鄞**，有镇亭，有鲒埼亭。东南有天门水入海。有越天门山。莽曰谨。⑩**钱唐**，西部都尉治。武林山，武林水所出，东入海，行八百三十里。莽曰泉亭。**鄳**，莽曰海治。⑪**富春**，莽曰诛岁。**冶**，⑫**回浦**。南部都尉治。

①师古曰："旧延陵，汉改之。"

②应劭曰："吴王阖闾弟夫概之所邑。"师古曰："应说非也。暨音既。下诸暨亦同。潘音甫元反。"

③师古曰："灵文侯，薄太后父。"

④师古曰："即春秋云朱方也。"

⑤师古曰："音上冉反。"

⑥应劭曰："古之檇李也。"师古曰："拳音权。辟读曰壁。檇音子

遂反。”

⑦孟康曰：“大音如阅。”

⑧师古曰：“欧音乌侯反。”

⑨孟康曰：“杭音行伍之行。”

⑩师古曰：“鄞音牛斤反。鮚音结，蚌也，长一寸，广二分，有一小蟹在其腹中。埼，曲岸也，其中多鮚，故以名亭。埼音钜依反。”

⑪孟康曰：“音贸。”

⑫师古曰：“本闽越地。”

丹扬郡，故鄣郡。属江都。武帝元封二年更名丹扬。属扬州，户十万七千五百四十一，口四十万五千一百七十一。有铜官。县十七：宛陵，彭泽聚在西南。清水西北至芜湖入江。莽曰无宛。於朁，①江乘，莽曰相武。春穀，秣陵，莽曰宣亭。故鄣，莽曰候望。②句容，泾，③丹阳，楚之先熊绎所封，十八世，文王徙郢。石城，分江水首受江，东至馀姚入海，过郡二，行千二百里。胡孰，陵阳，桑钦言淮水出东南，北入大江。芜湖，中江出西南，东至阳羡入海，扬州川。黝，浙江水出南蛮夷中，东入海。成帝鸿嘉二年为广德王国。莽曰愬虏。④溧阳，⑤歙，都尉治。⑥宣城。

①师古曰：“朁音潜。”

②师古曰：“鄣音章。”

③韦昭曰：“泾水出芜湖。”

④师古曰：“黝音伊，字本作黟。其音同。”

⑤应劭曰：“溧水所出南湖也。”师古曰：“音栗。”

⑥师古曰：“音摄。”

豫章郡，高帝置。莽曰九江。属扬州。户六万七千四百六十二，口三十五万一千九百六十五。县十八：南昌，莽曰宜善。庐陵，莽日桓亭。彭泽，禹贡彭蠡泽在西。鄡阳，武阳乡右十馀里有黄金采。鄡水西入湖汉。莽曰乡亭。①历陵，傅易山、傅易川在南，古文以为傅浅原。莽曰蒲亭。②馀汗，馀水在北，至鄡阳入湖汉。莽曰治干。③柴桑，莽曰九江亭。艾，脩水东北至彭泽入湖汉，行六百六十里。莽曰治翰。赣，豫章水出西南，北入大江。④新淦，都尉治。莽曰偶亭。⑤南城，盱水西北至南昌入湖汉。⑥建成，蜀水东至南昌入湖汉。莽曰多聚。宜春，南水东至新淦入湖汉。莽曰脩晓。海昏，莽曰宜生。⑦雩都，湖汉水东至彭泽入江，行千九百八十里。⑧鄡阳，莽曰豫章。南壄，彭水东入湖汉。安平侯国。莽曰安宁。

① 孟康曰："鄡音婆。"师古曰："采者，谓采取金之处。"

② 师古曰："傅读曰敷。易，古阳字。"

③ 应劭曰："汗音干。"师古曰："鄡音口尧反。"

④ 如淳曰："音感。"

⑤ 应劭曰："淦水所出，西入湖汉也。"师古曰："淦音绀，又音古含反。"

⑥ 师古曰："盱音香于反。"

⑦ 师古曰："即昌邑王贺所封。"

⑧ 师古曰："音于。"

桂阳郡，高帝置。莽曰南平。属荆州。户二万八千一百一十九，口十五万六千四百八十八。有金官。县十一：郴，耒山，耒水所出，西南至湘南入湖。项羽所立义帝都此。莽曰宣风。①临武，秦水东南至浈阳入汇，行七百里。莽曰大武。②便，莽曰便屏。南平，耒阳，（春）〔舂〕山，（春）〔舂〕水所出，[57]北至鄡入湖，过郡二，行七百八十里。莽曰南平亭。③桂阳，汇水南至四会入郁（林），[58]过郡二，行九百里。④阳山，侯国。⑤曲江，莽曰除虏。含洭，⑥浈阳，莽曰基武。⑦阴山，侯国。

①师古曰："郴音丑林反。耒音郎内反。"

②师古曰："湞音丈庚反，又音贞。汇音胡贿反。"

③师古曰："在耒水之阳也。鄙音灵。"

④应劭曰："桂水所出，东北入湘。"

⑤应劭曰："今阴山也。"师古曰："下自有阴山。应说非也。"

⑥应劭曰："洭水所出，东北入沅。"师古曰："洭音匡。沅音元。"

⑦应劭曰："湞水出南海龙川，西入秦。"

武陵郡，高帝置。莽曰建平。属荆州。户三万四千一百七十七，口十八万五千七百五十八。县十三：索，渐水东入沅。①孱陵，莽曰孱陆。②临沅，莽曰监元。③沅陵，莽曰沅陆。镡成，康谷水南入海。玉山，潭水所出，东至阿林入郁，过郡二，行七百二十里。④无阳，无水首受故且兰，南入沅，八百九十里。⑤迁陵，莽曰迁陆。辰阳，三山谷，辰水所出，南入沅，七百五十里。莽曰会亭。⑥酉阳，⑦义陵，鄜梁山，序水所出，西入沅。莽曰建平。⑧佷山，⑨零阳，⑩充。酉原山，酉水所出，南至沅陵入沅，行千二百里。历山，澧水所出，东至下隽入沅，过郡二，行一千二百里。⑪

①应劭曰："顺帝更名汉寿。"如淳曰："音绳索之索。"师古曰："沅音元。"

②应劭曰："孱音践。"师古曰："音仕连反。"

③应劭曰："沅水出牂柯，入于江。"

④应劭曰："潭水所出，东入郁。音淫。"孟康曰："镡音潭。"师古曰："孟音是。"

⑤师古曰："且音子余反。"

⑥应劭曰："辰水所出，东入沅。"

⑦应劭曰："酉水所出，东入湘。"

⑧师古曰："廓音敷。"

⑨孟康曰："音恒。出药草恒山。"

⑩应劭曰："零水所出，东南入湘。"

⑪师古曰："澧音礼。隽音辞究反。"

零陵郡，武帝元鼎六年置。莽曰九疑。属荆州。户二万一千九十二，口十三万九千三百七十八。县十：零陵，阳海山，湘水所出，北至酃入江，过郡二，行二千五百三十里。又有离水，东南至广信入郁林，行九百八十里。营道，九疑山在南。莽曰九疑亭。始安，夫夷，营浦，都梁，侯国。路山，资水所出，东北至益阳入沅，过郡二，行千八百里。泠道，莽曰泠陵。①泉陵，侯国。莽曰溥闰。洮阳，莽曰洮治。②锺武。莽曰锺桓。③

①应劭曰："泠水出丹阳宛陵，西北入江。"臣瓒曰："宛陵在豫章北界，相去三千里，又隔诸水，不得从下逆至泠道而复入江也。"师古曰："瓒说是。泠音零。"

②如淳曰："洮音韬。"

③应劭曰："今重安。"

汉中郡，秦置。莽曰新成。属益州。户十万一千五百七十，口三十万六百一十四。县十二：西城，①旬阳，北山，旬水所出，南入沔。南郑，旱山，池水所出，东北入汉。褒中，都尉治。汉阳乡。房陵，淮山，淮水所出，东至中庐入沔。又有筑水，东至筑阳亦入沔。东山，沮水所出，东至郢入江，行七百里。②安阳，鬻谷水出西南，北入汉。汪谷水出北，南入汉。③成固，沔阳，有铁官。④锡，莽曰锡治。⑤武陵，上庸，长利。有郧关。⑥

①应劭曰："世本妫虚在西北，舜之居。"

②师古曰："筑音逐。"

③师古曰："鳖音潜，其字亦或从水。"

④应劭曰："沔水出武（昌）〔都〕，〔59〕东南入江。"如淳曰："此方人谓汉水为沔水。"师古曰："汉上曰沔。音莫践反。"

⑤应劭曰："音阳。"师古曰："即春秋所谓钖穴。"

⑥师古曰："音云。"

广汉郡，高帝置。莽曰就都。属益州。户十六万七千四百九十九，口六十六万二千二百四十九。有工官。县十三：梓潼，五妇山，驰水所出，南入涪，行五百五十里。莽曰子同。①汁方，莽曰美信。②涪，有屛亭。莽曰统睦。③雒，章山，雒水所出，南至新都谷入湔。有工官。莽曰吾雒。④緜竹，紫岩山，緜水所出，东至新都北入雒。都尉治。广汉，莽曰广信。葭明，⑤郪，⑥新都，甸氐道，白水出徼外，东至葭明入汉，过郡一，行九百五十里。莽曰致治。⑦白水，⑧刚氐道，涪水出徼外，南至垫江入汉，过郡二，行千六十九里。阴平道。北部都尉治。莽曰摧虏。

①应劭曰："潼水所出，南入垫江。垫音徒浃反。"师古曰："潼音童。涪音浮。"

②应劭曰："汁音十。"

③应劭曰："涪水出广汉，南入汉。"

④师古曰："湔音子先反。"

⑤应劭曰："音家盲。"师古曰："明音萌。"

⑥师古曰："音妻，又音千私反。"

⑦李奇曰："甸音腾。"师古曰："音食证反。"

⑧应劭曰："出徼外，北入汉。"

蜀郡，秦置。有小江入，并行千九百八十里。禹贡桓水出蜀山西南，行羌中，入南海。莽曰导江。属益州。户二十六万八千二百七十九，口百二十四万五千九百二十九。县十五：成都，户七万六千二百五十六。有工官。郫，禹贡江沱在西，东入大江。①繁，广都，莽曰就都亭。临邛，仆千水东至武阳入江，过郡二，行五百一十里。有铁官、盐官。莽曰监邛。②青衣，禹贡蒙山谿大渡水东南至南安入涐。③江原，鄴水首受江，南至武阳入江。莽曰邛原。④严道，邛来山，邛水所出，东入青衣。有木官。莽曰严治。縣㾋，玉垒山，湔水所出，东南至江阳入江，过郡三，行千八百九十里。⑤旄牛，鲜水出徼外，南入若水。若水亦出徼外，南至大莋入绳，过郡二，行千六百里。⑥徙，⑦湔氐道，禹贡崏山在西徼外，江水所出，东南至江都入海，过郡七，行二千六百六十里。⑧汶江，涐水出徼外，南至南安，东入江，过郡三，行三千四十里。江沱在西南，东入江。⑨广柔，蚕陵。莽曰步昌。

①师古曰："郫音疲。沱音徒何反。"

②应劭曰："邛水出严道邛来山，东入青衣。"

③应劭曰："顺帝更名汉嘉也。"师古曰："涐音哦。"

④应劭曰："郴音寿。"

⑤应劭曰："㾋音斯。"〔师古曰〕[60]："湔音子千反。"

⑥师古曰："莋音才各反。"

⑦师古曰："音斯。"

⑧师古曰："音丁奚反。"

⑨师古曰："沱音徒何反。"

犍为郡，武帝建元六年开。莽曰西顺。属益州。①户十万九千四百一十九，口四十八万九千四百八十六。县十二：僰道，莽曰僰治。②江阳，武阳，有铁官。莽曰戢成。南安，有盐官、铁官。资中，符，温水南至鳖入黚水，黚水亦南至鳖入江。莽曰符信。③牛鞞，④南广，汾关山，符黑水所出，北至僰道入江。又有大涉水，北至符入江，过郡三，行八百四十里。汉阳，都尉治。山闇谷，汉水所出，东至鳖入延。莽曰新通。⑤郁鄢，莽曰属鄢。⑥朱提，山出银。⑦堂琅。

①应劭曰："故夜郎国。"

②应劭曰："故僰侯国也。音蒲北反。"

③师古曰："鳖音蔽，又音鼈。黚音纪炎反。"

④孟康曰："音髀。"师古曰："音必尔反。"

⑤师古曰："闇音它盍反。"

⑥师古曰："鄢音莫亚反。属音仕连反。"

⑦应劭曰："朱提山在西南。"苏林曰："朱音铢。提音时。北方人名匕曰匙。"

越嶲郡，武帝元鼎六年开。莽曰集嶲。属益州。①户六万一千二百八，口四十万八千四百五。县十五：邛都，南山出铜。有邛池泽。遂久，绳水出徼外，东至僰道入江，过郡二，行千四百里。灵关道，台登，孙水南至会无入若，行七百五十里。②定莋，出盐。步北泽在南。都尉治。③会无，东山出碧。莋秦，大莋，姑复，临池泽在南。④三绛，苏示，卬江在西北。⑤阑，⑥卑水，⑦潭街，⑧青蛉。临池潭在北。仆水出徼外，东南至来惟入劳，过郡二，行千八百八十里。（则）〔有〕禺同山，[61]有金马、碧鸡。⑨

①应劭曰："故邛都国也。有嶲水。言越此水以章休盛也。"师古曰："嶲音先蕊反。"

②应劭曰："今日台高。"

③师古曰："莋音才各反。其下并同。本莋都也。"

④师古曰："复音扶目反。"

⑤师古曰："示读曰祇。尼，古夷字。"

⑥师古曰："音兰。"

⑦孟康曰："音班。"

⑧师古曰："灊音潜，又音才心反。其下亦同。"

⑨应劭曰："青蛉水出西，东入江也。"师古曰："蛉音零。毋音愚。"

<u>益州郡</u>，<u>武帝元封二年</u>开。<u>莽</u>曰<u>就新</u>。属<u>益州</u>。①户八万一千九百四十六，口五十八万四百六十三。县二十四：<u>滇池</u>，大泽在西，滇池泽在西北。有黑水祠。<u>双柏</u>，<u>同劳</u>，<u>铜濑</u>，谈虏山，迷水所出，东至谈稿入温。<u>连然</u>，有盐官。<u>俞元</u>，池在南，桥水所出，东至毋单入温，行千九百里。怀山出铜。<u>收靡</u>，南山腊〔谷〕，涂水所出，[62]西北至越巂入绳，过郡二，行千二十里。②<u>穀昌</u>，<u>秦臧</u>，牛兰山，即水所出，南至双柏入仆，行八百二十里。<u>邪龙</u>，味，③<u>昆泽</u>，叶榆，叶榆泽在东。贪水首受青蛉，南至邪龙入仆，行五百里。④<u>律高</u>，西石空山出锡，东南盬町山出银、铅。⑤<u>不韦</u>，<u>云南</u>，<u>巂唐</u>，周水首受徼外。又有类水，西南至不韦，行六百五十里。<u>弄栋</u>，东农山，毋血水出，北至三绛南入绳，行五百一十里。<u>比苏</u>，⑥<u>贲古</u>，北采山出锡，西羊山出银、铅，南乌山出锡。⑦<u>毋棳</u>，桥水首受桥山，东至中留入潭，过郡四，行三千一百二十里。莽曰有棳。⑧<u>胜休</u>，河水东至毋棳入桥。莽曰胜僰。<u>健伶</u>，⑨<u>来唯</u>。从际山出铜。劳水出徼外，东至麊泠入南海，过郡三，行三千五百六十里。⑩

①应劭曰："故滇王国也。"师古曰："滇音颠。其下并同。"

②李奇曰："靡音麻，即升麻，杀毒药所出也。"师古曰："涂音途。"

③孟康曰："音昧。"

④师古曰："叶音弋涉反。"

⑤师古曰："盬音呼鸪反。町音挺。"

⑥师古曰："比音频二反。"

⑦师古曰："贲音奔。"

⑧师古曰："毋读与无同。棳音之悦反，其字从木。"

⑨应劭曰："音铃。"

⑩师古曰："陆音胡工反。泠音零。"

牂柯郡，武帝元鼎六年开。莽曰同亭。有柱蒲关。属益州。①户二万四千二百一十九，口十五万三千三百六十。县十七：故且兰，沅水东南至益阳入江，过郡二，行二千五百三十里。②镡封，温水东至广郁入郁，过郡二，行五百六十里。③鳖，不狼山，鳖水所出，东入沅，过郡二，行七百三十里。④漏卧，⑤平夷，同并，⑥谈指，宛温，⑦毋敛，刚水东至潭中入潭。莽曰有敛。⑧夜郎，豚水东至广郁。都尉治。莽曰同亭。⑨毋单，⑩漏江，西随，麋水西受徼外，东至麋泠入尚龙郿，过郡二，行千一百六里。都梦，壶水东南至麋泠入尚龙谿，过郡二，行千一百六十里。谈稿，⑪进桑，南部都尉治。有关。句町。文象水东至增食入郁。又有卢唯水、来细水、伐水。莽曰从化。⑫

①应劭曰："临牂柯江也。"师古曰："牂柯，系船杙也。华阳国志云，楚顷襄王时，遣庄跻伐夜郎，军至且兰，椓船于岸而步战。既灭夜郎，以且兰有椓船牂柯处，乃改其名为牂柯。杙音弋。"

②应劭曰："故且兰侯邑也。且音苴。"师古曰："音子闾反。"

③师古曰："镡音寻，又音淫。"

④孟康曰："鳖音鷩。"师古曰："音不列反。"

⑤应劭曰："故漏卧侯国。"

⑥应劭曰："故同并侯邑。并音伴。"

⑦师古曰："宛音於元反。"

⑧师古曰："潭音大含反。"

⑨应劭曰："故夜郎侯邑。"

⑩师古曰："毋读与无同。单音丹。"

⑪师古曰："稿音工老反。"

⑫应劭曰："故句町国。"师古曰："音劬挺。"

巴郡，秦置。属益州。①户十五万八千六百四十三，口七十万八千一百四十八。县十一：江州，临江，莽曰监江。枳，②阆中，彭道将池在南。彭道鱼池在西南。③垫江，④朐忍，容毋水所出，南〔入江〕。〔63〕有橘官、盐官。⑤安汉，是鱼池在南。莽曰安新。宕渠，符特山在西南。潜水西南入江。不曹水出东北〔徐谷〕，南入灊（徐谷）。⑥〔64〕鱼复，江关，都尉治。有橘官。⑦充国，涪陵。莽曰巴亭。⑧

①应劭曰："左氏巴子使韩服告楚。"

②如淳曰："音徒，或音抵。"师古曰："音之尔反。"

③师古曰："阆音浪。"

④孟康曰："音重叠之叠。"

⑤师古曰："朐音劬。"

⑥师古曰："宕音徒浪反。"

⑦应劭曰："复音腹。"

⑧师古曰："涪音浮。"

【校勘记】

〔1〕 先王（以）建万国，亲诸侯。 景祐本无"以"字。

〔2〕 襄字与（古）怀（字）同。 景祐本无"古""字"二字。

〔3〕 （畋鱼）〔畎亩〕之治也。 景祐、殿本作"畎亩"。王先谦说作"畎亩"是。

〔4〕 砥音指，又音（祗）〔抵〕。 景祐、殿本都作"抵"。王先谦说作"抵"是。

〔5〕楛音(枯)〔怙〕。 景祐、殿本都作"怙"。王先谦说作"怙"是。

〔6〕蔡、蒙,二(水)〔山〕名。 景祐、殿、局本都作"山"。王先谦说作"山"是。

〔7〕又贡(维)〔枲〕纑。 景祐、殿本都作"枲"。王先谦说作"枲"是。

〔8〕敷浅原,一名(博)〔傅〕阳山, 景祐、殿本都作"傅"。王先谦说作"傅"是。

〔9〕二百里(纳)〔内〕漠。 景祐、殿本都作"内"。

〔10〕凡十三(郡)〔部〕, 杨树达说"郡"字误,当作"部"。按景祐、殿、局本都作"部"。

〔11〕(师)古曰兹水,秦穆公更名以章霸功,视子孙, 钱大昕说"古"下皆班氏本文,"师"字后人妄加,"沂音"上则当有"师古曰"三字。

〔12〕即左氏传所云(伐秦)〔秦伐〕晋取武城者也。 景祐、殿、局本都作"秦伐"。

〔13〕舜妻(盲)〔育〕冢祠。 梁玉绳说竹书舜三十年葬后育于渭,育乃后名,"盲"必"育"之误。

〔14〕〔诗曰"自杜"。〕 四字据景祐本补。

〔15〕诗芮(阢)〔汭〕。 景祐、殿本都作"阢"。段玉裁说作"汭"是。注同。

〔16〕有垂山、斜水、(淮)〔襃〕水祠三所。 汪士铎、王先谦都说"淮水"当作"襃水"。按与上文合。

〔17〕音(咍)〔胎〕 景祐、殿本都作"胎"。王鸣盛说作"胎"是。

〔18〕有班氏(香)〔乡〕亭。 景祐、殿本都作"乡"。朱一新说作"乡"是。

〔19〕(河主)〔句注〕、贾屋山在北。 王念孙说"河主"当作"句注"。王先谦说王说是。

[20] 入（青）〔清〕漳。　景祐、殿本都作"清"。王鸣盛说作"清"是。

[21] 自（仆）〔濮〕阳徙此。　景祐、殿本都作"濮"。王先谦说作"濮"是。

[22] 春秋昭公（二）〔三〕十（一）〔二〕年，　王鸣盛说"二十一年"南监本作"二十二年"，当作"三十二年"。

[23] （畔）观，　陈景云、王先谦都说"畔"字衍。

[24] 有（涑）〔沛〕庙。　王先谦说"涑"当为"沛"。按景祐、殿、局本都作"沛"。

[25] 丘一成为顿丘，谓一（成）〔顿〕而成也。　景祐、殿、局本都作"顿"。王鸣盛说作"顿"是。

[26] 世祖（父叔）〔叔父〕名良，　景祐、殿本都作"叔父"。

[27] 濮渠水首受（涑）〔沛〕，　同上。

[28] 〔师古曰〕："休音许虬反。"　钱大昭说"休"字上脱"师古曰"三字。

[29] 户三十五万九千（一）〔三〕百一十六，　景祐、殿本都作"三"。

[30] 东南至淮（陵）〔浦〕入海，　齐召南说"淮陵"当作"淮浦"，各本俱误。王先谦说齐说是。

[31] 后十世秦拔我郢，徙（东）〔陈〕。　齐召南说"东"当作"陈"，各本俱误。

[32] （淮）〔包〕水东北至（沛）〔沛〕入泗。　王先谦说"淮"当作"泡"。按景祐、殿本都作"包"。齐召南说"沛"盖"沛"字之讹，水经泗水注引此文云"泡水东北至沛入泗"是也。

[33] 户二十九万二（千）〔十〕五，　景祐、殿本都作"十"。

[34] 有尧（家）〔冢〕灵台。　钱大昭说"家"当作"冢"。按景祐、殿、局本都作"冢"。

[35] 莽曰（有）〔育〕成。　景祐、殿本都作"育"。王念孙说当为

"肴"字之误。

〔36〕明帝更名(犬)〔大〕丘。 汪士铎说"犬"当作"大"。按景祐、殿本都作"大"。

〔37〕尝分为(泾)〔经〕县。 景祐、殿本都作"经"。

〔38〕(石)济水所出, 王念孙说"石"字衍。

〔39〕逢山长谷,(诸)〔渚〕水所出, 景祐本作"渚"。

〔40〕桃水(受首)〔首受〕涞水, 景祐、殿本都作"首受"。

〔41〕"侯国"二字据景祐、殿本补。

〔42〕读与(耿)〔隔〕同。 景祐、殿本都作"隔"。

〔43〕蔡谟音由,音(鹗)〔鸮〕。 景祐、殿本都作"鸮"。

〔44〕(求山上)〔兖州山〕。 钱大昕说"求山上"三字为"兖州山"之讹。

〔45〕临乐(于)〔子〕山,洙水所出, 景祐、殿本都作"子"。

〔46〕东至(传)〔博〕昌入泲,幽(川)〔州〕浸。 景祐、殿本作"博"作"州",此误。

〔47〕居上山,声洋(丹)水所出, 王先谦说"丹"是衍文。

〔48〕莽曰(来)〔东〕莱亭。 景祐、殿本都作"东"。王先谦说作"东"是。

〔49〕(存)〔有〕四时祠。 钱大昭说"存"当作"有"。按景祐、殿本都作"有"。

〔50〕雩(段)〔叚〕, 王先谦说据颜注"段"当作"叚"。按景祐本正作"叚",注同。

〔51〕秦地图曰剧清(地)〔池〕, 据王先谦补注引于钦齐乘,"地"当作"池"。

〔52〕至(昌)都〔昌〕入海, 殿本作"都昌"。钱大昭说作"都昌"是。

〔53〕莽曰蒲(睦)〔陆〕。 景祐、殿本都作"陆"。周寿昌说作

"陆"是。

[54] 城诸(人)〔及〕郓者。　景祐、殿本都作"及"。王先谦说作"及"是。

[55] (万)〔葛〕峄山在西。　景祐、殿本都作"葛"。王先谦说作"葛"是。

[56] 〔师古曰〕："椶音朔。"　齐召南说上脱"师古曰"三字，各本俱误。

[57] (春)〔舂〕山，(春)〔舂〕水所出，　景祐、殿本都作"舂"。王先谦说作"舂"是。

[58] 汇水南至四会入郁(林)，　景祐本无"林"字。王念孙说无"林"字是。

[59] 沔水出武(昌)〔都〕，　景祐、殿都本作"都"。王鸣盛说作"都"是。

[60] 〔师古曰〕三字据景祐、殿本补。

[61] (则)〔有〕禺同山，　王先谦说"则"当作"有"。

[62] 南山腊〔谷〕，涂水所出，　王先谦说"腊"下脱"谷"字。按各本都脱。

[63] 容毋水所出，南〔入江〕。　王先谦说"南"下脱"入江"二字。

[64] 不曹水出东北〔徐谷〕，南入灉(徐谷)。　王先谦说"徐谷"二字当在"东北"之下。

汉书卷二十八下

地理志第八下

武都郡，武帝元鼎六年置。莽曰乐平。①户五万一千三百七十六，口二十三万五千五百六十。县九：武都，东汉水受氐道水，一名沔，过江夏，谓之夏水，入江。天池大泽在县西。莽曰循虏。②上禄，故道，莽曰善治。河池，泉街水南至沮入汉，行五百二十里。莽曰乐平亭。③平乐道，沮，沮水出东狼谷，南至沙羡南入江，过郡五，行四千里，荆州川。④嘉陵道，循成道，下辨道。莽曰杨德。⑤

①应劭曰："故白马氐羌。"

②师古曰："以有天池大泽，故谓之都。"

③师古曰："华阳国志云一名仇池，地方百顷。"

④师古曰："沮音千余反。羡音夷。"

⑤师古曰："辨音步见反。"

陇西郡，秦置。莽曰厌戎。①户五万三千九百六十四，口二三十万六千八百二十四。有铁官、盐官。县十一：<u>狄道</u>，白石山在东。莽曰操虏。②<u>上邽</u>，③<u>安故</u>，<u>氐道</u>，禹贡养水所出，至武都为汉。莽曰亭道。④<u>首阳</u>，禹贡鸟鼠同穴山在西南，<u>渭水</u>所出，东至船司空入河，过郡四，行千八百七十里，雍州浸。<u>予道</u>，莽曰德道。<u>大夏</u>，莽曰顺夏。<u>羌道</u>，羌水出塞外，南至阴平入白水，过郡三，行六百里。⑤<u>襄武</u>，莽曰相桓。<u>临洮</u>，洮水出西羌中，北至枹罕东入（西）〔河〕。[1]禹贡西顷山在县西，南部都尉治也。⑥<u>西</u>。禹贡墦冢山，西汉所出，南入广汉白水，东南至江州入江，过郡四，行二千七百六十里。莽曰西治。

①应劭曰："有陇坻，在其西也。"师古曰："陇坻谓陇阪，即今之陇山也。此郡在陇之西，故曰陇西，坻音丁计反，又音底。"

②师古曰："其地有狄种，故云狄道。"

③应劭曰："史记故邽戎邑也。"师古曰："邽音圭。"

④师古曰："氐，夷种名也。氐之所居，故曰氐道，氐音丁溪反。养音弋向反，字本作漾，或作瀁。"

⑤师古曰："水经云羌水出羌中参谷。"

⑥师古曰："洮音吐高反。枹读曰肤。顷读曰倾。"

　　<u>金城郡</u>，昭帝始元六年置。莽曰西海。①户三万八千四百七十，口十四万九千六百四十八。县十三：<u>允吾</u>，乌亭逆水出参街谷，东至枝阳入湟。莽曰修远。②<u>浩亹</u>，浩亹水出西塞外，东至允吾入湟水。莽曰兴武。③<u>令居</u>，涧水出西北塞外，至县西南，入郑伯津。莽曰罕虏。④<u>枝阳</u>，<u>金城</u>，莽曰金屏。<u>榆中</u>，枹罕，⑤<u>白石</u>，离水出西塞外，东至枹罕入河。莽曰顺砾。⑥<u>河关</u>，积石山在西南羌中。河水行塞外，东北入塞内，至章武入海，过郡十六，行九千四百里。<u>破羌</u>，宣帝神爵二年置。<u>安夷</u>，<u>允街</u>，宣帝神爵二年置。莽曰修远。⑦<u>临羌</u>。西北至塞外，有西王母石室、仙海、盐池。北则湟水所出，东至允吾入河。西有须抵池，有弱水、昆仑山祠。莽

日盐羌。⑧

①应劭曰："初筑城得金，故曰金城。"臣瓒曰："称金，取其坚固也，故墨子曰'虽金城汤池'。"师古曰："瓒说是也。一云，以郡在京师之西，故谓金城。金，西方之行。"

②应劭曰："允吾音铅牙。"

③孟康曰："浩亹音合门。"师古曰："浩音诰。浩，水名也。亹者，水流峡山，岸深若门也。诗大雅曰'凫鹥在亹'，亦其义也。今俗呼此水为阁门河，盖疾言之，浩为阁耳。湟音皇。"

④孟康曰："令音连。"师古曰："令音零。"

⑤应劭曰："故罕羌侯邑也。枹音铁。"师古曰："读曰肤，本枹鼓字也。其字从木。"

⑥应劭曰："白石山在东。"

⑦孟康曰："允音铅。"

⑧师古曰："阚骃云西有（毕）〔卑〕和羌，[2]即献王莽地为西海郡者也。抵音丁礼反。"

天水郡，武帝元鼎三年置。莽曰填戎。明帝改曰汉阳。①户六万三百七十，口二十六万一千三百四十八。县十六：平襄，莽曰平相。②街泉，戎邑道，莽曰填戎亭。望垣，莽曰望亭。罕幵，③绵诸道，阿阳，略阳道，冀，禹贡朱圄山在县南梧中聚。莽曰冀治。④勇士，属国都尉治满福。莽曰纪德。⑤成纪，清水，莽曰识睦。奉捷，陇，⑥豲道，骑都尉治密艾亭。⑦兰干。莽曰兰盾。

①师古曰："秦州地记云郡前湖水冬夏无增减，因以名焉。填音竹真反。其后并同。"

②师古曰："阚骃云故襄戎邑也。"

③应劭曰："音羌肩反。"师古曰："本破罕幵之羌，处其人于此，因以

名云。"

④师古曰："续汉郡国志云有缇群山、落门聚。圂读与围同。"

⑤师古曰："即今土俗呼为健士者也。隨室之初避皇太子讳，因而遂改。"

⑥师古曰："今呼陇城县者也。"

⑦应劭曰："獂，戎邑也，音完。"

武威郡， 故匈奴休屠王地。武帝太初四年开。莽曰张掖。①户万七千五百八十一，口七万六千四百一十九。县十：姑臧，南山，谷水所出，北至武威入海，行七百九十里。张掖，武威，休屠泽在东北，古文以为猪壄泽。休屠，莽曰晏然。都尉治熊水障。北部都尉治休屠城。揟次，莽曰播德。②鸾（鸟）〔乌〕，[3] 扑劓，莽曰敷虏。③媪围，苍松，南山，松陕水所出，北至揟次入海。莽曰射楚。④宣威。

①师古曰："休音许虬反。屠音直闾反。其后并同。"

②孟康曰："揟音子如反。次音咨，诸本作恣。"

③孟康曰："音蒲环。"

④师古曰："松，古松字也。陕音下夹反，两山之间也。松陕，陕名。"

张掖郡， 故匈奴昆邪王地，武帝太初元年开。莽曰设屏。①户二万四千三百五十二，口八万八千七百三十一。县十：觻得，千金渠西至乐涫入泽中。羌谷水出羌中，东北至居延入海，过郡二，行二千一百里。莽曰官式。②昭武，莽曰渠武。删丹，桑钦以为道弱水自此，西至酒泉合黎。莽曰贯虏。氐池，莽曰否武。屋兰，莽曰传武。（日）〔日〕勒，[4] 都尉治泽索谷。莽曰勒治。③骊靬，莽曰揭虏。④番和，农都尉治。莽曰罗虏。⑤居延，居延泽在东北，古文以为流沙。都尉治。莽曰居成。⑥显美。

①应劭曰："张国臂掖，故曰张掖也。"师古曰："昆音胡门反。"

②应劭曰："觮得渠西入泽羌谷。"孟康曰："觮音鹿。"师古曰："孟音是也。涫音官。其下并同。"

③师古曰："泽音铎。索音先各反。"

④李奇曰："音迟虔。"如淳曰："音弓靬。"师古曰："骊音力迟反。靬音虔是也。今其土俗人呼骊靬，疾言之曰力虔。揭音其谒反。"

⑤如淳曰："番音盘。"

⑥师古曰："阚骃云武帝使伏波将军路博德筑遮虏障于居延城。"

酒泉郡，武帝太初元年开。莽曰辅平。①户万八千一百三十七，口七万六千七百二十六。县九：禄福，呼蚕水出南羌中，东北至会水入羌谷。莽曰显德。表是，莽曰载武。乐涫，莽曰乐亭。天陈，②玉门，莽曰辅平亭。③会水，北部都尉治偃（前）〔泉〕障。[5]东部都尉治东部障。莽曰萧武。④池头，绥弥，⑤乾齐。西部都尉治西部障。莽曰测虏。⑥

①应劭曰："其水若酒，故曰酒泉也。"师古曰："旧俗传云城下有金泉，泉味如酒。"

②师古曰："音衣。此地有天陈阪，故以名。"

③师古曰："阚骃云汉罢玉门关屯，徙其人于此。"

④师古曰："阚骃云众水所会，故曰会水。"

⑤如淳曰："今曰安弥。"

⑥孟康曰："乾音干。"

敦煌郡，武帝后元年分酒泉置。正西关外有白龙堆沙，有蒲昌海。莽曰敦德。①户万一千二百，口三万八千三百三十五。县六：敦煌，中部都尉治步广侯官。杜林以为古瓜州地，生美瓜。莽曰敦德。②冥安，南籍端水出南羌中，西北入其泽，溉民田。③效穀，④渊泉，⑤广至，宜禾都尉治昆仑障。莽曰广桓。龙勒，有阳关、玉门关，皆都尉治。氐置水出南羌中，东北入泽，溉民田。

①应劭曰：“敦，大也。煌，盛也。敦音屯。”

②师古曰：“即春秋左氏传所云‘允姓之戎居于瓜州’者也。其地今犹出大瓜，长者狐入瓜中食之，首尾不出。”

③应劭曰：“冥水出北，入其泽。”

④师古曰：“本渔泽障也。桑钦说孝武元封六年济南崔不意为鱼泽尉，教力田，以勤效得谷，因立为县名。”

⑤师古曰：“阚骃云地多泉水，故以为名。”

安定郡，武帝元鼎三年置。户四万二千七百二十五，口十四万三千二百九十四。县二十一：高平，莽曰铺睦。复累，①安俾，②抚夷，莽曰抚宁。朝那，有端旬祠十五所，胡巫祝。又有湫渊祠。③泾阳，陒头山在西，禹贡泾水所出，东南至阳陵入渭，过郡三，行千六十里，雍州川。④临泾，莽曰监泾，卤，濁水出西。⑤乌氏，乌水出西，北入河。都卢山在西。莽曰乌亭。⑥阴密，诗密人国。有邑安亭。⑦安定，参錼，主骑都尉治。⑧三水，属国都尉治。有盐官。莽曰广延亭。阴槃，安武，莽曰安桓。祖厉，莽曰乡礼。⑨爰得，朐卷，河水别出为河沟，东至富平北入河。⑩彭阳，鹑阴，月（支）〔氏〕道。[6]莽曰月顺。⑪

①师古曰：“复音服。累音力追反。”

②孟康曰：“俾音卑。”

③应劭曰：“史记故戎那邑也。”师古曰：“湫音子由反。”

④师古曰：“陒音苦见反，又音牵。此山在今灵州东南，土俗语讹谓之汧屯山。”

⑤师古曰：“濁音其于反。”

⑥师古曰：“氏音支。”

⑦师古曰：“即诗大雅所云‘密人不恭，敢距大邦’者。”

⑧师古曰：“錼音力全反。”

1446

⑨应劭曰："祖音（置）〔罝〕。"[7]师古曰："厉音赖。"

⑩应劭曰："朐音旬日之旬。卷音菌蕗之菌。"

⑪应劭曰："氐音支。"

　　北地郡，秦置。莽曰威成。户六万四千四百六十一，口二十一万六百八十八。县十九：马领，①直路，沮水出（东，西）〔西，东〕入洛。[8]灵武，莽曰威成亭。富平，北部都尉治神泉障。浑怀都尉治塞外浑怀障。莽曰特武。②灵州，惠帝四年置。有河奇苑、号非苑。莽曰令周。③朐衍，④方渠，除道，莽曰通道。五街，莽曰吾街。鹑孤，归德，洛水出北蛮夷中，入河。有堵苑、白马苑。回获，略畔道，莽曰延年道。⑤泥阳，莽曰泥阴。⑥郁郅，泥水出北蛮夷中。有牧师苑官。莽曰功著。⑦义渠道，莽曰义沟。弋居，有盐官。大䫿，⑧廉。卑移山在西北。莽曰西河亭。

①师古曰："川形似马领，故以为名。领，颈也。"

②师古曰："浑音胡昆反。"

③师古曰："苑谓马牧也。水中可居者曰州。此地在河之州，随水高下，未尝沦没，故号灵州，又曰河奇也。二苑皆在北焉。"

④应劭曰："朐音煦。"师古曰："音香于反。"

⑤师古曰："有略畔山，今在庆州界，其土俗呼曰洛盘，音讹耳。"

⑥应劭曰："泥水出郁郅北蛮中。"

⑦师古曰："郁音于六反。郅音之日反。"

⑧师古曰："䫿即古要字也，音一遥反。"

　　上郡，秦置，高帝元年更为翟国，七月复故。匈归都尉治塞外匈归障。属并州。①户十万三千六百八十三，口六十万六千六百五十八。县二十三：肤施，有五龙山、帝、原水、黄帝祠四所。独乐，有盐官。阳周，桥山在南，有黄帝冢。莽曰上陵畤。木禾，平都，浅水，莽曰广信。京室，莽曰积粟。洛都，莽曰卑顺。白土，圜水出西，东入河。莽曰黄土。②襄洛，莽曰上党亭。原都，漆垣，莽曰漆墙。奢延，莽曰奢节。雕阴，③推邪，莽曰排邪。④桢林，莽曰桢垇。⑤高望，北部都尉治。莽曰坚宁。雕阴道，龟兹，属国都尉治。有盐官。⑥定阳，⑦高奴，有洧水，可㸐。莽曰利平。⑧望松，北部都尉治。宜都。莽曰坚宁小邑。

① 师古曰："匈归者，言匈奴归附。"

② 师古曰："圜音银。其释在下。"

③ 应劭曰："雕山在西南。"

④ 师古曰："邪音似嗟反。"

⑤ 师古曰："桢音贞。"

⑥ 应劭曰："音丘慈。"师古曰："龟兹国人来降附者，处之于此，故以名云。"

⑦ 应劭曰："在定水之阳。"

⑧ 师古曰："㸐，古然火字。"

西河郡，武帝元朔四年置。南部都尉治塞外翁龙、埤是。莽曰归新。属并州。①户十三万六千三百九十，口六十九万八千八百三十六。县三十六：富昌，有盐官。莽曰富成。驺虞，鹄泽，②平定，莽曰阴平亭。美稷，属国都尉治。中阳，乐街，莽曰截虏。徒经，莽曰廉耻。皋狼，大成，莽曰好成。广田，莽曰广翰。圜阴，惠帝五年置。莽曰方阴。③益阑，莽曰香阑。平周，鸿门，有天封苑火井祠，火从地出也。蔺，宣武，莽曰讨貉。千章，增山，有道西出眩雷塞，北部都尉治。④圜阳，⑤广衍，武车，莽曰桓车。虎猛，西部都尉治。离石，穀罗，武泽在西北。饶，莽曰饶衍。方利，莽曰广德。隰成，莽曰慈平亭。临水，莽曰（坚）〔监〕水。[9]土军，西都，莽曰五原亭。平陆，阴山，莽曰山宁。觬是，莽曰伏觬。⑥博陵，莽曰助桓。盐官。

①师古曰:"翁龙、埤是,二障名也。埤音婢。"

②孟康曰:"鹄音告。"师古曰:"音古督反。"

③师古曰:"圁字本作圁,县在圁水之阴,因以为名也。王莽改为方阴,
　　则是当时已误为圁字。今有银州、银水,即是旧名犹存,但字变耳。"

④师古曰:"眴音州县之县。"

⑤师古曰:"此县在圁水之阳。"

⑥苏林曰:"音麕。"师古曰:"觬音倪,其字从角。"

朔方郡,武帝元朔二年开。西部都尉治窳浑。莽曰沟搜。属并州。①
户三万四千三百三十八,口十三万六千六百二十八。县十:三封,
武帝元狩三年城。朔方,金连盐泽、青盐泽皆在南。莽曰武符。修都,临
河,莽曰监河。呼遒,②窳浑,有道西北出鸡鹿塞。屠申泽在东。莽曰极
武。渠搜,中部都尉治。莽曰沟搜。沃壄,武帝元狩三年城。有盐官。莽
曰绥武。广牧,东部都尉治。莽曰盐官。临戎。武帝元朔五年城。莽曰
推武。

①师古曰:"窳音庾。浑音魂。"

②师古曰:"遒音在由反。"

五原郡,秦九原郡,武帝元朔二年更名。东部都尉治稒阳。莽曰获降。
属并州。①户三万九千三百二十二,口二十三万一千三百二十八。县
十六:九原,莽曰成平。固陵,莽曰固调。五原,莽曰填河亭。临沃,
莽曰振武。文国,莽曰繁聚。河阴,蒱泽,属国都尉治。南兴,莽曰南
利。武都,莽曰桓都。宜梁,曼柏,莽曰延柏。②成宜,中部都尉治原
高,西部都尉治田辟。有盐官。莽曰艾虏。③稒阳,北出石门障得光禄城,
又西北得支就城,又西北得头曼城,又西北得虖河城,又西得宿虏城。莽曰
固阴。④莫䵣,⑤西安阳,莽曰鄣安。河目。

地理志第八下

1449

①师古曰："稠音固。"

②师古曰："曼音万。"

③师古曰："辟读曰壁。艾读曰刈。"

④师古曰："曼音莫安反。麾音呼。"

⑤如淳曰："音忉怛。"师古曰："音丁葛反。"

云中郡，秦置。莽曰受降。属并州。户三万八千三百三，口十七万三千二百七十。县十一：云中，莽曰远服。咸阳，莽曰贲武。陶林，东部都尉治。桢陵，缘胡山在西北。西部都尉治。莽曰桢陆。犊和，沙陵，莽曰希恩。原阳，沙南，北舆，中部都尉治。①武泉，莽曰顺泉。阳寿。莽曰常得。

①师古曰："阚骃云广陵有舆，故此加北。"

定襄郡，高帝置。莽曰得降。属并州。户三万八千五百五十九，口十六万三千一百四十四。县一十二：成乐，桐过，莽曰椅桐。①都武，莽曰通德。武进，白渠水出塞外，西至沙陵入河。西部都尉治。莽曰伐蛮。襄阴，武皋，荒干水出塞外，西至沙陵入河。中部都尉治。莽曰永武。骆，莽曰遮要。定陶，莽曰迎符。武城，莽曰桓就。武要，东部都尉治。莽曰厌胡。②定襄，莽曰著武。复陆。莽曰闻武。③

①师古曰："过音工禾反。"

②师古曰："厌音一叶反。其下并同。"

③师古曰："复音服。"

雁门郡，秦置。句注山在阴馆。莽曰填狄。属并州。户七万三千一百三十八，口二十九万三千四百五十四。县十四：善无，莽曰阴馆。沃阳，盐泽在东北，有长丞。西部都尉治。莽曰敬阳。繁畤，莽曰当要。①中陵，莽曰遮害。阴馆，楼烦乡。景帝后三年置。累头山，治水所出，东至泉州入海，过郡六，行千一百里。莽曰富代。②楼烦，有盐官。③武州，莽曰桓州。洼陶，④剧阳，莽曰善阳。崞，莽曰崞张。⑤平城，东部都尉治。莽曰平顺。埒，莽曰填狄亭。马邑，莽曰章昭。⑥彊阴。诸闻泽在东北。莽曰伏阴。

①师古曰："畤音止。"

②师古曰："累音力追反。治音弋之反。燕剌王传作台字。"

③应劭曰："故楼烦胡地。"

④孟康曰："音汪。"

⑤孟康曰："音郭。"

⑥师古曰："晋太康地记云秦时建此城辄崩不成，有马周旋驰走反覆，父老异之，因依以筑城，遂名为马邑。"

代郡，秦置。莽曰厌狄。有五原关、常山关。属幽州。①户五万六千七百七十一，口二十七万八千七百五十四。县十八：桑乾，莽曰安德。②道人，莽曰道仁。③当城，④高柳，西部都尉治。马城，东部都尉治。班氏，秦地图书班氏。莽曰班副。延陵，狋氏，莽曰狋聚。⑤且如，于延水出塞外，东至宁入沽。中部都尉治。⑥平邑，莽曰平胡。阳原，东安阳，莽曰竟安。⑦参合，平舒，祁夷水北至桑乾入沽。莽曰平葆。代，莽曰厌狄亭。⑧灵丘，滱河东至文安入大河，过郡五，行九百四十里。并州川。⑨广昌，涞水东南至容城入河，过郡三，行五百里，并州浸。莽曰广屏。⑩卤城。虖池河东至参（合）〔户〕入虖池别，[10]过郡九，行千三百四十里，并州川。从河东至文安入海。过郡六，行千三百七十里。莽曰鲁盾。⑪

①应劭曰："故代国。"

②孟康曰："乾音干。"

③师古曰："本有仙人游其地，因以为名。"

④师古曰："阚骃云当桓都城，故曰当城。"

⑤孟康曰："猇音权。氏音精。"

⑥师古曰："且音子如反。沽音姑，又音故。"

⑦师古曰："阚骃云五原有安阳，故此加东也。"

⑧应劭曰："故代国。"

⑨应劭曰："武灵王葬此，因氏焉。"臣瓒曰："灵丘之号在赵武灵王之前也。"师古曰："瓒说是也。滱音寇，又音苦侯反。其下并同。"

⑩师古曰："涞音来。"

⑪师古曰："㠐音呼。池音徒河反。"

上谷郡，秦置。莽曰朔调。属幽州。户三万六千八，口十一万七千七百六十二。县十五：沮阳，莽曰沮阴。①泉上，莽曰塞泉。潘，莽曰树武。②军都，温馀水东至路，南入沽。居庸，有关。雊瞀，③夷舆，莽曰朔调亭。宁，西部都尉治。莽曰博康。昌平，莽曰长昌。广宁，莽曰广康。涿鹿，莽曰抪陆。④且居，(乐阳)〔阳乐〕水出东，(东)〔南〕入(海)〔沽〕。[11]莽曰久居。茹，莽曰毂武。女祁，东部都尉治。莽曰祁。下落。莽曰下忠。

①孟康曰："音俎。"

②师古曰："音普半反。"

③孟康曰："音句无。"师古曰："雊音工豆反。瞀音莫豆反。"

④应劭曰："黄帝与蚩尤战于涿鹿之野。"

渔阳郡，秦置。莽曰(北顺)〔通路〕。[12]属幽州。户六万八千八百二，口二十六万四千一百一十六。县十二：渔阳，沽水出塞外，东南至泉州入海，行七百五十里。有铁官。莽曰得渔。狐奴，莽曰举符。路，莽曰通路亭。雍奴，泉州，有盐官。莽曰泉调。平谷，安乐，犷奚，莽曰敦德。①犷平，莽曰平犷。②要阳，都尉治。莽曰要术。③白檀，湅水出北蛮夷。④滑盐。莽曰匡德。⑤

①孟康曰："厗音题，字或作蹏。"

②服虔曰："犷音巩。"师古曰："音九永反，又音犷。"

③师古曰："音一妙反。"

④师古曰："泏音呼鸱反。"

⑤应劭曰："明帝改名盐。"

右北平郡，秦置。莽曰北顺。属幽州。户六万六千六百八十九，口三十二万七百八十。县十六：平刚，无终，故无终子国。浭水西至雍奴入海，过郡二，行六百五十里。①石成，廷陵，莽曰铺武。俊靡，灅水南至无终东入庚。莽曰俊麻。②薋，都尉治。莽曰裒睦。③徐无，莽曰北顺亭。字，榆水出东。土垠，④白狼，莽曰伏狄。⑤夕阳，有铁官。莽曰夕阴。昌城，莽曰淑武。骊成，大揭石山在县西南。莽曰揭石。⑥广成，莽曰平虏。聚阳，莽曰笃睦。平明。莽曰平阳。

①师古曰："浭音庚，即下所云入庚者同一水也。"

②师古曰："灅音力水反，又音郎贿反。"

③师古曰："音才私反。"

④师古曰："垠音银。"

⑤师古曰："有白狼山，故以名县。"

⑥师古曰："揭音桀。"

辽西郡，秦置。有小水四十八，并行三千四十六里。属幽州。户七万二千六百五十四，口三十五万二千三百二十五。县十四：且虑，有高庙。莽曰鉏虑。①海阳，龙鲜水东入封大水。封大水、缓虚水皆南入海。有盐官。新安平，夷水东入塞外。柳城，马首山在西南。参柳水北入海。西部都尉治。令支，有孤竹城。莽曰令氏亭。②肥如，玄水东入濡水。濡水南入海阳。又有卢水，南入玄。莽曰肥而。③宾从，莽曰勉武。交黎，渝水首受塞外，南入海。东部都尉治。莽曰禽虏。④阳乐，狐苏，唐就水至徒河入海。徒河，莽曰河福。文成，莽曰言虏。临渝，渝水首受白狼，东入塞外。又有侯水，北入渝。莽曰冯德。⑤絫。下官水南入海。又有揭石水、宾水，皆南入官。莽曰选武。⑥

①师古曰："且音子余反。虑音庐。"

②应劭曰："故伯夷国，今有孤竹城。令音铃。"孟康曰："支音祇。"师古曰："令又音郎定反。"

③应劭曰："肥子奔燕，燕封于此也。"师古曰："濡音乃官反。"

④应劭曰："今昌黎。"师古曰："渝音喻。其下并同。"

⑤师古曰："冯读曰凭。"

⑥师古曰："絫音力追反。"

辽东郡，秦置。属幽州。户五万五千九百七十二，口二十七万二千五百三十九。县十八：襄平，有牧师官。莽曰昌平。新昌，无虑，西部都尉治。①望平，大辽水出塞外，南至安市入海，行千二百五十里。莽曰长说。②房，候城，中部都尉治。辽队，莽曰顺睦。③辽阳，大梁水西南至辽阳入辽。莽曰辽阴。险渎，④居就，室伪山，室伪水所出，北至襄平入梁也。高显，安市，武次，东部都尉治。莽曰桓次。平郭，有铁官、盐官。西安平，莽曰北安平。文，莽曰（受）〔文〕亭。〔13〕番汗，沛水出塞外，西南入海。⑤沓氏。⑥

①应劭曰："虑音闾。"师古曰："即所谓医巫闾。"

②师古曰："说读曰（侻）〔悦〕。"〔14〕

③师古曰："队音遂。"

④应劭曰："朝鲜王满都也。依水险，故曰险渎。"臣瓒曰："王险城在

乐浪郡泗水之东，此自是险渎也。"师古曰："瓒说是也。泗音普
大反。"

⑤应劭曰："汘水出塞外，西南入海。番音盘。"师古曰："沛音普盖反。
汘音寒。"

⑥应劭曰："氐水也。音长答反。"师古曰："凡言氐者，皆谓因之而
立名。"

玄菟郡，武帝元封四年开。高句骊，莽曰下句骊。属幽州。①户四万
五千六，口二十二万一千八百四十五。县三：高句骊，辽山，辽水
所出，西南至辽队入大辽水。又有南苏水，西北经塞外。②上殷台，莽曰下
殷。③西盖马。马訾水西北入盐难水，西南至西安平入海，过郡二，行二千
一百里。莽曰玄菟亭。

①应劭曰："故真番，朝鲜胡国。"

②应劭曰："故句骊胡。"

③如淳曰："台音鲐。"师古曰："音胎。"

乐浪郡，武帝元封三年开。莽曰乐鲜。属幽州。①户六万二千八百
一十二，口四十万六千七百四十八。有云鄣。县二十五：朝鲜，②讲
邯，③泗水，水西至增地入海。莽曰乐鲜亭。④含资，带水西至带方入海。
黏蝉，⑤遂成，增地，莽曰增土。带方，驷望，海冥，莽曰海桓。列
口，长岑，屯有，昭明，南部都尉治。镂方，提奚，浑弥，⑥吞列，
分黎山，列水所出，西至黏蝉入海，行八百二十里。东暆，⑦不而，东
(郡)〔部〕都尉治。[15] 蚕台，⑧华丽，邪头昧，⑨前莫，夫租。

①应劭曰："故朝鲜国也。"师古曰："乐音洛。浪音狼。"

②应劭曰："武王封箕子于朝鲜。"

③孟康曰："讲音男。"师古曰："讲音乃甘反。邯音酣。"

④师古曰："泗音普大反。"

⑤服虔曰："蝉音提。"

⑥师古曰："浑音下昆反。"

⑦应劭曰："音移。"

⑧师古曰："台音胎。"

⑨孟康曰："昧音妹。"

南海郡，秦置。秦败，尉佗王此地。武帝元鼎六年开。属交州。户万九千六百一十三，口九万四千二百五十三。有圃羞官。县六：番禺，尉佗都。有盐官。①博罗，中宿，有洭浦官。②龙川，③四会，揭阳。莽曰南海亭。④

①如淳曰："番音潘。禺音愚。"

②师古曰："洭音匡。"

③师古曰："裴氏广州记云本博罗县之东乡也，有龙穿地而出，即穴流泉，因以为号。"

④韦昭曰："揭音其逝反。"师古曰："音竭。"

郁林郡，故秦桂林郡，属尉佗。武帝元鼎六年开，更名。有小谿川水七，并行三千一百一十里。莽曰郁平。属交州。户万二千四百一十五，口七万一千一百六十二。县十二：布山，安广，阿林，广郁，郁水首受夜郎豚水，东至四会入海，过郡四，行四千三十里。中留，①桂林，潭中，莽曰中潭。②临尘，朱涯水入领方。又有斤（员）〔南〕水，〔16〕又有侵离水，行七百里。莽曰监尘。定周，〔周〕水首受无敛，〔17〕东入潭，行七百九十里。增食，嶺水首受牂柯东界，入朱涯水，行五百七十里。领方，斤（员）〔南〕水入郁。又有瞥水。都尉治。③雍鸡。有关。

①师古曰："留音力救反，水名。"

②师古曰："潭音大含反。"

③师古曰："圬音桥。"

苍梧郡，武帝元鼎六年开。莽曰新广。属交州。有离水关。户二万四千三百七十九，口十四万六千一百六十。县十：广信，莽曰广信亭。谢沐，有关。高要，有盐官。封阳，①临贺，莽曰大贺。端谿，冯乘，富川，荔蒲，有荔平关。②猛陵。龙山，合水所出，南至布山入海。莽曰孟陆。

①应劭曰："在封水之阳。"

②师古曰："荔音（肆）〔隶〕。"

交趾郡，武帝元鼎六年开，属交州。户九万二千四百四十，口七十四万六千二百三〔十〕七。[18] 县十：赢陵，有羞官。①安定，苟屚，②麊泠。都尉治。③曲易，④北带，稽徐，⑤西于，龙编，⑥朱䳒。

①孟康曰："赢音莲。陵音受土娄。"师古曰："陵娄二字并音来口反。"

②师古曰："屚与漏同。"

③应劭曰："麊音弥。"孟康曰："音螟蛉。"师古曰："音麋零。"

④师古曰："易，古阳字。"

⑤师古曰："稽音古奚反。"

⑥师古曰："编音鞭。"

合浦郡，武帝元鼎六年开。莽曰桓合。属交州。户万五千三百九十八，口七万八千九百八十。县五：徐闻，高凉，合浦，有关。莽曰桓亭。临允，牢水北入高要入郁，过郡三，行五百三十里。莽曰大允。朱卢。都尉治。

九真郡，武帝元鼎六年开。有小水五十二，并行八千五百六十里。户三万五千七百四十三，口十六万六千一十三。有界关。县七：胥浦，莽曰蠙成。居风，都庞，①馀发，咸驩，无切，都尉治。无编。莽曰九真亭。

①应劭曰："庞音龙。"师古曰："音聋。"

日南郡，故秦象郡，武帝元鼎六年开，更名。有小水十六，并行三千一百八十里。属交州。①户万五千四百六十，口六万九千四百八十五。县五：朱吾，比景，②卢容，西捲，水入海，有竹，可为杖。莽曰日南亭。③象林。

①师古曰："言其在日之南，所谓开北户以向日者。"
②如淳曰："日中于头上，景在已下，故名之。"
③孟康曰："音卷。"师古曰："音权。"

赵国，故秦邯郸郡，高帝四年为赵国，景帝三年复为邯郸郡，五年复故。莽曰桓亭。属冀州。户八万四千二百二，口三十四万九千九百五十二。县四：邯郸，堵山，牛首水所出，东入白渠。赵敬侯自中牟徙此。①易阳，②柏人，莽曰寿仁。③襄国。故邢国。西山，渠水所出，东北至任入浸。又有蓼水、冯水，皆东至朝平入湡。④

①张晏曰："邯郸山在东城下。单，尽也。城郭从邑，故加邑云。"师古曰："邯音寒。"
②应劭曰："易水出涿郡故安。"师古曰："在易水之阳。"
③师古曰："本晋邑。"
④师古曰："湡音藕，又音牛吼反。"

广平国，武帝征和二年置为平干国，宣帝五凤二年复故。莽曰富昌。属冀州。户二万七千九百八十四，口十九万八千五百五十八。县十六：广平，张，朝平，南和，列葭水东入湡。①列人，莽曰列治。斥章，②任，③曲周，武帝建元四年置。莽曰直周。南曲，曲梁，侯国。莽日直梁。广乡，平利，平乡，阳台，侯国。广年，莽曰富昌。城乡。

①师古曰："葭音家，漉音斯。"

②应劭曰："漳水出治北，入河。其国斥卤，故曰斥章。"

③师古曰："本晋邑也。郑皇颉奔晋，为任大夫。"

真定国，武帝元鼎四年置。属冀州。户三万七千一百二十六，口十七万八千六百一十六。县四：真定，故东垣，高帝十一年更名。莽曰思治。稾城，莽曰埼实。①肥絫，故肥子国。②绵曼。斯洨水首受太白渠，东至鄡入河。莽曰绵延。③

①师古曰："稾音工老反。"

②师古曰："絫音力追反。"

③师古曰："曼音万。鄡音口尧反。"

中山国，高帝郡，景帝三年为国。莽曰常山。属冀州。①户十六万八百七十三，口六十六万八千八十。县十四：卢奴，②北平，徐水东至高阳入博。又有卢水，亦至高阳入河。有铁官。莽曰善和。北新成，桑钦言易水出西北，东入滱。莽曰朔平。唐，尧山在南。莽曰和亲。③深泽，莽曰翼和。苦陉，莽曰北陉。④安国，莽曰兴睦。曲逆，蒲阳山，蒲水所出，东入濡。又有苏水，亦东入濡。莽曰顺平。⑤望都，博水东至高阳入河。莽曰顺调。⑥新市，⑦新处，毋极，陆成，安险。莽曰宁险。⑧

①应劭曰："中山，故国。"

②应劭曰："卢水出右北平，东入河。"

③应劭曰："故尧国也。唐水在西。"张晏曰："尧为唐侯，国于此。尧
　　山在唐东北望都界。"孟康曰："晋荀吴伐鲜虞及中人，今中人亭是。"

④应劭曰："章帝更名汉昌。陉音邢。"

⑤张晏曰："濡水于城北曲而西流，故曰曲逆。章帝丑其名，改曰蒲阴，

在蒲水之阴。"师古曰："濡音乃官反。"

⑥张晏曰："尧山在北，尧母庆都山在南，登尧山见都山，故以为名。"

⑦应劭曰："鲜虞子国，今鲜虞亭是。"

⑧应劭曰："章帝更名安憙。"

信都国，景帝二年为广川国，宣帝甘露三年复故。莽曰新博。属冀州。①户六万五千五百五十六，口三十万四千三百八十四。县十七：信都，王都。故章河、故虖池皆在北，东入海。禹贡绛水亦入海。莽曰新博亭。历，莽曰历宁。扶柳，②辟阳，莽曰乐信。③南宫，莽曰序下。下博，莽曰闰博。④武邑，莽曰顺桓。观津，莽曰朔定亭。⑤高隄，⑥广川，⑦乐乡，侯国。莽曰乐丘。平隄，侯国。桃，莽曰桓分。西梁，侯国。昌成，侯国。东昌，侯国。莽曰田昌。脩。莽曰脩治。⑧

①应劭曰："明帝更名乐安。安帝改曰安平。"

②师古曰："阚骃云其地有扶泽，泽中多柳，故曰扶柳。"

③师古曰："辟音珪璧。"

④应劭曰："博水出中山望都，入河。"

⑤师古曰："观音工唤反。"

⑥师古曰："隄音丁奚反。"

⑦师古曰："阚骃云其县中有长河为流，故曰广川也。至隋仁寿元年，初立炀帝为皇太子，以避讳故，改为长河县，至今为名。"

⑧师古曰："脩音条。"

河间国，故赵，文帝二年别为国。莽曰朔定。①户四万五千四十三，口十八万七千六百六十二。县四：乐成，虖池别水首受虖池河，东至东光入虖池河。莽曰陆信。侯井，武隧，莽曰桓隧。②弓高。虖池别河首受虖池河，东至平舒入海。莽曰乐成。

①应劭曰：“在两河之间。”

②师古曰：“隧音遂。”

广阳国，高帝燕国，昭帝元凤元年为广阳郡，宣帝本始元年更为国。莽曰广有。户二万七百四十，口七万六百五十八。县四：蓟，故燕国，召公所封。莽曰伐戎。方城，广阳，阴乡。莽曰阴顺。

甾川国，故齐，文帝十八年别为国。后并北海。户五万二百八十九，口二十二万七千三十一。县三：剧，义山，蕤水所出，北至寿光入海。莽曰俞。①东安平，菟头山，女水出，东北至临甾入钜定。②楼乡。

①应劭曰：“故肥国，今肥亭是。”

②孟康曰：“纪季以酅入于齐，今酅亭是也。”师古曰：“阚骃云博陵有安平，故此加东。酅音携。”

胶东国，故齐，高帝元年别为国，五月复属齐国，文帝十六年复为国。莽曰郁秩。户七万二千二，口三十二万三千三百三十一。县八：即墨，有天室山祠。莽曰即善。昌武，下密，有三石山祠。①壮武，莽曰晓武。郁秩，有铁官。挺，②观阳，③邹卢。莽曰始斯。

①应劭曰：“密水出高密。”

②师古曰：“挺音徒鼎反。”

③应劭曰：“在观水之阳。”师古曰：“观音工唤反。”

高密国，故齐，文帝十六年别为胶西国，宣帝本始元年更为高密国。户四万五百三十一，口十九万二千五百三十六。县五：高密，莽曰章牟。昌安，石泉，莽曰养信。夷安，莽曰原亭。①成乡。莽曰顺成。

①应劭曰：“故莱夷维邑。”

城阳国，故齐。文帝二年别为国。莽曰莒陵。属兖州。户五万六千

六百四十二，口二十万五千七百八十四。县四：莒，故国，盈姓，
三十世为楚所灭。少昊后。有铁官。莽曰莒陵。阳都，①东安，虑。莽曰
著善。

①应劭曰："齐人迁阳，故阳国是。"

淮阳国，高帝十一年置。莽曰新平。属兖州。①户十三万五千五百
四十四，口九十八万一千四百二十三。县九：陈，故国。舜后，胡公
所封，为楚所灭。楚顷襄王自郢徙此。莽曰陈陵。苦，莽曰赖陵。②阳
夏，③宁平，扶沟，涡水首受狼汤渠，东至向入淮，过郡三，行千里。④固
始，⑤圉，新平，柘。

①孟康曰："孝明帝更名陈国。"
②师古曰："晋太康地记云城东有赖乡祠，老子所生地。"
③应劭曰："夏音贾。"
④师古曰："狼音浪。汤音徒浪反。涡音戈，又音瓜。"
⑤师古曰："本名寝丘，楚令尹孙叔敖所封地。"

梁国，故秦砀郡，高帝五年为梁国。莽曰陈定。属豫州。①户三万八
千七百九，口十万六千七百五十二。县八：砀，山出文石。莽曰节
砀。②甾，故戴国。莽曰嘉穀。③杼秋，莽曰予秋。④蒙，获水首受甾获渠，
东北至彭城入泗，过郡五，行五百五十里。莽曰蒙恩。已氏，莽曰已善。
虞，莽曰陈定亭。下邑，莽曰下治。睢阳。故宋国，微子所封。禹贡盟诸
泽在东北。⑤

①师古曰："以有砀山，故名砀郡。"
②应劭曰："砀山在东。"师古曰："砀，文石也，其山出焉，故以名县。
砀音唐，又音徒浪反。"
③应劭曰："章帝改曰考城。"

④师古曰:"杼音食汝反。"

⑤师古曰:"睢音虽。"

　　东平国，故梁国，景帝中六年别为济东国，武帝元鼎元年为大河郡，宣帝甘露二年为东平国。莽曰有盐。属兖州。户十三万一千七百五十三，口六十万七千九百七十六。有铁官。县七：无盐，有邱乡。莽曰有盐亭。①任城，故任国，太昊后，风姓。莽曰延就亭。东平陆，②富城，莽曰成富。章，亢父，诗亭，故诗国。莽曰顺父。③樊。

①师古曰:"邱音后。"

②应劭曰:"古厥国，今有厥亭是。"

③师古曰:"音抗甫。"

　　鲁国，故秦薛郡，高后元年为鲁国。属豫州。户十一万八千四十五，口六十万七千三百八十一。县六：鲁，伯禽所封。户五万二千。有铁官。卞，泗水西南至方与入沛，过郡三，行五百里，青州川。①汶阳，莽曰汶亭。②蕃，南梁水西至胡陵入沛渠。③驺，故邾国，曹姓，二十九世为楚所灭。峄山在北。莽曰驺亭。④薛。夏车正奚仲所国，后迁于邳，汤相仲虺居之。

①师古曰:"即春秋僖十七年夫人姜氏会齐侯于卞者也。方与音房豫。"

②应劭曰:"诗曰'汶水汤汤'。"师古曰:"汶音问。即左传所云公赐季友汶阳之田者也。"

1463

③应劭曰:"邾国也，音皮。"师古曰:"白裒云陈蕃之子为鲁相，国人为讳，改曰皮。此说非也。郡县之名，土俗各有别称，不必皆依本字。"

④应劭曰:"邾文公卜迁于峄者也。音驿。"

　　楚国，高帝置，宣帝地节元年更为彭城郡，黄龙元年复故。莽曰和乐。

属徐州。户十一万四千七百三十八，口四十九万七千八百四。县七：彭城，古彭祖国。户四万一百九十六。有铁官。留，梧，莽曰吾治。傅阳，故偪阳国。莽曰辅阳。①吕，武原，莽曰和乐亭。甾丘。莽曰善丘。

①师古曰："偪音福。左氏传所云偪阳妘姓者也。"

泗水国，故东海郡，武帝元鼎四年别为泗水国。莽曰水顺。户二万五千二十五，口十一万九千一百一十四。县三：凌，莽曰生夌。①泗阳，莽曰淮平亭。于。莽曰于屏。

①应劭曰："凌水所出，（入淮南）〔南入淮〕。"[19]

广陵国，高帝六年属荆州，十一年更属吴，景帝四年更名江都，武帝元狩三年更名广陵。莽曰江平。属徐州。户三万六千七百七十三，口十四万七百二十二。有铁官。县四：广陵，江都易王非、广陵厉王胥皆都此，并得郳郡，而不得吴。莽曰安定。江都，有江水祠。渠水首受江，北至射阳入湖。高邮，平安。莽曰杜乡。

六安国，故楚，高帝元年别为衡山国，五年属淮南，文帝十六年复为衡山，武帝元狩二年别为六安国。莽曰安风。户三万八千三百四十五，口十七万八千六百一十六。县五：六，故国，皋繇后，偃姓，为楚所灭。如谿水首受澱，东北至寿春入芍陂。①蓼，故国，皋繇后，为楚所灭。安丰，禹贡大别山在西南。莽曰美丰。安风，莽曰安风亭。阳泉。

①师古曰："沘音匕，又音鄙。芍音鹊。"

长沙国。秦郡，高帝五年为国。莽曰填蛮。属荆州。户四万三千四百七十，口二十三万五千八百二十五。县十三：临湘，莽曰抚睦。①罗，②连道，益阳，湘山在北。③下隽，莽曰闰隽。④（收）〔攸〕，[20]

1464

薜，⑤承阳，⑥湘南，禹贡衡山在东南，荆州山。昭陵，茶陵，泥水西入湘，行七百里。莽曰声乡。⑦容陵，安成。庐水东至庐陵入湖汉。莽曰思成。

①应劭曰："湘水出零山。"

②应劭曰："楚文王徙罗子自枝江居此。"师古曰："盛弘之荆州记云县北带汨水，水原出豫章艾县界，西流注湘。沿汨西北去县三十里，名为屈潭，屈原自沉处。"

③应劭曰："在益水之阳。"

④师古曰："隽音字兖反，又音辞兖反。"

⑤孟康曰："音铃。"

⑥应劭曰："承水之阳。"师古曰："承水原出零陵永昌县界，东流注湘也。承音丞。"

⑦师古曰："茶音弋奢反，又音丈加反。"

本秦京师为内史，①分天下作三十六郡。汉兴，以其郡（大）〔太〕大，[21]稍复开置，又立诸侯王国。武帝开广三边。故自高祖增二十六，文、景各六，武帝二十八，昭帝一，讫于孝平，凡郡国一百三，县邑千三百一十四，道三十二，侯国二百四十一。地东西九千三百二里，南北万三千三百六十八里。提封田一万万四千五百一十三万六千四百五顷，②其一万万二百五十二万八千八百八十九顷，邑居道路，山川林泽，群不可垦，其三千二百二十九万九百四十七顷，可垦不可垦，定垦田八百二十七万五千三十六顷。民户千二百二十三万三千六十二，口五千九百五十九万四千九百七十八。汉极盛矣。

①师古曰："京师，天子所都畿内也。秦并天下，改立郡县，而京畿所统，特号内史，言其在内，以别于诸郡守也。"

②师古曰:"提封者,大举其封疆也。"

　　凡民函五常之性,①而其刚柔缓急,音声不同,系水土之风气,故谓之风;好恶取舍,动静亡常,②随君上之情欲,故谓之俗。孔子曰:"移风易俗,莫善于乐。"③言圣王在上,统理人伦,必移其本,而易其末,此混同天下一之虖中和,然后王教成也。汉承百(年)〔王〕之末,[22]国土变改,民人迁徙,成帝时刘向略言其(域)〔地〕分,[23]丞相张禹使属颍川朱赣条其风俗,犹未宣究,故辑而论之,④终其本末著于篇。

①师古曰:"函,苞也,读与含同。"

②师古曰:"好音呼到反。恶音一故反。"

③师古曰:"孝经载孔子之言。"

④师古曰:"辑与集同。"

　　秦地,于天官东井、舆鬼之分壄也。其界自弘农故关以西,京兆、扶风、冯翊、北地、上郡、西河、安定、天水、陇西,南有巴、蜀、广汉、犍为、武都,西有金城、武威、张掖、酒泉、敦煌,又西南有牂柯、越巂、益州,皆宜属焉。

　　秦之先曰柏益,出自帝颛顼,尧时助禹治水,为舜朕虞,养育草木鸟兽,赐姓嬴氏,①历夏、殷为诸侯。至周有造父,②善驭习马,得华骝、绿耳之乘,③幸于穆王,封于赵城,故更为赵氏。后有非子,为周孝王养马汧、渭之间。孝王曰:"昔伯益知禽兽,子孙不绝。"乃封为附庸,邑之于秦,今陇西秦亭秦谷是也。至玄孙,氏为庄公,④破西戎,有其地。子襄公时,幽王为犬戎所败,平王东迁雒邑。襄公将兵救周有功,赐受郊、酆之地,列为诸侯。⑤后八世,穆公称伯,以河为竟。⑥十餘世,孝公用商君,制辕田，⑦开仟伯，⑧东雄诸侯。子惠公初称王，得上郡、西河。孙昭王开巴蜀，灭周，取九鼎。昭王曾孙政并六国，称皇帝，负力怙威，燔书坑儒，自任私智。至子胡亥，天下畔之。

①师古曰："伯益一号伯翳，盖翳益声相近故也。"

②师古曰："造音（于）〔千〕到反。[24]父读曰甫。"

③师古曰："华骝，言其色如华之赤也。绿耳，耳绿色也。"

④师古曰："氏与是同，古通用字。"

⑤师古曰："邠亦岐字。"

⑥师古曰："伯读曰霸。竟读曰境，言其地界东至于河也。"

⑦张晏曰："周制三年一易，以同美恶，商鞅始割列田地，开立阡陌，令民各有常制。"孟康曰："三年爰土易居，古制也，末世侵废。商鞅相秦，复立爰田，上田不易，中田一易，下田再易，爰自在其田，不复易居也。食货志曰'自爰其处而已'是也。辕爰同。"

⑧师古曰："南北曰仟，东西曰伯，皆谓开田之疆亩也。伯音莫白反。"

故秦地于禹贡时跨雍、梁二州，诗风兼秦、豳两国。昔后稷封斄，①公刘处豳，②大王徙邠，③文王作酆，④武王治镐，⑤其民有先王遗风，好稼穑，务本业，故豳诗言农桑衣食之本甚备。⑥有鄠、杜竹林，南山檀柘，号称陆海，为九州膏腴。⑦始皇之初，郑国穿渠，引泾水溉田，⑧沃野千里，⑨民以富饶。汉兴，立都长安，徙齐诸田，楚昭、屈、景及诸功臣家于长陵。后世世徙吏二千石、高訾富人及豪桀并兼之家于诸陵。⑩盖亦以强干弱支，非独为奉山园也。⑪是故五方杂厝，⑫风俗不纯。其世家则好礼文，富人则商贾为利，豪桀则游侠通奸。濒南山，⑬近夏阳，⑭多阻险轻薄，易为盗贼，常为天下剧。又郡国辐凑，浮食者多，民去本就末，列侯贵人车服僭上，众庶放效，羞不相及，⑮嫁娶尤崇侈靡，送死过度。

①师古曰："鳌读曰邻，今武功故城是也。"

②师古曰："即今豳州栒邑是。"

③师古曰："今岐山县是。"

④师古曰："今长安西北界灵台乡丰水上是。"

⑤师古曰："今昆明池北镐陂是。"

⑥师古曰："谓七月之诗。"

⑦师古曰："言其地高陆而饶物产，如海之无所不出，故云陆海。腹之下肥曰腴，故取谕云。"

⑧师古曰："郑国，人姓名。事具在沟洫志。"

⑨师古曰："沃即溉也，言千里之地皆得溉灌。"

⑩师古曰："訾读与赀同。高訾，言多财也。"

⑪如淳曰："黄图谓陵冢为山。"师古曰："谓京师为干，四方为支也。"

⑫晋灼曰："厝，古错（反）〔字〕。"[25]

⑬师古曰："濒犹边。濒音频，又音宾。"

⑭师古曰："夏阳即河之西岸也，今在同州韩城县界。"

⑮师古曰："放，依也，音甫往反。"

天水、陇西，山多林木，民以板为室屋。及安定、北地、上郡、西河，皆迫近戎狄，修习战备，高上气力，以射猎为先。故秦诗曰"在其板屋"；①又曰"王于兴师，修我甲兵，与子偕行"。②及车辚、四载、小戎之篇，皆言车马田狩之事。③汉兴，六郡良家子选给羽林、期门，④以材力为官，名将多出焉。孔子曰："君子有勇而亡谊则为乱，小人有勇而亡谊则为盗。"⑤故此数郡，民俗质木，不耻寇盗。⑥

①师古曰："小戎之诗也。言襄公出征，则妇人居板屋之中而念其君子。"

②师古曰："无衣之诗也。言于王之兴师，则修我甲兵，而与子俱征伐也。"

③师古曰："车辚、美秦仲大有车马。其诗曰'有车辚辚，有马白颠'。驷驖，美襄公田狩也。其诗曰'四驖孔阜，六辔在手'，'辅车鸾镳，载猃猲獢'。小戎，美襄公备兵甲，讨西戎。其诗曰'小戎俴收，五楘梁辀'，'文茵畅毂，驾我骐馵'，'龙盾之合，鋈以觼軜'。辚音邻。驖音驖。辀音犹，又音诱。猃音力赡反。獢音许昭反。俴音践。楘音木。馵音窒。鋈音沃。觼音玦。軜音纳。"

④如淳曰："医、商贾、百工不得豫也。"师古曰："六郡谓陇西、天水、安定、北地、上郡，西河。羽林、期门，解在百官公卿表。"

⑤师古曰："论语载孔子对子路之言也。"

⑥师古曰："质木者，无有文饰，如木石然。"

　　自武威以西，本匈奴昆邪王、休屠王地，①武帝时攘之，②初置四郡，以通西域，鬲绝南羌、匈奴。③其民或以关东下贫，或以报怨过当，④或以谇逆亡道，家属徙焉。⑤习俗颇殊，地广民稀，水屮宜畜牧，⑥〔古〕〔故〕凉州之畜当为天下饶。[26]保边塞，二千石治之，咸以兵马为务；酒礼之会，上下通焉，吏民相亲。是以其俗风雨时节，谷籴常贱，少盗贼，有和气之应，贤于内郡。此政宽厚，吏不苛刻之所致也。

①师古曰："昆音下门反。休音许虬反。屠音除。"

②师古曰："攘，却也，音人羊反。"

③师古曰："鬲与隔同。"

④师古曰："过其本所杀。"

⑤师古曰："谇，乱也，惑也，音布内反。"

⑥师古曰："屮，古草字。"

巴、蜀、广汉本南夷，秦并以为郡，土地肥美，有江水沃野，山林竹木疏食果实之饶。①南贾滇、僰僮，②西近邛、笮马旄牛。③民食稻鱼，亡凶年忧，俗不愁苦，而轻易淫泆，柔弱褊阸。④景、武间，文翁为蜀守，教民读书法令，未能笃信道德，反以好文刺讥，贵慕权势。及司马相如游宦京师诸侯，以文辞显于世，乡党慕循其迹。后有王褒、严遵、扬雄之徒，⑤文章冠天下。繇文翁倡其教，相如为之师，⑥故孔子曰："有教亡类。"⑦

①师古曰："疏，菜也。"

②师古曰："言滇、　之地多出僮隶也。滇音颠。　音蒲北反。"

③师古曰："言邛、笮之地出马及旄牛，笮音材各反。"

④师古曰："言其材质不强，而心念陿。"

⑤师古曰："遵即严君平。"

⑥师古曰："繇读与由同。倡，始也，音充向反。"

⑦师古曰："论语载孔子之言。言人之性术在所教耳，无种类。"

武都地杂氐、羌，及犍为、牂柯、越巂，皆西南外夷，武帝初开置。民俗略与巴、蜀同，而武都近天水，俗颇似焉。

故秦地天下三分之一，而人众不过什三，然量其富居什六。（秦幽）吴札观乐，为之歌秦，①[27]曰："此之谓夏声。②夫能夏则大，大之至也，其周旧乎？"

①师古曰："札，吴王寿梦子也，来聘鲁而请观周乐。事见左氏传襄二十九年。"

②师古曰："夏，中国。"

自井十度至柳三度，谓之鹑首之次，秦之分也。

魏地，觜觿、参之分野也。①其界自高陵以东，尽河东、河内，

南有陈留及汝南之召陵、滠彊、新汲、西华、长平，^②颍川之舞阳、
郾、许、傿陵，^③河南之开封、中牟、阳武、酸枣、卷，^④皆魏
分也。

① 师古曰："鯼音弋随反。"

② 师古曰："召读曰邵。滠音于辄反，又音殸。"

③ 师古曰："郾音一扇反。傿音偃。"

④ 师古曰："卷音去权反。"

　　河内本殷之旧都，周既灭殷，分其畿内为三国，诗风邶、庸、
卫国是也。^①邶，以封纣子武庚；庸，管叔尹之；卫，蔡叔尹之：
以监殷民，谓之三监。^②故书序曰"武王崩，三监畔"，^③周公诛之，
尽以其地封弟康叔，号曰孟侯，^④以夹辅周室；迁邶、庸之民于雒
邑，故邶、庸、卫三国之诗相与同风。邶诗曰"在浚之下"，^⑤庸
曰"在浚之郊"；^⑥邶又曰"亦流于淇"，^⑦"河水洋洋"，^⑧庸曰
"送我淇上"，^⑨"在彼中河"，^⑩卫曰"瞻彼淇奥"，^⑪"河水洋
洋"。^⑫故吴公子札聘鲁观周乐，闻邶、庸、卫之歌，曰："美哉渊
乎！吾闻康叔之德如是，是其卫风乎？"至十六世，懿公亡道，为
狄所灭。齐桓公帅诸侯伐狄，而更封卫于河南曹、楚丘，是为文
公。^⑬而河内殷虚，更属于晋。^⑭康叔之风既歇，而纣之化犹存，故
俗刚强，多豪桀侵夺，薄恩礼，好生分。^⑮

① 师古曰："自纣城而北谓之邶，南谓之庸，东谓之卫。邶音步内反，
　　字或作郱。庸字或作鄘。"

② 师古曰："武庚即禄父也。尹，主也。管叔、蔡叔皆武王之弟。"

③ 师古曰："周书大诰之序。"

④ 师古曰："康叔亦武王弟也。孟，长也。言为诸侯之长。"

⑤师古曰:"凯风之诗也。浚,卫邑也,音峻。"

⑥师古曰:"干旄之诗。"

⑦师古曰:"泉水之诗。"

⑧师古曰:"今邶诗无此句。"

⑨师古曰:"桑中之诗。淇上,淇水之上。"

⑩师古曰:"柏舟之诗也。中河,河中也。"

⑪师古曰:"淇奥之诗也。奥,水隈也,音于六反。"

⑫师古曰:"硕人之诗也。洋洋,盛大也,音羊,又音翔。"

⑬师古曰:"曹及楚丘,二邑名。"

⑭师古曰:"殷虚,汲郡朝歌县也。虚读曰墟。"

⑮师古曰:"生分,谓父母在而昆弟不同财产。"

河东土地平易,有盐铁之饶,本唐尧所居,诗风唐、魏之国
也。周武王子唐叔在母未生,①武王梦帝谓己②曰:"余名而子曰
虞,将与之唐,属之参。"③及生,名之曰虞。至成王灭唐,而封叔
虞。唐有晋水,及叔虞子燮为晋侯云,故参为晋星。其民有先王
遗教,君子深思,小人俭陋。故唐诗蟋蟀、山枢、葛生之篇曰
"今我不乐,日月其迈";④"宛其死矣,它人是媮";⑤"百岁之
后,归于其居"。⑥皆思奢俭之中,念死生之虑。⑦吴札闻唐之歌,
曰:"思深哉!其有陶唐氏之遗民乎?"

1472

①师古曰:"谓怀孕时。"

②师古曰:"帝,天也。"

③师古曰:"属音之欲反。参音所林反。"

④师古曰:"蟋蟀之诗也。迈,行也。言日月行往,将老而死也。蟋音
　悉,蟀音率。"

⑤师古曰:"山有枢之诗也。媮,乐也。言己俭吝,死亡之后当为它人

所乐也。媮音愉，又音偷，柩音瓯。"

⑥师古曰："葛生之诗也。居谓坟墓也。言死当归于坟墓，不能复为乐也。"

⑦师古曰："中音竹仲反。"

魏国，亦姬姓也，在晋之南河曲，故其诗曰"彼汾一曲"，①"寘诸河之侧"。②自唐叔十六世至献公，灭魏以封大夫毕万，③灭耿以封大夫赵夙，④及大夫韩武子食采于韩原，⑤晋于是始大。至于文公，伯诸侯，尊周室，⑥始有河内之土。⑦吴札闻魏之歌，曰："美哉沨沨乎！⑧以德辅此，则明主也。"文公后十六世为韩、魏、赵所灭，三家皆自立为诸侯，是为三晋。赵与秦同祖，韩、魏皆姬姓也。自毕万后十世称侯，至孙称王，徙都大梁，故魏一号为梁，七世为秦所灭。

①师古曰："汾沮洳之诗。沮音子豫反。洳音人豫反。"

②师古曰："伐檀之诗。寘，置也，音之豉反。"

③师古曰："毕万，毕公高之后，魏犨祖父。"

④师古曰："赵夙，赵衰之兄。"

⑤师古曰："韩武子，韩厥之曾祖也，本与周同姓，食采于韩，更为韩氏。此说依史记，而与释春秋传者不同。"

⑥师古曰："伯读曰霸。"

⑦师古曰："左氏传所谓'始启南阳'者。"

⑧师古曰："沨沨，浮貌也。言其中庸，可与为善，可与为恶也。沨音冯。"

周地，柳、七星、张之分野也。今之河南雒阳、榖成、平阴、偃师、巩、缑氏，是其分也。

昔周公营雒邑，以为在于土中，诸侯蕃屏四方，①故立京师。

至幽王淫褒姒，以灭宗周，子平王东居雒邑。其后五伯更帅诸侯以尊周室，②故周于三代最为长久。八百馀年至于赧王，乃为秦所兼。初雒邑与宗周通封畿，③东西长而南北短，短长相覆为千里。至襄王以河内赐晋文公，又为诸侯所侵，故其分墬小。④

①师古曰："言雒阳四面皆有诸侯为蕃屏。"

②师古曰："伯读曰霸。解在刑法志。更，互也，音工衡反。"

③韦昭曰："通在二封之地，共千里也。"师古曰："宗周，镐京也，方八百里，八八六十四，为方百里者六十四也。雒邑，成周也，方六百里，六六三十六，为方百里者三十六。(三)〔二〕都得百里者〔百〕，方千里也。〔28〕故诗云'邦畿千里'。"

④师古曰："墬，古地字。"

周人之失，巧伪趋利，贵财贱义，高富下贫，憙为商贾，不好仕宦。①

①师古曰："憙音许吏反。"

自柳三度至张十二度，谓之鹑火之次，周之分也。

韩地，角、亢、氐之分野也。韩分晋得南阳郡及颍川之父城、定陵、襄城、颍阳、颍阴、长社、阳翟、郏，①东接汝南，西接弘农得新安、宜阳，皆韩分也。及诗风陈、郑之国，与韩同星分焉。

①师古曰："郏音工洽反，即今郏城县是也。"

郑国，今河南之新郑，本高辛氏火正祝融之虚也。①及成皋、荥阳，颍川之崇高、阳城，皆郑分也。本周宣王弟友为周司徒，食采于宗周畿内，是为郑。②郑桓公问于史伯曰："王室多故，何所可以逃死？"史伯曰："四方之国，非王母弟甥舅则夷狄，不可入也，其济、洛、河、颍之间乎！③子男之国，虢、会为大，④恃势与险，崇侈贪冒，⑤君若寄帑与贿，周乱而敝，必将背君；⑥君以成周之众，奉辞伐罪，亡不克矣。"公曰："南方不可乎？"对曰："夫楚，重黎之后也，黎为高辛氏火正，昭显天地，以生柔嘉之材。姜、嬴、荆、芈，实与诸姬代相干也。⑦姜，伯夷之后也；嬴，伯益之后也。伯夷能礼于神以佐尧，伯益能仪百物以佐舜，⑧其后皆不失祠，而未有兴者，周衰将起，不可偪也。"桓公从其言，乃东寄帑与贿，虢、会受之。后三年，幽王败，（威）〔桓〕公死，[29]其子武公与平王东迁，卒定虢、会之地，右雒左（沛）〔泲〕，[30]食溱、洧焉。⑨土陿而险，山居谷汲，男女亟聚会，⑩故其俗淫。郑诗曰："出其东门，有女如云。"⑪又曰："溱与洧方灌灌兮，士与女方秉菅兮。""恂盱且乐，惟士与女，伊其相谑。"⑫此其风也。吴札闻郑之歌，曰："美哉！其细已甚，民弗堪也。是其先亡乎？"⑬自武公后二十三世。为韩所灭。

①师古曰："虚读曰墟。后皆类此。"

②师古曰："即今之华阴郑县。"

③师古曰："济音子礼反。"

④师古曰："会读曰郐，字或作桧。桧国在豫州外方之北，荥播之南，溱、洧之间，妘姓之国。"

⑤师古曰："冒，蒙也，蔽于义理。"

⑥师古曰："帑读与孥同，谓妻子也。"

⑦师古曰："代，递也。干，犯也。"

⑧师古曰："仪与宜同。宜，安也。"

⑨师古曰："溱、洧，二水也。溱音臻。洧音鲔。"

⑩师古曰："亟，屡也，音丘吏反。"

⑪师古曰："出其东门之诗。东门，郑之东门也。如云，言其众多而往来不定。"

⑫师古曰："溱洧之诗也。灌灌，水流盛也。菅，兰也。恂，信也。盱，大也。伊，惟也。谑，戏言也。谓仲春之月，二水流盛，而士与女执芳草于其间，以相赠遗，信大乐矣，惟以戏谑也。灌音胡贯反。菅音奸。"

⑬臣瓒曰："谓音声细弱也，此衰弱之征。"

陈国，今淮阳之地。陈本太昊之虚，周武王封舜后妫满于陈，是为胡公，妻以元女大姬。妇人尊贵，好祭祀，用史巫，故其俗巫鬼。陈诗曰："坎其击鼓，宛丘之下，亡冬亡夏，值其鹭羽。"① 又曰："东门之枌，宛丘之栩，子仲之子，婆娑其下。"② 此其风也。吴札闻陈之歌，曰："国亡主，其能久乎!"③ 自胡公后二十三世为楚所灭。陈虽属楚，于天文自若其故。

①师古曰："宛丘之诗也。坎坎，击鼓声，四方高，中央下，曰宛丘。值，立也。鹭鸟之羽以为翿，立之而舞，以事神也。无冬无夏，言其恒也。"

②师古曰："东门之枌之诗也。东门，陈国之东门也。枌，白榆也。栩，柞也。子仲，陈大夫之氏也。婆娑，舞貌也。亦言于枌栩之下歌舞以娱神也。枌音扶云反。栩音许羽反。柞音神汝反。"

③师古曰："言政由妇人，不以君为主也。"

颍川、南阳，本夏禹之国。夏人上忠，其敝鄙朴。韩自武子后七世称侯，六世称王，五世而为秦所灭。秦既灭韩，徙天下不轨之民于南阳，① 故其俗夸奢，上气力，好商贾渔猎，藏匿难制御也。宛，西通武关，东受江、淮，一都之会也。宣帝时，郑弘、召信臣为南阳太守，② 治皆见纪。信臣劝民农桑，去末归本，郡以殷富。<u>颍川</u>,韩都。士有<u>申子</u>、<u>韩非</u>刻害馀烈,③高(士)〔仕〕宦,[31]好文法,民以贪遴争讼生分为失。④<u>韩延寿</u>为太守,先之以敬让;<u>黄霸</u>继之,教化大行,狱或八年亡重罪囚。<u>南阳</u>好商贾,<u>召父</u>富以本业;⑤<u>颍川</u>好争讼分异,<u>黄</u>、<u>韩</u>化以笃厚。"君子之德风也,小人之德草也",信矣。⑥

①师古曰:"不轨,不循法度者。"

②师古曰:"召读曰邵。"

③师古曰:"申子,申不害也。烈,业也。"

④师古曰:"遴与吝同。"

⑤师古曰:"召父,谓召信臣也。劝其务农以致富。"

⑥师古曰:"论语载孔子之言也。曰'君子之德风,小人之德草也,草上之风必偃'。言从教而化。"

自<u>东井</u>六度至<u>亢</u>六度,谓之<u>寿星</u>之次,<u>郑</u>之分野,与<u>韩</u>同分。

<u>赵</u>地,<u>昴</u>、<u>毕</u>之分壄。<u>赵</u>分<u>晋</u>,得<u>赵</u>国。北有<u>信都</u>、<u>真定</u>、<u>常山</u>、<u>中山</u>,又得<u>涿郡</u>之<u>高阳</u>、<u>鄚</u>、<u>州乡</u>;①东有<u>广平</u>、<u>钜鹿</u>、<u>清河</u>、<u>河间</u>,又得<u>渤海郡</u>之<u>东平舒</u>、<u>中邑</u>、<u>文安</u>、<u>束州</u>、<u>成平</u>、<u>章武</u>,河以北也;南至<u>浮水</u>、<u>繁阳</u>、<u>内黄</u>、<u>斥丘</u>;西有<u>太原</u>、<u>定襄</u>、<u>云中</u>、<u>五原</u>、<u>上党</u>。<u>上党</u>,本<u>韩</u>之别郡也,远<u>韩</u>近<u>赵</u>,后卒降<u>赵</u>,皆<u>赵</u>分也。

①师古曰:"鄚音莫。"

自<u>赵夙</u>后九世称侯,四世<u>敬侯</u>徙都<u>邯郸</u>,至曾孙<u>武灵王</u>称王,五世为<u>秦</u>所灭。

<u>赵</u>、<u>中山</u>地薄人众,犹有<u>沙丘</u>纣淫乱馀民,①丈夫相聚游戏,

悲歌慷慨，起则椎剽掘冢，②作奸巧，多弄物，为倡优。女子弹弦
跕躧，游媚富贵，遍诸侯之后宫。③

①晋灼曰："言地薄人众，犹复有沙丘纣淫地馀民。通系之于淫风而言
之也，不说沙丘在中山也。"

②师古曰："椎杀人而剽劫之也。椎音直追反，其字从木。剽音频妙反。
掘冢，发冢也。"

③如淳曰："跕音蹀足之蹀。躧音屣。"臣瓒曰："蹑跟为跕，拄指为
躧。"师古曰："跕音它颊反。躧字与屣同。屣谓小履之无跟者也。跕
谓轻蹑之也。"

邯郸北通燕、涿，南有郑、卫，漳、河之间一都会也。其土
广俗杂，大率精急，高气势，轻为奸。

太原、上党又多晋公族子孙，以诈力相倾，矜夸功名，报仇
过直，①嫁取送死奢靡。②汉兴，号为难治，常择严猛之将，或任杀
伐为威。父兄被诛，子弟怨愤，至告讦刺史二千石，③或报杀其
亲属。

①师古曰："直，亦当也。"

②师古曰："取读曰娶。其下并同。"

③师古曰："讦，面相斥罪也，音居列反，又音居谒反。"

钟、代、石、北，迫近胡寇，①民俗懻忮，②好气为奸，不事农
商，自全晋时，已患其剽悍，③而武灵王又益厉之。故冀州之部，
盗贼常为它州剧。

①如淳曰："钟，所在未闻。石，山险之限，在上曲阳。"

②臣瓒曰："懻音冀，今北土名强直为懻中。"师古曰："懻，坚也。忮，
恨也，音章豉反。"

③师古曰："剽，急也，轻也。悍，勇也。剽音频妙反，又音足妙反。
　悍音胡旦反。"

　　定襄、云中、五原，本戎狄地，颇有赵、齐、卫、楚之徙。①
其民鄙朴，少礼文，好射猎。雁门亦同俗，于天文别属燕。

①师古曰："言四国之人被迁徙来居之。"

　　燕地，尾、箕分坺也。武王定殷，封召公于燕，其后三十六
世与六国俱称王。东有渔阳、右北平、辽西，辽东，西有上谷、
代郡、雁门，南得涿郡之易、容城、范阳、北新城、故安、涿县、
良乡、新昌，及勃海之安次，皆燕分也。乐浪、玄菟，亦宜属焉。
　　燕称王十世，秦欲灭六国，燕王太子丹遣勇士荆轲西刺秦王，
不成而诛，秦遂举兵灭燕。
　　蓟，南通齐、赵，勃、碣之间一都会也。①初太子丹宾养勇士，
不爱后宫美女，民化以为俗，至今犹然。宾客相过，以妇侍宿，
嫁取之夕，男女无别，反以为荣。后稍颇止，然终未改。其俗愚
悍少虑，轻薄无威，亦有所长，敢于急人。②燕丹遗风也。

①师古曰："蓟县，燕之所都也。勃，勃海也。碣，碣石也。"
②如淳曰："赴人之急，果于赴难也。"

　　上谷至辽东，地广民希，数被胡寇，俗与赵、代相类，有鱼
盐枣栗之饶。北隙乌丸、夫馀，①东贾真番之利。

①如淳曰："有怨隙也。或曰，隙，际也。"师古曰："训际是也。乌丸，
　本东胡也，为冒顿所灭，馀类保乌丸山，因以为号。夫馀在长城之
　北，去玄菟千里。夫读曰扶。"

　　玄菟、乐浪，武帝时置，皆朝鲜、濊貉、句骊蛮夷。①殷道衰，

箕子去之朝鲜，②教其民以礼义，田蚕织作。乐浪朝鲜民犯禁八条：③相杀以当时偿杀；相伤以穀偿；相盗者男没入为其家奴，女子为婢，欲自赎者，人五十万。虽免为民，俗犹羞之，嫁取无所雠，④是以其民终不相盗，无门户之闭，妇人贞信不淫辟。⑤其田民饮食以笾豆，⑥都邑颇放效吏及内郡贾人，往往以杯器食。⑦郡初取吏于辽东，吏见民无闭臧，及贾人往者，夜则为盗，俗稍益薄。今于犯禁寖多，至六十馀条。可贵哉，仁贤之化也！然东夷天性柔顺，异于三方之外，⑧故孔子悼道不行，设浮于海，欲居九夷，有以也夫！⑨〔32〕乐浪海中有倭人，分为百馀国，以岁时来献见云。⑩

① 师古曰："濊音秽，字或作薉，其音同。"

② 师古曰："史记云'武王伐纣，封箕子于朝鲜'，与此不同。"

③ 师古曰："八条不具见。"

④ 师古曰："雠，匹也。一曰，雠读曰售。"

⑤ 师古曰："辟读曰僻。"

⑥ 师古曰："以竹曰笾，以木曰豆，若今之槃也。槃音其敬反。"

⑦ 师古曰："都邑之人颇用杯器者，效吏及贾人也。放音甫往反。"

⑧ 师古曰："三方，谓南、西、北也。"

⑨ 师古曰："论语称孔子曰：'道不行，乘桴浮于海，从我者其由也欤！'言欲乘桴筏而适东夷，以其国有仁贤之化可以行道也。桴音孚。筏音伐。"

⑩ 如淳曰："如墨委面，在带方东南万里。"臣瓒曰："倭是国名，不谓用墨，故谓之委也。"师古曰："如淳云'如墨委面'，盖音委字耳，此音非也。倭音一戈反，今犹有倭国。魏略云倭在带方东南大海中，依山岛为国，度海千里，复有国，皆倭种。"

自危四度至斗六度，谓之析木之次，燕之分也。

齐地，虚、危之分壄也。东有菑川、东莱、琅邪、高密、胶东，南有泰山、城阳，北有千乘，清河以南，勃海之高乐、高城、重合、阳信，西有济南、平原，皆齐分也。

少昊之世有爽鸠氏，虞、夏时有季萴，①汤时有逢公柏陵，殷末有薄姑氏，皆为诸侯，国此地。至周成王时，薄姑氏与四国共作乱，成王灭之，以封师尚父，是为太公。②诗风齐国是也。临菑名营丘，故齐诗曰："子之营兮，遭我虖嶩之间兮。"③又曰："竢我于著乎而。"④此亦其舒缓之体也。吴札闻齐之歌，曰："泱泱乎，大风也哉!⑤其太公乎?国未可量也"。

①师古曰："萴音仕力反。"

②师古曰："武王封太公于齐，初未得爽鸠之地，成王以益之也。"

③师古曰："齐国风营诗之辞也。毛诗作还，齐诗作营。之，往也。嶩，山名也，字或作峱，亦作巎，音皆乃高反。言往适营丘而相逢于嶩山也。"

④师古曰："齐国风著诗之辞也。著，地名，即济南郡著县也。乎而，语助也。一曰，门屏之间曰著，音直庶反。"

⑤师古曰："泱泱，弘大之意也，音乌郎反。"

古有分土，亡分民。①太公以齐地负海舄卤，少五谷而人民寡，②乃劝以女工之业，通鱼盐之利，而人物辐凑。后十四世，桓公用管仲，设轻重以富国，③合诸侯成伯功，④身在陪臣而取三归。⑤故其俗弥侈，织作冰纨绮绣纯丽之物，⑥号为冠带衣履天下。⑦

①师古曰："有分土者，谓立封疆也。无分民者，谓通往来不常厥居也。"

②师古曰：“㑩卤，解在食货志。”

③师古曰：“解在食货志。”

④师古曰：“伯读曰霸。”

⑤师古曰：“三归，三姓之女。”

⑥如淳曰：“纨，白熟也。纯，缘也，谓绦组之属也。丽，好也。”臣
瓒曰：“冰纨，纨细密坚如冰者也。纯丽，温纯美丽之物也。”师古
曰：“如说非也。冰，谓布帛之细，其色鲜絜如冰者也。纨，素也。
绮，文缯也，即今之所谓细绫也。纯，精好也。丽，华靡也。纨音
九。纯音淳。”

⑦师古曰：“言天下之人冠带衣履，皆仰齐地。”

初太公治齐，修道术，尊贤智，赏有功，故至今其土多好经
术，矜功名，舒缓阔达而足智。其失夸奢朋党，言与行缪，虚诈
不情，①急之则离散，缓之则放纵。始桓公兄襄公淫乱。姑姊妹
不嫁，于是令国中民家长女不得嫁，名曰“巫见”，为家主祠，
嫁者不利其家，民至今以为俗。痛乎，道民之道，可不慎哉！②

①师古曰：“不可得其情。”

②师古曰：“上道读曰导。”

昔太公始封，周公问“何以治齐？”太公曰：“举贤而上
功。”周公曰：“后世必有篡杀之臣。”其后二十九世为强臣田和
所灭，而和自立为齐侯。初，和之先陈公子完有罪来奔齐，①齐
桓公以为大夫，更称田氏。九世至和而篡齐，至孙威王称王，五
世为秦所灭。

①师古曰：“公子完，陈厉公之子也。左氏传鲁庄二十二年‘陈人杀其
太子御寇，公子完与颛孙奔齐’，盖御寇之党也。”

临甾，海、岱之间一都会也，其中具五民云。①

①服虔曰："士、农、商、工、贾也。"如淳曰："游子乐其俗，不复归，故有五方之民也。"师古曰："如说是。"

鲁地，奎、娄之分壄也。东至东海，南有泗水，至淮，得临淮之下相、睢陵、僮、取虑，皆鲁分也。①

①师古曰："睢音虽。取音趣，又音秋。虑音闾。"

周兴，以少昊之虚曲阜封周公子伯禽为鲁侯，①以为周公主。②其民有圣人之教化，故孔子曰"齐一变至于鲁，鲁一变至于道"，言近正也。③濒洙泗之水，④其民涉度，幼者扶老而代其任。⑤俗既益薄，长老不自安，与幼少相让，故曰："鲁道衰，洙泗之间断断如也。"⑥孔子闵王道将废，乃修六经，以述唐虞三代之道，弟子受业而通者七十有七人。是以其民好学，上礼义，重廉耻。周公始封，太公问"何以治鲁？"周公曰："尊尊而亲亲。"太公曰："后世浸弱矣。"⑦故鲁自文公以后，禄去公室，政在大夫，季氏逐昭公，陵夷微弱，三十四世而为楚所灭。然本大国，故自为分壄。

①师古曰："少昊，金天氏之（地）〔帝〕。"〔33〕

②师古曰："主周公之祭祀。"

③师古曰："鲁庶几至道，齐人不如鲁也。"

④师古曰："言所居皆边于一水也。濒音频，又音宾。"

⑤师古曰："任，负戴也。"

⑥师古曰："断断，分辨之意也，音牛斤反。"

⑦师古曰："言渐微弱也。"

今去圣久远，周公遗化销微，孔氏庠序衰坏。地陿民众，颇有桑麻之业，亡林泽之饶。俗俭啬爱财，趋商贾，好訾毁，多巧伪，①丧祭之礼文备实寡，然其好学犹愈于它俗。②

①师古曰："以言相毁曰訾。訾音子尔反。"

②师古曰："愈，胜也。"

汉兴以来，鲁东海多至卿相。东平、须昌、寿良，皆在济东，属鲁，非宋地也，当考。①

①师古曰："当考者，言当更考核之，其事未审。"

宋地，房、心之分壄也。今之沛、梁、楚、山阳、济阴、东平及东郡之须昌、寿张，皆宋分也。

周封微子于宋，今之睢阳是也，本陶唐氏火正阏伯之虚也。济阴定陶，诗风曹国也。武王封弟叔振铎于曹，其后稍大，得山阳、陈留，二十馀世为宋所灭。

昔尧作游成阳，①舜渔靁泽，②汤止于亳，故其民犹有先王遗风，重厚多君子，好稼穑，恶衣食，以致畜藏。③

①如淳曰："作，起也。成阳在定陶，今有尧冢灵台。"师古曰："作游者，言为宫室游止之处也。"

②师古曰："渔，捕鱼也。靁，古雷字。"

③师古曰："畜读曰蓄。"

宋自微子二十馀世，至景公灭曹，灭曹后五世亦为齐、楚、魏所灭，参分其地。魏得其梁、陈留，齐得其济阴、东平，楚得其沛。故今之楚彭城，本宋也，春秋经曰："围宋彭城"。宋虽灭，本大国，故自为分壄。

沛楚之失，急疾颛己，地薄民贫，①而山阳好为奸盗。

①师古曰："颛与专同。急疾颛己，言性褊狭而自用。"

　　卫地，营室、东壁之分野也。今之东郡及魏郡黎阳，河内之野王、朝歌，皆卫分也。

　　卫本国既为狄所灭，①文公徙封楚丘，三十余年，子成公徙于帝丘。故春秋经曰"卫迁于帝丘"，②今之濮阳是也。本颛顼之虚，故谓之帝丘。夏后之世，昆吾氏居之。成公后十余世，为韩、魏所侵，尽亡其旁邑，独有濮阳。后秦灭濮阳，置东郡，徙之于野王。始皇既并天下，犹独置卫君，二世时乃废为庶人。凡四十世，九百年，最后绝，故独为分野。

①师古曰："卫懿公为狄人所灭，事在春秋闵公二年。"
②师古曰："迁，古迁字。"

　　卫地有桑间濮上之阻，①男女亦亟聚会，声色生焉。②故俗称郑卫之音。周末有子路、夏育，民人慕之，③故其俗刚武，上气力。汉兴，二千石治者亦以杀戮为威。宣帝时韩延寿为东郡太守，承圣恩，崇礼义，尊谏争，至今东郡号善为吏，延寿之化也。其失颇奢靡，嫁取送死过度，而野王好气任侠，有濮上风。

①师古曰："阻者，言其隐阣得肆淫僻之情也。"
②师古曰："亟，屡也，音丘吏反。"
③师古曰："子路，孔子弟子仲由也，性好勇。夏育亦古之壮士。皆卫人。"

　　楚地，翼、轸之分野也。今之南郡、江夏、零陵、桂阳、武陵、长沙及汉中、汝南郡，尽楚分也。

　　周成王时，封文、武先师鬻熊之曾孙熊绎于荆蛮，为楚子，居丹阳。后十余世至熊达，是为武王，寖以强大。①后五世至严王，总帅诸侯，观兵周室，并吞江、汉之间，内灭陈、鲁之国。后十馀世，顷襄王东徙于陈。

①师古曰："寖，渐也。"

楚有江汉川泽山林之饶；江南地广，或火耕水耨。民食鱼稻，以渔猎山伐为业，①果蓏蠃蛤，食物常足。②故呰窳媮生，而亡积聚，③饮食还给，不忧冻饿，④亦亡千金之家。信巫鬼，重淫祀。而汉中淫失枝柱，与巴蜀同俗。⑤汝南之别，皆急疾有气势。江陵，故郢都，西通巫、巴，东有云梦之饶，亦一都会也。

①师古曰："山伐，谓伐山取竹木。"

②师古曰："蠃音来戈反。蛤音阁，似蜯而圆。"

③应劭曰："呰，弱也。言风俗朝夕取给媮生而已，无长久之虑也。"

如淳曰："呰或作訾，音紫。窳音庾。"晋灼曰："呰，病也。窳，惰也。"师古曰："诸家之说皆非也。呰，短也。窳，弱也。言短力弱材不能勤作，故朝夕取给而无储偫也。如音是也。"

④师古曰："还，及也，言常相及而给足也。"

⑤师古曰："失读曰泆。柱音竹甫反。枝柱，言意相节却，不顺从也。"

吴地，斗分壄也。今之会稽、九江、丹阳、豫章、庐江、广陵、六安、临淮郡，尽吴分也。

殷道既衰，周大王亶父兴郊梁之地，长子大伯，次曰仲雍，少曰公季。公季有圣子昌，大王欲传国焉。大伯、仲雍辞行采药，遂奔荆蛮，公季嗣位，至昌为西伯，受命而王。故孔子美而称曰："大伯，可谓至德也已矣！三以天下让，民无得而称焉。"谓"虞仲夷逸，隐居放言，身中清，废中权。"①大伯初奔荆蛮，荆蛮归之，号曰句吴。②大伯卒，仲雍立，至曾孙周章，而武王克殷，因而封之。又封周章弟中于河北，是为北吴，③后世谓之虞，十二世为晋所灭。后二世而荆蛮之吴子寿梦盛大称王。其少子则季札，有贤材。兄弟欲传国，札让而不受。自（大伯）寿梦称王六世，[34]阖庐举伍子胥、孙武为将，战胜攻取，兴伯名于诸侯。④至子夫差，诛子胥，用宰嚭，⑤为粤王句践所灭。

①师古曰："皆论语载孔子之言也。虞仲，即仲雍也。夷逸，言窜于蛮夷而遁逸也。隐居而不言，故其身清洁，所废中于权道。"

②师古曰："句音钩，夷俗语之发声也，亦犹越为于越也。"

③师古曰："中读曰仲。"

④师古曰："伯读曰霸。"

⑤师古曰："嚭音披美反。"

吴、粤之君皆好勇，故其民至今好用剑，轻死易发。

粤既并吴，后六世为楚所灭。后秦又击楚，徙寿春，至子为秦所灭。

寿春、合肥受南北湖皮革、鲍、木之输，①亦一都会也。始楚贤臣屈原被谗放流，作离骚诸赋以自伤悼。②后有宋玉、唐勒之属慕而述之，皆以显名。汉兴，高祖王兄子濞于吴，招致天下之娱游子弟，枚乘、邹阳、严夫子之徒兴于文、景之际。而淮南王安亦都寿春，招宾客著书。而吴有严助、朱买臣，贵显汉朝，文辞并发，故世传楚辞。其失巧而少信。初淮南王异国中民家有女者，③以待游士而妻之，故至今多女而少男。④本吴粤与楚接比，数相并兼，⑤故民俗略同。

①师古曰："皮革，犀兕之属也。鲍，鲍鱼也。木，枫柟豫章之属。"

②师古曰："诸赋，谓九歌、天问、九章之属。"

③晋灼曰："有女者见优异。"

④如淳曰："得女宠，或去男也。"臣瓒曰："周官职方云'扬州之民，二男而五女'，此风气非由淮南王安能使多女也。"师古曰："二说皆非也。志亦言土地风气既足女矣，因淮南之化，又更聚焉。"

⑤师古曰："比，近也，音频寐反。"

吴东有海盐章山之铜，三江五湖之利，亦江东之一都会也。豫章出黄金，然堇堇物之所有，取之不足以更费。①江南卑湿，丈夫多夭。

①应劭曰："堇堇，少也。更，（赏）〔偿〕也。[35] 言金少耳，取不足用顾费用也。"师古曰："应说非也。此言所出之金既以少矣，自外诸物盖亦不多，故总言取之不足偿功直也。堇读曰仅。更音庚。"

会稽海外有东鳀人，①分为二十馀国，以岁时来献见云。

①孟康曰："音题。"晋灼曰："音鳀。"师古曰："孟音是也。"

粤地，牵牛、婺女之分壄也。今之苍梧、郁林、合浦、交阯、九真、南海、日南，皆粤分也。

其君禹后，帝少康之庶子云，封于会稽，①文身断发，以避蛟龙之害。②后二十世，至句践称王，与吴王阖庐战，败之隽李。③夫差立，句践乘胜复伐吴，吴大破之，栖会稽，④臣服请平。后用范蠡、大夫种计，遂伐灭吴，兼并其地。度淮与齐、晋诸侯会，致贡于周。周元王使使赐命为伯，诸侯毕贺。后五世为楚所灭，子孙分散，君服于楚。⑤后十世，至闽君摇，佐诸侯平秦。汉兴，复立摇为越王。是时，秦南海尉赵佗亦自王，传国至武帝时，尽灭以为郡云。

①臣瓒曰："自交阯至会稽七八千里，百越杂处，各有种姓，不得尽云

少康之后也。按世本，越为芈姓，与楚同祖，故国语曰'芈姓夔、越'，然则越非禹后明矣。又芈姓之越，亦句践之后，不谓南越也。"

师古曰："越之为号，其来尚矣，少康封庶子以主禹祠，君于越地耳。故此志云其君禹后，岂谓百越之人皆禹苗裔？瓒说非也。"

② 应劭曰："常在水中，故断其发，文其身，以象龙子，故不见伤害也。"

③ 师古曰："雋音醉，字本作鐫，其旁从木。"

④ 师古曰："会稽，山名。登山而处，以避兵难，言若鸟之栖。"

⑤ 师古曰："事楚为君而服从之。"

处近海，多犀、象、毒冒、珠玑、银、铜、果、布之凑，①中国往商贾者多取富焉。番禺，其一都会也。

① 韦昭曰："果谓龙眼、离支之属。布，葛布也。"师古曰："毒音代。冒音莫内反。玑谓珠之不圜者也，音祈，又音机。布谓诸杂细布皆是也。"

自合浦徐闻南入海，得大州，东西南北方千里，武帝元封元年略以为儋耳、珠崖郡。民皆服布如单被，穿中央为贯头。①男子耕农，种禾稻纻麻，女子桑蚕织绩。亡马与虎，民有五畜，②山多麈麖。③兵则矛、盾、刀，木弓弩，竹矢，或骨为镞。④自初为郡县，吏卒中国人多侵陵之，故率数岁壹反。元帝时，遂罢弃之。

① 师古曰："著时从头而贯之。"

② 师古曰："牛、羊、豕、鸡、犬。"

③ 师古曰："麈似鹿而大，麖似鹿而小。麈音主。麖音京。"

④ 师古曰："镞，矢锋，音子木反。"

自日南障塞、徐闻、合浦船行可五月，有都元国；又船行可四月，有邑卢没国；又船行可二十馀日，有谌离国；①步行可十馀日，有夫甘都卢国。②自夫甘都卢国船行可二月馀，有黄支国，民俗略与珠崖相类。其州广大，户口多，多异物，自武帝以来皆献见。有译长，属黄门，与应募者俱入海市明珠、璧流离、奇石异物，赍黄金杂缯而往。所至国皆禀食为耦，③蛮夷贾船，转送致之。亦利交易，剽杀人。④又苦逢风波溺死，不者数年来还。大珠至围二寸以下。平帝元始中，王莽辅政，欲耀威德，厚遗黄支王，令遣使献生犀牛。自黄支船行可八月，到皮宗；船行可（八）〔二〕月，[36]到日南、象林界云。黄支之南，有已程不国，汉之译使自此还矣。

①师古曰："谌音士林反。"

②师古曰："都卢国人劲捷善缘高，故张衡西京赋云'乌获扛鼎，都卢寻橦'，又曰'非都卢之轻趫，孰能超而究升'也。夫音扶。"

③师古曰："禀，给也，耦，媲也。给其食而侣媲之，相随行也。"

④师古曰："剽，劫也，音频妙反。"

【校勘记】

〔1〕北至枹罕东入（西）〔河〕。　景祐、殿、局本都作"河"。王鸣盛说作"河"是。

〔2〕西有（毕）〔卑〕和羌，　景祐、殿本都作"卑"。王先谦说作"卑"是。

〔3〕鸢（鸟）〔乌〕，　景祐、殿本都作"乌"。段玉裁说作"乌"是。

〔4〕（日）〔且〕勒，　殿本考证说，按匈奴传当作"且勒"。

汉书卷二十八下

〔5〕 治偃 (前)〔泉〕障。 景祐本作"泉",殿本作"水"。

〔6〕 月 (支)〔氏〕道。 景祐、殿、局本都作"氏"。

〔7〕 祖音 (置)〔罝〕。 景祐、殿本都作"罝"。

〔8〕 沮水出 (东,西)〔西,东〕入洛。 王念孙、陈澧、王先谦都说"西""东"误倒。

〔9〕 莽曰 (坚)〔监〕水。 景祐、殿本都作"监"。王先谦说作"监"是。

〔10〕 滹池河东至参 (合)〔户〕入滹池别, 齐召南说"参合"当是"参户"之误。王念孙说齐说是。

〔11〕 (乐阳)〔阳乐〕水出东,(东)〔南〕入 (海)〔沽〕。 王念孙说"乐阳"当为"阳乐","入海"当为"入沽"。王鸣盛说南监本下"东"作"南",是。按殿本亦作"南"。

〔12〕 莽曰 (北顺)〔通路〕。 景祐、殿本都作"通路"。王先谦说此涉下右北平而误。

〔13〕 莽曰 (受)〔文〕亭。 景祐、殿本都作"文"。王先谦说作"文"是。

〔14〕 说读日 (倪)〔悦〕。 景祐、殿本都作"悦"。

〔15〕 东 (郡)〔部〕都尉治。 朱一新说汪本"郡"作"部",是。按景祐、殿本都作"部"。

〔16〕 又有斤 (员)〔南〕水。 景祐本作"南",温水注同。

〔17〕 〔周〕水首受无敛, 王先谦说"水"上夺"周"字。

〔18〕 三〔十〕七。 "十"字据景祐、殿本补。

〔19〕 (入淮南)〔南入淮〕。 王鸣盛说南监本作"南入淮",是。按景祐、殿本都同南监本。

〔20〕 (收)〔攸〕。 景祐、殿本"收"作"攸"。

〔21〕 以其郡 (大)〔太〕大, 上"大"字殿本作"太"。

〔22〕 汉承百 (年)〔王〕之末, 朱一新说汪本"年"作"王",

是。按景祐、殿本都作"王"。

〔23〕成帝时刘向略言其（域）〔地〕分， 景祐、殿本都作"地"。

〔24〕造音（於）〔千〕到反。 景祐、殿、局本都作"千"。

〔25〕厝，古错（反）〔字〕。 景祐、殿本都作"字"。朱一新说作"字"是。

〔26〕（古）〔故〕凉州之富当为天下饶。 景祐、殿本都作"故"。朱一新说作"故"是。

〔27〕（秦𪔀）吴札观乐，为之歌秦， 王念孙说"秦𪔀"二字衍。

〔28〕（三）〔二〕都得百里者〔百〕，方千里也。 朱一新说"三都"当作"二都"，谓宗周及雒邑也。"者"下当有"百"字。按景祐、殿本都作"二都"，"者"下都有"百"字。

〔29〕（威）〔桓〕公死， 景祐、殿本都作"桓"。

〔30〕右雒左（沛）〔沛〕， 朱一新说"沛"当作"沛"。按景祐、殿本都作"沛"。

〔31〕高（士）〔仕〕宦， 景祐、殿本都作"仕"。钱大昭说作"仕"是。

〔32〕有以也夫！⑨ 注⑨原在"也"字下。刘攽说"夫"字宜属上句。

〔33〕金天氏之（地）〔帝〕。 景祐、殿本都作"帝"。

〔34〕自（大伯）寿梦称王六世， 陈奂说"大伯"二字疑衍。

〔35〕更，（赏）〔偿〕也。 景祐、殿、局本都作"偿"。

〔36〕船行可（八）〔二〕月， 景祐、殿本都作"二"。

汉 书 卷 二 十 九

沟洫志第九

应劭曰:"沟广四尺，深四尺;洫广深倍于沟。"师古曰:
"洫音许域反。"

夏书:禹堙洪水十三年,①过家不入门。陆行载车，水行乘
舟，泥行乘橇,②山行则梮,③以别九州;④随山浚川,⑤任土作
贡;⑥通九道，陂九泽，度九山。⑦然河灾之羡溢，害中国也尤
甚。⑧唯是为务，故道河自积石,⑨历龙门，南到华阴，东下底
柱,⑩及盟津、雒内，至于大伾。⑪于是禹以为河所从来者高，水
湍悍，难以行平地,⑫数为败，乃酾二渠以引其河,⑬北载之高
地，过洚水，至于大陆，播为九河,⑭同为迎河，入于勃海。⑮九
川既疏，九泽既陂，诸夏乂安,⑯功施乎三代。

1493

①如淳曰:"堙，没也。"师古曰:"堙，塞也。洪水泛溢，疏通而止塞
　之。堙音因。"

②孟康曰："毳形如箕，擿行泥上。"如淳曰："毳音茅蕝之蕝。谓以板置泥上以通行路也。"师古曰："孟说是也。毳读如本字。"

③如淳曰："梮谓以铁如锥头，长半寸，施之履下，以上山，不蹉跌也。"韦昭曰："梮，木器，如今舆床，人举以行也。"师古曰："如说是也。梮音居足反。"

④师古曰："分其界。"

⑤师古曰："顺山之高下而深其流。"

⑥师古曰："任其土地所有以定贡赋之差也。"

⑦师古曰："言通九州之道，及郭遍其泽，商度其山也。度音大各反。"

⑧师古曰："羡读与衍同，音弋展反。"

⑨师古曰："道，治也，引也。从积石山而治引之令通流也。道读曰导。"

⑩师古曰："厎音之履反。"

⑪郑氏曰："山一成为伾，在修武、武德界。"张晏曰："成皋县山是也。臣瓒以为今修武、武德无此山也。成皋县山又不一成也。今黎阳山临河，岂是乎？"师古曰："内读曰汭。伾音皮彼反。解在地理志。"

⑫师古曰："急流曰湍。悍，勇也。湍音它端反。"

⑬孟康曰："酾，分也。分其流，泄其怒也。二渠，其一出贝丘西南南折者也。其一则漯川也。河自王莽时遂空，唯用漯耳。"师古曰："酾音山支反。漯音它合反。"

⑭师古曰："播，布也。"

⑮臣瓒以为"禹贡'夹右碣石入于河'，则河入海乃在碣石也。武帝元光二年，河移徙东郡，更注勃海。禹时不注也。"师古曰："解在地理志。"

⑯师古曰："疏，分流。"

自是之后，荥阳下引河东南为鸿沟，以通宋、郑、陈、蔡、曹、卫，与济、汝、淮、泗会。于楚，西方则通渠汉川、云梦之际，东方则通沟江淮之间。于吴，则通渠三江、五湖。于齐，则通淄济之间。于蜀，则蜀守李冰凿离堆，[1]避沫水之害，[2]穿二江成都中。此渠皆可行舟，有馀则用溉，[3]百姓飨其利。至于它，往往引其水，用溉田，沟渠甚多，然莫足数也。

①晋灼曰："堆，古堆字也。堆，岸也。"师古曰："音丁回反。"

②师古曰："沫音本末之末。水出蜀西南徼外，东南入江。"

③师古曰："溉，灌也，音工代反。"

魏文侯时，西门豹为邺令，有令名。[1]至文侯曾孙襄王时，与群臣饮酒，王为群臣祝曰："令吾臣皆〔如〕西门豹之为人臣也！"[1]史起进曰："魏氏之行田也以百亩，[2]邺独二百亩，是田恶也。漳水在其旁，西门豹不知用，是不智也。知而不兴，是不仁也。仁智豹未之尽，何足法也！"于是以史起为邺令，遂引漳水溉邺，以富魏之河内。民歌之曰："邺有贤令兮为史公，决漳水兮灌邺旁，终古舄卤兮生稻粱。"[3]

①师古曰："有善政之称。"

②师古曰："赋田之法，一夫百亩也。"

③苏林曰："终古，犹言久古也。尔雅曰'卤，咸苦也'。"师古曰："舄即斥卤也。谓咸卤之地也。"

其后韩闻秦之好兴事，欲罢之，无令东伐。[1]乃使水工郑国间说秦，[2]令凿泾水，自中山西邸瓠口为渠，[3]并北山，东注洛，三百馀里，[4]欲以溉田。中作而觉，[5]秦欲杀郑国。郑国曰："始臣为间，然渠成亦秦之利也。臣为韩延数岁之命，而为秦建万世

之功。"秦以为然，卒使就渠。渠成而用（漑）注填阏之水，[2] 溉
舄卤之地四万馀顷，收皆亩馀一钟。⑥于是关中为沃野，无凶年，
秦以富强，卒并诸侯，因名曰郑国渠。

①如淳曰："息秦灭韩之计也。"师古曰："罢读曰疲，令其疲劳不能出
　兵。"

②师古曰："间音居苋反。其下亦同。"

③师古曰："中读曰仲，即今九嵏之东仲山也。邸，至也。"

④师古曰："并音步浪反。洛水，即冯翊漆沮水。"

⑤师古曰："中作，谓用功中道，事未竟也。"

⑥师古曰："注，引也。阏读与淤同。音于据反。填阏谓壅泥也。言引
　淤浊之水灌咸卤之田，更令肥美，故一亩之收至六斛四斗。"

汉兴三十有九年，孝文时河决酸枣，东溃金堤，①于是东郡
大兴卒塞之。

①师古曰："溃，横决也。金堤，河堤名也，在东郡白马界。堤音丁
　奚反。"

其后三十六岁，孝武元光中，河决于瓠子，东南注钜野，①
通于淮、泗。上使汲黯、郑当时兴人徒塞之，辄复坏。是时武安
侯田蚡为丞相，其奉邑食鄃。鄃居河北，②河决而南则鄃无水灾，
邑收入多。蚡言于上曰："江河之决皆天事，未易以人力强塞，
强塞之未必（顺）〔应〕天。"[3] 而望气用数者亦以为然，是以久
不复塞也。

①师古曰："钜野，泽名，旧属兖州界，即今之郓州钜野县。"

②师古曰："奉音扶用反。鄃音输，清河之县也。"

时郑当时为大司农，言"异时关东漕粟从渭上，①度六月

罢,^②而<u>渭水</u>道九百馀里，时有难处。引<u>渭</u>穿渠起<u>长安</u>，旁<u>南山</u>下,^③至<u>河</u>三百馀里，径，易遭,^④度可令三月罢;（罢）而渠下民田万馀顷又可得以溉。此（捐）〔损〕漕省卒,^[4]而益肥<u>关中</u>之地，得谷。"上以为然，令<u>齐</u>人水工<u>徐伯</u>表,^⑤发卒数万人穿漕渠，三岁而通。以漕，大便利。其后漕稍多，而渠下之民颇得以溉矣。

①师古曰："异时，往时也。"

②师古曰："计度其功，六月而后可罢也。度音大各反。"

③师古曰："旁音步浪反。"

④〔师古曰："径，直也。易音弋豉反。"〕^[5]

⑤师古曰："巡行穿渠之处而表记之，今之竖标是。"

后<u>河东</u>守<u>番系</u>①言："漕从<u>山东</u>西，岁百馀万石,^②更<u>底柱</u>之艰,^③败亡甚多而烦费。穿渠引<u>汾</u>溉<u>皮氏</u>、<u>汾阴</u>下，引<u>河</u>溉<u>汾阴</u>、<u>蒲坂</u>下,^④度可得五千顷。故尽<u>河</u>壖弃地,^⑤民茭牧其中耳,^⑥今溉田之,^⑦度可得谷二百万石以上。谷从<u>渭</u>上，与<u>关中</u>无异,^⑧而<u>底柱</u>之东可毋复漕。"上以为然，发卒数万人作渠田。数岁，<u>河</u>移徙，渠不利，田者不能偿种。^⑨久之，<u>河东</u>渠田废，予<u>越</u>人，令少府以为稍入。^⑩

①师古曰："姓<u>番</u>名<u>系</u>也。番音普安反。"

②师古曰："谓从山东运漕而西入关也。"

③师古曰："更，历也，音庚。"

④师古曰："引<u>汾</u>水可用溉<u>皮氏</u>及<u>汾阴</u>以下，而引<u>河</u>水可用溉<u>汾阴</u>及<u>蒲坂</u>以下，地形所宜也。"

⑤师古曰："谓河岸以下缘河边地素不耕垦者也。壖音而缘反。"

⑥师古曰："茭,干草也。谓收茭草及牧畜产于其中。茭音交。"

⑦师古曰："溉而种之。"

⑧师古曰："虽从关外而来,于渭水运上,皆可致之,故曰与关中收谷
　　无异也。"

⑨师古曰："言所收之直不足偿粮种之费也。种音之勇反。"

⑩如淳曰："时越人有徙者,以田与之,其租税入少府也。"师古曰:
　　"越人习于水田,又新至,未有业,故与之也。稍,渐也。其入未
　　多,故谓之稍也。"

　　其后人有上书,欲通褒斜道及漕,①事下御史大夫张汤。汤
问之,言"抵蜀从故道,故道多阪,回远。②今穿褒斜道,少阪,
近四百里;而褒水通沔,斜水通渭,皆可以行船漕。漕从南阳上
沔入褒。褒绝水至斜,间百馀里,以车转,从斜下渭,如此,汉
中谷可致,而山东从沔无限,便于底柱之漕。且褒斜材木竹箭之
饶,儗于巴蜀。"③上以为然。拜汤子卬为汉中守,发数万人作褒
斜道五百馀里。道果便近,而水多湍石,不可漕。

①师古曰："褒、斜,二谷名,其谷皆各自有水耳。斜音弋奢反。"

②师古曰："抵,至也。故道属武都,有蛮夷,故曰道,即今凤州界
　　也。回音胡内反。"

③师古曰："儗,比也。"

1498

　　其后严熊言"临晋民愿穿洛以溉重泉以东万馀顷故恶地。①
诚即得水,可令亩十石。"于是为发卒万人穿渠,自徵引洛水至
商颜下。②岸善崩,③乃凿井,深者四十馀丈。往往为井,井下相
通行水。水隤以绝商颜,④东至山领十馀里间。井渠之生自此始。
穿得龙骨,故名曰龙首渠。作之十馀岁,渠颇通,犹未得其饶。

①师古曰："临晋、重泉皆冯翊之县也。洛即漆沮水。"

②应劭曰："徵在冯翊。商颜，山名也。"师古曰："徵音惩，即今所谓澄城也。商颜，商山之颜也。谓之颜者，譬人之颜额也，亦犹山（额）〔领〕象人之颈领。"[6]

③如淳曰："洛水岸也。"师古曰："善崩，言熹崩也。"

④师古曰："下流曰隤。"

自河决瓠子后二十馀岁，岁因以数不登，而梁、楚之地尤甚。上既封禅，巡祭山川，其明年，乾封少雨。①上乃使汲仁、郭昌发卒数万人塞瓠子决河。于是上以用事万里沙，则还自临决河，湛白马玉璧，②令群臣从官自将军以下皆负薪寘决河。③是时东郡烧草，以故薪柴少，而下淇园之竹以为楗。④上既临河决，悼功之不成，乃作歌曰：

①师古曰："乾音干。解在郊祀志。"

②师古曰："湛读曰沈。沈马及璧以礼水神也。"

③师古曰："寘音大千反。"

④晋灼曰："淇园，卫之苑也。"如淳曰："树竹塞水决之口，稍稍布插按树之，水稍弱，补令密，谓之楗。以草塞其裹，乃以土填之。有石，以石为之。"师古曰："楗音其偃反。"

瓠子决兮将奈何？浩浩洋洋，虑殚为河。①殚为河兮地不得宁，功无已时兮吾山平。②吾山平兮钜野溢，③鱼弗郁兮柏冬日。④正道弛兮离常流，⑤蛟龙骋兮放远游。归旧川兮神哉沛，⑥不封禅兮安知外！⑦皇谓河公兮何不仁，⑧泛滥不止兮愁吾人！啮桑浮兮淮、泗满，⑨久不反兮水维缓。⑩

①如淳曰："殚，尽也。"师古曰："浩浩洋洋，皆水盛貌。虑犹恐也。

浩音胡老反。洋音羊。"

②如淳曰："恐水渐山使平也。"韦昭曰："凿山以填河。"师古曰："韦说是也。已，止也。言用功多不可毕止也。"

③如淳曰："瓠子决，灌钜野泽使溢也。"

④孟康曰："钜野满溢，则众鱼弗郁而滋长，迫冬日乃止也。"师古曰："孟说非也。弗郁，忧不乐也。水长涌溢，溅浊不清，故鱼不乐，又迫于冬日，将甚困也。柏读与迫同。弗音佛。"

⑤晋灼曰："言河道皆弛坏。"

⑥臣瓒曰："水还旧道，则群害消除，神祐滂沛也。"师古曰："沛音普大反。"

⑦师古曰："言不因巡（将）〔狩〕封禅而出，^{〔7〕}则不知关外有此水。"

⑧张晏曰："皇，武帝也。河公，河伯也。"

⑨如淳曰："啮桑，邑名，为水所浮漂。"

⑩师古曰："水维，水之纲维也。"

　一曰：

河汤汤兮激潺湲，①北渡回兮迅流难。②搴长茭兮湛美玉，③河公许兮薪不属。④薪不属兮卫人罪，⑤烧萧条兮噫乎何以御水！⑥隤林竹兮揵石菑，⑦宣防塞兮万福来。

①师古曰："歌有二章，自'河汤汤'以下更是其一，故云一曰也。汤汤，疾貌也。潺湲，激流也。汤音伤。潺音仕连反。湲音于权反。"

②师古曰："迅，疾也，音讯。"

③如淳曰："搴，取也。茭，草也，音（茭）〔郊〕。^{〔8〕}一曰，茭，竿也。取长竿树之，用著石间以塞决河也。"臣瓒曰："竹苇絙谓之茭也，所以引置土石也。"师古曰："瓒说是也。搴，拔也。絙，索也。湛美玉者，以祭河也。茭字宜从竹。搴音骞。茭音交，又音爻。湛读曰沈。絙音工登反。"

④如淳曰："旱烧，故薪不足也。"师古曰："沈玉礼神，见许福祐，但以薪不属逮，故无功也。属音之欲反。"

⑤师古曰："东郡本卫地，故言此卫（之人）〔人之〕罪也。"〔9〕

⑥师古曰："烧草皆尽，故野萧条然也。噫乎，叹辞也。噫音于期反。"

⑦师古曰："赜林竹者，即上所说'下淇园之竹以为楗'也。石菑者谓臿石立之，然后以土就填塞也。菑亦臿耳，音侧其反，义与（刲）〔插〕同。"〔10〕

于是卒塞瓠子，筑宫其上，名曰宣防。而道河北行二渠，复禹旧迹，①而梁、楚之地复宁，无水灾。

①师古曰："道读曰导。"

自是之后，用事者争言水利。朔方、西河、河西、酒泉皆引河及川谷以溉田。而关中灵轵、成国、沣渠①引诸川，汝南、九江引淮，东海引钜定，②泰山下引汶水，③皆穿渠为溉田，各万馀顷。它小渠及陂山通道者，不可胜言也。④

①如淳曰："地理志'盩厔有灵轵渠'。成国，渠名，在陈仓。沣音韦，水出韦谷。"

②臣瓒曰："钜定，泽名也。"

③师古曰："汶音问。"

④师古曰："陂山，因山之形也。道，引也。陂音彼义反。道读曰导。一曰，陂山，遏山之流以为陂也，音彼皮反。"

自郑国渠起，至元鼎六年，百三十六岁，而兒宽为左内史，奏请穿凿六辅渠，①以益溉郑国傍高卬之田。②上曰："农，天下之本也。泉流灌寖，所以育五谷也。③左、右内史地，名山川原甚众，细民未知其利，故为通沟渎，畜陂泽，④所以备旱也。今内史稻田租挈重，不与郡同，⑤其议减。令吏民勉农，尽地利，平繇行水，勿使失时。”⑥

①师古曰：“在郑国渠之里，今尚谓之辅渠，亦曰六渠也。”

②师古曰：“素不得郑国之溉灌者也。卬谓上向也，读曰仰。”

③师古曰：“浸，古浸字。”

④师古曰：“畜读曰蓄。”

⑤师古曰：“租挈，收田租之约令也。郡谓四方诸郡也。挈音苦计反。”

⑥师古曰：“平繇者，均齐渠堰之力役，谓俱得水利也。繇读曰徭。”

后十六岁，太始二年，赵中大夫白公①复奏穿渠。引泾水，首起谷口，尾入栎阳，②注渭中，袤二百里，③溉田四千五百馀顷，因名曰白渠。民得其饶，歌之曰：“田于何所？池阳、谷口。郑国在前，白渠起后。④举臿为云，决渠为雨。⑤泾水一石，其泥数斗。且溉且粪，长我禾黍。⑥衣食京师，亿万之口。”言此两渠饶也。

①郑氏曰：“白，姓。公，爵。时人多相谓为公。”师古曰：“此时无公爵也，盖相呼尊老之称耳。”

②师古曰：“谷口即今云阳县治谷是。”

③师古曰：“袤，长也，音茂。”

④师古曰：“郑国兴于秦时，故云前。”

⑤师古曰：“臿，锸也，所以开渠者也。”

⑥如淳曰：“水渟淤泥，可以当粪。”

是时方事匈奴，兴功利，言便宜者甚众。齐人延年上书①言：“河出昆仑，经中国，注勃海，是其地势西北高而东南下也。可案图书，观地形，令水工准高下，开大河上领，②出之胡中，

汉书卷二十九

东注之海。如此，关东长无水灾，北边不忧匈奴，可以省堤防备塞，士卒转输，胡寇侵盗，覆军杀将，暴骨原野之患。天下常备匈奴而不忧百越者，以其水绝壤断也。此功一成，万世大利。"书奏，上壮之，报曰："延年计议甚深。然河乃大禹之所道也，③圣人作事，为万世功，通于神明，恐难改更。"

①师古曰："史不得其姓。"

②晋灼曰："上领，山头也。"

③师古曰："道读曰导。"

自塞宣房后，河复北决于馆陶，分为屯氏河，①东北经魏郡、清河、信都、勃海入海，广深与大河等，故因其自然，不堤塞也。此开通后，馆陶东北四五郡虽时小被水害，而兖州以南六郡无水忧。宣帝地节中，光禄大夫郭昌使行河。北曲三所水流之势皆邪直贝丘县。②恐水盛，堤防不能禁，乃各更穿渠，直东，经东郡界中，不令北曲。渠通利，百姓安之。元帝永光五年，河决清河灵鸣犊口，③而屯氏河绝。

①师古曰："屯音大门反。而隋室分析州县，误以为毛氏河，乃置毛州，失之甚矣。"

②师古曰："直，当也。"

③师古曰："清河之灵县鸣犊河口也。"

成帝初，清河都尉冯逡①奏言："郡承河下流，与兖州东郡分水为界，城郭所居尤卑下，土壤轻脆易伤。顷所以阔无大害者，以屯氏河通，两川分流也。②今屯氏河塞，灵鸣犊口又益不利，独一川兼受数河之任，虽高增堤防，终不能泄。如有霖雨，旬日不霁。必盈溢。③灵鸣犊口在清河东界，所在处下，虽令通利，犹不能为魏郡、清河减损水害。禹非不爱民力，以地形有势，故穿九河，今既灭难明，屯氏河不流行七十馀年，新绝未久，其处易浚。④又其口所居高，于以分〔流〕杀水力，[11]道里便宜，可复浚以助大河泄暴水，备非常。又地节时郭昌穿直渠，后三岁，河水更从故第二曲间北可六里，复南合。今其曲势复邪直贝丘，百姓寒心，宜复穿渠东行。不豫修治，北决病四五郡，南决病十馀郡，然后忧之，晚矣。"事下丞相、御史，白博士许商治尚书，善为算，能度功用。⑤遣行视，⑥以为屯氏河盈溢所为，方用度不足，⑦可且勿浚。

①师古曰："逡音七旬反。"

②师古曰："阔，稀也。"

③师古曰："雨止曰霁，音子计反，又音才诣反。"

④师古曰："浚谓治道之令其深也。浚音峻。"

⑤师古曰："白，白于天子也。度音大各反。"

⑥师古曰："行音下更反。"

⑦师古曰："言国家少财役。"

后三岁，河果决于馆陶及东郡金堤，泛溢兖、豫，入平原、千乘、济南，凡灌四郡三十二县，水居地十五万馀顷，深者三丈，坏败官亭室庐且四万所。御史大夫尹忠对方略疏阔，上切责之，忠自杀。遣大司农非调①调均钱谷河决所灌之郡，②谒者二人发河南以东漕船五百艘，③徙民避水居丘陵，九万七千馀口。河堤使者王延世使塞，④以竹落长四丈，大九围，盛以小石，两船夹载而下之。三十六日，河堤成。上曰："东郡河决，流漂二州，校尉延世堤防三旬立塞。其以五年为河平元年。卒治河者为

著外繇六月。⑤惟延世长于计策，功费约省，用力日寡，朕甚嘉
之。其以延世为光禄大夫，秩中二千石，赐爵关内侯，黄金
百斤。"

①师古曰："大司农名非调也。"

②师古曰："令其调发均平钱谷遭水之郡，使存给也。调音徒钓反。"

③师古曰："一船为一艘，音先劳反，其字从木。"

④师古曰："命其为使而塞河也。华阳国志云延世字长叔，犍为资中人
也。"

⑤如淳曰："律说，戍边一岁当罢，若有急，当留守六月。今以卒治河
之故，复留六月。"孟康曰："外繇，戍边也。治水不复戍边也。"
师古曰："如、孟二说皆非也。以卒治河有劳，虽执役日近，皆得比
繇戍六月也。著谓著于簿籍也。著音竹助反。下云'非受平贾，为
著外繇'，其义亦同。"

后二岁，河复决平原，流入济南、千乘，所坏败者半建始
时，复遣王延世治之。杜钦说大将军王凤，以为"前河决，丞相
史杨焉言延世受焉术以塞之，蔽不肯见。今独任延世，延世见前
塞之易，恐其虑害不深。又审如焉言，延世之巧，反不如焉。且
水势各异，不博议利害而任一人，如使不及今冬成，来春桃华水
盛，必羡溢，有填淤反壤之害。①如此，数郡种不得下，②民人流
散，盗贼将生，虽重诛延世，无益于事。宜遣焉及将作大匠许
商、谏大夫乘马延世杂作。③延世与焉必相破坏，深论便宜，以
相难极。④商、延年皆明计算，能商功利，⑤足以分别是非，择其
善而从之，必有成功。"凤如钦言，白遣焉等作治，六月乃成。
复赐延世黄金百斤。治河卒非受平贾者，为著外繇六月。⑥

①师古曰："月令'仲春之月，始雨水，桃始华'。盖桃方华时，既有
雨水，川谷冰泮，众流猥集，波澜盛长，故谓之桃华水耳。而韩诗
传云'三月桃华水'。反壤者，水塞不通，故令其土壤反还也。美音
弋缮反。淤音于庶反。"

②师古曰："种，五谷之子也，音之勇反。"

③孟康曰："乘马，姓也。"师古曰："乘音食证反。"

④师古曰："坏，毁也，音怪。极，穷也，音居力反。"

⑤师古曰："商，度也。"

⑥苏林曰："平贾，以钱取人作卒，顾其时庸之平贾也。"如淳曰："律
说，平贾一月，得钱二千。"师古曰："贾音价。"

后九岁，鸿嘉四年，杨焉言"从河上下，患底柱隘，可镌广
之。"①上从其言，使焉镌之。镌之裁没水中，不能去，而令水益
湍怒，为害甚于故。

①师古曰："镌谓琢凿之也，音子全反。"

是岁，勃海、清河、信都河水溢溢，灌县邑三十一，①败官
亭民舍四万馀所。河堤都尉许商与丞相史孙禁共行视，图方
略。②禁以为"今河溢之害数倍于前决平原时。今可决平原金堤
间，开通大河，令入故笃马河。③至海五百馀里，水道浚利，又
干三郡水地，得美田且二十馀万顷，足以偿所开伤民田庐处，又
省吏卒治堤救水，岁三万人以上。"许商以为"古说九河之名，
有徒骇、胡苏、鬲津，今见在成平、东光、鬲界中。④自鬲以北
至徒骇间，相去二百馀里，今河虽数移徙，不离此域。孙禁所欲
开者，在九河南笃马河，失水之迹，处势平夷，旱则淤绝，水则
为败，不可许。"公卿皆从商言。先是，谷永以为"河，中国之

经渎，⑤圣王兴则出图书，王道废则竭绝。今溃溢横流，漂没陵
阜，异之大者也。修政以应之，灾变自除。"是时李寻、解光亦
言"阴气盛则水为之长，故一日之间，昼减夜增，江河满溢，所
谓水不润下，虽常于卑下之地，犹日月变见于朔望，明天道有因
而作也。众庶见王延世蒙重赏，竞言便巧，不可用。议者常欲求
索九河故迹而穿之，今因其自决，可且勿塞，以观水势。河欲居
之，当稍自成川，跳出沙土，然后顺天心而图之，必有成功，而
用财力寡。"于是遂止不塞。满昌、师丹等数言百姓可哀，上数
遣使者处业振赡之。⑥

①师古曰："溢，踊也，音普顿反。"

②师古曰："图，谋也。行音下更反。"

③韦昭曰："在平原县。"

④师古曰："此九河之三也。徒骇在成平，胡苏在东光，鬲津在鬲。成
平、东光属勃海，鬲属平原。徒骇者，言禹治此河，用功极众，故
人徒惊骇也。胡苏，下流急疾之貌也。鬲津，言其陿小，可鬲以为
津而度也。鬲与隔同。"

⑤师古曰："经，常也。"

⑥师古曰："处业，谓安处之使得其居业。"

哀帝初，平当使领河堤，①奏言"九河今皆真灭，按经义治
水，有决河深川，②而无堤防雍塞之文。③河从魏郡以东，北多溢
决，水迹难以分明。四海之众不可诬，宜博求能浚川疏河者。"
下丞相孔光、大司空何武，奏请部刺史、三辅、三河、弘农太守
举吏民能者，莫有应书。待诏贾让奏言：

①师古曰："为使而领其事。"

②师古曰:"决,分泄也。深,浚治也。"

③师古曰:"雍读曰壅。"

治河有上中下策。古者立国居民,疆理土地,必遗川泽之分,度水势所不及。①大川无防,小水得入,陂障卑下,以为汙泽,②使秋水多,得有所休息,左右游波,宽缓而不迫。夫土之有川,犹人之有口也。治土而防其川,犹止儿啼而塞其口,岂不遽止,然其死可立而待也。③故曰:"善为川者,决之使道;④善为民者,宣之使言。"盖堤防之作,近起战国,雍防百川,各以自利。⑤齐与赵、魏,以河为竟。⑥赵、魏濒山,齐地卑下,⑦作堤去河二十五里。河水东抵齐堤,则西泛赵、魏,赵、魏亦为堤去河二十五里。虽非其正,水尚有所游荡。时至而去,则填淤肥美,民耕田之。或久无害,稍筑室宅,遂成聚落。大水时至漂没,则更起堤防以自救,稍去其城郭,排水泽而居之,湛溺自其宜也。⑧今堤防陿者去水数百步,远者数里。近黎阳南故大金堤,从河西西北行,至西山南头,乃折东,与东山相属。⑨民居金堤东,为庐舍,(住)〔往〕十馀岁更起堤,〔12〕从东山南头直南与故大堤会。又内黄界中有泽,方数十里,环之有堤,⑩往十馀岁太守以赋民,⑪民今起庐舍其中,此臣亲所见者也。东郡白马故大堤亦复数重,民皆居其间。从黎阳北尽魏界,故大堤去河远者数十里,内亦数重,此皆前世所排也。河从河内北至黎阳为石堤,激使东抵东郡平刚;⑫又为石堤,使西北抵黎阳、观下;⑬又为石堤,使东北抵东郡津北;又为石堤,使西北抵魏郡昭阳;又为石堤,激使东北。百馀里间,河再西三东,迫阨如此,不得安息。

①师古曰:"遗,留也。度,计也。言川泽水所流聚之处,皆留而置

之，不以为居邑而妄垦殖，必计水所不及，然后居而田之也。分音
扶问反。度音大各反。"

②师古曰："停水曰汙，音一胡反。"

③师古曰："遽，速也，音其庶反。"

④师古曰："道读曰导。导，通引也。"

⑤师古曰："雍读曰壅。"

⑥师古曰："竟读曰境。"

⑦师古曰："濒山，犹言以山为边界也。"师古曰："濒音频，又音宾。"

⑧师古曰："湛读曰沈。"

⑨师古曰："属，连及也，音之欲反。"

⑩师古曰："环，绕也。"

⑪师古曰："以堤中之地给与民。"

⑫师古曰："激者，聚石于堤旁冲要之处，所以激去其水也。激音工
历反。"

⑬师古曰："观，县名也，音工唤反。"

今行上策，徙冀州之民当水冲者，决黎阳遮害亭，放河使北
入海。河西薄大山，东薄金堤，势不能远泛滥，期月自定。难者
将曰："若如此，败坏城郭田庐冢墓以万数，百姓怨恨。"昔大
禹治水，山陵当路者毁之，故凿龙门，辟伊阙，①析底柱，破碣
石，②堕断天地之性。③此乃人功所造，何足言也！今濒河十郡治
堤岁费且万万，及其大决，所残无数。如出数年治河之费，以业
所徙之民，遵古圣之法，定山川之位，使神人各处其所，而不相
奸。④且以大汉方制万里，岂其与水争咫尺之地哉？此功一立，
河定民安，千载无患，故谓之上策。

①师古曰："辟读曰闢。闢，开也。"

②师古曰："析，分也。"

③师古曰："堕，毁也，音火规反。"

④师古曰："奸音干。"

　　若乃多穿漕渠于冀州地，使民得以溉田，分杀水怒，虽非圣人法，然亦救败术也。难者将曰："河水高于平地，岁增堤防，犹尚决溢，不可以开渠。"臣窃按视遮害亭西十八里，至淇水口，乃有金堤，高一丈。自是东，地稍下，堤稍高，至遮害亭，高四五丈。往六七岁，河水大盛，增丈七尺，坏黎阳南郭门，入至堤下。①水未逾堤二尺所，从堤上北望，河高出民屋，百姓皆走上山。水留十三日，堤溃（二所），[13]吏民塞之。臣循堤上，行视水势，②南七十馀里，至淇口，水适至堤半，计出地上五尺所。今可从淇口以东为石堤，多张水门。初元中，遮害亭下河去堤足数十步，至今四十馀岁，适至堤足。由是言之，其地坚矣。恐议者疑河大川难禁制，荥阳漕渠足以（下）〔卜〕之，③[14]其水门但用木与土耳，今据坚地作石堤，势必完安。冀州渠首尽当卬此水门。治渠非穿地也，④但为东方一堤，北行三百馀里，入漳水中，其西因山足高地，诸渠皆往往股引取之；⑤旱则开东方下水门溉冀州，水则开西方高门分河流。通渠有三利，不通有三害。民常罢于救水，半失作业；⑥水行地上，凑润上彻，民则病湿气，木皆立枯，卤不生谷；⑦决溢有败，为鱼鳖食：此三害也。若有渠溉，则盐卤下湿，填淤加肥；⑧故种禾麦，更为粳稻，高田五倍，下田十倍；⑨转漕舟船之便：此三利也。今濒河堤吏卒郡数千人，伐买薪石之费岁数千万，足以通渠成水门；又民利其溉灌，相率治渠，虽劳不罢。⑩民田适治，河堤亦成，此诚富国安民，兴利除害，支数百岁，故谓之中策。

①如淳曰："然则堤在郭内也。"臣瓒曰："谓水从郭南门入，北门出，而至堤也。"师古曰："瓒说是也。"

②师古曰："行音下更反。"

③如淳曰："今砾溪口是也。言作水门通水流，不为害也。"师古曰："砾溪，溪名，即水经所云（涑）〔沛〕水东通砾溪者。"〔15〕

④师古曰："印音牛向反。"

⑤如淳曰："股，支别也。"

⑥师古曰："此一害也。罢读曰疲。"

⑦师古曰："此二害。"

⑧师古曰："此一利。"

⑨师古曰："此二利也。粳谓稻之不粘者也，音庚。"

⑩师古曰："罢读曰疲。"

　　若乃缮完故堤，增卑倍薄，劳费无已，数逢其害，此最下策也。

　　王莽时，征能治河者以百数，其大略异者，长水校尉平陵关并①言："河决率常于平原、东郡左右，其地形下而土疏恶。闻禹治河时，本空此地，以为水猥，盛则放溢，②少稍自索，③虽时易处，犹不能离此。上古难识，近察秦汉以来，河决曹、卫之域，其南北不过百八十里者，可空此地，勿以为官亭民室而已。"大司马史长安张戎④言："水性就下，行疾则自刮除成空而稍深。河水重浊，号为一石水而六斗泥。今西方诸郡，以至京师东行，民皆引河、渭山川水溉田。春夏干燥，少水时也，故使河流迟，贮淤而稍浅；雨多水暴至，则溢决。而国家数堤塞之，稍益高于平地，犹筑垣而居水也。可各顺从其性，毋复灌溉，则百川流行，水道自利，无溢决之害矣。”御史临淮韩牧⑤以为“可略于禹贡九河处穿之，纵不能为九，但为四五，宜有益。”大司空掾王横⑥言：“河入勃海，勃海地高于韩牧所欲穿处。往者天尝连雨，东北风，海水溢，西南出，寖数百里，九河之地已为海所渐矣。⑦禹之行河水，本随西山下东北去。⑧周谱云定王五年河徙，⑨则今所行非禹之所穿也。又秦攻魏，决河灌其都，决处遂大，不可复补。宜却徙完平处，更开空，⑩使缘西山足乘高地而东北入海，乃无水灾。”沛郡桓谭为司空掾，典其议，为甄丰言：“凡此数者，必有一是。宜详考验，皆可豫见，计定然后举事，费不过数亿万，亦可以事诸浮食无产业民。⑪空居与行役，同当衣食；衣食县官，而为之作，乃两便，⑫可以上继禹功，下除民疾。”王莽时，但崇空语，无施行者。

①师古曰：“桓谭新论云并字子阳，材智通达也。”

②师古曰：“猥，多也。”

③师古曰：“索，尽也，音先各反。”

④师古曰：“（杂）〔新〕论云[16]字仲功，习溉灌事也。”

⑤师古曰：“新论云字子台，善水事。”

⑥师古曰：“横字平中，琅邪人。见儒林传。中读曰仲。”

⑦师古曰：“渐，寖也，读如本字，又音子廉反。”

⑧师古曰：“行谓通流也。”

⑨如淳曰：“谱音补，世统谱谍也。”

⑩师古曰：“空犹穿。”

⑪师古曰：“事谓役使也。”

⑫师古曰：“言无产业之人，端居无为，及发行力役，俱须衣食耳。今县官给其衣食，而使修治河水，是为公私两便也。”

赞曰：古人有言："微禹之功，吾其鱼乎！"①中国川原以百数，莫著于四渎，而河为宗。孔子曰："多闻而志之，知之次也。"②国之利害，故备论其事。

①师古曰："左氏传载周大夫刘定公之辞也。言无禹治水之功，则天下之人皆为鱼鳖耳。"

②师古曰："论语称孔子之言曰'多闻择其善者而从之，多见而志之，知之次也'。志，记也，字亦作识，音式冀反。"

【校勘记】

〔1〕令吾臣皆〔如〕西门豹之为人臣也！　景祐、殿、局本都有"如"字。

〔2〕渠成而用（溉）注填阏之水，　王念孙说此"溉"字涉下"溉"字而衍。

〔3〕强塞之未必（顺）〔应〕天。　景祐、汲古、殿、局本都作"应"。

〔4〕（罢）而渠下民田万馀顷又可得以溉。此（捐）〔损〕漕省卒，"罢"字史记无，苏舆疑衍。"捐"字景祐、殿本都作"损"，史记同。

〔5〕注④十一字据景祐、殿本补。

〔6〕亦犹山（额）〔领〕象人之颈领。景祐、殿本都作"领"。王先谦说作"领"是。

1513

〔7〕言不因巡（将）〔狩〕封禅而出，　景祐、殿、局本都作"狩"，此误。

〔8〕芰，草也，音（荄）〔郊〕。　景祐、殿本都作"郊"，此误。

〔9〕故言此卫（之人）〔人之〕罪也。　景祐、殿本都作"人之"，

是。

〔10〕 义与（剸）〔插〕同。　景祐本作"插"。

〔11〕 于以分〔流〕杀水力，　景祐、殿本都有"流"字。

〔12〕 （住）〔往〕十餘岁更起堤，　王念孙说"住"当作"往"。

〔13〕 水留十三日，堤溃（二所），　景祐、殿本无"二所"二字。朱一新说二字涉上文而衍。

〔14〕 荥阳漕渠足以（下）〔卜〕之，　景祐、汲古、殿、局本都作"卜"。

〔15〕 （涑）〔沛〕水东过砾磎者。　殿本"涑"作"沛"。王先谦说作"沛"是。

〔16〕 （杂）〔新〕论云　景祐、殿本都作"新"。

汉 书 卷 三 十

艺文志第十

　　昔仲尼没而微言绝,①七十子丧而大义乖。②故春秋分为五,③诗分为四,④易有数家之传。战国从衡,真伪分争,⑤诸子之言纷然淆乱。⑥至秦患之,乃燔灭文章,以愚黔首。⑦汉兴,改秦之败,大收篇籍,广开献书之路。迄孝武世,书缺简脱,礼坏乐崩,⑧圣上喟然而称曰:⑨"朕甚闵焉!"于是建藏书之策,⑩置写书之官,下及诸子传说,皆充秘府。至成帝时,以书颇散亡,使谒者陈农求遗书于天下。诏光禄大夫刘向校经传诸子诗赋,步兵校尉任宏校兵书,太史令尹咸校数术,⑪侍医李柱国校方技。⑫每一书已,⑬向辄条其篇目,撮其指意,录而奏之。⑭会向卒,哀帝复使向子侍中奉车都尉歆卒父业。⑮歆于是总群书而奏其七略,故有辑略,⑯有六艺略,⑰有诸子略,有诗赋略,有兵书略,有术数略,有方技略。今删其要,以备篇籍。⑱

1515

①李奇曰："隐微不显之言也。"师古曰："精微要妙之言耳。"

②师古曰："七十子，谓弟子达者七十二人。举其成数，故言七十。"

③韦昭曰："谓左氏、公羊、穀梁、邹氏、夹氏也。"

④韦昭曰："谓毛氏、齐、鲁、韩。"

⑤师古曰："从音子容反。"

⑥师古曰："淆，杂也。"

⑦师古曰："燔，烧也。秦谓人为黔首，言其头黑也。燔音扶元反。黔音其炎反，又音琴。"

⑧师古曰："编绝散落故简脱。脱音吐活反。"

⑨师古曰："喟，叹息之貌也，音丘位反。"

⑩如淳曰："刘歆七略曰'外则有太常、太史、博士之藏，内则有延阁、广内、秘室之府'。"

⑪师古曰："占卜之书。"

⑫师古曰："医药之书。"

⑬师古曰："已，毕也。"

⑭师古曰："撮，总取也，音千括反。"

⑮师古曰："卒，终也。"

⑯师古曰："辑与集同，谓诸书之总要。"

⑰师古曰："六艺，六经也。"

⑱师古曰："删去浮冗，取其指要也。其每略所条家及篇数，有与总凡不同者，转（为）〔写〕脱误，[1] 年代久远，无以详知。

易经十二篇，施、孟、梁丘三家。①

易传周氏二篇。字王孙也。

服氏二篇。②

杨氏二篇。名何，字叔元，菑川人。

蔡公二篇。卫人，事周王孙。

韩氏二篇。名婴。

王氏二篇。名同。

丁氏八篇。名宽，字子襄，梁人也。

古五子十八篇。自甲子至壬子，说易阴阳。

淮南道训二篇。淮南王安聘明易者九人，号九师（法）〔说〕。[2]

古杂八十篇，杂灾异三十五篇，神输五篇，图一。③

孟氏京房十一篇，灾异孟氏京房六十六篇。五鹿充宗略说三篇，京氏段嘉十二篇。④

章句施、孟、梁丘氏各二篇。

凡易十三家，二百九十四篇。

①师古曰："上下经及十翼，故十二篇。"

②师古曰："刘向别录云，服氏，齐人，号服光。"

③师古曰："刘向别录云'神输者，王道失则灾害生，得则四海输之祥瑞'。"

④苏林曰："东海人，为博士。"晋灼曰："儒林不见。"师古曰："苏说是也。嘉即京房所从受易者也，见儒林传及刘向别录。"

易曰："宓戏氏仰观象于天，俯观法于地，观鸟兽之文，与地之宜，近取诸身，远取诸物，于是始作八卦，以通神明之德，以类万物之情。"①至于殷、周之际，纣在上位，逆天暴物，文王以诸侯顺命而行道，天人之占可得而效，于是重易六爻，作上下篇。孔氏为之彖、象、系辞、文言、序卦之属十篇。故曰易道深矣，人更三圣，②世历三古。③及秦燔书，而易为筮卜之事，传者不绝。汉兴，田（和）〔何〕传之。[3]讫于宣、元，有施、孟、梁丘、京氏列于学官，而民间有费、高二家之说。④刘向以中古文

易经校施、孟、梁丘经,⑤或脱去"无咎"、"悔亡",唯费氏经
与古文同。

①师古曰:"下系之辞也。鸟兽之文,谓其迹在地者。宓读与伏同。"

②韦昭曰:"伏羲、文王、孔子。"师古曰:"更,经也,音工衡反。"

③孟康曰:"易系辞曰'易之兴,其于中古乎?'然则伏羲为上古,文
王为中古,孔子为下古。"

④师古曰:"费音扶味反。"

⑤师古曰:"中者,天子之书也。言中,以别于外耳。"

尚书古文经四十六卷。为五十七篇。①

经二十九卷。大、小夏侯二家。欧阳经(二)〔三〕十二卷。②〔4〕

传四十一篇。

欧阳章句三十一卷。

大、小夏侯章句各二十九卷。

大、小夏侯解故二十九篇。

欧阳说义二篇。

刘向五行传记十一卷。

许商五行传记一篇。

周书七十一篇。周史记。③

议奏四十二篇。宣帝时石渠论。④

凡书九家,四百一十二篇。入刘向稽疑一篇。⑤

①师古曰:"孔安国书序云'凡五十九篇,为四十六卷。承诏作传,引
序各冠其篇首,定五十八篇。'郑玄叙赞云'后又亡其一篇',故五
十七。"

②师古曰:"此二十九卷,伏生传授者。"

③师古曰:"刘向云'周时诰誓号令也,盖孔子所论百篇之馀也。'今

之存者四十五篇矣。"

④韦昭曰："阁名也，于此论书。"

⑤师古曰："此凡言入者，谓七略之外班氏新入之也。其云出者与
此同。"

易曰："河出图，雒出书，圣人则之。"①故书之所起远矣，
至孔子纂焉，②上断于尧，下讫于秦，凡百篇，而为之序，言其
作意。秦燔书禁学，济南伏生独壁藏之。汉兴亡失，求得二十九
篇，以教齐鲁之间。讫孝宣世，有欧阳、大小夏侯氏，立于学
官。古文尚书者，出孔子壁中。③武帝末，鲁共王坏孔子宅，欲
以广其宫，而得古文尚书及礼记、论语、孝经凡数十篇，皆古字
也。共王往入其宅，闻鼓琴瑟钟磬之音，于是惧，乃止不坏。孔
安国者，孔子后也。悉得其书，以考二十九篇，得多十六篇。④
安国献之。遭巫蛊事，未列于学官。刘向以中古文校欧阳、大小
夏侯三家经文，酒诰脱简一，召诰脱简二。⑤率简二十五字者，
脱亦二十五字，简二十二字者，脱亦二十二字，文字异者七百有
馀，脱字数十。书者，古之号令，号令于众，其言不立具，则听
受施行者弗晓。古文读应尔雅，故解古今语而可知也。

①师古曰："上系之辞也。"

②孟康曰："纂音撰。"

③师古曰："家语云孔腾字子襄，畏秦法峻急，藏尚书、孝经、论语于
夫子旧堂壁中，而汉记尹敏传云孔鲋所藏。二说不同，未知孰是。"

④师古曰："壁中书多，以考见行世二十九篇之外，更得十六篇。"

⑤师古曰："召读曰邵。"

诗经二十八卷，鲁、齐、韩三家。①

鲁故二十五卷。②

鲁说二十八卷。

齐后氏故二十卷。

齐孙氏故二十七卷。

齐后氏传三十九卷。

齐孙氏传二十八卷。

齐杂记十八卷。

韩故三十六卷。

韩内传四卷。

韩外传六卷。

韩说四十一卷。

毛诗二十九卷。

毛诗故训传三十卷。

凡诗六家，四百一十六卷。

①应劭曰："申公作鲁诗，后苍作齐诗，韩婴作韩诗。"

②师古曰："故者，通其指义也。它皆类此。今流俗毛诗改故训传为诂字，失真耳。"

书曰："诗言志，（哥）〔歌〕咏言。"①〔5〕故哀乐之心感，而（哥）〔歌〕咏之声发。诵其言谓之诗，咏其声谓之（哥）〔歌〕。故古有采诗之官，王者所以观风俗，知得失，自考正也。孔子纯取周诗，上采殷，下取鲁，凡三百五篇，遭秦而全者，以其讽诵，不独在竹帛故也。汉兴，鲁申公为诗训故，而齐辕固、燕韩生皆为之传。或取春秋，采杂说，咸非其本义。与不得已，鲁最为近之。②三家皆列于学官。又有毛公之学，自谓子夏所传，而

1520

河间献王好之，未得立。

①师古曰："虞书舜典之辞也。在心为志，发言为诗。咏者，永也。
　　永。长也，(哥)〔歌〕所以长言之。"

②师古曰："与不得已者，言皆不得也。三家(者)〔皆〕不得其真，[6]
　　而鲁最近之。"

礼古经五十六卷，经(七十)〔十七〕篇。[7]后氏、戴氏。

记百三十一篇。七十子后学者所记也。

明堂阴阳三十三篇。古明堂之遗事。

王史氏二十一篇。七十子后学者。①

曲台后仓九篇。②

中庸说二篇。③

明堂阴阳说五篇。

周官经六篇。王莽时刘歆置博士。④

周官传四篇。

军礼司马法百五十五篇。

古封禅群祀二十二篇。

封禅议对十九篇。武帝时也。

汉封禅群祀三十六篇。

议奏三十八篇。石渠。

凡礼十三家，五百五十五篇。入司马法一家，百五十五篇。

①师古曰："刘向别录云六国时人也。"

②如淳曰："行礼射于曲台，后仓为记，故名曰曲台记。汉官曰大射于
　　曲台。"晋灼曰："天子射宫也。西京无太学，于此行礼也。"

③师古曰："今礼记有中庸一篇，亦非本礼经，盖此之流。"

④师古曰："即今之周官礼也，亡其冬官，以考工记充之。"

易曰："有夫妇父子君臣上下，礼义有所错。"①而帝王质文世有损益，至周曲为之防，事为之制，②故曰："礼经三百，威仪三千。"③及周之衰，诸侯将逾法度，恶其害己，皆灭去其籍，自孔子时而不具，至秦大坏。汉兴，鲁高堂生传士礼十七篇。讫孝宣世，后仓最明。戴德、戴圣、庆普皆其弟子，三家立于学官。礼古经者，出于鲁淹中④及孔氏，（学七十）〔与十七〕篇文相似，[8]多三十九篇。及明堂阴阳、王史氏记所见，多天子诸侯卿大夫之制，虽不能备，犹瘉仓等推士礼而致于天子之说。⑤

①师古曰："序卦之辞也。错，置也，音千故反。"

②师古曰："委曲防闲，每事为制也。"

③韦昭曰："周礼三百六十官也。三百，举成数也。"臣瓒曰："礼经三百，谓冠、婚、吉、凶。周礼三百，是官名也。"师古曰："礼经三百，韦说是也。威仪三千乃谓冠、婚、吉、凶，盖仪礼是也。"

④苏林曰："里名也。"

⑤师古曰："瘉与愈同。愈，胜也。"

乐记二十三篇。

王禹记二十四篇。

雅歌诗四篇。

雅琴赵氏七篇。名定，勃海人，宣帝时丞相魏相所奏。

雅琴师氏八篇。名中，东海人，传言师旷后。

雅琴龙氏九十九篇。名德，梁人。①

凡乐六家，百六十五篇。出淮南刘向等琴颂七篇。

①师古曰："刘向别录云亦魏相所奏也。与赵定俱召见待诏，后拜为

侍郎。"

　　易曰："先王作乐崇德，殷荐之上帝，以享祖考。"①故自黄帝下至三代，乐各有名。孔子曰："安上治民，莫善于礼；移风易俗，莫善于乐。"②二者相与并行。周衰俱坏，乐尤微眇，以音律为节，③又为郑卫所乱故无遗法。汉兴，制氏以雅乐声律，世在乐官，颇能纪其铿锵鼓舞，而不能言其义。④六国之君，魏文侯最为好古，孝文时得其乐人窦公，⑤献其书，乃周官大宗伯之大司乐章也。武帝时，河间献王好儒，与毛生等共采周官及诸子言乐事者，以作乐记，献八佾之舞，与制氏不相远。其内史丞王定传之，以授常山王禹。禹，成帝时为谒者，数言其义，⑥献二十四卷记。刘向校书，得乐记二十三篇，与禹不同，其道寖以益微。⑦

①师古曰："豫卦象辞也。殷，盛也。"
②师古曰："孝经载孔子之言。"
③师古曰："眇，细也。言其道精微，节在音律，不可具于书。眇亦读曰妙。"
④师古曰："铿音初衡反。"
⑤师古曰："桓谭新论云窦公年百八十岁，两目皆盲，文帝奇之，问曰：'何因至此？'对曰：'臣年十三失明，父母哀其不及众技，教鼓琴，臣导引，无所服饵。'"
⑥师古曰："数音所角反。"
⑦师古曰："寖，渐也。"

　　春秋古经十二篇，经十一卷。公羊、穀梁二家。
　　左氏传三十卷。左丘明，鲁太史。
　　公羊传十一卷。公羊子，齐人。①

穀梁传十一卷。穀梁子，鲁人。②

邹氏传十一卷。

夹氏传十一卷。有录无书。③

左氏微二篇。④

铎氏微三篇。楚太傅铎椒也。

张氏微十篇。

虞氏微传二篇。赵相虞卿。

公羊外传五十篇。

穀梁外传二十篇。

公羊章句三十八篇。

穀梁章句三十三篇。

公羊杂记八十三篇。

公羊颜氏记十一篇。

公羊董仲舒治狱十六篇。

议奏三十九篇。石渠论。

国语二十一篇。左丘明著。

新国语五十四篇。刘向分国语。

世本十五篇。古史官记黄帝以来讫春秋时诸侯大夫。

战国策三十三篇。记春秋后。

奏事二十篇。秦时大臣奏事，及刻石名山文也。

楚汉春秋九篇。陆贾所记。

太史公百三十篇。十篇有录无书。

冯商所续太史公七篇。⑤

太古以来年纪二篇。

汉著记百九十卷。⑥

汉大年纪五篇。

凡春秋二十三家，九百四十八篇。省太史公四篇。

①师古曰："名高。"

②师古曰："名喜。"

③师古曰："夹音颊。"

④师古曰："微谓释其微指。"

⑤韦昭曰："冯商受诏续太史公十馀篇，在班彪别录。商字子高。"师
古曰："七略云商阳陵人，治易，事五鹿充宗，后事刘向，能属文，
后与孟柳俱待诏，颇序列传，未卒，病死。"

⑥师古曰："若今之起居注。"

古之王者世有史官，君举必书，所以慎言行，昭法式也。左
史记言，右史记事，事为春秋，言为尚书，帝王靡不同之。周室
既微，载籍残缺，仲尼思存前圣之业，乃称曰："夏礼吾能言之，
杞不足征也，殷礼吾能言之，宋不足征也。文献不足故也，足则
吾能征之矣。"①以鲁周公之国，礼文备物，史官有法，故与左丘
明观其史记，据行事，仍人道，②因兴以立功，就败以成罚，假
日月以定历数，借朝聘以正礼乐。有所褒讳贬损，不可书见，口
授弟子，弟子退而异言。③丘明恐弟子各安其意，以失其真，故
论本事而作传，明夫子不以空言说经也。春秋所贬损大人当世君
臣，有威权势力，其事实皆形于传，是以隐其书而不宣，所以免
时难也。及末世口说流行，故有公羊、穀梁、邹、夹之传。四家
之中，公羊、穀梁立于学官，邹氏无师，夹氏未有书。

①师古曰："论语载孔子之言也。征，成也。献，贤也。孔子自谓能言

夏、殷之礼，而杞、宋之君文章贤材不足以成之，故我不得成此礼也。"

②师古曰："仍亦因也。"

③师古曰："谓人执所见，各不同也。"

论语古二十一篇。出孔子壁中，两子张。①

齐二十二篇。多问王、知道。②

鲁二十篇，传十九篇。③

齐说二十九篇。

鲁夏侯说二十一篇。

鲁安昌侯说二十一篇。④

鲁王骏说二十篇。⑤

燕传说三卷。

议奏十八篇。石渠论。

孔子家语二十七卷。⑥

孔子三朝七篇。⑦

孔子徒人图法二卷。

凡论语十二家，二百二十九篇。

①如淳曰："分尧曰篇后子张问'何如可以从政'已下为篇，名曰从政。"

②如淳曰："问王、知道，皆篇名也。"

③师古曰："解释论语意者。"

④师古曰："张禹也。"

⑤师古曰："王吉子。"

⑥师古曰："非今所有家语。"

⑦师古曰："今大戴礼有其一篇，盖孔子对〔鲁〕哀公语也。[9]三朝见

公，故曰三朝。"

论语者，孔子应答弟子时人及弟子相与言而接闻于夫子之语也。当时弟子各有所记。夫子既卒，门人相与辑而论篹，故谓之论语。①汉兴，有齐、鲁之说。传齐论者，昌邑中尉王吉、少府宋畸、②御史大夫贡禹、尚书令五鹿充宗、胶东庸生，唯王阳名家。③传鲁论语者，常山都尉龚奋、长信少府夏侯胜、丞相韦贤、鲁扶卿、前将军萧望之、安昌侯张禹，皆名家。张氏最后而行于世。

①师古曰："辑与集同。篹与撰同。"

②师古曰："畸音居宜反。"

③师古曰："王吉字子阳，故谓之王阳。"

孝经古孔氏一篇。二十二章。①

孝经一篇。十八章。长孙氏、江氏、后氏、翼氏四家。

长孙氏说二篇。

江氏说一篇。

翼氏说一篇。

后氏说一篇。

杂传四篇。

安昌侯说一篇。

五经杂议十八篇。石渠论。

尔雅三卷二十篇。②

小尔雅一篇，古今字一卷。

弟子职一篇。③

说三篇。

凡孝经十一家，五十九篇。

①师古曰："刘向云古文字也。庶人章分为二也，曾子敢问章为三，又多一章，凡二十二章。"

②张晏曰："尔，近也。雅，正也。"

③应劭曰："管仲所作，在管子书。"

孝经者，孔子为曾子陈孝道也。夫孝，天之经，地之义，民之行也。举大者言，故曰孝经。汉兴，长孙氏、博士江翁、少府后仓、谏大夫翼奉、安昌侯张禹传之，各自名家。经文皆同，唯孔氏壁中古文为异。"父母生之，续莫大焉"，"故亲生之膝下"，诸家说不安处，古文字读皆异。①

①臣瓒曰："孝经云'续莫大焉'，而诸家之说各不安处之也。"师古曰："桓谭新论云古孝经千八百七十（一）〔二〕字，[10]今异者四百馀字。"

史籀十五篇。周宣王太史作大篆十五篇，建武时亡六篇矣。①

八体六技。②

苍颉一篇。上七章，秦丞相李斯作；爰历六章，车府令赵高作；博学七章，太史令胡母敬作。

凡将一篇。司马相如作。

急就一篇。（成）〔元〕帝时黄门令史游作。[11]

元尚一篇。成帝时将作大匠李长作。

训纂一篇。扬雄作。

别字十三篇。

苍颉传一篇。

扬雄苍颉训纂一篇。

杜林苍颉训纂一篇。

杜林苍颉故一篇。

凡小学十家，四十五篇。入扬雄、杜林二家二篇。

①师古曰："籀音胄。"

②韦昭曰："八体，一曰大篆，二曰小篆，三曰刻符，四曰虫书，五曰摹印，六曰署书，七曰殳书，八曰隶书。"

易曰："上古结绳以治，后世圣人易之以书契，百官以治，万民以察，盖取诸夬。"①"夬，扬于王庭'，②言其宣扬于王者朝廷，其用最大也。古者八岁入小学，故周官保氏掌养国子，教之六书，③谓象形、象事、象意、象声、转注、假借，造字之本也。④汉兴，萧何草律，⑤亦著其法，曰："太史试学童，能讽书九千字以上，乃得为史。又以六体试之，课最者以为尚书御史史书令史。⑥吏民上书，字或不正，辄举劾。"六体者，古文、奇字、篆书、隶书、缪篆、虫书，⑦皆所以通知古今文字，摹印章，书幡信也。古制，书必同文，不知则阙，问诸故老，至于衰世，是非无正，人用其私。⑧故孔子曰："吾犹及史之阙文也，今亡矣夫!"⑨盖伤其寖不正。⑩史籀篇者，周时史官教学童书也，与孔氏壁中古文异体。苍颉七章者，秦丞相李斯所作也；爰历六章者，车府令赵高所作也；博学七章者，太史令胡母敬所作也；文字多取史籀篇，而篆体复颇异，所谓秦篆者也。是时始造隶书矣，起于官狱多事，苟趋省易，⑪施之于徒隶也。汉（书）〔兴〕，〔12〕闾里书师合苍颉、爰历、博学三篇，断六十字以为一章，凡五十五章，并为苍颉篇。⑫武帝时司马相如作凡将篇，无复字。⑬元帝时黄门令史游作急就篇，成帝时将作大匠李长作元尚篇，皆苍颉中正字也。凡将则颇有出矣。至元始中，征天下通小学者以百数，各令记字于庭中。扬雄取其有用者以作训纂篇，顺续苍颉，又易苍颉中重复之字，凡八十九章。臣复续扬雄作十(二)〔三〕章，⑭〔13〕凡一百二章，无复字，六艺群书所载略备矣。苍颉多古字，俗师失其读，宣帝时征齐人能正读者，张敞从受之，传至外孙之子杜林，为作训故，并列焉。

①师古曰："下系之辞。"

②师古曰："夬卦之辞。"

③师古曰："保氏，地官之属也。保，安也。"

④师古曰："象形，谓画成其物，随体诘屈，日、月是也。象事，即指事也，谓视而可识，察而见意，上、下是也。象意，即会意也，谓比类合谊，以见指㧑，武、信是也。象声，即形声，谓以事为名，取譬相成，江、河是也。转注，谓建类一首，同意相受，考、老是也。假借，谓本无其字，依声托事，令、长是也。文字之义，总归六书，故曰立字之本也。"

⑤师古曰："草，创造之。"

⑥韦昭曰："若今尚书兰台令史也。"臣瓒曰："史书，今之太史书。"

⑦师古曰："古文谓孔子壁中书。奇字即古文而异者也。篆书谓小篆，盖秦始皇使程邈所作。隶书亦程邈所献，主于徒隶，从简易也。缪篆谓其文屈曲缠绕，所以摹印章也。虫书谓为虫鸟之形，所以书幡信也。"

⑧师古曰："各任私意而为字。"

⑨师古曰："论语载孔子之（书）〔言〕，〔14〕谓文字有疑，则当阙而不说。孔子自言，我初涉学，尚见阙文，今则皆无，任意改（治）〔作〕也。"〔15〕

⑩师古曰："寖，渐也。"

⑪师古曰："趋读曰趣，谓趣向之也。易音弋豉反。"

⑫师古曰："并，合也，总合以为苍颉篇也。"

⑬师古曰："复，重也，音扶目反。后皆类此。"

⑭韦昭曰："臣，班固自谓也。作十三章，后人不别，疑在苍颉下篇三十四章中。"

凡六艺一百三家，三千一百二十三篇。入三家，一百五十九篇；出重十一篇。

六艺之文：乐以和神，仁之表也；诗以正言，义之用也；礼以明体，明者著见，故无训也；书以广听，知之术也；春秋以断事，信之符也。五者，盖五常之道，相须而备，而易为之原。故曰"易不可见，则乾坤或几乎息矣"，①言与天地为终始也。至于五学，世有变改，犹五行之更用事焉。②古之学者耕且养，三年而通一艺，存其大体，玩经文而已，是故用日少而畜德多，③三十而五经立也。后世经传既已乖离，博学者又不思多闻阙疑之义，④而务碎义逃难，便辞巧说，破坏形体；⑤说五字之文，至于二三万言。⑥后进弥以驰逐，故幼童而守一艺，白首而后能言；安其所习，毁所不见，⑦终以自蔽。此学者之大患也。序六艺为九种。

①苏林曰："不能见易意，则乾坤近于灭息也。"师古曰："此上系之辞也。几，近也，音钜依反。"

②师古曰："更，互也，音工衡反。"

③师古曰："畜读曰蓄。蓄，聚也。易大畜卦象辞曰：'君子以多识前言往行，以畜其德。'"

④师古曰："论语称孔子曰'多闻阙疑，慎言其馀，则寡尤'。言为学之道，务在多闻，疑则阙之，慎于言语，则少过也，故志引之。"

⑤师古曰:"苟为僻碎之义,以避它人之攻难者,故为便辞巧说,以析破文字之形体也。"

⑥师古曰:"言其烦妄也。桓谭新论云秦近君能说尧典,篇目两字之说至十餘万言,但说'曰若稽古'三万言。"

⑦师古曰:"己所常习则保安之,未尝所见者则妄毁诽。"

晏子八篇。名婴,谥平仲,相齐景公,孔子称善与人交,有列传。①

子思二十三篇。名伋,孔子孙,为鲁缪公师。

曾子十八篇。名参,孔子弟子。

漆雕子十三篇。孔子弟子漆雕启后。

宓子十六篇。名不齐,字子贱,孔子弟子。②

景子三篇。说宓子语,似其弟子。

世子二十一篇。名硕,陈人也,七十子之弟子。

魏文侯六篇。

李克七篇。子夏弟子,为魏文侯相。

公孙尼子二十八篇。七十子之弟子。

孟子十一篇。名轲,邹人,子思弟子,有列传。③

孙卿子三十三篇。名况,赵人,为齐稷下祭酒,有列传。④

芈子十八篇。名婴,齐人,七十子之后。⑤

内业十五篇。不知作书者。

周史六弢六篇。惠、襄之间,或曰显王时,或曰孔子问焉。⑥

周政六篇。周时法度政教。

周法九篇。法天地,立百官。

河间周制十八篇。似河间献王所述也。

谰言十(一)篇。[16] 不知作者,陈人君法度。⑦

功议四篇。不知作者,论功德事。

宁越一篇。中牟人，为周威王师。

王孙子一篇。一曰巧心。

公孙固一篇。十八章。齐闵王失国，(间)〔问〕之，[17]固因为陈古今成败也。

李氏春秋二篇。

羊子四篇。百章。故秦博士。

董子一篇。名无心，难墨子。

(侯)〔俟〕子一篇。⑧[18]

徐子四十二篇。宋外黄人。

鲁仲连子十四篇。有列传。

平原君七篇。朱建也。

虞氏春秋十五篇。虞卿也。

高祖传十三篇。高祖与大臣述古语及诏策也。

陆贾二十三篇。

刘敬三篇。

孝文传十一篇。文帝所称及诏策。

贾山八篇。

太常蓼侯孔臧十篇。父聚，高祖时以功臣封，臧嗣爵。

贾谊五十八篇。

河间献王对上下三雍宫三篇。

董仲舒百二十三篇。

兒宽九篇。

公孙弘十篇。

终军八篇。

吾丘寿王六篇。

虞丘说一篇。难孙卿也。

庄助四篇。

臣彭四篇。

钩盾冗从李步昌八篇。宣帝时数言事。

儒家言十八篇。不知作者。

桓宽盐铁论六十篇。⑨

刘向所序六十七篇。新序、说苑、世说、列女传颂图也。

扬雄所序三十八篇。太玄十九，法言十三，乐四，箴二。

右儒五十三家，八百三十六篇。入扬雄一家〔三〕十八篇。〔19〕

①师古曰："有列传者，谓太史公书。"

②师古曰："宓读与伏同。"

③师古曰："圣证论云轲字子车，而此志无字，未详其所得。"

④师古曰："本曰荀卿，避宣帝讳，故曰孙。"

⑤师古曰："芈音弭。"

⑥师古曰："即今之六韬也，盖言取天下及军旅之事。弢字与韬同也。"

⑦如淳曰："谰音粲烂。"师古曰："说者引孔子家语云孔穿所造，非也。"

⑧李奇曰："或作侔子。"

⑨师古曰："宽字次公，汝南人也。孝昭帝时，丞相御史与诸贤良文学论盐铁事，宽撰次之。"

儒家者流，盖出于司徒之官，助人君顺阴阳明教化者也。游文于六经之中，留意于仁义之际，祖述尧舜，宪章文武，宗师仲尼，以重其言，①于道最为高。孔子曰："如有所誉，其有所试。"②唐虞之隆，殷周之盛，仲尼之业，已试之效者也。然惑者既失精微，而辟者又随时抑扬，违离道本，③苟以哗众取宠。④后进循之，是以<u>五经</u>乖析，儒学寝衰，此辟儒之患。⑤

①师古曰："祖，始也。述，修也。宪，法也。章，明也。宗，尊也。言以<u>尧舜</u>为本始而遵修之，以<u>文王</u>、<u>武王</u>为明法，又师尊<u>仲尼</u>之道。"

②师古曰："<u>论语</u>载<u>孔子</u>之言也。言于人有所称誉者，辄试以事，取其实效也。誉音弋于反。"

③师古曰："辟读曰僻。"

④师古曰："哗，讻也。宠，尊也。哗音呼华反。"

⑤师古曰："寝，渐也。辟读曰僻。"

<u>伊尹</u>五十一篇。<u>汤</u>相。

<u>太公</u>二百三十七篇。<u>吕望</u>为<u>周</u>师尚父，本有道者。或有近世又以为<u>太公</u>术者所增加也。①<u>谋</u>八十一篇，<u>言</u>七十一篇，<u>兵</u>八十五篇。

<u>辛甲</u>二十九篇。<u>纣</u>臣，七十五谏而去，<u>周</u>封之。

<u>鬻子</u>二十二篇。名<u>熊</u>，为<u>周</u>师，自<u>文王</u>以下问焉，<u>周</u>封为<u>楚</u>祖。②

<u>筦子</u>八十六篇。名<u>夷吾</u>，相<u>齐桓公</u>，九合诸侯，不以兵车也，有列传。③

<u>老子邻氏经传</u>四篇。姓<u>李</u>，名<u>耳</u>，<u>邻氏</u>传其学。

<u>老子傅氏经说</u>三十七篇。述<u>老子</u>学。

<u>老子徐氏经说</u>六篇。字<u>少季</u>，<u>临淮</u>人，传<u>老子</u>。

<u>刘向说老子</u>四篇。

<u>文子</u>九篇。<u>老子</u>弟子，与<u>孔子</u>并时，而称<u>周平王</u>问，似依托者也。

<u>蜎子</u>十三篇。名<u>渊</u>，<u>楚</u>人，<u>老子</u>弟子。④

<u>关尹子</u>九篇。名<u>喜</u>，为关吏，<u>老子</u>过关，<u>喜</u>去吏而从之。

<u>庄子</u>五十二篇。名<u>周</u>，<u>宋</u>人。

列子八篇。名圄寇，先庄子，庄子称之。

老成子十八篇。

长卢子九篇。〔楚人〕。[20]

王狄子一篇。

公子牟四篇。魏之公子也，先庄子，庄子称之。

田子二十五篇。名骈，齐人，游稷下，号天口骈。⑤

老莱子十六篇。楚人，与孔子同时。

黔娄子四篇。齐隐士，守道不诎，威王下之。⑥

宫孙子二篇。⑦

鹖冠子一篇。楚人，居深山，以 为冠。⑧

周训十四篇。⑨

黄帝四经四篇。

黄帝铭六篇。

黄帝君臣十篇。起六国时，与老子相似也。

杂黄帝五十八篇。六国时贤者所作。

力牧二十二篇。六国时所作，托之力牧。力牧，黄帝相。

孙子十六篇。六国时。

捷子二篇。齐人，武帝时说。

曹羽二篇。楚人，武帝时说于齐王。

郎中婴齐十二篇。武帝时。⑩

臣君子二篇。蜀人。

郑长者一篇。六国时。先韩子，韩子称之。⑪

楚子三篇。

道家言二篇。近世，不知作者。

右道三十七家，九百九十三篇。

①师古曰："父读曰甫也。"

②师古曰："鬻音弋六反。"

③师古曰："筦读与管同。"

④师古曰："蜎，姓也，音一元反。"

⑤师古曰："骈音步田反。"

⑥师古曰："黔音其炎反。下音胡稼反。"

⑦师古曰："宫孙，姓也，不知名。"

⑧师古曰："以鹖鸟羽为冠。"

⑨师古曰："刘向别录云人间小书，其言俗薄。"

⑩师古曰："刘向云故待诏，不知其姓，数从游观，名能为文。"

⑪师古曰："别录云郑人，不知姓名。"

　　道家者流，盖出于史官，历记成败存亡祸福古今之道，然后知秉要执本，清虚以自守，卑弱以自持，此君人南面之术也。合于尧之克攘，①易之嗛嗛。一谦而四益，此其所长也。②及放者为之，则欲绝去礼学，兼弃仁义，③曰独任清虚可以为治。

①师古曰："虞书尧典称尧之德曰'允恭克让'，言其信恭能让也，故志引之云。攘，古让字。"

②师古曰："四益，谓天道亏盈而益谦，地道变盈而流谦，鬼神害盈而福谦，人道恶盈而好谦也。此谦卦象辞。嗛字与谦同。"

③师古曰："放，荡也。"

宋司星子韦三篇。景公之史。

公梼生终始十四篇。传邹奭始终书。①

公孙发二十二篇。六国时。

邹子四十九篇。名衍，齐人，为燕昭王师，居稷下，号谈天衍。

邹子终始五十六篇。②

乘丘子五篇。六国时。

杜文公五篇。六国时。③

黄帝泰素二十篇。六国时韩诸公子所作。④

南公三十一篇。六国时。

容成子十四篇。

张苍十六篇。丞相北平侯。

邹奭子十二篇。齐人，号曰雕龙。⑤

闾丘子十三篇。名快，魏人，在南公前。

冯促十三篇。郑人。

将钜子五篇。六国时。先南公，南公称之。

五曹官制五篇。汉制，似贾谊所条。

周伯十一篇。齐人，六国时。

卫侯官十二篇。近世，不知作者。

于长天下忠臣九篇。平阴人，近世。⑥

公孙浑邪十五篇。平曲侯。

杂阴阳三十八篇。不知作者。

右阴阳二十一家，三百六十九篇。

① 师古曰："梼音畴，其字从木。"

② 师古曰："亦邹衍所说。"

③ 师古曰："刘向别录云韩人也。"

④ 师古曰："刘向别录云或言韩诸公孙之所作也。言阴阳五行，以为黄帝之道也，故曰泰素。"

⑤ 师古曰："奭音试亦反。"

⑥ 师古曰："刘向别录云传天下忠臣。"

阴阳家者流，盖出于羲和之官，敬顺昊天，历象日月星辰，敬授民时，此其所长也。及拘者为之，则牵于禁忌，泥于小数，①舍人事而任鬼神。②

　　①师古曰："泥，滞也，音乃计反。"

　　②师古曰："舍，废也。"

　　李子三十二篇。名悝，相魏文侯，富国强兵。

　　商君二十九篇。名鞅，姬姓，卫后也，相秦孝公，有列传。

　　申子六篇。名不害，京人，相韩昭侯，终其身诸侯不敢侵韩。①

　　处子九篇。②

　　慎子四十二篇。名到，先申韩，申韩称之。

　　韩子五十五篇。名非，韩诸公子，使秦，李斯害而杀之。

　　游棣子一篇。③

　　晁错三十一篇。

　　燕十事十篇，不知作者。

　　法家言二篇。不知作者。

　　右法十家，二百一十七篇。

　　①师古曰："京，河南京县。"

　　②师古曰："史记云赵有处子。"

　　③师古曰："棣音徒计反。"

　　法家者流，盖出于理官，信赏必罚，以辅礼制。易曰"先王以明罚饬法"，①此其所长也。及刻者为之，则无教化，去仁爱，专任刑法而欲以致治，至于残害至亲，伤恩薄厚。②

　　①师古曰："噬嗑之象辞也。饬，整也，读与敕同。"

　　②师古曰："薄厚者，变厚为薄。"

邓析二篇。郑人，与子产并时。①

尹文子一篇。说齐宣王。先公孙龙。②

公孙龙子十四篇。赵人。③

成公生五篇。与黄公等同时。④

惠子一篇。名施，与庄子并时。

黄公四篇。名疵，为秦博士，作歌诗，在秦时歌诗中。⑤

毛公九篇。赵人，与公孙龙等并游平原君赵胜家。⑥

右名七家，三十六篇。

①师古曰："列子及孙卿并云子产杀邓析。据左传，昭公二十年子产
卒，定公九年驷歂杀邓析而用其竹刑，则非子产所杀也。"

②师古曰："刘向云与宋钘俱游稷下。钘音形。"

③师古曰："即为坚白之辩者。"

④师古曰："姓成公。刘向云与李斯子由同时。由为三川守，成公生游
谈不仕。"

⑤师古曰："疵音才斯反。"

⑥师古曰："刘向别录云论坚白同异，以为可以治天下。此盖史记所云
'藏于博徒'者。"

名家者流，盖出于礼官。古者名位不同，礼亦异数。孔子
曰："必也正名乎！名不正则言不顺，言不顺则事不成。"①此其
所长也。及譥者为之，②则苟钩（钜）〔镺〕析乱而已。③〔21〕

①师古曰："论语载孔子之言也。言欲为政，必先正其名。"

②晋灼曰："譥，讦也。"师古曰："譥音工钓反。"

③师古曰："（钜）〔镺〕，破也，音普革反，又音普狄反。"

尹佚二篇。周臣，在成、康时也。

田俅子三篇。先韩子。①

我子一篇。②

随巢子六篇。墨翟弟子。

胡非子三篇。墨翟弟子。

墨子七十一篇。名翟，为宋大夫，在孔子后。

右墨六家，八十六篇。

①苏林曰："俅音仇。"

②师古曰："刘向别录云为墨子之学。"

墨家者流，盖出于清庙之守。茅屋采椽，①是以贵俭；养三老五更，是以兼爱；选士大射，是以上贤；宗祀严父，是以右鬼；②顺四时而行，是以非命；③以孝视天下，是以上同：④此其所长也。及蔽者为之，见俭之利，因以非礼，推兼爱之意，而不知别亲疏。

①师古曰："采，柞木也，字作棌，本从木。以茅覆屋，以棌为椽，言其质素也。采音千在反。"

②如淳曰："右鬼，谓信鬼神。若杜伯射宣王，是亲鬼而右之。"师古曰："右犹尊尚也。"

③苏林曰："非有命者，言儒者执有命，而反劝人修德积善，政教与行相反，故讥之也。"如淳曰："言无吉凶之命，但有贤不肖（之）善恶。"[22]

④如淳曰："言皆同，可以治也。"师古曰："墨子有节用、兼爱、上贤、明鬼神、非命、上同等诸篇，故志历序其本意也。视读曰示。"

苏子三十一篇。名秦，有列传。

张子十篇。名仪，有列传。

庞煖二篇。为燕将。①

阙子一篇。

国筮子十七篇。

秦零陵令信一篇。难秦相李斯。

蒯子五篇。名通。

邹阳七篇。

主父偃二十八篇。

徐乐一篇。

庄安一篇。

待诏金马聊苍三篇。赵人，武帝时。②

右从横十二家，百七篇。

①师古曰："煖音许远反。"

②师古曰："严助传作胶苍，而此志作聊。志传不同，未知孰是。"

从横家者流，盖出于行人之官。孔子曰："诵诗三百，使于四方，不能专对，虽多亦奚以为?"①又曰："使乎，使乎!"②言其当权事制宜，受命而不受辞，此其所长也。及邪人为之，则上诈谖而弃其信。③

①师古曰："论语载孔子之言也。谓人不达于事，诵诗虽多，亦无所用。"

②师古曰："亦论语载孔子之言，叹使者之难其人。"

③师古曰："谖，诈言也，音许远反。"

孔甲盘盂二十六篇。黄帝之史，或曰夏帝孔甲，似皆非。

大禹三十七篇。传言禹所作，其文似后世语。①

五子胥八篇。名员，春秋时为吴将，忠直遇谗死。

子晚子三十五篇。齐人，好议兵，与司马法相似。

由余三篇。戎人，秦穆公聘以为大夫。

尉缭（子）二十九篇。[23]六国时。②

尸子二十篇。名佼，鲁人，秦相商君师之。鞅死，佼逃入蜀。③

吕氏春秋二十六篇。秦相吕不韦辑智略士作。

淮南内二十一篇。王安。

淮南外三十三篇。④

东方朔二十篇。

伯象先生一篇。⑤

荆轲论五篇。轲为燕刺秦王，不成而死，司马相如等论之。

吴子一篇。

公孙尼一篇。

博士臣贤对一篇。汉世，难韩子、商君。

臣说三篇。武帝时（所）作赋。⑥[24]

解子簿书三十五篇。

推杂书八十七篇。

杂家言一篇。王伯，不知作者。⑦

右杂二十家，四百三篇。入兵法。

①师古曰："令，古禹字。"

②师古曰："尉，姓；缭，名也。音了，又音聊。刘向别录云缭为商
君学。"

③师古曰："佼音绞。"

④师古曰："内篇论道，外篇杂说。"

⑤应劭曰："盖隐者也，故公孙敖难以无益世主之治。"

⑥师古曰："说者，其人名，读曰悦。"

⑦师古曰："言伯王之道。伯读曰霸。"

　　杂家者流，盖出于议官。兼儒、墨，合名、法，知国体之有此，①见王治之无不贯，②此其所长也。及荡者为之，则漫羡而无所归心。③

　　①师古曰："治国之体，亦当有此杂家之说。"
　　②师古曰："王者之治，于百家之道无不贯综。"
　　③师古曰："漫，放也。羡音弋战反。"

　　神农二十篇。六国时，诸子疾时（念）〔愍〕于农业，[25]道耕农事，托之神农。①

　　野老十七篇。六国时，在齐、楚间。②

　　宰氏十七篇。不知何世。

　　董安国十六篇。汉代内史，不知何帝时。

　　尹都尉十四篇。不知何世。

　　赵氏五篇。不知何世。

　　氾胜之十八篇。成帝时为议郎。③

　　王氏六篇。不知何世。

　　蔡癸一篇。宣帝时，以言便宜，至弘农太守。④

　　右农九家，百一十四篇

　　①师古曰："刘向别录云疑李悝及商君所说。"
　　②应劭曰："年老居田野，相民耕种，故号野老。"
　　③师古曰："刘向别录云使教田三辅，有好田者师之，徙为御史。氾音
　　　凡，又音敷剑反。"
　　④师古曰："刘向别录云邯郸人。"

　　农家者流，盖出于农稷之官，播百谷，劝耕桑，以足衣食，

故八政一曰食，二曰货。孔子曰"所重民食"，①此其所长也。及
鄙者为之，以为无所事圣王，②欲使君臣并耕，诤上下之序③

①师古曰："论语载孔子称殷汤伐桀告天辞也。言为君之道，所重者在
　人之食。"

②师古曰："言不须圣（主）〔王〕，[26]天下自治。"

③师古曰："诤，乱也，音布内反。"

伊尹说二十七篇。其语浅薄，似依托也。

鬻子说十九篇。后世所加。

周考七十六篇。考周事也。

青史子五十七篇。古史官记事也。

师旷六篇。见春秋，其言浅薄，本与此同，似因托之。

务成子十一篇。称尧问，非古语。

宋子十八篇。孙卿道宋子，其言黄老意。

天乙三篇。天乙谓汤，其言非殷时，皆依托也。

黄帝说四十篇。迂诞依托。

封禅方说十八篇。武帝时。

待诏臣饶心术二十五篇。武帝时。①

待诏臣安成未央术一篇。②

臣寿周纪七篇。项国围人，宣帝时。

虞初周说九百四十三篇。河南人，武帝时以方士侍郎（陇）〔号〕
　黄车使者。③[27]

百家百三十九卷。

右小说十五家，千三百八十篇。

①师古曰："刘向别录云饶，齐人也，不知其姓，武帝时待诏，作书名

曰心术也。"

②应劭曰："道家也，好养生事，为未央之术。"

③应劭曰："其说以周书为本。"师古曰："史记云虞初洛阳人，即张衡西京赋'小说九百，本自虞初'者也。"

小说家者流，盖出于稗官。①街谈巷语，道听涂说者之所造也。孔子曰："虽小道，必有可观者焉，致远恐泥，是以君子弗为也。"②然亦弗灭也。闾里小知者之所及，亦使缀而不忘。如或一言可采，此亦刍荛狂夫之议也。

①如淳曰："稗音锻家排。九章'细米为稗'。街谈巷说，其细碎之言也。王者欲知闾巷风俗，故立稗官使称说之。今世亦谓偶语为稗。"

师古曰："稗音稊稗之稗，不与锻排同也。稗官，小官。汉名臣奏唐林请省置吏，公卿大夫至都官稗官各减什三，是也。"

②师古曰："论语载孔子之言。泥，滞也，音乃细反。

凡诸子百八十九家，四千三百二十四篇。出蹴鞠一家，二十五篇。

诸子十家，其可观者九家而已。皆起于王道既微，诸侯力政，时君世主，好恶殊方，①是以九家之（说）〔术〕[28]蠭出并作，②各引一端，崇其所善，以此驰说，取合诸侯。其言虽殊，辟犹水火，相灭亦相生也。③仁之与义，敬之与和，相反而皆相成也。易曰："天下同归而殊涂，一致而百虑。"④今异家者各推所长，穷知究虑，以明其指，虽有蔽短，合其要归，亦六经之支与流裔。⑤使其人遭明王圣主，得其所折中，皆股肱之材已。⑥仲尼有言："礼失而求诸野。"，⑦方今去圣久远，道术缺废，无所更索，⑧彼九家者，不犹瘉于野乎？⑨若能修六艺之术，而观此九家之言，舍短取长，则可以通万方之略矣。⑩

①师古曰："好音呼到反。恶音一故反。"

②师古曰："戋与锋同。"

③师古曰："辟读曰譬。"

④师古曰："下系之辞。"

⑤师古曰："裔，衣末也。其于六经，如水之下流，衣之末裔。"

⑥师古曰："已，语终辞。"

⑦师古曰："言都邑失礼，则于外野求之，亦将有获。"

⑧师古曰："索，求也。"

⑨师古曰："瘉与愈同。愈，胜也。"

⑩师古曰："舍，废也。"

屈原赋二十五篇。楚怀王大夫，有列传。

唐勒赋四篇。楚人。

宋玉赋十六篇。楚人，与唐勒并时，在屈原后也。

赵幽王赋一篇。

庄夫子赋二十四篇。名忌，吴人。

贾谊赋七篇。

枚乘赋九篇。

司马相如赋二十九篇。

淮南王赋八十二篇。

淮南王群臣赋四十四篇。

太常蓼侯孔臧赋二十篇。

阳丘侯刘隁赋十九篇。①

吾丘寿王赋十五篇。

蔡甲赋一篇。

上所自造赋二篇。②。

1547

兒宽赋二篇。

光禄大夫张子侨赋三篇。与王褒同时也。

阳成侯刘德赋九篇。

刘向赋三十三篇。

王褒赋十六篇。

右赋二十家，三百六十一篇。

①师古曰："隁音偃。"

②师古曰："武帝也。"

陆贾赋三篇。

枚皋赋百二十篇。

朱建赋二篇。

常侍郎庄匆奇赋十一篇。枚皋同时。①

严助赋三十五篇。②

朱买臣赋三篇。

宗正刘辟彊赋八篇。

司马迁赋八篇。

郎中臣婴齐赋十篇。

臣说赋九篇。③

臣吾赋十八篇。

辽东太守苏季赋一篇。

萧望之赋四篇。

河内太守徐明赋三篇。字长君，东海人，元、成世历五郡太守，
有能名。

给事黄门侍郎李息赋九篇。

淮阳宪王赋二篇。

扬雄赋十二篇。

待诏冯商赋九篇。

博士弟子杜参赋二篇。④

车郎张丰赋三篇。张子侨子。

骠骑将军朱宇赋三篇。⑤

右赋二十一家，二百七十四篇。入扬雄八篇。

①师古曰："七略云'匆奇者，或言庄夫子子，或言族家子庄助昆弟

也。从行至茂陵，（造作）〔诏造〕赋'。"〔29〕

②师古曰："上言庄匆奇，下言严助，史驳文。"

③师古曰："说，名，音悦。"

④师古曰："刘向别录云'臣向谨与长社尉杜参校中秘书'。刘歆又云

'参，杜陵人，以阳朔元年病死，〔死〕时年二十馀'。"〔30〕

⑤师古曰："刘向别录云'骠骑将军史朱宇'，志以宇在骠骑府，故总

言骠骑将军。"

孙卿赋十篇。

秦时杂赋九篇。

李思孝景皇帝颂十五篇。

广川惠王越赋五篇。

长沙王群臣赋三篇。

魏内史赋二篇。

东㬂令延年赋七篇。①

卫士令李忠赋二篇。

张偃赋二篇。

贾充赋四篇。

张仁赋六篇。

秦充赋二篇。

李步昌赋二篇。

侍郎谢多赋十篇。

平阳公主舍人周长孺赋二篇。

雒阳锜华赋九篇。②

睢弘赋一篇。③

别栩阳赋五篇。④

臣昌市赋六篇。

臣义赋二篇。

黄门书者假史王商赋十三篇。

侍中徐博赋四篇。

黄门书者王广吕嘉赋五篇。

汉中都尉丞华龙赋二篇。

左冯翊史路恭赋八篇。

右赋二十五家，百三十六篇。

①师古曰："东睆，县名，睆音移。"

②师古曰："锜，姓；华，名。锜音鱼绮反。"

③师古曰："即睢盂也。睢音先随反。"

④服虔曰："栩音诩。"

客主赋十八篇。

杂行出及颂德赋二十四篇。

杂四夷及兵赋二十篇。

杂中贤失意赋十二篇。

杂思慕悲哀死赋十六篇。

杂鼓琴剑戏赋十三篇。

杂山陵水泡云气雨旱赋十六篇。^①

杂禽兽六畜昆虫赋十八篇。

杂器械草木赋三十三篇。

（文）〔大〕杂赋三十四篇。^{〔31〕}

成相杂辞十一篇。

隐书十八篇。^②

右杂赋十二家，二百三十三篇。

①师古曰："泡，水上浮沤也。泡音普交反。沤音一侯反。"

②师古曰："刘向别录云'隐书者，疑其言以相问，对者以虑思之，可
以无不谕'。"

高祖歌诗二篇。

泰一杂甘泉寿宫歌诗十四篇。

宗庙歌诗五篇。

汉兴以来兵所诔灭歌诗十四篇。

出行巡狩及游歌诗十篇。

临江王及愁思节士歌诗四篇。

李夫人及幸贵人歌诗三篇。

诏赐中山靖王子哙及孺子妾冰未央材人歌诗四篇。^①

吴楚汝南歌诗十五篇。

燕代讴雁门云中陇西歌诗九篇。

邯郸河间歌诗四篇。

齐郑歌诗四篇。

淮南歌诗四篇。

左冯翊秦歌诗三篇。

京兆尹秦歌诗五篇。

河东蒲反歌诗一篇。

黄门倡车忠等歌诗十五篇。

杂各有主名歌诗十篇。

杂歌诗九篇。

雒阳歌诗四篇。

河南周歌诗七篇。

河南周歌声曲折七篇。

周谣歌诗七十五篇。

周谣歌诗声曲折七十五篇。

诸神歌诗三篇。

送迎灵颂歌诗三篇。

周歌诗二篇

南郡歌诗五篇。

右歌诗二十八家，三百一十四篇。

①师古曰："孺子，王妾之有品号者也。妾，王之众妾也。冰，其名。材人，天子内官。"

凡诗赋百六家，千三百一十八篇。入扬雄八篇。

传曰："不歌而诵谓之赋，登高能赋可以为大夫。"言感物造耑；材知深美，①可与图事，故可以为列大夫也。古者诸侯卿大夫交接邻国，以微言相感，当揖让之时，必称诗以谕其志，盖以别贤不肖而观盛衰焉。故孔子曰"不学诗，无以言"也。②春秋之后，周道寝坏，③聘问歌咏不行于列国，学诗之士逸在布衣，而贤人失志之赋作矣。大儒孙卿及楚臣屈原离谗忧国，皆作赋以风，④咸有恻隐古诗之义。其后宋玉、唐勒，汉兴枚乘、司马相如，下及扬子云，竞为侈丽闳衍之词，没其风谕之义。是以扬子悔之，曰："诗人之赋丽以则，辞人之赋丽以淫。⑤如孔氏之门人用赋也，则贾谊登堂，相如入室矣，如其不用何！"⑥自孝武立乐府而采歌谣，于是有代赵之讴，秦楚之风，皆感于哀乐，缘事而发，亦可以观风俗，知薄厚云。〔序〕诗赋为五种。[32]

①师古曰："耑，古端字也。因物动志，则造辞义之端绪。"

②师古曰："论语载孔子戒伯鱼之辞也。"

③师古曰："寝，渐也。"

④师古曰："离，遭也。风读曰讽。次下亦同。"

⑤师古曰："辞人，言后代之为文辞。"

⑥师古曰："言孔氏之门既不用赋，不可如何。谓贾谊、相如无所施也。"

吴孙子兵法八十二篇。图九卷。①

齐孙子八十九篇。图四卷。②

公孙鞅二十七篇。

吴起四十八篇。有列传。

范蠡二篇。越王句践臣也。

大夫种二篇。与范蠡俱事句践。

(季)〔李〕子十篇。[33]

娷一篇。③

兵春秋一篇。

庞煖三篇。④

兒良一篇。⑤

广武君一篇。李左车。

韩信三篇。⑥

右兵权谋十三家，二百五十九篇。省伊尹、太公、管子、孙卿子、鹖冠子、苏子、蒯通、陆贾、淮南王二百五十九种，出司马法入礼也。

①师古曰："孙武也，臣于阖庐。"

②师古曰："孙膑。"

③师古曰："錘音女瑞反，盖说兵法者，人名也。"

④师古曰："煖音许远反，又音许元反。"

⑤师古曰："六国时人也。兒音五溪反。"

⑥师古曰："淮阴侯。"

权谋者，以正守国，以奇用兵，先计而后战，兼形势，包阴阳，用技巧者也。

楚兵法七篇。图四卷。

蚩尤二篇。见吕刑。

孙轸五篇。图二卷。

繇叙二篇。

王孙十六篇。图五卷。

尉缭三十一篇。

魏公子二十一篇。图十卷。名无忌，有列传。

景子十三篇。

李良三篇。

丁子一篇。

项王一篇。名籍。

右兵形势十一家，九十二篇，图十八卷。

形势者，雷动风举，后发而先至，离合背乡，变化无常，①
以轻疾制敌者也。

①师古曰："背音步内反。乡读曰向。"

太壹兵法一篇。

天一兵法三十五篇。

神农兵法一篇。

黄帝十六篇。图三卷。

封胡五篇。黄帝臣，依托也。

风后十三篇。图二卷。黄帝臣，依托也。

力牧十五篇。黄帝臣，依托也。

鹈冶子一篇。图一卷。①

鬼容区三篇。图一卷。黄帝臣，依托。②

地典六篇。

孟子一篇。

东父三十一篇。

师旷八篇。晋平公臣。

苌弘十五篇。周史。

别成子望军气六篇。图三卷。

辟兵威胜方七十篇。

右阴阳十六家，二百四十九篇，图十卷。

①晋灼曰："鹪音夹。"

②师古曰："即鬼臾区也。"

阴阳者，顺时而发，推刑德，随斗击，因五胜，①假鬼神而为助者也。

①师古曰："五胜，五行相胜也。"

鲍子兵法十篇。图一卷。

五子胥十篇。图一卷。

公胜子五篇。

苗子五篇。图一卷。

逢门射法二篇。①

阴通成射法十一篇。

李将军射法三篇。②

魏氏射法六篇。

强弩将军王围射法五卷。③

望远连弩射法具十五篇。

护军射师王贺射书五篇。

蒲苴子弋法四篇。④

剑道三十八篇。

手搏六篇。

杂家兵法五十七篇。

蹴鞠二十五篇。⑤

右兵技巧十三家，百九十九篇。省墨子重，入蹴鞠也。

①师古曰："即逢蒙。"

②师古曰："李广。"

③师古曰:"圉,郁郅人也,见赵充国传。"

④师古曰:"苴音子余反。"

⑤师古曰:"鞠以韦为之,实以物,蹴蹋之以为戏也。蹴鞠,陈力之
事,故附于兵法焉。蹴音子六反。鞠音巨六反。"

技巧者,习手足,便器械,积机关,以立攻守之胜者也。

凡兵书五十三家,七百九十篇,图四十三卷。省十家二百七十
一篇重,入蹴鞠一家二十五篇,出司马法百五十五篇入礼也。

兵家者,盖出古司马之职,王官之武备也。<u>洪范</u>八政,八曰
师。<u>孔子</u>曰为国者"足食足兵",①"以不教民战,是谓弃之",②
明兵之重也。易曰"古者弦木为弧,剡木为矢,弧矢之利,以威
天下",③其用上矣。后世燿金为刃,割革为甲,④器械甚备。下
及<u>汤武</u>受命,以师克乱而济百姓,动之以仁义,行之以礼让,<u>司
马法</u>是其遗事也。自<u>春秋</u>至于<u>战国</u>,出奇设伏,变诈之兵并作。
<u>汉</u>兴,<u>张良</u>、<u>韩信</u>序次兵法,凡百八十二家,删取要用,定著三
十五家。诸<u>吕</u>用事而盗取之。<u>武帝</u>时,军政<u>杨仆</u>捃摭遗逸,纪奏
兵录,⑤犹未能备。至于<u>孝成</u>,命<u>任宏</u>论次兵书为四种。

①师古曰:"论语载孔子之言。无兵与食,不可以为国。"

②师古曰:"亦论语所载孔子之言,非其不素习武备。"

③师古曰:"下系之辞也。弧,木弓也。剡谓锐而利之也,音弋冉反。"

④师古曰:"燿读与铄同,谓销也。"

⑤师古曰:"捃摭,谓拾取之。捃音九问反。摭音之石反。"

<u>泰壹杂子星</u>二十八卷。

<u>五残杂变星</u>二十一卷。①

<u>黄帝杂子气</u>三十三篇。

常从日月星气二十一卷。②

皇公杂子星二十二卷。

淮南杂子星十九卷。

泰壹杂子云雨三十四卷。

国章观霓云雨三十四卷。

泰阶六符一卷。③

金度玉衡汉五星客流出入八篇。

汉五星彗客行事占验八卷。

汉日旁气行事占验三卷。

汉流星行事占验八卷。

汉日旁气行占验十三卷。

汉日食月晕杂变行事占验十三卷。

海中星占验十二卷。

海中五星经杂事二十二卷。

海中五星顺逆二十八卷。

海中二十八宿国分二十八卷。

海中二十八宿臣分二十八卷。

海中日月彗虹杂占十八卷。

图书秘记十七篇。

右天文二十一家，四百四十五卷。

①师古曰：“五残，星名也。见天文志。”

②师古曰：“常从，人姓名也，老子师之。”

③李奇曰：“三台谓之泰阶，两两成体，三台故六。观色以知吉凶，故曰符。”

天文者，序二十八宿，步五星日月，以纪吉凶之象，圣王所以参政也。易曰："观乎天文，以察时变。"①然星事殟悍，非湛密者弗能由也。②夫观景以谴形，非明王亦不能服听也。以不能由之臣，谏不能听之王，此所以两有患也。

①师古曰："贲卦之象辞也。"

②师古曰："殟读与凶同。湛读曰沈。由，用也。"

黄帝五家历三十三卷。

颛顼历二十一卷。

颛顼五星历十四卷。

日月宿历十三卷。

夏殷周鲁历十四卷。

天历大历十八卷。

汉元殷周谍历十七卷。

耿昌月行帛图二百三十二卷。

耿昌月行度二卷。

传周五星行度三十九卷。

律历数法三卷。

自古五星宿纪三十卷。

太岁谋日晷二十九卷。

帝王诸侯世谱二十卷。

古来帝王年谱五卷。

日晷书三十四卷。

许商算术二十六卷。

杜忠算术十六卷。

右历谱十八家，六百六卷。

历谱者，序四时之位，正分至之节，会日月五星之辰，以考寒暑杀生之实。故圣王必正历数，以定三统服色之制，又以探知五星日月之会。凶阨之患，吉隆之喜，其术皆出焉。此圣人知命之术也，非天下之至材，其孰与焉![1]道之乱也，患出于小人而强欲知天道者，坏大以为小，削远以为近，是以道术破碎而难知也。

泰一阴阳二十三卷。

黄帝阴阳二十五卷。

黄帝诸子论阴阳二十五卷。

诸王子论阴阳二十五卷。

太元阴阳二十六卷。

三典阴阳谈论二十七卷。

神农大幽五行二十七卷。

四时五行经二十六卷。

猛子闲昭二十五卷。

阴阳五行时令十九卷。

堪舆金匮十四卷。[1]

务成子灾异应十四卷。

十二典灾异应十二卷。

钟律灾异二十六卷。

钟律丛辰日苑二十三卷。

钟律消息二十九卷。

黄钟七卷。

天一六卷。

泰一二十（二）九卷。[34]

刑德七卷。

风鼓六甲二十四卷。

风后孤虚二十卷。

六合随典二十五卷。

转位十二神二十五卷。

羡门式法二十卷。

羡门式二十卷。

文解六甲十八卷。

文解二十八宿二十八卷。

五音奇胲用兵二十三卷。②

五音奇胲刑德二十一卷。

五音定名十五卷。

右五行三十一家，六百五十二卷。

①师古曰："许慎云'堪，天道；舆，地道也'。"

②如淳曰："音该。"师古曰："许慎云'胲，军中约也'。"

五行者，五常之形气也。书云"初一曰五行，次二曰羞用五事"，①言进用五事以顺五行也。貌、言、视、听、思心失，而五行之序乱，五星之变作，皆出于律历之数而分为一者也。②其法亦起五德终始，推其极则无不至。而小数家因此以为吉凶，而行于世，寖以相乱。③

1561

①师古曰："周书洪范之辞也。"

②师古曰："说皆在五行志也。"

③师古曰："浸,渐也。"

龟书五十二卷。

夏龟二十六卷。

南龟书二十八卷。

巨龟三十六卷。

杂龟十六卷。

蓍书二十八卷。

周易三十八卷。

周易明堂二十六卷。

周易随曲射匿五十卷。

大筮衍易二十八卷。

大次杂易三十卷。

鼠序卜黄二十五卷。

於陵钦易吉凶二十三卷。

任良易旗七十一卷。

易卦八具。

右蓍龟十五家,四百一卷。

蓍龟者,圣人之所用也。书曰: "女则有大疑,谋及卜
筮。"①易曰:"定天下之吉凶,成天下之亹亹者,莫善于蓍龟。"
"是故君子将有为也,将有行也,问焉而以言,其受命也如向,
无有远近幽深,遂知来物。非天下之至精,其孰能与于此!"②及
至衰世,解于齐戒,而娄烦卜筮,③神明不应。故筮渎不告,易
以为忌;④龟厌不告,诗以为刺。⑤

汉书卷三十

① 师古曰："周书洪范之辞也。言所为之事有疑，则以卜筮决之也。龟曰卜，蓍曰筮。"

② 师古曰："皆上系之辞也。亹亹，深远也。言君子所为行，皆以其言问于易。受命如向者，谓示以吉凶，其应速疾，如响之随声也。遂犹究也。来物谓当来之事也。向与响同。与读曰豫。"

③ 师古曰："解读曰懈。齐读曰斋。娄读曰屡。"

④ 师古曰："易蒙卦之辞曰'初筮告，再三渎，渎则不告'，言童蒙之来决疑，初则以实而告，至于再三，为其烦渎，乃不告也。"

⑤ 师古曰："小雅小旻之诗曰'我龟既厌，不我告犹'，言卜问烦数，媟嫚于龟，龟灵厌之，不告以道也。"

黄帝长柳占梦十一卷。

甘德长柳占梦二十卷。

武禁相衣器十四卷。

嚏耳鸣杂占十六卷。①

祯祥变怪二十一卷。

人鬼精物六畜变怪二十一卷。

变怪诰咎十三卷。

执不祥劾鬼物八卷。

请官除讹祥十九卷。②

禳祀天文十八卷。③

请祷致福十九卷。

请雨止雨二十六卷。

泰壹杂子候岁二十二卷。

子赣杂子候岁二十六卷。

五法积贮宝臧二十三卷。

神农教田相土耕种十四卷。

昭明子钓种生鱼鳖八卷。

种树臧果相蚕十三卷。

右杂占十八家，三百一十三卷。

①师古曰："嚏音丁计反。"

②师古曰："讹字与妖同。"

③师古曰："禳，除灾也，音人羊反。"

　　杂占者，纪百事之象，候善恶之征。①易曰："占事知来。"②众占非一，而梦为大，故周有其官。③而诗载熊罴虺蛇众鱼旐旟之梦，著明大人之占，以考吉凶，④盖参卜筮。春秋之说讹也，曰："人之所忌，其气炎以取之，讹由人兴也。人失常则讹兴，人无衅焉，讹不自作。"⑤故曰："德胜不祥，义厌不惠。"⑥桑谷共生，大戊以兴；鸲雉登鼎，武丁为宗。⑦然惑者不稽诸躬，而忌讹之见，⑧是以诗刺"召彼故老，讯之占梦"，⑨伤其舍本而忧末，不能胜凶咎也。

①师古曰："征，证也。"

②师古曰："下系之辞也。言有事而占，则睹方来之验也。"

③师古曰："谓大卜掌三梦之法，又占梦中士二人，皆宗伯之属官。"

④师古曰："小雅斯干之诗曰：'吉梦维何？维熊维罴，男子之祥；维虺维蛇，女子之祥。'无羊之诗曰：'牧人乃梦，众维鱼矣，旐维旟矣。大人占之，众维鱼矣，实维丰年，旐维旟矣，室家溱溱。'言熊罴虺蛇皆为吉祥之梦，而生男女。及见众鱼，则为丰年之应，旐旟则为多盛之象。大人占之，谓以圣人占梦之法占之也。画龟蛇曰旐，鸟隼曰旟。"

⑤师古曰："申繻之辞也，事见庄公十四年。炎谓火之光始焰焰也。言

人之所忌，其气焰引致于灾也。衅，瑕也。失常，谓反五常之德也。炎读与焰同。"

⑥师古曰："厌音伊叶反。惠，顺也。"

⑦师古曰："说在郊祀、五行志。"

⑧师古曰："稽，考也，计也。"

⑨师古曰："小雅正月之诗也。故老，元老也。讯，问也。言不能修德以禳灾，但问元老以占梦之吉凶。"

山海经十三篇。

国朝七卷。

宫宅地形二十卷。

相人二十四卷。

相宝剑刀二十卷。

相六畜三十八卷。

右形法六家，百二十二卷。

形法者，大举九州之势以立城郭室舍形，人及六畜骨法之度数、器物之形容以求其声气贵贱吉凶。犹律有长短，而各征其声，非有鬼神，数自然也。然形与气相首尾，亦有有其形而无其气，有其气而无其形，此精微之独异也。

凡数术百九十家，二千五百二十八卷。

数术者，皆明堂羲和史卜之职也。史官之废久矣，其书既不能具，虽有其书而无其人。易曰："苟非其人，道不虚行。"①春秋时鲁有梓慎，郑有裨灶，晋有卜偃，宋有子韦。六国时楚有甘公，魏有石申夫。汉有唐都，庶得粗觕。②盖有因而成易，无因而成难，故因旧书以序数术为六种。

①师古曰："下系之辞也。言道由人行。"

②师古曰:"挢,粗略也,音才户反。"

黄帝内经十八卷。

外经三十（九）〔七〕卷。^{〔35〕}

扁鹊内经九卷。

外经十二卷。

白氏内经三十八卷。

外经三十六卷。

旁篇二十五卷。

右医经七家,二百一十六卷。

医经者,原人血脉经（络）〔落〕^{〔36〕}骨髓阴阳表里,以起百病之本,死生之分,而用度箴石汤火所施,①调百药齐和之所宜。②至齐之得,犹慈石取铁,以物相使。拙者失理,以瘉为剧,（以死为生）〔以生为死〕。③^{〔37〕}

①师古曰:"箴,所以刺病也。石谓砭石,即石箴也。古者攻病则有砭,今其术绝矣。箴音之林反。砭音彼廉反。"

②师古曰:"齐音才诣反,其下并同。和音乎卧反。"

③师古曰:"瘉读与愈同。愈,差也。"

五藏六府痹十二病方三十卷。①

五藏六府疝十六病方四十卷。②

五藏六府瘅十二病方四十卷。③

风寒热十六病方二十六卷。

泰始黄帝扁鹊俞拊方二十三卷。④

五藏伤中十一病方三十一卷。

客疾五藏狂颠病方十七卷。

金创疭瘲方三十卷。⑤

妇人婴儿方十九卷。

汤液经法三十二卷。

神农黄帝食禁七卷。

右经方十一家，二百七十四卷。

①师古曰："痹，风湿之病，音必二反。"

②师古曰："疝，心腹气病，音山谏反，〔又音删〕。"〔38〕

③师古曰："瘅，黄病，音丁韩反。"

④应劭曰："黄帝时医也。"师古曰："拊音肤。"

⑤服虔曰："音痹引之痹。"师古曰："小儿病也。瘲音充制反。疭音
　子用反。"

经方者，本草石之寒温，量疾病之浅深，假药味之滋，因气
感之宜，辩五苦六辛，致水火之齐，以通闭解结，反之于平。及
失其宜者，以热益热，以寒增寒，精气内伤，不见于外，是所独
失也。故谚曰："有病不治，常得中医。"

容成阴道二十六卷。

务成子阴道三十六卷。

尧舜阴道二十三卷。

汤盘庚阴道二十卷。

天老杂子阴道二十五卷。

天一阴道二十四卷。

黄帝三王养阳方二十卷。

三家内房有子方十七卷。

右房中八家，百八十六卷。

房中者，(性情)〔情性〕之极，[39] 至道之际，是以圣王制外乐以禁内情，而为之节文。传曰："先王之作乐，所以节百事也。"乐而有节，则和平寿考。及迷者弗顾，以生疾而陨性命。

宓戏杂子道二十篇。

上圣杂子道二十六卷。

道要杂子十八卷。

黄帝杂子步引十二卷。

黄帝岐伯按摩十卷。

黄帝杂子芝菌十八卷。①

黄帝杂子十九家方二十一卷。

泰壹杂子十五家方二十二卷。

神农杂子技道二十三卷。

泰壹杂子黄冶三十一卷。②

右神仙十家，二百五卷。

①师古曰："服饵芝菌之法也。菌音求闵反。"

②师古曰："黄冶，释在郊祀志。"

神仙者，所以保性命之真，而游求于其外者也。聊以荡意平心，同死生之域，①而无怵惕于胸中。然而或者专以为务，则诞欺怪迂之文弥以益多，②非圣王之所以教也。孔子曰："索隐行怪，后世有述焉，吾不为之矣。"③

①师古曰："荡，涤。一曰，荡，放也。"

②师古曰："诞，大言也。迂，远也。"

③师古曰："礼记载孔子之言。索隐，求索隐暗之事，而行怪迂之道，妄令后人有所祖述，非我本志。"

凡方技三十六家，八百六十八卷。

方技者，皆生生之具，王官之一守也。太古有岐伯、俞拊，中世有扁鹊、秦和，①盖论病以及国，原诊以知政。②汉兴有仓公。今其技术晻昧，③故论其书，以序方技为四种。

①师古曰："和，秦医名也。"

②师古曰："诊，视验，谓视其脉及色候也。诊音轸，又音丈刃反。"

③师古曰："晻与暗同。"

大凡书，六略三十八种，五百九十六家，万三千二百六十九卷。入三家，五十篇，省兵十家。

【校勘记】

〔1〕 转 (为)〔写〕脱误，　景祐、殿本都作"写"。

〔2〕 号九师 (法)〔说〕。　景祐、殿本都作"说"。

〔3〕 汉兴，田 (和)〔何〕传之。　钱大昭说"和"当作"何"。按景祐、殿本都作"何"。

〔4〕 欧阳经 (二)〔三〕十二卷。　景祐、殿本都作"三"。

〔5〕 诗言志，(哥)〔歌〕咏言。　景祐、殿本都作"歌"。下及注并同。

〔6〕 三家 (者)〔皆〕不得其真，　景祐、殿本都作"皆"。

〔7〕 经 (七十)〔十七〕篇。　刘敞说此"七十"与后"七十"皆当作"十七"。钱大昭、王先谦都说刘说是。

〔8〕 (学七十)〔与十七〕篇文相似，　刘敞说"学七十"当作"与十七"。杨树达以为刘说确凿不可易。

〔9〕 盖孔子对〔鲁〕哀公语也。　景祐、殿本都有"鲁"字。

〔10〕 千八百七十 (一)〔二〕字，　景祐、殿本都作"二"。

〔11〕 (成)〔元〕帝时黄门令史游作。 钱大昭说"成旁"当作"元帝"。按景祐、殿本都作"元帝"。

〔12〕 汉(书)〔兴〕, 景祐、殿本都作"兴",此误。

〔13〕 臣复续扬雄作十(二)〔三〕章, 景祐、殿本都作"三"。王先谦说作"三"是。

〔14〕 论语载孔子之(书)〔言〕, 景祐、殿本都作"言"。王先谦说作"言"是。

〔15〕 任意改(治)〔作〕也。 景祐、殿本都作"作"。王先谦说作"作"是。

〔16〕 谰言十(一)篇。 景祐、殿本都作"十篇"。

〔17〕 齐闵王失国,(间)〔问〕之, 景祐、殿、局本都作"问"。王先谦说作"问"是。

〔18〕 (侯)〔俟〕子一篇。 景祐、殿本都作"俟"。王先谦说作"俟"是。

〔19〕 入扬雄一家〔三〕十八篇。 景祐、殿本都作"三十八"。

〔20〕 "楚人"二字据景祐、殿本补。

〔21〕 则苟钩(铏)〔鈲〕析乱而已。 李慈铭说"铏"当作"鈲",注同。

〔22〕 但有贤不肖(之)善恶。 景祐、殿本都无"之"字。

〔23〕 尉缭(子)二十九篇。 景祐、殿本都无"子"字。

〔24〕 武帝时(所)作赋。 景祐、殿本都无"所"字。

〔25〕 诸子疾时(念)〔急〕于农业, 景祐、殿本都作"急",此误。

〔26〕 言不须圣(主)〔王〕, 景祐、殿本都作"王"。

〔27〕 武帝时以方士侍郎(陇)〔号〕黄车使者。 景祐、殿本都作"号"。

〔28〕 是以九家之(说)〔术〕 景祐、殿本都作"术"。

〔29〕 从行至茂陵,(造作)〔诏造〕赋。 景祐、殿本都作"诏造"。

〔30〕〔死〕时年二十馀。　景祐、殿本都有"死"字。

〔31〕(文)〔大〕杂赋三十四篇。　景祐、殿本都作"大"。

〔32〕〔序〕诗赋为五种。　景祐、殿本都有"序"字。

〔33〕(季)〔李〕子十篇。　景祐、殿本都作"李"。

〔34〕泰一二十(二)九卷。　景祐、殿本都作"二十九卷"，"二"字衍。

〔35〕外经三十(九)〔七〕卷。　景祐、殿本都作"七"。

〔36〕原人血脉经(络)〔落〕　景祐、殿本都作"落"。

〔37〕以瘳为剧，(以死为生)〔以生为死〕。　景祐、殿本都作"以生为死。"

〔38〕音山谏反，〔又音删〕。　景祐、殿本都有末三字。

〔39〕房中者，(性情)〔情性〕之极，　景祐、殿本都作"情性"。

汉 书 卷 三 十 一

陈胜项籍传第一

服虔曰:"传次其时之先后耳,不以贤智功之大小也。"师古曰:"虽
次时之先后,亦以事类相从。如江充、息夫躬与蒯通同传,贾山与路温舒
同传,严助与贾捐之同传之类是也。"

陈胜字涉,阳城人。①吴广,字叔,阳夏人也。②胜少时,尝
与人佣耕。③辍耕之垄上,④怅然甚久,曰:"苟富贵,无相
忘!"⑤佣者笑而应曰:"若为佣耕,何富贵也?"胜太息曰:"嗟
乎,燕雀安知鸿鹄之志哉!"⑥

①师古曰:"地理志属汝南郡。"

②师古曰:"地理志属淮阳。夏音工雅反。"

③师古曰:"与人,与人俱也。佣耕,谓受其雇直而为之耕,言卖功
佣也。"

④师古曰:"辍,止也。之,往也。垄上,谓田中之高处。"

⑤师古曰:"但一人富贵,不问彼此,皆不相忘也。"

1573

⑥师古曰："鸿，大鸟也，水居。鹄，黄鹄也，一举千里。鹄音胡
　　督反。"

秦二世元年秋七月，发闾左戍渔阳九百人，①胜、广皆为屯
长。②行至蕲大泽乡，会天大雨，道不通，度已失期。失期法
斩，③胜、广乃谋曰："今亡亦死，举大计亦死，等死，死国可
乎？"胜曰："天下苦秦久矣。吾闻二世，少子，不当立，当立
者乃公子扶苏。扶苏以数谏故不得立，上使外将兵。④今或闻无
罪，二世杀之。百姓多闻其贤，未知其死。⑤项燕为楚将，数有
功，⑥爱士卒，楚人怜之。或以为在。今诚以吾众为天下倡，宜
多应者。"⑦广以为然。乃行卜。卜者知其指意，曰："足下事皆
成，有功。然足下卜之鬼乎！"⑧胜、广喜，念鬼，曰："此教我
先威众耳。"乃丹书帛曰"陈胜王"，置人所罾鱼腹中。⑨卒买鱼
亨食，得书，已怪之矣。⑩又间令广之次所旁丛祠中，夜构火，
狐鸣呼曰："大楚兴，陈胜王。"⑪卒皆夜惊恐。旦日，卒中往往
指目胜、广。⑫

①师古曰："闾，里门也。发闾左之人皆遣戍也。解具在食货志。"

②师古曰："人所聚曰屯，为其长帅也。"

③师古曰："度谓量计之，音大各反。"

④师古曰："数音所角反。下皆类此。"

⑤如淳曰："扶苏自杀，故人不知其死。或以为不知何坐而死，故天下
　　冤二世杀之。"师古曰："如、或说皆非也。此言我闻二世已杀扶苏
　　矣，而百姓皆未知之，故胜、广举事诈自称扶苏耳。"

⑥师古曰："燕音一千反。"

⑦师古曰："倡读曰唱，谓首号令也。"

⑧李奇曰："卜者诚曰，所卜事虽成，当死为鬼。恶指斥言，而胜失其

指，反依鬼神起怪也。"苏林曰："狐鸣祠中即是也。"如淳曰："以鬼道咸众乎，或但用人事也。"师古曰："李、如之说皆非也。卜者云事成有功，然须假托鬼神乃可暴起耳。故胜、广晓此意，则为鱼书狐鸣以咸众耳。"

⑨师古曰："罾，鱼网也，形如仰伞盖，四维而举之，音曾。"

⑩师古曰："亨音普庚反。"

⑪郑氏曰："间谓窃令人行也。"张晏曰："戍人所止处也。丛，鬼所凭也。"师古曰："张说非也。此言密于广所次舍处旁侧丛祠中为之，非戍人所止处也。丛谓草木岑蔚者也。祠，神祠也。构谓结起也。呼音火故反。"

⑫师古曰："指而私目视之。"

胜、广素爱人，士卒多为用。将尉醉，①广故数言欲亡，忿尉，令辱之，以激怒其众。尉果笞广。尉剑挺，广起夺而杀尉。②胜佐之，并杀两尉。召令徒属曰："公等遇雨，皆已失期，当斩。藉弟令毋斩，③而戍死者固什六七。且壮士不死则已，死则举大名耳。侯王将相，宁有种乎！"④徒属皆曰："敬受令。"乃诈称公子扶苏、项燕，从民望也。袒右，称大楚。⑤为坛而盟，祭以尉首。⑥胜自立为将军，广为都尉。攻大泽乡，拔之。收兵而攻蕲，蕲下。乃令符离人葛婴将兵徇蕲以东，⑦攻铚、酂、苦、柘、谯，皆下之。⑧行收兵，比至陈，⑨兵车六七百乘，骑千余，卒数万人。攻陈，陈守令皆不在，⑩独守丞与战谯门中。⑪不胜，守丞死。乃入据陈。数日，号召三老豪桀会计事。⑫皆曰："将军身被坚执锐，⑬伐无道，诛暴秦，复立楚之社稷，功宜为王。"胜乃立为王，号（为）张楚。⑭[1]

①师古曰："将尉者，其官本尉耳，时领戍人，故为将尉。"

1575

②师古曰："挺，拔也。尉剑自拔出，广因夺取之。"

③服虔曰："藉犹借也。弟，使也。"应劭曰："藉，吏士名藉也。弟，次也。言今失期当斩，就使藉弟幸得不斩，戍死者固十六七也。"苏林曰："藉，假；弟，且也。"晋灼曰："郦食其传'弟言之'，外戚传'弟一见我'，苏说是也。"师古曰："服、应说弟义皆非也。晋氏意颇近之，而犹未得。汉书诸言弟者甚众。弟，但也，语有缓急耳。言但令无斩也。今俗人语称但者，急言之则音如弟矣。郦食其、外戚传所云弟者，皆谓但耳，义非且也。"

④师古曰："言求之而得，不必胤胄。"

⑤师古曰："袒右者，脱右肩之衣。当时取异于凡众也。"

⑥师古曰："以所杀尉之首祭神也。"

⑦李奇曰："徇，略也。"师古曰："音似峻反。"

⑧师古曰："五县名也。铚音竹乙反。酂音才多反。"

⑨师古曰："比音必寐反。"

⑩师古曰："守，郡守也。令，县令也。"

⑪晋灼曰："谯门，义阙。"师古曰："守丞，谓郡丞之居守者。一曰郡守之丞，故曰守丞。谯门，谓门上为高楼以望者耳。楼一名谯，故谓美丽之楼为丽谯。谯亦呼为巢。所谓巢车者，亦于兵（革）〔车〕之上为楼以望敌也。[2]谯巢声相近，本一物也。今流俗书本谯下有城字，非也。此自陈耳，非谯之城。谯城前已下矣。"

⑫师古曰："号令召呼之。"

⑬师古曰："坚，坚甲也。锐，利兵也。"

⑭刘德曰："若云张大楚国也。"张晏曰："先是楚为秦灭，已弛，今立楚，为张也。"师古曰："张说是也。"

于是诸郡县苦秦吏暴，皆杀其长吏，将以应胜。乃以广为假王，监诸将以西击荥阳。令陈人武臣、张耳、陈馀徇赵，汝阴人邓宗徇九江郡。当此时，楚兵数千人为聚者不可胜数。①

①师古曰："聚音材喻反。"

葛婴至东城，立襄疆为楚王。①后闻胜已立，因杀襄疆，还报。至陈，胜杀婴，令魏人周市北徇魏地。②广围荥阳。李由为三川守守荥阳，广不能下。胜征国之豪桀与计，③以上蔡人房君蔡赐为上柱国。④

①师古曰："东城，县名，地理志属九江郡。"
②师古曰："即梁地，非河东之魏也。"
③师古曰："征，召也。"
④郑氏曰："房君，官号也。姓蔡名赐。"晋灼曰："张耳传言相国房君是也。"师古曰："房君者，封邑之名，非官号也。"

周文，陈贤人也，尝为项燕军视日，①事春申君，②自言习兵。胜与之将军印，西击秦。行收兵至关，车千乘，卒十万，至戏，军焉。③秦令少府章邯免骊山徒、人奴产子，④悉发以击楚军，大败之。周文走出关，止屯曹阳。⑤二月馀，章邯追败之，复走黾池。⑥十馀日，章邯击，大破之。周文自刭，军遂不战。

①文颖曰："周文即周章也。"服虔曰："视日旁气也。"如淳曰："视日时吉凶举动之占。"师古曰："视日，如说是也。"
②应劭曰："楚相黄歇。"
③师古曰："戏，水名，在新丰东，音许宜反。解具在高纪。"
④服虔曰："家人之产奴也。"师古曰："奴产子，犹今人云家生奴也。"
⑤晋灼曰："亭名也，在弘农东十三里，魏武帝改为好阳。"师古曰："曹水之阳也。其水出陕县西南岘头山而北流入河，今谓之好阳涧，

在陕县西四十五里。"

⑥师古曰:"黾音泯。"

武臣至邯郸,自立为赵王,陈馀为大将军,张耳、召骚为左右丞相。①胜怒,捕系武臣等家室,欲诛之。柱国曰:"秦未亡而诛赵王将相家属,此生一秦,②不如因立之。"胜乃遣使者贺赵,而徙系武臣等家属宫中。③而封张耳子敖为成都君,趣赵兵亟入关。④赵王将相相与谋曰:"王王赵,非楚意也。楚已诛秦,必加兵于赵。计莫如毋西兵,⑤使使北徇燕地以自广。赵南据大河,北有燕代,楚虽胜秦,不敢制赵,若不胜秦,必重赵。⑥赵承秦楚之敝,可以得志于天下。"赵王以为然,因不西兵,而遣故上谷卒史韩广将兵北徇燕。⑦

①师古曰:"召读曰邵。"

②师古曰:"言为仇敌,与秦无异。"

③师古曰:"徙居宫中,示优礼也。拘而不遣,故谓之系。"

④师古曰:"趣读曰促。亟,急也,音居力反。"

⑤师古曰:"勿令兵西出也。"

⑥师古曰:"重谓尊重也。"

⑦张晏曰:"卒史,曹史也。"

燕地贵人豪桀谓韩广曰:"楚赵皆已立王。燕虽小,亦万乘之国也,愿将军立为王。"韩广曰:"广母在赵,不可。"燕人曰:"赵方西忧秦,南忧楚,其力不能禁我。且以楚之强,不敢害赵王将相之家,今赵(又)〔独〕安敢害将军(之)家乎?"〔3〕韩广以为然,乃自立为燕王。居数月,赵奉燕王母家属归之。

是时,诸将徇地者不可胜数。周市北至狄,①狄人田儋杀狄令，自立为齐王，反击周市。市军散，还至魏地，立魏后故甯陵君咎为魏王。②咎在胜所，不得之魏。魏地已定，欲立周市为王，市不肯。使者五反，③胜乃立甯陵君为魏王，遣之国。周市为相。

①师古曰："县名也，后汉安帝时改名临济。"
②应劭曰："魏诸公子，名咎。欲立六国后以树党也。"
③师古曰："反谓回还也。"

将军田臧等相与谋曰："周章军已破，①秦兵且至，我守荥阳城不能下，秦军至，必大败。不如少遗兵，足以守荥阳，②悉精兵迎秦军。③今假王骄，不知兵权，不可与计，非诛之，事恐败。"因相与矫陈王令以诛吴广，④献其首于胜。胜使赐田臧楚令尹印，使为上将。田臧乃使诸将李归等守荥阳城，自以精兵西迎秦军于敖仓。与战，田臧死，军破。章邯进击李归等荥阳下，破之，李归死。

①服虔曰："周章即周文。"
②师古曰："遗，留也。"
③师古曰："悉，尽也。"
④师古曰："矫，诈也。托言受令也。"

阳城人邓说将兵居郯，①章邯别将击破之，邓说走陈。铚人五逢将兵居许，章邯击破之。五逢亦走陈。胜诛邓说。

①师古曰："说读曰悦。郯，东海县也，音谈。"

胜初立时，淩人秦嘉、铚人董缫、符离人朱鸡石、取虑人郑布、徐人丁疾等皆特起，①将兵围东海守于郯。胜闻，乃使武平君畔为将军，②监郯下军。秦嘉自立为大司马，恶属人，③告军吏

1579

曰："武平君年少，不知兵事，勿听。"因矫以王命杀武平君畔。

①张晏曰："凌，泗水县也。铚、符离，沛县也。取虑、徐，临淮县
也。"师古曰："缪音先列反。取音趋，又音秋。虑音庐。"

②张晏曰："畔，名也。"

③师古曰："不欲统属于人。"

章邯已破五逢，击陈，柱国房君死。章邯又进击陈西张贺
军。胜出临战，军破，张贺死。腊月，①胜之汝阴，还至下城
父，②其御庄贾杀胜以降秦。葬砀，谥曰隐王。

①张晏曰："秦之腊月，夏之九月。"臣瓒曰："建丑之月也。"师古
曰："史记云胡亥二年十月诛葛婴，十一月周文死，十二月陈涉死。
瓒说是也。"

②师古曰："下城父，地名，在城父县东。父音甫。"

胜故涓人将军吕臣为苍头军，①起新阳，②攻陈下之，杀庄
贾，复以陈为楚。

①应劭曰："涓人，如谒者。将军姓吕名臣也。时军皆著青巾，故曰苍
头。"服虔曰："苍头谓士卒青帛巾，若赤眉之号，以相别也。"师
古曰："涓，洁也。涓人，主洁除之人。涓音蠲。"

②师古曰："县名也，属汝南郡。"

初，胜令铚人宋留将兵定南阳，入武关。留已徇南阳，闻胜
死，南阳复为秦。①宋留不能入武关，乃东至新蔡，遇秦军，宋
留以军降秦。秦传留至咸阳，车裂留以徇。②

①师古曰："为音于伪反。"

②师古曰："徇，行示也，以示众为戒。徇音辞峻反。"

秦嘉等闻胜军败，乃立景驹为楚王，引兵之方与，①欲击秦军济阴下。使公孙庆使齐王，欲与并力俱进。齐王曰："陈王战败，未知其死生，楚安得不请而立王？"公孙庆曰："齐不请楚而立王，楚何故请齐而立王？且楚首事，当令于天下。"②田儋杀公孙庆。

①师古曰："之，往也。方与，县名也。方音房。与音豫。"

②师古曰："首事，谓最先（兵起）〔起兵〕。"[4]

秦左右校复攻陈，下之。吕将军走，徼兵复聚，①与番盗英布相遇，②攻击秦左右校，破之青波，③复以陈为楚。会项梁立怀王孙心为楚王。

①如淳曰："徼，要也。徼（要）散卒复相聚敛也。"[5]师古曰："徼音工尧反。"

②师古曰："番即番阳县也。于番为盗，故曰番盗。番音蒲何反。其后番字改作鄱。"

③文颖曰："地名也。"

陈胜王凡六月。初为王，其故人尝与佣耕者闻之，乃之陈，叩宫门曰："吾欲见涉。"宫门令欲缚之。自辩数，乃置，①不肯为通。胜出，遮道而呼涉。②乃召见，载与归。入宫，见殿屋帷帐，客曰："夥，涉之为王沈沈者！"③楚人谓多为夥，故天下传之，"夥涉为王"，由陈涉始。客出入愈益发舒，言胜故情。或言："客愚无知，专妄言，轻威。"胜斩之。诸故人皆自引去，由是无亲胜者。以朱防为中正，胡武为司过，主司群臣。诸将徇地，至，令之不是者，系而罪之。以苛察为忠。其所不善者，不下吏，辄自治。④胜信用之，诸将以故不亲附。此其所以败也。

①师古曰：“辩数，谓自分别其姓名也，并历道与涉故旧之事，故舍而不缚也。数音山羽反。”

②师古曰：“呼谓大唤也，音火故反。”

③应劭曰：“䦉音祸。沈沈，宫室深邃之貌也。沈音长含反。”

④师古曰：“不以付吏，而防、武自治之。”

胜虽已死，其所置遣侯王将相竟亡秦。高祖时为胜置守冢于砀，至今血食。王莽败，乃绝。①

①师古曰：“至今血食者，司马迁作史记本语也。莽败乃绝者，班固之词也。于文为衍，盖失不删耳。”

项籍字羽，下相人也。①初起，年二十四。其季父梁，梁父即楚名将项燕者也。家世楚将，封于项，②故姓项氏。

①韦昭曰：“临淮县。”

②师古曰：“即今项城县。”

籍少时，学书不成，去；学剑又不成，去。梁怒之。籍曰：“书足记姓名而已。剑一人敌，不足学，学万人敌耳。”于是梁奇其意，乃教以兵法。籍大喜，略知其意，又不肯竟。梁尝有栎阳逮，请蕲狱掾曹咎书抵栎阳狱史司马欣，以故事皆已。①梁尝杀人，与籍避仇吴中。吴中贤士大夫皆出梁下。②每有大徭役及丧，梁常主办，阴以兵法部勒宾客子弟，以知其能。秦始皇帝东游会稽，渡浙江，③梁与籍观。籍曰：“彼可取而代也。”梁掩其口，曰：“无妄言，族矣！”④梁以此奇籍。籍长八尺二寸，力扛鼎，⑤才气过人。吴中（弟子）〔子弟〕皆惮籍。[6]

①应劭曰：“项梁曾坐事传系栎阳狱，从蕲狱掾曹咎取书与司马欣。

抵，相归抵也。已，止也。"

②师古曰："言皆不及也。"

③应劭曰："浙音折。"晋灼曰："江水至会稽山阴与浙江。"

④师古曰："凡言族者，谓族诛之。"

⑤师古曰："扛，举也，音江。"

秦二世元年，陈胜起。九月，会稽假守通①素贤梁，乃召与计事。梁曰："方今江西皆反秦，此亦天亡秦时也。先发制人，后发制于人。"守叹曰："闻夫子楚将世家，唯足下耳！"梁曰："吴有奇士桓楚，亡在泽中，人莫知其处，独籍知之。"梁乃戒籍持剑居外待。梁复入，与守语曰："请召籍，使受令召桓楚。"籍入，梁眴籍曰："可行矣！"②籍遂拔剑击斩守。梁持守头，佩其印绶。门下惊扰，籍所击杀数十百人。③府中皆詟伏，莫敢复起。④梁乃召故人所知豪吏，谕以所为，⑤遂举吴中兵。使人收下县，⑥得精兵八千人，部署豪桀为校尉、候、司马。⑦有一人不得官，自言。梁曰："某时某丧，使公主某事，不能办，以故不任公。"众乃皆服。梁为会稽将，籍为裨将，⑧徇下县。

①张晏曰："假守，兼守也。"晋灼曰："楚汉春秋云姓殷。"

②师古曰："眴，动目也，音舜，动目而使之也。今书本有作眗字者，流俗所改耳。"

③师古曰："数十百人者，八九十乃至百也。他皆类此。"

④师古曰："詟，失气也，音章涉反。"

⑤师古曰："谕，晓告之。"

⑥师古曰："四面诸县也。非郡所都，故谓之下也。"

⑦师古曰："分部而署置之。"

⑧师古曰："裨，助也，相副助也。裨音频移反。他皆类此。"

秦二年，<u>广陵</u>人<u>召平</u>为<u>陈胜</u>徇<u>广陵</u>，①未下。闻<u>陈胜</u>败走，<u>秦</u>将<u>章邯</u>且至，乃渡<u>江</u>矫<u>陈王</u>令，拜<u>梁</u>为<u>楚</u>上柱国，曰："<u>江东</u>已定，急引兵西击<u>秦</u>。"<u>梁</u>乃以八千人渡<u>江</u>而西。闻<u>陈婴</u>已下<u>东阳</u>，使使欲与连和俱西。<u>陈婴</u>者，故<u>东阳</u>令史，②居县，素信，为长者。③<u>东阳</u>少年杀其令，相聚数千人，欲立长，无适用，④乃请<u>陈婴</u>。<u>婴</u>谢不能，遂强立之，县中从之者得二万人。欲立<u>婴</u>为王，异军苍头特起。⑤<u>婴</u>母谓<u>婴</u>曰："自吾为乃家妇，闻先故未曾贵。⑥今暴得大名，不祥。不如有所属，事成犹得封侯，事败易以亡，非世所指名也。"<u>婴</u>乃不敢为王，谓其军〔吏〕曰：[7]"<u>项氏</u>世世将家，有名于<u>楚</u>，今欲举大事，将非其人，不可。⑦我倚名族，亡<u>秦</u>必矣。"⑧其众从之，乃以其兵属<u>梁</u>。<u>梁</u>渡<u>淮</u>，<u>英布</u>、<u>蒲将军</u>亦以其兵属焉。⑨凡六七万人，军<u>下邳</u>。

①<u>师古</u>曰："召读曰邵。"

②<u>苏林</u>曰："曹史也。"<u>晋灼</u>曰："<u>汉仪注</u>令（史）〔吏〕曰令史，丞（史）〔吏〕曰丞史。"[8]<u>师古</u>曰："<u>晋</u>说是也。"

③<u>师古</u>曰："素立恩信，号为长者。"

④<u>师古</u>曰："适，主也，音与的同。"

⑤<u>应劭</u>曰："言与众异也。"

⑥<u>师古</u>曰："乃，汝也。"

⑦<u>师古</u>曰："言以不材之人为将，不可求胜也。"

⑧<u>师古</u>曰："倚，依也，音于绮反。"

⑨<u>服虔</u>曰："<u>英布</u>起于<u>蒲</u>地，因以为号也。"<u>如淳</u>曰："<u>史记项羽纪</u>言<u>当阳君</u>、<u>蒲将军</u>皆属<u>项羽</u>，（自比）〔此自〕更有<u>蒲将军</u>也。"[9]<u>师古</u>曰："此二人也，<u>服</u>说失之。若是一人，不当先言姓名，后乃称将军也。"

是时，秦嘉已立景驹为楚王，军彭城东，欲以距梁。梁谓军吏曰："陈王首事，战不利，未闻所在。今秦嘉背陈王立景驹，大逆亡道。"乃引兵击秦嘉。〔嘉〕军败走，[10] 追至胡陵。嘉还战①一日，嘉死，军降。景驹走死梁地，梁已并秦嘉军，〔军〕胡陵[11]，将引而西。章邯至栗，② 梁使别将朱鸡石、馀樊君与战。馀樊君死。朱鸡石败，亡走胡陵。梁乃引兵入薛，诛朱鸡石。梁前使羽别攻襄城，襄城坚守不下。已拔，皆坑之，③ 还报梁。闻陈王定死，召诸别将会薛计事。时沛公亦从沛往。

①师古曰："复来战。"

②师古曰："栗，县名。地理志属沛郡。"

③师古曰："陷之于坑，尽杀之。"

居鄡人范增①年七十，素好奇计，往说梁曰："陈胜败固当。② 夫秦灭六国，楚最亡罪，自怀王入秦不反，楚人怜之至今，故南公称曰'楚虽三户，亡秦必楚'。③ 今陈胜首事，不立楚后，其势不长。今君起江东，楚蠭起之将皆争附君者，④ 以君世世楚将，为能复立楚之后也。"于是梁乃求楚怀王孙心，在民间为人牧羊，立以为楚怀王，从民望也。陈婴为上柱国，封五县，与怀王都盱台。⑤ 梁自号武信君，引兵攻亢父。⑥

①晋灼曰："鄡音鄡绝之鄡。"师古曰："居鄡，县名也，地理志属庐江郡。鄡音巢，字亦作巢。本春秋时巢国。"

②师古曰："言其计画非是，宜应败也。"

③服虔曰："南公，南方之老人也。"苏林曰："但令有三户在，其怨深，足以亡秦。"

④师古曰："蠭，古蜂字也。蠭起，如蠭之起，言其众也。一说蠭与锋

同，言锋锐而起者。"

⑤师古曰："盱音许于反。台音怡。"

⑥师古曰："亢音抗。父音甫。"

初，章邯既杀齐王田儋于临菑，①田假复自立为齐王。儋弟荣走保东阿，章邯追围之。梁引兵救东阿，大破秦军东阿。田荣即引兵归，逐王假。假亡走楚，相田角亡走赵。角弟间，故将，居赵不敢归。田荣立儋子市为齐王。梁已破东阿下军，遂追秦军。数使使趣齐兵俱西。②荣曰："楚杀田假，赵杀田角、田间，乃发兵。"梁曰："田假与国之王，③穷来归我，不忍杀。"赵亦不杀角、间以市于齐。④齐遂不肯发兵助楚。梁使羽与沛公别攻城阳，屠之。西破秦军濮阳东，秦兵收入濮阳。沛公、羽攻定陶。定陶未下，去，西略地至雍丘，大破秦军，斩李由。还攻外黄，外黄未下。

①师古曰："高纪及儋传并言于临济，此独言临菑，疑此误也。"

②师古曰："趣读曰促。"

③张晏曰："与，党与也。"

④张晏曰："若市买相贸易以利也。梁救荣难，荣犹不用命。梁念杀假等，荣未必多出兵，不如待以（初）〔礼〕，[12]又可以贸易他利，以除己害，遂背德，可辅假以伐齐，故曰市。市，贸易也。"晋灼曰："欲令楚杀田假，以为己利，而楚保全不杀，以买其计，故曰市也。"师古曰："二说皆非也。市者，以角、间市取齐兵也，直言赵不杀角、间以求齐兵耳。"

梁起东阿，比至定陶，再破秦军，①羽等又斩李由，益轻秦，有骄色。宋义谏曰："战胜而将骄卒惰者败。今少惰矣，秦兵日益，臣为君畏之。"梁不听。乃使宋义于齐。道遇齐使者高陵君显，②曰："公将见武信君乎？"曰："然。"义曰："臣论武信君军必败。公徐行则免，疾行则及祸。"秦果悉起兵益章邯，夜衔枚击楚，大破之定陶，③梁死。沛公与羽去外黄，攻陈留，陈留坚守不下。沛公、羽相与谋曰："今梁军败，士卒恐。"乃与吕臣俱引兵而东。吕臣军彭城东，羽军彭城西，沛公军砀。

①师古曰："比音必寐反。"

②张晏曰："名显，封于高陵。"晋灼曰："高陵，琅邪县也。"

③师古曰："衔枚，解在高纪。"

章邯已破梁军，则以为楚地兵不足忧，乃渡河北击赵，大破之。当此之时，赵歇为王，陈馀为将，张耳为相，走入钜鹿城。①秦将王离、涉闲围钜鹿，②章邯军其南，筑甬道而输之粟。③陈馀将卒数万人军钜鹿北，所谓河北军也。

①师古曰："赵歇、张耳共入钜鹿也。"

②张晏曰："秦二将也。王离，王翦孙。涉，姓；闲，名也。"

③师古曰："章邯为甬道而运粟，以饷王离、涉闲之军。"

宋义所遇齐使者高陵君显见楚怀王曰："宋义论武信君必败，数日果败。军未战先见败征，①可谓知兵矣。"王召宋义与计事而说之，②因以为上将军；羽为鲁公，为次将，范增为末将。诸别将皆属，号卿子冠军。③北救赵，至安阳，留不进。④秦三年，羽谓宋义曰："今秦军围钜鹿，疾引兵渡河，楚击其外，赵应其内，破秦军必矣。"宋义曰："不然。夫搏牛之虻不可以破虱。⑤今秦攻赵，战胜则兵罢，我承其敝；⑥不胜，则我引兵鼓行而西，必举秦矣。⑦故不如先斗秦、赵。夫击轻锐，我不如公；坐运筹策，公不如我。"因下令军中曰："猛如虎，很如羊，贪如狼，强不可令者，皆斩。"遣其子襄相齐，身送之无盐，⑧饮酒高会。⑨天寒大雨，士卒冻饥。羽曰："将戮力而攻秦，久留不行。今岁饥民贫，卒食半日菽，⑩军无见粮，⑪乃饮酒高会，不引兵渡河因赵食，与并力击秦，乃曰'承其敝'。夫以秦之强，攻新造之赵，其势必举赵。赵举秦强，何敝之承！且国兵新破，王坐不安席，扫境内而属将军，⑫国家安危，在此一举。今不恤士卒而徇私（宴），〔13〕非社稷之臣也。"羽晨朝上将军宋义，即其帐中斩义头。⑬出令军中曰："宋义与齐谋反楚，楚王阴令籍诛之。"诸将詟服，⑭莫敢枝梧。⑮皆曰："首立楚者，将军家也。今将军诛乱。"乃相与共立羽为假上将军。⑯使人追宋义子，及之齐，杀之。使桓楚报命于王。王因使使立羽为上将军。

①师古曰："征，证也。"

②师古曰："说读曰悦。"

③师古曰："冠军，言其在诸军之上。"

④师古曰："今相州安阳县。

⑤张晏曰："搏音博。"苏林曰："虻喻秦，虱喻章邯等，言小大不同势，欲灭秦当宽邯等也。"如淳曰："犹言本欲以大力伐秦，而不可以救赵也。"师古曰："搏，击也，言以手击牛之背，可以杀其上虻，而不能破虱，喻今将兵方欲灭秦，不可尽力与章邯即战。或未能禽，徒费力也。如说近也。"

⑥师古曰："罢读曰疲。"

⑦师古曰："鼓行，谓击鼓而行，无畏惧也。"

⑧师古曰："县名。"

⑨师古曰："高会，大会也。"

⑩孟康曰："半，五升器名也。"臣瓒曰："士卒食蔬菜以菽杂半之。"

师古曰:"瓒说是也。菽谓豆也。"

⑪师古曰:"无见在之粮。"

⑫师古曰:"属,委也,音之欲反。"

⑬师古曰:"即,就也。"

⑭师古曰:"讋,失气也,音之涉反。"

⑮如淳曰:"梧音悟。枝梧犹枝扞也。"臣瓒曰:"小柱为枝,邪柱为梧,今屋梧邪柱是也。"

⑯师古曰:"未得怀王之命,故且为假也。"

羽已杀卿子冠军,威震楚国,名闻诸侯。乃遣当阳君、蒲将军将卒二万人渡河救钜鹿。战少利,陈馀复请兵。羽乃悉引兵渡河。已渡,皆湛舡,①破釜甑,烧庐舍,持三日粮,视士必死,无还心。②于是至则围王离,与秦军遇,九战,绝甬道,大破之,杀苏角,③虏王离。涉閒不降,自烧杀。当是时,楚兵冠诸侯。④诸侯军救钜鹿者十馀壁,莫敢纵兵。及楚击秦,诸侯皆从壁上观。楚战士无不一当十,呼声动天地。⑤诸侯军人人惴恐。⑥于是楚已破秦军,羽见诸侯将,入辕门,⑦膝行而前,莫敢仰视。羽繇是始为诸侯上将军,⑧[14]兵皆属焉。

①师古曰:"湛读曰沈,谓沈没其舡于水中。"

②师古曰:"视读曰示。"

③文颖曰:"秦将。"

④师古曰:"言最为上也。"

⑤师古曰:"呼音火故反。"

⑥服虔曰:"惴音章瑞反。"

⑦张晏曰:"军行以车为陈,辕相向为门,故曰辕门。"师古曰:"周礼掌舍,王行则'设车宫辕门'也。"

⑧师古曰："繇读与由同。"

  章邯军棘原，①羽军漳南，相持未战。秦军数却，②二世使人让章邯。③章邯恐，使长史欣请事。至咸阳，留司马门三日，④赵高不见，有不信之心。长史欣恐，还走，不敢出故道。赵高果使人追之，不及。欣至军，报曰："事亡可为者。⑤相国赵高颛国主断。⑥今战而胜，高嫉吾功；不胜，不免于死。愿将军熟计之。"陈馀亦遗章邯书曰："白起为秦将，南并鄢郢，北坑马服，⑦攻城略地，不可胜计，而卒赐死。⑧蒙恬为秦将，北逐戎人，开榆中地数（十）〔千〕里，⑨〔15〕竟斩阳周。⑩何者？功多，秦不能封，因以法诛之。今将军为秦将三岁矣，所亡失已十万数，而诸侯并起兹益多。彼赵高素谀日久，⑪今事急，亦恐二世诛之，故欲以法诛将军以塞责，⑫使人更代以脱其祸。⑬将军居外久，多内隙，有功亦诛，亡功亦诛。且天之亡秦，无愚智皆知之。今将军内不能直谏，外为亡国将，孤立而欲长存，岂不哀哉！将军何不还兵与诸侯为从，⑭南面称孤，孰与身伏斧质，妻子为戮乎？"⑮章邯狐疑，阴使候始成使羽，欲约。⑯约未成，羽使蒲将军引兵渡三户，⑰军漳南，与秦战，再破之。羽悉引兵击秦军汙水上，⑱大破之。

  ①晋灼曰："地名，在钜鹿南。"

1590 ②师古曰："却，退也，音丘略反。"

  ③师古曰："让谓责也。"

  ④师古曰："凡言司马门者，宫垣之内兵卫所在，四面皆有司马。司马主武事，故总谓宫之外门为司马门。"

  ⑤师古曰："言不可复为军旅之事。"

  ⑥师古曰："颛与专同也。"

⑦服虔曰："马服，赵括也。父奢为赵将，有功，赐号马服。马服犹服
马也，故世称之。"师古曰："鄢郢，皆楚邑也。鄢音偃。郢音弋
井反。"

⑧师古曰："卒，终也。"

⑨服虔曰："金城县所治也。"苏林曰："在上郡。"师古曰："即今之
榆林，古者上郡界。苏说是也。"

⑩孟康曰："县名也，属上郡。"晋灼曰："恬赐死，死于此县。"

⑪师古曰："谍，诇也。"

⑫师古曰："塞，当也。"

⑬师古曰："脱，免也。"

⑭文颖曰："关东为从，关西为横。"孟康曰："南北为从，东西为
横。"师古曰："言欲如六国时共敌秦。二说皆是也。还兵谓回兵内
向以攻秦也。从音子容反。"

⑮师古曰："质谓鑕也。古者斩人，加于鑕上而斫之也。鑕音竹林反。"

⑯郑氏曰："候，军候也。始，姓；成，名也。"

⑰服虔曰："漳水津也。"孟康曰："在邺西三十里。"

⑱师古曰："汙水在邺西南，音于。"

　　邯使使见羽，欲约。羽召军吏谋曰："粮少，欲听其约。"
军吏皆曰："善。"羽乃与盟洹水南殷虚上。①已盟，章邯见羽流
涕，为言赵高。羽乃立章邯为雍王，置军中。使长史欣为上将，
将秦军行前。②

①应劭曰："洹水在汤阴界。殷虚，故殷都也。"师古曰："洹水出林
虑县东北，至于长乐入清水。洹音桓，俗音袁，非也。虚读曰墟。"

②师古曰："行前，谓居前而行。"

　　汉元年，羽将诸侯兵三十馀万，行略地至河南，遂西到新

安。①异时诸侯吏卒徭役屯戍过秦中，②秦中遇之多亡状，③及秦军降诸侯，诸侯吏卒乘胜奴虏使之，轻（重）折辱秦吏卒。[16]吏卒多窃言〔曰〕："章将军〔等〕诈吾属降诸侯，今能入关破秦，大善；即不能，诸侯虏吾属而东，秦又尽诛吾父母妻子。"诸将微闻其计，以告羽。羽乃召英布、蒲将军计曰："秦吏卒尚众，其心不服，至关不听，事必危，不如击之，独与章邯、长史欣、都尉翳入秦。"于是夜击坑秦军二十餘万人。

①师古曰："今虢州新安城是。"

②师古曰："异时犹言先时也。秦中，关中秦地也。"

③师古曰："无善形状也。"

至函谷关，有兵守，不得入。闻沛公已屠咸阳，羽大怒，使当阳君击关。羽遂入，至戏西鸿门，闻沛公欲王关中，独有秦府库珍宝。亚父范增亦大怒，劝羽击沛公。飨士，旦日合战。羽季父项伯素善张良。良时从沛公，项伯夜以语良。良与俱见沛公，因伯自解于羽。①明日，沛公从百餘骑至鸿门谢羽，自陈"封秦府库，还军霸上以待大王，闭关以备他盗，不敢背德"。羽意既解，范增欲害沛公，赖张良、樊哙得免。语在高纪。

①师古曰："自解，犹今言分疏也。"

1592

后数日，羽乃屠咸阳，杀秦降王子婴，烧其宫室，火三月不灭；收其宝货，略妇女而东。秦民失望。①于是韩生说羽曰："关中阻山带河，四塞之地，肥饶，可都以伯。"②羽见秦宫室皆已烧残，又怀思东归，曰："富贵不归故乡，如衣锦夜行。"③韩生曰："人谓楚人沐猴而冠，果然。"④羽闻之，斩韩生。

①师古曰:"沛公入关,俭节自处,约法三章,反秦之政。而项羽屠杀
　　焚烧,恣其残酷,故关中之人失所望也。"

②师古曰:"伯读曰霸。"

③师古曰:"言无人见之,不荣显矣。"

④张晏曰:"沐猴,猕猴也。"师古曰:"言虽著人衣冠,其心不类人
　　也。果然,果如人之言也。"

　　初,怀王与诸将约,先入关者王其地。羽既背约,使人致命
于怀王。怀王曰:"如约。"羽乃曰:"怀王者,吾家武信君所立
耳,非有功伐,①何以得颛主约?②天下初发难,③假立诸侯后以伐
秦。然身被坚执锐首事,暴露于野三年,灭秦定天下者,皆将相
诸君与籍力也。怀王亡功,固当分其地王之。"诸将皆曰:
"善。"羽乃阳尊怀王为义帝,曰:"古之王者,地方千里,必居
上游。"④徙之长沙,都郴。⑤乃分天下以王诸侯。

①张晏曰:"积功曰伐。"

②师古曰:"颛与专同。"

③服虔曰:"兵初起时也。"

④文颖曰:"居水之上流也。游或作流。"师古曰:"游即流也。"

⑤师古曰:"郴音丑林反。"

　　羽与范增疑沛公,业已讲解,①又恶背约恐诸侯叛之,阴谋
曰:"巴、蜀道险,秦之迁民皆居之。"乃曰:"巴、蜀亦关中
地。"故立沛公为汉王,王巴、蜀、汉中。而参分关中,王秦降
将以距塞汉道。乃立章邯为雍王,王咸阳以西。长史司马欣,故
栎阳狱吏,尝有德于梁;都尉董翳,本劝章邯降。故立欣为塞
王,王咸阳以东至河;立翳为翟王,王上郡。徙魏王豹为西魏

1593

王，王河东。瑕丘公申阳者，②张耳嬖臣也，③先下河南，迎楚河上。立阳为河南王。赵将司马卬定河内，数有功。立卬为殷王，王河内。徙赵王歇王代。赵相张耳素贤，又从入关，立为常山王，王赵地。当阳君英布为楚将，常冠军。立布为九江王。番君吴芮④帅百粤佐诸侯从入关。立芮为衡山王。义帝柱国共敖⑤将兵击南郡，功多，因立为临江王。徙燕王韩广为辽东王。燕将臧荼⑥从楚救赵，因从入关。立荼为燕王。徙齐王田市为胶东王。齐将田都从共救赵，入关。立都为齐王。故秦所灭齐王建孙田安，羽方渡河救赵，安下济北数城，引兵降羽。立安为济北王。田荣者，背梁不肯助楚击秦，以故不得封。陈馀弃将印去，不从入关，然素闻其贤，有功于赵，闻其在南皮，故因环封之三县。⑦番君将梅锅⑧功多，故封十万户侯。羽自立为西楚伯王，⑨王梁楚地九郡，都彭城。

> ①苏林曰："讲，和也。"
> ②孟康曰："瑕丘县之老人也，姓申名阳。"
> ③师古曰："嬖谓爱幸也。"
> ④师古曰："番音蒲河反。"
> ⑤师古曰："共读曰龚。"
> ⑥师古曰："荼音涂。"
> ⑦孟康曰："绕南皮三县以封之。"师古曰："环音宣。"
> ⑧师古曰："锅音火玄反。"
> ⑨师古曰："伯读曰霸。"

诸侯各就国。田荣闻羽徙齐王市胶东，而立田都为齐王，大怒，不肯遣市之胶东，因以齐反，迎击都。都走楚。市畏羽，乃亡之胶东就国。荣怒，追杀之即墨，自立为齐王。予彭越将军印，令反梁地。越乃击杀济北王田安。田荣遂并王三齐之地。时汉王还定三秦。羽闻汉并关中，且东，①齐、梁畔之，大怒，乃以故吴令郑昌为韩王以距汉，令萧公角等击彭越。越败萧公角等。时，张良徇韩，遗项王书曰："汉王失职，欲得关中，如约即止，不敢东。"②又以齐、梁反书遗羽，羽以此故无西意，而北击齐。征兵九江王布。布称疾不行，使将将数千人往。二年，羽阴使九江王布杀义帝。陈馀使张同、夏说说齐王荣，③曰："项王为天下宰不平，今尽王故王于丑地，④而王群臣诸将善地，逐其故主赵王，乃北居代，馀以为不可。⑤闻大王起兵，且不听不义，⑥愿大王资馀兵，⑦使击常山，以复赵王，请以国为扞蔽。"⑧齐王许之，因遣兵往。陈馀悉三县兵，⑨与齐并力击常山，大破之。张耳走归汉。陈馀迎故赵王歇反之赵。赵王因立馀为代王。羽至城阳，田荣亦将兵会战。荣不胜，走至平原，平原民杀之。羽遂北烧夷齐城郭室屋，⑩皆坑降卒，系房老弱妇女。徇齐至北海，所过残灭。齐人相聚而畔之。于是田荣弟横收得亡卒数万人，反城阳。羽因留，连战未能下。

①师古曰："言方欲出关而击楚也。"

②师古曰："如本要约也。"

③师古曰："夏说读曰悦，下说齐王，说音式芮反。"

④师古曰："丑，恶也。"

1595

⑤师古曰："于义不当然。"

⑥师古曰："凡不义之事，皆不听顺。"

⑦师古曰："资，给也。"

⑧师古曰："犹为齐之藩屏。"

⑨师古曰："悉，尽也。"

⑩师古曰："夷，平也。"

汉王劫五诸侯兵，①凡五十六万人，东伐楚。羽闻之，即令诸将击齐，而自以精兵三万人南从鲁出胡陵。汉王皆已破彭城，收其货赂美人，日置酒高会。羽乃从萧晨击汉军而东，至彭城，日中，大破汉军。②汉军皆走，迫之穀、泗水。③汉军皆南走山，④楚又追击至灵辟东睢水上。⑤汉军却，为楚所挤，⑥多杀。汉卒十馀万皆入睢水，睢水为不流。⑦汉王乃与数十骑遁去。语在高纪。太公、吕后间求汉王，⑧反遇楚军。楚军与归，羽常置军中。

①服虔曰："时有十八诸侯，汉得其五。"师古曰："常山、河南、魏、韩、殷也。解在高纪。十八诸侯，汉时又先已得塞、翟矣。服说非也。"

②张晏曰："一日之中。或曰早击之，至日中大破。"师古曰："或说是也。"

③臣瓒曰："二水皆在沛郡彭城。"

④师古曰："走，趣也，音奏。"

⑤师古曰："睢音虽。"

⑥臣瓒曰："挤，排也。"师古曰："音子诣反，又音子奚反。"

⑦师古曰："言杀人多，填于水中。"

⑧师古曰："间行而求之。"

汉王稍收散卒，萧何亦发关中卒悉诣荥阳，战京、索间，①败楚。楚以故不能过荥阳而西。汉军荥阳，筑甬道，取敖仓食。三年，羽数击绝汉甬道，汉王食乏，请和，割荥阳以西为汉。羽欲听之。历阳侯范增曰："汉易与耳，今不取，后必悔之。"羽乃急围荥阳。汉王患之，乃与陈平金四万斤以间楚君臣。②语在陈平传。项羽以故疑范增，稍夺之权。范增怒曰："天下事大定矣，君王自为之！愿赐骸骨归。"行未至<u>彭城</u>，疽发背死。③于是<u>汉</u>将纪信诈为<u>汉王</u>出降，以诳<u>楚</u>军，故<u>汉王</u>得与数十骑从西门出。令周苛、枞公、<u>魏豹守荥阳</u>。④<u>汉王</u>西入关收兵，还出<u>宛</u>、<u>叶</u>间，⑤与<u>九江王黥布</u>行收兵。<u>羽</u>闻之，即引兵南。<u>汉王</u>坚壁不与战。

①师古曰："索音山各反。"

②师古曰："间音居苋反。"

③师古曰："疽，痈创也，音千馀反。"

④师古曰："苛音何。枞音千容反。"

⑤师古曰："叶音式涉反。"

是时，<u>彭越渡睢</u>，与<u>项声</u>、<u>薛公战下邳</u>，杀<u>薛公</u>。<u>羽</u>乃东击<u>彭越</u>。<u>汉王</u>亦引兵北军<u>成皋</u>。<u>羽</u>已破走<u>彭越</u>，①引兵西下<u>荥阳城</u>，亨周苛，杀<u>枞公</u>，虏<u>韩王信</u>，进围<u>成皋</u>。<u>汉王</u>跳，②独与<u>滕公</u>得出。北渡河，至<u>修武</u>，从<u>张耳</u>、<u>韩信</u>。<u>楚</u>遂拔<u>成皋</u>。<u>汉王</u>得<u>韩信</u>军。留止，使<u>卢绾</u>、<u>刘贾渡白马津</u>入<u>楚</u>地，佐<u>彭越</u>共击破<u>楚</u>军<u>燕郭西</u>，③烧其积聚，攻下<u>梁</u>地十馀城。<u>羽</u>闻之，谓<u>海春侯</u>大司马<u>曹咎</u>曰："谨守<u>成皋</u>。即<u>汉</u>欲挑战，慎毋与战，勿令得东而已。我十五日必定<u>梁</u>地，复从将军。"于是引兵东。

①师古曰："击破之令其走。"

②师古曰："轻身而急出也。跳音徒雕反。"

③师古曰："燕县，故南燕国也，属东郡。"

四年，<u>羽</u>击<u>陈留</u>、<u>外黄</u>，<u>外黄</u>不下。数日降，<u>羽</u>悉令男子年十五以上诣城东，欲坑之。<u>外黄</u>令舍人儿年十三，①往说<u>羽</u>曰："<u>彭越</u>强劫<u>外黄</u>，②<u>外黄</u>恐，故且降，待大王。大王至，又皆坑之，百姓岂有所归心哉！从此以东，梁地十馀城皆恐，莫肯下矣。"羽然其言，乃赦外黄当坑者。而东至睢阳，闻之皆争下。

①苏林曰："令之舍人儿也。"臣瓒曰："称儿者，以其幼弱，故系其父。"

②师古曰："强音其两反。"

汉果数挑楚军战，楚军不出。使人辱之，五六日，大司马怒，渡兵汜水。①卒半渡，汉击，大破之，尽得楚国金玉货赂。大司马咎、长史欣皆自刭汜水上。咎故蕲狱掾，欣故塞王，羽信任之。羽至睢阳，闻咎等破，则引兵还。汉军方围钟离（昧）〔眛〕于荥阳东，②〔17〕羽军至，汉军畏楚，尽走险阻。③羽亦军广武相守，乃为高俎，置太公其上，④告汉王曰："今不急下，吾亨太公。"汉王曰："吾与若俱北面受命怀王，⑤约为兄弟，吾翁即汝翁。⑥必欲亨乃翁，幸分我一杯羹。"⑦羽怒，欲杀之。项伯曰："天下事未可知。且为天下者不顾家，虽杀之无益，但益怨耳。"羽从之。乃使人谓汉王曰："天下匈匈，徒以吾两人。⑧愿与王挑战，决雌雄，毋徒罢天下父子为也。"⑨汉王笑谢曰："吾宁斗智，不能斗力。"羽令壮士出挑战。汉有善骑射曰楼烦，⑩楚挑战，三合，楼烦辄射杀之。羽大怒，自被甲持戟挑战。楼烦欲射，羽瞋目叱之。⑪楼烦目不能视，手不能发，走还入壁，不敢复出。汉王使间问之，乃羽也。⑫汉王大惊。于是羽与汉王相与临广武间而语。汉王数羽十罪。⑬语在高纪。羽怒，伏弩射伤汉王。汉王入成皋。

①师古曰："汜音凡。解在高纪。"

②师古曰："（昧）〔眛〕音莫葛反。"

③师古曰:"走音奏。"

④如淳曰:"高俎,几之上也。"李奇曰:"军中巢橹谓之俎。"师古
　曰:"俎者,所以荐肉。示欲烹之,故置俎上。如说是也。"

⑤师古曰:"若,汝也。"

⑥师古曰:"翁谓父也。"

⑦师古曰:"乃亦汝也。古者以杯盛羹,今之侧杯有两耳者是也。"

⑧师古曰:"匈匈,谨扰之意也。他皆类此。"

⑨师古曰:"罢读曰疲。"

⑩应劭曰:"楼烦,胡人也。"李奇曰:"后为县,属雁门。此县人善
　骑射,谓士为楼烦。取其称耳,未必楼烦人也。"师古曰:"李说
　是也。"

⑪师古曰:"瞋目,张目也,音充人反。"

⑫师古曰:"间,微问之也。"

⑬师古曰:"数,责也,音所具反。"

　时彭越数反梁地,绝楚粮食,又韩信破齐,且欲击楚。羽使
从兄子项它为大将,龙且为禆将,①救齐。韩信破杀龙且,追至
成阳,虏齐王广。信遂自立为齐王。羽闻之,恐,使武涉往说
信。语在信传。

①师古曰:"它音徒何反。且音子馀反。高纪云项声,此传云项它,纪
　传不同,未知孰是。"

　时,汉关中兵益出,食多,羽兵食少。汉王使侯公说羽,羽
乃与汉王约,中分天下,割鸿沟而西者为汉,东者为楚,归汉王
父母妻子。已约,羽解而东。五年,汉王进兵追羽,至(故)
〔固〕陵,[18]复为羽所败。汉王用张良计,致齐王信、建成侯彭
越兵,及刘贾入楚地,围寿春。大司马周殷叛楚,举九江兵随刘

贾,迎黥布,与齐梁诸侯皆大会。

羽壁垓下,军少食尽。汉帅诸侯兵围之数重。羽夜闻汉军四面皆楚歌,乃惊曰:"汉皆已得楚乎? 是何楚人多也!"起饮帐中。有美人姓虞氏,常幸从;骏马名骓,常骑。①乃悲歌慷慨,自为歌诗曰:"力拔山兮气盖世,时不利兮骓不逝。骓不逝兮可奈何! 虞兮虞兮奈若何!"②歌数曲,美人和之。羽泣下数行,左右皆泣,莫能仰视。

①师古曰:"苍白杂毛曰骓,盖以其色名之。"
②师古曰:"若,汝也。"

于是羽遂上马,戏下骑从者八百馀人,①夜直溃围南出驰。平明,汉军乃觉之,令骑将灌婴以五千骑追羽。羽渡淮,骑能属者百馀人。②羽至阴陵,迷失道,③问一田父,田父绐曰"左"。④左,乃陷大泽中,以故汉追及之。羽复引而东,至东城,乃有二十八骑。追者数千,羽自度不得脱,⑤谓其骑曰:"吾起兵至今八岁矣,身七十馀战,所当者破,所击者服,未尝败北,遂伯有天下。⑥然今卒困于此,⑦此天亡我,非战之罪也。今日固决死,愿为诸军快战,必三胜,斩将,艾旗,乃后死,⑧使诸君知我非用兵罪,天亡我也。"于是引其骑因四隤山⑨而为圜陈外向。⑩汉骑围之数重。羽谓其骑曰:"吾为公取彼一将。"令四面骑驰下,期山东为三处。于是羽大呼驰下,⑪汉军皆披靡。⑫遂杀汉一将。是时,杨喜为郎骑,追羽,羽还叱之,⑬喜人马俱惊,辟易数里。⑭与其骑会三处。汉军不知羽所居,分军为三,复围之。羽乃驰,复斩汉一都尉,杀数十百人。复聚其骑,亡两骑。乃谓骑曰:"何如?"骑皆服曰:"如大王言。"

①师古曰："戏，大将之旗也，音许宜反，又音许为反。汉书通以戏为旌麾及指麾字。"

②师古曰："属，联及也，音之欲反。"

③孟康曰："县名，属九江郡。"

④文颖曰："绐，欺也；欺令左也。"

⑤师古曰："脱，免也，音土活反。"

⑥师古曰："伯读曰霸。"

⑦师古曰："卒，终也。"

⑧师古曰："艾音刈。"

⑨孟康曰："四下犇隤也。"师古曰："犇音徒回反。"

⑩师古曰："圜陈，四周为之也。外向，谓兵刃皆在外也。"

⑪师古曰："呼，叫也，音火故反。"

⑫师古曰："披音普彼反。"

⑬师古曰："还谓回面也。"

⑭师古曰："辟易，谓开张而易其本处。辟音频亦反。"

于是羽遂引东，欲渡乌江。①乌江亭长舣船待，②谓羽曰："江东虽小，地方千里，众数十万，亦足王也。愿大王急渡。今独臣有船，汉军至，亡以渡。"羽笑曰："乃天亡我，何渡为！且籍与江东子弟八千人渡而西，今亡一人还，纵江东父兄怜而王我，我何面目见之哉？纵彼不言，籍独不愧于心乎！"谓亭长曰："吾知公长者也，吾骑此马五岁，所当亡敌，尝一日千里，吾不忍杀，以赐公。"乃令骑皆去马，步持短兵接战。羽独所杀汉军数百人。羽亦被十馀创。顾见汉骑司马吕马童曰："若非吾故人乎？"③马童面之，④指王翳曰：⑤"此项王也。"羽乃曰："吾闻汉购我头千金，邑万户，⑥吾为公得。"⑦乃自刭。王翳取其头，乱

1601

相轪蹈⑧争羽相杀者数十人。最后杨喜、吕马童、郎中吕胜、杨武各得其一体。故分其地以封五人，皆为列侯。

①臣瓒曰："在牛渚。"

②服虔曰："叙音蚁。"如淳曰："南方人谓整船向岸曰叙。"

③师古曰："若，汝也。"

④张晏曰："以故人难亲斫之，故背之也。"如淳曰："面谓不正视也。"师古曰："如说非也。面谓背之，不面向也。面缚亦谓反偝而缚之。杜元凯以为但见其面，非也。"

⑤如淳曰："指示王翳。"

⑥师古曰："购，以财设赏，音工豆反。"

⑦邓展曰："令公得我为功也。"晋灼曰："字或作德。"

⑧师古曰："轪，践也，音人九反。"

汉王乃以鲁公号葬羽于穀城。诸项支属皆不诛。封项伯等四人为列侯，赐姓刘氏。

赞曰：昔贾生之过秦曰：①

①应劭曰："贾生书有过秦二篇，言秦之过。此第一篇也。司马迁取以为赞，班固因之。"

秦孝公据殽函之固，拥雍州之地，①君臣固守而窥周室，有席卷天下，包举宇内，囊括四海，并吞八荒之心。②当是时也，商君佐之，③内立法度，务耕织，修守战之备，外连衡而斗诸侯。于是秦人拱手而取西河之外。④

①师古曰："殽谓殽山，今陕县东二殽是也。函谓函谷，今桃林县南洪溜涧是也。"

②张晏曰："括，结囊也，言其能包含天下。"师古曰："八荒，八方
荒忽极远之地也。"

③师古曰："卫鞅也，封于商。"

④师古曰："言其不费功力也。"

孝公既没，惠文、武、昭襄①蒙故业，因遗策，南取汉中，
西举巴蜀，东割膏腴之地，收要害之郡。诸侯恐惧，会盟而谋弱
秦，不爱珍器重宝肥饶之地，以致天下之士。合从缔交，②相与
为一。当此之时，齐有孟尝，③赵有平原，④楚有春申，⑤魏有信
陵。⑥此四贤者，皆明智而忠信，宽厚而爱人，尊贤重士，约从
离横，⑦兼韩、魏、燕、赵、宋、卫、中山之众。于是六国之士
有甯越、徐尚、苏秦、杜赫之属为之谋，齐明、周最、陈轸、召
滑、楼缓、翟景、苏厉、乐毅之徒通其意，⑧吴起、孙膑、带他、
兒良、王廖、田忌、廉颇、赵奢之朋制其兵。⑨常以十倍之地，
百万之军，仰关而攻秦。⑩秦人开关延敌，九国之师遁巡而不敢
进。⑪秦无亡矢遗镞之费，而天下已困矣。⑫于是从散约败，争割
地而赂秦。秦有馀力而制其弊，追亡逐北，伏尸百万，流血漂
卤，⑬因利乘便，宰割天下，分裂山河；强国请服，弱国入朝。

①师古曰："惠文王，孝公之子。武王，惠文王之子。昭襄王，武王
之弟。"

②师古曰："缔，结也。从音子容反。缔音大系反。"

③师古曰："孟尝君田文。"

④师古曰："平原君赵胜。"

⑤师古曰："春申君黄歇。"

⑥师古曰："公子无忌为信陵君。"

⑦师古曰："约誓为从，欲以分离为横。横谓秦也。从音子容反。其下

亦同。"

⑧师古曰："召读曰邵。"

⑨师古曰："膑音频忍反。他音徒何反。兒音五奚反。廖音聊。"

⑩师古曰："秦之地形高，而诸侯之兵欲攻关中者皆仰向，故云仰关也。今流俗书本仰字作叩，非也。"

⑪师古曰："遁巡，谓疑惧而却退也。遁音千旬反。流俗书本巡字误作逃，读者因之而为遁逃之义。潘岳西征赋云'逃遁以奔窜'，斯亦误矣。"

⑫师古曰："镞，矢锋也，音子木反。"

⑬师古曰："漂，浮也。卤，盾也。其血可以浮盾，言杀人多也。漂音匹遥反。"

施及孝文、庄襄王，①享国之日浅，国家亡事。

①师古曰："施，延也。孝文王，昭襄王之子也。庄襄王，孝文王之子，即始皇父也。施音弋豉反。"

及至始皇，奋六世之馀烈，①振长策而驭宇内，②吞二周而亡诸侯，履至尊而制六合，执敲扑以鞭笞天下，③威震四海。南取百粤之地，以为桂林、象郡。百粤之君俛首系颈，④委命下吏。乃使蒙恬北筑长城而守藩篱，⑤却匈奴七百馀里，⑥胡人不敢南下而牧马，士不敢弯弓而报怨。于是废先王之道，焚百家之言，以愚黔首。堕名城，杀豪俊，⑦收天下之兵聚之咸阳，销锋镝⑧铸以为金人十二，⑨以弱天下之民。然后践华为城，⑩因河为池，据亿丈之城，临不测之川，以为固。良将劲弩，守要害之处，信臣精卒，陈利兵而谁何。⑪天下已定，始皇之心，自以为关中之固，金城千里，子孙帝王万世之业也。

①师古曰：“孝公、惠文王、武王、昭襄王、孝文王、庄襄王，凡六君也。烈，业也。”

②师古曰：“以乘马为喻也。策，所以挝马也。”

③邓展曰：“敲，短杖也。扑，捶也。”师古曰：“敲音苦交反。扑音普木反。”

④邓展曰：“頰音俯。”师古曰：“古俯字。”

⑤师古曰：“言以长城扞蔽胡寇，如人家之有藩篱。”

⑥师古曰：“却音丘略反。”

⑦师古曰：“堕，毁也，音火规反。”

⑧如淳曰：“锃音嫡，箭镞也。”师古曰：“锋，戈戟刃也。锃与镝同，即箭镞也。如音是也。”

⑨师古曰：“所谓公仲者也。三辅黄图云坐高三丈。其铭曰：‘皇帝二十六年，初兼天下，改诸侯为郡县，一法律，同度量。大人来见临洮，其长五丈，足迹六尺。’”

⑩服虔曰：“断华山为城。”晋灼曰：“践，登也。”师古曰：“晋说是。”

⑪师古曰：“问之为谁，又云何人，其义一也。”

始皇既没，馀威震于殊俗。然而陈涉，瓮牖绳枢之子，①甿隶之人，②迁徙之徒也，材能不及中庸，非有仲尼、墨翟之知，③陶朱、猗顿之富。④蹑足行伍之间，⑤而免起阡陌之中，⑥帅罢散之卒，将数百之众，⑦转而攻秦。斩木为兵，揭竿为旗，⑧天下云合响应，⑨赢粮而景从，⑩山东豪俊遂并起而亡秦族矣。

①服虔曰：“以绳系户枢。”孟康曰：“瓦瓮为（枢）〔牖〕也。”〔19〕

②如淳曰：“甿，古文萌字。甿，民也。”

③文颖曰：“墨翟，宋人为墨家者也。”

④师古曰:"越人范蠡逃越,止于陶,自谓陶朱公。猗顿本鲁人,大畜牛羊于猗氏之南,赀(拨)〔拟〕王公,[20]驰名天下。"

⑤如淳曰:"蹑音叠。"师古曰:"蹑音女涉反。"

⑥如淳曰:"时皆僻屈在阡陌之中也。"师古曰:"俛者,言免脱徭役也。免字或作俛,读与俯同。"

⑦师古曰:"罢读曰疲。"

⑧师古曰:"揭音竭,谓竖之也。今读之者为负揭之揭,非也。"

⑨师古曰:"向读曰响,言如响之应声。"

⑩师古曰:"赢,担也。景从,言如影之随形也。"

且天下非小弱也;<u>雍州</u>之地,<u>殽</u><u>函</u>之固,自若也。①<u>陈涉</u>之位,不齿于<u>齐</u>、<u>楚</u>、<u>燕</u>、<u>赵</u>、<u>韩</u>、<u>魏</u>、<u>宋</u>、<u>卫</u>、<u>中山</u>之君;②锄耰棘矜,不敌于钩戟长铩;③適戍之众,不亢于九国之师;④深谋远虑,行军用兵之道,非及曩时之士也。⑤然而成败异变,功业相反,何也?试使<u>山东</u>之国与<u>陈涉</u>度长絜大,⑥比权量力,不可同年而语矣。然<u>秦</u>以区区之地,致万乘之权,⑦招八州而朝同列,⑧百有馀年,然后以六合为家,⑨<u>殽</u><u>函</u>为宫。一夫作难而七庙堕,⑩身死人手,为天下笑者,何也?仁谊不施,而攻守之势异也。

①师古曰:"自若,犹言如故也。"

②师古曰:"齿谓齐列如齿。"

③服虔曰:"耰,锄柄也;以锄柄及棘作矛矜也。"晋灼曰:"耰椎,块椎也。"师古曰:"服说非也。耰,摩田器也。棘,戟也。矜与穜同,穜谓矛穜之杷也。钩戟,戟刃钩曲者也。铩,铍也。言往者<u>秦</u>销兵刃,<u>陈涉</u>起时但用锄耰及戈戟之穜以相攻战也。耰音忧。矜音其巾反。铩音(其)〔山〕列反。"[21]

④师古曰："適读曰谪,谓罪罚而行也。亢,当也,读与抗同。"

⑤师古曰："曩,昔也,音乃朗反。"

⑥师古曰："絜谓围束之也。度音徒各反。絜音下结反。"

⑦师古曰："区区,小貌也。"

⑧邓展曰："招,举也。"苏林曰："招音翘。"

⑨师古曰："后与後同,古通用字也。"

⑩师古曰："堕,毁也,音火规反。"

周生亦有言,①"舜盖重童子",项羽又重童子,②岂其苗裔邪?何其兴之暴也!夫秦失其政,陈涉首难,豪桀蜂起,相与并争,不可胜数。然羽非有尺寸,乘势拔起陇亩之中,③三年,遂将五诸侯兵灭秦,分裂天下而威海内,封立王侯,政繇羽出,④号为"伯王",⑤位虽不终,近古以来未尝有也。⑥及羽背关怀楚,放逐义帝,⑦而怨王侯畔己,难矣。自矜功伐,奋其私智而不师古,始霸王之国,欲以力征经营天下,五年卒亡其国,身死东城,尚不觉寤,不自责过失,乃引"天亡我,非用兵之罪",岂不谬哉!

①郑氏曰:"周时贤(大夫)〔人也〕。"[22]师古曰:"史记称太史公曰'余闻之周生'则知非周时人,盖姓周耳。"

②师古曰:"童子,目之眸子。"

③晋灼曰:"拔音卒拔之拔。"邓展曰:"疾起也。"师古曰:"音步末反。"

④师古曰:"繇与由同。"

⑤师古曰:"伯读曰霸。"

⑥师古曰:"近古犹末代。"

⑦师古曰:"背关,谓背约不王高祖于关中。怀楚,谓思东归而都

彭城。"

【校勘记】

〔1〕 号（为）张楚。 景祐、殿本都无"为"字。

〔2〕 亦于兵（革）〔车〕之上为楼以望敌也。 景祐、殿、局本都作"车"。王先谦说作"车"是。

〔3〕 今赵（又）〔独〕安敢害将军（之）家乎？ 景祐、殿本"又"作"独"，无"之"字。

〔4〕 首事，谓最先（兵起）〔起兵〕。 景祐、殿本都作"起兵"。

〔5〕 徼（要）散卒复相聚敛也。 景祐、殿本都无"要"字。

〔6〕 吴中（弟子）〔子弟〕皆惮籍。 景祐、殿本都作"子弟"。王先谦说此误倒。

〔7〕 谓其军〔吏〕曰： 景祐、殿本都有"吏"字。王先谦说此脱。

〔8〕 汉仪注令（史）〔吏〕曰令史，丞（史）〔吏〕曰丞史。 据史记集解改。

〔9〕 （自比）〔此自〕更有蒲将军也。 景祐、殿本都作"自此"，"比"字误。 王先谦说史记集解引作"此自"，是。

〔10〕 乃引兵击秦嘉。〔嘉〕军败走， 王先谦说"军"上当更有"嘉"字，按史记有，此脱。

〔11〕 梁已并秦嘉军，〔军〕胡陵， 景祐、殿本都有下"军"字。王先谦说史记同，此脱。

〔12〕 不如待以（初）〔礼〕， 景祐、殿本都作"礼"字。王先谦说作"礼"是。

〔13〕 今不恤士卒而徇私（宴）， 景祐、殿本都无"宴"字。

〔14〕 羽繇是始为诸侯上将军，⑧ 注⑧原在"上"字下，刘敞说

"上将军"当连文。

〔15〕 开榆中地数（十）〔千〕里， 景祐、殿、局本都作"千"，史记同。

〔16〕 轻（重）折辱秦吏卒。吏卒多窃言〔曰〕："章将军〔等〕诈吾属降诸侯， 宋祁说一本无"重"字。王先谦说史记亦无，一本是。景祐、殿本"言"下有"曰"字，"章将军"下有"等"字，史记同。

〔17〕 汉军方围锺离（眛）〔眜〕于荥阳东， 景祐、殿本都作"眜"，注同。王先谦说作"眜"是。

〔18〕 汉王进兵追羽，至（故）〔固〕陵， 殿本作"固"。王先谦说作"固"是。

〔19〕 瓦瓮为（枢）〔窗〕也。 景祐、殿本都作"窗"。王先谦说作"窗"是。

〔20〕 赀（拨）〔拟〕王公， 景祐、殿本都作"拟"。王先谦说作"拟"是。

〔21〕 铩音（其）〔山〕列反。 景祐、殿本都作"山"。

〔22〕 周时贤（大夫）〔人也〕。 景祐、殿本都作"贤人也"，王先谦说此"大夫"二字有误。

汉 书 卷 三 十 二

张耳陈馀传第二

　　张耳，大梁人也，①少时及魏公子毋忌为客。②尝亡命游外
黄，③外黄富人女甚美，庸奴其夫，④亡邸父客。⑤父客谓曰："必
欲求贤夫，从张耳。"女听，为请决，嫁之。⑥女家厚奉给耳，耳
以故致千里客，宦为外黄令。

　　①臣瓒曰："今陈留大梁城也。"
　　②师古曰："毋忌，六国时信陵君也。言其尚及见毋忌，为之宾客。"
　　③师古曰："命者，名也。凡言亡命，谓脱其名籍而逃亡。"
　　④师古曰："言不恃赖其夫，视之若庸奴。"
　　⑤如淳曰："父时故宾客也。"师古曰："邸，归也，音丁礼反。"
　　⑥师古曰："请决绝于前夫而嫁于耳。"

　　陈馀，亦大梁人，好儒术。游赵苦陉，①富人公乘氏以其女
妻之。馀年少，父事耳，相与为刎颈交。②

①张晏曰："苦陉，章帝丑其名，改曰汉昌。"师古曰："陉音刑。"

②师古曰："刭，断也。刭颈交者，言托契深重，虽断颈绝头，无所顾也。刭音舞粉反。"

高祖为布衣时，尝从耳游。秦灭魏，购求耳千金，馀五百金。两人变名姓，俱之陈，为里监门。①吏尝以过笞馀，馀欲起，耳摄使受笞。②吏去，耳数之曰：③"始吾与公言何如？今见小辱而欲死一吏乎？"馀谢罪。

①师古曰："监门，卒之贱者，故为卑职以自隐。"

②师古曰："摄谓引持之。"

③师古曰："数，责也，音所具反。"

陈涉起蕲至陈，耳、馀上谒涉。①涉及左右生平数闻耳、馀贤，见，大喜。

①师古曰："上其谒而见也。上谒，若今之通名。"

陈豪桀说涉曰："将军被坚执锐，帅士卒以诛暴秦，复立楚社稷，功德宜为王。"陈涉问两人，两人对曰："将军瞋目张胆，①出万死不顾之计，为天下除残。今始至陈而王之，视天下私。②愿将军毋王，急引兵而西，遣人立六国后，自为树党。③如此，野无交兵，诛暴秦，据咸阳以令诸侯，则帝业成矣。今独王陈，恐天下解（矣）〔也〕。"④[1]涉不听，遂立为王。

①师古曰："张胆，言勇之甚。"

②师古曰："视读曰示。"

③师古曰："树，立也。"

④师古曰："解谓离散其心也。"

耳、馀复说陈王曰："大王兴梁、楚，务在入关，未及收河北也。臣尝游赵，知其豪桀，①愿请奇兵略赵地。"于是陈王许之，以所善陈人武臣为将军，耳、馀为左右校尉，与卒三千人，从白马渡河。②至诸县，说其豪桀③曰："秦为乱政虐刑，残灭天下，北为长城之役，南有五领之戍，④外内骚动，百姓罢敝，⑤头会箕敛⑥以供军费，财匮力尽，⑦重以苛法，⑧使天下父子不相聊。⑨今陈王奋臂为天下倡始，莫不向应，⑩家自为怒，各报其怨，⑪县杀其令丞，郡杀其守尉。今以张大楚，王陈，⑫使吴广、周文将卒百万西击秦。于此时而不成封侯之业者，非人豪也。夫因天下之力而攻无道之君，报父兄之怨而成割地之业，此一时也。"豪桀皆然其言。乃行收兵，得数万人，号武信君。⑬下赵十馀城，馀皆城守莫肯下。乃引兵东北击范阳。范阳人蒯通说其令徐公降武信君，又说武信君以侯印封范阳令。语在通传。赵地闻之，不战下者三十馀城。

①师古曰："与相知也。"

②师古曰："津名，即今滑州白马县界也。"

③邓展曰："至河北县说之。"

④服虔曰："山领有五，因以为名。交趾、合浦界有此领。"师古曰："服说非也。领者，西自衡山之南，东穷于海，一山之限耳。而别标名，则有五焉。裴氏广州记云：'大庾、始安、临贺、桂阳、揭阳，是为五领。'邓德明南康记曰：'大庾领一也，桂阳骑田领二也，九真都庞领三也，临贺萌渚领四也，始安越城领五也。'裴说是也。"

⑤师古曰："罢读曰疲。"

⑥服虔曰："吏到其家，人人头数出谷，以箕敛之。"

⑦师古曰："匮，竭也。"

张耳陈馀传第二

⑧师古曰："重音直用反。"

⑨师古曰："言无聊赖，以相保养。"

⑩师古曰："倡读曰唱。向读曰响。"

⑪师古曰："为音于伪反。"

⑫师古曰："言张建大楚之国，而王于陈也。"

⑬师古曰："武臣自号也。"

　　至邯郸，耳、馀闻周章军入关，至戏却；①又闻诸将为陈王徇地，多以谗毁得罪诛。怨陈王不以为将军而以为校尉，乃说武臣曰："陈王非必立六国后。②今将军下赵数十城，独介居河北，③不王无以填之。④且陈王听谗，还报，恐不得脱于祸。⑤愿将军毋失时。"武臣乃听，遂立为赵王。以馀为大将军，耳为丞相。

①苏林曰："至戏地而却兵。"

②师古曰："非，不也。"

③晋灼曰："介音戛。"臣瓒曰："介，特也。"师古曰："二说并非也。介，隔也，读如本字。"

④师古曰："填音竹刃反。"

⑤师古曰："脱，免也，音土活反。"

　　使人报陈王，陈王大怒，欲尽族武臣等家，而发兵击赵。相国房君谏曰："秦未亡，今又诛武臣等家，此生一秦也。不如因而贺之，使急引兵西击秦。"陈王从其计，徙系武臣等家宫中，封耳子敖为成都君。使使者贺赵，趣兵西入关。①耳、馀说武臣曰："王王赵，非楚意，特以计贺王。②楚已灭秦，必加兵于赵。愿王毋西兵，北徇燕、代，南收河内以自广。赵南据大河，北有燕、代，楚虽胜秦，必不敢制赵。"赵王以为然，因不西兵，而使韩广略燕，李良略常山，张黡略上党。③

①师古曰:"趣读曰促。"

②师古曰:"言力不能制,且事安抚为权宜之计耳。"

③师古曰:"屬音乌黠反。"

韩广至燕,燕人因立广为燕王。赵王乃与 (陈)〔耳〕、馀北略地燕界。[2]赵王间出,为燕军所得。①燕囚之,欲与分地。②使者往,燕辄杀之,以固求地。耳、馀患之。有厮养卒谢其舍曰:③"吾为二公说燕,与赵王载归。"④舍中人皆笑曰:"使者往十辈皆死,若何以能得王?"⑤乃走燕壁。⑥燕将见之,问曰:"知臣何欲?"燕将曰:"若欲得王耳。"曰:"君知张耳、陈馀何如人也?"燕将曰:"贤人也。"曰:"其志何欲?"燕将曰:"欲得其王耳。"赵卒笑曰:"君未知两人所欲也。夫武臣、张耳、陈馀,杖马箠下赵数十城,⑦亦各欲南面而王。夫臣之与主,岂可同日道哉!顾其势初定,⑧且以长少先立武臣,以持赵心。今赵地已服,两人亦欲分赵而王,时未可耳。今君囚赵王,念此两人名为求王,实欲燕杀之,此两人分赵而王。夫以一赵尚易燕,⑨况以两贤王左提右挈,而责杀王,灭燕易矣。"⑩燕以为然,乃归赵王。养卒为御而归。

①师古曰:"间出,谓投间隙而微出也。"

②师古曰:"要劫之,令割赵地输燕以和解也。"

③苏林曰:"厮,取薪者也。养,养人者也。舍谓所舍宿主人也。"晋灼曰:"以辞相告曰谢。"师古曰:"谢其舍,谓告其舍中人也。故下言舍中人皆笑。今流俗书本于此舍下辄加人字,非也。厮音斯。"

④师古曰:"二公,张耳、陈馀。"

⑤师古曰:"若,汝也。次下亦同。"

⑥师古曰:"走,趣也,音奏。"

⑦张晏曰："言其不用兵革也。"师古曰："篲谓马捶也，音止劣反。"

⑧师古曰："顾，思念也。"

⑨师古曰："易，轻也，音弋豉反。"

⑩师古曰："提挈，言相扶持也。"

李良已定常山，还报赵王，赵王复使良略太原。至石邑，秦兵塞井陉，未能前。秦将诈称二世使使遗良书，不封，①曰："良尝事我，得显幸，诚能反赵为秦，赦良罪，贵良。"良得书，疑不信。之邯郸益请兵。②未至，道逢赵王姊，从百馀骑。良望见，以为王，伏谒道旁。王姊醉，不知其将，使骑谢良。良素贵，起，惭其从官。从官有一人曰："天下叛秦，能者先立。且赵王素出将军下，今女儿乃不为将军下车，请追杀之。"良以得秦书，欲反赵，未决，因此怒，遣人追杀王姊，遂袭邯郸。邯郸不知，竟杀武臣。赵人多为耳、馀耳目者，故得脱出。收兵得数万人。客有说耳、馀曰："两君羁旅，③而欲附赵，难可独立；〔立〕赵后，[3]辅以谊，④可就功。"⑤乃求得赵歇，立为赵王，居信都。⑥

①张晏曰："欲其漏泄，君臣相疑也。"

②师古曰："之，往也。"

③张晏曰："羁，寄。旅，客也。"

④师古曰："谓求取六国时赵王后而立之，以名义自辅助也。"

⑤师古曰："就，成也。"

⑥张晏曰："歇，赵之苗裔也。信都，襄国也。"

李良进兵击馀，馀败良。良走归章邯。章邯引兵至邯郸，皆徙其民河内，夷其城郭。①耳与赵王歇走入钜鹿城，王离围之。馀北收常山兵，得数万人，军钜鹿北。章邯军钜鹿南棘原，筑甬道属河,②馈王离。③王离兵食多,急攻钜鹿。钜鹿城中食尽,耳数使人召馀,馀自度兵少,不能敌秦,不敢前。数月,耳大怒,怨馀,使张黡、陈释往让馀④曰:"始吾与公为刎颈交,今王与耳旦暮死,而公拥兵数万,不肯相救,胡不赴秦俱死?⑤且什〔有〕一二相全。"⑥〔4〕馀曰:"所以不俱死,欲为赵王、张君报秦。今俱死,如以肉喂虎,何益?"⑦张黡、陈释曰:"事已急,要以俱死立信,安知后虑!"馀曰:"吾顾以无益。"⑧乃使五千人令张黡、陈释先尝秦军,⑨至皆没。

①师古曰:"夷,平也。"

②师古曰:"属,联及也,音之欲反。"

③师古曰:"馈,古饷字,谓馈运其军粮也。"

④师古曰:"让,责也。"

⑤师古曰:"胡,何也。"

⑥师古曰:"十中尚冀得一二胜秦。"

⑦师古曰:"喂,饲也,音于伪反。"

⑧师古曰:"顾,思念也。"

⑨师古曰:"尝,试也,言若尝食云。"

当是时,燕、齐、楚闻赵急,皆来救。张敖亦北收代,得万馀人来,皆壁馀旁。项羽兵数绝章邯甬道,王离军乏食。项羽悉引兵渡河,破章邯军。诸侯军乃敢击秦军,遂虏王离。于是赵王歇、张耳得出钜鹿,与馀相见,责让馀,问张黡、陈释所在。馀曰:"黡、释以必死责臣,臣使将五千人先尝秦军,皆没。"耳不信,以为杀之,数问馀。馀怒曰:"不意君之望臣深也!①岂以臣重去将哉!"②乃脱解印绶与耳,耳不敢受。馀起如厕,客有说耳曰:"天予不取,反受其咎。今陈将军与君印绶,不受,反天不祥。急取之。"耳乃佩其印，收其麾下。馀还，亦望耳不让，趋出。耳遂收其兵。馀独与麾下数百人之河上泽中渔猎。由此有隙。

①师古曰："望，怨望也。次下亦同。"

②师古曰："重，难也。"

赵王歇复居信都。耳从项羽入关。项羽立诸侯，耳雅游，多为人所称。①项羽素亦闻耳贤，乃分赵立耳为常山王，治信都。②信都更名襄国。

①师古曰："雅，故也。言其久故倦游，交结英杰，是以多为人所称誉也。"

②师古曰："治，为治处也，音丈吏反。"

馀客多说项羽："陈馀、张耳一体有功于赵。"羽以馀不从入关，闻其在南皮，即以南皮旁三县封之。而徙赵王歇王代。

耳之国，馀愈怒曰："耳与馀功等也，今耳王，馀独侯。"及齐王田荣叛楚，馀乃使夏说说田荣①曰："项羽为天下宰不平，尽王诸将善地，徙故王王恶地，今赵王乃居代！愿王假臣兵，请以南皮为扞蔽。"②田荣欲树党，乃遣兵从馀。馀悉三县兵，③袭常山王耳。耳败走，曰："汉王与我有故，④而项王强，立我，我欲之楚。"⑤甘公曰：⑥"汉王之入关，五星聚东井。东井者，秦分也。⑦先至必王。楚虽强，后必属汉。"耳走汉。汉亦还定三秦，方围章邯废丘。耳谒汉王，汉王厚遇之。⑧

①师古曰："夏说读曰悦。说田荣，音式锐反。"

②师古曰："扞蔽，犹言藩屏也。"

③师古曰："悉，尽也。"

④张晏曰："汉王布衣时常从耳游也。"

⑤师古曰："羽既强盛，又为所立，是以狐疑，莫知所往。"

⑥文颖曰："善说星者甘氏也。"晋灼曰："齐人。"

⑦师古曰："分音扶问反。"

⑧师古曰："高纪云元年五月汉王定雍地，东如咸阳，引兵围雍王废丘，而遣诸将略地。八月，塞王欣、翟王翳皆降汉。二年十月，陈馀击常山王张耳，耳败走，降汉。而此传乃言方围废丘时耳谒汉王，隔以他事，于后始云汉二年东击楚，则与帝纪前后参错不同，疑传误也。"

余已败耳，皆收赵地，迎赵王于代，复为赵王。赵王德余，①立以为代王。余为赵王弱，国初定，留傅赵王，而使夏说以相国守代。②

①师古曰："怀其德。"

②师古曰："为代相国而居守。"

汉二年，东击楚，使告赵，欲与俱。余曰："汉杀张耳乃从。"于是汉求人类耳者，斩其头遗余，余乃遣兵助汉。汉败于彭城西，余亦闻耳诈死，即背汉。汉遣耳与韩信击破赵井陉，斩余泜水上，①追杀赵王歇襄国。

①苏林曰："泜音祇也。"晋灼曰："问其方人音秪。"师古曰："苏、晋二说皆是也。苏音祇敬之祇，音执夷反，古音如是。晋音根柢之柢，音丁计反，今其土俗呼水则然。"

四年夏，立耳为赵王。五年秋，耳薨，谥曰景王。子敖嗣立为王，尚高祖长女鲁元公主，为王后。

七年，高祖从平城过赵，赵王旦暮自上食，体甚卑，有子婿礼。高祖箕踞骂詈,甚慢之。^①赵相贯高、赵午年六十馀,故耳客也,怒曰:"吾王孱王也!"^②说敖曰:"天下豪桀并起,能者先立,今王事皇帝甚恭,皇帝遇王无礼,请为王杀之。"敖啮其指出血,^③曰:"君何言之误!且先王亡国,赖皇帝得复国,^④德流子孙,秋豪皆帝力也。愿君无复出口。"贯高等十馀人相谓曰:"吾等非也。吾王长者,不背德。且吾等义不辱,今帝辱我王,故欲杀之,何乃汙王为?^⑤事成归王,事败独身坐耳。"

①师古曰:"箕踞者,谓申两脚其形如箕。"

②孟康曰:"冀州人谓懦弱为孱。"师古曰:"音士连反。"

③师古曰:"自啮其指出血,以表至诚,而为誓约,不背汉也。"

④师古曰:"复音房目反。"

⑤师古曰:"言何为乃汙染王。"

八年,上从东垣过。^①贯高等乃壁人柏人,要之置厕。^②上过欲宿,心动,问曰:"县名为何?"曰:"柏人。""柏人者,迫于人!"不宿去。

①师古曰:"击韩王信馀寇于东垣,还而过赵。"

②文颖曰:"置人厕壁中以伺高祖。"

九年,贯高怨家知其谋,告之。于是上逮捕赵王诸反者。赵午等十馀人皆争自到,贯高独怒骂曰:"谁令公等为之?今王实无谋,而并捕王;公等死,谁当白王不反者?"^①乃槛车与王诣长安。^②高对狱曰:"独吾属为之,王不知也。"吏榜笞数千,^③刺爇,身无完者,^④终不复言。吕后数言张王以鲁元故,不宜有此。上怒曰:"使张敖据天下,岂少乃女乎!"^⑤廷尉以贯高辞闻,上曰:"壮士!谁知者,以私问之。"^⑥中大夫泄公曰:"臣素知

1620

之，⑦此固赵国立名义不侵为然诺者也。"⑧上使泄公持节问之箯舆前。卬视泄公，⑨劳苦如平生欢。⑩与语，问张王果有谋不。⑪高曰："人情岂不各爱其父母妻子哉？今吾三族皆以论死，岂以王易吾亲哉！⑫顾为王实不反，⑬独吾等为之。"具道本根所以、王不知状。于是泄公具以报上，上乃赦赵王。

①师古曰："白，明也。"

②师古曰："槛车者，车而为槛形，谓以板四周之，无所通见。"

③师古曰："榜谓捶击之也，音彭。他皆类此。"

④应劭曰："以铁刺之，又烧灼之。"师古曰："爇音而说反。"

⑤师古曰："乃，汝也。"

⑥张晏曰："以和悦问之。"臣瓒曰："字多作私，谓以私情相问也。"
　师古曰："瓒说是也。"

⑦师古曰："泄音薛。"

⑧师古曰："侵犹犯负也。"

⑨师古曰："箯舆者，编竹木以为舆形，如今之食舆矣。高时榜笞刺爇
　委困，故以箯舆处之也。箯音鞭。卬读曰仰。"

⑩师古曰："劳苦，相劳问其勤苦也。"

⑪师古曰："果犹决也。"

⑫师古曰："易，代也。"

⑬师古曰："顾，思念也。"

上贤高能自立然诺，使泄公赦之，告曰："张王已出，上多足下，①故赦足下。"高曰："所以不死，白张王不反耳。今王已出，吾责塞矣。②且人臣有篡弑之名，岂有面目复事上哉！"乃仰绝亢而死。③

①师古曰："多犹重也。"

②师古曰："塞，当也，满也。"

③苏林曰："亢，颈大脉也，俗所谓胡脉也。"师古曰："亢者，总谓颈耳。尔雅云'亢，鸟咙'，即喉咙也，音下郎反，又音工郎反。"

敖已出，尚鲁元公主如故，①封为宣平侯。于是上贤张王诸客，皆以为诸侯相、郡守。语在田叔传。及孝惠、高后、文、景时，张王客子孙皆为二千石。

①师古曰："尚犹配也。易泰卦九二爻辞曰'得尚于中行'，王弼亦以为配也。诸言尚公主者其义皆然。而说者乃云尚公主，与尚书尚食同意，训尚为主，言主掌之，失其理矣。公主既尊，又非物类，不得以主掌为辞，贡禹又云'诸侯则国人承公主'，益知主不得言主掌也。"

初，孝惠时，齐悼惠王献城阳郡，尊鲁元公主为太后。①高后元年，鲁元太后薨。后六年，宣平侯敖复薨。吕太后立敖子偃为鲁王，以母为太后故也。②又怜其年少孤弱，乃封敖前妇子二人：寿为乐昌侯，侈为信都侯。高后崩，大臣诛诸吕，废鲁王及二侯。孝文即位，复封故鲁王偃为南宫侯。薨，子生嗣。武帝时，生有罪免，国除。元光中，复封偃孙广国为睢陵侯。③薨，子昌嗣。太初中，昌坐不敬免，国除。孝平元始二年，继绝世，封敖玄孙庆忌为宣平侯，食千户。

①师古曰："为齐太后，以母礼事之。"

②师古曰："以公主为齐王太后，故立其子为王。"

③师古曰："睢音虽。"

赞曰："张耳、陈馀，世所称贤，其宾客厮役皆天下俊桀，所居国无不取卿相者。然耳、馀始居约时,^①相然信死,岂顾问哉! 及据国争权,卒相灭亡,何乡者慕用之诚,^②后相背之盭也!^③势利之交,古人羞之,盖谓是矣。

①晋灼曰:"始在贫贱俭约之时。"

②师古曰:"乡读曰向。向谓曩昔也。"

③师古曰:"盭,古戾字。戾,违也。"

【校勘记】

〔1〕　恐天下解 (矣)〔也〕。　景祐、殿本都作"也"。

〔2〕　赵王乃与 (陈)〔耳〕、馀北略地燕界。　景祐、殿本都作"耳"。王先谦说"陈"为"耳"之误。

〔3〕　难可独立;〔立〕赵后,　景祐、殿本都重"立"字。王先谦说重"立"字是。

〔4〕　且什〔有〕一二相全。　景祐、殿本都有"有"字。　王先谦说有"有"字是。

汉 书 卷 三 十 三

魏豹田儋韩〔王〕信传第三

　　魏豹，故魏诸公子也。①其兄魏咎，故魏时封为甯陵君，秦灭魏，②为庶人。陈胜之王也，咎往从之。胜使魏人周市徇魏地，③魏地已下，欲立周市为魏王。市曰："天下昏乱，忠臣乃见。④今天下共畔秦，其谊必立魏王后乃可。"齐、赵使车各五十乘，立市为王。市不受，迎魏咎于陈，五反，⑤陈王乃遣立咎为魏王。

　　①师古曰："六国时魏也。"

　　②文颖曰："魏，大梁也。"

　　③师古曰："徇，略也，音辞峻反。"

　　④师古曰："言当昏乱之时，忠臣乃得显其节义也。老子道经曰'国家昏乱有忠臣'。"

　　⑤师古曰："反谓回还也。"

1625

章邯已破陈王，进兵击魏王于临济。魏王使周市请救齐、楚。齐、楚遣项它、田巴将兵，随市救魏。①章邯遂击破杀周市等军，围临济。咎为其民约降。②约降定，咎自杀。③

①师古曰："楚遣项它，齐遣田巴。"

②师古曰："与章邯为誓而约降。"

③师古曰："但欲全其人，而身自不降。"

魏豹亡走楚。楚怀王予豹数千人，复徇魏地。项羽已破秦兵，降章邯，豹下魏二十馀城，立为魏王。①豹引精兵从项羽入关。羽封诸侯，欲有梁地，②乃徙豹于河东，都平阳，为西魏王。

①师古曰："项羽立之。"

②师古曰："羽欲自取梁地。"

汉王还定三秦，渡临晋，豹以国属焉，遂从击楚于彭城。汉王败，还至荥阳，豹请视亲病，①至国，则绝河津畔汉。汉王谓郦生曰："缓颊往说之。"郦生（至）〔往〕，豹谢曰：[2]"人生一世间，如白驹过隙。②今汉王嫚侮人，骂詈诸侯群臣如奴耳，非有上下礼节，吾不忍复见也。"汉王遣韩信击豹，遂虏之，传豹诣荥阳，以其地为河东、太原、上党郡。汉王令豹守荥阳。楚围之急，周苛曰："反国之王，难与共守。"遂杀豹。③

①师古曰："亲谓母也。"

②师古曰："言其速疾也。白驹谓日景也。隙，壁际也。"

③师古曰："反国，言其尝叛也。"

田儋，狄人也，①故齐王田氏之族也。②儋从弟荣，荣弟横，

皆豪桀，宗强，能得人。陈涉使周市略地，北至狄，狄城守。儋
阳为缚其奴，从少年之廷，欲谒杀奴。③见狄令，因击杀令，而
召豪吏子弟曰："诸侯皆反秦自立，齐，古之建国，儋，田氏，
当王。"遂自立为齐王，发兵击周市。市军还去，儋因率兵东略
定齐地。

①师古曰："狄，县名也，地理志属千乘。"

②师古曰："亦六国时齐也。"

③服虔曰："古杀奴婢，皆当告官，儋欲杀令，故诈缚奴以谒也。"师
古曰："阳缚其奴，为杀奴之状。廷，县廷之中也，音定。今流俗书
本为字作伪，非也。阳即伪耳，不当重言之。"

秦将章邯围魏王咎于临济，急。魏王请救于齐，儋将兵救
魏。章邯夜衔枚击，大破齐、楚军，杀儋于临济下。儋从弟荣收
儋馀兵东走东阿。

齐人闻儋死，乃立故齐王建之弟田假为王，田角为相，田闲
为将，以距诸侯。

荣之走东阿，章邯追围之。项梁闻荣急，乃引兵击破章邯东
阿下。章邯走而西，项梁因追之。而荣怒齐之立假，乃引兵归，
击逐假。假亡走楚。相角亡走赵。角弟闲前救赵，因不敢归。荣
乃立儋子市为王，荣相之，横为将，平齐地。

项梁既追章邯，章邯兵益盛，项梁使使趣齐兵共击章邯。①
荣曰："楚杀田假，赵杀角、闲，乃出兵。"楚怀王曰："田假与
国之王，穷而归我，杀之不谊。"赵亦不杀田角、田闲以市于齐。
齐王曰："蝮蠚手则斩手，蠚足则斩足。②何者？为害于身也。田
假、田角、田闲于楚、赵，非手足戚，③何故不杀？且秦复得志

于天下，则齮龁首用事者坟墓矣。"④楚、赵不听齐，齐亦怒，终不肯出兵。章邯果败杀项梁，⑤破楚兵。楚兵东走，而章邯渡河围赵于钜鹿。项羽由此怨荣。

①师古曰："趣读曰促。"

②应劭曰："蝮一名虺。蕅，螫也。螫人手足则割去其肉，不然则死。"

师古曰："尔雅及说文皆以为蝮即虺也，博三寸，首大如擘，而郭璞云各自一种蛇。其蝮蛇，细颈大头焦尾，色如绶文，文间有毛，似猪鬣，鼻上有针，大者长七八尺，一名反鼻，非虺之类也。以今俗名证之，郭说得矣。虺若土色，所在有之，俗呼土虺。其蝮唯出南方。蝮音芳六反。蕅音火各反。螫音式亦反。虺音许伟反。擘者，人手大指也，音步历反。"

③文颖曰："言将亡身，非手足忧也。"臣瓒曰："田假于楚，非手足之亲也。"师古曰："瓒说是也。"

④如淳曰："齮，侧齿也。龁，龁也。"师古曰："首用事，谓起兵而立号者也。齮音蜡。龁音纥。龁音五绞反。"

⑤师古曰："击败而杀之。"

羽既存赵，降章邯，西灭秦，立诸侯王，乃徙齐王市更王胶东，治即墨。①齐将田都从共救赵，因入关，故立都为齐王，治临菑。故齐王建孙田安，项羽方渡河救赵，安下济北数城，引兵降项羽，羽立安为济北王，治博阳。荣以负项梁，不肯助楚攻秦，故不得王。赵将陈馀亦失职，不得王。二人俱怨项羽。

①师古曰："治谓都之也，音丈吏反。下皆类此。"

荣使人将兵助陈馀，令反赵地，而荣亦发兵以距击田都，都亡走楚。荣留齐王市毋之胶东。市左右曰："项王强暴，王不就国，必危。"市惧，乃亡就国。荣怒，追击杀市于即墨，还攻杀济北王安，自立为王，尽并三齐之地。①

①师古曰："三齐，齐及济北、胶东。"

项王闻之，大怒，乃北伐齐。荣发兵距之城阳。荣兵败，走平原，平原民杀荣。项羽遂烧夷齐城郭，①所过尽屠破。齐人相聚畔之。荣弟横收齐散兵，得数万人，反击项羽于城阳。而汉王帅诸侯败楚，入彭城。项羽闻之，乃释齐②而归击汉于彭城，因连与汉战，相距荥阳。以故横复收齐城邑，立荣子广为王，而横相之，政事无巨细皆断于横。

①师古曰："夷，平也。"
②师古曰："释，解也。"

定齐三年，闻汉将韩信引兵且东击齐，齐使华毋伤、田解①军历下以距汉。②会汉使郦食其往说王广及相横，与连和。横然之，乃罢历下守备，纵酒，③且遣使与汉平。④韩信乃渡平原，袭破齐历下军，因入临菑。王广、相横以郦生为卖己而亨之。⑤广东走高密，横走博，⑥守相田光走城阳，⑦将军田既军于胶东。楚使龙且救齐，⑧齐王与合军高密。汉将韩信、曹参破杀龙且，虏齐王广。汉将灌婴追得守相光，至博。而横闻王死，自立为王，还击婴，婴败横军于嬴下。⑨横亡走梁，归彭越。越时居梁地，中立，且为汉，且为楚。⑩韩信已杀龙且，因进兵破杀田既于胶东，灌婴破杀齐将田吸于千乘，⑪遂平齐地。

①师古曰："二人也。华音户化反。"
②张晏曰："济南历山之下。"
③师古曰："纵，放也。放意而饮酒。"

④师古曰："方欲遣使。"

⑤师古曰："谓其与韩信合谋。"

⑥苏林曰："泰山博县。"

⑦师古曰："守相者，言为相而专主居守之事。"

⑧师古曰："且音子闾反。"

⑨晋灼曰："泰山嬴县也。"师古曰："音弋成反。"

⑩师古曰："言在楚、汉之间，居中自立而两助之也。中音竹仲反。"

⑪师古曰："吸音许及反。"

汉灭项籍，汉王立为皇帝，彭越为梁王。横惧诛，而与其徒属五百馀人入海，居岛中。①高帝闻之，以横兄弟本定齐，齐人贤者多附焉，今在海中不收，后恐有乱，乃使使赦横罪而召之。横谢曰："臣亨陛下之使郦食其，今闻其弟商为汉将而贤，臣恐惧，不敢奉诏，请为庶人，守海岛中。"使还报，高帝乃诏卫尉郦商曰："齐王横即至，人马从者敢动摇者致族夷！"②乃复使使持节具告以诏意，曰："横来，大者王，小者乃侯耳；③不来，且发兵加诛。"横乃与其客二人乘传诣雒阳。④

①韦昭曰："海中山曰岛。"师古曰："音丁老反。"

②师古曰："族夷，言平除其族。"

③师古曰："大者谓横身，小者其徒属。"

④师古曰："传音张恋反。"

至尸乡厩置，①横谢使者曰："人臣见天子，当洗沐。"止留。谓其客曰："横始与汉王俱南面称孤，②今汉王为天子，而横乃为亡虏，北面事之，其愧固已甚矣。又吾亨人之兄，与其弟并肩而事主，③纵彼畏天子之诏，不敢动摇，我独不愧于心乎？且陛下所以欲见我，不过欲壹见我面貌耳。陛下在雒阳，今斩吾头，驰三十里间，形容尚未能败，犹可知也。"遂自刭，令客奉其头，从使者驰奏之高帝。高帝曰："嗟乎，有以！起布衣，兄弟三人更王，④岂非贤哉！"为之流涕，而拜其二客为都尉，发卒二千，以王者礼葬横。

①〔师古〕〔应劭〕曰：[3]"尸乡在偃师城西。"臣瓒曰："案厩置谓置马以传驿者。"

②师古曰："王者自称曰孤，盖为谦也。老子德经曰贵以贱为本，高以下为基，是以侯王自谓孤寡不穀。"

③师古曰："并音步鼎反。"

④师古曰："更音工衡反。"

既葬，二客穿其冢旁，皆自刭从之。高帝闻而大惊，以横之客皆贤者，"吾闻其馀尚五百人在海中"，使使召至，闻横死，亦皆自杀。于是乃知田横兄弟能得士也。

韩王信，故韩襄王孽孙也，①长八尺五寸。项梁立楚怀王，燕、齐、赵、魏皆已前王，唯韩无有后，故立韩公子横阳（城君）〔君成〕为韩王，[4]欲以抚定韩地。项梁死定陶，成犇怀王。②沛公引兵击阳城，使张良以韩司徒徇韩地，得信，以为韩将，将其兵从入武关。

①张晏曰："孺子为孽。"师古曰："孽谓庶耳。张说非也。"

②师古曰："犇，古奔字。"

沛公为汉王，信从入汉中，乃说汉王曰："项王王诸将，王独居此，迁也。士卒皆山东人，竦而望归，及其蜂东乡，可以争天下。"①汉王还定三秦，乃许王信，先拜为韩太尉，将兵略韩地。

①郑氏曰："及军中将士气锋也。"师古曰："高纪及韩彭英卢传皆称
　　斯说是楚王韩信之辞，而此传复云韩王信之语，岂史家谬错乎？将
　　二人所劝大指实同也？竦谓引领举足也。蜂与锋同。乡读曰向。"

项籍之封诸王皆就国，韩王成以不从无功，不遣之国，更封
为穰侯，①后又杀之。闻汉遣信略韩地，乃令故籍游吴时令郑昌
为韩王②距汉。汉二年，信略定韩地十馀城。汉王至河南，信急
击韩王昌，昌降汉。乃立信为韩王，常将韩兵从。汉王使信与周
苛等守荥阳，楚拔之，信降楚。已得亡归汉，③汉复以为韩王，
竟从击破项籍。五年春，与信剖符，王颍川。④

①文颖曰："穰，南阳县也。"臣瓒曰："穰县属江夏。"师古曰："文
　　说是也。"
②孟康曰："项籍在吴时，昌为吴县令。"
③师古曰："降楚之后复得归汉。"
④师古曰："剖，分也。为合符而分之。"

六年春，上以为信壮武，北近巩、雒，①南迫宛、叶，②东有
淮阳，皆天下劲兵处也，乃更以太原郡为韩国，徙信以备胡，都
晋阳。信上书曰："国被边，③匈奴数入，晋阳去塞远，请治马
邑。"上许之。秋，匈奴冒顿大入围信，信数使使胡求和解。汉
发兵救之，疑信数间使，有二心。④上赐信书责让之曰："专死不
勇，专生不任，⑤寇攻马邑，君王力不足以坚守乎？安危存亡之
地，此二者朕所以责于君王。"⑥信得书，恐诛，因与匈奴约共攻
汉，以马邑降胡，击太原。

①师古曰："巩即今巩县。"

②师古曰："南阳之二县也。宛音于元反。叶音式涉反。"

③李奇曰："被音被马之被。"师古曰："被犹带也。"

④师古曰："间，私也。"

⑤李奇曰："言为将军，贵必死之意不得为勇，贵必生之心不任军事。
传曰'期死非勇也，必生非任也'。"

⑥师古曰："言虽处危亡之地，执忠履信，可以安存，责其有二心。"

七年冬，上自往击破信军铜鞮，①斩其将王喜。信亡走匈奴，
（与）其将白土人曼丘臣、〔5〕王黄②立赵苗裔赵利为王，③复收信散
兵，而与信及冒顿谋攻汉。匈奴使左右贤王将万馀骑与王黄等屯
广武以南，至晋阳，④与汉兵战，汉兵大破之，追至于离石，复
破之。⑤匈奴复聚兵楼烦西北。汉令车骑击匈奴，常败走，汉乘
胜追北。闻冒顿居代谷，上居晋阳，使人视冒顿，还报曰"可
击"。上遂至平城，上白登。⑥匈奴骑围上，上乃使人厚遗阏
氏。⑦阏氏说冒顿曰："今得汉地，犹不能居，且两主不相厄。"
居七日，胡骑稍稍引去。天雾，汉使人往来，胡不觉。护军中尉
陈平言上曰："胡者全兵，⑧请令强弩傅两矢外乡，⑨徐行出围。"
入平城，汉救兵亦至。胡骑遂解去，汉亦罢兵归。信为匈奴将兵
往来击边，令王黄等说误陈豨。

①师古曰："上党之县也。鞮音丁奚反。"

②张晏曰："白土，县名也，属上郡。"

③师古曰："六国时赵后。"

④师古曰："广武亦太原之县。"

⑤师古曰："离石，西河之县。"

⑥服虔曰："台名，去平城七里。"如淳曰："平城旁之高地，若丘陵
也。"师古曰："在平城东山上，去平城十馀里，今其处犹存。服说

非也。"

⑦师古曰:"阏氏,匈奴单于之妻也。阏音于连反。氏音支。"

⑧李奇曰:"言唯弓矛无杂仗也。"

⑨师古曰:"傅读曰附。每一弩而加两矢外乡者,以御敌也。乡读曰向。"

　　十一年春,信复与胡骑入居参合。①汉使柴将军击之,②遗信书曰:"陛下宽仁,诸侯虽有叛亡,而后归,辄复故位号,不诛也。③大王所知。今王以败亡走胡,非有大罪,急自归。"信报曰:"陛下擢仆闾巷,南面称孤,此仆之幸也。荥阳之事,仆不能死,因于项籍,此一罪也。寇攻马邑,仆不能坚守,以城降之,此二罪也。今为反寇,将兵与将军争一旦之命,此三罪也。夫种、蠡无一罪,身死亡;④仆有三罪,而欲求活,此伍子胥所以偾于吴世也。⑤今仆亡匿山谷间,旦暮乞贷蛮夷,⑥仆之思归,如痿人不忘起,盲者不忘视,⑦势不可耳。"遂战。柴将军屠参合,斩信。

①师古曰:"代郡之县。"

②邓展曰:"柴奇也。"应劭曰:"柴武也。"晋灼曰:"奇,武之子。"师古曰:"应说是也。"

③师古曰:"复音扶目反。"

④文颖曰:"大夫种、范蠡也。"师古曰:"二人皆越王句践之臣也。大夫种位为大夫,名种也,有功于越,而句践逼令自死。范蠡即陶朱公也,浮海而逃之齐,又居陶,自号朱公,竟以寿终。信引之以自喻者,盖言种不去则见杀,蠡逃亡则获免。蠡音礼。"

⑤苏林曰:"偾音奋。"孟康曰:"偾犹毙也。言子胥得罪于夫差而不知去,所以毙于世也。"师古曰:"偾谓僵仆而倒也,音方问反。"

汉书卷三十三

1634

⑥师古曰："贡音吐得反。"

⑦师古曰："痿，风痹病也，音人佳反。"

信之入匈奴，与太子俱，及至颓当城，生子，因名曰颓当。韩太子亦生子婴。至孝文时，颓当及婴率其众降。汉封颓当为弓高侯，①婴为襄城侯。②吴楚反时，弓高侯功冠诸将。传子至孙，孙无子，国绝。婴孙以不敬失侯。颓当孽孙嫣，③贵幸，名显当世。嫣弟说，④以校尉击匈奴，封龙頟侯。⑤后坐酎金失侯，复以待诏为横海将军，击破东越，封按道侯。⑥太初中，为游击将军屯五原外列城，还为光禄勋，掘蛊太子宫，为太子所杀。⑦子兴嗣，坐巫蛊诛。上曰："游击将军死事，无论坐者。"⑧乃复封兴弟增为龙頟侯。增少为郎，诸曹侍中光禄大夫，昭帝时至前将军，与大将军霍光定策立宣帝，益封千户。本始二年，五将征匈奴，增将三万骑出云中，斩首百馀级，至期而还。神爵元年，代张安世为大司马车骑将军，领尚书事。增世贵，幼为忠臣，事三主，重于朝廷。为人宽和自守，以温颜逊辞承上接下，无所失意，保身固宠，不能有所建明。五凤二年薨，谥曰安侯。子宝嗣，亡子，国除。成帝时，继功臣后，封增兄子岑为龙頟侯。薨，子持弓嗣。王莽败，乃绝。

①晋灼曰："功臣表属营陵。"

②晋灼曰："功臣表属魏郡。"

③郑氏曰："音隔陵之隔。"师古曰："郑音是也，音偃。"

④师古曰："说读曰悦。"

⑤师古曰："字或作雊。"

⑥师古曰："史记年表并卫青传载韩说初封龙雒侯，后为按道侯，皆与此传同。而汉书功臣侯表乃云龙頟侯名说，按道侯名说，列为二人，

与此不同，疑表误。"

⑦师古曰："掘音其勿反。"

⑧服虔曰："时无故见杀，而无为之论坐伏辜者也。"臣瓒曰："按说无故见杀，而子复为巫蛊见诛，皆为怨枉，故上曰毋有应论坐者也。"师古曰："二说皆非。言韩说以掘蛊为太子所杀，死于国事，忠诚可闵。今兴虽以巫蛊见诛，其昆弟宗族应从坐者，可勿论之，所以追宠说也。"

赞曰：周室既坏，至春秋末，诸侯秏尽，①而炎黄唐虞之苗裔尚犹颇有存者。②秦灭六国，而上古遗烈埽地尽矣。③楚汉之际，豪桀相王，唯魏豹、韩信、田儋兄弟为旧国之后，然皆及身而绝。横之志节，宾客慕义，犹不能自立，岂非天乎！韩氏自弓高后贵显，盖周烈近与！④

①师古曰："秏，减也，言渐少而尽也，音呼到反。"

②师古曰："谓神农、黄帝、尧、舜之后。"

③师古曰："烈，业也。"

④晋灼曰："韩先与周同姓，其后苗裔事晋，封于韩原，姓韩氏，韩厥其后也，故曰周烈。"臣瓒曰："案武王之子，方于三代，世为最近也。"师古曰："左氏传云'邘、晋、应、韩，武之穆也'。据如此赞所云，则韩万先祖，武王之裔。而杜预等以为出自曲沃成师，未详其说。与读曰欤。"

【校勘记】

〔1〕 "王"字据殿本补。王先谦说有"王"字是。

〔2〕 郦生（至）〔往〕，豹谢曰： 景祐、殿本都作"往"。

〔3〕 （师古）〔应劭〕曰： 景祐、殿本都作"应劭"。王先谦说作"应劭"是。

〔4〕 故立韩公子横阳（城君）〔君成〕为韩王， 景祐、殿本都作"君成"。王先谦说作"君成"是，史记同。

〔5〕 （与）其将白土人曼丘臣、 刘攽说"与"字不当有。王先谦亦说"与"字误衍。

汉书卷三十四

韩彭英卢吴传第四

韩信，淮阴人也。家贫无行，不得推择为吏，^①又不能治生为商贾，^②常从人寄食。其母死无以葬，乃行营高燥地，令傍可置万家者。^③信从下乡南昌亭长食，^④亭长妻苦之，^⑤乃晨炊蓐食。^⑥食时信往，不为具食。信亦知其意，自绝去。至城下钓，有一漂母哀之，饭信，^⑦竟漂数十日。信谓漂母曰："吾必重报母。"母怒曰："大丈夫不能自食，吾哀王孙而进食，^⑧岂望报乎！"淮阴少年又侮信曰："虽长大，好带刀剑，怯耳。"众辱信曰："能死，刺我；不能，出跨下。"^⑨于是信孰视，俛出跨下。^⑩一市皆笑信，以为怯。

①李奇曰："无善行可推举选择也。"

②师古曰："行卖曰商，坐贩曰贾。"

③师古曰："言其有大志也。行音下更反。燥音先老反。"

④张晏曰:"下乡,属淮阴。"

⑤师古曰:"苦,厌也。"

⑥张晏曰:"未起而床蓐中食。"

⑦韦昭曰:"以水击絮曰漂。"师古曰:"哀怜而饭之。漂音匹妙反。饭音扶晚反。"

⑧苏林曰:"王孙,如言公子也。"

⑨师古曰:"众辱,于众中辱之。跨下,两股之间也。"

⑩师古曰:"俛亦俯字。"

及项梁度淮,信乃杖剑从之,①居戏下,无所知名。②梁败,又属项羽,为郎中。信数以策干项羽,羽弗用。汉王之入蜀,信亡楚归汉,未得知名,为连敖。③坐法当斩,其畴十三人皆已斩,④至信,信乃仰视,适见滕公,⑤曰:"上不欲就天(子)〔下〕乎?[1]而斩壮士!"滕公奇其言,壮其貌,释弗斩。⑥与语,大说之,言于汉王。汉王以为治粟都尉,上未奇之也。

①师古曰:"言直带一剑,更无馀资。"

②师古曰:"汜在旌戏之下也。戏读曰麾,又音许宜反。"

③李奇曰:"楚官名。"

④师古曰:"畴,类也。"

⑤师古曰:"夏侯婴。"

⑥师古曰:"释,放也,置也。"

数与萧何语,何奇之。至南郑,诸将道亡者数十人。信度何等已数言上,①不我用,即亡。[2]何闻信亡,不及以闻,自追之。人有言上曰:"丞相何亡。"上怒,如失左右手。居一二日,何来谒。上且怒且喜,骂何曰:"若亡,何也?"②何曰:"臣非敢亡,追亡者耳。"上曰:"所追者谁也?"曰:"韩信。"上复骂曰："诸将亡者已数十，公无所追；追信，诈也。"何曰："诸将易得，至如信，国士无双。③王必欲长王汉中，无所事信；④必欲争天下，非信无可与计事者。顾王策安决。"⑤王曰："吾亦欲东耳，安能郁郁久居此乎？"何曰："王计必东，能用信，信即留；不能用信，信终亡耳。"王曰："吾为公以为将。"何曰："虽为将，信不留。"王曰："以为大将。"何曰："幸甚。"于是王欲召信拜之。何曰："王素嫚无礼，⑥今拜大将如召小儿，此乃信所以去也。〔王〕必欲拜之，[3]择日斋戒，设坛场具礼，乃可。"王许之。诸将皆喜，人人各自以为得大将。至拜，乃韩信也，一军皆惊。

①师古曰："度，计量也，音大各反。"

②师古曰："若，汝也。"

③师古曰："为国家之奇士。"

④张晏曰："无事用信。"

⑤师古曰："顾，思念也。"

⑥师古曰："嫚与慢同。"

信（以）〔已〕拜，上坐。[4]王曰："丞相数言将军，将军何以教寡人计策？"信谢，因问王曰："今东乡争权天下，岂非项王邪？"①上曰："然。"信曰："大王自料勇悍仁强孰与项王？"②汉王默然良久，曰："弗如也。"信再拜贺曰："唯③信亦以为大王弗如也。[5]然臣尝事项王，请言项王为人也。项王意乌猝嗟，千人皆废，④然不能任属贤将，⑤此特匹夫之勇也。⑥项王见人恭谨，言语呴呴，⑦人有病疾，涕泣分食饮，至使人有功，当封爵，刻印刓，忍不能予，⑧此所谓妇人之仁也。项王虽霸天下而臣诸侯，不居关中而都彭城；又背义帝约，而以亲爱王，诸侯不平。诸侯之见项王逐义帝江南，亦皆归逐其主，自王善地。项王所过亡不残灭，多怨百姓，⑨百姓不附，特劫于威，强服耳。⑩名虽为霸，实失天下心，⑪故曰其强易弱。⑫今大王诚能反其道，任天下武勇，何不诛!⑬以天下城邑封功臣，何不服! 以义兵从思东归之士，何不散!⑭且三秦王为秦将，⑮将秦子弟数岁，而所杀亡不可胜计，又欺其众降诸侯。至新安，项王诈坑秦降卒二十餘万人，唯独邯、欣、翳脱。⑯秦父兄怨此三人，痛于骨髓。今楚强以威王此三人，秦民莫爱也。大王之入武关，秋豪亡所害，⑰除秦苛法，与民约，法三章耳，秦民亡不欲得大王王秦者。于诸侯之约，大王当王关中，关中民户知之。⑱王失职之蜀，民亡不恨者。⑲今王举而东，三秦可传檄而定也。"⑳于是汉王大喜，自以为得信晚。遂听信计，部署诸将所击。㉑

①师古曰："乡读曰向。"

②师古曰："料，量也。与，如也。"

③师古曰："唯，应辞，音弋癸反。"

④李奇曰："猝嗟犹咄嗟也。言羽一咄嗟，千人皆失气也。"晋灼曰："意乌，恚怒声也。猝嗟，形发动也。废，不收也。"师古曰："意乌，晋说是也。猝嗟，暴猝嗟叹也。猝音千忽反。"

⑤师古曰："属，委也，音之欲反。"

⑥师古曰："特，但也。"

⑦师古曰："姁姁，和好貌也，音许于反。"

⑧苏林曰："刉音刉角之刉，刉与挏同。手弄角訑，不忍授也。"师古曰："刉音五九反。挏音大官反。又音专。"

⑨师古曰："结怨于百姓。"

⑩师古曰："强音其两反。其下'强以威王'亦同。"

⑪师古曰："羽自号西楚霸王，故云名为霸也。"

⑫师古曰："易使弱也。"

⑬师古曰："言何所不诛也。下皆类此。"

⑭师古曰："散谓四散而立功。"

⑮师古曰："章邯、司马欣、董翳。"

⑯师古曰："脱，免也，音土活反。"

⑰师古曰："秋豪，喻细微之物。"

⑱师古曰："言家家皆知。"

⑲师古曰："之，往也。"

⑳师古曰："檄谓檄书也。传檄可定，言不足用兵也。檄，解在高纪。"

㉑师古曰："部分而署置之。"

汉王举兵东出陈仓，定三秦。二年，出关，收魏、河南、韩、殷王皆降。令齐、赵共击楚彭城，汉兵败散而还。信复发兵与汉王会荥阳，复击破楚京、索间，①以故楚兵不能西。

①师古曰："索音山客反。"

汉之败却彭城，①塞王欣、翟王翳亡汉降楚，齐、赵、魏亦皆反，与楚和。汉王使郦生往说魏王豹，豹不听，乃以信为左丞相击魏。信问郦生："魏得毋用周叔为大将乎？"曰："柏直也。"信曰："竖子耳。"遂进兵击魏。魏盛兵蒲坂，塞临晋。信乃益为疑兵，②陈船欲度临晋，而伏兵从夏阳以木罂缶度军，袭安邑。③魏王豹惊，引兵迎信。信遂虏豹，定河东，使人请汉王："愿益兵三万人，臣请以北举燕、赵，东击齐，南绝楚之粮道，西与大王会于荥阳。"汉王与兵三万人，遣张耳与俱，进击赵、代。破代，禽夏说阏与。④信之下魏、代，汉辄使人收其精兵，诣荥阳以距楚。

    ①师古曰：“兵败于彭城而却退也。却音丘略反。”

    ②师古曰：“多张兵形，令敌人疑也。”

    ③服虔曰：“以木柙缚罂缶以度也。”韦昭曰：“以木为器，如罂缶也。”师古曰：“服说是也。罂缶谓瓶之大腹小口者也，音一政反。临晋在今同州朝邑县界。夏阳在韩城县界。”

    ④李奇曰：“夏说，代相也。”孟康曰：“阏与是邑名也，在上党涅县。”师古曰：“说读曰悦。阏音一曷反。与音豫。”

    信、耳以兵数万，欲东下井陉击赵。赵王、成安君陈馀闻汉且袭之，聚兵井陉口，号称二十万。广武君李左车说成安君曰："闻汉将韩信涉西河，虏魏王，禽夏说，新喋血阏与。①今乃辅以张耳，议欲以下赵，②此乘胜而去国远斗，其锋不可当。臣闻：'千里馈粮，士有饥色；③樵苏后爨，师不宿饱。'④今井陉之道，车不得方轨，骑不得成列，⑤行数百里，其势粮食必在后。愿足下假臣奇兵三万人，从间（道）〔路〕绝其辎重；⑥〔6〕足下深沟高垒勿与战。彼前不得斗，退不得还，吾奇兵绝其后，野无所掠卤，不至十日，两将之头可致戏下。⑦愿君留意臣之计，必不为二子所禽矣。"成安君，儒者，常称义兵不用诈谋奇计，谓曰："吾闻兵法'什则围之，倍则战'。⑧今韩信兵号数万，其实不能，千里袭我，亦以罢矣。⑨今如此避弗击，后有大者，何以距之？诸侯谓吾怯，而轻来伐我。"不听广武君策。

    ①师古曰："喋音牒。喋血，解在文纪。"

    ②师古曰："言其立计议如此。"

    ③师古曰："言难继也。馈字与馈同。"

    ④师古曰："樵，取薪也。苏，取草也。小雅白华之诗曰'樵彼桑

薪'。樵音在消反。"

⑤师古曰："方轨，谓并行也。列，行列。"

⑥师古曰："间路，微路也。重音直用反。"

⑦师古曰："戏读曰麾，又音许宜反。"

⑧师古曰："言多十倍者可以围城，多一倍者战则可胜。"

⑨师古曰："罢读曰疲。"

信使间人窥知其不用，①还报，则大喜，乃敢引兵遂下。未至井陉口三十里，止舍。②夜半传发，选轻骑二千人，③人持一赤帜，④从间道萆山而望赵军，⑤戒曰："赵见我走，必空壁逐我，若疾入，拔赵帜，立汉帜。"⑥令其裨将传餐，⑦曰："今日破赵会食。"诸将皆呒然，阳应曰："诺。"⑧信谓军吏曰："赵已先据便地壁，且彼未见大将旗鼓，未肯击前行，⑨恐吾阻险而还。"乃使万人先行，出，背水陈。赵兵望见大笑。平旦，信建大将旗鼓，鼓行出井陉口，⑩赵开壁击之，大战良久。于是信、张耳弃鼓旗，走水上军，⑪复疾战。赵空壁争汉鼓旗，逐信、耳。信、耳已入水上军，军皆殊死战，不可败。⑫信所出奇兵二千骑者，候赵空壁逐利，即驰入赵壁，皆拔赵旗帜，立汉赤帜二千。赵军已不能得信、耳等，欲还归壁，壁皆汉赤帜，大惊，以汉为皆已破赵王将矣，遂乱，遁走。赵将虽斩之，弗能禁。于是汉兵夹击，破虏赵军，斩成安君泜水上，⑬禽赵王歇。

①师古曰："间人，微伺之也。"

②师古曰："舍，息也。"

③孟康曰："传令军中使发也。"

④师古曰："帜，旌旗之属也，音式志反。"

⑤如淳曰："萆音蔽，依山自覆蔽也。"师古曰："蔽隐于山间使敌

不见。"

⑥师古曰:"若,汝也。"

⑦服虔曰:"立(骑)〔驻〕传餐食也。"〔7〕如淳曰:"小饭曰餐,破赵后乃当共饱食也。"师古曰:"餐,古飧字,音千安反。"

⑧孟康曰:"吭音抚,不精明也。"刘德曰:"音儦。"师古曰:"刘音是也。音文府反。"

⑨师古曰:"行音胡郎反。"

⑩师古曰:"声鼓而行。"

⑪师古曰:"走,趣也,音奏。"

⑫师古曰:"殊,绝也。谓决意必死。"

⑬师古曰:"泜音祇,又音丁计反。"

　信乃令军毋斩<u>广武君</u>,有生得之者,购千金。顷之,有缚而至戏下者,<u>信</u>解其缚,东乡坐,西乡对,而师事之。①

①师古曰:"乡皆读曰向。"

　诸校(勑)〔勌〕首虏休,[8]皆贺,①因问<u>信</u>曰:"兵法有'右背山陵,前左水泽',今者将军令臣等反背水陈,曰破赵会食,臣等不服。然竟以胜,此何术也?"<u>信</u>曰:"此在兵法,顾诸君弗察耳。②兵法不曰'陷之死地而后生,投之亡地而后存'乎?且信非得素拊循士大夫,经所谓'驱市人而战之'也,③其势非置死地,人人自为战;今即予生地,皆走,宁尚得而用之乎!"诸将皆服曰:"非所及也。"

①师古曰:"诸校,诸部也,犹今言诸营也。(勑)〔勌〕,致也,谓各致其所获。"

②师古曰:"顾,念也。"

③师古曰:"经亦谓兵法也。殴与驱同也。忽入市鄽而殴取其人令战,

言非素所练习。"

于是问广武君曰："仆欲北攻燕，东伐齐，何若有功？"①广
武君辞曰："臣闻'亡国之大夫不可以图存，②败军之将不可以语
勇'。若臣者，何足以权大事乎！"信曰："仆闻之，百里奚居虞
而虞亡，之秦而秦伯，③非愚于虞而智于秦也，用与不用，听与
不听耳。向使成安君听子计，仆亦禽矣。仆委心归计，愿子勿
辞。"广武君曰："臣闻'智者千虑，必有一失；愚者千虑，亦
有一得'。故曰'狂夫之言，圣人择焉'。(故)〔顾〕恐臣计未足
用，④〔9〕愿效愚忠。故成安君有百战百胜之计，一日而失之，军
败鄗下，⑤身死泜水上。今足下虏魏王，禽夏说，不旬朝破赵二
十万众，诛成安君。名闻海内，威震诸侯，众庶莫不辍作怠惰，
靡衣媮食，倾耳以待(禽)〔命〕者。⑥〔10〕然而众劳卒罢，⑦其实
难用也。今足下举倦敝之兵，顿之燕坚城之下，情见力屈，⑧欲
战不拔，旷日持久，粮食单竭。⑨若燕不破，齐必距境而以自强。
二国相持，则刘项之权未有所分也。臣愚，窃以为亦过矣。"信
曰："然则何由？"⑩广武君对曰："当今之计，不如按甲休兵，
百里之内，牛酒日至，以飨士大夫，北首燕路，⑪然后发一乘之
使，奉咫尺之书，⑫以使燕，燕必不敢不听。从燕而东临齐，虽
有智者，亦不知为齐计矣。如是，则天下事可图也。兵故有先声
而后实者，此之谓也。"信曰："善。敬奉教。"于是用广武君
策，发使燕，燕从风而靡。乃遣使报汉，因请立张耳王赵以抚其
国。汉王许之。

①师古曰："何若，犹言何如也。"

②师古曰："图，谋也。"

③师古曰："百里奚，本虞臣也。后事于秦，遂为大夫，穆公用其言，以取霸。伯读曰霸。"

④师古曰："顾，念也。"

⑤李奇曰："鄗音鬵醢之鬵，常山县也。光武即位于此，故改曰高邑。"

⑥师古曰："辍，止也。靡，轻丽也。媮与偷字同。偷，苟且也。言为靡丽之衣，苟且而食，恐惧之甚，不为久计也。"

⑦师古曰："罢读曰疲。"

⑧师古曰："见，显露也。屈，尽也。见音胡电反。屈音其勿反。"

⑨师古曰："单亦尽。"

⑩师古曰："由，从也，言当从何计也。"

⑪师古曰："首谓趣向也，音式究反。"

⑫师古曰："八寸曰咫。咫尺者，言其简牍或长咫，或长尺，喻轻率也。今俗言尺书，或言尺牍，盖其遗语耳。"

楚数使奇兵度河击赵，王耳、信往来救赵，因行定赵城邑，发卒佐汉。楚方急围汉王荥阳，汉王出，南之宛、叶，①得九江王布，入成皋，楚复急围之。四年，汉王出成皋，度河，独与滕公从张耳军修武。至，宿传舍。晨自称汉使，驰入壁。张耳、韩信未起，即其卧，夺其印符，②麾召诸将易置之。信、耳起，乃知独汉王来，大惊。汉王夺两人军，即令张耳备守赵地，拜信为相国，发赵兵未发者击齐。③

①师古曰："之，往也。宛、叶，二县名。宛音于元反。叶音式涉反。"

②师古曰："就其卧处。"

③文颖曰："谓赵人未尝见发者。"

信引兵东，未度平原，闻汉王使郦食其已说下齐。信欲止，蒯通说信令击齐。语在通传。信然其计，遂渡河，袭历下军，至临菑。齐王走高密，使使于楚请救。信已定临菑，东追至高密西。楚使龙且将，号称二十万，①救齐。

①师古曰："且音子余反。"

齐王、龙且并军与信战，未合。①或说龙且曰："汉兵远斗，穷寇〔久〕战，锋不可当也。[11]齐、楚自居其地战，兵易败散。②不如深壁，令齐王使其信臣招所亡城，③城闻王在，楚来救，必反汉。汉二千里客居齐，齐城皆反之，其势无所得食，可毋战而降也。"龙且曰："吾平生知韩信为人，易与耳。寄食于漂母，无资身之策；受辱于跨下，无兼人之勇，不足畏也。且救齐而降之，吾何功？今战而胜之，齐半可得，④何为而止！"遂战，与信夹潍水陈。⑤信乃夜令人为万馀囊，〔盛〕沙以壅水上流，[12]引兵半度，击龙且。阳不胜，还走。龙且果喜曰："固知信怯。"遂追度水。信使人决壅囊，水大至。龙且军太半不得度，即急击，杀龙且。龙且水东军散走，齐王广亡去。信追北至城阳，虏广。楚卒皆降，遂平齐。

①师古曰："欲战而未交兵也。"
②师古曰："近其室家，怀顾望也。"
③师古曰："信臣，常所亲信之臣。"
④师古曰："自谓当得封齐之半地。"
⑤师古曰："潍音维。潍水出琅邪北箕县，东北经台昌入海，即禹贡所云‘潍淄其道’者也。"

使人言汉王曰："齐夸诈多变，反覆之国，南边（荒）〔楚〕，①[13]不为假王以填之，其势不定。②今权轻，不足以安之，臣请自立为假王。"当是时，楚方急围汉王于荥阳，使者至，发书，③汉王大怒，骂曰："吾困于此，旦暮望而来佐我，④乃欲自立为王！"张良、陈平伏后蹑汉王足，因附耳语曰："汉方不利，宁能禁信之自王乎？不如因立，善遇之，使自为守。不然，变生。"汉王亦寤，因复骂曰："大丈夫定诸侯，即为真王耳，何以假为！"遣张良立信为齐王，征其兵使击楚。

① 师古曰："边，近也。"

② 师古曰："填音竹刃反。"

③ 张晏曰："发信使者所赍书也。"

④ 师古曰："而，汝也。"

楚以亡龙且，项王恐，使盱台人武涉往说信曰："足下何不反汉与楚？楚王与足下有旧故。且汉王不可必，①身居项王掌握中数矣，②然得脱，背约，复击项王，其不可亲信如此。今足下虽自以为与汉王为金石交，③然终为汉王所禽矣。足下所以得须臾至今者，以项王在。项王即亡，次取足下。何不与楚连和，三分天下而王齐？今释此时，自必于汉王以击楚，且为智者固若此邪！"信谢曰："臣得事项王数年，官不过郎中，位不过执戟，④言不听，画策不用，故背楚归汉。汉王授我上将军印，数万之众，解衣衣我，推食食我，⑤言听计用，吾得至于此。夫人深亲信我，背之不祥。幸为信谢项王。"武涉已去，蒯通知天下权在于信，深说以三分天下，〔之计〕〔鼎足而王〕。[14]语在通传。信不忍背汉，又自以功大，汉王不夺我齐，遂不听。

① 师古曰："必谓必信之。"

② 师古曰："数音山角反。"

③ 师古曰："称金石者，取其坚固。"

④张晏曰:"郎中宿卫执戟。"

⑤师古曰:"下衣音于记反。下食读曰饲也。"

汉王之败固陵,用张良计,征信将兵会陔下。项羽死,高祖袭夺信军,徙信为楚王,都下邳。

信至国,召所从食漂母,赐千金。及下乡亭长,钱百,①曰:"公,小人,为德不竟。"②召辱己少年令出跨下者,以为中尉,告诸将相曰:"此壮士也。方辱我时,宁不能死? 死之无名,故忍而就此。"③

①师古曰:"以耻辱之。"

②师古曰:"言晨炊蓐食。"

③师古曰:"就,成也。成今日之功。"

项王亡将锺离眛①家在伊庐,②素与信善。项王败,眛亡归信。汉怨眛,闻在楚,诏楚捕之。信初之国,行县邑,陈兵出入。③有变告信欲反,④书闻,⑤上患之。用陈平谋,伪游于云梦者,实欲袭信,信弗知。高祖且至楚,信欲发兵,自度无罪;⑥欲谒上,恐见禽。人或说信曰:"斩眛谒上,上必喜,亡患。"信见眛计事,眛曰:"汉所以不击取楚,以眛在。公若欲捕我自媚汉,吾今死,公随手亡矣。"乃骂信曰:"公非长者!"卒自刭。信持其首谒于陈。高祖令武士缚信,载后车。信曰:"果若人言,'狡兔死,良狗亨。'"⑦上曰:"人告公反。"遂械信。至雒阳,赦以为淮阴侯。

①师古曰:"眛音莫曷反。"

②刘德曰:"东海朐南有此邑。"韦昭曰:"今中庐县也。"师古曰:"韦说非也。中庐在襄阳之南。"

③师古曰："行音下更反。"

④师古曰："凡言变告者，谓告非常之事。"

⑤师古曰："闻于天子。"

⑥师古曰："度音大各反。"

⑦张晏曰："狡犹猾也。"师古曰："此黄石公三略之言。"

信知汉王畏恶其能，称疾不朝从。①由此日怨望，居常鞅鞅，②羞与绛、灌等列。尝过樊将军哙，哙趋拜送迎，言称臣，曰："大王乃肯临臣。"信出门，笑曰："生乃与哙等为伍!"③

①师古曰："朝，朝见也。从，从行也。"

②师古曰："鞅鞅，志不满也，音于两反。"

③师古曰："言俱为列侯。"

上尝从容与信言诸将①能各有差。上问曰："如我，能将几何?"信曰："陛下不过能将十万。"上曰："如公何如?"曰："如臣，多多益办耳。"上笑曰："多多益办，何为为我禽?"信曰："陛下不能将兵，而善将将，此乃信之为陛下禽也。且陛下所谓天授，非人力也。"

①师古曰："从音千容反。"

后陈豨为代相监边，辞信，信挈其手，①与步于庭数匝，仰天而叹曰："子可与言乎? 吾欲与子有言。"豨因曰："唯将军命。"信曰："公之所居，天下精兵处也，而公，陛下之信幸臣也。人言公反，陛下必不信；再至，陛下乃疑；三至，必怒而自将。吾为公从中起，天下可图也。"陈豨素知其能，信之，曰："谨奉教!"

①师古曰："挈谓执提之。"

汉十年，豨果反，高帝自将而往，信〔称〕病不从。[15]阴使人之豨所，而与家臣谋，夜诈赦诸官徒奴，欲发兵袭吕后、太子。部署已定，待豨报。其舍人得罪信，信囚，欲杀之。①舍人弟上书变告信欲反状于吕后。吕后欲召，恐其党不（乱）〔就〕，②[16]乃与萧相国谋，诈令人从帝所来，称豨已死，群臣皆贺。相国绐信曰："虽病，强入贺。"③信入，吕后使武士缚信，斩之长乐钟室。④信方斩，曰："吾不用蒯通计，反为女子所诈，岂非天哉！"遂夷信三族。

①晋灼曰："楚汉秦秋云谢公也。"
②师古曰："党音他朗反。"
③师古曰："绐，诈也。"
④师古曰："钟室，谓悬钟之室。"

高祖已破豨归，至，闻信死，且喜且哀之，问曰："信死亦何言？"吕后道其语。高祖曰："此齐辩士蒯通也。"召欲亨之。通至自说，释弗诛。①语在通传。

①师古曰："自说，谓自解说也。释，放也，置也。"

彭越字仲，昌邑人也。常渔钜野泽中，为盗。①陈胜起，或谓越曰："豪桀相立畔秦，仲可效之。"越曰："两龙方斗，且待之。"②

①师古曰："渔，捕鱼也。钜野，即今郓州钜野（中）〔县〕。"[17]
②师古曰："两龙，谓秦与陈胜。"

居岁馀，泽间少年相聚百馀人，往从越，"请仲为长"，越谢不愿也。少年强请，乃许。与期旦日日出时，后会者斩。旦日日出，十馀人后，后者至日中。于是越谢曰："臣老，诸君强以为长。今期而多后，不可尽诛，诛最后者一人。"令校长斩之。①皆笑曰："何至是！请后不敢。"于是越乃引一人斩之，设坛祭，令徒属。徒属皆惊，畏越，不敢仰视。乃行略地，收诸侯散卒，得千馀人。

①师古曰："一校之长也。校音下教反。"

沛公之从砀北击昌邑，越助之。昌邑未下，沛公引兵西。越亦将其众居钜野泽中，收魏败散卒。项籍入关，王诸侯，还归，越众万馀人无所属。齐王田荣叛项王，汉乃使人赐越将军印，使下济阴以击楚。楚令萧公角将兵击越，越大破楚军。汉二年春，与魏豹及诸侯东击楚，越将其兵三万馀人，归汉外黄。①汉王曰："彭将军收魏地，得十馀城，欲急立魏后。今西魏王豹，魏咎从弟，真魏也。"②乃拜越为魏相国，擅将兵，略定梁地。③

①师古曰："于外黄来归汉。"
②郑氏曰："豹，真魏后也。"
③师古曰："擅，专也，使专为此事。"

汉王之败彭城解而西也，越皆亡其所下城，独将其兵北居河上。汉三年，越常往来为汉游兵击楚，绝其粮于梁地。项王与汉王相距荥阳，越攻下睢阳、外黄十七城。项王闻之，乃使曹咎守成皋，自东收越所下城邑，皆复为楚。越将其兵北走穀城。项王南走阳夏，①越复下昌邑旁二十馀城，得粟十馀万斛，以给汉食。

①师古曰："走并音奏。夏音攻雅反。"

汉王败，使使召越并力击楚，越曰："魏地初定，尚畏楚，未可去。"汉王追楚，为项籍所败固陵。乃谓留侯曰："诸侯兵不从，为之奈何？"留侯曰："彭越本定梁地，功多，始君王以魏豹故，拜越为相国。今豹死亡后，且越亦欲王，而君王不蚤定。①今取睢阳以北至穀城，皆许以王彭越。"又言所以许韩信。语在高纪。于是汉王发使使越，如留侯策。使者至，越乃引兵会垓下。项籍死，立越为梁王，都定陶。

①师古曰："蚤，古早字。"

六年，朝陈。九年，十年，皆来朝长安。

陈豨反代地，高帝自往击之，至邯郸，征兵梁。梁王称病，使使将兵诣邯郸。高帝怒，使人让梁王。①梁王恐，欲自往谢。其将扈辄曰："王始不往，见让而往，往即为禽，不如遂发兵反。"梁王不听，称病。梁太仆有罪，亡走汉，告梁王与扈辄谋反。于是上使使掩捕梁王，囚之雒阳。有司治反形已具，②请论如法。上赦以为庶人，徙蜀青衣。③西至郑，④逢吕后从长安东，欲之雒阳，道见越。越为吕后泣涕，自言亡罪，愿处故昌邑。吕后许诺，诏与俱东。至雒阳，吕后言上曰："彭越壮士也，今徙之蜀，此自遗患，不如遂诛之。妾谨与俱来。"于是吕后令其舍人告越复谋反。廷尉奏请，遂夷越宗族。

①师古曰："让，责也。"
②张晏曰："扈辄劝越反，越不听，而云反形已具，有司非也。"臣瓒曰："扈辄劝越反，而越不诛辄，是反形已具也。"师古曰："瓒说是也。"

③文颖曰:"青衣,县名。"

④师古曰:"即今华州郑县是也。"

黥布,六人也,①姓英氏。少时客相之,当刑而王。及壮,坐法黥,布欣然笑曰:"人相我当刑而王,几是乎?"②人有闻者,共戏笑之。布以论输骊山,③骊山之徒数十万人,布皆与其徒长豪桀交通,乃率其曹耦,亡之江中为群盗。④

①师古曰:"六,县名也。解在高纪。"

②臣瓒曰:"几,近也。"师古曰:"几音钜依反。"

③师古曰:"有罪论决,而输作于骊山。"

④师古曰:"曹,辈也。"

陈胜之起也,布乃见番君,①其众数千人。番君以女妻之。章邯之灭陈胜,破吕臣军,布引兵北击秦左右校,破之青波,②引兵而东。闻项梁定会稽,西度淮,布以兵属梁。梁西击景驹、秦嘉等,布常冠军。③项梁闻陈涉死,立楚怀王,以布为当阳君。项梁败死,怀王与布及诸侯将皆聚彭城。当是时,秦急围赵,赵数使人请救怀王。怀王使宋义为上将〔军〕,[18]项籍与布皆属之,北救赵。及籍杀宋义河上,自立为上将军,使布先涉河,④击秦军,数有利。籍乃悉引兵从之,遂破秦军,降章邯等。楚兵常胜,功冠诸侯。诸侯兵皆服属楚者,以布数以少败众也。

①师古曰:"番音蒲何反。"

②师古曰:"地名也。"

③师古曰:"言其骁勇为众军之最。"

④师古曰:"涉谓无舟楫而渡也。"

项籍之引兵西至新安，又使布等夜击坑章邯秦卒二十馀万人。至关，不得入，又使布等先从间道破关下军，①遂得入。至咸阳，布为前锋。项王封诸将，立布为九江王，都六。尊怀王为义帝，徙都长沙，乃阴令布击之。布使将追杀之郴。

①师古曰："间道，微道也。"

齐王田荣叛楚，项王往击齐，征兵九江，布称病不往，遣将将数千人行。汉之败楚彭城，布又称病不佐楚。项王由此怨布，数使使者谯让召布，①布愈恐，不敢往。项王方北忧齐、赵，西患汉，所与者独布，又多其材，②欲亲用之，以故未击。

①师古曰："谯让，责之也。谯音在笑反。"
②师古曰："多犹重也。"

汉王与楚大战彭城，不利，出梁地，至虞，①谓左右曰："如彼等者，无足与计天下事者。"谒者随何进曰："不审陛下所谓。"汉王曰："孰能为我使淮南，②使之发兵背楚，留项王于齐数月，我之取天下可以万全。"随何曰："臣请使之。"乃与二十人俱使淮南。至，太宰主之，③三日不得见。随何因说太宰曰："王之不见何，必以楚为强，以汉为弱，此臣之所为使。④使何得见，言之而是邪，是大王所欲闻也；言之而非邪，使何等二十人伏斧质淮南市，⑤以明背汉而与楚也。"太宰乃言之王，王见之。随何曰："汉王使使臣敬进书大王御者，窃怪大王与楚何亲也。"淮南王曰："寡人北乡而臣事之。"⑥随何曰："大王与项王俱列为诸侯，北乡而臣事之，必以楚为强，可以托国也。项王伐齐，身负版筑，⑦以为士卒先。大王宜悉淮南之众，⑧身自将，为楚军前锋，今乃发四千人以助楚。夫北面而臣事人者，固若是乎？夫汉王战于彭城，项王未出齐也，大王宜埽淮南之众，日夜会战彭城下。⑨今抚万人之众，无一人渡淮者，阴拱而观其孰胜。⑩夫托国于人者，固若是乎？大王提空名以乡楚，⑪而欲厚自托，臣窃为大王不取也。然大王不背楚者，以汉为弱也。夫楚兵虽强，天下负之以不义之名，⑫以其背明约而杀义帝也。然而楚王特以战胜自强。汉王收诸侯，还守成皋、荥阳，下蜀、汉之粟，深沟壁垒，分卒守徼乘塞。楚人还兵，间以梁地，⑬深入敌国八九百里，⑭欲战则不得，攻城则力不能，老弱转粮千里之外。楚兵至荥阳、成皋，汉坚守而不动，进则不得攻，退则不能解，故楚兵不足罢也。⑮使楚兵胜汉，则诸侯自危惧而相救。夫楚之强，适足以致天下之兵耳。故楚不如汉，其势易见也。今大王不与万全之汉，而自托于危亡之楚，臣窃为大王或之。臣非以淮南之兵足以亡楚也。夫大王发兵而背楚，项王必留；留数月，汉之取天下可以万全。臣请与大王杖剑而归汉王，汉王必裂地而分大王，又况淮南，必大王有也。故汉王敬使使臣进愚计，愿大王之留意也。"淮南王曰："请奉命。"阴许叛楚与汉，未敢泄。

①师古曰："即今宋州虞城县是也。"

②师古曰："孰，谁也。"

③服虔曰："淮南太宰作内主。"

④师古曰："此事正是臣所为来欲言之。"

⑤师古曰："质，锧也。言伏于锧上而斧斩之。锧音竹林反。"

⑥师古曰："乡读曰向。次下亦同。"

⑦李奇曰："版，墙版也。筑，杵也。"

⑧师古曰："悉，尽也。"

⑨师古曰："埽者，谓尽举之，如埽地之为。"

⑩师古曰:"敛手曰拱。孰,谁也。言不动摇,坐观成败也。"

⑪师古曰:"提,举也。乡读曰向。"

⑫师古曰:"负,加也。加于身上,若言被也。"

⑬服虔曰:"梁在楚、汉之中央。"师古曰:"间音居苋反。"

⑭张晏曰:"羽从齐还,当经梁地八九百里,乃得羽地也。"

⑮师古曰:"不足者,言易也。罢读曰疲。"

　　楚使者在,①方急责布发兵,随何直入曰:"九江王已归汉,楚何以得发兵!"布愕然。楚使者起,何因说布曰:"事已构,②独可遂杀楚使,毋使归,而疾走汉并力。"③布曰:"如使者教。"因起兵而攻楚。楚使项声、龙且攻淮南,项王留而攻下邑。④数月,龙且攻淮南,破布军。布欲引兵走汉,恐项王击之,故间行与随何俱归汉。

　　①文颖曰:"在淮南王所也。"

　　②师古曰:"构,结也。言背楚之事以结成也。"

　　③师古曰:"走音奏。次下亦同。"

　　④师古曰:"县名也,在梁地。"

　　至,汉王方踞床洗,①而召布入见。布大怒,悔来,欲自杀。出就舍,张御食饮从官如汉王居,布又大喜过望。②于是乃使人之九江。楚已使项伯收九江兵,尽杀布妻子。布使者颇得故人幸臣,将众数千人归汉。汉益分布兵而与俱北,收兵至成皋。四年秋七月,立布为淮南王,与击项籍。布使人之九江,得数县。五年,布与刘贾入九江,诱大司马周殷,殷反楚。遂举九江兵与汉击楚,破垓下。

　　①师古曰:"洗,濯足也,音先曲反。"

②师古曰："高祖以布先久为王，恐其意自尊大，故峻其礼，令布折
　　服。已而美其帷帐，厚其饮食，多其从官，以悦其心，此权道也。
　　张音竹亮反，若今言张设。"

项籍死，上置酒对众折随何曰腐儒，①"为天下安用腐儒
哉！"②随何跪曰："夫陛下引兵攻彭城，楚王未去齐也，陛下发
步卒五万人，骑五千，能以取淮南乎？"曰："不能。"随何曰：
"陛下使何与二十人使淮南，如陛下之意，是何之功贤于步卒数
万，骑五千也。然陛下谓何腐儒，'为天下安用腐儒'，何也？"
上曰："吾方图子之功。"③乃以随何为护军中尉。布遂剖符为淮
南王，都六，九江、庐江、衡山、豫章郡皆属焉。

①师古曰："腐者，烂败。言无所堪任。"
②师古曰："高祖意欲褒赏随何，恐群臣不服，故对众折辱，令其自数
　　功劳也。"
③师古曰："图，谋也。"

六年，朝陈。七年，朝雒阳。九年，朝长安。

十一年，高后诛淮阴侯，布因心恐。夏，汉诛梁王彭越，盛
其醢以遍赐诸侯。①至淮南，淮南王方猎，见醢，因大恐，阴令
人部聚兵，候伺旁郡警急。②

①师古曰："反者被诛，皆以为醢，即刑法志所云'菹其骨肉'是也。"
②师古曰："恐被收捕，即欲发兵反。"

布有所幸姬病，就医。医家与中大夫贲赫对门，①赫乃厚馈
遗，从姬饮医家。姬侍王，从容语次，誉赫长者也。②王怒曰：
"女安从知之？"③具道，王疑与乱。赫恐，称病。王愈怒，欲捕
赫。赫上变事，乘传诣长安。④布使人追，不及。赫至，上变，

言布谋反有端，可先未发诛也。⑤上以其书语萧相国，萧相国曰：
"布不宜有此，⑥恐仇怨妄诬之。⑦请系赫，使人微验淮南王。"⑧
布见赫以罪亡上变，已疑其言国阴事，汉使又来，颇有所验，遂
族赫家，发兵反。

①师古曰："贲音肥。姓贲，名赫。"

②师古曰："从音千容反。"

③师古曰："安从，何由者也。"

④师古曰："传音张恋反。"

⑤师古曰："及其未发兵，先诛伐之。"

⑥师古曰："不应有反谋。"

⑦师古曰："怨音于元反。"

⑧师古曰："微验，不显言其事。"

　　反书闻，上乃赦赫，以为将军。召诸侯问："布反，为之奈
何？"皆曰："发兵坑竖子耳，何能为！"汝阴侯滕公以问其客薛
公，薛公曰："是固当反。"滕公曰："上裂地而封之，疏爵而贵
之，①南面而立万乘之主，其反何也？"薛公曰："前年杀彭越，
往年杀韩信，②三人皆同功一体之人也。自疑祸及身，故反耳。"
滕公言之上曰："臣客故楚令尹薛公，其人有筹策，可问。"上
乃见问薛公，对曰："布反不足怪也。使布出于上计，山东非汉
之有也；出于中计，胜负之数未可知也；出于下计，陛下安枕而
卧矣。"上曰："何谓上计？"薛公对曰："东取吴，西取楚，并
齐取鲁，传檄燕、赵，固守其所，山东非汉之有也。""何谓中
计？""东取吴，西取楚，并韩取魏，据敖仓之粟，塞成皋之险，
胜败之数未可知也。""何谓下计？""东取吴，西取下蔡，归重
于越，身归长沙，③陛下安枕而卧，汉无事矣。"上曰："是计将

安出？"④薛公曰："出下计。"上曰："胡为废上计而出下计?"⑤
薛公曰："布故骊山之徒也，致万乘之主，此皆为身，不顾后为
百姓万世虑者也，故出下计。"上曰："善"。封薛公千户。遂发
兵自将东击布。

①张晏曰："疏，分也。"

②张晏曰："往年与前年同耳，文相避也。"

③师古曰："重，辎重也，音直用反。"

④师古曰："是者，谓布也。"

⑤师古曰："胡，何也。"

布之初反，谓其将曰："上老矣，厌兵，必不能来。使诸将，
诸将独患淮阴、彭越，今已死，馀不足畏。"故遂反。果如薛公
揣之，①东击荆，荆王刘贾走死富陵。②尽劫其兵，度淮击楚。楚
发兵与战徐、僮间，③为三军，欲以相救为奇。④或说楚将曰：
"布善用兵，民素畏之。且兵法，诸侯自战其地为散地。⑤今别为
三，彼败吾一，馀皆走，安能相救！"不听。布果破其一军，二
军散走。

①文颖曰："揣，度也，音初委反。"

②师古曰："县名，属临淮郡。"

③师古曰："二县之间也。"

④师古曰："不聚一处，分而为三，欲互相救，出奇兵。"

⑤师古曰："谓在其本地恋土怀安，故易逃散。"

遂西，与上兵遇蕲西，会甀。①布兵精甚，上乃壁庸城，②望
布军置陈如项籍军。上恶之，与布相望见，喻谓布："何苦而
反?"③布曰："欲为帝耳。"上怒骂之，遂战，破布军。布走度

淮，数止战，不利，与百馀人走江南。布旧与番君婚，故长沙哀
王使人诱布，④伪与俱亡走越，⑤布信而随至番阳。番阳人杀布兹
乡，⑥遂灭之。封贲赫为列侯，将率封者六人。

①师古曰："会音工外反。鬶音丈瑞反，解在高纪。"

②邓展曰："地名也。"

③师古曰："隋读曰遆。"

④晋灼曰："芮之孙回也。"师古曰："据表云惠帝二年哀王回始立，
今此是芮之子成王臣耳。传既不同，晋说亦误也。"

⑤师古曰："伪谓诈为此计。"

⑥师古曰："郛阳县之乡也。郛音口尧反。"

卢绾，丰人也，与高祖同里。绾亲与高祖太上皇相爱，①及
生男，高祖、绾同日生，里中持羊酒贺两家。及高祖、绾壮，学
书，又相爱也。里中嘉两家亲相爱，生子同日，壮又相爱，复贺
羊酒。高祖为布衣时，有吏事避宅，绾常随上下。②及高祖初起
沛，绾以客从，入汉为将军，常侍中。从东击项籍，以太尉常
从，出入卧内，衣被食饮赏赐，群臣莫敢望。虽萧、曹等，特以
事见礼，至其亲幸，莫及绾者。封为长安侯。长安，故咸阳也。

①晋灼曰："亲，父也。绾之父与高祖父太上皇相爱。"

②师古曰："避宅，谓不居其家，潜匿东西。"

项籍死，使绾别将，与刘贾击临江王共尉，①还，从击燕王
臧荼，皆破平。时诸侯非刘氏而王者七人。上欲王绾，为群臣觖
望。②及虏臧荼，乃下诏，诏诸将相列侯择群臣有功者以为燕王。
群臣知上欲王绾，皆曰："太尉长安侯卢绾常从平定天下，功最

多，可王。”上乃立绾为燕王。诸侯得幸莫如燕王者。绾立六年，以陈豨事见疑而败。

①李奇曰：“共敎子也。”师古曰：“共谓曰龚。”

②师古曰：“觖谓相觖也。望，怨望也。觖音决。”

豨者，宛句人也，①不知始所以得从。及韩王信反入匈奴，上至平城还，豨以郎中封为列侯，以赵相国将监赵、代边，边兵皆属焉。豨少时，常称慕魏公子，②及将守边，招致宾客。常告过赵，③宾客随之者千馀乘，邯郸官舍皆满。豨所以待客，如布衣交，皆出客下。④赵相周昌乃求入见上，具言豨宾客盛，擅兵于外，恐有变。上令人覆案豨客居代者诸为不法事，多连引豨。豨恐，阴令客通使王黄、曼丘臣所。⑤汉十年秋，太上皇崩，上因是召豨。豨称病，遂与王黄等反，自立为代王，劫略赵、代。上闻，乃赦吏民为豨所诖误劫略者。上自击豨，破之。语在高纪。

①师古曰：“宛句，县名也，地理志属济阴。宛音于元反。句音劬。”

②师古曰：“谓信陵君无忌。”

③师古曰：“因休告之假而过赵。”

④师古曰：“言屈己礼之，不以富贵自尊大。”

⑤师古曰：“二人皆韩王信将。”

初，上如邯郸击豨，①燕王绾亦击其东北。豨使王黄求救匈奴，绾亦使其臣张胜使匈奴，言豨等军破。胜至胡，故燕王臧荼子衍亡在胡，见胜曰：“公所以重于燕者，以习胡事也。燕所以久存者，以诸侯数反，兵连不决也。今公为燕欲急灭豨等，豨等已尽，次亦至燕，公等亦且为虏矣。公何不令燕且缓豨，而与胡连和？事宽，得长王燕，即有汉急，可以安国。"胜以为然，乃私令匈奴兵击燕。绾疑胜与胡反，上书请族胜。胜还报，具道所以为者。绾瘝，乃诈论他人，以脱胜家属，使得为匈奴间。②而阴使范齐之豨所，欲令久连兵毋决。③

①师古曰："如，往也。"

②师古曰："间音居苋反。"

③晋灼曰："使豨久亡畔。"

汉既斩豨，其裨将降，言燕王绾使范齐通计谋豨所。上使使召绾，绾称病。又使辟阳侯审食其、御史大夫赵尧往迎绾，因验问其左右。绾愈恐，闵匿，①谓其幸臣曰："非刘氏而王者，独我与长沙耳。往年汉族淮阴，诛彭越，皆吕后计。今上病，属任吕后。②吕后妇人，专欲以事诛异姓王者及大功臣。"乃称病不行。其左右皆亡匿。语颇泄，辟阳侯闻之，归具报，上益怒。又得匈奴降者，言张胜亡在匈奴，为燕使。于是上曰："绾果反矣！"使樊哙击绾。绾悉将其宫人家属，骑数千，居长城下候伺，幸上病瘉，自入谢。③高祖崩，绾遂将其众亡入匈奴，匈奴以为东胡卢王。为蛮夷所侵夺，常思复归。居岁馀，死胡中。

①师古曰："闵，闭也，闭其踪迹，藏匿其人也。闵音秘。"

②师古曰："属音之欲反。"

③师古曰："瘉与愈同。"

高后时，绾妻与其子亡降，会高后病，不能见，舍燕邸，①为欲置酒见之。高后竟崩，绾妻亦病死。

①师古曰："舍，止也。诸侯王及诸郡朝宿之馆，在京师者谓之邸。"

孝景帝时，缟孙它人以东胡王降，①封为恶谷侯。传至曾孙，有罪，国除。

①如淳曰："为东胡王而来降也。东胡，乌丸也。"

吴芮，秦时番阳令也，①甚得江湖间民心，号曰番君。天下之初叛秦也，黥布归芮，芮妻之，②因率越人举兵以应诸侯。沛公攻南阳，乃遇芮之将梅鋗，③与偕攻析、郦，④降之。及项羽相王，⑤以芮率百越佐诸侯，从入关，故立芮为衡山王，都邾。⑥其将梅鋗功多，封十万户，为列侯。项籍死，上以鋗有功，从入武关，故德芮，徙为长沙王，都临湘，一年薨，谥曰文王，子成王臣嗣。薨，子哀王回嗣。薨，子共王右嗣。⑦薨，子靖王差嗣。孝文后七年薨，无子，国除。初，文王芮，高祖贤之，制诏御史："长沙王忠，其定著令。"⑧至孝惠、高后时，封芮庶子二人为列侯，传国数世绝。

①师古曰："番音蒲何反。"

②师古曰："嫁女与之也。妻音千计反。他皆类此。"

③师古曰："鋗音呼玄反。"

④师古曰："二县也，并属南阳。郦音郎益反。"

⑤李奇曰："自相尊王也。"

⑥师古曰："邾音朱，又音姝。"

⑦师古曰："共读曰恭。"

⑧邓展曰："汉约非刘氏不王，而芮王，故著令中，使特王也。或曰，以芮至忠，故著令也。"师古曰："寻后赞文，或说是也。"

赞曰：昔高祖定天下，功臣异姓而王者八国。<u>张耳</u>、<u>吴芮</u>、<u>彭越</u>、<u>黥布</u>、<u>臧荼</u>、<u>卢绾</u>与两<u>韩信</u>，徼侥一时之权变，以诈力成功，①咸得裂土，南面称孤。见疑强大，怀不自安，事穷势迫，卒谋叛逆，终于灭亡。<u>张耳</u>以智全，至子亦失国。唯<u>吴芮</u>之起，不失正道，故能传号五世，以无嗣绝，庆流支庶，有以矣夫，②著于甲令而称忠也！③

①师古曰："徼，要也，音工尧反。"

②师古曰："以其不用诈力也。"

③师古曰："甲者，令篇之次也。"

【校勘记】

〔1〕 上不欲就天（子）〔下〕乎？ <u>景祐</u>、<u>殿</u>、<u>局</u>本都作"下"，<u>史记</u>同。

〔2〕 <u>信</u>度何等已数言上，①不我用，即亡。 注①原在"言"字下。<u>杨树达</u>说"上"字当属上读，<u>颜</u>于"言"字下断句，非是。

〔3〕 〔王〕必欲拜之， <u>景祐</u>、<u>殿</u>本都有"王"字，<u>史记</u>同。

〔4〕 <u>信</u>（以）〔已〕拜，上坐。 <u>景祐</u>、<u>殿</u>本都作"已"。

〔5〕 唯③<u>信</u>亦以为大王弗如也。 <u>王念孙</u>说当作一句读，"唯"读为"虽"。<u>史记淮阴侯传</u>作"惟信亦为大王不如也"，则不得断"惟"字为句而读为唯诺之唯矣。

〔6〕 从间（道）〔路〕绝其辎重； <u>景祐</u>、<u>殿</u>本都作"路"。<u>王先谦</u>说作"路"是。

〔7〕 立（骑）〔驻〕传餐食也。 <u>景祐</u>、<u>殿</u>本都作"驻"。

〔8〕 诸校（劾）〔劫〕首房休， 沈钦韩说"劾"当作"劫"。按景祐、殿本都作"劫"，注同。

〔9〕 （故）〔顾〕恐臣计未足用， 景祐、殿、局本都作"顾"。

〔10〕 倾耳以待（禽）〔命〕者。 景祐、汲古、殿、局本都作"命"。

〔11〕 汉兵远斗，穷寇〔久〕战，锋不可当也。 宋祁说一本"战"字上有"久"字。按景祐本有。

〔12〕 〔盛〕沙以壅水上流， 景祐、殿本都有"盛"字。王先谦说有"盛"字是。

〔13〕 南边（荒）〔楚〕， 景祐、殿本都作"楚"，史记同。

〔14〕 深说以三分天下，（之计）〔鼎足而王〕。 景祐本无"之计"二字，有"鼎足而王"四字。

〔15〕 信〔称〕病不从。 宋祁说浙本"病"字上有"称"字。钱大昭说南监本、闽本有"称"字。按景祐本有。

〔16〕 恐其党不（乱）〔就〕， 景祐、殿本都作"就"。王先谦说作"就"是。

〔17〕 即今郓州钜野（中）〔县〕。 景祐、殿本都作"县"。王先谦说作"县"是。

〔18〕 怀王使宋义为上将〔军〕， 景祐本有"军"字。

汉书卷三十五

荆燕吴传第五

　荆王刘贾，高帝从父兄也，①不知其初起时。汉元年，还定三秦，贾为将军，定塞地，②从东击项籍。

　①师古曰："父之兄弟之子，为从父兄弟也。言本同祖，从父而别。"

　②师古曰："司马欣之国也。塞音先代反。"

　汉王败成皋，北度河，得张耳、韩信军，军修武，深沟高垒，使贾将二万人，骑数百，击楚，度白马津①入楚地，烧其积聚，②以破其业，无以给项王军食。已而楚兵击之，贾辄避不肯与战，而与彭越相保。③

　①师古曰："即今滑州白马县河津也。"

　②师古曰："仓廪刍菒之属。"

　③师古曰："保谓依恃，以自安固。"

汉王追项籍至固陵，使贾南度淮围寿春。还至，使人间招楚大司马周殷。①周殷反楚，佐贾举九江，迎英布兵，皆会垓下，诛项籍。汉王因使贾将九江兵，与太尉卢绾西南击临江王共尉，②尉死，以临江为南郡。

①师古曰："间谓私求间隙而招之。"

②师古曰："共敖之子也。共读曰龚。"

贾既有功，而高祖子弱，昆弟少，又不贤，欲王同姓以填天下，①乃下诏曰："将军刘贾有功，及择子弟可以为王者。"群臣皆曰："立刘贾为荆王，王淮东。"立六年而淮南王黥布反，东击荆。贾与战，弗胜，走富陵，②为布军所杀。

①师古曰："填音竹刃反。"

②师古曰："县名，地理志属临淮郡。"

燕王刘泽，高祖从祖昆弟也。①高祖三年，泽为郎中。十一年，以将军击陈豨将王黄，封为营陵侯。

①师古曰："言同曾祖，从祖而别也。"

高后时，齐人田生①游乏资，以画奸泽。②泽大说之，③用金二百斤为田生寿。④田生已得金，即归齐。二岁，泽使人谓田生曰："弗与矣。"⑤田生如长安，不见泽，而假大宅，令其子求事吕后所幸大谒者张卿。⑥居数月，田生子请张卿临，亲修具。⑦张卿往，见田生帷帐具置如列侯。张卿惊。酒酣，乃屏人说张卿曰："臣观诸侯邸第百馀，皆高帝一切功臣。今吕氏雅故本推毂高帝就天下，⑧功至大，又有亲戚太后之重。太后春秋长，⑨诸吕弱，太后欲立吕产为吕王，王代。（吕）〔太〕后又重发之，⑩[1]

恐大臣不听。今卿最幸，大臣所敬，何不风大臣以闻太后，⑪太后必喜。诸吕以王，万户侯亦卿之有。太后心欲之，而卿为内臣，不急发，恐（过）〔祸〕及身矣。"〔2〕张卿大然之，乃风大臣语太后。太后朝，因问大臣。大臣请立吕产为吕王。太后赐张卿千金，⑫张卿以其半进田生。田生弗受，因说之曰："吕产王也，诸大臣未大服。今营陵侯泽，诸刘长，为大将军，独此尚觖望。⑬今卿言太后，裂十馀县王之，彼得王喜，于诸吕王益固矣。"张卿入言之。又太后女弟吕须女亦为营陵侯妻，故遂立营陵侯泽为琅邪王。琅邪王与田生之国，急行毋留。⑭出关，太后果使人追之。已出，即还。

①晋灼曰："楚汉春秋云字子春。"

②服虔曰："以计画干之。"文颖曰："以工画得宠也。"师古曰："共为计策，欲以求王。服说是也。画音获。"

③师古曰："说读曰悦。"

④师古曰："因饮酒献寿而与之金。"

⑤孟康曰："与，党与也。言不复与我为友也。"文颖曰："不复与汝相知也。"师古曰："孟说是。"

⑥如淳曰："奄人也。"

⑦师古曰："亲，父也。具，供具也。"

⑧如淳曰："吕公知高祖贵，以女妻之，推毂使为长者也。"师古曰："谓翼戴崇奖，以成帝业，若车之行，助推其毂，故得引重而致远也。"

1671

⑨师古曰："言年老。"

⑩邓展曰："重，难发其事。"

⑪师古曰："风读曰讽。其下亦同。"

⑫师古曰："千斤之金。"

⑬师古曰："觖音决。"

⑭师古曰："田生劝之。"

泽王琅邪二年，而太后崩，泽乃曰："帝少，诸吕用事，诸刘孤弱。"引兵与齐王合谋西，欲诛诸吕。至梁，闻汉灌将军屯荥阳，泽还兵备西界，遂跳驱至长安，①代王亦从代至。诸将相与琅邪王共立代王，是为孝文帝。文帝元年，徙泽为燕王，而复以琅邪归齐。②

①师古曰："齐王传云使祝午绐琅邪王，琅邪王驰见齐王，齐王因留琅邪王，而使祝午尽发琅邪国而并将其兵。琅邪王既见欺，不得反国，乃说齐王求入关计事，齐王以为然，乃益具车送琅邪王，与此传不同，疑此传误也。"

②李奇曰："本齐地，前分以王泽，今复与齐也。"

泽王燕二年，薨，谥曰敬王。子康王嘉嗣，九年薨。子定国嗣。定国与父康王姬奸，生子男一人。夺弟妻为姬。与子女三人奸。定国有所欲诛杀臣肥如令郢人，郢人等告定国。①定国使谒者以它法劾捕格杀郢人灭口。至元朔中，郢人昆弟复上书具言定国事。下公卿，皆议曰："定国禽兽行，乱人伦，逆天道，当诛。"上许之。定国自杀，立四十二年，国除。哀帝时继绝世，乃封敬王泽玄孙之孙无终公士归生为营陵侯，②更始中为兵所杀。③

①如淳曰："定国自欲有所杀馀臣，肥如知，令郢人以告也。"师古曰："此说非也。肥如，燕之属县也。郢人者，县令之名也。定国别欲诛其臣，又欲诛肥如令郢人，而为郢人等所告也。"

②师古曰："无终，其所属县也。公士，第一爵。归生，名也。"

③师古曰："更始，刘圣公之年号也。"

吴王濞，高帝兄仲之子也。高帝立仲为代王。匈奴攻代，仲不能坚守，弃国间行，走雒阳，自归，天子不忍致法，废为合阳侯。子濞，封为沛侯。黥布反，高祖自将往诛之。濞年二十，以骑将从破布军。荆王刘贾为布所杀，无后。上患吴会稽轻悍，无壮王填之，①诸子少，②乃立濞于沛，为吴王，③王三郡五十三城。已拜受印，高祖召濞相之，曰："若状有反相。"④独悔，业已拜，⑤因拊其背，⑥曰："汉后五十年东南有乱，岂若邪？然天下同姓一家，慎无反！"濞顿首曰："不敢。"

①师古曰："悍，勇也。填音竹刃反。"

②师古曰："少，幼也。"

③师古曰："行至沛而封拜濞也。"

④师古曰："若，汝也。此下亦同。"

⑤师古曰："独悔者，心自怀悔，不以语人也。既以封拜为事，臣下皆知之，故不改。"

⑥师古曰："拊，摩循之也。一曰拊，轻击之，音芳羽反。"

会孝惠、高后时天下初定，郡国诸侯各务自拊循其民。吴有豫章郡铜山，①即招致天下亡命者盗铸钱，东煮海水为盐，以故无赋，国用饶足。②

①韦昭曰："此有豫字，误也。但当言章郡，今故章也。"

②如淳曰："铸钱煮海，收其利以足国用，故无赋于民也。"

孝文时，吴太子入见，得侍皇太子饮博。吴太子师傅皆楚人，轻悍，又素骄。博争道，不恭，皇太子引博局提吴太子，杀之。①于是遣其丧归葬吴。吴王愠②曰："天下一宗，③死长安即葬长安，何必来葬！"复遣丧之长安葬。吴王由是怨望，稍失藩臣礼，称疾不朝。京师知其以子故，验问实不病，诸吴使来，辄系责治之。吴王恐，所谋滋甚。④及后使人为秋请，⑤上复责问吴使者。使者曰："察见渊中鱼，不祥。⑥今吴王始诈疾，（反）〔及〕觉，[3]见责急，愈益闭，恐上诛之，计乃无聊。唯上与更始。"⑦于是天子皆赦吴使者归之，而赐吴王几杖，老，不朝。吴得释，其谋亦益解。然其居国以铜盐故，百姓无赋。卒践更，辄予平贾。⑧岁时存问茂材，赏赐闾里。⑨它郡国吏欲来捕亡人者，颂共禁不与。⑩如此者三十馀年，以故能使其众。

① 师古曰："提，掷也，音徒计反。"

② 师古曰："愠，怒也，音于问反。"

③ 师古曰："犹言同姓共为一家。"

④ 师古曰："滋，益也。"

⑤ 孟康曰："律，春曰朝，秋曰请，如古诸侯朝聘也。"如淳曰："濞不自行也，使人代己致请礼。"师古曰："二说皆是也。请音材姓反。"

⑥ 服虔曰："天子察见下之私，则不祥也。"

⑦ 师古曰："言赦其已往之事。"

⑧ 服虔曰："以当为更卒，出钱三百，谓之过更。自行为卒，谓之践更。吴王欲得民心，为卒者顾其庸，随时月与平贾也。"晋灼曰："谓借人自代为卒者，官为出钱，顾其时庸平贾也。"师古曰："晋说是也。贾读曰价，谓庸直也。"

⑨ 师古曰："茂，美也。茂材者，有美材之人也。"

⑩如淳曰："颂犹公也。"师古曰："颂读曰容。"

朝错为太子家令，得幸皇太子，数从容言吴过可削。①数上书说之，文帝宽，不忍罚，以此吴王日益横。②及景帝即位，错为御史大夫，说上曰："昔高帝初定天下，昆弟少，诸子弱，大封同姓，故孽子悼惠王王齐七十二城，③庶弟元王王楚四十城，兄子王吴五十馀城。封三庶孽，分天下半。今吴王前有太子之隙，诈称病不朝，于古法当诛。文帝不忍，因赐几杖，德至厚也。不改过自新，乃益骄恣，公即山铸钱，煮海为盐，④诱天下亡人谋作乱逆。今削之亦反，不削亦反。削之，其反亟，祸小；不削之，其反迟，祸大。"⑤三年冬，楚王来朝，错因言楚王戊往年为薄太后服，私奸服舍，⑥请诛之。诏赦，削东海郡。及前二年，赵王有罪，削其常山郡。胶西王卬以卖爵事有奸，削其六县。

①师古曰："从音子容反。"

②师古曰："横音胡孟反。"

③师古曰："孽亦庶也。"

④师古曰："公谓显然为之也。即，就也。"

⑤师古曰："亟，急也，音居力反。"

⑥服虔曰："服在丧次，而私奸宫中也。"师古曰："言于服舍为奸，非宫中也。服舍，居丧之次，垩室之属也。"

汉廷臣方议削吴，吴王恐削地无已，因欲发谋举事。念诸侯无足与计者，闻胶西王勇，好兵，诸侯皆畏惮之，于是乃使中大夫应高口说胶西王曰："吴王不肖，有夙夜之忧，①不敢自外，使使臣谕其愚心。"王曰："何以教之？"高曰："今者主上任用邪臣，听信谗贼，变更律令，②侵削诸侯，征求滋多，诛罚良重，③日以益甚。语有之曰：‘狧糠及米。’④吴与胶西，知名诸侯也，一时见察，不得安肆矣。⑤吴王身有内疾，不能朝请二十馀年，⑥常患见疑，无以自白，⑦胁肩累足，犹惧不见释。⑧窃闻大王以爵事有过，所闻诸侯削地，罪不至此，⑨此恐不止削地而已。”王曰："有之，子将奈何？"高曰："同恶相助，同好相留，同情相求，同欲相趋，同利相死。今吴王自以与大王同忧，愿因时循理，弃躯以除患于天下，⑩意亦可乎？"胶西王瞿然骇曰：⑪"寡人何敢如是？主上虽急，固有死耳，安得不事？"⑫高曰："御史大夫晁错营或天子，侵夺诸侯，⑬蔽忠塞贤，朝廷疾怨，诸侯皆有背叛之意，人事极矣。彗星出，蝗虫起，此万世一时，而愁劳，圣人所以起也。吴王内以晁错为诛，外从大王后车，方洋天下，⑭所向者降，所指者下，莫敢不服。大王诚幸而许之一言，则吴王率楚王略函谷关，守荥阳敖仓之粟，距汉兵，治次舍，须大王。⑮大王幸而临之，则天下可并，两主分割，不亦可乎？"王曰："善。"归报吴王，犹恐其不果，乃身自为使者，⑯至胶西面约之。

①师古曰："凡言不肖者，谓其鄙陋无所象似也。解在刑法志。"

②师古曰："更，改也。"

③师古曰："滋亦益也。良，实也，信也。"

④师古曰："狧，古䑛字。䑛，用舌食也，盖以犬为喻也。言初䑛糠遂至食米也。䑛音食尔反。"

⑤师古曰："肆，纵也。"

⑥师古曰："内疾，谓在身中，不显于外。请音材姓反。"

⑦师古曰："白，明也。"

⑧师古曰："胁，翕也，谓敛之也。絭，古卷字也。累足，重足也。并谓惧耳。释，解也，放也。"

⑨师古曰："言其本罪皆不合削地也。"

⑩师古曰："循，顺也。"

⑪师古曰："瞿然，无守之貌，音居具反。"

⑫师古曰："安，焉也。"

⑬师古曰："营谓回绕之也。"

⑭师古曰："方洋犹翱翔也。方音房，又音旁。洋音羊。"

⑮师古曰："次舍，息止之处也。须，待也。"

⑯师古曰："潜行而去也。"

胶西群臣或闻王谋，谏曰："诸侯地不能为汉十二，①为叛逆以忧太后，非计也。②今承一帝，尚云不易，假令事成，两主分争，患乃益生。"王不听，遂发使约齐、菑川、胶东、济南，皆许诺。

①师古曰："不当汉十分之二。"

②文颖曰："王之太后也。"

诸侯既新削罚，震恐，多怨错。及削吴会稽、豫章郡书至，则吴王先起兵，诛汉吏二千石以下。胶西、胶东、菑川、济南、楚、赵亦皆反，发兵西。齐王后悔，背约城守。济北王城坏未完，其郎中令劫守王，不得发兵。胶西王、胶东王为渠率，①与菑川、济南共攻围临菑。赵王遂亦阴使匈奴与连兵。

①师古曰："渠，大也。"

七国之发也，吴王悉其士卒，①下令国中曰："寡人年六十二，身自将。少子年十四，亦为士卒先。诸年上与寡人同，下与少子等，皆发。"二十馀万人。南使闽、东越，闽、东越亦发兵从。

①师古曰："悉，尽也，尽发使行。"

孝景前三年正月甲子，初起兵于广陵。西涉淮，因并楚兵。发使遗诸侯书曰："吴王刘濞敬问胶西王、胶东王、菑川王、济南王、赵王、楚王、淮南王、衡山王、庐江王、故长沙王子：①幸教！以汉有贼臣错，无功天下，侵夺诸侯之地，使吏劾系讯治，以侵辱之为故，②不以诸侯人君礼遇刘氏骨肉，③绝先帝功臣，进任奸人，诳乱天下，欲危社稷。陛下多病志逸，不能省察。④欲举兵诛之，谨闻教。敝国虽狭，地方三千里；⑤人民虽少，精兵可具五十万。寡人素事南越三十馀年，其王诸君皆不辞分其兵以随寡人，⑥又可得三十万。寡人虽不肖，愿以身从诸王。南越直长沙者，因王子定长沙以北，⑦西走蜀、汉中。告越、⑧楚王、淮南三王，与寡人西面；⑨齐诸王与赵王定河间、河内，或入临晋关，或与寡人会雒阳；⑩燕王、赵王故与胡王有约，燕王北定代、云中，转胡众入萧关，走长安，⑪匡正天下，以安高庙。愿王勉之。楚元王子、淮南三王或不沐洗十馀年，怨入骨髓，⑫欲壹有所出久矣，⑬寡人未得诸王之意，未敢听。今诸王苟能存亡继绝，振弱伐暴，以安刘氏，社稷所愿也。吴国虽贫，寡人节衣食用，积金钱，修兵革，聚粮食，夜以继日，三十馀年矣。凡皆为此，⑭愿诸王勉之。能斩捕大将者，赐金五千斤，封万户；列将，三千斤，封五千户；裨将，二千斤，封二千户；二千石，千斤，封千户：皆为列侯。其以军若城邑降者，卒万人，邑万户，如得大将；⑮人户五千，如得列将；人户三千，如得裨将；

汉书卷三十五

人户千，如得二千石；其小吏皆以差次受爵金。它封赐皆倍军法。⑯其有故爵邑者，更益勿因。⑰愿诸王明以令士大夫，不敢欺也。寡人金钱在天下者往往而有，非必取于吴，⑱诸王日夜用之不能尽。有当赐者告寡人，寡人且往遗之。敬以闻。"

①如淳曰："吴芮后四世无嗣，国除，庶子二人为列侯，不得嗣王，志将不满，故诱与之反也。"

②孟康曰："故，事也。"师古曰："言专以侵辱诸侯为事业。"

③师古曰："人君者，言诸王各自君其国。"

④师古曰："逸，放也。"

⑤师古曰："狭音胡夹反。"

⑥师古曰："诸君谓其酋豪。"

⑦如淳曰："南越直长沙者，因王子定之。"师古曰："直，当也。言越地之北，当长沙者也。"

⑧如淳曰："告东越，使定之也。"师古曰："此说非也。言王子定长沙巳北，而西趣蜀及汉中，平定以讫，使报南越也。走音奏。"

⑨师古曰："淮南三王，谓厉王三子为王者，淮南、衡山、济北也。"

⑩师古曰："临晋关即今之蒲津关。"

⑪师古曰："走音奏。"

⑫师古曰："言心有所怀，志不在洗沐也。"

⑬师古曰："谓发兵。"

⑭师古曰："为此谓欲反也。为音于伪反。"

⑮师古曰："以卒万人或邑万户来降附者，其封赏则与大将同。下皆类此。"

⑯服虔曰："封赐倍汉之常法。"

⑰师古曰："于旧爵之外，特更与之。"

⑱师古曰："言处处郡国皆有之。"

七国反书闻，天子乃遣太尉条侯周亚夫将三十六将军往击吴楚；遣曲周侯郦寄击赵，将军栾布击齐，大将军窦婴屯荥阳监齐赵兵。

初，吴楚反书闻，兵未发，窦婴言故吴相爰盎。召入见，上问以吴楚之计，盎对曰："吴楚相遗书，曰'贼臣朝错擅適诸侯，削夺之地'，①以故反，名为西共诛错，复故地而罢。②方今计独斩错，发使赦七国，复其故地，则兵可毋血刃而俱罢。"③上从其议，遂斩错。语具在盎传。以盎为泰常，奉宗庙，使吴王，④吴王弟子德侯为宗正，⑤辅亲戚。使至吴，⑥吴楚兵已攻梁壁矣。宗正以亲故，先入见，谕吴王拜受诏。吴王闻盎来，亦知其欲说，笑而应曰："我已为东帝，尚谁拜？"不肯见盎而留军中，欲劫使将。盎不肯，使人围守，且杀之。盎得夜亡走梁，⑦遂归报。

①师古曰："適读曰谪。"
②师古曰："复音扶目反。次下亦同。"
③师古曰："血刃，谓杀伤人而刃著血也。"
④师古曰："奉宗庙之指意也。"
⑤师古曰："德哀侯广之子也，名通。"
⑥师古曰："以亲戚之意谕说也。"
⑦服虔曰："梁王与吴战，盎得奔梁。"

条侯将乘六乘传，会兵荥阳。①至雒阳，见剧孟，喜曰："七国反，吾乘传至此，不自意全。②又以为诸侯已得剧孟。孟今无动，吾据荥阳，③荥阳以东无足忧者。"至淮阳，问故父绛侯客邓都尉曰："策安出？"客曰："吴（楚）兵锐甚，〔4〕难与争锋。楚兵轻，不能久。方今为将军计，莫若引兵东北壁**昌邑**，以**梁**委**吴**，**吴**必尽锐攻之。将军深沟高垒，使轻兵绝**淮泗**口，塞**吴**饟道。④使**吴**、**梁**相敝而粮食竭，乃以全制其极，破**吴**必矣。"条侯曰："善。"从其策，遂坚壁**昌邑**南，轻兵绝**吴**饟道。

①师古曰："会兵谓集大兵。传音张恋反。"

②师古曰："意不自言得安全至**雒阳**也。"

③师古曰："言**剧孟**既不动摇，吾又得据**荥阳**也。"

④师古曰："饟，古饷字。"

吴王之初发也，**吴**臣**田禄伯**为大将军。**田禄伯**曰："兵屯聚而西，无它奇道，难以立功。臣愿得五万人，别循**江淮**而上，收**淮南**、**长沙**，入**武关**，与大王会，此亦一奇也。"**吴王**太子谏曰："王以反为名，此兵难以藉人，①人亦且反王，奈何？且擅兵而别，多它利害，②徒自损耳。"**吴王**即不许**田禄伯**。

①师古曰："藉，假也。"

②苏林曰："禄伯倘将兵降汉，自为己利，于吴为生患害。"师古曰："**苏**说非也。上言'难以藉人，人亦且反王'，是则已疑禄伯矣。下乃云'多它利害'，谓分兵而去，前事不测，或有利害，难可决机耳，非重云畏其降汉者。"

吴少将**桓**将军说王曰："**吴**多步兵，步兵利险；**汉**多车骑，车骑利平地。愿大王所过城不下，直去，疾西据**雒阳**武库，食**敖**仓粟，阻山河之险以令诸侯，虽无入关，天下固已定矣。大王徐行，留下城邑，**汉**军车骑至，驰入**梁楚**之郊，事败矣。"**吴王**问**吴**老将，老将曰："此年少（椎）〔推〕锋可耳，[5]安知大虑！"于是王不用**桓**将军计。

王专并将其兵，未度淮，诸宾客皆得为将、校尉、行间候、司马，①独周丘不用。周丘者，下邳人，亡命吴，酤酒无行，王薄之，不任。周丘乃上谒，说王曰："臣以无能，不得待罪行间。臣非敢求有所将也，愿请王一汉节，必有以报。"王乃予之。周丘得节，夜驰入下邳。下邳时闻吴反，皆城守。至传舍，召令入户，使从者以罪斩令。遂召昆弟所善豪吏告曰："吴反兵且至，屠下邳不过食顷。今先下，家室必完，能者封侯至矣。"出乃相告，下邳皆下。周丘一夜得三万人，使人报吴王，遂将其兵北略城邑。比至城阳，兵十余万，②破城阳中尉军。闻吴王败走，自度无与共成功，③即引兵归下邳。未至，痈发背死。

①孟康曰："行伍间候也。"师古曰："在行伍间，或为候，或为司马也。"

②师古曰："比音必寐反。"

③师古曰："度音大各反。"

二月，吴王兵既破，败走，于是天子制诏将军："盖闻为善者天报以福，为非者天报以殃。高皇帝亲垂功德，建立诸侯，幽王、悼惠王绝无后，孝文皇帝哀怜加惠，①王幽王子遂、悼惠王子卬等，令奉其先王宗庙，为汉藩国，德配天地，明并日月。而吴王濞背德反义，诱受天下亡命罪人，乱天下币，②称疾不朝二十余年。有司数请濞罪，孝文皇帝宽之，欲其改行为善。今乃与楚王戊、赵王遂、胶西王卬、济南王辟光、菑川王贤、胶东王雄渠约从谋反，③为逆无道，起兵以危宗庙，贼杀大臣及汉使者，追劫万民，伐杀无罪，烧残民家，掘其丘垄，甚为虐暴。而卬等又重逆无道，④烧宗庙，卤御物，⑤朕甚痛之。朕素服避正殿，将军其劝士大夫击反虏。击反虏者，深入多杀为功，斩首捕虏比三百石以上皆杀，无有所置。⑥敢有议诏及不如诏者，皆要斩。"

①师古曰："怜其国绝，故加恩惠而更封。"

②如淳曰："币，钱也。以私钱淆乱天下钱。"

③师古曰："从音子容反。"

④师古曰："重音直用反。"

⑤如淳曰："卤，抄掠也。"师古曰："御物，供宗庙之服器也。"

⑥师古曰："置，放释也。"

初，吴王之度淮，与楚王遂西败棘壁，乘胜而前，锐甚。梁孝王恐，遣将军击之，又败梁两军，士卒皆还走。梁数使使条侯求救，条侯不许。又使使诉条侯于上，上使告条侯救梁，又守便宜不行。梁使韩安国及楚死事相弟张羽为将军，①乃得颇败吴兵。吴兵欲西，梁城守，不敢西，即走条侯军，②会下邑。欲战，③条侯壁，不肯战。吴粮绝，卒饥，数挑战，遂夜奔条侯壁，惊东南。条侯使备西北，果从西北。不得入，吴大败，士卒多饥死叛散。于是吴王乃与其戏下壮士千人夜亡去，④度淮走丹徒，保东越。东越兵可万馀人，使人收聚亡卒。汉使人以利啖东越，⑤东越即绐吴王，⑥吴王出劳军，使人鏦杀吴王，⑦盛其头，驰传以闻。⑧吴王太子驹亡走闽越。吴王之弃军亡也，军遂溃，往往稍降太尉条侯及梁军。楚王戊军败，自杀。

①李奇曰："相，即张尚也。"

②师古曰："走音奏。"

③师古曰："下邑，梁之县。"

④师古曰："戏读曰麾，又音许宜反。"

⑤师古曰："啖音徒滥反。解在高纪。"

⑥师古曰："绐，诳也。"

⑦孟康曰："方言戟谓之釾。"苏林曰："釾音从容之从。"师古曰："釾谓以矛戟撞之，音楚江反。"

⑧师古曰："传音张恋反。"

三王之围齐临菑也，三月不能下。汉兵至，胶西、胶东、菑川王各引兵归国。胶西王徒跣，席稿，饮水，谢太后。王太子德曰："汉兵还，臣观之以罢，①可袭，愿收王馀兵击之，不胜而逃入海，未晚也。"王曰："吾士卒皆已坏，不可用。"不听。汉将弓高侯颓当遗王书②曰："奉诏诛不义，降者赦，除其罪，复故；不降者灭之。王何处？须以从事。"③王肉袒叩头汉军壁，谒曰："臣卬奉法不谨，惊骇百姓，乃苦将军远道至于穷国，敢请菹醢之罪。"弓高侯执金鼓见之，曰："王苦军事，愿闻王发兵状。"王顿首膝行对曰："今者，朝错天子用事臣，变更高皇帝法令，侵夺诸侯地。卬等以为不义，恐其败乱天下，七国发兵，且以诛错。今闻错已诛，卬等谨已罢兵归。"将军曰："王苟以错为不善，何不以闻？及未有诏虎符，擅发兵击义国。以此观之，意非徒欲诛错也。"乃出诏书为王读之，曰："王其自图之。"④王曰："如卬等死有馀罪。"遂自杀。太后、太子皆死。胶东、菑川、济南王皆伏诛。郦将军攻赵，十月而下之，赵王自杀。济北王以劫故，不诛。

①师古曰："罢读曰疲。"

②师古曰："韩颓当。"

③师古曰："言王欲以何理自安处，吾待以行事也。处音昌汝反。"

④师古曰："图，谋也。"

初，<u>吴王</u>首反，并将<u>楚</u>兵，连<u>齐</u>、<u>赵</u>。正月起，三月皆破灭。

赞曰：<u>荆王王</u>也，由<u>汉</u>初定，天下未集，①故虽疏属，以策为王，镇<u>江淮</u>之间。<u>刘泽</u>发于<u>田生</u>，权激<u>吕氏</u>，②然卒南面称孤者三世。事发相重，岂不危哉！③<u>吴王</u>擅山海之利，能薄敛以使其众，逆乱之萌，自其子兴。④古者诸侯不过百里，山海不以封，盖防此矣。<u>朝错</u>为国远虑，祸反及身。"毋为权首，将受其咎"，岂谓<u>错</u>哉！⑤

①<u>师古</u>曰："集，和也。"

②<u>晋灼</u>曰："<u>田生</u>欲王<u>刘泽</u>，先使<u>张卿</u>说封<u>吕产</u>，恐其大臣觖望，<u>泽</u>卒得王，故云以权激<u>吕氏</u>也。"

③<u>晋灼</u>曰："<u>刘泽</u>以金与<u>田生</u>，以事<u>张卿</u>，言之<u>吕后</u>，而<u>刘泽</u>得王，故曰事发相重也。"<u>师古</u>曰："重犹累也。言<u>泽</u>得王，本由<u>田生</u>行说，若其事发觉，则相随入罪，事相累误。累音力瑞反。"

④<u>师古</u>曰："萌谓始生也。"

⑤<u>师古</u>曰："此逸<u>周书</u>之言，赞引之者，谓<u>错</u>适当此言耳。"

【校勘记】

〔4〕 吴（楚）兵锐甚， 王先慎说"楚"字衍文，史记无"楚"字。

〔5〕 此年少（椎）〔推〕锋可耳， 景祐、殿本都作"推"。王先谦
说作"推"是，史记亦作"推"。

汉书卷三十六

楚元王传第六

楚元王交字游，高祖同父少弟也。①好书，多材艺。少时尝与鲁穆生、白生、申公俱受诗于浮丘伯。②伯者，孙卿门人也。③及秦焚书，各别去。

①师古曰："言同父，知其异母。"

②服虔曰："白生，鲁国奄里人。浮丘伯，秦时儒生。"

③师古曰："孙卿姓荀名况，为楚兰陵令，汉以避宣帝讳，改之曰孙。"

高祖兄弟四人，长兄伯，次仲，伯蚤卒。①高祖既为沛公，景驹自立为楚王。高祖使仲与审食其留侍太上皇，②交与萧、曹等俱从高祖见景驹，遇项梁，共立楚怀王。因西攻南阳，入武关，与秦战于蓝田。至霸上，封交为文信君，从入蜀汉，还定三秦，诛项籍。即帝位，交与卢绾常侍上，出入卧内，传言语诸内事隐谋。而上从父兄刘贾数别将。

①师古曰:"蚤,古早字也。"

②师古曰:"食音异。其音基。"

汉六年,既废楚王信,分其地为二国,立贾为荆王,交为楚王,王薛郡、东海、彭城三十六县,先有功也。后封次兄仲为代王,长子肥为齐王。

初,高祖微时,常避事,时时与宾客过其丘嫂食。①嫂厌叔与客来,阳为羹尽,轑釜,②客以故去。已而视釜中有羹,繇是怨嫂。③及立齐、代王,而伯子独不得侯。太上皇以为言,高祖曰:"某非敢忘封之也,为其母不长者。"七年十月,封其子信为羹颉侯。④

①应劭曰:"丘,姓也。"孟康曰:"西方谓亡女婿为丘婿。丘,空也,兄亡空有嫂也。"张晏曰:"丘,大也,长嫂称也。"晋灼曰:"礼谓大妇为冢妇。"师古曰:"史记丘字作巨。丘、巨皆大也。张、晋二说,其义得之。"

②服虔曰:"音劳。轑,轹也。"师古曰:"以勺轹釜,令为声也。轑音洛,又音历。"

③师古曰:"繇与由同。"

④师古曰:"颉音戛。言其母戛羹釜也。"

元王既至楚,以穆生、白生、申公为中大夫。高后时,浮丘伯在长安,元王遣子郢客与申公俱卒业。①文帝时,闻申公为诗最精,以为博士。元王好诗,诸子皆读诗,申公始为诗传,号鲁诗。②元王亦次之诗传,号曰元王诗,③世或有之。

①师古曰:"卒,终也。"

②师古曰:"凡言传者,谓为之解说,若今诗毛氏传也。"

③师古曰:"次谓缀集之。"

高后时,以元王子郢客为宗正,封上邳侯。元王立二十三年薨,太子辟非先卒,①文帝乃以宗正上邳侯郢客嗣,是为夷王。申公为博士,失官,随郢客归,复以为中大夫。立四年薨,子戊嗣。文帝尊宠元王,子生,爵比皇子。②景帝即位,以亲亲封元王宠子五人:子礼为平陆侯,富为休侯,岁为沈犹侯,③埶为宛朐侯,④调为棘乐侯。

①师古曰:"辟非者,犹辟邪辟兵之类也。先卒者,元王未薨之时已卒也。辟音璧。"

②师古曰:"元王生子,封爵皆与皇子同,所以尊宠元王也。"

③晋灼曰:"沈音审。王子侯表属千乘高宛。"

④师古曰:"埶,古艺字。"

初,元王敬礼申公等,穆生不耆酒,①元王每置酒,常为穆生设醴。②及王戊即位,常设,后忘设焉。穆生退曰:"可以逝矣!醴酒不设,王之意怠,不去,楚人将钳我于市。"③称疾卧。申公、白生强起之曰:"独不念先生之德与?④今王一旦失小礼,何足至此!"穆生曰:"易:称'知几其神乎!⑤几者动之微,吉凶之先见者也。⑥君子见几而作,不俟终日。'先王之所以礼吾三人者,为道之存故也;今而忽之,是忘道也。⑦忘道之人,胡可与久处!岂为区区之礼哉?"⑧遂谢病去。申公、白生独留。

①师古曰:"耆读曰嗜。"

②师古曰:"醴,甘酒也。少曲多米,一宿而熟,不齐之。"

③师古曰:"钳,以铁束颈也,音其炎反。"

④师古曰:"与读曰欤。"

⑤师古曰："下系之辞也。"

⑥师古曰："见音胡电反。"

⑦师古曰："忽，怠也。"

⑧师古曰："区区，谓小也。"

王戊稍淫暴，二十年，为薄太后服私奸，削东海、薛郡，乃与吴通谋。二人谏，不听，胥靡之，①衣之赭衣，使杵臼雅舂于市。②休侯使人谏王，王曰："季父不吾与，我起，先取季父矣。"③休侯惧，乃与母太夫人奔京师。④二十一年春，景帝之三年也，削书到，遂应吴王反。其相张尚、太傅赵夷吾谏，不听。遂杀尚、夷吾，起兵会吴西攻梁，破棘壁，至昌邑南，与汉将周亚夫战。汉绝吴楚粮道，士饥，吴王走，戊自杀，军遂降汉。

①应劭曰："诗云'若此无罪，沦胥以铺'。胥靡，刑名也。"晋灼曰："胥，相也。靡，随也。古者相随坐轻刑之名。"师古曰："联系使相随而服役之，故谓之胥靡，犹今之役囚徒以锁联缀耳。晋说近之，而云随坐轻刑，非也。"

②晋灼曰："高肱举杵，正身而舂之。"师古曰："为木杵而手舂，即今所谓步白者耳，非碓白也。"

③师古曰："不吾与，言不与我同心。"

④臣瓒曰："侯母号太夫人。"

汉已平吴楚，景帝乃立宗正平陆侯礼为楚王，奉元王后，是为文王。四年薨，子安王道嗣。二十二年薨，子襄王注嗣。十四年薨，子节王纯嗣。十六年薨，子延寿嗣。宣帝即位，延寿以为广陵王胥武帝子，天下有变必得立，阴欲附倚辅助之，①故为其（後）〔后〕母弟赵何齐取广陵王女为妻。[1]与何齐谋曰："我与广陵王相结，天下不安，发兵助之，使广陵王立，何齐尚公主，列

1690

侯可得也。"因使何齐奉书遗<u>广陵王</u>曰:"愿长耳目,②毋后人有天下。"③<u>何齐</u>父<u>长年</u>上书告之。事下有司,考验辞服,<u>延寿</u>自杀。立三十二年,国除。

①师古曰:"倚,依也。音于绮反。"

②师古曰:"言常伺听,勿失机也。"

③师古曰:"方争天下,勿使在人后。"

初,<u>休侯富</u>既奔京师,而<u>王戊</u>反,<u>富</u>等皆坐免侯,削属籍。后闻其数谏<u>戊</u>,乃更封为<u>红侯</u>。太夫人与<u>窦太后</u>有亲,惩山东之寇,①求留京师,诏许之。<u>富</u>子<u>辟彊</u>等四人②供养,仕于朝。③太夫人薨,赐茔,④葬<u>灵户</u>。⑤<u>富</u>传国至曾孙,无子,绝。

①师古曰:"惩,创也。"

②师古曰:"辟音必亦反。彊音居良反。又辟读曰闢,彊读曰疆。解在<u>文纪</u>。"

③师古曰:"四子以在京师供养其祖母,故仕于<u>汉朝</u>也。"

④师古曰:"茔,冢地,谓为界域。茔音营。"

⑤师古曰:"地名也。"

<u>辟彊</u>字<u>少卿</u>,亦好读<u>诗</u>,能属文。①<u>武帝</u>时,以宗室子随二千石论议,冠诸宗室。②清静少欲,常以书自娱,不肯仕。<u>昭帝</u>即位,或说大将军<u>霍光</u>曰:"将军不见诸<u>吕</u>之事乎?处<u>伊尹</u>、<u>周公</u>之位,摄政擅权,而背宗室,不与共职,是以天下不信,卒至于灭亡。今将军当盛位,帝春秋富,宜纳宗室,又多与大臣共事,③反诸<u>吕</u>道,如是则可以免患。"④<u>光</u>然之,乃择宗室可用者。<u>辟彊</u>子<u>德</u>待诏丞相府,⑤年三十馀,欲用之。或言父见在,亦先帝之所宠也。遂拜<u>辟彊</u>为光禄大夫,守<u>长乐</u>卫尉,时年已八十

矣。徙为宗正，数月卒。

①师古曰："属文，谓会缀文辞也，音之欲反。后皆类此。"

②师古曰："论议每出宗室之上也。"

③服虔曰："共议事也。"师古曰："每事皆与参共知之。"

④师古曰："言诸吕专权，所以灭亡，今纳宗室，是反其道，乃可免患也。"

⑤师古曰："于丞相府听诏命也。"

德字路叔（少），[2]修黄老术，有智略。少时数言事，召见甘泉宫，武帝谓之"千里驹"。①昭帝初，为宗正丞，杂治刘泽诏狱。②父为宗正，徙大鸿胪丞，迁太中大夫，后复为宗正，杂案上官氏、盖主事。德常持老子知足之计。③妻死，大将军光欲以女妻之，德不敢取，畏盛满也。盖长公主孙谭遮德自言，④德数责以公主起居无状。⑤侍御史以为光望不受女，⑥承指劾德诽谤诏狱，⑦免为庶人，屏居山田。光闻而恨之，⑧复白召德守青州刺史。岁馀，复为宗正，与立宣帝，⑨以定策赐爵关内侯。地节中，以亲亲行谨厚封为阳城侯。子安民为郎中右曹，宗家以德得官宿卫者二十馀人。

①师古曰："言若骏马可致千里也。年齿幼少，故谓之驹。"

②师古曰："杂谓以他官共治之也。刘泽，齐孝王之孙，谋反欲杀青州刺史者。"

③师古曰："老子德经云'知足不辱'。"

④师古曰："公主之孙名谭，自言者，申理公主所坐。"

⑤师古曰："无状，无善状也。数音所具反。"

⑥师古曰："望，怨望也。"

⑦师古曰："承指，谓取霍光之意指，德实责数公主，而御史乃以为受

谭冤诉，故云诽谤诏狱。"

⑧师古曰："以御史不知己意。"

⑨师古曰："与读曰豫。豫其谋议也。"

德宽厚，好施生，①每行京兆尹事，多所平反罪人。②家产过百万，则以振昆弟③宾客食饮，④曰："富，民之怨也。"立十一年，子向坐铸伪黄金，当伏法，⑤德上书讼罪。会薨，大鸿胪奏德讼子罪，失大臣体，不宜赐谥置嗣。制曰："赐谥缪侯，⑥为置嗣。"传至孙庆忌，复为宗正太常。薨，子岑嗣，为诸曹中郎将，列校尉，至太常。薨，传子，至王莽败，乃绝。

①师古曰："言好施恩惠于人，而生全之。"

②苏林曰："反音幡，幡罪人辞使从轻也。"

③师古曰："振，举救之。"

④师古曰："既以救贫昆弟，又散供食饮之费。"

⑤如淳曰："律，铸伪黄金弃市也。"

⑥师古曰："缪，恶谥也，以其妄讼子。"

向字子政，①本名更生。年十二，以父德任为辇郎。②既冠，以行修饬擢为谏大夫。③是时，宣帝循武帝故事，招选名儒俊材置左右。更生以通达能属文辞，与王褒、张子侨等并进对，④献赋颂凡数十篇。上复兴神仙方术之事，而淮南有枕中鸿宝苑秘书。⑤书言神仙使鬼物为金之术，及邹衍重道延命方，世人莫见，而更生父德武帝时治淮南狱得其书。更生幼而读诵，以为奇，献之，言黄金可成。上令典尚方铸作事，⑥费甚多，方不验。上乃下更生吏，吏劾更生铸伪黄金，系当死。更生兄阳城侯安民上书，入国户半，赎更生罪。上亦奇其材，得逾冬减死论。⑦会初立穀梁春秋，征更生受穀梁，讲论五经于石渠，⑧复拜为郎中、给事黄门，迁散骑、谏大夫、给事中。

①师古曰："名向，字子政。义则相配，而近代学者读向音饷，既无别释，靡所据凭，当依本字为胜也。"

②服虔曰："父保任其子为郎也。辇郎，如今引御辇郎也。"

③师古曰："饬，整也，读与敕同，其字从力。"

④师古曰："子侨官至光禄大夫，见艺文志。进对，谓进见而对诏命也。侨字或作㛤，或作乔，皆音巨骄反。"

⑤师古曰："鸿宝苑秘书，并道术篇名。藏在枕中，言常存录之不漏泄也。"

⑥师古曰："尚方，主巧作金银之所。若今之中尚署。"

⑦服虔曰："逾冬，至春行宽大而减死罪。"如淳曰："狱冬尽当决竟，而得逾冬，复至后冬，故或逢赦，或得减死也。"师古曰："服说是也。"

⑧师古曰："三辅旧事云石渠阁在未央大殿北，以藏秘书。"

元帝初即位，太傅萧望之为前将军，少傅周堪为诸吏光禄大夫，①皆领尚书事，甚见尊任。更生年少于望之、堪，然二人重之，荐更生宗室忠直，明经有行，擢为散骑宗正给事中，与侍中金敞拾遗于左右。四人同心辅政，患苦外戚许、史在位放纵，而中书宦官弘恭、石显弄权。望之、堪、更生议，欲白罢退之。未白而语泄，遂为许、史及恭、显所谮诉，堪、更生下狱，及望之皆免官。语在望之传。其春地震，夏，客星见昴、卷舌间。②上感悟，下诏赐望之爵关内侯，奉朝请。秋，征堪、向，欲以为谏大夫，恭、显白皆为中郎。冬，地复震。时恭、显、许、史子弟侍中诸曹，皆侧目于望之等，更生惧焉，乃使其外亲上变事，③言：

①师古曰："加官也。百官公卿表云诸吏所加或列侯、将军、卿大夫，得举不法也。"

②师古曰："见于昴与卷舌之间也。卷音俱免反。"

③师古曰："非常之事，故谓之变也。"

窃闻故前将军萧望之等，皆忠正无私，欲致大治，忤于贵戚尚书。①今道路人闻望之等复进，以为且复见毁谮，必曰尝有过之臣不宜复用，是大不然。②臣闻春秋地震，为在位执政太盛也，不为三独夫动，亦已明矣。③且往者高皇帝时，季布有罪，至于夷灭，后赦以为将军，高后、孝文之间卒为名臣。④孝武帝时，兒宽有重罪系，按道侯韩说谏曰：⑤"前吾丘寿王死，陛下至今恨之；⑥今杀宽，后将复大矣恨！"上感其言，遂贳宽，⑦复用之，位至御史大夫，御史大夫未有及宽者也。又董仲舒坐私为灾异书，主父偃取奏之，下吏，罪至不道，幸蒙不诛，复为太中大夫、胶西相，以老病免归。汉有所欲兴，常有诏问。⑧仲舒为世儒宗，定议有益天下。孝宣皇帝时，夏侯胜坐诽谤系狱三年，免为庶人。宣帝复用胜，至长信少府，太子太傅，名敢直言，天下美之。若乃群臣，多此比类，难一二记。⑨有过之臣，无负国家，有益天下，此四臣者，足以观矣。

①师古曰："忤犹逆也，音五故反。他皆类此。"

②师古曰："言不宜用有过之臣者，此议非也。"

③应劭曰："谓萧望之、周堪及向。"师古曰："独夫犹言匹夫也。"

④师古曰："卒，终也。"

⑤师古曰："说读曰悦。"

⑥师古曰："恨犹悔也。"

⑦师古曰："贳谓缓恕其罪也。"

⑧师古曰："兴谓改作（虑）〔宪〕章。"[3]

⑨师古曰："比音必寐反。"

前弘恭奏望之等狱决，三月，地大震。恭移病出，①后复视事，天阴雨雪。②由是言之，地动殆为恭等。③

①师古曰："移病者，移书言病也，一曰言以病移出，不居官府。"

②师古曰："雨音于具反。"

③师古曰："殆，近也。"

臣愚以为宜退恭、显以章蔽善之罚，①进望之等以通贤者之路。如此，太平之门开，灾异之原塞矣。

①师古曰："章，明也。"

书奏，恭、显疑其更生所为，白请考奸诈。辞果服，遂逮更生系狱，下太傅韦玄成、谏大夫贡禹，与廷尉杂考。劾更生前为九卿，坐与望之、堪谋排车骑将军高、许、史氏侍中者，毁离亲戚，欲退去之，而独专权。为臣不忠，幸不伏诛，复蒙恩征用，不悔前过，而教令人言变事，诬罔不道。更生坐免为庶人。而望之亦坐使子上书自冤前事，恭、显白令诣狱置对。①望之自杀。天子甚悼恨之，乃擢周堪为光禄勋，堪弟子张猛光禄大夫给事中，大见信任。恭、显惮之。数谮毁焉。更生见堪、猛在位，几已得复进，②惧其倾危，乃上封事谏曰：

①师古曰："置对者，立为对辞。"

②师古曰："几读曰冀。"

臣前幸得以骨肉备九卿，奉法不谨，乃复蒙恩。窃见灾异并起，天地失常，征表为国。①欲终不言，念忠臣虽在甽亩，犹不忘君，惓惓之义也。②况重以骨肉之亲，③又加以旧恩未报乎！欲竭愚诚，又恐越职，然惟二恩未报，④忠臣之义，一杼愚意，退就农亩，死无所恨。⑤

①师古曰："征，证也。"

②师古曰："甽者，田中之沟也。田沟之法，耜广五寸，二耜为耦，一耦之伐，广尺深尺，谓之甽，六甽而为一亩。甽音工犬反，字或作畎，其音同耳。惓惓，忠谨之意。惓读与拳同，音其专反。礼记曰'得一善则拳拳服膺，弗失之矣'。"

③师古曰："重音直用反。"

④师古曰："惟，思也。"

⑤师古曰："杼谓引而泄之也。音食汝反。"

臣闻舜命九官，①济济相让，和之至也。众贤和于朝，则万物和于野。故箫韶九成，而凤皇来仪；击石拊石，百兽率舞。②四海之内，靡不和宁。及至周文，开基西郊，③杂逻众贤，罔不肃和，④崇推让之风，以销分争之讼。文王既没，周公思慕，歌咏文王之德，其诗曰："於穆清庙，肃雍显相；济济多士，秉文之德。"⑤当此之时，武王、周公继政，朝臣和于内，万国欢于外，故尽得其欢心，以事其先祖。其诗曰："有来雍雍，至止肃肃，相维辟公，天子穆穆。"⑥言四方皆以和来也。诸侯和于下，天应报于上，故周颂曰"降福穰穰"，⑦又曰"饴我厘麰"。⑧厘麰，麦也，始自天降。此皆以和致和，获天助也。

①师古曰："尚书禹作司空，弃后稷，契司徒，咎繇作士，垂共工，（作）〔益〕朕虞，[4]伯夷秩宗，夔典乐，龙纳言，凡九官也。"

②师古曰："韶，舜乐名。举箫管之属，示其备也。于韶乐九奏则凤皇见其容仪，击钟鸣磬而百兽相率来舞，言感至和也。"

③师古曰："言文王始受命作周也。"

④师古曰："杂遝，取积之貌，遝音大合反。"

⑤师古曰："此周颂祀文王清庙之诗也。於，叹辞也。穆，美也。肃，敬也。雍，和也。显，明也。相，助也。济济，盛也。言文王有清净之化，敬而且和，光明著见，故济济之众士皆执行文王之德也。於读曰乌。"

⑥师古曰："此周颂禘太祖之雝诗也。相，助也。辟，百辟也。公，诸侯也。言有此宾客以和而来至（也）〔止〕而敬者，[5]乃助王祭之人，百辟与诸侯耳。于是时，天子则穆穆然。礼记曰'天子穆穆，诸侯皇皇'。辟音璧。"

⑦师古曰："此执竞之篇祀武王之诗也。穰穰，多也。音人羊反。"

⑧师古曰："此思文之篇以后稷配天之诗也。饴，遗也，言天遗此物也。饴读与贻同也。厘音力之反，又读与来同。牟音牟。"

下至幽、厉之际，朝廷不和，转相非怨，①诗人疾而忧之曰："民之无良，相怨一方。"②众小在位而从邪议，歙歙相是而背君子，故其诗曰："歙歙訿訿，亦孔之哀！谋之其臧，则具是违；谋之不臧，则具是依！"③君子独处守正，不桡众枉，④勉强以从王事则反见憎毒谗愬，故其诗曰："密勿从事，不敢告劳，无罪无辜，谗口嚣嚣！"⑤当是之时，日月薄蚀而无光，⑥其诗曰："朔日辛卯，日有蚀之，亦孔之丑！"⑦又曰："彼月而微，此日而微，今此下民，亦孔之哀！"⑧又曰："日月鞠凶，不用其行；四国无政，不用其良！"⑨天变见于上，地变动于下，水泉沸腾，山谷易处。其诗曰："百川沸腾，山冢卒崩，高岸为谷，深谷为陵。哀今之人，胡憯莫惩！"⑩霜降失节，不以其时，其诗曰："正月繁霜，我心忧伤；民之讹言，亦孔之将！"言民以是为非，甚众大也。⑪此皆不和，贤不肖易位之所致也。⑫

①师古曰："厉王，夷王之子，厉王生宣王，宣王生幽王。"

②师古曰："此小雅角弓之篇刺幽王之诗也。良，善也。言人各为不善，其意乖离，而相怨也。一方，谓自守一方，所向异之。"

③师古曰："此小雅小旻篇刺幽王之诗也。言在位卿士，歙歙然患其上，訿訿然不供职，各失臣节，甚可哀痛。而谋之善者，则背违之，不善之谋，依而施用，所以为刺也。歙音翕。訿音紫。"

④师古曰："桡，屈也，不为众曲而自屈也。桡音女教反。"

⑤师古曰："此小雅十月之交篇刺幽王之诗也。密勿犹黾勉从事也。瘄瘄，众声也。言己黾勉行事，不敢自陈劳苦，实无罪辜，而被谗谮嗷嗷然也。瘄音教。"

⑥师古曰："薄，迫也。谓被掩迫也。"

⑦师古曰："自此已下至'百川沸腾'，皆十月之交诗也。孔，甚也。丑，恶也。周之十月，夏之八月，朔日有辛卯，日月交会，而日见蚀，阴侵于阳。辛，金日也。卯，木辰也。以卯侵金，则臣侵君，故甚恶之。"

⑧师古曰："微，亏微也。言彼月者，当有亏耳，而今此日，乃复微也。言君臣失道，是为灾异，故令人甚哀也。"

⑨师古曰："鞠，告也。言日月不用其常行之道以告凶灾者，由四方之国无政理，不能用善人也。"

⑩师古曰："沸，涌出也。腾，乘也。冢，山顶也。卒，尽也。胡，何

也。憯，曾也。懲，艾也。言百川沸涌而相乘陵，山顶隆高而尽崩坏，陵谷易处，尊卑失序，咎异大矣，诚可畏惧。哀哉今人，何为会莫创艾也！憯音千感反。"

⑪张晏曰："正月，夏之四月也，纯阳用事，而反多霜，急恒寒（苦）〔若〕之灾也。"[6]师古曰："此小雅正月之篇刺幽王之诗也。四月正阳之月，故谓之正月。繁，多也。訛，伪也。孔，甚也。将，大也。此言王政乖舛，阳月多霜，害于生物，故己心为忧伤，而众庶之人，共为伪言，以是为非，排斥贤俊，祸甚大也。"

⑫师古曰："贤人在下，不肖居上，故云易位。"

　　自此之后，天下大乱，篡杀殃祸并作，厉王奔彘，①幽王见杀。②至乎平王末年，鲁隐之始即位也，③周大夫祭伯乖离不和，出奔于鲁，④而春秋为讳，不言来奔，伤其祸殃自此始也。是后尹氏世卿而专恣，⑤诸侯背畔而不朝，周室卑微。二百四十二年之间，⑥日食三十六，⑦地震五，⑧山陵崩阤二，⑨彗星三见，⑩夜常星不见，夜中星陨如雨一，⑪火灾十四。⑫长狄入三国，⑬五石陨坠，六鹢退飞，多麋，有蜮、蜚，鸜鹆来巢者，皆一见。⑭昼冥晦，⑮雨木冰。⑯李梅冬实。七月霜降，草木不死。⑰八月杀菽。⑱大雨雹。⑲雨雪雷霆失序相乘。⑳水、旱、饥、蝝、螽、螟蜂午并起。㉑当是时，祸乱辄应，弑君三十六，㉒亡国五十二，㉓诸侯奔走，不得保其社稷者，不可胜数也。㉔周室多祸：晋败其师于贸戎；㉕伐其郊；㉖郑伤桓王；㉗戎执其使；㉘卫侯朔召不往，齐逆命而助朔；㉙五大夫争权，三君更立，莫能正理。㉚遂至陵夷不能复兴。㉛

①师古曰："厉王无道，下不堪命，乃相与畔袭厉王。厉王出奔彘。

毚，晋地，今晋州北永安县是也。"

②师古曰："为犬戎所攻，杀幽王于骊山下，虏褒姒，尽取周赂而去。"

③师古曰："平王，幽王之子。"

④张晏曰："隐元年'祭伯来'穀梁传曰'奔也'。"师古曰："祭音侧介反。"

⑤师古曰："春秋公羊经隐公三年：'夏四月，尹氏卒。'传曰：'尹氏者何？天子之大夫也。其称尹氏何？贬也。曷为贬？讥继卿。继卿，非礼也。'又诗小雅节南山云：'尹氏太师，赫赫师尹，不平谓何！'刺之也。"

⑥师古曰："谓从隐公元年至哀公十四年获麟也。隐公十一年，桓公十八年，庄公三十二年，闵公（三）〔二〕年，[7]僖公三十三年，文公十八年，宣公十八年，成公十八年，襄公三十一年，昭公三十二年，定公十五年，哀公十四年，凡二百四十二年也。"

⑦师古曰："谓隐三年二月己巳；桓三年七月壬辰朔，十七年十月朔；庄十八年三月，二十五年六月辛未朔，二十六年十二月癸亥朔，三十年九月庚午朔；僖五年九月戊申朔，十二年三月庚午，十五年五月；文元年二月癸亥朔，十五年六月辛丑朔；宣八年七月甲子，十年四月丙辰，十七年六月癸卯；成十六年六月丙寅朔，十七年十二月丁巳朔；襄十四年二月乙未朔，十五年秋八月丁巳，二十年冬十月丙辰朔，二十一年九月庚戌朔，冬十月庚辰朔，二十三年二月癸酉朔，二十四年秋七月甲子朔，八月癸巳朔，二十七年冬十二月乙亥朔；昭七年夏四月甲辰朔，十五年六月丁巳朔，十七年夏六月甲戌朔，二十一年秋七月壬午朔，二十二年十二月癸酉朔，二十四年夏五月乙未朔，三十一年十二月辛亥朔；定五年正月辛亥朔，十二年十一月丙寅朔，十五年八月庚辰朔：凡三十六也。"

⑧师古曰："谓文九年九月癸酉，襄十六年五月甲子，昭十九年五月己卯，二十三年八月乙未，哀三年四月甲午，凡五也。"

⑨师古曰:"谓僖十四年八月辛卯沙鹿崩,成五年夏梁山崩,凡二也。穰,下额也,音丈尔反。"

⑩师古曰:"谓文十四年秋七月有星孛入于北斗,昭十七年冬有星孛于大辰,哀十三年冬十一月有星孛于东方。"

⑪师古曰:"事在庄七年夏四月辛卯。"

⑫师古曰:"桓十四年秋八月壬申御廪灾,庄二十年夏齐大灾,僖二十年五月乙巳西宫灾,成三年二月甲子新宫灾,襄九年春宋火,三十年五月甲午宋灾,昭九年夏四月陈火,十八年夏五月壬午宋、卫、陈、郑灾,定二年夏五月壬辰雉门及两观灾,哀三年五月辛卯桓宫、僖宫灾,四年六月辛丑亳社灾,凡十四也。"

⑬师古曰:"谓春秋文十一年经书'冬十月甲午叔孙得臣败狄于鹹',公羊传曰:'狄者何?长狄也,兄弟三人,一者之齐,一者之鲁,一者之晋。'之齐荣如,之鲁乔如,之晋焚如。长狄,鄋瞒之种。鄋音搜,瞒音末安反。"

⑭师古曰:"谓僖十六年'正月戊申朔,陨石于宋,五。是月,六鹢退飞过宋都'。庄十七年'冬,多麋'。十八年'秋,有蜮'。二十九年'秋,有蜚'。昭二十五年'夏,有鸜鹆来巢'。蜮,短尾狐也。鹢,水鸟也。蜚,负蠜也。鹢音五历反。蜮音域。蜚音扶味反。鸜音劬。鹆音欲。"

⑮师古曰:"僖十五年'九月己卯晦,震夷伯之庙'。穀梁传曰:'晦,冥也'。"

⑯师古曰:"事在成十六年正月。雨木冰者,气著树木结为冰也,今俗呼为间树。雨音于具反。"

⑰师古曰:"僖三十三年经书:'冬陨霜,不煞草。'李梅实,未知在何月也。而此言李梅冬实,又云七月霜降,草木不死,与今春秋不同,未见义所出。"

⑱师古曰:"谓定公元年'十月,陨霜杀菽'。周之十月,夏之八月。

菽谓豆也。"

⑲ 师古曰："事在僖二十九年秋，及昭三年冬，四年正月。雨音于具反。"

⑳ 师古曰："隐九年三月癸酉大雨震电，庚辰大雨雪，庄六年冬十月雨雪，僖十年冬大雨雪，皆是也。霝，古雷字也。霆，雷之急者也，音大丁反。"

㉑ 如淳曰："蠡午犹杂沓也。"师古曰："谓桓元年秋大水，十三年夏大水，庄七年秋大水，十一年秋宋大水，二十四年秋大水，二十五年秋大水，宣十年秋大水，成五年秋大水，襄二十四年秋七月大水；僖二十一年夏大旱，宣七年秋大旱；宣十年冬饥，十五年冬蝝生饥，襄二十四年冬大饥；桓五年秋螽，僖十五年八月螽，文三年秋雨螽于宋，八年冬螽，宣六年八月螽，十三年秋、十五年秋螽，襄七年八月螽，哀十二年十二月螽，十三年九月螽，十二月螽；隐五年九月螟，八年九月螟，庄六年秋螟：皆是也。螽即蝩也。螟，虫之食苗心者也。螽音终，螟音冥。"

㉒ 师古曰："谓隐公四年卫州吁弑其君完；十一年羽父使贼弑公于寪氏；桓二年宋督弑其君与夷；七年曲沃伯诱晋小子侯杀之；十七年郑高渠弥杀昭公；庄八年齐无知弑其君诸儿；十二年宋万弑其君捷；十四年傅瑕弑其君郑子；三十二年共仲使圉人荦贼子般；闵二年共仲使卜齮贼公于武闱；僖十年晋里克弑其君卓，二十四年晋弑怀公于高梁；文元年楚太子商臣弑其君頵；十四年齐公子商人杀其君舍；十六年宋人弑其君杵臼；十八年齐人弑其君商人；鲁襄仲杀子恶，莒弑其君庶其；宣二年晋赵盾弑其君夷皋；四年郑公子归生弑其君夷；十年陈夏徵舒弑其君平国；成十八年晋弑其君州蒲；襄七年郑子驷使贼夜弑僖公；二十五年齐崔杼弑其君光；二十六年卫甯喜弑其君剽；二十九年阍弑吴子馀祭；三十年蔡太子般弑其君固；三十一年莒人弑其君密州；昭元年楚公子围问王疾，缢而弑之；十三年

楚公子比弑其君虔于乾谿；十九年许太子止弑其君买；二十七年吴弑其君僚；定十三年薛弑其君比；哀四年盗杀蔡侯申；六年齐陈乞弑其君荼；十年齐人弑悼公；凡三十六。"

㉓师古曰："谓桓五年州公如曹；庄四年纪侯大去其国；十年齐师灭谭；十三年齐人灭遂；十四年楚子灭息；十六年楚灭邓；闵元年晋灭耿，灭霍，灭魏；僖五年楚灭弦，晋灭虢，灭虞；十二年楚人灭黄；十七年楚灭项；十九年秦人取梁；二十五年卫侯燬灭邢；二十六年楚人灭夔；三十三年秦灭滑；文四年楚灭江；五年楚人灭六，灭蓼；十六年楚人、秦人、巴人灭庸；宣八年楚人灭舒蓼，九年取根牟；十二年楚子灭萧；十五年晋师灭赤狄潞氏；成六年取鄟；十七年楚灭舒（萧）〔庸〕；^{〔8〕}襄六年莒人灭鄫，齐侯灭莱；十年诸侯灭偪阳；十三年取邿；二十五年楚灭舒鸠；昭四年楚子灭赖；十三年晋灭肥；十六年楚子取戎蛮氏；十七年晋灭陆浑戎；二十一年晋灭鼓；三十年吴灭徐；定四年蔡灭沈；五年楚灭唐；六年郑灭许；十四年楚人灭顿；十五年楚子灭胡；哀八年宋公灭曹；又邾灭须句，楚灭权，晋灭焦、杨，楚灭道、房、申：凡五十二。"

㉔师古曰："谓桓十五年郑伯突出奔蔡，襄十四年卫侯出奔齐，昭三年北燕伯款出奔齐，二十三年莒子庚舆来奔之类是也。"

㉕师古曰："贸戎，地名也。春秋公羊经成元年秋，王师败绩于贸戎。传曰'孰败之？盖晋败之'也。贸音莫侯反。"

㉖师古曰："郊，周邑也。昭二十三年正月，经书'晋人围郊'也。"

㉗应劭曰："王以诸侯伐郑，郑伯御之，射王中肩。"师古曰："事在桓五年秋。"

㉘师古曰："隐七年冬，经书'天王使凡伯来聘，戎伐凡伯于楚丘以归'。"

㉙师古曰："春秋桓十六年，经书'卫侯朔出奔齐'，穀梁传曰'天子召而不往也'。"

㉚应劭曰:"周景王崩, 单穆公、刘文公、巩简公、甘平公、召庄公, 此五大夫相与争夺, 更立王子猛、子朝及敬王, 是为三君也。更音工衡反。"

㉛师古曰:"陵夷谓卑替也。解在成纪及异姓诸侯王表也。"

由此观之, 和气致祥, 乖气致异;祥多者其国安, 异众者其国危, 天地之常经, 古今之通义也。今陛下开三代之业, 招文学之士, 优游宽容, 使得并进。今贤不肖浑淆,① 白黑不分, 邪正杂糅, 忠谗并进。②章交公车, 人满北军。③朝臣舛午, 胶戾乖剌,④更相谗诉, 转相是非。⑤传授增加, 文书纷纠, 前后错缪, 毁誉浑乱。⑥所以营或耳目, 感移心意, 不可胜载。⑦分曹为党, 往往群朋,⑧将同心以陷正臣。正臣进者, 治之表也;正臣陷者, 乱之机也。乘治乱之机, 未知孰任, 而灾异数见, 此臣所以寒心者也。夫乘权藉势之人, 子弟鳞集于朝,⑨羽翼阴附者众, 辐凑于前,⑩毁誉将必用, 以终乖离之咎。⑪是以日月无光, 雪霜夏陨, 海水沸出, 陵谷易处, 列星失行, 皆怨气之所致也。夫遵衰周之轨迹, 循诗人之所刺, 而欲以成太平, 致雅颂, 犹却行而求及前人也。⑫初元以来六年矣, 案春秋六年之中, 灾异未有稠如今者也。⑬夫有春秋之异, 无孔子之救, 犹不能解纷,⑭况甚于春秋乎?

①师古曰:"言杂乱也。浑音胡本反, 其下亦同。"

②师古曰:"糅, 和也, 音汝救反。"

③如淳曰:"汉仪注中垒校尉主北军垒门内, 尉一人主上书者狱。上章于公车, 有不如法者, 以付北军尉, 北军尉以法治之。杨恽上书, 遂幽北阙。北阙, 公车所在。"

④师古曰："言志意不和，各相违背。午音五故反，剌音来曷反。"

⑤师古曰："更音工衡反。"

⑥师古曰："言各任私情，不得其实。"

⑦师古曰："言其诬罔天子也。营谓回绕之。"

⑧师古曰："曹，辈也。"

⑨师古曰："言其相次如鱼鳞。"

⑩师古曰："辐凑，言如车辐之归于毂也。"

⑪师古曰："言谗佞之人毁誉得进，则忠贤被斥，日以乖离也。"

⑫师古曰："却音邱略反。"

⑬师古曰："稠，多也。音直流反。"

⑭师古曰："纷，乱也。"

　　原其所以然者，谗邪并进也。谗邪之所以并进者，由上多疑心，既已用贤人而行善政，如或潛之，则贤人退而善政还。①夫执狐疑之心者，来谗贼之口；持不断之意者，开群枉之门。②谗邪进则众贤退，群枉盛则正士消。故易有否泰。③小人道长，君子道消，君子道消，则政日乱，故为否。否者，闭而乱也。君子道长，小人道消，小人道消，则政日治，故为泰。泰者，通而治也。诗文云"雨雪麃麃，见睍聿消"，④与易同义。昔者鲧、共工、驩兜与舜、禹杂处尧朝，⑤周公与管、蔡并居周位，当是时，迭进相毁，⑥流言相谤，岂可胜道哉！帝尧、成王能贤舜、禹、周公而消共工、管、蔡，故以大治，荣华至今。孔子与季、孟偕仕于鲁，⑦李斯与叔孙俱宦于秦，⑧定公、始皇贤季、孟、李斯而消孔子、叔孙，故以大乱，污辱至今。故治乱荣辱之端，在所信任；信任既贤，在于坚固而不移。诗云"我心匪石，不可转也"，⑨言守善笃也。易曰"涣汗其大号"，⑩言号令如汗，汗出而不反者也。今出善令，未能逾时而反，是反汗也；⑪用贤未能三旬而退，是转石也。论语曰："见不善如探汤。"⑫今二府奏佞諝不当在位，历年而不去。⑬故出令则如反汗，用贤则如转石，去佞则如拔山，如此望阴阳之调，不亦难乎！

①师古曰："还谓收还也。"

②师古曰："枉，曲也。"

③师古曰："否音皮鄙反。"

④师古曰："此小雅角弓篇刺幽王好谗佞之诗也。麃麃，盛也。见，无云也。晛，日气也。聿，辞也。言雨雪之盛麃麃然，至于无云，日气始出，而雨雪皆消释矣。喻小人虽多，王若欲兴善政，则贤者升用，而小人诛灭矣。麃音彼骄反。晛音乃见反。"

⑤师古曰："鲧，崇伯之名，即梼杌也。共工，少暤氏之后，即穷奇也。驩兜，帝鸿氏之后，即浑敦也。鲧音工本反。驩音火官反。梼音徒高反。杌音兀。浑音胡本反。敦音徒本反。"

⑥师古曰："迭，互也。音大结反。"

⑦师古曰："季、孟谓季孙、孟孙，皆桓公之后代，执国权而卑公室也。"

⑧师古曰："叔孙者，叔孙通也。"

⑨师古曰："此邶柏舟之诗也，言石性虽坚，尚可移转，己志贞确，执德不倾，过于石也。"

1707

⑩师古曰："此易涣卦九（四）〔五〕爻辞也。[9]言王者涣然大发号令，如汗之出也。"

⑪师古曰："一时，三月也。"

⑫师古曰："论语载孔子之言。探汤，言其除难无所避也。"

⑬如淳曰：“二府，丞相、御史也。”师古曰：“譖，古谮字。”

　　是以群小窥见间隙，缘饰文字，巧言丑诋，①流言飞文，譖于民间。②故诗云：“忧心悄悄，愠于群小。”③小人成群，诚足愠也。昔孔子与颜渊、子贡更相称誉，不为朋党；④禹、稷与皋陶传相汲引，不为比周。⑤何则？忠于为国，无邪心也。故贤人在上位，则引其类而聚之于朝，易曰“飞龙在天，大人聚也”；⑥在下位，则思与其类俱进，易曰“拔茅茹以其汇，征吉”。⑦在上则引其类，在下则推其类，故汤用伊尹，不仁者远，而众贤至，类相致也。今佞邪与贤臣并在交戟之内，⑧合党共谋，违善依恶，歙歙泚泚，数设危险之言，欲以倾移主上。如忽然用之，此天地之所以先戒，灾异之所以重至者也。⑨

①师古曰：“诋，毁也，辱也。音丁礼反。”

②师古曰：“譖，喧也。譖音火瓜反。”

③师古曰：“此邶柏舟言仁而不遇之诗也。悄悄，忧貌。愠，怒也。悄音千小反。”

④师古曰：“事具见论语。更音工衡反。”

⑤师古曰：“事见尚书舜典。比音频寐反。”

⑥师古曰：“此乾卦九五象辞也。言圣王正位，临驭四方，则贤人君子皆来见也。”

⑦郑氏曰：“汇音谓。汇，类也。茹，牵引也。茅喻君有洁白之德，臣下引其类而仕之。”师古曰：“此泰卦初九爻辞。征，行也。茹音汝据反。”

⑧师古曰：“交戟，谓宿卫者。”

⑨师古曰：“重音直用反。”

自古明圣，未有无诛而治者也，故舜有四放之罚，^①而孔子有两观之诛，^②然后圣化可得而行也。今以陛下明知，诚深思天地之心，迹察两观之诛，^③览否泰之卦，观雨雪之诗，历周、唐之所进以为法，原秦、鲁之所消以为戒，^④考祥应之福，省灾异之祸，以揆当世之变，^⑤放远佞邪之党，坏散险诐之聚，^⑥杜闭群枉之门，广开众正之路，^⑦决断狐疑，分别犹豫，使是非炳然可知，则百异消灭，而众祥并至，太平之基，万世之利也。"

①师古曰："谓流共工于幽州，放驩兜于崇山，窜三苗于三危，殛鲧于羽山也。"

②应劭曰："少正卯奸人之雄，故孔子摄司寇七日，诛之于两观之下。"
　师古曰："两观，谓阙也。"

③师古曰："寻其馀迹而察之。"

④师古曰："历谓历观之，原谓思其本也。"

⑤师古曰："省，视也。揆，度也。"

⑥师古曰："险言曰诐，音彼义反。"

⑦师古曰："杜，塞也。"

　　臣幸得托肺附，^①诚见阴阳不调，不敢不通所闻。窃推春秋灾异，以（效）〔救〕今事一二，^[10]条其所以，^②不宜宣泄。臣谨重封昧死上。

①师古曰："旧解云肺附谓肝肺相附著，犹言心膂也。一说肺谓斫木之肺札也，自言于帝室犹肺札附于大材木也。"

②师古曰："以，由也。"

　　恭、显见其书，愈与许、史比而怨更生等。^①堪性公方，自见孤立，遂直道而不曲。是岁夏寒，日青无光，恭、显及许、史皆言堪、猛用事之咎。上内重堪，又患众口之浸润，无所取信。时长安令杨兴以材能幸，常称誉堪。上欲以为助，乃见问兴："朝臣断断不可光禄勋，何〔也〕〔邪〕？"②〔11〕兴者倾巧士，谓上疑堪，因顺指曰："堪非独不可于朝廷，自州里亦不可也。臣见众人闻堪前与刘更生等谋毁骨肉，以为当诛，故臣前言堪不可诛伤，为国养恩也。"上曰："然此何罪而诛？今宜奈何？"兴曰："臣愚以为可赐爵关内侯，食邑三百户，勿令典事。明主不失师傅之恩，此最策之得者也。"上于是疑。会城门校尉诸葛丰亦言堪、猛短，上因发怒免丰。语在其传。又曰："丰言堪、猛贞信不立，朕闵而不治，又惜其材能未有所效，其左迁堪为河东太守，猛槐里令。"

①师古曰："比音频寐反。"

②师古曰："断断，忿嫉之意也。断音牛斤反。"

显等专权日甚。后三岁馀，孝宣庙阙灾，其晦，日有蚀之。于是上召诸前言日变在堪、猛者责问，皆稽首谢。乃因下诏曰："河东太守堪，先帝贤之，命而傅朕。资质淑茂，道术通明，①论议正直，秉心有常，发愤恫愊，②信有忧国之心。以不能阿尊事贵，孤特寡助，抑厌遂退，③卒不克明。④往者众臣见异，⑤不务自修，深惟其故，而反晻昧说天，托咎此人。⑥朕不得已，⑦出而试之，以彰其材。堪出之后，大变仍臻，众亦嘿然。堪治未期年，而三老官属有识之士咏颂其美，使者过郡，靡人不称。⑧此固足以彰先帝之知人，而朕有以自明也。俗人乃造端作基，非议诋欺，⑨或引幽隐，非所宜明，意疑以类，欲以陷之，朕亦不取也。

朕迫于俗，不得专心，乃者天著大异，朕甚惧焉。今堪年衰岁暮，恐不得自信，⑩排于异人，将安究之哉？⑪其征堪诣行在所。"拜为光禄大夫，秩中二千石，领尚书事。猛复为太中大夫给事中。显干尚书〔事〕，⑫[12]尚书五人，皆其党也。堪希得见，常因显白事，事决显口。会堪疾瘖，不能言而卒。⑬显诬谮猛，令自杀于公车。更生伤之，乃著疾谗、摘要、救危及世颂，凡八篇，⑭依兴古事，悼己及同类也。⑮遂废十馀年。

①师古曰："淑，善也。茂，美也。"

②张晏曰："悃，诚也。愊，致密也。"师古曰："悃愊，至诚也。悃音口本反。愊音平力反。"

③师古曰："庡音一甲反，谓不伸也。"

④师古曰："卒，终也。克，能也。"

⑤师古曰："异，灾异也。"

⑥师古曰："晻，不明也，读与暗同，又音乌感反。"

⑦师古曰："已，止也。"

⑧师古曰："靡，无也。"

⑨师古曰："诋，毁也，音丁礼反。"

⑩师古曰："信读曰伸。"

⑪师古曰："究，竟也，明也。"

⑫师古曰："干与管同，言管主其事。"

⑬师古曰："瘖音于今反。"

⑭师古曰："摘谓指发之也，音吐历反。"

⑮师古曰："兴谓比喻也，音许证反。"

成帝即位，显等伏辜，更生乃复进用，更名向。向以故九卿召拜为中郎，使领护三辅都水。①数奏封事，迁光禄大夫。是时帝元舅阳平侯王凤为大将军秉政，倚太后，专国权，②兄弟七人皆封为列侯。时数有大异，向以为外戚贵盛，凤兄弟用事之咎。而上方精于诗书，观古文，诏向领校中五经秘书。③向见尚书洪范，箕子为武王陈五行阴阳休咎之应。④向乃集合上古以来历春秋六国至秦汉符瑞灾异之记，推迹行事，连传祸福，著其占验，比类相从，各有条目，凡十一篇，号曰洪范五行传论，奏之。天子心知向忠精，故为凤兄弟起此论也，然终不能夺王氏权。

①苏林曰："三辅多溉灌渠，悉主之，故言都水。"
②师古曰："倚音于绮反。"
③师古曰："言中者以别于外。"
④师古曰："休，美也，音许求反。它皆类此。"

久之，营起昌陵，数年不成，复还归延陵，制度泰奢。向上疏谏曰：

臣闻易曰："安不忘危，存不忘亡，是以身安而国家可保也。"①故贤圣之君，博观终始，穷极事情，而是非分明。王者必通三统，②明天命所授者博，非独一姓也。孔子论诗，至于"殷士肤敏，裸将于京"，③喟然叹曰：④"大哉天命！善不可不传于子孙，是以富贵无常；不如是，则王公其何以戒慎，民萌何以劝勉？"⑤盖伤微子之事周，而痛殷之亡也。虽有尧舜之圣，不能化丹朱之子；虽有禹汤之德，不能训末孙之桀纣。自古及今，未有不亡之国也。昔高皇帝既灭秦，将都雒阳，感寤刘敬之言，自以德不及周，而贤于秦，遂徙都关中，依周之德，因秦之阻。世之长短，以德为效，⑥故常战栗，不敢讳亡。孔子所谓"富贵无常"，盖谓此也。

①师古曰："易下系之辞。"

②应劭曰："二王之后，与己为三统也。"孟康曰："天地人之始也。"
张晏曰："一曰天统，为周十一月建子为正，天始施之端也。二曰地
统，谓殷以十二月建丑为正，地始化之端也。三曰人统，谓夏以十
三月建寅为正，人始成之端也。"师古曰："二家之说皆不备也。言
王者象天地人之三统，故存三代也。"

③师古曰："此大雅文王之篇。殷士，殷之卿士也。肤，美也。敏，疾
也。祼，灌鬯也。将，行也。京，周京也。言殷之臣有美德而敏疾，
乃来助祭于周，行祼鬯之事，是天命无常，归于有德。"

④师古曰："喟然，叹息貌，音丘位反。"

⑤师古曰："萌与甿同，无知之貌。"

⑥师古曰："效谓征验也。"

孝文皇帝居霸陵，北临厕，①意凄怆悲怀，顾谓群臣曰：
"嗟乎！以北山石为椁，用纻絮斮陈漆其间，②岂可动哉！"
张释之进曰："使其中有可欲，虽锢南山犹有隙；使其中无
可欲，虽无石椁，又何戚焉？"③夫死者无终极，而国家有废
兴，故释之之言，为无穷计也。孝文寤焉，遂薄葬，不起
山坟。

①服虔曰："厕，侧近水也。"李奇曰："霸陵山北头厕近霸水，帝登
其上以远望也。"

②应劭曰："斮，斩也。陈，施也。"孟康曰："斮絮以漆著其间也。"
师古曰："美石出京师北山，今宜州石是也，故云以北山石为椁。纻
絮者，可以纻衣之絮也。斮而陈其间，又从而漆之也。纻音张吕反。
斮音侧略反。"

③师古曰："有可欲，谓多臧金玉而厚葬之，人皆欲发取之，是有间陈

也。无可欲，谓不真器（卫）〔备〕而薄葬，[13]人无欲攻掘取之，故无忧戚也。锢谓铸塞也。云锢南山者，取其深大，假为喻也。锢音固。"

易曰："古之葬者，厚衣之以薪，臧之中野，不封不树。①后世圣人易之以棺椁。"棺椁之作，自黄帝始。黄帝葬于桥山，②尧葬济阴，丘垅皆小，葬具甚微。③舜葬苍梧，二妃不从。④禹葬会稽，不改其列。⑤殷汤无葬处。⑥文、武、周公葬于毕，⑦秦穆公葬于雍橐泉宫祈年馆下，樗里子葬于武库，⑧皆无丘陇之处。此圣帝明王贤君智士远览独虑无穷之计也。其贤臣孝子亦承命顺意而薄葬之，此诚奉安君父，忠孝之至也。

①师古曰："厚衣之以薪，言积薪以覆之也。不封，谓不聚土为坟也。不树，谓不种树也。衣音于既反。"

②师古曰："在上郡阳周县。"

③晋灼曰："丘垅，冢坟也。"

④师古曰："二妃，尧之二女。"

⑤郑氏曰："不改树木百物之列也。"如淳曰："列，陇也。墨子曰'禹葬会稽之山，既葬，收馀壤其上，垅若参耕之亩，则止矣。'"晋灼曰："列，肆也。淮南子云'舜葬苍梧，不变其肆'，言不烦于民也。"师古曰："郑说是也。淮南所云'不变其肆'，肆者故也，言山川田亩皆如故耳，非别义也。晋氏失之。"

⑥师古曰："谓不见传记也。"

⑦李奇曰："在岐州之间。"臣瓒曰："汲郡古文毕西于丰三十里。"师古曰："二说皆非也。毕陌在长安西北四十里也。"

⑧文颖曰："秦惠王异母弟也。"师古曰："樗里子且死，曰：'葬我必

于渭南章台东，后百年当有天子宫夹我墓。'及汉兴，长乐宫在其东，未央宫在其西，武库正直其上也。"

夫周公，武王弟也，葬兄甚微。孔子葬母于防，①称古墓而不坟，②曰："丘，东西南北之人也，不可不识也。"③为四尺坟，遇雨而崩。弟子修之，以告孔子，孔子流涕曰："吾闻之，古〔者〕不修墓。"〔14〕盖非之也。④延陵季子适齐而反，其子死，葬于嬴、博之间，⑤穿不及泉，敛以时服，封坟掩坎，其高可隐，⑥而号曰：⑦"骨肉归复于土，命也，魂气则无不之也。"夫嬴、博去吴千有馀里，季子不归葬。孔子往观曰："延陵季子于礼合矣。"⑧故仲尼孝子，而延陵慈父，舜禹忠臣，周公弟弟，⑨其葬君亲骨肉，皆微薄矣；非苟为俭，诚便于体也。宋桓司马为石椁，仲尼曰"不如速朽"。⑩秦相吕不韦集知略之士而造春秋，亦言薄葬之义，皆明于事情者也。

①师古曰："防，鲁邑名也。音扶方反。"

②师古曰："墓谓圹穴也。坟谓积土也。"

③师古曰："东西南北，言周游以行其道，不得专在本邦，故墓须表识，音式志反。"

④师古曰："事见礼记。"

⑤师古曰："二邑并在泰山，其子死于其间。"

⑥孟康曰："隐蔽之，才可见而已。"臣瓒曰："谓人立可隐肘也。"师古曰："瓒说是也。隐音于靳反。"

⑦师古曰："号谓哭而且言也。"

⑧师古曰："事亦见礼记。"

⑨师古曰："弟弟者，言弟能顺理也。上弟音徒计反。"

⑩李奇曰："宋桓魋为石椁，奢泰，故激以此言。"

逮至吴王阖闾，违礼厚葬，十有馀年，越人发之。及秦惠文、武、昭、严襄五王，①皆大作丘陇，多其瘗臧，②咸尽发掘暴露，甚足悲也。秦始皇帝葬于骊山之阿，③下锢三泉，上崇山坟，其高五十馀丈，周回五里有馀；石椁为游馆，④人膏为灯烛，水银为江海，黄金为凫雁。珍宝之臧，机械之变，⑤棺椁之丽，宫馆之盛，不可胜原。⑥又多杀宫人，生薶工匠，计以万数。天下苦其役而反之，骊山之作未成，而周章百万之师至其下矣。⑦项籍燔其宫室营宇，往者咸见发掘。⑧其后牧儿亡羊，羊入其凿，⑨牧者持火照求羊，失火烧其臧椁。自古至今，葬未有盛如始皇者也，数年之间，外被项籍之灾，内离牧竖之祸，⑩岂不哀哉！

①师古曰："严襄者，谓庄襄，则始皇父也。"

②师古曰："瘗，埋也。音于例反。"

③师古曰："阿谓山曲也。"

④李奇曰："圹中为游戏之观也。"师古曰："多累石作椁于圹中，以为离宫别馆也。"

⑤孟康曰："作机发木人之属，尽其巧变也。"晋灼曰："始皇本纪令匠作机弩矢，有所穿近，辄射之。又言工匠为机，咸皆知之，已下，闭羡门，皆杀工匠也。"师古曰："晋说是也。"

⑥师古曰："言不能尽其本数。"

⑦师古曰："周章，陈胜之将。"

⑧师古曰："言至其墓所者发掘之而求财物也。"

⑨师古曰："凿谓所穿冢臧者，音在到反。"

⑩师古曰:"离,遭也。"

是故德弥厚者葬弥薄,知愈深者葬愈微。无德寡知,其葬愈厚,丘陇弥高,宫庙甚丽,发掘必速。由是观之,明暗之效,葬之吉凶,昭然可见矣。周德既衰而奢侈,宣王贤而中兴,更为俭宫室,小寝庙。诗人美之,斯干之诗是也,①上章道宫室之如制,下章言子孙之众多也。②及鲁严公③刻饰宗庙,多筑台囿,④后嗣再绝,⑤春秋刺焉。周宣如彼而昌,鲁、秦如此而绝,是则奢俭之得失也。

①师古曰:"小雅篇名,美宣王考室。其首章曰'秩秩斯干'。秩秩,流行也。干,涧也。喻宣王之德如涧水源,秩秩流出,无极已也。"

②师古曰:"宫室如制,谓'殖殖其廷,有觉其楹,君子攸宁'也。子孙众多,谓'维熊维罴,男子之祥;维虺维蛇,女子之祥'也。"

③师古曰:"即庄公也。"

④师古曰:"解在五行志。"

⑤孟康曰:"谓子般、闵公皆杀死也。"

陛下即位,躬亲节俭,始营初陵,其制约小,天下莫不称贤明。及徙昌陵,增埤为高,①积土为山,发民坟墓,积以万数,营起邑居,期日迫卒,②功费大万百馀。③死者恨于下,生者愁于上,怨气感动阴阳,因之以饥馑,物故流离以十万数,④臣甚愍焉。⑤以死者为有知,发人之墓,其害多矣;若其无知,又安用大?⑥谋之贤知则不说,以示众庶则苦之;⑦若苟以说愚夫淫侈之人,又何为哉!陛下慈仁笃美甚厚,聪明疏达盖世,宜弘汉家之德,崇刘氏之美,光昭五帝、三王,而顾与暴秦乱君竞为奢侈,比方丘陇,⑧说愚夫

之目，隆一时之观，违贤知之心，亡万世之安，臣窃为陛下
羞之。唯陛下上览明圣黄帝、尧、舜、禹、汤、文、武、周
公、仲尼之制，下观贤知穆公、延陵、樗里、张释之之意。
孝文皇帝去坟薄葬，以俭安神，可以为则；秦昭、始皇增山
厚臧，以侈生害，足以为戒。初陵之模，宜从公卿大臣之
议，⑨以息众庶。

①师古曰："埤，下也，音婢。"

②师古曰："卒读曰猝。"

③应劭曰："大万，亿也。大，巨也。"

④师古曰："物故，谓死也。流离，谓亡其居处也。"

⑤师古曰："惛谓不了，言惑于此事也。惛音昏。一曰，惛，古闵字，
忧病也。"

⑥师古曰："安，焉也。"

⑦师古曰："说读曰悦。其下亦同。"

⑧师古曰："顾犹反也。"

⑨应劭曰："模音规摹之摹。"师古曰："谓规度墓地，应音是也。韦
玄成传及萧望之传规樠音（议）〔义〕皆同，[15]其字从木。"

书奏，上甚感向言，而不能从其计。

向睹俗弥奢淫，而赵、卫之属起微贱，逾礼制。①向以为王
教由内及外，自近者始。故采取诗书所载贤妃贞妇，兴国显家可
法则，及孽嬖乱亡者，②序次为列女传，凡八篇，以戒天子。及
采传记行事，著新序、说苑凡五十篇奏之。数上疏言得失，陈法
戒。书数十上，以助观览，补遗阙。上虽不能尽用，然内嘉其
言，常嗟叹之。

①师古曰:"赵皇后、昭仪、卫婕妤也。"

②师古曰:"孽,庶也。嬖,爱也。嬖音必计反。"

时上无继嗣,政由王氏出,灾异浸甚。①向雅奇陈汤智谋,与相亲友,独谓汤曰:"灾异如此,而外家日(甚)〔盛〕,[16]其渐必危刘氏。吾幸得同姓末属,絫世蒙汉厚恩,②身为宗室遗老,历事三主。上以我先帝旧臣,每进见常加优礼,吾而不言,孰当言者?"③向遂上封事极谏曰:

①师古曰:"浸,渐也。"

②师古曰:"絫,古累字。"

③师古曰:"孰,谁也。"

臣闻人君莫不欲安,然而常危,莫不欲存,然而常亡,失御臣之术也。夫大臣操权柄,持国政,①未有不为害者也。昔晋有六卿,②齐有田、崔,卫有孙、宁,鲁有季、孟,常掌国事,世执朝柄。终后田氏取齐;六卿分晋;崔杼弑其君光;孙林父、宁殖出其君衎,弑其君剽;③季氏八佾舞于庭,三家者以雍彻,④并专国政,卒逐昭公。周大夫尹氏筦朝事,⑤浊乱王室,子朝、子猛更立,连年乃定。⑥故经曰"王室乱",又曰"尹氏杀王子克",甚之也。⑦春秋举成败,录祸福,如此类甚众,皆阴盛而阳微,下失臣道之所致也。故书曰:"臣之有作威作福,害于而家,凶于而国。"⑧孔子曰"禄去公室,政逮大夫",危亡之兆。⑨秦昭王舅穰侯及泾阳、叶阳君⑩专国擅势,上假太后之威,三人者权重于昭王,家富于秦国,国甚危殆,赖寤范睢之言,而秦复存。二世委任赵高,专权自恣,壅蔽大臣,终有阎乐望夷之祸,⑪秦遂以亡。近事不远，即汉所代也。

①师古曰："操，执也。音千高反。"

②应劭曰："智伯、范、中行、韩、魏、赵也。"

③师古曰："衎音口旦反。剽音匹照反。解在五行志。"

④师古曰："佾，列也，谓舞者之行列也。八人一佾，八佾六十四人也。雍，乐诗名，彻馔奏之。皆僭王者之礼。"

⑤师古曰："筦与管同。"

⑥师古曰："更音工衡反。解并在五行志。"

⑦师古曰："言其恶大甚也。"

⑧师古曰："周书洪范也。而，汝也。言唯君得作威作福，臣下为之，则致凶害也。"

⑨李奇曰："卿当为政，而反大夫为政也。"臣瓒曰："政不由君，下及大夫也。上大夫即卿也。"师古曰："瓒说是也。论语孔子曰：'禄去公室五君矣，政逮于大夫四君矣，故三桓之子孙微矣。'"

⑩郑氏曰："皆昭王母之弟也。"师古曰："穰侯，魏冉也。泾阳、叶阳，皆其弟也。叶音式涉反。"

⑪郑氏曰："望夷，秦宫名也。"应劭曰："秦二世斋于望夷之宫，阎乐以兵杀二世也。"师古曰："博物志云宫在长陵西北，长平观道东，临泾水，作之以望北夷。此说非也。胡亥葬于宜春苑，苑不在渭北也。"

汉兴，诸吕无道，擅相尊王。吕产、吕禄席太后之宠，据将相之位，①兼南北军之众，拥梁、赵王之尊，骄盈无厌，欲危刘氏。赖忠正大臣绛侯、朱虚侯等竭诚尽节以诛灭之，然后刘氏复安。今王氏一姓乘朱轮华毂者二十三人，青紫貂蝉充盈幄内，鱼鳞左右。②大将军秉事用权，五侯骄奢僭盛，并作威福，击断自恣，行污而寄治，身私而托公，③依东宫之尊，假甥舅之亲，以为威重。④尚书九卿州牧郡守皆出其门，⑤管执枢机，朋党比周。称誉者登进，忤恨者诛伤；游谈者助之说，执政者为之言。排摈宗室，孤弱公族，其有智能者，尤非毁而不进。远绝宗室之任，不令得给事朝省，恐其与己分权；数称燕王、盖主以疑上心，⑥避讳吕、霍而弗肯称。⑦内有管、蔡之萌，外假周公之论，兄弟据重，宗族磐互。⑧历上古至秦汉，外戚僭贵未有如王氏者也。虽周皇甫、秦穰侯、汉武安、吕、霍、上官之属，皆不及也。⑨

①师古曰："席犹因也，言若人之坐于席也。"

②师古曰："言在帝之左右，相次若鱼鳞也。"

③师古曰："寄，托也。内为污私之行，而外托治公之道也。"

④师古曰："东宫，太后所居也。"

⑤师古曰："言为其僚吏者皆居显要之职。"

⑥师古曰："示宗室亲近而反逆也。"

⑦师古曰："吕后、霍后二家皆坐僭擅诛灭，故为王氏讳而不言也。"

⑧师古曰："磐结而交互也。字或作牙，谓若犬牙相交入之意也。"

⑨师古曰："皇甫，周卿士字也，周后宠之，故处于盛位，权党于朝，诗人刺之。事见小雅十月之交篇。武安侯，田蚡也。"

物盛必有非常之变先见，为其人微象。孝昭帝时，冠石立于泰山，①仆柳起于上林。②而孝宣帝即位，今王氏先祖坟墓在济南者，其梓柱生枝叶，扶疏上出屋，根茎地中，虽立石起柳，无以过此之明也。事势不两大，王氏与刘氏亦且不并立，如下有泰山之安，则上有累卵之危。陛下为人子孙，守持宗庙，而令国祚移于外亲，降为皂隶，③纵不为身，奈宗庙何！妇人内夫家，外父母家，此亦非皇太后之福也。④
孝宣皇帝不与舅平昌、乐昌侯权，所以安全之也。

①晋灼曰："汉注冠山石名。"臣瓒曰："冠山下有石自立，三石为足，
一石在上，故曰冠石也。"师古曰："事具在眭孟传。"

②师古曰："其树已死，僵仆于地，而更起生，事亦具在眭孟传。"

③师古曰："皂隶，卑贱之人也。春秋左氏传曰'大夫臣士，士臣皂，
皂臣舆，舆臣隶'也。"

④如淳曰："内犹亲也，而皇太后反外夫家也。"

　　夫明者起福于无形，销患于未然。宜发明诏，吐德音，
援近宗室，亲而纳信，①黜远外戚，毋授以政，②皆罢令就
弟，以则效先帝之所行，厚安外戚，全其宗族，诚东宫之
意，外家之福也。王氏永存，保其爵禄，刘氏长安，不失社
稷，所以襃睦外内之姓，子子孙孙无疆之计也。如不行此
策，田氏复见于今，六卿必起于汉，③为后嗣忧，昭昭甚明，
不可不深图，不可不蚤虑。④易曰："君不密，则失臣；臣不
密，则失身；几事不密，则害成。"⑤唯陛下深留圣思，审固
几密，览往事之戒，以折中取信，居万安之实，用保宗庙；
久承皇太后，⑥天下幸甚。

①师古曰："援，引也，谓升引而附近之也。援音爰。"

②师古曰："远谓疏而离之也。音于万反。"

③师古曰："如，若也。"

④师古曰："蚤，古早字。"

⑤师古曰："上系之辞也。"

⑥师古曰："言社稷不安，则帝身亦不得久事皇太后也。"

书奏，天子召见向，叹息悲伤其意，谓曰："君且休矣，吾将思之。"①以向为中垒校尉。

①师古曰："且令出外休息。"

向为人简易无威仪，廉靖乐道，不交接世俗，专积思于经术，昼诵书传，夜观星宿，或不寐达旦。元延中，星孛东井，蜀郡岷山崩雍江。①向恶此异，语在五行志。怀不能已，复上奏，其辞曰：

①师古曰："雍读作壅。"

臣闻帝舜戒伯禹，毋若丹朱敖；①周公戒成王，毋若殷王纣。②诗曰"殷监不远，在夏后之世"，③亦言汤以桀为戒也。圣帝明王常以败乱自戒，不讳废兴，故臣敢极陈其愚，唯陛下留神察焉。

①师古曰："事见虞书益稷篇。丹朱，尧子也。敖读曰傲。"
②师古曰："事见周书亡逸篇。"
③师古曰："大雅荡之诗。"

谨案春秋二百四十二年，日蚀三十六，襄公尤数，率三岁五月有奇而壹食。①汉兴讫竟宁，孝景帝尤数，率三岁一月而一食。臣向前数言日当食，今连三年比食。②自建始以来，二十岁间而八食，率二岁六月而一发，古今罕有。异有小大希稠，占有舒疾缓急，而圣人所以断疑也。易曰："观乎天文，以察时变。"③昔孔子对鲁哀公，并言夏桀、殷纣暴虐天下，故历失则摄提失方，孟陬无纪，④此皆易姓之变也。秦始皇之末至二世时，日月薄食，山陵沦亡，辰星出于四孟，⑤太白经天而行，⑥无云而雷，⑦枉矢夜光，⑧荧惑袭月，⑨孽火烧宫，⑩野禽戏廷，⑪都门内崩，⑫长人见临洮，石陨于东郡，星孛大角，大角以亡。⑬观孔子之言，考暴秦之异，天命信可畏也。及项籍之败，亦孛大角。汉之入秦，五星聚于东井，得天下之象也。孝惠时，有雨血，日食于冲，灭光星见之异。⑭孝昭时，有泰山卧石自立，上林僵柳复起，大星如月西行，众星随之，此为特异。孝宣兴起之表，天狗夹汉而西，⑮久阴不雨者二十馀日，昌邑不终之异也。皆著于汉纪。观秦、汉之易世，览惠、昭之无后，察昌邑之不终，视孝宣之绍起，天之去就，岂不昭昭然哉！高宗、成王亦有雊雉拔木之变，能思其故，故高宗有百年之福，成王有复风之报。⑯神明之应，应若景向，⑰世所同闻也。

①师古曰："奇谓成数之馀，不满者也。音居宜反。"

②师古曰："比，频也。"

③师古曰："贲象辞也。"

④孟康曰："摄提，星名也。随斗杓建十二月，历不正，则失其所建。首时为孟，正月为陬。"师古曰："陬音子侯反，又音邹。"

⑤师古曰："四时之孟月也。当见四仲也。"

⑥孟康曰："谓出东入西，出西入东也。太白阴星，出东当伏东，出西当伏西。过午为经天也。"

⑦张晏曰："雷当托云，犹君之托臣也。二世不恤天下，人有叛心，象独号令而无臣也。"

⑧应劭曰："流星也，其射如矢，蛇行不正，故曰枉矢流，以乱伐乱。"苏林曰："有声为天狗，无声为枉矢也。"

⑨应劭曰："荧惑主内乱，月主刑，故赵高杀二世也。"

⑩师古曰："孽，灾也。"

⑪张晏曰："野鸟入处，主人将去。"

⑫师古曰："内向而坏。"

⑬应劭曰："天王坐席也。流星蔑大角，大角因伏不见也。"

⑭孟康曰："日月行交道之冲也。相薄而既也，京房所谓阴气盛，薄夺日光者也。"

⑮李奇曰："流星也。下堕地为天狗，皆祅星。"

⑯师古曰："复，反也。事并见尚书高宗肜日及金縢篇，解在五行志。"

⑰师古曰："向读曰响。"

臣幸得托末属，诚见陛下有宽明之德，冀销大异，而兴高宗、成王之声，以崇刘氏，故狠狠数奸死亡之诛。①今日食尤屡，星孛东井，摄提炎及紫宫，②有识长老莫不震动，此变之大者也。其事难一二记，故易曰"书不尽言，言不尽意"，③是以设卦指爻，而复说义。书曰"伻来以图"，④天文难以相晓，臣虽图上，犹须口说，然后可知，愿赐清燕之闲，⑤指图陈状。

①师古曰："狠狠，款诚之意也。奸，犯也。狠音恳。奸音干。"

②师古曰："炎音弋瞻反。"

③师古曰："上系之辞。"

④孟康曰："伻，使也。使人以图来示成王，明（日）〔口〕说不了，[17]指图乃了也。"师古曰："周书洛诰之辞。"

⑤师古曰："闲读曰闲。"

上辄入之，①然终不能用也。向每召见，数言公族者国之枝叶，枝叶落则本根无所庇荫；②方今同姓疏远，母党专政，禄去公室，权在外家，非所以强汉宗，卑私门，保守社稷，安固后嗣也。"

①师古曰："谓召入也。"

②师古曰："庇音必寐反。荫音于禁反。"

向自见得信于上，故常显讼宗室，讥刺王氏及在位大臣，其言多痛切，发于至诚。上数欲用向为九卿，辄不为王氏居位者及丞相御史所持，故终不迁，①居列大夫官前后三十馀年，年七十二卒。卒后十三岁而王氏代汉。向三子皆好学：长子伋，②以易教授，官至郡守；中子赐，九卿丞，蚤卒；少子歆，最知名。

①师古曰："持谓扶持佐助也。"

②师古曰："伋音汲。"

歆字子骏，少以通诗书能属文召，见成帝，待诏宦者署，为黄门郎。河平中，受诏与父向领校秘书，讲六艺传记，诸子、诗赋、数术、方技，无所不究。向死后，歆复为中垒校尉。

哀帝初即位，大司马王莽举歆宗室有材行，为侍中太中大夫，迁骑都尉、奉车光禄大夫，贵幸。复领五经，卒父前业。歆乃集六艺群书，种别为七略。语在艺文志。

歆及向始皆治易，宣帝时，诏向受穀梁春秋，十馀年，大明习。及歆校秘书，见古文春秋左氏传，歆大好之。时丞相史尹咸以能治左氏，与歆共校经传。歆略从咸及丞相翟方进受，质问大义。①初左氏传多古字古言，学者传训故而已，②及歆治左氏，引传文以解经，转相发明，由是章句义理备焉。歆亦湛靖有谋，③父子俱好古，博见强志，④过绝于人。歆以为左丘明好恶与圣人同，⑤亲见夫子，而<u>公羊</u>、<u>穀梁</u>在七十子后，⑥传闻之与亲见之，其详略不同。<u>歆</u>数以难<u>向</u>，<u>向</u>不能非间也，⑦然犹自持其<u>穀梁</u>义。及<u>歆</u>亲近，欲建立<u>左氏春秋</u>及<u>毛诗</u>、<u>逸礼</u>、<u>古文尚书</u>皆列于学官。<u>哀帝</u>令<u>歆</u>与<u>五经博士</u>讲论其义，诸博士或不肯置对，⑧<u>歆</u>因移书太常博士，责让之曰：

①师古曰："质，正也。"

②师古曰："故谓指趣也。"

③师古曰："湛读曰沈。"

④师古曰："志，记也。"

⑤师古曰："论语载孔子曰：'巧言令色足恭，<u>左丘明</u>耻之，<u>丘</u>亦耻之；匿怨而友其人，<u>左丘明</u>耻之，<u>丘</u>亦耻之。'"

⑥师古曰："七十子是<u>孔子</u>弟子也，实七十二人，指其（言成数）〔成数言〕也。"〔18〕

⑦师古曰："间音居觅反。"

⑧师古曰："并不与<u>歆</u>意同，故不肯立其学也。置对，置辞以对也。"

　　昔<u>唐虞</u>既衰，而<u>三代</u>迭兴，①圣帝明王，累起相袭，其道甚著。<u>周室</u>既微而礼乐不正，道之难全也如此。是故<u>孔子</u>忧道之不行，历国应聘。自<u>卫</u>反<u>鲁</u>，然后乐正，雅颂乃得其所；修<u>易</u>，序<u>书</u>，制作<u>春秋</u>，以纪帝王之道。及夫子没而微言绝，七十子终而大义乖。重遭<u>战国</u>，弃笾豆之礼，理军旅之陈，②<u>孔氏</u>之道抑，而<u>孙吴</u>之术兴。陵夷至于暴<u>秦</u>，燔经书，杀儒士，设挟书之法，行是古之罪，③道术由是遂灭。<u>汉</u>兴，去圣帝明王遐远，<u>仲尼</u>之道又绝，法度无所因袭。时独有一<u>叔孙通</u>略定礼仪，天下唯有<u>易</u>卜，未有它书。至<u>孝惠</u>之世，乃除挟书之律，然公卿大臣<u>绛</u>、<u>灌</u>之属咸介胄武夫，莫以为意。至孝文皇帝，始使掌故朝错④从伏生受尚书。尚书初出于屋壁，朽折散绝，今其书见在，时师传读而已。诗始萌牙。⑤天下众书往往颇出，皆诸子传说，犹广立于学官，为置博士。在汉朝之儒，唯贾生而已。⑥至孝武皇帝，然后邹、鲁、梁、赵颇有诗、礼、春秋先师，⑦皆起于建元之间。当此之时，一人不能独尽其经，或为雅，或为颂，相合而成。泰誓后得，博士集而读之。故诏书称曰："礼坏乐崩，书缺简脱，朕甚闵焉。"时汉兴已七八十年，离于全经，固已远矣。⑧

①师古曰："迭，互也。音大结反。"

②师古曰："笾豆，礼食之器也。以竹曰笾，以木曰豆。笾音边。"

③师古曰："以古事为是者即罪之。"

④李奇曰："掌故，官名也。"

⑤师古曰："言若草木之初生。"

⑥师古曰："谓贾谊。"

⑦师古曰："前学之师也。"

⑧师古曰："言废绝以久，不可得其真也。"

及鲁恭王坏孔子宅，欲以为宫，而得古文于坏壁之中，逸礼有三十九，书十六篇。天汉之后，孔安国献之，遭巫蛊仓卒之难，未及施行。及春秋左氏丘明所修，皆古文旧书，多者二十馀通，臧于秘府，伏而未发。孝成皇帝闵学残文缺，稍离其真，乃陈发秘臧，校理旧文，得此三事，以考学官所传，经或脱简，传或间编。①传问民间，则有鲁国〔桓〕公、[19]赵国贯公、胶东庸生之遗学与此同，抑而未施。此乃有识者之所惜闵，士君子之所嗟痛也。往者缀学之士不思废绝之阙，苟因陋就寡，分文析字，烦言碎辞，学者罢老且不能究其一艺。②信口说而背传记，是末师而非往古，至于国家将有大事，若立辟雍、封禅、巡狩之仪则幽冥而莫知其原。③犹欲保残守缺，挟恐见破之私意，而无从善服义之公心，或怀妒嫉，不考情实，雷同相从，随声是非，抑此三学，以尚书为备，④谓左氏为不传春秋，岂不哀哉！

①师古曰："脱简，遗失之。间编，谓旧编烂绝，就更次之，前后错乱也。间音古苋反。"

②师古曰："罢读曰疲。究，竟也。"

③师古曰："幽冥犹暗昧也。"

④苏林曰："备之而已。"臣瓒曰："当时学者，谓尚书唯有二十八篇，不知本（存）〔有〕百篇也。"[20]师古曰："瓒说是也。"

楚元王传第六

今圣上德通神明，继统扬业，亦闵文学错乱，学士若兹，虽昭其情，犹依违谦让，①乐与士君子同之。故下明诏，试左氏可立不，遣近臣奉指衔命，将以辅弱扶微，与二三君子比意同力，冀得废遗。②今则不然，深闭固距，而不肯试，猥以不诵绝之，③欲以杜塞馀道，绝灭微学。夫可与乐成，难与虑始，此乃众庶之所为耳，非所望士君子也。且此数家之事，皆先帝所亲论，今上所考视，其古文旧书，皆有征验，外内相应，岂苟而已哉！

①师古曰："依违，言不专决也。"

②师古曰："比，合也。经艺有废遗者，冀得兴立之也。比音频寐反。"

③师古曰："猥，苟也。苟不诵习之，而欲绝去此学。"

夫礼失求之于野，古文不犹愈于野乎？①往者博士书有欧阳，春秋公羊，易则施、孟，然孝宣皇帝犹复广立穀梁春秋，梁丘易，大小夏侯尚书，义虽相反，犹并置之。何则？与其过而废之也，宁过而立之。②传曰："文武之道未坠于地，在人；贤者志其大者，不贤者志其小者。"③今此数家之言，所以兼包大小之义，岂可偏绝哉！若必专己守残，④党同门，妒道真，⑤违明诏，失圣意，以陷于文吏之议，甚为二三君子不取也。

①师古曰："愈，胜也。"

②师古曰："过犹误。"

③师古曰："论语孔子弟子子贡之言。志，识也，一曰记。"

④师古曰："专执己所偏见，苟守残缺之文也。"

⑤师古曰："党同师之学，妒道艺之真也。"

其言甚切，诸儒皆怨恨。是时名儒光禄大夫龚胜以歆移书上疏深自罪责，愿乞骸骨罢。及儒者师丹为大司空，亦大怒，奏歆改乱旧章，非毁先帝所立。上曰："歆欲广道术，亦何以为非毁哉？"歆由是忤执政大臣，为众儒所讪，①惧诛，求出补吏，为河内太守。以宗室不宜典三河，徙守五原，后复转在涿郡，历三郡守。数年，以病免官，起家复为安定属国都尉。会哀帝崩，王莽持政，莽少与歆俱为黄门郎，重之，白太后。太后留歆为右曹太中大夫，迁中垒校尉，羲和，京兆尹，使治明堂辟雍，封红休侯。典儒林史卜之官，考定律历，著三统历谱。

①师古曰："讪，谤也，音所谏反。"

初，歆以建平元年改名秀，字颖叔云。①及王莽篡位，歆为国师，后事皆在莽传。

①应劭曰："河图赤伏符云'刘秀发兵捕不道，四夷云集龙斗野，四七之际火为主'，故改名，几以趣也。"

赞曰：仲尼称："材难不其然与！"①自孔子后，缀文之士众矣，唯孟轲、孙况、董仲舒、司马迁、刘向、扬雄。②此数公者，皆博物洽闻，通达古今，其言有补于世。传曰"圣人不出，其间必有命世者焉"，岂近是乎？③刘氏洪范论发明大传，著天人之应；七略剖判艺文，总百家之绪；三统历谱考步日月五星之度。有意其推本之也。④呜虖！向言山陵之戒，于今察之，⑤哀哉！指明梓柱以推废兴，昭矣！⑥岂非直谅多闻，古之益友与！⑦

①师古曰："论语载孔子之言也。贤材难得。与读曰欤。"
②师古曰："孙况即荀卿也。"
③师古曰："近音其靳反。"
④师古曰："言其究极根本，深有意也。"
⑤师古曰："虖读曰呼。"
⑥师古曰："昭然明白。"
⑦师古曰："谅，信也。论语称孔子曰：'益者三友，友直，友谅，友多闻，益矣。'赞言向直谅多闻，可谓益矣。与读曰欤。"

【校勘记】

〔1〕 故为其（後）〔后〕母弟赵何齐取广陵王女为妻。　宋祁说"後"疑是"后"字。杨树达说宋说是。

〔2〕 德字路叔（少），修黄老术，　景祐、殿本都无"叔"字。王念孙说"叔"字误为"少"，"少"字与下文"少时"重复，不

当有。

〔3〕 兴谓改作 (虑) 〔宪〕章。 景祐、殿本都作“宪”。王先谦说
作“宪”是。

〔4〕 (作) 〔益〕朕虞， 景祐、殿本都作“益”。王先谦说作
“益”是。

〔5〕 言有此宾客以和而来至 (也) 〔止〕而敬者， 殿本作“至止”。
王先谦说殿本是。

〔6〕 急恒寒 (苦) 〔若〕之灾也。 景祐、殿本都作“若”。王先谦
说作“若”是。

〔7〕 闵公 (三) 〔二〕年， 景祐、殿本都作“二”。王先谦说作
“二”是。

〔8〕 十七年楚灭舒 (萧) 〔庸〕； 景祐、殿本作“庸”。王先谦说作
“庸”是。

〔9〕 九 (四) 〔五〕爻辞也。 景祐、殿本都作“五”，此误。

〔10〕 以 (效) 〔救〕今事一二， 景祐、殿本都作“救”。

〔11〕 朝臣断断不可光禄勋，何 (也) 〔邪〕? 景祐、殿本都作
“邪”。

〔12〕 显干尚书 〔事〕， 殿本有“事”字。王先谦说据注文当有。

〔13〕 谓不寘器 (卫) 〔备〕而薄葬， 景祐、殿本都作“备”。

〔14〕 古 〔者〕不修墓。 景祐、殿本都有“者”字。

〔15〕 规橅音 (议) 〔义〕皆同， 景祐、殿、局本都作“义”，
此误。

〔16〕 而外家日 (甚) 〔盛〕， 景祐、殿本都作“盛”。王先谦说作
“盛”是。

〔17〕 明 (日) 〔口〕说不了， 景祐、殿本都作“口”。王先谦说作
“口”是。

〔18〕 指其 (言成数) 〔成数言〕也。 殿本作“成数言”。王先谦说

殿本是。

〔19〕 则有鲁国 (柏)〔桓〕公、　王先谦说"柏"当作"桓"。按殿本作"桓"，景祐本亦作"柏"。

〔20〕 不知本 (存)〔有〕百篇也。　景祐、殿本都作"有"。王先谦说作"有"是。

汉 书 卷 三 十 七

季布栾布田叔传第七

季布，楚人也，为任侠有名。①项籍使将兵，数窘汉王。②项
籍灭，高祖购求布千金，敢有舍匿，罪三族。③布匿濮阳周氏，
周氏曰："汉求将军急，迹且至臣家，④能听臣，臣敢进计；即
否，愿先自刭。"布许之。乃髡钳布，衣褐，⑤置广柳车中，⑥并
与其家僮数十人，之鲁朱家所卖之。⑦朱家心知其季布也，买置
田舍。乃之雒阳见汝阴侯滕公，⑧说曰："季布何罪？臣各为其主
用，职耳。⑨项氏臣岂可尽诛邪？今上始得天下，而以私怨求一
人，何示不广也！且以季布之贤，汉求之急如此，此不北走胡，
南走越耳。夫忌壮士以资敌国，此伍子胥所以鞭荆平之墓也。⑩
君何不从容为上言之？"⑪滕公心知朱家大侠，意布匿其所，乃许
诺。侍间，果言如朱家指。⑫上乃赦布。当是时，诸公皆多布能
摧刚为柔，⑬朱家亦以此名闻当世。布召见，谢，拜郎中。

1735

①应劭曰："任谓有坚完可任托以事也。"如淳曰："相与信为任，同是非为侠。"师古曰："任谓任使其气力。侠之言挟也，以权力侠辅人也。任音人禁反。侠音下颊反。"

②如淳曰："窘，困也。"师古曰："窘音求闵反。"

③师古曰："舍，止；匿，隐也。"

④师古曰："迹谓寻其踪迹也。"

⑤师古曰："衣，著之也。褐，毛布之衣也。"

⑥服虔曰："东郡谓广辙车为广柳车。"郑氏曰："作大柳衣车，若周礼丧车也。"李奇曰："广柳，大隆穹也。"晋灼曰："周礼说'衣翣柳'，柳，聚也，众饰之所聚也。此为载以丧车，欲人不知也。"师古曰："晋、郑二说是也。隆穹，所谓车奉者耳，非此之谓也。奉音扶晚反。"

⑦师古曰："朱家，鲁人，见游侠传。"

⑧师古曰："夏侯婴也，本为滕令，遂号为滕公。"

⑨师古曰："职，常也。言此乃常道也。一曰职，主掌其事也。"

⑩师古曰："子胥，伍员也。荆即楚也。子胥之父伍奢为平王所杀，子胥奔吴，教吴伐楚。平王已卒，其后吴师入郢，子胥掘平王之墓，取尸鞭之三百也。"

⑪师古曰："从音千容反。"

⑫师古曰："侍，侍于天子。间谓事务之隙。"

⑬师古曰："多犹重也。"

孝惠时，为中郎将。单于尝为书嫚吕太后，①太后怒，召诸将议之。上将军樊哙曰："臣愿得十万众，横行匈奴中。"诸将皆阿吕太后，②以哙言为然。布曰："樊哙可斩也。夫以高帝兵三十馀万，困于平城，哙时亦在其中。今哙奈何以十万众横行匈奴中，面谩！③且秦以事胡，陈胜等起。今疮痍未瘳，④哙又面谀，欲摇动天下。"是时殿上皆恐，太后罢朝，遂不复议击匈奴事。

①师古曰："嫚谓辞语衰污也。嫚读与慢同。"

②师古曰："阿，曲也，曲从其意。"

③师古曰："谩，欺诳也，音嫚，又音莫连反。"

④师古曰："痍，伤也。瘳，差也。痍音夷。瘳音丑留反。"

　　布为河东守。孝文时，人有言其贤，召欲以为御史大夫。人
又言其勇，使酒难近。①至，留邸一月，②见罢。③布进曰："臣待
罪河东，陛下无故召臣，此人必有以臣欺陛下者。④今臣至，无
所受事，罢去，此人必有毁臣者。夫陛下以一人誉召臣，一人毁
去臣，臣恐天下有识者闻之，有以窥陛下。"⑤上默然，惭曰：
"河东吾股肱郡，故特召君耳。"布之官。

①应劭曰："使酒，酗酒也。"师古曰："言因酒沾洽而使气也。近谓
　　附近天子为大臣也。"

②师古曰："邸，诸郡朝宿之舍在京师也。"

③师古曰："既引见而罢，令还郡也。"

④师古曰："谓妄言其贤，故云欺也。"

⑤师古曰："窥见陛下浅深也。"

　　辩士曹丘生数招权顾金钱，①事贵人赵谈等，②与窦长君善。③
布闻，寄书谏长君曰："吾闻曹丘生非长者，勿与通。"及曹丘
生归，欲得书请布。④窦长君曰："季将军不说足下，⑤足下无
往。"固请书，遂行。使人先发书，⑥布果大怒，待曹丘。曹丘
至，则揖布曰："楚人谚曰'得黄金百，不如得季布诺'，⑦足下
何以得此声梁楚之间哉？且仆与足下俱楚人，使仆游扬足下名于
天下，顾不美乎？⑧何足下距仆之深也！"布乃大说。⑨引入，留

数月，为上客，厚送之。布名所以益闻者，曹丘扬之也。

① 孟康曰："招，求也。以金钱事权贵，而求得其形势以自炫耀也。"

李奇曰："持权属以请人，顾以金钱也。"师古曰："二家之说皆非也。言招求贵人威权，因以请托，故得他人顾金钱也。"

② 李奇曰："宦者赵谈也。"

③ 服虔曰："景帝舅。"

④ 师古曰："欲得窦长君书与布，为己绍介也。"

⑤ 师古曰："说读曰悦。"

⑥ 师古曰："使人先致书于市。发，视也。"

⑦ 师古曰："谚，传也。"

⑧ 师古曰："顾，念也。"

⑨ 师古曰："说读曰悦。"

布弟季心气盖关中，遇人恭谨，为任侠，方数千里，士争为死。尝杀人，亡吴，从爰丝匿，长事爰丝，①弟畜灌夫、籍福之属。尝为中司马，②中尉郅都不敢加。少年多时时窃借其名以行。③当是时，季心以勇，布以诺，闻关中。

① 师古曰："丝，爰盎字。言以兄长之礼事也。"

② 如淳曰："中尉之司马。"

③ 师古曰："诈自称为心之宾客徒党也。"

布母弟丁公，①为项羽将，逐窘高祖彭城西。短兵接，汉王急，顾谓丁公曰："两贤岂相厄哉！"②丁公引兵而还。及项王灭，丁公谒见高祖，以丁公徇军中，③曰："丁公为项王臣不忠，使项王失天下者也。"遂斩之，曰："使后为人臣无效丁公也！"

① 晋灼曰："楚汉春秋云薛人，名固。"师古曰："此母弟为同母异父

之弟。"

②孟康曰:"丁公及彭城赖齝追上,故曰两贤也。"师古曰:"孟说非也。两贤,高祖自谓并谓固耳,言吾与固俱是一贤,岂相厄困也。故固感此言而止也。虽与赖齝俱追,而高祖独与固言耳。"

③师古曰:"徇,行示也,音辞俊反。"

栾布,梁人也。彭越为家人时,尝与布游,①穷困,卖庸于齐,为酒家保。②数岁别去,而布为人所略,卖为奴于燕。为其主家报仇,③燕将臧荼举以为都尉。荼为燕王,布为将。及荼反,汉击燕,虏布。梁王彭越闻之,乃言上,请赎布为梁大夫。使于齐,未反,④汉召彭越责以谋反,夷三族,枭首雒阳,下诏有收视者辄捕之。布还,奏事彭越头下,祠而哭之。吏捕以闻。上召布骂曰:"若与彭越反邪? 吾禁人勿收,若独祠而哭之,与反明矣。⑤趣亨之。"⑥方提趋汤,⑦顾曰:"愿一言而死。"上曰:"何言?"布曰:"方上之困彭城,败荥阳、成皋间,项王所以不能遂西,徒以彭王居梁地,⑧与汉合从苦楚也。⑨当是之时,彭王壹顾,与楚则汉破,与汉则楚破。且垓下之会,微彭王,项氏不亡。⑩天下已定,彭王剖符受封,(亦)欲传之万世。[1]今(汉)〔帝〕壹征兵于梁,[2]彭王病不行,而疑以为反。反形未见,以苛细诛之,臣恐功臣人人自危也。今彭王已死,臣生不如死,请就亨。"上乃释布,拜为都尉。

①师古曰:"家人,犹言编户之人也。"

②孟康曰:"酒家作保。保,庸也。可保信,故谓之保。"师古曰:"谓庸作受顾也。为保,谓保可任使。"

③服虔曰:"为买者报仇也。"

④师古曰:"反,还也。"

⑤师古曰:"若,汝也。"

⑥师古曰:"趣读曰促。促,急也。"

⑦师古曰:"提,举也,举而欲投之于汤也。趋读曰趣,趋,向也。"

⑧师古曰:"徒,但也。"

⑨师古曰:"从音子容反。"

⑩师古曰:"微,无也。"

孝文时,为燕相,至将军。布称曰:"穷困不能辱身,非人也;富贵不能快意,非贤也。"于是尝有德,厚报之;有怨,必以法灭之。吴楚反时,以功封为鄃侯,①复为燕相。燕齐之间皆为立社,号曰栾公社。

①苏林曰:"鄃音输,清河县也。"

布薨,子贲嗣侯,①孝武时坐为太常牺牲不如令,国除。

①师古曰:"贲音奔。"

田叔,赵陉城人也。①其先,齐田氏也。叔好剑,学黄老术于乐钜公。②为人廉直,喜任侠。③游诸公,④赵人举之赵相赵午,言之赵王张敖,以为郎中。数岁,赵王贤之,未及迁。

①苏林曰:"陉音刑。"

②师古曰:"姓乐,名钜也。公者,老人之称也。"

③师古曰:"喜,好也,音许吏反。"

④师古曰:"诸公,皆长者也。"

会赵午、贯高等谋弑上,事发觉,汉下诏捕赵王及群臣反者。赵有敢随王,罪三族。唯田叔、孟舒等十馀人赭衣自髡钳,

汉书卷三十七

1740

随王至长安。赵王敖事白，得出，①废王为宣平侯，乃进言叔等十人。上召见，与语，汉廷臣无能出其右者。②上说，③尽拜为郡守、诸侯相。叔为汉中守十馀年。

①师古曰："白，明也。"
②师古曰："材不胜。"
③师古曰："说读曰悦。"

孝文帝初立，召叔问曰："公知天下长者乎？"对曰："臣何足以知之！"上曰："公长者，宜知之。"叔顿首曰："故云中守孟舒，长者也。"是时孟舒坐虏大入云中免。上曰："先帝置孟舒云中十馀年矣，虏常一入，孟舒不能坚守，无故士卒战死者数百人。长者固杀人乎？"叔叩头曰："夫贯高等谋反，天子下明诏，赵有敢随张王者罪三族，然孟舒自髡钳，随张王，以身死之，岂自知为云中守哉！汉与楚相距，士卒罢敝，①而匈奴冒顿新服北夷，来为边寇，孟舒知士卒罢敝，不忍出言，士争临城死敌，如子为父，以故死者数百人，孟舒岂敺之哉！②是乃孟舒所以为长者。"于是上曰："贤哉孟舒！"复召以为云中守。

①师古曰："罢读为疲。下亦同。"
②师古曰："敺与驱同。言不敺之令战也。敺字从攴。攴音普木反。"

后数岁，叔坐法失官。梁孝王使人杀汉议臣爰盎，景帝召叔案梁，具得其事。还报，上曰："梁有之乎？"对曰："有之。""事安在？"①叔曰："上无以梁事为问也。②今梁王不伏诛，是废汉法也；如其伏诛，太后食不甘味，卧不安席，此忧在陛下。"于是上大贤之，以为鲁相。

①师古曰："索其状也。"

相初至官，民以王取其财物自言者百馀人。叔取其渠率二(千)〔十〕人笞，[3]怒之①曰："王非汝主邪？何敢自言主！"鲁王闻之，大惭，发中府钱，使相偿之。②相曰："王自使人偿之，不尔，是王为恶而相为善也。"③

①师古曰："渠，大也。"

②师古曰："中府，王之财物藏也。"

③师古曰："不尔，是则王为恶。"

鲁王好猎，相常从入苑中，王辄休相就馆。相常暴坐苑外，①终不休，曰："吾王暴露，独何为舍？"王以故不大出游。

①师古曰："于外自暴露而坐。"

数年以官卒，鲁以百金祠，少子仁不受，曰："义不伤先人名。"

仁以壮勇为卫将军舍人，①数从击匈奴。卫将军进言仁为郎中，至二千石、丞相长史，失官。后使刺三河，还，②奏事称意，拜为京辅都尉。月馀，迁司直。数岁，戾太子举兵，仁部闭城门，令太子得亡，坐纵反者族。③

①张晏曰："卫青也。"

②如淳曰："为刺史于三河郡。三河谓河南、河内、河东也。"

③师古曰："遣仁掌闭城门，乃令太子得出，故云纵反也。"

赞曰：以项羽之气，而季布以勇显名楚，身履军搴旗者数矣，①可谓壮士。及至困厄奴僇，苟活而不变，何也？②彼自负其材，受辱不羞，欲有所用其未足也，故终为汉名将。贤者诚重其死。夫婢妾贱人，感概而自杀，非能勇也，③其画无俚之至耳。④栾布哭彭越，田叔随张敖，赴死如归，彼诚知所处，⑤虽古烈士，何以加哉！

①邓展曰："履军，战胜蹈履之。"李奇曰："搴，拔也。"孟康曰："搴，斩取也。"师古曰："谓胜敌拔取旗也。邓、李二说皆是。搴音骞。今流俗书本改履谓屡，而加典字，云身屡典军，非也。"

②师古曰："儠，古戮字也。奴儠，谓髡钳为奴而卖之也。"

③师古曰："感概，谓感念局狭为小节。概音工代反。"

④张晏曰："言其计画道理无所至，故自杀耳。"苏林曰："俚，赖也。言其计画无所成赖。"晋灼曰："扬雄方言曰'俚，聊也'，许慎曰'赖也'。此为其计画无所聊赖，至于自杀耳。"师古曰："晋说是也。"

⑤如淳曰："太史公曰'非死者难，处死者难'也。"

【校勘记】

〔1〕 彭王剖符受封，(亦) 欲传之万世。 景祐本无"亦"字。

〔2〕 今 (汉)〔帝〕壹征兵于梁， 宋祁说越本"汉"作"帝"。按景祐本作"帝"。

〔3〕 叔取其渠率二 (千)〔十〕人笞， 景祐、殿、局本都作"十"。王先谦说作"十"是。

汉书卷三十八

高五王传第八

高皇帝八男：吕后生孝惠帝，曹夫人生齐悼惠王肥，薄姬生孝文帝，戚夫人生赵隐王如意，赵姬生淮南厉王长，诸姬生赵幽王友、赵共王恢、燕灵王建。①淮南厉王长自有传。

①郑氏曰："诸，姬姓也。"张晏曰："非一之称也。"师古曰："诸姬，总言在姬妾之列者耳。其知姓位者，史各具言之。不知氏族及秩次者，则云诸姬也。而赵幽以下三王非必同母，盖以皆不知其所生之姬姓，故总言之。文三王传云'诸姬生代孝王参、梁怀王揖'，景十三王传云'属诸姬子于栗姬'，此意皆同。张云非一，近得之矣。春秋左氏传曰'诸子仲子、戎子'、'诸子鬶姒'，此其例也。岂以诸为姓乎？郑说非矣。共读曰恭。其下类此。"

齐悼惠王肥，其母高祖微时外妇也。①高祖六年立，食七十馀城。诸民能齐言者皆与齐。②孝惠二年，入朝。帝与齐王燕饮太后前，置齐王上坐，如家人礼。③太后怒，乃令人酌两卮鸩酒置前，④令齐王为寿。齐王起，帝亦起，欲俱为寿。太后恐，自起反卮。⑤齐王怪之，因不敢饮，阳醉去。问知其鸩，乃忧，自以为不得脱长安。⑥内史士曰：⑦"太后独有帝与鲁元公主，今王有七十馀城，而公主乃食数城。王诚以一郡上太后为公主汤沐邑，太后必喜，王无患矣。"于是齐王献城阳郡以尊公主为王太后。⑧吕太后喜而许之。乃置酒齐邸，乐饮，遣王归国。后十三年薨，子襄嗣。

①师古曰："谓与旁通者。"

②孟康曰："此时流移，故使齐言者还齐也。"师古曰："欲其国大，故多封之。"

③师古曰："以兄弟齿列，不从君臣之礼，故曰家人也。坐音材卧反。"

④应劭曰："鸩鸟黑身赤目，食蝮（蛟）〔蛇〕野葛，[1]以其羽画酒中，饮之立死。"

⑤师古曰："反音幡。"

⑥师古曰："脱，免也。言死于长安，不得更至齐国也。脱音吐活反。"

⑦师古曰："内史，王官。士者，其名也。"

⑧师古曰："为齐王太后也。言以母礼事之，所以自媚也。解具在惠纪。"

赵隐王如意，九年立。①四年，高祖崩，②吕太后征王到长安，鸩杀之。无子，绝。

①师古曰："高祖之九年也。他皆类此。"

②师古曰："赵王之四年。"

赵幽王友，十一年立为淮阳王。赵隐王如意死，孝惠元年，徙友王赵，凡立十四年。友以诸吕女为后，不爱，爱它姬。诸吕女怒去，谗之于太后曰："王曰：'吕氏安得王?①太后百岁后，吾必击之。'"太后怒，以故召赵王。赵王至，置邸不见，令卫围守之，不得食。其群臣或窃馈之，辄捕论之。赵王饿，乃歌曰："诸吕用事兮，刘氏微；迫胁王侯兮，强授我妃。我妃既妒兮，诬我以恶；②谗女乱国兮，上曾不寤。我无忠臣兮，何故弃国?③[2]自快中野兮，苍天与直!④于嗟不可悔兮，宁早自贼!⑤为王饿死兮，谁者怜之? 吕氏绝理兮，托天报仇!"遂幽死。以民礼葬之长安。

①师古曰："安犹焉也。"

②师古曰："恶音一故反。"

③师古曰："谓不能明白之也。"

④师古曰："天色苍苍，故曰苍天。言己之理直，冀天临监之。"

⑤师古曰："贼，害也。悔不早弃赵国而快意自杀于田野之中，今乃被幽饿也。"

高后崩，孝文即位，立幽王子遂为赵王。二年，有司请立皇子为王。上曰："赵幽王幽死，朕甚怜之。已立其长子遂为赵王。遂弟辟彊及齐悼惠王子朱虚侯章、东牟侯兴居有功，皆可王。"于是取赵之河间立辟彊，是为河间文王。文王立十三年薨，子哀王福嗣。一年薨，无子，国除。

赵王遂立二十六年，孝景时晁错以过削赵常山郡，诸侯怨，吴楚反，遂与合谋起兵。其相建德、内史王悍谏，不听。遂烧杀德、悍，①发兵住其西界，欲待吴楚俱进，北使匈奴与连和。汉使曲周侯郦寄击之，赵王城守邯郸，相距七月。吴楚败，匈奴闻之，亦不肯入边。栾布自破齐还，并兵引水灌赵城。城坏，王遂自杀，国除。景帝怜赵相、内史守正死，皆封其子为列侯。

①师古曰："上云其相建德、内史王悍，下云烧杀德、悍，是为相姓建名德也。而景武功臣侯表云'遽侯横父建德，以赵相死事，子侯'，则是不知其姓。表传不同，疑后人转写此传，误脱去一建字也。"

赵共王恢。十一年，梁王彭越诛，立恢为梁王。十六年，赵幽王死，吕后徙恢王赵，恢心不乐。太后以吕产女为赵王后，王后从官皆诸吕也，内擅权，微司赵王，王不得自恣。王有爱姬，王后鸩杀之。王乃为歌诗四章，令乐人歌之。王悲思，六月自杀。太后闻之，以为用妇人故自杀，无思奉宗庙礼，废其嗣。

燕灵王建。十一年，燕王卢绾亡入匈奴，明年，立建为燕王。十五年薨，有美人子，①太后使人杀之，绝后。

①师古曰："王之美人生子也。"

齐悼惠王子，前后凡九人为王：太子襄为齐哀王，次子章为城阳景王，兴居为济北王，将闾为齐王，志为济北王，辟光为济南王，①贤为菑川王，卬为胶西王，雄渠为胶东王。

①师古曰："辟音壁，又读曰闢。"

齐哀王襄，孝惠六年嗣立。明年，惠帝崩，吕太后称制。元年，以其兄子郦侯吕台为吕王，①割齐之济南郡为吕王奉邑。②明年，哀王弟章入宿卫于汉，高后封为朱虚侯，以吕禄女妻之。后四年，封章弟兴居为东牟侯，皆宿卫长安。高后七年，割齐琅邪郡，立营陵侯刘泽为琅邪王。是岁，赵王友幽死于邸。三赵王既废，高后立诸吕为三王，擅权用事。

①师古曰："郎音敷。"

②师古曰："奉音扶用反。他皆类此。"

章年二十，有气力，忿刘氏不得职。尝入侍燕饮，高后令章为酒吏。章自请曰："臣，将种也，请得以军法行酒。"高后曰："可。"酒酣，章进歌舞，已而曰："请为太后言耕田。"①高后儿子畜之，②笑曰："顾乃父知田耳，③若生而为王子，安知田乎？"④章曰："臣知之。"太后曰："试为我言田意。"章曰："深耕概种，立苗欲疏；⑤非其种者，锄而去之。"⑥太后默然。顷之，诸吕有一人醉，亡酒，⑦章追，拔剑斩之，而还报曰："有亡酒一人，臣谨行军法斩之。"太后左右大惊。业已许其军法，亡以罪也。因罢酒。自是后，诸吕惮章，虽大臣皆依朱虚侯。刘氏为强。⑧

①师古曰："欲申讽喻也。"

②师古曰："比之于子也。"

③师古曰："顾，念也。乃，汝也。汝父，谓高帝也。"

④师古曰："若亦汝也。"

⑤师古曰："概，稠也。概种者，言多生子孙也。疏立者，四散置之，令为藩辅也。概音冀。"

⑥师古曰："以斥诸吕也。"

⑦师古曰："避酒而逃亡。"

⑧师古曰："为音于伪反。"

其明年，高后崩。赵王吕禄为上将军，吕王产为相国，皆居长安中，聚兵以威大臣，欲为乱。章以吕禄女为妇，知其谋，乃使人阴出告其兄齐王，欲令发兵西，①朱虚侯、东牟侯欲从中与大臣为内应，以诛诸吕，因立齐王为帝。

①师古曰:"西诣京师。"

　　齐王闻此计,与其舅驷钧、郎中令祝午、中尉魏勃阴谋发兵。齐相召平闻之,①乃发兵入卫王宫。魏勃绐平曰:②"王欲发兵,非有汉虎符验也。而相君围王,固善。勃请为君将兵卫卫王。"③召平信之,乃使魏勃将。勃既将,以兵围相府。召平曰:"嗟乎!道家之言'当断不断,反受其乱'。"遂自杀。于是齐王以驷钧为相,魏勃为将军,祝午为内史,悉发国中兵。使祝午绐琅邪王曰:"吕氏为乱,齐王发兵欲西诛之。齐王自以儿子,年少,不习兵革之事,愿举国委大王。大王自高帝将也,④习战事。齐王不敢离兵,⑤使臣请大王幸之临菑见齐王计事,并将齐兵以西平关中之乱。"琅邪王信之,以为然,乃驰见齐王。齐王与魏勃等因留琅邪王,而使祝午尽发琅邪国而并将其兵。

　　①师古曰:"召读曰邵。"

　　②师古曰:"绐,诳也。"

　　③师古曰:"谓将兵及卫守之具,以禁卫王,令不得发也。"

　　④师古曰:"言自高帝之时已为将也。"

　　⑤服虔曰:"不敢离其兵而到琅邪。"

　　琅邪王刘泽既欺,不得反国,乃说齐王曰:"齐悼惠王,高皇帝长子也,推本言之,大王高皇帝適长孙也,①当立。今诸大臣狐疑未有所定,而泽于刘氏最为长年,大臣固待泽决计。今大王留臣无为也,不如使我入关计事。"齐王以为然,乃益具车送琅邪王。

　　①师古曰:"適读曰嫡。"

　　琅邪王既行,齐遂举兵西攻吕国之济南。于是齐王遗诸侯王书曰："高帝平定天下，王诸子弟。悼惠王薨，惠帝使留侯张良立臣为齐王。惠帝崩，高后用事，春秋高，听诸吕擅废帝更立，又杀三赵王，灭梁、赵、燕，以王诸吕，分齐国为四。①忠臣进谏，上或乱不听。今高后崩，皇帝春秋富，②未能治天下，固待大臣诸侯。今诸吕又擅自尊官，聚（官）〔兵〕严威，[3]劫列侯忠臣，挢制以令天下，③宗庙以危。寡人帅兵入诛不当为王者。"

① 师古曰："本自齐国，更分为济南、琅邪、城阳，凡为四也。"

② 师古曰："言年幼也。比之于财，方未匮竭，故谓之富。"

③ 师古曰："挢，托也。托天子之制诏也。挢音矫。"

汉闻之，相国吕产等遣大将军颍阴侯灌婴将兵击之。婴至荥阳，乃谋曰："诸吕举兵关中，欲危刘氏而自立，今我破齐还报，是益吕氏资也。"乃留兵屯荥阳，使人谕齐王及诸侯，与连和，①以待吕氏之变而共诛之。齐王闻之，乃屯兵西界待约。

① 师古曰："谕谓晓告也。"

吕禄、吕产欲作乱，朱虚侯章与太尉勃、丞相平等诛之。章首先斩吕产，太尉勃等乃尽诛诸吕。而琅邪王亦从齐至长安。

大臣议欲立齐王，皆曰："母家驷钧恶戾，虎而冠者也。①访以吕氏故，几乱天下，②今又立齐王，是欲复为吕氏也。代王母家薄氏，君子长者，且代王高帝子，于今见在最为长。以子则顺，以善人则大臣安。"于是大臣乃谋迎代王，而遣章以诛吕氏事告齐王，令罢兵。

① 张晏曰："言钧恶戾，如虎著冠。"

② 如淳曰："访犹方也。"师古曰："几音巨依反。"

灌婴在荥阳，闻魏勃本教齐王反，既诛吕氏，罢齐兵，使使召责问魏勃。勃曰："失火之家，岂暇先言丈人后救火乎！"[1]因退立，股战而栗。[2]恐不能言者，终无他语。灌将军孰视，笑曰："人谓魏勃勇，妄庸人耳，何能为乎！"乃罢勃。[3]勃父以善鼓琴见秦皇帝。及勃少时，欲求见齐相曹参，家贫无以自通，乃常独早埽齐相舍人门外。舍人怪之，以为物而司之，得勃。[4]勃曰："愿见相君无因，故为子埽，欲以求见。"于是舍人见勃，曹参因以为舍人。壹为参御言事，以为贤，言之悼惠王。王召见，拜为内史。始悼惠王得自置二千石。及悼惠王薨，哀王嗣，勃用事重于相。

[1] 师古曰："言以社稷将危，故举兵以匡之，不暇待有诏命也。"

[2] 师古曰："股，脚也。战者，惧之甚也。"

[3] 师古曰："放令去。"

[4] 师古曰："物谓鬼神。司者，察视之。"

齐王既罢兵归，而代王立，是为孝文帝。

文帝元年，尽以高后时所割齐之城阳、琅邪、济南郡复予齐，而徙琅邪王王燕。益封朱虚侯、东牟侯各二千户，黄金千斤。

是岁，齐哀王薨，子文王则嗣。十四年薨，无子，国除。

城阳景王章，孝文二年以朱虚侯与东牟侯兴居俱立，二年薨。子共王喜嗣。孝文十二年，徙王淮南，五年，复还王城阳，凡立三十三年薨。子顷王延嗣，二十六年薨。子敬王义嗣，九年薨。子惠王武嗣，十一年薨。子荒王顺嗣，四十六年薨。子戴王恢嗣，八年薨。子孝王景嗣，二十四年薨。子哀王云嗣，一年薨，无子，国绝。成帝复立云兄俚为城阳王，[1]王莽时绝。

①师古曰："俚音里。"

济北王兴居，初以东牟侯与大臣共立文帝于代邸，曰："诛吕氏，臣无功，请与太仆滕公俱入清宫。"[1]遂将少帝出，迎皇帝入宫。

①师古曰："滕公，夏侯婴也。"

始诛诸吕时，朱虚侯章功尤大，大臣许尽以赵地王章，尽以梁地王兴居。及文帝立，闻朱虚、东牟之初欲立齐王，故黜其功。[1]二年，王诸子，乃割齐二郡以王章、兴居。章、兴居意自以失职夺功。岁馀，章薨，而匈奴大入边，汉多发兵，丞相灌婴将击之，文帝亲幸太原。兴居以为天子自击胡，遂发兵反。上闻之，罢兵归长安，使棘蒲侯柴将军[2]击破，虏济北王。王自杀，国除。

①师古曰："不赏之。"

②张晏曰："柴武。"

文帝悯济北王逆乱以自灭，明年，尽封悼惠王诸子罢军等七人为列侯。[1]至十五年，齐文王又薨，无子。时悼惠王后尚有城阳王在，文帝怜悼惠王適嗣之绝，[2]于是乃分齐为六国，尽立前所封悼惠王子列侯见在者六人为王。齐孝王将闾以杨虚侯立，济北王志以安都侯立，菑川王贤以武成侯立，胶东王雄渠以白石侯立，胶西王卬以平昌侯立，济南王辟光以扐侯立。[3]孝文十六年，六王同日俱立。

①师古曰："罢音皮彼反，又读曰疲。"

②师古曰："适读曰嫡。"

③服虔曰："劫音勒。劫，平原县也。"

立十一年，孝景三年，吴楚反，胶东、胶西、菑川、济南王皆发兵应吴楚。欲与齐，①齐孝王狐疑，城守不听。三国兵共围齐，②齐王使路中大夫告于天子。③天子复令路中大夫还报，告齐王坚守，汉兵今破吴楚矣。路中大夫至，三国兵围临菑数重，无从入。三国将与路中大夫盟曰："若反言汉已破矣，④齐趣下三国，不且见屠。"⑤路中大夫既许，至城下，望见齐王，曰："汉已发兵百万，使太尉亚夫击破吴楚，方引兵救齐，齐必坚守无下！"三国将诛路中大夫。

①师古曰："与之同反。"

②张晏曰："胶西、菑川、济南也。"

③张晏曰："姓路，为中大夫。"

④师古曰："若，汝也。反谓反易其辞也。"

⑤师古曰："趣读曰促。"

齐初围急，阴与三国通谋，约未定，会路中大夫从汉来，其大臣乃复劝王无下三国。会汉将栾布、平阳侯等兵至齐，①击破三国兵，解围。已后闻齐初与三国有谋，将欲移兵伐齐。齐孝王惧，饮药自杀。而胶东、胶西、济南、菑川王皆伏诛，国除。独济北王在。

①师古曰："平阳侯，曹襄。"

齐孝王之自杀也，景帝闻之，以为齐首善，①以迫劫有谋，非其罪也，召立孝王太子寿，是为懿王。二十三年薨，子厉王次昌嗣。

①师古曰:"言其初首无逆乱之心。"

其母曰纪太后。太后取其弟纪氏女为王后,王不爱。纪太后欲其家重宠,①令其长女纪翁主入王宫②正其后宫无令得近王,欲令爱纪氏女。王因与其姊翁主奸。

①师古曰:"重音直用反。"

②师古曰:"诸王女曰翁主,而纪氏所生,故谓之纪翁主。"

齐有宦者徐甲,①入事汉皇太后。②皇太后有爱女曰修成君,修成君非刘氏子,③太后怜之。修成君有女娥,太后欲嫁之于诸侯。宦者甲乃请使齐,必令王上书请娥。皇太后大喜,使甲之齐。时主父偃知甲之使齐以取后事,亦因谓甲:"即事成,幸言偃女愿得充王后宫。"甲至齐,风以此事。④纪太后怒曰:"王有后,后宫备具。且甲,齐贫人,及为宦者入事汉,初无补益,乃欲乱吾王家!且主父偃何为者?乃欲以女充后宫!"甲大穷,还报皇太后曰:"王已愿尚娥,⑤然事有所害,恐如燕王。"燕王者,与其子昆弟奸,坐死。⑥故以燕感太后。⑦太后曰:"毋复言嫁女齐事。"事寝浸闻于上。⑧主父偃由此与齐有隙。

①师古曰:"宦者,奄人。"

②张晏曰:"皇太后,武帝之母。"

③苏林曰:"皇太后前嫁金氏所生。"

④师古曰:"风读曰讽。"

⑤师古曰:"尚,配也。"

⑥师古曰:"燕王定国传云'与其子女三人奸'。子昆弟者,言是其子女又长幼非一,故云子昆弟也。一曰,子昆弟者,定国之姊妹也。言定国奸其子女及其姊妹。"

1755

⑦师古曰："言齐王与其姊妹奸，终当坐之致死，不足嫁女与之。"

⑧师古曰："犇，古浸字也。犇淫，犹言渐染也。"

偃方幸用事，因言："齐临菑十万户，市租千金，①人众殷富，巨于长安，②非天子亲弟爱子不得王此。今齐王于亲属益疏。"乃从容言吕太后时齐欲反，③及吴楚时孝王几为乱。④今闻齐王与其姊乱。于是武帝拜偃为齐相，且正其事。偃至齐，急治王后宫宦者为王通于姊翁主所者，辞及王。王年少，惧以罪为吏所执诛，乃饮药自杀。

①师古曰："收一市之租，直千金也。"

②师古曰："巨，大也。"

③师古曰："从音千容反。"

④师古曰："几音巨依反。"

是时赵王惧主父偃壹出败齐，恐其渐疏骨肉，乃上书言偃受金及轻重之短，①天子亦因囚偃。公孙弘曰："齐王以忧死，无后，非诛偃无以塞天下之望。"②偃遂坐诛。

①师古曰："轻重，谓用心不平。"

②师古曰："塞，满也。"

厉王立五年，国除。

济北王志，吴楚反时初亦与通谋，后坚守不发兵，故得不诛，徙王菑川。元朔中，齐国绝。

悼惠王后唯有二国：城阳、菑川。菑川地比齐，①武帝为悼惠王冢园在齐，乃割临菑东圜悼惠王冢园邑尽以予菑川，②令奉祭祀。

①师古曰："比，近也，音频二反。"

②师古曰："圍谓周绕之。"

志立三十五年薨，是为懿王。子靖王建嗣，二十年薨。子顷王遗嗣，三十五年薨。子思王终古嗣。五凤中，青州刺史奏终古使所爱奴与八子及诸御婢奸，①终古或参与被席，②或白昼使（嬴）〔嬴〕伏，[4]犬马交接，③终古亲临观。产子，辄曰："乱不可知，使去其子。"④事下丞相御史，奏终古位诸侯王，以令置八子，秩比六百石，所以广嗣重祖也。而终古禽兽行，乱君臣夫妇之别，悖逆人伦，⑤请逮捕。有诏削四县。二十八年薨。子考王尚嗣，五年薨。子孝王横嗣，三十一年薨。子怀王交嗣，六年薨。子永嗣，王莽时绝。

①如淳曰："八子，妾号。"

②师古曰："与读曰豫。"

③师古曰："（嬴）〔嬴〕者，露形体也，音郎果反。"

④师古曰："去，除也，音丘吕反。"

⑤师古曰："悖，乖也，音步内反。"

赞曰：悼惠之王齐，最为大国。以海内初定，子弟少，激秦孤立亡藩辅，①故大封同姓，以填天下。②时诸侯得自除御史大夫群卿以下众官，如汉朝，汉独为置丞相。自吴楚诛后，稍夺诸侯权，左官附益阿党之法设。③其后诸侯唯得衣食租税，贫者或乘牛车。

①师古曰："激，感发也，音工历反。"

②师古曰："填音竹刃反。"

③张晏曰："诸侯有罪，傅相不举奏，为阿党。"师古曰："皆新制律令之条也。左官，解在诸侯王表。附益，言欲增益诸侯王也。"

【校勘记】

〔1〕 食蝮（蛟）〔蛇〕野葛， 景祐、殿、局本都作"蛇"。 王先谦说作"蛇"是。

〔2〕 我无忠臣兮，何故弃国?③ 注③原在"何故"下。 刘敞说"弃国"当属上句。

〔3〕 聚（官）〔兵〕严威， 景祐、殿本都作"兵"，史记同。

〔4〕 或白昼使（蠃）〔赢〕伏， 景祐本作"蟷"。王念孙说此古字之仅存者。

汉书卷三十九

萧何曹参传第九

萧何，沛人也。以文毋害为沛主吏掾。①高祖为布衣时，数以吏事护高祖。高祖为亭长，常佑之。②高祖以吏繇咸阳，③吏皆送奉钱三，何独以五。④秦御史监郡者，与从事辨之。⑤何乃给泗水卒史事，⑥第一⑦〔1〕。秦御史欲入言征何，何固请，得毋行。⑧

① 服虔曰："为人解通，无嫉害也。"应劭曰："虽为文吏，而不刻害也。"苏林曰："毋害，若言无比也。一曰，害，胜也，无能胜害之者。"晋灼曰："酷吏传赵禹为丞相亚夫吏，府中皆称其廉，然亚夫不任，曰：'极知禹无害，然文深，不可以居大府。'苏说是也。"师古曰："害，伤也，无人能伤害之者。苏、晋两说皆得其意，服、应非也。"

② 师古曰："佑，助也。言居家时，为何所护，及为亭长，何又拥助也。"

③师古曰："繇读曰徭。徭，役也。"

④师古曰："出钱以资行，他人皆三百，何独五百。奉音扶用反。"

⑤张晏曰："何与共事备辨，明何素有方略也。"苏林曰："辟何与从事也。秦时无刺史，以御史监郡。"师古曰："二说皆同。"

⑥师古曰："泗水郡，沛所属也。何为郡卒史。"

⑦师古曰："课最上。"

⑧孟康曰："当还入相秦事，故召何也。"师古曰："此说非也。御史以何明辨，欲因入奏事之次，言于朝廷，征何用之。何心不愿，以情固请，而御史止，故得不行也。"

及高祖起为沛公，何尝为丞督事。①沛公至咸阳，诸将皆争走金帛财物之府分之，②何独先入收秦丞相御史律令图书臧之。沛公具知天下厄塞，户口多少，强弱处，民所疾苦者，以何得秦图书也。

①师古曰："督谓监视之也。何为沛丞，专督众事。"

②师古曰："走谓趣向之，音奏。"

初，诸侯相与约，先入关破秦者王其地。沛公既先定秦，项羽后至，欲攻沛公，沛公谢之得解。羽遂屠烧咸阳，与范增谋曰："巴蜀道险，秦之迁民皆居蜀。"乃曰："蜀汉亦关中地也。"故立沛公为汉王，而三分关中地，王秦降将以距汉王。汉王怒，欲谋攻项羽。周勃、灌婴、樊哙皆劝之，何谏之曰："虽王汉中之恶，不犹愈于死乎？①汉王曰："何为乃死也？"何曰："今众弗如，百战百败，不死何为？周书曰：'天予不取，反受其咎'。②语曰'天汉'，其称甚美。③夫能诎于一人之下，而信于万乘之上者，汤武是也。④臣愿大王王汉中，养其民以致贤人，收用巴蜀，还定三秦，天下可图也。"汉王曰："善。"乃遂就国，以何为丞

相。何进韩信，<u>汉王</u>以为大将军，说<u>汉王</u>令引兵东定<u>三秦</u>。语在
<u>信</u>传。

　①师古曰："愈，胜也。"

　②师古曰："<u>周书</u>者，本与<u>尚书</u>同类，盖<u>孔子</u>所删百篇之外，<u>刘向</u>所奏
　　有七十一篇。"

　③孟康曰："语，古语也。言地之有<u>汉</u>，若天之有河汉，名号休美。"
　　臣瓒曰："流俗语云'天汉'，其言常以<u>汉</u>配天，此美名也。"师古
　　曰："瓒说是也。天汉，河汉也。"

　④师古曰："信读曰伸，古通用字。"

　<u>何</u>以丞相留收<u>巴蜀</u>，填抚谕告，①使给军食。<u>汉</u>二年，<u>汉王</u>
与诸侯击<u>楚</u>，<u>何</u>守<u>关中</u>，侍太子，治<u>栎阳</u>。为令约束，立宗庙、
社稷、宫室、县邑，辄奏，上可许以从事;②即不及奏，辄以便
宜施行，上来以闻。③计户转漕给军，<u>汉王</u>数失军遁去，<u>何</u>常兴
<u>关中</u>卒，辄补缺。上以此剸属任<u>何关中</u>事。④

　①师古曰："填音竹刃反。"

　②师古曰："可其所奏，许其所请，依以行事。"

　③应劭曰："上来还，乃以所为闻也。"

　④师古曰："剸读与专同，又音章阮反。此即言专声之急上者也，（又）
　　〔今〕俗语犹然。[2]他皆类此。属音之欲反。"

　<u>汉</u>三年，与<u>项羽</u>相距<u>京</u>、<u>索</u>间，①上数使使劳苦丞相。②<u>鲍生</u>
谓<u>何</u>曰:③"今王暴衣露盖，数劳苦君者，有疑君心。为君计，
莫若遣君子孙昆弟能胜兵者悉诣军所，上益信君。"于是<u>何</u>从其
计，<u>汉王</u>大说。④

　①师古曰："索音山客反。"

③师古曰："鲍生，当时有识之士，姓鲍而为诸生也。"

④师古曰："说读曰悦。"

汉五年，已杀项羽，即皇帝位，论功行封，群臣争功，岁馀不决。上以何功最盛，先封为酂侯，①食邑八千户。功臣皆曰："臣等身被坚执兵，多者百馀战，少者数十合，攻城略地，大小各有差。今萧何未有汗马之劳，徒持文墨议论，不战，顾居臣等上，何也？"②上曰："诸君知猎乎？"曰："知之。""知猎狗乎？"曰："知之。"上曰："夫猎，追杀兽者狗也，而发纵指示兽处者人也。③今诸君徒能走得兽耳，功狗也；至如萧何，发纵指示，功人也。且诸君独以身从我，多者三两人，萧何举宗数十人皆随我，功不可忘也！"群臣后皆莫敢言。

①文颖曰："音赞。"师古曰："先封何者，谓诸功臣旧未爵者，何最
在前封也。酂属南阳，解在高纪。"

②师古曰："顾犹反也。"

③师古曰："发纵，谓解绁而放之也。指示者，以手指示之，今俗言放
狗。纵音子用反，而读者乃为踪迹之踪，非也。书本皆不为踪字。
自有逐踪之狗，不待人发也。"

列侯毕已受封，奏位次，皆曰："平阳侯曹参身被七十创，攻城略地，功最多，宜第一。"上已桡功臣多封何，①至位次未有以复难之，然心欲何第一。关内侯鄂（千）秋时为谒者，[3]进曰："群臣议皆误。夫曹参虽有野战略地之功，此特一时之事。夫上与楚相距五岁，失军亡众，跳身遁者数矣，②然萧何常从关中遣军补其处。非上所诏令召，而数万众会上乏绝者数矣。夫汉与楚

相守荥阳数年，军无见粮，③萧何转漕关中，给食不乏。陛下虽数亡山东，萧何常全关中待陛下，此万世功也。今虽无曹参等百数，何缺于汉？④汉得之不必待以全。奈何欲以一旦之功（而）加万世之功哉！[4]萧何当第一，曹参次之。"上曰："善。"于是乃令何第一，赐带剑履上殿，入朝不趋。上曰："吾闻进贤受上赏，萧何功虽高，待鄂君乃得明。"于是因鄂（千）秋故所食关内侯邑二千户，封为安平侯。是日，悉封何父母兄弟十馀人，皆食邑。乃益封何二千户，"以尝繇咸阳时何送我独赢钱二也"。⑤

　①应劭曰："桡，屈也。"师古曰："音女教反。"

　②师古曰："跳身，谓轻身走出也。"

　③师古曰："无见在之粮。"

　④师古曰："数音所具反。"

　⑤师古曰："赢，馀也。二谓二百也。众人送皆三百，何独五百，故云赢二也。"

　　陈豨反，上自将，至邯郸。而韩信谋反关中，吕后用何计诛信。语在信传。上已闻诛信，使使拜丞相为相国，益封五千户，令卒五百人一都尉为相国卫。诸君皆贺，召平独吊。①召平者，故秦东陵侯。秦破，为布衣，贫，种瓜长安城东，瓜美，故世谓"东陵瓜"，从召平始也。平谓何曰："祸自此始矣。上暴露于外，而君守于内，非被矢石之难，而益君封置卫者，以今者淮阴新反于中，有疑君心。夫置卫卫君，非以宠君也。②愿君让封勿受，悉以家私财佐军。"何从其计，上说。③

　①师古曰："召读曰邵。"

　②师古曰："恐其为变，故守卫之。"

　　其秋，黥布反，上自将击之，数使使问相国何为。①曰："为上在军，拊循勉百姓，悉所有佐军，如陈豨时。"②客又说何曰："君灭族不久矣。夫君位为相国，功第一，不可复加。然君初入关，本得百姓心，十馀年矣。皆附君，尚复孳孳得民和。③上所谓数问君，畏君倾动关中。今君胡不多买田地，贱贳贷以自汙？上心必安。"④于是何从其计，上乃大说。⑤

①师古曰："问其居守，何所营为。"

②师古曰："悉，尽也，尽所有粮食资用出以佐军也。"

③师古曰："孳字与孜同。孜孜，言不怠也。"

④师古曰："贳，赊也。贷音土得反。"

⑤师古曰："说读曰悦。"

　　上罢布军归，民道遮行，①上书言相国强贱买民田宅数千人。上至，何谒。上笑曰："今相国乃利民！"民所上书皆以与何，曰："君自谢民。"后何为民请曰："长安地狭，上林中多空地，弃，愿令民得入田，毋收稾为兽食。"②上大怒曰："相国多受贾人财物，为请吾苑！"乃下何廷尉，械系之。数日，王卫尉侍，③前问曰："相国胡大罪，陛下系之暴也？"④上曰："吾闻李斯相秦皇帝，有善归主，有恶自予。今相国多受贾竖金，为请吾苑，以自媚于民。⑤故系治之。"王卫尉曰："夫职事苟有便于民而请之，真宰相事也。陛下奈何乃疑相国受贾人钱乎！且陛下距楚数岁，陈豨、黥布反时，陛下自将往，当是时相国守关中，关中摇足则关西非陛下有也。相国不以此时为利，乃利贾人之金乎？且秦以不闻其过亡天下，夫李斯之分过，又何足法哉！陛下何疑宰相之浅也!"上不怿。⑥是日,使使持节赦出何。何年老,素恭谨,徒跣入谢。上曰:"相国休矣!⑦相国为民请吾苑不许,我不过为桀纣主,而相国为贤相。吾故系相国,欲令百姓闻吾过。"

①师古曰:"在道上遮天子行。"

②师古曰:"稾,禾秆也。言恣人田之,不收其稾税也。稾音工老反。秆音工旱反。"

③如淳曰:"百官公卿表'卫尉王氏',无名字。"师古曰:"史失之也。侍谓侍天子也。"

④师古曰:"前问,谓进而请也。胡,何也。"

⑤师古曰:"媚,爱也,求爱于民。"

⑥师古曰:"怿,悦也。感卫尉之言,故惭悔而不悦也。"

⑦师古曰:"令出外自休息。"

高祖崩,何事惠帝。何病,上亲自临视何疾,因问曰:"君即百岁后,谁可代君?"对曰:"知臣莫如主。"帝曰:"曹参何如?"何顿首曰:"帝得之矣。何死不恨矣!"

何买田宅必居穷辟处,①为家不治垣屋。②曰:"令后世贤,师吾俭;不贤,毋为势家所夺。"

①师古曰:"辟读曰僻。僻,隐也。"

②师古曰:"垣,墙也。"

孝惠二年,何薨,谥曰文终侯。子禄嗣,薨,无子。高后乃封何夫人同为酂侯,小子延为筑阳侯。①孝文元年,罢同,更封延为酂侯。薨,子遗嗣。薨,无子。文帝复以遗弟则嗣,有罪免。[5]景帝二年,制诏御史:"故相国萧何,高皇帝大功臣,所与为天下也。②今其祀绝,朕甚怜之。其以武阳县户二千封何孙嘉为列侯。"嘉，则弟也。薨，子胜嗣，后有罪免。武帝元狩中，复下诏御史："以酇户二千四百封何曾孙庆为酇侯，布告天下，令明知朕报萧相国德也。"庆，则子也。薨，子寿成嗣，坐为太常（仪）〔牺〕牲瘦免。[5]宣帝时，诏丞相御史求问萧相国后在者，得玄孙建世等十二人，复下诏以酇户二千封建世为酇侯。传子至孙获，坐使奴杀人减死论。成帝时，复封何玄孙之子南䜌长喜为酇侯。③传子至曾孙，王莽败乃绝。

①师古曰："酇及筑阳皆南阳县也。今其地（见）〔并〕属襄州。[6]筑音逐。"

②师古曰："为，治也。亦曰共造其功业。"

③苏林曰："䜌音人足寧蹾之寧，钜鹿县名也。"师古曰："喜为此县之长。"

曹参，沛人也。秦时为狱掾，而萧何为主吏，居县为豪吏矣。①高祖为沛公也，参以中涓从。②击胡陵、方与，③攻秦监公军，大破之，④东下薛，击泗水守军薛郭西。复攻胡陵，取之。徙守方与。方与反为魏，击之。丰反为魏，攻之。赐爵七大夫。北击司马欣军砀东，取狐父、祁善置。⑤又攻下邑以西，至虞，击秦将章邯车骑。攻辕戚及亢父，⑥先登。迁为五大夫。北救东阿，击章邯军，陷陈，追至濮阳。攻定陶，取临济。南救雍丘，击李由军，破之，杀李由，虏秦候一人。章邯破杀项梁也，沛公与项羽引兵而东。楚怀王以沛公为砀郡长，将砀郡兵。于是乃封参执帛，⑦号曰建成君。迁为戚公，属砀郡。⑧

①师古曰："言参及萧何并为吏之豪长也。"

②如淳曰："中涓，如中谒者也。"师古曰："涓，洁也，言其在内主知洁清洒扫之事，盖亲近左右也。"

③师古曰："音房豫。"

④孟康曰："监，御史监郡者。公，名也。"晋灼曰："按高纪名平也。秦一郡置守尉监三人。"师古曰："公者，时人尊称之耳。晋说是也。"

⑤文颖曰："善置，置名也。"晋灼曰："祁音坻。"师古曰："狐父、祁，二县名也。祁音巨夷反，又音十夷反。父音甫。置若今之驿也。"

⑥师古曰："亢父音抗甫。"

⑦郑氏曰："楚爵也。"张晏曰："孤卿也。"

⑧师古曰："为戚县之令。"

其后从攻东郡尉军，破之成武南。击王离军成阳南，又攻杠里，大破之。追北，西至开封，击赵贲军，破之，①围赵贲开封城中。西击秦将杨熊军于曲遇，②破之，虏秦司马及御史各一人。迁为执珪。③从西攻阳武，下轘辕、缑氏，绝河津。击赵贲军尸北，破之。④从南攻犫，与南阳守齮战阳城郭东，⑤陷陈，取宛，虏齮，定南阳郡。⑥从西攻武关、峣关，取之。⑦前攻秦军蓝田南，又夜击其北军，大破之，遂至咸阳，破秦。

①师古曰："贲音奔。"

②师古曰："曲音丘羽反。遇音颙。"

③张晏曰："侯伯执珪，以朝位比之"如淳曰："吕氏春秋'得五员者位执珪'，古爵名也。"

④孟康曰："尸乡之北。"

⑤应劭曰："今堵阳。"

⑥师古曰："高纪言'南阳守齮降，封为殷侯'，而此传言虏齮，纪传
不同，疑传误。"

⑦师古曰："峣音尧。"

项羽至，以沛公为汉王。汉王封参为建成侯。从至汉中，迁
为将军。从还定三秦，攻下辨、故道、①雍、𬇙。②击章平军于好
畤南，破之，围好畤，取壤乡。③击三秦军壤东及高栎，破之。④
复围章平，平出好畤走。因击赵贲、内史保军，破之。东取咸
阳，更名曰新城。参将兵守景陵二十三日，⑤三秦使章平等攻参，
参出击，大破之。赐食邑于宁秦。⑥以将军引兵围章邯废丘；以
中尉从汉王出临晋关。至河内，下修武，度围津，⑦东击龙且、
项佗定陶，破之。⑧东取砀、萧、彭城。击项籍军，汉军大败走。
参以中尉围取雍丘。王武反于外黄，程处反于燕，⑨往击，尽破
之。柱天侯反于衍氏，进破取衍氏。击羽婴于昆阳，追至叶。⑩
还攻武彊，⑪因至荥阳。参自汉中为将军中尉，从击诸侯，及项
王败，还至荥阳。⑫

①邓展曰："武都二县也。"

②苏林曰："右扶风二县也。𬇙音胎。"

③文颖曰："壤，地名也。"

④师古曰："栎音历。"

⑤孟康曰："县名也。"

⑥苏林曰："今华阴。"

⑦师古曰："在东郡。"

⑧师古曰："且音子馀反。佗音徒何反。"

⑨服虔曰："皆汉将。"师古曰："燕，东郡之县，故南燕国。音一
千反。"

⑩师古曰："叶，南阳县也，音式涉反。"

⑪师古曰："武疆城在阳武。"

⑫师古曰："败谓战彭城而败。"

汉二年，拜为假左丞相，入屯兵关中。月馀，魏王豹反，以假丞相别与韩信东攻魏将孙遬东张，①大破之。因攻安邑，得魏将王襄。击魏王于曲阳，追至东垣，生获魏王豹。取平阳，得豹母妻子，尽定魏地，凡五十二县。赐食邑平阳。因从韩信击赵相国夏说军于邬东，②大破之，斩夏说。韩信与故常山王张耳引兵下井陉，击成安君陈馀，而令参还围赵别将戚公于邬城中。戚公出走，追斩之。乃引兵诣汉王在所。韩信已破赵，为相国，东击齐，参以左丞相属焉。攻破齐历下军，遂取临淄。还定济北郡，收著、漯阴、平原、鬲、卢。③已而从韩信击龙且军于上假密，④大破之，斩龙且，虏亚将周兰。⑤定齐郡，凡得七十县。得故齐王田广相田光，其守相许章，及故将军田既。⑥韩信立为齐王，引兵东诣陈，与汉王共破项羽，而参留平齐未服者。

①苏林曰："东张属河东。"师古曰："遬，古速字。"

②苏林曰："邬，太原县也。"师古曰："说读曰悦。邬音一户反，又音乙据反。"

③师古曰："五县名也。时未有济北郡，史追书之耳。著音竹庶反，又音直庶反。漯音它合反。鬲与隔同。"

④文颖曰："或以为高密。"

⑤师古曰："亚将，次将也。"

⑥师古曰："守相，为相居守者。"

汉王即皇帝位，韩信徙为楚王。参归相印焉。高祖以长子肥为齐王，而以参为相国。高祖六年，与诸侯剖符，赐参爵列侯，食邑平阳万六百三十户，世世勿绝。

参以齐相国击陈豨将张春，破之。黥布反，参从悼惠王将军骑十二万，与高祖会击黥布军，大破之。南至蕲，还定竹邑、相、萧、留。①

①师古曰："四县名。"

参功：凡下二国，县百二十二；得王二人，相三人，将军六人，大莫嚻、郡守、司马、候、御史各一人。①

①如淳曰："嚻音敖。"张晏曰："莫敖，楚卿号也。时近六国，故有令尹、莫敖之官。"

孝惠元年，除诸侯相国法，更以参为齐丞相。参之相齐，齐七十城。天下初定，悼惠王富于春秋，参尽召长老诸先生，问所以安集百姓。而齐故诸儒以百数，①言人人殊，参未知所定。闻胶西有盖公，②善治黄老言，③使人厚币请之。既见盖公，盖公为言治道贵清静而民自定，推此类具言之。参于是避正堂，舍盖公焉。④其治要用黄老术，故相齐九年，齐国安集，大称贤相。

①师古曰："数音所具反。"

②师古曰："盖音古盍反。"

③张晏曰："黄帝、老子之书。"

④师古曰："舍，止也。"

萧何薨，参闻之，告舍人趣治行，①"吾且入相。"居无何，使者果召参。参去，属其后相②曰："以齐狱市为寄，慎勿扰也。"后相曰："治无大于此者乎？"参曰："不然。夫狱市者，所以并容也，今君扰之，奸人安所容乎？吾是以先之。"③

①师古曰："舍人犹家人也，一说私属官主家事者也。趣读曰促，谓速也。治行，谓修治行装也。"

②师古曰："属音之欲反。"

③孟康曰："夫狱市者，兼受善恶，若穷极奸人，奸人无所容窜，久且为乱。秦人极刑而天下畔，孝武峻法而狱繁，此其效也。"师古曰："老子云：'我无为，民自化；我好静，民自正。'参欲以道化为本，不欲扰其末也。"

始参微时，与萧何善，及为宰相，有隙。①至何且死，所推贤唯参。参代何为相国，举事无所变更，一遵何之约束。②择郡国吏长大，③讷于文辞，谨厚长者，即召除为丞相史。吏言文刻深，欲务声名，辄斥去之。④日夜饮酒。卿大夫以下吏及宾客见参不事，⑤来者皆欲有言。至者，参辄饮以醇酒，⑥度之欲有言，复饮酒，醉而后去，⑦终莫得开说，⑧以为常。

①师古曰："参自以战斗功多，而封赏每在何后，故怨何也。"

②师古曰："举，皆也，言凡事皆无变改。"

③孟康曰："取年长大者。"

④师古曰："斥，却也。"

⑤如淳曰："不事丞相之事。"

⑥师古曰："醇酒不浇，谓厚酒也。"

⑦师古曰："度音大各反。饮音于禁反。"

⑧如淳曰："开谓有所启白。"

相舍后园近吏舍，吏舍日饮歌呼。①从吏患之，无如何，②乃请参游后园。闻吏醉歌呼，从吏幸相国召按之。乃反取酒张坐饮，③大歌呼与相和。

①师古曰："呼音火故反。其下并同。"

②师古曰："从吏，吏之常从相者也。从音材用反。"

③师古曰："张设坐席而饮也。坐音才卧反。"

参见人之有细过，掩匿覆盖之，府中无事。

参子窋为中大夫。①惠帝怪相国不治事，以为"岂少朕与"？②乃谓窋曰："女归，试私从容问乃父③曰：'高帝新弃群臣，帝富于春秋，君为相国，日饮，无所请事，何以忧天下？'然无言吾告女也。"窋既洗沐归，时间，自从其所谏参。④参怒而答之二百，曰："趣入侍，⑤天下事非乃所当言也。"至朝时，帝让参⑥曰："与窋胡治乎？⑦乃者我使谏君也。"⑧参免冠谢曰："陛下自察圣武孰与高皇帝？"上曰："朕乃安敢望先帝！"参曰："陛下观参孰与萧何贤？"上曰："君似不及也。"参曰："陛下言之是也。且高皇帝与萧何定天下，法令既明具，陛下垂拱，参等守职，遵而勿失，不亦可乎？"惠帝曰："善。君休矣！"⑨

①师古曰："窋音张律反。"

②师古曰："言岂以我为年少故也。与读曰欤。"

③师古曰："乃，汝也。"

④师古曰："间谓空隙也。自从其所，犹言自出其意也。"

⑤师古曰："趣读曰促。"

⑥师古曰："让，责也。"

⑦师古曰："胡，何也。言共窋为何治也。治音丈吏反。"

⑧师古曰："乃者犹言曩者。"

⑨师古曰："且令出休息。"

参为相国三年，薨，谥曰懿侯。百姓歌之曰："萧何为法，讲若画一；①曹参代之，守而勿失。载其清靖，民以宁壹。"②

①文颖曰："讲或作较。"师古曰："讲，和也。画一，言整齐也。"

②师古曰："载犹乘也。"

窋嗣侯，高后时至御史大夫。传国至曾孙襄，武帝时为将军，击匈奴，薨。子宗嗣，有罪，完为城旦。至哀帝时，乃封参玄孙之孙本始为平阳侯，二千户，王莽时薨。子宏嗣，建武中先降河北，封平阳侯。至今八侯。

赞曰："萧何、曹参皆起秦刀笔吏，①当时录录未有奇节。②汉兴，依日月之末光，③何以信谨守管籥，参与韩信俱征伐。④天下既定，因民之疾秦法，顺流与之更始，二人同心，遂安海内。淮阴、黥布等已灭，唯何、参擅功名，位冠群臣，声施后世，⑤为一代之宗臣，⑥庆流苗裔，盛矣哉！

①师古曰："刀所以削书也，古者用简牍，故吏皆以刀笔自随也。"

②师古曰："录录犹鹿鹿，言在凡庶之中也。"

③师古曰："易文言云'圣人作而万物睹'，又曰'见龙在田，天下文明'。赞言何、参值汉初兴，故以日月为喻耳。"

④师古曰："高祖出征，何每居守，故言守管籥。"

⑤师古曰："冠谓居其首。"

⑥师古曰："言为后世之所尊仰，故曰宗臣也。"

【校勘记】

〔1〕 何乃给泗水卒史事，⑥第一。 注⑥原在"卒史"下，明旧读以"事第一"为句。齐召南说"事"字当属上句。

〔2〕 (又)〔今〕俗语犹然。 殿、局本都作"今"。

〔3〕 关内侯鄂(千)秋时为谒者， 景祐、殿本都无"千"字，

下同。

〔4〕 奈何欲以一旦之功（而）加万世之功哉！　景祐、殿本都无
“而”字。

〔5〕 坐为太常（仪）〔牺〕牲瘦免。　景祐、殿、局本都作“牺”，
此误。

〔6〕 今其地（见）〔并〕属襄州。　景祐、殿本都作“并”。